Jürgen Heinrich

Medienökonomie

Band 2: Hörfunk und Fernsehen

Jürgen Heinrich

Medienökonomie

Band 2: Hörfunk und Fernsehen

Westdeutscher Verlag

Die Deutsche Bibliothek – CIP-Einheitsaufnahme
Ein Titeldatensatz für diese Publikation ist bei
Der Deutschen Bibliothek erhältlich

1. Auflage November 1999
Durchgesehener Nachdruck Juni 2002

Der Westdeutsche Verlag ist ein Unternehmen der Fachverlagsgruppe BertelsmannSpringer.
www.westdeutschervlg.de

Umschlaggestaltung: Horst Dieter Bürkle, Darmstadt
Druck und buchbinderische Verarbeitung: Wilhelm & Adam, Heusenstamm
Gedruckt auf säurefreiem und chlorfrei gebleichtem Papier
Printed in Germany

ISBN 3-531-12713-6

Inhalt

6. Kapitel

7. Kapitel

12. Kapitel

13. Kapitel

Vorwort

Medienökonomie Band 2 behandelt in Fortsetzung der Medienökonomie Band 1 die audiovisuellen Massenmedien Radio und Fernsehen sowie, als ökonomische Klammer für das gesamte System der Massenmedien, die Werbung und den Werbemarkt.

In den ersten drei Kapiteln werden die Rahmenbedingungen der Rundfunkproduktion geklärt:

- der ökonomische Analyseansatz in Kapitel 1,
- die technischen Bestimmungsfaktoren in Kapitel 2 und
- die rechtlichen Rahmenbedingungen in Kapitel 3.

Anschließend werden die grundlegenden Ebenen der Wertschöpfungskette Rundfunk behandelt:

- die Programmveranstaltung in Kapitel 4,
- die Programm-Input-Produktion in Kapitel 5 und
- der Vertrieb von Rundfunkprogrammen in Kapitel 6.

In Kapitel 7 und 8 werden die zentralen volkswirtschaftlichen Problembereiche der Rundfunkproduktion, nämlich die Konzentration und die Wahl der Finanzierungsformen analysiert; anschließend werden in Kapitel 9 und 10 die zentralen betriebswirtschaftlichen Funktionsbereiche Marketing und Management für Rundfunkunternehmen beschrieben. Eine spezielle Analyse von jeweils eher makroökonomischen und eher mikroökonomischen Problem- bzw. Funktionsbereichen des Hörfunks (Kapitel 11 und 12) und des Fernsehens (Kapitel 13 und 14) schließt sich an. In Kapitel 15 wird die Bedeutung der Werbung für die Massenmedien vorgestellt, um noch einmal die grundlegende Doppelfunktion der Massenmedien als Träger von publizistischer und werblicher Information zu verdeutlichen. Weil die Ökonomie sich bemüht, handlungsorientiert zu sein, wird im abschließenden Kapitel 16 der Beitrag der Medienökonomie zur Fundierung einer angemessenen und konsistenten Medienpolitik herausgearbeitet. Hier ist schließlich der Raum, zu skizzieren, was der Beitrag der „Medienökonomie“ zur Analyse des Mediensystems sein kann und was ihr wissenschaftlicher Ort ist.

Auch Band 2 ist nicht „ad usum delphini“ geschrieben, sondern bemüht sich um eine Darstellung, die der Komplexität des Analyseobjekts Rechnung trägt und die Ansätze von Volkswirtschaft und Betriebswirtschaft, auch die neueren Ansätze, angemessen anwendet. So weit es mir möglich war, habe ich indes auf unnötige Komplexität verzichtet.

Sofern ich einen Sachverhalt bewusst werte, mache ich dies dadurch deutlich, dass ich in der „Ich-Form“ schreibe; unbewusste Wertungen bleiben möglich, sie sind indes vermutlich immer dem „ökonomischen“ Denken geschuldet.

Das gesamte Lehrbuch ist so angelegt, dass es kapitelweise gelesen werden kann; im Idealfall können im Sommersemester die 12 Kapitel von Band 1 und im

Wintersemester die 16 Kapitel von Band 2 zu Grunde gelegt werden. Wegen dieser kapitelweisen Darstellung müssen die behandelten Komplexe jedenfalls prinzipiell in sich abgeschlossen sein. Daher ergeben sich einige Wiederholungen.

Ulrich Klugius danke ich für die Hilfe bei der Sammlung des Datenmaterials, für anregende inhaltliche Diskussionen und für die Geduld bei der Erstellung der Druckvorlage. Kristov Hogel hat die Entstehung der „Medienökonomie" in ihren Anfängen begleitet und forciert; er ist am Pfingstsonntag 1997 im Alter von 27 Jahren gestorben. Seinem Andenken sei dies Buch gewidmet.

Dortmund, im Juli 1999 Jürgen Heinrich

Vorwort zum durchgesehenen Nachdruck

Im durchgesehenen Nachdruck sind Druckfehler und Satzfehler beseitigt worden, außerdem sind die Literaturangaben aktualisiert worden. Ich danke Sonja Roy für ihre Hilfe.

Dortmund, im April 2002 Jürgen Heinrich

1. Kapitel
Markt und Marktversagen in der Rundfunkproduktion

In diesem Kapitel soll der Komplex von Markt und Marktversagen zusammengefasst werden, um Analyserahmen und Referenzstandard der Bewertung der Rundfunkproduktion[1] deutlich zu machen. Ausgangspunkt ist die Vorstellung, dass der Markt als Ordnungsprinzip prinzipiell optimal funktioniert, dass aber die Funktionsvoraussetzungen gerade in der Rundfunkproduktion nicht gegeben sind. Rundfunkproduktion ist mithin durch erhebliche Marktversagenselemente gekennzeichnet. Nicht per se sind aber alternative Ordnungsprinzipien besser als der Markt: Auch die Akteure staatlichen Handelns agieren opportunistisch und nur beschränkt rational. Und nicht für alle Aufgaben ist der Markt, wenigstens prinzipiell, das angemessene Informations-, Motivations- und Koordinierungssystem.

1. Die prinzipielle Optimalität der Marktproduktion

Der Markt ist im System der Ökonomie[2] das prinzipiell optimale Verfahren für die Information, die Motivation und die Koordination von Produktions- und Konsumentscheidungen der Inviduen, der Markt ist in dieser Sicht das optimale Verfahren, um die Allokation der Ressourcen – die Verteilung der Produktivkräfte der Gesellschaft auf Umfang und Struktur der gesellschaftlichen Produktion – zu steuern. Markt ist in diesem Sinne als Verfahren synonym zu sehen mit Wettbewerb, genauer gesagt mit ökonomischem Wettbewerb. Ökonomischer Wettbewerb ist Wettbewerb, dessen Erfolgsmaßstab direkt in Geld ausgedrückt werden kann, also z.B. in Gewinn, Marktanteil oder Umsatz und bei dem zugleich die Zurechnung von Handlungsfolgen in Geld direkt und wesentlich spürbar ist (Heinrich 1992a). In der Kommunikationswissenschaft wird bisweilen auch von Erwerbswirtschaft, Profitorientierung oder Kommerz bzw. Kommerzialisierung gesprochen (vgl. z.B. McQuail 1986 oder Kunczik 1992). Dies ist selbstverständlich möglich, umfasst aber im Wortsinne nur das marktwirtschaftliche Motivationssystem Nutzen- bzw. Gewinnmaximierung. Für uns ist „Kommerz“ die Norm, und Abweichungen, insbesondere politisches Handeln und Handeln von Eliten, müssen sich speziell legitimieren.

Der Markt bzw. der ökonomische Wettbewerb funktioniert nach der ökonomischen Theorie strenggenommen nur dann optimal, wenn die Annahmen des Modells der vollständigen Konkurrenz gelten. Nur dann lässt sich *beweisen,* dass eine ge-

---

[1] Diese Ausführungen gelten z.T. auch für das Mediensystem insgesamt.

[2] Im Folgenden differenziere ich der Einfachheit halber nicht zwischen der Ökonomie als Wirtschaft und der Ökonomik als Wirtschaftswissenschaft.

samtgesellschaftliche optimale Allokation der Ressourcen resultiert. Hieraus hat sich eine recht ausgedehnte und eher ablehnende Diskussion um die Eignung des Modells der vollständigen Konkurrenz und der darauf aufbauenden paretianischen Wohlfahrtsökonomik als Referenzsystem entwickelt (vgl. z.B. Eickhof 1993 und Fritsch/Wein/Ewers 1993, S. 3 ff.). In der auf v. Hayek zurückgehenden Interpretation des Wettbewerbs als offenes Entdeckungsverfahren (v. Hayek 1968) wird die Stringenz der theoretischen Argumentation durch die faktische Relevanz der Gedankenführung ersetzt. Beweisen lässt sich die Optimalität des Marktes dann allerdings nicht mehr (vgl. v. Hayek 1968, S. 4), sie ist lediglich plausibel und durch die Geschichte bestätigt. Der Markt erfüllt in dieser weniger stringenten Interpretation positive Funktionen im Sinne „erfahrungsgestützter Erwartungen über Verlaufsmuster, die funktionierenden Märkten eigen sind“ (Fritsch/Wein/Ewers 1993, S. 7; vgl. auch Band 1, Kapitel 2). Ohne auf die strengen Annahmen des Modells der vollständigen Konkurrenz zurückzugreifen (vgl. dazu z.B. Baßeler/Heinrich 1984, S. 36ff.), wird meist etwas weniger stringent angenommen, dass Märkte gut funktionieren, wenn folgende Strukturbedingungen erfüllt sind:

- Auf dem Markt werden angemessen definierte Eigentumsrechte, also Nutzungs- und Verfügungsrechte an Gütern und Dienstleistungen, getauscht (vgl. Dichmann/Fels 1993; Furubotn/Pejovich 1972).
- Die Marktteilnehmer haben eine gute Transparenz bezüglich der Qualitäten, der Nutzen und der Preise der gehandelten Güter und Dienstleistungen.
- Die Strukturbedingungen für gut funktionierenden Wettbewerb sind erfüllt.
- Es existiert ein Marktgleichgewicht und eine hinreichend große Angebotsflexibilität.

Diese Bedingungen sind weich formuliert, um anzudeuten, dass die Untersuchung konkreter Märkte nicht auf Existenz oder Nichtexistenz bestimmter Bedingungen abstellt, sondern dass es in der Regel um Unterschiede im Grad der Erfüllung dieser Bedingungen geht.

Funktionierende Märkte erfüllen dann folgende Aufgaben:

- Der Markt sichert die produktive Effizienz, d.h., er sorgt für eine kostenminimale Produktion (Faktorallokationsfunktion).
- Der Markt sichert die allokative Effizienz, d.h., er sorgt für eine Erstellung und Verteilung der Güter und Dienstleistungen entsprechend den Präferenzen der Konsumenten (Güterallokationsfunktion).[3]
- Der Markt verteilt die Einkommen gemäß der Marktleistung (Verteilungsfunktion).
- Der Markt regt an zu Produkt- und Prozessinnovation (Innovationsfunktion).
- Der Markt bietet Angebotsflexibilität, d.h., er sorgt dafür, dass die Produktion sich an veränderte Bedingungen anpasst (Anpassungsfunktion).
- Der Markt kontrolliert wirtschaftliche Macht (Kontrollfunktion; vgl. z.B. Baßeler/Heinrich 2001, Kapitel 7).

---

[3] Meist wird zusammenfassend nur von der Allokationsfunktion von Märkten gesprochen. Wegen der prinzipiellen Bedeutung vor allem der Güterallokationsfunktion für das Mediensystem werden hier die zwei allokativen Aspekte getrennt.

Die *Bewertung* der Marktergebnisse erfolgt nach der grundlegenden Norm der Ökonomie, dem individuellen ökonomischen Nutzen, gleichbedeutend mit individueller ökonomischer Wohlfahrt. Und die Bewertung fällt deswegen so positiv aus, weil der Markt, wenn er gut funktioniert, die Summe der individuellen ökonomischen Wohlfahrt maximiert – allerdings bei gegebener Verteilung von Einkommen und Vermögen. In diesem Sinne glaubt die Ökonomie, dass der Markt nicht nur den individuellen Nutzen maximiert, sondern auch ein Gemeinwohl generiert, eine Vorstellung, die nachhaltig bereits von Adam Smith entwickelt worden ist (Smith 1924, S. 14ff.). Ein Blick auf die Entwicklung des Rundfunkmarktes mag diese Einschätzung bestätigen.

Prinzipiell ist mit der Einführung des Marktprinzips wenigstens für einen größeren Bereich der Rundfunkproduktion das eingetreten, was vom Markt erwartet wird: eine deutliche Zunahme der allokativen und produktiven Effizienz. Das Fernsehprogrammangebot hat von 1982 bis 1998 von 20.980 auf 175.200 Stunden pro Jahr zugenommen (vgl. Kapitel 13; dabei sind nur größere Fernsehveranstalter in Deutschland berücksichtigt). Das Programmangebot hat sich also gut verachtfacht, die Wahlmöglichkeiten für die Rezipienten haben sich mithin deutlich verbessert, die konsumtive Vielfalt dürfte zugenommen haben, kurz: Die allokative Effizienz hat sich verbessert. Gleichzeitig sind die durchschnittlichen Einnahmen pro Fernsehprogrammstunde rechnerisch deutlich von 186.000 (1982) auf 81.000 (1996) zurückgegangen. Die privaten Anbieter und der Wettbewerb haben damit sehr nachhaltig auch die produktive Effizienz gesteigert. Zudem sind eine Fülle neuer Produkte und Produktionsverfahren entwickelt und eingeführt worden, z.B. Lokalfernsehen, Pay-TV oder Teleshopping.

Eine *Bewertung anhand anderer Normen* als der Ökonomie ist selbstverständlich möglich und sicher auch angebracht. So hat die Publizisitik andere Bewertungsmaßstäbe entwickelt, und diese Unterschiedlichkeit ist Quelle erheblicher Verständigungsprobleme zwischen der Ökonomie und der Publizistik (vgl. Band 1, Kapitel 3). Das System der Publizistik verwendet vor allem den Wertmaßstab „publizistische Vielfalt“ und in zweiter Linie die Wertmaßstäbe „publizistische Qualität“ und „publizistisches Niveau“. Letztere werden häufig verwechselt, daher soll versucht werden, beide Begriffe zu definieren.

Publizistische Qualität ist die prinzipiell objektiv feststellbare Güte einer publizistischen Produktion, gemessen am Grad der Erfüllung einer Reihe von Eigenschaften, die in der Regel mit Aktualität, Relevanz, Richtigkeit, Rechtmäßigkeit, Professionalität (z.B. kurze, klar gegliederte verständliche Darstellung mit erkennbarer Dramaturgie) und Schönheit benannt werden (vgl. Schatz/Schulz 1992, Rager 1994; Schönheit wurde von mir hinzugefügt). Zu Recht wird betont, dass die Definition von publizistischer Qualität schwierig sei (z.B. Ruß-Mohl 1992, S. 85), dass aber *Journalisten* als Experten in der Bewertung einer publizistischen Produktion meist einig sind (Schreiber 1994, S. 37f.).

Publizistisches Niveau wird üblicherweise nicht als spezielles Bewertungskriterium eingeführt. Meines Erachtens erscheint es aber sinnvoll, die Konzepte Niveau und Qualität zu unterscheiden, weil sie sich auf ganz unterschiedliche Ebenen beziehen. Publizistisches Niveau bezeichnet den publizistischen Rang, die Position einer publizistischen Produktion in der Hierarchie der Präferenzen (Philosophie rangiert in der Bewertung der Präferenzen vor Pornographie) und in der Hierarchie der gedachten Intelligenz der Rezipienten. Ein Beispiel soll den Unterschied zwischen Niveau und Qualität verdeutlichen: Die Wochenzeitung „Die Zeit" hat ein hohes publizistisches Niveau, das ihre publizistische Qualität übersteigt; bei der Bild-Zeitung ist es umgekehrt.

2. Marktversagen und Regulierung

Die Ökonomie behauptet nur die prinzipielle Optimalität des Marktes, behauptet nur, dass der Markt als Prinzip optimal funktioniert, nämlich dann, wenn die Voraussetzungen für gut funktionierende Märkte erfüllt sind. Man spricht von *Marktversagen*, wenn diese Bedingungen nicht erfüllt sind, weil dann das Ergebnis der tatsächlichen marktmäßigen Koordination vom optimalen Ergebnis abweicht: Die optimale Allokation der Ressourcen nach dem Wertmaßstab der Ökonomie ist dann nicht gewährleistet. Strenggenommen ist das Konzept des Marktversagens vor dem Hintergrund des Modells der vollständigen Konkurrenz als Referenzmaßstab entwickelt worden. Als Ursachen des Marktversagens werden hier Abweichungen von bestimmten Modellannahmen der vollständigen Konkurrenz herausgestellt. Indes können solche Abweichungen auch hinlänglich allgemein als Ursachen für Marktversagen interpretiert werden (vgl. Fritsch/Wein/Ewers 1993, S. 53 ff.), und dem wird hier gefolgt. Von Marktversagen ist mithin dann auszugehen, wenn die genannten Strukturbedingungen für gut funktionierende Märkte nicht hinreichend erfüllt sind. Als Ursachen von Marktversagen gelten also:

- Eigentumsrechte können nicht hinreichend definiert und durchgesetzt werden (öffentliche Güter und externe Effekte),
- kontinuierlich sinkende Durchschnittskosten der Produktion begründen Strukturprobleme des Wettbewerbs,
- es bestehen Informationsmängel, und
- es bestehen Anpassungsmängel.

Dieser beschriebene Analyserahmen eignet sich recht gut zur ökonomischen Betrachtung des Rundfunksystems, weil damit im Prinzip alle charakteristischen Eigenschaften der Rundfunkproduktion erfasst und zusammenhängend analysiert werden können. Dies impliziert, die journalistische Produktion, die Produktion von Meinungen, Ideen und Informationen, mit dem gleichen Ansatz zu erforschen wie die Produktion von Gütern. Eine solche Sichtweise ist insbesondere von Coase akzentuiert worden (Coase 1974).

Für das Rundfunksystem sind Probleme der Definition und Durchsetzung von Eigentumsrechten, außerdem Informationsmängel und Strukturprobleme des Wettbewerbs von erheblicher Bedeutung. Daher sollen diese Probleme in diesem einleitenden Kapitel allgemein und zusammenhängend dargestellt und analysiert werden. In den nachfolgenden Kapiteln werden Elemente des Marktversagens immer wieder aufgegriffen, wenn dies bei der Analyse der Produktionsebenen – insbesondere in den Kapiteln 4, 5 und 6 – notwendig erscheint. Im Folgenden wird das Marktversagen bei unzureichend definierten Eigentumsrechten, bei Strukturproblemen des Wettbewerbs und bei Informationsmängeln im Rundfunkbereich beschrieben, und es wird untersucht, welche Konsequenzen für die Rundfunkproduktion sich daraus ergeben. Anpassungsmängel sind für das Rundfunksystem weniger relevant, sie werden daher hier nicht behandelt.

Ist ein Marktversagen diagnostiziert, so kann damit nicht als sicher gelten, dass andere Ordnungsformen – zu denken wäre im Prinzip an irgendwie geartete staatliche Eingriffe – dann überlegen sind. Nach dem „Comparative Institution Approach" (Demsetz 1969, S. 1) wäre nach der Diagnose eines Marktversagens ein Vergleich mit alternativen institutionellen Arrangements vorzunehmen. Nur wenn eine Verbesserung erwartet werden kann, wäre das Marktversagen zu korrigieren. Insbesondere wäre zu berücksichtigen, dass auch die Akteure staatlichen Handelns – Wähler, Politiker, Bürokraten und Interessenverbände – opportunistisch handeln und nur über eine beschränkte Rationalität verfügen (vgl. z.B. Bernholz/Breyer 1984, Kapitel 9 u. 12). Man spricht dann von Staatsversagen.

Prinzipiell mögliche staatliche Maßnahmen bei einem Marktversagen sind die Regulierung und/oder die Begründung wettbewerbspolitischer Ausnahmebereiche. Regulierung wird nicht einheitlich definiert. Hier wird *Regulierung* verstanden als direkte staatliche Kontrolle der ökonomischen Aktivitäten von privaten und öffentlichen Unternehmen. Diese Kontrolle bezieht sich vor allem auf die Parameter Preise, Produktionsmengen und Produktqualitäten, sowie auf den Marktzutritt und Investitionen (vgl. Band 1, Kapitel 2, Abschnitt 7). Eine weiter gefasste Definition verwenden etwa Müller/Vogelsang (1979, S. 197ff.), während Eickhof eine engere Definition bevorzugt (Eickhof 1993, S. 204). Wie auch immer Regulierung definiert wird, es bleibt festzustellen, dass das Rundfunksystem in so gut wie allen Ländern der Welt durch umfangreiche, wenn auch unterschiedliche Regulierungen gekennzeichnet ist. Insbesondere der Marktzutritt und die Produktqualität werden in aller Regel kontrolliert. Eine ausführliche Beschreibung der Erfahrungen für Deutschland bietet der Band „Rundfunkaufsicht in Deutschland" (1989). *Wettbewerbspolitische Ausnahmebereiche* sind jene Wirtschaftsbereiche, die von den Regelungen des Gesetzes gegen Wettbewerbsbeschränkungen ganz oder teilweise freigestellt sind (vgl. z.B. Herdzina 1991, S. 130 ff). Solche Ausnahmebereiche, wie sie z.B. für den Sektor Verkehr, Versorgung, Kredit und Versicherung im deutschen Gesetz gegen Wettbewerbsbeschränkung (GWB §§ 99-103) vorgesehen waren, existieren für den Rundfunksektor indes nicht.[1]

3. Marktversagen bei unzureichend definierten Eigentumsrechten

3.1. Zur Abgrenzung von öffentlichen Gütern und externen Effekten

Unzureichend definierte Eigentumsrechte sind Definitionsmerkmal sowohl der öffentlichen Güter als auch der externen Effekte.

---

[1] Das Gesetz gegen Wettbewerbsbeschränkungen ist 1998 grundlegend modifiziert worden und wird inzwischen auch als Kartellgesetz (KartellG) bezeichnet; vgl. Kapitel 7, Abschnitt 7.

Öffentliche Güter
Ein Gut hat den Charakter eines reinen öffentlichen Gutes, wenn es ohne Rivalität von allen Nachfragern konsumiert werden kann (Nichtrivalität) und wenn ein Ausschluss vom Konsum nicht möglich ist (Nichtausschluss). Dies steht im Gegensatz zu einem privaten Gut, wie z.B. Champagner, bei dem Nichtzahler von der Nutzung im Regelfall ausgeschlossen werden und der Konsum durch einen Konsumenten den Konsum durch einen anderen Konsumenten ausschließt.

Nichtrivalität im Konsum liegt dann vor, wenn ein Gut von vielen Personen gleichzeitig konsumiert werden kann, ohne dass der Konsum einer Person den Konsum anderer Personen beschränkt. Beispiele sind zahlreich zu finden, etwa die Nichtrivalität im Konsum der Güter Sicherheit, saubere Umwelt, Straßenbeleuchtung, Rundfunkprogramme usw.

Nichtausschluss (Versagen des Marktausschlussprinzips) liegt vor, wenn potenzielle Konsumenten nicht von der Nutzung des Gutes ausgeschlossen werden können, auch dann nicht, wenn sie keinen angemessenen Beitrag zur Finanzierung der Produktion leisten. Die Möglichkeit des Ausschlusses bzw. Nichtausschlusses ist viel mehr als bei der Nichtrivalität eine Frage des Grades, nicht der Existenz. Dies liegt daran, dass die Anwendbarkeit des Ausschlussprinzips in der Regel eine Frage der Technik und der Kosten, vor allem auch der Transaktionskosten, ist. So könnte man Nichtzahler von der Straßennutzung oder der Nutzung eines Leuchtturms oder der Nutzung eines Rundfunkprogramms ausschließen, aber dies ist in der Regel umständlich und teuer.

Die Konsequenzen dieser Tatbestände sind zweierlei. Wenn Nichtrivalität im Konsum besteht, dann ist es nicht *sinnvoll*, Preise zu fordern und damit einen Konsumenten vom Konsum auszuschließen, denn dieser zusätzliche Konsument würde ja keine zusätzlichen gesellschaftlichen Ressourcen verbrauchen. In der Sprache der Theorie der Eigentumsrechte ausgedrückt ist die Definition und Durchsetzung von Eigentumsrechten nicht effizient, sie würde unnötige volkswirtschaftliche Kosten verursachen. Andererseits fehlen aber die Produktionsanreize, wenn es Eigentumsrechte am Produkt nicht gibt.

Wenn Nichtausschluss gegeben ist, dann *können* Preisforderungen nicht durchgesetzt werden. In der Sprache der Theorie der Eigentumsrechte formuliert, können Eigentumsrechte also nicht definiert und durchgesetzt werden. Kein ökonomisch rational handelnder Konsument würde nämlich für ein Gut zahlen, von dessen Nutzung er nicht ausgeschlossen werden kann. Er könnte vielmehr als Free-Rider unentgeltlich in den Genuss solcher Güter kommen. Da Preisforderungen also nicht durchgesetzt werden können, wird auch kein privater Unternehmer bereit sein, ein solches öffentliches Gut zu produzieren. Gemessen an den Präferenzen der Konsumenten für ein solches Gut, wird ein solches Gut dann in zu geringem Umfang oder gar nicht produziert. Man spricht von Unterproduktion, das klassische Beispiel ist der Umweltschutz.

Externe Effekte
Externe Effekte sind Auswirkungen der ökonomischen Aktivitäten eines Wirtschaftssubjektes, die vom Verursacher nicht berücksichtigt werden, bei denen Ver-

ursacher und Betroffener mithin nicht übereinstimmen und – im Gegensatz zu anderen ökonomischen Transaktionen – zwischen den Beteiligten keine Rechte auf Entgelt oder Kompensation begründen. Es sind also kurzgesagt Wirkungen auf unbeteiligte Dritte (Drittwirkungen). Wenn es externe Effekte gibt, kann die Marktproduktion die optimale Allokation nicht gewährleisten, weil die Drittwirkungen ex definitione nicht in die privaten Kosten-Nutzen-Kalküle der Produzenten eingehen. Zu unterscheiden sind positive und negative externe Effekte. Typisches Beispiel für einen negativen externen Effekt ist eine Unternehmung, die ihre Abwässer und Abgase an die Umwelt abgibt, ohne für die Schädigung zu zahlen. Da niemand Privateigentum an Luft und Wasser hat, werden den Verursachern die entstandenen Schäden nicht in Rechnung gestellt. Typisches Beispiel für einen positiven externen Effekt ist die Produktion von sauberer Luft durch Waldbesitzer. Auch hier wird die Produktion sauberer Luft nicht entgolten, weil Privateigentum an Luft nicht existiert.

Mithin existieren sowohl bei öffentlichen Gütern als auch bei externen Effekten keine angemessen definierten und durchsetzbaren Eigentumsrechte; ihr Fehlen ist in beiden Fällen die Ursache für Marktversagen. Allerdings besteht ein Unterschied insofern, als bei öffentlichen Gütern Eigentumsrechte für die Hauptaktivität nicht definiert werden können, während bei externen Effekten Eigentumsrechte für Nebenwirkungen, für Drittwirkungen nicht definiert und durchgesetzt werden können. Daher sollen die herkömmlichen Bezeichnungen beibehalten werden (anders Fritsch/Wein/Ewers 1993, S. 255f.).

3.2. Rundfunkproduktion als öffentliches Gut

Um zu erkennen, in welchem Umfang Rundfunk ein öffentliches Gut ist, sollten die produzierten Güter nach ihrer Stellung im Rundfunkkonsumprozess unterschieden werden. Zudem muss der Stand der Ausschlusstechnik, also der Technik, Nichtzahler von der Nutzung der Güter auszuschließen (also Schwarzseher und Schwarzhörer aufzuspüren), berücksichtigt werden.

Nach ihrer Stellung im Rundfunkkonsumprozess lässt sich die Rundfunkproduktion in drei Ebenen differenzieren:

- die stofflichen Träger der Information, die Informationsträger,
- die Information per se als Input in den privaten Rundfunkkonsumprozess als eigentliches Informationsgut[2] und
- der Output des Rundfunkkonsumprozesses in gesellschaftlicher und privater Sicht (vgl. Band 1, Einführung).

Nach dem Stand der Ausschlusstechnik, also nach dem Stand der Übertragungs- und Gebühreninkassotechnik, ist es vor allem wichtig zu unterscheiden, ob es technisch möglich und ökonomisch sinnvoll ist, für die Produktion und/oder die Nutzung massenmedial vermittelter Informationen spezifische Entgelte zu zahlen bzw. zu verlangen. So ist es *denkbar*, dass für die Nutzung von Informationen, differenziert nach Nutzungsdauer, Nutzungszeit und nach Nutzwert, spezifizierte Gebühren erhoben

---

[2] Ähnlich unterscheidet Pethig (1988) zwischen dem Informationsträger, dem Informationsgut und zusätzlich der konkreten Kopie eines Informationsgutes.

werden. Dies ist bislang allerdings noch Spekulation; sollte dies möglich sein, so würde dies im Zuge der Digitalisierung des Rundfunkvertriebs den Rundfunkmarkt revolutionieren.

3.2.1. Stoffliche Träger der Rundfunkproduktion als öffentliche Güter?

Bei dem gegenwärtigen Stand der Technik von Produktion, Distribution und Konsum der Rundfunkproduktion kann folgendermaßen differenziert werden:

- Elektronische Medien als stoffliche Träger von Informationen sind je nach Übertragungsweg und Abrechnungssystem teils private, teils öffentliche Güter. Bei terrestrischer und bei Satellitenübertragung besteht uneingeschränkte Nichtrivalität im Konsum, die Nutzung durch einen Rezipienten beschränkt nicht die Nutzungsmöglichkeiten anderer. Ein Ausschluss von Nichtzahlern ist möglich, indes schwierig und nicht lückenlos, wie die Anstrengungen der Gebühreneinzugszentrale (GEZ) zeigen, Schwarzempfänger aufzuspüren. Bei kabelgebundener Übertragung sind Schwarzempfänger etwas leichter aufzuspüren, aber auch hier ist ihre Zahl offenbar beträchtlich, und ebenso wie bei terrestrischer Übertragung besteht uneingeschränkte Nichtrivalität im Konsum.
- Je differenzierter die Abrechnungssysteme werden – je mehr eine Annäherung an Pay-Per-View bzw. Pay-Per-Hear erfolgt – desto privater wird der Charakter des Gutes.

3.2.2. Information als öffentliches Gut?

Zentraler Rohstoff des Mediensystems ist die Information. Information ist Verbreitung von Wissen, das ein Kenntnisgefälle zwischen Kommunikator und Rezipient verringert und die Ungewissheit über die Eintrittswahrscheinlichkeit von Ereignissen verringert. Von zentraler Bedeutung ist die Frage, inwieweit Eigentumsrechte an Informationen begründet werden können, weil dies Handlungsfolgen angemessen zurechnet und insbesondere als idealer Leistungsanreiz für effiziente Produktion und sparsamen Verbrauch von Informationen gilt.

An Informationen per se, d.h. an Informationen unabhängig von ihrem Inhalt, können Eigentumsrechte nur unvollkommen durchgesetzt werden. Ökonomisch formuliert, sind die Transaktionskosten, also die Kosten der Information, der Vereinbarung und der Kontrolle der Definition und der Durchsetzung von Eigentumsrechten sehr hoch, jedenfalls viel höher als bei „normalen" Gütern wie z.B. Grundstücken, Essen in einem Restaurant oder Bankdienstleistungen. Dies liegt zum einen an den formalen Charakteristika der Information: Sie ist kein physisches Produkt, ein Verbrauch ist nicht notwendig an den physischen Besitz gebunden und ein unbefugter Verbrauch ist wegen der Nichtrivalität im Konsum nicht direkt erkennbar. Zum anderen liegt die Schwierigkeit, Eigentumsrechte an Informationen zu begründen und durchzusetzen, daran, dass die Menge und der Wert von Informationen vor dem Kauf eigentlich gar nicht und nach dem Kauf nur mit viel Aufwand ermittelt werden kann. So ist es für Rundfunkveranstalter schwierig, den Wert von

Programmbeiträgen zu ermitteln, die vereinbarte Qualität zu kontrollieren und Exklusivrechte zu schützen. Und dies gilt verstärkt für Rezipienten. Daher existieren, wenn überhaupt, vor allem recht einfache Informationsverwertungssysteme, z.B. die pauschal nach Menge und Nutzungshäufigkeit abrechnenden Verwertungssysteme wie die Gema oder die VG Wort, und es existieren, wenn überhaupt, nur grobe Marktpreiskalkulationen für Rundfunkprogramme im Rahmen von Pay-TV.

Die Schwierigkeiten der Definition und Durchsetzung von Eigentumsrechten an Informationen werden mit dem technischen Fortschritt bislang nicht kleiner. Der Trend der technischen und ökonomischen Entwicklung geht bislang nicht in die Richtung eines besseren Schutzes von Eigentum an Informationen. Der Zugriff auf Informationen wird vielmehr technisch immer einfacher und billiger: Seit Jahren werden illegal Mitschnitte von Konzerten gefertigt, Raubkopien von Software[3] und Musik sind noch billiger als Raubkopien und Raubdrucke von Printwerken und der Zugriff auf digitalisiert gespeicherte Informationen ist trotz aller Vorkehrungen offenbar leicht möglich. Das Internet ist Jagdrevier von Hackern und Netzterroristen, wie Hacker in den Datenbeständen des Pentagon zeigen. Und Urheberrechte sind in diesem Umfeld nur schwer zu sichern. Die Verwertung von Rechten ist schwer zu kalkulieren, weil etwa bei Multimedia-Präsentationen die Anzahl der Kontakte, die Größe des Monitors oder Bildverarbeitungen vorher kaum absehbar sind.

Um nicht missverstanden zu werden: Es ist nicht unmöglich, Eigentumsrechte an Informationen zu definieren und durchzusetzen, es ist nur sehr schwierig und sehr teuer, nach *Wert* der Informationen und nach Preiszahlungsbereitschaft der Käufer gestaffelte Nutzungs- und Verfügungsrechte an Informationen zu definieren und durchzusetzen, wie es z.B. bei Grundstücken unschwer möglich ist. Sehr plastisch und sehr früh beschreibt die Prognos AG die Schwierigkeiten der Vermarktung von Informationen:

> Damals hat „Prognos", das war früh in den sechziger Jahren, den Versuch gemacht, einmal wissenschaftlich erarbeitete Konjunkturprognosen zur Verfügung zu stellen. Das war zunächst ein sehr erfolgversprechender Versuch, weil er nämlich auf eine sehr große und an sich ungedeckte Nachfrage stieß. Infolgedessen war diese Nachfrage auch bereit, recht viel für diese Versuche zu zahlen (...), andere folgten diesem Versuch. Und die Presse nahm sich sehr rasch der Ergebnisse dieser Versuche an und verbreitete sie (...). Die Konjunkturprognosen interessierten allgemein. Und sehr rasch geschah etwas, was man als das „Absinken des Kulturgutes" bezeichnen kann: Das Kulturgut Prognose, Konjunkturprognose, sank auf eine immer breitere Öffentlichkeit ab. Und damit wurde es mehr und mehr zu einem Public Good (zu einem öffentlichen Gut; J. H.). Es wurde immer wertloser – aus der Sicht des Produzenten gesehen. Für den einzelnen Konsumenten mag das noch wertvoll gewesen sein, aber für den Produzenten wurde dieses Produkt sehr fragwürdig, weil es plötzlich durch die Informationsvermittlung überall verfügbar war (ik Report Nr. 7 / 1994, S. 53).

Neben dem beschriebenen partiellen Nichtausschluss sind Informationen uneingeschränkt durch *Nichtrivalität im Konsum* gekennzeichnet. Eine Information ver-

[3] Schätzungen über Verluste aus Raubkopien von Software belaufen sich auf weltweit 12,8 Mrd. US$ im Jahre 1993, und mehr als die Hälfte der verwendeten Software ist illegal (Givon/Mahajan/Muller 1995, S. 29).

braucht sich nicht, wenn jeweils weitere Personen sie nutzen. Die Grenzkosten des Konsums einer Information durch eine weitere Person sind Null. Und wenn man eine Information jeweils einer weiteren Person zugänglich macht, so sind die bisherigen Besitzer/Konsumenten der Information deswegen nicht schlechter informiert. Produktionstechnisch formuliert gibt es bei der Produktion von Informationen ausschließlich fixe Kosten mit der Folge, dass die Durchschnittskosten der Information pro Kopf des Konsumenten mit zunehmender Zahl der Konsumenten sinken.

In differenzierter Analyse ist zu sehen, dass allerdings der *Wert* einer Information davon abhängen kann, wie viele Personen diese Information erhalten. So sinkt der Wert solcher Informationen, die man geschäftlich/privat nutzen kann, mit der Zahl der Personen, die diese Informationen ebenfalls erhalten, z.B. bei Börsenspekulationen oder Exklusivnachrichten. Andererseits ist aber denkbar, dass der Wert einer Information mit der Zahl der Personen zunimmt, die die Information ebenfalls erhalten, so bei Informationen, die für die öffentliche Meinungsbildung relevant sind, z.B. bei Informationen zum Sozialverhalten (Gesundheit, Verkehr, Konsum usw.). Diese Unterscheidung ist wichtig für das Preissetzungsverhalten des Anbieters von Informationen, das hier indes nicht im Vordergrund der Analyse steht. Daher kann auf weitere Differenzierungen verzichtet werden. Insgesamt bleibt festzuhalten, dass Informationen überwiegend öffentliche Güter sind, gekennzeichnet durch Nichtrivalität und partiell durch Nichtausschluss.

Die *Folge des Nichtausschlusses*, also der Schwierigkeiten, Eigentumsrechte zu definieren und durchzusetzen, ist, dass bestimmte Informationen, sowohl als Konsumgut wie als Produktionsfaktor, gemessen an den Präferenzen der Konsumenten und der Nachfragebereitschaft der Unternehmen, in zu geringem Umfang produziert werden (vgl. Bates 1988). Auf allgemeine, z.B. staatsbürgerliche Interessen zugeschnittene Informationen werden mit zunehmender Kommerzialisierung vom Markt verschwinden, nicht nur, weil sie das Publikum nicht will, sondern weil das Publikum meint, sie nicht bezahlen zu müssen (vgl. Jensen 1979, S. 271f., Barbier 1989, S. 47). Eine Parallele stellen Forschungs-, Entwicklungs- und Bildungsaktivitäten dar: Auch sie erfolgen nicht in dem Umfang, in dem sie gesellschaftlich rentabel sind, weil die positiven Wirkungen von Forschung und Entwicklung sowie von Bildung und Ausbildung nicht zur Gänze vom Produzenten internalisiert, also vermarktet werden können.

Der mangelhafte Schutz des Eigentums an Information, allgemein auch an Wissen, an Ideen, führt dazu, dass die Anreize, selbst kreativ tätig zu werden, schwinden. So kann man im Medienbereich Begriffe, Ideen, Stories oder Konzepte für Produktionsformen im Prinzip kostenlos übernehmen, daher lohnt es nicht hinreichend, sie selbst zu entwickeln. Dies führt zu einer „Herumerfinderei", zu nur kleinen Veränderungen des Produkts, die unter Berücksichtigung ihrer Produktionskosten den Gesamtnutzen für die Gesellschaft nicht erhöhen (vgl. die Parallelen zur Diskussion um die Ausgestaltung von Patentrechten, Kaufer 1985). Veränderung der Verpackung, etwa im Layout, im Design, in der Art der Präsentation, herrschen im Medienbereich vor.

Im Einzelnen hängen die Folgen für die Informationsproduktion von den tatsächlich existierenden Gratifikations- und Sanktionssystemen ab. Gibt es nur pauschal nach Menge, nicht nach Wert differenzierende Abrechnungssysteme, so ist der ökonomische Anreiz, qualitativ hochwertige Informationen zu produzieren, gering im Verhältnis zum Anreiz, Informationen in großer Menge zu produzieren. Genauso scheint es zu sein.

Die *Nichtrivalität* begründet ein spezifisch ökonomisches Dilemma, nämlich das Dilemma, wählen zu müssen zwischen Produktionsanreizen und Konsumbeschränkungen. In dieser Betrachtung besteht ein Dilemma zwischen einer zu geringen Nutzung der Information, weil Eigentumsrechte, wenn sie denn begründet werden können, Monopolpreise schaffen, und einer zu geringen Produktion, weil ohne Eigentumsrechte die Anreize zur Produktion fehlen (Cooter/Ulen 1988, S. 135). In dieser Situation besteht unter Ökonomen keine Einigkeit, ob Eigentumsrechte begründet werden sollten oder nicht (vgl. die Zusammenstellung bei Frank 1996, S. 5f. und vor allem Koboldt/Schmidtchen 1991, S. 298 ff.), wenngleich insgesamt doch wohl eher für die Schaffung von Eigentumsrechten plädiert wird. Hier wäre ein Werturteil zu fällen, das ich so fälle: Die gesamtwirtschaftlichen Verluste, die Konsumenten deswegen tragen, weil Eigentumsrechte die Produktion und den Konsum von Informationen unnötigerweise verteuern, sind insbesondere bei der sehr billigen Produktion massenmedialer Informationen gering im Verhältnis zu den Verlusten wegen des Mangels an Produktionsanreizen. Also sollte angestrebt werden, Eigentumsrechte an Informationen zu begründen.

Strategien, die Vermarktungsprobleme zu lösen, sind die folgenden:

- Verkauf des öffentlichen Gutes Information im Verbund mit dem privaten Gut Werbung;
- Verstärkung des jeweils privat nutzbaren Anteils der öffentlichen Information und
- Verringerung der Anreize für geistigen Diebstahl.

Verbund journalistischer Produktion und Werbung

Massenmedien erzielen ihren Umsatz in der Regel schwerpunktmäßig aus der Werbung – sie sind also vor allem Werbeträger – und Werbeträger sind vor allem Massenmedien – nur etwa zehn Prozent der Werbeausgaben entfallen auf die Nichtmassenmedien. Dies ist kein Zufall, denn im Verbund von Werbung und journalistischer Produktion ergeben sich erhebliche Verbundvorteile (vgl. Kapitel 15):

- Die journalistische Produktion und die Werbung werden in der Regel an die gleichen Abnehmer geliefert, die Verteilkosten sind relativ unabhängig von der Liefermenge. Dies erspart im Verbund des Vertriebs die relativ hohen lokalen Verteilkosten der Werbebotschaften (Verbundvorteile im Vertrieb).
- Sofern es sich um Werbung mit überwiegend suggestivem Charakter handelt (Markenartikelwerbung und generell um solche Werbung, die eher emotional ausgerichtet ist), die also nicht um ihrer selbst willen rezipiert wird, muss der Konsum der journalistischen Produktion die Aufmerksamkeit und Bereitschaft für die Rezeption der Werbebotschaft mit erzeugen (Verbundvorteile im Konsum).

- Schließlich realisiert die partiell mögliche Nutzung derselben Produktionsanlagen wie Studios, Sendemasten usw. auch einige Verbundvorteile in der Produktion.

Massenmedien verkaufen also ein Produkt, das sie mit Produktion und Vertrieb redaktioneller Informationen miterzeugen: die Verbreitungswahrscheinlichkeit von Werbebotschaften. Dies ist ein rein privates Produkt, das ohne besondere Schwierigkeiten vermarktet werden kann. Das Ausschlussprinzip kann unschwer angewendet werden – nur dessen Werbebotschaft wird verbreitet, der dafür zahlt – und Konsumrivalität ist gegeben – das Verbreiten einer Werbebotschaft verringert die Möglichkeit, andere Werbebotschaften auszustrahlen. Die Frage ist, ob mit diesem Verbund des privaten Gutes „Werbung"[4] und des partiell öffentlichen Gutes „redaktionelle Information" Marktversagen in dem Sinne überwunden wird, dass von den Rezipienten gewünschte Informationen, die ohne diesen Verbund nicht produziert werden, mit diesem Verbund letztlich doch angeboten werden. Dies wäre nur dann der Fall, wenn es sich um das gleiche Produkt und die gleichen Nachfragerpräferenzen handelte. Das gilt allerdings nicht. Innerhalb eines recht großen Spektrums von redaktionellen Informationen, die alle geeignet sind, beim Rezipienten Aufmerksamkeit zu erregen, werden dann die Informationen produziert, die am billigsten die gewünschte Aufmerksamkeit erzeugen. Marktversagen kann also nur der Menge nach beseitigt werden – das Angebot an redaktioneller Information wird erheblich ausgeweitet – aber nicht der Art nach – es werden nicht genau die redaktionellen Informationen produziert, die die Rezipienten wünschen.

Verstärkung des privaten Charakters der Information

Eine andere Strategie, die Probleme der Vermarktbarkeit von Informationen zu lösen, ist das Bemühen, den privat nutzbaren Teil der Information zu verstärken. Möglichkeiten der Privatisierung der Information sind vor allem:

- Information zusammen mit Unterhaltung zu verkaufen (Infotainment) bzw. bevorzugt so genannte interessante Themen wie z.B. Kriminalität, Alltagstragödien, Gesundheit oder Sexualität auszuwählen;
- die Information durch eine zielgruppenspezifische Gefühlsdramaturgie anzureichern (vgl. Saxer/Märki-Koepp 1992);
- den privaten Gebrauchswert der Informationen durch strikte Serviceorientierung zu erhöhen (z.B. verbraucherorientierte Wirtschaftssendungen im Rundfunk) und/oder
- den privaten Gebrauchswert der Informationen durch starke Zielgruppenorientierung zu steigern (Ballungsraumfernsehen, Spartenkanäle).

Mit einer solchen Privatisierung von Informationen entfernt sich der Journalismus allerdings von der Erfüllung seiner öffentlichen Aufgabe.

Verringerung der Anreize für geistigen Diebstahl

Eine dritte Strategie, die Probleme der Vermarktbarkeit von Informationen zu lösen, ist – wenn es denn schon schwierig ist, geistigen Diebstahl zu verhindern – die An-

---

4 Als Kurzform für das eigentlich gehandelte Gut „Verbreitungswahrscheinlichkeit von Werbebotschaften"

reize für geistigen Diebstahl zu verringern. Die Anreize schwinden, wenn die Informationen auf immer enger definierte Zielgruppen zugeschnitten werden, auf branchenspezifische, technologiespezifische, produktspezifische oder lokalspezifische Informationen. So wird sich der Trend zur Segmentierung der Kommunikation auch als Druck von der Angebotsseite verstärken, eine Entwicklung vom „Broadcasting" über „Narrowcasting" hin zum „Personalcasting" deutet sich an. Anreize für geistigen Diebstahl schwinden auch, wenn verstärkt auf Aktualität gesetzt wird, weil dieses Wertkriterium geistigen Diebstahl weniger sinnvoll macht; allgemein spricht man dann vom „Lead-Time-Advantage" (vgl. Koboldt/Schmidtchen 1991, S. 310f.). Entsprechend wird verfahren.

3.2.3. Der Output des Rundfunkkonsumprozesses als öffentliches Gut?

Zur Beantwortung dieser Frage müsste geklärt werden, was der Output des Rundfunkkonsumprozesses ist, was für den Einzelnen und die Gesellschaft das Ergebnis/die Wirkungen der Rundfunkproduktion und des Rundfunkkonsums darstellt. Dies kann hier nicht geklärt werden, weil auch die langen Auseinandersetzungen um Konzepte der Öffentlichkeit, der öffentlichen Meinung und der Medienwirkung diese Frage bislang nicht klären konnten (vgl. z.B. Bonfadelli/Hättenschwiler 1994, Donsbach 1995, Noelle-Neumann 1989, Pürer 1990). Zudem mischen sich deskriptive und normative Zuschreibungen der Wirkungen des Mediensystems, die nicht leicht zu entwirren sind.

Die Ökonomie hat es bei der Analyse solcher Fragen etwas leichter, weil hier nur geklärt werden muss, ob es sich um ein „Gut" oder ein „Schlecht" handelt und in welchem Ausmaß Nichtausschluss und/oder Nichtrivalität gegeben sind, um Aussagen über die Funktionsweise von Märkten machen zu können. Aber nicht einmal dieses kann zufriedenstellend geklärt werden. Wenn und insoweit der Output des Rundfunkkonsumprozesses ein überwiegend privates Gut ist – zu vermuten im Bereich von Unterhaltung und nutzwertorientierter Information –, dann kann Produktion und Konsum unter dem Regime des Marktes erfolgen, ein Marktversagen ist in einigen Bereichen möglich, kann indes durch die Medienpolitik und die Wettbewerbspolitik jedenfalls teilweise korrigiert werden. Wenn und insoweit der Output ein überwiegend öffentliches Gut ist, dann sollte die Produktion nicht unter dem Regime des Marktes erfolgen, andere Organisationsformen müssten dann entwickelt werden, und insgesamt wäre eine duale, eine partiell private und partiell öffentliche Medienordnung zu konzipieren.

Der Output des Rundfunkkonsumprozesses ist auch ein öffentliches Gut, jedenfalls in der *normativen* Vorstellung der durch die Massenmedien und insbesondere durch den Rundfunk hergestellten Öffentlichkeit, die durch die Kontrolle von Politik und Gesellschaft eine gute oder sogar optimale Funktionsweise der Demokratie hervorbringt. Diese Vorstellung ist inkorporiert im *Meinungsmarktmodell:* Der Wettbewerb der Meinungen im Meinungsmarkt erbringt ein Meinungsoptimum, so wie der ökonomische Wettbewerb ein Güterversorgungsoptimum hervorbringt, und diese optimale Meinung ist zugleich Kontrolle der Aktionen von Politik und Gesellschaft. Eine solche Interpretation der öffentlichen Meinung als öffentliches Gut geht insbesondere auf Röpke zurück (Röpke 1970) und dürfte der herrschenden Meinung der Ökonomie entsprechen. Ein solches Gut wird nicht in optimalem Umfang produziert, weil es nicht privat nachgefragt wird. Es ist nach dieser Sicht für die meisten Menschen eben nicht rational, allgemeine staatsbürgerlich-politische Informationen nachzufragen, obwohl alle Menschen an einer guten Funktionsweise des politisch-ökonomischen Systems interessiert sind, sie fragen vielmehr Information und Unterhaltung als privates Gut nach (vgl. Jensen 1979, S. 271f.). Dies nach dem Motto „Soll doch das Kanzleramt die „Frankfurter Allgemeine Zeitung“ abonnieren und dadurch lernen, was gute Ordnungspolitik ist“ (Barbier 1979, S. 47; ich, so wäre zu ergänzen, lese „Sport-Bild“ und die „Börsenzeitung“ und befriedige damit rein private Informationsbedürfnisse.) Dies ist indes alles recht spekulativ.

Die Kommunikationswissenschaft scheint auch überwiegend zu bezweifeln, dass das normative Konzept der Öffentlichkeit der Realität entspricht. Und ich folge diesem Zweifel. Infolge der beschränkten Informationsverarbeitungskapazität der Bürger und der Komplexität moderner Gesellschaften ist Öffentlichkeit nur beschränkt realisierbar. Nach Luhmann etwa beschränkt auf die Sphäre, in der diese Komplexität auf handlungsrelevante und behandelbare Themen reduziert wird, oder nach dem relativ ähnlichen Agenda-Setting-Ansatz wird Öffentlichkeit auf eine Rangordnung von Themen reduziert. Was auch immer damit produziert wird, ist durch Nichtausschluss und Nichtrivalität gekennzeichnet, aber ist es ein „Gut“? Dürfte dies eher noch zu bejahen sein, so legt die „Wissensklufthypothese“ (Tichenor/Donohoe/Olien 1970) oder die „Theorie der Schweigespirale“ (Noelle-Neumann 1980) eher nahe, dass es sich nicht um ein „Gut“, sondern um ein „Schlecht“ handelt. Wenn es ein „Schlecht“ ist, dann wird zu viel davon produziert, weil den Produzenten die Handlungsfolgen nicht angemessen zugerechnet werden. Solche Sachverhalte werden in der Ökonomie unter der Überschrift „externe Effekte“ behandelt.

3.3. Externe Effekte der Medienproduktion

Massenmedien werden nachgefragt und konsumiert, um private Bedürfnisse zu befriedigen, in erster Linie sicher ein privates Informationsbedürfnis, aber daneben auch das Bedürfnis nach Unterhaltung, nach Integration, nach sozialer Interaktion und persönlicher Identität (vgl. Pürer 1990, S. 96). Die Befriedigung dieser Bedürfnisse ist auch Primärziel der journalistischen Produktion, aber daneben produzieren Massenmedien eine letztlich unbekannte Fülle von Wirkungen auf Kenntnisse, auf Meinungen, Einstellungen, Gefühle und auf das Verhalten der Rezipienten, zum Teil beabsichtigt und zum großen Teil sicher nicht beabsichtigt. Die Folge ist, dass die privaten Kosten bzw. Nutzen der Medienproduktion ganz erheblich von den gesamtgesellschaftlichen (sozialen) Kosten bzw. Nutzen abweichen; die Differenz ergibt die externen Effekte als externe Kosten bzw. externe Nutzen.

Die zahlreichen und umfangreichen externen Effekte der Medienproduktion können nach ökonomischer Begriffsbildung folgendermaßen differenziert werden:

Pekuniäre externe Effekte entstehen, wenn sich Tauschverhältnisse, meist Preise und Tauschmengen, durch die Berichterstattung der Massenmedien verändern. Beispiele: Infolge der Berichterstattung über Würmer im Seefisch sinkt die Nachfrage nach Seefisch, daraufhin sinken die Preise und die Einkommen der Fischer und Fischhändler. Oder infolge der Berichterstattung über eine drohende Ölknappheit kommt es zu Hamsterkäufen. Daraufhin steigen die Preise und die Einkommen von Ölproduzenten und –händlern (vgl. dazu sehr illustrativ Kepplinger/Roth 1978). Oder infolge der Berichterstattung über Gewalt bzw. durch Gewaltfilme steigt die Kriminalität. Daraufhin müssen die Ausgaben für Sicherheitseinrichtungen erhöht werden, um nur das bisherige Schutzniveau aufrechtzuerhalten. Diese Art von externen Effekten spielt medienpolitisch eine große Rolle.

Psychologische externe Effekte entstehen, wenn das Nutzenniveau von Menschen durch eine Berichterstattung beeinflusst wird, die sie selbst nicht nachgefragt und konsumiert haben. Beispiel: Die Berichterstattung wirkt sich auf Wertvorstellungen und politisches oder soziales Verhalten des Publikums aus. Dies kann den Nutzen einzelner Rezipienten signifikant beeinflussen.

Technologische externe Effekte entstehen, wenn ein direkter physischer Zusammenhang zwischen den Produktions- bzw. Nutzenfunktionen mehrerer Akteure besteht, der nicht durch den Marktmechanismus erfasst wird. Beispiel: Massenmedien erhöhen durch ihre Berichterstattung im Sinne eines „development journalism" das Humankapital einer Gesellschaft (vgl. Kunczik 1985).

Externe Effekte können von den Verursachern beabsichtigt sein oder nicht. Diese Unterscheidung, die in der Kommunikationswissenschaft gemacht wird (vgl. z.B. Donsbach 1995, Pürer 1990) spielt in der Ökonomie keine Rolle. Entscheidend ist hier das Ausmaß der Existenz externer Effekte und die resultierende Abweichung vom theoretisch denkbaren sozialökonomischen Optimum. Eine andere mögliche Unterscheidung der Medieneffekte oder Medienwirkungen bezieht sich darauf, ob der Rezipient diese Effekte bewusst nachfragt oder nur unbewusst in Kauf nimmt. Beispiel: Ein Rezipient fragt bewusst Unterhaltungssendungen nach und muss damit z.B. unbewusst in Kauf nehmen, dass seine Leistungsbereitschaft abnimmt. Dies fällt unter die Rubrik Informationsmängel und wird in Abschnitt 5 behandelt.

Zur Abwehr der unerwünschten Folgen von Externalitäten stehen der Wirtschaftspolitik eine Fülle von Möglichkeiten zur Verfügung: Gebote/Verbote/Auflagen, Steuern/Subventionen, kollektive Bereitstellungen und – was der Ökonomie besonders nahesteht – der Versuch, Handlungsfolgen dem Verursacher doch zuzurechnen, etwa durch die Vergabe handelbarer Schädigungsrechte (vgl. die Diskussion bei Fritsch/Wein/Ewers 1993, S. 65ff.). Eine Analyse dieser regulierenden Maßnahmen erscheint für das Mediensystem indes recht müßig, weil vor ihrer Anwendung die jeweiligen externen Effekte erfasst und bewertet werden müssten und die Verursacher ausfindig gemacht werden müssten. Weil aber die externen Effekte der Medienproduktion nicht einmal qualitativ, geschweige denn quantitativ erfasst werden können, ist eine Zurechnung nach dem Verursacherprinzip nicht möglich. Es widerspräche auch dem Prinzip des freien Meinungsbildungsprozesses und es würde seine Produktivität erheblich mindern, wenn den Urhebern von Meinungen, Ideen und Informationen *alle* Handlungsfolgen zugerechnet würden.

4. Strukturprobleme des Wettbewerbs im Rundfunk

4.1. Die Bedeutung des Wettbewerbs

Für die Ökonomie spielt der Wettbewerb eine zentrale Rolle. Daher ist es wichtig zu analysieren, ob die Bedingungen für einen gut funktionierenden Wettbewerb erfüllt sind. Ganz allgemein gilt, dass der Wettbewerb nicht (gut) funktionieren kann, wenn die Stückkosten der Produktion mit steigender Produktionsmenge kontinuierlich sinken. Man spricht von Skaleneffekten (economies of scale). Am billigsten produziert dann nämlich der Monopolist, der Alleinanbieter.

Für die Publizistik ist die Möglichkeit des Wettbewerbs ebenfalls von zentraler Bedeutung, weil er wenigstens das Potenzial für eine vielfältige Produktion, für eine Produktion von Vielfalt bietet. Wenn nämlich die Rezipientenpräferenzen heterogen sind und wenn die Stückkosten der Produktion mit steigender Ausbringung nicht sinken, dann ist zu erwarten, dass ein vielfältiges Angebot resultiert. Wenn die Stückkosten der Produktion aber sinken, dann resultiert ein Trade-off in der Kaufentscheidung zwischen einem billigen Massenprodukt und einem teuren, in Kleinserie produzierten Minderheitsprodukt. In solchen Fällen können Qualitätsunterschiede durch Kostenunterschiede kompensiert werden. Je differenzierter und ausgeprägter die Präferenzen der Konsumenten hinsichtlich der Qualitätsunterschiede sind, desto eher werden zwar die Kostendegressionseffekte durch Qualitätsunterschiede kompensiert (vgl. Kapitel 4, Abschnitt 5), aber das Grundprinzip der nivellierenden Tendenz der sinkenden Durchschnittskosten bleibt immer gültig: Irgendwann dürfte für jeden Konsumenten der Punkt erreicht sein, an dem er das teuere Minderheitsqualitätsprodukt dann doch durch das billigere Massenprodukt substituiert, obwohl er eigentlich das Minderheitsqualitätsprodukt präferiert. Im Folgenden werden die Strukturprobleme des Wettbewerbs für die drei Wertschöpfungsstufen des Rundfunks

- die Programmproduktion,
- die Programmveranstaltung und
- der Vertrieb

kurz beschrieben (eine detailliertere Darstellung folgt in den Kapiteln 4 bis 6).

4.2. Wettbewerb im Bereich der Programmproduktion (Content-Production)

Die *Programmproduktion*, die Produktion der Programmbeiträge, ökonomisch formuliert die Produktion der Programm-Inputs, weist keine Strukturprobleme des Wettbewerbs auf. Weder sind die notwendigen Produktionsfaktoren wie Studios, Aufnahme- und Schnittgeräte in einer nennenswerten Weise durch Unteilbarkeiten gekennzeichnet, noch produzieren große Rundfunkbetriebe nennenswert effizienter als kleine Rundfunkbetriebe. Die große Zahl kleiner unabhängiger Programm-Input-Produktionsbetriebe und die große Zahl wettbewerbsfähiger kleiner Rundfunkveranstalter beweist dies (vgl. Kapitel 5). Auch kleine Programm-Input-Produzenten und kleine Rundfunkveranstalter können effizient und damit wettbewerbsfähig produzieren.

4.3. Wettbewerb im Bereich der Programmveranstaltung (Content-Providing)

In der *Programmveranstaltung* gilt, dass das produzierte Gut – das ausgestrahlte Programm – durch Nichtrivalität im Konsum gekennzeichnet ist. Anders formuliert, die Kosten des Programmkonsums sind unabhängig von der Zahl und Einschaltdauer der Rezipienten, und die durchschnittlichen Kosten der Programmausstrahlung – die Kosten pro Rezipient – sinken mit zunehmender Reichweite. Also nicht die Produktion des Gutes weist Skaleneffekte auf, sondern der Konsum unterliegt den Gesetzmäßigkeiten der Fixkostendegression und zwar ad infinitum.

Insgesamt ist unter dem Regime des Marktmodells die *Fixkostendegression* der Rundfunkproduktion der entscheidende Grund für eine Programmstruktur, die Minderheitenprogrammen und der Programmvielfalt wenig Chancen lässt (vgl. vor allem Spence/Owen 1977). In diesem Sinne ist Rundfunk geradezu prädestiniert dazu, ein *Massen*medium zu sein, weil seine Kostenvorteile erst bei einem *Massen*konsum realisiert werden (vgl. Rosse/Dertouzos 1978, S. 13), sowohl bezogen auf eine große Reichweite einer Ausstrahlung, als auch bezogen auf eine Mehrfachverwertung (Syndication) des gleichen Programms. Anders formuliert: Ein Programm „für nur 1000 Rezipienten“ wäre entweder pro Kopf sehr teuer oder aber sehr schlecht.

Im Einzelnen hängen die Auswirkungen auf die Produktvielfalt von der Art der Finanzierung des Rundfunkprogramms ab (vgl. Kapitel 8). Werden *Gebühren* für das Gesamtprogramm erhoben, so haben Kostendegressionseffekte in der Regel keine Auswirkungen auf das Programmangebot. Wird das Programm durch *Werbeeinnahmen* finanziert, so ergeben sich folgende Effekte:

- Mit steigender Reichweite sinkt ceteris paribus der Tausend-Kontakte-Preis,
- dies führt zu steigender Nachfrage nach Werbezeiten (Mengeneffekt) und/oder
- zu steigenden Spotpreisen (Preiseffekt).

Insgesamt resultieren mit steigender Reichweite dann vor allem steigende Einnahmen, Kostendegressionen wirken sich real nicht aus.

Wird das Programm durch *Marktpreise* finanziert, also eine Form von Pay-Rundfunk realisiert, so sinken die Kosten der Programmausstrahlung mit steigender Zahl der Käufer. Es resultiert eine Tendenz zu ruinöser Konkurrenz und anschließender Monopolisierung des Marktes (vgl. Kapitel 8).

4.4. Wettbewerb im Vertriebsbereich (Content-Distribution)

Im Vertriebsbereich konkurrieren die drei Vertriebswege

- Terrestrik
- Kabel und
- Satellit.

Die Terrestrik weist keine Skaleneffekte auf, das Kabel weist in jeweiliger regionaler Abgrenzung kontinuierlich sinkende Stückkosten der Produktion auf, ist also ein sog. natürliches Monopol, aber eben nur in regionaler Abgrenzung, also etwa für eine Stadt. Satellitensysteme weisen insgesamt einige Skaleneffekte auf. Der Wettbewerb ist mithin prinzipiell bedroht. Die Konkurrenz dieser Vertriebswege und die relativ einfache wettbewerbspolitische Sicherstellung eines nicht diskriminierenden

Netzzugangs für alle Programmveranstalter lässt den Vertriebsbereich indes wettbewerbspolitisch steuerbar erscheinen (vgl. Kapitel 6).

4.5. Die Problematik der vertikalen Integration der Wertschöpfungsstufen

Problematisch sind die ausgeprägten Vorteile der *vertikalen Integration* der Wertschöpfungsstufen in einer Unternehmung. Folgende Stufen sind zunehmend vertikal integriert:
- Filmproduktion/Programm-Input-Produktion,
- Programmveranstaltung,
- Programmvertrieb und
- Programmvermarktung,

wie die Beispiele der großen Medienkonzerne Time Warner/TBS, Walt Disney/ABC, Bertelsmann, Viacom, News Corporation, Kirch etc. zeigen. Zum Teil ist auch die Geräteproduktion (Hardware und Software) integriert, wie das Beispiel von Bill Gates zeigt.

Aus ökonomischer Sicht ist dies problematisch, weil – insbesondere in Verbindung mit marktbeherrschenden Positionen auf einer Stufe – Marktmacht übertragen werden kann und weil der Marktzutritt neuer Anbieter behindert wird. Aus publizistischer Sicht ist die vertikale Integration problematisch, weil die Vielfalt bedroht wird und Marktmacht die Möglichkeit ihres publizistischen Missbrauchs eröffnet.

5. Informationsmängel

Im Gegensatz zu den Annahmen des Modells der vollständigen Konkurrenz bestehen bei Tauschprozessen in der Regel erhebliche Informationsmängel, die auf Unkenntnis oder Unsicherheit zurückgeführt werden können. Bei Unkenntnis sind die Marktteilnehmer unzureichend informiert, aber es wäre theoretisch möglich, diese Unkenntnis durch Informationsbeschaffung zu beheben. Unsicherheit bezieht sich auf die Einschätzung zukünftiger Entwicklungen, die grundsätzlich nicht sicher vorhergesagt werden können.[1] Beide Formen eines Informationsmangels spielen im Mediensystem eine große Rolle, insbesondere aber die Unsicherheit ist von ganz erheblicher Relevanz und soll hier im Mittelpunkt stehen.

---

[1] Bei Unkenntnis wird auch von Marktunsicherheit gesprochen und bei Unsicherheit wird speziell von Ereignisunsicherheit gesprochen, vgl. Kaas 1990, S. 541.

5.1. *Formen der Informationsmängel*

Üblicherweise werden folgende Informationsmängel unterschieden:

- *Qualitätsunkenntnis* liegt vor, wenn Marktteilnehmer über die Qualität eines Gutes nur unzureichend informiert sind, insbesondere wenn eine Marktseite die Qualität besser als die jeweils andere Marktseite einschätzen kann (asymmetrische Verteilung der Information).
- *Nutzenunkenntnis* liegt vor, wenn Marktteilnehmer zwar die Qualität eines Gutes kennen, aber seinen Nutzen für sich falsch einschätzen.
- *Preisunkenntnis* liegt vor, wenn Marktteilnehmer den Gleichgewichtspreis nicht kennen und daher Transaktionen im Ungleichgewicht durchführen.

Von besonderer Relevanz für das Mediensystem sind die Qualitätsunkenntnis und die Nutzenunkenntnis. Preisunkenntnis und nachfolgende Nachfrage- bzw. Angebotsüberhänge spielen für das Mediensystem keine Rolle.

Die für das Mediensystem wichtige *Qualitätsunkenntnis* hängt allgemein von der Art der Informationsgewinnung bei den betreffenden Gütern ab. So unterscheidet man (vgl. vor allem Nelson 1970 und Darby/Karni 1973):

- *Homogene Güter*; beide Marktseiten sind über die Qualität des Gutes vollständig informiert (z.B. Benzin, Koks, Sojabohnen).
- *Such- oder Inspektionsgüter*; hier lässt sich die Qualität vor dem Kauf durch Beobachtung erfassen (z.B. Fotoapparate, Bohrmaschinen, Tiefkühltruhen).
- *Erfahrungsgüter*; hier kann die Qualität erst nach dem Kauf und Konsum beurteilt werden (z.B. Essen in einem Restaurant).
- *Vertrauensgüter*; hier kann die Qualität auch während des Verbrauchs nicht ohne weiteres beurteilt werden (z.B. bei Medikamenten, ärztlicher Behandlung oder einer Opernaufführung).

In dieser Reihenfolge nimmt das Problem der Qualitätsunkenntnis und damit der Grad der potenziellen Informationsasymmetrie zu. Schließlich hängen die Kosten der Informationsgewinnung auch davon ab, wie komplex das Gesamtangebot ist, weil mit der Zahl der zu prüfenden Kaufmöglichkeiten die Suchkosten steigen (vgl. Kaas 1990, S. 543). Die für das Mediensystem ebenfalls wichtige *Nutzenunkenntnis,* die falsche Einschätzung des Nutzens aus dem Konsum bestimmter Güter, kann zwei Ursachen haben: Entweder handeln die Konsumenten nicht rational, handeln sozusagen gegen ihre eigenen Interessen oder sie können den Nutzen des Gutes vor dem Kauf deswegen nicht erkennen, weil sich der Nutzen erst nach längerem Konsum erschließt. Die Nichtrationalität wird im Anschluss an diesen Abschnitt über Informationsmängel behandelt; hier geht es um die Unkenntnis.

5.2. *Qualitäts- und Nutzenunkenntnis im Mediensystem*

Die *Qualitätsunkenntnis* ist bei Medienprodukten außerordentlich groß. Vor dem Kauf und vor dem Konsum kann die Qualität von Medienprodukten nicht beurteilt werden. Generell gilt beim Erwerb von Informationen das Informationsparadoxon. Man kann die Qualität von Informationen nicht beurteilen, bevor man sie konsumiert hat. Wenn man sie aber kaufen und konsumieren wollte, müsste man ihre

Qualität vorher kennen. Wenn man aber die Qualität der Information kennt, braucht man sie nicht mehr zu kaufen. Und eine Rückgabe von Informationen, deren Qualität sich als schlecht herausstellt, ist nicht möglich. Hunzicker spricht sehr plastisch von Medienprodukten als einem „Trojanischen Pferd", weil ihre Inhalte beim Erwerb nicht erkennbar sind (Hunzicker 1981, S. 13). Und auch nach dem Kauf und nach dem Konsum kann die Qualität von Medienprodukten nur sehr schwer beurteilt werden. Dies liegt daran, dass das Produkt sehr komplex ist, dass es permanent neu produziert wird und dass der Konsum sehr zeitaufwändig ist. All dies gilt uneingeschränkt für den Rundfunk.

Das Rundfunkprogramm setzt sich aus zahlreichen Elementen zusammen, schon in sehr grober Differenzierung sind die Elemente Information, Bildung, Unterhaltung und Aufmerksamkeit für Werbebotschaften zu unterscheiden und einer Feingliederung sind kaum Grenzen gesetzt. Die Elemente eines solchen *komplexen Güterbündels* haben sehr unterschiedliche Qualitätskriterien und zudem sind diese Qualitätskriterien in der Publizistik noch umstritten (Ruß-Mohl 1992). Die Qualitätskriterien liegen jedenfalls nicht auf der Hand wie z.B. bei Bohrmaschinen oder Autoreifen. Meist werden als Kriterien für publizistische Qualität genannt: Aktualität, Richtigkeit, Rechtmäßigkeit, Professionalität, Relevanz, Vielfalt, Niveau, Dramaturgie und Vermittlung (vgl. z.B. Rager 1994, Schatz/Schulz 1992, Schreiber 1994, S. 38). Mit wenigen Ausnahmen können diese Kriterien – anders als z.B. der Bremsweg und der Rollkomfort bei Autoreifen – objektiv nicht gemessen werden, und eine Gewichtung zu einem Gesamtqualitätsurteil ist unmöglich.

Das Rundfunkprogramm ist ein *Prototyp,* es wird im Prinzip täglich neu produziert und weist daher, wenn auch innerhalb gewisser Grenzen, täglich eine andere Qualität auf. Daher müsste man – anders als z.B. bei Autoreifen, deren Produktlebensdauer mindestens Monate, meist aber Jahre umfasst – die Qualität von Rundfunkprogrammen entweder täglich messen, was sehr kostspielig wäre, oder exemplarisch feststellen, was einen sehr großen, und zwar unbekannt großen, Unsicherheitsbereich implizierte.

Schließlich ist der Konsum von Rundfunkprogrammen überaus *zeitaufwändig.* Daher wäre jede Form der Qualitätsmessung, die sich via Marktforschung auf eine subjektiv geäußerte Art von Akzeptanz oder Zufriedenheit stützen wollte, überaus teuer oder überaus exemplarisch. Und die Messung der Qualität der Berichterstattung setzte voraus, sowohl die Realität als auch ihre massenmediale Rekonstruktion zu erfassen, was die Messprobleme sozusagen verdoppelt. Es ist jedenfalls kein Zufall, dass es Warentests für eigentlich alle Konsumgüter gibt, nur für Rundfunkprogramme nicht. Rundfunkprogramme sind mithin *Vertrauensgüter.*

Nun mag eingewendet werden, dass die Qualität von Produkten ein subjektives Konzept ist und individuell erfasst werden kann. Das Individuum hat aber prinzipiell die gleichen Schwierigkeiten, die Qualität von Rundfunkprogrammen zu erfassen wie ein Expertengremium. Hinzu kommt, dass für ein Individuum der Nutzen einer Informationsgewinnung über die Qualität von Rundfunkprogrammen gering ist. Dies liegt daran, dass das finanzielle Risiko eines Fehlkaufs bei den preiswerten Rundfunkprogrammen relativ gering ist im Verhältnis zum Risiko, ein schlechtes Auto oder eine schlechte Urlaubsreise zu kaufen.

Der *Nutzen* eines Gutes ist um so schwerer einzuschätzen, je langfristiger der Konsum ist, je weiter in der Zukunft er anfällt und je abstrakter und komplexer das Gut ist. In diesem Sinne ist der Nutzen des Rundfunkkonsums, sei er positiv oder negativ, nur schwer einzuschätzen, weil der Konsum sich über einen langen Zeitraum erstreckt und weil das Gut sehr komplex ist. In diesem Sinne gleicht der Rundfunkkonsum Gütern wie Gesundheitsvorsorge, Alterssicherung oder Bildung bzw. negativen Gütern wie Alkoholkonsum und Müßiggang, für die auch unterstellt wird, dass ihr zukünftiger Nutzen oder Schaden im individuellen Entscheidungskalkül aus Unkenntnis heraus zu stark abdiskontiert wird.

5.3. Folgen von Qualitäts- und Nutzenunkenntnis

Zentrale Folge der Qualitätsunkenntnis und der Asymmetrie der Informationsverteilung – der Produzent und Verkäufer kennt die Qualität in aller Regel besser als der Konsument und Käufer – ist die so genannte „adverse Auslese" (adverse selection). Wenn Konsumenten die Qualität von Produkten vor dem Kauf und vor dem Konsum nicht beurteilen können, sind sie bei rationalem Verhalten auch nicht bereit, eine bessere und üblicherweise teurere Qualität zu bezahlen, weil immer das Risiko bestehen würde, ein Produkt von minderer Qualität zu erwerben, ohne es zu merken. Entsprechend besteht für Produzenten kein Anreiz, eine bessere Qualität mit höheren Kosten zu produzieren, weil die Konsumenten dies nicht erkennen können und nicht mit höheren Nachfragepreisen honorieren würden. Das bewirkt, dass nur die schlechtere = billigere Qualität auf den Markt kommt, die Produkte mit höherer Qualität verlassen den Markt. Es kommt zu einem so genannten *Marktversagen in Bezug auf die Produktqualität,* weil die Konsumenten eigentlich bereit wären, die bessere Qualität nachzufragen und zu bezahlen, wenn sie nur sicher sein könnten, die bessere Qualität auch zu erhalten (vgl. Akerlof 1970, v. Ungern-Sternberg/v. Weizsäcker 1981). Die adverse Auslese hat zur Folge, dass „der Preis und die angebotene Qualität so lange sinkt, bis am Ende ausschließlich schlechte Qualität gehandelt wird. Der Markt für gute Qualität bricht zusammen" (Fritsch/Wein/Ewers 1993, S. 191). Dies gilt auch dann, wenn Marktpreise für die journalistische Produktion nicht gezahlt werden, wie es bei werbefinanziertem Rundfunk der Fall ist. Es bleibt immer der Anreiz, die notwendige Reichweite so billig wie möglich zu erzielen.

6. Meritorik und Demeritorik im Rundfunkkonsum

Meritorische/demeritorische Güter sind Güter, die von den Konsumenten in einem Ausmaß konsumiert werden, das nicht dem Ausmaß entspricht, das die politischen Entscheidungsträger oder andere Instanzen für wünschenswert halten. Zur Korrektur sind Eingriffe in die Konsumentenpräferenzen notwendig. Sofern ein Mehrkonsum erreicht werden soll, wie z.B. bei Bildung und Ausbildung, spricht man von *meritorischen* Gütern. Wenn der Konsum reduziert werden soll, wie z.B. bei Alkohol oder Rauschgift, spricht man von *demeritorischen* Gütern. Das Grundproblem eines solchen Konzeptes ist die Schwierigkeit, eine allgemein akzeptierte Basis für solche

Werturteile zu finden, die sich über die geoffenbarten Präferenzen des Publikums hinwegsetzen. Diese Schwierigkeit wird insbesondere in der herrschenden Ökonomie liberaler Prägung gesehen, die mit gutem Grund am methodologischen Individualismus festhält, also vom Primat individueller Entscheidungen aufgrund individueller Präferenzen ausgeht.

Die klassische Begründung für Eingriffe in die Konsumentensouveränität ist die mögliche Existenz so genannter verzerrter Präferenzen aufgrund unvollkommener Information und/oder Irrationalität bzw. Willensschwäche (vgl. Andel 1990, S. 389f., Brümmerhoff 1986, S. 90f.).

Das Konzept der *unvollkommenen Information,* das in Abschnitt 5 behandelt wurde, ist nach überwiegender Meinung aber nicht mehr geeignet, eine taugliche Begründung für Eingriffe in Konsumentenpräferenzen abzugeben (vgl. Andel 1990, S. 390, Brümmerhoff 1986, S. 91, Peffekoven 1990, S. 488). Zum einen ist unvollkommene Information angesichts der Kosten von Informationsbeschaffung und Informationsverarbeitung der Normalzustand, zum Zweiten gilt die Unvollkommenheit der Information auch für politische Entscheidungsträger und zum Dritten wäre es – bei asymmetrisch verteilter Information – effizienter, die erforderlichen Informationsangebote zu fördern, statt direkt in den Konsumprozess einzugreifen.

Schwieriger zu beurteilen ist das Konzept der Nichtrationalität bzw. Willensschwäche. *Nichtrationalität* liegt vor, „wenn das Verhalten von Individuen gegen ihre eigenen Interessen bzw. die eigene Wohlfahrt verstößt" (Fritsch/Wein/Ewers 1993, S. 251). Das klassische Beispiel für Nichtrationalität ist die schon von Böhm-Bawerk und Pigou vorgebrachte These der systematischen Unterschätzung künftiger Bedürfnisse und künftiger Entbehrungen (Böhm-Bawerk 1921, S. 332; Pigou 1972, S. 25). In diesem Fall kann ein Eingriff in die Konsumentenpräferenzen als gerechtfertigt angesehen werden, wenn er im Nachhinein von den Betroffenen gebilligt wird. Das Problem ist allerdings, dass man vorher nicht genau sagen kann, ob eine solche nachträgliche Billigung auch tatsächlich eintreten wird.

Im Fall der systematischen Unterschätzung der „Zukunft" entsteht eine verzerrte Wahrnehmung in der Abwägung der Kosten und der Nutzen einer Aktivität. Güter, deren Nutzen aus dem Konsum relativ hoch, relativ bekannt und sofort verfügbar ist, während ihre Kosten relativ klein, relativ unbekannt und über die Zeit verteilt sind, werden suboptimal zu viel konsumiert. Dies gilt für die klassischen Suchtmittel, aber wohl auch für Aktivitäten wie Fernsehen, dem ein Suchtpotenzial zugeschrieben kann (vgl. Fehr/Zych 1995, S. 570f.); generell für demeritorische Güter. Bei meritorischen Gütern ist es umgekehrt: Die gegenwärtigen Kosten sind relativ hoch, relativ bekannt und sofort spürbar, während der zukünftige Nutzen relativ unbekannt und über die Zeit verteilt ist. In diesem Fall ist der Konsum suboptimal zu gering. Dies gilt für die klassischen Beispiele wie Erwerb von Humankapital oder Gesundheitsvorsorge (vgl. Fehr/Zych 1995, S. 598) und sicher auch für den Erwerb von Humankapital durch die Rezeption geeigneter Medien.

Willensschwäche liegt vor, wenn das Individuum seine Präferenzen kennt und die Umweltzustände auch richtig beurteilen kann, dennoch aber nicht danach handelt. Kiefer greift eine entsprechend vorgebrachte Differenzierung (vgl. Erlei 1992, S. 35 ff.) auf. Sie unterscheidet zwischen einer übergeordneten, reflexiven Präferenzordnung (wie man handeln sollte, sich gerne handeln sähe), die auch für Entscheidungen herangezogen wird, die die Allgemeinheit betreffen, und untergeordneten Marktpräferenzen, nach denen man zur unmittelbaren Beeinflussung des kurzfristigen Wohlbefindens hier und heute handelt. Mit dieser Annahme von zwei Präferenzordnungen des Individuums ist es also nicht der wohlmeinende Diktator, der entscheidet, was dem Individuum frommt, sondern dieses kennt selbst seine „wahren" Interessen, die allerdings mit seinem Handeln häufiger in Konflikt geraten. Meritorische Güter nun sollen die Durchsetzung der reflexiven gegenüber den Marktpräferenzen ermöglichen (Kiefer 1994, S. 433).

Ein solcher Konflikt zwischen individuellen Präferenzen ist denkbar, allerding äußerst schwierig zu diagnostizieren. Und letztlich bleibt unklar, warum sich die eigentlichen Präferenzen nicht durchsetzen.

Für die Rundfunkproduktion gibt es bislang nur individuelle Werturteile zur Meritorik bzw. Demeritorik, aber keine legitimierten Defizitfeststellungen, weder legitimiert durch die nachträgliche Billigung der Betroffenen noch legitimiert durch Mehrheitsentscheidungen in demokratischen Abstimmungsprozessen. Für das Rundfunksystem ergibt sich in diesem Zusammenhang das spezielle Problem, dass die Meritorität einen Mehrkonsum begründen würde, bzw. die Demeritorität einen Minderkonsum, dass aber Normadressaten und geeignete Verfahren zur Durchsetzung schwerlich zu finden sind. Analogien zur Schul-, Impf- oder Sozialversicherungspflicht können nur schrecken, eine Lösung bieten sie nicht. Kurz: im System der Wirtschaftswissenschaft gibt es leider keine Argumente, die einen verordneten Mehrkonsum von „Mozart" oder einen verordneten Minderkonsum von „Rambo" begründen können, und in jedem System bliebe die Durchsetzbarkeit fraglich.

7. Zur Kritik des Ordnungsprinzips Markt aus kommunikationswissenschaftlicher Sicht

Mit dem Konzept des Marktversagens kritisiert die Ökonomie eine strukturbedingt *unzureichende* Entfaltung des Marktes. Die Kommunikationswissenschaft scheint mit dem Schlagwort der „Kommerzialisierung" vor allem eine zu *weitgehende* Entfaltung des Ordnungsprinzips Markt im Mediensystem und besonders im Rundfunksystem zu kritisieren. Wenngleich das theoretische Fundament einer solchen Kritik nicht immer klar zu erkennen ist, wird meist doch auf die publizistischen Wertmaßstäbe Vielfalt, Qualität und Niveau Bezug genommen. Im Folgenden skizziere ich *meine* kommunikationswissenschaftlich geprägte Kritik der zunehmenden Marktorientierung der Rundfunkproduktion.

Die Zunahme der Marktorientierung hat zwei jedenfalls konzeptionell unterscheidbare Auswirkungen:

- Zum einen wachsen die Anstrengungen der Anbieter, die sog. allokative Effizienz zu steigern, also durch Produktinnovationen die Produktqualität immer mehr den Konsumentenpräferenzen anzupassen.
- Zum anderen wachsen die Anstrengungen der Anbieter, die sog. produktive Effizienz zu steigern, also durch Prozessinnovationen eine effizientere Produktionsweise zu erreichen.

Wird die *allokative Effizienz* gesteigert, wird stets genauer das produziert, was die werbungtreibende Wirtschaft und die Rezipienten verlangen. Die *Rezipienten* verlangen einen Informationsnutzen und/oder einen Animationsnutzen, einen Unterhaltungswert. Diese Nutzen sind nicht eindeutig an objektiv feststellbare Inhalte gebunden – so werden Fernsehnachrichten überwiegend wegen ihres Unterhaltungswertes konsumiert –, aber generell bieten Informationssendungen sicher einen höheren Informationsnutzen und Unterhaltungssendungen einen höheren Animationsnutzen als umgekehrt. Rundfunkveranstalter bemühen sich, Animationsnutzen und Informationsnutzen immer direkter anzubieten:

- Unterhaltungssendungen nehmen zu,
- Informationssendungen werden mit Unterhaltung durchsetzt (Infotainment) und
- der direkte Gebrauchswert der Informationen wird verstärkt, meist im Wechsel zwischen „Psycho" und Geldwert.

Es resultiert ein *Unterhaltungs-* und ein *Gebrauchswertjournalismus* zu Lasten von Aufklärung und Investigation. Sehr schön wird der Trend zum Gebrauchswertjournalismus von der New York Times glossiert:

> Ein Einbruch republikanischer Wahlkampfhelfer im Watergate-Hotel, der Wahlkampfzentrale der Demokraten, vor 25 Jahren von der Washington Post aufgedeckt, war der größte Politskandal der USA. Heute würden sich die amerikanischen Medien kaum noch für so etwas interessieren, meint die New York Times und glossiert die mutmaßlichen Reaktionen im Zeitalter des Infotainment: Die große Regionalzeitung Miami Herald schreibe überhaupt nichts, weil sich ihre Leser nicht für Politik interessieren. Das Nachrichtenmagazin U. S. News & World Report würde als Titelgeschichte ein Nutzwert-Thema präsentieren: „Die besten Investmentfonds". Bei dem Fernsehsender ABC käme als Aufmacher das Thema: Fit trotz Übergewicht. Im Sender MSNBC würde der Moderator den Präsidenten als einen technischen Dilettanten vorstellen, der nicht einmal sein Tonbandgerät bedienen kann. In der Samstagmorgen-Show bei CBS käme die frauenbewegte Moderatorin zu der Erkenntnis: „Watergate sagt nichts über die Probleme berufstätiger Mütter." CNN-Kommentator Farai Chideya würde die Watergate-Story für überzogen halten. Außerdem: „Was sagt uns das über das reale Leben der Farbigen?" (Spiegel Nr. 26 / 23.6.1997, S. 97).

Die *werbungtreibende Wirtschaft,* der zweite und wichtigere Kunde der Rundfunkunternehmen, verlangt ebenfalls einen Nutzen, eine Verbreitungs- und Wirkungswahrscheinlichkeit von Werbebotschaften:

- eine Reichweite,
- einen Zielgruppenbezug und
- ein wirksames Werbeumfeld.

Dies ist nicht nur negativ zu werten. Billiger Sex und sehr blutige Gewalt eignen sich nicht als Werbeumfeld, und die Glaubwürdigkeit des Mediums wird sowohl von der werbungtreibenden Wirtschaft als auch von den Rezipienten geschätzt. Prinzipiell ist die Orientierung der Rundfunkproduktion auf die Werbung indes doch problematisch, weil Umfang und Zielgruppen der Berichterstattung werblich definiert und nicht nach journalistischen Kriterien bestimmt werden. Es resultiert ein *Werbeumfeldjournalismus.*

Wird die *produktive Effizienz* gesteigert, so wird versucht, billiger zu produzieren. Insbesondere folgende Maßnahmen sind geeignet, Kosten der Rundfunkproduktion zu senken:

- Die Einführung von Kontrollsystemen – Kostenrechnung, Deckungsbeitragsrechnung, Profitcenter – erhöht die Wirtschaftlichkeit der Rundfunkproduktion. Jede Maßnahme wird daraufhin zu überprüfen sein, ob ihr Grenzumsatz ihre Grenzkosten übersteigt, ob also als Differenz ein Grenzgewinn, ein zusätzlicher Gewinn erzielt werden kann. Ein solcher *Grenzgewinnjournalismus* kalkuliert z.B., ob sich eine zusätzliche Recherche im Verhältnis zu ihren Kosten lohnt, ob es ein persönliches Gespräch sein muss oder ob nicht ein Anruf genügt. Weil die Grenzkosten im Regelfall recht genau kalkuliert werden können, der Grenzumsatz ex ante hingegen nicht, hat ein solcher Grenzgewinnjournalismus eine Tendenz zum *Billigjournalismus.*
- Die Ausgliederung der Produktion in den Markt – das so genannte Outsourcing – spart Kosten, weil der Markt im Prinzip billiger produziert als die eigene Unternehmung. Dies führt zu einem *Kaufjournalismus,* dessen Qualität kaum noch kontrolliert werden kann und der die publizistische Vielfalt verringert.
- Der Aufbau von Verwertungsketten erlaubt eine kostensparende Mehrfachverwertung von Ideen und Inhalten, z.B. „Spiegel", „Spiegel TV", „Spiegel online", „Spiegel spezial", „Zeitung im Zug", „Spiegel extra" oder die Mehrfachverwertung von Fernsehbeiträgen in der Kette RTL, RTL2, Super RTL, Lokalfernsehen Hamburg, bis hin zum Merchandising, das Programminhalte als Bücher, Kassetten, Puppen oder T-Shirts recycelt. Ich nenne das *Kaskadenjournalismus,* eine stete Verbreiterung und Verflachung bekannter und gleicher Inhalte.
- Und schließlich erlauben Unternehmenszusammenschlüsse, Kosten zu sparen: Der immer wieder einmal geplante Zusammenschluss von CLT/UFA mit der Kirch-Gruppe und zuvor schon der Zusammenschluss von Bertelsmann und CLT unter Einbeziehung des WAZ-Konzerns spart den Konkurrenzkampf um Filmrechte und technische Standards. Es resultiert ein *Konzernjournalismus,* der die publizistische Vielfalt bedroht.

Alle diese beschriebenen Entwicklungen kollidieren mit den publizistischen Normen von Vielfalt, Qualität und Niveau, sie kollidieren indes nicht mit den Normen der Ökonomie. Die Ökonomie würde hier nur das Marktversagen in Bezug auf die Produktqualität kritisieren.

8. Zur Reichweite des Paradigmas von Markt und Marktversagen

Eine zentrale Frage ist, ob generell das gesamte Spektrum der journalistischen Produktion von Informationen, von Ideen, Meinungen und Nachrichten, von Unterhaltung, Bildung und Gebrauchswertinformation, mit dem Ansatz von Markt und Marktversagen analysiert und bewertet werden kann (so Coase in seinem Plädoyer, Coase 1974).

Meines Erachtens ist dies Paradigma nur anwendbar für die Produktion solcher Güter und Dienstleistungen, deren Akzeptanz und Existenz der Bewertung durch individuelles Konsumentenkalkül in der Abwägung zwischen Gebrauchswert und Tauschwert überlassen werden kann, die also der Bewertung durch eine individuelle Kosten-Nutzen-Analyse unterliegen und unterliegen können, die Waren im Sinne dieser Marx'schen Kategorie sind. Dies Paradigma kann mithin gelten für die „normalen“ Konsum- und Investitionsgüter wie Kaugummi (so das Beispiel von Riehl-Heyse 1995) und Kräne, und auch für so komplexe Leistungen wie Ausbildung, Sicherheit oder eine reine Umwelt. Es kann vermutlich aber nicht gelten für solche Güter und Leistungen, die einem konzeptionell notwendigen objektiven Kalkül unterliegen und deren Wert nicht angemessen durch privaten Gebrauchswert und privaten Tauschwert wiedergegeben wird. Es sind mithin mindestens folgende normativ der Medienproduktion zugeschriebenen Bereiche, die sich grundsätzlich gegen eine Marktbewertung sperren:

- die massenmediale Rekonstruktion der Realität zur Herstellung von Öffentlichkeit,
- die Produktion von Meinungsvielfalt und
- die Produktion von Wahrheit und vermutlich auch
- die Herausbildung gesellschaftlicher Normen.

Vorausgesetzt ist, dass die Gesellschaft als Summe der individuellen Rezipienten die Produktion dieser Dinge wünscht. Wenn das so ist, müssen sie produziert werden, aber man kann ihre Produktion nicht dem Markt überlassen. Wahrheit ist keine Ware, kann keine Ware sein, sie ist als ein objektiver Tatbestand zumindestens denkbar und kann nicht beeinflusst werden durch Präferenzen von Konsumenten oder durch die Kosten ihrer Produktion; kurz: Die Wahrheit kann dem in der Ökonomie üblichen Kosten-Nutzen-Kalkül nicht unterworfen werden. Auch die massenmediale Darstellung der Wirklichkeit kann nur sehr begrenzt an Rezipientenpräferenzen ausgerichtet sein – nicht jeder Präsident bietet so viel Animationsnutzen wie der ehemalige Präsident der Vereinigten Staaten – weil die Realität nicht verformbar und die Öffentlichkeit nicht segmentierbar sind. Und auch die Produktion von Meinungsvielfalt kann nicht (nur) dem Markt anvertraut werden. Dass sich im Wettbewerb der Meinungen die richtigen oder die besten Meinungen durchsetzen, mag sein, aber zur Begründung kann nicht auf das Marktmodell verwiesen werden, das ja nicht behauptet, dass die besten Güter produziert werden, sondern nur behauptet, dass die Güter gemäß den Konsumentenpräferenzen und so billig wie möglich produziert werden. Und Öffentlichkeit, Meinungsvielfalt und Wahrheit sind eben keine Waren, die so billig wie möglich gemäß den Konsumentenpräferenzen produziert werden sollten. Sie sind nur jenseits der Kategorien von Gebrauchswert und Tauschwert zu bewerten. Dieser Bereich der Medienproduktion liegt mithin normativ jenseits der Wirkungsweise des Wettbewerbs und ist einer theoretisch fundierten ökonomischen Analyse im Grunde nicht zugänglich. Weil in diesem Bereich Rezipientenpräferenzen als Bewertungsmaßstab nicht akzeptiert werden können, wird dieses Feld dem Bereich der Produktion meritorischer Güter zugeordnet. Wenngleich die Ökonomie mit dem Konzept der meritorischen Güter (vgl. Tietzel/Müller 1998) in der Regel Dinge wie Schulmilch, kulturelle Bildung oder eine Versicherung gegen die Risiken von Krankheit und Alter bezeichnet, passt dieses Konzept einer Missachtung von Konsumentenpräferenzen auch für Dinge wie Wahrheit und Meinungsvielfalt.

Für den übrigen Bereich der Medienproduktion ist das Paradigma von Markt und Marktversagen und Politikversagen indes sehr gut anwendbar, es bietet einen fruchtbaren Rückgriff auf ökonomische Modelle und ökonomische Handlungsanweisungen.

Zusammenfassung

Die Rundfunkproduktion und die Medienproduktion insgesamt kann, wie die Produktion „normaler“ Güter, fruchtbar mit ökonomischen Kategorien und Konzepten analysiert werden. Der Markt sorgt auch im Rundfunksystem *grundsätzlich* für eine optimale Allokation der Ressourcen. Allerdings begründet die Fülle der Besonderheiten der Rundfunkproduktion vor allem ihre Analyse mit dem Paradigma des Marktversagens. Diese Besonderheiten sind die Unmöglichkeit, Eigentumsrechte an der Rundfunkproduktion angemessen zu definieren und durchzusetzen, die erheblichen Informationsmängel der Rezipienten im Hinblick auf die Qualität und den Nutzen der Rundfunkproduktion sowie kontinuierlich sinkende Stückkosten des Konsums. Wenn Eigentumsrechte nicht angemessen definiert und durchgesetzt werden können, dann führt der Markt zu einer Fehlallokation der Ressourcen: Es werden die Informationen nicht in der gewünschten Menge und Struktur produziert, vielmehr resultieren eine Reihe von Umgehungsstrategien zur Vermarktung von Information. Wenn Informationsmängel bestehen, dann wird in zu geringer Qualität produziert, und wenn die Stückkosten des Konsums kontinuierlich sinken, dann resultieren erhebliche Strukturprobleme des Wettbewerbs und eine Bedrohung der Vielfalt. In diesen Fällen sind die Mängel darin begründet, dass das Marktprinzip in seiner Entfaltung beschränkt ist.

Werden die Wertmaßstäbe der Publizistik – Vielfalt und publizistische Qualität – angelegt, so wird nicht nur eine unzureichende Entfaltung des Marktprinzips zu kritisieren sein, sondern auch ein Zuviel an Markt.

Ob die Rundfunkproduktion total mit ökonomischen Konzepten und Kategorien analysiert werden kann und werden sollte, ist fraglich. Insbesondere die normativ zugeschriebene Produktion von Wahrheit, Vielfalt und Rekonstruktion der Realität verlangt vermutlich einen weitergehenden Analyseansatz.

Literatur

Das Konzept von Markt und Marktversagen wird allgemein und umfassend dargestellt von

– Fritsch, M./Wein, T./Ewers, H.-J., Marktversagen und Wirtschaftspolitik. München (Vahlen) 1993.

Anwendungen dieses Konzepts auf die Rundfunkproduktion bieten

– Heinrich, J., Qualitätswettbewerb und/oder Kostenwettbewerb im Mediensektor?, in: Rundfunk und Fernsehen, Heft 2/1996, S. 165-184.

und

- Kruse, J., Publizistische Vielfalt und Medienkonzentration zwischen Marktkräften und politischen Entscheidungen, in: Altmeppen, K.-D. (Hrsg.), Ökonomie der Medien und des Mediensystems. Opladen (Westdeutscher Verlag) 1996, S. 25-52.

Die Eigenschaften der Medien als ökonomische Güter behandelt

- Kiefer, M.-L., Medienökonomie. München, Wien (Oldenbourg), Abschnitt 4.

Die Ökonomisierung der Medien beschreibt, analysiert und bewertet das

- Themenheft „Ökonomisierung der Medienindustrie: Ursachen, Formen und Folgen“, in: Medien & Kommunikationswissenschaft, Heft 2, 2001.

2. Kapitel

Technischer Fortschritt im Rundfunksektor – Rundfunk und Multimedia

1. Technik von Multimedia[1]

Der technische Fortschritt in der Medientechnik bewirkt eine Kostensenkung und/oder eine Kapazitätserweiterung und/oder eine Qualitätsverbesserung bei der Erfassung, Speicherung, Verarbeitung, Weitergabe und dem Empfang von Informationen. Dies wird ermöglicht vor allem durch die Digitalisierung der Informationen, durch Techniken der Datenkompression und Techniken der optimalen Nutzung vorhandener Übertragungskapazitäten. Diese Techniken finden Anwendung im Bereich der Produktion, im Bereich des Konsums und im Bereich des Vertriebs von Informationen; insbesondere im Vertriebsbereich eröffnen sich umwälzende Nutzungspotenziale.

Digitalisierung heißt, Informationen in eine Folge von binären Zeichen (0 und 1) zu verwandeln: Bild- und Tonsignale werden auf elektronischem Weg zerlegt und als binäre Strom- oder Lichtimpulse transportiert. Nach der Übertragung erfolgt die Speicherung im Empfangsgerät und die Zusammensetzung zum ursprünglichen Signal. Hierzu werden spezielle Wandlungs- und Übertragungsverfahren eingesetzt. Technischer Vorteil der Digitalisierung ist die – gegenüber den analogen Übertragungsverfahren – geringere Störanfälligkeit der Übertragung und damit die bessere Qualität, die Möglichkeit der einfachen Kombination der unterschiedlichen Signale und die Möglichkeit, Übertragungskapazität einzusparen.

Digitale Verfahren benötigen zunächst wesentlich höhere Mengen an Informationseinheiten als analoge Verfahren. Techniken der *Datenkompression* und *Datenreduktion* können aber die notwendige Menge an zu übertragenden Signalen soweit reduzieren, dass per Saldo eine Vervielfachung einer vorhandenen Übertragungskapazität für elektronisch transportierte Signale resultiert. Zum Ersten werden die Daten „komprimiert“ – so wird z.B. die Information, ein Bild bestehe zu einem Teil aus blau („1 m² blau“) nur als ein Signal übertragen. Zum Zweiten wird auf die Übertragung solcher Informationen verzichtet, die für menschliche Sinnesorgane gar nicht wahrnehmbar sind (Irrelevanz-Reduktion), und zum Dritten werden nur solche Informationen übertragen, die eine Veränderung gegenüber der vorherigen Übertragung bedeuten, gespart wird die Übertragung schon vorhandener und gespeicherter Signale (Redundanz-Reduktion).

---

1 Der Begriff Multimedia ist relativ nichtssagend. Besser wäre es, von der Basisinnovation, also von Digitalisierung der Information zu sprechen. Doch scheint sich der Begriff Multimedia durchgesetzt zu haben.

Schließlich erweitern *Techniken der optimalen Nutzung* vorhandener Übertragungskapazitäten die Übertragungskapazität ein weiteres Mal. Grundsätzlich können unterschiedliche Datenströme über einen Kanal oder ein Datenstrom kann über unterschiedliche Kanäle übertragen werden. Da nun bei digitalen Datenübertragungen nicht zu jeder Zeit die volle Bandbreite benötigt wird, können geeignete Datenpakete geschnürt, gespeichert und übertragen werden (Multiplexing). Durch einen solchen asynchronen Transfermodus (ATM) ist es möglich, in einem Netz nebeneinander Verbindungen mit unterschiedlichen Übertragungsgeschwindigkeiten zu schalten; dies erlaubt eine Mehrfachnutzung und damit eine erhebliche Rationalisierung vorhandener Übertragungskapazitäten.

Der beschriebene Fortschritt in der Medientechnik ermöglicht die Entwicklung des Mediensektors zu *Multimedia.* Multimedia beinhaltet vor allem eine Verschmelzung aller Erscheinungsformen der Kommunikation *(Konvergenz)* und bedeutet gewaltige Wachstumschancen für den Bereich geschäftlicher und privater Nutzung von Informationen. Ermöglicht wird dies durch die Digitalisierung und Datenkompression, die mit der erheblichen Ausweitung der Vertriebskapazitäten von Informationen insbesondere auch die *Interaktion,* die Dialogfähigkeit zwischen Sender und Empfänger von Informationen ökonomisch interessant, also bezahlbar macht. Mithin können die folgenden Elemente als das konstituierende Gerüst von Multimedia bezeichnet werden (vgl. auch Monopolkommission 1996, S. 351):

- Konvergenz der Medien,
- Interaktion der Kommunikation und
- eine gewaltige Ausweitung der Nutzung von Medien und Kommunikation.

Der Stand der Technik von Multimedia wird infrastrukturell mit Hilfe technischer Indikatoren erfasst, die meist die Ausrüstung pro Einwohner angeben. Häufig verwendete Indikatoren sind die Zahl der Kabelanschlüsse, Online-Anschlüsse oder ISDN-Anschlüsse, die Zahl der PCs pro Einwohner, Mobiltelefone usw.; weitere Indikatoren werden mit der Entwicklung der verschiedenen Multimedia-Anwendungssegmente sinnvoll werden. Tabelle 1 gibt einen Überblick über die technische Infrastruktur im Multimediabereich für das Jahr 1998.

Tabelle 1: Technische Infrastruktur im Multimediabereich 1998

	Deutschland	Frankreich	Großbritannien	Italien	Spanien	Westeuropa	Japan	USA
Netzdigitalisierung in Prozent	86	100	94	81	61	84	98	86
digitale Telefonhauptanschlüsse je 100 Einwohner	57	59	55	46	37	48	51	62
ISDN-Anschlüsse je 1000 Einwohner	53	26	20	9	6	21	21	6
TV-Kabelanschlüsse je 100 Haushalte	51	11	11	1	14	27	13	65
PCs je 100 Einwohner	30	24	31	14	12	k. A.	23	57
Mobiltelefone je 100 Einwohner	17	18	19	35	16	20	32	25
Internet Hosts je 1000 Einwohner	16	8	24	6	7	16	13	112

Quelle: Fachverband Informationstechnik im VDMA und ZVEI 1997, Update 1999.

Vergleicht man z.B. die Infrastruktur Deutschlands mit der der USA, so lässt sich erkennen, dass die Netzinfrastruktur etwa gleich entwickelt ist, dass aber im Endgerätebereich Deutschland deutlich zurückliegt.

2. Ökonomik von Multimedia

Die ökonomischen Konsequenzen von Multimedia resultieren
- aus einer Verringerung der Kosten von Produktion und Distribution von Information,
- aus einer Veränderung der Kostenstrukturen im Bereich von Produktion und Distribution von Information und
- aus einer damit ermöglichten Differenzierung des Angebots.

2.1. Abnahme der Kosten – Zunahme von Angebot und Nachfrage

Die Digitalisierung senkt ganz umfassend die Kosten der Produktion und des Vertriebs von Informationen, zur Zeit sehr auffällig im Bereich der Telekommunikation und der Rundfunkveranstaltung. So wird das Telefonieren immer billiger, insbesondere über große Entfernungen, und im Bereich der Rundfunkveranstaltung sind digitale Aufnahmegeräte wesentlich billiger als analoge Geräte, der digitale Schnitt ist wesentlich billiger als der analoge Schnitt, die digitale Steuerung von Sendungsabläufen spart Such-, Archivierungs- und Verwaltungskosten, und der digitale Vertrieb von Rundfunkprogrammen ist ungleich billiger als der analoge Vertrieb. Diese *umfassende Kostensenkung* bewirkt nach der ökonomischen Logik eine Zunahme des Angebots, daraus resultierend eine Senkung des Preises und nachfolgend eine Zunahme der Nachfrage. Dies zeigt Abbildung 1.

Abbildung 1: Zunahme von Angebot und Nachfrage

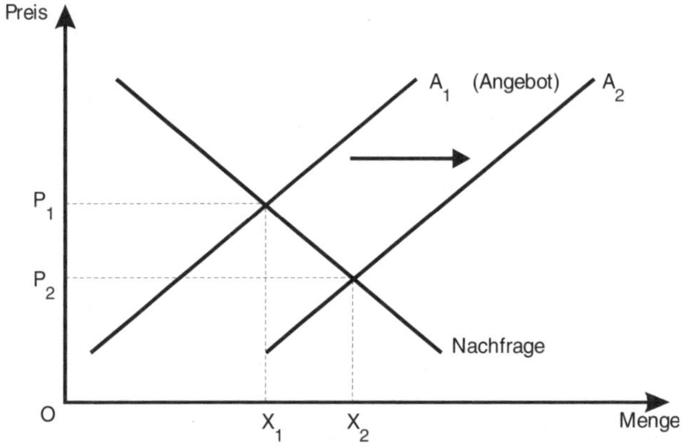

Sinkende Kosten erlauben, die bisherige Angebotsmenge zu einem niedrigeren Preis anzubieten, bewirken also eine Verschiebung der Angebotsfunktion nach rechts von A_1 auf A_2. Bei gleichbleibender Preis-Absatz-Relation (Nachfragefunktion) sinkt der Preis schließlich von P_1 auf P_2, und Angebot sowie Nachfrage steigen von X_1 auf X_2: Es wird mehr produziert und mehr konsumiert.

2.2. Veränderung der Kostenstrukturen

Die Kosten von Produktion und Vertrieb sinken, aber sie sinken nicht gleichmäßig für alle Prozesse. Es resultieren vielmehr signifikante Veränderungen in den Kostenstrukturen.

Zum einen wird insbesondere der *Vertrieb* deutlich billiger, und dies bewirkt eine gewaltige Ausweitung des Angebots an Vertriebskapazität. Durch die Digitalisierung vervielfacht sich die vorhandene Vertriebskapazität in den vorhandenen Netzen (so, als wenn die Straßen plötzlich breiter würden), und es wird billiger, neue Vertriebskapazitäten zu schaffen.

Dies begründet einen ganz erheblichen *Verwertungsdruck* in der Logik einer Mehrfachverwertung vorhandener Inhalte: Weil der Vertrieb relativ zur Produktion billiger geworden ist, wird es relativ lohnender, vorhandene Inhalte in neuen Vertriebskanälen neuen Rezipientengruppen anzubieten, auch wenn nur kleine Rezipientengruppen von diesem Angebot Gebrauch machen. Rundfunk und ähnliche Dienstleistungen werden mithin vertriebsintensiver.

Wenn die Vertriebskosten, allgemeiner formuliert, die Distanzüberwindungskosten, stärker sinken als die Kosten der Produktion, dann begründet dies auch eine *Ausweitung des Handels* relativ zur Produktion: Im Regelfall steigt der Handel dann stärker als die Produktion. Ein Zahlenbeispiel soll dies illustrieren: Die Produktionskosten im Standort A betragen 100 DM, im Standort B 150 DM und die Distanzüberwindungskosten betragen 60 DM. Ein Handel findet mithin nicht statt. Wenn nun alle Kosten halbiert werden, so betragen die Produktionskosten in A 50 DM, in B 75 DM und die Distanzüberwindungskosten betragen 30 DM. Ein Handel lohnt immer noch nicht. Erst wenn die Distanzüberwindungskosten stärker sinken als die Produktionskosten, also z.B. auf ein Drittel reduziert werden, findet ein Handel statt: Die Produktionskosten in A betragen 50 DM, in B 75 DM und die Distanzüberwindungskosten betragen 20 DM; diese Konstellation macht den Handel von A nach B lohnend. Eine solche Reduktion der Distanzüberwindungskosten *relativ* zu den Produktionskosten ist das entscheidende Movens der Globalisierung des Wettbewerbs, der zur Zeit in fast allen Bereichen der Weltwirtschaft spürbar wird. In diesem Sinne führt die technische Entwicklung im Multimediabereich zu einer *Globalisierung des Wettbewerbs* im Rundfunksektor.

Um die ökonomischen Konsequenzen dieser unterschiedlich stark ausgeprägten Kostensenkungen herausarbeiten zu können, sei zunächst unterstellt, dass die Nachfrage nach Medienprodukten regional nicht gebunden sei, sondern allein von Preisen und sachlich begründeten Präferenzen abhinge. Diese Präferenzen seien heterogen. Man kann sich zur Illustration vorstellen, dass heterogene Präferenzen für unterschiedliche Spartenprogramme bestünden und dass diese Spartenprogramme über ein Regime von Pay-Rundfunk bezahlt würden.

Die Globalisierung vergrößert nun die Märkte durch den Abbau von Handelshemmnissen aller Art. Damit können eine Reihe von Vorteilen realisiert werden: die Realisierung der Größenvorteile der Produktion, die zunehmende Degression der Fixkosten der Rundfunkproduktion und die Zunahme des Wettbewerbs. So wird ein Rundfunkprogramm, das wegen der geringen Nachfrage eines kleinen Marktes nicht kostendeckend produziert und ausgestrahlt werden kann, mit zunehmender Marktgröße rentabel. So mag sich z.B. ein spezielles Spartenprogramm für Sportangler bei einer Beschränkung auf einen kleinen nationalen Markt nicht rechnen, bei einer weltweiten Ausstrahlung könnte hingegen kostendeckend gesendet werden. Daher bietet der technische Fortschritt auch für den Rundfunksektor das Potenzial *zunehmender Differenzierung,* also zunehmende Vielfalt im konsumtiven Sinne, weil Programme billiger produziert werden können und vor allem, weil die Produktionskosten auf eine größere Nachfrage verteilt werden können. Dies Ergebnis wird stark relativiert, wenn die Nachfrage nach Rundfunkproduktionen regional gebunden ist, sei es aus sprachlichen oder inhaltlichen Gründen. Allerdings bleibt die Tendenz obiger Aussage erhalten. Das relativ teure regional gebundene Angebot konkurriert mit einem relativ billigen und immer billiger werdenden internationalen Angebot, und tendenziell wird sich das billigere Angebot durchsetzen.

Die in ökonomischer Sicht positive Wertung der Globalisierung des Wettbewerbs findet ihre Schranke in der publizistischen Wertung national/regional geprägter Rundfunkprogramme. Wenn, was der Fall zu sein scheint, national/regional geprägten Rundfunkprogrammen ein Wert an sich zuerkannt wird, dann ist die Globalisierung des Wettbewerbs auch negativ zu werten. Sie führt zu einem Abbau national/regional geprägter Vielfalt von Rundfunkprogrammen, allerdings, um es zu wiederholen, zugunsten inhaltlich definierter Angebotsvielfalt im konsumtiven Sinn.

Veränderte Kostenrelationen in der Rundfunkproduktion selbst verändern die Struktur der Rundfunkproduktion; relativ teurer werdende Produktionselemente werden durch relativ billiger werdende Produktionselemente substituiert (Substitutionseffekt). Generell werden die Kosten des Produktionsfaktors Arbeit im Verhältnis zu den Kosten des Produktionsfaktors Kapital weiter zunehmen, journalistische Arbeit müsste mithin durch Kapital ersetzt werden. Kapital umfasst für die Rundfunkproduktion die technischen Geräte, aber auch die „geronnene“ Arbeit (Marx) in Form gespeicherter Informationen. So werden Sendeabläufe zunehmend durch Computer gesteuert – in ihren Elementen also *standardisiert* – oder die Verwendung neuer, arbeitsintensiv recherchierter Informationen wird zugunsten der Verwendung und Verarbeitung schon gespeicherter Informationen reduziert. Frei nach Fontane: „Finden ist leichter als Erfinden.“ Ein Trend zu einem *Versatzstück-Journalismus* wird mit solchen Veränderungen der Kostenrelationen ökonomisch begründet. Es ist aber nur ein Trend; abzuwarten bleibt, welche Schranken die Rezipientenpräferenzen und die Aktualitätsnorm des Journalismus einer Entwicklung zum Versatzstück-Journalismus errichten.

Schließlich wird der technische Fortschritt die Verbundvorteile im Vertrieb von redaktioneller und werblicher Information verringern (vgl. Kapitel 15), weil die Kosten der Übertragung digitalisierter Informationen gering sind und allein von der Informationsmenge abhängen und weil daher Kosten des Transports digitalisierter Informationen im Verbund von Werbung und journalistischer Produktion nicht mehr gespart werden können. Welche Auswirkungen dies auf den Verbund von Werbung und redaktioneller Produktion haben wird, lässt sich bislang kaum sagen; eine Abkoppelung der Werbung hin zu einer eigenständigen Verbreitung von Werbebotschaften in Form von ausführlichen Produktinformationen, wie sie z.B. bei „Infomercials“ enthalten sind, lässt sich vermuten. Dies würde die Finanzierungspotenziale für journalistisch produzierende Massenmedien erheblich verschlechtern.

2.3. Angebotsinnovationen – Interaktionen

Im Zuge der Abnahme der Kosten und der Veränderungen der Kostenstrukturen entwickeln sich neue Abrechnungssysteme und neue Angebotsformen, die alle im Prinzip auf die billigere *Rückkanalfähigkeit* der digitalisierten Vertriebsnetze zurückgeführt werden können.

Zum einen bietet die Rückkanalfähigkeit Raum für differenziertere Abrechnungssysteme, Systeme, die nach Art, Dauer und Zeit der Nutzung abrechnen können und spezielle Lieferanten-Kunden-Beziehungen begründen. Wenn eine solche differenzierte Marktausschlusstechnik eingeführt wird, könnten die üblichen Steuerungsmechanismen marktgerichteter Produktion – Präferenzen und Preise – auch für den Rundfunk verstärkt angewendet werden. Dies eröffnet neue Potenziale der Programmsteuerung durch Nachfrage und es eröffnet neue Finanzierungspotenziale (Pay-Radio und Pay-TV) für die Anbieter. In welchem Ausmaß diese Potenziale genutzt werden, bleibt abzuwarten.

Zum Zweiten können die Netzteilnehmer Güter und Dienstleistungen bestellen (z.B. Teleshopping) und zunehmend auch über das Vertriebsnetz individuell abrufen (z.B. Home-Banking oder Rundfunk-on-Demand).

Schließlich können die Netzteilnehmer selbst verstärkt als Anbieter von Informationen auftreten, z.B. in Form von Tele-Arbeit, Tele-Medizin oder als Informations-Provider im Internet.

Dies bietet, ökonomisch gesehen, die Möglichkeit zu folgenden Aktivitäten:
- Marktzutritt als Anbieter von Dienstleistungen.
- Dislokation immaterieller Produktionsprozesse.
- Schnelle und einfache Erfassung von Kundenpräferenzen.
- Aufbau differenzierter Marktausschlusstechniken.

Welche Angebote sich damit realisieren, wird abzuwarten sein. Auf die kommunikativen/kommunikationswissenschaftlichen Aspekte von Multimedia wird in Abschnitt 5 Bezug genommen.

3. Systematisierung von Multimedia

Multimedia, Informationswirtschaft oder Information und Kommunikation (IuK) bzw. Medien und Kommunikation (MuK) werden häufig synonym verwendet, allerdings nicht einheitlich. Diesen Sektoren ist gemeinsam, dass sie an mindestens einer Stelle in der Wertschöpfungskette von Informationsangeboten produzieren.

In *funktionaler Gliederung* lassen sich die folgenden Bereiche unterscheiden:

1. Die Produktion der *Güter*, die zur Informationsproduktion verwendet werden, also in der Gliederung der Funktionen Produktion, Distribution und Konsum etwa folgende Bereiche:
   - Produktion von Büromaschinen, DV-Geräten, Druckmaschinen, Kameras, Studioeinrichtungen, also Geräte, die zur Informationsproduktion verwendet werden,
   - Produktion von Vertriebsnetzen wie z.B. Glasfaserkabel und Satellit, von nachrichtentechnischen Übermittlungsgeräten und
   - Produktion von Empfangsgeräten im Konsumbereich wie Rundfunkempfangsgeräte oder Geräte der Unterhaltungselektronik.

   Die Produktion solcher Kapitalgüter ist übliche industrielle Massenproduktion.
2. Die Produktion von *Dienstleistungen,* die zur Abwicklung der Informationsproduktion benötigt werden, vor allem der Handel, die Vermarktung einschließlich Werbung, Kundenbetreuung und Abrechnung, Service Providing und Anbieten von Systemlösungen.
3. Die Produktion der *Informationen* an sich, differenziert
   - in die „Urproduktion“ von Informationen, auch *Content Production* genannt, die von Schriftstellern und Schreibern, von Journalisten, Komponisten, Künstlern und Wissenschaftlern, Filmemachern usw. erstellt wird, und

- in die Zusammenstellung von Informationen, auch *Content Providing* genannt, die eigentliche Aufgabe von Verlagen und Rundfunkveranstaltern, von Theatern und Museen.

Die Produktion der Information an sich (im weiteren Sinne, also Content Production und Content Providing) ist das eigentlich spannende Element im Sektor Multimedia. Recht unbekannt sind die optimalen Bedingungen der kreativen Produktion, der Produktion von Informationen, und recht unklar sind die Wirkungen der Information auf das Wachstum der Wirtschaft und die Verteilung der Einkommen. Sicher scheint nur, dass der Rohstoff Information für die Wirtschaft zu dem entscheidenden Produktionsfaktor geworden ist. Man spricht häufig von der *Informationsgesellschaft* als einer Wirtschafts- und Gesellschaftsform, in der die Gewinnung, Verarbeitung, Verbreitung und Nutzung von Informationen eine entscheidende Rolle spielen. Es darf spekuliert werden, warum das so ist.

Üblich ist daneben eine systematische Differenzierung des Sektors Multimedia nach drei Kriterien:

- nach der Stellung in der Wertschöpfungskette,
- nach Kundengruppen und
- nach der Netzanbindung.

Die *Differenzierung nach der Stellung in der Wertschöpfungskette* geht zurück auf das Konzept der Untergliederung von Unternehmen in unterschiedliche, systematisch aufeinanderfolgende Produktionsaktivitäten, die jeweils in unterschiedlicher Weise zur Wertschöpfung beitragen. Eine detaillierte Differenzierung der Wertschöpfungskette im Multimediasektor bietet die folgende Übersicht 1.

Übersicht 1: Wertschöpfungskette Multimedia

	Beschreibung	**Beispiel: Multimedia-Datenbankabfrage**
Netz-Infrastruktur	Bereitstellung der Technologie, die für die Erbringung der Netzleistung (z.B. Telefondienst) erforderlich ist, z.B. Glasfaserleitung, Vermittlungstechnik	Herstellung und Installation der Netztechnologie
Netz-Leistung	Angebot einer Netzleistung, z.B. Telefondienst, ISDN etc.	ISDN Datex M Corporate Networks
Server (HW/SW)	Herstellung von Multimedia-Servern[1] inkl. Hard- und Software	Herstellung, Vertrieb und Wartung von MM-Servern für MM-Datenbank-Server
Inhalte	Produktion von Inhalten für Multimedia-Dienste, z.B. Filme, Videospiele, Datenbankinhalte	Konzipierung und Herstellung von MM-Datenbankinhalten, z.B. Zeitungsartikel, Lexika, Produktinformationen
VAS[2]/ Service Providing	Erbringung von Dienstleistungen, die für die Nutzung von MM-Diensten notwendig sind, z.B. Nutzenregistrierung und -verwaltung, Billing, Informationsaufbereitung etc.	Betrieb und Vermarktung eines MM-Datenbankdienstes, z.B. Digital Collections (Focus on-line)
Endgeräte	Herstellung von Endgeräten für die Nutzung von MM-Diensten, z.B. MM-PC, MM-TV, Set Top Box, PDA	Herstellung, Vertrieb und Wartung von MM-Endgeräten, z.B. MM-PCs, Kiosksysteme etc.
Software	Erstellung von Software für die Herstellung und Nutzung von MM-Anwendungen, z.B. Video for Windows	Herstellung, Vertrieb und Service von MM-Betriebssystemen und Anwendungsprogrammen, z.B. Tutorials
Consulting/ Systemlösungen	Beratung, Angebot von Produkten, die aus mehreren Komponenten bestehen, z.B. Netzleistung und Server und Endgerät	Beratung von Online-Anbietern beim Aufbau von Datenbanksystemen

1) Multimedia-Server sind spezielle Rechner für die Speicherung und Wiedergabe von multimedialen Informationen (z.B. Video und Text)
2) Value-Added Service

Quelle: Booz • Allen & Hamilton (Hrsg.) (1996), Zukunft Multimedia: Grundlagen, Märkte und Perspektiven in Deutschland. Frankfurt (IMK), S. 39.

Diese vielverwendete Differenzierung von Booz, Allen, Hamilton wird von ihnen auch sehr verständlich beschrieben:

> „Für alle Multimedia-Online-Anwendungen ist die Inanspruchnahme einer *Netzleistung*, also die Übertragung von Informationen von einem Ort zum anderen, erforderlich. Dies kann z.B. durch öffentliche Netze, etwa das ISDN, erfolgen. Voraussetzung hierfür ist, dass entsprechende Kommunikationsnetze installiert werden. Zu diesem Zweck wird die sogenannte Netzinfrastruktur benötigt, also etwa Kabel und Vermittlungsstellen (Rechnereinheiten, die den Informationsfluß in einem Netz vom Sender zum Empfänger steuern). Viele der hier beschriebenen Anwendungen basieren auf einem zentralen *Server*, auf dem die multimedialen Informationen gespeichert sind und

zum Abruf bereitstehen. Aus Sicht des Benutzers ist dies eine Art elektronische Bibliothek, von der Filme, Bilder und Texte abgerufen werden. Dieser *Inhalt* bildet den nächsten und sehr zentralen Baustein der Multimedia-Wertschöpfungskette. Viele Multimedia-Anwendungen werden erst durch attraktive Inhalte interessant. Die meisten Multimedia-Anwendungen benötigen zusätzliche Dienstleistungen (*Value-Added Services*), um vom Anwender genutzt werden zu können: Filme müssen auf Server gespielt, Server gewartet, Informationsdatenbanken auf dem neuesten Stand gehalten, Rechnungen geschrieben werden etc. Häufig ist der Anwender nur mit dem Erbringer dieser Dienstleistungen in Kontakt. Er bezieht von ihm den kompletten Dienst, unabhängig davon, wer z.B. die Inhalte tatsächlich generiert. So bezahlt man beispielsweise Geld an den Privatsender Premiere, um Filme von Paramount zu sehen. Diese Funktion der Leistungsbereitstellung von Kunden wird häufig mit *Service Providing* bezeichnet. Es ist offensichtlich, dass Multimedia-Anwendungen nur mit entsprechenden *Endgeräten* wie z.B. PC oder Fernseher möglich sind. Da Multimedia-Anwendungen i. e. S. ausschließlich auf digitalisierten Informationen beruhen, ist immer eine entsprechende *Software* erforderlich. Die Vielzahl der erforderlichen Komponenten und die Notwendigkeit, diese aufeinander abzustimmen, wird dazu führen, dass einige Anbieter nicht nur einzelne Komponenten, sondern vollständige Lösungen anbieten. Solche sogenannten *Systemlösungen* können z.B. aus einem Endgerät und einer Software für die Nutzung einer bestimmten Datenbank bestehen." (Booz/Allen/Hamilton 1995, S. 38 ff.)

Die *Differenzierung nach Kundengruppen* unterteilt vor allem danach, ob ein Angebot eher von Unternehmen zu geschäftlichen Zwecken oder eher von Haushalten zu konsumtiven Zwecken nachgefragt wird. Eine solche Unterteilung ist relevant für die Abschätzung der künftigen Finanzierungs- und Entwicklungspotenziale.

Die *Differenzierung nach der Netzanbindung* unterteilt die multimedialen Angebote in lokale, nicht verteilte Internet-Systeme, bisweilen auch Insel-Multimedia genannt oder Intranet, und in netzgestützte verteilte Internet-Systeme. Die folgende Übersicht 2 zeigt eine so strukturierte Einteilung der Multimediaangebote.

Übersicht 2: Differenzierung von Multimediaangeboten nach Kundengruppen und Netzanbindung

Funktionsumfang \ Kundengruppe		Unternehmen/staatliche Einrichtungen	Konsumenten
Insel-Multimedia		▪ Multimediale CD-Rom ▪ Edutainment/Bildung ▪ Infotainment/Information ▪ Multimediale Vorgangs-/Aktenbearbeitung ▪ Point-of-Information-(POI-) Systeme	▪ Multimediale CD-Rom ▪ Edutainment/Bildung ▪ Infotainment/Information ▪ Entertainment/Spiele
Netzgestütztes Multimedia	Distributions-Multimedia	▪ Vernetzte MM-Point-of-Sales-(POS-) Systeme/-Dienste ▪ MM-Datenbankdienste ▪ Vernetzte MM-Lern-/Lehrsysteme/-dienste	▪ (Near) Video-on-Demand (VoD) ▪ Games-on-Demand (GoD) ▪ Einfache MM-Transaktionsdienste ▪ Teleshopping ▪ Telebanking
	Kommunikations-Multimedia	▪ Telearbeit ▪ Video-Konferenz ▪ Bildtelefonie ▪ Zeitparallele Bearbeitung multimedial abgebildeter Objekte durch räumlich verteilte Kooperationspartner (z.B. Tele-Engineering, -Medizin)	▪ Bildtelefonie ▪ Voll interaktives Fernsehen ▪ Voll interaktives Homeshopping

Quelle: Gerpott 1996, S. 17.

4. Produktion und Beschäftigung im Multimediasektor/Informationssektor

4.1. Zur Abgrenzung des Multimediasektors/des Informationssektors

Den Multimediasektor/Informationssektor abzugrenzen, ist schwierig. Die amtliche Statistik ist hier nicht hilfreich, weil sie weder einen Multimediasektor noch einen Informationssektor erfasst und auch für den Sektor Massenmedien und Kommunikation nur wenig Angaben liefert. Im Folgenden sehe ich den Multimediasektor und den Informationssektor als synonym, wie dies implizit oder explizit die Regel zu sein scheint und versuche eine Abgrenzung. Grundsätzlich muss man zunächst die funktionale und die institutionelle Abgrenzung unterscheiden.

In *funktionaler Abgrenzung* wären alle die Aktivitäten zu erfassen, die – wenigstens überwiegend – Informationen produzieren, verarbeiten, übermitteln und speichern, also etwa die Informationsproduktion im Bereich von Wissenschaft, Kunst und Journalismus sowie der weite Bereich der Telekommunikationsanwendungen im Bereich der Wirtschaft wie Telearbeit, Telebanking, Teleshopping, Business-TV, Call Center, Unternehmenskommunikation einschließlich Werbung und Online-Dienste, um nur einige wichtige Segmente zu nennen. Eine exakte Erfassung ist unmöglich, ein Beispiel für eine Möglichkeit einer eher funktionalen Abgrenzung bietet Abschnitt 4.2. Wichtig zu sehen ist, dass in funktionaler Sicht z.B. die Produktion von Kapitalgütern für die Informationsproduktion, also etwa die Produktion von Glasfaserkabeln, Computern oder Geräten der Unterhaltungselektronik nicht zum Sektor Multimedia/Information gehört.

In *institutioneller Abgrenzung* wird der Informationssektor so abgegrenzt, dass alle die Unternehmen, die mit Schwerpunkt Güter und Dienste produzieren, die zum Informationsbereich gezählt werden können, erfasst werden, also z.B. auch Schulmöbel. Die Abgrenzung ist im Einzelnen sicher ein wenig strittig. Meist werden etwa die Bereiche zugeordnet, die in folgender Übersicht aufgeführt sind, die gleichzeitig die Zahl der Erwerbstätigen ausweist.

Tabelle 2: Der Informationssektor in institutioneller Abgrenzung

Bereich	Erwerbs-tätige 1996	Erwerbs-tätige 1997	Erwerbs-tätige 1998*	97/96	98/97*
Hardware, Software & Services	**938.500**	**973.500**	**1.019.670**	**4%**	**5%**
Informationstechnik	**336.000**	**379.000**	**423.340**	**13%**	**12%**
Herstellung von Büromaschinen u. DV-Geräten	130.000	147.000	158.760	13%	8%
Software und IT-Dienstleistungen	206.000	232.000	264.580	13%	14%
Telekommunikation	**327.000**	**322.000**	**324.210**	**-2%**	**1%**
Herstellung von nachrichtent. Geräten	103.000	101.000	101.000	-2%	0%
Fernmeldedienste	224.000	221.000	223.210	-1%	1%
Elektronische Bauelemente	**80.500**	**83.500**	**85.170**	**4%**	**2%**
Unterhaltungselektronik	**46.000**	**41.000**	**38.950**	**-11%**	**-5%**
Fachhandel u. Distribution*	**149.000**	**148.000**	**148.000**	**-1%**	**0%**
Medien	**693.000**	**692.000**	**702.300**	**0%**	**1%**
Verlagsgewerbe	211.000	222.000	226.440	5%	2%
Druckgewerbe	296.000	285.000	285.000	-4%	0%
Film- u. Videoherstellung, -verleih, -vertrieb, Filmtheater	30.000	24.000	24.480	-20%	2%
Hörfunk u. Fernsehen, Programmherstellung	65.000	72.000	75.600	11%	5%
Korrespondenz- u. Nachrichtenbüros, freie Journalisten	41.000	38.000	38.760	-7%	2%
Buch-, Zeitschriften- und Musikhandel*	50.000	51.000	52.020	2%	2%
Insgesamt	**1.631.500**	**1.665.500**	**1.721.970**	**2%**	**3%**
* geschätzt					

Quelle: Fachverband Informationstechnik (FVIT) und Kommunikationstechnik (FVK) im Verband Deutscher Maschinen- und Anlagenbau (VDMA) und im Zentralverband Elektrotechnik und Elektronikindustrie e. V. (ZVEI), Update 1999.

4.2. Der Informationssektor in funktionaler Abgrenzung

In einer vielverwendeten Studie des Instituts für Arbeitsmarkt- und Berufsforschung der Bundesanstalt für Arbeit (IAB) wird die Information als Klassifikationsmerkmal für Tätigkeiten und Unternehmen verwendet. Aufbauend auf den Analysen von Porat (1977) wird folgender Ansatz entwickelt:

- Über den Tätigkeitsschwerpunkt des Mikrozensus wurden jene Erwerbstätigen separiert, die auf intensiven Informationsbezug schließen lassen. In einer Matrix Tätigkeitsschwerpunkt/Beruf wurden jene Berufe als Informationsberufe klassifiziert, in denen mehr als 75 Prozent der Berufsangehörigen Informationstätigkeitsschwerpunkte angegeben hatten. In einer Matrix Beruf/Wirtschaftszweig wurden dann alle diese Berufsangehörigen der als Informationsberufe klassifizierten Berufe aus den angegebenen Wirtschaftszweigen separiert und in einem eigenen Informationsbereich zusammengefaßt (Dostal 1995, S. 528).

Tabelle 3 zeigt die Entwicklung der Erwerbstätigkeit im Informationssektor von 1882 bis heute und gibt eine Prognose für die Entwicklung bis zum Jahre 2010. Sehr deutlich wird der Rückgang der Beschäftigung im Sektor I (Landwirtschaft), nachfolgend im Sektor II (Produktion) und Sektor III (Dienstleistungen) und die massive Zunahme der Beschäftigung im Informationsbereich.

Tabelle 3: Entwicklung der Beschäftigung im Informationsbereich von 1882 bis 2010 in Deutschland (Erwerbstätige in Mio.)

Jahr	Sektor I	Sektor II	Sektor III	Informationsbereich	Quelle
1882	8,6	5,7	2,3	2,3	Volkszählung
1895	8,6	7,5	3,1	2,9	Volkszählung
1907	9,9	9,9	4,1	3,9	Volkszählung
1925	9,7	11,5	6,4	4,5	Volkszählung
1933	9,3	11,8	7,0	4,3	Volkszählung
1939	8,9	12,9	7,5	5,0	Volkszählung
1950	5,0	8,8	5,1	4,2	Volkszählung
1961	3,5	10,8	6,7	6,1	Volkszählung
1970	2,0	10,4	6,4	7,5	Volkszählung
1980	1,4	9,0	5,7	10,6	Mikrozensus
1982	1,3	8,6	5,8	11,0	Mikrozensus
1985	1,2	8,2	6,2	10,9	Mikrozensus
1987	1,1	8,1	6,5	11,4	Mikrozensus
1989	1,0	8,2	6,6	11,9	Mikrozensus
1991	1,0	8,7	7,0	13,0	Mikrozensus
1995	0,8	6,9	5,7	14,2	Prognos-IAB 1989
2000	0,7	6,5	6,0	14,8	Prognos-IAB 1989
2005	0,6	6,1	6,2	15,2	Prognos-IAB 1989
2010	0,6	5,8	6,3	15,3	Prognos-IAB 1989

Quelle: Dostal, Werner (1995), Die Informatisierung der Arbeitswelt – Multimedia, offene Arbeitsformen und Telearbeit. MittIAB 4/95, S. 528.

Sehr plastisch und sehr viel verwendet ist auch die grafische Darstellung dieser Entwicklung.

Abbildung 2: Das Vier-Sektoren-Modell der Entwicklung der Beschäftigung

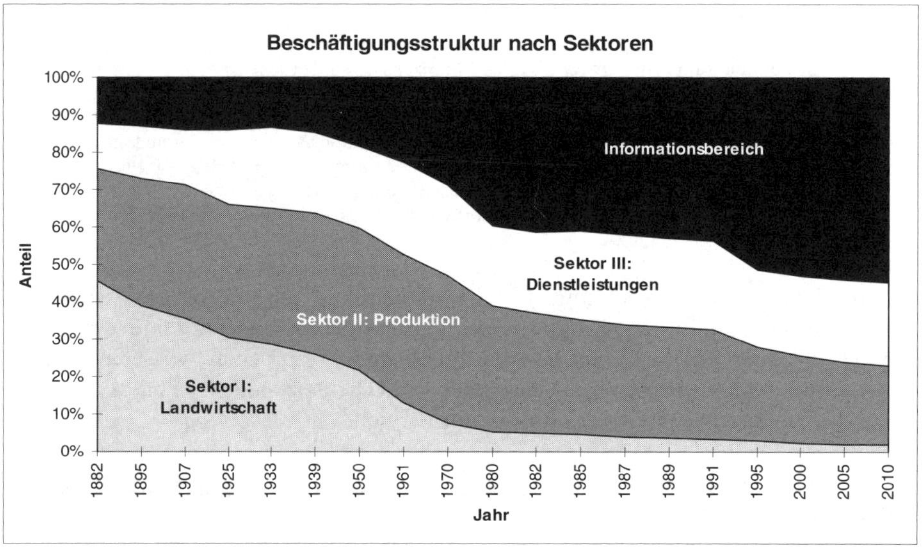

Quelle: Dostal (1995), Die Informatisierung der Arbeitswelt – Multimedia, offene Arbeitsformen und Telearbeit. MittIAB 4/95, S. 529.

In dieser Begrifflichkeit wird die Wirtschaft zum einen nach der alten klassischen Sektorgliederung wie folgt differenziert:

- Sektor I, der primäre Sektor mit Landwirtschaft und Rohstofferzeugung,
- Sektor II, der sekundäre Sektor mit dem Bereich der industriellen und handwerklichen Produktion und
- Sektor III, der tertiäre Sektor mit dem Bereich der privaten und staatlichen Dienstleistungsproduktion.

Zum anderen werden diese Sektoren um den Informationssektor als quasi viertem Sektor ergänzt, der aber faktisch/institutionell in den alten drei Sektoren inkorporiert ist.

In solchen Abgrenzungen ist die Informationswirtschaft neben der Tourismusbranche der weltweit größte Wirtschaftssektor. Und die Informationswirtschaft gilt als zentrale Wachstumsbranche der Zukunft, die durch ihre Innovationen auch einen lang andauernden generellen Wachstumsschub für die Wirtschaft insgesamt auslösen kann, ähnlich wie der Eisenbahnbau, die Entwicklung der Automobilindustrie oder der Chemieindustrie (vgl. z.B. das Weißbuch „Wachstum, Wettbewerbsfähigkeit, Beschäftigung" der Kommission der EU 1993 und „Info 2000").

4.3. Der Informationssektor in institutioneller Abgrenzung – der Medien- und Kommunikationssektor des DIW

In institutioneller Sicht wird der Informationssektor recht unterschiedlich abgegrenzt. Die Studien des DIW (Deutsches Institut für Wirtschaftsforschung, Berlin) zeichnen sich vor anderen Studien dadurch aus, dass sie eine nachvollziehbare Anbindung an die amtliche Statistik versuchen und dass sie inzwischen regelmäßig erscheinen. Sie können mittlerweile zum Standardzahlenwerk in diesem Bereich zählen.

In diesen Studien des DIW werden folgende drei Teilbereiche zum Medien- und Kommunikationssektor[1] zusammengefasst (DIW-Wochenbericht 10, 1996, S. 165f.):

- Unternehmen, die schwerpunktmäßig Massenmedien herstellen oder vertreiben, bilden den Teilbereich *Medien*;
- Unternehmen, die schwerpunktmäßig Unterhaltungselektronikprodukte, Büromaschinen und DV-Einrichtungen, nachrichtentechnische Geräte sowie fototechnische und -chemische Produkte herstellen oder vertreiben, bilden der Teilbereich der *Medien- und Kommunikationstechnik*;
- Unternehmen, die schwerpunktmäßig DV-Software und -Dienstleistungen, Telekommunikationsdienste und Außendienste anbieten, bilden den Teilbereich der *Kommunikationsdienstleistungen*.

Eine solche breite Abgrenzung erscheint angemessen, weil damit das vermutete Verschmelzen (vgl. Latzer 1997) der bislang getrennten Wirtschaftsbereiche (Medien, Computer, Telekommunikation) im jeweils gleichen Analyserahmen erfasst werden kann.

Tabelle 4 zeigt den Stand der *Bruttowertschöpfung*[2] des MuK-Sektors für 1992 und die Prognosewerte für die Jahre 2000 und 2010. 1992 hatte der MuK-Sektor ein Volumen von 174 Mrd. DM, das entsprach einem Anteil an der gesamten Bruttowertschöpfung in der Bundesrepublik von 6,1 Prozent; der dominierende Bereich war der Sektor der Kommunikationsdienste, gefolgt vom Sektor Medien und Sektor Technik.

---

1 Häufiger wird vom Informations- und Kommunikationssektor (IuK-Sektor) gesprochen; allerdings erscheint das Begriffspaar Medien und Kommunikation zumindest sprachlich plausibler.

2 Die Bruttowertschöpfung (BWS) ist der Wert der Produktion abzüglich der Vorleistung; sie ist das Standardmaß zur Erfassung der wirtschaftlichen Leistung einer Einheit (vgl. auch Kapitel 11), kurz gefasst wird auch nur von Wertschöpfung gesprochen.

Tabelle 4: Bruttowertschöpfung des Medien- und Kommunikationssektors 1992, 2000, 2010

	1992	**2000**	**2010**	**1992**	**2000**	**2010**	**2000**	**2010**
	Mrd. DM			**Anteile in vH**			**1992=100**	
Medien	*47*	*75*	*139*	*27,0*	*27,3*	*28,7*	*159,6*	*295,7*
Produktion	41	66	124	23,6	24,0	25,6	161,0	302,4
Distribution	6	9	15	3,4	3,3	3,1	150,0	250,0
Druckmedien	35	52	89	20,1	18,9	18,4	148,6	254,3
Elektronische Medien	12	23	50	6,9	8,4	10,3	191,7	416,7
M+K-Technik	*43*	*64*	*99*	*24,7*	*23,3*	*20,4*	*148,8*	*230,2*
Produktion	28	42	64	16,1	15,3	13,2	150,0	228,6
Distribution	15	22	35	8,6	8,0	7,2	146,7	233,3
Kommunikati-onsdienste	*84*	*136*	*247*	*48,3*	*49,5*	*50,9*	*161,9*	*294,0*
M+K-Sektor insgesamt	***174***	***275***	***485***	***100,0***	***100,0***	***100,0***	***158,0***	***278,7***
Produktion	153	244	435	87,9	88,7	89,7	159,5	284,3
Distribution	21	31	50	12,1	11,3	10,3	147,6	238,1

Quelle: DIW (1996), Multimedia: Beschäftigungszunahme im Medien- und Kommunikationssektor vielfach überschätzt. In: Wochenbericht 10, 1996, 7. März 1996, S. 171.

Die Prognose geht von einem deutlichen Wachstum aller drei Teilbereiche aus; am stärksten wachsen die Kommunikationsdienste und die Medien, hierbei insbesondere die elektronischen Medien.

Tabelle 5 zeigt den Stand der *Beschäftigung* im MuK-Sektor für 1992 und die Prognosewerte für die Jahre 2000 und 2010. 1992 wurden 1,908 Millionen Erwerbstätige gezählt, das entsprach einem Anteil von 5,3 Prozent aller Beschäftigten in der Bundesrepublik Deutschland. Die Prognose geht von einer Zunahme der Beschäftigung um rund 180.000 Arbeitsplätze aus, ein insgesamt recht geringer Anstieg im Verhältnis zur Bedeutung, dem dieser Sektor in „Sonntagsreden“ eingeräumt wird.

Tabelle 4: Erwerbstätige im Medien- und Kommunikationssektor 1992, 2000, 2010

	1992	2000	2010	1992	2000	2010	2000	2010
	in 1.000			Anteile in vH			1992=100	
Medien	509	520	517	26,7	26,3	24,7	102,2	101,6
Produktion	424	440	438	22,2	22,3	21,0	103,8	103,3
Distribution	85	80	79	4,5	4,1	3,8	94,1	92,9
Druckmedien	416	393	366	21,8	19,9	17,5	94,5	88,0
Elektronische Medien	93	127	151	4,9	6,4	7,2	136,6	162,4
M+K-Technik	554	585	623	29,0	29,6	29,8	105,6	112,5
Produktion	309	315	332	16,2	15,9	15,9	101,9	107,4
Distribution	245	270	291	12,8	13,7	13,9	110,2	118,8
Kommunikationsdienste	845	870	950	44,3	44,1	45,5	103,0	112,4
M+K-Sektor insgesamt	1908	1975	2090	100,0	100,0	100,0	103,5	109,5
Produktion	1578	1625	1720	82,7	82,3	82,3	103,0	109,0
Distribution	330	350	370	17,3	17,7	17,7	106,1	112,1

Quelle: DIW (1996), Multimedia: Beschäftigungszunahme im Medien- und Kommunikationssektor vielfach überschätzt. In: Wochenbericht 10, 1996, 7. März 1996, S. 172.

Zu einem vergleichbaren Gesamteffekt kommt eine Studie von Little (1996), die rund 153.000 zusätzliche Arbeitsplätze für die als TIME-Sektor zusammengefassten Bereiche Telekommunikation, Informationstechnologie, Medien und Elektronik prognostiziert (vgl. auch ifo-Schnelldienst, Heft 3, 1997).

5. Multimedia und Kommunikation

Der technische Fortschritt im MuK-Sektor begründet zwei mögliche/wahrscheinliche Entwicklungsperspektiven mit vermutlich erheblichen Auswirkungen auf die Formen, Inhalte, Abläufe und Wirkungen von Kommunikation:

- Die mögliche Interaktivität des Informationsaustauschs und
- die Konvergenz der Medien.

Wenngleich diese Konsequenzen zu analysieren vor allem Aufgabe der Kommunikationswissenschaft ist, soll hier kurz darauf eingegangen werden.
Als Kriterien einer *Interaktivität* können die in Übersicht 3 zusammengestellten Elemente gelten.

Übersicht 3: Kriterien der Interaktivität

Kriterien / Form	Soziale Kommunikation	Massenmedien (hier: TV)	„Interaktive" Medien (hier: ITV)
Wechselseitige Wahrnehmung	vollständig	nicht vorhanden	erweitert
Anwesenheit	zwingend, Übernahme der Rolle des Anderen	virtuelle Präsenz (passiver Rezipient)	möglich (Telepräsenz) (aktiver Rezipient)
Wechselseitige Kenntnis	vollständig	nicht vorhanden (Anonymität)	teilweise (partielle Anonymität)
Gleichheit der Kontrolle	vollständig	ausgeschlossen	teilweise

Quelle: Ruhrmann/Nieland 1997, S. 84.

Eine zunehmend technisch und ökonomisch machbare Interaktion verändert also die traditionelle „einseitige" Massenkommunikation in Richtung einer sozialen Kommunikation, weil ihre zentralen Elemente

- wechselseitige Wahrnehmung,
- wechselseitige Kenntnis,
- wechselseitige Kontrolle und
- Anwesenheit

dann zunehmend als erfüllt gelten können (vgl. insbesondere Ruhrmann/Nieland 1997). Was dies für die Kommunikation bedeutet, kann hier nicht thematisiert werden. Ökonomisch impliziert die Möglichkeit der Interaktion vor allem die schnellere und billigere Enthüllung und Erfassung von Rezipientenpräferenzen und den leichteren Marktzutritt zum Markt der Informationen.

Die *Konvergenz* ist die zweite zentrale Perspektive im Multimediabereich: die Konvergenz der Vertriebswege, die Konvergenz der Medieninhalte, die Konvergenz der Medien selbst und die Konvergenz der Empfangsgeräte (vgl. insbesondere Latzer 1997).

Konvergenz der Vertriebswege: Bei digitalisierten Informationen kann jedes Übertragungsnetz – Kabel, Satellit, Terrestrik – jede Information übertragen. Bei der Nutzung der Übertragungsnetze spielt es technisch keine Rolle, welche Daten transportiert werden, und umgekehrt spielt es für die Datenübertragung technisch keine Rolle, welches Netz zur Übertragung genutzt wird. Man spricht von einem Gesamtübertragungsnetz, in dem beliebige Informationen in Datencontainern übertragen werden. Fernsehen per Telefonkabel oder Telefonieren per Fernsehkabel seien als Beispiele genannt.

Konvergenz der Medieninhalte: Die durchgängige Digitalisierung medialer Inhalte – Text, Sprache, Bild, Bewegtbild – erlaubt ihre durchgängige Vermischung. Dies führt zu einer *Konvergenz der Medien,* zu einer Integration der klassischen Massenmedien; und der Konvergenzdruck wird dadurch verstärkt, dass gleiche Inhalte auf verschiedenen Vertriebswegen übermittelt werden können. Die Grenzen zwischen Buch, Zeitschrift, Zeitung, Radio, Fernsehen und Kino werden verschwimmen, und sie verschwinden zur Zeit insbesondere zwischen Zeitung, Radio und Fernsehen bzw. Kino. Online abrufbare Zeitungen und Zeitschriften, Radio mit fernsehähnlichem Display oder Video-on-Demand sind zur Zeit sichtbare Konvergenzphänomene.

Konvergenz der Empfangsgeräte/Endgeräte: Vermutet wird schließlich auch eine Entwicklung zur Konvergenz der Empfangsgeräte/Endgeräte. Es wird technisch gesehen eine Schnittstelle zwischen Netz und Nutzer ausreichen, etwa ein fernsehtauglicher PC oder ein PC-ähnliches Fernsehgerät oder ein mobiles PC-Telefon usw. Die unterschiedlichen Funktionen von PC und Fernsehgerät – Arbeit bzw. Unterhaltung – und die damit verbundene spezifische Infrastruktur – Schreibtisch und Kaffee bzw. Sofa und Bier – stehen einer faktischen Konvergenz der Endgeräte allerdings entgegen.

Die Folgen der Konvergenz lassen sich nur erahnen. Wenn bislang getrennte Bereiche verschmelzen, so entstehen neue Märkte mit neuen Marketingstrategien, neue Kooperationen und neue Konzentrationsprozesse. Daraus ergeben sich wichtige Konsequenzen für die Ordnungspolitik: Wenn bislang getrennte Märkte verschmelzen, muss die Wettbewerbspolitik von einem völlig neuen Zuschnitt relevanter Märkte ausgehen, und für die Medienpolitik werden nach Medien differenzierte Politiken endgültig obsolet (vgl. auch Kapitel 3 und 7).

6. Das Vertriebsnetz – Konvergenz zum Gesamtnetz und Zunahme der Vertriebskapazität

Die weitestreichenden faktischen Konsequenzen des technischen Fortschritts im Rundfunksektor scheinen bislang im Vertriebsnetz sichtbar zu werden. Nach einer Analyse der Kosten-Nutzen-Profile der immer noch unterschiedlichen Vertriebswege wird die Entwicklung zum Gesamtnetz und die Zunahme der Vertriebskapazität für Rundfunkprogramme aufgezeigt.

6.1. Kosten-Nutzen-Profile der Vertriebswege

Zur Übertragung von (digitalisierten) Informationen stehen grundsätzlich drei Vertriebswege zur Verfügung:

- die Terrestrik,
- Kabelnetze und
- Satelliten.

Diese Vertriebswege weisen unterschiedliche Kosten-Nutzen-Profile auf. Folgende Kriterien sind zur Beurteilung von großer Relevanz:

- die Verteilkosten pro Informationseinheit und Empfänger;
- die Möglichkeit einer regional begrenzten Distribution;
- die Rückkanalfähigkeit und
- die Möglichkeit eines portablen bzw. mobilen Empfangs.

Die *Terrestrik* ist ein kostengünstiges Verteilsystem, solange terrestrische Frequenzen kostenlos zugeteilt werden. Ihre Übertragungskapazität kann ohne den Einsatz zusätzlicher Ressourcen genutzt werden, allerdings ist die Übertragungskapazität recht begrenzt. Die Terrestrik bietet die Möglichkeit einer regional begrenzten Distribution, allerdings „kostet" dies wegen möglicher Interferenzen Übertragungskapazität. Portabler Empfang ist gut, und mobiler Empfang ist hinreichend möglich. Rückkanalfähigkeit ist zur Zeit nicht gegeben.

Kabelnetze sind ein teures Verteilsystem, jeder Empfänger von Informationen benötigt einen Netzanschluss, alle Anschlüsse setzen eine Kabelverlegung voraus. Der große Vorteil von Kabelnetzen ist die Möglichkeit einer exakt regional begrenzten Distribution und die Möglichkeit, einen systemeigenen Rückkanal zu betreiben. Portabler und mobiler Empfang ist nicht möglich.

Satellitensysteme weisen bei der ihnen möglichen großflächigen Ausstrahlung die niedrigsten Verteilkosten pro Information und pro Teilnehmer auf, und ihre Kapazität ist so gut wie unbeschränkt. Eine regional begrenzte Distribution ist zur Zeit nicht zu realisieren; ein portabler Empfang ist möglich, ein mobiler Empfang schwierig.

6.2. Konvergenz der Vertriebswege zu einem Gesamtnetz

Bei aller Unterschiedlichkeit können diese drei Vertriebswege bei Bedarf doch simultan genutzt werden, und die zu übertragenden Informationen können von einem Übertragungsweg auf andere umgesetzt werden. Dies ist erreicht worden durch eine europäische Standardisierung der technischen Verfahren zur Datenkompression, zur Übertragung digitalen Rundfunks und zur Verschlüsselung von Pay-Rundfunkangeboten. Zudem sind standardisierte Qualitätsstufen der Übertragung vorgeschlagen worden.

Exkurs: Standardisierung der Datenübertragung
Unter dem Dach der International Standardisation Organization (ISO) arbeitet seit 1988 eine gemeinsame Arbeitsgruppe des Joint Technical Committee (JTC) und der International Electrotechnical Commission (IEC) unter der Bezeichnung Motion Picture Expert Group (MPEG). Diese Arbeitsgruppe hat weltweit akzeptierte Standards für die Kodierung digitaler Bild- und Tonsignale entwickelt: MPEG-1 ist der Standard für Video-CD, CD-I und CD-Rom; MPEG-2 ist der Standard für digitales Fernsehen; und MPEG-4 wird der künftige Multimedia-Standard für Electronic Mail, Telefonnetze und mobile Übertragungssysteme werden. Speziell in Europa sind Ende 1993 die grundlegenden technischen Standards für digitalen Rundfunk über Kabel und Satellit vom Lenkungsausschuss der European Launching Group für DVB verabschiedet worden. In diesem Ausschuss sind rund 150 Unternehmen und Organisationen aus Europa und den USA zusammengeschlossen. Damit sind die technischen Verfahren zur Datenkompression (MPEG-2), zur Übertragung digitalen Fernsehens (DVB) und zur Verschlüsselung von Pay-Rundfunkangeboten international vereinheitlicht. Mithin sind die Voraussetzungen zur Integration der verschiedenen Übertragungsnetze zu einem Gesamtnetz geschaffen.

Konsequenzen der Integration der Vertriebswege zu einem Gesamtnetz sind eine Kapazitätserweiterung und eine Erleichterung des Marktzutritts neuer Anbieter. Die Vertriebskapazität nimmt zu, weil infolge der Konvergenz der Vertriebswege vorhandene Leerkapazitäten besser genutzt werden können und weil relativ weniger Reservekapazitäten bereitgestellt werden müssen. Der Marktzutritt neuer Anbieter wird erleichtert, weil die jeweiligen Anbieter technisch nicht mehr auf ihr ursprüngliches Vertriebsnetz angewiesen sind. Dabei muss indes ein diskriminierungsfreier Netzzugang vorausgesetzt werden.

6.3. Zunahme der Vertriebskapazität für Rundfunkprogramme

Digitalisierung, Datenkompression und Multiplexing erhöhen die Übertragungskapazitäten für Rundfunkprogramme ganz erheblich, im Prinzip etwa um das Zehnfache. Da mit der Digitalisierung aber unterschiedliche Qualitätsstufen der Übertragung ermöglicht werden, die jeweils unterschiedliche Datenmengen erfordern, sollen im Folgenden zur Vergleichbarkeit jeweils die Datenmenge und Kapazität zur Übertragung von Fernsehprogrammen in PAL-Qualität (vier MBit/s) zugrunde gelegt werden. Dies ergibt dann etwa folgende nach Vertriebsweg differenzierte Kapazitätsangebote (vgl. detaillierter Kapitel 6):

- Terrestrik: ca. 50 Programme,
- Kabel: ca. 500 Programme,
- Satellit: ca. 2.000 Programme.

Daraus werden ganz erhebliche Anstrengungen resultieren, diese Vertriebsmöglichkeiten zu nutzen und damit Gewinne zu erwirtschaften.

In einer Übergangsphase werden indes weiterbestehende Kapazitätsengpässe erwartet. Dies hat folgende Gründe:

- Wegen des noch nicht vollzogenen technischen Wandels bei den Endgeräten müssen die Rundfunkprogramme für einen längeren Zeitraum gleichzeitig analog und digital übertragen werden (Simulcast).
- Zudem wird ein erheblicher Kapazitätsbedarf durch die neuen Multimediadienste entstehen. Allein Video-on-Demand benötigt ein Vielfaches an Übertragungskapazitäten, und insbesondere komplexe Rückkanalstrukturen benötigen ebenfalls erhebliche Kapazitätsreserven.

Vor allem im Kabel und in der Terrestrik werden mithin vorerst Übertragungskapazitätsengpässe bestehen bleiben.

Die Zunahme der Vertriebskapazität sollte proportional die Preise sinken lassen; gerechnet wird mit einer Reduktion von 12 Millionen DM auf etwa zwei Millionen DM pro Fernsehprogramm und Jahr. So kostet ein Transponder auf dem Astra-System 1998 rund zwölf Millionen DM. Während aber bei der analogen Übertragung für ein einziges Fernsehprogramm ein ganzer Transponder notwendig ist, können sich bei der digitalen Übertragung mehrere Programme einen Transponder teilen. Abhängig von den genrebedingten Ansprüchen an die Bildqualität (Sportübertragungen brauchen in der Regel die größte Bitrate, Zeichentrickfilme in der Regel die kleinste), werden durchschnittlich sechs bis acht Programme digital auf einem Transponder übertragen (Funkkorrespondenz 3, 1999, S. 25).

7. Digitales Fernsehen

7.1. Perspektiven der Einführung des digitalen Fernsehens

Digitales Fernsehen (DVB) gilt als zentraler Baustein im Multimedia-Marktsegment. Dies liegt an folgenden Punkten:

- Die Endgeräteinfrastruktur ist recht gut entwickelt. Praktisch alle Haushalte verfügen über ein Empfangsgerät und das benötigte Zusatzgerät für den Empfang digitalen Fernsehens – die Set-Top-Box – ist mit rund 600,- bis 1.200,- DM relativ billig.
- Fernsehen ist – und bleibt es sicher auch – ein ganz substanzielles Element privater Freizeitaktivitäten, ist mithin angesiedelt im weiter stark expandierenden privaten Unterhaltungssektor.
- Fernsehen ist – zumindest im Free-TV-Bereich – eine sehr preiswerte Aktivität.

Zeitpläne für die Einführung des digitalen Fernsehens gehen davon aus, dass die analogen Ausstrahlungen zwischen dem Jahr 2006 und 2020 auslaufen. So sieht der aktualisierte Zeitplan der US-amerikanischen Medienbehörde FCC (Federal Communications Commission) vor, dass bis zum Jahre 2006 alle TV-Sender in den USA den Sendebetrieb auf digitale Ausstrahlung umgestellt haben. TV-Geräte, die diese digitalen Signale ohne Set-Top-Box empfangen können, sollen ab Weihnachten 1998 im Handel erhältlich sein. Der Preis soll bei etwa 2.000 $ liegen (Horizont 16, 1997).

Die europäischen Fernmeldeverwaltungen haben folgenden Zeitplan zur Einführung des digitalen *terrestrischen* Fernsehens vorgelegt (Beilage zum Medienspiegel Nr. 26/1997, S. 3):

1997	Festlegung der Planungsparameter für das digitale terrestrische Fernsehen (DVB-T)
1998	Internationale Planungstagung für DVB-T
ab 1998	Einführung von DVB-T
2005	Internationale Wellenkonferenz zur Ablösung des analogen Fernsehens
ab 2008	Auslaufen des analogen Fernsehens
bis 2020	Ende der analogen Fernsehausstrahlung

Am 24.8.1998 hat das Bundeskabinett einer Empfehlung von Industrie, Verbraucherverbänden und Sendern zugestimmt, bis zum Jahre 2010 die analoge Fernsehausstrahlung durch die digitale zu ersetzen.

Die digitale Verbreitung über Kabel und Satellit ist allerdings wesentlich früher zu erwarten; sie ist z.T. ja bereits Realität.

Die *Kapazitätserfordernisse* zur Übertragung von Fernsehprogrammen sind relativ hoch und gestaffelt nach der Übertragungsqualität.

Diese Übertragungsqualität von Fernsehprogrammen wird üblicherweise wie folgt differenziert und definiert

- HDTV (high definition television); Bitrate: 35 MBit/s
- EDTV (enhanced definition television); Bitrate: 8 MBit/s
- SDTV (standard definition television); Bitrate: 4 MBit/s
- LDTV (low definition television); Bitrate: 2 MBit/s.

LDTV entspricht etwa der jetzigen Qualität der Videoaufzeichnung mit einem VHS-Videorecorder. SDTV entspricht der Qualität von PAL-Signalen, dem alltäglichen Fernsehstandard. EDTV liefert ein besseres Bild und ermöglicht das größere Bildformat 16:9. Ein hochauflösendes Bild in diesem Format wird jedoch erst mit HDTV erreicht. Die Bildqualität ist also unmittelbar von der Bitrate abhängig. In einem 8 MHz breiten Kanal einer Kabelanlage können z.B. ein HDTV-Programm oder vier EDTV-Programme oder 17 LDTV-Programme oder beliebige Kombinationen übertragen werden. Die Übertragung technisch-qualitativ hochwertiger Programme ist also deutlich teurer als die Übertragung technisch einfacher Programme.

7.2. Neue Nutzungs- und Vermarktungsmöglichkeiten

Die Digitalisierung des Fernsehens ermöglicht wegen der Vervielfachung der Übertragungskapazität und der Konvergenz der Medien eine gewaltige Zunahme des Angebots, quantitativ eine Zunahme der Programme und qualitativ auch neue fernsehähnliche Dienstleistungsangebote. Zu solchen neuen fernsehähnlichen Angeboten zählen:

- Near-video-on-demand: Spielfilme laufen auf mehreren Kanälen jeweils zeitversetzt, um Zuschauern zu ermöglichen, jedenfalls annähernd zum Zeitpunkt ihrer Wahl einen Film zu sehen.
- Video-on-demand: Hier bestellt der Zuschauer interaktiv den von ihm gewünschten Film zu einer von ihm gewünschten Zeit.
- Homeshopping oder Teleshopping: Hier kauft der Zuschauer über das Fernsehgerät (oder über einen Computer). Er wählt aus dem dargebotenen Angebot aus und bestellt per Fernbedienung.

Das Potenzial an Angebotsausweitung wird nur realisiert, wenn sich damit Geld verdienen lässt. In diesem Sinn übt die Digitalisierung einen großen Druck auf Unternehmen aus, zusätzliche Einnahmequellen zu erschließen. Da Werbeeinnahmen nur begrenzt zunehmen werden und da um das vorhandene Werbevolumen schon jetzt ein fast kannibalischer Wettbewerb geführt wird, müssen neue Einnahmequellen gefunden werden. Hier bietet die Digitalisierung eine kostengünstigere Anwendung des Marktausschlussprinzips, also eine kostengünstigere Möglichkeit, Preise für die individuelle Nutzung der Angebote zu verlangen (Pay-TV).

Um Missverständnisse zu vermeiden, sei darauf hingewiesen, dass die Digitalisierung weder notwendige noch hinreichende Bedingung für Pay-TV ist. Auch bei analoger Ausstrahlung über Kabel, Satellit oder die Terrestrik ist Pay-TV möglich und wird Pay-TV realisiert, wie z.B. in Frankreich, Großbritannien oder den USA. Und umgekehrt ist digitales Fernsehen auch als Free-TV, also als werbefinanziertes

Fernsehen denkbar. Man kann den Zusammenhang von Digitalisierung und Pay-TV so formulieren: Die Digitalisierung ermöglicht neue Fernsehangebote, übt einen beträchtlichen Druck aus, neue Einnahmequellen zu erschließen und bietet durch die Technik eine kostengünstige Möglichkeit, eine Form von Pay-TV zu installieren.

Die *ökonomische Bedeutung* von Pay-TV liegt in der Möglichkeit, die z.T. erhebliche Preiszahlungsbereitschaft von Zuschauern auszuschöpfen. Diese Preiszahlungsbereitschaft, die dem Wert der Sendung oder des Programmes aus der Sicht der Rezipienten entspricht, ist in der Regel sehr viel höher als die Preiszahlungsbereitschaft der werbungtreibenden Wirtschaft für die Aufmerksamkeit eines Zuschauers (vgl. Kapitel 8).

Die *medienpolitische Bedeutung* von Pay-TV liegt darin, dass intensive Präferenzen auch ein Minderheitenprogramm finanzieren können, was bei Free-TV unwahrscheinlich ist (vgl. Kapitel 8): Pay-TV bietet im Prinzip mehr Raum für ein vielfältiges Angebot als Free-TV.

Wie schnell sich Pay-TV im deutschsprachigen Raum durchsetzen wird, ist ungewiss. Erfolgsbedingungen sind

- attraktive Inhalte im Vergleich zum Free-TV,
- niedrige Einstiegskosten,
- einheitliche Standards und
- intensives Marketing.

Und gerade der wichtigste Faktor, die größere Attraktion im Vergleich zum Free-TV, ist im deutschsprachigen Raum mit seinem großen Angebot von Free-TV-Programmen nur mit viel Aufwand zu produzieren (vgl. Kapitel 13).

7.3. Aufbau einer organisierten Tauschbeziehung im Pay-TV

Unter dem Regime von Free-TV existiert keine organisierte Tauschbeziehung zwischen Programmanbietern und Rezipienten, lediglich anonyme Reichweitenmessungen erfassen die Beziehungen statistisch-quantitativ. Dies wird sich mit der Einführung von Pay-TV entscheidend ändern, weil hier spezifizierte und mit den Instrumenten des Marketing-Mix betreute Vertrags- und Tauschbeziehungen zwischen Anbietern und Rezipienten aufgebaut werden.

In *technischer Hinsicht* müssen die analogen Empfangsgeräte um einen Konverter ergänzt werden, der die digitalen Signale umwandelt. Da viele Angebote wie z.B. Pay-TV verschlüsselt verbreitet werden, bedarf es zusätzlich eines Decoders, der die Entschlüsselung vornimmt. Damit nur der Berechtigte, also z.B. der Abonnent eines Pay-TV-Kanals, das Angebot nutzen kann, muss weiterhin ein System der Zugangskontrolle (conditional access) etabliert werden. Dieses System prüft die Nutzungsberechtigung und stellt sicher, dass nur die jeweils bestellten und bezahlten Dienste empfangen werden können. Konverter, Decoder und die Zugangskontrolle werden in einem gemeinsamen Gerät, der so genannten Set-Top-Box, zusammengefasst und vertrieben und an die vorhandenen Fernsehgeräte angeschlossen. Mittelfristig ist jedoch damit zu rechnen, dass nur noch Endgeräte auf den Markt kommen, die für den Empfang digitaler Angebote direkt tauglich sind.

In *ökonomischer Hinsicht* wird der Tausch, also eine Beziehung von Leistung und Gegenleistung zwischen Anbietern und Rezipienten organisiert:

- Kunden müssen angeworben und betreut werden. (Es wird geschätzt, dass die Kundenwerbung von DF 1 rund 700,- DM pro Abonnent kostet.)
- Das Inkasso muss organisiert und kundenfreundlich betrieben werden.
- Den Rezipienten müssen Orientierungshilfen geboten werden, damit sie sich in der Flut der digitalen Angebote leichter zurecht finden, damit – ökonomisch formuliert – die Suchkosten und Entscheidungskosten bei der Programmwahl des Rezipienten verringert werden; Navigationssysteme helfen bei der Auswahl der Programme innerhalb der Programmpakete der Anbieter.
- Anbieter stellen Programmpakete im Rahmen des Pay-TV-Abonnements gemäß den Kosten-Nutzen-Kalkülen der kaufkräftigen Rezipienten zusammen.
- Die technische Infrastruktur (der Decoder und Konverter) muss bereitgestellt und verkauft oder vermietet werden, und dies muss sehr bedienerfreundlich erfolgen.
- Und für all diese Angebote müssen Preise kalkuliert und Preislisten veröffentlicht werden.

Mit der Nutzung dieser vertriebspolitischen und preispolitischen Instrumente des Marketing-Mix ergeben sich für die Programmanbieter die Chancen:

- Rezipientenpräferenzen schnell und direkt zu erkunden,
- die Produktdifferenzierung im Rahmen der Programmgestaltung durch eine differenzierte Vertriebsorganisation zu verstärken,
- durch eine Ausweitung der Kontrolle über mehrere Wertschöpfungsstufen die Qualität des Gesamtproduktes (Programm plus Vermarktung) nach unternehmenseigenen Vorstellungen zu formen und
- damit eine festere Anbieter-Rezipienten-Beziehung aufzubauen, als es bei Free-TV möglich ist.

Die vertikale Integration der Programmveranstalter in den Vermarktungsbereich hinein – der ja auch von unabhängigen Unternehmen getragen werden könnte – bietet also für den Programmveranstalter eine Reihe von Vorteilen, aber wie im Prinzip jede „Inhouse-Produktion" den Nachteil, dass die Eigenproduktion relativ teuer ist. Ordnungspolitische Gefahren werden im 9. Abschnitt dieses Kapitels aufgezeigt.

8. Digitaler Hörfunk

Hörfunk führt in der öffentlichen Diskussion eher ein Mauerblümchendasein, obwohl Hörfunk mit einem Zeitaufwand von 155 Minuten pro Werktag (Massenkommunikation V, S.49) immer noch das meistgenutzte Medium ist. Das vergleichsweise geringe Interesse, das dem Hörfunk entgegengebracht wird, lässt sich vor allem mit seiner relativ geringen ökonomischen Bedeutung als Werbeträger erklären, mit einem Anteil am Werbemarkt von 3,2 Prozent (1997) steht Hörfunk erst an 8. Stelle in der Rangordnung der Werbeträger (vgl. Kapitel 15).

Manche Ausführungen zum digitalen Fernsehen können mutatis mutandis für den digitalen Hörfunk übernommen werden; insbesondere die Möglichkeit, Pay-Radio einzuführen und entsprechende Vermarktungsstrukturen aufzubauen. Als Pay-Radio bezeichnet man die pauschale, in der Regel monatliche, Bezahlung eines Hörfunkprogramms in verschlüsselter Form. Meist wird ein Programmpaket mit einer Vielzahl unterschiedlicher Kanäle abonniert. In Deutschland gibt es Pay-Radio seit 1994, die Zukunftsperspektiven werden skeptisch beurteilt, allenfalls bei gewerblichen Kunden (Kaufhäuser, Hotels, Arztpraxen etc.) könnte Pay-Radio direkt abgespielte Musik ersetzen (vgl. Breuning 1996).

Hörfunk wird vor allem terrestrisch übertragen, ergänzend auch über Kabel und Satellit. Die terrestrische Übertragung bietet, was gerade für den Hörfunk wichtig ist, die Möglichkeit des mobilen Empfangs, allerdings sind die Frequenzen knapp, und Empfangsstörungen können auftreten. Die Übertragung via Satellit beseitigt die Frequenzengpässe, allerdings ist ein mobiler Empfang nicht möglich. Die Übertragung via Breitbandkabel der Telekom trägt ebenfalls zur Überwindung der Kapazitätsengpässe bei, ein mobiler Empfang ist naturgemäß auch nicht möglich, zudem fallen Kabelkosten an. Eine Digitalisierung würde auf allen drei Vertriebswegen die genannten Vorteile bieten:

- Erhöhung der Ausstrahlungskapazität und
- hohe Klangqualität ohne Hintergrundrauschen und ohne Verzerrungen, also ohne Empfangsstörungen.

Allerdings ist das digitale System nicht mit dem analogen System kompatibel, daher müssen sowohl neue Sendernetze als auch neue Empfangsgeräte entwickelt werden. Dies macht die Einführung teuer. Die notwendige Datenreduktion erfolgt nach dem Musicam-Verfahren (Masking Pattern Adapted Universal Subband Coding and Multiplexing); als MPEG Layer II standardisiert.

Die *Produktion* von Hörfunkprogrammen ist bereits weitgehend digitalisiert. Sie bietet deutliche Rationalisierungen, also Erhöhungen der Arbeitsproduktivität der Redakteure und Techniker:

- Ein digitales Archiv erlaubt einen schnellen Zugriff auf beliebige Sequenzen, eine direkte Zuspielung des Materials auf den Arbeitsplatz des Redakteurs und ein beliebig häufiges Kopieren ohne Qualitätseinbußen.
- Der digitale Schnitt erspart erhebliche Arbeitszeiten bei Vor- und Zurückspulen und beim Umgestalten; exakte Schnitte sind einfach zu bewerkstelligen.

Weitere Vorteile sind die einfache Steuerung und Protokollierung von Sendeabläufen. Insgesamt aber scheint die Digitalisierung für den Hörfunk von geringerer Bedeutung zu sein als für das Fernsehen (vgl. Kapitel 11).

9. Ordnungspolitische Probleme des Rundfunks im Wandel der Informationswirtschaft

9.1. Ziele der Ordnungspolitik

Ordnungspolitik setzt die Rahmenbedingungen für privates Handeln von Produzenten und Konsumenten. Für weite Bereiche der Wirtschaft beschränkt sich Ordnungspolitik auf Wettbewerbspolitik. Das zentrale Ziel der *Wettbewerbspolitik* ist der Schutz und die Förderung des Wettbewerbs und die zentrale Vorkehrung zum Schutz des Wettbewerbs ist die Sicherung eines freien Marktzutritts und die Kontrolle von Unternehmenszusammenschlüssen. Dabei ist freier Marktzutritt definiert als freier Zugang zu den notwendigen Ressourcen einer Produktion und zwar zu kompetitiven und nicht diskriminierenden Preisen dieser Ressourcen. Der Wettbewerb wird mithin vor allem dann bedroht, wenn die Freiheit des Marktzutritts beschränkt wird und wenn Unternehmenszusammenschlüsse zu erwarten sind.

Für den Mediensektor und ganz speziell für den Rundfunksektor ist Ordnungspolitik – neben der auch hier geltenden Wettbewerbspolitik – vor allem *Medienpolitik* und speziell *Rundfunkpolitik*. Die Ziele sind hier vor allem:

- Schutz und Förderung der Meinungsvielfalt,
- die Sicherung von publizistischer Qualität und publizistischem Niveau und
- die Sicherung eines Grundstandards an Informationen für alle – zur materiellen Fundierung des zunächst formal geltenden Rechts auf Information für alle (vgl. detaillierter Kapitel 3).

Diese Ziele werden in sehr unterschiedlicher Weise durch den technischen und ökonomischen Fortschritt in der Informationswirtschaft betroffen: Eine Beschränkung des Wettbewerbs bedroht die Meinungsvielfalt, eine Ausweitung des Markt(-ausschluss-)prinzips führt keineswegs sicher zu mehr Qualität und Niveau und auf jeden Fall beschränkt die Ausweitung des Markt(-ausschluss-)prinzips die Sicherung eines gleichen Grundstandards an Informationen für alle. Im Folgenden werden diese Gefahren, differenziert nach der Stellung der jeweiligen relevanten Rundfunkaktivität in der Wertschöpfungskette, analysiert. Vorab sei betont, dass die Digitalisierung keineswegs nur Gefahren für all die genannten Ziele impliziert, es besteht immer auch die Möglichkeit der Politikverbesserung.

9.2. Die Produktion und Vermarktung von Programm-Inputs

Die Nachfrage nach Programm-Inputs/nach Programmrechten wird stark steigen, weil die Zahl der Vertriebskanäle sich vervielfacht und weil die verschiedenen Formen von Pay-Rundfunk die Finanzierungspotenziale für Rundfunkprogramme deutlich erweitern. Das Angebot kann als recht unelastisch bezeichnet werden: Insbesondere Spitzenspielfilme und Spitzensportübertragungen können nicht in beliebiger Menge produziert werden,

- weil die wichtigen Akteure knapp sind (Schauspieler, Sportler, Drehbuchautoren, Regisseure usw),
- weil die wichtigen Ereignisse knapp sind (Fußballweltmeisterschaft, Olympische Spiele usw). und
- vor allem, weil das Konzept des „Spitzen-Films“ und des „Spitzen-Sportereignisses“ immer ein Konzept ist, das durch *relative* Seltenheit definiert ist.

Solche „Spitzenprogramme“ gelten nun als entscheidende marketingstrategische Investitionen in den Markennamen des Veranstalters und daher kann auf sie nicht verzichtet werden (vgl. Kapitel 14). In der Folge stark steigender Nachfrage und relativ unelastischen Angebots müssen die Preise für Programm-Inputs/Programmrechte stark steigen. Dies ist aus ökonomischer Sicht zunächst nicht zu kritisieren, weil damit Knappheitsrelationen angezeigt werden, die zu effizientem Verbrauch und entsprechenden Angebotsanreizen führen.

Die wahrscheinlichen Konsequenzen kollidieren indes recht deutlich mit den Zielen der Medienpolitik und der Wettbewerbspolitik:

- Steigende Preise, wenn sie über eine Form von Pay-Rundfunk von den Rezipienten finanziert werden müssen, beschränken den Grundstandard an Informationen für alle, sie beschränken materiell das Recht auf Information für alle.
- Steigende Preise für Programnm-Inputs sind ein sehr starkes Motiv für eine vertikale Konzentration der Programmveranstalter in den Bereich der Programm-Input-Produktion hinein – wenn denn Ressourcen verfügbar sind (z.B. RTL beteiligt sich an creatv Hürth, oder Murdoch erwirbt 20th Century Fox). Und umgekehrt bedeuten steigende Preise für die Programm-Input-Produzenten und Rechteinhaber steigende Einnahmen, die zur Sicherung dieser Einnahmequelle bevorzugt zur Finanzierung einer vertikalen Konzentration in den Veranstaltungsbereich verwendet werden (z.B. Leo Kirch erwirbt wesentliche Anteile an SAT.1 oder Walt Disney kauft ABC): Beides begründet einen verstärkten Trend zur vertikalen Konzentration und damit eine Beschränkung des Wettbewerbs und des Potenzials der Produktion von Meinungsvielfalt (vgl. Kapitel 7). Insbesondere beschränkt die vertikale Konzentration die Freiheit des Marktzutritts für nicht vertikal integrierte Produzenten.
- Steigende Preise sind aber auch ein sehr starkes Motiv für verstärkte Anstrengungen, im Bereich der Programm-Input-Produktion zu investieren: Viele erfolgreiche Marktzutritte zeigen dies (z.B. Endemol, Meiser oder Sabine Christiansen).
- Qualität und Niveau werden systematisch vermutlich nicht beeinflusst: Auf der einen Seite steigt mit der Angebotsvielfalt auch die Chance, dass die Rezipienten Programme ihrer Wahl erwerben können; zum anderen ist aber nicht sicher, dass damit publizistische Qualität und publizistisches Niveau – die ja objektiv definiert sind – zunehmen.

Ansatzpunkte der Ordnungspolitik wären mithin insbesondere:

- Die Sicherung eines diskriminierungsfreien Zutritts zum Markt der Programm-Inputs/Programmrechte dergestalt, dass Programm-Input-Produzenten, auch wenn sie vertikal in den Veranstaltungsbereich hinein integriert sind, verpflichtet werden, ihre Programmrechte zu gleichen und kompetitiven Preise an alle zu verkaufen.
- Die Sicherung eines Grundstandards an Information für alle auch unter dem Regime von Pay-Rundfunk etwa dargestellt, dass bestimmte Spitzen-Ereignisse auch im werbe- bzw. gebührenfinanzierten Rundfunk ausgestrahlt werden müssen.

9.3. Die Programmveranstaltung

Zentrales Charakteristikum des Wandels im Bereich der Programmveranstaltung ist die *Zunahme der Vertriebskapazität*, also eine Zunahme der Kanäle und eine Abnahme der Vertriebskosten. Dies erleichtert den Marktzutritt, wie die vielen Zutritte zum Rundfunkmarkt zeigen. Dies erklärt aber auch den Verwertungsdruck, den Druck, die neuen Kanäle bei steigenden Preisen für Programm-Inputs effizient zu nutzen. Daraus resultieren zum einen verstärkte Anstrengungen, die Einnahmebasis über Formen von Pay-Rundfunk oder Sonderwerbeformen (z.B. Teleshopping) zu erweitern und zum anderen resultieren verstärkte Anstrengungen der Veranstalter, durch Mehrfachverwertungen der Programm-Inputs und durch eine vertikale Integration in den Programm-Input-Produktionsbereich hinein Kosten zu sparen. Beides begründet wiederum verstärkte Konzentrationstendenzen mit den entsprechenden Folgen für den Wettbewerb und die Meinungsvielfalt:

- Die Gefahr einer horizontalen Konzentration nimmt zu, weil eine Mehrfachverwertung am einfachsten auf verschiedenen Abspielstationen des gleichen Unternehmens zu organisieren ist und
- die Gefahr einer vertikalen Konzentration verstärkt sich, neben der erwähnten erwarteten Kostenersparnis, noch einmal dadurch, dass die Mehrfachverwertung solcher Programm-Inputs, die im eigenen Unternehmen produziert worden sind, ebenfalls die einfachste Möglichkeit einer Mehrfachverwertung ist. Andernfalls müsste stets neu über Ausstrahlungsrechte verhandelt werden.

Weiteres Charakteristikum des Wandels ist die beschriebene Möglichkeit, *organisierte Tauschbeziehungen* im Rahmen von Pay-Rundfunk und im Rahmen neuer, interaktiver Nutzungen aufzubauen (vgl. Abschnitt 7.3.). Hier entstehen durch Zugangskontrollen und Abrechnungssysteme engere Anbieter-Rezipienten-Beziehungen als bisher und ein Wechsel des „Lieferanten“ wäre mit deutlich höheren Transaktionskosten verbunden als bisher, wo nur das Programm umgeschaltet werden muss. Wenn solche Anbieter-Rezipienten-Beziehungen unternehmensintern organisiert werden, dann erhöht dies den aktuellen Wettbewerb und bietet den Veranstaltern die Chance einer stärkeren Produktdifferenzierung, erschwert aber neuen Anbietern den Marktzutritt. Wenn die Tauschbeziehung durch eine externe Betriebsgesellschaft organisiert wird, wie es seinerzeit bei der geplanten Media Service GmbH der Unternehmen Bertelsmann, Kirch und Deutsche Telekom gedacht war (vgl. Kapitel 6, Abschnitt 7.3.), dann besteht die Gefahr, im Zugang zu diesen Vertriebssystemen zu diskriminieren, unerwünschte Konkurrenten und damit Wettbewerb und Vielfalt zu behindern.

Im Rahmen solcher organisierten Tauschbeziehungen spielen sog. *Navigationssysteme* für die Rundfunkprogrammvielfalt, ähnlich wie etwa Such- und Buchungssysteme in der Touristik, eine gewisse wettbewerbspolitische und medienpolitische Rolle, weil die Art der Systeme vermutlich die Programmwahl beeinflusst (so wenn z.B. bei gesuchten Wildwestfilmen im Such- und Buchungssystem zuerst stets die Angebote von CLT-UFA auftauchen). Auch die erforderliche Programmzusammenstellung zu einem *Programmpaket* (Bouquet), das dann als Paketangebot vermarktet wird, bereitet einige wettbewerbspolitische und medienpolitische Probleme, weil mit der Programmzusammenstellung, auch wenn sie letztlich nach Rezipientenpräferenzen erfolgen sollte, ein Einfluss auf die Programmwahl verbunden ist, der mit dem Ziel der Meinungsvielfalt kollidieren kann und weil damit Marktpositionen gesichert werden können, die Marktzutritte neuer Anbieter erschweren.

Ansatzpunkt einer *Ordnungspolitik*, sowohl als Medienpolitik als auch als Wettbewerbspolitik, wäre vor allem – und dies ganz rigoros – die Sicherung einer strikten Neutralität all der Vertriebs- und Vermarktungsstrukturen und das strikte Gebot einer Nichtdiskriminierung der Tauschpartner. Vorbild könnte die Regelung im Telekommunikationssektor sein, wo die Deutsche Telekom verpflichtet ist, ihr Netz allen Interessenten zu Preisen zur Verfügung zu stellen, die sie für sich selbst kalkuliert (vgl. Kapitel 3, Abschnitt 5.2.). Ergänzend muss auch auf dieser Wertschöpfungsstufe ein Grundstandard an Information für alle gesichert werden.

9.4. Der Vertriebsbereich – die Übertragungsnetze

Dem Vertriebsbereich bietet sich durch die Ausweitung der Vertriebskapazität die große Chance, zusätzlich viel Geld zu verdienen. Das Angebot weitet sich aus, zwar zu vermutlich sinkenden Preisen, aber insgesamt dürfte ein erheblicher Einnahmezuwachs resultieren. Diese Einnahmezuwächse werden sich indes recht unterschiedlich auf die drei Teilnetze, die Terrestrik, das Kabelnetz und das Satellitensystem verteilen:

- Die Terrestrik ist staatlich reguliert und das Potenzial einer Kapazitätsausweitung durch Digitalisierung ist relativ gering. Mithin sind Einnahmezuwächse in diesem Segment des Vertriebsnetzes nicht zu erwarten. Und wenn der Staat auch diesen Vertriebsbereich privatisieren und die terrestrischen Frequenzen verkaufen sollte, wären die zu erwartenden Einnahmen relativ unbedeutend.
- Das Kabelnetz befindet sich überwiegend im Besitz eines ehemals staatlichen, jetzt privaten Monopolisten (Deutsche Telekom). Hier besteht ein großer Verwertungsdruck, weil die Deutsche Telekom mit ihrem Rundfunkkabelnetz bislang erhebliche Verluste erzielt hat (vgl. Kapitel 6). Dies begründet sehr starke Anreize zu einer vertikalen Integration in den Vermarktungs- und Programmveranstaltungsbereich hinein. Zugleich wird dieser Bereich durch die Medienpolitik – vor allem durch die Zulassungspolitik der Landesmedienanstalten – indes stark reguliert (vgl. Kapitel 3, Abschnitt 4). Dies erschwert die Kabelnetzvermarktung.
- Im Satellitennetz konkurriert der absolut marktbeherrschende Anbieter (Astra) mit einem bislang kleinen Wettbewerber (Eutelsat). Hier können erhebliche Einnahmezuwächse erwartet werden, weil das Potenzial an Kapazitätserweiterung bei weitem am größten ist und weil dieser Bereich so gut wie keiner Regulierung unterworfen ist.

Mithin wird die Digitalisierung den Vertriebsbereich ungleichgewichtig verändern.

Die Strukturbedingungen für Wettbewerb sind im Vertriebsbereich bereits jetzt recht schlecht:

- In der Terrestrik gibt es keinen Wettbewerb;
- im Kabelnetz ist die Konkurrenz für die Deutsche Telekom durch die kleinen privaten Netzbetreiber recht gering und
- im Satellitennetz ist die dominierende Position von Astra nicht gefährdet.

Und die Strukturbedingungen für den Wettbewerb werden sich durch die Digitalisierung eher verschlechtern, weil die dominierende Position von Astra verstärkt werden dürfte.

Ansatzpunkt der Ordnungspolitik, als Medien- und als Wettbewerbspolitik zugleich, wäre der Versuch, vorhandene Monopole zu entflechten. Entsprechend plädiert z.B. die Monopolkommission für eine Versteigerung des Fernsehkabelnetzes der Deutschen Telekom und anschließend für einen Wettbewerb um Kabelnetze.

> Wenn die Märkte zwischen Kabelteilnehmer und Netzbetreiber einerseits sowie zwischen Betreiber und Programmanbieter andererseits nicht von einem Monopolisten beherrscht werden, sondern frei sind, dann kann der Netzbetreiber aus der Fülle des verfügbaren Angebotes die Pakete zusammenstellen, die den Interessen seiner Abnehmer am stärksten entsprechen. Damit würde er unter wettbewerblicher Steuerung zugleich die Auswahlfunktion für die Kabeleinspeisung übernehmen, die bisher von den Bundesländern nach bestimmten Rangfolgekriterien vorgenommen wird (Monopolkommission 1996, S. 359f.).

Mit dieser Forderung hat die Monopolkommission sich bisher allerdings nicht durchsetzen können. Noch wichtiger erschiene mir eine Entflechtung von Astra, allerdings bietet die Wettbewerbspolitik in der EU keine Möglichkeiten für eine Entflechtung. Hier wäre die Medienpolitik gefordert.

Wenn Monopole nicht entflochten werden können, dann muss auch und gerade im Vertriebsbereich eine strikte Neutralität des Zugangs zu Vertriebskanälen gewährleistet werden. Dies ist nicht strittig; strittig ist nur, ob hierzu die Wettbewerbspolitik durch die Medienpolitik ergänzt werden muss.

10. Einführungsvoraussetzungen und Durchsetzungsbestimmungen multimedialer Angebote

Der Prozess der Einführung und Durchsetzung der neuen multimedialen Angebote, kurz: von Multimedia, ist immer interessengeleitet:

- Die Industrie will Umsätze und Gewinne steigern,
- die Politik will Regelungskompetenzen nicht verlieren, sondern eher ausbauen,
- die Wissenschaft will sich in einem aktuellen und bedeutenden Forschungsfeld profilieren,
- der Journalismus sucht neue Ereignisse und Berichterstattungsfelder und
- die Nachfrager wollen bessere und/oder billigere Produkte, Dienstleistungen und Problemlösungen.

Ob sich Multimedia durchsetzen wird und in welchen Ausprägungen, entscheidet letztlich aber die Summe der individuellen Kosten-Nutzen-Kalküle der Nachfrager. Diese sind naturgemäß unterschiedlich, im Prinzip aber ähnlich strukturiert.
Der (erwartete) *Nutzen* von Multimedia wird beschrieben durch
- die höhere Qualität von Inhalten,
- die höhere Qualität von Anwendungen,
- die größere Bequemlichkeit der Bedienung (Convenience),
- die Einsparpotenziale in der Nutzung und
- durch die marketingmäßige Vermittlung dieses Nutzens.

Die (erwarteten) *Kosten* werden definiert durch
- Kosten der Information über die neuen Produkte,
- Kosten der Infrastruktur und
- Kosten des Betriebs.

Es kommt also darauf an – wenn Multimedia denn durchgesetzt werden soll – einen großen Nutzen in Aussicht zu stellen und die Kosten niedrig zu halten. So ist z.B. wichtig, die Informationskosten durch einheitliche Standards zu senken, die Kunden nicht durch unterschiedliche Standards zu verunsichern und auch in einer verständlichen Begrifflichkeit zu operieren. Eine Fülle unterschiedlichster und fremdsprachiger Bezeichnungen schreckt genauso ab wie die Komplexität der Produkte und ihrer Betriebsanweisungen.

Im Zuge der Durchsetzung von Multimedia kommt es immer darauf an, die Kosten-Nutzen-Relation der Innovation im Verhältnis zu den etablierten Produkten kontinuierlich zu verbessern. Dies ist häufig mit einer Art „Teufelskreis-Problematik“ verbunden, jedenfalls dann, wenn große Komplementärinvestitionen erforderlich sind. So wird sich digitales Radio nur durchsetzen, wenn preiswerte, standardisierte und leistungsfähige Empfangsgeräte angeboten werden; diese werden aber nur angeboten, wenn digitales Radio eine große Akzeptanz findet.

An der Durchsetzung des digitalen Fernsehens ist nicht mehr zu zweifeln: Der erwartete Nutzen ist hoch und die Kosten sind angesichts einer relativ leicht umrüstbaren Infrastruktur gering. Dies kann für den digitalen Hörfunk nicht gelten, so dass hier die Durchsetzung noch fraglich ist.

Zusammenfassung

Deregulierung und technischer Fortschritt im Telekommunikationssektor und im Rundfunksektor induzieren einen erheblichen Wandel. Sehr allgemein gesprochen wird die allokative und die produktive Effizienz im Informationssektor insgesamt und im Rundfunksektor speziell deutlich verbessert. Wesentliche Elemente dieses Wandels sind die folgenden:
- Nach dem Übergang von staatlicher Veranstaltung von Telekommunikation und Rundfunk wird die Telekommunikation und das Schnittfeld Rundfunk/Telekommunikation eine Schlüsselbranche mit hohem Wachstumspotenzial.

- Die Basistechnik, die Digitalisierung, bewirkt vor allem eine Kostensenkung und/oder eine Qualitätsverbesserung bei der Erfassung, Speicherung, Verarbeitung, Verbreitung und beim Empfang von Informationen.
- Relativ gesehen wird vor allem die Vertriebskapazität zunehmen und die Kosten des Vertriebs werden sinken.
- Zentrales ökonomisches Charakteristikum ist die Ausweitung des Angebots und der Trend zur differenzierten und erweiterten Anwendung des Marktausschlussprinzips.
- Zentrale Charakteristika im Feld der Kommunikation sind
  - die Konvergenz der Medien und
  - die Entwicklung von der Massenkommunikation zur Individualkommunikation infolge der möglichen Interaktivität und der Segmentierung des Medienkonsums.

Diese Entwicklungen begründen in aller Regel eine Zunahme an ordnungspolitischem Handlungsbedarf, weil neue Märkte entstehen, weil neue Unternehmensverbindungen eingegangen werden, weil neue Machtpositionenen entstehen und weil neue Produktionen neue Kontrollfelder insbesondere für die Medienpolitik eröffnen (Jugendschutz, Datenschutz, Urheberrechtschutz, Sicherung von Vielfalt und Qualität).

Literatur

Eine fundierte Darstellung des Multimediasektors bieten

- Booz · Allen & Hamilton (Hrsg.), Zukunft Multimedia, Frankfurt (IMK) 1995,
- Schrape, K., Digitales Fernsehen, München (Fischer) 1995,
- Schrape/Seufert/Haas/Hürst/Gafke, Künftige Entwicklung des Medien- und Kommunikationssektors in Deutschland, Berlin (Duncker & Humblot) 1996.

Einen guten Überblick über alle Aspekte von Multimedia bietet

- Wilke, J.; Ch. Imhof (Hrsg.), Multi-Media, Berlin (Vistas) 1996.

Eher die ordnungspolitische Problematik von Multimedia beschreibt die

- Monopolkommission, Wettbewerbspolitik im Zeichen des Umbruchs, Hauptgutachten 1994/1995, Baden-Baden (Nomos) 1996, Kapitel V,
- Monopolkommission, Marktöffnung umfassend verwirklichen, Hauptgutachten 1996/1997, Baden-Baden (Nomos) 1998, Kapitel V, und
- Monopolkommission, Wettbewerbspolitik in Netzstrukturen, Hauptgutachten 1998/1999, Baden-Baden (Nomos) 2000, Kapitel V.

Spezielle Aspekte von Multimedia beschreiben und analysieren

- Latzer, M., Mediamatik – Die Konvergenz von Telekommunikation, Computer und Rundfunk, Opladen (Westdeutscher Verlag) 1997 und
- Ruhrmann, G.; J. U. Nieland (Hrsg.), Interaktives Fernsehen, Opladen (Westdeutscher Verlag) 1997.

Einen Überblick über den gesamten Bereich der neuen Informationsökonomie gibt

- Heinrich, J., Der Markt der Informationsökonomie, in: Handbuch Medienwissenschaft, Band III, Berlin 2002.

Einen Überblick über den IuK-Sektor in Deutschland gibt

– Seufert, W., The Development of the Information and Communications Sectors in Germany, in: Vierteljahreshefte zur Wirtschaftsforschung 69. Jahrgang, Heft 4, S. 491-509.

3. Kapitel
Regulierung im Rundfunksektor

Der Rundfunksektor in Deutschland ist, anders als der Pressesektor, in hohem Ausmaß einer Regulierung unterworfen. Diese Regulierung wird begründet mit Elementen des Marktversagens, mit medienpolitisch unerwünschten Folgen des ökonomischen Wettbewerbs und mit der besonderen Rolle des Rundfunks. Diese hat das Bundesverfassungsgericht sehr klar beschrieben:

> Freie Meinungsbildung als Voraussetzung sowohl der Persönlichkeitsentfaltung als auch der demokratischen Ordnung vollzieht sich in einem Prozeß der Kommunikation, der ohne Medien, die Informationen und Meinungen verbreiten und selbst Meinungen äußern, nicht aufrecht erhalten werden könnte. Unter den Medien kommt dem Rundfunk wegen seiner Breitenwirkung, Aktualität und Suggestivkraft besondere Bedeutung zu. Freie Meinungsbildung wird daher nur in dem Maß gelingen, wie der Rundfunk seinerseits frei, umfassend und wahrheitsgemäß informiert. Vom grundrechtlichen Schutz seiner Vermittlungsfunktion hängt folglich unter den Bedingungen der modernen Massenkommunikation die Erreichung des Normziels von Artikel 5, Abs. 1 GG wesentlich ab (Urteil des Bundesverfassungsgerichts vom 22. Februar 1994, S. 36).

Die Berechtigung einer Regulierung der Rundfunkproduktion wird abschließend in Kapitel 16 diskutiert. In diesem 3. Kapitel soll das ökonomische Konzept der Regulierung vorgestellt werden, die Ziele der Rundfunkpolitik in Deutschland werden kurz zusammengefasst und die für den öffentlich-rechtlichen und den privaten Rundfunk geltenden Rahmenbedingungen werden beschrieben und evaluiert. Hierbei werden die im Rahmen der EU beschlossenen Regelungen einbezogen. Um den größeren Zusammenhang herzustellen, werden ebenfalls die Rahmenbedingungen für die Telekommunikation und die multimedialen Mediendienste zusammengefasst. Schließlich muss erwähnt werden, dass die Wettbewerbspolitik, der der Rundfunk ebenfalls unterworfen ist, gerade nicht dem Konzept der Regulierung zuzuordnen ist; Grundzüge der Wettbewerbspolitik werden daher in Kapitel 7 behandelt.

1. Zum Konzept der Regulierung

Regulierung bezeichnet die direkte und spezielle Kontrolle der ökonomischen Aktivitäten von Unternehmen. In enger Auslegung des Konzepts hat die Regulierung das Ziel, Marktversagen privater Unternehmen zu verhindern, vor allem monopolistischen Machtmissbrauch und ruinöse Konkurrenz zu bekämpfen. In diesem Sinne sind in vielen Ländern der Welt insbesondere die Sektoren Verkehr, Versorgung und Telekommunikation reguliert worden. Von ihnen war vermutet worden, dass es sich um natürliche Monopole handele. Desweiteren sind in vielen Ländern auch die Sektoren Banken und Versicherungen einer Regulierungsaufsicht unterworfen worden, vor allem, weil man glaubte, dass Konsumenten die Qualität der Produkte nicht hinreichend beurteilen könnten (mangelnde Transparenz); daher überwachen Aufsichtsämter (z.B. das Bundesaufsichtsamt für das Kreditwesen oder das Bundesaufsichtsamt für das Versicherungswesen) die Produktion, idealiter im vikarischen Interesse für die Konsumenten. In weiter Auslegung des Konzepts bezieht sich die Regulierung auf jegliche direkten und speziellen Kontrollen von Unternehmen, unabhängig von der Zielsetzung der Kontrollen und unabhängig von der Rechtsform der betroffenen Unternehmen. Dies zeigt, dass das Konzept der Regulierung auf die Analyse der Rundfunkaufsicht angewendet werden kann: Neben der Kontrolle der Staatsferne geht es um die Kontrolle eines möglichen monopolistischen Machtmissbrauchs und um die Kontrolle der Qualität der Rundfunkproduktion. Diese Kontrolle wird durchgeführt zum einen durch die Errichtung *öffentlicher* Unternehmen mit spezifischem Programmauftrag, zum anderen durch die Aufsicht über *private* Unternehmen durch spezielle Regulierungsbehörden (Landesmedienanstalten).

Regulierung bezieht sich in der Regel auf folgende Bereiche:
- Marktzutritt,
- Art und Umfang der Produktion,
- Preise und Vertriebskonditionen sowie
- den Kontrahierungszwang, die Pflicht, mit bestimmten Marktpartnern Tauschgeschäfte einzugehen.

So werden Marktzutrittsregeln entwickelt, Qualitätsstandards für Produkte und Dienstleistungen vorgegeben, die Preis- und Tarifgestaltung wird überwacht oder eine Versorgungspflicht wird auferlegt. Entsprechend ist die Regulierung im Rundfunksektor ausgestaltet.

Ist ein Marktversagen festgestellt, so ist indes nicht sicher, dass eine Regulierung eine bessere Allokation der Ressourcen als der Markt bewirkt. Man muss in Rechnung stellen, dass im konkreten Prozess der Durchführung von Regulierungsmaßnahmen erhebliche Fehlallokationen zu erwarten sind. Die Ursachen sind Informationsmängel und falsche Anreize. Auch die Träger von Gesetzgebung, Verwaltung und parlamentarischer Kontrolle sind beschränkt rational und handeln opportunistisch nach ihren persönlichen Interessen, nicht nach den Interessen der Gesellschaft. Und entscheidend ist, dass Mechanismen zur Kontrolle von Machtmissbrauch kaum existieren: Es gibt kein Privateigentum, das mit der Zurechnung von Handlungsfolgen einen Anreiz für wirtschaftliches Handeln bietet, und es gibt keinen Wettbewerb, der wirtschaftliches Handeln erzwingt. Daher ist eine Fehlallokation durch staatliches Handeln zu erwarten. Dies nennt man *Staatsversagen* oder *Politikversagen*. Seit einiger Zeit ist die Möglichkeit des Staatsversagens, vor allem im Rahmen der Neuen Politischen Ökonomie, theoretisch stärker fundiert worden und in der Praxis stärker in Rechnung gestellt worden. Daher wird heute das Ausmaß der Regulierung zunehmend kritisch beurteilt , und es wird versucht, durch die Aufhebung von Regulierungsmaßnahmen – *Deregulierung* genannt – den Wettbewerb zu fördern. Eine Deregulierung ist z. Zt. insbesondere im Telekommunikationsbereich zu beobachten, aber auch die Zulassung privaten Rundfunks in Deutschland durch das dritte Rundfunkurteil des Bundesverfassungsgerichts aus dem Jahre 1981 und die Entwicklung des dualen Rundfunks in Deutschland seit 1984 kann als partielle Deregulierung bezeichnet werden. Die Begründung von Regulierungen wird zunehmend schwieriger.

2. Das duale System – allgemeine Grundsätze der Regulierung des Rundfunks in Deutschland

Üblicherweise wird in regulierten Sektoren der Wettbewerb simuliert, indem kompetitive Preise angestrebt werden und die Produzenten dazu angehalten werden, Produkte gemäß den Konsumentenpräferenzen in guter Qualität zu erstellen. Im Rundfunksektor sind die Ziele anders gesteckt. Grundlagen der rechtlichen Rahmenbedingungen des Rundfunks sind vor allem

- das Grundgesetz,
- die Entscheidungen des Bundesverfassungsgerichts,
- der Rundfunkstaatsvertrag (RStV),
- die Landesrundfunkgesetze sowie
- EU-Recht und die EU-Rechtsprechung.

Generell gilt der Vorrang von EU-Recht und Rechtsprechung des EuGH (Europäischer Gerichtshof). Daneben haben in Deutschland vor allem die Entscheidungen des Bundesverfassungsgerichtes prägende Kraft. Faktisch spielt der Rundfunkstaatsvertrag eine zentrale Rolle, weil er einerseits die notwendige Anpassung an europäische Regelungen und andererseits eine Angleichung an die Entwicklungen im Medienbereich und an die Entscheidungen des Bundesverfassungsgerichtes vornimmt.

„Öffentlich-rechtlicher und privater Rundfunk sind der freien, individuellen und öffentlichen Meinungsbildung sowie der Meinungsvielfalt verpflichtet" (Präambel zum Rundfunkstaatsvertrag). Und in seiner Interpretation von Art. 5, Abs. 1 GG formuliert das Bundesverfassungsgericht: „Das Grundrecht verlangt vielmehr eine positive Ordnung, welche sicherstellt, dass er (der Rundfunk) die Vielfalt der Themen und Meinungen aufnimmt und wiedergibt, die in der Gesellschaft eine Rolle spielen" (Urteil des Bundesverfassungsgerichtes vom 22. Februar 1994, S. 37).

In der vor allem vom Bundesverfassungsgericht entwickelten Spezifizierung des so genannten *Rundfunkauftrags* sind folgende Elemente von zentraler Bedeutung:

- die Vielfalt der bestehenden Meinungen in möglichster Breite und Vollständigkeit im Programmangebot wiederzugeben *(Meinungsvielfalt)*;
- den Rundfunk von staatlicher Beherrschung und Einflussnahme freizuhalten *(Staatsfreiheit)*;
- den Rundfunk von einer Beherrschung und Einflussnahme durch eine gesellschaftliche Gruppe freizuhalten *(Monopolfreiheit)*.

In ökonomischer Interpretation zielt die normative Ausprägung der Rundfunkfreiheit – als dienende Freiheit – auf die Meinungsbildungsfreiheit als *Konsumfreiheit* und nicht auf die Meinungsäußerungsfreiheit als Produzentenfreiheit. Und diese Meinungsbildungsfreiheit ist nicht nur als formales Freiheitsrecht gedacht, sondern sie muss durch ein breites, die bestehende Meinungsvielfalt wiedergebendes Informationsangebot materiell fundiert werden. Staatsfreiheit und die Monopolfreiheit sollen Gefahren für die Meinungsbildungsfreiheit abwehren.

Im Übrigen sind Rundfunkveranstalter frei in ihrer Programmgestaltung. Es gilt das *Prinzip der Programmfreiheit*:

> Der Rundfunk erfüllt die Vermittlungsfunktion durch sein Programm, und zwar nicht nur durch dessen politischen und informierenden Teil. Rundfunkfreiheit ist daher vor allem Programmfreiheit… Sie gewährleistet, dass Auswahl, Inhalt und Gestaltung des Programms Sache des Rundfunks bleiben und sich an publizistischen Kriterien ausrichten können. Es ist der Rundfunk selbst, der aufgrund seiner professionellen Maßstäbe bestimmen darf, was der gesetzliche Rundfunkauftrag in publizistischer Hinsicht verlangt. Eine Indienstnahme des Rundfunks für außerpublizistische Zwecke ist damit unvereinbar... Das gilt nicht nur für unmittelbare Einflussnahmen Dritter auf das Programm, sondern auch für Einflüsse, welche die Programmfreiheit mittelbar beeinträchtigen können... (Urteil des Bundesverfassungsgerichtes vom 22. Februar 1994, S. 36).

Mit der Erwähnung der publizistischen Kriterien als Maßstäbe für die Ausrichtung der Rundfunkveranstaltung nimmt das Bundesverfassungsgericht Bezug auf die Bewertungskriterien, die das System der Publizistik entwickelt hat: auf die publizistische Qualität und das publizistische Niveau (vgl. 1. Kapitel). Diese spielen mithin eine eigenständige Rolle im Zielkatalog der Rundfunkpolitik.

Das *duale Rundfunksystem*, das Nebeneinander von öffentlich-rechtlichen und privaten Rundfunkveranstaltern wird akzeptiert. Ob der Wettbewerb zwischen den unterschiedlichen Organisationsformen als „ideales normatives Konzept" (Stock 1992, S. 196) gesehen wird oder eher, wie mir scheint, als unvermeidliches Übel hingenommen wird, kann hier offenbleiben. Wichtig ist, dass dem reinen Marktprinzip eine sehr deutliche Absage erteilt wird. Dem privaten Rundfunk werden Defizite an „gegenständlicher Breite und thematischer Vielfalt" zugeschrieben, die „nur hingenommen werden können, soweit und solange der öffentlich-rechtliche Rundfunk in vollem Umfang funktionstüchtig bleibt" (Urteil des Bundesverfassungsgerichtes vom 22. Februar 1994, S. 40f.). Das bedeutet, dass der öffentlich-rechtliche Rundfunk derzeitig das *notwendige* und *hinreichende* Element der Rundfunkordnung darstellt, während der private Rundfunk in seiner gegenwärtigen Form nur *zusammen* mit dem öffentlich-rechtlichen Rundfunk mit der Rundfunkfreiheit nach Art. 5 GG vereinbar ist (vgl. Urteil des Bundesverfassungsgerichtes vom 22. Februar 1994, S. 39f.). Privater Rundfunk hat in Deutschland bislang also normativ nur eine komplementäre Funktion.

Neben diesen zentralen Elementen des allgemeinen Rundfunkauftrags enthält das Gesetz für den Rundfunk insgesamt einige Formulierungen von geringerer Bedeutung:

- § 3 RStV regelt die Einhaltung von Programmstandards im Rahmen der allgemeinen Gesetze (Jugendschutz, Pornographie, Verletzung der Menschenwürde oder Unzulässigkeit von Sendungen, die Gewalt verherrlichen);
- § 6 RStV enthält Sollvorschriften zur überwiegenden Ausstrahlung von europäischen Werken;
- § 5 RStV enthält das Recht auf unentgeltliche Kurzberichterstattung von bestimmten wichtigen Veranstaltungen und Ereignissen; im Regelfall unentgeltli-

che 90-Sekunden-Berichte von Sportveranstaltungen. Dieses Recht ist im Prinzip vom Bundesverfassungsgericht bestätigt worden, aber in zwei Punkten präzisiert worden: Es muss eine Karenzzeit beachtet werden, d.h., Kurzberichte dürfen erst nach Beginn einer Live-Übertragung ausgestrahlt werden, und die Veranstalter können ein Entgelt für die Kurzberichterstattung verlangen (Entscheidung des Bundesverfassungsgerichtes vom 17. Februar 1998).

3. Regulierung des öffentlich-rechtlichen Rundfunks

3.1. Marktzutritt und Marktaustritt – die Bestands- und Entwicklungsgarantie

Die Frage des Marktzutritts stellt sich für den öffentlich-rechtlichen Rundfunk nicht. Seine Existenz ist primär historisch begründet; in Frage steht vielmehr sein möglicher Marktaustritt. Das Bundesverfassungsgericht schließt aber einen Marktaustritt aus und begründet den Bestand des öffentlich-rechtlichen Rundfunks mit der mangelnden Funktionsfähigkeit des privaten Rundfunks, der allein nicht in der Lage sei, einen umfassenden Rundfunkauftrag zu gewährleisten, und formuliert eine explizite *Bestands- und Entwicklungsgarantie:*

> Auch hinsichtlich des Umfangs der Finanzierung ist ausschlaggebend, dass die verfassungsrechtliche Zulässigkeit des dualen Systems von der Funktionstüchtigkeit des öffentlich-rechtlichen Rundfunks abhängt. Daraus hat das Bundesverfassungsgericht für die Dauer der medienpolitischen Grundentscheidung des Gesetzgebers zugunsten einer dualen Rundfunkordnung eine Bestands- und Entwicklungsgarantie für den öffentlich-rechtlichen Rundfunk abgeleitet... Diese umfaßt auch die zur Erfüllung des Rundfunkauftrags benötigten finanziellen Mittel. Die Bestands- und Entwicklungsgarantie ist zugleich Finanzierungsgarantie (Urteil des Bundesverfassungsgerichtes vom 22. Februar 1994, S. 41).

Diese Bestands- und Entwicklungsgarantie ist ebenfalls im Rundfunkstaatsvertrag verankert (Präambel und § 11 RStV).

Damit ist ein Marktaustritt des öffentlich-rechtlichen Rundfunks ausgeschlossen und eine weitgehende Deregulierung, wie im Bereich der Telekommunikation und der Versorgung vorgeführt, ist vorerst nicht zu erwarten. Mit der zugeschriebenen Finanzierungsgarantie ist sogar ein unfreiwilliger Marktaustritt im Wege eines Konkurses öffentlich-rechtlicher Rundfunkveranstalter nicht möglich. Dies ist explizit staatsvertraglich geregelt (vgl. z.B. den Staatsvertrag über die Konkursunfähigkeit des Norddeutschen Rundfunks vom 10./14./15. November 1988) und vom Bundesverfassungsgericht bestätigt worden. Bei drohender Zahlungsunfähigkeit eines Veranstalters muss das jeweilige Bundesland einspringen (Urteil des Bundesverfassungsgerichtes vom 16. November 1993). Mit dieser einzigartigen Finanzierungsgarantie entsteht das zentrale Problem der Kontrolle der Wirtschaftlichkeit in aller Dringlichkeit, weil Unwirtschaftlichkeit – anders als im ökonomischen Wettbewerb – nicht mit Konkurs bestraft werden kann. Und keine Produktion ist leichter als die Produktion von Kosten.

Wie lange eine solche Bestands- und Entwicklungsgarantie gelten wird, kann hier nicht beurteilt werden. Sie hängt ab von der Beurteilung der Funktionsfähigkeit des privaten Rundfunks im Vergleich zur Beurteilung der Funktionsfähigkeit des öffentlich-rechtlichen Rundfunks.

3.2. Kontrolle der Produktion – der Programmauftrag

Qualität und Umfang der Produktion des öffentlich-rechtlichen Rundfunks festzulegen, ist viel schwieriger als die Produktion von Stromversorgungsunternehmen oder Verkehrsbetrieben vorzuschreiben, weil die Qualitätskriterien ungleich komplexer sind. Zudem ist jede Leistungsbeschreibung problematisch, weil jede Leistungsfestlegung wettbewerblichen Anstrengungen, eben diese Leistung zu verbessern, den Anreiz nimmt. Und schließlich ist eine genaue Beschreibung von Art und Umfang der Produktion öffentlich-rechtlicher Rundfunkveranstalter rechtlich nicht zulässig, weil dies den Grundsatz der Programmfreiheit verletzen würde (Urteil des Bundesverfassungsgerichtes vom 22. Februar 1994, S. 47). Entsprechend wird der Programmauftrag *nur im Prinzip* beschrieben und eine operationale Definition des Programmauftrages kann und darf vom Gesetzgeber nicht entwickelt werden.

Die Grundversorgung
Die so genannte *Grundversorgung*, ein Begriff, der vom Bundesverfassungsgericht 1986 geprägt worden ist, beschreibt die Aufgabe des öffentlich-rechtlichen Rundfunks. Die Grundversorgung enthält folgende Elemente:
- eine flächendeckende technische Verbreitung,
- ein inhaltlich umfassendes Programmangebot, das aus den Elementen Information, Bildung und Unterhaltung besteht und
- die Sicherung der Meinungsvielfalt.

Was genau die Grundversorgung umfasst, kann nicht gesagt werden.

> Grundversorgung ist vielmehr ein vom Bundesverfassungsgericht gewollt offener und dynamischer Zielbegriff. Er gibt die Grundanforderungen an einen gemeinwohlorientierten Rundfunk vor, der im Sinne einer Vollversorgung für alle eine tragende Rolle für die gesellschaftliche und individuelle Meinungsbildung, für die Integration widerstreitender gesellschaftlicher Interessen sowie für die politische Willensbildung und für die Orientierung des einzelnen in einer zunehmend komplexer werdenden Welt spielt (Was Sie über Rundfunk wissen sollten, 1997, S. 32f.).

Ob also „Wimbledon zur Grundversorgung gehört" (so die berühmte Frage von Dieter Hildebrandt) oder die Übertragung der Fußballweltmeisterschaft, könnte wohl nur im Einzelfall entschieden werden.

Entsprechend vorsichtig formulieren Glotz/Groebel/Mestmäcker in ihrer Analyse des Funktionsauftrags öffentlich-rechtlicher Rundfunkanstalten: Ein Evaluationsraster zur Analyse der Debatten um die Grundversorgung „könnte z.B. folgende Elemente enthalten:

- Zusammenhalt, Verknüpfung, Integration der unterschiedlichen Gruppen, Verbände und einzelnen durch die Artikulation gemeinsamer Kommunikationsthemen *(Integrationsfunktion),*
- Fairness, Ausgewogenheit, Meinungsvielfalt bei der Darstellung der gesellschaftlichen Kommunikation *(Forumsfunktion),*
- Vorbildhaftigkeit, Innovation, Professionalität der Darstellungsformen *(Vorbildfunktion),*
- Ausgleich von Kommunikationsdefiziten *(Komplementärfunktion).*

Rundfunkanstalten, die sich an diesen Funktionen orientieren, betreiben eine Versorgung der Gesellschaft mit Programmen von besonderem gesellschaftlichem Interesse. Diese Programme könnte man als einen „Kernbereich“ definieren, den die Gesellschaft besonders berücksichtigen und fördern sollte“ (Glotz/Groebel/Mestmäcker 1998, S. 93).

Ob das Konzept der Grundversorgung mit diesen vier Funktionen richtig beschrieben ist, bleibt also offen. Ich kann diese Frage auch nicht beantworten. Aus ökonomischer Sicht macht es allerdings Sinn, die Grundversorgung als *Kernbereich* von Programmen mit *besonderem gesellschaftlichem Schutzinteresse* zu beschreiben und diesem Kernbereich die vier genannten Funktionen zuzuordnen, weil dies wichtige Funktionen sind, deren Erfüllung der Markt aber nicht *garantieren* kann (er könnte sie allerdings „zufällig“ erfüllen, wenn diese Funktionen einem individuellen und kaufkräftigen Bedarf entsprächen).

Die Grenzen des Programmauftrags werden nicht klar gezogen. Die Grundversorgung kann als Kernaufgabe des öffentlich-rechtlichen Rundfunks interpretiert werden, aber darüber hinausgehende Produktionen sind möglich. Öffentlich-rechtlicher Rundfunk ist nicht auf bestimmte Programmsparten zu begrenzen, er soll durchaus massenattraktive Programme anbieten und ein „Rundfunk für alle“ sein. Abstriche am Niveau der Produktion sind möglich, allerdings nicht an der Qualität. Gedacht wird häufig an „qualitativ hochwertige Unterhaltungssendungen“, was immer das sein mag.

Kontrolle des Programmauftrags

Wie ausgeführt, kann der Programmauftrag nicht operational definiert werden:

- Die publizistischen Konzepte der Vielfalt und die Begriffe Information, Bildung und Unterhaltung sind sehr unbestimmte Konzepte, die in der realen Umsetzung sehr breite Interpretationsspielräume lassen;
- der Programmauftrag darf aus rechtlichen Gründen nicht präzisiert werden, und
- aus ökonomischen Gründen ist die genaue Formulierung einer Ergebnisnorm kontraproduktiv, weil damit die Anreize zu einer Leistungsverbesserung genommen werden und weil nur der Wettbewerb in der Lage ist, zu entwickeln, was das beste Ergebnis ist.

Daher ist die offene Formulierung des Programmauftrags des öffentlich-rechtlichen Rundfunks nicht zu beanstanden. Um so wichtiger wird die Kontrolle der Programmveranstaltung.

Der Gesetzgeber sieht vor, den Programmauftrag und speziell die Vielfalt des Programms dadurch zu sichern, dass die gesellschaftlich relevanten Gruppen an der

Kontrolle des Programmauftrags beteiligt werden und zwar anstaltsintern. Es gilt also das Prinzip der Selbstkontrolle und das Prinzip des Pluralismus; zusammengenommen *das Prinzip des Binnenpluralismus*: Die Programmvielfalt soll innerhalb eines Programmes realisiert werden, nicht durch eine große Anzahl unterschiedlicher, aber in sich gleichförmiger Programme. Die Kontrollorgane sind der Rundfunkrat (ARD) bzw. der Fernsehrat (ZDF), der Verwaltungsrat und der Intendant.

Der *Rundfunkrat (Fernsehrat)* soll gegenüber seiner Rundfunkanstalt die Interessen der Allgemeinheit vertreten. Seine wesentlichen Funktionen sind:

- die Einhaltung der Programmgrundsätze zu überwachen,
- den Haushaltsplan aufzustellen und
- den Intendanten zu wählen.

Der Rundfunkrat ist damit ein wenig mit einem Aufsichtsrat einer Aktiengesellschaft vergleichbar, der die Interessen der Eigentümer vertreten soll, der den Vorstand wählt und der die Grundzüge der Geschäftsführung des Vorstands kontrolliert. Allerdings hat ein Aufsichtsrat nicht die Aufgabe, den Finanzplan einer Unternehmung aufzustellen, insofern sind die Befugnisse des Rundfunkrates umfangreicher als die eines Aufsichtsrates. Die Größe des Rundfunkrates liegt zwischen 16 Mitgliedern (HR) und 58 Mitgliedern (NDR); die Besetzungsmodi differieren zwischen den Rundfunkanstalten. Generell setzt sich der Rundfunkrat aus Mitgliedern der so genannten gesellschaftlich relevanten Gruppen zusammen – Arbeitnehmer, Arbeitgeber, Kirchen, Parteien, Verbände… – ; diese entsenden von ihnen ausgewählte Vertreter, die ihre Arbeit ehrenamtlich ausüben.

Der *Verwaltungsrat* hat im Wesentlichen die Aufgabe, die Geschäftsführung des Intendanten, mit Ausnahme der Programmgestaltung, zu überwachen und den Haushaltsplan und den Jahresabschluss zu prüfen. Der Verwaltungsrat besteht aus 6 (HR) bis 12 (NDR) Mitgliedern, die in der Regel vom Rundfunkrat gewählt werden. Für die Tätigkeit des Verwaltungsrates gibt es keine Parallele in der privaten Wirtschaft.

Der *Intendant* leitet die Rundfunkanstalt, er trägt die Verantwortung für das Programm und hat weitreichende Befugnisse in Bezug auf die Personalauswahl und das Management der Rundfunkanstalt. Er ist damit etwa vergleichbar einem Geschäftsführer einer GmbH oder als Organ vergleichbar dem, allerdings meist mehrköpfigen, Vorstand einer Aktiengesellschaft. Seine Kompetenzen sind indes, zugunsten von Rundfunkrat und Verwaltungsrat, deutlich beschränkter als die eines Geschäftsführers oder Vorstands.

Die *Funktionsfähigkeit* solcher Kontrollorgane, speziell des Rundfunkrates, ist, euphemistisch formuliert, beschränkt. Dies liegt an folgenden Defiziten:

- Der Programmauftrag kann nicht operational beschrieben werden. Damit ist das Kernstück einer effizienten Kontrolle, ein Soll-Ist-Vergleich mit anschließender Abweichungsanalyse, nicht möglich.
- Die Transparenz der Kontrolleure ist gering . Sie kennen weder die Interessen der Allgemeinheit (diese kennt niemand), noch kennen sie das Programm, das sie überwachen sollen; bestenfalls kennen sie ausgewählte Ausschnitte. Dies wird gerne wortgewaltig kritisiert: „Die ehrenamtlich tätigen Feierabend-Kontrolleure haben in der Regel gar nicht genügend Detailkenntnisse, um mit den mächtigen Bürokratie-Apparaten mithalten, geschweige denn sie wirksam

kontrollieren und in die Schranken weisen zu können" (Das Ärgernis der deutschen Rundfunkordnung, 1991, S. 2). Oder: „Fernsehen ist organisiert, wie es in keinem anderen Fach möglich wäre. Die Anschaffer sind mit wenigen Ausnahmen Laien. Da gibt es Juristen, Stadtdirektoren, Parteifunktionäre und Ministerialbeamte. Alles, nur keine Profis" (Lindlau, 1981, S. 6).

– Die Kontrolleure haben keinen Anreiz, die Interessen der Allgemeinheit zu vertreten. Sie vertreten grundsätzlich ihre eigenen Interessen und das sind, wenn sie wiedergewählt werden wollen, die Interessen der entsendenden gesellschaftlichen Gruppe.
– Die Idee, über ein breites Spektrum gesellschaftlicher Gruppen ein entsprechend vielfältiges Programm zu schaffen, scheitert auch daran, dass Mehrheitsentscheidungen getroffen werden müssen und dass solche Mehrheitsentscheidungen in der Regel über bewährte Koalitionen erfolgen, um die hohen Transaktionskosten mühseliger Einzelentscheidungen zu verringern. Unglücklicherweise ist ein sehr praktikables Koalitionsprinzip die Zugehörigkeit und/oder die Affinität zu politischen Parteien. Damit wird die Programmpolitik und die Personalpolitik parteipolitischem Proporz unterstellt. Auch dies wird häufig und prononciert kritisiert, sogar vom Bundesverfassungsgericht: „So unverzichtbar der Staat … als Garant einer umfassend zu verstehenden Rundfunkfreiheit ist, so sehr sind seine Repräsentanten doch selber in Gefahr, die Rundfunkfreiheit ihren Interessen unterzuordnen" (Urteil des Bundesverfassungsgerichtes vom 22. Februar 1994, S. 37).

Solche Kontrollgremien sind vermutlich nicht nur beschränkt wirksam, sondern in globo dann sogar kontraproduktiv, wenn sie dazu beitragen, unqualifizierte Mitarbeiter auszuwählen und die intrinsische Motivation der Mitarbeiter zu zerstören.

Die *Möglichkeiten, solche Kontrollen zu verbessern*, sind beschränkt. Privateigentum und Wettbewerb können als Kontrollmechanismen auch nicht annähernd ersetzt werden. Einige Verbesserungen sind indes denkbar. Wichtig wäre es, das Kontrollgremium als Expertengremium auszugestalten, nicht als Versammlung gesellschaftlich relevanter Gruppen. Experten hätten eine größere Transparenz und sie wären nicht gesellschaftlich relevanten Einzelinteressen verpflichtet. Sie könnten damit besser die Einhaltung des Programmauftrags kontrollieren. Experten der journalistischen Profession könnten dann vor allem eine effiziente Personalpolitik betreiben. Diese bestünde darin,

– qualifizierte Mitarbeiter auszuwählen,
– Mitarbeiter qualifiziert auszubilden und
– die intrinsische Motivation der Mitarbeiter durch professionelle Leistungsbewertungen zu fördern.

Dies weiß man aus der Betriebswirtschaftslehre: Wenn die Qualität des Outputs nicht kontrolliert werden kann, muss um so mehr die Qualität der Inputs kontrolliert werden, vor allem die Qualität der Mitarbeiter.

3.3. Preiskontrolle – Festsetzung der Rundfunkgebühren

Die Rundfunkgebühren werden bislang durch die Länder per Rundfunkstaatsvertrag festgesetzt. Sie dienen zur Finanzierung der ARD-Rundfunkanstalten, bundesweiter Gemeinschaftsprojekte (Deutschlandradio, Deutsche Welle, Europäischer Kulturkanal Arte), des ZDF, das gut 36 Prozent des Fernsehgebührenaufkommens erhält, und der Landesmedienanstalten, die zwei Prozent vom Gesamtaufkommen erhalten. Einen Überblick über die Entwicklung der Rundfunkgebühren in Deutschland gibt Tabelle 1.

Tabelle 1: Entwicklung der Rundfunkgebühren von 1953 bis 1997

Jahr	Hörfunkgebühr/Grundgebühr	Fernsehgebühr
1953-1969	2,00 [1]	5,00
1970-1973	2,50	6,00
1974-1978	3,00	7,50
1979-30.6.1983	3,80	9,20
1.7.1983-31.12.1987	5,05	11,20
1.1.1988-31.12.1989	5,16 [2]	11,44 [2]
1.1.1990-31.12.1991	6,00	13,00
1.1.1992-31.12.1996	8,25 [3]	15,55 [3]
seit 1.1.1997	9,45 [4]	18,80 [4]

[1] Die Hörfunkgebühr betrug seit dem 1.4.1924 unverändert 2,00 DM.
[2] Die Erhöhung ist bedingt durch den seit 1.1.1988 an die Landesmedienanstalten abzuführenden Anteil von je 2% der Grund- und Fernsehgebühr
[3] Von der Hörfunkgebühr sind 0,75 DM zweckgebunden für DeutschlandRadio, von der Fernsehgebühr 0,75 DM für Arte; 1,00 DM der Rundfunkgebühr war bis 31.12.1994 zweckgebunden für die Aufbaufinanzierung in den neuen Bundesländern. Bis 31.12.1994 galt dort auch ein reduzierter Rundfunkgebührensatz.
[4] 2% des Rundfunkgebührenaufkommens gehen an die Landesmedienanstalten. Von der Hörfunkgebühr sind 0,698 DM zweckgebunden für DeutschlandRadio. Von der Fernsehgebühr entfallen 63,9878% an die ARD und 36,0122% an das ZDF. Arte erhält von ARD/ZDF eine jährliche Zuwendung von 210 Mio. DM.

Quelle: Media Perspektiven. Basisdaten, 1998, S. 11.

Die Rundfunkgebühren sind von jedem Teilnehmer zu entrichten, der ein Rundfunkempfangsgerät bereithält und zwar eine Grundgebühr für den Hörfunk und eine Fernsehgebühr für das Bereithalten eines Fernsehgerätes. Gebührenbefreiungen aus sozialen Gründen sind vorgesehen. Die Gebühren werden von der Gebühreneinzugszentrale (GEZ) , einer Gemeinschaftseinrichtung von ARD und ZDF, eingezogen. In seinem Rundfunkgebührenurteil vom 22. Februar 1994 hat das Bundesverfassungsgericht ein staatsferneres Verfahren der Gebührenfestsetzung angemahnt. Hier wird vor allem an eine Indexierung der Rundfunkgebühren gedacht (s. u.).

Eine wichtige Rolle bei der Festsetzung der Rundfunkgebühren spielt die *Kommission zur Ermittlung des Finanzbedarfs der Rundfunkanstalten (KEF)*. Diese Kommission hat die Aufgabe, ausgehend von den Anmeldungen der Rundfunkanstalten, fortlaufend deren Finanzbedarf nach den Grundsätzen von Wirtschaftlichkeit und Sparsamkeit unter Wahrung der Programmautonomie zu ermitteln. Die Kommission erstattet den Ministerpräsidenten alle zwei Jahre einen Prüfbericht, in dem sie die Finanzlage der Rundfunkanstalten darstellt und beurteilt, ob und in welcher Höhe eine Änderung der Rundfunkgebühren erforderlich erscheint. Die Berichte der Kommission sind dann Entscheidungshilfe für die Landesregierungen und Landesparlamente, sie sind also Empfehlungen und haben keinen bindenden Charakter. Die Kommission besteht aus fünf Mitgliedern aus den Staatskanzleien der Länder, fünf Mitgliedern aus den Landesrechnungshöfen, sechs von den Ländern und von den Rundfunkanstalten unabhängigen Sachverständigen sowie aus dem Vorsitzenden (ohne Stimmrecht). Diese Kommission besteht mithin zumindest zum Teil aus unabhängigen Experten. Die Kommission übt keine inhaltliche Programmkontrolle aus, sie hat nur eine Fachaufsicht: Sie hat die Rundfunkfreiheit zu gewährleisten und zugleich für ein wirtschaftliches Finanzgebaren, also für ein Mindestmaß an produktiver Effizienz zu sorgen.

Die *Probleme einer Preiskontrolle* – hier der Kontrolle der Rundfunkgebühren als Preis für die Rundfunkleistung – sind erheblich. Der Preis soll üblicherweise die langfristigen Grenzkosten der Produktion decken und einen normalen Gewinn finanzieren. Da öffentlich-rechtliche Rundfunkanstalten keinen Gewinn machen, sollte der Preis nur die langfristigen Grenzkosten der Produktion decken, die Grenzkosten für einen Zeitraum von etwa fünf Jahren. Kosten sind definiert als Wert der für eine effiziente Leistungsbereitstellung notwendigen Produktionsfaktoren. Eine wirksame Preiskontrolle setzt mithin voraus:

- Die Beschreibung der Leistungsbereitstellung (Leistungsinformation),
- die Kenntnis der effizienten Input-Output-Relation, um angeben zu können, wieviel Produktionsfaktoren (Input) zur Erstellung der Leistung (Output) benötigt werden und die Kenntnis der üblicherweise zu zahlenden Faktorpreise (Kosteninformation).

Die *Leistungsinformation* steht logischerweise am Anfang einer Finanzkontrolle. Es müsste operational geklärt werden, was, in welchem Umfang und in welcher Qualität produziert werden soll. Dies ist aber im Falle des Rundfunkprogrammauftrags, wie ausgeführt, kaum möglich und rechtlich nicht zulässig.

Die *Kosteninformationen*, die Informationen über die effiziente Input-Output-Relation und die zu zahlenden Faktorpreise, werden geliefert von den öffentlich-rechtlichen Rundfunkanstalten. Diese haben ein Interesse daran, die Kosteninformationen verzerrt weiterzugeben, also die notwendigen Kosten zu hoch anzusetzen. Eine Kontrolle durch eine unabhängige Kommission ist schwierig. Dies liegt an zwei Problemen:

- Weil die Input-Output-Relation im Falle der Rundfunkproduktion – anders als z.B. bei der Stromproduktion – sehr unbestimmt ist (vgl. Kapitel 4), kann der notwendige Faktoreinsatz nicht mit Sicherheit abgeleitet werden.
- Üblicherweise wird in regulierten Branchen das Vergleichsmarktverfahren angewendet, um die Kosteninformationen zu kontrollieren, es wird also der Vergleich mit den Kosten anderer Unternehmen angestellt. Hierzu bietet sich der Vergleich mit den Kosten privatwirtschaftlicher Rundfunkveranstalter auf Wettbewerbsmärkten an. Weil diese indes nicht dem umfassenden Programm-

auftrag des öffentlich-rechtlichen Rundfunks unterliegen, ist das Vergleichsmarktverfahren fragwürdig.

Da die Kosten nicht wirksam kontrolliert werden können, gibt es für die öffentlich-rechtlichen Rundfunkveranstalter keinen Anreiz, sparsam und wirtschaftlich zu produzieren. Im Gegenteil, wie die neue politische Ökonomie zeigt. Wirtschaftssubjekte, auch die Mitarbeiter im öffentlich-rechtlichen Rundfunk, handeln eigennützig und opportunistisch. Sie streben nach Einkommen, Macht, Sicherheit, Prestige, nach angenehmen Arbeitsbedingungen und Akzeptanz. Und dies wird in aller Regel erreicht durch

- einen Aufstieg in der Hierarchie, was besonders leicht geht, wenn viele Hierarchiestufen geschaffen werden,
- durch eine Ausdehnung des Arbeitsfeldes und
- durch großzügige Gehälter, nicht nur für sich selbst, sondern auch für die Mitarbeiter, weil dies die Akzeptanz der Führungsgremien erhöht und das Arbeitsklima verbessert.

Entsprechend teuer wird die Produktion und diese Kosten werden dann als notwendige Kosten bezeichnet. Der übliche Produktivitätsfortschritt industrieller Produktion muss geschätzt werden, er wird nicht durch den Wettbewerb erzwungen (für 1997 rechnete die KEF mit einem Rationalisierungsfaktor von einem Prozent; elfter Bericht der KEF).

Aus all diesen Gründen bleibt eine Preiskontrolle, also die Festsetzung wirtschaftlicher Rundfunkgebühren, unvollkommen. Hinzu kommt immer die Gefahr, dass – wie von der sog. Capture-Theorie der Regulierung behauptet wird – die kontrollierende Institution von dem regulierten Unternehmen vereinnahmt und für dessen Interessen instrumentalisiert wird (vgl. z.B. Horn/Knieps/Müller 1988). *Die Kontrolle der bereitgestellten Kosteninformationen der Veranstalter ist das Kernproblem einer Preisregulierung im Rundfunk.*

Eine „*Indexierung der Rundfunkgebühr* wird seit längerem als ein Verfahren diskutiert, das wegen der mit ihm verbundenen Planungssicherheit für die öffentlich-rechtlichen Rundfunkanstalten …, wegen seiner Objektivität und Transaktionskostenarmut sowie auch im Hinblick auf den verfassungsgesetzlich vorgegebenen Bestands- und Entwicklungsschutz des öffentlich-rechtlichen Rundfunks gewichtige Vorteile aufweist“ (Kops 1995, S. 1 mit zahlreichen Literaturverweisen). Auch das Bundesverfassungsgericht, das in seinem Rundfunkgebührenurteil vom 22. Februar 1994 eine stärkere Objektivierung der Gebührenfestsetzung gefordert hat, erwähnt die Indexierung ausdrücklich als ein dafür geeignetes Verfahren. Bei einer Indexierung der Rundfunkgebühr wird die Entwicklung der Rundfunkgebühr an die Entwicklung eines Indexes geknüpft, gedacht wird in der Regel an einen allgemeinen Preisindex[1], z.B. den Preisindex für die Lebenshaltung oder den besser geeigneten Preisindex für das Bruttoinlandsprodukt oder man denkt an einen speziellen Preisindex für die Rundfunkproduktion, einen speziellen Index für die Preisentwicklung

1 Ein Preisindex gewichtet die Preissteigerungen der verschiedenen Güter und Dienstleistungen mit ihrer Bedeutung für die Gesamtausgabe – Preissteigerungen z.B. bei Mieten fallen mehr ins Gewicht als Preissteigerungen bei Marmelade – und errechnet einen durchschnittlichen Preisanstieg.

rundfunkspezifischer Güter und Dienstleistungen (1997 rechnet z.B. die KEF mit einem Anstieg des Rundfunkpreisindexes von 5,3 Prozent; elfter Bericht der KEF).

Mit einer Indexierung werden die Grundprobleme einer Preiskontrolle im Rundfunk indes nicht gelöst:

- Die Festlegung des Mengengerüstes für die Berechnung des Preisindexes bleibt willkürlich. Sollen die rundfunkspezifischen Leistungen einer Ausgangsperiode als Mengengerüst gewählt werden oder sollen z.B. massenattraktive und teuere Sportveranstaltungen und Spielfilme nicht einbezogen werden, weil ihre Übertragung nicht Aufgabe des öffentlich-rechtlichen Rundfunks sei (vgl. z.B. Kruse 1991)? Muss es „Wimbledon" sein oder „die Fußballweltmeisterschaft"? Dies wird nicht fundiert zu entscheiden sein.
- Mit der Festlegung von Mengengerüsten und akzeptierten Preissteigerungsraten entfallen die Anreize zu wirtschaftlichem Handeln, und es entfällt die allokative Lenkungsfunktion des Preises.

Die Indexierung weist mithin alle ökonomischen Nachteile einer Preisregulierung auf. Die Vorteile, die gegenüber einer diskretionären Gebührenfestsetzung durch eine Regulierungsinstanz aufzuzählen sind, bleiben gering: Vorteilhaft ist die bessere Sicherung der Staatsfreiheit, die größere Planungs- und Bestandssicherheit für den öffentlich-rechtlichen Rundfunk und die Vermeidung der Transaktionskosten einer diskretionären Gebührenfestsetzung (zur Abwägung der Vor- und Nachteile einer Indexierung vgl. Kops 1995).

Das betrübliche Fazit lautet: Eine effiziente Preiskontrolle ist nicht möglich, weil eine effiziente Kostenkontrolle nicht realisierbar ist. Entsprechend drastisch ist die Kritik der produktiven Effizienz öffentlich-rechtlicher Rundfunkanstalten: „Wie für öffentliche Unternehmen immer dann typisch, wenn sie nicht voll dem Wettbewerb ausgesetzt sind, zeichnen sich die Anstalten durch hohe Ineffizienz aus. An den Ergebnissen gemessen ist ihr Kostenaufwand gewaltig. Personelle Überbesetzung und hohe Gehälter sind kennzeichnend. Es ist „Ehrensache", dass ein Intendant mehr verdient als der Ministerpräsident des Landes, in dem die Anstalt ihren Sitz hat. Allein das ZDF zahlt mehr Gehälter in der Generalskategorie als die gesamte Bundeswehr an Generälen aufzuweisen hat" (Das Ärgernis der deutschen Rundfunkordnung, 1991, S. 2).

3.4. Beschränkung erwerbswirtschaftlicher Einnahmen

Öffentlich-rechtliche Rundfunkveranstalter gelten als Unternehmen im Sinne des Kartellgesetzes (KartellG); als öffentliche Unternehmen dürfen sie indes keinen Gewinn erzielen und als dem Gemeinwohl verpflichtete Unternehmen sind ihre aus Erwerbswirtschaft resultierenden Einnahmen beschränkt insoweit, als sie mit dem Programmauftrag kollidieren können. Relevant ist die Beschränkung der Werbung und die Beschränkung sonstiger erwerbswirtschaftlicher Tätigkeiten.

Beschränkung der Werbung

Die Zulässigkeit oder die Angemessenheit einer Werbefinanzierung des öffentlich-rechtlichen Rundfunks wird seit langem heftig diskutiert (vgl. z.B. Gummig 1991). Fest steht, dass nach den Entscheidungen des Bundesverfassungsgerichts und nach der Kodifizierung im Rundfunkstaatsvertrag eine teilweise Werbefinanzierung des öffentlich-rechtlichen Rundfunks erlaubt ist: „Andere Finanzierungsquellen sind neben der Gebührenfinanzierung zulässig und können sogar die Unabhängigkeit des öffentlich-rechtlichen Rundfunks stärken. Das gilt auch für Einnahmen aus Werbung. Doch dürfen sie wegen der mit ihnen verbundenen programm- und vielfaltverengenden Tendenzen die Gebührenfinanzierung nicht in den Hintergrund drängen... Diese Grenze ist freilich derzeit nicht erreicht (Urteil des Bundesverfassungsgerichtes vom 22. Februar 1994, S. 41). Art und Umfang der Werbung sind entsprechend stark reguliert.

Für den *quantitativen Umfang der Werbung,* also für die Werbezeit, gilt Folgendes: Nur die ersten Fernsehprogramme von ARD und ZDF dürfen Werbung ausstrahlen, aber nicht an Sonn- und Feiertagen und nicht nach 20.00 Uhr. Die Werbezeit beträgt maximal 20 Minuten werktäglich und maximal 20 Prozent im Zeitraum von einer Stunde. Im Hörfunk darf maximal 90 Minuten werktäglich geworben werden (§§14, 15 RStV).

Für die *Art der Werbung* gilt Folgendes: Die Werbung darf das Programm nicht beeinflussen, sie muss klar als Werbung erkennbar sein, d.h. Schleichwerbung und subliminale (unterschwellige) Werbung ist verboten (§7 RStV). Werbung muss Blockwerbung sein; bei Sportübertragungen darf Werbung nur in den Pausen ausgestrahlt werden, im Übrigen nur zwischen einzelnen Sendungen; mit der Ausnahme, dass Fernsehsendungen von mehr als 45 Minuten Dauer einmal unterbrochen werden dürfen (§14 RStV). Sponsoring ist erlaubt, Teleshopping nicht (§18 RStV).

Mit diesen Regulierungen ist beabsichtigt, das Einnahmepotenzial aus Werbung zu begrenzen, um den schädlichen Einfluss des Marktes auf das Programm der öffentlich-rechtlichen Rundfunkveranstalter zu beschränken und um privaten Veranstaltern ein geschütztes Einnahmepotenzial zu bieten. Zugleich soll der Rezipient vor langen und störenden Werbeunterbrechungen bewahrt werden.

Aus wirtschaftswissenschaftlicher Sicht wird die partielle Werbefinanzierung überwiegend abgelehnt. „Eine teilweise Finanzierung durch Werbung ist für diese Anstalten nicht ordnungskonform und wäre folgerichtig abzuschaffen“ (Monopolkommission 1990, S. 294). Wenn der öffentlich-rechtliche Rundfunk eine dem Gemeinwohl verpflichtete Aufgabe hat, dann rechtfertigt dies nur eine Gebührenfinanzierung. Die Gefahr einer Finanzierung durch Werbung besteht darin, dass damit die werbewirksame Reichweite als ein sehr klar definierter und leicht kalkulierbarer Erfolgsmaßstab eingeführt wird, der das Ziel der Grundversorgung, das nicht klar definiert ist, verdrängt. Und wenn der öffentlich-rechtliche Rundfunk die Reichweite als Erfolgsmaßstab übernimmt, hat er seine Existenzberechtigung verloren.

Beschränkung sonstiger Erwerbswirtschaft
Eine *eigene erwerbswirtschaftliche Tätigkeit* öffentlich-rechtlicher Rundfunkveranstalter ist im Prinzip beschränkt auf die Randnutzung sonst brachliegender Kapazitäten, also etwa auf die Herausgabe eigener Programmzeitschriften und auf die Vermietung von Studios oder auf die Weiterverwertung eigener Programme. Wichtig ist dabei, dass der erwerbswirtschaftliche Zweck nicht der primäre Zweck der Tätigkeit ist. Ein Beispiel ist ZDF-Enterprises, eine hundertprozentige Tochter des ZDF, die privatrechtlich organisiert ist und in den Bereichen Programmvertrieb, Produktion und Handel tätig ist; damit sollen z.B. die ZDF-Produktionen besser vermarktet werden und der Programmauftrag besser erfüllt werden.

Eine ebenfalls mögliche *Beteiligung an erwerbswirtschaftlichen Unternehmen* setzt grundsätzlich voraus, dass mit der Beteiligung zur Erfüllung des Programmauftrages beigetragen wird. So sind Beteiligungen an Produktionsgesellschaften möglich und üblich, z.B. die Beteiligung des NDR an Studio Hamburg, einer privatrechtlich organisierten Produktionsfirma. Auch Beteiligungen an privaten Rundfunkveranstaltern ist zulässig, so die Beteiligung des WDR an Radio NRW, dem privatrechtlich organisierten Mantelprogrammlieferanten für die Lokalradios in NRW. Voraussetzung für die Zulässigkeit eigener erwerbswirtschaftlicher Tätigkeiten ist immer die Wahrung der Grundfunktion des öffentlich-rechtlichen Rundfunks.

4. Einführung und Regulierung des privaten Rundfunks in Deutschland

Die Sonderstellung des öffentlich-rechtlichen Rundfunks war immer mit folgenden Argumenten begründet worden:
- Die Frequenzknappheit lasse einen Wettbewerb nicht zu.
- Die hohen Kosten der Rundfunkproduktion seien eine so große Marktzutrittsschranke, dass ein funktionierender Wettbewerb nicht entstehen könne.
- Der Rundfunk spiele eine besondere Rolle im Prozess der Meinungsbildung.

1981 stellte das Bundesverfassungsgericht fest, dass zumindestens die Frequenzknappheit nicht mehr gegeben sei und ließ private Rundfunkveranstalter zu. Seit 1984, dem Beginn des Kabelpilotprojektes in Ludwigshafen, gibt es das duale System des Rundfunks: private und öffentliche-rechtliche Veranstalter im Wettbewerb.

Private Rundfunkveranstalter haben grundsätzlich nur ein Ziel, das Ziel, ihren Gewinn zu maximieren. Dies ist in marktwirtschaftlichen Ordnungen zu akzeptieren. Ziel und Problem der Regulierung ist es dann, privaten Rundfunk, neben seinem Hauptziel, auf die Ziele der Rundfunkpolitik zu verpflichten, insbesondere Meinungsvielfalt zu gewährleisten. Dazu sind Regeln zum Marktzutritt, Regeln zur Programmkontrolle und zur Finanzierung entwickelt worden. Die Einhaltung der Regeln zu kontrollieren, obliegt den Landesmedienanstalten als speziell geschaffene Regulierungsbehörden. Vielfaltsichernde Maßnahmen sind insbesondere auch entwickelt worden, um den Gefahren einer Anbieterkonzentration im privaten Rundfunkmarkt zu begegnen. Diese vielfaltsicherndern Maßnahmen werden im siebenten Kapitel dargestellt.

4.1. Marktzutrittskontrolle

Private Rundfunkveranstalter benötigen eine Zulassung durch die zuständige Landesmedienanstalt nach den Vorschriften des jeweiligen Landesrechtes. Diese Vorschriften differieren ein wenig, sind in den Grundzügen indes gleich: Sie enthalten Vielfaltskriterien und Garantien für ihre Einhaltung; wichtig ist vor allem die Gewährleistung der Meinungsvielfalt und die Sicherung der Staatsfreiheit.

Wenn, was im Bereich von Terrestrik und Kabel die Regel ist, die Nachfrage nach Lizenzen das mögliche Angebot übersteigt, legt die zuständige Landesmedienanstalt die Rangfolge der Zulassung fest. Hierzu wird eine Prognose über die zu vermutende Erfüllung der gewünschten Ziele – insbesondere Meinungsvielfalt – abgegeben, und die Rangfolge der Zulassung ergibt sich dann nach dem Grad der vermuteten Erfüllung. So wird z.B. „derjenige Antragsteller vorrangig zugelassen, der die größere Meinungsvielfalt im Programm erwarten lässt" (§7 LRG NW). Wenn hier nur eine Gleichrangigkeit festgestellt werden kann, werden meist die Anbieter vorrangig zugelassen, die sich im jeweiligen Land niederlassen wollen und dort Arbeitspätze schaffen (vgl. z.B. §7, Abs. 3 LRG NW). Das Prinzip der Gewerbefreiheit, ein Grundprinzip marktwirtschaftlicher Ordnungen, existiert im Bereich des Rundfunks also nicht.

Lizenzen zur Rundfunkveranstaltung stellen einen erheblichen Wert dar, wenn die Nachfrage nach Lizenzen das Angebot übersteigt. Üblicherweise regelt der Preismechanismus eine solche Knappheitssituation: Lizenzen würden zu Preisen versteigert, die die Nachfrage auf das knappe Angebot beschränkt (vgl. Kap. 6). Dann erwirbt der Veranstalter die Lizenz, der mit seinem Rundfunkprogramm den größten Gewinn erwartet, der also erwartet, am besten den Präferenzen kaufkräftiger Rezipienten zu entsprechen. Zugleich erhielte der Staat Einnahmen aus dem Lizenzverkauf. Wenn der Preismechanismus durch eine behördliche Zuteilung ersetzt wird, dann wird die optimale Allokation der Ressourcen im ökonomischen Sinne verfehlt, sie wird ersetzt durch eine Allokation nach den Zielen der Rundfunkpolitik. Dies dürfte den Wert von Lizenzen deutlich reduzieren, allerdings nicht notwendigerweise auf null DM. Die jetzige Praxis der unentgeltlichen Lizenzvergabe bedeutet mithin auch einen Verzicht auf staatliche Einnahmen.

Die behördliche Lizenzvergabe wird im Falle der Zulassung zum Kabelnetz besonders problematisch, weil sich das Kabelnetz im Eigentum privater Unternehmen (Deutsche Telekom und einige kleine private Kabelnetzbetreiber) befindet. Hier kollidieren dann das Recht auf Eigentum mit den Zielen der Rundfunkpolitik. Im Recht auf Eigentum ist das Recht auf die freie Nutzung und Verfügung begründet: Der Kabelnetzbetreiber könnte grundsätzlich frei entscheiden, welche Programme er verbreiten will; im Zweifel die Programme der Veranstalter, die am meisten für die Einspeisung bezahlen und nicht die Gemeinwohlprogramme. Dieses Rechtsproblem kann hier nicht juristisch entschieden werden. Aus ökonomischer Sicht gebührte den Kabelnetzeigentümern allerdings ein finanzieller Ausgleich für ihre „Zwangsverpflichtung".

Ein möglicher Kompromiss zwischen diesen beiden Rechtsprinzipien ist die so genannte „Must-Carry-Rule". Sie besagt, dass Kabelnetzbetreiber über die Einspeisung der Programme selbst entscheiden, dass sie aber ein bestimmtes Paket von Programmen einspeisen müssen, die dem Gemeinwohl verpflichtet sind. Gedacht wird in der Regel an die öffentlich-rechtlichen Programme als Pflichtpaket (vgl. Wankell 1996, S. 5).

4.2. Regulierung der Produktion

Die Kontrolle der Produktion bezieht sich – neben der Kontrolle der Einhaltung der allgemeinen Gesetze (§41 RStV) und der Werberichtlinien – im Wesentlichen auf die Sicherung eines Grundstandards von Meinungsvielfalt:

- Die Vielfalt der Meinungen ist im Wesentlichen zum Ausdruck zu bringen;
- die bedeutsamen politischen, weltanschaulichen und gesellschaftlichen Kräfte und Gruppen müssen in den Vollprogrammen angemessen zu Wort kommen;
- Rundfunkvollprogramme sollen zur Darstellung der Vielfalt im deutschsprachigen und europäischen Raum mit einem angemessenen Anteil an Information, Kultur und Bildung beitragen (§41, Abs. 2 RStV);
- speziell die Vielfalt in regionaler Dimension soll durch regionale Fensterprogramme der bundesweiten Vollprogramme gesichert werden (§25 RStV).

Dies gilt für das private Programmangebot insgesamt. Einzelne Programme dürfen die „Bildung der öffentlichen Meinung nicht in hohem Maße ungleichgewichtig beeinflussen" (§25, Abs. 2 RStV). Die Möglichkeit, Spartenprogramme anzubieten, bleibt hiervon unberührt (§25, §41 RStV). Im Kern geht es bei der Regulierung der Produktion im Wesentlichen um die Vermeidung vorherrschender Meinungsmacht.

4.3. Regulierung der Finanzierung

Private Rundfunkveranstalter können ihre Programme finanzieren durch

- Einnahmen aus Werbung,
- Entgelte der Teilnehmer (Pay-Rundfunk),
- durch eigene Mittel sowie
- durch sonstige Einnahmen.

Speziell die Finanzierung durch Werbung, die zur Zeit die Haupteinnahmequelle des privaten Rundfunks ist, ist detailliert geregelt im Hinblick auf zeitlichen Umfang und zeitliche Platzierung.

Für die *Dauer der Werbung* gilt Folgendes: Die Werbezeit beträgt maximal 20 Prozent, die Spotwerbung maximal 15 Prozent der täglichen Sendezeit; innerhalb von 60 Minuten darf die Spotwerbung einen Anteil von 20 Prozent nicht überschreiten; Tele-Shopping ist auf 60 Minuten pro Tag beschränkt. Sponsoring ist erlaubt.

Für die *Art der Werbung* gilt Folgendes: Die Werbung darf – wie bei dem öffentlich-rechtlichen Rundfunk – das Programm nicht beeinflussen, Werbung muss klar als Werbung erkennbar sein, Schleichwerbung und unterschwellige (subliminale) Werbung ist verboten; Werbung muss Blockwerbung sein.

Für die *Zeitstruktur der Werbung* gilt Folgendes:

- Werbung darf im Prinzip nur zwischen einzelnen Sendungen ausgestrahlt werden, aber es gelten zahlreiche Ausnahmen für eine zulässige Unterbrecherwerbung.
- Unterbrecherwerbung ist mit Einschränkungen erlaubt:
  - Der Abstand zwischen den Werbeblöcken muss mindesten 20 Minuten betragen;
  - Ausnahmen gelten für Sportveranstaltungen, hier sind Blöcke zwischen den eigenständigen Teilen und in den Pausen erlaubt;
  - Ausnahmen gelten für Kinospielfilme und Fernsehfilme (nicht für Serien oder Reihen): Hier sind Unterbrechungen nur pro 45 Minutenzeitraum zugelassen, ein weiterer Block ist möglich, wenn die Sendung länger dauert als zwei oder mehr 45 Minutenzeiträume; nach weiteren 20 Minuten ist eine weitere Unterbrechung erlaubt;
  - Ausnahmen gelten für Nachrichten-, Politik-, Dokumentar- oder Religionssendungen: Sie dürfen nicht unterbrochen werden, wenn sie kürzer als 30 Minuten sind.

Die folgende Übersicht 1 enthält die wesentlichen Regeln in kompakter Form.

Übersicht 1: Wesentliche Rahmenbedingungen für Werbung im Privat-Fernsehen

Werbezeitenregelung:
▪ Maximal 20 Prozent der TV-Sendezeit eines Tages dürfen für Werbung genutzt werden
▪ Davon fallen 15 Prozent auf klassische Werbung (Spots) mit insgesamt 12 Minuten pro Stunden
▪ 5 Prozent dürfen für Sonderwerbeformen verwendet werden
Regelung der Werbeunterbrechungen:
▪ Der Abstand zwischen zwei Unterbrecher-Werbeblöcken muss mindestens 20 Minuten betragen
▪ Spielfilme mit einer Länge von 45 Minuten dürfen einmal unterbrochen werden, ab 90 Minuten zweimal und ab 110 Minuten dreimal
Fernsehwerbung ist in folgenden Fällen unzulässig:
▪ Unterbrecherwerbung in Kinderprogrammen
▪ Unterbrecherwerbung in religiösen Sendungen und Nachrichten
▪ Werbung für Tabakprodukte
▪ Werbung für verschreibungspflichtige Arzneimittel

Die Werbung im privaten Rundfunk unterliegt also deutlich weniger zeitlichen Beschränkungen als der öffentlich-rechtliche Rundfunk. Im Prinzip soll den privaten Veranstaltern ein ausreichendes Finanzierungspotenzial geboten werden. Gleichzeitig soll der Rezipient vor den vermeintlich schädlichen Einflüssen von zu viel Werbung geschützt werden. Ob dies notwendig ist, ist aus ökonomischer Sicht zu bezweifeln, weil aus ökonomischer Sicht der Wettbewerb und die Rezipienten selbst über das akzeptable Maß an Werbeunterbrechungen entscheiden könnten. Nur muss Werbung als solche klar erkennbar sein.

4.4. Die Landesmedienanstalten als spezielle Regulierungsbehörden

Regulierungsaufgaben müssen überwacht und ihre Einhaltung kontrolliert werden. Zur Durchführung und Kontrolle der Rundfunkgesetze ist in jedem Bundesland –

nur Berlin und Brandenburg haben eine gemeinsame Behörde – eine pluralistisch zusammengesetzte *Landesmedienanstalt* geschaffen worden. Sie sind staatsfern als unabhängige, rechtsfähige Anstalten des öffentlichen Rechts organisiert.

In der Regel besitzen die Landesmedienanstalten zwei Organe. Zum einen gibt es einen *Rundfunkausschuss* (auch Versammlung genannt), in den die gesellschaftlich relevanten Gruppen ihre Vertreter entsenden, die ehrenamtlich tätig sind. Dieser Rundfunkausschuss trifft als Hauptorgan der Landesmedienanstalt die relevanten Entscheidungen in Bezug auf Zulassung und Aufsicht über die privaten Rundfunkprogramme, sie wählen in der Regel auch das Exekutivorgan. Zum anderen besitzen die Landesmedienanstalten das *Exekutivorgan,* einen Direktor, Präsidenten oder Geschäftsführer. Dies Exekutivorgan führt die laufenden Geschäfte, bereitet die Entscheidungen des Hauptorgans vor und führt sie aus.

Die Landesmedienanstalten werden aus der allgemeinen Rundfunkgebühr in Höhe von bis zu 2 Prozent finanziert; 1996 waren dies 138 Millionen DM (ALM-Jahrbuch 1995/96, S. 69). Insgesamt hatten die Landesmedienanstalten 1996 laut Stellenplan 386 Mitarbeiter (ALM-Jahrbuch 1995/96, S. 109ff.).

Um zu vermeiden, dass die Regulierung von Bundesland zu Bundesland unterschiedlich ausfällt, wurden gemeinsame Richtlinien z.B. zur Einhaltung der Werbevorschriften oder zur Kontrolle vielfaltsichernder Maßnahmen entwickelt. Zudem sind in der Arbeitsgemeinschaft der Landesmedienanstalten in der Bundesrepublik Deutschland (ALM) mit der Konferenz der Direktoren der Landesmedienanstalten (KDLM), sowie der Gremienvorsitzendenkonferenz und der Gesamtkonferenz Organe geschaffen worden, um eine gewisse Einheitlichkeit der Verfahrensweisen zu realisieren (vgl. ALM-Jahrbuch 1995/96, S. 70ff.).

Die Hauptaufgaben der Landesmedienanstalten sind
- die Zulassung privater Rundfunkveranstalter,
- die Kontrolle der strukturellen Vielfaltsicherung (vgl. Kapitel 7) und
- die Programmaufsicht.

Die Programmaufsicht soll sich auf die Einhaltung der Programmqualität, der Werberichtlinen, der Jugendschutzbestimmungen und der allgemeinen Gesetze erstrecken. In der Praxis funktioniert die Programmaufsicht im Bereich der Werbung, des Jugendschutzes und der allgemeinen Gesetze hinreichend gut. Die Landesmedienanstalt wird in der Regel nach Programmbeschwerden Dritter – bei der Werbung ist dies sehr häufig die jeweilige Konkurrenz – tätig und entscheidet über die Verstöße. Geldbußen können verhängt werden. Im Gegensatz zu den Kontrollgremien des öffentlich-rechtlichen Rundfunks haben die Landesmedienanstalten indes keinen direkten Einfluss auf personelle, programmliche und finanzielle Entscheidungen. Eine Aufsicht über die Programmqualität findet kaum statt. Hierzu sind die Rechtsbegriffe zu unbestimmt und die Landesmedienanstalten personell überfordert (vgl. zu den Schwierigkeiten der Rundfunkaufsicht Hoffmann-Riem 1992, S. 99ff.).

5. Abgrenzung des Rundfunksektors und Regulierung der Nachbarsektoren Telekommunikation und Multimedia

5.1. Abgrenzung des Rundfunksektors

Im Zuge der Entwicklung von Multimedia und zahlreicher neuartiger Leistungsangebote erwies es sich als notwendig, Rundfunk von diesen neu entstehenden Leistungen abzugrenzen. Die Notwendigkeit einer Abgrenzung ergibt sich zum einen aus der Verteilung der Regelungskompetenz: Länder haben die Kompetenz für Kultur und speziell für Rundfunk, und der Bund hat die Kompetenz für Wirtschaft, sowie speziell für Post- und Fernmeldewesen; und zum anderen aus der Notwendigkeit, jeweils angemessene Kontrollen für diese unterschiedlichen Leistungen einzuführen. Kriterien der Abgrenzung des Rundfunks von anderen Leistungsangeboten sind:

- das technische Rundfunkspezifikum: die Übertragung der Informationen mit elektromagnetischen Schwingungen, sowie
- die massenmedialen Spezifika: die Allgemeinheit der Zielgruppe („Broadcasting statt Narrowcasting“) und
- die Relevanz für den allgemeinen Meinungsbildungsprozess.

Im Prinzip sind diese Kriterien vom Gesetzgeber angemessen berücksichtigt worden:

> „Rundfunk ist die für die Allgemeinheit bestimmte Veranstaltung und Verbreitung von Darbietungen aller Art in Wort, in Ton und in Bild unter Benutzung elektromagnetischer Schwingungen ohne Verbindungsleitung oder längs oder mittels eines Leiters. Der Begriff schließt Darbietungen ein, die verschlüsselt verbreitet werden oder gegen besonderes Entgelt empfangbar sind, sowie Fernsehtext“ (§2, Abs. 1 RStV).

Damit ist sichergestellt, dass wesentliches Merkmal die Allgemeinheit der Verbreitung ist und dass es auf die Finanzierung und die inhaltliche Ausrichtung der Programme nicht ankommt. Spartenrundfunk und Pay-Rundfunk gehören zum Rundfunk.

Für den restlichen Bereich der elektronischen Verbreitung von Informationen ist im Wege einer pragmatischen und im Prinzip – angesichts der nun einmal gegebenen Kompetenzverteilung – angemessenen Arbeitsteilung Folgendes vereinbart worden:

- Länder haben die Regelungskompetenz für die Informationsdienste, die an die Allgemeinheit gerichtet sind (so genannte *Mediendienste,* z.B. Teleshopping), und
- der Bund hat die Regelungskompetenz für solche Informationsdienste, die für eine jeweils individuelle Nutzung bestimmt sind (so genannte *Teledienste,* z.B. Telebanking).

Abgrenzungsprobleme bleiben und werden immer neu auftauchen: Ist Business-TV Rundfunk, Mediendienst oder Teledienst? Sind elektronische Zeitungen noch Zeitungen oder schon Rundfunk? Die Zuordnung hat im Einzelfall weitreichende Konsequenzen, weil Rundfunk ganz anderen und viel umfassenderen medienrechtlichen Kontrollen unterliegt als die Presse oder Medien- bzw. Teledienste. Um nur ein eher skurriles Beispiel zu nennen: Wenn elektronische Zeitungen als Rundfunk klassifiziert werden, dann darf in der gedruckten Fassung Tabakwerbung erscheinen, in der elektronischen Fassung nicht.

5.2. Regulierung der Telekommunikation

Grundlage ist das Telekommunikationsgesetz (TKG) vom 25.7.1996, das im Kern ein Deregulierungsinstrument ist mit einigen Restbereichen, die einer Regulierung unterworfen sind. Im Bereich der Telekommunikation sind damit die letzten gesetzlich verankerten Monopole gefallen. Das Monopol für Übertragungswege war zum Juli 1996, das Monopol für Sprachtelefondienste war zum Januar 1998 abgeschafft worden. Vorgesehen ist eine grundsätzliche Marktöffnung, ergänzt durch eine Regulierung von Marktzutritt, Marktverhalten und Marktergebnis, die durch eine spezielle Regulierungsbehörde überwacht wird.

Marktzutritt (§§6–11 TKG)
Anbieter, die Übertragungswege betreiben oder Sprachtelefondienste anbieten wollen, benötigen eine Lizenz. Die Lizenz wird von der Regulierungsbehörde erteilt. Antragsteller müssen Zuverlässigkeit, Leistungsfähigkeit und Fachkunde aufweisen. Falls Frequenzen knapp sind, was bei nicht-leitungsgebundenen Diensten wie Mobilfunk, Satellitenfunk und Richtfunk relevant ist, werden die Lizenzen in der Regel versteigert, sonst ausgeschrieben. Z. Zt. sind diese Lizenzen allerdings im Wesentlichen schon vergeben. Diese Marktzutrittsregeln öffnen den Telekommunikationssektor dem Wettbewerb, Marktzutritt ist nach ökonomischen Bedingungen möglich.

Marktverhalten (§§33-38 TKG)
Die wesentlichen Regeln zum Marktverhalten haben das Ziel, neuen Anbietern den Zugang zum Übertragungsnetz zu ermöglichen. *Marktbeherrschende* Unternehmen müssen die Bedingungen für einen offenen Netzzugang nach EU-Standard (Open Network Provision; Artikel 3, Abs. 2 der Richtlinie 90/387 EWG des Rates vom 28. Juni 1990; Abl. EG Nr. L 192) erfüllen; sie müssen anderen einen nichtdiskriminierenden Netzzugang ermöglichen, d.h. zu Bedingungen, die für sie selbst gelten. Was ein marktbeherrschendes Unternehmen ist, regelt §19 KartellG – eine marktbeherrschende Stellung wird *vermutet,* wenn ein Unternehmen einen Marktanteil von mindestens einem Drittel hat, wenn drei Unternehmen einen Marktanteil von mindestens 50 Prozent oder fünf Unternehmen einen Marktanteil von mindestens zwei Dritteln haben – relevant sind diese Bestimmungen also vorerst für die Deutsche Telekom. Damit ist insbesondere der Marktzutritt für neue Diensteanbieter so frei, wie es den Grundsätzen der Wettbewerbspolitik entspricht. Um zu verhindern, dass aus technischen Gründen Monopolisierungstendenzen erwachsen, besteht eine Zusammenschaltungspflicht für alle Netzbetreiber.

Marktergebnis (§§17–31 TKG)
Marktbeherrschende Unternehmen müssen Universaldienste erbringen (§19, Abs. 2 TKG). *Universaldienste* sind ein Mindestangebot an Telekommunikationsdienstleistungen für die Öffentlichkeit mit bestimmter Qualität, zugänglich für alle zu einem erschwinglichen Preis (§17 TKG). Im Einzelnen legt die Bundesregierung fest, was Universaldienste beinhalten, gedacht ist an Sprachtelefon, Auskunft, Telefonbücher, öffentliche Telefonzellen; Notrufmöglichkeiten müssen alle Anbieter bereitstellen. Im Prinzip ersetzt die Universaldienstleistung das vom bisherigen Monopolisten zu erbringende Infrastrukturangebot.

Die zweite wichtige Regelung betrifft die *Preise*. Preise werden überwacht; die Preise von marktbeherrschenden Unternehmen für das Angebot von Übertragungswegen und Sprachtelefondiensten müssen sogar durch die Regulierungsbehörde genehmigt werden; insbesondere müssen die Preise sich an den *Kosten* einer effizienten Leistungsbereitstellung orientieren.

Regulierungsbehörde (§§66–100 TKG)
Zur Überwachung der Telekommunikation wird eine spezielle Regulierungsbehörde – die *Regulierungsbehörde für Telekommunikation und Post* – errichtet; sie ist eine Bundesoberbehörde im Geschäftsbereich des Bundeswirtschaftsministeriums. Eine sehr enge Zusammenarbeit mit dem Bundeskartellamt ist vorgesehen (§ 82 TKG). Diese Zusammenarbeit ist sehr sinnvoll, weil es in der verbleibenden Regulierung der Telekommunikation im Wesentlichen um den Schutz des Wettbewerbs nach Prinzipien des Kartellrechts geht.

5.3. Regulierung der Individualkommunikation (Teledienste)

Nach der Arbeitsteilung zwischen Bund und Ländern regelt der Bund die sog. Individualkommunikation. Grundlage ist das Gesetz zur Regelung der Rahmenbedingungen für Informations- und Kommunikationsdienste (IuKDG) vom 13. Juni 1997, auch Multimedia-Gesetz genannt. Dieses Gesetz gilt für sog. *Teledienste*, die für eine individuelle Nutzung bestimmt sind und per Telekommunikation übermittelt werden. Dies sind z.B. Telebanking, Telearbeit, Telemedizin; Datenabrufdienste im Bereich Verkehr, Wetter, Börsen usw., Telespiele oder Angebote zur Nutzung des Internet (§2 IuKDG).

Wichtig ist, dass diese Teledienste zulassungs- und anmeldefrei sind (§ 4 I-uKDG), es gilt das *Prinzip der Gewerbefreiheit.* Im Übrigen unterliegen diese Teledienste den allgemeinen Gesetzen (Jugendschutz, Datenschutz, Verbraucherschutz). Diensteanbieter sind im Prinzip für fremde Inhalte nicht verantwortlich, es sei denn, sie haben von diesen Kenntnis und es ist ihnen möglich und zumutbar, deren Nutzung zu verhindern (§5 IuKDG). Als Novum gilt die so genannte *digitale Signatur*, eine Regelung zur Verschlüsselung von Texten, um die Voraussetzungen für ein stärkeres Wachstum des elektronischen Geschäftsverkehrs zu schaffen.

5.4. Regulierung der Mediendienste (Mediendienste-Staatsvertrag)

Gemäß der Arbeitsteilung zwischen Bund und Ländern regeln die Länder die so genannten *Mediendienste*. Grundlage ist der Staatsvertrag über Mediendienste vom 1. August 1997. Dieser Vertrag gilt für Mediendienste, die sich an die Allgemeinheit richten und per Telekommunikation übertragen werden. Dies sind z.B. Teleshopping, Fernsehtext, Radiotext und an die Allgemeinheit gerichtete Abrufdienste. Wichtig ist, dass diese Mediendienste zulassungs- und anmeldefrei sind (§4). Es gilt auch hier das *Prinzip der Gewerbefreiheit.* Die Mediendienste unterliegen lediglich den allgemeinen Gesetzen (z.B. Datenschutz, Jugendschutz und Verbraucherschutz).

6. Regulierungswirrwarr im Sektor Medien und Kommunikation

Der Sektor Medien und Kommunikation ist so unterschiedlich reguliert, dass man von einem Regulierungschaos sprechen kann[2]. Es gibt die folgenden medialen Teilordnungen in Deutschland:

- Telekommunikation,
- Teledienste,
- Mediendienste,
- Rundfunk und
- Presse.

Diese sind reguliert nach unterschiedlichen Kompetenzen, nach unterschiedlichen Prinzipien und durch unterschiedliche Behörden; allen medialen Teilordnungen gemeinsam ist nur, dass sie (auch) dem Kartellgesetz unterliegen, dies allerdings unterschiedlich: Telekommunikation, Teledienste und Mediendienste unterliegen dem Kartellgesetz unbeschränkt; privater Rundfunk unterliegt dem Kartellgesetz ebenfalls unbeschränkt, der öffentlich-rechtliche Rundfunk beschränkt; die Presse und der Rundfunk unterliegt dem Kartellgesetz zusätzlich zu verschärften Bedingungen der Fusionskontrolle (§38, Abs. 3 KartellG). Die folgende Übersicht 2 stellt die Unterschiedlichkeit der Regelungen zusammen.

---

2 Im Grundsatzpapier der Bertelsmann-Stiftung „Kommunikationsordnung 2000" wird formuliert: „Der Hypertrophie der Kompetenzen und Zuständigkeiten entsprechen divergierende inhaltliche Maßstäbe für die Ordnung der Medien" (Kommunikationsordnung 2000, S. 17).

Übersicht 2: Regulierung im Sektor Medien und Kommunikation

Regulierungsebene / Teilsektor	Regulierungskompetenz	Regulierungsprinzipien	Regulierungsbehörden
Telekommunikation	Bund	Gewerbefreiheit partiell beschränkt [1)]	Regulierungsbehörde für Post und Telekommunikation
Teledienste	Bund	Gewerbefreiheit	keine
Mediendienste	Länder	Gewerbefreiheit	keine
Rundfunk	Länder	Rundfunkfreiheit als Institution keine Gewerbefreiheit Duales System	Anstaltsgremien Landesmedienanstalten sowie KEF und KEK
Presse	Rahmenkompetenz des Bundes (ohne Gebrauch) Länder	Gewerbefreiheit völlig unbeschränkt	keine

[1)] Vor allem Universaldienstverpflichtung, Entgeltregulierung und Verfügungskompetenz der Landesmedienanstalten über das Kabelnetz.

Der *Kompetenzwirrwarr* kann hier juristisch nicht beurteilt werden. Ein Ausweg wäre z.B. die Regulierung der gesamten Kommunikation als Gemeinschaftsaufgabe von Bund und Ländern (vgl. z.B. Kommunikationsordnung 2000, S. 31). Ökonomisch gesehen würde eine einheitliche Kompetenzregelung Reibungsverluste vermeiden, insbesondere in der Abgrenzung der Teilsektoren würden Abstimmungskosten erspart und Anbietern eine größere Planungssicherheit gewährt.

Im *Prinzipienwirrwarr* ist die Rundfunkfreiheit als Institution ein Fremdkörper im Medien- und Kommunikationssektor, der im Übrigen mittlerweile deutlich durch das Prinzip der individuellen Gewerbefreiheit gekennzeichnet ist (vgl. auch Kommunikationsordnung 2000, S. 32). Die Begründung der Sonderstellung des Rundfunks fällt demgemäß immer schwerer, unmöglich ist diese Begründung indes nicht.

Die *Unterschiedlichkeit der Regulierungsbehörden* folgt aus der Unterschiedlichkeit der Regulierungsprinzipien, sie bindet gesellschaftliche Ressourcen, die in der Regel produktiver verwendet werden könnten. Daher spricht viel für eine einheitliche Aufsicht über den Sektor Medien und Kommunikation und eine Aufsicht einheitlich nach dem Prinzip der Gewerbefreiheit: die Gewährleistung eines freien Marktzutritts mit Auflagen für das Marktverhalten und das Marktergebnis.

7. Die Wirtschaftspolitik der EU im Rundfunksektor[3]

7.1. Hintergründe: Ziele, Kompetenzen und Notwendigkeiten

Ziel der EU ist in erster Linie die wirtschaftliche Integration Europas, zunächst als Selbstzweck und nachfolgend auch als Vehikel für die politische Integration Europas. Die wirtschaftliche Integration zielt auf

- die Förderung des Wohlstands der Union durch Förderung des Freihandels innerhalb Europas (Schaffung des Binnenmarktes 1992 und Errichtung der Währungsunion 1999) und
- die Förderung des Wohlstands der Union durch zunehmende Konkurrenzfähigkeit gegenüber dem Rest der Welt, insbesondere gegenüber den Vereinigten Staaten und Japan (vgl. zu einem komprimierten Überblick Baßeler/Heinrich/Koch 1998, Kapitel 23 und 24).

In diese Politiken ist auch der Medienbereich einbezogen, wegen seiner größeren Wachstumspotenziale vor allem der Bereich der audiovisuellen Medien und faktisch vor allem der Fernseh- und Filmbereich. Printmedien und der Hörfunk werden nur am Rande in die Aktivitäten der EU einbezogen.

Der *Ansatz der EU,* die wirtschaftliche Integration Europas voranzutreiben, ist allerdings nicht der klassische Regulierungsansatz, sondern das Gegenteil: Förderung der Integration durch den *Abbau von Wettbewerbshemmnissen,* durch *Deregulierung.* In diesem Sinne existiert keine spezifische Medienpolitik der EU, die Medienpolitik ist Teil der allgemeinen Wirtschaftspolitik der EU. Es verbleiben indes für den Rundfunkbereich gemeinschaftsweite wirtschaftspolitische Regelungen, die hier als rechtliche Rahmenbedingungen des Rundfunksektors vorgestellt werden.

Der Rundfunkbereich bzw. der Bereich der AV-Medien gilt als eine der Schlüsselbranchen für die Entwicklung und Modernisierung der Wirtschaft. So verweist das Weißbuch „Wachstum, Wettbewerbsfähigkeit und Beschäftigung" auf die große wirtschaftliche Bedeutung dieses Sektors und auf ein Potenzial von zwei Millionen neuen Arbeitsplätzen bis zum Jahr 2000. Hier gelte es, Transparenz und Dynamik zu entwickeln, entsprechende Technologien zu fördern, die europäische Programmproduktion zu steigern und ihren Anteil am Weltmarkt zu erhöhen (so der Kern zahlreicher Erklärungen des Europäischen Rates). Hinter solchen Positionen steckt vermutlich auch ein gewisses europäisches Kulturbewusstsein, das sehr stark von Frankreich betont wird (vgl. Machill 1997).

Die *Kompetenz der EU* zur Regelung im Rundfunkbereich war seinerzeit sehr kontrovers beurteilt worden. Im Kern ging es darum, Rundfunk als Kulturgut und nicht als Wirtschaftsgut zu klassifizieren und damit der Reichweite der Wirtschaftspolitik zu entziehen: „Als Kultureinrichtung kann Rundfunk von vornherein nicht als dem EWG-Vertrag unterfallend angesehen werden (Delbrück 1987, S. 56). Rundfunk sei keine wirtschaftliche Dienstleistung und unterliege nicht dem Gebot

3 Im Kontext der EU wird überwiegend von audiovisuellen Medien gesprochen; dies umfasst den Sektor der Rundfunkveranstalter, der Programm-Input-Produzenten und der Kinofilmproduzenten.

der Freiheit des Verkehrs von Waren, Dienstleistungen, Kapital und Personen nach Art 7a EG-Vertrag. Die Gegenposition war – überzeugender und letztlich erfolgreicher – der Meinung, es existiere keine gegenständlich abgegrenzte Kompetenz der EU, es gelten vielmehr generell für alle Bereiche, auch für den Rundfunk, soweit er Gegenstand eines grenzüberschreitenden Handels ist, die Ziele und Erfordernisse des Binnenmarktes (vgl. z.B. Mestmäcker 1988).

Diese Kompetenzzuweisung ist mittlerweile juristisch kaum mehr strittig. In der Diskussion verbleibt indes die medienpolitisch fundierte Kritik, dass mit der Anwendung des EU-Gemeinschaftsrechts, ähnlich wie im Bereich der Umwelt-, Verbraucher- und Sozialpolitik, ein Abbau nationaler Schutzvorkehrungen verbunden sei. Insbesondere wurde und wird

- eine Deregulierung befürchtet, ein Abbau der rundfunkpolitischen Vorgaben, vor allem eine Erosion des öffentlich-rechtlichen Rundfunks und des Mindeststandards an publizistischer Vielfalt, und
- es wurde und wird eine Konzentration auf internationaler Ebene befürchtet und damit ein Verlust an kultureller Vielfalt erwartet (vgl. z.B. Hoffmann-Riem 1988).

Richtig ist, dass mit der Geltung des Gemeinschaftsrechts alle nicht-marktwirtschaftlichen Organisationsformen des Rundfunks zu politischen Variablen werden. Sie bedürfen immer einer überzeugenden Begründung, während die marktwirtschaftlichen Organisationsformen im Grundsatz akzeptiert werden. So ist die Gebührenfinanzierung des öffentlich-rechtlichen Rundfunks in Deutschland und ihre Begründung mit dem Grundversorgungsauftrag ein Fremdkörper im strikt ökonomischen Denksystem der EU (vgl. Kapitel 7, Abschnitt 7, Exkurs 2).

Wenn Freihandel als Zwischenziel akzeptiert wird – und hierzu gibt es beim gegenwärtigen Zuschnitt der EU keine Alternative – dann ergibt sich die *Notwendigkeit* von gemeinschaftsweiten Regelungen im Rundfunksektor immer dann, wenn der Freihandel durch unterschiedliche nationale Regelungen beschränkt wird. Dabei können zwei Möglichkeiten unterschieden werden:

- Entweder sind die Handelshemmnisse nach EU-Recht nicht zulässig (hier sind insbesondere die Artikel 30 bis 34 und 59 EGV maßgebend), dann müssen sie auf nationaler Ebene abgeschafft werden
- oder die Handelshemmnisse sind zulässig (hier sind insbesondere die Ausnahmeregelungen der Artikel 36 und 56 EGV maßgebend), dann sind sie Anlass für eine Harmonisierung der Regeln durch die Politik der EU.

Hierzu folgende Beispiele:

Die sog. niederländische „Kabelregeling“ von 1984 untersagte den Betreibern von Kabelnetzen die Weiterverbreitung von Fernsehprogrammen aus anderen Mitgliedstaaten, die speziell für niederländische Verbraucher bestimmte Werbebotschaften enthielten. Dies wurde als eine de-jure-Diskriminierung ausländischer Anbieter, die den freien Dienstleistungsverkehr behindere, 1988 von EuGH untersagt (26.4.1988 – Rs 352/85).

Bremen hatte in seinem Landesmediengesetz das Gebot verankert, dass Rundfunkprogramme die Vielfalt der in Bremen bestehenden Meinungsvielfalt in möglichster Breite und Vollständigkeit zum Ausdruck zu bringen haben. Dies Gebot konnten ausländische Anbieter nur schwer erfüllen. Diese de-facto-Diskriminierung ausländischer Veranstalter beschränkte die Freiheit des Dienstleistungsverkehrs und wurde verboten (Dokument K (87) 2123 endg.vom 3. Dezember 1987). In diesen beiden Fällen hatte schon das geltende Gemeinschaftsrecht den freien Dienstleistungsverkehr begründet, eine Harmonisierung der Regeln durch die Politik war nicht notwendig.

Dies war im dritten Beispiel anders. In Belgien war Fernsehwerbung generell verboten gewesen und Belgien hatte die Ausstrahlung ausländischer Fernsehprogramme, die Werbung enthielten, im belgischen Kabelnetz untersagt. Dies war eine, allerdings nicht-diskriminierende, Beschränkung des Freihandels und diese Beschränkung des Freihandels war vom EuGH im sog. Debauve-Urteil unter Verweis auf die Ausnahmetatbestände von Art. 56 EGV in Verbindung mit Art. 66 EGV („Gründe der öffentlichen Ordnung“) erlaubt worden (EuGH 18.3.1980; Slg. 1980(833)). Aus diesem Fall ergab sich mithin ein Bedarf an einer gemeinschaftsweiten Harmonisierung der Regeln und dieser Fall war Auslöser für den Erlass der sog. „Fernsehrichtlinie“ (s. 5.3.).

7.2. Das Dreieckskonzept der EU

Entsprechend den oben genannten Zielen hat die EU zur Integration und Entwicklung des Rundfunksektors bzw. der AV-Medien ein sog. Dreieckskonzept entwickelt, das folgende drei Bereiche umfasst:

- Eine Harmonisierung der Regeln zur Veranstaltung von Rundfunk,
- eine Förderung vor allem der kleinen und mittleren europäischen Programmproduzenten und
- eine Förderung der Entwicklung der notwendigen Technologien.

Dieses Dreieckskonzept wird kurz in globo vorgestellt, anschließend wird die für den Rundfunksektor entwickelte „Fernsehrichtlinie“ als zentrales Beispiel für eine Harmonisierung der Regeln speziell beschrieben.

Die *Harmonisierung der Regeln* wird – und dies ist kennzeichnend für den wirtschaftspolitischen Integrationssatz der EU – betrieben von der Generaldirektion III der Kommission, die für den Binnenmarkt und die gewerbliche Wirtschaft zuständig ist. Dabei erwies sich eine Harmonisierung im Bereich der Fernsehveranstaltung und im Bereich des Urheberrechts als vordringlich. Die sog. *„Urheberrechts-Richtlinie“* vom 19.11.1992 sieht grundsätzlich das Sendelandprinzip vor, fordert eine angemessene Mindestvergütung für die Urheber (Art. 4; Art. 8, Absatz 2) und regelt in Art. 2, dass generell die Urheber die Urheberrechte behalten (Richtlinie 92/100 EWG des Rates vom 19. November 1992 zum Vermietrecht und Verleihrecht sowie bestimmten dem Urheberrecht verwandten Schutzrechten im Bereich des geistigen Eigentums, Abl. Nr. L 346/61 vom 27.11.1992). Im Bereich der Medienkonzentrationskontrolle sind mögliche Harmonisierungen weiter in der Diskussion (vgl. vor allem das Grünbuch „Pluralismus und Medienkonzentration im Binnenmarkt“ 1992 und den „Richtlinienentwurf zum Medieneigentum im Binnenmarkt“ der Kommission vom März 1997). Hier ist der Nachweis, dass unterschiedliche nationale Medienkonzentrationskontrollvorschriften den Freihandel im Medienbereich beschränken, recht schwierig, allerdings wohl nicht unmöglich.

Die *Förderung der kleinen und mittleren Programmproduzenten* wird vor allem im Rahmen der *Media* – (Mesures pour Encourager le Developpement de l'Industrie Audiovisuelle) – *Programme* von der Generaldirektion X (Information, Kommunikation, Kultur) betrieben. Hier wird die Produktion, der Vertrieb und die Finanzierung von Kinofilm- und Fernsehproduktionen gefördert und die Ausbildung in diesen Bereichen unterstützt. Das Programm Media I lief von 1991 bis 1995 und hatte ein Volumen von 200 Millionen ECU; das Programm Media II läuft mit einem Volumen von 310 Millionen ECU bis zum Jahr 2000.

Die Förderung der *Medientechnik* läuft im Rahmen der industriepolitischen Programme in zahlreichen Einzeletats der EU, insbesondere in dem Spezial-Programm ACTS (Advanced Communications Technologies and Services) und Esprit im Rahmen der Generaldirektion XIII (Telekommunikation, Informationsindustrie, Innovation). Über die EU-Mitgliedstaaten hinaus reicht die bedeutende europäische Initiative *Eureka,* die europäische Forschungen koordiniert und finanziert, komprimiert im Rahmen zahlreicher Schlüsselprojekte.

7.3. Die Fernsehrichtlinie

Am 3. Oktober 1989 hat der Rat der Europäischen Gemeinschaften die „Richtlinie zur Koordinierung bestimmter Rechts- und Verwaltungsvorschriften der Mitgliedstaaten über die Ausübung der Fernsehtätigkeit" (Fernsehrichtlinie, Abl. Nr. 298/23 vom 17.10.1989) verabschiedet. Damit war die vermutlich strittigste Richtlinie der EU überhaupt angenommen worden, gegen die Stimmen Belgiens und Dänemarks und mit nur sehr zögernder Zustimmung der Bundesrepublik und Frankreichs. Zentrale Bestimmungen der Fernsehrichtlinie sind die Regelungen zur Herkunft der Programme (die Programmquote) und die Werberegeln.

Die Programmquote

Die Mitgliedstaaten tragen im Rahmen des praktisch Durchführbaren und mit angemessenen Mitteln dafür Sorge, dass Fernsehveranstalter

- den Hauptteil ihrer Sendezeit, die nicht aus Nachrichten, Sportberichten, Spielshows oder Werbung besteht, europäischen Werken vorbehalten (Art. 4) und
- mindestens 10 Prozent ihrer Sendezeit europäischen Werken unabhängiger Programmproduzenten vorbehalten, darunter einen angemessenen Anteil an Neuproduktionen (Art. 5).

Hierüber müssen die Mitgliedsstaaten der Kommission alle zwei Jahre einen Bericht vorlegen; im Übrigen sind Sanktionen bislang nicht vorgesehen. Die Kommission hatte seinerzeit, vor allem um die Zustimmung der Bundesrepublik einzuhandeln, zugesagt, die Einhaltung dieser Regeln nicht vor dem EuGH einzuklagen. Was europäische Werke sind, ist naturgemäß schwer festzustellen. Vor allem Werke aus Mitgliedstaaten der Gemeinschaft und aus europäischen Drittländern, die Vertragsparteien des Europarates sind, sowie Koproduktionen mit Herstellern aus Drittländern gelten als europäische Werke, sofern die Hersteller aus der EU einen mehrheitlichen Anteil an den Produktionskosten tragen (Art.6).

Diese Regeln zum „kulturellen Artenschutz“ waren heftig umstritten und sind heftig umstritten, sie verstoßen gegen den Geist des Freihandelsgedankens und sie verstoßen gegen die Regeln des GATT. Sie sind erklärlich vor dem Hintergrund der Dominanz US-amerikanischer Filmproduktionen auf dem Weltmarkt und in Europa, die nicht nur eine Folge ihrer besseren Qualität, sondern auch eine Folge ihrer einfacheren Verwertungsbedingungen ist (vgl. Kapitel 5, Abschnitt 4.5.).

Die Werberegeln
Auslöser zum Erlass der Fernsehrichtlinien war, wie beschrieben, das Verbot der Fernsehwerbung in Belgien und die nachfolgende Importbeschränkung. Inhaltlich sind die Werberegeln, wie das die EU-Richtlinien verlangen, komplett in nationales Recht umgesetzt worden; in der Bundesrepublik im Rahmen des Rundfunkstaatsvertrages, dessen Regelungen zur Werbung hier daher nicht wiederholt werden müssen (vgl. Abschnitt 4.3.).

Die Neufassung der Fernsehrichtlinie
Ähnlich kontrovers wie die Konzeption der ursprünglichen Fernsehrichtlinie beurteilt worden ist, gestaltete sich die Diskussion um die Neufassung einiger Passagen. Erst nach dem recht komplizierten Mitentscheidungsverfahren nach Art. 189 b EGV ist schließlich am 30. Juni 1997 eine Neufassung der Fernsehrichtlinie in Kraft getreten.
Die wichtigsten Neuerungen sind die folgenden:

- Teleshopping wird definiert, erlaubt und reguliert (Art. 18, 18a und 19).
- Jeder Mitgliedstaat darf eine Liste sog. „major events“ aufstellen, die frei zugänglich, d.h. nicht im Rahmen von Pay-TV, übertragen werden müssen. Dabei geht es faktisch zur Zeit vor allem um die Übertragung von Sportereignissen wie die Olympischen Spiele oder die Fußballweltmeisterschaft.

Daneben wurden einige Präzisierungen vorgenommen, die hier nicht aufgelistet werden sollen (vgl. Richtlinie 97/36/EG des Europäischen Parlaments und des Rates vom 30. Juni 1997 zur Änderung der Richtlinie 89/552/EWG des Rates zur Koordinierung bestimmter Rechts- und Verwaltungsvorschriften der Mitgliedstaaten über die Ausübung der Fernsehtätigkeit). Wichtig ist schließlich, dass in einer Protokollerklärung der Regierungschefs zum EG-Vertrag am 17.6.1997 festgelegt worden ist, dass der öffentlich-rechtliche Rundfunk durch Steuern oder Gebühren finanziert werden darf (vgl. Kapitel 7, Exkurs 2).

7.4. Neue Regeln im Rahmen der Konvergenz der Medien

Im Rahmen der möglichen Konvergenz im Bereich der Massenmedien und der Informations- und Kommunikationstechnik stellt sich die Frage, ob die bestehenden Regelungen ausreichen oder ob ein neuer gesetzlicher Rahmen geschaffen werden muss. Grundsätzlich unterliegt der Informationsverkehr wegen seines grenzüberschreitenden Charakters den Rechtsvorschriften zum Binnenmarkt und dem EU-

Wettbewerbsrecht. Und grundsätzlich ist eine im Wesentlichen einheitliche Regelung notwendig für die Entwicklung des Freihandels in diesem Bereich. Die Kommission der EU hatte mit ihrem „Grünbuch zur Konvergenz der Branchen Telekommunikation, Medien und Informationstechnologie und ihre ordnungspolitischen Auswirkungen" 1997 die Diskussion um den ordnungspolitischen Rahmen des Informationsverkehrs aufgefangen und um Stellungnahmen zu drei Optionen gebeten:

- Aufbau auf bestehenden Regelungen;
- Entwicklung eines besonderen Regelungsmodells für die neuen Dienste, das neben dem rechtlichen Rahmen für Telekommunikation und Rundfunk stehen soll;
- nach und nach Einführung eines neuen Regelungsmodells, das zahlreiche bestehende und neue Dienste umfasst.

Die große Mehrheit sprach sich für ein Konzept aus, das auf den derzeit geltenden rechtlichen Rahmenbedingungen basiert. Insbesondere die TV-Sender favorisierten diese erste Option, weil sie die größte Investitionssicherheit biete und die Ziele des öffentlichen Interesses (z.B. Informationspflicht und Pluralismus) mit den besonderen Merkmalen der Branche vereine (vgl. EU-Nachrichten Nr. 30/31, 1998, S. 4). Die erheblichem Unterschiede zwischen Inhaltsproduktion (Content Production und Content Providing) und Bereitstellung der Vertriebsinfrastruktur (Netze und Geräte) legen eine unterschiedliche Regelung dieser beiden Bereiche nahe.

Meines Erachtens legt die Kommission die Diskussion um spezifische ordnungspolitische Regelungen für den Medienbereich mit diesen Aktivitäten ebenso „auf Eis" wie seinerzeit die Diskussion um spezifische Medienkonzentrationskontrollvorschriften im Rahmen der EU (vgl. Kap. 7). Nach der Philosophie der Kommission dürfte die Industriepolitik und die Wettbewerbspolitik als ordnungspolitischer Rahmen für „Medien, Netze und Informationstechnologien" ausreichen.

Aus meiner Sicht ist zwar ein einheitliches *Leitbild* der Ordnungspolitik in diesen Bereichen wünschenswert, und das kann nur das Leitbild der Gewerbefreiheit, also maximale Meinungsäußerungsfreiheit und maximale Informationsfreiheit sein. Darüber hinaus begründen aber die Kriterien, die ein Marktversagen indizieren, eine *eindeutige Trennung des Medienbereichs* vom Bereich der Netze und Technologien. Der Medienbereich ist durch alle Elemente des Marktversagens gekennzeichnet, und dies erfordert eine spezielle Medienordnungspolitik; dagegen sind im Bereich der Netze und Technologien nur „normale" Wettbewerbsbeschränkungen zu befürchten, und daher reicht hier die Wettbewerbspolitik als Ordnungspolitik aus.

Literatur

Einen sehr guten Überblick über das Rundfunksystem der Bundesrepublik Deutschland, vor allem mit einer Darstellung der rechtlichen Regelungen, gibt jeweils der Beitrag von

- Schuler-Harms, M., Das Rundfunksystem der Bundesrepublik Deutschland, in: Internationales Handbuch für Hörfunk und Fernsehen, Baden Baden/Hamburg (Nomos), erscheint alle zwei Jahre.

Auch die Jahrbücher der Landesmedienanstalten informieren ausführlich über die rechtlichen Rahmenbedingungen des privaten Rundfunks.

Eine präzise Diskussion der Probleme einer Rundfunkregulierung und Deregulierung bietet

- Lange, B.-P., Das duale Rundfunksystem in der Bewährung, in: Media Perspektiven 1, 1991, S. 8–17.

Mängel der gegenwärtigen Kommunikationsordnung und Prinzipien einer Neugestaltung beschreibt

- „Kommunikationsordnung 2000“, Grundsatzpapier der Bertelsmann Stiftung zu Leitlinien der zukünftigen Kommunikationsordnung, Gütersloh (Bertelsmann Stiftung) 2. Auflage 1998.

Die Angemessenheit der Rundfunkgebühr wird in regelmäßigen Abständen durch die KEF (Kommission zur Ermittlung des Finanzbedarfs der Rundfunkanstalten) überprüft. Der bislang letzte Bericht, der

- 11. Bericht der KEF ist am 2.4.1998 vorgelegt worden.

Entwicklungen im Bereich der europäischen Rundfunkpolitik beschreibt jeweils der Beitrag von

- Dörr, D., Europäische Medienordnung und -politik, in: Internationales Handbuch für Hörfunk und Fernsehen, Baden-Baden/Hamburg (Nomos).

Einen guten Überblick über die relevante Gesetzgebung bieten

- Held, Th.; W. Schulz, Überblick über die Gesetzgebung für elektronische Medien von 1994 bis 1998: Aufbau auf bestehenden Regelungsstrukturen, in: Rundfunk und Fernsehen, 47. Jahrgang, 1999, S. 78-117.

4. Kapitel
Ökonomische Grundlagen der Programmproduktion

In diesem Kapitel wird die Kernaktivität des Rundfunks, die Programmveranstaltung als Zusammenstellung und zum großen Teil auch als Eigenproduktion von Sendungen dargestellt. Die Programmveranstaltung ist im ökonomischen Sinn als Produktion (von Dienstleistungen) zu interpretieren, daher wird diese Wertschöpfungsstufe des Rundfunks hier als Programmproduktion und synonym als Programmveranstaltung bezeichnet. Die zentralen ökonomischen Charakteristika dieser Produktion werden aufgezeigt: die Fixkostendegression, die Unsicherheit in der Produktion und die Zeitgebundenheit des Konsums dieser Produktion. Abschließend sollen die Möglichkeiten diskutiert werden, im Bereich der Rundfunkprogrammproduktion Vielfalt zu erzeugen.

1. Begriffsklärungen – Programm, Programmelemente und Produktionsebenen

1.1. Programm

Ein *Rundfunkprogramm* ist die planvolle und zeitlich geordnete Folge von Darbietungen eines Veranstalters, die über eine im Voraus bestimmte Frequenz oder über einen im Voraus bestimmten Kanal verbreitet werden. Ein Rundfunkprogramm ist also das sendungsübergreifende Sortiment eines Veranstalters, ökonomisch vergleichbar etwa dem *Produktsortiment* eines Supermarktes oder eines Pressekiosks, es ist kein abgegrenztes Gut im ökonomischen Sinne.

Rundfunkprogramme werden im Rundfunkrecht vor allem nach den Kriterien zeitlicher und inhaltlicher Umfang sowie nach der Reichweite definiert. Danach ergeben sich folgende Programmtypen:

Ein *Vollprogramm* ist ein Rundfunkprogramm mit vielfältigen Inhalten, in welchem Information, Bildung, Beratung und Unterhaltung einen wesentlichen Teil des Gesamtprogramms bilden (§2, Abs. 2 RStV). Der Inhalt eines Vollprogramms wird also durch die vier Basiskategorien

- Information,
- Unterhaltung,
- Bildung und
- Beratung

zusammengestellt, die alle im Programm erkennbar sein müssen. Naturgemäß sind numerische Abgrenzungen strittig. Aus ökonomischer Sicht sollte in einem Vollprogramm keine Basiskategorie dominieren, also sollte keine Basiskategorie einen Zeitanteil von mehr als 50 Prozent haben, und im Übrigen sollte jede Basiskategorie erkennbar sein, also einen Anteil von mindestens zehn Prozent aufweisen. Im Übrigen sind Festlegungen und Überwachungen strittig, wie der Streit um die Einstufung von ProSieben als Vollprogramm oder als Spartenprogramm zeigte. In einigen Landesrundfunkgesetzen wird für ein Vollprogramm auch ein zeitliches Minimum gefordert: Meist gelten fünf Stunden als ausreichend; in Schleswig-Holstein z.B. werden für ein Hörfunkvollprogramm aber acht Programmstunden verlangt.

Spartenprogramme sind Rundfunkprogramme mit im Wesentlichen gleichartigen Inhalten.

Fensterprogramme sind zeitlich begrenzte Rundfunkprogramme, die im Rahmen eines räumlich weiterreichenden Rundfunkprogramms regional begrenzt verbreitet werden. So kann es regionale Fensterprogramme im Rahmen nationaler Programme oder lokale Fensterprogramme im Rahmen regionaler Programme geben.

Lokale Programme sind Rundfunkprogramme, die in einem örtlich begrenzten Verbreitungsgebiet hergestellt, redaktionell gestaltet oder selbständig redaktionell hergestellt werden und die für dieses Verbreitungsgebiet oder einen Teil davon bestimmt sind (vgl. RStV).

1.2. Programmelemente

Ein *Programmschema* ist die nach Wochentagen gegliederte Übersicht über die Verteilung der täglichen Sendezeit auf die Bereiche Unterhaltung, Information, Bildung und Beratung mit einer Darstellung der vorgesehenen wesentlichen Programminhalte.

Eine *Sendung* ist ein inhaltlich zusammenhängender, in sich geschlossener, zeitlich begrenzter Teil eines Rundfunkprogramms. Ebenfalls gilt die einzelne Folge einer Serie als Sendung, wenn die Serie aus in sich geschlossenen, aber inhaltlich zusammenhängenden Folgen besteht. Damit kann die Sendung ökonomisch am ehesten als Produkt bezeichnet werden.[4]

Ein *Beitrag* ist ein inhaltlich in sich geschlossener Teil einer Sendung, also ökonomisch gesehen ein Teil eines Produktes.

Um Konfusionen zu vermeiden, sollen diese rechtlich geprägten Begriffe im Folgenden verwendet werden. Es muss dann noch geklärt werden, wie inhaltlich definierte Programmteile, wie sie etwa in den Programmstrukturanalysen (z.B. Krüger/Zapf-Schramm 1994 und Gehrke/Hohlfeld 1994) verwendet werden, übergreifend bezeichnet werden sollen. Hier wird vorgeschlagen, diese als Programmthemen zu bezeichnen.

Ein *Programmthema* ist mithin der inhaltliche Schwerpunkt eines Programms, also z.B. Wirtschaft, Politik, Umwelt oder Arbeitslosigkeit, Wahlergebnisse oder Müllvermeidung. Eine Analyse von Rundfunkprogrammen nach dem Thema kann dann in unterschiedlichen Ebenen vorgenommen werden, z.B.

- auf der Programmebene,
- auf der Sendungsebene oder

---

[4] Damit entspricht die Sendung dem, was in der amerikanischen Literatur als "program" bezeichnet wird.

- auf der Beitragsebene (vgl. Gehrke/Hohlfeld 1994).

Schließlich sollen Programmteile, die eher nach funktionalen Gesichtspunkten differenziert werden, als *Programmsparte* bezeichnet werden. Ein gutes Beispiel ist das Einteilungsschema von Krüger, der folgende Hauptgruppen unterscheidet:

- Information/Bildung,
- Fiktion,
- nonfiktionale Unterhaltung,
- Musik,
- Sport,
- Kinder-/Jugendsendungen,
- sonstige Programmsparten,
- Werbung (Krüger 1996).

Aus ökonomischer Sicht ist es notwendig, das Gut zu definieren, das als Input in ein Rundfunkprogramm eingeht, sei es als Sendung oder als Beitrag. Dies soll im Folgenden *Programm-Input* genannt werden; es entspricht dem, was Kruse unter Programmsoftware versteht (Kruse 1988, S. 276).

1.3. Produktionsebenen

Die Produktionsaktivitäten im Rundfunkbereich werden sinnvollerweise in drei Ebenen bzw. Wertschöpfungsstufen differenziert betrachtet, weil produktions- und wettbewerbstheoretische Besonderheiten dies nahelegen. Diese Ebenen sind:

- Die Veranstaltung des Rundfunkprogramms; dies umfasst die Produktion bzw. den Einkauf der Programm-Inputs, ihre Zusammenstellung und ihre Ausstrahlung, kurz: Programmproduktion (dargestellt hier im 4. Kapitel); in Fernsehunternehmen wird dieser Komplex dem Bereich der sog. „Programmdirektion" zugeordnet.
- die Produktion der Programm-Inputs, also der Sendungen und Beiträge, kurz: Input-Produktion (dargestellt im 5. Kapitel); dieser Komplex wird der sog. Produktionsdirektion zugeordnet.
- Die Bereitstellung von Vertriebskapazitäten (Sendeanlagen, Kabelnetz, Satelliten), kurz: Vertrieb (dargestellt im 6. Kapitel).

Diese ökonomisch und technisch unterscheidbaren Funktionen können innerhalb einer einzigen Unternehmung erfüllt werden. Dies ist eine Frage von Kosten und Nutzen einer vertikalen Integration, die nicht einheitlich beantwortet wird. So produziert der WDR einen großen Teil seiner Sendungen selbst, während Kabel 1 sehr viel auf dem Markt einkauft, generell geht der Trend in Richtung einer Verringerung der vertikalen Integration (Outsourcing, vgl. Kapitel 5).

2. Das Lehrbuchmodell als Referenzmodell für die Rundfunkproduktion?

Die herkömmliche mikroökonomische Analyse betrachtet die Angebots- und Nachfragebeziehungen für ein wohldefiniertes privates Gut wie etwa Koks oder Käse, für das die Existenz eines wohldefinierten relevanten Marktes angenommen werden kann. Im Einzelnen gelten in Lehrbüchern der Mikroökonomik folgende klassische Annahmen:

- Es existiert eine eindeutige Produktionsfunktion mindestens dergestalt, dass mit steigendem Input auch der Output zunimmt;
- die Produktionsfunktion weist abnehmende Skalenerträge auf, so dass der klassische U-förmige Verlauf der Stückkostenkurve resultiert;
- die Grenzkosten der Produktion sind positiv und nehmen – zumindest ab einer bestimmten Produktionsmenge – zu, so dass die klassische, positiv geneigte Angebotsfunktion resultiert;
- es existiert eine negativ geneigte Preis-Absatz-Relation;
- das Marktgleichgewicht wird durch den Gleichgewichtspreis hergestellt, der dann hinlänglich genau den Grenznutzen der Nachfrager sowie die Grenz- und Durchschnittskosten der Produktion reflektiert.

Die Anbieter kalkulieren dann den Produktpreis bzw. die Produktionsmenge so, dass eine Gleichheit von Grenzumsatz mit Grenzkosten gerade erreicht wird (vgl. Baßeler/Heinrich/Koch 1998, Kapitel 4-6).

Zusammenfassend kann für einen solchen Markt dann die bekannte Angebots- und Nachfragekonstellation mit dem Gleichgewichtspreis P_0 abgebildet werden (vgl. Abb. 1).

Abbildung 1: Der Gleichgewichtspreis P_0

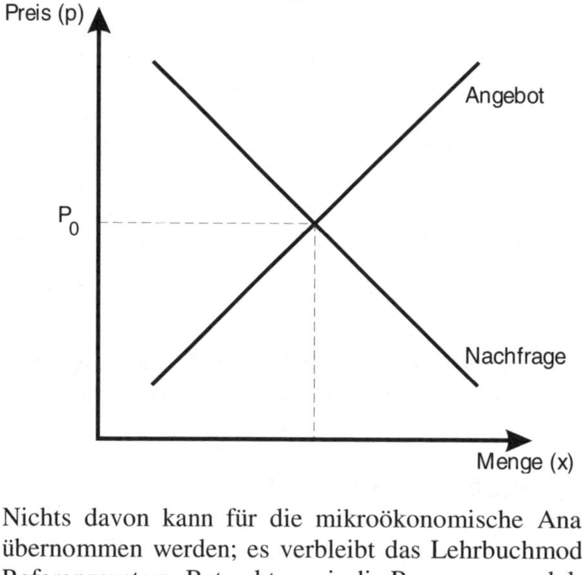

Nichts davon kann für die mikroökonomische Analyse der Programmproduktion übernommen werden; es verbleibt das Lehrbuchmodell nur als ein konzeptionelles Referenzsystem. Betrachten wir die Programmproduktion genauer.

3. Die Rundfunkprogrammproduktion als ökonomische Aktivität

Die ökonomische Aktivität „Rundfunkprogrammproduktion“ umfasst
- den Einkauf bzw. die Eigenproduktion der Programme,
- die Zusammenstellung der Programm-Inputs zu einem Programm und
- die Organisation von Ausstrahlung und Vermarktung.

Im Folgenden wird kurz von Programmproduktion und synonym von Programmveranstaltung gesprochen. Die erste Frage, die üblicherweise bei normalen Gütern wie selbstverständlich zu beantworten ist, ist die Frage: Was ist das Produkt, und wie misst man die Produktionsmenge?

Das Produkt Rundfunkprogramm als Tausch- bzw. Konsumeinheit
Wenn es Preise gibt, dann ist das Gut das, wofür man bezahlt. Also entweder das Gesamtangebot eines Programms bei Pay-per-Channel-Rundfunk oder die Sendung bei Pay-per-View/Hear-Rundfunk. Da es bislang nicht üblich ist, direkt für das Programm zu zahlen, geben die Definition des potenziellen finanziellen Äquivalents und die gedankliche Konsumeinheit die mögliche Antwort: Als Gut gilt die Sendung, der inhaltlich zusammenhängende, in sich geschlossene, zeitlich begrenzte Teil eines Rundfunkprogramms. Trotz Zappings dürfte dies die vorherrschende Konsumeinheit sein, und eine Preiskalkulation ist zumindest möglich. Es sind auch die Sendung oder sogar einzelne Teile davon, die in Konsumkonkurrenz zu anderen Sendungen stehen, nicht das Programm insgesamt.

Die Messung des Rundfunkprogramms
Die produzierte Menge des Produkts kann sinnvoll mindestens in dreierlei Weise gemessen werden:
- als Zeitmenge mit der Dimension Zeiteinheit, üblicherweise Programmstunden;
- als Zeitmenge mit der Dimension Zeiteinheit x Zahl der Rezipienten; dies entspricht dem Konzept des Absatzes, also der Verkaufsmenge und wird im Rundfunk als Reichweite erfasst; die Dimension ist Zahl der Rezipienten oder Marktanteil.
- als Wertmenge, als Summe der in Geld ausgedrückten Wertschätzung durch die Rezipienten. Üblicherweise schlägt sich die Wertschätzung im Umsatz (= Absatzmenge x Preis) nieder. Da im Rundfunkbereich bislang Preise kaum bezahlt werden, muss die in Geld ausgedrückte Wertschätzung auf anderem Wege ermittelt werden, etwa durch Interviews. Die Dimension ist in diesem Fall eine Werteinheit, also z.B. DM.

Ökonomisch gesehen wäre es immer wichtig, den Absatz und den Umsatz getrennt auszuweisen, um zwischen Mengen- und Wertkomponenten differenzieren zu können. Wenn Preise aber nicht existieren, muss man sich mit dem Absatz begnügen. Nur sollte man sich dann klarmachen, dass wesentliche Informationen über den subjektiven Wert der Produktion fehlen, so als wenn nur die Absatzzahlen der Automobilindustrie bekannt wären, nicht aber die unterschiedlichen Preise, die für VW, Opel oder Mercedes usw. gezahlt werden.

4. Eigenschaften des Produkts Rundfunkprogramm

Zur Beschreibung eines Produkts können die unterschiedlichsten Analyseebenen herangezogen werden. Das Produktfeld Rundfunkprogramm kann folgendermaßen beschrieben werden:

- Ein Rundfunkprogramm ist immateriell, es ist eine Art von Dienstleistung, die aber, anders als z.B. die Dienstleistung von Ärzten und Rechtsanwälten, in geeigneten Medien technisch gespeichert werden kann. Auch ökonomisch betrachtet ist ein Rundfunkprogramm lagerfähig, allerdings verringert sich üblicherweise der Wert im Zeitablauf.
- Ein Rundfunkprogramm ist in der Regel, aber nicht notwendigerweise, ein Verbundprodukt, das kurzgefasst aus journalistischer Information und werblicher Information besteht (vgl. Kapitel 15).
- Ein Rundfunkprogramm ist überwiegend ein Konsumgut; allenfalls spezielle Informationsprogramme und die werbliche Information können als Investition klassifiziert werden.
- Marketingtheoretisch betrachtet ist das Rundfunkprogramm und die Sendung ein Massenprodukt und ein Fertigerzeugnis, das auf dem Konsumgütermarkt an Haushalte bzw. Personen geliefert wird. Die werbliche Information ist ebenfalls ein Massenprodukt und ein Fertigerzeugnis, das – als Verbreitungs- und Wirkungswahrscheinlichkeit – auf dem Investitionsgütermarkt an Unternehmen verkauft wird.

Neben dieser mehr abstrakten Beschreibung der Eigenschaften des Produkts Rundfunkprogramm sind folgende Besonderheiten von herausragender ökonomischer Bedeutung: Ein Rundfunkprogramm ist ganz überwiegend ein *öffentliches Gut.* Wegen der umfassenden Konsequenzen ist dies bereits im 1. Kapitel behandelt worden. Hier, für die grundlegende Analyse von Preis- und Produktionsgestaltung, ist die Nichtrivalität im Konsum von Rundfunk von großer Bedeutung. Dies bedeutet, dass die Grenzkosten einer zusätzlichen Produktion – gemessen als Reichweite – gleich Null sind; anders formuliert, bedeutet die Nichtrivalität im Konsum, dass eine Produktionsausweitung zusätzlich nichts kostet, es gilt durchgehend das Prinzip der *Fixkostendegression.* In zweiter Linie ist charakteristisch für die Rundfunkproduktion, dass eine eindeutige Input-Output-Relation und eine Preis-Absatz-Funktion in der Regel nicht existiert. Daraus resultiert eine erhebliche *Unsicherheit* in der Kalkulation von Preisen, Produktionsmengen und Produktionsqualitäten. Schließlich ist der Rundfunkkonsum außerordentlich stark an die *Zeit* gekoppelt, was vor allem eine zentrale und letztlich nicht übersteigbare Schranke für die Ausdehnung des Rundfunkkonsums bedeutet.

5. Fixkostendegression der Rundfunkproduktion

5.1. Das Grundprinzip der Fixkostendegression

Üblicherweise fallen in Produktionsprozessen immer fixe und variable Kosten der Produktion an. Fixe Kosten sind unabhängig von der Produktionsmenge – z.B.

Grundsteuern, Gehälter der Verwaltung oder Fremdkapitalzinsen – variable Kosten hängen von der Produktionsmenge ab – typischerweise die Kosten für Material, für Energie oder für Leistungslöhne. Während die variablen Kosten, pro Stück gerechnet, meist konstant bleiben, sinken die fixen Kosten, pro Stück gerechnet, mit steigender Ausbringung. Dies nennt man *Fixkostendegression.* Die Fixkostendegression spielt naturgemäß eine je größere Rolle, desto größer der Anteil der fixen Kosten an den Gesamtkosten ist. Hier gibt es von Branche zu Branche deutliche Unterschiede. Bei der Schmuckproduktion z.B. gibt es wenig fixe Kosten, ins Gewicht fallen hier vor allem die variablen Arbeits- und Materialkosten; bei der Produktion von Printmedien fallen fixe Kosten für die redaktionelle Produktion des Prototyps an und variable Kosten für den Druck und den Vertrieb; oder in der Verkehrswirtschaft gibt es überwiegend sprungfixe Kosten im Rahmen der Auslastung eines gegebenen Verkehrsmittels (z.B. sind die Kosten für den Betrieb einer Eisenbahn, eines Flugzeugs oder eines Schiffes so gut wie unabhängig von der Beladung, aber sie steigen sprunghaft, wenn die Kapazitätsgrenze erreicht ist und ein zweites Verkehrsmittel in Betrieb genommen wird). Nur bei der Rundfunkproduktion gibt es ausschließlich fixe Kosten. Die Kosten der Programmveranstaltung, mengenmäßig gemessen als Kontaktzeit x Zahl der Rezipienten, gemessen also als Reichweite, sind unabhängig von der Produktionsmenge.[5] Wenn ein Programm einmal produziert ist, kostet es keinen Pfennig zusätzlich, wenn ein Rezipient zusätzlich einschaltet oder länger konsumiert als bisher; anders formuliert, die Grenzkosten der Rundfunkproduktion sind gleich Null. Der Grund ist die Nichtrivalität im Konsum des Rundfunks. (Man kann allerdings auch umgekehrt formulieren: Wenn es ausschließlich fixe Kosten der Produktion gibt, dann gibt es auch keine Konsumrivalität.)

Die Stückkosten der Produktion, die durchschnittlich totalen Kosten (DTK) werden ermittelt, indem man die Gesamtkosten (K) der Produktion durch die Produktionsmenge (x) teilt. Sind die Gesamtkosten ausschließlich fix, so sinken die Stückkosten mit steigender Produktionsmenge kontinuierlich und ad infinitum. Grafisch resultiert der bekannte hyperbelförmige Verlauf der Stückkostenkurve (vgl. Abbildung 2).

$$DTK = K \times x^{-1}$$

Wichtige Folge der kontinuierlich sinkenden Stückkosten ist eine *Tendenz* zur Monopolisierung der Rundfunkproduktion – im Einzelnen abhängig von der Art der Finanzierung des Programms – und wichtige Folge der Nichtrivalität im Konsum ist eine *Tendenz* zur Mehrfachverwertung vorhandener Programme und Sendungen.

---

5 Davon zu unterscheiden ist, dass ein Rundfunkveranstalter möglicherweise mehr in sein Programm investieren muß, wenn er die Reichweite erhöhen will.

Abbildung 2: Stückkostendegression

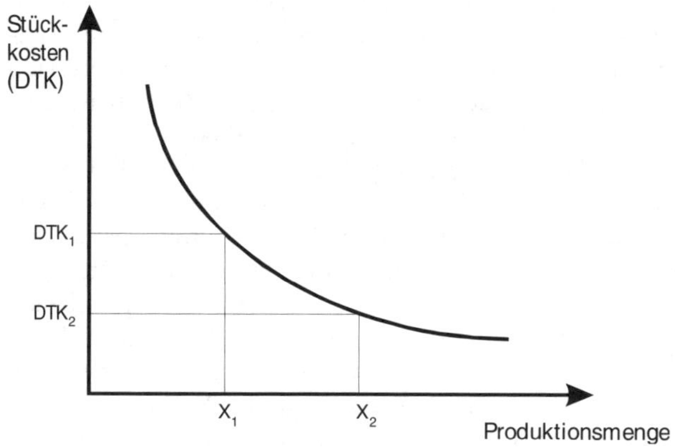

5.2. Tendenz zur Monopolisierung – bedrohte Vielfalt

Weil die Durchschnittskosten der Rundfunkproduktion pro Kontaktsekunde mit steigender Reichweite kontinuierlich fallen, ist das allein produzierte und angebotene Programm, sozusagen das Monopolprogramm, am billigsten. Jede Verdoppelung der Reichweite z.B. von x_1 auf x_2 halbiert die durchschnittlichen Kosten und umgekehrt wird eine Halbierung der Reichweite die durchschnittlichen Kosten verdoppeln. Eine solche Konstellation begründet dann monopolistische Angebotsstrukturen auf dem betrachteten Markt, wenn die Anbieter Marktpreise wettbewerblich kalkulieren. Derjenige Anbieter, der dauerhaft niedrigere Preise als die Konkurrenz setzt, wird auf dem Markt verbleiben und etwaige Konkurrenten verdrängen. Daher spricht man auch von Verdrängungswettbewerb und ruinöser Konkurrenz. Marktzutritt neuer Anbieter ist äußerst unwahrscheinlich, weil der Newcomer nur dann erfolgreich ist, wenn es ihm gelingt, den etablierten Anbieter auf eine nachrangige Marktposition zu verdrängen. Und dies erforderte die Inkaufnahme großer Verluste für längere Zeit. Reichweitenstarke Rundfunkunternehmen haben also ganz drastische Stückkostenvorteile gegenüber kleineren Anbietern.

Eine solche Tendenz zur Monopolisierung gilt strenggenommen nur für homogene Produkte, also Produkte, die sich im Urteil der Käufer qualitativ nicht unterscheiden, wie z.B. Koks oder Sojabohnen. Rundfunkprogramme sind aber nicht homogen, sondern heterogen, unterscheiden sich also im Urteil der Rezipienten. Man kann davon ausgehen, dass Rundfunkprogramme auch gerade deswegen differenziert werden, also heterogen sind, um einem Verdrängungswettbewerb zu entgehen. Dennoch bleibt mit der so erheblichen Fixkostendegression der Rundfunkveranstaltung eine Tendenz zur Monopolisierung, eine Tendenz, die Vielfalt der Programme zu beschränken, erhalten.

Eine solche Tendenz zur Monopolisierung ergibt sich strenggenommen zunächst nur bei einer direkten Preisfinanzierung (Pay-Per-View/Pay-Per-Hear) des Rundfunkprogramms. Hier führen sinkende Preise zu steigender Nachfrage und diese wiederum zu sinkenden Preisen usw. Bei einer Werbepreisfinanzierung ist der Zusammenhang indirekter und unsicherer: Sinkende Preise führen nicht zu einer steigenden Rezipientennachfrage = Reichweite, sondern zu einer steigenden Nachfrage nach der Buchung von Werbezeiten. Dies *kann* zu steigenden Einnahmen führen, diese *können* in eine größere Programmqualität investiert werden, und dies *kann* zu steigender Rezipientennachfrage führen (vgl. Kapitel 8).

5.3. Tendenz zur Mehrfachverwertung

Eine wichtige Konsequenz der Nichtrivalität im Konsum von Rundfunkprogrammen ist die mögliche Mehrfachverwertung des Programms oder einzelner Sendungen auf jeweils unterschiedlichen Märkten. Diese Möglichkeit gilt generell für jede Information per se, aber insbesondere für den Rundfunk, weil hier die Übertragung der Information praktisch nicht an stoffliche Träger gebunden ist, die Grenzkosten der Mehrfachverwertung sind gleich Null. Im Vergleich dazu ist eine solche Mehrfachverwertung für normale Industrieprodukte nicht möglich, der Fernsehapparat, der auf einem anderen Markt verkauft werden soll, muss immer erst neu produziert werden, das Rundfunkprogramm nicht.

Eine Mehrfachverwertung des gleichen Programms oder der gleichen Sendung – dies wird mittlerweile weniger entlarvend als *Content Management* bezeichnet – setzt voraus, dass Märkte abgegrenzt werden können, zwischen denen eine Arbitrage (ein gewinnbringendes Ausnutzen von Preisdifferenzen) nicht möglich ist. Für Rundfunkprogramme und Sendungen sind folgende *Marktabgrenzungen* denkbar und vorfindbar:

- Eine Abgrenzung nach der *Zeit:* Eine zeitliche Staffelung grenzt die Märkte für Erstverwertungen, Zweitverwertungen, Drittverwertungen usw. voneinander ab. Eine Arbitrage ist nicht möglich, wenn, was naturgemäß der Fall ist, die Erstverwertung am teuersten ist.
- Eine Abgrenzung nach der *Region* und gleichzeitig meist nach der *Reichweite:* Häufig werden Märkte nach der regionalen Bindung der Nachfrage und meist gleichzeitig nach dem Umfang der Nachfrage abgegrenzt. Eine Arbitrage ist dann ausgeschlossen, wenn die Programme im Wesentlichen gleichzeitig ausgestrahlt werden wie etwa bei aktuellen Sendungen, die von Rundfunkagenturen übernommen werden. Eine Arbitrage ist möglich, wenn die regional differenzierte Ausstrahlung zugleich zeitlich versetzt erfolgt, wie es z.B. bei der Spielfilmverwertung üblich ist (vgl. Kapitel 5).

Im Übrigen ist das Problem der Arbitrage solange nicht relevant, wie für Rundfunk direkt nichts bezahlt wird, was die Regel ist.

Die ökonomische Logik der Mehrfachverwertung ist einfach:

- Zum einen kann zusätzlich Geld verdient werden, ohne den Einsatz an Ressourcen zu erhöhen;

- zum anderen kann über unterschiedliche Preise die unterschiedliche Preiszahlungsbereitschaft und Preiszahlungsfähigkeit der Rezipientensegmente ausgenutzt werden (Preisdifferenzierung).

Die Vorteile der Preisdifferenzierung (für den Verkäufer) zeigt Abbildung 3 (vgl. dazu auch Kapitel 5, Abschnitt 4).

Abbildung 3: Vorteile der Preisdifferenzierung

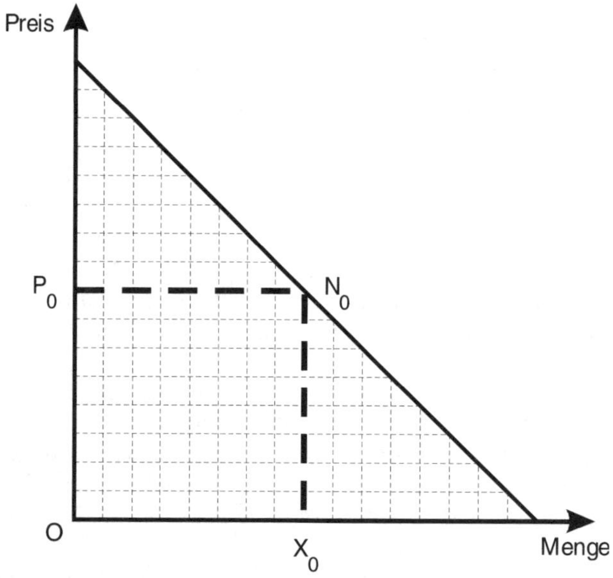

Bei dem Einheitspreis P_0 erzielt der Verkäufer einen Umsatz in Höhe des Rechtecks $P_0N_0X_0O$. Bei differenzierten Preisen kann hingegen die karierte Fläche und im Extremfall die gesamte Fläche unterhalb der Nachfragekurve als Umsatz realisiert werden, eine deutliche Zusatzeinnahme für den Verkäufer.

Allerdings sind nicht alle Programme bzw. Sendungen in gleicher Weise geeignet, mehrfach verwendet zu werden. Am besten geeignet sind Programme, deren Nachfrage weder zeitlich noch regional limitiert ist. Dies gilt vor allem für Sendungen mit Spielfilmcharakter, die häufig global verwertet werden können und deren Wert nicht an eine strikte Aktualität gebunden ist. Dagegen können regional gebundene Sendungen allenfalls zeitlich gestaffelt werden und aktuell gebundene Sendungen allenfalls regional gestaffelt werden. Dies begründet mithin die schwache Verwertungsbasis von regional und zugleich aktuell gebundenen Informationen. Die erheblichen Finanzierungsprobleme des Ballungsraumfernsehens sind deutliches Indiz für diese These. Insgesamt votiert der Markt von der *Verwertungsseite* her gesehen gegen regionale Spezialisierungen und gegen aktuelle Informationssendungen. An dieser Argumentation ändert sich nichts, wenn Programme nicht direkt an Rezipienten verkauft werden, sondern der Umweg über den Verkauf von Werbezeiten an die werbungtreibende Wirtschaft gewählt wird.

Die ökonomischen Produktions- und Verwertungszwänge von Minderheitenprogrammen sind zentrale Restriktion in der Rundfunkwirtschaft (und der Medienwirtschaft generell). Sie sollen daher deutlich hervorgehoben werden.

5.4. Die ökonomischen Zwänge von Minderheitenprogrammen

Massenmedien sind wegen ihrer Fixkostendegression dazu prädestiniert, *Massenmedien* zu sein. Dennoch gibt es im Rundfunksektor langanhaltende Versuche, Rundfunkprogramme mit kleinen Reichweiten auszustrahlen und zu vermarkten:

- Lokalprogramme und
- Spartenprogramme.

Die Vorteilhaftigkeit wird vor allem medienpolitisch mit der erwarteten Bereicherung des publizistischen Angebots, mit der Zunahme von Meinungsvielfalt und mit einer möglichen Verstärkung lokaler Identifikation begründet. Wirtschaftspolitisch wird ergänzend darauf verwiesen, dass mit solchen Lokal- und/oder Spartenprogrammen ein vorhandenes Potenzial an Werbeeinnahmen zusätzlich erschlossen werden könnte; an eine direkte Finanzierung durch Rezipientenentgelte in Formen von Pay-Rundfunk wird meist nicht gedacht.

Ein solches *zusätzliches Finanzierungspotenzial* besteht in der Tat, weil Programme mit kleiner Reichweite die Streuverluste solcher Werbebotschaften vermeiden, die sich sinnvollerweise nur an einen kleinen Rezipientenkreis richten:

- lokal begrenzte Werbung in Lokalprogrammen und
- sachlich segmentierte Werbung in Spartenprogrammen.

Ergänzend wird eine spezielle werbliche Eignung solcher Programmtypen erwartet, weil hier eine spezifische Bindung zwischen Programm und Rezipient aufgebaut wird, die diese Rezipienten für spezifische Werbebotschaften aufgeschlossener macht als es der Durchschnitt aller Rezipienten wäre (eine Werbung für Hängegleiter ist in einem Drachenfliegerprogramm nicht nur deshalb wirtschaftlicher als etwa bei einem Spielfilm, weil dort Streuverluste vermieden werden, sondern auch, weil der Drachenflieger, wenn er ein Drachenfliegerprogramm sieht, für die Hängegleiterwerbung aufgeschlossener ist, als wenn er den Spielfilm anschaut). Solche Finanzierungspotenziale, die zusätzlich, also nicht in Konkurrenz zu vorhandener Werbung, ausgeschöpft werden können, existieren, aber sie sind quasi ex definitione klein, und sie sind faktisch klein. Die meisten Anbieter solcher Minderheitenprogramme machen erhebliche Verluste (vgl. Kapitel 12, Abschnitt 4 und Kapitel 13, Abschnitt 8.3. und 8.4.).

Es bleibt immer das *zentrale ökonomische Problem* der Minderheitenprogramme, dass sie eine Fixkostendegression nicht in großem Umfang realisieren können. Relevant sind folgende Kosten:

- die Kosten der Programmproduktion,
- die Kosten der Produktion von Werbespots (die in aller Regel höher sind als die Kosten der Programmproduktion),
- die Kosten von Reichweitenanalysen und
- die Kosten der Ausstrahlung.

Reichweitenanalysen für Minderheitenprogramme sind pro Kopf der Rezipienten deswegen teurer als Reichweitenanalysen für Massenprogramme, weil bei sehr kleinen Grundgesamtheiten die Stichprobe sehr groß sein muss, um repräsentative Ergebnisse zu erbringen. Und die Kosten der Ausstrahlung sind jedenfalls bei einem Spartenprogramm pro Kopf höher, weil im Prinzip das Programm großräumig verbreitet werden muss, um die Interessierten in ausreichender Zahl zu erreichen. Bei Ballungsraum- und Lokalprogrammen entfällt dieser Kostennachteil weitgehend, nur für die terrestrische Verbreitung gilt, dass viele kleine Sender mit geringer Reichweite relativ mehr Frequenzen benötigen als wenige große Sender mit großer Reichweite (vgl. Roigas 1983). Diesen spezifischen Kostenzwängen können Veranstalter von Minderheitenprogrammen nur dadurch begegnen, dass sie billig produzieren und/oder eine Form einer Mehrfachverwertung realisieren.

Eine *Billigproduktion* wird versucht – lokale Fernseh- und Hörfunkprogramme werden sehr billig produziert (vgl. Kapitel 12, Abschnitt 4.3. und Kapitel 13, Abschnitt 8.4.) –, aber einer Billigproduktion sind enge Grenzen gesteckt: Zum einen ist das Rationalisierungspotenzial der Erstellung von Rundfunkprogrammen gering, weil Journalisten, Moderatoren oder Programm-Macher – also der teure Programmfaktor Arbeit – nur begrenzt durch billige Maschinen ersetzt werden können. Zum anderen wird trotz der mangelnden Qualitätstransparenz der Rezipienten ein Billigprogramm nur eine geringe Akzeptanz erzielen können.

Eine Mehrfachverwertung in Form von *Programmketten,* in denen ein meist sog. Mantelprogramm in den zusammengeschlossenen Minderheitenprogrammen gleichzeitig oder zeitversetzt ausgestrahlt wird, realisiert zwar eine erweiterte Fixkostendegression, aber rückt die Minderheitenprogramme dann wieder in der Nähe von Massenprogrammen. Möglich erscheint eine partielle Kettenbildung, ein Split von Minderheiten- und Massenprogrammen, weil Lokalprogrammrezipienten vermutlich auch Musik oder Spielfilme mögen oder Drachenflieger bisweilen auch die „Tagesschau" sehen. Den geeigneten Split müsste der Wettbewerb entdecken, ungehindert durch medienpolitische Vorgaben. Dies können dann Minderheitenprogramme mit massenattraktiven Mantelprogrammen oder Massenprogramme mit Minderheitenfenstern sein. Allerdings wird die Vermarktung solcher gesplitteter Programme schwierig sein, weil das zentrale Element des Programmarketing, die Etablierung des Programms als Marke, nicht zu realisieren sein wird. Dies vermindert die Akzeptanz des Programms.

Eine Zusammenschaltung der Minderheitenprogramme zu reichweitenstärkeren Programmen als Werbeträger – sog. *Werbekombis* – ist ebenfalls geeignet, eine erweiterte Degression der fixen Kosten, jetzt der Kosten der Produktion von Werbespots und der Reichweitenanalysen, zu realisieren, aber auch dies ist von nur sehr begrenzter Wirtschaftlichkeit, weil als gemeinsames Werbemedium nur vermarktet werden kann, was ähnlich oder gleichwertig ist. Die Alternative, ein in sich reichweitenstarkes Einzelprogramm als Werbemedium zu vermarkten, ist immer einfacher und ein wenig billiger. Nur wenn diese Alternative nicht besteht, wie im Hörfunk, in dem es bundesweite Programme kaum gibt (vgl. Kapitel 11), sind Werbekombis erfolgreich. Entsprechend leichter ist es, Werbung für die reichweitenstarken Mantelprogramme zu akquirieren, wenn diese Mantelprogramme denn durchgesetzt werden können. Für die werbungtreibende Wirtschaft bleiben solche Konstrukte indes immer nur zweitbeste Lösungen.

Minderheitenprogramme sind mithin möglich, aber ihre ökonomischen Bedingungen sind schlecht. Sie lassen sich unter Marktbedingungen meist nur dann realisieren, wenn Alternativen als Werbemedien knapp sind. Unter Nicht-Markt-Bedingungen können Minderheitenprogramme naturgemäß immer realisiert werden, wenn die Medienpolitik dies will – entweder gebührenfinanziert oder zwangsweise subventioniert aus den Einnahmen eines reichweitenstärkeren Werbemediums, wie in Bayern und Nordrhein-Westfalen.

6. Unbestimmtheit und Unsicherheit der Produktion

Die folgenden Ausführungen gelten für die Beziehungen zwischen Programmveranstaltern und Rezipienten. Sie zeigen, dass hier erhebliche Unbestimmtheiten und Unsicherheiten bestehen. Sie gelten indes nicht für den Werbemarkt, auf dem ein klar definiertes Produkt mit klar definierter Produktionsfunktion bei guter Transparenz aller Marktteilnehmer gehandelt wird.

6.1. Keine Preis-Absatz-Relation

Im Rundfunksektor sind bislang Preis-Absatz-Relationen im herkömmlichen Sinne, also funktionale Beziehungen zwischen Verkaufspreis und nachgefragter Sendemenge weitgehend unbekannt, weil es kaum Preise gibt. Dies muss ökonomisch gesehen daran liegen, dass die Kosten der Kalkulation und Durchsetzung von Marktpreisen den zu erwartenden Gewinn bislang und in der Regel übersteigen. Daher sind am Markt enthüllte Konsumentenpräferenzen (revealed preferences) nicht bekannt; Präferenzstrukturen und Präferenzintensitäten bleiben unbekannt. Der mögliche Ausweg, die Zahlungsbereitschaft des Publikums mit Hilfe von Befragungen zu ermitteln, liefert vermutlich keine verläßlichen Ergebnisse, weil in Interviews keine reale Auswahl zwischen der Fülle der Ausgabemöglichkeiten getroffen werden muss. Insofern ist mit Vorsicht zu interpretieren, dass Engländer den subjektiven Wert eines Jahresfernsehkonsums mit durchschnittlich 512 £ angegeben haben (Collins u.a. 1988, S. 103). Solche Konstrukte sind daher nur konzeptionell zu verwenden.

Generell ist die Marktforschung schwierig und teuer (und zudem wird nicht allgemein akzeptiert, ihre Ergebnisse als Richtschnur für die Ausrichtung der Rundfunkproduktion zu übernehmen). Die Schwierigkeiten der Marktforschung im Bereich der Rundfunkproduktion sind schon im 1. Kapitel hervorgehoben worden. Daher sollen hier nur die zentralen Begründungen rekapituliert werden:

- Komplexe Qualitätskriterien,
- die täglich neue Produktion und
- die erhebliche Konsumzeit

machen eine Marktforschung schwierig und teuer (nicht unmöglich). Daher ist ex ante kaum zu klären, wie die zentralen Qualitätskriterien von Rundfunkprogrammen gestaltet werden sollen. Solche Kriterien sind:

- Die „Sortimentsbreite" des Programms,
- die Qualität,
- das Niveau und
- der Zielgruppenbezug.

Rundfunkveranstalter müssen also Marketingstrategien bei Unsicherheit entwickeln (vgl. Abschnitt 6.3.).

6.2. Unbestimmtheit der Input-Output-Relation

Eine weitere Besonderheit der Rundfunkprogrammproduktion ist eine erhebliche Unbestimmtheit in der Input-Output-Relation[6]. Üblicherweise kann man bei der Analyse von Produktionsprozessen davon ausgehen, dass eine eindeutige Beziehung zwischen Input und Output besteht, wenigstens dergestalt, dass mit einem steigenden Input auch der Output zunimmt, entweder die Menge oder der Wert oder beides, allerdings – infolge des Ertragsgesetzes – mit abnehmender Rate (vgl. Baßeler/Heinrich/Koch 1998, S. 155ff.). Dies kann aber für die Rundfunkproduktion wie für die gesamte Produktion im Bereich von Kunst, Wissenschaft oder Journalismus nicht mit Sicherheit gelten.

Die Unbestimmtheit der Input-Output-Relation besteht für alle drei Messmöglichkeiten des Programms (des Outputs):

Messen wir das Programm in Zeiteinheiten, also in Programmstunden, so ist die Input-Output-Relation in hohem Maße determinierbar, aber innerhalb ganz erheblicher Variationsbreiten. So kann man festlegen, dass ein Jahresvolumen von 8.760 Fernsehstunden einmal mit 100 Millionen DM (etwa Kabel 1) oder zum anderen mit 1.800 Millionen DM (etwa RTL 1) produziert werden soll und auch produziert wird. In diesem Sinne kann – innerhalb weiter Grenzen – mit steigendem Input der Output zunehmen, abnehmen oder konstant bleiben.

Messen wir den Output als Kontaktzeit, also als Reichweite, so gilt die Unbestimmtheit noch stärker, weil Produktionsmenge und Produktionskosten nicht direkt mit der Reichweite verknüpft sind. Auch so gemessen kann der Output mit steigendem Input zunehmen, abnehmen oder konstant bleiben. Und misst man schließlich den Output – jedenfalls gedanklich – als Summe der Wertschätzung des Outputs seitens der Rezipienten, so gilt eine noch einmal vergrößerte Unbestimmtheit, weil zwischen Reichweite und Wertschätzung Größenunterschiede denkbar sind. Dies zeigt Abbildung 4. Die Wertschätzung der Konsumenten wird erfasst als Fläche unterhalb der jeweiligen Preis-Absatz-Relationen[7] N_1 und N_2, während die Reich-

6 Als Input-Output-Relation, auch Produktionsfunktion genannt, bezeichnet man die Beziehung zwischen eingesetzten Produktionsfaktoren (Input) und erzielter Produktionsmenge (Output).

7 Die Preis-Absatz-Relation gibt gedanklich die Preiszahlungsbereitschaft der potenziellen Käufer an („Wieviel wären Sie bereit, für das in Frage stehende Gut zu zahlen?")

weite, bei dem im Rundfunk üblichen Preis von Null, der Sättigungsmenge R_1 bzw. R_2 gleich ist.

Abbildung 4: Reichweiten und Wertschätzung

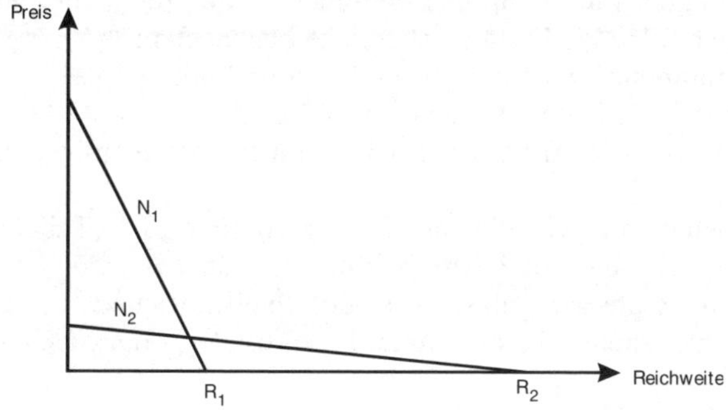

Nun sind solche Konstellationen, wie sie in Abbildung 4 wiedergegeben sind, leicht denkbar. Nachfragegruppe N_1 ist klein, hat aber insgesamt eine hohe Wertschätzung für das Programm 1 – das ist meist die Vorstellung von einem Minderheitenprogramm – und Nachfragegruppe N_2 ist groß, hat aber nur eine relativ geringe Wertschätzung – das ist meist die Vorstellung von einem Massenprogramm. Man kann an diesem Beispiel sehen, dass eine Gleichsetzung von ex post beobachteter Reichweite und Wertschätzung für das Programm nicht angemessen ist; andere Indizien zur Erfassung der Wertschätzung sind aber faktisch nicht vorhanden.

6.3. Marketingstrategien bei Unsicherheit

Die beschriebene Unsicherheit und die Unbestimmtheit der Relation zwischen Input und Output der Rundfunkproduktion gilt ganz deutlich ex ante (in der Planung) und für die Sendung als Teil der Rundfunkproduktion. Für ein gesamtes Programm gilt die Unsicherheit und Unbestimmtheit weniger, weil es unternehmerische Strategien, Marketingstrategien gibt, die die Unsicherheit reduzieren können.

Imitationsstrategien
Bei echten Innovationen sind zwar die Gewinnchancen größer als bei Imitationen, aber vor allem ist das unternehmerische Verlustrisiko größer. Echte Innovationen sind völlig neue Produkte auf dem Markt[8], z.B. wirklich interaktives Fernsehen, Business-TV oder Radio-Verkehrsleitsysteme; bei Imitationen unterscheidet man „Quasi-neue Produkte", die bekannte Produkte ein wenig modifizieren, z.B. Talkshows mit unterschiedlichen Zielgruppen und „Me-too-Produkte", die eine bloße Imitation darstellen, z.B. die gleichen Gameshows (vgl. allgemein Weis 1993, S. 155f.).

---

[8] Klare Abgrenzungen zwischen echten und unechten Innovationen existieren nicht, dies bleibt individueller Einschätzung vorbehalten.

Weil im Rundfunksektor die Unsicherheit über den Markterfolg produktpolitischer Maßnahmen (vgl. Kapitel 9) besonders groß ist, liegt es hier nahe, solche Strategien zu verfolgen, die erfolgreiche Sendungen imitieren bzw. nur geringfügig modifizieren. Dies wird *Imitationsstrategie* genannt. Nun kann ein Rundfunkveranstalter nicht komplette Sendungen imitieren, aber zentrale Sendungselemente werden imitiert. So kann man etwa folgende Imitationsbereiche beobachten:

- erfolgreiche Handlungsrahmen wie Traumschiff oder Bergklinik,
- erfolgreiche Handlungsorte wie Hafen, Berge oder Südsee,
- erfolgreiche Handlungsträger wie Ärzte, Unternehmerinnen oder tüchtige Mütter,
- erfolgreiche Handlungselemente wie die quotensicheren fünf „T“ (Tabellen, Tiere, Tore, Tote, Tränen; ein sechstes T wird hier nicht genannt),
- erfolgreiche Handlungskonzepte wie Talksshows oder Spielshows und
- erfolgreiche Handlungspersonen wie berühmte Schauspieler oder bekannte Showmaster.

Solche Imitationen können Produktionserfolge nicht garantieren, aber sie werden eingesetzt und verringern Produktionsrisiken, bieten mithin die *Aussicht* auf Erfolg.

Portfoliostrategien
Weil Verlustrisiken durch das Gesetz der großen Zahl verringert werden, besteht eine andere Strategie darin, im Programm ein breites Angebotsspektrum zu bieten, um im Rahmen dieses Portfolios die Unsicherheit der Rentabilität der einzelnen Sendung zu einem kalkulierbaren Gesamtrisiko zu machen. Dies soll hier *Portfoliostrategie* genannt werden. In diesem Sinn spart ein breites Angebotsspektrum, ein Rundfunkprogramm als Sortiment unterschiedlicher Sendungen, Kosten der Marktforschung. Weil Rundfunkunternehmen nie genau wissen und nie genau wissen können, was die Rezipienten wünschen, ist es rational, ein breites Sortiment anzubieten und dem Rezipienten die Auswahl zu überlassen. Allgemein gesprochen hängt die Sortimentsbreite von den jeweiligen Kosten der Produktion breiter bzw. enger Programmsortimente und von den Präferenzen ab (vgl. Waterman 1992). Eine gewisse Tendenz zum Massenprogramm („für jeden etwas“) ist jedenfalls darin begründet, dass Programmveranstalter die Präferenzen der Rezipienten nicht genau kennen. Hinzu kommt, dass auch Rezipienten nicht genau wissen, was sie hören oder sehen wollen. Sie erwarten daher ein strukturiertes, aber breites Angebot, das ihnen, ähnlich wie bei einem Einkaufsbummel, Auswahlmöglichkeiten bietet.

Billigproduktion und Werbung
Wenn es unsicher ist, ob mit einem größeren Input der Output steigt, ist es eine übliche Strategie, auf eine Steigerung des Inputs zu verzichten und zu versuchen, mit billigen Produktionen Reichweiten zu erzielen. Dies liegt, etwas allgemeiner formuliert, immer dann nahe, wenn der zusätzlich erwartete Umsatz einer Aktivität (der Grenzumsatz) mit einer viel geringeren Wahrscheinlichkeit kalkuliert werden kann als die zusätzlichen Kosten dieser Aktivität (die Grenzkosten). In der Programmveranstaltung ist genau dies der Fall: Die Grenzkosten einer Investition in neue Programmteile sind in der Regel genau bekannt, der Grenzumsatz nicht. Weil

Verlustrisiken dann bei teuren Produktionen jedenfalls absolut größer sind als bei billigen Produktionen, ist die Billigproduktion eine übliche Strategie der Risikovermeidung. Allerdings ist dies nur als Tendenz zu interpretieren: Bisweilen finanzieren Veranstalter dann doch „heroische" Investitionen wie z.B. SAT.1 mit „Millenium" und „Helicops", die als recht teure Programminvestitionen einen Markterfolg erzwingen sollen.

In allen Fällen erweist es sich als sinnvoll, den Programmerfolg mit massiver *Werbung* zu stützen:

- Werbung ist geeignet, das Programm bekannt zu machen; andere Instrumente stehen bei der permanenten Innovation kaum zur Verfügung;
- Werbung kann in begrenztem Umfang die Funktion eines Qualitätsindikators für die Rezipienten übernehmen, und
- Werbung für Rundfunkprogramme lohnt prinzipiell mehr als für normale Konsumgüter, weil die Grenzkosten einer zusätzlichen Reichweite, wenn die Werbung denn erfolgreich ist, gleich Null sind.

Abschließend sei darauf verwiesen, dass die beschriebenen Zusammenhänge nur tendenziell gelten; im Vergleich zu Konstellationen auf herkömmlichen Konsumgütermärkten kann die Unsicherheit und Unbestimmtheit in der Rundfunkproduktion indes als auffällig gelten. Nun kann man aber auch nicht davon ausgehen, dass der Output mit sinkendem Input zunimmt. Für die durchschnittliche und langfristige Analyse ist es angemessen, an der herkömmlichen Grundvorstellung festzuhalten: Mit zunehmendem Input steigt der Output, wie auch immer gemessen, allerdings mit abnehmender Rate und bei erheblicher Unsicherheit.

7. Die Zeitgebundenheit des Rundfunkkonsums

7.1. Zeitallokation

Zeit ist ein ökonomisches Gut: Sie ist nützlich und knapp. Zeit ist ein besonderes ökonomisches Gut: Sie ist nicht produzierbar und nicht akkumulierbar, man kann keinen Zeitvorrat kaufen, man kann Zeit nicht produzieren, und schließlich ist die Zeit nicht reversibel. Zeit wird benötigt für die Produktion und den Konsum von Gütern, und diese Zeit kann rationalisiert werden. Augenfällig sind Zeiteinsparungen im Produktionsprozess. Die erheblichen Steigerungen der Arbeitsproduktivität, die regelmäßig zu beobachten sind, bedeuten eine Zunahme der Produktionsmenge pro Arbeitsstunde, d.h., dass immer schneller produziert wird. Zeiteinsparungen im Konsumprozess sind auch möglich, allerdings viel beschränkter. So kann unschwer die Produktionszeit eines Fernsehgerätes verringert werden, nicht aber die Konsumzeit für einen Fernsehfilm.[9]

In der Regel ist der Konsum eines Haushaltes mit Produktionsaktivitäten verbunden. Im Grunde agiert ein Haushalt wie ein kleiner Betrieb. Er kauft materielle Konsumgüter – z.B. ein Fernsehgerät, Bier und Erdnüsse – und produziert daraus,

[9] Linder hat diese Grenze, die einem möglichen Konsum durch die knappe Zeit gezogen wird, als Grenze des Wachstums generell herausgestellt (Linder 1971).

vor allem unter der produktiven Verwendung von Zeit, so genannte elementare Güter wie z.B. Unterhaltung und Sättigung (vgl. vor allem Becker 1993). Im Rahmen einer solchen Integration von Produktion und Konsum kann die Produktionszeit der elementaren Konsumgüter verringert werden. Die so genannten Convenience-Produkte, die vor allem Produktionszeit des Konsums sparen, zeigen dies. So erspart die Fernbedienung Zeit, die man zum Umschalten von Programmen braucht oder fertig gemahlener Kaffe plus Kaffeemaschine spart Zeit zum Kaffeekochen. Kaffeetrinken selbst oder Fernsehen selbst können indessen nicht rationalisiert werden.

Exkurs: Das Zeitallokationsmodell von Becker (Becker 1993)
Becker führt die Kosten der Zeit in die Analyse des Konsums ein. Die Kosten der Zeit sind die Opportunitätskosten, also der Verzicht auf die alternative Verwendung der Zeit. Die übliche Annahme neoklassischer Modelle ist es, den Preis der Zeit im Haushalt/im Konsum dem Preis der Zeit in der Erwerbsarbeit gleichzusetzen, also wäre der Preis der Zeit gleich dem Lohnsatz. Diese Annahme ist indes nicht notwendig für Zeitallokationsmodelle; allgemein könnte man die Opportunitätskosten als spezifisch abhängig sehen von der alternativen Aktivität, die ins Auge gefasst wird. Gleichwohl bleibt der Lohn grundlegender Bestandteil des Preises der Zeit.

Becker nimmt an, dass der Nutzen der Konsumenten abhängt von den elementaren Gütern. Diese Güter produziert der Haushalt selbst, indem er materielle Konsumgüter und Zeit als Produktionsfaktoren einsetzt (z.B. beim Kochen) und zwar so, dass der Nutzen maximiert wird, und diese Nutzenmaximierung unterliegt letztlich nur einer einzigen Beschränkung: der Zeit. Die Zeit kann zur Erwerbsarbeit, also zur Erzielung von Einkommen und/oder zur Produktion der elementaren Konsumgüter verwendet werden.

Mit steigender Arbeitsproduktivität in der Erwerbsarbeit steigt der Reallohn und damit der Preis der Zeit relativ zum Preis materieller Güter. Dies führt dazu, dass auch in der Haushaltsproduktion rationalisiert wird, dass die Zeit, wo möglich, durch am Markt gekaufte Güter und Dienstleistungen substituiert wird. Genauer gesagt, die teurer werdende Produktionszeit für die elementaren Konsumgüter wird durch relativ billiger werdende Konsumgüter ersetzt, z.B. durch Waschmaschinen, Fertiggerichte und Mikrowelle oder Flugzeug. Generell nehmen die Kosten zeitintensiver Aktivitäten mit steigendem Einkommen zu. Dies führt z.B. dazu, dass die Kosten zeitverbrauchender Aktivitäten wie Information und Entscheidung zunehmen, die Kosten von Irrtümern aber sinken. In diesem Sinne ersetzen z.B. falsche Käufe, die immer billiger korrigiert werden können, die Informationskosten des Konsumenten vor dem Kauf (Scherhorn 1995, S. 158; Linder 1971).

Zentraler Mangel des Zeitallokationsmodells ist vermutlich, dass der Zeit nur ein Effizienzwert zuerkannt wird, aber kein Eigenwert (Bisecker 1995, S. 191; Scherhorn 1995). Damit ist Zeitverbrauch Verlust von Zeit und nicht Gewinn von Zeit (vgl. zur Unterscheidung Neverla 1991, S. 196). Und schließlich sei noch einmal darauf verwiesen, dass die beschriebene „Kommerzialisierung des Lebens" (Scherhorn 1995, S. 160) keine Handlungsanweisung ist, sondern nur Analyseinstrument.

7.2. Die Zeitkopplung des Rundfunkkonsums

Während die meisten Konsumgüter zu beliebiger Zeit, an beliebigen Orten, in beliebiger Menge und mit beliebiger Geschwindigkeit konsumiert werden können – z.B. eine Zeitung oder eine Flasche Wein – sind beim Rundfunk Zeitpunkt, Zeitdauer und Konsumgeschwindigkeit und speziell beim Fernsehen auch der Konsumort und in Grenzen auch die Konsummenge vorgegeben. Es macht wenig Sinn, einen Film nur zu einem Drittel anzusehen oder eine Talkshow nur zur Hälfte. In diesem Sinn ist Rundfunk nicht so beliebig teilbar und substituierbar, wie das in der Ökonomie als üblich angenommen wird (Collins u. a. 1988, S. 13) und wie dies z.B. für Printmedien gilt. Die geringe zeitliche Disponierbarkeit wird nur begrenzt durch den technischen Fortschritt aufgehoben werden können. Videorecorder, Near-video-on-demand, oder Video-on-demand können immer nur den Konsumzeitpunkt variabel gestalten, und selbst dies wird wiederum beschränkt durch die entstehenden größeren Suchkosten und vor allem durch die übliche Konsumzeit. Radio wird vor allem morgens und Fernsehen vor allem abends zwischen 19 und 23 Uhr genutzt (vgl. Abbildung 5).

Abbildung 5: Mediennutzung 1995 an einem durchschnittlichen Werktag (Mo-Sa) Gesamtbevölkerung ab 14 Jahre – alte Bundesländer

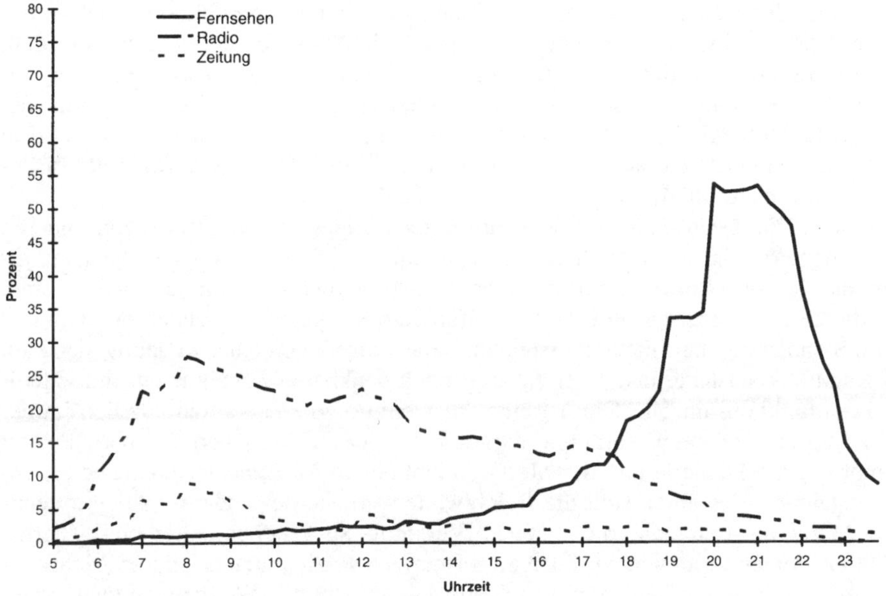

Quelle: Massenkommunikation V (1996), S. 69.

Die Zeitkopplung hat wichtige Konsequenzen für eine mögliche Programmvielfalt. Die Opportunitätskosten – der entgangene Nutzen aus einem möglichen Empfang des nächstbesten Programms – sind sehr hoch, beunruhigend hoch, wie das Phänomen des Zappings zeigt, weil das jeweils andere Programm überhaupt nicht gesehen werden kann. Weber spricht von intrapersoneller Rivalität im Konsum (Weber 1990, S. 26). Dies bedeutet, dass die Rezipienten immer das Programm der höchsten Präferenz nutzen, für den Konsum der Programme zweiter Wahl verbleibt keine Zeit. Dies diskriminiert die Ausstrahlung von Minderheitenprogrammen, nicht nur in Bezug auf ihre Produktion, sondern auch in Bezug auf die Sendezeit (vgl. Collins u. a. 1988, S. 13). Wenn überhaupt Minderheitensendungen produziert werden, werden sie jedenfalls nicht zur Prime Time ausgestrahlt. Bei Printmedien ist dies prinzipiell anders: Hier kann der Leser zuerst die ihm wichtigste Zeitung lesen und anschließend ein Ergänzungsblatt, und gleichzeitig werden die „Bild-Zeitung" und die „Junge Welt" angeboten und gelesen.

Der Rundfunkmarkt als Nullsummenspiel – Audience Fragmentation
Die Bindung des Rundfunkkonsums an die nichtakkumulierbare und irreversible Zeit bedeutet, dass der Gesamtkonsum eine nicht genau zu definierende Grenze nie übersteigen kann, egal wie umfangreich die Programmproduktion auch ist. Wenn z.B. die Kaviarproduktion verdoppelt wird, dann verdoppelt dies in etwa auch über sinkende Preise den Kaviarkonsum. Wenn aber die Fernsehprogrammproduktion in Deutschland von 25.600 Stunden (1980) auf rund 200.000 Stunden (1996) steigt, die Fernsehnutzungszeit und die Zahl der Fernsehhaushalte aber praktisch stagnieren, dann steigt der Konsum nicht mit zunehmender Programmproduktion, sondern der zeitlich gleichbleibende Gesamtkonsum verteilt sich lediglich auf eine größere Zahl von Programmen. In diesem Sinne spricht man von *Rezipientensplitting* oder *Audience Fragmentation.* Diese Zeitgrenze impliziert auch, dass der Grenznutzen (der zusätzliche Nutzen) eines zusätzlichen Programmangebotes relativ klein ist, weil in der Regel nicht ein Mehrkonsum, sondern allenfalls eine Höherbewertung des bisherigen Konsums resultiert.

Eine solche Grenze für den Konsum unterscheidet den Rundfunk von anderen Konsumgütern, die zwar auch Sättigungsgrenzen aufweisen mögen, die aber als Schranke in Form von Einkommen oder Bedarf letztlich doch immer variabel sind. Nur die Zeitgrenze ist absolut: Der Rundfunkkonsum kann 24 Stunden pro Tag und 8.760 Stunden pro Jahr nicht übersteigen. Sehen wir ab von einer Zunahme der Zahl der Rundfunkhaushalte und einer zur Zeit noch denkbaren Zunahme der individuellen Rundfunkkonsumzeit, dann ist eine Ausweitung von Verkäufen letztlich immer nur zu Lasten anderer Programme möglich. In diesem Sinne herrscht permanenter Kampf um Marktanteile und der Markt gleicht einem *Nullsummenspiel:* Die Reichweitengewinne des einen sind die Reichtweitenverluste des anderen. Andere denkbare Marketingstrategien, die eigenen Verkäufe zu erhöhen, nämlich bisherige Nichtrezipienten zu gewinnen oder die bisherigen Rezipienten zu einem Mehrkonsum zu veranlassen, scheiden praktisch aus. Dies macht den Wettbewerb ungewöhnlich aggressiv.

Diese *mengenmäßige* Kopplung des Rundfunkkonsums an die knappe Zeit der Rezipienten kann nicht aufgehoben werden. Veranstalter können allerdings versuchen, diese Kopplung *wertmäßig* aufzuheben, indem sie variierende Preise für den Rundfunkkonsum verlangen: So können spezielle Programmangebote, wie z.B. die

Übertragung einer Box-Weltmeisterschaft, auch bei geringer Reichweite zu hohen Einnahmen führen. Dies setzt dann aber eine sehr differenzierte Form von Pay-Rundfunk voraus, wie sie bislang nur in Ansätzen existiert.

Ein gutes Maß für das Rezipientensplitting ist die durchschnittliche Einschaltquote für den Durchschnitt aller Programme, ermittelt als Jahresnutzungsdauer des durchschnittlichen Rezipienten geteilt durch das Gesamtprogrammangebot eines Jahres. Die Entwicklung dieser durchschnittlichen Einschaltquote und die deutliche Zunahme des Rezipientensplittings zeigt Tabelle 1.

Tabelle 1: Durchschnittliche Einschaltquoten und durchschnittliche Nutzerzahlen von Hörfunk und Fernsehen

	1980	1982	1990	1993	1994	1996
Hörfunk: Ø Einschaltquote in %[1]	0,32	0,30	0,09	0,07	0,06	0,05
Ø Nutzerzahlen[2]	160.000	150.000	45.000	35.000	30.000	25.000
Fernsehen: Ø Einschaltquote in %[1]	3,09	3,04	1,48	0,67	0,79	0,69
Ø Nutzerzahlen[2]	1.545.000	201.000	999.000	335.000	553.000	482.000

1) Jahrenutzungsdauer des Ø Rezipienten, dividiert durch das Programmangebot pro Jahr (x 100)
2) Erwachsene ab 14 Jahren

Quelle: Zusammengestellt aus Tabellen 2 und 12 (Kapitel 11) und Tabelle 13 (Kapitel 13).

Tabelle 1 macht deutlich, in welchem Umfang der Rundfunksektor Streuverluste produziert: Nur 0,7 Prozent des Fernsehprogramms und nur 0,05 Prozent des Hörfunkprogramms werden rezipiert; weit über 99 Prozent der gesamten Produktion sind Streuverluste. Tabelle 1 macht letztlich auch deutlich, dass es für die Zahl der ausgestrahlten Programme eine Grenze geben muss.

Programmvielzahl

Wieviel Programme auf einem Markt möglich sind, hängt ab von den Kosten der Programmproduktion, von den Einnahmen, die man pro Rezipient erzielen kann und von der Zahl der Rezipienten. Bezeichnen wir die Zahl der finanzierbaren Programme mit Z, die Zahl der Rezipienten mit R, die möglichen Einnahmen pro Rezipient mit E und die Kosten eines Programms mit K, so ergibt sich die Zahl der finanzierbaren Programme nach der Formel

$$Z = \frac{E \times R}{K}$$

Dabei ist darauf zu achten, dass die jeweils gleiche Zeiteinheit, z.B. Jahr, gewählt wird. Nehmen wir z.B. folgende, etwa der Realität in der Bundesrepublik entsprechenden Werte für den Fernsehbereich.

E = 275 DM pro Jahr[10], R = 60 Millionen, K = 100 Millionen DM pro Jahr.

10 Ausgangspunkt ist ein Tausend-Kontakte-Preis von 50 DM pro Minute, sechs Werbeminuten pro Stunde und eine Rezeptionszeit von täglich 2,5 Stunden, also ein „Preis" pro Tag und Person von 0,75 DM; dies ergibt aufgerundet 275,- DM (genau: 273,75 DM).

Dann ergibt sich die Zahl der finanzierbaren Programme mit

$$Z = \frac{275\,\text{DM/Jahr} \times 60\,\text{Mio. Rezipienten}}{100\,\text{Mio. DM/Jahr}} = 165$$

Eine solche Kalkulation kann naturgemäß nur Größenordnungen angeben. Insbesondere die Produktionskosten eines Programms können von großer Unterschiedlichkeit sein (vgl. Kapitel 12 und 14) und zudem im Zeitablauf starken Veränderungen unterworfen sein. Auch die Einnahmekalkulation ist dann zu revidieren, wenn Formen von Pay-Rundfunk eine substanzielle Rolle spielen. Aber eine solche Kalkulation kann recht gut die entscheidenden Determinanten für die Programmzahl aufzeigen:

- Die möglichen Einnahmen pro Rezipient;
- die Zahl der erreichbaren Rezipienten und
- die Kosten der Programmproduktion.

Ob die Programmzahl die gewünschte Meinungsvielfalt oder die gewünschte publizistische Vielfalt reflektiert, kann nur medienpolitisch entschieden werden. Aus ökonomischer Sicht kann aber als sicher gelten, dass es sich um Programme handelt, die – gemessen an den Rezipientenpräferenzen – heterogen sind, dass also ökonomische Vielfalt in der Vielzahl der Programme reflektiert wird (s. u.).

7.3. Der Zeitverbrauch des Rundfunkkonsums

Ein zentrales Charakteristikum des Rundfunks ist der hohe Zeitverbrauch des Konsums (Nadolny spricht vom Fernsehen als einer Zeitverdauungsmaschine). Die folgende Tabelle gibt einen Überblick über den Zeitverbrauch des Rundfunkkonsums.

Tabelle 2: Zeitverbrauch des Rundfunkkonsums pro Werktag von 1970 bis 1995 für den durchschnittlichen Rezipienten in Minuten (alte Bundesländer)

	1970	1974	1980	1985	1990	1995
Hörfunk	73	113	135	154	177	155
Fernsehen	113	125	125	121	133	145

Quelle: Massenkommunikation V (1996), S. 49

Mit rund 300 Minuten Rundfunkkonsumzeit verbraucht der durchschnittliche Rundfunkkonsument 1995 bereits mehr Zeit für den Rundfunkkonsum als für Bildung und Erwerbstätigkeit, die täglich knapp vier Stunden im Durchschnitt verbraucht (Statistisches Bundesamt, Wo bleibt die Zeit 1994, S. 6).

Nach der einfachen Logik des Zeitallokationsmodells von Becker könnte man vermuten, dass der Rundfunkkonsum mit steigendem Reallohn abnimmt. Dies setzte aber voraus, dass die Rundfunknutzungszeit Produktionszeit zur Erstellung des elementaren Konsumgutes Unterhaltung/Bildung ist. Das ist sie aber nicht, sondern vermutlich ist die Rundfunknutzungszeit selbst ein elementares Konsumgut wie andere Freizeitaktivitäten auch. Immerhin gibt es einige Möglichkeiten, den Zeitverbrauch zu rationalisieren, zu substituieren, ohne die Konsumzeit selbst zu reduzieren, indem vor allem die Zeit gleichzeitig für andere Aktivitäten genutzt wird (vgl. Neverla 1991, S. 198). So ist Rundfunk in starkem Maße Begleitmedium. Der Hörfunk begleitet zu rund zwei Dritteln andere Tätigkeiten (Massenkommunikation IV, 1992, S. 42), und nach Umfragen der Arbeitsgemeinschaft Fernsehforschung (AGF) wird das Fernsehen zu rund 50 Prozent von Nebentätigkeiten begleitet, wie Übersicht 1 zeigt.

Übersicht 1: Nebentätigkeiten beim Fernsehen

	1992 (n=659)	**1993 (n=1.023)**	**1995 (n=962)**	**1997 (n=798)**
Fernsehen ohne Nebentätigkeiten	56	55	52	50
Fernsehen mit Nebentätigkeiten	44	44	48	50
Essen	20	18	17	18
Hausarbeit	9	9	9	12
Lesen	5	6	8	7
Sich unterhalten	3	5	6	6
Sonstiges	7	7	8	7

Quelle: ImPact, 1, 1998, S. 5; Ursprungsdaten AGF.

Zudem ist Rundfunk ein Medium, das zur Vorbereitung des Konsums keine großen Informations- und Entscheidungskosten verursacht, Rundfunk gilt in der präkommunikativen Phase als ein zeitsparendes Medium (Neverla 1991, S. 197), er steht jederzeit zur Verfügung. Und schließlich hat sich jedenfalls die Relation zwischen Produktionszeit zur Unterhaltung und Konsumgütern in der von Becker abgeleiteten Weise verschoben, weil die Zahl der Empfangsgeräte pro Kopf im Zeitablauf deutlich zugenommen hat. Man kann sogar sagen, dass die Unterhaltung insgesamt güterintensiver geworden ist, weil insbesondere das Fernsehen andere billigere Unterhaltungen ersetzt hat (Gespräche, Spiele).

Der technische Fortschritt im Multimedia-Bereich wird die Grenze zwischen Rundfunkkonsum und begleitenden Aktivitäten weiter verwischen, wenn via PC bzw. via Fernsehgerät eine große Fülle von Aktivitäten ausgeübt werden kann. Genannt seien nur Telefon, Telefax, Telearbeit, Telebildung, Homeshopping, Datenabruf, Computerspiele usw.. Dies wird zu einer starken Ausweitung der Nutzung dieses Gerätes – PC/TV – führen, ohne dass dies noch Radiohören oder Fernsehen wird genannt werden können, und diese Nutzung wird Zeit sparen.

7.4. Aktualität als Wertkriterium der Rundfunkproduktion

Im Rundfunk wird permanent etwas Neues produziert und konsumiert, allerdings eingebunden in feststehende Produktionsroutinen und Programmschemata. Eine solche permanente Produktinnovation ist notwendig, weil nur das subjektiv Neue einen Konsumwert hat. Zwar unterliegen vermutlich alle Produkte einem Alterungsprozess, und vermutlich muss jedes Unternehmen seine Produktpalette hin und wieder erneuern, aber Information und Unterhaltung müssen im Prinzip permanent neu gestaltet werden, Wiederholungen sind nur begrenzt und nur in einigen Sparten (z.B. Musik) denkbar. Dagegen können andere Konsumgüter, z.B. Brot oder Bier, längere Zeit in gleicher Beschaffenheit konsumiert werden.
Aktualität hat zwei Dimensionen:

– einen subjektiven oder objektiven Neuigkeitswert, der der Information zugeordnet ist und im Prinzip ähnlich geprüft werden kann wie der Neuigkeitswert von Patenten durch das Patentamt und
– einen objektiven Zeitvorsprung der Verbreitung einer Information, einen Zeitvorsprung vor der Konkurrenz.

Beide Dimensionen sind im Prinzip für alle Medien wichtig: Wichtig wäre zu melden, z.B. dass „Gerhard Schröder Mitglied der CDU geworden ist", und wichtig wäre, dies zuerst zu melden. Aber der Grad der Aktualität kann je nach Medium und Art der Information etwas unterschiedlich sein, und für den Rundfunk jedenfalls ist die Aktualität von ganz zentraler Bedeutung.

Im Prinzip werden permanent Prototypen produziert, eine Sendung wird in der Regel von den gleichen Rezipienten maximal einmal konsumiert. Auch daraus ergibt sich eine erhebliche Unsicherheit in Produktion und Absatz, eine erhebliche Unbestimmtheit in der Input-Output-Relation. Dies liegt daran, dass die neuen Produkte auf prinzipiell neuen, also unbekannten Märkten angeboten werden und dass daher die Rezipientenpräferenzen nicht sehr genau bekannt sind. Zum Unterschied dazu werden üblicherweise Prototypen/Produktinnovationen vorab sehr genau auf Akzeptanz und Wirtschaftlichkeit hin geprüft (Weis 1993, S. 179); bei Rundfunksendungen ist dies hingegen nur sehr begrenzt möglich, allenfalls bei Spielfilmen und Serien.

8. Wettbewerb und Vielfalt

Abschließend soll der Komplex von Wettbewerb und Vielfalt der Rundfunkproduktion wegen seiner großen medienpolitischen Bedeutung zusammenfassend dargestellt werden.

8.1. Ökonomische und Publizistische Vielfalt

Das Konzept der Vielfalt ist Gegenstand zahlreicher und langanhaltender Kontroversen (vgl. Rager/Weber 1992). Es erscheint nützlich, durch einige Differenzierungen mehr Klarheit in die Debatte zu bringen. Diese Differenzierungen beziehen sich zum einen auf die Systeme Wirtschaft und Publizistik, innerhalb derer unterschiedliche Vorstellungen zum Komplex der Vielfalt bestehen und zum anderen auf die zeitliche Dimension des Konsums bzw. der Rezeption von Vielfalt. Zu unterscheiden ist also

- die ökonomische Vielfalt,
- die publizistische Vielfalt,
- die statische Vielfalt und
- die dynamische Vielfalt (vgl. Heinrich 1992a).

Ökonomische Vielfalt ist individuell determiniert und bezieht sich auf „präferenzrelevante Merkmale, die Gegenstand der individuellen Konsumentscheidung sind. Vielfalt heißt in diesem Sinne also große Auswahl beim Konsum“ (Kruse 1996, S. 28), und nur das Individuum kann entscheiden, ob Coca Cola für ihn etwas anderes ist als Pepsi Cola oder ob „Ilona Christen“ etwas anderes ist als „Hans Meiser“. Kruse nennt die ökonomische Vielfalt konsumtive Vielfalt (Kruse 1996, S. 28f.).Weil aber auch die publizistische Vielfalt letztlich konsumtiv vermittelt wird, soll die Unterscheidung ökonomische versus publizistische Vielfalt hier beibehalten werden.

Ökonomische Vielfalt ist kein Wert an sich, sondern eine von mehreren Determinanten der ökonomischen Wohlfahrt, die gedanklich durch das Konzept der Konsumentenrente erfasst wird. Die *Konsumentenrente* gibt die Bereitschaft der Konsumenten an, für den Konsum einen bestimmten Geldbetrag auszugeben. Abzüglich der dafür zu zahlenden Summe – in diesem Umfang muss der Konsument darauf verzichten, den nächstbesten Konsum zu finanzieren (Opportunitätskosten) – ergibt sich für den Konsumenten ein Nettowohlfahrtsüberschuß, die sog. Konsumentenrente. In diesem Sinn ist ein vielfältiges Angebot, das den heterogenen Präferenzen der Konsumenten entspricht, immer auch ein Bestimmungsgrund der individuellen Wohlfahrt. Zu berücksichtigen sind dabei aber immer auch die Kosten der Vielfalt. Dies soll das folgende Beispiel erläutern.

Angenommen sei die Nachfrage-Preis-Beziehung PMN nach einem Programm A und ein Preis P_0, der gerade die Kosten der Produktion des Programms A deckt. Es ergibt sich dann eine Konsumentenrente in Höhe von PP_0M. Alternativ sei angenommen, dass die Vielfalt steigt, indem zwei Programme B und C angeboten werden. Entscheidend für die Auswirkung der zunehmenden Vielfalt auf die durch die Konsumentenrente erfasste individuelle Wohlfahrt sind nun einerseits die Kosten der Produktion der Vielfalt, hier der Programme B und C, und andererseits die Veränderung der Bruttowohlfahrt, hier erfasst durch eine Verschiebung der Nachfrage-Preis-Beziehung.

Abbildung 6: Konsumentenrente und Vielfalt

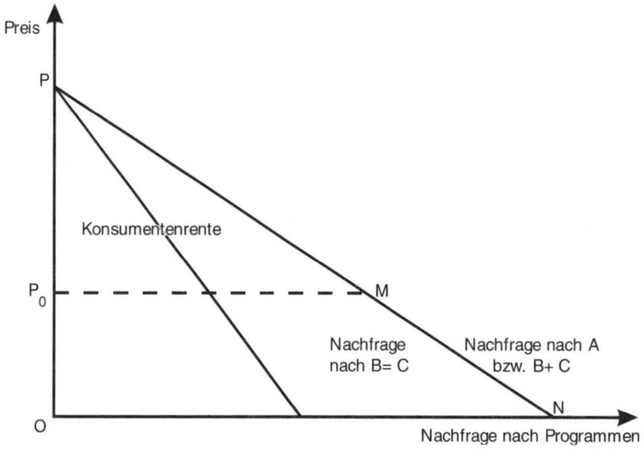

Angenommen, die Nachfrage-Preis-Beziehung ändere sich nicht, die Gesamtnachfrage verteile sich vielmehr gleichmäßig auf die beiden Programme B und C. In diesem Fall bleibt die Konsumentenrente gleich, wenn Programm B und C zusammen so teuer wären wie Programm A allein. Dies ist allerdings unwahrscheinlich. Aufgrund der gerade im Rundfunksektor signifikanten Fixkostendegression sinken die Stückkosten der Produktion in aller Regel bis zur Sättigungsgrenze. Ein Programm ist pro Zuschauer ceteris paribus wesentlich billiger als zwei Programme für die gleiche Gesamtzuschauerzahl. Die Wohlfahrt würde also mit zunehmender Vielfalt abnehmen.

Unwahrscheinlich ist allerdings auch, dass die Nachfrage-Preis-Beziehung mit steigender Vielfalt der Programme unverändert bleibt. Es ist vielmehr anzunehmen, dass ein zweites Programm dazu beiträgt, die Bedürfnisse der Konsumenten insgesamt besser zu erfüllen, dass mithin die Nachfrage-Preis-Beziehung eine Rechtsverschiebung erfährt. In diesem Fall *kann* die Wohlfahrt zunehmen, nämlich dann, wenn durch das zusätzliche Programmangebot die Konsumentenpräferenzen intensiver erfüllt werden und die Bruttowohlfahrtszunahme die üblicherweise zu erwartende Kostenzunahme übersteigt.

Generell soll damit gezeigt werden, dass eine Erhöhung der Zahl der Anbieter und eine Erweiterung des Gütersortiments nicht notwendigerweise die Wohlfahrt erhöht. Es kommt dabei immer darauf an, ob das Ausmaß der zusätzlichen Befriedigung der Konsumenten die zusätzlichen Kosten der Vielfalt übersteigt. Daraus folgt, dass Vielfalt, auch publizistische Vielfalt, im System der Ökonomie kein Wert an sich ist; auch für Vielfalt gelten die in der Ökonomie üblichen Kosten-Nutzen-Kalküle.

Publizistische Vielfalt ist vermutlich eher objektiv determiniert und bezieht sich auf die verschiedenen möglichen Dimensionen von Meinungen, Werten, Normen, Argumenten usw. Ob die Kosten der publizistischen Vielfalt bei ihrer medienpolitischen Bewertung eine Rolle spielen, ist unklar, vor allem aber unwahrscheinlich:

Publizistische Vielfalt ist als verfassungsrechtlicher Zielwert sicher ein Wert per se. Kruse nennt dies „meritorische Vielfalt“ (Kruse 1996, S. 28f). Dies ist ein aussagekräftiger Begriff, weil im Konzept der publizistischen Vielfalt ein großes Maß an Meritorik und Demeritorik steckt; aber nicht nur. Daher und wegen der eher prinzipiellen Unterschiedlichkeit soll hier der Begriff publizistische Vielfalt beibehalten werden.

Statische Vielfalt bezieht sich auf die Angebotsvielfalt – von Gütern und von Meinungen – zu einer relativ eng begrenzten Zeitperiode, etwa „heute“ oder „heute zur Prime Time“. Bei statischer Vielfalt kommt es darauf an, zur gleichen Zeit ein vielfältiges Angebot zu bieten, aus dem die Konsumenten/Rezipienten wählen können. Eine solche zeitgebundene Wahlmöglichkeit ist sowohl für die ökonomische als auch für die publizistische Vielfalt von großer Relevanz.

Dynamische Vielfalt bezieht sich auf die Angebotsvielfalt im Zeitablauf. Es käme also darauf an, im Zeitablauf ein vielfältiges Angebot zu bieten, also etwa im Laufe einiger Zeit alle relevanten Meinungen anzubieten oder das Güterangebot zu verändern. Wie relevant dies für die publizistische Vielfalt ist, kann hier nicht beurteilt werden. Es bleibt zu vermuten, dass medienpolitisch eher von der statischen publizistischen Vielfalt als Norm ausgegangen wird. Für die ökonomische Wohlfahrt spielt hingegen die dynamische Vielfalt eine ganz zentrale Rolle, aber leider sind diese Zusammenhänge bislang nicht untersucht worden. Kruse verwendet im Zusammenhang mit der zeitlichen Dimension des Konsums die Begriffe „horizontale“ und „vertikale“ Vielfalt. Dies scheint allerdings, bezogen auf die Zeitachse, eher zu Missverständnissen zu führen, daher sollen die Begriffe so beibehalten werden. Im Folgenden beschränkt sich die Analyse hier auf den Zusammenhang zwischen Wettbewerb und ökonomischer Vielfalt. Die Zusammenhänge zwischen Wettbewerb und publizistischer Vielfalt sind bislang wenig erforscht, lediglich einige Vermutungen sind angestellt worden (vgl. Band 1, S. 105ff.; Kruse 1996) und einige empirische Untersuchungen liegen vor (vgl. z.B. Schatz/Immer/Marcinkowski 1989).

8.2. Zur Produktion ökonomischer Vielfalt und zum Einfluss verschiedener Voraussetzungen

Im Folgenden wird untersucht, unter welchen Voraussetzungen die Produktion ökonomischer Vielfalt zu erwarten ist; dabei werden die verschiedenen Annahmen jeweils ceteris paribus variiert. Um publizistische Vielfalt geht es nicht, ihre Voraussetzungen sind gänzlich spekulativ. Ökonomische Vielfalt ist aber nicht etwas ganz anderes als publizistische Vielfalt, sie kann als eine notwendige aber nicht hinreichende Bedingung für publizistische Vielfalt gelten.

Angenommen werden folgende Bedingungen der Rundfunkproduktion:

1. Es existiert eine Vielzahl voneinander unabhängiger Anbieter (Wettbewerb).
2. Die Rezipientenpräferenzen sind heterogen, d.h. es gibt kein „Jedermannsprogramm“, das alle Rezipienten gleich schätzen und das alle am liebsten konsumieren.

3. Es gibt keine Skaleneffekte der Produktion und keine Fixkostendegression, das Programm für Minderheiten ist vielmehr pro Kopf so billig zu erstellen wie das Massenprogramm.
4. Es existiert eine normale, linear geneigte Preis-Absatz-Relation, so etwas wie eine normale Verteilung der Rezipientenpräferenzen (vgl. Owen/Wildmann 1992, S. 111).
5. Rundfunkprogramme werden auf einer Pay-Per-View bzw. Pay-Per-Hear-Basis finanziert, d.h. die Rezipienten zahlen für jede einzelne Sendung.

Unter diesen Annahmen würden Rundfunkprogramme genau in der ökonomischen Vielfalt angeboten, die den heterogenen Rezipientenpräferenzen entspricht (vgl. auch Kruse 1996, S. 31). Im Folgenden werden diese Annahmen sukzessive variiert.

1. Statt Wettbewerb existiere nun ein *Monopol* für das gesamte Rundfunkprogrammangebot eines Landes. Dieser Monopolist würde die gleiche Vielfalt der Rundfunkprogramme anbieten wie unter dem Regime des Wettbewerbs, weil die Rezipienten dies wünschen und bezahlen und weil die Vielfalt nicht teurer ist als ein einziges Jedermannsprogramm (annahmegemäß).

2. Die Rezipientenpräferenzen seien *homogen,* alle wollen am liebsten das gleiche Programm konsumieren. In diesem Fall würde ein Monopolist *ein* Programm anbieten, und unter dem Regime des Wettbewerbs würden die Wettbewerber alle das gleiche Programm anbieten: Es existierte dann eine Vielzahl, aber keine Vielfalt an Programmen.

3. Nun wird das zentrale Charakteristikum der Rundfunkproduktion berücksichtigt: die beschriebene *Fixkostendegression.* In diesem Fall ist die Kleinserienproduktion = das Minderheitenprogramm deutlich teurer als die Großserienproduktion = das Massenprogramm und zwar pro Kopf der Rezipienten. Der Monopolist würde all die Programme anbieten, deren Produktionskosten plus einem kleinen Gewinnaufschlag die Rezipienten gerade noch bezahlen würden. Und unter dem Regime des Wettbewerbs resultierte genau die gleiche bezahlte Programmvielfalt, allenfalls begnügen sich die Wettbewerber mit einem kleineren Gewinnaufschlag. In dieser Konstellation resultiert – für den Monopolmarkt wie für den Wettbewerbsmarkt – der gleiche Trade-Off in der Kaufentscheidung der Rezipienten zwischen einem billigen Massenprogramm und einem teuren, in „Kleinserie“ produzierten Minderheitenprogramm. In solchen Fällen können Kostenunterschiede durch Qualitätsunterschiede kompensiert werden. Je differenzierter und ausgeprägter die Präferenzen der Rezipienten hinsichtlich der Qualitätsunterschiede sind, desto eher werden Kostendegressionseffekte durch Qualitätsunterschiede relativiert (vgl. Kruse 1995, S. 15). *Das Grundprinzip der nivellierenden Tendenz der sinkenden Durchschnittskosten bleibt indes immer gültig:* Irgendwann dürfte für jeden Rezipienten der Punkt erreicht sein, an dem er das teure Minderheitsqualitätsprogramm dann doch durch das billigere Massenprogramm substituiert, obwohl er eigentlich das Minderheitsqualitätsprogramm präferiert. Und festzuhalten bleibt, dass die eine Seite dieses Wirkungsmechanismus, die Kostendegression, im Rundfunkbereich stärker ausgeprägt

ist als in jeder anderen Branche der Wirtschaft. Das Ergebnis ist eine geringe Vielfalt, die aber von den Rezipienten auf Grund ihrer Kosten-Nutzen-Kalküle so gewollt ist. Die Fixkostendegression scheint also der „Schurke im Stück" zu sein, nicht der Monopolist. Dies wird in der Ökonomie generell so gesehen: „Fixed costs are the problem" (Owen 1977, S. 315; vgl. auch Spence 1976 und Spence/Owen 1975).

4. Die Voraussetzung einer *normalen Verteilung der Rezipientenpräferenzen*, gedacht als normale Verteilung der individuellen Preiszahlungsbereitschaft, ist ein ungewöhnliches, m.W. sonst in der Ökonomie nicht verwendetes Konzept, das Spence und Owen in die Diskussion um die Vielfalt des Programmangebots eingeführt haben. (Spence 1976, Spence/Owen 1977). Sie wollen damit die Möglichkeiten von Anbietern, eine gegebene Preiszahlungsbereitschaft der Rezipienten in Einnahmen (= Umsatz) für sich umzusetzen, differenzieren, um die Prävalenz von Massenprogrammen vor Minderheitenprogrammen theoretisch zu fundieren.
Ausgangspunkt der Analyse ist, als mittlerer Referenzstandard, eine *lineare* Preis-Absatz-Relation, also eine lineare Beziehung zwischen Preiszahlungsbereitschaft und nachgefragter Menge. Bei der üblichen gewinnmaximierenden Preissetzung (der Preis wird so gesetzt, dass der Grenzumsatz MR gerade den Grenzkosten von – im Rundfunk – 0 entspricht) setzt der Anbieter einen Preis p_1, verkauft die Menge x_1 und erzielt einen Umsatz, der der grauen Fläche $P_1OX_1M_1$ entspricht (vgl. Abbildung 6).

Abbildung 6: Lineare Preis-Absatz-Relation

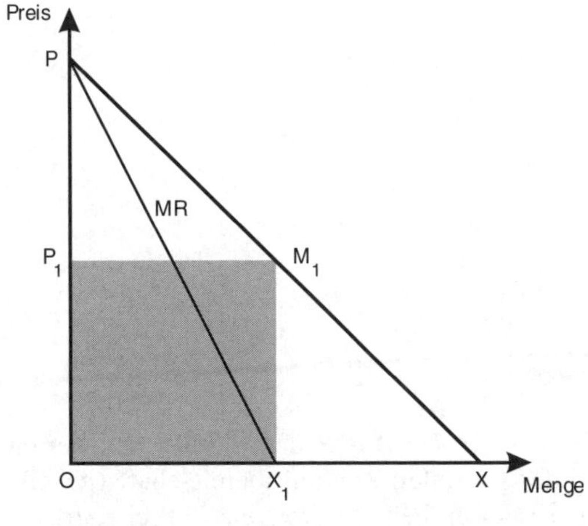

Der Anbieter kann dann von der gesamten theoretisch vorhandenen Preiszahlungsbereitschaft POX den genannten Teil $P_1OX_1M_1$ in Einnahmen für sich umsetzen.

Bei einer *konvex* geneigten Preis-Absatz-Relation, wie sie in Abbildung 7 angenommen wird, kann der Anbieter nach dem gleichen Prinzip von der gegebenen Preiszahlungsbereitschaft POX das graue Rechteck $P_2OX_2M_2$ in Einnahmen für sich umsetzen.

Abbildung 7: Konvexe Preis-Absatz-Relation

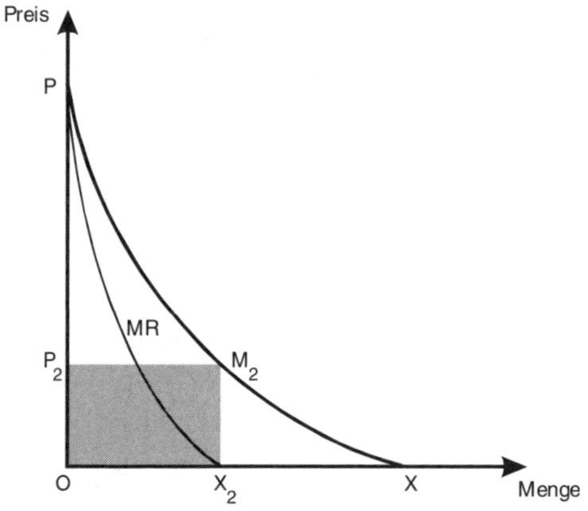

Und bei der *konkav* geneigten Preis-Absatz-Relation von Abbildung 8 wird das schraffierte Rechteck $P_3OX_3M_3$ in Einnahmen für den Anbieter umgesetzt.

Abbildung 8: Konkave Preis-Absatz-Relation

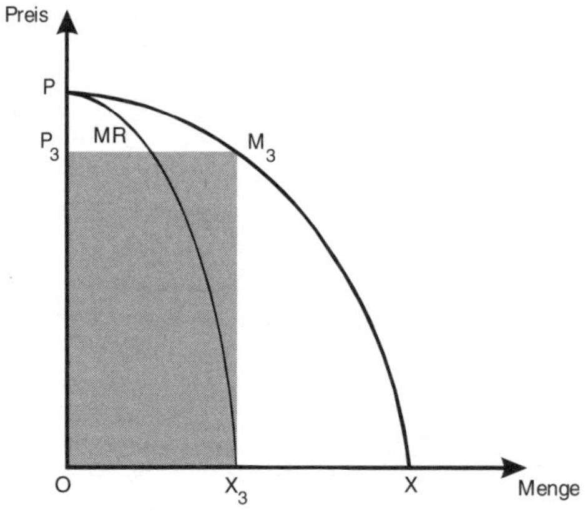

Wie man nun hoffentlich erkennen kann[11], ist der *Anteil* der jeweils realisierten Einnahmen (schraffiertes Rechteck) an der gesamten Zahlungsbereitschaft (jeweils die Fläche POX) unterschiedlich. Er ist klein bei der konvexen Preis-Absatz-Relation, mittel bei der linearen (bei jeder linearen) und groß bei der konkaven Preis-Absatz-Relation. Da Anbieter möglichst hohe Gewinne machen wollen, bieten sie bevorzugt solche Programme an, bei denen sie einen großen Teil der Preiszahlungsbereitschaft abschöpfen können. Das Ergebnis ist ein Bias „against programs

[11] Wenn nicht, dann müssen die Berechnungen von Spence 1976 und Spence/Owen 1977 nachvollzogen werden.

that have demands such that revenues capture a small fraction of the gross benefits" (Spence/Owen 1977, S. 112).

In üblicher Interpretation sind das Minderheitenprogramme, Special Interest-Programme, also Programme, für die nur einige wenige Rezipienten eine allerdings sehr hohe Preiszahlungsbereitschaft haben. Diese werden also – gemessen an der in Geld ausgedrückten Summe der Wertschätzung der Rezipienten – zu wenig angeboten. Umgekehrt werden solche Programme, denen eine konkave Preis-Absatz-Relation gegenübersteht, bevorzugt. In üblicher Interpretation sind dies Massenprogramme, also Programme, für die relativ viele Rezipienten eine relativ gleichartige Preiszahlungsbereitschaft haben. Diese Massenprogramme werden also – gemessen an der Wertschätzung der Rezipienten – zu viel angeboten.

5. Schließlich hat die *Art der Finanzierung* einen gewissen Einfluss auf die ökonomische Vielfalt des Rundfunkangebots. Werden *Gebühren* für das Bereithalten eines Empfangsgerätes erhoben, so hat die Fixkostendegression in der Regel keine Auswirkungen auf Programmangebot und Programmnachfrage. Der Rezipient bemerkt die Kosteneffekte nicht, weil sie sich in realen Preisen nicht niederschlagen. Und der Veranstalter bezieht seine Einnahmen aus der Ausstrahlung des Gesamtprogramms; Reichweiten spielen unmittelbar keine Rolle. Allerdings ist nicht auszuschließen – und bei der Programmgestaltung des öffentlich-rechtlichen Rundfunks ist dies deutlich zu beobachten –, dass die Ausstrahlung reichweitenschwacher Programme, die *fiktiv* pro Kopf sehr teuer sind, einen so erheblichen Legitimationsdruck implizieren, dass letztlich auf ihre Ausstrahlung verzichtet wird. Wird das Programm durch *Werbung* finanziert, so hat die Fixkostendegression unmittelbar keine Auswirkung, eine zunehmende (abnehmende) Reichweite bewirkt vielmehr zunehmende (abnehmende) Einnahmen:

- Mit zunehmender Reichweite sinkt bei konstanten Werbespotpreisen der Tausend-Kontakte-Preis der Werbung (es wird billiger, die Werbebotschaft pro Kopf zu verbreiten),
- dies führt zu steigender Nachfrage nach Werbung im Rundfunk (Mengeneffekt), und
- dies bietet nachfolgend den Spielraum, die Werbespotpreise zu erhöhen (Preiseffekt).

Eine Tendenz zur Monopolisierung, also eine Bedrohung der Vielfalt, ergibt sich bei der Werbefinanzierung mithin etwas indirekter dadurch, dass abnehmende Reichweiten sinkende Einnahmen bedeuten, mit der Konsequenz, dass reichweitenschwache Programme vom Markt verschwinden, während umgekehrt reichweitenstarke Programme ihre Position ausbauen können.

Bei *Pay-Rundfunk* – und dies war ja Ausgangspunkt dieser Analyse – sinken die *Kosten* eines Rundfunkprogramms pro Käufer mit steigender Zahl der Käufer. In diesen Fällen gestaltet sich die Preiskalkulation, insbesondere in der Variante, bei der für jede einzelne Sendung gezahlt werden muss, als schwierig (vgl. Kapitel 8). Es kann indes als plausibel gelten, dass die Preisentwicklung, wenn auch möglicherweise verzögert und nur ungefähr, der Kostenentwicklung folgt. In diesem Fall resultiert eine Tendenz zu ruinöser Konkurrenz und anschließender Monopolisierung des Marktes, bzw. – in Erwartung der ruinösen Konkurrenz – eine Monopolisierung direkt und von Anfang an.

Insgesamt ist unter dem Regime des Marktmodells die Fixkostendegression der Rundfunkproduktion der entscheidende Grund für eine Programmstruktur gegen Minderheitsprogramme und gegen Vielfalt (vgl. vor allem Spence/Owen 1977). In diesem Sinne ist Rundfunk geradezu prädestiniert dazu, ein *Massen*medium zu sein, weil seine Kostenvorteile erst bei einem Massenkonsum realisiert werden (vgl. Rosse/Dertouzos 1978, S. 13).

Das Ergebnis der Analyse ist betrüblich: Gerade bei der Produktion, bei der so viel Wert gelegt wird auf ein vielfältiges Angebot, sind die Bedingungen für die Produktion von Vielfalt – genauer gesagt von statischer ökonomischer Vielfalt – außerordentlich ungünstig.

Die Strukturbedingungen für *dynamische ökonomische Vielfalt* sind weniger stringent analysiert worden. Plausibilitäten und empirische Beobachtungen treten an die Stelle exakter ökonomischer Modelle – was aber nicht nur von Nachteil ist. Wieviel dynamische Vielfalt entsteht, hängt ab vom Wettbewerbsgeist des Pionierunternehmens und von den Strukturbedingungen des Wettbewerbs, die jeweils mehr oder weniger zu Innovationen anspornen. Dynamische Vielfalt wird gefördert durch die Freiheit des Marktzutritts, durch eine expansive Marktphase und eine ausreichende Zahl von Konkurrenten. Für den Rundfunkmarkt der Bundesrepublik, auf dem Marktzutritt leicht möglich ist, der sich in einer intensiven Expansionsphase befindet und auf dem die Zahl der Konkurrenten hinlänglich groß ist, können die Strukturbedingungen des dynamischen Wettbewerbs als gut bezeichnet werden. Vielfalt im dynamischen Sinne dürfte hier also recht ausgeprägt sein. Der Augenschein bestätigt die theoretische Überlegung: Der Rundfunkmarkt der Bundesrepublik ist durch ungewöhnlich zahlreiche Innovationen gekennzeichnet. Neue Programme, neue Formate, neue Sendeformen und neues Design tauchen beinahe täglich auf; zu einer bestimmten Zeit hingegen erscheint das Programm als relativ gleichartig.

8.3. US-amerikanische Television Economics

Modelle zur Programmwahl sind insbesondere in den USA in den Jahren von 1952 bis heute entwickelt worden. Sie beziehen sich auf das Fernsehen und daher wird dieser Zweig medienökonomischer Forschung auch „Television Economics" genannt. In Deutschland hat dieser Forschungszweig nicht viel Beachtung erfahren, allerdings hat es eine ausgezeichnete Rezeption und eine gewisse Weiterentwicklung durch Müller (1979) gegeben.

Die entwickelten Modelle wollen Aussagen zur Fernsehprogrammstruktur machen:

- Aussagen zur Zahl der Programme,
- Aussagen zur Art der Programme (Minderheitsprogramme oder Massenprogramme) und

- Aussagen darüber, inwieweit das Ziel der gesamtwirtschaftlichen Wohlfahrtsmaximierung verfehlt wird etwa dadurch, dass Programme nicht gesendet werden, obwohl einc ausreichende Preiszahlungsbereitschaft besteht.

Hierzu werden Annahmen bezüglich der zentralen Determinanten der Programmstruktur gemacht und in einer Art *Simulationsmodell* variiert. Als solche zentralen Determinanten der Programmstruktur werden herausgestellt:

- die Struktur der Rezipientenpräferenzen,
- die Kosten der Programmproduktion,
- die Zahl der verfügbaren Kanäle,
- die Struktur des Marktes (Monopol oder Wettbewerb) und
- die Art der Finanzierung (Werbefinanzierung oder Pay-TV).

Die Ergebnisse dieser Theorien haben die medienpolitische Diskussion maßgeblich beeinflusst. Zentrale Ergebnisse sind nämlich die folgenden:

- Zum Vergleich der Marktstrukturen – Wettbewerb oder Monopol – lautet der Befund: Unter dem Regime von Wettbewerb besteht eine Tendenz zur Verdoppelung der Programme, unter dem Regime des Monopols eher eine Tendenz zu einem vielfältigen Angebot. Diese Tendenzen werden durch Werbefinanzierung verstärkt und durch Pay-TV abgeschwächt.
- Im Vergleich der Finanzierungsformen – Pay-TV oder Werbefinanzierung – lautet der Befund: Bei Werbefinanzierung werden Minderheitenpräferenzen weniger berücksichtigt als bei Pay-TV.
- Generell wird das gesamtökonomische Wohlfahrtsoptimum verfehlt, weil einerseits zu viele Programme des gleichen Typs (Massenprogramme) angeboten werden und andererseits zu wenig Minderheitsprogramme.

Wichtige Beiträge zur „Television Economics“ sind, in historischer Reihenfolge, Steiner (1952), Rothenberg (1962), Beebe (1972), Owen/Beebe/Manning (1974), Spence/Owen (1977), Noam (1987), Waterman (1992) und Owen/Wildman (1992). Um einen Eindruck von der Denkstruktur zu vermitteln, sei der Aufbau des allerersten Modells, des von Steiner (1952) beschrieben.

Das Steiner-Modell (1952)

Steiner nimmt an, dass drei Programme existieren, die auf drei Kanälen gesendet werden können. Das Zuschauerpotenzial von 8.750 Zuschauern verteilt sich auf die Programme wie folgt:

Programm 1:	5000 Zuschauer
Programm 2:	2500 Zuschauer
Programm 3:	1250 Zuschauer

Die Kosten per Programm betragen 1000.- DM (pro Stunde), die Einnahmen pro Zuschauer betragen 1,- DM (pro Stunde).

Nach Gewinnmaximierung strebende Anbieter würden wie folgt handeln:

Der *Monopolist* produziert alle drei Programme und erzielt einen Gesamtgewinn von 5750,- DM.

Programm 1:	Umsatz 5000,-	Kosten 1000,-	Gewinn 4000,-
Programm 2:	Umsatz 2500,-	Kosten 1000,-	Gewinn 1500,-
Programm 3:	Umsatz 1250,-	Kosten 1000,-	Gewinn 250,-

Wettbewerber würden nur 2 Programme anbieten, davon das Programm 1 doppelt und einen Gesamtgewinn von 4500,- DM erzielen.

Programm 1:	Umsatz 2500,-	Kosten 1000,-	Gewinn 1500,-
Programm 2:	Umsatz 2500,-	Kosten 1000,-	Gewinn 1500,-
Programm 1:	Umsatz 2500,-	Kosten 1000,-	Gewinn 1500,-

Das dritte Programm anzubieten lohnt nicht, weil die halbe Zuschauerzahl beim Massenprogramm 1 größer ist als die gesamte Zuschauerzahl des Minderheitenprogramms 3.

Das waren die Ergebnisse von hoher medienpolitischer Brisanz: Unter dem Regime des Monopols werden mehr Programme angeboten als unter dem Regime des Wettbewerbs; unter dem Regime des Wettbewerbs wird ein Programm doppelt angeboten. Dies ist ein Ergebnis, das dem öffentlich-rechtlichen Rundfunk in Deutschland nicht missfallen hatte. Nachfolgend ist das Modell von Steiner modifiziert und erweitert worden, ohne zu grundsätzlich neuen Ergebnissen zu führen. Erst die Analysen von Spence und Owen, die in Abschnitt 7.2. berücksichtigt worden sind, haben den starren Simulationscharakter der Modelle der alten Television Economics überwunden. Insbesondere hat sich inzwischen die Wertschätzung des Monopols verflüchtigt, vor allem deshalb, weil faktisch nicht mehr von einer begrenzten Zahl von Übertragungskanälen auszugehen ist.

Zusammenfassung

Die Rundfunkprogrammproduktion ist eine recht ungewöhnliche ökonomische Aktivität:

- Sie ist gekennzeichnet durch eine Fixkostendegression ad infinitum.
- Sie zeichnet sich aus durch eine erhebliche Unbestimmtheit der Input-Output-Relation.
- Der Konsum von Rundfunkprogrammen ist extrem zeitgebunden und zeitverbrauchend.

Diese Besonderheiten begründen spezifische Marketingstrategien, insbesondere Monopolisierungen, Mehrfachverwertungen, Imitationsstrategien und einen erheblichen Werbeaufwand, sie begründen leider nicht die Tendenzen zu einem vielfältigen Programmangebot von hoher Qualität.

Ein vielfältiges Programmangebot wäre modelltheoretisch dann zu erwarten, wenn eine Vielzahl von Anbietern ohne nennenswerte Skaleneffekte produzierte. Insbesondere die Skaleneffekte in der speziellen Form der Fixkostendegression stehen einer vielfältigen Programmproduktion entgegen.

Literatur

Standardlehrbücher zur Ökonomik der Rundfunkproduktion, in der Regel mit explizitem Bezug auf das Fernsehen sind

- Owen, B. M.; S. S. Wildman, Video Economics, Cambridge, London (Harvard University Press) 1992, und
- Collins, R.; N. Garnham, G. Locksley, The Economics of Television, London u.a. (Sage) 1988.

Einen fundierten Überblick über ordnungspolitische Problembereiche der Rundfunkproduktion gibt

- Kruse, J., Ordnungspolitik im Rundfunk, in: M. Schenk, J. Donnerstag (Hrsg.) Medienökonomie, München (Fischer) 1989, S. 77-111 und
- Kruse, J., Publizistische Vielfalt und Medienkonzentration zwischen Marktkräften und politischen Entscheidungen, in: K.-D. Altmeppen (Hrsg.); Ökonomie der Medien und des Mediensystems, Opladen (Westdeutscher Verlag) 1996, S. 25-52.

Eine erstaunlich differenzierte, detaillierte und umfangreiche Darstellung der Fernsehökonomik bietet die offenbar recht unbeachtet gebliebene Dissertation von

- Müller, W., Die Ökonomik des Fernsehens, Göttingen (Eichhorn) 1979.

5. Kapitel

Ökonomik der Programm-Input-Produktion

Die Ökonomik der Programm-Input-Produktion wird von der Ökonomik der Programmveranstaltung getrennt, weil hier z.T. andere Handlungsträger und z.T. andere Märkte zu analysieren sind. Leider aber nur zum Teil. Das macht die Abgrenzung notwendig und schwierig zugleich. Der Sektor der Programm-Input-Produktion ist ökonomisch von großer Bedeutung, und seine Bedeutung wird mit zunehmender Zahl der Rundfunkprogrammveranstalter zunehmen. Der Sektor ist recht unübersichtlich und verläßliche Quantifizierungen sind rar. Dieses Kapitel versucht zunächst eine Systematisierung der verschiedenen Ebenen der Programm-Input-Produktion, anschließend werden die Vorteile bzw. die Nachteile einer vertikalen Integration aufgezeigt und es werden die ökonomischen Besonderheiten der Produktion global dargestellt; nachfolgend werden die quantitativ bedeutsamsten Sparten an Programm-Inputs beschrieben – Spielfilme, Fernsehfilme und Sportrechte. Ein Überblick über die quantitative Bedeutung der Programm-Input-Produktion in Deutschland rundet das Kapitel ab. Die Ausführungen gelten z.T. für den Rundfunk insgesamt, vorwiegend indes für den Fernsehsektor allein, für den die wirtschaftlich selbständige Programm-Input-Produktion auch die größere Rolle spielt.

1. Systematisierung der Programm-Input-Produktion

Programm-Inputs sind Programmteile, die von Programmveranstaltern zu einem Gesamtprogramm zusammengestellt werden. Programm-Inputs sind entweder konzipiert als Beitrag innerhalb einer Sendung oder als Sendung insgesamt. Programm-Inputs und Programm-Input-Produktion weisen einige Unterschiede zum Programm und zur Programmveranstaltung auf:

- Es existieren direkte marktmäßige, über Preise vermittelte Beziehungen zwischen Anbietern und Nachfragern von Programm-Inputs (bzw. diese könnten leicht implementiert werden).
- Das gehandelte Gut ist leicht zu messen als Zahl, Zeitumfang und Wert des Programm-Inputs, und Privateigentum kann relativ gut in Form von Nutzungsrechten definiert und durchgesetzt werden.
- Anbieter sind die Programm-Input-Produzenten, und Nachfrager sind die Programmveranstalter (bzw. im Falle einer Mehrfachverwertung auch Kinounternehmen oder Videounternehmen).
- Die Nachfrage der Programmveranstalter ist eine abgeleitete Nachfrage, deren Preiszahlungsbereitschaft von den erwarteten Erlösen abhängt, die mit dem Programm-Input zu erzielen sind (meist Werbeeinnahmen).

- Der Erwerb von Programm-Inputs kann in der Regel als Investition interpretiert werden, als Investition in das Programmvermögen des Veranstalters.

Diese Unterschiede werden deutlich, wenn die Transaktionen zwischen Programmveranstaltern und Programm-Input-Produzenten tatsächlich über den Markt abgewickelt werden. Die Unterschiede bleiben hingegen verwischt, wenn die Transaktionen im Vertragsnetzwerk vertikal integrierter Gesamtunternehmen verborgen sind.

Die Programm-Input-Produktion kann differenziert werden

- nach inhaltlichen Kriterien,
- nach journalistischen Kriterien und
- nach ökonomischen Kriterien.

Eine *inhaltliche Differenzierung* des Programms und damit auch der Programm-Inputs erfolgt häufig nach den groben Kategorien Information, Unterhaltung und Werbung. In größerer Differenzierung können folgende Sparten unterschieden werden:

- Information/Bildung
- Fiktionale Unterhaltung
- Nonfiktionale Unterhaltung
- Musik
- Sport
- Kinder-/Jugendsendungen
- Sonstige Programmsparten
- Werbung (vgl. Krüger 1996).

Eine solche Differenzierung ist vor allem für eine Inhaltsanalyse des Programms entwickelt worden. Für eine ökonomische Differenzierung ist sie nicht sehr relevant.

Unter Anwendung der *journalistischen Kriterien* Aktualität, Genre und Ressorts ergibt sich eine weitere mögliche Differenzierung der Input-Produktion:

- Das Kriterium der Aktualität grenzt Vorratsproduktion, tagesaktuelle Produktion und Liveproduktion voneinander ab.
- Das Kriterium Genre grenzt Nachrichten, Berichte, Reportagen usw. voneinander ab.
- Das Kriterium Ressort grenzt Inputs für die verschiedenen Ressorts, z.B. Nachrichten, Sport, Wirtschaft, Kultur usw. voneinander ab.

Nach *ökonomischen Kriterien* lässt sich differenzieren nach dem Umfang der Eigenproduktion, nach dem Umfang, in dem Märkte vorhanden sind, und nach typischen Produktions- und Vermarktungsusancen.

Märkte existieren vor allem für Programm-Inputs, die der Sparte fiktionale Unterhaltung zuzurechnen sind:

- Kino-Filme (Spielfilme),
- TV-Produktionen,
  - TV-Filme,
  - TV-Serien,
  - TV-Spiele.

Man bezeichnet diese Programm-Inputs auch als fiktionale Programmangebote, bzw. als „filmwirtschaftliche Leistungen im engeren Sinne“ (Wöste 1995, S. 622). Im Hörfunk handelt es sich um Angebote im Rahmen der Syndication.

Ein *Kinofilm* ist ein Film, der nach seiner Auswertungsintention zunächst und vor allem in den Kinoverleih geht. Erst anschließend ist eine Verwertung im Fernsehen vorgesehen. Kinofilme werden auf herkömmlichem Filmmaterial produziert und haben das breite Kinoformat. Sie sind üblicherweise in der Produktion wesentlich teurer als TV-Filme und nach Ästhetik und Dramaturgie z.T. anders konzipiert.

TV-Produktionen sind für das Fernsehen bestimmt und gehen nicht in den Kino-Verleih. Sie werden oft auf Magnetband gedreht und sind in der Produktion wesentlich billiger als Kino-Filme. Ein *TV-Film* (TV-Movie) ist ein Film mit einer in sich geschlossenen Handlung, meist mit der klassischen Spielfilmlänge von 90 Minuten, dramaturgisch und ästhetisch auf die Zwecke des Fernsehens zugeschnitten. Die Produktion ist deutlich billiger als die eines durchschnittlichen Kinofilms. In Deutschland kostet die Produktion eines TV-Films im Durchschnitt rund 2 bis 3 Millionen DM, hochwertige Fernsehunterhaltung kostet pro Stunde etwa zwei Millionen DM (Rohrbach 1998, S. 13). Ein TV-Movie aus US-Produktion kostet in Deutschland 1997 rund 360.000 DM (TV Spielfilm, 12, 1998, S. 10). Eine *TV-Serie* wird ebenfalls speziell für das Fernsehen produziert, hat wiederkehrende Handlungsträger und Handlungselemente und wird in einem engen regelmäßigen Abstand gesendet. Die einzelne, in sich abgeschlossene Sendung ist in der Regel kürzer als beim Kino- oder Fernsehfilm, meist 45 oder 60 Minuten. Die Produktion einer TV-Serie ist meist billiger als die Produktion eines TV-Movies, genannt werden rund 10.000 bis 15.000 DM pro Minute. Serien werden in Güteklassen eingeteilt. Für den Kauf einer Primetime-Serie der Güteklasse A müssen 50.000 bis 60 000 Dollar pro Stunde gezahlt werden. *TV-Spiele* sind nichtfiktionale Unterhaltungsspiele und in der Regel noch etwas billiger in der Produktion als TV-Serien.

Märkte existieren auch für andere Programm-Inputs, insbesondere Nachrichten, die ähnlich wie bei Zeitungen zu einem Teil von Nachrichtenagenturen geliefert werden. Führende Fernsehnachrichtenagenturen sind Reuters Television und Worldwide Television News (WTN), hinzu kommt die amerikanische Nachrichtenagentur Associated Press (vgl. Zimmer 1993). Für den Hörfunk in Deutschland produziert z.B. die Rufa, eine Rundfunknachrichten-Agentur, die sich auf die Audio-Berichterstattung spezialisiert hat. Märkte existieren auch für Sportübertragungsrechte, interessanterweise aber kaum für Sportübertragungen selbst. Sportübertragungen werden in der Regel als Eigenproduktion erstellt.

Formen der Eigen- bzw. Fremdproduktion werden detaillierter folgendermaßen differenziert:

- „*Übernahmen* sind Programme, die von einer Rundfunkanstalt/-organisation im In- oder Ausland übernommen und gleichzeitig (als Direktanschluss) oder zeitversetzt ausgestrahlt wurden.
- *Eigenproduktion:* Programme, deren Herstellung und Bearbeitung von der ausstrahlenden Anstalt mit eigenen Produktionsmitteln durchgeführt und allein finanziert wurden; eingeschlossen ist dabei die Mitverwertung von Fremdproduktionen, Theaterübernahmen oder öffentlichen Veranstaltungen.

- *Auftragsproduktion:* Programme, die von Anstaltsfremden ausschließlich oder überwiegend mit deren Produktionsmitteln hergestellt und bearbeitet und von der auftraggebenden Anstalt durch Einzelvertrag für die Ausstrahlung erworben wurden.
- *Koproduktion:* Programme, an deren Finanzierung und/oder Herstellung und Bearbeitung außer der ausstrahlenden Anstalt auch Anstaltsfremde beteiligt waren.
- *Ko-Eigenproduktion:* Programme, deren Herstellung und Bearbeitung die ausstrahlende Anstalt ausschließlich oder überwiegend durchgeführt hat.
- *Kauffilme:* Programme, die durch Einzelvertrag von anderen Anstalten oder von Anstaltsfremden gegen Entgelt erworben, ggf. auch selbst bearbeitet (z.B. synchronisiert) wurden." (ARD Jahrbuch 1992, S. 402)

Schließlich kann der Bereich der Programm-Input-Produktion nach einigen typischen Produktions-, Handels- und Vermarktungsusancen in folgende drei Felder differenziert werden:
- Spielfilme,
- TV-Produktionen und
- Sport und Sportrechte (vgl. Abschnitt 5).

2. Outsourcing – das Kalkül von „Make or Buy"

2.1. Begriffsklärungen

Ein grundlegendes unternehmerisches Entscheidungskalkül ist die Frage, ob eine Produktion effizienter (d.h. billiger und/oder besser) unternehmensintern erstellt werden sollte („Make") oder ob sie vom Markt bezogen werden sollte („Buy"). Diese Frage wird unter verschiedenen Bezeichnungen diskutiert:
- Eigenproduktion oder Fremdproduktion;
- Make or Buy;
- Bestimmung der optimalen Fertigungstiefe der Produktion oder
- Bestimmung der optimalen vertikalen Integration der Unternehmung.

Und diese Frage wird unter verschiedenen Bedingungskonstellationen diskutiert:
- Zum einen ex ante, also vor Aufnahme des Produktionsbetriebs bzw. im simulierten Neuanfang eines „Business Reengineering" (vgl. Kapitel 10, Abschnitt 2),
- zum anderen ex post, im Rahmen einer bestehenden Unternehmung mit etablierten Produktionsroutinen.

Nur für das ex post-Kalkül gelten die folgenden Begriffe: Die *Auslagerung* einer ursprünglich unternehmensintern erstellten Produktion bezeichnet man als *Outsourcing* (die Kurzfassung von Outside Ressource Using). Den umgekehrten Vorgang, die *Eingliederung* einer Marktproduktion in die Unternehmung bezeichnet man als *vertikale Integration* bzw. als *vertikale Konzentration* (vgl. dazu Kapitel 7, Abschnitt 5). Outsourcing und vertikale Integration/Konzentration beschreiben mithin eine unternehmerische Entscheidung als Prozess.

Im Rahmen des ex ante-Kalküls spricht man überwiegend von der Bestimmung der optimalen Fertigungstiefe.

Die Frage „Make or Buy" ist für praktisch alle Unternehmensaktivitäten zu diskutieren, für Hilfsfunktionen wie Reinigung, Fuhrpark oder Datenverarbeitung genauso wie für die zentralen Aktivitäten von Produktion und Vertrieb; sogar die Geschäftsführung könnte durch eine externe Unternehmensberatung übernommen werden. Im Mediensektor und speziell im Rundfunksektor wird die Frage „Make or Buy" intensiv insbesondere für den zentralen Komplex der Programm-Input-Produktion diskutiert. Dies ist der Unternehmensbereich, der das Markenprofil einer Rundfunkunternehmung weitgehend bestimmt und der zugleich der größte Kostenfaktor ist (vgl. Kapitel 14, Abschnitt 4). Verlockend ist also die Perspektive, durch Outsourcing, durch den Übergang von „Make" auf „Buy", Kosten zu senken, und beängstigend ist zugleich die Gefahr, durch Outsourcing das Markenprofil zu verwässern, zu verlieren. Daher wird der Komplex des Outsourcing im Zusammenhang mit der Programm-Input-Produktion analysiert.

2.2. Formen des Outsourcing

Make, die Eigenproduktion, meint die unternehmensinterne Produktion; Buy, die Fremdproduktion meint den Bezug der Produktion vom Markt, von externen Lieferanten. Zwischen „Markt" und „Unternehmung" gibt es indes zahlreiche Abstufungen. Zu differenzieren ist nach dem Ausmaß der rechtlichen und/oder wirtschaftlichen Unabhängigkeit des Lieferanten der Programm-Inputs, kurz: der Produzenten. Nach dem Ausmaß ihrer Unabhängigkeit unterscheidet man zweckmäßigerweise:

- rechtlich und wirtschaftlich unabhängige Produzenten,
- rechtlich unabhängige und wirtschaftlich abhängige Produzenten,
- rechtlich und wirtschaftlich vollständig abhängige Produzenten.

Diese Abgrenzung ist nur bei den beiden Extremfällen eindeutig, im Übrigen ist die Beschreibung, Feststellung und Definition der wirtschaftlichen Abhängigkeit schwierig.

Völlig unabhängige Produzenten sind rechtlich selbständig – sie haben eine eigene Firma, die im Handels- oder Vereinsregister eingetragen ist – und sind wirtschaftlich selbständig, d.h. es bestehen keine Beteiligungen im Sinne von § 271, Abs. 1 HGB[12] zwischen Programmveranstaltern und Programm-Input-Produzenten. Die Transaktionen zwischen Programmveranstaltern und Programm-Input-Produzenten werden über den Markt abgewickelt. Die Produktion wird *Kaufproduktion* oder *Auftragsproduktion* genannt.

Vollständig abhängige Produzenten sind rechtlich und wirtschaftlich vollständig in die Programmveranstaltung integriert: Sie sind festangestellte Mitarbeiter des

---

[12] Dort ist definiert: „Beteiligungen sind Anteile an anderen Unternehmen, die bestimmt sind, dem eigenen Geschäftsbetrieb durch Herstellung einer dauernden Verbindung zu jenen Unternehmen zu dienen. Dabei ist es unerheblich, ob die Anteile in Wertpapieren verbrieft sind oder nicht. Als Beteiligung gelten im Zweifel Anteile an einer Kapitalgesellschaft, deren Nennbeträge insgesamt den 5. Teil des Nennkapitals dieser Gesellschaft überschreiten."

Programmveranstalters und wickeln ihre Transaktionen innerhalb des Vertragsnetzwerkes der Unternehmung des Programmveranstalters ab. Die Produktion wird *Eigenproduktion* genannt.

Die *wirtschaftliche Abhängigkeit* allein ist eine Frage des Grades, nicht der Existenz. Sie wird in der Regel begründet durch die Höhe der Kapitalbeteiligung und der damit verbundenen Stimmrechte. Häufig verwendete Schwellenwerte, ab deren Überschreitung dann auf eine Änderung in der Qualität der Abhängigkeit geschlossen wird, sind die folgenden:

- Ab einer Kapitalbeteiligung von 20 Prozent wird nach § 271, Abs. 1 HGB eine dauernde Verbindung vermutet, die dem eigenen Geschäftsbetrieb dienen soll (vgl. Fußnote 23).
- Ab einer Kapitalbeteiligung von 25 Prozent sieht das deutsche Kartellrecht den Zusammenschlusstatbestand als erfüllt an (§37, Abs.1, Punkt 3 KartellG). Dies ist materiell darin begründet, dass für bestimmte Beschlüsse der Hauptversammlung einer Aktiengesellschaft eine Sperrminorität von 25 Prozent der Stimmrechte besteht, und in der Regel die Stimmrechte an die Kapitalbeteiligung gebunden sind.
- Ab einer Mehrheitsbeteiligung von 50 Prozent wird die wirtschaftliche Abhängigkeit im Prinzip zweifelsfrei begründet.

Zwischen diesen klaren Schwellenwerten liegen relative Mehrheitsbeteiligungen, z.B. eine 40-Prozent-Beteiligung an einem Unternehmen mit im Übrigen breitgestreuten Kapitalanteilen und/oder unterschiedlichsten Formen der Stimmrechtsgestaltung. Hier kann nur eine Einzelfallbetrachtung das Ausmaß der Abhängigkeit evaluieren.

Neben der Kapitalbeteiligung können auch sonstige vertragliche Beziehungen, insbesondere Kreditbeziehungen und exklusive Lieferbeziehungen, zu einer wirtschaftlichen Abhängigkeit führen. Diese Abhängigkeit ist dann allerdings nicht mehr gesellschaftsrechtlich fundiert (vgl. dazu auch Kapitel 7). Einen illustrativen Überblick über die Vielfalt von Verbindungen zwischen Programmveranstalter und Programm-Input-Produzenten gibt das Netzwerk der Beteiligungen von RTL-Television.

Übersicht 1: Beteiligungen von RTL-Television

Produktion	Fernsehen/Film	Regional	Sonstige	
Magic Media Company 26%	crea tv Hürth 48%	RTL Hessen live Frankfurt 60%	IPA-plus Frankfurt 50%	ENEX Luxemburg 25%
Cologne Broadcasting Center 26%		RTL West live Essen 51%	Teleworld RTL-Text 51%	1-2-1 Köln 50%
		RTL Nord live Hamburg 100%	Prime time Programm Promotion 100%	Networx München 50%

Quelle: RTL Television, 1996, S. 61.

Auch im Hinblick auf den materiell-technischen Umfang der vertikalen Integration sind vielfältige Formen der Zusammenarbeit von Rundfunkveranstaltern und Programm-Input-Produzenten denkbar. So reicht die Palette von überwiegend technischen Dienstleistern, die nur Studios, Kameras, Ü-Wagen usw. vermieten, bis hin zu Unternehmen, die komplett den Sendeablauf abwickeln wie z.B. MME (Hamburg) für den Musikkanal VH-1.

Nach dem Ausmaß der Abhängigkeit unterscheidet man:

- *Externes Outsourcing/*Echtes Outsourcing: Dies liegt vor bei rechtlicher und wirtschaftlicher Unabhängigkeit des Lieferanten. Eine Unabhängigkeit besteht interessanterweise häufig sowohl bei sehr kleinen Lieferanten (z.B. kleine Medienbüros), an denen eine Beteiligung nicht lohnt, und bei sehr großen Lieferanten (z.B. Walt Disney), an denen eine Beteiligung zu teuer wäre.
- *Internes Outsourcing/*Inhouse-Outsourcing: Dies liegt vor bei völliger wirtschaftlicher Abhängigkeit, z.B. im Fall von RTL Nord live, einer 100%igen Tochterfirma von RTL.
- *Beteiligungsoutsourcing:* Dies liegt vor, wenn das Unternehmen an den Lieferanten signifikant beteiligt ist, meist in Form einer relativen Mehrheitsbeteiligung, wie z.B. im Fall von creatv, an der RTL mit 48 Prozent beteiligt ist.

Im Prozess des Outsourcing unterscheidet man weitherhin nach dem Ausmaß der Freiwilligkeit der betroffenen Mitarbeiter:

- Zum einen ist es typisch, dass ehemalige Mitarbeiter die Unternehmung freiwillig verlassen und mit dem erworbenen Know-how eine eigene Firma gründen, typisch insbesondere in jungen Wirtschaftsbranchen. Beispiele sind zahlreich zu finden, etwa Biolek, Christiansen, Küppersbusch, Meiser oder Schreinemakers.
- Zum anderen ist es möglich, Mitarbeiter zu entlassen oder bei ihrem Ausscheiden nicht mehr zu ersetzen und verstärkt auf Freie Mitarbeiter zu setzen. Hier ist die Freiwilligkeit der Betroffenen in der Regel gering.

2.3. Kosten-Nutzen-Analyse des Outsourcing

Die *Vorteile von Outsourcing* sind im Prinzip die Vorteile des Marktes. Der Marktbezug ist grundsätzlich billiger und flexibler als die Eigenproduktion, er bietet nämlich folgende Vorteile:

- Der Markt realisiert Betriebsgrößenvorteile und Spezialisierungsvorteile, also alle Vorteile der Arbeitsteilung.
- Der Markt reduziert den Fixkostenanteil der Unternehmung, d.h. er bietet flexible Anpassungsmöglichkeiten an Veränderungen der Geschäftswelt, weil Lieferverträge leichter gekündigt werden können als Arbeitsverträge und weil Produktivkapital nicht gebunden wird.
- Der Markt bietet die spezifischen Leistungsanreize des Wettbewerbs, Anreize zu autonomen Leistungen, zu Kreativität und Produktivität.
- Der Markt spart die Bürokratiekosten der Unternehmung (vgl. insgesamt Porter 1992, 14. Kapitel).

Warum gibt es dann aber überhaupt vertikal integrierte Unternehmen, warum bezieht ein Rundfunkunternehmen nicht alles vom Markt, wie es im Prinzip Buchverlage vorexerzieren? Weil auch die Produktion innerhalb des Vertragsnetzwerkes einer Unternehmung Vorteile hat und erst ein Effizienzkalkül über das Ausmaß von Outsourcing entscheiden kann.

Die Vorteile der Eigenproduktion, also die *Nachteile von Outsourcing,* sind darin begründet, dass die Eigenproduktion Transaktionskosten und Distanzüberwindungskosten (meist Transportkosten) spart. Distanzüberwindungskosten spielen im Rundfunksektor angesichts des technischen Fortschritts bei der Übertragung von Informationen praktisch keine Rolle mehr. Dies begünstigt das Outsourcing. Aber Transaktionskosten spielen im Rundfunksektor eine nicht unerhebliche Rolle; sie bremsen den Trend zum Outsourcing. Transaktionskosten sind vor allem (vgl. auch Band 1, Kapitel 2):

- Informationskosten (Sammeln von Informationen über Preise und Qualitäten),
- Vereinbarungskosten (Kosten der Aushandlung und des Abschlusses von Verträgen),
- Kontrollkosten (Kosten der Kontrolle der Einhaltung von Verträgen, z.B. von Terminen, Qualitäten, Preisen, Mengen, usw.) und
- Anpassungskosten (Kosten der Anpassung an veränderte Umweltbedingungen).

Diese Transaktionskosten entstehen beim Outsourcing, und sie entfallen bei firmeninterner Eigenproduktion. Je höher nun die Transaktionskosten sind, desto größer sind, ceteris paribus, die Vorteile der Eigenproduktion und die Nachteile des Outsourcing. Großen Einfluss auf die Höhe der Transaktionskosten haben naturgemäß die Häufigkeit von Transaktionen und ihre Unsicherheit. Und gerade für die Medienproduktion ist die Unsicherheit von zentraler Bedeutung, betriebswirtschaftlich gesehen ist die Unsicherheit das Merkmal, das die Medienproduktion dominiert. Die Definition, Messung und Kontrolle der Qualität der Produktion sind ungemein schwierig, außer der Festlegung von Produktionsmenge und Lieferzeit sind einfach zu handhabende Maßstäbe nicht verfügbar. Und stets muss damit gerechnet werden, die redaktionelle Planung an den unvorhergesehenen Ablauf von Ereignissen anzupassen.

Bei einem solchen Ausmaß an Unsicherheit bestünden mithin erhebliche Transaktionskosten, wenn die Inputs in das Rundfunkprogramm, also z.B. Beiträge freier Mitarbeiter oder Lieferungen von Medienbüros, täglich vom Markt bezogen werden müssten. Die tägliche Kontrolle von Qualität, Lieferumfang und Liefertermin wäre sehr aufwändig. Umgekehrt erspart die Eigenproduktion durch fest angestellte Redakteure solche Kontrollkosten; sie werden ersetzt durch Auswahl und Ausbildung der Redakteure und durch die Vorgabe redaktioneller Richtlinien und durch unternehmensinterne Leistungsanreize. Zu diesem theoretischen Befund passt sehr gut, dass tagesaktuell produzierende Massenmedien einen relativ großen Teil ihrer Produktion selbst erstellen, Buchverlage hingegen ihren gesamten „geistigen Input" vom Markt beziehen; dass Outsourcing in erster Linie die weniger aktuellen Inhalte betrifft wie z.B. Gesundheit, Lifestyle, Unterhaltung oder Verbrauchertips; und dass die großen Fernsehveranstalter wie RTL, SAT.1 oder ProSieben zwar einen großen Teil ihrer Programmproduktion in den Markt verlagern, aber wenigstens in den

Bereichen Nachrichten, Magazine und Sport die Eigenproduktion präferieren. Dies sind die Bereiche täglicher Produktion und zugleich die Bereiche, die das Rundfunkunternehmen als Marke profilieren. Generell kann man sagen: Je größer der unternehmensinterne Anteil an der Produktion ist, je größer also die so genannte Wertschöpfungsquote ist, desto größer der Anteil der Produktion, der qualitativ effizient kontrolliert werden kann und der nach unternehmenseigenen Vorstellungen geformt werden kann. Die sog. „Hidden Champions", die unbekannten Weltmarktführer wie z.B. Hauni, Stihl oder Haribo produzieren fast alles selbst (vgl. Simon 1996a und b).

Wenn die Rundfunkproduktion zunehmend durch Outsourcing rationalisiert wird, sind folgende Nachteile für die publizistische Qualität und Vielfalt zu erwarten:

- Das Rundfunkunternehmen wird von Lieferungen abhängig, deren Qualität es nicht richtig kontrollieren kann, z.B. Michael Borns gefälschte Beiträge für SAT.1 *(Qualitätsnachteile).*
- Das Rundfunkunternehmen kann sich schlechter als Marke mit einem unterscheidbaren publizistischen Profil darstellen *(Markierungsnachteile).*
- Mit zunehmendem Marktbezug nimmt das eigene Entwicklungspotenzial ab; Innovationsleistungen des Rundfunkunternehmens schwinden, und das im Unternehmen inkorporierte Wissen nimmt ab *(Innovationsnachteile).*
- Die zunehmende Verwendung standardisierter journalistischer Massenproduktion verringert die publizistische Vielfalt *(Vielfaltsnachteile).*

Outsourcing nimmt zu. Den *Umfang von Outsourcing* kann man makroökonomisch und mikroökonomisch zu messen versuchen. Makroökonomisch kann Outsourcing in der Veränderung der sog. Wertschöpfungsquote, dem Anteil der Eigenproduktion an der Gesamtproduktion, erfasst werden. Diese Wertschöpfungsquote hat im Mediensektor von 1980 bis 1992 – neuere Zahlen sind noch nicht verfügbar – von 38,5% auf 34,5% abgenommen; nur ein gutes Drittel der Medienproduktion ist noch Eigenproduktion. Dies entspricht etwa dem Stand und der Entwicklung der Wertschöpfungsquote im verarbeitenden Gewerbe der Bundesrepublik: Dort ist die Wertschöpfungsquote von 39,4% auf 35,4% (1995) gesunken.

Mikroökonomische Einzelfallbetrachtung macht Outsourcing in der Entwicklung der Beschäftigung deutlich. So hat z.B. RTL die Zahl seiner fest angestellten Mitarbeiter von 1991 bis 1997 von 720 auf 800 erhöht; die Zahl der Mitarbeiter bei RTL-Tochterunternehmen ist von 140 auf 650 gestiegen und die Zahl der durch Programmproduktionsaufträge Beschäftigten von 800 auf 2.800 (RTL-Angaben). 1991 waren mithin 940 der insgesamt 1660 Beschäftigten „outgesourct", ein Anteil von 56,6 Prozent. 1997 waren dagegen schon 3450 der insgesamt 4250 Beschäftigten „outgesourct", ein Anteil von 81,2 Prozent. Dies kann als eine Zunahme des Outsourcing um 43,5 Prozent interpretiert werden.

Trendextrapolation und theoretisches Kalkül begründen eine *signifikante Zunahme von Outsourcing.* Die rasche Globalisierung des Wettbewerbs wird die Marktproduktion, die dann zunehmend die Vorteile auch der weltweiten Arbeitsteilung nutzen kann, im Vergleich zur Eigenproduktion weiter verbilligen, und die Vorteile der Eigenproduktion werden vergleichsweise leichter wiegen. Für den Mediensektor wird die Bedeutung der Zulieferer immer größer, die Perspektive ist dann möglicherweise eine Umkehrung der Beteiligungen: Wann kauft Studio Hamburg den NDR?

3. Ökonomische Bedingungen der Input-Produktion

Die Input-Produktion ist im Regelfall Einzelfertigung, keine Mehrfachfertigung oder Massenproduktion. Wegen der Einmaligkeit der Produktion kann der Input als Prototyp oder Projekt bezeichnet werden (Eggers 1995, S. 13). Dies gilt auch, wenn der Produktionsprozess weitgehend standardisiert ist, weil niemals das jeweils gleiche Produkt erstellt wird. Von Mehrfachfertigung könnte man nur für den Bereich der Vervielfältigung der Prototypen sprechen. Im Prinzip gelten die folgenden Ausführungen für die Produktion des Inputs als technischer Prototyp allgemein, im Zweifel aber für die Produktion von Spielfilmen.

Geringe Spezifität der Produktionsfaktoren
Ein Charakteristikum der Input-Produktion ist, dass die zur Produktion notwendigen Investitionsgüter – Studios, Kameras, Beleuchtungen, Schnittplätze, Sprecherkabinen usw. – relativ leicht gemietet werden können. Dies lässt sich damit erklären, dass die Investitionsgüter wenig transaktionsspezifisch sind, sie haben innerhalb der speziellen Vertragsbeziehung keinen höheren Wert als außerhalb der Vertragsbeziehung (vgl. allgemein Band 1, S. 41f.). Kameras und Studios sind nicht speziell auf die Produktion bestimmter Inputs zugeschnitten, es entstehen keine besonderen Umstellungskosten, wenn sie kurzfristig gemietet werden. Auf der anderen Seite spart das Mieten die fixen Kosten dieser Investitionen. Studio Hamburg ist ein gutes Beispiel für ein Unternehmen, das solche Dienstleistungen für die Input-Produktion anbietet.

Ähnliches gilt für den Produktionsfaktor Arbeit. Das Humankapital ist industriespezifisch, aber wenig betriebsspezifisch. Das heißt z.B., dass die in der Filmbranche Beschäftigten besondere Fähigkeiten für die Filmproduktion an sich (entwickelt) haben, aber nicht spezielle Fähigkeiten für einen bestimmten Film: „Ein guter Schauspieler kann in jedem Stück spielen.“ Diese geringe Betriebsspezifität erlaubt die jeweils nur kurzfristige Bindung des Produktionsfaktors Arbeit an die Erstellung von Filmen. Diese kurzfristige Bindung muss allerdings verläßlich gesichert werden, weil die Investition in einen bestimmten Film mit steigendem Fertigstellungsgrad immer spezifischer auf die Schauspieler, aber auch auch Regisseure, Kameraleute usw. zugeschnitten wird. Entsprechend sind Vertragskündigungen während der Produktionszeit eines Films in der Regel ausgeschlossen.

Die Möglichkeit, den Produktionsfaktor Arbeit in der Filmproduktion flexibel einzusetzen, gilt als förderlich für die Kreativität (vgl. Frank 1993, S. 55). Dies gilt in gleicher Weise für die Erstellung journalistischer Inputs: Ein guter Journalist kann in vielen Bereichen arbeiten, und ein flexibler Einsatz kann als förderlich für die Kreativität gelten.

Geringe Skaleneffekte der Produktion

Es gibt sehr viele kleine TV-Produktionsfirmen. In Deutschland schätzt man ihre Zahl auf etwa 300 bis 450 (Lilienthal 1996, S. 4); das Jahrbuch Fernsehen 1995/96 führt 174 Produktionsfirmen auf; die Verbände der Filmproduktion (Bundesverband Deutscher Fernsehproduzenten, Verband Deutscher Spielfilmproduzenten, Arbeitsgemeinschaft Neuer Deutscher Spielfilmproduzenten) hatten 1994 226 Mitglieder. Man kann also von einer Branche sprechen, die geprägt ist von kleinen, allenfalls mittleren Unternehmen und Betrieben.

Zur Illustration seien die Größenverhältnisse der im Bundesverband Deutscher Fernsehproduzenten e. V. zusammengeschlossenen Produktionsunternehmen vorgestellt. Der Verband führt 115 Fernsehproduktionsunternehmen (als rechtliche Einheit) auf. Davon haben 100 Unternehmen Angaben über die Zahl ihrer Angestellten gemacht:

- Im Durchschnitt waren 21,86 Angestellte beschäftigt.
- Insgesamt 12 Unternehmen haben mehr als 40 Angestellte, darunter die Großen dieser Branche wie Bavaria mit 370 und Endemol mit 200 Angestellten.
- Mehr als die Hälfte aller Unternehmen (52) hat nicht mehr als acht Angestellte, und zwei Drittel aller Unternehmen (67) hat nicht mehr als 10 Angestellte.
- Am häufigsten wurden 4 Angestellte genannt (bei 15 Anbietern).

Eine sehr repräsentative Unternehmung ist mithin die „Alexander Film und Fernsehproduktion GmbH“, die mit vier Angestellten und 40 freien Mitarbeitern produziert, z.B. „Der Bulle von Tölz“ (Angaben sind zusammengestellt aus dem Jahrbuch 98 des Bundesverbandes Deutscher Fernsehproduzenten).

Dies deutet darauf hin, dass die Skaleneffekte, also die Vorteile großbetrieblicher Produktion in der Input-Produktion allenfalls gering sind. Dies liegt daran, dass die notwendige technische Ausstattung absolut gesehen nicht sehr teuer ist und dass sie gegebenenfalls auch immer gemietet werden kann. Input-Produktion ist vor allem eine personalkostenintensive Produktion. Und es liegt auch daran, dass die Lernkurveneffekte für die Beschäftigten nicht erheblich sind, Spezialisierungs- und Lerneffekte sind gering (vgl. Frank 1993, S. 61ff.). Allerdings bestehen in der Produktion von Programm-Inputs pekuniäre Skaleneffekte, Größenvorteile in der Finanzierung, in der Risikostreuung und Vermarktung. Diese begründen einen Zusammenschluss von TV-Input-Produzenten zu größeren wirtschaftlichen Einheiten, in der Regel in Form einer Finanz-Holding-Gesellschaft. Hier stellt die Muttergesellschaft die finanziellen Mittel für die Input-Produktion zentral bereit (Zinsvorteile) und verteilt die Mittel auf die Produktion so unterschiedlicher Filme, dass das Risiko von Produktion – etwa der Ausfall wichtiger Darsteller – und die Marktunsicherheit (s. u.) gleichmäßiger verteilt werden kann. Zudem können Größenvorteile einer gemeinsamen Vermarktung durch zentrale Vermarktungsorganisationen und zentral durchgeführte Werbung realisiert werden.

Hohe Marktunsicherheit

Die Input-Produktion, insbesondere die Spielfilm-Produktion, weist erhebliche Marktunsicherheiten auf. Die monetären Beziehungen von Input zu Output sind durch erhebliche Unsicherheiten gekennzeichnet. Dies liegt im Wesentlichen an folgenden Bedingungen:

- Das Nachfrageverhalten ist vorab nur schwer zu kalkulieren.
- Die Herstellungskosten eines Inputs sind fix und können nicht an eine unerwartet geringe Nachfrage angepasst werden.
- Die Produktionskosten sind versunkene Kosten. Im Falle eines Misserfolgs können sie auch nicht teilweise durch eine andere Vermarktung gedeckt werden.
- Der Wert der Inputs ist in der Regel nicht sehr lagerfähig; Aktualität ist wichtiges Wertkriterium.

Während die Akzeptanz von Kaugummi oder Diätbrause vor der Markteinführung relativ einfach getestet werden kann und während es auch unproblematisch erscheint, in solchen Fällen den Konsumentenpräferenzen zu folgen, können z.B. Spielfilme vor ihrer Markteinführung nur mit größeren Schwierigkeiten getestet werden, und manche Kunstschaffende lehnen einen Publikumstest ab. Immerhin wird in Hollywood und vielen anderen Ländern versucht, die Chancen eines Films vor der Premiere zu testen und an die Konsumentenpräferenzen anzupassen.

> In Hollywood sind Testvorführungen längst gängige Praxis. Heute verläßt kein großer Film ohne aufwendige Zuschauertests die Studios. Für die Produzenten die einzig halbwegs verläßliche Methode, sich gegen mögliche Millionenflops abzusichern. Etwa 25.000 $ berechnet die National Research Group (NRG), Hollywoods Quasi-Monopolist für Kinomarktforschung, pro Testvorführung. Getestet wird zum einen der Film als solcher, nicht selten in verschiedenen Schnittfassungen und mit unterschiedlichen Schlußvariationen. Dazu die Funktion des Soundtracks und die Wirksamkeit der Werbetrailer, die in den Wochen vor der Premiere im Kino und TV laufen. Die Meinungen sind geteilt, nicht nur unter den Künstlern. Coppolas Kollegen Robert Altman, Woody Allen und Oliver Stone verweigern sich pauschal jeglichen Publikumstests. Und auch Produzent Ed Pressman, der für Hits wie „Wall Street“ oder „Hoffa“ verantwortlich zeichnet, hält Marktforschung nur bei schlichter Mainstream-Massenware wie der „Police-Academy“-Reihe für sinnvoll. Filme mit originellen Geschichten oder einer ungewöhnlichen Erzählstruktur werden bei Testvorführungen immer weniger Punkte machen. Schon deshalb weil die großen Hollywood-Studios – egal bei welchem Film – die immer gleiche Zielgruppe anpeilen: männlich, weiß, im Alter zwischen 16 und 32 Jahren. Exakt aus dieser Gruppe rekrutieren die Marktforscher ihre Testseher. Junge weiße Männer aus den Vorstädten der Metropole Los Angeles bestimmen, was aus der Traumfabrik auf die Leinwände der Welt gelangt. Zu einem nicht unwesentlichen Teil jedenfalls. Irrtümer inbegriffen: „Good Fellas“ und „BoyzNtheHood“ floppten im Test und spielten trotzdem gutes Geld ein, selbst Steven Spielbergs Megahit „E. T.“ galt vorab als Millionengrab. Umgekehrt wurde „Billy Bathgate“ mit Dustin Hoffman nach den Probeläufen als sicherer Erfolg gehandelt. Nach trostlosen 15 Mio. Dollar hatte es sich ausgeklingelt an den Kinokassen. Trotzdem wächst auch beim europäischen Film die Macht der Marktforscher. „Cyrano de Bergerac“ war das erste bekannte Beispiel, und Rainer Matsutanis Fantasykomödie „Nur über meine Leiche“ ist der erste deutsche Film, der getestet und anschließend in einigen Szenen umgeschnitten wurde (TV Spielfilm 22, 1995, S.20).

Ein zentrales Charakteristikum der Massenmedienproduktion – und in dieser „Medienökonomie“ an vielen Stellen auch entsprechend hervorgehoben – ist, dass die Herstellungskosten der Information/des Films als Prototyp unabhängig sind von der Zahl und der Menge der Nachfrager. Man kann in der Massenmedienproduktion sozusagen nicht einen „Ferrari“ produzieren, also ein Produkt von hoher Qualität und hohen Stückkosten der Produktion für nur wenige Käufer. Insofern birgt jede Filmproduktion als Entweder-oder-Entscheidung das Risiko hoher Verluste (aber auch hoher Gewinne) in sich, und dieses Risiko wird dadurch besonders groß, dass die in die Filmproduktion investierten Mittel auch nicht anderweitig wenigstens partiell verwertet werden können, im Falle eines Flops sind es versunkene Kosten.

Geringe Marktzutrittsschranken
Insgesamt sind die Marktzutrittsschranken sehr gering (vgl. Frank 1993, S. 63ff.). Betriebsgrößenvorteile existieren nicht, auch kleine Unternehmen können effizient produzieren. Und auch Produktdifferenzierungsvorteile scheinen allenfalls gering zu sein, jedenfalls bezogen auf die Produktionsfirma: Die Präferenzen der Konsumenten lassen sich eigentlich nicht an Firmennamen festmachen, sondern allenfalls an Schauspielern und Moderatoren oder Regisseuren.

Methodisch hiervon zu trennen ist, dass große Unternehmen in der Regel mehr Geld haben und mehr Geld in die Werbung investieren können und damit die Nachfrage nach einem Film steigern können. Dies ist indes kein Kostenvorteil eines etablierten Anbieters im Verhältnis zu einem Newcomer, gilt mithin nicht als Marktzutrittsschranke.

Nichtrivalität im Konsum und Mehrfachverwertung
Wegen der Fixkostendegression – Ursache oder Folge der Nichtrivalität im Konsum (je nach Betrachtungsweise) – sinken die Produktionskosten pro Zuschauer mit steigender Zuschauerzahl. Daher ist eine Mehrfachverwertung von Filmen ökonomisch effizient und im Spielfilmgeschäft typisch (vgl. Abschnitt 4).

4. Preisdifferenzierung und internationaler Handel

Wegen der besonderen Bedeutung der Preisdifferenzierung für den Handel, insbesondere des internationalen Handels von Kinofilmen, TV-Filmen und TV-Serien, soll diese preispolitische Strategie hier genauer betrachtet werden.

4.1. Grundprinzip und Voraussetzungen der Preisdifferenzierung

Preisdifferenzierung liegt vor, wenn Unternehmen Güter gleicher Art zu verschiedenen Preisen verkaufen. Sind es Güter, die im Wege einer Produktdifferenzierung unterschiedlich ausgestaltet sind, spricht man solange noch von Preisdifferenzierung, wie die Preisunterschiede nicht durch Kostenunterschiede begründet sind (Wöhe 1984, S. 590). Preisdifferenzierung ist nur erfolgreich, wenn die Märkte voneinander isoliert sind, so dass es nicht möglich ist, durch Arbitrage (Ausnutzen von Preisunterschieden) einen Preisausgleich herbeizuführen. Eine solche Marktsegmentierung ist gut möglich bei persönlichen Dienstleistungen, die ja nicht übertragbar sind oder z.B. auch bei Gütern, bei denen zwischen Produzent und Konsument ein Leitungssystem vorhanden sein muss wie z.B. bei Strom, Wasser und Gas.

Preisdifferenzierung ist nur dann sinnvoll, wenn die Preiselastizität der Nachfrage der verschiedenen Käufergruppen unterschiedlich ist.[13] Bei gleicher Preiselastizität ergäbe sich der gleiche Preis. Dies soll im Folgenden gezeigt werden, wobei angenommen wird, dass es sich um unterschiedliche Käufergruppen im Falle zweier Länder A und B handelt. Zudem wird die in der Ökonomie übliche Annahme gewinnmaximierenden Verhaltens gemacht.
Im Zwei-Länder-Fall lauten die Nachfragefunktionen:

Land A: $p_1 = p_1(x_1)$

Land B: $p_2 = p_2(x_2)$

Für die Produktionskosten gilt:

$$K = K(x)$$

$$\text{mit}: x = x_1 + x_2$$

Daraus folgt für den Gewinn:

$$G = p_1(x_1) \cdot x_1 + p_2(x_2) \cdot x_2 - K(x)$$

und

$$\frac{\partial G}{\partial x_1} = \frac{dp_1}{dx_1} \cdot x_1 + p_1 - \frac{dK}{dx} \cdot \frac{\partial x}{\partial x_1} = 0$$

$$\frac{\partial G}{\partial x_2} = \frac{dp_2}{dx_2} \cdot x_2 + p_2 - \frac{dK}{dx} \cdot \frac{\partial x}{\partial x_2} = 0$$

$$\text{mit}: \frac{\partial x}{\partial x_1} = \frac{\partial x}{\partial x_2} = 1$$

was umgeformt werden kann zu:

$$\frac{dp_1}{dx_1} \cdot x_1 + p_1 = \frac{dp_2}{dx_2} \cdot x_2 + p_2$$

bzw.

$$\frac{p_1}{p_2} = \frac{1 - \frac{1}{|e_2|}}{1 - \frac{1}{|e_1|}}$$

$$\text{mit}: e_i = \frac{\frac{dx_i}{x_i}}{\frac{dp_i}{p_i}}, i = 1,2$$

Auf dem Markt mit der größeren Preiselastizität der Nachfrage (die Käufer sind „preisbewusster“) ist der Preis mithin kleiner als auf dem Markt mit der geringeren Preiselastizität. Dies ist plausibel. In Annäherung an das Gewinnmaximum lohnen Preissenkungen auf den einzelnen Märkte solange, wie der zusätzlich erzielte Umsatz (Grenzumsatz) die zusätzlichen Kosten der Produktion (Grenzkosten) übersteigt. Im Gewinnmaximum ist dann der Grenzumsatz auf jedem einzelnen Markt

---

[13] Die Preiselastizität der Nachfrage ist ein Maß für die Preisempfindlichkeit der Käufer: Sie ist das Verhältnis der relativen Änderung der nachgefragten Menge (Δx zu x) zur relativen Änderung des Preises (Δp zu p). Ist sie z.B. –10, so sinkt die nachgefragte Menge um zehn Prozent, wenn der Preis um ein Prozent steigt.

den Grenzkosten der gesamten Ausbringung gleich (vgl. die üblichen Lehrbücher der Mikroökonomik, z.B. Henderson/Quandt 1973, S. 197ff.).

4.2. Formen der Preisdifferenzierung

Vertikale Preisdifferenzierung liegt vor, wenn ein Unternehmen auf verschiedenen Märkten – auf denen sich gleichwohl jeweils Käufer aller Preiselastizitätsgruppen befinden – unterschiedliche Preise für das gleiche Produkt verlangt. Abbildung 1 stellt eine solche vertikale Preisdifferenzierung für den Fall zweier räumlich getrennter Märkte A und B dar. Die Nachfragekurven N_a und N_b sind unterschiedlich steil, was eine – bei jeweils gegebenen Preisen – unterschiedliche Preisempfindlichkeit der Käufer anzeigt. Zugleich sind aber auf jedem Markt alle Preiselastizitäten von 0 bis unendlich vorfindbar.[14] Bei Befolgen der genannten Gewinnmaximierungsregel werden die Preise so gesetzt, dass der jeweilige Grenzumsatz MR den in diesem Fall konstanten Grenzkosten MC gleich ist: Auf dem Markt A ist dann der Preis P_a für das gleiche Gut höher als auf dem Markt B mit dem Preis P_b. Zugleich ist der Gesamtgewinn größer als bei einem Einheitspreis.

[14] Dies ist bei linearen Nachfragefunktionen immer der Fall (vgl. z.B. Woll 1987, S. 106ff.). Auf eine Beweisführung wird hier verzichtet. Außerdem ist bei linearen Nachfragefunktionen die Grenzumsatzkurve immer die Winkelhalbierende der Nachfragefunktion.

Abbildung 1: Vertikale Preisdifferenzierung

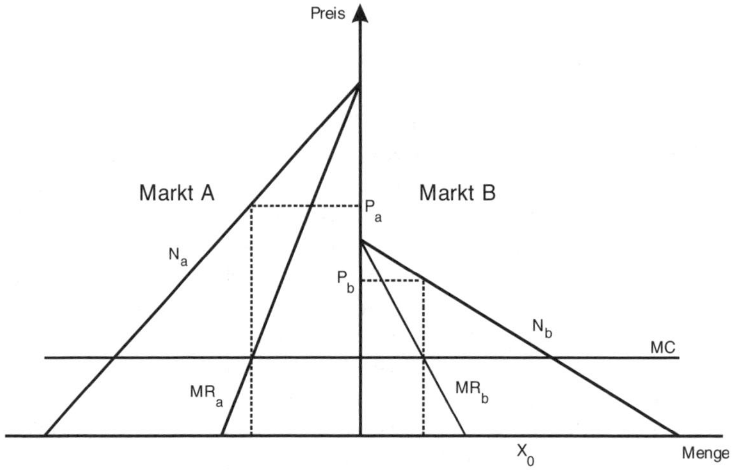

Horizontale Preisdifferenzierung liegt vor, wenn ein Unternehmen den Gesamtmarkt in unterschiedliche Käufergruppen segmentiert und für das gleiche Produkt zur gleichen Zeit unterschiedliche Preise fordert. Abbildung 2 zeigt eine Konstellation mit drei Käufersegmenten, x_1, x_2 und x_3. Im Extremfall ist es möglich, jede zusätzliche Produkteinheit für den jeweiligen Höchstpreis zu verkaufen, den die Käufer zu zahlen bereit sind. Dies wird als *vollständige Preisdifferenzierung* bezeichnet. Generell wird bei der horizontalen Preisdifferenzierung die Konsumentenrente (vgl. Kapitel 4, Abschnitt 8.1.) zum Teil oder im Extremfall in vollem Umfang abgeschöpft. Daher nennt man die horizontale Preisdifferenzierung auch *Skimming-Strategie* (Strategie des Absahnens).

Abbildung 2: Horizontale Preisdifferenzierung

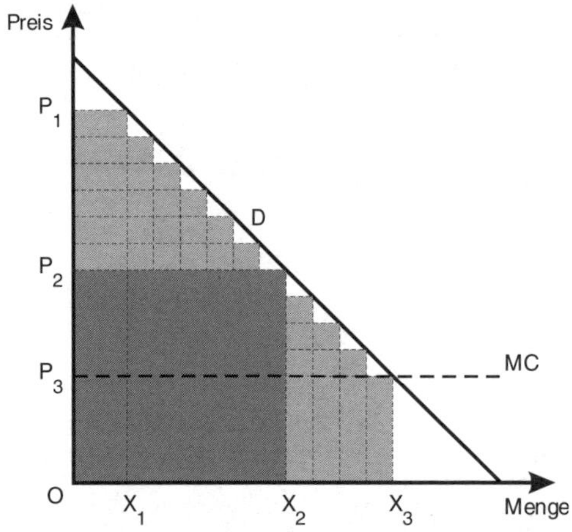

Gewinnmaximierendes Verhalten erfordert, den Preis, ausgehend vom erzielbaren Höchstpreis (in Abb. 2 der Preis P_1) sukzessive zu senken, bis der Punkt erreicht wird, bei dem der Grenzpreis (in Abb. 2 der Preis P_3) den Grenzkosten MC gleich ist. Es wird dann mehr produziert und verkauft als bei einem Einheitspreis (z.B. in Abb. 2 der Preis P_2 und die Menge X_2), und der Gewinn ist größer.

4.3. Möglichkeiten der Preisdifferenzierung

Letztlich ist die Vorteilhaftigkeit einer Preisdifferenzierung – aus der Sicht des Anbieters gesehen – immer in den unterschiedlichen Preiselastizitäten der unterschiedlichen Käufergruppen begründet. Diese Unterschiedlichkeit ist häufig Folge räumlicher, zeitlicher, materieller oder personeller Abgrenzungen, und entsprechend wird nach diesen Möglichkeiten der Segmentierung differenziert. Vorab sei darauf hingewiesen, dass Preisdifferenzierung eine gewisse Marktmacht voraussetzt, in der Regel eine Monopolstellung oder ein Kartell.

Räumliche Preisdifferenzierung liegt vor, wenn die Märkte räumlich getrennt sind und dort unterschiedliche Preise für gleiche Güter verlangt werden. Sehr häufig erfolgt die räumliche Abgrenzung nach Ländern, weil das Nachfrageverhalten oft national unterschiedlich ist und weil Distanzüberwindungskosten in Form von Transportkosten, Zöllen und nicht-tarifären Handelshemmnissen Re-Importe erschweren (z.B. im Fall der Autopreise in der EU).

Zeitliche Preisdifferenzierung liegt vor, wenn für gleiche Güter zu unterschiedlichen Zeiten unterschiedliche Preise verlangt werden. Beispiele lassen sich dafür zahlreich finden: So gibt es saisonal differenzierte Fremdenverkehrspreise, nach Tag und Nacht differenzierte Stromtarife oder niedrige Preise für das Telefonieren zu Zeiten schwacher Nachfrage usw. Das Ziel ist hier meist eine bessere Auslastung vorhandener Kapazitäten. Eine spezielle Strategie liegt vor, wenn ein Unternehmen im *Zeitablauf* den Preis für sein Produkt senkt. Eine solche Strategie wird häufig bei der Neueinführung von Produkten angewendet: Zunächst zahlen die sehr interessierten Käuferschichten einen hohen Preis, nach einer gewissen Zeit wird der Preis gesenkt, um auch mittlere Käuferschichten zu erschließen, und zum Schluß erfolgt ein billiger Ausverkauf. Auch diese Strategie wird als Skimming-Strategie bezeichnet.

Materielle Preisdifferenzierung liegt vor, wenn die Preise für das gleiche Gut zur gleichen Zeit nach dem Verwendungszweck differenziert werden. So gibt es häufig unterschiedliche Preise für private Haushalte gegenüber gewerblichen Kunden, z.B. bei Strom und Wasser oder bei Zeitungsanzeigen.

Personelle Preisdifferenzierung liegt vor, wenn die Preise nach personenbezogenen Merkmalen differenziert werden, z.B. nach Alter, Einkommen oder Geschlecht. So werden Eintrittspreise für Theater und Museen oder auch Fahrpreise oder Zeitungsabonnements oft für Schüler, Studenten oder Rentner verbilligt, und Frauen zahlen in manchen Diskotheken niedrigere Preise als Männer.

In der Praxis mögen sich die Formen und Möglichkeiten einer Preisdifferenzierung vermischen. Entscheidend ist, wodurch auch immer begründet, eine Unterschiedlichkeit der Preiselastizität verschiedener Käufergruppen und die billige Möglichkeit, diese Käufergruppen zu segmentieren. Der Anreiz, Preise zu differenzieren, ist besonders ausgeprägt bei einem hohen Anteil fixer Kosten an der Produktion, weil dann die Grenzkosten einer zusätzlichen Belieferung klein sind. So zu beobachten im Verkehrssektor und bei leitungsgebundenen Übertragungen. Im Übrigen sei darauf verwiesen, dass es nach §20, Abs. 1 und 2 KartellG marktbeherrschenden Unternehmen untersagt ist, unterschiedliche Preise für Abnehmer und/oder Lieferanten zu setzen. Dies gilt als Ausdruck eines wettbewerbsbeschränkenden Missbrauchs einer marktbeherrschenden Stellung.

4.4. Preisdifferenzierung im Filmrechtehandel

Aus Sicht der Anbieter von Filmproduktionen, die nach Gewinnmaximierung streben, ist eine Preisdifferenzierung eine erfolgreiche Marktstrategie, weil Märkte recht gut segmentierbar sind und weil die Grenzkosten eines zusätzlichen Verkaufs gering sind.

Die Märkte für die Verwertung von Kinofilmen und TV-Produktionen, bisweilen recht plastisch als „Profit Windows" bezeichnet, werden zum einen *zeitlich* segmentiert. So werden Spielfilme in der Regel zunächst im Kino gezeigt, nachfolgend auf dem Video-Markt und schließlich im Fernsehen verwertet, und hier zunächst im Pay-TV und anschließend im Free-TV. Dies muss nicht so sein: So berichtet Walt Disney/ABC, sie habe den Spielfilm „Lion King" aus marketingstrategischen Gründen zunächst im ABC-Fernsehen gezeigt, dies habe aber 20 Millionen US $ gekostet.

Einen Überblick über die meist zeitlich gestaffelten Verwertungsstufen von US-Spielfilmen bietet die Übersicht 2, die einschließlich der räumlichen Preisdifferenzierung nach Inland und Ausland neun Verwertungsstufen aufführt. Eine Arbitrage ist sehr einfach dadurch ausgeschlossen, dass die Verwertungsstufen dem Wertkriterium der Aktualität folgen; eine Reversibilität ist ausgeschlossen.

Übersicht 2: Verwertungsstufen (Profit Windows) für US-Spielfilme

Verwertungsstufen	**Monate seit Uraufführung**
US-Kinos	0-4 +
Kinos in Übersee	4-18 +
Video für den US-Markt	6-30 +
Video für Übersee-Märkte	9-24 +
Erste Ausstrahlung im US-Kabel-Pay-TV	12-36 +
US-Fernsehsender	26-60 +
Übersee-Fernsehsender	48-60 +
Zweite Ausstrahlung im US-Kabel-Pay-TV	66-72 +
Syndication für lokale Fernsehsender	72+

Quelle: Owen/Wildman 1992, S. 30.

Dies kann als Skimming-Strategie bezeichnet werden, eine gute Ausschöpfung der unterschiedlichen Preiselastizitäten der Nachfrage ist zu vermuten.

Tabelle 1 zeigt die Einnahmen, die auf diesen unterschiedlichen Verwertungsstufen erzielt werden. Deutlich wird die große Bedeutung der Kinoverwertung und des Videomarktes sowie die leicht zunehmende Bedeutung des Auslandsmarktes für die USA. Das Fernsehen trägt mit 3.565 Millionen US $ 1995 nur 19,3% der Erlöse der US-Spielfilme, ein leichter Rückgang gegenüber 1993 (19,7%).

Tabelle 1: Einnahmen aus den Verwertungsstufen von US-Spielfilmen 1993-1995

	1993		**1994**		**1995**	
profit window	**Mio. US $**	%	**Mio. US $**	%	**Mio. US $**	%
Kinoverleih						
Binnenmarkt	2.315	56	2.190	54	2.500	50
Auslandsmarkt	1.820	44	1.850	46	2.500	50
Gesamt	4.135	100	4.040	100	5.000	100
Pay-per-view						
Binnenmarkt	125	96	150	96	185	92
Auslandsmarkt	5	4	7	4	15	8
Gesamt	130	100	157	100	200	100
Video-Verkauf und -Verleih						
Binnenmarkt	4.290	63	5.000	63	5.500	61
Auslandsmarkt	2.565	37	2.900	37	3.580	39
Gesamt	6.855	100	7.900	100	9.080	100
Pay-TV						
Binnenmarkt	790	67	800	66	1.050	67
Auslandsmarkt	395	33	420	34	515	33
Gesamt	1.185	100	1.220	100	1.565	100
Videodiscs						
Binnenmarkt	340	55	360	55	380	54
Auslandsmarkt	275	45	300	45	325	46
Gesamt	615	100	660	100	705	100
Fernsehen						
Binnenmarkt	700	45	725	44	775	43
Auslandsmarkt	850	55	925	56	1.025	57
Gesamt	1.550	100	1.650	100	1.800	100
Sonstige						
Binnenmarkt	80	76	85	74	90	76
Auslandsmarkt	25	24	30	26	29	24
Gesamt	105	100	115	100	119	100
Gesamt						
Binnenmarkt	8.640	59	9.900	59	10.840	57
Auslandsmarkt	5.935	41	7.032	41	7.989	43
Gesamt	**14.575**	**100**	**17.022**	**100**	**18.469**	**100**

Quelle: Artopé/Zerdick 1995, S. 32f.

Die Märkte für Kinofilme und TV-Produktionen werden zum anderen *räumlich* segmentiert, üblicherweise nach Ländern. Eine solche Preisdifferenzierung, die in Tabelle 1 bereits implizit vorzufinden ist, wird in Tabelle 2 deutlich.

Tabelle 2: Preise für US-Fernsehprogramme in den wichtigsten TV-Märkten Europas 1994 (in US$)

Genre	Deutschland	Großbritannien	Frankreich	Italien	Spanien
Feature Film (per film)	50.000-3.000.000	10.000-3.000.000	40.000-3.000.000	30.000-3.000.000	15.000-150.000
TV movies (per movie)	50.000-150.000	20.000-120.000	25.000-85.000	20.000-75.000	15.000-40.000
Drama (per hour)	30.000-100.000	20.000-120.000	25.000-70.000	25.000-60.000	7.000-25.000
Light Entertainment (half-hour)	11.000-15.000	10.000-25.000	7.000-15.000	4.000-10.000	2.000-5.500
Documentaries (per hour)	12.000-25.000	15.000-35.000	12.000-40.000	8.000-25.000	5.000-15.000
Children's (per half-hour)	6.500-25.000	3.000-20.000	5.000-20.000	4.000-13.000	3.000-10.000

Quelle: Artopé/Zerdick 1995, S. 28.

Für Deutschland sind die Preise am höchsten, für Spanien im Durchschnitt am niedrigsten; dies ist sicher eine Folge der unterschiedlichen Preiselastizitäten der Nachfrage.

Die Märkte für TV-Programm-Inputs können also recht weitgehend segmentiert werden. Dies erlaubt eine weit stärkere Nutzung der Programm-Inputs und einen weit höheren Gewinn als bei einheitlicher Preissetzung. Der Gewinn der Anbieter lässt sich so lange durch einen zusätzlichen Verkauf erhöhen, wie die Grenzkosten der Produktion den erzielbaren Preis nicht übersteigen. Und weil die Grenzkosten der Produktion sehr gering sind, im Regelfall umfassen sie nur die Kosten der Kopie, können Programm-Inputs letztlich sehr billig verkauft werden. Dies ist auch der Fall: So bezahlt z.B. Botswana für eine einstündige Folge einer US-Fernsehserie 500 bis 600 US $ (Frank 1993, S. 127).

Die Modelle der Preisdifferenzierung können mithin erklären,

- dass Filme zu sehr unterschiedlichen Preisen verkauft werden,
- dass diese Preise sehr gering sein können
- und dass Filme zu Produktionskosten erstellt werden können, die jeden einzeln gezahlten Preis weit übersteigen.

Nicht erklärt ist damit allerdings die Dominanz der US-amerikanischen Filmproduktion.

4.5. Dominanz US-amerikanischer Film-Produktionen

US-amerikanische Film-Produktionen dominieren den internationalen Markt und die jeweiligen nationalen Märkte. So hatten US-Produzenten 1995 einen Anteil am Verleihumsatz in Deutschland von 87 Prozent, 1996 einen Anteil von 75 Prozent (Medienspiegel 34, 1997, S. 6). Der US-Anteil an Fernsehproduktionen wird auf gut 60 Prozent geschätzt. Diese Dominanz der USA besteht auch gegenüber der audiovisuellen Industrie in der EU insgesamt. So wird das Defizit der EU im Außenhandel mit den USA für audio-visuelle Produkte für 1995 auf 5,04 Mrd. ECU (rund 10 Mrd. DM) geschätzt (The European Film Industry under Analysis 1997).

Dies ist nicht allein mit der Größe des US-amerikanischen Binnenmarktes zu erklären, denn hier könnten Filmexporteure kleinerer Länder ihre Filme ebenfalls verkaufen. Die Dominanz US-amerikanischer Filmproduktionen ist auch nicht allein mit dem so genannten „cultural discount“ (Hoskins/Mirùs 1988) zu erklären. Der „cultural discount“ erfasst die prinzipiell (ceteris paribus) geringere Akzeptanz ausländischer Filme gegenüber einheimischen Filmen:

> A particular programme rooted in one culture, and thus attractive in that environment, will have a diminished appeal elsewhere as viewers find it difficult to identify with the style, values, beliefs, institutions and behavioural patterns of the material in question. (...) As a result of the diminished appeal, fewer viewers will watch a foreign programme than a domestic programme of the same type and quality (Hoskins/Mirùs 1988, S. 500).

Dieser „cultural discount“ gilt zunächst einmal für alle Länder, auch für die USA (vgl. aber den letzten Abschnitt von 4.5). Nur die *Kombination* von Größe des Binnenmarktes und „cultural discount“ erklärt die US-Dominanz. Dies zeigen Hoskins/Mirùs mit folgendem Zahlenbeispiel:

Betrachtet werden die USA und ein Land B. Ein in den USA für 1 Mio. US $ produzierter Film erbringe dort 1 Mio. US $ für den Produzenten, ein in Land B mit gleichem Aufwand produzierter Film in Land B nur 100.000 US $, etwa weil ceteris paribus Land B weniger und/oder schlechter verdienende Einwohner hat. Der „cultural discount“ verringere die Exporteinnahmen um 40 Prozent gegenüber dem, was ein einheimischer Film erzielen könnte. Dann sind die Gesamteinnahmen für eine US-Produktion

$$1.000.000\$ + (1 - 0{,}4) \times 100.000\$ = 1.060.000\$,$$

während ein Produzent aus B nur

$$100.000\$ + (1 - 0{,}4) \times 1.000.000\$ = 700.000\$$$

erzielen würde.

An diesem Beispiel wird auch deutlich, dass bei einem „cultural discount“ von 0 beide Anbieter Einnahmen von 1,1 Mio. US $ erzielen würden, vorausgesetzt, es existieren keine sonstigen Handelshemmnisse.

Die internationale Preisdifferenzierung ist wettbewerbsrechtlich schwer zu fassen und zu beurteilen. Zwar fällt die internationale Preisdifferenzierung unter die übliche Definition des Dumpings als „Verkauf einer Ware ins Ausland zu einem Preis, der niedriger ist als der Verkaufspreis derselben Ware zur gleichen Zeit unter sonst gleichen Umständen (...) im Inland, unter Berücksichtigung des Unterschiedes in den Transportkosten“ (Haberler 1970, S. 219), und Dumping ist nach den Regeln der WTO verboten. Aber fraglich ist, ob obige Definition des Dumpings auf den Filmhandel anwendbar ist, denn es wird ja nicht unter den Grenzkosten der Filmproduktion verkauft (vgl. Hoskins/Mirùs/Rozeboom 1989, S. 70), und irgendwie wäre es unsinnig zu fordern, dass jeder Film immer zum Inlandspreis verkauft werden sollte. Dies ist generell, also auch für Exporteure anderer Länder, nicht üblich. Vermutlich ist die beschriebene Art der Preisdifferenzierung tatsächlich kein Dumping, aber wie auch immer sie genannt wird, sie ist eine ganz substanzielle Wettbewerbserschwernis für die Filmproduzenten aus anderen Ländern als den USA.

Möglicherweise sind die „cultural discounts" länderspezifisch geprägt; insbesondere wird argumentiert, dass dieser Abschlag für die USA geringer sei als für andere Länder (vgl. Frank 1993, S. 120ff.). Dies kann daran liegen, dass US-Produktionen auch im Inland unterschiedliche Kulturen ansprechen (müssen) oder auch daran, dass es in den USA überhaupt keine länderspezifische Kultur gibt. Dies soll hier nicht beurteilt werden.

5. Filme und Sport im Fernsehen

5.1. Überblick über Angebot und Nutzung von Programmsparten

Die Bedeutung einzelner Programmsparten wird hier lediglich quantitativ aufgezeigt: Dokumentiert wird der Anteil am Fernsehprogrammangebot und an der Fernsehprogrammnutzung. Daneben haben einzelne Programmsparten und einzelne Sendungen einen hohen Wert, um das Programmangebot des Veranstalters insgesamt als Marke zu profilieren, um das Programm optimal im Raum der Rezipientenpräferenzen zu positionieren. So produzieren seriöse Nachrichtensendungen das Image der Glaubwürdigkeit und Bedeutung, und erfolgreiche Spielfilme und Sportübertragungen tragen dazu bei, die notwendige Unique Selling Proposition, die Einzigartigkeit des Veranstalters, zu profilieren.

Einen ersten Überblick über Angebot und Nutzung von Programmsparten gibt Tabelle 3. Im Programm*angebot* dominieren die fiktionale Unterhaltung mit 39 Prozent und die Information mit 38 Prozent, die Unterhaltung insgesamt kommt auf einen Anteil von 53 Prozent.

Tabelle 3: Spartenangebot und Spartennutzung im Fernsehen in Deutschland 1995

	Zuschauer ab 3 Jahre, BRD gesamt, in %[1]	
	Angebot[2]	**Nutzung[3]**
Information	38	23
Sport	4	7
Unterhaltung allgemein	14	13
Fiktion	39	46
Werbung	5	11

[1] 18 Programme: ARD, ZDF, acht dritte Programme, arte, 3sat; RTL, SAT.1, Pro7, rtl2, Kabel1, Vox.
[2] Im Tagesdurchschnitt: 20.930 Minuten = 349 Stunden
[3] Im Tagesdurchschnitt: 9.565 Sekunden = 2 Stunden und 39 Minuten

Quelle: Media Perspektiven 11, 1996, S. 572.

In der *Nutzung* des Programmangebots dominiert allein die fiktionale Unterhaltung mit einem Anteil von 46 Prozent, die Unterhaltung insgesamt erreicht 59 Prozent. Die Sparte Information erreicht nur einen Nutzungsanteil von 23 Prozent. Auffällig sind die zum Teil erheblichen Differenzen zwischen Angebot und Nutzung der einzelnen Sparten. Bezeichnet man das Verhältnis von Nutzungsanteil zu Angebotsanteil als quantitativen Effizienzgrad der Programmausstrahlung, so erreicht die Werbung (erstaunlicherweise) mit 2,2 den höchsten Effizienzgrad, gefolgt von Sport mit 1,75 und Fiktion mit 1,18; die Information erreicht hingegen nur einen Effizienzgrad von 0,61.

Die *Sparte Information* gliedert sich in die Unterkategorien Nachrichten, Frühmagazine, Schul- und Bildungsfernsehen und spezielle Informationssendungen wie z.B. politische Magazine, Ratgebersendungen und Dokumentationen. Tabelle 4 zeigt das entsprechend differenzierte Angebots- und Nachfrageverhalten. Deutlich wird, dass allgemeine Nachrichten im Verhältnis zum Angebot überproportional genutzt werden: Sie weisen einen Effizienzgrad von 1,4 auf, weniger genutzt werden die übrigen Angebote. Informationssendungen werden überwiegend von den Programmveranstaltern selbst produziert, sie werden daher hier nicht weiter thematisiert.

Tabelle 4: Angebot und Nutzung der Sparte Information im deutschen Fernsehen 1995[1]

	Zuschauer ab drei Jahre, BRD gesamt, in %	
	Angebot[2]	**Nachfrage[3]**
Information	38	23
davon:		
Nachrichten allgemein	5	7
Frühmagazine (ohne Sportthemen)	1	0
Schul-/Bildungsfernsehen	3	0
Information speziell	29	16

[1] 18 Programme: siehe Tabelle 3
[2] Im Tagesdurchschnitt: 8.044 Minuten
[3] Im Tagesdurchschnitt: 2.188 Sekunden

Quelle: Media Perspektiven 11, 1996, S. 573.

Die *Sparte Fiktion* gliedert sich in die Kategorien Serie, Fernsehspiel und Spielfilm. Tabelle 5 gibt einen Überblick über das Angebot und die Nutzung der fiktionalen Elemente. In allen drei Unterkategorien übertrifft der Nutzungsanteil den Angebotsanteil um einige Prozentpunkte, die Unterschiede sind indes nicht groß.

Tabelle 5: Angebot und Nutzung der Sparte Fiktion im deutschen Fernsehen 1995[1]

	Zuschauer ab drei Jahre, BRD gesamt, in %	
	Angebot[2]	**Nachfrage[3]**
Fiktion	39	46
davon:		
Serie	21	25
Fernsehspiel	3	5
Spielfilm	15	17

[1] 18 Programme: siehe Tabelle 3
[2] Im Tagesdurchschnitt: 8.090 Minuten
[3] Im Tagesdurchschnitt: 4.330 Sekunden

Quelle: Media Perspektiven 11, 1996, S. 573.

Die Produktion fiktionaler Programmangebote wird überwiegend von unabhängigen Programm-Input-Produzenten übernommen; dies soll im Folgenden dargestellt werden. Sportsendungen werden überwiegend von den Programmveranstaltern selbst produziert; eine große Bedeutung erlangt hier der Handel mit Übertragungsrechten, der abschließend kurz beschrieben wird.

5.2. Spielfilme als Fernsehprogramm-Inputs

5.2.1. Spielfilme im Fernsehprogramm (Die Nachfrage)

Spielfilme spielen eine zentrale Rolle für die Veranstaltung von Fernsehprogrammen. Sie haben einen Anteil von 15 Prozent am Programmangebot und einen Nutzungsanteil von 17 Prozent (vgl. Tabelle 5); und qualitativ sind Spielfilme von großer strategischer Bedeutung im Rahmen der Produktpolitik der Veranstalter. Tabelle 6 gibt einen Überblick über die Entwicklung der Spielfilmausstrahlung im Fernsehen.

Die Zahl der ausgestrahlten Filme ist von 1989 bis 1997 von 3.584 auf 10.451 gestiegen, das ist eine Zunahme von 192 Prozent. Die Zahl der Sendetermine ist im gleichen Zeitraum von 4.596 auf 16.972 gestiegen, das ist eine Zunahme von 269 Prozent; dieser stärkere Anstieg der Sendetermine zeigt, dass auch die Zahl der Wiederholungen zugenommen hat. Pro Tag werden 1997 im Durchschnitt 29 Spielfilme gezeigt, einschließlich Wiederholungen sind es im Durchschnitt 46 Spielfilme. Die Fernsehveranstalter zeigen dabei sehr unterschiedliche Marketingstrategien:

- ARD und ZDF weiten ihr Spielfilmangebot moderat und kontinuierlich aus, Wiederholungen sind eher selten.
- Die Dritten Programme setzen mittlerweile sehr stark auf Spielfilme in ihrem Angebot.
- Bei den privaten Fernsehveranstaltern reduzieren SAT.1 und insbesondere RTL ihr Spielfilmangebot sehr deutlich; ProSieben und Kabel 1 bleiben ausgeprägte Spielfilmsender, Kabel 1 vor allem auf Grund der Wiederholungen.
- Die Neuanbieter RTL2, VOX und TM3 setzen stark auf Spielfilme und dabei insbesondere auf Wiederholungen.
- Der Pay-TV-Veranstalter Premiere strahlt relativ wenig neue Filme aus (458), ist aber absoluter Spitzenreiter in der Zahl der Sendetermine (3865).

Dominierender Lieferant für Spielfilme bleibt die USA: 59 Prozent der Sendetermine im deutschen Fernsehen wurden 1997 von Spielfilmen mit dem Herstellungsland USA bestritten. Es folgen Deutschland mit 9 Prozent, Frankreich mit 8 Prozent, Großbritannien mit 7 Prozent und Italien mit 5 Prozent (Filmstatistisches Taschenbuch 1998, S. 65). Insgesamt kann eine deutliche Zunahme der Nachfrage nach Spielfilmen beobachtet werden.

Tabelle 6: Spielfilmausstrahlungen im Fernsehen 1988 bis 1997

	1988	1989	1990	1991	1992	1993	1994	1995	1996	1997
	Ausgestrahlte Filme									
Öffentlich-rechtliches Fernsehen										
ARD	379	381	410	445	472	570	578	682	578	777
ZDF	397	429	404	442	528	479	618	617	652	698
Dritte Programme[1]	913	810	875	860	1284	1485	1481	1585	1625	3248
Satellitenprogramme	421	381	448	450	397	591	504	488	515	765
Gesamt	**2110**	**2001**	**2137**	**2197**	**2681**	**3125**	**3181**	**3372**	**3370**	**5488**
Privates Fernsehen										
RTL	479	748	953	1012	753	510	479	368	299	243
SAT.1	769	725	600	712	593	643	680	712	538	543
Pro Sieben	-	-	989	1107	1319	1156	985	1055	1059	1043
Tele 5/DSF	76	110	287	349	427	12	-	-	-	-
Kabel 1	-	-	-	-	818	1034	888	857	794	936
Premiere	-	-	-	-	466	446	419	417	420	458
RTL2	-	-	-	-	-	880	974	796	866	636
Super RTL	-	-	-	-	-	-	-	121	152	215
TM3	-	-	-	-	-	-	-	137	282	304
Vox	-	-	-	-	-	147	432	368	439	585
Gesamt	**1324**	**1583**	**2829**	**3180**	**4376**	**4828**	**4857**	**4831**	**4849**	**4963**
Fernsehen gesamt	***3434***	***3584***	***4966***	***5377***	***7057***	***7953***	***8038***	***8203***	***8219***	***10451***
	Sendetermine									
Öffentlich-rechtliches Fernsehen										
ARD	403	417	450	500	557	661	664	810	745	809
ZDF	444	486	452	534	624	582	698	706	785	788
Dritte Programme[1]	1202	1276	1297	1267	2072	2565	2727	3190	3205	3373
Satellitenprogramme[2]	484	460	557	584	564	758	623	649	754	877
Gesamt	**2533**	**2639**	**2756**	**2885**	**3817**	**4566**	**4712**	**5355**	**5489**	**5847**
Privates Fernsehen										
RTL	516	790	1070	1221	914	659	571	489	364	283
SAT.1	1030	935	953	1100	966	998	1135	1012	701	692
Pro Sieben	-	-	1697	2162	2177	1922	1354	1303	1272	1237
Tele 5/DSF	140	232	655	743	832	16	-	-	-	-
Kabel 1	-	-	-	-	1677	1736	1466	1139	1356	1362
Premiere	-	-	-	-	3291	3590	3749	3914	3982	3865
RTL2	-	-	-	-	-	1714	1794	1470	1490	1167
Super RTL	-	-	-	-	-	-	-	243	350	459
TM3	-	-	-	-	-	-	-	351	670	909
Vox	-	-	-	-	-	274	1286	999	943	1151
Gesamt	**1686**	**1957**	**4375**	**5226**	**9857**	**10909**	**11355**	**10920**	**11128**	**11125**
Fernsehen gesamt	***4219***	***4596***	***7131***	***8111***	***13674***	***15475***	***16067***	***16275***	***16617***	***16972***

[1] 1990 und 1991 wurden fünf, 1992 sieben, ab 1993 acht Dritte Programme erfasst
[2] 3sat, Eins Plus (eingestellt am 30.11.1993) und Arte (Sendebetrieb seit 30.5.1992)

Quelle: Filmstatistisches Jahrbuch 1998, S. 66f.

5.2.2. Das Angebot an Spielfilmen

Das Angebot an Spielfilmen speist sich aus Neuproduktionen und aus dem vorhandenen Bestand. Die weltweit jährliche *Neuproduktion* beträgt 1993 etwa 3.000 Filme (von Schorlemer 1993, S. 538) einschließlich aller Billigproduktionen. Nur ein geringer Teil davon ist geeignet, im deutschen Fernsehen ausgestrahlt zu werden. Tabelle 7 gibt einen Überblick über die Spielfilmproduktion in den Ländern der Europäischen Union und in USA und Japan. Deutlich wird, dass die Produktion innerhalb der EU trotz aller Fördermaßnahmen quantitativ im Wesentlichen stagniert, auch die Spielfilmproduktion in Japan ist nur wenig ausgeweitet worden. Dagegen wurde die Produktion in den USA fast verdoppelt.

Tabelle 7: Spielfilmproduktion in der EU, in Japan und der USA

Land	**1992**	**1993**	**1994**	**1995**	**1996**	**1997**
Belgien	13	10	15	10	12	-
Bundesrepublik Deutschland[1]	63	67	60	63	64	61
Dänemark	15	14	17	17	13	20
Finnland	10	13	11	8	10	10
Frankreich	155	152	115	141	134	125
Griechenland	14	18	17	24	-	-
Großbritannien	42	60	70	76	73	94
Irland	4	17	17	22	18	-
Italien	127	106	95	75	99	87
Luxemburg	4	2	0	0	0	0
Niederlande	13	16	16	18	16	23
Österreich	14	26	24	17	16	-
Portugal	8	16	13	14	8	-
Schweden	20	29	25	25	28	23
Spanien	52	56	44	59	91	73
EU insgesamt	**554**	**602**	**539**	**569**	**582**	**-**
USA	389	450	420	669	686	-
Japan	240	238	251	289	279	278
[1] erstaufgeführte Spielfime						

Quelle: Filmstatistisches Jahrbuch 1998, S. 60.

Das *Angebot aus dem Bestand* kann nur geschätzt werden. Der internationale Filmindex listet 232.000 Filme auf einschließlich Kurzfilme, Fernsehfilme und Stummfilme sowie einschließlich solcher Filme, für die sendefähiges Material kaum vorhanden ist. Von Schorlemer schätzt, dass davon etwa 30.000 Filme für das deutsche Fernsehen verwertbar sind (von Schorlemer 1993, S. 538). Ein ganz erheblicher Teil der deutschen Verwertungsrechte amerikanischer und westeuropäischer Filme ist im Besitz der Taurus-Gruppe des Leo-Kirch-Konzerns.

Deutlich zeigt sich, dass das Angebot an Spielfilmen aus jährlicher Neuproduktion wesentlich geringer ist als die Nachfrage. Daher stammt ein erheblicher Teil der ausgestrahlten Spielfilme aus dem Filmbestand, mit der Folge, dass die ausgestrahlten Spielfilme recht alt sind: im Durchschnitt 23,1 Jahre (Bericht zur Lage des Fernsehens, 1995, S. 95).

Ganz besonders wichtig für Fernsehveranstalter sind Kino-Highlights, von denen nicht viel mehr als etwa 20 pro Jahr produziert werden. Dies sind in der Regel so genannte „High-Budget-Filme", aufwändig von den Major-Studios[15] produzierte Filme. Diese sind mithin recht knapp.

5.2.3. Filmimport und Filmexport in Deutschland – im Wesentlichen für das Fernsehen

Dass Spielfilme ein wichtiger Input in das Fernsehprogramm sind, hat Abschnitt 5.2.1. gezeigt. Ein großer Teil dieser Filme wird importiert. Tabelle 8 zeigt die Entwicklung des Filmaußenhandels für Deutschland nach Menge und Wert. Die Filmimporte haben sich der Zahl nach von 3.832 auf 14.189 erhöht, das ist eine Zunahme von 270 Prozent; der Wert der Filmimporte ist im gleichen Zeitraum von rund 457 Millionen DM auf 1.911 Millionen DM gestiegen, das ist eine Zunahme von 318 Prozent. Die Filmexporte stagnieren dagegen mengenmäßig und sinken wertmäßig.

Tabelle 8: Filmimport und -export für Deutschland von 1991 bis 1996

Jahr	Filmeinfuhr		Filmausfuhr	
	Anzahl der Filme	Lizenzentgelte DM	Anzahl der Filme	Lizenzentgelte DM
1991	3.832	456.941.254	2.852	92.234.778
1992	2.971	283.629.970	2.952	68.765.923
1993	8.146	1.087.155.827	1.620	19.647.072
1994	13.253	1.427.375.368	2.946	58.731.539
1995	12.864	1.453.048.161	3.081	53.076.096
1996	14.189	1.910.994.778	2.816	58.286.310

Quelle: Filmstatistisches Taschenbuch 1998, S. 56 (Ursprungsdaten: Bundesamt für Wirtschaft, Eschborn).

Der weitaus größte Teil der Importe (und auch der Exporte, die hier nicht mehr interessieren) ist für das Fernsehen bestimmt. 76 Prozent der importierten Filme sind allein für das Fernsehen bestimmt, und 74,9 Prozent der für den Import gezahlten Entgelte wird vom Fernsehen erbracht. Dies zeigt Tabelle 9.

[15] Majors sind die großen amerikanischen Produktionsfirmen Paramount, MGM, 20th Century Fox, Warner Bros. und Walt Disney.

Tabelle 9: Verteilung der Filmimporte und –exporte nach Auswertungsrechten der Abspielstationen

Jahr	Einfuhr 1996		Ausfuhr 1996*	
	Anzahl der Filme	Lizenzentgelte DM	Anzahl der Filme	Lizenzentgelte DM
Kino	943	181.600.917	148	4.158.538
Video	1.882	82.372.877	481	1.690.115
TV	10.808	1.430.598.757	1.970	37.419.268
Kino/Video	5	5.055.018	56	1.711.364
Kino/TV	3	1.281.160	2	16.270
Video/TV	202	74.707.000	39	3.660.214
Video/TV/Kino	346	135.379.048	120	9.630.540
Gesamt	**14.189**	**1.910.994.778**	**2.816**	**58.286.310**
* nur Filme deutschen Ursprungs				

Quelle: Filmstatistisches Taschenbuch 1998, S. 56 (Ursprungsdaten: Bundesamt für Wirtschaft, Eschborn).

5.2.4. Spielfilmproduktion in Deutschland – im Wesentlichen finanziert durch das Fernsehen

Wie Tabelle 7 zeigt, werden in Deutschland seit Jahren gut 60 Spielfilme pro Jahr produziert (erfasst als Erstaufführung). An den Produktionskosten vieler Filme beteiligen sich die Fernsehveranstalter mit bis zu 50 Prozent der Kosten; sie erwerben damit die TV-Ausstrahlungsrechte für eine bestimmte Zeit (häufig werden sieben Jahre vereinbart) und für eine bestimmte Zahl von Ausstrahlungen. So sind von den 61 Spielfilmen, die 1997 in Deutschland erstaufgeführt wurden, 31 als Gemeinschaftsproduktion mit Fernsehveranstaltern finanziert worden (ARD: 1; Arte: 7; BR: 3, MDR: 4; ORB: 2; Premiere: 1; ProSieben: 4; RTL: 1; RTL2: 1; SAT.1: 1; SDR: 1; SFB: 1; SWF: 1; VOX: 1; WDR: 8 und ZDF: 6; Filmstatistisches Taschenbuch 1998, S. 6). In den Jahren 1990 bis 1997 sind gut 50 Prozent der deutschen (erstaufgeführten) Spielfilme durch die Fernsehveranstalter mitfinanziert worden. Damit ist das Fernsehen ein bedeutsamer Förderer der Filmwirtschaft. Übersicht 3 zeigt die Beteiligung der Veranstalter an den Film-Produktionen. Insbesondere die öffentlich-rechtlichen Veranstalter pflegen eine enge Kooperation mit der Filmproduktion, darunter besonders ausgeprägt das ZDF und der WDR.

Übersicht 3: Beteiligung der Veranstalter an der Filmproduktion in Deutschland von 1990 bis 1997

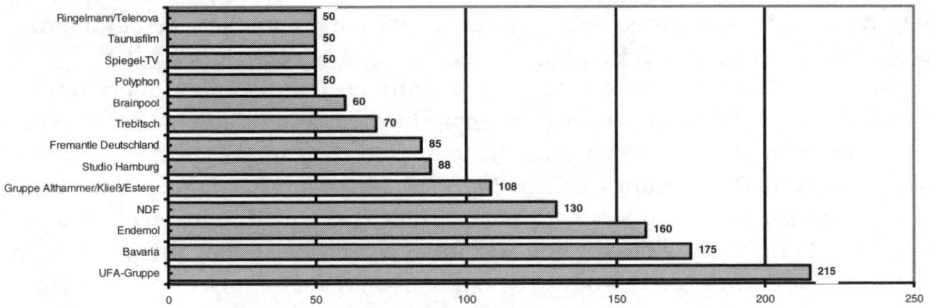

Quelle: Filmstatistisches Taschenbuch.

5.3. TV-Produktionen als Fernsehprogramm-Inputs

Fernsehproduktionen in der Sparte Fiktion sind vor allem Fernsehserien sowie Fernsehfilme bzw. Fernsehspiele. Tabelle 10 gibt einen Überblick über den Programmanteil der speziellen Fernsehproduktionen für die fünf großen deutschen Fernsehveranstalter.

Tabelle 10: Programmanteil der Fernsehproduktionen[1]

		1986	1988	1990	1992	1994	1995
ARD	a[2]	12,7	8,1	13,8	14,2	11,1	10,8
	b	9,3	7,5	5,9	5,2	6,5	7,1
	c	22,0	15,6	19,7	19,4	17,6	17,9
ZDF	a	11,2	7,2	9,4	11,0	12,7	14,0
	b	6,3	5,7	8,4	7,2	6,6	5,9
	c	17,5	12,9	17,8	18,2	19,3	19,9
RTL	a	6,1	26,0	28,5	30,9	26,2	26,9
	b	2,2	-	0,8	0,4	1,7	3,6
	c	8,3	26,0	29,3	31,3	27,9	30,5
SAT.1	a	19,4	29,3	26,9	22,0	25,3	31,5
	b	-	0,9	0,3	2,7	4,2	5,0
	c	19,4	30,2	27,2	24,7	29,5	36,5
Pro7	a	-	-	46,6	33,5	33,8	31,5
	b	-	-	1,7	0,8	6,0	3,8
	c	-	-	48,3	34,3	39,8	35,3

[1] Sendedauer in Prozent der Gesamtzeit
[2] a=Fernsehserie, b=Fernsehfilm/-spiel, c=zusammen

Quelle: Programmanalysen von Krüger (Media Perspektiven).

Fernsehproduktionen haben eine relativ große Bedeutung für die Programme der Veranstalter, insbesondere die Fernsehserien; Fernsehfilme und Fernsehspiele treten dahinter deutlich zurück. Der Programmanteil von Fernsehproduktionen beträgt 1995 rund 24 Prozent insgesamt; bei den öffentlich-rechtlichen Veranstaltern liegt der Anteil bei knapp einem Fünftel, bei den Privaten bei gut einem Drittel.

Diese speziell auf das Fernsehen zugeschnittenen Programm-Inputs werden in der Regel von den unabhängigen Fernsehproduzenten (vor allem im Bundesverband Deutscher Fernsehproduzenten zusammengeschlossen) im Wege der *Auftragsproduktion* erstellt. Das Volumen dieses Marktes wird für 1996 auf ca. 2,8 Mrd. DM beziffert (Rohrbach 1997, S. 13). Im Gegensatz zum Spielfilmbereich, in dem US-Angebote dominieren, sind speziell auf das Fernsehen zugeschnittene Programm-Inputs zunehmend national produziert und national geprägt: „Der deutsche Fernsehzuschauer will ein homogenes deutsches Produkt sehen und verschmäht selbst hochwertige Fernsehkost aus ... Nachbarländern“ (Rohrbach 1997, S. 13)

Die Auftragsproduktion vollzieht sich nach historisch gewachsenen, überraschend festen *Kalkulations-* und *Abnahmeregeln.*

> Alle Sender haben für ihre Vertragsgestaltung im Grundsatz die gleichen Vertragsmuster entwickelt. Sie setzen sich zusammen aus einem allgemeinen Teil, in dem die Hauptleistungen des Produzenten, also die Inhalte der Produktion sowie allgemeine Geschäftsbedingungen beschrieben werden. Gegenstand des Hauptvertrages sind neben der Beschreibung der Produktion Fragen des Produktionsplans und des Produktionsablaufs, so insbesondere die Termine für die Rohschnittabnahme, Feinschnittabnahme und Endabnahme der Produktion sowie die Höhe des Preises und die Zahlungsfälligkeiten.
>
> Die Preisfindung, die dann auch Eingang in die jeweiligen Produktionsverträge findet, wird zwischen Rundfunkunternehmen bzw. Rundfunkanstalten und den Produzenten auf der Basis von Kalkulationen festgelegt. In der Kalkulation gibt der jeweilige Produzent an, wie er auf der Grundlage des abgenommenen Drehbuchs glaubt, die Produktion herstellen zu können. Dabei spielen die Rechtevorkosten, insbesondere die Stoffrechte, die Kosten für die Drehbuchautoren und die Musikrechte eine bedeutsame Rolle. Der größte Teil der Produktionskosten – in der Zwischenzeit mehr als 50% - fließt jedoch in den Bereich des Stabpersonals sowie der Darsteller.
>
> Insbesondere die exorbitanten Preissteigerungsraten im Bereich der Schauspieler haben zu einer Verdoppelung der Kosten einer Produktion geführt. Während vor 10 Jahren ein Fernsehspiel noch mit 1 bis 1,2 Mio. DM hergestellt werden konnte, muß bei vergleichbarer Qualität heute ein Preis von rund 2 bis 2,5 Mio. DM aufgewandt werden. (Rohrbach 1997, S. 16f.)

Auf die Herstellungskosten werden 6 Prozent für so genannte „Handlungsunkosten“ (HU) aufgeschlagen, die zur Deckung der allgemeinen Kosten der Produktionsunternehmung dienen, und zusätzlich ein Gewinnaufschlag von 7,5 Prozent (Rohrbach 1997, S. 18) erhoben.

Es handelt sich bei dieser Art der Finanzierung mithin um ein Kostenaufschlagsverfahren (Cost Plus-Verfahren), wie es generell bei Leistungen üblich ist, die für den Staat erbracht werden (z.B. im Rahmen der Beschaffung von Wehrtechnik). Ein solches Verfahren gilt bei großzügiger Handhabung als kreativitäts- und qualitätsförderlich. Die Rundfunkveranstalter erwerben mit dieser Finanzierung die Ausstrahlungsrechte für sieben Jahre, danach fallen die Rechte an die Produzenten zurück.

Die Produktion fiktionaler Fernsehsendungen ist in Deutschland, im Vergleich zu den europäischen Nachbarländern, ungewöhnlich umfangreich. Tabelle 11 zeigt, dass in Deutschland gut 40 Prozent der entsprechenden Produktionen erstellt werden, die auch einen Sendungsumfang von fast 40 Prozent erreichen.[16] Diese Produktionen können, was die Unübersichtlichkeit in diesem Bereich nicht verringert, wiederum nach unterschiedlichen Typen differenziert werden:

- „der Fernsehfilm (die Einzelproduktion);
- die Miniserie (eine abgeschlossene filmische Erzählung in zwei bis fünf Folgen);
- die Reihe (eine auf mehr als fünf Folgen angelegte Produktion, die sich aus abgeschlossenen Einzelfolgen zusammensetzt – das heißt im Prinzip ist die Reihenfolge der Ausstrahlung beliebig);
- die Serie (eine auf mehr als fünf Folgen angelegte Produktion, deren Einzelfolgen narrativ verbunden sind – das heißt die Reihenfolge der Ausstrahlung ist festgelegt);
- die Anthologie (eine auf eine beliebige Zahl von Folgen angelegte Produktion, die im Unterschied zu Reihe, Serie und Miniserie keine Kontinuität von Thema, Personal und Handlungsort hat – statt dessen sind die Einzelfolgen nur lose zum Beispiel durch Thema oder Personal oder Handlungsort verbunden wie beispielsweise beim ARD-„Tatort")" (Hallenberger 1998, S. 465).

Im Angebotsmix der Veranstalter dominieren Fernsehfilme mit einem Anteil von rund 60 Prozent, Reihen haben einen Marktanteil von etwa 20 Prozent und Serien einen Anteil von gut 10 Prozent (Hallenberger 1998, S. 465f.).

Tabelle 11: Erstausgestrahlte einheimische fiktionale Fernsehproduktionen in Europa 1997

	Produktionen		Sendungen		kumulierte Sendedauer	
	Anzahl	in %	Anzahl	in %	in Std.	in %
Deutschland	347	43,4	2770	37,3	1815	38,0
Frankreich	183	22,8	625	8,4	576	12,1
Großbritannien	193	24,0	2152	28,9	1225	25,7
Italien	43	5,4	606	8,2	397	8,3
Spanien	36	4,5	1276	17,2	759	15,9
Gesamt	**802**	**100,0**	**7429**	**100,0**	**4772**	**100,0**

Quelle: Media Perspektiven 9, 1998, S. 463.

5.4. Der Handel mit Filmrechten

Eigentumsrechte am Film – als Sammelbegriff für Kinofilme und Fernsehproduktionen – werden wie alle Eigentumsrechte in Form von Nutzungsrechten (Recht auf die Erträge) und Verfügungsrechten (Recht auf Verwendung und Übertragung)

---

16 Differenzen zwischen Anzahl der Produktionen und Anzahl der Sendungen sind vor allem darauf zurückzuführen, dass z.B. eine komplette Serie und sogar die „Daily Soap", die pro Jahr auf über 250 Einzelsendungen kommt, als eine Produktion gezählt wird – überraschenderweise (Hallenberger 1998, Fußnote 2).

definiert und gehandelt. Spezifikum des Filmrechtehandels ist die sehr starke Differenzierung der Nutzungsrechte:

- nach zeitlicher Dauer der Nutzung und Zahl der Verwendungen (Wiederholungen),
- nach regionaler Reichweite,
- nach Nutzungsart
  - Kino
  - Videomarkt
  - Pay-TV
  - Free-TV
  - Merchandising

und bisweilen nach Exklusivität. In aller Regel wird indes Exklusivität gewährleistet.

Der Markt ist für Deutschland und Europa sehr wenig transparent; Anbieter, Nachfrager, Handelsusancen und Konditionen sind wenig bekannt. Der Handel vollzieht sich zum einen *direkt* zwischen Produzent und Fernsehveranstalter, vor allem bei Neuproduktionen. Hier ist ein Direktzugang deutscher Fernsehveranstalter möglich, häufig vertreten durch Tochtergesellschaften wie die Degeto Film GmbH, die Filme für die ARD einkauft, oder ZDF-Enterprises GmbH oder Telepool GmbH München. Einige Beispiele seien genannt.

Im Juli 1996 kaufte RTL für 1,5 Mrd. US $ (ca. 2,25 Mrd. DM) die Free-TV-Rechte an allen TV-Produktionen des US-amerikanischen Film- und Fernsehkonzerns MCA Television Group für den deutschsprachigen Raum für sich und seine Gesellschafter bis zum Jahre 2006. Außerdem erhielt RTL Zugriff auf das Archiv von MCA. Dies ist ein so genannter *Output-Deal*, d.h. dass TV-Veranstalter oder Rechtehändler die gesamte Produktion eines Studios kaufen. Dabei wird der Produktionsumfang quantitativ festgelegt, also z.B. vier Serien zu zwölf Folgen und drei Spielfilme, und dafür wird ein jährlicher Pauschalpreis vereinbart. Der Käufer kennt mithin die Qualität der Filme bei Vertragsabschluß nicht, er kauft „die Katze im Sack“.

Im Februar 1996 kauften ARD und VOX gemeinsam ein Paket von 135 Spielfilmen, davon 60 neuere und 75 ältere Filme. Der Preis wird auf 110 Millionen DM geschätzt, also pro Spielfilm 815.000 DM. Diese Filme können beide Sender zeigen. Solche Paketkäufe sind üblich. Es werden in der Regel einige Spitzenfilme zusammen mit weniger erfolgreichen Filmen verkauft; der gemeinsame Einkauf ist weniger üblich.

Einen der umfangreichsten Käufe hatte die ARD 1984 getätigt: Für 80 Millionen US $ hatte sie 1.350 Filme aus dem Archiv und aus der Neuproduktion von MGM/UA gekauft, mit Laufzeiten von jeweils 12 Jahren. Dies wurde im Übrigen als Beschränkung des Marktzutritts für Dritte kartellrechtlich geahndet (vgl. Monopolkommission 1988, S. 225f.)

Eine größere Rolle spielt der *Zwischenhandel* von Filmrechten, in Deutschland bestreiten das Geschäft vor allem Leo Kirch und seine ehemaligen Angestellten Herbert Kloiber und Bodo Scriba sowie Otto Beisheim und Bertelsmann und Springer. Die *Kirch-Gruppe* ist einer der größeren deutschen Medienkonzerne mit Aktivitäten in den Feldern Programmhandel und Programmproduktion, Filmverleih und Filmtheaterbetrieb, Fernsehen, Hörfunk und Printmedien (vgl. den Überblick über das Unternehmen und seine Beteiligungen in Medienspiegel 2, 1999). Kernbereiche sind aber nach wie vor Programmhandel und Programmproduktion. So verfügt Kirch über 5.000 Spielfilme und TV-Produktionen im Umfang von 50.000 Stunden, der Wert wird nach einer von Kirch in Auftrag gegebenen Studie mit 6,8 Mrd. DM angegeben (manager magazin, Juli, 1997, S. 62); rund 100.000 DM pro Programmstunde. Allerdings ist die Bewertung von Vorräten ein schwieriges Unterfangen.

Aktienrechtlich ist von den beiden möglichen Wertansätzen „Anschaffungspreis bzw. Herstellungskosten" und „Marktpreis" der jeweils niedrigere Wert anzusetzen, und dabei ist die Ermittlung des Marktpreises recht spekulativ. Immerhin erzielte die Kirch-Gruppe laut Finanzplan 1997 Lizenzeinnahmen allein von ihren größeren deutschsprachigen Kunden von 1,42 Mrd. DM (manager magazin, Juli, 1997, S. 57). In die jährliche Neuproduktion investiert die Kirch-Gruppe nach eigenen Angaben gut 1,5 Mrd. DM, und seit 1995 sind rund 4,5 Mrd. DM in Lizenz-Rechte für Fiction-Programme investiert worden (Medienspiegel 31, 1997, S. 3). Die Kirch-Gruppe ist im Handel mit Filmrechten sicher marktbeherrschend, einige Konkurrenten existieren indes. Genannt seien neben der beschriebenen Kirch-Gruppe

Herbert G. Kloiber (Tele München u.a. Tochterfirmen der Kloiber KG), der als zweitgrößter deutscher Filmhändler einen Jahresumsatz von 200 bis 250 Millionen DM erwirtschaftet,
Bodo Scriba (Capitol, Urania),
Rolf Deyhle, Willi Bär (Deyhle GmbH&Co. Holding KG/Connexion Film),
Otto Beisheim (Medien-Handels GmbH),
Pandora Film,
Exportfilm Bischoff & Co. GmbH,
Filmverleihunternehmen (z.B. Prokino, Filmverlag der Autoren, Dieter Geissler) (vgl. Böckelmann 1995, S. 69).

Daneben sind die ISPRA (Springer/Kirch und die Ufa Media- und Marketing GmbH/Bertelsmann) wichtige Unternehmen im Handel mit Sport-, Film- und Serienrechten.

Einen Überblick über die Filmeinkäufe deutscher Veranstalter und Filmhändler bietet die folgende Zusammenstellung. Deutlich wird der Umfang der Investitionen der Kirch-Gruppe, von RTL und Bertelsmann/CLT.

Übersicht 4: Wichtige Filmkäufe deutscher Fernsehveranstalter und Filmhändler

Kirch-Gruppe	– seit 1995 für 42 Mio. DM 12 Filme von Steven Spielberg Amblin Entertainment (u. a. „Schindlers Liste" und „Jurassic Park") – seit 1996 für 1,8 Mrd. DM Neuproduktionen und Zugriff auf das Archiv von Paramount – seit 1996 für 1,4 Mrd. DM alle Neuproduktionen von Columbia Tristar, Zugriff auf das Archiv – Zugriff auf das Archiv der 20th Century Fox – seit 1997 Pay-TV-Rechte für die neuen Spielfilme und das Archiv MGM (Metro-Goldwyn-Mayer Inc.)
RTL	– von 1990 bis 1996 alle Neuproduktionen und Zugriff auf das Archiv von MCA Universal – ab 1997 für 2,25 Mrd. DM alle TV-Neuproduktionen und Zugriff auf das Archiv von MCA Universal – seit 1995 für 350 Mio. DM 48 Filme und 500 Stunden Serien von Warner Bros.
Bertelsmann/CLT	– seit 1996 die Neuproduktionen von 20th Century Fox – TV-Filme von Paramount – Neuproduktionen von Disney

Quelle: zusammengestellt aus Presseangaben.

Der Filmrechtehandel ist, wenn er nicht zwischen Produzent und Programmveranstalter direkt getätigt wird, eine Form des Großhandels: Güter bzw. Dienstleistungen werden von den Produzenten erworben, gesammelt und in bestimmten Ordnungen zusammengestellt und an Wiederverkäufer verkauft. Die Funktion des Handels generell ist die Herstellung von Transparenz, Kundenberatung und Ersparnis von Transport- und Transaktionskosten, meist auch eine Abwicklung des Zahlungsstromes. Diese Funktionen übt der Filmrechtehandel sicher auch aus, wenngleich nicht viel Transparenz hergestellt wird, aber die Hauptfunktion ist vermutlich die Spekulation[17] oder, wie es Kirch-Geschäftsführer Jan Mojto etwas vornehmer formulierte: „Die Logik liegt darin, künftige Verwertungsketten vorherzusehen ..." (Spiegel 26, 1997, S.91). So hat vor allem der Kirch-Konzern, vertreten durch die Person Leo Kirch, sehr frühzeitig die mögliche Wertsteigerung von Filmrechten erkannt und frühzeitig und preiswert Filmrechte erworben und gehalten. Dies kann aus ökonomischer Sicht nicht kritisiert werden (ich kann es nur neidvoll bewundern); zu kritisieren wäre nur der wettbewerbspolitische und medienpolitische Missbrauch einer dadurch erworbenen marktbeherrschenden Stellung.

Ungewöhnlich im Vergleich zur sonstigen Stellung des Handels ist die dadurch begründete Marktmacht des Filmhändlers als Lieferant. Während in der Regel befürchtet wird, dass große Handelsketten ihre marktbeherrschende Stellung als *Nachfrager* missbrauchen, begründet sich die starke Stellung des Filmhändlers Leo Kirch darauf, dass er Programm-Inputs *anbieten* kann. Üblicherweise ist „der Kunde König", d.h. der Nachfrager hat eine starke Stellung; im Filmrechtehandel ist es – we-

17 Spekulation ist eine Geschäftstätigkeit, die durch Ausnutzen von zeitlichen Preisunterschieden Gewinne erzielen will. Dies kann marktregulierend wirken, kann aber auch die Märkte destabilisieren.

nigstens auf absehbare Zeit – umgekehrt: König ist der Produzent und der Rechteinhaber. Die Ursache ist die stark gestiegene Nachfrage nach Filmrechten und die offenbar relativ geringe Elastizität des Angebots.

Ungewöhnlich ist auch die relativ starke Integration von Filmhändlern in den Veranstalterbereich hinein, insbesondere sind die Beteiligungen von Kirch an SAT.1, ProSieben, Kabel 1, DSF und Premiere zu nennen; daneben die Beteiligungen von Kloiber an RTL2 (vgl. Kapitel 13). Dies bietet Raum für diskriminierende Belieferungen.

5.5. Zur Preisbildung von Filmrechten

Preise hängen ab von Angebot und Nachfrage; genauer gesagt von den Faktoren, die den Nachfragepreis (den Preis, den die Nachfrager maximal zu zahlen bereit sind) und den Angebotspreis (den Preis, den Anbieter mindestens erzielen wollen) bestimmen. Abbildung 3 zeigt diese Bestimmungsgründe im Überblick (vgl. Baßeler/Heinrich/Koch 1998, S.124). Betrachten wir diese Bestimmungsgründe im Einzelnen.

Abbildung 3: Bestimmungsgründe der Preisbildung

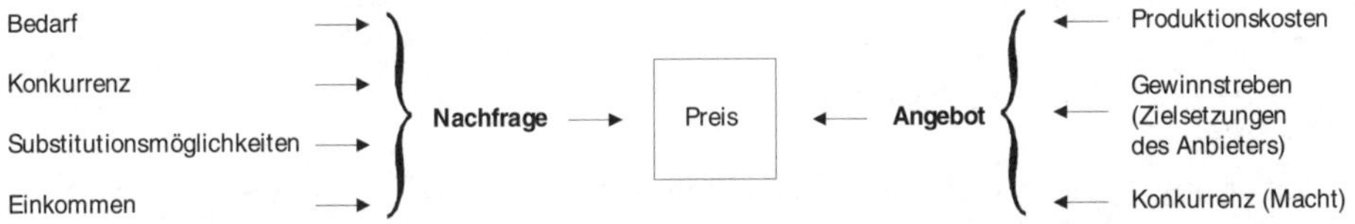

Der *Bedarf der Nachfrage* ist stark gestiegen. Zum einen und vor allem als Folge der rasch steigenden Zahl der Fernsehveranstalter und der Programmausweitung in Richtung 24-Stunden-Programm. Zum anderen auch als Folge des steigenden marktstrategischen Wertes von Spielfilmen und auch Serien (Top-Filme gelten als gut für das Image).

Die *Konkurrenz der Nachfrager* hat mit der Zahl der Nachfrager deutlich zugenommen. Seit dem Wegfall des öffentlich-rechtlichen Rundfunkmonopols in Deutschland gibt es einen erheblichen Wettbewerb der nachfragenden Fernsehveranstalter um Filmrechte. Anzeichen für Absprachen gibt es in Deutschland bislang nicht; möglicherweise ändert sich dies mit der immer wieder auflebenden Allianz zwischen Bertelsmann (CLT/UFA) und Kirch (und Telekom).

Substitutionsmöglichkeiten der Nachfrager gibt es kaum: Auf fiktionale Programmangebote kann nicht verzichtet werden und eine Eigenproduktion – als Ersatz für teure Kaufproduktionen und Auftragsproduktionen – ist nicht leicht zu realisieren.

Das *Einkommen der Nachfrager* hängt ab von den Verwertungsmöglichkeiten des Programms, also von möglichen Werbeeinnahmen und Einnahmen aus Pay-TV-Abonnements. Diese Verwertungsmöglichkeiten hängen wiederum ab vom Sozialprodukt pro Kopf, von der Zahl der TV-Haushalte und gegebenenfalls von den Re-

gulierungen auf dem Werbemarkt und den Möglichkeiten des Pay-TV. In einer empirischen Analyse der Preisbildung für TV-Programm-Inputs sind diese theoretisch naheliegenden Überlegungen bestätigt worden: In einer Regressionsanalyse ergab sich eine signifikante Abhängigkeit der länderspezifischen Preise für TV-Programm-Inputs vom Sozialprodukt pro Kopf, von der Zahl der TV-Geräte und von der Marktstruktur (Hoskins/Mirùs/Rozeboom 1989, S. 68ff.).
Insgesamt sprechen alle Faktoren für eine Zunahme des Nachfragepreises, die Bündelung dieser Faktoren spricht für eine Vervielfachung des Nachfragepreises. Grenzen setzen nur die Kosten von Alternativen und die Verwertungsmöglichkeiten. Alternativen gibt es kaum, mithin bleibt als wirksame Begrenzung des Nachfragepreises nur die Grenze der Verwertungsmöglichkeiten. Diese sei kurz kalkuliert.

Für die Verwertung im werbefinanzierten Free-TV gibt es folgende Grenze für den Nachfragepreis PD

$$PD \leq \frac{R^*}{1000} \times TKP \times WZ$$

Dabei ist R^* die erwartete Reichweite, TKP der Tausendkontaktpreis und WZ die faktisch mögliche Werbezeit. Ein Beispiel für einen Film von 90 Minuten Dauer:

R^* = 5 Mio. Zuschauer
TKP = 50 DM pro Minute
WZ = 10% der Nettozeit des Films

Damit ergibt sich ein Nachfragepreis von maximal:

PD ≤ 2,25 Millionen DM

Dies sind realistische Werte; insbesondere die tatsächliche Reichweite kann aber anders ausfallen.

Für die Verwertung im Pay-Per-View kann man von einem üblichen Preis von 5,- bis 6,- DM ausgehen; Nachfragerzahlen sind indes sehr schwer zu schätzen. Erfahrungen in Deutschland sind bislang nicht tragfähig.

Die *Konkurrenz der Anbieter* ist nicht leicht zu fassen. Zum einen gibt es zahlreiche Produktionsfirmen, so dass am ehesten von der Marktform der monopolistischen Konkurrenz ausgegangen werden kann. Zum anderen ist die Konkurrenz der Anbieter im Segment der Spitzenfilme gering, weil offenbar nicht sehr viele Top-Filme produziert werden können. Dies mag zum einen an der Knappheit guter Schauspieler, guter Regisseure oder guter Drehbücher liegen, zum anderen daran, dass das Konzept „Top-Film" immer ein relatives Konzept ist: Nur wenige Filme können Spitzenfilme sein, egal wie gut sie objektiv gesehen sein mögen. Dies bleibt indes alles relativ spekulativ. Wichtig ist, ergänzend darauf hinzuweisen, dass es sich beim Angebot von Filmen nicht um homogene Güter handelt, vielmehr sind die Filme nach Produktionsaufwand und kultureller Gebundenheit recht heterogen, und nur im Einzelfall dürfte ein Major-Spielfilm mit einer Produktion aus einem anderen Land konkurrieren.

Die *Produktionskosten* von Filmen scheinen weniger Einfluss auf den Angebotspreis zu haben als umgekehrt: Erwartete Verkaufserlöse haben einen signifikanten Einfluss auf akzeptierbare Produktionskosten. Dies liegt daran, dass die Produktionskosten für Filme – anders als bei technisch determinierten Industrieprodukten – nicht fest sind. Der Input kann relativ variabel gestaltet werden: Man kann teuer vor Ort drehen oder billig in Studios, man kann teure oder billige Schauspieler wählen usw. Dennoch differieren die Preise für international gehandelte Filme nach Größenklassen der Produktionskosten (vgl. Eggers 1995, S.123f.)

Als *Zielsetzung* der Anbieter kann sicher langfristige Gewinnmaximierung unterstellt werden.

Die von der Angebotsseite ausgehenden Preisbestimmungsfaktoren sprechen mithin weniger deutlich für starke Preissteigerungen als die nachfrageseitig verursachten Bestimmungsgründe. Allerdings sind die Faktoren, die typischerweise einen Druck auf die Angebotspreise nach unten ausüben – Wettbewerb der Anbieter und technischer Fortschritt in der Produktion – auf der Angebotsseite der Filmproduktion schwach ausgeprägt. Im Ergebnis sind mithin deutlich steigende Preise zu erwarten. Die Empirie bestätigt diese Einschätzung (natürlich). Tabelle 12 zeigt die Entwicklung der Lizenzpreise für Spielfilme in Deutschland.

Tabelle 12: Entwicklung der Lizenzpreise in Deutschland für Spielfilme

Käufer	Verkäufer	Durchschnittspreise pro Film in TDM					
		1986	1989	1990	1991	1992	1993
ZDF	k. A.	265	380	380	380	411	
RTL	Wendtland		400				
RTL	Scriba		510				
MH Beisheim	Kirch			267			
SAT.1	MH Beisheim			580			
Pro7	MH Beisheim			710			
ARD/ Degeto	Durchschnitt aller jährlichen Käufe			400	460	500	550
ARD/ Degeto	Preisspanne von ... bis ...			180-670	195-750	200-2000	210-2300

Quelle: Media Perspektiven 11-12, 1993, S. 547

Es sind Durchschnittspreise für im Paket angebotene Filme; einzelne Spitzenfilme, wenn sie denn einzeln erhältlich sind, kosten wesentlich mehr. Einige Beispiele: „E. T." kostete pro Ausstrahlung rund eine Million DM (Helmut Thoma im Spiegel 42, 1990, S.168). Die Topfilme von Spielberg kosten mittlerweile im Durchschnitt 3,5 Millionen DM, „Jurassic Park" soll ProSieben sechs Millionen DM und „Titanic" soll Vox 15 Millionen gekostet haben.

5.6. Sport und Sportrechte

Die Bedeutung des Sports für Fernsehprogramme ist quantitativ gering. Mit einem Anteil von 4 Prozent am Programmangebot und 7 Prozent an der Programmnutzung (1995; vgl. Tabelle 3) ist der Sport eine quantitativ gesehen relativ unbedeutende Programmsparte. *Qualitativ* gesehen ist die Bedeutung von Sportübertragungen *überragend:* 1995 waren unter den 100 meistgesehenen Fernsehsendungen 42 Sportübertragungen, davon 30mal Fußball und 12mal Boxen, Spitzenreiter war die Übertragung des Boxkampfes Schulz-Botha mit 18,03 Mio. Zuschauern; 1996 waren unter den Top-100 65 Sportübertragungen, davon 56mal Fußball und 9mal Boxen, Spitzenreiter war die Übertragung von der Fußball-Europameisterschaft mit 32,73 Mio. Zuschauern, und 1998 waren unter den Top-100 66 Sportübertragungen, davon 36 Fußball-WM-Spiele (Medienspiegel 3, 1996; 3, 1997, und 3, 1999). Dies zeigt, dass Sportübertragungen Publikumsmagneten sind, allerdings im Wesentlichen nur Spitzensportübertragungen in den massenattraktiven Bereichen Fußball, Boxen, Tennis, Formel 1 und ausgewählte Übertragungen von den Olympischen Spielen. Dass Sport auf ein hohes Zuschauerinteresse stößt, ist erklärlich: Hier werden „wie in keiner anderen Programmsparte all jene Elemente wie Information, emotionale Ansprache und Möglichkeit zur Identifikation“ (Amsinck 1997, S. 70) geboten; Sportübertragungen bieten zudem einen außerordentlich hohen Gesprächswert. Weniger erklärlich ist, dass das Zuschauerinteresse sich auf nur wenige Sportarten konzentriert; dies mag sich auch ändern.

Aus dieser Attraktivität von Sportübertragungen folgt ihre Attraktivität als Programm-Inputs für Programmveranstalter:

- Sie bringen Reichweite und profilieren den Veranstalter als reichweitenstark.
- Sie profilieren den Veranstalter als Marke, indem sie das Image beeinflussen, die Wiedererkennbarkeit fördern und letztlich eine Unique Selling Proposition bieten.
- Sie sind Lockmittel für Pay-TV-Abonnements.

Sportübertragungen bieten einige Besonderheiten im Vergleich zu anderen Programm-Inputs:

- Mehrfachverwertungen, wie sie bei Kino- und Fernsehfilmen intensiv genutzt werden, sind bei Sportübertragungen kaum möglich, weil diese ganz stark dem Wertkriterium der Aktualität unterliegen. Interessant sind nur Live-Übertragungen, Zweitverwertungen haben sehr geringe Marktchancen. Das bedeutet, dass Rechteverwerter sich die Kosten nicht teilen können, der Verwerter muss sozusagen den gesamten Preis zahlen. Das macht Sportrechte für den einzelnen Veranstalter sehr teuer.
- Bei Sportübertragungen haben auch die Veranstalter des Sports selbst ein großes Interesse an einer guten Darstellung und einer hohen Reichweite, weil dies die Popularität der betreffenden Sportart fördern kann und vor allem, weil es die Chancen erhöht, via Werbung und Sponsoring und via Merchandising Ein-

nahmen zu erzielen.[18] Dies erklärt, warum Senderechte häufig an Sendeverpflichtungen gekoppelt sind. Dies macht den Rechtehandel kompliziert und begründet eine gewisse Vorzugsstellung der großen, etablierten Programmveranstalter.

- Sportübertragungen liegen im Schnittfeld von Information und Unterhaltung. Dies wirft medienrechtliche Fragen auf wie die berühmte Frage von Dieter Hildebrandt: „Gehört Wimbledon zur Grundversorgung?" oder: „Begründet das Recht auf Information eine Ausstrahlung von Sportereignissen im Free-TV?" Diese Fragen können hier nicht beantwortet werden, das Medienrecht hat der Sonderstellung des Sports jedenfalls Rechnung getragen: Der Rundfunkstaatsvertrag sieht in §5 das Recht auf unentgeltliche Kurzberichterstattung vor (§5 RStV) – dies bezieht sich faktisch vor allem auf Sportveranstaltungen –, und die neue Fernsehrichtlinie der EU sieht vor, dass Mitgliedsländer Listen mit wichtigen Veranstaltungen (major events) aufstellen dürfen, die von Rundfunkveranstaltern unverschlüsselt – also im Free-TV – ausgestrahlt werden müssen (Art. 3a). Auch diese Regelung bezieht sich faktisch vor allem auf Sportveranstaltungen (vgl. Kapitel 3).
- Schließlich begründen die Vertragsvereinbarungen zwischen Rundfunkveranstaltern und Sportrechteinhabern häufig kartellrechtliche Probleme. So ist 1990 der sog. Globalvertrag, der der ARD und dem ZDF alle Übertragungsrechte für 38 Sportverbände für fünf Jahre gesichert hatte, als Beschränkung des Wettbewerbs für andere Fernsehveranstalter verboten worden (Media Perspektiven Dokumentation II, 1990, S. 45f.). So prüfte die Kartellrechtsprechung, ob der DFB den Fußball zentral vermarkten darf. Hier kollidieren folgende Interessen:
  1. Sportübertragungen sind zentrale Ressourcen für die Produktion von Fernsehprogrammen. Insofern ist ein möglichst freier Zugriff auf diese Ressourcen essentiell für den Wettbewerb. Dagegen steht das Interesse der Veranstalter an Planungssicherheit.
  2. Eine zentrale Vermarktung ist sinnvoll, weil nur so die Übertragung von Veranstaltungen mit jeweils mehr als einem Partner gesichert werden kann. Anderseits ist dies ein Absatzkartell und es behindert die Wettbewerbsmöglichkeiten der einzelnen Vereine.

Seit 1998 wird im Kartellrecht dieser besonderen Rolle des Sports Rechnung getragen: Nach §31 KartellG gilt das Kartellverbot nicht für die zentrale Vermarktung von Sportübertragungen im Fernsehen.

Die *Entwicklung der Preise* für Sportübertragungsrechte bestätigt die Bedeutung von Sportübertragungen als Programm-Inputs: In diesem Fall kann man wirklich von einer „Explosion" der Preise sprechen. Übersicht 5 zeigt den Anstieg wichtiger Rechtekosten:

---

[18] Diese Einnahmen sind z.B. für die Vereine der 1. Fußball-Bundesliga beträchtlich: Neben Fernseheinnahmen von 255 Mio. DM bringt die Trikot- und Bandenwerbung rund 140 Mio. DM, und der Merchandising-Umsatz wird auf 100 bis 200 Mio. DM geschätzt (iwd 31, 1997, S. 7).

Übersicht 5: Anstieg wichtiger Sportrechtekosten von 1980 bis 2000

Fußball-Bundesliga	+ 2757 Prozent
Fußball-Europameisterschaft	+ 4275 Prozent
Fußball-Weltmeisterschaft[1]	+ 6781 Prozent
Olympische Sommerspiele	+ 6000 Prozent
[1] von 1982 bis 2002	

Quelle: Media Perspektiven 10, 1996, S.515ff.

Einige Einzelangaben bestätigen den Stellenwert von Top-Sport-Übertragungen:

- Ab 1998 zahlt SAT.1 180 Millionen DM für seine Bundesliga-Erstübertragungsrechte, und Premiere zahlt 75 Millionen DM für seine wöchentliche Live-Übertragung pro Jahr.
- Leo Kirch zahlt 2,8 Mrd. Schweizer Franken (ca. 3,36 Mrd. DM) für die Übertragungsrechte an den Fußballweltmeisterschaften von 2002 und 2006.
- TM3 (Murdoch und Kloiber) erwirbt 1999 für 212,5 Millionen DM je Saison die Übertragungsrechte für die Champions League im europäischen Fußball.

Die Vermarktung von Sportübertragungen ist allerdings nicht einfach. „Fußball ist eigentlich kein Fernsehsport" (Helmut Thoma); gemeint ist, er eignet sich nicht für Werbeunterbrechungen. Im Free-TV gibt es deutliche Vermarktungsgrenzen, die gezogen werden durch die maximale Werbezeit und den maximalen Tausendkontaktepreis (TKP). Ein Beispiel soll dies erläutern.

SAT.1 überträgt pro Jahr 34mal 2 Stunden Fußball. Die maximale Werbezeit liegt faktisch bei 15 Minuten (rund 12 Prozent). Der TKP beträgt pro Minute 50,- DM; die Reichweiten liegen bei 5 Millionen Zuschauern. (Dies ergibt einen kalkulierten Werbespotpreis von 250.000.DM pro Minute bzw. 125.000,- DM pro 30 Sekunden. Dies entspricht den SAT.1-Preisen für 1998 von rund 110.000,- bis 135.000,- DM für Werbung in „ran – SAT.1 Fußball".) Daraus ergibt sich ein jährliches Erlöspotenzial von 127,5 Millionen DM. Dies sind indes keine Nettoeinnahmen: Abzuziehen sind die erheblichen Sportübertragungskosten, die bei der aufwändigen und personalintensiven Übertragungstechnik anfallen. Mithin dürften die Werbeeinnahmen die Sportübertragungskosten für SAT.1 bei weitem nicht decken. Dies zeigt, dass SAT.1 die Fußballübertragungen auch nutzen will, um sich als Veranstalter-Marke mit einer Unique Selling Proposition zu etablieren. Auch RTL kalkulierte mit Verlusten von 50 Millionen DM pro Jahr für die Übertragung der Fußballspiele in der „Champions League" (Spiegel 49, 1998, S. 159), sicher aus den gleichen Gründen.

Im Pay-TV gibt es weniger Vermarktungsgrenzen für Sportübertragungsrechte: Mit Fußballübertragungen werden Abonnenten gewonnen, und diese zahlen rund 600,- DM pro Jahr; allerdings für Paketangebote. Bei Pay-Per-View wird mit mindestens 10,- DM pro Spiel gerechnet (Bernd Bauer, UFA-Geschäftsführer in TV-Spielfilm 19, 1996, S. 26); dies ergibt dann etwa bei zwei Millionen Zuschauern eine Einnahmepotenzial von 680 Millionen DM pro Jahr für die Übertragung jeweils eines der Fußballbundesligaspiele. Dies ist also eine ganz andere Größenordnung der Vermarktungschancen als bei Free-TV.

6. Der Sektor der Programmzulieferer in Deutschland

Die erste umfassende Bestandsaufnahme des Marktes der Programmzulieferer (der Input-Produzenten) bietet die Studie „Hörfunk und Fernsehen als Wirtschaftsfaktor" (Böckelmann 1995). Basis war eine Befragung der Mitglieder folgender Verbände:

- Bundesverband Deutscher Fernsehproduzenten,
- Arbeitsgemeinschaft Neuer Deutscher Spielfilmproduzenten und
- Verband Deutscher Spielfilmproduzenten.

Geschätzt wurde, dass damit 60 bis 90 Prozent der entsprechenden Umsätze erfasst werden können (Böckelmann 1995, S. 4), und mit hoher Wahrscheinlichkeit gelten die Ergebnisse als repräsentativ (Böckelmann 1995, S. 5f.) für die unabhängigen Produzenten von Hörfunk- und Fernsehprogramm-Inputs. Die Angaben sind als Schätzungen zu interpretieren, trennscharfe Definitionen und Abgrenzungen werden nicht verwendet, dies wäre in diesem so unübersichtlichen Sektor der Medienwirtschaft vermutlich eher kontraproduktiv.

Zum einen werden die Kosten ermittelt, die Programmveranstaltern für den Erwerb von Fernseh-Programm-Inputs anfallen. Tabelle 13 zeigt die Schätzung für 1993. Diese Kosten können dann auch als Schätzwerte für die Einnahmen der Programmzulieferer verwendet werden.

Tabelle 13: Kosten der Fernsehprogrammproduktion 1993

Kosten für Auftragsproduktion	2.300 Mio. DM
Kosten für Rechteerwerb von deutschen Rechteinhabern	1.500 Mio. DM
Kosten für Rechteerwerb von ausländischen Rechtebesitzern	800 Mio. DM
Kosten für Eigenproduktion	1.650 Mio. DM
Kosten für Programm-Inputs gesamt	rund 6.300 Mio. DM

Quelle: Böckelmann 1995, S. 26ff.

Das Marktvolumen für Fernseh-Programm-Inputs beträgt mithin rund 6 Mrd. DM; gut 2 Mrd. DM für Auftragsproduktionen, gut 2 Mrd. DM für den Rechteerwerb und knapp 2 Mrd. DM für Eigenproduktionen. In der Studie von Böckelmann ist umgekehrt als Einnahme für unabhängige Fernsehprogrammproduzenten ein Wert von 1.980 Mio. DM ermittelt worden (Böckelmann 1995, S. 27); dies deckt sich mithin mit den Angaben der Fernsehprogrammveranstalter, die 2.300 Mio. DM ausgegeben haben. Die Differenz dürfte im Wesentlichen auf Importe zurückzuführen sein. Der Markt für Hörfunk-Programm-Inputs scheint recht klein zu sein. Ermittelt werden Kosten der Privatradios für Hörfunk-Programm-Inputs von 16,2 Mio. DM (Böckelmann 1995, S. 27); Einnahmen der unabhängigen Input-Produzenten werden nicht angegeben.

Zum anderen wird ein Überblick über die Beschäftigung gegeben. Tabelle 14 zeigt die Beschäftigungsstruktur für 1994.

Tabelle 14: Beschäftigungsstruktur im Sektor der unabhängigen Fernseh- und Hörfunkproduzenten

	Fernsehproduzenten[1]	Hörfunkproduzenten
Festangestellte Mitarbeiter insgesamt	**2.437** **9%**	**104** **42%**
im Bereich Organisation/Verwaltung	910 37%	8 8%
im Bereich Verkauf/Marketing	64 3%	4 4%
im Bereich Produktion/Technik	973 40%	15 14%
im künstlerischen Bereich	490 20%	77 74%
Feste freie Mitarbeiter insgesamt	**2.025** **7%**	**49** **20%**
im Bereich Organisation/Verwaltung	49 2%	0 0%
im Bereich Verkauf/Marketing	1 0%	0 0%
im Bereich Produktion/Technik	1.419 70%	0 0%
im künstlerischen Bereich	556 27%	49 100%
Freie Mitarbeiter insgesamt	**22.855** **84%**	**95** **38%**
im Bereich Organisation/Verwaltung	70 0%	0 0%
im Bereich Verkauf/Marketing	3 0%	0 0%
im Bereich Produktion/Technik	10.818 47%	16 17%
im künstlerischen Bereich[2]	11.964 52%	79 83%
Gesamt	**27.317** **100%**	**248** **100%**

[1] Ohne Firmen des Lizenzhandels. Summe der Ergebnisse eigener Erhebungen und ergänzender Auskünfte von Branchenexperten
[2] Mehrfachnennungen wahrscheinlich

Quelle: Böckelmann 1995.

Die deutschen Fernsehprogramm-Input-Produzenten beschäftigten im ersten Halbjahr 1994 gut 2.400 Festangestellte, gut 2.000 Feste-Freie-Mitarbeiter und etwa 20.000 gelegentliche Mitarbeiter; insgesamt also rund 27.000 Mitarbeiter. Bemerkenswert ist, dass der Großteil der Beschäftigten im Bereich Produktion/Technik arbeitet (im Durchschnitt 48 Prozent) und dass im künstlerischen Bereich überwiegend gelegentliche freie Mitarbeiter beschäftigt sind. Die Zahl der Beschäftigten für die Hörfunk-Input-Produktion macht mit insgesamt 248 Mitarbeitern knapp ein Prozent des entsprechenden Wertes für die Fernsehproduktion aus.

Einen Überblick über die größeren Produzenten von Fernseh-Programm-Inputs gibt Übersicht 6. Die dort aufgelisteten dreizehn Produzenten erzielten 1996/97 einen Umsatz von insgesamt 1.341 Millionen DM; die größten Anbieter sind die UFA-Gruppe, Bavaria und Endemol.

Übersicht 6: Umsätze der größten Fernsehprogrammzulieferer[1]

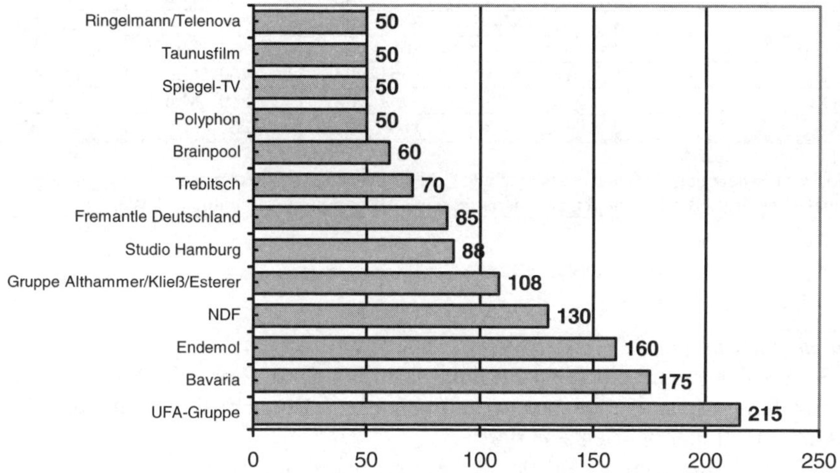

[1] Im Durchschnitt der Geschäftsjahre 1996/97 in Mio. DM.

Quelle: w&v Compact, 12, 1997, S. 20.

Die wichtigsten Produktionsstandorte sind Köln mit einem Umsatz von 912 Millionen DM und München mit einem Umsatz von 879 Millionen DM (1997). Danach folgen mit größerem Abstand Hamburg (565 Mio. DM), Berlin-Brandenburg (504 Mio. DM) und Frankfurt/Wiesbaden (136 Mio. DM).

Der Markt für Programm-Inputs ist ein Wachstumsmarkt, weil der Bedarf an Programm-Inputs gewaltig zugenommen hat. Ein Überblick über die geplanten Investitionen der privaten Vollprogrammanbieter zeigt dies. Das Investitionsvolumen beträgt für 1998 rund 12 Mrd. DM.

Übersicht 7: Investitionen der Fernseh-Vollprogrammanbieter 1998

	Programminvestitionen			Erwartete Bruttowerbe-umsätze
	Eigenpro-gramme	Lizenzpro-gramme	Gesamt	
ARD (Das Erste und Dritte)	5,201 Mrd.[2)]	354,6 Mio.[3)]	5,56 Mrd.[3)]	444 Mio.
ZDF	1,385 Mrd.	150 Mio.	1,535 Mrd.	300 Mio.
RTL	1,12 Mrd.	500 Mio.	1,62 Mrd.	3,65 Mrd.
SAT.1	840 Mio.	360 Mio.	1,2 Mrd.	2,7 Mrd.[2)]
ProSieben	435 Mio.[1)]	865 Mio.[1)]	1,3 Mrd.[1)]	2,9 Mrd.[2)]
RTL 2	145 Mio.[1)]	255 Mio.[1)]	400 Mio.[1)]	750 Mio.
Kabel 1	35 Mio.[1)]	175 Mio.[1)]	210 Mio.	500 Mio.[2)]
VOX	105 Mio.	160 Mio.	265 Mio.	450 Mio.

Quelle: Senderangaben
[1)] Horizont-Schätzung; [2)] Mediavest-Schätzung; [3)] ARD-Schätzung, Selbstkosten inklusive anteiliger Betriebs- und Gemeinkosten, ohne Abspiel- und Ausstrahlungskosten

Quelle: Horizont, 1/2, 1998.

Zusammenfassung und Perspektiven

Der Sektor der Programm-Input-Produktion, im engeren Sinne der Sektor der Programmzulieferer, ist ein ungemein vielschichtiger Bereich, der einem deutlichen Strukturwandel unterworfen sein dürfte.

Im Bereich der speziell auf das Fernsehen zugeschnittenen Programm-Inputs existieren z. Zt. viele kleine und mittlere Anbieter; ein Marktzutritt ist gut möglich, und der Wettbewerb ist heftig. Auf Grund der starren Kalkulationsregeln ist der Preiswettbewerb indes beschränkt. Konzentrationsprozesse sind weniger als betriebliche Zusammenschlüsse der produzierenden Einheiten zu erwarten, eher als Zusammenschlüsse im Sinne finanzieller Einheiten (Finanz-Holdings). Im Bereich der Spielfilmproduktion haben die USA eine dominierende Stellung und hier insbesondere die „Majors", die großen Hollywoodstudios. Wettbewerb scheint indes als möglich.

Im Bereich des Rechte-Handels ist der Wettbewerb beschränkt; insbesondere in Deutschland kann Leo Kirch als marktbeherrschend gelten. Marktzutritt ist schwierig. Die erhebliche Zunahme der Nachfrage nach Programm-Inputs, insbesondere das Ende des öffentlich-rechtlichen Nachfrage-Monopols und die gewaltige Ausweitung des Programmangebots lassen Produktionsvolumen und Preise steigen. Damit nimmt die Macht der Programm-Input-Produzenten deutlich zu, sie gelten mittlerweile als dritte Säule im Rundfunksystem (Lilienthal 1996, S. 7f.).

Ökonomisches Korrektiv steigender Marktpreise ist die (Rück-)Besinnung auf die Eigenproduktion, die einige Veranstalter wieder verstärken. Ein spezielles und erhebliches ordnungspolitisches Problem besteht, wenn Programm-Input-Produzenten und Programmveranstalter vertikal integriert sind, wenn Marktmacht von einer Stufe auf die andere übertragen werden kann. In diesem Sinne gilt vor allem die starke Stellung von Leo Kirch –Kirch ist größter Filmhändler und zugleich größter Programmveranstalter in Deutschland – als ordnungspolitisch problematisch: Wettbewerbspolitisch problematisch ist die mögliche Behinderung nichtintegrierter Konkurrenten (die z. B nicht mit Programm-Inputs beliefert werden), die Errichtung von Marktzutrittsbarrieren (weil die bloße Existenz eines integrierten Anbieters die Zutrittsrisiken für Newcomer vergrößert) und die mögliche Überwälzung von Marktrisiken von einer Stufe auf die andere.

Medienpolitisch problematisch ist der quasi verdoppelte Einfluss auf die Programmgestaltung mit der Möglichkeit des Missbrauchs dieser Stellung zur Beschränkung der Meinungsfreiheit und mit der Möglichkeit der Beschränkung der Meinungsvielfalt. Es muss indes immer betont werden, dass dies nur Möglichkeiten des Missbrauchs sind.

Literatur

Eine zusammenfassende umfangreiche Darstellung der Programm-Input-Produktion im deutschsprachigen Raum bieten

– Kauschke, A.; U. Klugius, Zwischen Meterware und Maßarbeit. Markt- und Betriebsstrukturen der TV-Produktion in Deutschland, Gerlingen (Bleicher) 2000.

Teilaspekte behandeln:

– Böckelmann, F., Hörfunk und Fernsehen als Wirtschaftsfaktor (BLM-Schriftenreihe: Band 31), München (Fischer) 1995.
– Eggers, D., Filmfinanzierung. Grundlagen – Beispiele, Hamburg (S+W Steuer- und Wirtschaftsverlag) 1995.
– Frank, B., Zur Ökonomie der Filmindustrie, Hamburg (S+W Steuer- und Wirtschaftsverlag) 1993.
– Heinrich, J., Marktstrukturen und Marktentwicklung im Sektor der TV-Input-Produktion, in: Kruse, J. (Hrsg.), Ökonomische Perspektiven des Fernsehens in Deutschland, München (R. Fischer) 2000, S. 89-105.
– Kruse, J., Märkte für Rundfunkprogramme, in: Mestmäcker, E.-J. (Hrsg.), Offene Rundfunkordnung, Gütersloh (Bertelsmann) 1988, S. 275-308.
– Kruse, J., Die amerikanische Dominanz bei Film- und Fernseh-Produktionen, in: Rundfunk und Fernsehen, 42. Jg., 2, 1994, S. 184-199.
– Lilienthal, V., Herzblut am Fließband, in: tendenz, I, 1996, S. 4-11.
– Schmidt, S., Es muss ja nicht gleich Hollywood sein: die Produktionsbedingungen des Fernsehspiels und die Wirkungen auf seine Ästhetik. Berlin (Ed. Sigma) 1994.
– von Schorlemer, A., Strukturen und Tendenzen im Lizenzgeschäft, in: Media Perspektiven 11-12, 1993, S. 537-548.
– Stürmer, S., Die wirtschaftliche Bedeutung der Verteilung von Verwertungsrechten an TV-Produktionen, in: Kruse, J. (Hrsg.), Ökonomische Perspektiven des Fernsehens in Deutschland, München (R. Fischer) 2000, S. 107-121.

Über die Filmwirtschaft, auch in Verbindung zum Fernsehen, informiert das jährlich erscheinende

– Filmstatistisches Taschenbuch der Spitzenorganisation der Filmwirtschaft e. V. (Wiesbaden).

Über die Situation der Fernsehproduzenten informiert das

- Jahrbuch des Bundesverbandes Deutscher Fernsehproduzenten e. V. (München), Berlin (Vistas).

Über die europäische Filmindustrie informiert

- The European Film Industry under Analysis. Second Information Report 1997 der Generaldirektion X der EU-Kommission.

6. Kapitel
Ökonomik des Vertriebs

Die produzierten Rundfunkprogramme müssen den Rezipienten am Ort und im Zeitpunkt ihres Bedarfs in den gewünschten Mengen zur Verfügung gestellt werden. Die physische Distribution, die technische Seite der Leistungsverwertung, bezeichnet man als *Vertrieb* (vgl. Wöhe 1984, S. 531f.). Im Gegensatz zum Absatz, der zusätzlich die Aufgabe hat, die Nachfrage über das Angebot zu informieren. In diesem Kapitel stehen die technischen Aspekte der Leistungsverwertung der Rundfunkproduktion im Mittelpunkt, die für den Rundfunk immer eine besondere Rolle gespielt haben.

Um die Rezipienten mit Rundfunkprogrammen zu beliefern, bedarf es eines Vertriebsnetzes und eines Empfangsgerätes. Die Ökonomik des Vertriebsnetzes wird in Abschnitt 1 dargestellt, die eher technischen Aspekte der Vertriebsnetze Terrestrik, Kabel und Satellit werden im 2. Abschnitt behandelt, und die Kosten und die Vermarktung der Vertriebsnetze werden in Abschnitt 3 analysiert. Nach einem kurzen Überblick über Zahl und Volumen der Empfangsgeräte (Abschnitt 4) wird in Abschnitt 5 die Entwicklung der Struktur der Vertriebswege dargestellt und in Abschnitt 6 die Auswirkung der Digitalisierung auf das Vertriebsnetz analysiert. Abschließend wird die Ökonomik des Decoders (Abschnitt 7) und die Frage des Wettbewerbs im Vertriebsnetz und um das Vertriebsnetz in Abschnitt 8 behandelt.

1. Die Ökonomik der Vertriebskapazitäten

Das zur Übertragung von audiovisuellen Informationen nutzbare Spektrum an Vertriebskapazität umfasst zur Zeit, soweit es den Rundfunk als Massenmedium betrifft, folgende drei im Prinzip unterscheidbare Übertragungsmöglichkeiten:
- terrestrische Frequenzen,
- Kabelnetze und
- Satelliten.

Dies Gesamtangebot an Vertriebskapazität ist zu gegebenen Zeitpunkten abhängig vom technischen Wissen und von der Zahlungsbereitschaft der Nachfrager. Die Nachfrage nach Vertriebskapazität übersteigt in ihrer Gesamtheit das Angebot bei einem Preis von Null, daher ist die Vertriebskapazität ein *knappes ökonomisches Gut,* wie beispielsweise Grund und Boden oder Rohstoffe.

Eine absolute Knappheit an Vertriebskapazität gibt es indes nicht, auch nicht an terrestrischen Frequenzen. Dies ist immer wieder behauptet worden und immer wieder auch zur Begründung eines öffentlich regulierten Rundfunks bemüht worden, aber es ist falsch (vgl. z.B. schon Owen 1975, S. 90ff.). So sind terrestrische Frequenzen physikalisch gesprochen unendlich; wichtiger aber ist die Einsicht, dass das Spektrum an terrestrischen Frequenzen für ganz unterschiedliche Zwecke und, je nach Preis, in unterschiedlicher Menge genutzt werden kann, so wie z.B. Grundstücke für ganz unterschiedliche Zwecke und, je nach ihrem Preis, in unterschiedlicher Intensität genutzt werden.

Für knappe Güter bildet sich in der Regel ein Preis, der die Knappheitsverhältnisse reflektiert und für eine effiziente Verwendung der knappen Güter sorgt. Preise können aber nur dann entstehen, wenn Eigentumsrechte – also Nutzungs- und Verfügungsrechte – definiert werden. Die Definition und Durchsetzung von Eigentumsrechten verursacht Kosten und zwar unterschiedliche Kosten, je nach Art des Gutes. So sind Eigentumsrechte an Grund und Boden vergleichsweise einfach zu definieren und zu schützen, während Eigentumsrechte an Fischen, Vögeln oder eben auch an Frequenzen, beziehungsweise an Weltraumpositionen für Satelliten nur mit vergleichsweise hohen Kosten definiert und geschützt werden können. Diese relativ hohen Kosten der Definition und des Schutzes von Eigentumsrechten sind Spezifikum von terrestrischen Frequenzen und Orbitalpositionen.

Bisweilen wird behauptet, dass Frequenzen ein öffentliches Gut seien und dass sie erhebliche externe Effekte in Form von Interferenzen (s. u.) aufweisen (z.B. Melody 1980) und dass daher Eigentumsrechte nicht definiert werden könnten. Dies ist falsch. Eine Frequenz kann gleichzeitig immer nur von einem Sender genutzt werden, Nichtrivalität im Konsum liegt also nicht vor. Zum anderen können Nichteigentümer in der Regel von der Nutzung einer Frequenz ausgeschlossen werden, was, wie erwähnt, allerdings nicht immer einfach ist, wie die Existenz von Piratensendern zeigt. Das Marktausschlußprinzip kann also angewendet werden. Frequenzen sind mithin ein privates Gut, und auch ihre externen Effekte können durch Verhandlungen internalisiert werden (vgl. z.B. Minasian 1975).

Eigentumsrechte an Frequenzen[19] sind allerdings nicht einfach zu definieren und durchzusetzen. Erstens ist das Frequenzspektrum kein homogenes Gut. Aus physikalischen Gründen breiten sich elektromagnetische Wellen unterschiedlicher Frequenz auch unterschiedlich aus. Daher sind die Frequenzen für mögliche Übertragungsdienste auch unterschiedlich geeignet, und daher sind Frequenzen unterschiedlich knapp und wertvoll. Dies muss bei der Definition der Eigentumsrechte berücksichtigt werden. Zweitens hängt die Qualität der Eigentumsrechte an Frequenzen von umfangreichen sendetechnischen Vorgaben ab. Das sind vor allem die Festlegung geografischer Koordinaten, die Sendeart, die Sendestärke, die Antennenhöhe und die Polarisation von Funkanlagen (vgl. z.B. Götzke 1994, S. 150). Dies macht die Festlegung kompliziert. Drittens bestimmen die sendetechnischen Vorgaben für die Verwendung einer Frequenz zugleich die Störverhältnisse in benachbarten Gebieten für dieselbe Frequenz, die so genannte Interferenz.

---

[19] Eine Frequenz ist allgemein die Anzahl von sich periodisch wiederholenden Vorgängen pro Sekunde, ihre Maßeinheit wird in Hertz pro Sekunde angegeben. Zur Übertragung von Informationen benötigt man ein Frequenzband, das um so breiter sein muss, je größer die zu übertragende Informationsmenge ist. Dieses Frequenzband wird in der Regel durch die mittlere Frequenz und die Bandbreite beschreiben, also z.B. 87,6 MHz mit einer Bandbreite von ±0,3 MHz. Dieses Frequenzband ist der so genannte Übertragungskanal, häufig wird dieser Kanal aber auch als Frequenz bezeichnet; so auch hier.

Exkurs: Interferenzen
Interferenzen können auftreten, wenn innerhalb eines bestimmten Frequenzbandes nicht aufeinander abgestimmte Sender Signale übermitteln. Dies kann dazu führen, dass die Übertragungen gestört oder sogar gelöscht werden. Im Einzelnen können folgende Interferenzen unterschieden werden: Gleichkanal-Interferenzen entstehen, wenn zwei oder mehr Sender in benachbarten Regionen zur gleichen Zeit innerhalb des gleichen Frequenzbandes senden. Dadurch werden die Signale gestört. Intermodulare Interferenzen können entstehen, wenn durch das Auftreten eines dritten Senders in einer Region, der in einem anderen Frequenzband sendet, die Signale eines der beiden bisherigen oder des hinzutretenden dritten Senders gestört werden. Nachbarkanal-Interferenzen entstehen bei der Ausbreitung von Signalen in benachbarten Frequenzbändern. Die Beeinträchtigung entsteht dadurch, dass ein gewisses Ausmaß an Energie auch außerhalb der Frequenzbänder ausgestrahlt wird. Schließlich können Interferenzen bei der Reflexion der Rundfunkwellenausbreitung an Hindernissen wie Hochhäusern oder Hügeln entstehen.

Insgesamt kann man festhalten, dass die Definition von Eigentumsrechten an Frequenzen schwierig, aber keineswegs unmöglich ist. Zudem wirkt der technische Fortschritt tendenziell dahin, dass – z.B. durch die Digitalisierung von Informationen – Interferenzprobleme und damit Probleme der Definition von Eigentumsrechten reduziert werden.

Mit den Interferenzen entstehen erhebliche grenzüberschreitende externe Effekte – gebietsübergreifende Drittwirkungen der Nutzung eigener Frequenzen –, und diese müssen dann auch grenzüberschreitend geregelt werden. Die Definition der Eigentumsrechte, die Durchsetzung der Eigentumsrechte und die Verteilung der Eigentumsrechte an Frequenzen sollte dementsprechend eine internationale Organisation übernehmen, da nur auf diese Weise eine generelle Zurechnung von Handlungsfolgen gesichert werden kann. Nur Frequenzen mit sehr kleinem Ausstrahlradius, wie z.B. Ultrakurzwellen, können national vergeben werden. Die WARC (World Administrative Radio Conference) ist die Behörde, die international die Frequenzverwaltung übernimmt, ergänzt durch die ITU (International Telecommunication Union), einer Unterorganisation der UNO (vgl. Götzke 1994, S. 156).

Auch Nutzungsrechte an Weltraumpositionen werden durch die WARC vergeben. Satellitengeeignete Weltraumpositionen sind deshalb begrenzt, weil die Satelliten sich einerseits genau in 35.786 km Entfernung von der Erde befinden müssen (hier ist Schwerkraft = Fliehkraft) und weil sie andererseits eine geostationäre Position einnehmen müssen. Dies ist nur möglich in der Umlaufbahn direkt über dem Äquator. Entsprechend werden die Nutzungsrechte an Weltraumpositionen und die notwendigen Abstände der Satelliten voneinander definiert.

Anbieter der für einen Rundfunkvertrieb notwendigen Rechte – Nutzungsrechte an terrestrischen Frequenzen, Nutzungsrechte am Weltraum und Nutzungsrechte für eine Kabelverlegung – ist in der Regel der Staat oder eine internationale Behörde. Nachfrager sind alle denkbaren Produzenten von Informationen sowie alle denkbaren Vermittler von Informationen. In diesem Sinne konkurrieren die hier im Vordergrund der Analyse stehenden klassischen Massenmedien Hörfunk und Fernsehen mit einer zur Zeit nicht abschließend überschaubaren Menge anderer Nutzungsmöglichkeiten wie z.B. Telefon, Telefax und Telekommunikation allgemein.

2. Technik und Kapazität der Vertriebswege

2.1. Terrestrik

Die terrestrische Ausstrahlung von Rundfunkprogrammen erfolgt heute fast ausschließlich im UKW-Bereich. Hier werden ein Frequenzbereich für den Hörfunk und einige Frequenzbereiche für das Fernsehen genutzt. Lang-, Mittel- und Kurzwellen spielen nur eine geringe Rolle und werden daher nur kurz dargestellt.

Hörfunk im UKW-Bereich
In Europa steht der Frequenzbereich von 87,5 bis 108 MHz dem UKW-Hörfunk zur Verfügung. Bei einem festgelegten Kanalabstand von 0,3 MHz ergibt sich daraus ein Angebot von 68 Kanälen. Bei einer Empfangsreichweite von rund 85 (150) km in Stereo (Mono) und einer wesentlich größeren Störreichweite erlaubt dies für Deutschland das Betreiben von fünf bis sechs flächendeckenden Senderketten für die Bundesländer. Davon werden vier bis fünf Senderketten für den öffentlich-rechtlichen Hörfunk genutzt

Für den lokalen Hörfunk waren zunächst im internationalen Frequenzplan außer für Baden-Württemberg keine Kanäle vorgesehen. Diese mussten und konnten allerdings im benutzten Frequenzbereich von 87,5 bis 108 MHz in z.T. aufwändiger Suche gefunden werden. So sind in Nordrhein-Westfalen 105 Kanäle für den lokalen Hörfunk in Betrieb (LfR-Funkfenster Spezial Technik 1993, S. 8), allerdings mit recht schwacher Senderleistung von meist unter 200 Watt; ähnliches gilt für Bayern. Damit ist das UKW-Frequenzspektrum so dicht belegt, dass sich die Empfangsbedingungen zunehmend verschlechtern (Müller-Römer 1994, S. 148).

Hörfunk im Lang-, Mittel- und Kurzwellenbereich
Im Langwellenbereich ist für Hörfunk das Frequenzspektrum von 148,5 kHz bis 283,5 kHz vorgesehen; dies erlaubt bei einer Bandbreite von 9 kHz 15 Langwellenkanäle, die eine Reichweite von rund 1.500 km haben. Mithin ist es nicht möglich, dass jedes europäische Land einen Langwellensender betreibt. Im Mittelwellenbereich ist das Frequenzspektrum von 531 bis 1611 kHz für den Hörfunk vorgesehen. Dies erlaubt bei einer Bandbreite von 9 kHz 121 Kanäle mit allerdings nach Tageszeit und Frequenz veränderlicher Reichweite. Daher herrscht im Mittelwellenbereich ein relativ großes Durcheinander. Im Kurzwellenbereich stehen 47 Kanäle zur Verfügung, die kaum mehrfach belegt werden können, weil jeder einzelne Sender bei günstigen Bedingungen weltweit zu empfangen ist. Hörfunk im Lang-, Mittel- und Kurzwellenbereich ist von relativ schlechter Qualität und daher für die Übertragung von Musik kaum geeignet. Substitutionen durch Hörfunk per Satellit und/oder Kabel sind daher zu erwarten. Insbesondere das Satellitenradio ist für die Versorgung großer Räume gut geeignet.

Terrestrisches Fernsehen
Für das Fernsehen sind im Prinzip die Frequenzbereiche
- 41 bis 68 MHz (Band I, VHF = Very High Frequency),
- 174 bis 230 MHz (Band III, VHF),
- 470 bis 606 MHz (Band IV, UHF = Ultra High Frequency),
- 606 bis 862 MHz (Band V, UHF)

vorgesehen. Bei einem Kanalabstand von sieben bis acht MHz ergeben sich damit 60 Fernsehkanäle. Für Deutschland sind wegen verschiedener Einschränkungen, insbesondere wegen der militärischen Nutzung der Kanäle 61 bis 69, nur 48 Fernsehkanäle verfügbar. Dies erlaubt in der Regel drei flächendeckende Senderketten, die für die drei öffentlich-rechtlichen Fernsehprogramme genutzt werden. Daneben konnten und können Frequenzen für weitere Programme gefunden werden, die z.T. für das nationale Privatfernsehen, z.T. für das Lokalfernsehen genutzt werden. Wieviele freie Frequenzen noch gefunden werden können, ist naturgemäß nicht vorherzusehen. Insgesamt besteht ein deutlicher Nachfrageüberhang nach terrestrischen Frequenzen, weil die Terrestrik nichts kostet und eine lokale Abgrenzung des Sendegebietes recht gut ermöglicht.

2.2. Kabel

Breitbandkabelnetze[20] übertragen Hörfunk- und Fernsehsignale. Ihre Vorteile sind:
- eine konstant gute Übertragungsqualität,
- keine Reflexionen und Abschattungen,
- Verzicht auf städtebaulich störende Antennenwälder und
- eine sehr gute regionale Begrenzbarkeit der Übertragung.

Der Nachteil von Kabelnetzen ist der relativ hohe Investitionsaufwand für die Verlegung des Kabels. Kabelnetze eignen sich insbesondere für die Versorgung dichtbesiedelter begrenzter Bereiche mit einer Vielzahl von Programmen. Dementsprechend weisen die Stadtstaaten Hamburg mit 99,7 Prozent und Bremen mit 97,0 Prozent den höchsten Versorgungsgrad auf (Wohnungen mit Kabelübergabepunkt im Verhältnis zu Wohnungen insgesamt).

Im Prinzip ist die Übertragungskapazität des Kabels unbegrenzt, weil neben bestehende Kabelnetze stets weitere Kabelnetze installiert werden könnten. Begrenzt ist lediglich die Übertragungskapazität des bestehenden Kabelnetzes. Das in Deutschland bestehende Kabelnetz bietet z. Zt. etwa folgende in Übersicht 1 zusammengestellten Übertragungskapazitäten[21]:

---

20 Das Breitbandkabelnetz der Telekom heißt inzwischen T Media Net.

21 Ein weiterer Ausbau ist technisch möglich.

Übersicht 1: Rundfunkübertragungskapazität im Breitbandkabel

MHz	Kanäle	Band	Raster in MHz
47-68	3 TV-Kanäle (K2-K4)	VHF Band I	7
87,5-108	36 Kanäle für UKW-Radio		
111-125	16 Kanäle für digitales Satellitenradio		
125-174	7 TV-Kanäle (S4-S10)	Unteres Sonderband	7
174-230	8 TV-Kanäle (K5-K12)	VHF Band III	7
230-300	10 TV-Kanäle (S11-S20)	Oberes Sonderband	7
300-450	18 TV-Kanäle (S21-S38)	Hyperband	8
450-606	17 TV-Kanäle geplant	UHF Band IV	8

Quelle: Telekom; VPRT

Damit bietet das bestehende Kabelnetz der Telekom eine Übertragungskapazität
- von 52 Kanälen für analoge Hörfunkprogramme und
- von 46 Kanälen für analoge Fernsehprogramme,

und mithin die technischen Voraussetzungen für ein vielfältiges Programmangebot. Unklar ist die Geschwindigkeit des Ausbaus der Kanäle S21 bis S38 und vor allem, ob das Hyperband digital ausgebaut werden soll, was die Deutsche Telekom vorsieht, oder ob dies nur für die Verbreitung der analogen PAL-Signale verwendet werden soll, was die Mehrheit der Landesmedienanstalten befürwortet (vgl. Müller-Römer 1998, S. 189f.).

Hinzu kommen die bestehenden Kabelnetze vor allem der Versorgungsunternehmen, der Deutschen Bahn AG und der kommunalen Stadtwerke. So besitzen die Versorgungsunternehmen, vor allem RWE, VEBA und Viag eine eigene Netz-Infrastruktur, die sie bislang für die unternehmensinterne Kommunikation nutzen konnten (rund 8.000 km). Daneben galt für die Deutsche Bahn AG und die kommunalen Stadtwerke das „Freistellungsprinzip" des Fernmeldeanlagengesetzes, das die Nutzung eigener Netze zur internen Datenübertragung erlaubt. Diese Netze bestehen aus Kupferleitungen und zu mehr als 10.000 km aus Glasfaserkabeln. Allein die Deutsche-Bahn-Tochter DB Kom verfügt über ein Leitungsnetz von 45.000 km. Nach Wegfall des Netzmonopols können diese Netze auch zur Übertragung von Rundfunkprogrammen genutzt werden.

2.3. Satellit

Über Satellit können kostengünstig und in guter Übertragungsqualität große Räume mit Rundfunkprogrammen versorgt werden. Von Vorteil ist dabei, dass jedes Programm in nur einer Frequenz abgestrahlt wird.

Die Übertragungskapazität von Rundfunksatelliten ist recht groß, letztlich aber begrenzt. Hier gibt es folgende Restriktionen:
- Die Zahl der im All zu stationierenden Satelliten ist begrenzt. Dies liegt daran, dass die Satelliten sich einerseits in genau 35.786 km Entfernung von der Erde befinden müssen und andererseits eine geostationäre Position einnehmen müssen. Dies ist nur möglich in der Umlaufbahn direkt über dem Äquator.

- Zwischen zwei Orbitalstationen muss ein Mindestwinkelabstand bestehen, um Störeinflüsse auszuschalten. Hier ist ein Abstand von 6° festgelegt. Daraus ergeben sich für Europa maximal 31 mögliche Orbitalpositionen, an denen bis zu acht verschiedene Satelliten positioniert werden können.
- Die Zahl der Kanäle pro Satellit hängt ab von der Abstrahlleistung, die wiederum abgestimmt sein muss auf die vorhandenen Empfangsanlagen. So genügt für die heute gängigen 60-cm-Empfangsschüsseln eine Abstrahlleistung von 50 Watt. Daneben hängt die Abstrahlleistung von der zur Verfügung stehenden Abstrahl-Solarenergie ab. Die heute dominierenden Astra-Satelliten verfügen über 16 Nutz- und sechs Reservekanäle für TV-Signale und über vier Kanäle für Hörfunksignale. Technisch „kostet" ein Fernsehkanal 16 Hörfunkkanäle.
- Der optimale Frequenzbereich für Satellitenübertragungen liegt zwischen 1.000 und 15.000 MHz. Zur Zeit wird im Frequenzbereich von 11.700 bis 12.500 MHz gesendet. Dies ermöglicht 40 Kanäle mit einer Bandbreite von je 20 MHz.

Astra bietet Ende 1997 vier analog ausstrahlende Satelliten (1A, 1B, 1C, 1D) mit jeweils 16 Kanälen, also eine Übertragungskapazität für 64 Fernsehprogramme in analoger PAL-Qualität. Zusätzlich bietet Astra drei digitale Satelliten (1E, 1F, 1G) mit entsprechend größerer Übertragungskapazität. Eutelsat bietet fünf Satelliten mit ähnlicher Übertragungskapazität wie Astra.

Insgesamt bietet die Satellitentechnik ein praktisch unbegrenztes Potenzial an Übertragungsmöglichkeiten für Rundfunkprogramme. Es macht wenig Sinn, ein technisches Maximum zu kalkulieren, weil eine Fülle von Substitutionen denkbar ist und zukünftige Substitutionen nicht absehbar sind. Technische Schranken für die Übertragung von Rundfunkprogrammen sind mithin nicht mehr zu erkennen. Bereits jetzt wird kalkuliert, dass unter Einsatz der neuen digitalen Satellitennorm mit digitaler Kompression und Datenreduktion über die vorhandenen Satelliten etwa 2.000 Fernsehprogramme ausgestrahlt werden können.

3. Kosten und Vermarktung der Vertriebsnetze

Terrestrische Übertragungskapazitäten werden bislang nicht vermarktet, sondern administrativ nach den Vorgaben des Rundfunkstaatsvertrages zugeteilt. Die erhobenen Gebühren sind Genehmigungsgebühren und nicht Nutzungsgebühren; ihre Summe ist mit 100 Millionen DM pro Jahr relativ klein (Frequenzregulierung 1991, S. 19f.). Die Nutzung von terrestrischen Frequenzen ist mithin praktisch kostenlos. Aus diesem Grund sind terrestrische Frequenzen trotz ihrer Nachteile in der Übertragungsqualität sehr begehrt, die Nachfrage übersteigt das Angebot bei weitem. Daher liegt der ökonomische Wert von terrestrischen Frequenzen deutlich über dem Preis von Null, sicher in der Größenordnung der Preise für die Nutzung von Satellitenkanälen.

Satellitenpositionen werden ebenfalls nicht vermarktet, sondern ebenfalls administrativ zugeteilt. Die Nutzung der *Satellitenübertragungskapazitäten* wird indes von den privaten Betreibern erfolgreich vermarktet. Betreiber sind in Europa im Wesentlichen

- das Astra-Satellitensystem der Luxemburger Betreibergesellschaft Socieété Européenne des Satellites SA (SES)[22] und
- Eutelsat, eine Organisation der europäischen Telekommunikationsunternehmen.

Ihre Satellitenübertragungskapazitäten werden per Jahresmiete vermarktet. Zahler sind die Programmveranstalter allein, der Rezipient zahlt nichts (nur seine Empfangsanlage).

Die Kosten für einen Satelliten mit 16 Kanälen betragen einschließlich Startkosten rd. 250 Mio. DM. Die Jahresmiete für einen Kanal beträgt für das Astra-Satellitensystem etwa 12 Mio. DM; für einen Eutelsat-Kanal sind etwa 6 bis 8 Mio. DM zu zahlen (Müller-Römer 1998, S. 179, Funkkorrespondenz 3, 1999, S. 25). Damit können die Betreiber exorbitante Gewinne erzielen: 1997 betrug der Gewinn von Astra 309 Mio. DM bei einem Umsatz von 865 Mio. DM. Das ist eine Umsatzrendite von 35,7 Prozent (vgl. Welt am Sonntag, 14.6.1998, S. 54). Und auch Eutelsat verdient prächtig und erzielte 1997 bei einem Umsatz von 699 Mio. DM einen Gewinn von 253 Mio. DM, also eine Umsatzrendite von 36,2 Prozent (vgl. Zimmer 1998, S. 357). Das sind (obwohl es sich strenggenommen um ein Duopol handelt) üppige Monopolrenten.

Das *Kabelnetz* (der Deutschen Telekom) wird sowohl gegenüber den Programmveranstaltern als auch gegenüber den Rezipienten vermarktet.[23] Die Rezipienten zahlen Kabelgebühren für den Anschluss in Form einer einmaligen Anschlussgebühr und einer monatlichen Miete (vgl. Tabelle 1). Die Programmveranstalter zahlen ebenfalls eine Miete und zwar pro Sender für je 500.000 versorgte Wohneinheiten im Jahr knapp 100.000 DM; ab 1999 50 Prozent mehr. Bei einem selektiven Einspeisungsvertrag belaufen sich die Kosten ab 1999 auf über 40 DM je 1.000 Wohneinheiten und Monat, das sind bei 1 Million angeschlossene Haushalte knapp 500.000 DM pro Jahr, und zwar selbst dann, wenn das Programm nur zeitweise eingespeist wird (Zimmer 1998, S. 360).

---

22 An der SES sind 27 europäische Unternehmen beteiligt: Zu 33 Prozent über zwei Luxemburger Banken der Staat Luxemburg, der auch ein Vetorecht bei Beschlüssen der Geschäftsführung hat; zu 17 Prozent die Deutsche Telekom; im Übrigen kleinere Anteile von deutschen, englischen, französischen und luxemburgischen Investoren.

23 Allerdings zahlt die Deutsche Telekom nicht für die Nutzung der Wegerechte.

Tabelle 1: Kabelgebühren der Deutschen Telekom für die Rezipienten 1997[1)]

Wohneinheiten	Einmaliges Entgelt[2)]	Monatliches Entgelt[2)]
1[3)]	65,00	25,90
2 bis 10	562,50 bis 417,50	18,30
11 bis 100	381,81 bis 64,25	18,11 bis 12,10
200	37,12	8,66
300	28,08	7,28
400	23,56	6,58
500	20,85	6,17

[1)] Inkl. Umsatzsteuer; ab 1. November 1997.
[2)] Genannt ist jeweils der Normaltarif je Wohnheit. Bei größeren Wohneinheiten wird das Entgelt degressiv nach der Zahl der Teilnehmer gestaffelt. Als Beispiele wurden die Werte für 200, 300, 400 und 500 Wohneinheiten berechnet. Die Telekom bietet außerdem einen um 30% verbilligten Pauschaltarif für Wohnhäuser/Wohnanlagen mit mehr als fünf Wohneinheiten an, in denen alle Wohneinheiten angeschlossen werden. Für Einzelkunden, die ihre Verträge vor dem 1. Juli 1991 geschlossen haben, beträgt der Monatspreis 19,50 DM.
[3)] Anschluss über Einzelnutzervertrag.

Quelle: Media Perspektiven, Basisdaten 1997, S. 5.

Die Vermarktung in dieser Form ist erklärlich, weil die Veranstalter ein Interesse an der Verbreitung ihrer werbefinanzierten Programme haben und weil die Rezipienten ein Interesse am Bezug der Programme haben. Die Vermarktung in dieser Form ist indes ungewöhnlich, so als ob ein Straßennetz sowohl an Automobilproduzenten als auch an Autofahrer vermietet würde. In den USA und Großbritannien zahlen z.B. die Betreiber des Kabelnetzes den Programmanbietern für die Programmeinspeisung pro angeschlossenem Haushalt und vermarkten dieses Programmpaket ihrerseits gegenüber den Rezipienten. Ungewöhnlich ist allerdings auch, dass die Deutsche Telekom als Eigentümerin des Kabelnetzes nicht über die Auswahl der einzuspeisenden Programme entscheiden kann, sondern bislang den Vorgaben der Landesmedienanstalten folgen muss (vgl. Kapitel 3).

Insgesamt scheint die Vermarktung des Kabelnetzes schwierig zu sein. Die Kosten für die Investition in das Kabelnetz der Deutschen Telekom (1,45 Mio. Kilometer Kupferkoaxialkabel und 0,15 Mio. Kilometer Glasfaserkabel) werden auf 17 bis 30 Mrd. DM beziffert (Zimmer 1998, S. 360); der Jahresverlust der Deutschen Telekom aus dem Kabelgeschäft wird z.B. für 1997 mit 1,1 Mrd. DM beziffert (Medienspiegel, Nr.5, 1998, S. 2). Damit besteht ein erheblicher Druck für die Deutsche Telekom, sich Gedanken über eine bessere Auslastung ihres Kabelnetzes zu machen oder dieses zu verkaufen.

4. Empfangsgeräte

Empfangsgeräte für Rundfunk sind Fernsehgeräte und Radiogeräte in unterschiedlichsten Ausstattungsvarianten. Im Rahmen der Mediaanalyse (MA) wird die Ausstattung deutscher Haushalte mit Fernsehgeräten, Radiogeräten und anderen Geräten der Unterhaltungselektronik ermittelt. Tabelle 2 zeigt, dass praktisch alle Haushalte ein Fernsehgerät besitzen und zwar ein Farbfernsehgerät mit Fernbedienung; genauso verbreitet ist das Radio, zusätzlich besitzen drei Viertel aller Haushalte ein Autoradio. Damit setzt die Empfangsinfrastruktur dem Vertrieb von Rundfunkprogrammen keine Schranken.

Tabelle 2: Die Ausstattung[1] deutscher Haushalte mit Geräten der Unterhaltungselektronik von 1992 bis 1997 in Prozent

Personen aus Haushalten mit	1992	1993	1994	1995	1996	1997
Fernsehgerät	98,5	98,5	98,5	98,5	98,4	98,7
- ein Fernsehgerät	69,1	70,9	71,4	71,0	70,7	72,3
- zwei und mehr Fernsehgeräte	29,4	27,6	27,1	27,5	27,6	26,4
Meistgenutztes Gerät[2]						
- Farbfernsehgerät	96,3	96,8	96,9	97,6	97,8	n. e.
- Gerät mit Fernbedienung	86,3	89,1	91,6	94,3	95,2	97,0
- tragbares Fernsehgerät	20,8	7,2	7,0	n. e.	n. e.	n. e.
- Videotextempfangsmöglichkeit	38,8	41,7	46,2	54,1	59,9	66,4
- Breitbildformat (16:9)[6]	-	-	-	-	-	9,5
- Stereotauglich[6]	-	-	-	-	-	71,4
Mini-Fernseher/Watchman	n. e.	2,8	2,4	2,2	2,2	3,0
Radiogerät	98,1	98,2	98,3	98,0	98,2	98,8
- als Teil einer Stereoanlage	65,9	66,8	68,7	71,3	72,3	73,2
Anzahl Gerätearten[3]						
- eine Geräteart	7,1	9,2	9,2	9,0	8,6	8,9
- zwei Gerätearten	9,4	15,8	15,6	15,4	16,0	17,0
- drei Gerätearten	14,0	24,4	24,6	24,8	24,6	26,1
- vier und mehr Gerätearten	67,7	48,8	48,9	48,8	49,1	46,8
Autoradio	73,1	75,4	75,6	75,3	75,5	77,2
Plattenspieler[4]	70,9	59,0	57,7	56,7	52,8	49,5
Kassettenrekorder[4]	65,2	64,1	66,5	69,2	70,6	71,5
Compactdiscspieler[4]	30,9	39,8	46,0	53,0	58,3	61,6
Stereoanlage	70,0	68,8	70,3	72,8	74,0	74,6
Videorekorder	48,7	49,1	52,6	59,2	61,5	62,5
Fotoapparat	83,3	82,9	83,3	85,6	85,3	n. e.
Videokamera/Camcorder	5,9[5]	8,7	10,9	13,3	13,4	14,7
Personalcomputer	n. e.	16,7	18,9	19,3	21,3	21,0
- Laptop/Notebook[6]	-	-	-	-	-	4,6
Telefon	79,9	81,5	84,5	87,9	90,7	92,6
Anrufbeantworter[6]	-	-	-	-	-	21,8
Telefaxgerät[6]	-	-	-	-	-	7,2

1) Bezogen auf Personen, die in Haushalten mit entsprechender Ausstattung leben
2) Vor MA 93 nicht meistgenutztes Gerät, sondern Geräte überhaupt
3) Vor MA 93 keine Differenzierung nach Radiogeräten, sondern nach Zahl der Radiogeräte. Radiogeräte sind: Radioteil als Element einer Stereoanlage, stationäres Radio als Einzelgerät, Kofferradio als Einzelgerät, Radio mit Kassettenrekorder als Einzelgerät, Radiowecker als Einzelgerät, Autoradio
4) Ab MA 93 erhoben mit dem Zusatzkriterium „als Teil einer Anlage“
5) MA 92 nur Videokamera erhoben
6) Erst ab MA 97 erhoben

Quelle: Medienspiegel 5, 1998, S. 8.

Für den Empfang digitaler (Rundfunk)-Signale benötigt man zusätzlich einen Decoder, der in der Ausführung der d-Box der Firma Beta Research (hergestellt von der finnischen Firma Nokia) etwa 1.200 DM kostet. Weil digitales Fernsehen in

Deutschland noch keine große Rolle spielt, wird die Decoderausstattung in der Mediaanalyse bislang nicht erfasst.

Die Entwicklung in der Ausstattung mit Rundfunkempfangsgeräten allein zeigt Tabelle 3, die die Zahl der *angemeldeten* Hörfunk- und Fernsehgeräte ausweist.

Tabelle 3: Angemeldete Hörfunk- und Fernsehgeräte[1]

Jahresanfang	Geräte in Mio.	Zuwachs z. Vorjahr in %	Geräte je 1.000 Einw.	gebührenpflichtig in Mio.	gebührenbefreit	
					in Mio.	in %
Hörfunk						
1975	20,91	+1,6	337	19,40	1,51	7,2
1980	22,77	+2,2	371	21,15	1,62	7,1
1985	25,05	+1,8	410	23,12	1,92	7,7
1990	27,43	+1,0	438	25,24	2,18	8,0
1993	35,30	-	436	32,12	3,18	9,0
1994	35,74	+1,2	439	33,12	2,61	7,3
1995	36,19	+1,3	444	33,51	2,67	7,4
1996	36,57	+1,1	447	33,85	2,72	7,4
1997	37,02	+1,2	451	34,21	2,81	7,6
Fernsehen						
1975	18,92	+2,4	305	17,56	1,36	7,2
1980	20,76	+2,1	338	19,42	1,34	6,5
1985	22,43	+1,4	367	20,87	1,57	7,0
1990	24,14	+1,7	385	22,39	1,75	7,2
1993	31,52	-	389	28,79	2,73	8,6
1994	31,89	+1,2	392	29,72	2,17	6,8
1995	32,31	+1,3	396	30,07	2,24	6,9
1996	32,63	+1,0	399	30,32	2,31	7,1
1997	33,06	+1,3	403	30,66	2,40	7,3

[1] Inkl. neue Bundesländer ab 1993.

Quelle: Media Perspektiven, Basisdaten 1997, S. 4.

5. Entwicklung und Stand der Vertriebsstruktur

5.1. Kosten-Nutzen-Profile der Vertriebsnetze

Über die Entwicklung der Vertriebsstruktur entscheiden letztlich die Rezipienten, die aus den ihnen erreichbaren Vertriebsnetzen das für sie Beste auswählen. Es entscheiden also individuell bewertete Kosten-Nutzen-Profile der Vertriebsnetze. Übersicht 2 stellt die Kosten-Nutzen-Profile der drei Vertriebsnetze zusammen.

Übersicht 2: Kosten-Nutzen-Profile der Vertriebsnetze

Kriterien	Terrestrik	Kabel	Satellit
Kosten für die Rezipienten	null	hoch	mittel[1]
Empfangsqualität	mäßig	gut	gut
Übertragungskapazität	gering	mittel	groß
Verfügbarkeit[2]	gut	mittel	mittel
Regionale Begrenzbarkeit	mittel	gut	schlecht
Optik	unauffällig	unauffällig	auffällig
[1] Für Receiver und Antenne; [2] ...des Angebots für die Rezipienten			

Wenngleich keines der drei Vertriebsnetze umfassend Vorteile aufzuweisen hat, kann doch das Satellitennetz die in ökonomischer Sicht meist entscheidenden Vorteile in sich vereinen: Ein vielfältiges Angebot in guter Qualität zu moderaten Preisen. Nur für ein lokal begrenztes Programmangebot ist das Satellitennetz bislang nicht geeignet.

Die Entwicklung der Vertriebsinfrastruktur, die in Abbildung 1 wiedergegeben ist, passt zu diesem theoretischen Befund. Das Satellitennetz hat im betrachteten Zeitraum die meisten Marktanteilspunkte gewinnen können; die Terrestrik hat ganz deutlich Marktanteile verloren, und das Kabel stagniert auf hohem Niveau.

Abbildung 1: Entwicklung der Femsehempfangsarten in Deutschland 1991-1997

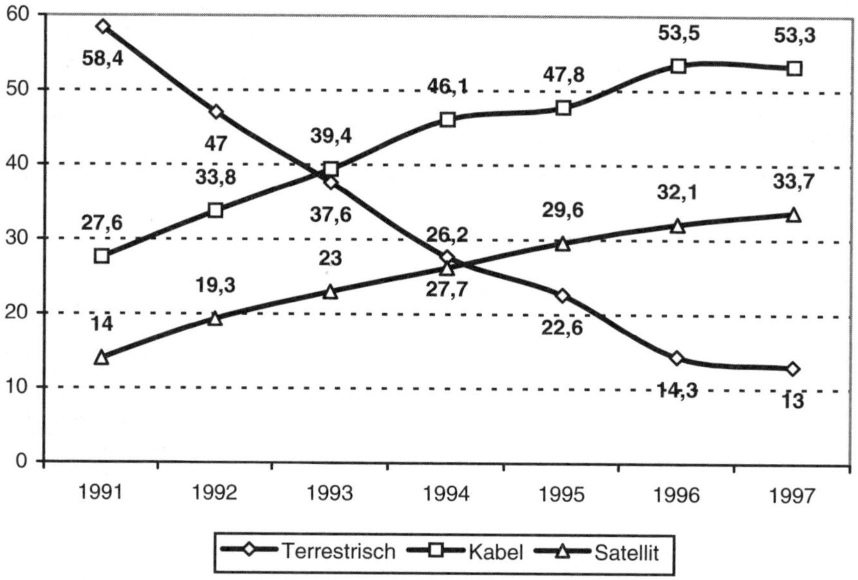

Quelle: Zimmer 1998, S. 353.

Tabelle 4 differenziert die Entwicklung der Vertriebsstruktur etwas genauer. Die Daten werden im Auftrag von Astra von der Infratest Burke Kommunikationsforschung auf der Basis von 6.000 Interviews im German Satellite Monitor (GSM) zweimal pro Jahr ermittelt. Sie zeigen, dass in Ostdeutschland die Terrestrik bereits viel stärker durch den Satellitenempfang substituiert worden ist als in Westdeutschland.

Tabelle 4: Entwicklung der Fernsehempfangsarten in Deutschland West und Ost

	1994		**1995**		**1996**		**1997**	
	in Mio.	**in %**	**in Mio.**	**in %**	**in Mio.**	**in %**	**in Mio.**	**in %**
Terrestrisch								
West	7,78	90,7	6,67	25,5	4,26	16,2	3,91	14,7
Ost	0,98	15,3	0,71	11,0	0,44	6,7	0,40	6,2
Gesamt	8,78	27,7	7,29	22,6	4,70	14,3	4,30	13,0
Kabel								
West	13,23	52,3	12,92	49,4	14,77	56,3	14,69	55,2
Ost	1,41	22,0	2,68	41,5	2,76	42,3	2,98	45,8
Gesamt	14,63	46,1	15,40	47,8	17,53	53,5	17,67	53,3
Satellit[1]								
West	4,31	17,0	6,56	25,1	7,20	27,5	8,02	30,1
Ost	4,02	62,7	3,07	47,5	3,31	50,9	3,13	48,0
Gesamt	8,32	26,2	9,53	29,6	10,52	32,1	11,15	33,7
Fernsehhaushalte								
West	25,32	79,8	26,15	81,2	26,24	80,1	26,61	80,3
Ost	6,41	20,2	6,46	19,9	6,51	19,9	6,51	19,7
Gesamt	31,73	100,0	32,22	100,0	32,75	100,0	33,12	100,0
[1] Direktempfang (DTH) und Gemeinschaftsempfang (SMATV)								

Quelle: Zimmer 1998, S. 353.

5.2. Angebot und Akzeptanz des Kabelnetzes

In Deutschland sind 1997 17,7 Millionen Haushalte an das Kabelnetz angeschlossen, das sind 53,3 Prozent aller Haushalte (vgl. Tabelle 4). Dies ist absolut gesehen die weitaus größte Kabelreichweite in Europa, relativ gesehen sind vor allem Belgien und die Niederlande stärker verkabelt. Die Akzeptanz des Kabelnetzes ist mithin relativ groß, allerdings stagniert der Kabelanteil in Deutschland seit 1996 auf seinem hohen Niveau.

Das Programmangebot des Kabelnetzes unterscheidet sich ein wenig von Bundesland zu Bundesland und zum Teil von Kabelnetz zu Kabelnetz. Der Rezipient kann das Angebot nicht frei wählen, sondern muss sich den Kabelbelegungsentscheidungen der jeweiligen Landesmedienanstalt fügen. Indes lässt sich das Programmangebot doch grob zusammenfassen (1997):

- Maximal 33 analoge Fernsehprogramme, 30 analoge UKW-Hörfunkprogramme und 16 Hörfunkprogramme im digitalen Hörfunkpaket DSR[24] können empfangen werden.

---

24 DSR (Digitales Satellitenradio) ist inzwischen abgeschaltet.

- So gut wie immer werden die zehn öffentlich-rechtlichen Programme ARD, ZDF, 3 SAT, Arte, Kinderkanal, Phoenix sowie Bayern 3, NDR 3, WDR 3 und MDR angeboten.
- Ebenfalls so gut wie immer werden die 16 größeren/wichtigeren privaten Fernsehprogramme RTL, RTL 2, Super RTL, SAT.1, ProSieben, Kabel 1, Premiere, VOX, n-tv, DSF sowie CNN, Eurosport, MTV-Europe, NBC-Europe, TM3 und VIVA angeboten.
- So gut wie immer werden die nationalen Radioprogramme Deutschlandradio/DLF, Deutschlandradio Berlin, Klassik-Radio, RTL-Radio, JAM-FM und Radio Melodie angeboten.
- Im Übrigen werden die regionalen/lokalen Radioprogramme und meist nach standortpolitischen Motiven ausgewählte Fernsehprogramme in die restlichen Kabelplätze aufgefüllt.

Die weitere Entwicklung des Marktanteils des Kabels dürfte in Deutschland allenfalls recht moderat ausfallen:

- Die Deutsche Telekom steht unter starkem Druck seitens der Wettbewerbspolitik und dürfte große Schwierigkeiten haben, ihr Kabelnetz im Wege einer vertikalen und/oder horizontalen Konzentration besser auszulasten.
- Hohe Anfangsverluste begrenzen Investitionsmittel und Investitionsneigung der Deutschen Telekom.
- Die Wettbewerbsvorteile – Preis und Qualität – liegen eher bei der Konkurrenz des Satellitennetzes.

5.3. Angebot und Akzeptanz des Satellitennetzes

In Deutschland empfangen 1997 11,15 Millionen Haushalte ihre Rundfunkprogramme über Satellit (vgl. Tabelle 4), das sind ein Drittel (33,7 Prozent) aller Fernsehhaushalte. Das ist absolut gesehen die weitaus größte Satellitenreichweite in Europa, wie generell die deutschsprachige Region der wichtigste Markt in Europa ist. Die Akzeptanz ist in den letzten Jahren deutlich gestiegen. Im Satellitennetz hält das *Astra*-Satellitensystem in Deutschland und Europa die eindeutige Marktführungsposition.

- In Deutschland empfangen 33,5 Prozent aller Fernsehhaushalte und 99,6 Prozent aller Satellitenhaushalte ihre Programme über Astra (1997).
- In Europa empfangen 1997 42 Prozent aller 164 Millionen Fernsehhaushalte und 91 Prozent aller Satellitenhaushalte ihr Programm über Astra (Medienspiegel, 40, 1997 und 14, 1998).

Einzige nennenswerte Alternative zu Astra ist *Eutelsat,* andere Satelliten spielen für den Direktempfang keine Rolle (Zimmer 1998, S. 356). Eutelsat wird in der Regel nicht exklusiv empfangen, sondern im Rahmen des Mehrfachempfangs durch eine so genannte „Dual-Feed-Anlage" (auch „Multi-Feed" genannt), die mit je einem Empfangsteil für Astra und Eutelsat ausgerüstet ist. Der Anteil der Eutelsat-Haushalte (meist mit Dual-Feed-Anlagen) wird in Deutschland für Ende 1997 auf 18 Prozent geschätzt (Zimmer 1998, S. 359).

Der große Vorzug des Satellitennetzes ist der Umfang des Programmangebots. Bereits jetzt bietet Astra 41 und Eutelsat 34 Fernsehprogramme und zusammen 80 Radioprogramme allein für den deutschsprachigen Raum, und einer weiteren Zunahme dieses Angebotes sind keine technischen Schranken gesetzt. Übersicht 3 zeigt diese Angebotsvielfalt im Bereich der Fernsehprogrammausstrahlung.

Übersicht 3: Analoge Satellitenfernsehprogramme für den deutschen Markt 1998[1]

Programm	Sprache	Sparte	Programm	Sprache	Sparte
ASTRA 1A/1B/1C/1D (Position 19,2° Ost)					
ARD	deutsch	Allgemein	tm3	deutsch	Frauen
ZDF	deutsch	Allgemein	n-tv	deutsch	Nachrichten
3sat	deutsch	Kultur	VH-1	deutsch	Musik
Arte/	deutsch/ frz.	Kultur	DSF	deutsch	Sport
Der Kinderkanal	deutsch	Kinder	Eurosport	deutsch u.a.	Sport
Phoenix	deutsch	Dokum./Ereignis	HOT	deutsch	Shopping
WDR Fernsehen	deutsch	Allg./Reg.	QVC Deutschland	deutsch	Shopping
Bayer. Fernsehen	deutsch	Allg./Reg.	Premiere*	deutsch	Film
Nord 3	deutsch	Allg./Reg.	Teleclub* (CH)	deutsch	Film
Südwest 3[2]	deutsch	Allg./Reg.	CNN Intern.	engl.	Nachrichten
MDR Fernsehen	deutsch	Allg./Reg.	Sky News	engl.	Nachrichten
Hessen Fernsehen	deutsch	Allg./Reg.	CNBC Europe	engl. u.a.	Information
ORB Fernsehen	deutsch	Allg./Reg.	Bloomberg Info. TV	div.	Information
BR-alpha	deutsch	Bildung	Cartoon Network/	engl.	Comic
RTL	deutsch	Unterhaltung	TNT	engl.	Film
RTL 2	deutsch	Unterhaltung	JSTV*/	jap.	Unterhaltung
SAT.1	deutsch	Unterhaltung	Chin. News & Entert.*	chin.	Unterhaltung
VOX	deutsch	Unterhaltung	QVC	engl.	Shopping
ProSieben	deutsch	Unterhaltung	Zee TV*/	asiat.	Allgemein
Kabel 1	deutsch	Unterhaltung	Adult Channel*	engl.	Erotik
Super RTL	deutsch	Unterhaltung			
Eutelsat II-F1/Hot Bird 1/2/3/4 (Position 13° Ost)					
VIVA	deutsch	Musik	RAI Due*	ital.	Allgemein
VIVA 2	deutsch	Musik	RAI Tre*	ital.	Allgemein
Onyx TV	deutsch	Musik	RTP Int.	port.	Allgemein
RTL 2 Schweiz	deutsch	Unterhaltung	TRT Int.	türk.	Allgemein
VOX	deutsch	Unterhaltung	RTL 7	polnisch	Unterhaltung
Arte/	deutsch	Kultur	Polsat 1*	polnisch	Unterhaltung
La Cinquième	deutsch/ frz	Bildung	Polsat 2	polnisch	Unterhaltung
Deutsche Welle tv	deutsch u.a.	Information	TV Polonia	polnisch	Unterh./Info.
BBC World	engl.	Nachr./Inform.	Emirates Dubai TV	arab.	Info./Unterh.
Euronews	div.	Nachrichten	MBC	arab.	Info./Unterh.
Eurosport	div.	Sport	ANN	arab.	Info./Unterh.
Q24	div.	Shopping	DUNA TV	ungar.	Unterhaltung
CNBC Europe	engl. u.a.	Unterh./Inform.	Magyar TV2	ungar.	Allgemein

Nat. Geographic TV	engl.	Dokumentation	ERT Int.	griech.	Info./Unterh.
TV 5 Intern.	frz.	Unterh./Inform.	Eurotica[*]	div.	Erotik
TVE Int.	span.	Allgemein	SCT[*]	div.	Erotik
RAI Uno[*]	ital.	Allgemein	BVN-TV	holl.	Allgemein

[1] Stand: Juli 1998. Ausschließlich analoger Empfang, nicht berücksichtigt bleiben die noch kaum empfangbaren digitalen Satelliten Astra 1E/1F/1G sowie die digitalen Programme auf Hot Bird 1 bis 4. Auch die in Deutschland nicht vermarkteten analogen Pay-TV-Programme anderer Länder (z.B. BskyB in Großbritannien) werden nicht dargestellt, ebenso wie einige nur Programmlücken anderer Sender füllende Shoppingkanäle wie Quantum, Sell-A-Vision, HSN Direct oder TV Shop.
[2] Belegung von zwei Transpondern zur Wiedergabe der beiden Landesprogramme für Rheinland-Pfalz und Baden-Württemberg.
[*] Programm ganz oder teilweise verschlüsselt.

Quelle: Zimmer 1998, S. 356.

6. Zur Digitalisierung des Rundfunkvertriebs

6.1. Zur Akzeptanz eines digitalen Rundfunkvertriebs

Die Digitalisierung von Information (vgl. Kapitel 2) betrifft alle Funktionsbereiche des Rundfunks – Input-Produktion, Programm-Produktion und Vertrieb –, insbesondere sind aber die Konsequenzen im Vertriebsbereich erheblich. Im Bereich von Programm-Input-Produktion und Programmveranstaltung (Produktion und Redaktion) ist die Digitalisierung bereits weit fortgeschritten und ermöglicht dort insbesondere, einfache und billige Bild- und Tonbearbeitungssysteme einzusetzen. Für den Vertriebsbereich steht die Implementation der Digitalisierung indes noch aus. Am 24. August 1998 hat das *Bundeskabinett* einer Empfehlung von Industrie, Verbraucherverbänden und Ländern zugestimmt, bis zum Jahre 2010 die analoge Fernsehausstrahlung durch die digitale Ausstrahlung zu ersetzen. Dies setzt einen Markierungspunkt für Politik, Industrie, Handel und Verbraucher; ob dies so Realität wird, entscheidet der Markt. Auf Grund der erheblichen Vorteile der Digitalisierung und der vergleichsweise geringen Kosten für die Verbraucher – sie benötigen zusätzlich zu ihrer bisherigen Empfangsgeräteausstattung nur einen Decoder – ist der vorgeschlagene Zeitplan indes realistisch. Bislang (Ende 1998) befindet sich der digitale Rundfunkvertrieb gerade in Deutschland indes noch in einer frühen Entwicklungsphase.

Die *Vorteile* einer digitalen Rundfunkausstrahlung seien noch einmal aufgelistet (vgl. Kapitel 2):

- Sie vervielfacht die Übertragungskapazität vorhandener Kanäle je nach Qualitätsstandard um den Faktor 6 bis 10. Die Kanalkapazität wird versechsfacht bei CD-Qualität der Übertragung und verzehnfacht bei einfacher PAL-Qualität.
- Die Qualität von Übertragung und Empfang wird deutlich verbessert und Qualitätsabstufungen werden möglich.
- Sie bietet die Möglichkeit eines tragbaren und mobilen Empfangs in guter Qualität.

- Sie bietet die Möglichkeit zum Multimediaverbund, also zur Verschmelzung von Radio, Fernsehen, Telefon, Internet und PC (z.B. Fernseher mit Internetanschluss).
- Und sie bietet einen rückkanalfähigen Verbund, also etwa die Möglichkeit zum Teleshopping oder Telebanking.

Akzeptanzbarrieren lassen sich dagegen nicht erkennen, zumal die Empfangstechnik für die Rezipienten sehr einfach zu bedienen sein wird. Ein wenig variieren die komparativen Vorteile dieser neuen Technik mit dem Medium Radio bzw. Fernsehen und mit dem Vertriebsnetz Terrestrik, Kabel und Satellit. Die großen Vorteile scheint das digitale *Satelliten-Fernsehen* zu bieten.

Ein spezielles Problem ist bei der Einführung der neuen Technik stets der zusätzliche Frequenzbedarf in der Einführungsphase, in der in aller Regel sowohl analog als auch digital ausgestrahlt wird *(Simulcast)*. Dies verbindet die Einführungsphase stets mit einer intensiven Suche nach freien Frequenzen; besonders schwierig in der Terrestrik und im Kabel, weniger im Satellitensystem.

6.2. Digitaler Hörfunk

Digitalen Hörfunk gibt es in Deutschland bereits seit 1989 in Form des *digitalen Satellitenradios (DSR)*. Dieses digitale Satellitenradio wurde mit 16 Programmen über Satellit und Kabel ausgestrahlt; es nutzte einen Kanal des TV-Sat-2-Satelliten und einen Kanal des Fernmeldesatelliten Kopernikus und wurde auch in den Kabelnetzen der Telekom verbreitet. Vorteile sind die sehr gute Übertragungsqualität und die einfache Bedienung, weil aufgrund der festen Kanalzuordnung die Programme per Knopfdruck direkt anwählbar sind. Nachteilig ist, dass für den Empfang ein neues Gerät mit einer eigenen Antenne notwendig war, das zudem mit 500,- bis 2.000,- DM recht teuer war. Das digitale Satellitenradio wurde Ende 1998 eingestellt, weil nur rund 100.000 Haushalte zum Empfang bereit waren. Im Rückblick erklärlich:

- Die Zusatzinvestition war erheblich, und
- der Zusatznutzen war mit 16 Programmen gering.

Mehr Erfolg, wenngleich keinen sicheren Erfolg, verspricht der *digitale terrestrische Hörfunk*, das *Digital Audio Broadcasting (DAB-T)*. DAB-T ist konzipiert als das zukünftige europäische Radiosystem. Es handelt sich um ein digitales Übertragungssystem, das Hörfunkprogramme oder auch allgemeine Datendienste, z.B. die Wetterkarte und Tourismusangebote auch im Autoradio übertragen kann. Es bietet naturgemäß die genannten Vorteile der Digitalisierung – gleichbleibend gute Empfangsqualität, einfacher Empfang auch mit mobilen und tragbaren Geräten, Einsparung von Übertragungskapazität –, erfordert aber neue Empfangsgeräte und neue Sender. Derzeit kostet ein DAB-taugliches Empfangsgerät noch rund 1.500 DM, und die Veranstalter müssten in den nächsten 10 Jahren rund 500 Mio. DM in die Parallelausstrahlung investieren (Focus, 35, 1998, S. 180). Daher ist die Akzeptanz fraglich. Für die Geräteindustrie wäre indes der Tausch der 120 Mio. UKW-Radios in Deutschland bzw. der 600 bis 700 Mio. UKW-Radios in Europa in moderne Em-

pfangsgeräte ein gewaltiges Geschäft mit einem Volumen von 120 bzw. 700 Mrd. DM.
Befürworter von DAB sehen folgende Vorteile:

> DAB als künftiges weltweites multimediales Übertragungssystem ist technisch erprobt und international genormt. Es hat in vielen Feldversuchen seine hervorragenden Eigenschaften, insbesondere für den mobilen Empfang unter Beweis gestellt. Von allen bisher genutzten bzw. angekündigten digitalen Systemen zur Übertragung von Radioprogrammen (z.B. DSR, ADR, DVB) ist allein DAB geeignet, *alle* Empfänger im Versorgungsgebiet (stationär, tragbar und mobil) zu erreichen. Als terrestrisches Rundfunksystem wird DAB langfristig UKW ablösen können, durch multimediale Elemente ergänzen und zu wesentlichen Kosteneinsparungen bei der Programmverbreitung führen (Müller-Römer 1998, S. 174f.; Müller-Römer war Vorsitzender des Vereins „DAB-Plattform", der die Verbreitung des digitalen Hörfunks vorantreiben soll: Dieser Verein ist im September 1998 aufgelöst worden).

Skeptiker betonen eher die hohen Investitionskosten und die relativ geringen komparativen Vorteile von DAB angesichts der Beobachtung, dass die Rezipienten mit dem alten UKW-Radio zufrieden sind (vgl. Focus, 35, 1998, S. 180).
Ich wage keine Prognose, sondern gebe nur den alten Zeitplan wieder:
1995: öffentliche Betriebsversuche mit begrenzter Teilnehmerzahl;
1997: Markteinführung;
1997-2015: Parallelbetrieb zu UKW;
ab 2015: teilweise Außerbetriebnahme der UKW-Sender-Netze
(Müller-Römer 1994, S. 176).

So gibt es als öffentliche Betriebsversuche neun DAB-Pilotprojekte, die je zwischen 12 und 14 Programme anbieten, und im September 1998 beginnt die Regulierungsbehörde für Telekommunikation die Ausschreibung zur Vergabe der notwendigen Frequenzen, die 1999 zugeteilt werden sollen. „Die Politik" und „die Technik" haben also die Voraussetzungen zur Einführung des digitalen Hörfunks geschaffen, entscheiden wird „die Ökonomie", ob sich dieser durchsetzen wird.

6.3. Digitales Fernsehen

Digitales Fernsehen wird in allen drei Vertriebsebenen, in der Terrestrik, im Kabel und über Satellit angeboten, und für alle drei Netze wird intensiv über die weitere Entwicklung nachgedacht. Relativ sicher ist, dass die zusätzlichen Angebotsmöglichkeiten nur realisiert werden, wenn sie in irgendeiner Form von Pay-TV verbreitet werden können, wenn also für das zusätzliche Angebot von den Rezipienten zusätzlich gezahlt wird. Eine Finanzierung durch Werbung gilt als unwahrscheinlich, allerdings nicht als unmöglich. Deswegen werden für Vertrieb und insbesondere für die Vermarktung der digitalen Fernsehprogramme spezielle Geräte, die sog. Decoder benötigt. Wegen ihrer grundsätzlichen und umfassenden Bedeutung werden die Probleme des Decoders anschließend gesondert dargestellt (Abschnitt 7).

Der Standard für *digitales terrestrisches Fernsehen (DVB-T)* ist festgelegt, und einige Pilotprojekte laufen. Über einen analogen Fernsehkanal lassen sich etwa sechs Fernsehprogramme in PAL-Qualität ausstrahlen, so dass in der Terrestrik ein Angebot von 30 Programmen möglich wäre. Ein portabler Empfang wird dabei angestrebt (das wäre wichtig für Camper); ein mobiler Empfang nicht. Die spezifischen Vorteile der Terrestrik, die kostengünstige regionale Begrenzung der Verbreitung, lassen das digitale terrestrische Fernsehen insbesondere für Ballungsraumfernsehen geeignet erscheinen. Hauptproblem bei der Einführung ist der Mangel an geeigneten Frequenzen; es stehen nur drei Kanäle zur Verfügung (Müller-Römer 1998, S. 177). Und die Medienpolitik hat noch keine klare Perspektive der Entwicklung erarbeitet.

Der Standard für *digitales Fernsehen im Kabelnetz* ist ebenfalls entwickelt (DVB-C). Das vorhandene Breitbandkabelnetz der Deutschen Telekom würde nach einer Digitalisierung Kapazitäten für die Übertragung von 140 Fernsehprogrammen bieten. Dies könnte die Kosten für die Kanalmiete deutlich verringern und/oder die Profitabilität des Kabelnetzes für die Deutsche Telekom erhöhen. Das Interesse ist groß: 38 Programme stehen bei der Telekom auf der „digitalen Warteliste" (Tenzer 1998, S. 5). Dennoch sind die Strategien der Telekom nicht klar zu erkennen; die Interessenverbände ANGA (Verband Privater Kabelnetzbetreiber) und VPRT (Verband privater Rundfunk und Telekommunikation) werfen der Telekom eine Hinhaltetaktik vor (Zimmer 1998, S. 365). Begründen lässt sich diese auch damit, dass die Deutsche Telekom konkurrierende Netze betreibt, mit denen sie mehr Geld verdient:

- So plant die Telekom, ihr Telefonnetz mit ADSL (Asymmetric Digital Subscriber Line) aufzurüsten, um über das Telefonnetz Videokonferenzen, Bildtelefonie und Videofilme übertragen zu können (Die Welt, 29.7.1998).
- So ist die Deutsche Telekom an Astra und Eutelsat signifikant beteiligt, die wie ausgeführt, konkurrenzlos hohe Gewinne erzielen.

Möglicherweise erklärt dies eine gewisse Zurückhaltung der Telekom, ihr Kabelnetz zu digitalisieren.

Der Standard für *digitales Fernsehen über Satellit* ist ebenfalls entwickelt (DVB-S), übrigens als erster der drei Standards DVB-T, DVB-C, DVB-S und für eine weitgehende Kompatibilität angelegt. Dies ist sinnvoll, weil dem digitalen Fernsehen über Satellit die größten Akzeptanzchancen eingeräumt werden. Dies liegt vor allem daran, dass hier die Übertragungskapazitäten am umfangreichsten erweitert werden können.

Über die drei Astra-Satelliten 1E, 1F und 1G werden bereits jetzt 56 digitale Transponder angeboten, die jeweils etwa 10 Fernsehprogramme sowie weitere Hörfunkprogramme und Datendienste übertragen können. Mithin ist hier eine Angebotskapazität für die Übertragung von etwa 500 Fernsehprogrammen geschaffen worden. Und die mögliche Digitalisierung der vorhandenen vier analogen Satelliten, 1A, 1B, 1C und 1D würde das Angebot um rund 600 Kanäle auf rund 1.100 Kanäle erweitern. Da die Kapazitäten von Eutelsat ähnlich ausgelegt sind, könnte die endgültige Digitalisierung allein der vorhandenen Satelliten die Übertragungskapazität für Fernsehprogramme auf gut 2.000 Kanäle erweitern. Damit dürften dann endgültig die technischen Schranken für den Vertrieb von Rundfunkprogrammen aufgehoben sein.

Bislang spielt digitales Fernsehen in Deutschland allerdings nur eine sehr geringe Rolle, im Gegensatz zur Entwicklung in Frankreich. In Deutschland sind Mitte 1998 folgende Anbieter digital auf Sendung:

- Der Marktpionier DF1 mit rund 200.000 Abonnenten,
- der bisher vor allem analog sendende Pay-TV-Pionier Premiere, der mit „Premiere digital" rund 200.000 Abonnenten beliefert (dpa-Informationen Nr. 34/1998, S.7).
- Zusätzlich senden einige kleinere Veranstalter auf der DF1-Plattform (Multithematique, MTV und VH1) sowie DSF mit drei Sportkanälen;
- außerdem sind auch die öffentlich-rechtlichen Veranstalter digital auf Sendung und zwar mit ihrem gesamten Programmangebot plus einigen neu zusammengestellten Programmen (vgl. Medienspiegel, 25, 1998, S. 3).

Das Angebot ist mithin groß, die Nachfrage noch sehr beschränkt. Dies liegt vermutlich am umfangreichen analogen Free-TV-Angebot, zum anderen sicher auch daran, dass für den Empfang digitaler Fernsehprogramme ein zusätzliches Gerät, der so genannte Decoder benötigt wird.

7. Funktion, Problematik und Geschichte der Einführung des Decoders

7.1. Funktion des Decoders

Der Decoder ist das Tor zum Weg vom herkömmlichen analogen Fernsehempfangsgerät in die multimediale Informationsgesellschaft. Der Decoder ist, technisch gesehen, ein Grafikrechner, der als Vorsatzgerät[25] digital ausgestrahlte Signale in herkömmliche analoge Signale verwandelt und gleichzeitig digitale Signale aussenden kann. Damit kann der Decoder folgende Funktionen erfüllen:

- Er kann digitales Fernsehen in analoges Fernsehen umwandeln und damit die alten analogen Empfangsgeräte technisch aufrüsten.
- Er kann die Vermarktungsfunktionen, nämlich Lieferung nur gegen Bezahlung sowie die Abrechnung übernehmen.
- Er bietet Rückkanalfähigkeit, die z.B. interaktives Fernsehen und Homeshopping ermöglicht.
- Er bietet in Verbindung mit dem PC die Verbindung zum Internet und kann damit das Fernsehgerät multimedial aufrüsten (Online-Banking, E-Mailing, Online-Computerspiele ...).
- Schließlich kann der Decoder, weil die Decodierung an der Kopfstation eines Kabelnetzes erfolgen kann, im Kabelnetz regional segmentierte Ausstrahlungen ermöglichen, was insbesondere für eine regional segmentierte Werbung wichtig ist.

---

[25] Weil dieses Vorsatzgerät meist auf dem Fernsehgerät steht, wird es auch Set-Top-Box genannt.

7.2. Wettbewerbspolitische Beurteilung des Decoders

Der Decoder setzt einen technischen *Standard*

- zur Programmvermarktung (durch das Entschlüsselungssystem im sog. „Conditional Access"),
- zur Programmauswahl (durch die Systeme zur Programmführung) und
- zum Empfang sonstiger multimedialer Dienste durch die Schnittstelle API (=Application Programming Interface) zum Betriebssystem des Decoders.

Standards werden wettbewerbspolitisch ambivalent bewertet (vgl. Monopolkommission 1996, S. 356). Die Beurteilung hängt von folgenden Faktoren ab:

- Ganz entscheidend ist die *Offenheit des Standards* gegenüber Konkurrenten und Kunden. Ist ein Systemwechsel für die Kunden mit hohen Systemwechselkosten verbunden, so ist dies gleichbedeutend mit einer erheblichen Erschwerung des Marktzutritts für neue Anbieter mit neuen Standards und daher wettbewerbspolitisch problematisch. Wenn aber die Konkurrenten einen bestehenden Standard „mitbenutzen" können, wäre ein Wettbewerb wenigstens auf der nächsten Marktstufe möglich.
- Wichtig ist, ob Standards bestehende Marktmacht von Großunternehmen verfestigen oder ob sie neuen Anbietern eine Marktchance bieten.
- Wichtig ist schließlich, ob Standards das Zusammenwachsen von Märkten in regionaler und/oder sachlicher Abgrenzung erleichtern, weil sie z.B. Informationskosten verringern oder Distanzüberwindungskosten abbauen. Wenn dies der Fall ist, tragen Standards zur Intensivierung des Wettbewerbs bei.

Da noch nicht endgültig abgesehen werden kann, welcher Decoder sich durchsetzen wird (vgl. Abschnitt 7.3), kann der Decoder auch nicht abschließend beurteilt werden. Wichtig ist der Grad seiner Offenheit für potenzielle Programmanbieter im Hinblick

- auf die Entschlüsselung,
- auf die Programmauswahl und
- auf die Schnittstelle zum Betriebssystem,

um die wettbewerbspolitischen Konsequenzen abschätzen zu können. Und für die Beurteilung der zukünftigen technischen Entwicklung des Decoders ist wichtig, in welchem Umfang er download-fähig ist, d.h. in der Lage ist, neue Softwareversionen über das Netz zu akquirieren.

7.3. Konzentration und Konkurrenz in der Phase der Entwicklung und Einführung des Decoders

Die Entwicklung und Einführung des Decoders ist ein höchst interessanter Anwendungsfall für die Ökonomik der Technikentwicklung und für die Probleme der Wettbewerbspolitik. Der Decoder ist deswegen so interessant, weil er vermutlich eine Schlüsseltechnik in der Akzeptanz des digitalen Fernsehens als zentraler Baustein der multimedialen Entwicklung ist und zugleich Potenziale zur Marktbeherrschung inkorporiert.

In der Technikentwicklung ergibt sich häufig das Problem, dass Komplementärinvestitionen notwendig sind, z.B. Straßen und Automobile, Telefonnetze und Telefone, Satelliten und Fernsehprogramme oder Decoder und digitale Fernsehprogramme[26]. Dies begründet spezielle Unsicherheiten, weil z.B. der Produzent des Decoders nicht sicher ist, ob es genügend digitale Fernsehprogramme geben wird, die die Rezipienten dann zum Kauf des Decoders bewegen und umgekehrt. Hieraus ergibt sich eine naheliegende *Begründung für eine vertikale Integration* beider Wertschöpfungsstufen: die Reduktion der Unsicherheit über die Bereitstellung der Komplementärinvestition. Und es ergibt sich zugleich eine naheliegende Begründung für eine horizontale Integration aller Beteiligten, weil die Unsicherheit am besten dadurch vermindert wird, dass möglichst viele Marktpartner/Marktkonkurrenten einbezogen werden. Die Institutionen der Wettbewerbspolitik – Bundeskartellamt und EU-Kommission – beurteilen die Vorteilhaftigkeit solcher Konzentrationsprozesse indes nicht nach betriebswirtschaftlicher, sondern nach volkswirtschaftlicher Effizienz und entwickeln daraus Begründungen für ein Verbot. Schließlich ist zu erwarten, dass Absprachen und Konzentrationsbewegungen dann brüchig werden, wenn Beteiligte glauben, durch einen Alleingang größere Gewinne für sich zu akquirieren.

Die *Geschichte der Einführung eines Decoders* in Deutschland bestätigt diese theoretischen Ableitungen recht gut.

1990 gründen Bertelsmann, Canal plus und Leo Kirch den Pay-TV-Sender Premiere. Hier verbinden sich die deutschen Marktführer mit einem erfolgreichen Pay-TV-Pionier, um die ökonomische Innovation „Bezahlfernsehen“ zu testen und Risiken gemeinsam zu tragen.

1994, nach der technischen Invention (Erfindung) der Digitalisierung gründen die zentralen Akteure Bertelsmann, Leo Kirch und die Deutsche Telekom (zu je einem Drittel beteiligt) die Gemeinschaftsunternehmung MSG (Media Service GmbH). Aufgabe der MSG sollte die technische, betriebswirtschaftliche und administrative Abwicklung von überwiegend entgeltfinanzierten Fernseh- und anderen Kommunikationsdiensten einschließlich der Zugangskontrolle und des Kundenmanagements, ferner die Bereitstellung der erforderlichen technischen Infrastruktur für die Erbringung dieser Dienste sowie aller hiermit zusammenhängenden Geschäfte sein. Hier haben sich also die führenden Anbieter der Marktstufe Programmveranstaltung (horizontale Konzentration) mit dem führenden Anbieter der Marktstufe Programmvertrieb (vertikale Konzentration) verbunden, um die ökonomische Verwertung der technischen Invention „Digitalisierung in der Verbindung mit Pay-TV“ als ökonomische Innovation (Markteinführung) durchzusetzen.

Am 9. November 1994 hat die Europäische Kommission diesen Zusammenschluss – es war das zweite Fusionsverbot überhaupt seit Inkrafttreten der Fusionskontrollverordnung der EU – untersagt.

> Als erster Anbieter der genannten Dienstleistungen werde MSG auf Dauer eine Alleinstellung einnehmen, weil durch die Gründung des Gemeinschaftsunternehmens ein

---

[26] Dies wird z.T. als ein Problem der „kritischen Masse“ bezeichnet, z. T. – unsinnigerweise – als eine Art von „Henne-und-Ei-Problem“.

> Zukunftsmarkt bereits in der Entstehungsphase abgeschottet werde. Für diese Annahme nannte die Kommission zwei Gründe. Zum einen würden sich in MSG gerade die Unternehmen zusammenschließen, die jedes für sich prädestiniert wären, eine Infrastruktur für digitales Pay-TV zu schaffen und die entsprechenden Dienstleistungen zu erbringen. Auf diese Weise werde der wahrscheinlichste potentielle Wettbewerb schon in der Entstehungsphase ausgeschlossen. Zum anderen hielt die Kommission den Markteintritt sonstiger Anbieter angesichts der spezifischen Stärken und kombinierten Wettbewerbsvorteile von Telekom und Bertelsmann/Kirch kaum für möglich. Sie prognostizierte darüber hinaus die Entstehung beherrschender Positionen von Bertelsmann/Kirch bzw. Telekom auf den Märkten für Pay-TV und TV-Kabelnetze (Monopolkommission 1996, S. 339).

Nach diesem Fusionsverbot beginnt die Phase des Konkurrenzkampfes.

1995 planen die zentralen Akteure in etwas anderer Zusammensetzung mit Bertelsmann, Telekom, CLT, Canal Plus und ARD/ZDF eine neue Multimedia-Betriebsgesellschaft MMBG und präsentieren einen marktreifen Decoder namens „Mediabox", der Anfang 1996 eingeführt werden soll. Die Mediabox enthält den Verschlüsselungsstandard Seca (Société Européenne de Control Access, ein Gemeinschaftsunternehmen von Canal Plus, Bertelsmann und CLT). Die MMBG will ein zentrales diskriminierungsfreies Dienstleistungsangebot für Programmanbieter und Diensteanbieter unterbreiten. Zuvor hatte Leo Kirch einen eigenen Decoder namens „d-box" präsentiert. Beide Geräte sollten zwischen 1.000 und 1.500 DM kosten und etwa die gleichen Leistungen erbringen. Trotz erheblicher Risiken für alle Beteiligten entbrennt in der Folgezeit ein *Konkurrenzkampf* um die Einführung des Decoders, der wohl vor allem von Leo Kirch forciert wird.

Im Herbst 1996 scheitert die MMBG nach dem Rückzug zunächst von Telekom, anschließend von Bertelsmann. Bertelsmann, CLT und auch ProSieben frieren ihre Aktivitäten im Bereich des digitalen Fernsehens ein; allein Leo Kirch startet im Juli 1996 das erste digitale Pay-TV in Deutschland: DF1. Premiere (37,5 Prozent CLT; 37,5 Prozent Canal Plus; 25 Prozent Leo Kirch) startet darauf im Februar 1997 den Testbetrieb mit Digital-Pay-TV. Der Konkurrenzkampf bringt vor allem Leo Kirch in erhebliche finanzielle Schwierigkeiten, weil die gewaltigen Investitionen in DF1 in Höhe von rund 1 Mrd. DM – Erwerb der Rechte für die digitale Ausstrahlung von Spielfilmen und Sport und Produktion des Decoders „d-box" – sich angesichts der nur sehr geringen Zahl von Abonnenten für DF1 (30.000 Ende 1996) nicht amortisieren.

Nachfolgend beginnt die Phase der erneuten Zusammenarbeit. CLT-UFA[27] und Kirch wollen die Anteile bei Premiere neu ordnen und den Anteil von Canal Plus so aufteilen, dass beide je 50 Prozent halten. Zudem vereinbaren CLT-UFA und Kirch eine Pay-TV-Gruppe unter dem Dach von Premiere (Premiere, DF1, Beta Digital, Deutsches Sportfernsehen DSF) mit der „d-box" als Standard. Zugleich wird im Vertriebsbereich der Zusammenschluss von CLT-UFA, Kirch und Deutsche Telekom in der Gesellschaft „Beta-Research" (die die Rechte zur Produktion der „d-box" hält) geplant. Auch hier ist wieder der Zusammenschluss der führenden Programm-

27 Mittlerweile haben sich die CLT und die Bertelsmann-Tochter UFA zur CLT-UFA zusammengeschlossen.

veranstalter als horizontale Konzentraton und die Verbindung zum Vertriebsbereich mit dem dortigen Marktführer als vertikale Konzentration zu erkennen.

Anschließend werden diese Pläne, die der Europäischen Kommission am 10. November 1997 zur Genehmigung vorgelegt wurden, nach langen Verhandlungen am 27. Mai 1998 untersagt. Konkret wurde *untersagt:*

- die Aufstockung der Anteile an Premiere auf je 50 Prozent und
- der Zusammenschluss von CLT-UFA, Kirch und Deutsche Telekom in der Gesellschaft Beta Research.

Die Gründe sind eindeutig:

- Premiere würde eine marktbeherrschende Stellung auf dem Markt für Abonnementfernsehen im deutschsprachigen Raum erlangen und
- Beta Research würde eine marktbeherrschende Stellung auf dem Markt für technische Dienstleistungen erlangen (so die Begründung der Kommission, vgl. Funkkorrespondenz, 22, 1998, S. 8).

Eine solche Verbindung von vertikaler und horizontaler Konzentration würde eine sehr robuste Marktmacht der Beteiligten begründen und den Marktzutritt Dritter verhindern. Daher ist die Untersagung der geplanten Zusammenschlüsse folgerichtig.

Weil Zusammenschlüsse wenig Aussicht haben, von den Kartellbehörden genehmigt zu werden, beginnt wiederum eine Phase des Alleingangs. Kirch (die Kirch-Gruppe von Leo Kirch) erwirbt im März 1999 45 Prozent der Anteile an Premiere von CLT-UFA für 800 Millionen Euro. Damit hält Kirch 95 Prozent der Anteile von Premiere, CLT-UFA behält fünf Prozent. Geplant ist nachfolgend ein Zusammenschluss von Premiere und DF1, um das Pay-TV-Geschäft zu konzentrieren. Kirch hat im Frühsommer 1999 mithin rund zwei Millionen Pay-TV-Abonnenten, davon rund 700.000 mit Anschluss an das digitale Fernsehen. Kirch besitzt damit – neben seiner marktbeherrschenden Position auf dem Markt für Programm-Inputs das *Monopol beim Pay-TV*[28]. Das Bundeskartellamt hat diese Übernahme genehmigt: Es erwartet dadurch eine Belebung des Wettbewerbs zwischen Kirch und Bertelsmann. Meines Erachtens droht vielmehr eine jeweilige Monopolisierung von Pay-TV und Free-TV.

Für die weitere Entwicklung wäre sicher wettbewerbspolitisch Folgendes geboten:

- Eine strikte Trennung der Ebenen von Programmveranstaltung und Vertrieb,
- eine strikte Neutralität der Technik des Vertriebssystems in den Funktionen der Entschlüsselung, der Programmwahl und der Verbindung zum Betriebssystem,
- eine Dekonzentration im Vertriebsbereich „Kabel“, möglich durch den Verkauf des Kabelnetzes der Telekom,
- eine Dekonzentration im Vertriebsbereich „Satellit“ anzustreben und
- einen einheitlichen Vertriebsstandard zu erreichen, um die Marktentwicklung voranzutreiben.

---

[28] Damit bestätigen sich die theoretisch abgeleiteten Monopolisierungstendenzen von Pay-Rundfunk (vgl. Kapitel 8, Abschnitt 5.4.).

8. Wettbewerb und Konzentration im Vertriebsbereich des Rundfunks

In diesem Abschnitt soll untersucht werden, ob die Strukturbedingungen des Wettbewerbs im Vertriebsbereich des Rundfunks einen funktionierenden Wettbewerb erwarten lassen oder ob der Wettbewerb hier von Strukturmängeln und Konzentrationstendenzen bedroht ist.

Wettbewerb funktioniert, wenn Eigentumsrechte angemessen definiert und durchgesetzt werden können, wenn Qualitäts- und Preistransparenz besteht und wenn Größenvorteile der Produktion gering sind. Wie oben gezeigt, können Eigentumsrechte sowohl an terrestrischen Frequenzen als auch an Kabel und Satellit hinlänglich gut definiert und durchgesetzt werden. Die Qualitätstransparenz ist recht groß, die Nutzer der Vertriebskapazitäten kennen die Eigenschaften der Übertragungswege, die ja physikalisch einfach zu bestimmen sind, recht genau. Preistransparenz ist in den Teilen des Vertriebsnetzes gegeben, die Preise kalkulieren: im Kabel und über Satellit. Es bleibt mithin, die Konzentrationstendenzen zu untersuchen. Diese Analyse hat traditionell zwei Ausprägungen: Zum einen wird untersucht, ob das Kabelnetz ein natürliches Monopol ist und dementsprechend reguliert werden muss (diese Diskussion hat vor allem in den USA eine große Tradition, vgl. z.B. Williamson 1976, Webb 1983, Noam 1984), zum anderen wird untersucht, ob und gegebenenfalls wie Kabelnetze bzw. Frequenzen generell versteigert werden sollten (vgl. z.B. Frequenzkommission 1991, Voigt 1992). In neuerer Zeit hat sich die ökonomische Theorie verstärkt mit der wettbewerbspolitischen Problematik von Netzen befasst, und diese allgemeine Analyse soll hier vorangestellt werden.

8.1. Netze als wettbewerbspolitisches Problem

Im Medien- und Kommunikationssektor spielen „Netze" seit langem eine besondere Rolle. *Netze* sind „raumübergreifende, komplex verzweigte Transport- und Logistiksysteme für Güter, Personen oder Informationen" (v. Weizsäcker 1997, S. 572). So gibt es *materielle Netze* im Schienen- und Straßennetz, im Bereich der Versorgungsnetze für Gas, Strom und Wasser und im Telekommunikationsnetz und *immaterielle (virtuelle) Netze,* bei denen Verbindungen zwischen den Objekten nicht materiell zustande kommen wie Flugreservierungs- oder Kontobuchungssysteme. Auch die Verwendung technischer Standards wird zunehmend als Netz interpretiert, z.B. die Verwendung der „Intel/Microsoft"-Standards oder die Verwendung der „d-box" als Decoder.

Netze begründen spezifische *Größenvorteile der Produktion,* die seit langem Problem der Wettbewerbspolitik sind. Die Größenvorteile lassen sich folgendermaßen differenzieren:

- Netze sind durch Größenvorteile gekennzeichnet, die daraus resultieren, dass die Transportkosten über eine gegebene Strecke in einem Netz mit gegebener Kapazität deutlich unterproportional mit der transportierten Menge steigen.
- Größenvorteile lassen sich auch bei der Kapazitätsplanung in Netzen realisieren. Dies führt zu Kostenersparnissen bei der Leitungsbündelung innerhalb ei-

nes Netzes, also bei der Zusammenfassung vernetzter Teilstrecken zu einer Strecke.
- Die Distanzkostendegression in Netzen sorgt dafür, dass die Transportkosten pro Kilometer mit zunehmender Entfernung zum Teil drastisch sinken.
- Mit zunehmender Größe des Netzes ergibt sich eine Glättung der Nachfragespitzen. In einem großen Netz sind also im Verhältnis zur Nutzerzahl weniger Reservekapazitäten vorzuhalten, als in einem kleineren Netz (Klimisch/Lange 1996, S. 16).

Neben den Größenvorteilen der Produktion existieren in Netzen häufig auch *Größenvorteile der Nutzung*. Diese bestehen darin, dass der Nutzen, der für einen Kunden aus seinem Netzanschluss resultiert, mit der Zahl der Netzbenutzer steigt. Dies bezeichnet man als positive *Netzexternalität* (Steyer 1997). Solche positiven Netzexternalitäten treten auch im Bereich technischer Standards auf, weil ein Standard mit zunehmender Ausbreitung für neue und alte Anwender immer attraktiver wird und ein Systemwechsel mit (hohen) Systemwechselkosten verbunden ist. Dies erschwert den Marktzutritt für neue Standards, selbst wenn sie technisch überlegen wären (vgl. hierzu kritisch Gröhn 1997).

Wenn diese Größenvorteile bestehen, dann produziert ein Alleinanbieter technisch am effizientesten und für die Nachfrager ökonomisch am sinnvollsten. Man spricht dann von einem *natürlichen Monopol*. Dies war und ist z.T. immer noch die klassische Begründung für die Regulierung in den betroffenen Sektoren der Versorgungsunternehmen, der Telekommunikation und der Post. Diese Sektoren waren durch gesetzliche Marktzutrittsschranken als Monopole geschützt, meist mit der Verpflichtung zu einer flächendeckenden Versorgung zu staatlich überwachten Preisen. Mittlerweile ist in der wettbewerbspolitischen Beurteilung der Netze ein Wechsel eingetreten:
- Zum einen bietet der technische Fortschritt zunehmend Alternativen zu bestehenden Netzen.
- Zum Zweiten werden die Nachteile einer nicht dem Wettbewerb ausgesetzten Produktion inzwischen deutlicher gesehen (Ineffizienz regulierter Produktion).
- Zum Dritten wird mit der Theorie der angreifbaren Märkte (contestable markets)[29] ein Monopol dann für wettbewerbspolitisch unbedenklich gehalten, wenn der Marktzutritt frei ist.

Wann ein *Marktzutritt frei* ist, ist nicht leicht zu sagen; in der Regel ist es eine Frage des Grades der Freiheit (vgl. Band 1, Kapitel 1). Neuerlich wird zusätzlich zu den „alten“ Marktzutrittsschranken der Industrieökonomik,
- Größenvorteile der Produktion,
- Vorteile der Produktdifferenzierung und
- absolute Kostenvorteile,

darauf verwiesen, dass ein Marktzutritt dann keine Kosten verursache, wenn die Kosten des Marktzutritts im Falle eines Misslingens nicht versunken seien (sunk

[29] Die Theorie der „contestable markets“ stammt von Baumol/Panzar/Willig (1982). Ein contestable market, also ein bestreitbarer, angreifbarer oder wettbewerbsfähiger Markt ist dadurch gekennzeichnet, dass der Marktzutritt absolut frei und kostenlos ist.

costs) bzw. nicht irreversibel seien, sondern anderweitig verwendet werden können, also reversibel seien. Wenn das so ist, dann ist ein solcher Markt naturgemäß angreifbar. Nun sind Kosten eines Marktzutritts m. E. in aller Regel zum großen Teil versunken, auf jeden Fall der Marketingaufwand und die Verluste aus laufender Produktion, so dass sich die Frage der Reversibilität nicht stellt (allenfalls beim Zugang zum Markt für Taxis und Kneipen). Es bleibt indes die Insuffizienz einer Regulierung und der Wettbewerb zwischen den Netzen zu beachten.

8.2. Wettbewerb und Konzentration im Kabelnetz

Zunächst ist zu fragen, ob *Größenvorteile der Produktion* bestehen. Das in Frage stehende Gut, das Kabelnetze bereitstellen, ist der Transport von Informationen; es handelt sich mithin um eine Ein-Produkt-Unternehmung (dies erspart einige Komplikationen). Dieses Gut kann in der Tat am billigsten durch einen Monopolisten angeboten werden. Dies liegt an zwei Effekten, am Nachbarschaftseffekt und am Dichteeffekt:

- *Nachbarschaftseffekt:* In diesem Fall sinken die Kosten pro Anschluss mit steigender Zahl von Kabelanschlüssen pro Flächeneinheit. Es ist billiger, wenn ein Ort nur von einem statt von mehreren Netzbetreibern versorgt wird.
- *Dichteeffekt:* In diesem Fall sinken die Kosten pro Kabelanschluss mit steigender Zahl von Kanälen. Wenn z.B. 60 Kanäle bereitgestellt werden sollen, ist dies billiger, wenn dies eine Firma macht, als wenn drei Firmen jeweils 20 Kanäle anbieten. Dies liegt im Wesentlichen daran, dass die Kosten für die Verlegung eines Kabels relativ unabhängig von der Dicke des Kabels und von der Anschlusshäufigkeit sind.

Dieser Sachverhalt gilt im Prinzip für alle leitungsgebundenen Transporte, wie Strom, Wasser, Telefon, aber auch für Straßen, Kanäle und Schienen. Aufgehoben werden diese Gesetzmäßigkeiten dann, wenn die Leitungen voll sind. Wenn ein zweites Kabelnetz verlegt werden soll, dann entfallen Nachbarschafts- und Dichteeffekte, dann begründen im Wesentlichen nur noch Lernkurveneffekte, also das größere Know-how, dass auch die bisherige Firma Kabel verlegt und betreibt.

Kabelnetze sind also ausgeprägte natürliche Monopole, genauer gesagt, natürliche geografisch abgegrenzte Monopole. Das heißt, die Vorteilhaftigkeit des Monopols bezieht sich auf geografisch abgegrenzte Gebiete – auf *Ortsnetze* – wie Städte oder Ballungsräume generell, aber nicht notwendigerweise auf Gebiete von der Größe der Bundesrepublik. Hier ist durchaus eine Vielzahl von Kabelnetzbetreibern effizient, genauso wie es eine Vielzahl lokaler Versorgungsmonopole (Strom, Gas, Wasser, Entsorgung) gibt.

Die zweite Frage ist, ob *Kabelnetze angreifbare Märkte* sind. Vermutlich nicht, aus folgenden Gründen:

- Die Kosten/Schranken eines Marktzutritts sind wegen der Größenvorteile von Produktion und Nutzung des etablierten Anbieters sehr hoch.
- Und die Kosten eines (misslungenen) Marktzutritts wären in hohem Maße versunkene Kosten, also irreversibel: Die Kosten einer Kabelverlegung und die

entsprechenden Marketingaufwendungen sind in jedem Fall irreversibel versunken, allenfalls können die Einrichtungen für Kopfstationen wiederverkauft werden.

Mithin besteht in Ortsnetzen eine robuste Marktmacht des Monopolisten. Die wettbewerbspolitischen Probleme werden verschärft, wenn der marktmächtige Monopolist nicht nur die Infrastruktur betreibt, sondern zugleich auf den vor- bzw. nachgelagerten Märkten als Anbieter tätig ist und auf diese Märkte seine Marktmacht übertragen könnte.

Die dritte Frage ist, ob Wettbewerb *um* den Markt veranstalten werden kann, wenn es denn Wettbewerb *im* Markt nicht gibt. Die Idee ist, einfach einen Wettbewerb *um* den Markt zu veranstalten, wenn der Wettbewerb *im* Markt nicht funktionieren kann, also den Markt des natürlichen Monopols zu versteigern (Demsetz 1968). Dies wirft eine Reihe von Problemen auf, aber es ist praktisch möglich, wie Erfahrungen aus den USA und Großbritannien zeigen (Voigt 1992, S. 78ff.). Die praktischen Probleme werden hier nicht erörtert, weil in der Bundesrepublik die Deutsche Telekom und einige kleinere Kabelnetzbetreiber bereits Eigentümer des Kabelnetzes sind und eine Versteigerung des Rechts, Kabelnetze zu errichten, mithin wenig sinnvoll ist. Zudem werden die Möglichkeiten und Probleme einer Versteigerung am Beispiel der terrestrischen Frequenz dargestellt.

8.3. Wettbewerb und Konzentration in der Terrestrik

In der Terrestrik muss der Zutritt zum „Markt" für terrestrische Frequenzen zunächst einmal administrativ in der Weise geregelt werden, dass die institutionellen Voraussetzungen für einen Markt gegeben sind. Bislang existiert die notwendige Voraussetzung – Eigentumsrechte in Form von Verfügungsrechten an terrestrischen Frequenzen – nicht, es gibt bislang nur Nutzungsrechte.

Für die Vergabe von Frequenzen durch die dazu autorisierte Behörde – in der Bundesrepublik der Bundesminister für Post und Telekommunikation – gibt es im Prinzip drei Verfahren:

- das Marktverfahren,
- die administrative Vergabe durch die Behörde und
- das Konsultationsverfahren, eine administrative Vergabe, unterstützt durch Experten (vgl. Frequenzregulierung 1991, S. 82ff.).

Im *Marktverfahren* werden die Nutzungsrechte zu einem Marktpreis vergeben. Dieser Marktpreis kann durch verschiedene Auktionsverfahren ermittelt werden, im Prinzip sollte der Marktpreis als Knappheitspreis dem gesellschaftlichen Wert der Frequenznutzung entsprechen. Im *administrativen Verfahren* werden Frequenzen für bestimmte Funkanwendungen an bestimmte Nutzer vergeben. In der Regel ist hierfür eine Gebühr zu erheben, die etwa den betriebswirtschaftlichen Verwaltungskosten, also Kosten der Vergabe und der Überwachung, entspricht. Diese Gebühr darf aber nicht mit dem Marktpreis als Knappheitspreis verwechselt werden, der ja den Wert der Frequenz reflektiert. Beim *Konsultationsverfahren* wird in den Vergabeprozess ein Beratergremium eingeschaltet, das aus Experten und gegebenenfalls Interessierten zusammengesetzt ist und dessen Empfehlung einen Einfluss auf die Entscheidung der Behörde haben wird.

Es entspricht ökonomischem Grundverständnis, das Marktverfahren als das *grundlegende* Zuteilungsverfahren für knappe Ressourcen vorzusehen. Entsprechend hat die „Gutachterkommission für Grundsatzverfahren der Frequenzregulierung" vorgeschlagen, das marktliche Verfahren *vorzugsweise* anzuwenden, es sei denn, dass dieses Verfahren wegen der Berücksichtigung von Präferenzen (z.B. Militär oder öffentlicher Flugfunk) oder anderen Bedingungen (z.B. aus Gründen der Forschungs- und Infrastrukturpolitik) ausgeschlossen ist (Frequenzregulierung 1991, S. 105f.). Das Marktverfahren in Form von Frequenzversteigerungen ist z.B. angewendet worden in Griechenland, Großbritannien und Neuseeland (vgl. Götzke 1994, S. 228ff.).

Die *Vorteile des Marktverfahrens* sind die Vorteile des Preismechanismus:

- Sparsame Nutzung der Frequenzen, die nicht mehr zum Nulltarif erhältlich sind.
- Effiziente Nutzung der Frequenzen durch diejenigen, die sie am gewinnbringendsten für sich und für die Gesellschaft verwenden („Wandern einer Ressource zum besten Wirt").
- Produkt- und Prozessinnovation sind möglich, weil Rechte immer wieder neu verkauft und gekauft werden können, statt wie bisher durch eine langfristige Zuteilung von Frequenznutzungsrechten Verwendungsarten zu zementieren.
- Der Markt ist ein transparentes, nichtdiskriminierendes und nichtbestechliches Zuteilungsinstrument, das zudem Bürokratiekosten spart.

Allerdings muss man sehen, dass Frequenzen nicht so leicht verkauft werden können wie z.B. Grundstücke oder Rohstoffe. Zunächst einmal müssen die *Nutzungsrechte* nach Umfang und Art *definiert* werden. So muss z.B. festgelegt werden, welche Anteile am Frequenzspektrum für welche Zwecke verkauft werden sollen. Die Vergabebehörde muss also die jeweils zu verkaufende Frequenzmenge so determinieren, dass der geplante Funkdienst auch technisch und ökonomisch optimal durchgeführt werden kann. Die Dauer der Frequenznutzungsrechte muss festgelegt werden und zwar möglichst so, dass rentable Investitionen in entsprechende Funkdienste möglich werden und dass ein Anreiz besteht, den Funkdienst fortlaufend zu verbessern. Eine Begrenzung der Laufzeit ist sinnvoll, damit gegebenenfalls ein Marktzutritt neuer Anbieter mit neuen Ideen ermöglicht wird. Die Festlegung der Laufzeit der Rechte sollte die wirtschaftliche Lebensdauer der irreversiblen (versunkenen) Investitionen berücksichtigen oder die Verkaufskonditionen vorab festlegen. So wird z.B. vorgeschlagen, den Lizenznehmer zu verpflichten, sein Anlagekapital an den Lizenznachfolger zum Anschaffungspreis abzüglich Abschreibung zu verkaufen und umgekehrt (vgl. Posner 1972, S. 115). Schließlich müsste die Einhaltung der Verträge und bestimmter Anforderungen an die potenziellen Käufer kontrolliert werden. Damit sind die wichtigsten Informations- und Kontrollprobleme aufgezählt. Die Behörde, die die Frequenzen versteigern will, muss diese Informationsprobleme lösen, allerdings sind diese Informationsprobleme nicht geringer, wenn ein administratives Vergabeverfahren gewählt wird.

Zur *Versteigerung von knappen Ressourcen* sind eine Reihe von Auktionsmodellen vorgeschlagen worden. Zunächst einmal können spezifizierte und unspezifizierte Auktionsverfahren unterschieden werden. Bei *spezifizierten Verfahren* schreibt die Behörde alle Eigenschaften des Gutes fest, bei *unspezifizierten Verfahren* wird nur das Gut mit einigen Eigenschaften genannt (z.B. „Eurofighter", „allwettertauglich" und „reichweitenstark"). Das unspezifizierte Verfahren bietet sich dann an, wenn die genaue Beschreibung des Gutes schwierig ist und wenn die Behörde im Wege des Ausschreibungsverfahrens wertvolle Informationen sammeln will wie z.B. bei Militärtechnik. In begrenzter Form sind solche unspezifizierten Verfahren auch bei Lizenzversteigerungen denkbar, wenn so genannte multiple Gebote vorgesehen werden. In diesem Fall bestimmen die Bieter sowohl die Preise als auch die benötigten Frequenzmengen für ihr Gebot (vgl. Götzke 1994, S. 230f.).

Zum Zweiten kann man Auktionsverfahren differenzieren nach dem *Grad der Offenheit* (offene und verdeckte Verfahren), nach dem *Zuschlagsprinzip* (holländische Auktion: der ausgerufene Preis wird solange gesenkt, bis sich ein Käufer findet; englische Auktion: der Preis wird so lange gesteigert, bis nur noch ein Bieter übrigbleibt) und nach dem *Zuschlagspreis* (First-Price-Auktion: Der Zuschlag erfolgt zum höchsten Gebot; Second-Price-Auktion: Der Zuschlag erfolgt an den Höchstbietenden, jedoch zum Preis des zweithöchsten Gebots). Die Modelle sollen hier nicht im Einzelnen diskutiert werden (vgl. Götzke 1994, S. 197 und Riley/Samuelson 1981). Die meisten Vorzüge scheint die verdeckte Auktion zum zweithöchsten Preis (Second-Price-Auktion) zu bieten: Absprachen der Bieter sind schwierig, und es ist sichergestellt, dass die Bieter ihre richtigen Präferenzen enthüllen, strategisches Verhalten wird ausgeschlossen (Frequenzregulierung 1991, S. 108).

Wenn ein Markt für terrestrische Frequenzen einmal etabliert sein sollte, dann sollte der Wettbewerb gut funktionieren. Größenvorteile der Produktion existieren nicht – *eine* Frequenz kann so effizient in Produktionsprozesse eingebunden werden wie ein umfassendes Frequenzbündel, und notfalls wäre ein Marktaustritt leicht möglich, weil die Frequenz, wenn der Marktzutritt misslingen sollte, unschwer wieder verkauft werden könnte. Insoweit würde die, aus ökonomischer Sicht, optimale institutionelle Regelung für die Terrestrik dem Grundstücksmarkt ähneln: Der Staat regelt die Definition und den Schutz der Eigentumsrechte (wie durch Justiz, Polizei und das Grundbuchamt), und im Übrigen besteht Freihandel mit der Möglichkeit, bestimmte Nutzungsarten, z.B. den öffentlich-rechtlichen Rundfunk oder den Polizeifunk, bevorzugt zu behandeln. Bislang gleicht die Frequenzvergabe dem Abstecken von Claims nach dem Windhundprinzip wie im einst „Wilden Westen".

8.4. Wettbewerb und Konzentration im Satellitennetz

Die für das Betreiben von Satellitenübertragungsnetzen notwendigen Orbitalpositionen werden bislang administrativ vergeben. Sie sind knapp wie alle Güter; wie knapp sie sind, würde erst eine Zuteilung nach dem Marktverfahren über den Preis offenbaren. Die Orbitalpositionen sind jedenfalls nicht so knapp, dass aus technischen Gründen nur ein einziger Anbieter ein Satellitennetz betreiben könnte. Allerdings lassen sich ökonomische Gründe für eine Monopolstellung eines Satellitenbetreibers (nicht eines Satellitenproduzenten, der hier nicht interessiert) ausmachen: Zwar ist der Satellitenbetrieb nicht durch nennenswerte Größenvorteile gekennzeichnet: Statt dass ein Anbieter sieben Satelliten betreibt, kann genauso effizient auch je ein Satellit von sieben Anbietern betrieben werden. Aber die Verbindung mit einem Empfangsstandard weist erhebliche positive Netzexternalitäten auf: Der Empfang mit einer zunächst auf Astra ausgerichteten Parabolantenne macht es für neue Programmanbieter attraktiv, ebenfalls über Astra zu senden, und das zunehmende Astra-Programmangebot macht es für Rezipienten immer attraktiver, ihre Empfangsanlagen auf Astra auszurichten und so fort. Für neue Satellitenbetreiber dürfte es kaum möglich sein, die Rezipienten zu einem Systemwechsel zu veranlassen, weil ein Systemwechsel nur Kosten verursacht, aber keinen Nutzen erwarten lässt. Von zentraler wettbewerbspolitischer Bedeutung wären in diesem Fall Empfangsstandards, die für alle Satellitenbetreiber offen sind. In Ansätzen ist diese Forderung in der sog. „Dual-Feed-“ bzw. „Multi-Feeed“-Anlage, mit der sowohl Astra als auch Eutelsat-Signale empfangen werden können, verwirklicht.

Mithin besteht auch im Satellitennetz eine robuste Marktmacht des Alleinanbieters, gestützt vor allem auf die kumulative Dynamik in der Verbindung der Satellitenausstrahlung mit einem Empfangsstandard. Die exorbitante Umsatzrendite von Astra in Höhe von 35,7 Prozent (vgl. Abschnitt 3) zeigt deutlich, dass in diesem Vertriebsbereich wenig Wettbewerb existiert. Zweite und weitere Anbieter sind auf diesem Markt vor allem dann ökonomisch lebensfähig, wenn ein Anbieter die Nachfrage nach Programmvertriebsleistungen nicht allein befriedigen kann, weil seine Produktionskapazitäten nicht ausreichen. Ein solcher Nachfrageüberhang besteht und führt zu entsprechenden „Spill-over-Effekten“ für Eutelsat. Insgesamt ist ein Marktzutritt schwierig; der Wettbewerb äußerst beschränkt.

8.5. Fazit

Die *qualitativen Strukturbedingungen* des Wettbewerbs im Bereich des Vertriebs können als gut bezeichnet werden:

- Es herrscht Preis- und Qualitätstransparenz;
- Eigentumsrechte werden definiert und geschützt;
- der technische Fortschritt schafft die technischen Voraussetzungen für eine sehr rasche Marktentwicklung, die ihrerseits in der Regel eine Marktphase mit intensivem Wettbewerb ist.

Die *quantitativen Strukturbedingungen* des Wettbewerbs sind indes recht schlecht. Zwar konkurrieren die drei Vertriebswege miteinander, aber die Konkurrenz durch die Terrestrik muss als gering bezeichnet werden. Es verbleibt mithin ein absolut marktbeherrschendes Duopol von Kabel und Satellit mit einer für die Zukunft zu erwartenden Dominanz des Satellitennetzes.

Innerhalb der drei Vertriebswege existiert kaum Wettbewerb: In der Terrestrik gibt es überhaupt keinen Wettbewerb; im Kabel ist die Konkurrenz durch die privaten Kabelnetzbetreiber für den Teilmonopolisten Deutsche Telekom außerordentlich gering und ob Eutelsat eine echte Konkurrenz zu Astra werden kann, darf bislang bezweifelt werden. Marktzutritt erscheint kaum möglich; allenfalls im Bereich der Satellitenübertragung eröffnen sich geringe Chancen für einen neuen Anbieter; in der Terrestrik, im Kabel und im Bereich des Decoders ist ein Marktzutritt neuer Anbieter ausgesprochen unwahrscheinlich, zu groß sind die Vorteile der etablierten Anbieter. Mithin sehe ich, anders als Kruse (vgl. Kruse 1995, S. 23f.), im Vertriebsbereich der Rundfunkproduktion ganz erhebliche Konzentrationsprobleme.

Wenn daran wenig zu ändern ist, bleibt eine *vertikale Konzentrationskontrolle* von zentraler Bedeutung, eine Kontrolle, die zweierlei verhindern sollte:

- Eine Übertragung der Marktmacht aus der Vertriebsstufe auf die Stufe der Programmveranstaltung und
- eine Diskriminierung der Programmveranstalter in ihrem Zugang zum Vertriebsnetz.

Bislang wird dies offenbar durch die Neutralität der Vertriebsnetze gewährleistet. Die Wettbewerbspolitik hat gerade im Bereich der Netze und sonstiger wichtiger Infrastruktureinrichtungen mit dem neu geschaffenen §19, Absatz 4, Punkt 4 KartellG die Möglichkeit, Wettbewerbsbeschränkungen in Vertriebsnetzen zu verhindern. Dies ist die deutsche Adaption der in den USA schon länger angewandten „essential facilities doctrine" (vgl. Kapitel 7, Exkurs 1).

Literatur

Über die Situation im Vertriebsbereich von Rundfunkprogrammen informieren regelmäßig und präzise die Beiträge von

- Müller-Römer, F., in: Internationales Handbuch für Hörfunk und Fernsehen, Baden-Baden/Hamburg (Nomos) und die entsprechenden Beiträge im
- Jahrbuch der Landesmedienanstalten, München (R. Fischer).

Den Stand Mitte 1997 stellt umfassend dar

- Zimmer, J., Fernsehempfang: In Zukunft Satellit vor Kabel?, in: Media Perspektiven, Heft 7, 1998, S. 352-366.

Die ökonomische Sicht wird dargestellt von

- Kruse, J. (1995), Zugang zum Frequenzspektrum, in: Mestmäcker, E.-J. (Hrsg.), Kommunikation ohne Monopole II, Baden-Baden (Nomos) 1995, S. 449-472.

7. Kapitel
Konzentration und Konzentrationskontrolle im Rundfunk

1. Begriff, Formen, Messung und Analyseziele

1.1. Begriff und Formen der Konzentration

Konzentration bezeichnet eine Ballung von Merkmalen, eine Häufung von Merkmalen auf Merkmalsträger. Um welche Merkmale und um welche Merkmalsträger es sich handeln soll, hängt ab vom Untersuchungsziel. Untersuchungsziele der Ökonomie, bei denen Konzentration eine wichtige Rolle spielt, sind die Verteilung von Einkommen und Vermögen (Einkommenskonzentration/Vermögenskonzentration), die raumstrukturelle Bindung von Entwicklungsprozessen (Agglomerationen/Ballungsräume) und vor allem die Analyse der Bestimmungsgründe des Wettbewerbs. Untersuchungsziele der Publizistik, bei denen Konzentration eine wichtige Rolle spielt, sind die Vielfalt und die Qualität der publizistischen Produktion. Im Folgenden beschränkt sich die Analyse auf Formen der *Unternehmenskonzentration* und auf die Analyse des Wettbewerbs und der Vielfalt; die Zusammenhänge zwischen Konzentration und Qualität sind so spekulativ, dass am Ende dieses Kapitels nur einige Hinweise gegeben werden, „how the winds of thoughts are blowing".

Die *Formen der Konzentration* unterscheiden sich einmal nach der Quelle des Wachstums der Unternehmen. Zur Unternehmenskonzentration kann es danach auf zwei Arten kommen:
- durch *internes Wachstum* eines Unternehmens, d.h. durch die Umsatzerweiterung eines bestehenden Unternehmens, die über dem Durchschnitt des Umsatzzuwachses anderer Gruppenmitglieder liegt oder
- durch *externes Wachstum,* d.h. durch einen Zusammenschluss bestehender Unternehmen.

Formen des externen Wachstums, also Formen von Unternehmensverbindungen, stehen im Mittelpunkt wettbewerbspolitischer Analysen und Aktivitäten, weil sie wesentlich häufiger als internes Wachstum zu beobachten sind und weil ihre Auswirkungen auf den Wettbewerb als besonders problematisch gelten. Internes Wachstum gilt als weniger problematisch, weil es in der Regel Folge der größeren Effizienz des überdurchschnittlich wachsenden Unternehmens ist, und weil dies im Prinzip weder beanstandet werden soll noch verhindert werden kann. Für die Medienpolitik ist indes auch internes Wachstum von erheblicher Brisanz und Relevanz, weil es für das Vielfaltsziel weniger darauf ankommt, wodurch die Vielfalt bedroht ist als vielmehr, in welchem Ausmaß die Vielfalt bedroht ist.

Die Formen der Konzentration unterscheiden sich zum anderen nach ihrer absoluten bzw. relativen Bedeutung. Die *absolute Konzentration* erfasst die Zahl der

Unternehmen in einem bestimmten Markt, unabhängig von ihrer Größe. Diese Zahl hat eine gewisse Bedeutung für das Potenzial an Wettbewerb: „47“ Konkurrenten verhalten sich im Wettbewerb anders als „drei“. Die *relative Konzentration* erfasst die Unterschiedlichkeit in der Größe der Unternehmen, ihre so genannte Disparität. So würden z.B. drei – und nur drei – gleichgroße Unternehmen im Markt eine große absolute, aber gar keine relative Konzentration bedeutet. Und 47 Unternehmen von sehr unterschiedlicher Größe würden eine kleine absolute, aber eine große relative Konzentration bedeuten. Die Form der Entstehung und die Art der Ausprägung einer Konzentration ist generell relevant, sowohl zur Beurteilung des Wettbewerbs als auch zur Beurteilung der Vielfalt.

1.2. Messung der Konzentration

In der üblichen statistischen Messung der Konzentration lassen sich diese Unterschiede nicht durchgängig erkennen. Üblicherweise erfasst man das Ausmaß der Konzentration – neben der bloßen Zahl der Merkmalsträger – mit Hilfe der Konzentrationsrate und des HirschmanHerfindahl-Indexes.

Die *Konzentrationsrate,* nach der englischen Bezeichnung Concentration Ratio meist mit CR abgekürzt, erfasst den Merkmalsanteil, meist Umsatzanteil der jeweils x größten Unternehmen, also z.B. den Umsatzanteil der drei, der fünf oder der zehn größten Unternehmen eines Marktes. In Kurzform spricht man dann von CR-3, CR-5, CR-l0 usw. und fügt die Konzentrationsrate an. CR-5 = 60 bedeutet dann, dass die fünf größten Firmen des Marktes 60 Prozent des Umsatzes auf sich vereinen. Der Vorteil dieses Konzentrationsmaßes liegt in seiner sehr einfachen Berechnung und in seiner sehr plastischen Aussage. Der Nachteil ist, dass man über den jeweiligen „Rest“ nichts erfährt.

Der *Hirschman-Herfindahl-Index* (HHI) ist die Summe der quadrierten Marktanteile der Unternehmen.

$$HHI = \sum_i \left(\frac{x_i}{X}\right)^2$$

Dabei ist x_i das Umsatzvolumen des Anbieters i und X das Marktvolumen insgesamt. Bei z.B. vier gleichgroßen Anbietern wäre der Index:

$$HHI = \sum \left(\frac{1}{4}\right)^2 = 0{,}25$$

Der Hirschman-Herfindahl-Index berücksichtigt neben der Zahl der Unternehmen vor allem auch die unterschiedlichen Größen der Unternehmen, er verleiht größeren Merkmalen ein besonders starkes Gewicht und wird durch kleine Einheiten fast nicht beeinflusst. Damit eignet sich der Hirschman-Herfindahl-Index recht gut, um die Ballung ökonomischer Größen abzubilden. Der Nachteil ist, dass der Index keine plastische Aussagekraft hat. Der Hirschman-Herfindahl-Index wird üblicherweise mit 10.000 multipliziert, da er für stark besetzte Wirtschaftsbereiche anderenfalls sehr kleine Werte annehmen kann. Nach US-amerikanischen Antitrust-Richtlinien gelten Märkte mit einem Hirschman-Herfindahl-Index von über 1.800 als hochkonzentriert, zwischen 1.800 und 1.000 als mäßig konzentriert und unter 1.000 als gering oder gar nicht konzentriert (Monopolkommission 1990, S. 29).

1.3. Verflechtungsebenen

Bei den Verflechtungsebenen differenziert man nach der Art der betroffenen Märkte. Bei der *horizontalen Konzentration* sind die beteiligten Unternehmen auf dem gleichen Markt tätig, ein Beispiel ist die Verbindung von Bertelsmann, UFA und CLT. Bei der *vertikalen Konzentration* sind Unternehmen beteiligt, die auf vor- und/oder nachgelagerten Produktionsstufen tätig sind und in einer Abnehmer-Lieferanten-Beziehung stehen, ein Beispiel ist die Beteiligung des Filmhändlers Leo Kirch an SAT.1 oder die Beteiligung des NDR an Studio Hamburg. Bei der *diagonalen (konglomeraten) Konzentration* sind Unternehmen beteiligt, die auf unterschiedlichen relevanten Märkten tätig sind und nicht in einer Abnehmer-Lieferanten-Beziehung stehen. Die diagonale Konzentration spielt medienpolitisch keine große Rolle, sie wird im Folgenden nicht weiter thematisiert.

1.4. Ökonomische und publizistische Konzentrationsanalyse

Die von mir so genannte *ökonomische Konzentrationsanalyse* des Rundfunks will Anhaltspunkte für die Beurteilung des ökonomischen Wettbewerbs auf den ökonomisch relevanten Rundfunkmärkten gewinnen. Merkmale sind vor allem der Umsatz und – in Ermangelung von Umsatzzahlen für den Rezipientenmarkt – Reichweiten; Merkmalsträger sind Rundfunkunternehmen. Man ermittelt dann die Zahl und die relative Umsatz- bzw. Reichweitengröße von Rundfunkunternehmen in ihrem relevanten Markt. Weil relevante Märkte oft nicht bekannt sind, hilft man sich häufig mit plausiblen Annäherungen. Man spricht von einer Zunahme der Konzentration, wenn sich die Zahl der Rundfunkunternehmen als wettbewerbspolitische Entscheidungsträger verringert und/oder wenn ihre Größenunterschiede zunehmen. Ökonomische Rundfunkkonzentration unterscheidet sich in dieser Betrachtung nicht von der Konzentration in jedem anderen Bereich der Wirtschaft.

Die von mir so genannte *publizistische Konzentrationsanalyse* will Anhaltspunkte für die Beurteilung der Entwicklung der publizistischen Vielfalt gewinnen. Idealiter wäre der *Output* an Vielfalt direkt zu erfassen, etwa als Anteil bestimmter Meinungen am Gesamtmeinungsmarkt (Lasorsa 1991), in Analogie zu entsprechenden Konzepten der Werbewirtschaft als „Share of Mind", also als Anteile von Meinungen im Bewußtsein der Bevölkerung, oder wenigstens als Anteile, die publizistisch unterschiedliche Rundfunkprogramme am Rezipientenmarkt haben, analog zu den Analysen von Schütz für den Zeitungsmarkt (zuletzt Schütz 1997). Beides ist bislang nicht gelungen: Weder ist auch nur ansatzweise ein operationales Messkonzept zur Erfassung publizistischer Vielfalt in Sicht, noch ist klar, in welchen Dimensionen Rundfunkprogramme Unterschiede aufweisen müssen, damit sie als publizistisch unterschiedlich eingestuft werden können. Aus ökonomischer Sicht kann nur individuell ein Urteil über die Existenz und das Ausmaß von Vielfalt gefällt werden, eine objektive Messung ist nicht möglich (Heinrich 1992b). Zudem wäre es nicht angemessen, die Veränderung im Output an Vielfalt auf Veränderungen der Struktur des Mediensystems zurückzuführen; andere Faktoren wie Bevölkerungsstruktur und Bevölkerungsdichte dürften wichtiger sein.

Daher erscheint es sinnvoller – und es ist zugleich operational – sozusagen den *Input an möglicher publizistischer Vielfalt* zu erfassen. Dies erspart, eine Messvorschrift für die publizistische Vielfalt zu ersinnen und anzuwenden. Merkmale für den Input an Vielfalt sind

- die Zahl der Programme,
- die Zahl der wirtschaftlich unabhängigen Programmveranstalter und
- ihre jeweilige Reichweite (Marktanteil).

Ausgangspunkt der Wahl dieser Indikatoren ist die Prämisse, die etwa den Charakter einer plausiblen Beobachtung hat, dass Programme immer unterschiedlich sind und dass wirtschaftlich unabhängige Anbieter darüber hinaus auch prinzipiell unterschiedliche Angebote machen, die sich in einigen Aspekten der ökonomischen oder publizistischen Vielfalt unterscheiden (vgl. Kapitel 4, Abschnitt 8). Ob diese Unterschiede einem medienpolitischen Anspruch auf ein substanzielles Mindestmaß von publizistischer Vielfalt entsprechen, muss hier offen bleiben. Aus ökonomischer Sicht ist jedenfalls kaum denkbar, dass das Rundfunkangebot unabhängiger Veranstalter homogen ist (vgl. auch Kruse 1996, S. 31). Eine Vielzahl von Programmen und eine Vielzahl von unabhängigen Programmveranstaltern kann mithin als Vielfalt interpretiert werden, genauer gesagt als statische ökonomische Vielfalt.

Die Zahl der Programme und die Zahl der unabhängigen Veranstalter sind Indikatoren für die Wahlmöglichkeiten der Rezipienten, und die Reichweite ist Indikator für die tatsächliche Wahl. Beide Typen von Indikatoren sind bedeutsam, wobei ihre Gewichtung im System von Ökonomie und Publizistik unterschiedlich ist. Aus ökonomischer Sicht ist vor allem die Wahlmöglichkeit relevant. Wichtig wäre, unter einem vielfältigen Angebot auswählen zu können, während die tatsächliche Wahl als Ausdruck der Konsumentenpräferenzen wertneutral zu akzeptieren wäre. Aus publizistischer bzw. medienpolitischer Sicht ist hingegen offenbar auch die tatsächliche Programmwahl der Rezipienten bedeutsam und Gegenstand medienpolitischer Regulierung, wenn, wie im Rundfunkstaatsvertrag vorgesehen, ein Rezipientenmarktanteil von 30 Prozent und mehr als Eingriffsschwelle für vielfaltsichernde Maßnahmen vorgesehen ist (vgl. Abschnitt 8).

Abzugrenzen ist dann das publizistisch relevante Gebiet. Das *publizistisch relevante Gebiet* ist definiert durch das Medium mit der kleinsten Reichweite, weil das Konzept der publizistischen Vielfalt personengebunden ist: Es bringt die massenmedialen Wahlmöglichkeiten und Wahlhandlungen der Rezipienten zum Ausdruck. Und diese sind regional begrenzt durch das Medium mit der kleinsten Reichweite. So ist es ja kaum sinnvoll, zu berechnen, dass in Europa 225 Fernsehprogramme und 12.000 Radioprogramme empfangen werden können, weil dies keine faktischen Wahlmöglichkeiten von Rezipienten beschreibt. Die faktischen Wahlmöglichkeiten sind vielmehr beschreibbar für Rezipienten, die z.B. im Empfangsgebiet von „Radio Dortmund 91,2“ wohnen, dem Medium mit der annahmegemäß kleinsten Reichweite. Zu fragen wäre dann,

- wieviele Programme können empfangen werden,
- wieviele unabhängige Veranstalter senden und
- was wird tatsächlich in welchem Umfang empfangen.

Der ökonomisch relevante Markt ist hier unbeachtlich, weil nicht der ökonomische Wettbewerb z.B. zwischen einem lokalen Spartenprogramm und einem nationalen Vollprogramm zu untersuchen ist, sondern die mögliche Produktion von Meinungsvielfalt, und hierzu tragen beide Angebotstypen bei, auch wenn sie nicht im ökonomischen Wettbewerb stehen.

Wichtig wäre es, in die publizistische Konzentrationsanalyse alle Massenmedien miteinzubeziehen, weil sie alle zur Produktion von Meinungsvielfalt relevant sind. Aus Gründen der Operationalität ist es indes häufig notwendig, nach der Art des Massenmediums zu differenzieren und die publizistische Konzentration jeweils getrennt für Fernsehen und Radio (und Zeitung und Zeitschrift) zu ermitteln. Dies auch, weil es bislang nicht gelungen ist, ein akzeptiertes Maß für die Vergleichbarkeit der vier Arten von Massenmedien für die Produktion von Vielfalt zu finden.

Nachdem geklärt ist, welche Merkmale in welcher regionalen Abgrenzung erfasst werden sollten, muss schließlich geklärt werden, wie die relevanten Merkmalsträger abgegrenzt werden können.

2. Die Abgrenzung der relevanten Einheit Rundfunkveranstalter

2.1. Zur Vielfalt von Unternehmensverbindungen

Die angemessene Abgrenzung des relevanten Merkmalträgers, also der Einheit „unabhängige Rundfunkveranstalter“ ist relativ schwierig, weil es eine sehr große Vielfalt von Unternehmensverbindungen gibt, die jeweils mehr oder weniger eine Abhängigkeit bzw. eine Unabhängigkeit definieren. Die wirtschaftliche Unabhängigkeit ist eine Frage des Grades, nicht der Existenz. Ausgereifte Typologien zur Abgrenzung von Unternehmensverbindungen oder auch nur Kriterienkataloge zu ihrer wettbewerbstheoretischen und wettbewerbspolitischen Einordnung fehlen bislang (Tietz 1992, S. 56). Dies liegt daran, dass Wettbewerbspolitik eigentlich immer nur jeweils konkrete Einzelfälle beurteilen kann und immer alle besonderen Konstellationen bewerten muss. Dennoch soll zur Illustration in Abbildung 1 eine solche Eingruppierung von Unternehmensverbindungen vorgenommen werden (vgl. Olesch 1992, S. 288). Eine solche Eingruppierung erfolgt zwischen den Extremen „Markt“ auf der einen Seite und der rechtlichen Einheit „Fusion“ auf der anderen Seite. Bei bloßen Marktbeziehungen bestehen einfache Tauschtransaktionen zwischen den Unternehmen, Abhängigkeiten werden nicht begründet. Jede Transaktionsform, die über den Markt hinausgeht, begründet dann ein gewisses Maß an Bindung zwischen den Beteiligten, reduziert, wenngleich in aller Regel freiwillig, den Entscheidungs- und Handlungsspielraum der Vertragsparteien, reduziert also die Freiheit des Wettbewerbs. Damit ist der Konflikt zwischen Wettbewerbsfreiheit und Unternehmenseffizienz grundsätzlich angelegt.

Abbildung 1: Der Konzentrationsgrad von Unternehmensverbindungen

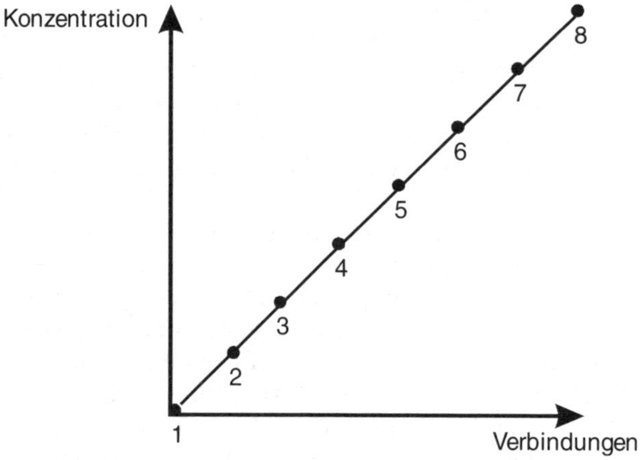

(1. Markt; 2. horizontale Vertragsbeziehung ohne Kapitalbeteiligung; 3. vertikale Vertragsbeziehung ohne Kapitalbeteiligung; 4. horizontale Vertragsbeziehung mit Kapitalbeteiligung; 5. vertikale Vertragsbeziehung mit Kapitalbeteiligung; 6. Gemeinschaftsunternehmen; 7. Konzern; 8. Fusion)

Differenzierungen von Unternehmsverbindungen sind möglich
- nach Kapitalbeteiligungen,
- nach Kooperationsformen und
- nach wirtschaftlichen Einheiten.

2.2. Differenzierung nach Kapitalbeteiligungen

Mit Kapitalbeteiligungen erfolgen Annäherungen an engere Unternehmensverbindungen. Erst mit einer Kapitalbeteiligung werden auch finanzielle Risiken mit übernommen, was den *Anreiz* für eine Einflussnahme auf die gesamte Geschäftstätigkeit erhöht. Zugleich bieten die mit der Kapitalbeteiligung verbundenen Stimmrechte auch die *Möglichkeit* der Einflussnahme. Kooperation und Kapitalbeteiligung sind mithin immer in Verbindung zu sehen, und eine Kapitalbeteiligung ist immer ein Indiz für eine engere und/oder längerfristige Partnerschaft (Hollmann 1992, S. 298).

Häufig verwendete Schwellenwerte, ab deren Überschreitung dann auf eine Änderung in der Qualität der Abhängigkeit geschlossen wird, sind die folgenden:
- Ab einer Kapitalbeteiligung von 20 Prozent wird nach §271, Abs. 1 HGB eine dauernde Verbindung vermutet, die dem eigenen Geschäftsbetrieb dienen soll.
- Ab einer Kapitalbeteiligung von 25 Prozent sieht das deutsche Kartellrecht den Zusammenschlusstatbestand als erfüllt an (§37, Abs. 1, Punkt 3 KartellG), und der Rundfunkstaatsvertrag rechnet Beteiligungen ab 25 Prozent voll auf die Muttergesellschaft zu (§28 RStV). Dies ist materiell darin begründet, dass für bestimmte Beschlüsse der Hauptversammlung einer Aktiengesellschaft in der Regel eine Sperrminorität von 25 Prozent der Stimmrechte besteht.

– Ab einer Mehrheitsbeteiligung von 50 Prozent wird die wirtschaftliche Abhängigkeit im Prinzip zweifelsfrei begründet, und bei einer Beteiligung von 100 Prozent ist die Eingliederung in die Muttergesellschaft komplett.

Zwischen diesen klaren Schwellenwerten liegen relative Mehrheitsbeteiligungen, z.B. eine 40-Prozent-Beteiligung an einem Unternehmen mit im Übrigen breitgestreuten Kapitalanteilen und/oder unterschiedlichsten Formen der Stimmrechtsgestaltung. Hier sind immer die faktischen Stimmrechtsverhältnisse relevant, z.B. die faktische Hauptversammlungsmehrheit, die faktische Stimmenmehrheit zusammen mit den Stimmen schwachverbundener Unternehmen (z.B. Allianz/Dresdner Bank, Bundeskartellamt 1993, S. 139) oder wechselseitige Minderheitsbeteiligungen. Wichtig ist dabei, zu erkennen, wieviel Plätze im Aufsichtsrat mit den Beteiligungen verbunden sind.

2.3. Differenzierung nach Kooperationsformen

In der Regel begleiten Kapitalbeteiligungen andere Kooperationsformen, insofern als sie diese Kooperationsbeziehungen absichern und Strukturen schaffen, die diese Kooperationen begünstigen. Hier werden diese Kooperationsformen lediglich aus didaktischen Gründen von Kapitalbeteiligungen getrennt betrachtet. Zu unterscheiden sind vor allem strategische Allianzen, strategische Familien, Kreditbeziehungen und Lieferbeziehungen. Ihnen gemeinsam ist, dass sie gesellschaftsrechtlich nicht fundiert sind, d.h. sie konstituieren gesellschaftsrechtlich in der Regel weder einen Konzern (nach §18 AktG) noch überhaupt ein verbundenes Unternehmen (nach §15ff. AktG).

Als *strategische Allianzen* bezeichnet man förmliche, langfristige Verträge von rechtlich und wirtschaftlich selbständig bleibenden Unternehmen, die bestimmte Felder der Geschäftstätigkeit aneinander binden, z.B. Lizenzverträge, Lieferverträge, Betriebsverträge oder Vereinbarungen zu gemeinsamen Forschungs- und Entwicklungsaktivitäten. Zentrale Merkmale einer strategischen Allianz sind mithin eine Ex-Ante-Koordination von Teilaktivitäten auf vertraglicher Basis bei Erhalt der generellen Planungskompetenz und der organisatorischen und finanziellen Unabhängigkeit der Vertragspartner. Eine Haftung für Ausfallrisiken des Partners besteht nicht; die Selbständigkeit der Unternehmen soll nach außen als Corporate Identity und als Firmen- und Produktimage erhalten bleiben. Die Verbindlichkeit der Vertragsbeziehung ist zum einen formalrechtlich festgelegt, zum anderen durch die faktische Beteiligung am Erfolg bzw. Misserfolg des gemeinsam betriebenen Geschäftsfeldes materiell fundiert.

Als *strategische Familie* bezeichnet man eine Gruppe von rechtlich und wirtschaftlich selbständig bleibenden Unternehmen, deren Erfolg am Markt entscheidend voneinander abhängig ist und deren Strategien komplementär sind. Das Netzwerk von Abnehmer-Lieferanten-Beziehungen bildet ebenso eine strategische Familie wie die engen, langfristigen Geschäftsbeziehungen zwischen einem Industriebetrieb und seiner Hausbank (Albach 1992, S. 665) oder die Beziehungen zwischen einem Fernsehveranstalter und seiner Media-Agentur (wie z.B. RTL und IPA) oder einem Fernsehveranstalter und seinem Programmlieferanten (wie z.B. SAT.1 und Leo Kirch). Erfolg im Wettbewerb setzt in diesen Fällen voraus, dass alle Mitglieder der Familie erfolgreich sind. Sie stehen untereinander nicht im Marktwettbewerb, wohl aber im gegenseitigen Wettbewerb um Leistung.

Die Verbindlichkeit der Vertragsbeziehungen dürfte auch hier formalrechtlich festgelegt sein, aber vor allem materiell durch die gegenseitige, möglicherweise asymmetrisch ausgeprägte Abhängigkeit fundiert sein. In welchem Umfang Geschäftsaktivitäten ex ante koordiniert werden, kann nicht allgemein gesagt werden. Möglich ist eine vollständige Festlegung von Qualität, Preis und Menge der Lieferungen durch den Abnehmer (vermutlich bei den Produkten der Handelsketten), möglich ist die Einrichtung von so genannten „Partnerschaftskreisen“ zwischen Herstellern und Händlern, in denen gemeinsam über die Produktgestaltung entschieden wird, möglich ist, wenn auch eher selten, eine starke Stellung des Lieferanten, die ihn in die Lage versetzt, Tauschkonditionen nach seinen Vorstellungen festzulegen (vermutlich im Filmrechtehandel). Inwieweit dann noch von Unabhängigkeit gesprochen werden kann, muss der Einzelfallbetrachtung vorbehalten bleiben.

Lieferbeziehungen, die Vorstufe zu strategischen Familien, begründen immer dann Abhängigkeiten, wenn der Lieferant sich auf einen Abnehmer spezialisiert hat oder der Abnehmer auf einen speziellen Lieferanten angewiesen ist. Diese Spezialisierung ist inkorporiert in der so genannten Spezifität von Investitionen. Diese Spezifität ist erfassbar darin, dass Investitionen innerhalb der Vertragsbeziehung einen höheren Wert haben als außerhalb, z.B. spezielle Maschinen, die zur Abwicklung eines Auftrages angeschafft werden müssen, oder spezielle Fähigkeiten, die erworben werden müssen, oder spezielle Werbemaßnahmen, die auf den Einsatz bestimmter Lieferungen zugeschnitten sind. Diese Investitionen begründen in großem Umfang das Risiko so genannter versunkener Kosten. Sie sind nämlich dann versunken, wenn die Vertragsbeziehungen von einer Seite abgebrochen werden, z.B., wenn die Rechteverwertungsgesellschaft ISPRA die Fußballbundesligarechte nicht mehr an SAT.1 verkauft. Solche Abhängigkeiten können sich symmetrisch entwickeln, dann begründen sie eher eine einheitliche Wettbewerbsstrategie; sie können sich indes auch asymmetrisch entwickeln, dann begründen sie eher die Möglichkeit des Missbrauchs der wirtschaftlichen Macht, z.B. die Möglichkeit, den Partner zu erpressen.

Kreditbeziehungen können Abhängigkeiten begründen, wenn sie nicht ausreichend gesichert sind. Der Kreditgeber ist über eine mögliche Verlustbeteiligung immer dann vom Kreditnehmer abhängig, wenn die Kredite nicht gesichert sind. Man spricht dann von Blankoanteilen, das sind Kredite, die nicht durch Sicherheiten gedeckt sind. In diesem Fall ist der Kreditgeber an endgültigen Verlusten – also im Vergleichs- oder Konkursfall – beteiligt. Üblicherweise ist indes eher der Kreditnehmer vom Kreditgeber abhängig, insbesondere dann, wenn Kredite ohne Schwierigkeiten gekündigt werden können.

Sonstige Verbindungen – also neben Kapitalbeteiligungen und vertraglicher bzw. faktischer Kooperation – können eigentlich nur auf familiären oder freundschaftlichen Beziehungen beruhen, allenfalls noch auf Tradition oder Androhung von Gewalt. Familiäre oder freundschaftliche Beziehungen besagen per se nichts, viele Beispiele zeigen, dass gerade solche Fundamente von Geschäftsbeziehungen leicht bröckeln. Sie können nur im Zusammenhang mit anderen Tatbeständen eine Verbindung begründen, so im Fall WAZ/Iserlohner Kreisanzeiger, in dem verwandtschaftliche Beziehungen, Interessensidentitäten sowie die räumliche Nähe der Büros Indizien für eine konzernähnliche Verbindung gewesen sind (Wirtschaft und Wettbewerb 2, 1992, S. 139ff.).

Aus wirtschaftswissenschaftlicher Sicht üben die beschriebenen möglichen Unternehmensverbindungen dann einen wettbewerblich erheblichen Einfluss aus, wenn die Unternehmen im Schwerpunkt ihrer Aktivitäten nicht mehr unabhängig am Markt auftreten, sondern einer einheitlichen Unternehmensstrategie folgen. Wichtig ist, dass das Verhalten ex ante mit einiger Verläßlichkeit aufeinander abgestimmt ist, wie bei dem so genannten „aufeinander abgestimmten Verhalten" (§1 KartellG), wobei der Grund der Abstimmung nicht relevant ist.

2.4. Differenzierung nach wirtschaftlichen Einheiten

Klar abzugrenzen sind die stärker konzentrativen Verbindungen, die eigentlichen wirtschaftlichen Einheiten.

Eine *Gemeinschaftsunternehmung,* auch Joint-venture genannt, entsteht, wenn sich mehrere Unternehmen gleichzeitig oder nacheinander an einem anderen Unternehmen beteiligen oder ein Unternehmen entsprechend neu gründen. Diese Art von Zusammenarbeit spielt zunehmend eine große Rolle, die Kooperation von Großunternehmen vollzieht sich heute verbreitet in Gemeinschaftsunternehmen (Emmerich 1991, S. 365). Wettbewerbspolitisch problematisch ist dabei vor allem, dass die beteiligten Unternehmen auf dem gemeinsamen Markt ebenso wie auf anderen Märkten auf die Zusammenarbeit Rücksicht nehmen, eine Abnahme des Wettbewerbs ist daher auf Dauer zu erwarten.

Ein *Konzern* wird gebildet, wenn sich mehrere rechtlich selbständige und selbständig bleibende Unternehmen zu einer wirtschaftlichen Einheit unter einheitlicher Leitung zusammenschließen. Dabei ist die Einheitlichkeit der Leitung das entscheidende Merkmal (§18 AktG). In der Praxis wird diese einheitliche Leitung in der Regel begründet durch

- einen Beherrschungsvertrag,
- einen Gewinnabführungsvertrag und
- eine Mehrheitsbeteiligung.

Bei einer *Fusion* vereinigen sich die Unternehmen zu einer neuen rechtlichen (und wirtschaftlichen) Einheit. Diese Konzentrationsform ist in der Praxis unbedeutend.

Sehr illustrativ ist die von der Monopolkommission vorgenommene Differenzierung von Unternehmenseinheiten in

- Unternehmensgruppen im Sinne wettbewerblich relevanter Einheiten,
- Konzerne im Sinne des Handelsrechts und
- Unternehmen im Sinne der amtlichen Statistik als kleinste bücherführende rechtliche Einheit.

Abbildung 2 zeigt am Beispiel der Konzentration im Handel, wie gerade große Unternehmensgruppen in ihrem Ausmaß unterschätzt werden, wenn sie als rechtliche

Einheiten erfasst werden, wie das im Rahmen der amtlichen Statistik meist der Fall ist.

Abbildung 2: Die Größenverteilung der zehn größten Unternehmensgruppen, Konzerne und Unternehmen im Handel nach dem Gesamtumsatz

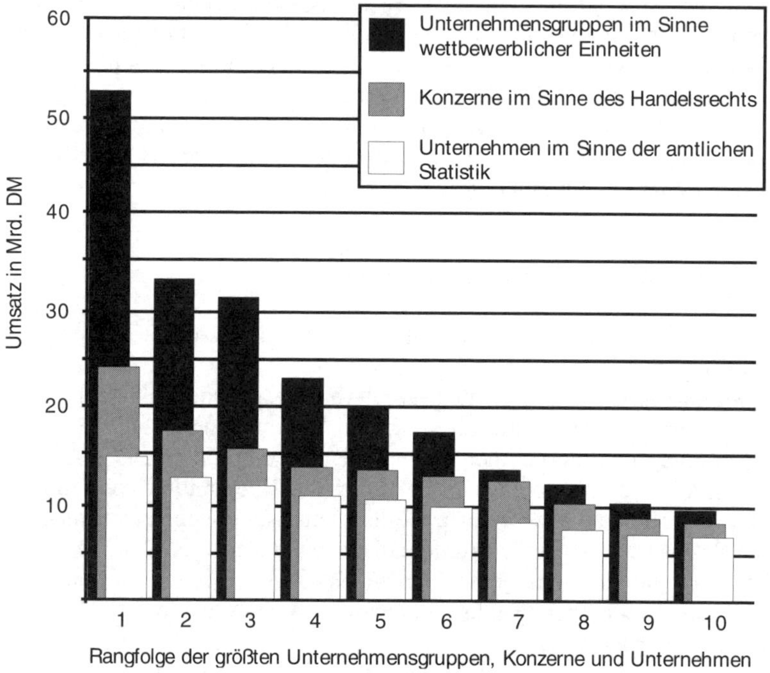

Quelle: Monopolkommission, Hauptgutachten 1994/1995, Baden-Baden (Nomos) 1996, S. 173.

2.5. Zur Transparenz von Unternehmensverbindungen

Die Transparenz von Unternehmensverbindungen ist gering. Es besteht nur die Vorschrift, im Anhang der Bilanz von Kapitalgesellschaften solche Beteiligungen anzugeben, die mindestens 20 Prozent betragen (§285, Nr.11 HGB). Es werden mithin nur die größeren Kapitalbeteiligungen von Kapitalgesellschaften veröffentlicht; andere Unternehmensverbindungen bleiben in der Regel für die Öffentlichkeit unbekannt. Allerdings hat das Bundeskartellamt und mittlerweile auch die Kommission zur Ermittlung der Konzentration (KEK) ein Auskunftsrecht (§22 RStV). Nicht angegeben werden muss, wer Eigentümer der Unternehmung ist; bei Aktiengesellschaften ist dies häufig auch gar nicht bekannt. Nur Name und Sitz des Mutterunternehmens der Kapitalgesellschaft, das den Konzernabschluß aufstellt, muss angegeben werden (§285 Nr.14 HGB). Und schließlich muss eine abhängige Unternehmung, wenn kein Beherrschungsvertrag besteht, einen Bericht über die Beziehung zum verbundenen Unternehmen aufstellen (§312 AktG). Ein Beispiel ist die Axel Springer Verlag AG, die abhängig ist von der Gesellschaft für Publizistik GmbH & Co., Berlin (das ist die Familie Springer, vor allem Friede Springer), ohne dass ein Beherrschungsvertrag besteht.

Die Unkenntnis über die Eigentümer ist im Mediensektor wie in anderen sensiblen Bereichen der Wirtschaft wie dem Banken- und Versicherungssektor besonders beunruhigend, nämlich die Vorstellung, dass Dritte einen unkontrollierbaren Einfluss ausüben, sei es, weil sie unbekannt sind, oder sei es, weil sie als Obergesellschaft den sektorspezifischen Kontrollen nicht unterliegen. Für eine solche Obergesellschaft eignet sich recht gut die Unternehmensform einer Management-Holding-Gesellschaft. Hier sind die Geschäftsbereiche gesellschaftsrechtlich verselbständigt und werden von einer konzernleitenden Obergesellschaft geführt, die selbst keine operativen Tätigkeiten betreibt. Wesentlich an der Management-Holding-Gesellschaft ist die zentralisierte Finanzhoheit, im Übrigen ist das Leitungsverhältnis relativ unbestimmt. Falls, was möglich ist, die Management-Holding-Gesellschaft ohne Beherrschungsvertrag funktioniert, ist sie nahe am Konzern angesiedelt, ohne dass die Leitungsstrukturen transparent werden. Wenn es zugleich gelingt, die finanziellen Beziehungen zu verschleiern, kann die Unternehmensstruktur unbekannt bleiben.

3. Ursachen der Konzentration im Rundfunk allgemein

Die *Deregulierung* schafft neue Möglichkeiten marktstrategischen Verhaltens, es entstehen neue Wettbewerbspotenziale und neue Möglichkeiten, für vorteilhaft gehaltene Unternehmensverbindungen einzugehen. Die Entwicklung der Rundfunkkonzentration in Deutschland seit Einführung des privaten Rundfunks im Jahre 1984 zeigt dies sehr deutlich (vgl. Kapitel 11 und 13).

Der technische Fortschritt schafft neue Produktionsprozesse, neue Produkte und neue Märkte und schafft in diesen neuen Wachstumsfeldern immer neue Anreize, Unternehmensverbindungen einzugehen; insbesondere um den Erwerb von technischem Wissen, von Know-how, zu beschleunigen, um Marktrisiken zu teilen und Marktrisiken durch Kooperationen zu verringern. Die Entwicklung im Kommunikationssektor zeigt dies sehr deutlich.

Erwartete *Machtvorteile* sind zentrale Ursache und zentrale Folge von Konzentrationsprozessen. Es sind Vorteile, die ein Unternehmen erzielen kann, indem es in die Lage versetzt wird, andere Marktteilnehmer zu behindern oder auszubeuten und/oder den Staat politisch unter Druck zu setzen. Diese Machtvorteile sind schwer zu fassen, und sie sollen hier nicht weiter thematisiert werden. Allerdings ist zu vermuten, dass sie gerade im Mediensektor eine besondere Rolle insbesondere gegenüber dem Staat spielen, dessen Repräsentanten immer auch stark auf Medienpräsenz angewiesen sind. Ein Beispiel ist die im internationalen Vergleich relativ dürftige Sicherung von Fußballübertragungen im Free-TV in Deutschland: Gegen die Interessen der am Pay-TV beteiligten großen Medienkonzerne Bertelsmann und Kirch kann die zersplitterte deutsche Medienpolitik offenbar die Rechte von Zuschauern materiell nicht schützen.

Finanzierungsvorteile entstehen für große Unternehmen, weil diese in der Regel ceteris paribus leichter und auch billiger Kredite erhalten als kleine Unternehmen. Aus der Sicht der Kredit gewährenden Banken hat dies im Wesentlichen den Grund, dass das Rückzahlungsrisisko bei großen Unternehmen geringer ist, sie gelten als kreditwürdiger.

Managementvorteile sind von großer Bedeutung als Erklärung für die Vorteilhaftigkeit von Unternehmenszusammenschlüssen für das Management der aufkaufenden Unternehmung:

- Eine Übernahme sichert die Arbeitsplätze des Managements, weil damit eine passive Übernahme durch ein anderes Unternehmen unwahrscheinlicher wird.
- Eine Übernahme erhöht die Macht des Managements, weil einerseits mehr Größe mehr Macht bedeutet und weil andererseits damit der Einfluss bisheriger Großaktionäre verringert werden kann.
- Eine Übernahme erhöht in der Regel auch die Einkommen des Managements, weil dieses oft an Größenkennziffern wie Umsatz oder Gewinn gekoppelt ist.

Der *Einfluss des Staates* auf Konzentrationsprozesse ist vielschichtig. Zum einen begünstigt der Staat durch seine Subventionspolitik, durch seine Steuerpolitik und das Patentrecht eher die größeren Unternehmen einer Branche (Berg 1992, S. 272). Zum Zweiten verfügt der Staat in der Wettbewerbspolitik und in der Medienpolitik über Instrumente, Konzentrationsprozesse zu verhindern. Wenn er dies nicht tut, trägt er zur Konzentration bei. Kruse spricht von passiver und aktiver Konzentrationspolitik des Staates (Kruse 1996, S. 34). Zum Dritten beeinflusst der Staat mit den bestehenden Konzentrationskontrollvorschriften die Form der Konzentration. Z.B. ist die Fülle der 24,9-Prozent-Beteiligungen Folge der Vorschrift, Beteiligungen ab 25 Prozent als Zusammenschluss zu werten (§37 KartellG) bzw. Beteiligungen ab 25 Prozent einem Rundfunkveranstalter voll zuzurechnen (§28 RStV).

4. Horizontale Konzentration im Rundfunk

Die horizontale Konzentration steht im Vordergrund medienpolitischer Diskussion und medienwissenschaftlicher Forschung, weil sie relativ plausible Begründungszusammenhänge zwischen Konzentration und Wettbewerb bzw. Konzentration und Vielfalt herzustellen erlaubt und weil sie relativ einfach erfasst werden kann. Die horizontale Konzentration bezieht sich auf Unternehmen des gleichen relevanten Marktes, wenn es um die Analyse des Wettbewerbs geht, und auf Unternehmen der gleichen Verarbeitungsstufe, wenn es um die Analyse der Vielfalt geht, generell jedenfalls um die Konzentration auf der Ebene der Programmveranstaltung. Das Problem der Abgrenzung relevanter Märkte wird in Abschnitt 7.2. behandelt, es spielt hier bei der Erörterung von Ursachen und Folgen der horizontalen Konzentration keine Rolle.

4.1. Ursachen der horizontalen Konzentration im Rundfunk

Klassische Ursache der horizontalen Konzentration sind Größenvorteile der Produktion, so genannte Skaleneffekte (Economies of Scale). Diese liegen vor, wenn mit steigender Unternehmensgröße die Produktionskosten langsamer wachsen als die Produktionsmenge, wenn also die Stückkosten der Produktion mit steigender Unternehmensgröße sinken. Diese Skaleneffekte können vielfältige Formen annehmen, neben den klassischen Größenvorteilen der Produktion z.B. auch Spezialisierungsvorteile bei der Entwicklung von technischem Wissen, Zeitvorteile in der Entwicklung neuer Produkte oder auch Effizienzvorteile im Marktzutritt. Statt einen immer sehr schwierigen Marktzutritt selbst zu versuchen, ist es oft einfacher, die etablierte Firma zu erwerben. Für Rundfunkveranstalter sind Größenvorteile der Produktion allerdings wenig relevant; auch kleine Rundfunkveranstalter können effizient produzieren.

Sehr viel bedeutsamer ist die hier schon oft beschriebene *Fixkostendegression*[30], das kontinuierliche Sinken der ausschließlich fixen Kosten der Rundfunkveranstalter mit steigender Reichweite. Diese in ihrem Ausmaß einzigartige Fixkostendegression – die Stückkosten fallen ja kontinuierlich bis zur Marktsättigung – begründet die einzigartige Vorteilhaftigkeit einer Mehrfachverwertung gleicher Programme, die ja zusätzlich praktisch nichts kostet. Dies führt zum Aufbau von *Senderketten;* im Fernsehsektor gelten als Beispiele RTL, RTL2 und Super RTL oder die Zweit- und Drittverwertung bestimmter Programmteile im Ballungsraumfernsehen; im Hörfunk wird die Mehrfachverwertung Syndication genannt, sie ist dort übliches Marktverhalten.

Speziell die *Werbefinanzierung* des Rundfunks bietet einige Zusatzargumente für die Vorteilhaftigkeit einer horizontalen Konzentration von Rundfunkveranstaltern. Zum einen erstrebt die werbungtreibende Wirtschaft mit ihren Werbespots in der Regel eine große Haushaltsabdeckung, die reichweitenkleine Veranstalter allein nicht bieten können. Dies erhöht die Wirtschaftlichkeit großer Veranstalter und bietet Anreiz für die kleineren Veranstalter, zumindest in der Vermarktung von Werbezeiten zu kooperieren oder darüber hinaus generell zu kooperieren. Zum anderen erschwert diese Buchungspraxis den Marktzutritt neuer Anbieter, weil Newcomer wenigstens in ihrer Anfangsphase nur geringe Reichweiten erzielen und verläßliche Reichweitenmessungen nicht anbieten können (vgl. Kapitel 8, Abschnitt 4.3.)

Speziell das Regime von *Pay-Rundfunk* verschärft die Monopolisierungstendenzen im Rundfunk erheblich. Weil die Stückkosten der Programmveranstaltung bis zur Marktsättigung kontinuierlich sinken, produziert der Alleinanbieter eines Programms und/oder einer Sendung am billigsten. Dieser Strukturfehler des Wettbewerbs tritt bei einer Finanzierung durch Rezipientenentgelte viel stärker zu Tage als bei einer Werbefinanzierung, weil dort der Rezipientenpreis die Rezipientennachfra-

---

30 Die Fixkostendegression bezieht sich auf eine gegebene konstante Betriebskapazität und entsteht, wenn diese gegebene Kapazität zunehmend ausgelastet wird; Skaleneffekte entstehen, wenn bei gegebener Kapazitätsauslastung die Betriebsgröße steigt. Beides wird oft verwechselt.

ge direkt beeinflusst, während bei einer Werbefinanzierung allenfalls die Programmqualität als Wettbewerbsparameter eingesetzt werden kann. Hinzu kommt, dass die in der Regel langfristig angelegte Abonnentenfinanzierung und die Bindung an technische Abrechnungssysteme und an ökonomische Betreuungssysteme einen Wechsel der Abonnenten zu einem anderen Anbieter erschwert. Ein Marktzutritt neuer Anbieter wird damit sehr schwierig (vgl. Kapitel 8, Abschnitt 5.4.). Insgesamt sind die Gefahren einer horizontalen Konzentration für den Rundfunk erheblich, wobei ein wenig nach dem Finanzierungssystem differenziert werden muss.

4.2. Ökonomische Folgen der horizontalen Konzentration im Rundfunk

Die in diesem Zusammenhang zentrale Frage ist die nach den Wettbewerbswirkungen einer zunehmenden Konzentration. Leider kann man diese Frage nicht eindeutig beantworten, weil sich absolute und relative Konzentration gegenläufig entwickeln können:

- Die Wettbewerbsbedingungen können sich verbessern, z.B. wenn auf einem Markt, auf dem bisher ein großer und 14 kleine Anbieter vorhanden waren, diese 14 sich zu drei großen Anbietern zusammenschließen, die dann als gleichstarke Wettbewerber auftreten *(Aufholfusion).*
- Die Wettbewerbsbedingungen können insgesamt unverändert bleiben.
- Die Wettbewerbsbedingungen können sich verschlechtern, nämlich dann, wenn den Unternehmen durch den Zusammenschluss weitere Macht zuwächst, die ihnen einen dauerhaften Wettbewerbsvorsprung sichert und damit vor allem den Marktzutritt von neuen Anbietern erschwert. Welches Unternehmen versucht schon einen Zutritt zu einem Markt, auf dem Bertelsmann und Kirch bereits kooperieren?

Wenn sich die Wettbewerbsbedingungen verschlechtern, hat zunehmende Konzentration die ihr häufig zugeschriebenen negativen Auswirkungen: Die Preise sind zu hoch, die Produktionsmenge ist zu gering, die Innovationstätigkeit erlahmt, die Flexibilität der Anpassung an veränderte Marktbedingungen nimmt ab, und die Möglichkeit, die marktbeherrschende Stellung zu einer Behinderung der Wettbewerbsmöglichkeiten anderer zu missbrauchen, nimmt zu. Faktisch wird die Konzentration im Rundfunksektor der Bundesrepublik die Wettbewerbssituation wohl eher verschlechtern, weil vor allem die Großen kooperieren und sich zusammenschließen; eine Aufholfusion der Kleinen hat es jedenfalls im Fernsehsektor bislang nicht gegeben.

4.3. Publizistische Folgen der horizontalen Rundfunkkonzentration

Einfluss von Zahl und Disparität
Der Zusammenhang von horizontaler Konzentration und Vielfalt ist nicht eindeutig, weil auch hier die absolute Konzentration (die Zahl der Merkmalsträger) und ihre Disparität sich gegenläufig entwickeln können.
Die Vielfalt nimmt ab, wenn ceteris paribus

- die Zahl der Programme sinkt,
- die Zahl der unabhängigen Veranstalter sinkt und
- die Disparität der Programmreichweiten bzw. der Veranstalterreichweiten zunimmt.

Die Vielfalt nimmt zu, wenn ceteris paribus
- die Zahl der Programme steigt,
- die Zahl der unabhängigen Veranstalter steigt und
- die Disparität der Programmreichweiten bzw. der Veranstalterreichweiten abnimmt.

In expandierenden Märkten, wie dem Rundfunkmarkt in Deutschland, nimmt aber in der Regel die Zahl der Programme und der Veranstalter zu, und zugleich wächst die Disparität der Programmreichweiten und der Veranstalterreichweiten. Hier ist also ein eindeutiges Urteil über die Entwicklung der Vielfalt nicht möglich. Ökonomen dürften hier die *Wahlmöglichkeiten* für wichtig halten und entsprechend von einer Zunahme der Zahl der Programme bzw. der Programmveranstalter auf eine Zunahme der Vielfalt schließen. Medienpolitiker mögen dies anders sehen und allein von der Zunahme der Disparität, also von Marktanteilsgewinnen großer Veranstalter, auf eine Abnahme der Vielfalt schließen.

Einfluss von Unternehmensverbindungen jenseits von Zahl und Disparität

Auch die vielfältigen Formen beteiligungsähnlicher Unternehmensverbindungen, die vom Medienrecht bzw. vom Kartellrecht nicht als wirtschaftliche Einheit erfasst werden, können die Vielfalt beeinflussen. Unter der Voraussetzung, dass überhaupt ein Einfluss auf die Programmgestaltung ausgeübt werden soll, hat das Ausmaß der Verbindlichkeit von Unternehmensverbindungen, unabhängig von den Inhalten der Einflussnahme, eine prinzipielle Bedeutung für die Stärke der Einflussnahme. Diese Verbindlichkeit ist groß in den Feldern von relativ großer strategischer Bedeutung für die Rundfunkproduktion, vor allem also bei gemeinsamen Aktivitäten in der Programm-Input-Produktion und im Vertrieb. Diese Verbindlichkeit ist ebenfalls groß bei einem hohen Anteil möglicherweise versunkener Kosten und innerhalb einer strategischen Familie, deren Mitglieder auf ihren gegenseitigen Markterfolg angewiesen sind.

Eine Asymmetrie im Verbindlichkeitsgrad der Vertragsbeziehungen ergibt sich bei unterschiedlicher Spezifität der erbrachten Investitionen. Hier zeigt sich ein ganz erhebliches Gefälle zwischen Programm-Input-Produzenten und Filmrechtehändlern auf der einen Seite und Fernsehveranstaltern auf der anderen Seite. Wenn Fernsehveranstalter wie z.B. Premiere oder SAT.1 hohe Investitionen in ihren Markennamen getätigt haben, um ein Image als Sender für Top-Spielfilme und Top-Sportereignisse aufzubauen, dann sind das spezifische Investitionen, die ihren Wert verlieren, wenn die Vertragsbeziehungen zu Filmlieferanten und Sportrechteverwertern abgebrochen werden. Dies begründet dann erhebliche Abhängigkeiten auch jenseits traditioneller Vertragsbeziehungen oder Kapitalbeteiligungen. Insofern haben Programmlieferungen und Programmlieferverträge im Mediensektor eine besondere Bedeutung, insbesondere dann, wenn diese Marktseite stark monopolisiert ist.

So werden also durch horizontale Verflechtungen, abhängig vom Verbindlichkeitsgrad der Unternehmensverflechtungen, folgende Bedingungen für die Produktion von Vielfalt verschlechtert:

- Die Mehrfachverwertung solcher Inputs, die modifiziert mehrfach verwertet werden können, z.B. Beiträge über Gesundheit, Reisen, Autos usw., wird erleichtert.
- Die Bedingungen für eine Ausweitung einer einheitlichen Unternehmensphilosophie (Corporate Identity) auf einen jeweils größeren Programmveranstaltungsbereich werden verbessert.
- Und wenn der Wettbewerb abnimmt, dann wird in der Regel der Input in den Rundfunkproduktionsprozess verringert und die Angebotsflexibilität nimmt ab.

Im Übrigen sind die Geschäftsfelder von Unternehmensverbindungen wichtig. Insbesondere folgende Geschäftsfelder der Verbindungen von Rundfunkunternehmen verringern das Potenzial der Produktion publizistischer Vielfalt:

- Ausbildung (vor allem von Journalisten und Programm-Machern),
- Forschung (z.B. Marktforschung für die Akzeptanz neuer Programme oder für die Akzeptanz neuer Werbeformen),
- Entwicklung und Erprobung neuer Programme,
- Einkauf von Programmen,
- Produktion von Programmen,
- Vermarktung von Programmen.

Andere Felder der Kooperation, etwa im Bereich der Technik, der Organisation oder der Finanzen, wären von geringerer Relevanz für die Meinungsvielfalt.

5. Vertikale Konzentration im Rundfunk

Die vertikale Konzentration steht eher im Hintergrund medienpolitischer Diskussion und medienwissenschaftlicher Forschung, weil sie nicht ganz leicht erfasst werden kann und weil die Zusammenhänge zwischen vertikaler Konzentration und Vielfalt nicht einfach und nicht eindeutig sind. Und in der wirtschaftstheoretischen und wirtschaftspolitischen Diskussion ist die wettbewerbliche Beurteilung der vertikalen Konzentration noch umstrittener als die Beurteilung der horizontalen Konzentration (vgl. Roberto 1992). Eine vertikale Konzentration – man spricht hier häufig auch von einer vertikalen Integration – liegt vor, wenn Leistungen einer vorgelagerten oder nachgelagerten Produktions- oder Vertriebsstufe in das Produktionsprogramm eines Unternehmens eingegliedert werden. In diesem Fall wird mithin die Austauschbeziehung über den Markt durch das Vertragsnetzwerk einer unternehmensinternen Organisation ersetzt – es ist also das Gegenteil von Outsourcing (vgl. Kapitel 5, Abschnitt 2). In genauerer Differenzierung bezeichnet man die Integration einer vorgelagerten Produktionsstufe in die Unternehmung als *Rückwärtsintegration* und die Integration einer nachgelagerten Produktions- bzw. Vertriebsstufe als *Vorwärtsintegration.*

5.1. Ursachen der vertikalen Konzentration im Rundfunk

Der Transaktionskostenansatz von Williamson kann gut erklären, warum es vorteilhaft sein kann, Marktproduktionen, die ja prinzipiell billiger sind und prinzipiell flexibler gehandhabt werden können, durch unternehmensinterne Produktion zu ersetzen (vgl. Williamson 1985).

Markttransaktionen verursachen „costs of using the price mechanism" (Coase 1937, S. 390), sog. „Transaktionskosten".

Das sind vor allem
- Kosten, geeignete Tauschpartner zu finden (Suchkosten),
- Kosten der Information über Preise und Gütereigenschaften (Informationskosten),
- Kosten des Aushandelns und des Abschlusses von Verträgen (Kontraktkosten),
- Kosten der Sicherstellung der Vertragserfüllung, z.B. bei Terminen und Qualitäten (Kontrollkosten),
- Kosten der Anpassung an eine Veränderung der Produktionsbedingungen, wie z.B. veränderte Faktorqualitäten (Anpassungskosten),
- möglicherweise entstehen auch besondere Kosten durch die Besteuerung von Markttransaktionen (vgl. Monopolkommission 1984, S. 220f.).

Durch die Eingliederung vor- bzw. nachgelagerter Produktions- oder Handelsstufen, also durch vertikale Konzentration, können diese Transaktionskosten gespart werden. Allerdings stehen solchen Einsparungen in der Regel zusätzliche unternehmensinterne Organisationskosten gegenüber, und erst ein Gesamtvergleich entscheidet über die Vorteilhaftigkeit einer vertikalen Konzentration. In dieser ökonomischen Sicht ist die vertikale Konzentration also Folge ihrer größeren Effizienz.

Die Vorteilhaftigkeit der vertikalen Konzentration hängt ab von der relativen Höhe der Transaktionskosten. Diese hängen wiederum ab von
- dem Umfang transaktionsspezifischer Investitionen (Spezifität),
- der Häufigkeit von Transaktionen und
- der Unsicherheit und/oder der Komplexität von Transaktionen (vgl. Band 1, Kapitel 1, Abschnitt 5).

In der Rundfunkproduktion sind diese Merkmale recht stark ausgeprägt. Für eine genauere Analyse müssen die Produktions- bzw. Vertriebsstufen differenziert werden. Im Rundfunksektor kann man folgende Stufen der Wertschöpfung unterscheiden:
1. die Produktion von Produktionsmaschinen, also z.B. Studios, Ü-Wagen, Kameras usw.
2. die Produktion von Programm-Inputs wie z.B. Filme, Reportagen, Bilder, Beiträge usw.
3. die Verbreitung der Inhalte durch Rundfunkveranstalter als Massenmedien,
4. die Verbreitung der Inhalte durch Rundfunkveranstalter als Spezialanbieter wie z.B. als Anbieter spezieller Online-Dienste,

5. die Vermarktung der Programme im Rahmen von Pay-Rundfunk (Aufbau und Betreuung des Abonnentenstammes, Abwicklung der Abrechnung),
6. die Vermarktung der Programme im Rahmen von werbefinanziertem Rundfunk durch Media-Agenturen,
7. der technische Vertrieb, also der Transport von Rundfunkprogrammen in der Terrestrik, über Kabel und Satellit einschließlich der Technik der Ver- und Entschlüsselung.

Mit Ausnahme der Anfangsstufe 1, also mit Ausnahme der Produktion von Produktionsmaschinen, sprechen im Übrigen die Transaktionskosten für eine nicht unerhebliche Vorteilhaftigkeit der vertikalen Konzentration der verbleibenden Produktions- und Vertriebsstufen. Das relativ große Gewicht von Transaktionskosten gerade in der Rundfunkproduktion ist vor allem begründet in der Unsicherheit, Komplexität und Häufigkeit der beiden zentralen Transaktionen, nämlich dem Kauf bzw. Verkauf von Programm-Inputs und der Vermarktung der Programme, jeweils im Vergleich zu entsprechenden Transaktionen in der Industrie.

Aufgrund der geringen Transparenz bezüglich der Qualität von Programm-Inputs ist die Unsicherheit und Komplexität im *Einkauf von Programm-Inputs* recht groß (vgl. Kapitel 1, 4 und 5), zugleich sind die Transaktionen sehr häufig, weil Programme täglich neu zu gestalten sind (anders als z.B. Automobile, die über Jahre hinweg in gleicher Beschaffenheit produziert werden). Die Spezifität spielt demgegenüber nur eine ergänzende Rolle, wenn sich z.B. Programmveranstalter sehr stark auf die Ausstrahlung bestimmter Programm-Inputs spezialisieren und hierfür spezielle Investitionen in Ausrüstung und Werbung getätigt haben. Aus Sicht der Rundfunkveranstalter begründen die Transaktionskosten mithin eine gewisse Vorteilhaftigkeit einer vertikalen *Rückwärtsintegration* in die Programm-Input-Produktionsstufe. Die Produktion kann dann spezifisch auf die Ziele des Veranstalters zugeschnitten werden. Qualitätsvorteile, Markierungsvorteile, Innovationsvorteile und Vielfaltsvorteile können realisiert werden. Zentrale Begründung einer vertikalen Rückwärtsintegration ist letztlich die Unsicherheit des Programmveranstalters, die benötigten Programm-Inputs nicht generell in ausreichender Menge, in akzeptierter Qualität und zu jeder Zeit vom Markt beziehen zu können.

Für Programm-Input-Produzenten ist umgekehrt der *Verkauf produzierter Programm-Inputs* relativ komplex und unsicher, weil die Produktion nicht standardisiert sein kann, sondern immer in gewissem Umfang auf den Programmveranstalter zugeschnitten sein muss. Dies begründet eine substanzielle Spezifität und damit auch eine gewisse Vorteilhaftigkeit der vertikalen *Vorwartsintegration* der Programm-Input-Produktion in die Stufe der Programmveranstaltung (z.B. Leo Kirch und SAT.1).

Für Media-Agenturen, die Programme als Werbeumfeld vermarkten, ist jedenfalls die Unsicherheit und Komplexität dieser Transaktion recht ausgeprägt, weil sie zielgruppenspezifische Reichweiten und die Werbeumfeldwirksamkeit der Programme ex ante nicht sicher beurteilen können. Da die Transaktionen zudem sehr häufig sind, ist auch hier ein Anreiz zu einer vertikalen Rückwärtsintegration von Media-Agenturen in die Programmveranstaltung hinein gegeben.

Generell kann man sagen, dass die *Rückwärtsintegration* immer die Funktion hat, Quantität und Qualität der notwendigen *Inputs* in die Produktion – Programm-Inputs für Programmveranstalter, Programme für Media-Agenturen – zu sichern. Dies geht so weit, dass Programmveranstalter und Programm-Inputproduzenten die Rückwärtsintegration bis in den Bereich der Ereignisproduktion hinein betreiben. So gibt es Vorstufen einer Beteiligung von CLT/UFA am Fußballverein Hertha BSC Berlin, von Leo Kirch an Schalke 04 und Bayern München, von CLT/UFA an Borussia Dortmund; in USA und Frankreich sind solche Beteiligungen schon längere Zeit entwickelt worden (z.B. Time Warner ist beteiligt an Baseball-, Basketball, und Wrestling-Vereinen [Atlanta Braves, Atlanta Hawks, WCW Wrestling], oder der französische Pay-TV-Veranstalter Canal plus steuert den Fußballverein Paris-St. Germain).

Umgekehrt hat die *Vorwärtsintegration* immer auch die Funktion, den *Verkauf* der Produktion zu sichern, auf welcher Stufe auch immer. Die Investition in eigene Verarbeitungs-, Marketing- und Distributionsstufen gibt der „Mutterproduktionsunternehmung" die Möglichkeit, ihren Absatz zu kontrollieren und zu beeinflussen. Der Anreiz dazu ist besonders groß, wenn in der Produktion *signifikante Skalenerträge oder signifikante Fixkostendegressionen* zu realisieren sind, wenn also eine stärkere Nutzung vorhandener Ressourcen besonders vorteilhaft ist. Dies ist der Fall sowohl für Programm-Input-Produzenten als auch für Programmveranstalter, deren Produktion einer Fixkostendegression ad infinitum unterliegt. Beispiel ist die Vorwärtsintegration des Programm-Input-Händlers und -Produzenten Leo Kirch in die Stufe der Programmveranstaltung (SAT.1, DSF, Pro Sieben, Kabel 1) – und die Vorwärtsintegration von Programmveranstaltern in die Vermarktungsstufe – Pro Sieben und MGM (die Media-Agentur Medien Gruppe München) oder CLT/UFA erwirbt den Werbezeitenvermarkter Havas, oder RTL übernimmt den Vermarkter IP-Deutschland. Solche Effizienzgewinne haben möglicherweise zur Entstehung der modernen Massenproduktion und zur dynamischen Weiterentwicklung industrialisierter Wirtschaftssysteme erheblich beigetragen (vgl. dazu Chandler 1990); die Effizienzgewinne werden hier ein wenig betont, um klarzustellen, dass die Medienpolitik, die versuchen sollte, vertikale Konzentrationsprozesse zu verhindern, damit erhebliche Schwierigkeiten haben dürfte.

Ein Spezialfall ist die Stufe 7, der technische Vertrieb von Rundfunkprogrammen im Kabelnetz des ehemaligen Monopolanbieters Deutsche Telekom. Hier existiert ein ehemals für „natürlich" gehaltenes Monopol, das als Monopol am Markt agieren konnte und als eine Regulierungsfolge eine überhöhte Unternehmensintegration in den Dienstebereich realisieren konnte. Die Deregulierung solcher konservierter Strukturen, in diesem Fall die Deregulierung der Doppelmonopole Netz- und Telekommunikationsdienste, ist schwierig. Für das Problem der vertikalen Konzentration des Rundfunks ist relevant, dass beide Sektoren, sowohl die Programmveranstalter als auch die Netzbetreiber ein sehr ausgeprägtes Interesse an einer vertikalen Integration haben:

– Die Programmveranstalter wollen durch eine Vorwärtsintegration in den Netzbereich hinein ihren Absatz sichern und ihre Fixkostendegressionen realisieren, und

- die Netzbetreiber wollen durch eine Rückwärtsintegration in den Programmbereich hinein den Verkauf ihrer Netzdienstleistung sichern und ihrerseits Fixkostendegressionen realisieren.

In diesem Falle ist eine gegenseitige Integration wahrscheinlich, mit der Folge erheblicher Wettbewerbsbeschränkungen. Beispiel ist der immer wieder unternommene Versuch von Bertelsmann bzw. CLT-UFA und Kirch, eine vertikale Integration mit der Telekom einzugehen (vgl. Kapitel 6).

5.2. Ökonomische Folgen der vertikalen Konzentration

Die ökonomischen Folgen der vertikalen Konzentration sind umstritten. In einem etwas älteren Hauptgutachten hat die Monopolkommission die gefährlichen Wettbewerbsfolgen einer vertikalen Konzentration beschrieben:

> „Bei Kapitalverflechtungen von mehr als 25 Prozent in vertikaler Richtung, also zwischen Anbietern und Nachfragern eines Produkts, ist nach Auffassung der Monopolkommission damit zu rechnen, dass die Interessen des Zusammenschlußpartners bei der Gestaltung der Geschäftsbeziehungen besonders berücksichtigt werden. Handelt es sich um unvollkommene Märkte, auf denen der Wettbewerb nicht für gleiche Bezugs- und Absatzbedingungen sorgt, so verschafft eine vertikale Kapitalverflechtung den betreffenden Unternehmen in der Regel einen bevorzugten Zugang zu den Absatz- bzw. Beschaffungsmärkten. Sind die Unternehmen einer Industrie überwiegend mit ihren Zulieferern und Abnehmern vertikal verflochten, so wird der Zugang zu den einzelnen Märkten für einstufige Unternehmen erschwert. Diese, nach Auffassung der Monopolkommission, schon bei Minderheitsbeteiligungen auftretenden Wettbewerbsverfälschungen sind bei der Feststellung der überragenden Marktstellung zu berücksichtigen“ (Monopolkommission 1982, TZ 574, 575).

Damit sind die zentralen Gefahren einer vertikalen Konzentration genannt:

- Behinderung von Konkurrenten (Squeezing),
- Errichtung von Marktzutrittsschranken und
- die Möglichkeit, die durch Ressourcenakkumulation erworbene Macht zu missbrauchen.

Ein *Squeezing,* eine missbräuchliche Verdrängung von Konkurrenten, ist *möglich,* weil vertikal integrierte Rundfunkunternehmen als Vorleistungslieferanten die Einkaufspreise und als Marktkonkurrenten die Verkaufspreise bestimmen können. Nichtintegrierte Konkurrenten können damit einer Preis-Schere ausgesetzt werden, etwa indem Programm-Input-Produzenten konzernintern billiger an Programmveranstalter verkaufen und diese damit in die Lage versetzen, ihre Konkurrenten zu verdrängen. Dies setzt voraus, dass auf einer der beiden Stufen eine monopolistische Marktstellung besteht, deren Macht auf die andere Stufe übertragen wird. Dies ist aber nur eine Möglichkeit, die z.B. im Verhältnis von Leo Kirch und Pro Sieben vermutet worden war. Bei einer ökonomischen Gesamtbeurteilung einer solchen Situation muss berücksichtigt werden, dass die Versorgung der Konsumenten sich verbessern kann.

Marktzutrittsschranken werden hingegen mit großer Wahrscheinlichkeit erhöht: Der Newcomer muss bei seinem Marktzutrittskalkül die Möglichkeit des Squeezing in Betracht ziehen, und dies lässt einen Marktzutritt ceteris paribus weniger vorteilhaft erscheinen. Und wenn die vertikale Konzentration Effizienzvorteile bietet, muss der Newcomer einen Marktzutritt auf zwei Stufen realisieren, um konkurrenzfähig zu werden. Und dies erfordert größere Investitionen und verstärkt die Risiken des geplanten Marktzutritts.

Die *Ressourcenakkumulation,* der Zustrom von Finanzmitteln, ermöglicht eine Risikostreuung und ermöglicht den Missbrauch der größeren Finanzkraft. Dies ist aber immer nur eine Möglichkeit.

Generell resultieren hier die klassischen Dilemmata der Wettbewerbspolitik:

- Dilemma I: Wahl zwischen Effizienz und Wettbewerb.
- Dilemma II: Wenn für die Effizienz der vertikalen Integration entschieden wird, bleibt fraglich, durch welche Mechanismen erreicht werden kann, dass diese Effizienz dem Konsumenten zugute kommt.

Im Zweifel wird gegen die vertikale Konzentration und für den Wettbewerb zu entscheiden sein (wenn das Kartellrecht denn überhaupt eine Entscheidungsgrundlage bietet), denn generell wird mit so gut wie jeder vertikalen Integration, wenn es sich nicht um eine ausgeprägte Aufholfusion handelt, die Wettbewerbsintensität vermindert. Dies soll Folgendes Beispiel zeigen: Angenommen sei, dass es drei Produktionsstufen gibt und dass auf jeder Stufe fünf Anbieter miteinander konkurrieren. Dann ergibt sich ein dreistufiger Wettbewerb unter je fünf Anbietern. Nach einer vertikalen Konzentration würde der Wettbewerb auf eine Stufe mit fünf Anbietern beschränkt werden.

5.3. Publizistische Folgen der vertikalen Konzentration

Bei einer Zunahme der vertikalen Rundfunkkonzentration wird auf den verschiedenen Produktions- und Handelsstufen die Marktkoordination zunehmend durch unternehmensinterne Koordination ersetzt. Dies verringert prinzipiell den Einfluss der Nachfrage und der jeweiligen Konkurrenz und erlaubt, unternehmenseigene Vorstellungen stärker durchzusetzen als im Markt. Vertikale Rundfunkkonzentration verringert das Potenzial der Produktion von Vielfalt und die effektive Freiheit der Programmgestaltung. Im Übrigen muss sehr sorgfältig nach Produktionsstufen und Konzentrationsrichtung differenziert werden, und eine Einzelfallbetrachtung muss generell durchgeführt werden. Einige grundsätzliche Überlegungen sollen indes angestellt werden.

In der *Vorwärtsintegration* ist vor allem die vertikale Integration von Programm-Input-Produzenten in die Stufe der Programmveranstaltung hinein praktisch relevant – z.B. Walt Disney erwirbt den Programmveranstalter Capital Cities/ABC, oder Leo Kirch erwirbt SAT.1 – und medienpolitisch brisant, weil stets die Möglichkeit besteht, die Programmveranstalter zu binden. So *kann* eine Abnahmepflicht und eine Exklusivität vereinbart werden (z.B. SAT.1 muss die Filme von Leo Kirch ausstrahlen, und darf nur die Filme von Leo Kirch ausstrahlen), was die Freiheit der Programmveranstaltung substanziell beschneidet. In Verbindung mit möglicher Marktmacht der Programmzulieferer ergäbe dies eine Bedrohung der Meinungsvielfalt.

Aus ökonomischer Sicht muss indes immer wieder betont werden, dass es für Programm-Input-Produzenten Sinn macht, die Vermarktung ihrer Programme durch Einflussnahme auf die Programmveranstalter zu sichern, ähnlich wie z.B. Bulthaupt-Küchen oder Mercedes-Benz-Automobile nur von vertikal integrierten Händlern nach Herstellervorgaben vermarktet werden dürfen. Die medienpolitische Beurteilung solcher Bindungen wird entscheidend von zwei Faktoren abhängen:

- von der Marktmacht der Beteiligten (die Verbindung von Walt Disney und Capital Cities/ABC wird sehr plastisch als Heirat von Godzilla mit King Kong bezeichnet; die Beteiligung von DCTP an Vox beunruhigt sicher niemanden) und
- vom Umfang der Bindungen.

Als weniger problematisch erscheint die Vorwärtsintegration von Programmveranstaltern in den Vermarktungsbereich hinein (z.B. Pro Sieben und die Medien Gruppe München MGM). Dies beeinflusst ja allenfalls die wirtschaftliche Freiheit der Media-Agentur; eine Bedrohung der Programmvielfalt ist hingegen nicht zu erkennen.

In der *Rückwärtsintegration* ist vor allem die vertikale Integration des Vertriebs in die Stufe der Programmveranstaltung hinein – z.B. die Telekom als Kabelnetzbetreiber beteiligt sich an Programmveranstaltern – und die vertikale Integration von Programmveranstaltern in die Programm-Input-Produktion hinein – z.B. der NDR beteiligt sich an Studio Hamburg – praktisch relevant und medienpolitisch brisant und zwar immer dann, wenn Marktmacht von einer Stufe zur anderen übertragen wird.

Die Integration von Media-Agentur und Programmveranstalter – z.B. Havas ist Mehrheitsaktionär bei „Canal plus“ – ist bedrohlich für Programmfreiheit und Meinungsvielfalt, wenn und insoweit die Media-Agentur dem Programmveranstalter vorschreiben kann, das Programmumfeld nach ihren Vorschriften zu gestalten und wenn der Programmveranstalter keine Alternative zum Verkauf seiner Werbezeiten hat. Ein generelles Interesse der Media-Agentur an einer werbewirksamen Gestaltung des Programms kann jedenfalls vermutet werden, ein tatsächlicher Einfluss ist bislang aber nicht bekannt.

Ambivalent zu bewerten ist die Rückwärtsintegration Programmveranstalter–Programm-InputProduzent. Üblicherweise wird die verbindlichste Form einer solchen vertikalen Integration, die Eigenproduktion von Programm-Inputs durch den Veranstalter, als Sicherung von Vielfalt und Qualität interpretiert. Allerdings wird zumindest die Vielfalt bedroht, wenn reichweitenstarke Veranstalter Programm-Input-Produzenten binden, Programme nach ihren Vorstellungen zu liefern. Auch hier hängt die Bedrohlichkeit entscheidend von der Marktmacht der Beteiligten und vom Umfang der Bindungen ab.

Aus meiner Sicht ist die *Beschränkung des Marktzutritts* die auch publizistisch gravierendste Folge einer vertikalen Integration, weil sie den Zutritt neuer Anbieter und damit letztlich auch den Zutritt neuer Ideen und neuer Meinungen erschwert.

6. Rundfunkkonzentration und Programmqualität

Das Konzept der Qualität spielt in der Wirtschaftswissenschaft keine große Rolle. Qualität meint hier entweder die Art des Produkts oder die Güte eines Produkts im Hinblick auf seine Eignung für die Zwecke des Käufers. Ökonomische Qualität ist individuell determiniert, und nur das Individuum kann letztlich die Qualität von Produkten für sich beurteilen. Hilfsweise kann dabei allerdings auf die Beurteilung der Qualität durch Experten (Warentest) zurückgegriffen werden. Mit zunehmendem Wettbewerb – der ja immer die allokative und die produktive Effizienz zugleich steigert – folgt eine zunehmende Annäherung an das vom Käufer gewünschte *Qualitäts-Kosten-Verhältnis,* nicht notwendigerweise also eine Zunahme der Qualität, insbesondere naturgemäß dann nicht, wenn die Qualität sehr teuer zu produzieren wäre. Umgekehrt würde mithin die Konzentration, wenn sie den Wettbewerb verringert, die Annäherung an das vom Käufer gewünschte Qualitäts-Kosten-Verhältnis mindern.

Das Konzept der publizistischen Qualität ist dagegen im Prinzip objektiv bestimmbar und losgelöst von individuellen Kosten-Nutzen-Kalkülen. Wenngleich die Qualitätskriterien nicht ganz einheitlich verwendet werden, werden doch überwiegend folgende Qualitätskriterien genannt: Aktualität, Relevanz, Richtigkeit, Rechtmäßigkeit, Professionalität und Schönheit (vgl. Kapitel 1). Ich vermute, dass ein zunehmender Wettbewerb die Programmqualität im publizistischen Sinne verschlechtert, weil eine Produktion von Qualität teuer ist, zugleich aber die Programmqualität von den Rezipienten nicht leicht erkannt werden kann und/oder die publizistische Programmqualität für die Rezipienten nicht relevant ist. In jedem Fall gibt es dann – außer vielleicht dem Adolf-Grimme-Preis – keine wirksamen Anreizsysteme, publizistische Qualität zu produzieren; es kommt zum Marktversagen in Bezug auf die Produktqualität (vgl. Heinrich 1996). Eine Abkopplung vom Regime des ökonomischen Wettbewerbs, wie sie eigentlich für den öffentlich-rechtlichen Rundfunk vorgesehen ist, bietet die *Möglichkeit,* publizistische Qualität zu produzieren.

Eine zunehmende Rundfunkkonzentration kann in diesem Sinne nicht mit einer Abkopplung vom Wettbewerb gleichgesetzt werden, sie ist vielmehr in der Regel die Folge zunehmenden Wettbewerbs, der stets nach Möglichkeiten suchen lässt, Kosten zu sparen. Daher kann von einer zunehmenden Konzentration nicht umgekehrt eine zunehmende Qualitätsproduktion erwartet werden.

7. Sicherung des Wettbewerbs nach Kartellrecht[31]

7.1. Zur Anwendbarkeit des Kartellrechts

Der Rundfunksektor ist gekennzeichnet durch ein Nebeneinander von öffentlich-rechtlichen und privaten Rundfunkveranstaltern und durch ein Nebeneinander von Kontrollen, nämlich der Kontrolle durch Rundfunkrecht und der Kontrolle durch Kartellrecht (KartellG). Während die Regelungen des Rundfunkrechts jeweils gesondert für öffentlich-rechtlichen und privaten Rundfunk kodifiziert sind, gilt das Kartellrecht (auch Wettbewerbsrecht genannt) grundsätzlich für alle Bereiche der Wirtschaft. Nach längerer Diskussion (vgl. z.B. Grundmann 1990 und Hoffmann-Riem 1991) ist nunmehr relativ klar, dass das Kartellrecht im Medienbereich anwendbar ist, soweit es sich um wirtschaftliche Vorgänge handelt (Parlasca 1994, S. 212): Es gilt also uneingeschränkt für den privaten Rundfunk und „ziemlich" uneingeschränkt für den öffentlich-rechtlichen Rundfunk.

Die Zuweisung der öffentlichen Aufgabe schließt die Anwendbarkeit des Kartellgesetzes für den öffentlich-rechtlichen Rundfunk nicht grundsätzlich aus. Nur im Konfliktfall kann ein Dispens von den Vorschriften des Kartellgesetzes erteilt werden, wenn dies nämlich für die Sicherung der Meinungsvielfalt zwingend erforderlich ist (Grundmann 1990, S. 98). Hier bleibt mithin im Einzelfall zu prüfen; bislang gab es diesen Konfliktfall nicht. Und mittlerweile ist relativ klar, dass auch die Programmveranstaltung öffentlich-rechtlicher Anbieter als Teilnahme am Geschäftsverkehr interpretiert werden kann, dass auch die Programmveranstaltung eine Wettbewerbsbeziehung zu anderen Anbietern und Nachfragern darstellt und insofern als wirtschaftlicher Vorgang dem Kartellgesetz unterliegt (Emmerich 1991, S. 40).

Der Rundfunksektor ist also kein kartellrechtlicher Ausnahmebereich, weder faktisch noch im Sinne der Ausnahmebereiche der §§28ff. KartellG. Nur die zentrale Vermarktung von Sportübertragungen im Fernsehen ist explizit vom Kartellverbot des §1 KartellG ausgenommen (§31 KartellG). Der Rundfunksektor weist aber sektorspezifische Besonderheiten auf, denen die *Anwendung* des Kartellrechts Rechnung zu tragen hat. Dies sind Probleme der Marktabgrenzung, Probleme der Fusionskontrolle und Probleme der Anwendung des Diskriminierungsverbots (vgl. hierzu vor allem die Monopolkommission 1996, S. 375ff.).

Exkurs 1: Grundzüge des Kartellrechts in Deutschland

Um dem Leser ein gegebenenfalls notwendiges Blättern in entsprechenden Lehrbüchern zu ersparen, seien hier kurz die Grundzüge des Kartellgesetzes (KartellG) rekapituliert. Die Grundzüge des Kartellgesetzes sind

- das Kartellverbot (§1),
- die Missbrauchsaufsicht über marktbeherrschende Unternehmen (§§19-22) und
- die Fusionskontrolle (§§35-42).

---

[31] Das früher so genannte Gesetz gegen Wettbewerbsbeschränkungen (GWB) ist im Zuge der 6. GWB-Novelle vom 26.8.1998 grundlegend geändert worden, auch um es mit dem europäischen Recht zu harmonisieren, und gilt seit dem 1.1.1999 in der neuen Fassung des Kartellgesetzes (KartellG); oft wird auch von GWB neue Fassung gesprochen.

Kartelle sind Verträge zwischen Unternehmen des gleichen Marktes mit dem Ziel, den Wettbewerb zu beschränken. Sie beziehen sich häufig auf Preise, Gebiete oder Absatzquoten, und sie sind in der Regel verboten. Eine für den Rundfunksektor wichtige Ausnahmeregelung ist die Sonderregelung für den Sport (§31): Die zentrale Vermarktung von Fernsehübertragungsrechten sportlicher Wettbewerbe durch Sportverbände (dies ist ein Absatzkartell) ist erlaubt. Im Übrigen spielen Kartelle im Rundfunk keine große Rolle; ein Beispiel ist der Vertrag zur Programmkoordinierung von ARD und ZDF, der einerseits vermutlich dem Kartellverbot von §1 unterliegt, andererseits möglicherweise notwendig ist, um die geforderte Vielfalt im Programmangebot des öffentlich-rechtlichen Rundfunks zu sichern (vgl. Wallenberg 1991, S. 965f.)

Der *Machtmissbrauch marktbeherrschender Unternehmen* ist verboten. Um den schwierigen Nachweis der Existenz einer marktbeherrschenden Stellung durch das Kartellamt zu erleichtern, besteht nach dem Kartellgesetz die Vermutung einer solchen Marktbeherrschung, wenn von dem oder den Unternehmen ein bestimmter Marktanteil sowie bestimmte Jahresumsätze erreicht werden (§19 KartellG). Diese Marktanteile, die die Vermutung einer marktbeherrschenden Stellung begründen, sind:

- Für ein Unternehmen $\geq$ ein Drittel des Marktsanteils,
- für drei Unternehmen $\geq$ die Hälfte des Marktanteils,
- für fünf Unternehmen $\geq$ zwei Drittel des Marktanteils.

In diesem Verfahren ist also die Abgrenzung des relevanten Marktes von großer Bedeutung.

Neben der Marktbeherrschung muss Missbrauch der Marktmacht vorliegen, damit das Kartellamt einschreiten kann. Zwei Fälle von missbräuchlicher Marktmacht werden unterschieden, der Behinderungsmissbrauch und der Ausbeutungsmissbrauch. *Behinderungsmissbrauch* liegt vor, wenn ein marktbeherrschendes Unternehmen als Anbieter oder Nachfrager eines Gutes die Wettbewerbsmöglichkeiten anderer Unternehmen in einer für den Wettbewerb erheblichen Weise ohne sachlich gerechtfertigten Grund beeinträchtigt. Der Behinderungsmissbrauch ist von zentraler Bedeutung für die Wettbewerbspolitik generell und auch für die Wettbewerbspolitik im Rundfunksektor. Als Behinderungsmissbrauch gilt auch die Weigerung, „einem anderen Unternehmen gegen angemessenes Entgelt Zugang zu den eigenen Netzen oder anderen Infrastruktureinrichtungen zu gewähren, wenn es dem anderen Unternehmen aus rechtlichen oder tatsächlichen Gründen ohne die Mitbenutzung nicht möglich ist, auf dem vor- oder nachgelagerten Markt als Wettbewerber des marktbeherrschenden Unternehmens tätig zu werden“ (§19, Abs. 4, Punkt 4 KartellG). Dies ist die Formulierung des deutschen Kartellgesetzes der aus der US-amerikanischen Rechtsprechung übernommenen „essential facilities doctrine“. Diese Doktrin ist sehr wirkungsvoll, um den Marktzutritt von Konkurrenten zu erleichtern. Der *Ausbeutungsmissbrauch,* etwa durch überhöhte Preise, spielt weder in der Wettbewerbspolitik allgemein noch im Rundfunksektor speziell eine größere Rolle.

Die *Fusionskontrolle* ist in §§35-42 KartellG geregelt. Ein Zusammenschluss ist verboten, wenn dadurch eine marktbeherrschende Stellung entsteht oder verstärkt wird und wenn durch den Zusammenschluss nicht Verbesserungen des Wettbewerbs eintreten, die die Nachteile der Marktbeherrschung überwiegen (§36, Abs. 1 KartellG). Für den Tatbestand der Marktbeherrschung gelten hier die gleichen Vermutungskriterien (§19, Abs. 3 KartellG) wie beim Machtmissbrauch. Diese Verbotsmöglichkeit besteht nicht, wenn die beteiligten Unternehmen insgesamt einen Jahresumsatz von weniger als einer Milliarde DM haben. Hier besteht eine substanzielle *Verschärfung für den Medienbereich* (§38, Abs. 3 KartellG): Als Schwellenwert für das Eingreifen der Kartellbehörde gilt für Verlage und für Unternehmen, die Rundfunkprogramme produzieren, veranstalten und vertreiben sowie der Rundfunkwerbezeitenvermarkter ein Zwanzigstel von 1 Mrd. DM, also ein Schwellenwert von 50 Millionen DM. Der Zusammenschlusstatbestand ist recht weit gefasst; als *Zusammenschluss* gilt vor allem:

- ein Anteilserwerb an einem anderen Unternehmen, wenn dadurch 25 Prozent oder 50 Prozent des Kapitals oder der Stimmrechte erreicht werden;
- der Erwerb der Kontrolle über ein anderes Unternehmen und
- jede sonstige Verbindung von Unternehmen, auf Grund derer ein wettbewerblich erheblicher Einfluss auf ein anderes Unternehmen ausgeübt werden kann (§37).

Schwierig ist immer die Prognose darüber, ob eine marktbeherrschende Stellung entsteht oder verstärkt wird. Und auch hier spielt das Problem der Abgrenzung des relevanten Marktes immer eine zentrale Rolle.

Exkurs 2: Grundzüge des EU-Wettbewerbsrechtes (Kartellrechtes)
Neben dem deutschen Wettbewerbsrecht gelten – übergeordnet – die Wettbewerbsregeln der EU. Diese sind in Band 1 (Kapitel 6) bereits dargestellt worden; sie sollen hier kurz rekapituliert werden und die rundfunkspezifischen Besonderheiten sollen herausgestellt werden. Die grundlegenden Regelungen der EU-Wettbewerbspolitik sind enthalten in Art. 81 EGV (Kartellverbot), Art. 82 EGV (Missbrauchsaufsicht) sowie in der Fusionskontrollverordnung (VO 4064/89), die am 21.9.1990 in Kraft getreten ist.

In Art. 81 EGV ist, ähnlich wie im deutschen Kartellrecht, ein Kartellverbot verankert und ein aufeinander abgestimmtes Verhalten verboten. Und Art. 82 EGV verbietet, auch hier ähnlich wie im deutschen Kartellrecht, die missbräuchliche Ausnutzung einer marktherrschenden Stellung. Die EU-Wettbewerbsbehörde, die Kommission, greift aber nur ein, wenn es sich um wettbewerbsbeschränkende Maßnahmen handelt, die geeignet sind, den Handel zwischen den Mitgliedsstaaten der EU zu beeinträchtigen. Diese sog. *Zwischenstaatlichkeitsklausel* ist Auslegungssache, sie wird sehr weit ausgelegt (Emmerich 1991, S. 512 f). Die Fusionskontrollverordnung verbietet, auch hier ähnlich wie im deutschen Kartellrecht, gemeinschaftsweite Unternehmenszusammenschlüsse, die eine marktbeherrschende Stellung begründen oder verstärken und den Wettbewerb behindern. Die gemeinschaftsweite Bedeutung ergibt sich nach den drei folgenden Kriterien (Art. 1):

- Die beteiligten Unternehmen erzielen einen Gesamtumsatz von mehr als 5 Mrd. ECU;

- mindestens zwei der Unternehmen erzielen einen gemeinschaftsweiten Umsatz von jeweils mehr als 250 Mio ECU;
- die Unternehmen erzielen jeweils nicht mehr als zwei Drittel ihres gemeinschaftsweiten Umsatzes in einem Mitgliedsstaat (2/3-Regel).

Im Übrigen besteht im Rahmen der Fusionskontrolle ein Vorbehalt, der es Mitgliedstaaten erlaubt, jeweils strengere nationale Maßnahmen zum Schutz der Medienvielfalt zu treffen (Art. 21, Abs. 3 Fusionskontrollverordnung). Hier kann also ein nationales Verbot einer Fusion ausgesprochen werden, oder es können strengere Auflagen erteilt werden als sie nach EU-Recht notwendig wären (positive Selbstdiskriminierung). Eine von der Kommission untersagte Fusion kann indes nicht mit Verweis auf den Schutz der Medienvielfalt national erlaubt werden. Der nationale Vorbehalt gilt, solange die EU keine medienrechtlichen Regelungen zum Schutz von Pluralismus und Meinungsvielfalt erlassen hat.

Ein spezielles Problem ist, auch dies ähnlich wie in Deutschland, ob und inwieweit öffentlich-rechtlicher Rundfunk, der in unterschiedlichen Formen in allen Mitgliedsstaaten der EU existiert, eine Ausnahme von den EU-Wettbewerbsregeln beanspruchen kann.

Zum einen kann Art. 86 Abs. 2 EGV die Anwendung der Wettbewerbsregeln für Unternehmen ausschließen, die mit Dienstleistungen von allgemeinen wirtschaftlichen Interessen betraut sind; aber nur, wenn die besondere Aufgabe bei Anwendung der Wettbewerbsregeln nicht mehr erfüllt werden kann. Mithin kann, wie im deutschen Recht, dem öffentlich-rechtlichen Rundfunk im Konfliktfall Dispens von der Anwendung des Wettbewerbsrechts erteilt werden, wenn dies für die Erfüllung der Grundversorgungsaufgabe notwendig ist. Bislang ist dieser Konfliktfall in Bezug auf Art. 81 und 82 nicht eingetreten.

Relevant ist hingegen die Frage der Zulässigkeit der Finanzierung des öffentlich-rechtlichen Rundfunks durch Gebühren oder Steuern. Diese stellen möglicherweise eine Subvention dar, die den Wettbewerb mit den privaten Anbietern verfälscht und den Handel zwischen den Mitgliedsstaaten beeinträchtigt und daher nach Art. 87 Abs. 1 EGV verboten wäre. Dieses Rechtsproblem kann von mir nicht beurteilt werden. Glücklicherweise ist in einer Protokollerklärung zum EG-Vertrag – auf dem Gipfeltreffen der Regierungschefs in Amsterdam vom 17. Juni 1997 – festgelegt worden, dass die Gebührenfinanzierung zulässig ist.

> Die hohen Vertragsparteien – in der Erwägung, dass der öffentlich-rechtliche Rundfunk in den Mitgliedsstaaten unmittelbar mit den demokratischen, sozialen und kulturellen Bedürfnissen jeder Gesellschaft sowie mit dem Erfordernis verknüpft ist, den Pluralismus in den Medien zu wahren – haben folgende auslegende Bestimmung vereinbart, die dem Vertrag zur Gründung der Europäischen Gemeinschaft beigefügt wird: Die Bestimmungen dieses Vertrages zur Gründung der Europäischen Gemeinschaft berühren nicht die Befugnis der Mitgliedsstaaten, den öffentlich-rechtlichen Rundfunk zu finanzieren, sofern die Finanzierung der Rundfunkanstalten dem öffentlich-rechtlichen Auftrag, wie er von den Mitgliedsstaaten den Anstalten übertragen, festgelegt und ausgestaltet wird, dient und die Handels- und Wettbewerbsbedingungen in der Gemeinschaft nicht in einem Ausmaß beeinträchtigt, das dem gemeinsamen Interesse zuwiderläuft, wobei den Erfordernissen der Erfüllung der öffentlich-rechtlichen Aufgaben Rechnung zu tragen ist (Dörr 1998, S, 79).

Allerdings ist die Gebührenfinanzierung nicht schrankenlos erlaubt. So meint der EU-Wettbewerbskommissar van Miert, dass die Gebühren nicht zur Finanzierung von Sport- und Unterhaltungssendungen des öffentlich-rechtlichen Rundfunks verwendet werden dürfen.

7.2. Relevante Rundfunkmärkte

Der relevante Markt ist der Bereich wirksamer Konkurrenz, üblicherweise abgegrenzt durch die Produkte, die aus der Sicht der Nachfrager kurzfristig substituierbar sind (vgl. Band 1, Kapitel 1, Abschnitt 2.5). In diesem Problemfeld ist zu entscheiden, ob die Rezipientenmärkte von den Werbemärkten getrennt sein sollten und wie der öffentlich-rechtliche Rundfunk einzuordnen ist.

Trennung von Rezipientenmärkten und Werbemärkten
Längere Zeit waren das Bundeskartellamt und die Monopolkommission davon ausgegangen, dass im werbefinanzierten Rundfunk ein Rezipientenmarkt nicht existiert, weil es keine wirtschaftlichen Austauschbeziehungen zwischen Programmanbietern und Rezipienten gebe und weil um die zu entrichtende Rundfunkgebühr nicht konkurriert würde. Daher wurden die Auswirkungen des Programmwettbewerbs um den Zuschauer in der Entscheidungspraxis des Bundeskartellamtes nicht berücksichtigt (Monopolkommission 1996, S. 375). Und eine Trennung beider Märkte war mithin nicht notwendig.

Diese Einschätzung wird nun zu Recht revidiert. Auch wenn Rezipienten im Rahmen des werbefinanzierten Rundfunks keine Preise für Programme zahlen, so gibt es doch einen wirtschaftlichen Austausch zwischen Programm und dafür bereitgestellter Konsumzeit, also zwischen Programmanbietern und Rezipienten, denen ja Opportunitätskosten für den Rundfunkkonsum entstehen. Zudem haben Rezipientenreichweiten eine große ökonomische Bedeutung als Potenzialindikatoren für Einnahmen der Veranstalter, in der Regel für Werbeeinnahmen, aber auch für andere Einnahmen in neuen Vermarktungsstrukturen (Pay-Rundfunk, Online-Dienste ...). Daher ist es sinnvoll, neben den Werbemärkten auch von der Existenz von Rezipientenmärkten auszugehen. Dies bedeutet, dass wettbewerbspolitische Analysen sowohl den Rezipientenmarkt als auch den Werbemarkt umfassen sollten.

Trennung der privaten und der öffentlich-rechtlichen Rundfunkmärkte
Als Unternehmen mit klar formuliertem öffentlichem Auftrag und versehen mit einer Bestands- und Entwicklungsgarantie, stellen die öffentlich-rechtlichen Rundfunkveranstalter einen Sonderfall im Rundfunkmarkt dar:

- Der öffentliche Auftrag definiert für ihre wettbewerblichen Anstrengungen vor allem publizistische und weniger ökonomische Erfolgsmaßstäbe;
- ihre einem Unternehmen üblicherweise zur Verfügung stehenden Wettbewerbsparameter sind beschränkt (Beschränkung allgemeiner erwerbswirtschaftlicher Tätigkeit, spezielle Beschränkung der Werbezeiten sowie finanzielle Kontrollen durch Rechnungshöfe und Länderparlamente) und

- die Rückwirkungen von Marktprozessen auf Existenz und Rentabilität der öffentlich-rechtlichen Rundfunkveranstalter sind aufgrund der Bestands- und Entwicklungsgarantie gering.

Die öffentlich-rechtlichen Anstalten stehen also nur sehr beschränkt im ökonomischen Wettbewerb, überwiegend im publizistischen Wettbewerb. Umgekehrt stehen die privaten Anbieter in einem relativ unbeschränkten ökonomischen Wettbewerb mit den öffentlich-rechtlichen Veranstaltern, beschränkt nur insofern als die Wettbewerbsparameter und die wettbewerblichen Rückwirkungen für die Gegenseite selbst beschränkt sind. Daher kann die Vorstellung des Bundeskartellamtes von einem einheitlichen Markt für alle Anbieter, unabhängig von ihrer Organisationsform (vgl. Bericht des Bundeskartellamtes 1991, S. 107) nicht unmodifiziert übernommen werden. Die privaten Anbieter stehen mit den öffentlich-rechtlichen Veranstaltern in einem viel stärkeren ökonomischen Wettbewerb als umgekehrt die öffentlich-rechtlichen Veranstalter mit den privaten Anbietern. Die Wettbewerbsbeziehung ist also asymmetrisch, und die für den Wettbewerbsprozess typische Abfolge von Vorstoß und Nachahmung, von Innovation und Imitation mehrerer formal und materiell gleichberechtigter Wettbewerber ist mithin nicht gegeben. Daher erscheint mir eine Trennung der beiden Bereiche des Rundfunkmarktes im Hinblick auf die Anwendung des Kartellrechts als angemessen. Der öffentlich-rechtliche Rundfunk würde dann in seinem Bereich den Vorschriften zum Kartellverbot, zur Missbrauchsaufsicht und zur Zusammenschlusskontrolle genauso unterliegen wie der private Rundfunk in seinem Bereich.

Diese Trennung würde die privilegierte Stellung des öffentlich-rechtlichen Rundfunks nicht verstärken und den Wettbewerb im privaten Bereich nicht verschlechtern. Die Eingriffsmöglichkeiten der Wettbewerbspolitik würden verbessert, weil eine theoretisch denkbare Aufholfusion kleinerer privater Veranstalter nicht mehr toleriert werden müsste. Schließlich kann der ökonomische Wettbewerb nicht dadurch verbessert werden, dass den Veranstaltern, die im ökonomischen Wettbewerb stehen, erlaubt wird, diesen zu beschränken. Sehr deutlich wird die Notwendigkeit der Trennung beider Rundfunkbereiche im Falle der Rundfunkwerbemärkte. Im öffentlich-rechtlichen Rundfunk ist Werbung nur bis 20 Uhr und nur an Werktagen zugelassen. In dieser Zeit könnte man noch von einem Wettbewerb der Veranstalter auf dem Werbemarkt insgesamt sprechen; vermutlich handelt es sich um ein Oligopol mit intensivem Wettbewerb. Nach 20 Uhr und an Sonn- und Feiertagen konkurrieren nur noch die privaten Veranstalter, vermutlich handelt es sich in dieser Hauptwerbezeit dann um ein marktbeherrschendes Oligopol dreier Anbieter mit erheblichem Randwettbewerb (ähnlich argumentiert die Monopolkommission 1996, S. 376). Im Einzelnen wird die Abgrenzung relevanter Rundfunkmärkte in den Kapiteln 11 und 13 behandelt.

7.3. Rundfunkspezifische Probleme der Fusionskontrolle

Das Problem der Marktabgrenzung offenbart ein Dilemma der Wettbewerbspolitik. Wird der Markt weit definiert, etwa als Markt für aktuelle Massenmedien insgesamt, dann erreichen Fusionen tendenziell die von den Vorschriften der Fusionskontrolle geforderten Marktanteilsschwellenwerte für eine marktbeherrschende Stellung nicht; Zusammenschlüsse müssten häufig toleriert werden. Wird der Markt eng definiert, wie es die Praxis ist, etwa getrennt nach Werbemarkt und Rezipientenmarkt sowie getrennt nach Medien und getrennt nach räumlicher Reichweite, dann verstärken Fusionen häufig marktbeherrschende Stellungen deswegen nicht, weil sie sich auf unterschiedliche relevante Märkte beziehen.

Insbesondere erschwert die enge, nach Medien getrennte Abgrenzung der Märkte eine wirksame kartellrechtliche Kontrolle von *intermediären Verflechtungen.* Nach bisheriger Entscheidungspraxis wurde z.B. die Beteiligung marktbeherrschender Presseunternehmen an Rundfunkveranstaltern häufig deswegen erlaubt, weil damit weder die Stellung des Presseunternehmens auf dem Pressemarkt noch die Stellung des Rundfunkunternehmens auf dem Rundfunkmarkt verstärkt wurde. Allenfalls konnte mit Hilfskonstruktionen versucht werden, die Entstehung oder Verstärkung einer marktbeherrschenden Stellung anzuzeigen. Solche Hilfskonstruktionen sind

- der mögliche Machtzuwachs in Folge des Ressourcenzustroms und
- die Prognose, dass die Beteiligung auf dem Rundfunkmarkt marktstrategische Möglichkeiten zur Absicherung einer marktbeherrschenden Stellung auf dem Pressemarkt eröffnen werde und dass diese Möglichkeiten entsprechend genutzt werden (Abschreckungstheorie).

Dies bleiben aber immer schwierig zu handhabende Hilfskonstruktionen, um die Entstehung und Verstärkung von Marktmacht zu begründen, wenn die Fusion sich auf unterschiedliche Märkte bezieht. *Grundsätzlich ist die Kartellgesetzgebung mithin nicht gut geeignet, intermediäre Konzentrationsprozesse zu unterbinden.* Hier müsste das Kartellgesetz also sektorspezifisch modifiziert werden, oder die Kontrolle müsste der Medienpolitik übertragen werden (was der Fall ist, vgl. Abschnitt 8).

In diesem speziellen Feld plädiert die Monopolkommission seit 1982 für eine sektorspezifische Verschärfung der Fusionskontrolle im Rundfunkbereich, nämlich dafür, den Erwerb einer Sendelizenz als Zusammenschlusstatbestand im Rahmen der Fusionskontrolle zu betrachten (zuletzt Monopolkommission 1996, S. 376). Dies hat folgenden Hintergrund: Das geltende Kartellgesetz kann ein internes Wachstum von Unternehmen und 100prozentige Eigengründungen von Unternehmen nicht beschränken. Dies gilt allgemein als sinnvoll, hat aber für den Rundfunksektor die Konsequenz, dass z.B. eine 100prozentige Neugründung eines Fernsehunternehmens durch Leo Kirch oder die Axel Springer Verlag AG kartellrechtlich nicht verhindert werden kann. Wenn nun aber die Lizenzerteilung als Zusammenschluss betrachtet würde, dann könnte die Lizenzerteilung nach den Maßstäben des Kartellgesetzes dann versagt werden, wenn sie zur Entstehung oder Verstärkung einer marktbeherrschenden Stellung führen würde. Der Gesetzgeber ist diesem Votum indes nicht gefolgt, obwohl das Bundesverfassungsgericht diesen Vorschlag ausdrücklich für verfassungsgemäß hält (BVerfGE 73, 118, 175f.).

7.4. Verschärfung des Diskriminierungsverbots

§20, Abs. 1 KartellG verbietet es *marktbeherrschenden* Unternehmen, andere Unternehmen, vor allem Lieferanten oder Abnehmer, unterschiedlich zu behandeln. Ein marktbeherrschender Inhaber von Übertragungsrechten muss mithin alle Programmveranstalter diskriminierungsfrei beliefern. Fehlt es an der Marktbeherrschung oder lässt sich ein entsprechender Nachweis nicht führen, wird der Adressatenkreis des Diskriminierungsverbotes auf alle Unternehmen erweitert, von denen kleine und mittlere Anbieter oder Nachfrager abhängig sind (vor allem gedacht als Schutz der Lieferanten vor der Nachfragemacht des Einzelhandels). Dies schützt, wenn Marktbeherrschung nicht nachgewiesen werden kann, also nur solche Programmveranstalter, die als kleine oder mittlere Unternehmen anzusehen sind. Mithin dürfte die Mehrzahl der Rundfunkanbieter in Deutschland in diesen Schutzbereich nicht einzuordnen sein. Daher gibt die Monopolkommission zu erwägen, den Schutzbereich im Rundfunksektor auf alle Programmveranstalter auszudehnen. Damit würde das Nachweisproblem bei der Marktbeherrschung von Rechteinhabern entschärft, und es würden die in den Landesmediengesetzen enthaltenen Lösungen entbehrlich, die den Zugriff auf die Senderechte mit medienrechtlichen Ansätzen regeln (Monopolkommission 1996, S. 376).

7.5. Bewertung

Ziel der Wettbewerbspolitik ist die Sicherung des Wettbewerbs durch Sicherung der Wettbewerbsfreiheit, insbesondere durch die Sicherung eines freien Marktzutritts. Freier Marktzutritt heißt im Prinzip immer Zugang zu den notwendigen Ressourcen der Produktion zu kompetitiven Preisen und zu Bedingungen, die für alle gleich sind. Dies zu erreichen, ist das Kartellrecht geeignet, jedenfalls besser als das ebenfalls an wettbewerbsrechtlichen Kriterien ansetzende Rundfunkrecht (Monopolkommission 1996, S. 374).

Strittig ist die Eignung des Kartellrechts zur Sicherung der Meinungsvielfalt. Ökonomen glauben, „dass wirtschaftlicher Wettbewerb tendenziell die publizistische Vielfalt fördert. Eine Vielzahl voneinander unabhängiger Programme kann Vielfalt zwar nicht garantieren, ist aber wesentliche Voraussetzung hierfür“ (Monopolkommission 1996, S. 374). Dieser Auffassung wird hier gefolgt mit der Ergänzung, dass das Ziel der Meinungsvielfalt als Ergebnisnorm sinnvoll nicht vorgegeben werden kann und dass dies Ziel auch nicht kontrolliert werden kann. Aus wirtschaftswissenschaftlicher Sicht kann es daher nur das Ziel der Medienpolitik sein, den Marktzutritt für neue Anbieter und/oder neue Meinungen zu sichern und zu erleichtern.

Hierfür müsste das geltende Kartellrecht über die von der Monopolkommission vorgeschlagenen sektorspezifischen Ergänzungen hinaus verschärft werden und insbesondere die Unabhängigkeit der Programmveranstalter besser geschützt werden. Hierfür wäre es vorteilhaft, den relevanten Medienmarkt auf den Mediensektor insgesamt auszudehnen. Dies würde erlauben, intermediäre Verflechtungen wie Unternehmenszusammenschlüsse auf dem gleichen Markt zu behandeln.

Fraglich ist indes, ob diese Modifikationen in das System des Kartellrechts eingefügt werden können. Daher ist eine zusätzliche Kontrolle der Konzentration durch Medienrecht sinnvoll, insbesondere eine Kontrolle der intermediären Verflechtungen.

8. Konzentrationskontrolle nach Rundfunkrecht

8.1. Ziel der Konzentrationskontrolle

Ziel der Konzentrationskontrolle nach Rundfunkrecht ist die Sicherung der Meinungsvielfalt. Dafür wird die Meinungsvielfalt als Ergebnisnorm vorgegeben: Es ist eine positive Ordnung zu schaffen, die sicherstellt, dass die Vielfalt der bestehenden Meinungen im Rundfunk in möglichster Breite und Vollständigkeit Ausdruck findet (BVerfGE 57, 295, 320; 74, 297, 324). Diese Position wird von der herrschenden liberalen Wirtschaftswissenschaft (und auch von mir) abgelehnt. Zum einen würde dies bedeuten, dass das gewünschte Ergebnis der Rundfunkfreiheit – die Repräsentation der bestehenden Meinungsvielfalt – zum Kriterium erlaubter Meinungsfreiheit wird (Mestmäcker 1988). Dies impliziert, dass die Freiheit der Meinungsbildung beschränkt wird (Hoppmann 1988; S. 187). Zum anderen ist es aus ökonomischer Sicht unmöglich zu kontrollieren, ob die gewünschte Meinungsvielfalt erreicht ist. Der Konflikt ist bislang nicht gelöst (vgl. zur umfassenden Darstellung Schulz 1996); im Zuge des allgemeinen Vordringens ökonomischen Denkens wird dieser Konflikt langfristig vermutlich im Sinne der Ökonomie gelöst.

Bezeichnend ist, dass die konzipierten Konzentrationskontrollvorschriften des Rundfunkrechts überwiegend an wettbewerbsrechtlichen Kriterien ansetzen und die Meinungsvielfalt als Ergebnisnorm nur als vage Zielgröße vorgeben. Dies gilt sowohl für den alten als auch für den neuen Rundfunkstaatsvertrag. Der alte Rundfunkstaatsvertrag sah, kurzgefasst, folgende Konzentrationskontrollen vor: Ein Veranstalter durfte bundesweit

- maximal ein Fernsehprogramm der Sparte Vollprogramm/Informationsprogramm und ein weiteres Fernsehprogramm verbreiten und
- maximal ein Hörfunkprogramm der Sparte Vollprogramm/Informationsprogramm und ein weiteres Hörfunkprogramm verbreiten.

Dies wurde für das Fernsehen präzisiert und verschärft dahingehend, dass im Prinzip mindestens drei Eigentümer für die Veranstaltung eines Fernsehprogramms notwendig waren bzw. umgekehrt, dass die Beteiligung eines Eigentümers maximal 49,9 Prozent betragen durfte (bei Vollprogrammen bzw. Informationsprogrammen). Der Gesetzgeber hatte also auf numerisch fixierte Strukturvorgaben gesetzt.

8.2. Konzentrationskontrolle nach dem neuen Rundfunkstaatsvertrag

Nach ausgedehnter Diskussion um die „allgemein als wenig geglückt empfundenen Bestimmungen in §§21, 30 RStV alte Fassung" (Dörr 1996, S. 621), ist der RStV insbesondere in den Passagen modifiziert worden, die sich auf die Kontrolle der Konzentration von Meinungsvielfalt beziehen. Der am 1. Januar 1997 in Kraft getretene Rundfunkstaatsvertrag sieht im Wesentlichen folgende Maßnahmen zur Konzentrationskontrolle vor:

- Erweiterte Publizitätspflichten,
- neue Regelungen zur Zuordnung von Programmen auf einen Veranstalter,
- eine Begrenzung der Zuschauermarktanteile,
- eine neue Palette vielfaltssichernder Maßnahmen und
- die Schaffung einer neuen Kontrollbehörde, die Kommission zur Ermittlung der Konzentration (KEK).

Dabei ist insbesondere der Wechsel vom Beteiligungsmodell zum Zuschauermarktanteilsmodell bemerkenswert.

8.2.1. Publizitätspflichten

Die Auskunftspflicht bei der Zulassung (§21 RStV)
Die Auskunftspflicht bezieht sich auf folgende Punkte:

- Die mittelbare und unmittelbare Beteiligung beim Antragsteller und bei mit ihm verbundenen Unternehmen, bezogen auf Kapital- und Stimmrechtsverhältnisse,
- die Angabe über Angehörige,
- den Gesellschaftsvertrag und Satzungsrecht und
- sonstige medienrelevante Vereinbarungen (z.B. über Programmzulieferungen).

Auskunftsrechte der Landesmedienanstalten (§22 RStV)
Die Auskunftsrechte der Landesmedienanstalten sind wesentlich verbessert worden und denen des Bundeskartellamtes nachgebildet worden. Sie umfassen folgende Elemente:

- Die Anhörung der Beteiligten und die Einsicht in Akten und Urkunden;
- eine Versicherung von Eides Statt kann verlangt werden;
- dritte Personen können zur Aufklärung herangezogen werden, wenn die Sachaufklärung durch die Beteiligten selbst nicht zum Ziele führt.

Insbesondere eine Auskunft von Konkurrenten kann ergiebig sein, weil diese den Markt gut kennen und bisweilen ein Interesse daran haben, ihren Konkurrenten zu einer Bestrafung zu verhelfen.

Veröffentlichungspflicht nach Handelsrecht
Die Publizitätspflicht entspricht den Publizitätsvorschriften des Handelsgesetzbuches für große Kapitalgesellschaften. Das heißt, ein Jahresabschluss – Bilanz, Gewinn- und Verlustrechnung und Anhang – sowie ein Lagebericht ist zu veröffentli-

chen. Zusätzlich muss der zuständigen Landesmedienanstalt eine Aufstellung der Programmbezugsquellen vorgelegt werden.

8.2.2. Zurechnung von Programmen auf ein Rundfunkunternehmen (§28 RStV)

Einem Rundfunkunternehmen werden sämtliche Programme zugeordnet, die es selbst veranstaltet oder die ein anderes Unternehmen veranstaltet, an dem es wie folgt an Kapital- oder Stimmrechten beteiligt ist:

- Eine unmittelbare Beteiligung in Höhe von 25 Prozent oder mehr;
- eine mittelbare Beteiligung über den Verbund nach §15 AktG plus eine Beteiligung von 25 Prozent oder mehr. Der Verbund ergibt sich im Wesentlichen bei folgenden Tatbeständen:
  - Mehrheitsbeteiligung entsprechend §16 AktG und/oder
  - beherrschender Einfluss entsprechend §17 AktG und/oder
  - einheitliche Leitung entsprechend §18 AktG und/oder
  - wechselseitige Beteiligung mit jeweils mehr als 25 Prozent entsprechend §19 AktG.

Außerdem erfolgt eine Zurechnung

- bei einem vergleichbaren allgemeinen Einfluss, vermittelt z.B. über Satzung, Vertrag und Absprachen oder
- bei einem vergleichbaren speziellen Einfluss auf die Programmgestaltung.

Die Zurechnung im Prinzip ab einer Beteiligung von 25 Prozent ist dem Kartellrecht entlehnt. Sie wird dazu führen, dass die im Rundfunksektor zahlreichen Beteiligungen unterhalb von 25 Prozent nicht erfasst werden. Dies mag kritisiert werden (vgl. z.B. Röper 1996), man muss indes sehen, dass der Einfluss, der bei Beteiligungen unterhalb von 25 Prozent ausgeübt werden kann, in der Regel gering ist.

8.2.3. Begrenzung der Zuschauermarktanteile (§§26, 27 RStV)

Ein Rundfunkunternehmen kann soviele Programme veranstalten, wie es will, indes ab einem Zuschauermarktanteil von 30 Prozent wird eine vorherrschende Meinungsmacht vermutet, und es greifen die in Abschnitt 8.2.4. beschriebenen vielfaltssichernden Maßnahmen. Diese Grenze ist als Vermutungsregel ausgestaltet, damit das Anteilsmodell verwaltungsrechtlich besser standhalten kann (Dörr 1996, S. 626). Als Grenze gilt auch schon eine geringfügige Unterschreitung von 30 Prozent, wenn das Unternehmen auf einem anderen medienrelevanten Markt – z.B. Werbung, Hörfunk, Presse, Programmrechte, Programmproduktion – eine marktbeherrschende Stellung hat. Speziell für den Veranstalter eines Vollprogramms oder eines Spartenprogramms mit dem Schwerpunkt Information gilt, dass ab einem Zuschauermarktanteil von zehn Prozent unabhängigen Dritten Sendezeit eingeräumt werden muss.

Zur Messung des Zuschauermarktanteils wird eine Unternehmung von den Landesmedienanstalten beauftragt. Vorgaben sind:

- Berücksichtigt werden alle deutschsprachigen Programme des öffentlich-rechtlichen Rundfunks und alle deutschsprachigen bundesweit empfangbaren privaten Programme,
- erfasst werden Zuschauer ab Vollendung des dritten Lebensjahres, und
- gewertet wird der Durchschnitt der letzten zwölf Monate.

8.2.4. Vielfaltsichernde Maßnahmen[32] (§§26, 30, 31, 32 RStV)

Maßnahmen, vorherrschende Meinungsmacht zu verhindern und die Meinungsvielfalt zu sichern sind:
- Die Reduktion von Beteiligungen (§26),
- die Einräumung von Sendezeit für unabhängige Dritte (§31),
- die Einrichtung eines Programmbeirats (§32).

Reduktion von Beteiligungen
Hat ein Unternehmen eine vorherrschende Meinungsmacht erlangt – vermutet bei einem Zuschauermarktanteil ab 30 Prozent – so versucht die zuständige Landesmedienanstalt zunächst, eine einvernehmliche Lösung zu finden, die aus folgenden Elementen bestehen kann:
- Aufgabe von Beteiligungen oder
- Verringerung der Marktmacht auf medienrelevanten verwandten Märkten oder
- Einbau vielfaltsichernder Maßnahmen nach §§31 und 32.

Wenn keine einvernehmliche Lösung zustande kommt, dann widerruft die Landesmedienanstalt die Zulassung von so vielen dem Unternehmen zurechenbaren Programmen, bis keine vorherrschende Meinungsmacht mehr gegeben ist. Eine Entschädigung für Vermögensverluste wird nicht gewährt. Eine Zwangsentflechtung erscheint möglich, ein Tatbestand, der in der Wirtschaftsgeschichte sehr selten ist und im deutschen Kartellrecht jedenfalls nicht vorgesehen ist.

Sendezeit für unabhängige Dritte
Sendezeit für unabhängige Dritte (Fensterprogramme) muss eingeräumt werden, wenn ein Veranstalter mit Vollprogramm oder Spartenprogramm Information einen Zuschaueranteil von zehn Prozent erreicht, und kann als vielfaltsichernde Maßnahme vereinbart werden, wenn vorherrschende Meinungsmacht festgestellt worden ist. Im Einzelnen gelten folgende Regeln:
- Das Fensterprogramm muss redaktionell unabhängig vom Hauptprogramm sein, und der Veranstalter darf nicht dem Hauptprogrammveranstalter zurechenbar sein (journalistische und rechtliche Unabhängigkeit).
- „Die Dauer des Fensterprogramms muss wöchentlich mindestens 260 Minuten, davon mindestens 75 Minuten in der Sendezeit von 19.00 Uhr bis 23.30 Uhr betragen. Auf die wöchentliche Sendezeit werden Regionalfensterprogramme bis höchstens 150 Minuten pro Woche mit höchstens 80 Minuten pro Woche

[32] Der Begriff „vielfaltsichernde Maßnahmen" bezieht sich im RStV nur auf §30, wird hier indes weiter gefasst.

auf die Drittsendezeit außerhalb der in Satz 1 genannten Sendezeit angerechnet; bei einer geringeren wöchentlichen Sendezeit für das Regionalfenster vermindert sich die anrechenbare Sendezeit von 80 Minuten entsprechend. Die Anrechnung ist nur zulässig, wenn die Regionalfensterprogramme in redaktioneller Unabhängigkeit veranstaltet werden und insgesamt bundesweit mindestens 50 von Hundert der Fernsehhaushalte erreichen" (§31, Abs. 2 RStV).

Inhaltlich denkt der Gesetzgeber vor allem an Beiträge im Bereich Kultur, Bildung und Information (vgl. Begründung zum Dritten Rundfunkänderungsstaatsvertrag), um die Programmvielfalt zu stärken. Die teilweise Anrechnung von Regionalfensterprogrammen soll Anreiz sein, diese Programmform zu stärken.

Der Hauptprogrammveranstalter ist verpflichtet, dem Fensterprogrammveranstalter eine ausreichende Finanzierung zu ermöglichen. Dies ist nicht näher ausgeführt; zu denken ist an eine solche zeitliche Platzierung des Fensterprogramms, dass ausreichende Werbespotreichweiten erzielt werden.

Diese Festlegung von Sendezeit für unabhängige Dritte ist sicher von unmittelbarer Relevanz, zumindest die Vollprogramme RTL und SAT.1 und vermutlich auch Pro Sieben werden einen Zuschaueranteil von zehn Prozent dauerhaft erreichen.

Programmbeirat (§31 RStV)

Der Programmbeirat wird vom Veranstalter berufen. Die Beiräte gehören zu gesellschaftlichen Gruppen. Der Programmbeirat berät den Programmveranstalter und ist zu unterrichten. Der Programmbeirat kann Programm(teile) beanstanden. Diese Beanstandung kann nur mit 75 Prozent der Stimmen des Kontrollorgans des Veranstalters (z.B. Gesellschafterversammlung) abgelehnt werden. Ein solcher Programmbeirat ist vermutlich relativ wirkungslos und damit überflüssig.

8.2.5. Kommission zur Ermittlung der Konzentration (KEK)(§§35, 36, 37)

„Die KEK besteht aus sechs Sachverständigen des Rundfunk- und des Wirtschaftsrechts, von denen drei die Befähigung zum Richteramt haben müssen. Die Mitglieder der KEK und zwei Ersatzmitglieder für den Fall der nicht nur vorübergehenden Verhinderung eines Mitglieds werden von den Ministerpräsidenten der Länder für die Dauer von fünf Jahren einvernehmlich berufen; Wiederberufung ist zulässig" (§35, Abs. 3 RStV). Die KEK ist ein rechtlich selbständiges Organ der jeweils zuständigen Landesmedienanstalt („Wanderniere"); sie ist ein Expertengremium, kein pluralistisches Versammlungsmodell. Die KEK erörtert die zu ergreifenden vielfaltsichernden Maßnahmen, sie legt gegebenenfalls fest, welche Beteiligungen aufzugeben sind; sie bestimmt, welches Unternehmen die Marktanteile messen soll; sie verfasst alle drei Jahre einen Bericht zur Lage der Konzentration und jährlich eine Programmliste (Programme, Veranstalter, Beteiligte). Die Entscheidungen der KEK können mit einer Mehrheit von 75 Prozent der Mitglieder der Konferenz der Direktoren der Landesmedienanstalten (KDLM) überstimmt werden.

8.3. Wertung

Mit der allein auf den Rundfunk, faktisch allein auf das Fernsehen, bezogenen Konzentrationskontrolle wird eine einheitliche, alle Massenmedien umfassende Medienaufsicht wiederum verfehlt. Diese war schon immer funktional notwendig, weil von der funktionalen Unteilbarkeit des für die Meinungsbildung relevanten Meinungsmarktes auszugehen ist und weil es für die Meinungsbildung und Meinungsvielfalt nicht darauf ankommen kann, in welchem Medium die Meinungen verbreitet werden. Eine einheitliche Medienaufsicht wird im Zuge der mit der Digitalisierung einhergehenden Konvergenz der Medien (vgl. Kapitel 2, Abschnitt 6) besonders dringlich, weil eine Trennung der Medien dann nicht nur unangemessen ist, sondern auch unmöglich wird. Konvergierende Konglomerate können sinnvoll nur durch eine einheitliche Aufsicht über alle Medienkonzerne kontrolliert werden. Ähnliche Überlegungen werden z.B. im Finanzsektor angestellt, wo auch die Notwendigkeit gesehen wird, Banken, Versicherungen und Wertpapierhändler einheitlich zu kontrollieren statt, wie bisher, alle Bereiche separat zu überwachen (vgl. Monatsbericht der Bundesbank, April 1994). Damit könnten die so genannten Landesmedienanstalten zu echten umfassenden Medienanstalten werden. Diese Chance ist vertan.

Besonders kritisch beurteilt die herrschende Ökonomie liberaler Prägung die vorgesehenen Sanktionen des publizistischen Erfolgs im freien Meinungswettbewerb. Wenn bei Überschreiten des Marktanteils von zehn Prozent unabhängige Fensterprogramme ausgestrahlt werden müssen bzw. bei Überschreiten des Marktanteils von 30 Prozent Beteiligungen reduziert werden müssen, dann ist dies ein Eingriff in die Wettbewerbsfreiheit und vor allem eine Beschränkung der (passiven) Meinungsfreiheit der Rezipienten und kann nicht als Schutz der Meinungsfreiheit interpretiert werden. Ergebnisse des Meinungswettbewerbs können und dürfen nicht vorab festgelegt werden.

Positiv zu bewerten ist der Fortschritt im Bereich der Transparenz, sowohl für die Landesmedienanstalten als auch für die Öffentlichkeit und der Fortschritt im Bereich der Kontrolle weg vom pluralistisch zusammengesetzten Versammlungsmodell hin zur Kontrolle durch unabhängige Experten wie im Fall der KEK.

8.4. Konturen einer angemessenen Konzentrationskontrolle

Die Konzentrationskontrolle im Rundfunksektor (und im Mediensektor insgesamt) sollte die *Ziele* verfolgen,

- den Wettbewerb zu schützen und zu sichern und
- die Voraussetzungen für die Produktion von Meinungsvielfalt zu schützen und zu sichern.

Ein Konflikt zwischen diesen Zielen wird von mir nicht gesehen: Ein gut funktionierender Wettbewerb ist zumindest die notwendige Voraussetzung für die Produktion von Meinungsvielfalt, eine hinreichende Voraussetzung ist er aber nicht.

Die Konzentrationskontrolle sollte *einheitlich* sein:

- Sie sollte einem einheitlichen Leitbild und nur dem Leitbild des unbeschränkten Marktzutritts folgen (Gewerbefreiheit).
- Sie sollte einheitlich für alle Massenmedien gelten.
- Sie sollte durch *eine* Behörde ausgeübt werden und zwar *grundsätzlich* nach den Regeln des Kartellrechts, das auf Grund seiner jahrzehntelangen Erprobungen Wettbewerbsbeschränkungen besser verfolgen kann als die Medienpolitik.
- Sie sollte auf der jeweils obersten Ebene angesiedelt sein, also auf nationaler Ebene oder EU-weit, um zu verhindern, dass Konzentrationskontrollpolitik als Medienstandortpolitik missbraucht wird.
- Die Konzentrationskontrolle sollte vor allem dafür Sorge tragen, dass der *Zutritt* neuer Anbieter zum Rundfunkmarkt (und zum Medienmarkt insgesamt) möglichst unbeschränkt ist. Hier muss sichergestellt werden, dass der Zutritt zu den notwendigen Ressourcen der Rundfunkproduktion für alle zu gleichen und zu kompetitiven Bedingungen möglich ist. Die Sicherung einer strikten Neutralität der Vertriebsnetze und Vermarktungsorganisationen und einer strikten Neutralität der Programm-Input-Produzenten zumindest für marktbeherrschende Unternehmen wäre von vorrangiger Bedeutung. Hier müsste die „essential facilities doctrine" medienspezifisch weit ausgelegt werden.

Die Konzentrationskontrolle sollte – neben der traditionell gehandhabten Kontrolle horizontaler Verflechtungen – ihren Schwerpunkt auf die Kontrolle *intermediärer* und *vertikaler Verflechtungen* verlagern, weil diese immer die Marktzutrittsfreiheit beeinträchtigen und das Potenzial für die Produktion von Meinungsvielfalt beschränken. Falls dies im Rahmen des Kartellgesetzes nicht möglich ist, müssten hier medienspezifische Kontrollen ergänzend angewendet werden. Ein Beispiel sind die alten Regelungen für Finanzinstitute, die in vielen Ländern eine strikte Trennung von Einlagengeschäft, Kreditgeschäft und Wertpapierhandel vorsahen.

Zu ergänzen wären *zusätzliche Vorkehrungen,* um die Qualifikation und die Unabhängigkeit der Geschäftsführer von Rundfunkunternehmen (und Medienunternehmen insgesamt) zu stärken und zu sichern. Eine große Unabhängigkeit der Geschäftsführer von ihren Konzernobergesellschaften oder von Eigentümern generell scheint dagegen verfassungsrechtlich möglich und ökonomisch sinnvoll zu sein, weil damit das Potenzial für die Produktion von Meinungsvielfalt erhöht würde und der Wettbewerb intensiviert werden könnte. Eine solche Unabhängigkeit, etwa nach dem Muster eines Vorstands von Aktiengesellschaften, ergänzt um eine begrenzte Amtszeit ohne Möglichkeit der Wiederwahl, könnte das Rundfunksystem ein klein wenig von den „Zwängen des Kommerzes" zu befreien, was nach den gegenwärtigen Erfahrungen heilsam sein könnte.

Zusammenfassung

Konzentration ist ein zentrales Problem der Wirtschaft allgemein und ein zentrales Problem der Rundfunkpolitik im besonderen. Sinnvoll ist eine Differenzierung in horizontale Konzentration, die sich auf die gleiche Verarbeitungsstufe im Markt bezieht, und in vertikale Konzentration, die sich auf verschiedene Stufen einer Wertschöpfungskette bezieht. Konzentrationsprozesse sind schwer zu erfassen, insbesondere die zahlreichen Formen von Unternehmensverbindungen sind schwierig zu erkennen und zu bewerten. Ursache der Konzentration sind generell Effizienz- und Machtvorteile, speziell verschiedene Größenvorteile und Ersparnisse von Transaktionskosten. Die Folgen der Konzentration sind vielschichtig und in der Regel nur im Einzelfall zu erfassen; generell kann eine Abnahme des Wettbewerbs und eine Verschlechterung der Bedingungen für die Produktion von Vielfalt vermutet werden. Die Kontrolle der Rundfunkkonzentration erfolgt nach Kartellrecht und nach Medienrecht zugleich. Allerdings hat dieses Nebeneinander verschiedener Rechtssysteme die immer sehr schwierige Konzentrationskontrolle nicht erleichtert.

Literatur

Über Probleme der ökonomischen Konzentration allgemein informiert kurz

- Baßeler, U.; J. Heinrich, W. Koch, Grundlagen und Probleme der Volkswirtschaft. 14. Auflage, Köln (Bachem) 1998, Kapitel 7

und ausführlich

- Arndt, H., Wirtschaftliche Macht. Tatsachen und Theorien, 3. Auflage, München (Vahlen) 1980.

Über rundfunkspezifische Probleme der Konzentration und der Sicherung von Meinungsvielfalt informiert kurz

- Kiefer, M.-L., Konzentrationskontrolle: Bemessungskriterien auf dem Prüfstand, in: Media Perspektiven, Heft 2, 1995, S. 58-67

und ausführlich

- Die Sicherung der Meinungsvielfalt. Schriftenreihe der Landesmedienanstalten 4, Berlin (Vistas) 1995.

Über den Stand der Konzentration im Rundfunkbereich, vor allem im Fernsehbereich, informiert der

- Jahresbericht der Kommission zur Ermittlung der Konzentration im Medienbereich (KEK).

Die kommunikationswissenschaftlich geprägte Kritik der Konzentration formuliert

- Knoche, M., Strukturwandel der Öffentlichkeit nach dem Konzentrationsprinzip, in: Wilke, J. (Hrsg.), Massenmedien und Zeitgeschichte, Konstanz (UVK) 1999, S. 731-745.

Außerordentlich wichtig sind die Analysen der Konzentration in allen Sektoren des Mediensystems durch

- Röper, H., die regelmäßig in den Media Perspektiven veröffentlicht werden.

8. Kapitel
Rundfunkfinanzierung

Die Finanzierung von Rundfunkprogrammen ist ein komplexes Problem, weil das gehandelte Gut nicht einfach definiert werden kann, weil Eigentumsrechte nur schwer definiert und durchgesetzt werden können und weil an die Funktionen des Rundfunks vielfältige Erwartungen geknüpft werden, deren Erfüllung auch von der Art seiner Finanzierung abhängt. Zur Finanzierung von Rundfunkprogrammen sind eine Reihe von Möglichkeiten diskutiert, entwickelt und erprobt worden, die im Folgenden vorgestellt und evaluiert werden. Dabei werden Bewertungskriterien der Ökonomie und der Publizistik herangezogen, um deutlich zu machen, in welchen Dimensionen das Problem einer optimalen Rundfunkfinanzierung diskutiert werden muss. Eine eindeutige Empfehlung wird nicht gegeben werden können, weil die Bewertungskriterien zwar genannt werden können, aber nicht gewichtet und quantitativ gemessen werden können.

Das Problem der optimalen Finanzierung des Rundfunks war lange Zeit verbunden mit der lange Zeit behaupteten Frequenzknappheit. Die „alten" Modelle der Programmwahl waren immer von einer gegebenen und kleinen Anzahl von Übertragungskanälen ausgegangen und hatten dann einen Zusammenhang zwischen Finanzierungsform und Zahl der ausgestrahlten Programme hergestellt (vgl. Kapitel 4), meist in folgender Form: „The higher the number of available channels the greater the advantages of pay and competition, the lower the number of channels the greater the advantages of advertising and monopoly" (Collins/Garnham/Locksley 1988, S. 106). Spätestens mit der Einführung von Kabel, Satellit und digitaler Ausstrahlung ist das Argument der Frequenzknappheit obsolet geworden. Die Vertriebskapazität für Rundfunk ist nicht prinzipiell knapper als die für Zeitungen, Brötchen oder Versicherungspolicen. Daher liefern die „alten" Modelle der Programmwahl, die immer von einer gegebenen Anzahl von Kanälen ausgegangen sind, heute keine sinnvollen Beurteilungen von Finanzierungsformen des Rundfunks. Wieviel Übertragungskanäle es gibt, bestimmt heute der Markt und allenfalls die Politik, die bestimmt, wieviel Markt zugelassen werden soll. Im Folgenden wird daher von prinzipiell unbeschränkter Vertriebskapazität für Rundfunkprogramme ausgegangen.

Der technische Fortschritt wird die Wahl der Finanzierungsformen insofern beeinflussen, als er komplexe Abrechnungs- und Inkassosysteme relativ billiger machen wird. Ob am Ende ein so komplexes Abrechnungssystem wie bei der Nutzung des Telefonnetzes auch für die Nutzung von Rundfunkprogrammen realisiert werden wird, ist aber eher zu bezweifeln. Im Folgenden wird ein Überblick über die Finanzierungsformen gegeben (Abschnitt 1), die Bewertungsmaßstäbe werden vorgestellt (Abschnitt 2), und die wichtigsten Finanzierungsformen werden diskutiert; die Finanzierung durch Zwangsentgelte in Abschnitt 3, die Finanzierung durch Rezipientenentgelte in Abschnitt 4, die Finanzierung durch Werbung in Abschnitt 5 und der Wettbewerb der Finanzierungsmöglichkeiten in Abschnitt 6.

1. Formen der Rundfunkfinanzierung

Anders als bei „normalen" Gütern, für die es in der Regel nur Marktpreise gibt, die der Konsument zu entrichten hat, existieren für die Rundfunkfinanzierung eine Reihe von Möglichkeiten, die grob in Zwangsentgelte, Rezipientenentgelte, Werbeeinnahmen und sonstige Einnahmen unterschieden werden können.

Zwangsentgelte – Steuern, Gebühren, Beiträge
Zwangsentgelte, in der Finanzwissenschaft meist Zwangsabgaben genannt, sind Steuern, Gebühren und Beiträge. Sie werden erhoben, um Leistungen der öffentlichen Hand zu finanzieren. Rundfunk sollte mithin allenfalls dann mit Zwangsentgelten finanziert werden, wenn es sich um Rundfunk in öffentlich-rechtlichen Organisationsformen handelt, in der Regel „Anstalten des öffentlichen Rechts". Zu prüfen bleibt dann, ob eine Finanzierung durch Steuern oder Gebühren oder Beiträge angemessen ist.

Steuern sind Zwangseinnahmen der öffentlichen Hand, denen keine spezielle Gegenleistung zugunsten der Steuerpflichtigen gegenübersteht (Petersen 1990, S. 192). Daraus folgt zum einen, dass eine spezielle Rundfunksteuer zur Finanzierung des Rundfunks nicht zulässig wäre, der Rundfunk müsste vielmehr aus den Staatseinnahmen insgesamt finanziert werden, und eine Rundfunksteuer müsste zur Finanzierung der Staatsausgaben insgesamt verwendet werden. Zum anderen kommt die Steuerfinanzierung nur in Frage, wenn die Leistungen des Rundfunks überwiegend der Gesellschaft insgesamt und nicht dem Einzelnen zurechenbar zufließen. Das ist sicher nicht der Fall; die Leistungen des Rundfunks in Form von Information, Unterhaltung und Bildung fließen sicher *überwiegend* individuell zurechenbar Einzelnen zu. Daher ist eine Steuerfinanzierung des Rundfunks insgesamt nicht angemessen.

Gebühren und *Beiträge* sind Zwangseinnahmen der öffentlichen Hand, denen eine spezielle Gegenleistung gegenübersteht. Von Gebühren spricht man, wenn der Bürger eine öffentliche Einrichtung speziell für sich in Anspruch nimmt und tatsächlich nutzt, und von Beiträgen spricht man, wenn der Bürger aus einer öffentlichen Einrichtung vermutlich einen Vorteil zieht, wobei die tatsächliche Inanspruchnahme unerheblich ist (Petersen 1990, S. 194). Daher wären die Rundfunkprogramme öffentlich-rechtlicher Veranstalter eher durch Gebühren bzw. Beiträge zu finanzieren. Wenn die Zahlungspflicht an den bloßen Besitz eines Rundfunkgeräts gebunden ist – wie in Deutschland nach §12, Abs. 2 RStV – dann sollte korrekterweise von Rundfunkbeiträgen gesprochen werden. Allerdings sind diese begrifflichen Unterschiede nicht sehr wichtig. Zentral ist die kollektive Festsetzung der Zwangsentgelte und ihre Entkoppelung von der individuellen Nutzung der Rundfunkprogramme.

Rezipienten-Preise – Pay-Rundfunk
Rezipienten-Preise sind Zahlungen der Rezipienten an die Veranstalter, die als Marktpreise ausgestaltet sind und daher eine Beziehung von Leistung und Gegenleistung begründen. Im Einzelnen wird zum einen danach differenziert, ob es sich um Marktpreise für die Nutzungsmöglichkeit eines (Gesamt-)Programms bzw. eines Programmpakets handelt – man spricht dann von *Per-Channel-Pay-Rundfunk* – oder ob es sich um den Marktpreis für die Nutzung einer (einzelnen) Sendung handelt – man spricht dann von *Per-Program-Pay-Rundfunk.* Zum anderen wird danach differenziert, ob es sich um Radio oder Fernsehen handelt – man spricht dann von Pay-TV in den Formen Per-Channel-Pay-TV und Per-Programm-Pay-TV, letzteres wird auch Pay-Per-View genannt, und Pay-Radio in den Formen Per-Channel-Pay-Radio und Per-Program-Pay-Radio, letzteres wird auch Pay-Per-Hear genannt.

Schön und korrekt sind diese Bezeichnungen nicht. Angemessener erscheint es, von Preis-Rundfunk zu sprechen – Preis-Radio und Preis-Fernsehen – sowie nach Sendung und Programm zu differenzieren. Um Verwirrungen zu vermeiden, sollen die üblichen Bezeichnungen indes beibehalten werden.

Werbe-Preise – AD-Rundfunk – Free-Rundfunk
Bei der Finanzierung durch Werbe-Preise zahlt die werbungtreibende Wirtschaft Marktpreise für die Verbreitungs- und Wirkungswahrscheinlichkeit von Werbebotschaften, also Preise für die Werbezeit in einem bestimmten Werbeumfeld mit verläßlich zu planender Reichweite. Letztlich zahlt die werbungtreibende Wirtschaft für die Aufmerksamkeit der Rezipienten, die die Rundfunkprogramme empfangen. Nach der Abkürzung des Begriffs „Advertising" wird die Finanzierung durch Werbe-Preise auch *AD-Radio* bzw. *AD-TV* genannt. Und weil bei der Finanzierung durch Werbe-Preise die Programme für die Rezipienten unentgeltlich zu empfangen sind, wird diese Form der Finanzierung auch *Free-Radio* bzw. *Free-TV* genannt.

Sonstige Finanzierungsformen
Rundfunkprogramme können auch über den Preis für die Empfangsgeräte oder, in den Rechtsformen von Verein oder Stiftung, über Beiträge und Spenden finanziert werden. Eine Finanzierung über den Preis der Empfangsgeräte ist in Deutschland bei der Einführung des Radios diskutiert worden, und eine Finanzierung über Vereine wird z.B. in den Niederlanden praktiziert, und eine Finanzierung über eine Stiftung wird immer wieder vorgeschlagen, so z.B. durch die Monopolkommission als Alternative zum derzeitigen öffentlich-rechtlichen Rundfunk in Deutschland (Monopolkommission 1996, S. 377; FN 82). Ingesamt spielen diese Finanzierungsformen indes keine wichtige Rolle; sie werden daher nicht weiter behandelt. Übersicht 1 stellt die genannten Finanzierungsformen abschließend zusammen.

Übersicht 1: Formen der Rundfunkfinanzierung

	Fernsehen	Radio
Zwangsentgelte	Steuern Gebühren Beiträge	
Rezipienten-Preise	Pay-TV – Pay-Per-View bzw. Pay-Per-Program – Pay-Per-Channel	Pay-Radio – Pay-Per-Hear bzw. Pay-Per-Program – Pay-Per-Channel
Werbe-Preise	AD-TV bzw. Free-TV	AD-Radio bzw. Free-Radio
Sonstige Finanzierung	Preise der Empfangsgeräte Vereinsbeiträge Spenden für Stiftungen	

2. Kriterien zur Bewertung der Finanzierungsformen

Kriterien zur Bewertung unterschiedlicher Finanzierungsformen entstammen der Ökonomie und der Publizistik. *Wertmaßstab der Ökonomie* ist die Wohlfahrtsmaximierung; wegen der größeren Anschaulichkeit und der besseren Handhabbarkeit differenziert in das Kriterium der allokativen Effizienz und in das Kriterium der produktiven Effizienz (vgl. Kapitel 1). Strenggenommen wäre zu prüfen, ob die wohlfahrtsökonomischen Marginalbedingungen – die optimale Faktorallokation und der optimale Tausch – erfüllt sind. Da die Rundfunkproduktion in keinem einzigen Punkt die Annahmen des Modells der vollständigen Konkurrenz erfüllt, sind die strengen wohlfahrtsökonomischen Marginalbedingungen auch nicht relevant. Da die Marginalbedingungen andererseits aber zentrale ökonomische Konzepte in ihrem Sinngehalt angemessen wiedergeben, werden sie hier in „weicher" Formulierung herangezogen:

– Das Kriterium der *produktiven Effizienz* prüft, ob die Produktion die knappen Ressourcen der Gesellschaft effizient verwendet (ob so billig wie möglich produziert wird);
– das Kriterium der *allokativen Effizienz* prüft, ob die Produktion den Präferenzen der Konsumenten entspricht (ob das produziert wird, was die Konsumenten wünschen) und ob die Zuteilung der Güter optimal in dem Sinne ist, dass es nicht möglich ist, die Wohlfahrt eines Konsumenten zu verbessern, ohne andere schlechter zu stellen (ob die Güterverteilung optimal ist).

Die Erfüllung dieser Kriterien kann nicht direkt geprüft werden, weil das dazu notwendige Wissen nicht zentralisiert werden kann. Indirekt ist ein Schluß auf die Erfüllung dieser Kriterien indes möglich, weil die Ökonomie davon ausgehen kann, dass der Wettbewerb das Kriterium der allokativen und der produktiven Effizienz besser als jedes andere denkbare Verfahren erfüllt. Hilfsweise ist es mithin ausreichend, Struktur und Performance des Wettbewerbs zu evaluieren.

Die *Wertmaßstäbe der Publizistik* sind vielschichtiger und ergebnisorientierter: Es sind die schon oft genannten Kriterien von publizistischer Vielfalt, publizistischer Qualität und publizistischem Niveau, ergänzt um das Kriterium der Staatsfreiheit und das Kriterium einer materiell fundierten Informationsfreiheit für alle, auch für

Staatsbürger mit geringem Einkommen, also die Sicherung einer Grundversorgung mit Information für alle. Über die Erfüllung der Kriterien von Vielfalt, Qualität und Niveau kann in der Regel nur spekuliert werden; die Erfüllung von Staatsfreiheit und Informationsfreiheit kann dagegen relativ einfach beurteilt werden.

Die Kriterien von publizistischer Vielfalt, Qualität und Niveau sind – wie schon diskutiert (vgl. Band 1, Kapitel 3 und Band 2, Kapitel 1) – für das System der Ökonomie schwer zu akzeptieren, weil die Ökonomie diese Ergebnisnormen nicht kennt und ihre Erfüllung für nicht messbar hält. Die Staatsfreiheit hingegen kann auch ökonomisch begründet werden: Die Staatsfreiheit fundiert die individuellen Rechte der Meinungsäußerungsfreiheit, der Informationsfreiheit und der Freiheit der Massenmedien; diese haben einen individuellen Nutzen für die Menschen und tragen zugleich bei zu einer größeren „Produktivität" des Meinungsbildungsprozesses, so jedenfalls die Vermutung. Und auch die materiell fundierte Informationsfreiheit entspricht der ökonomischen Grundvorstellung, dass für alle Menschen die Grundversorgung mit wichtigen Gütern wie Nahrung, Wohnung und eben auch politischer, kultureller und sozialer Information gesichert werden sollte.

3. Rundfunkfinanzierung durch Zwangsentgelte

3.1. Zur Notwendigkeit einer Finanzierung durch Zwangsentgelte

Wenn der Rundfunk Güter wie Wahrheit, Meinungsvielfalt oder Öffentlichkeit produzieren soll, wenn der Rundfunk daher Güter produzieren soll, die keinen Warencharakter haben (können), dann ist eine Finanzierung durch eine Form kollektiv organisierter Zwangsentgelte angemessen, weil jede andere Finanzierungsart den Warencharakter der Produktion implizierte. Auch wenn die Rundfunkproduktion ein öffentliches Gut ist, also durch Nichtrivalität und Versagen des Marktausschlußprinzips gekennzeichnet ist, dann ist es angemessen, die Finanzierung durch eine Form kollektiver Zwangsentgelte zu sichern, weil die Rezipienten das Gut dann zwar schätzen, aber nicht bereit sind, dafür zu bezahlen, weil sie die Rundfunkproduktion auch ohne individuelle Bezahlung – als Free-Rider – konsumieren könnten. Ob die Rundfunkproduktion ein öffentliches Gut ist, ist eine Frage des Grades, nicht der Existenz. Wie ausgeführt, ist Rundfunk auf der Ebene des Inputs in den Informationskonsumprozess zum Teil ein öffentliches Gut, und auf der Ebene des Outputs ist Rundfunk ebenfalls zum Teil ein öffentliches Gut. Bildung und Wissen und kulturelle Identität sind z.T. öffentliche Güter, während die Produktion von Unterhaltung oder Gebrauchswertinformation sicher überwiegend ein privates Gut ist. Es ist also schwierig, festzulegen, in welchem Umfang und in welchen Teilen Rundfunk ein öffentliches Gut ist.

Aber unbestreitbar ist, dass Rundfunk *zum Teil* ein öffentliches Gut ist und *zum Teil* keine Ware sein kann und daher *zum Teil* durch eine Form kollektiver Zwangsentgelte finanziert werden sollte; welche Finanzierungsform gewählt wird – Steuern, Beiträge oder auch ein öffentlich finanziertes Stiftungsmodell wären denkbar – ist nicht entscheidend. In welchem Umfang der Rundfunksektor Güter produzieren soll, die dem Warenkalkül entzogen sind, muss die Gesellschaft entscheiden. In welchem

Umfang Rundfunk ein öffentliches Gut ist, muss im Prinzip die Nachfrage entscheiden: Da ein öffentliches Gut nach den Annahmen der Ökonomie durchaus begehrt wird und nur die Bereitschaft fehlt, zu zahlen (wie z.B. beim Umweltschutz), legitimiert sich das individuell kostenlose Angebot an öffentlich-rechtlichen Rundfunkprogrammen letztlich durch die Reichweite der Programme. Wenn das öffentlich-rechtliche Fernsehen z.B. langfristig einen Marktanteil von rund 40 Prozent erreicht – wie z.B. in Deutschland – dann ist eine Finanzierung von rund 40 Prozent der Fernsehproduktion durch kollektive Zwangsentgelte angemessen. Darüber hinausgehende Kalkulationen wären möglich: Man könnte einerseits versuchen, abzuschätzen, in welchem Umfang der öffentlich-rechtliche Rundfunk Programme ausstrahlt, die nicht den Charakter eines öffentlichen Gutes haben, wie z.B. fiktionale und nichtfiktionale Unterhaltung und versuchen, diesen Anteil aus der Reichweite herauszurechnen. Andererseits könnte man versuchen, abzuschätzen, in welchem Ausmaß die Programme mit dezidiert Öffentlichen-Guts-Eigenschaften höhere Produktionskosten aufweisen als andere Programme. Beides bliebe indes überaus spekulativ und soll daher unterbleiben. Wichtig ist nur, dass sich eine kollektive Zwangsfinanzierung von Rundfunkprogrammen mit den Eigenschaften öffentlicher Güter letztlich und im Prinzip durch eine entsprechende Nachfrage legitimieren muss.

3.2. Bewertung der Zwangsentgelte

Im Folgenden ist es nicht notwendig, zwischen verschiedenen Formen von Zwangsentgelten zu unterscheiden. Wichtig sind nur die beiden Merkmale

- kollektive Festsetzung der Entgelte und
- Entkoppelung der Entgelte von der individuellen Nutzung.

Produktive Effizienz: In einem Finanzierungssystem, bei dem in irgendeiner Form die „Politik“ (als Kurzform für kollektive Entscheidungsgremien) dafür sorgt, dass die notwendigen Kosten der Produktion finanziert werden, unternehmen die Kostenverursacher nur geringe Anstrengungen, Kosten zu senken, aber große Anstrengungen, den politischen Entscheidungsträgern die Notwendigkeit der Kosten deutlich zu machen. Ausnahmen von dieser polit-ökonomisch fundierten Erkenntnis sind nicht bekannt. Abhilfe ist nur sehr begrenzt möglich. Wenn ein staatsfernes Expertengremium, wie in Deutschland die KEF (Kommission zur Ermittlung des Finanzbedarfs) die Höhe der Zwangsentgelte festsetzt, dann werden Rundfunkanstalten diesem Expertengremium die Notwendigkeit ihrer Kosten deutlich machen, allerdings ist dies dann etwas schwieriger als gegenüber der allgemeinen Verwaltung oder einem Haushaltsausschuß. Wenn standardisierte Verfahren zur Festsetzung der Höhe der Zwangsentgelte gewählt werden, wie z.B. das vorgeschlagene Rundfunkgebühren-Indexierungsmodell (vgl. Kapitel 3) dann entfällt immer noch praktisch jeder Anreiz, darüber hinausgehend Kosten zu sparen. Unter dem Aspekt der produktiven Effizienz sind staatlich festgesetzte Zwangsentgelte – in welcher Form auch immer sie erhoben werden – von erheblichem Nachteil. Dies muss ins Kalkül gezogen werden, wenn die Gesellschaft kollektiv finanzierten Rundfunk wünscht.

Allokative Effizienz: Ein zweites (nicht zu lösendes) Grundproblem einer Finanzierung des Rundfunks durch Zwangsabgaben ist, dass der Markt als umfassendes Informations- und Entscheidungssystem, als System, in dem die Präferenzen der Konsumenten durch Kaufakte enthüllt werden, und als System, in dem erhebliche Anreize bestehen, gemäß diesen Präferenzen zu produzieren, durch das interessengeleitete Informations- und Entscheidungssystem der „Politik" ersetzt wird. Die Politik, in welchen Gremien auch immer, ob als Finanzminister, Haushaltsausschuß, Stiftungsbeirat oder Rundfunkrat, verfolgt eigene Interessen und nicht die Interessen der Rezipienten. Auch Aufsichtsgremien, die sich aus Vertretern gesellschaftlich relevanter Gruppen oder aus Experten zusammensetzen, haben immer auch eigene Interessen, und es gibt für sie nur wenig Anreize, die Präferenzen der Rezipienten zu berücksichtigen. Wenn die Politik Volumen und Struktur der Rundfunkproduktion bestimmt, besteht eine Tendenz, elitäre Präferenzen überdurchschnittlich zu berücksichtigen. So wird argumentiert, dass die Folge einer politikbestimmten Programmveranstaltung eine Unterversorgung mit Rundfunk insgesamt sei, weil die Politik die Leistungen des Rundfunks geringschätzt und es wird gezeigt, dass in der Programmstruktur dann elitäre Informationsprogramme überwiegen (Collins/Garnham/Locksley 1988, S. 102). Ein Vergleich von Programmumfang und Programmstruktur des öffentlich-rechtlichen Fernsehens in Deutschland vor etwa 1986 mit Programmumfang und Programmstruktur des privaten Fernsehens in Deutschland etwa nach 1990 sowie der Wandel von Programmumfang und Programmstruktur des öffentlich-rechtlichen Fernsehens unter dem Druck der privaten Konkurrenz bestätigt diese Einschätzung sehr deutlich. Als Ökonom fällt es mir sehr schwer, eine solche Zuschreibung der Missachtung von Konsumentenpräferenzen durch politikbestimmte Rundfunkveranstaltung nicht als elementare Kritik zu werten; als Rezipient fälle ich indes das persönliche Werturteil, diese Möglichkeit der Missachtung als eine Begründung für kollektiv finanzierten öffentlich-rechtlichen Rundfunk zu akzeptieren.

Das Kriterium der allokativen Effizienz prüft nicht nur, ob das produziert wird, was die Konsumenten wünschen, sondern auch, ob die Güterverteilung optimal in dem Sinne ist, dass nicht eine andere Güterverteilung die Wohlfahrt wenigstens eines Konsumenten verbessert, ohne andere schlechter zu stellen. Dieses wohlfahrtsökonomische Postulat wird vor allem dadurch gesichert, dass der individuell zu zahlende Preis eines Gutes den Grenzkosten der Produktion gleich ist. Nur dann ist gewährleistet, dass der Kaufpreis den jeweils zusätzlich verursachten Ressourcenverbrauch abdeckt. Für den Rundfunk, dessen Grenzkosten der Belieferung eines zusätzlichen Rezipienten immer null sind (vgl. Kap. 4), wäre es wohlfahrtsökonomisch mithin angemessen, wenn der vom einzelnen Rezipienten zu zahlende Rundfunkpreis null wäre. Die Gesamtkosten der Produktion sollten dann in einem solchen Fall durch Pauschalzahlungen gedeckt werden. Eine kollektive Zwangsfinanzierung entspricht genau diesem Postulat: Es wird dann sichergestellt, dass kein Rezipient von der Nutzung der Programme ausgeschlossen wird.

Vielfalt, Qualität und Niveau: Die Produktion von Vielfalt, Qualität und Niveau kann durch kein Verfahren garantiert werden, allerdings sind unter dem Regime kollektiver Zwangsfinanzierung Verfahren denkbar, die der Produktion von Vielfalt, Qualität und Niveau förderlich sind. Diese Verfahren implizieren ein höheres Produktionskostenniveau, das sich im ökonomischen Wettbewerb mit Billigproduktionen nicht durchsetzen ließe. Denkbare Verfahren sind im Wesentlichen die folgenden:

- Ein Kostenerstattungssystem fördert die Kreativität und Vielfalt der Produktion; ist aber teuer.
- Eine gründliche Qualitätskontrolle fördert die Qualität der Produktion; ist aber ebenfalls teuer.
- Eine standardisierte Ausbildung der Rundfunkprogrammproduzenten auf hohem Niveau fördert die Qualität der Produktion, ist aber ebenfalls teuer.
- Eine Vorgabe von Maßstäben für das Niveau der Rundfunkproduktion ist letztlich nur möglich, wenn die Einnahmen von der Akzeptanz der Programme entkoppelt werden.

Letztlich ist bei dieser Art von Argumentation viel Vorsicht angebracht: Weil Vielfalt, Qualität und Niveau nicht recht gemessen werden können, liefert diese Argumentation auch bürokratischer Ineffizienz wohlfeile Unterstützung.

Staatsfreiheit: Eine Finanzierung des Rundfunks durch staatlich legitimierte Zwangsentgelte gefährdet immer die Rundfunkfreiheit. Die Finanzzuweisung bzw. die Festsetzung der Höhe der Zwangsentgelte gerät immer in die Gefahr, eine Antwort der Regierungsmehrheit auf die Rundfunkproduktion der letzten Jahre zu sein. Immerhin ist es aber gelungen, die Staatsunabhängigkeit z.B. der Rechtsprechung und der Hochschulen trotz finanzieller Abhängigkeit und trotz Einbindung in die Finanzkontrolle des Staates zu sichern. Daher erscheint es möglich, die Staatsfreiheit der Programmproduktion auch bei Abhängigkeit der Finanzierung zu garantieren. Das Rundfunkgebührenurteil des Bundesverfassungsgerichts vom 22. Februar 1994 hat hier Möglichkeiten aufgezeigt: Eine indexgestützte Berechnungsmethode der Rundfunkgebühr und/oder ein staatsfernes Expertengremium, welches die Gebühren bzw. die Gebührenberechnungsmethode festsetzt, könnten die nötige Staatsfreiheit sichern.

Grundversorgung: Eine Grundversorgung mit politischer, sozialer und kultureller Information kann durch ein System kollektiver Zwangsfinanzierung gewährleistet werden, welches ja im Prinzip immer die Möglichkeit von sozial begründeten Befreiungen von der Zahlungspflicht bietet, im Prinzip auch immer auf eine solche Umverteilung abzielt.

In einer *Gesamtevaluation* wiegt die produktive Ineffizienz einer kollektiven Zwangsfinanzierung der Rundfunkproduktion sehr schwer; sie ist letztlich auch nicht zu vermeiden. Die Staatsfreiheit erscheint gefährdet, allerdings sind unschwer solche Arrangements denkbar, die geeignet sind, ein ausreichendes Maß an Staatsfreiheit zu sichern. Die Möglichkeit, Rezipientenpräferenzen zu missachten, wird hier eher negativ bewertet; sie bietet allerdings die Chance, das Niveau der Rundfunkproduktion zu erhöhen. Die *Möglichkeit,* ein vielfältiges und qualitativ hochwertiges Programm zu produzieren, ist positiv zu werten; damit diese Möglichkeit auch genutzt wird, müssen indes Verfahren der Qualitätskontrolle und der Leistungsbewertung implementiert werden. Insgesamt sollte auch gesehen werden, dass für den Teil der Rundfunkproduktion, der hinreichend die Eigenschaften eines öffentlichen Gutes hat, eine kollektive Zwangsfinanzierung angemessen ist.

4. Finanzierung durch Werbe-Preise

4.1. Der Dreieckstausch zwischen Werbungtreibenden, Rundfunkveranstaltern und Rezipienten

Die werbungtreibende Wirtschaft zahlt an die Rundfunkveranstalter Marktpreise für die Werbezeit in einem bestimmten Werbeumfeld mit einer im Prinzip kalkulierbaren Reichweite; letztlich zahlt sie Marktpreise für eine erwartete Verbreitungs- und Wirkungswahrscheinlichkeit von Werbebotschaften. Rundfunkveranstalter liefern Programme und Werbebotschaften an die Rezipienten. Dies geschieht im Rahmen einer Verbundproduktion, die ökonomisch in den Verbundvorteilen im Vertrieb und in den Verbundvorteilen im Konsum begründet sind (vgl. Kapitel 15). Die Rezipienten zahlen keine direkten Entgelte für den Empfang der Programme, aber indirekt muss von ihnen eine Gegenleistung erbracht werden.

Abbildung 1.: Verschiebung der Preis-Absatz-Relation durch Werbung

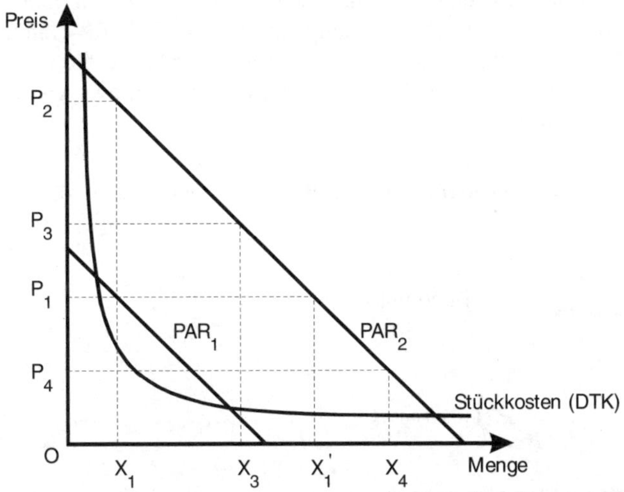

Die *Gegenleistung der Rezipienten* besteht in einer, mit großer Wahrscheinlichkeit zu vermutenden Erhöhung ihrer Konsumneigung, ökonomisch gesprochen in einer Verschiebung der Preis-Absatz-Relation nach rechts. Diese Verschiebung der Preis-Absatz-Relation kann von den Anbietern der beworbenen Güter in unterschiedlicher Weise genutzt werden, wie Abbildung 1 zeigt. Der Rezipient als Konsument ist dann bereit, zum gleichen Preis P_1 mehr nachzufragen (X_1') oder für die gleiche Nachfragemenge einen höheren Preis zu zahlen (P_2) oder Kombinationen davon zu realisieren, z.B. den höheren Preis P_3 zu zahlen und gleichzeitig mehr zu kaufen (X_3). Möglich sind auch Preissenkungen (P_4), die, der fallenden Stückkostenkurve DTK folgend, Fixkostendegressionen ausschöpfen. Entscheidend für die werbungtreibende Wirtschaft ist, dass die Erhöhung der Konsumneigung dazu genutzt werden kann, die Werbekosten aus steigenden Einnahmen zu finanzieren. Dies gilt im Durchschnitt und in der Regel; in Einzelfällen, wenn die Werbung nicht die erhoffte Wirkung erzielt, schmälern die Werbekosten den Gewinn. Generell aber macht sich die Werbung für die Anbieter dadurch bezahlt, dass steigende Umsätze Bruttogewinnsteigerungen ermöglichen, aus denen die Werbekosten finanziert werden können. Welche Last die Rundfunkfinanzierung durch Werbe-Preise für die Rezipienten darstellt, lässt sich leider nicht eindeutig sagen: Weil man nicht pauschal angeben kann, zu welchen Teilen die Mehrausgaben für Konsumgüterkäufe nur Preiserhöhungen und zu welchen Teilen sie auch Mengenerhöhungen zuzuschreiben sind, kann man auch nicht angeben, wie sich die Last verteilt. Preiserhöhungen schmälern die Wohlfahrt der Rezipienten als Konsumenten, Mengenerhöhungen erhöhen die Wohlfahrt, und vermutlich wirkt beides gleichzeitig.

Bisweilen wird argumentiert, die ökonomische Gegenleistung des Rezipienten sei die Zeit, die er dem Rundfunkkonsum und der Rezeption von Werbebotschaften „opfere“ (vgl. Monopolkommission 1996, S. 375f.). Dies erscheint nicht angemessen, weil das Publikum nicht nur die Rundfunkprogramme, sondern auch die Werbebotschaften in der Regel freiwillig rezipiert; mindestens in der Abwägung zwischen den Unbequemlichkeiten des Umschaltens und der Unlust des Dabeibleibens dürfte die Entscheidung für die Rezeption der Werbung fallen. Wie freiwillig auch immer der Rezipient seine Zeit „opfert“, es ist nicht diese Zeit an sich, die die relevante Gegenleistung darstellt, sondern die Erhöhung der Konsumneigung. Abbildung 2 stellt den Dreieckstausch zusammenfassend dar.

Abbildung 2: Dreieckstausch zwischen Werbungtreibenden, Rundfunkveranstaltern und Rezipienten

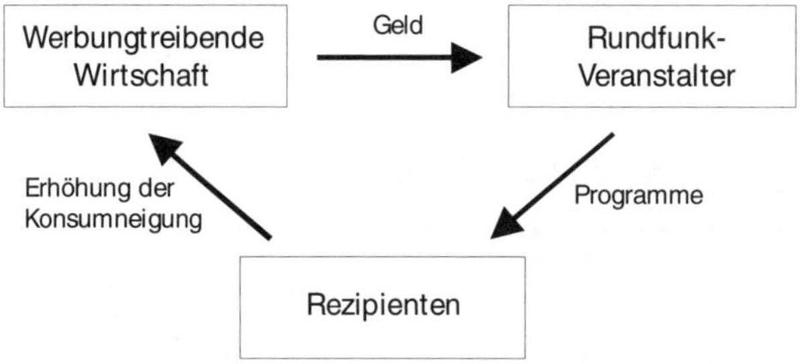

Dieser Dreieckstausch erinnert ein wenig an den Dreieckshandel zwischen Europa, Afrika und der Karibik im 18. Jahrhundert: Dort wurden Manufakturwaren gegen Sklaven getauscht, Sklaven gegen Zucker und Rum und Zucker und Rum gegen Manufakturwaren. In diesem Sinne sind die Rundfunkveranstalter, die sich durch Werbe-Preise finanzieren, moderne Sklavenhändler, sie kaufen ihre Rezipienten für billigen Tand und verkaufen sie gegen gutes Geld.

Der *Wert (der ökonomischen Gegenleistung) des Rezipienten* bestimmt sich im Wettbewerb der Werbe-Preise. Bei einem Tausend-Kontakte-Preis (TKP) von 50,- DM pro Minute Werbekontakt, der etwa der Realität in Deutschland 1998 entspricht (vgl. Kapitel 15), lässt sich der Wert eines Rezipienten abschätzen, wenn man annimmt, dass dieser täglich durchschnittlich 150 Minuten fernsieht und dass ein Werbezeitenanteil von zehn Prozent akzeptiert wird:

– Pro Minute Werbekontakt kostet der Rezipient 0,05 DM, nämlich

$$\frac{50,\text{- DM}}{1000\,\text{Rezipienten}} = \frac{0{,}05\,\text{DM}}{1\,\text{Rezipient}}.$$

– Pro Jahr kostet der Rezipient rund 275 DM, nämlich

$$0{,}05\,\text{DM} \times 15\,(\text{Minuten pro Tag}) \times 365\,(\text{Tage pro Jahr}) = 273{,}75\,\text{DM}.$$

Diese Summe ist als Einnahmepotenzial pro Kopf zu verstehen unter der Voraussetzung, dass der Rezipient nur durch Werbe-Preise finanziertes Fernsehen empfängt. Der Wert des Rezipienten, der Hörfunkwerbung empfängt, ließe sich ähnlich kalkulieren. Insgesamt ist das Finanzierungspotenzial aus Werbung recht beschränkt, weil der Rezipient nur indirekt vermarktet wird. Der Rezipient erbringt – bei dem üblichen Tausend-Kontakte-Preis – pro Stunde nicht viel mehr als 0,30 DM; auch bei Top-Ereignissen wie Fußball, Boxen oder Formel-1-Rennen lässt sich pro Rezipient nicht viel mehr erlösen. Dagegen sind Rezipienten selbst durchaus bereit, für Top-Ereignisse wesentlich mehr zu bezahlen.

Historisch gesehen hat die Werbe-Preis-Finanzierung auch technische Gründe, weil es im System terrestrischer (drahtloser) Übertragung von Rundfunkprogrammen große Schwierigkeiten bereitete, Rezipienten, die den geforderten Programmpreis nicht zahlten, von der Nutzung der Programme auszuschließen. Daher war die Finanzierung über den Verkauf von Werbezeiten ein einfach zu praktizierender Ausweg. Mittlerweile sind Abrechnungssysteme verfügbar, die das Problem des Ausschlusses von Nichtzahlern ohne große Transaktionskosten lösen.

4.2. Mangelnde allokative Effizienz

Das zentrale Problem einer Rundfunkfinanzierung durch Werbe-Preise ist der Mangel an allokativer Effizienz: Es kann nicht sichergestellt werden, dass sich die Rundfunkprogrammproduktion hinreichend an Rezipientenpräferenzen orientiert. Dies liegt daran, dass für das Finanzierungsvolumen nur die Reichweite der Programme entscheidend ist und nicht Struktur und Intensität der Rezipientenwünsche.

Bias gegen präferenzintensive Minderheitenprogramme

Der übliche Bias gegen Minderheitenprogramme, der auch bei einer Finanzierung durch Rezipienten-Preise besteht (vgl. Kapitel 4, Abschnitt 8), wird dadurch verstärkt, dass bei der Werbe-Preis-Finanzierung allein die Nachfrage zum individuellen Preis von Null, also die Sättigungsmenge, relevant ist. Und diese Sättigungsmenge ist eben nur *ein* Indikator für die Präferenzen, der nur wenig über die Wertschätzung insgesamt aussagt. Dies zeigt Abbildung 3.

Abbildung 3: Bias gegen Minderheitenprogramme

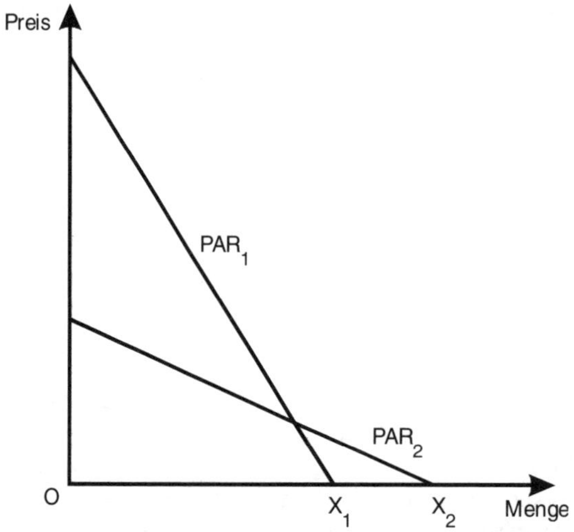

Die Wertschätzung wird ausgedrückt durch die Preiszahlungsbereitschaft der Rezipienten, also durch die Fläche unterhalb der Preis-Absatz-Relation PAR_1 bzw. PAR_2. Bei einer Werbe-Preis-Finanzierung würde das Programm 2, das der Preis-Absatz-Relation PAR_2 entspricht, ausgestrahlt und finanziert, weil die Reichweite X_2 größer ist als X_1. Indes ist die Wertschätzung für Programm 1 insgesamt größer, obwohl die Reichweite bei dem Preis von Null kleiner wäre. In üblicher Interpretation ist das Programm 1 ein Minderheitenprogramm. Aber wie auch immer es bezeichnet wird, entscheidend ist, dass eine Werbe-Preis-Finanzierung Präferenzintensitäten nicht berücksichtigt und damit wesentliche Elemente der Rezipientenpräferenzen missachtet.

Bias gegen teure Qualitätsproduktion

Die Missachtung der Präferenzintensität bedeutet auch, dass nur Anreize bestehen, eine bestimmte Reichweite so billig wie möglich zu erzielen. Es bestehen aber für werbefinanzierte Rundfunkveranstalter keine Anreize, durch teure Qualitätsproduktionen die Rezipientenwünsche besser zu erfüllen. Bildlich gesprochen bestehen keine Anreize, das annahmegemäß teure und stärker geschätzte Programm P_1 zu produzieren, wenn die gleiche Reichweite auch durch das billigere Programm P_2 erzielt wird (vgl. Abbildung 4).

Abbildung 4: Bias gegen Qualitätsprogramme

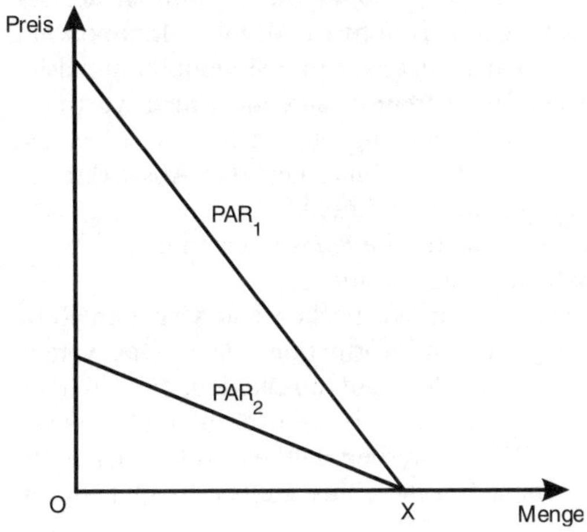

Bias für Präferenzen der Werbungtreibenden

Die Rundfunkveranstalter müssen ihre Programme primär nach den Präferenzen der werbungtreibenden Wirtschaft ausrichten, weil diese die Programmproduktion bezahlen. Hinzu kommt, dass die werbungtreibende Wirtschaft ihre Programmpräferenzen, also ihre Werbeumfeldpräferenzen, klar und operational formuliert, während die Rezipientenpräferenzen diffus sind und weniger klar formuliert werden können. Allerdings können Rezipientenpräferenzen nicht völlig missachtet werden, weil die Programmreichweite notwendige Bedingung für den Werbeerfolg ist. Aber es ist zu vermuten, dass eine bestimmte Reichweite mit einem großen Sortiment unterschiedlichster Programme erzielt werden kann, und im Rahmen dieses Sortiments sollten sich die Präferenzen der werbungtreibenden Wirtschaft durchsetzen. Hinzu kommt, dass die Reichweite nur notwendige, aber nicht hinreichende Bedingung für den Werbeerfolg ist. Zum Konflikt zwischen den Rezipientenpräferenzen und den Wünschen der werbungtreibenden Wirtschaft kommt es, wenn die erzielbare Reichweite *qualitativ* kein geeignetes Werbeumfeld darstellt, etwa bei billigen Sexfilmen, kritischen Informationssendungen oder Sendungen für Senioren. Im Konflikt setzen sich dann die Programmwünsche der werbungtreibenden Wirtschaft durch.

Ein erheblicher Verstoß gegen das Prinzip der allokativen Effizienz in Bezug auf Rezipientenpräferenzen ist zudem die Begrenzung des Volumens der Programmproduktion durch das Potenzial der Werbeeinnahmen. Auf diesem Wege begrenzt die Zahlungsbereitschaft der werbungtreibenden Wirtschaft das Volumen der Programmproduktion, letztlich also die konjunkturelle Lage und die Einschätzung des vermeintlichen Nutzens der Rundfunkwerbung im Vergleich zu anderen Instrumenten des Marketings, und nicht die Programmnachfrage der Gesellschaft.

Problematik der Rundfunkwerbung per se

Schließlich wird Rundfunkwerbung per se bisweilen für eine eher schädliche Form von Werbung gehalten, so insbesondere von der Monopolkommission bei der seinerzeitigen Diskussion um die Einführung von privatem Rundfunk (Monopolkommission 1981). Wenngleich vermutet werden kann, dass die Monopolkommission ihre seinerzeit geäußerte Kritik an der Rundfunkwerbung heute nicht mehr vortragen würde, soll sie wegen ihrer grundsätzlichen Bedeutung aufgegriffen werden. Die Monopolkommission argumentiert, dass Rundfunkwerbung negative Auswirkungen auf die Produktmärkte insgesamt habe, insbesondere befürchtet sie

- eine Verschlechterung der Markttransparenz für die Konsumenten und
- eine weitere Förderung der Unternehmenskonzentration.

So sei die Rundfunkwerbung wegen ihrer starken akustischen und visuellen Reize von starker suggestiver Wirkung bei eher geringem Informationsgehalt. Dies verzerre die Markttransparenz und erschwere rationale Kaufentscheidungen. Zugleich erhöhe diese Art der Werbung das Ausmaß der Produktdifferenzierung und erschwere die Marktzutrittsbedingungen für neue Wettbewerber. Diese Position ist heftig kritisiert worden (vgl. Hoppmann/Kantzenbach 1984); aus meiner Sicht kann sie indes immer noch akzeptiert werden.

Wohlfahrtsökonomische Vorteile

Nur ein Argument spricht in der Bewertung der allokativen Effizienz für eine Werbe-Preis-Finanzierung: Sie entspricht dem wohlfahrtsökonomischen Postulat, dass der individuelle Verbraucherpreis den Grenzkosten der Produktion gleich sein sollte. Da die Grenzkosten der Rundfunkproduktion Null sind, ist auch der individuelle Verbraucherpreis von Null angemessen. Kein Rezipient wird unnötigerweise vom Konsum der Rundfunkprogramme ausgeschlossen. Insgesamt wiegt dies Argument indes nicht schwer, weil Rundfunk generell billig ist und zudem für sozial Schwache subventioniert werden könnte.

4.3. Beschränkte produktive Effizienz der Werbe-Preis-Finanzierung

Im System der Rundfunkfinanzierung über Werbe-Preise besteht ein großer Anreiz, so billig wie möglich zu produzieren, weil Kosteneinsparungen dem Veranstalter direkt als Gewinn (bzw. als Minderung der Verluste) zufließen. Wenn gut funktionierender Wettbewerb existiert, besteht auch ein Zwang, billig zu produzieren, weil die Veranstalter, die nicht effizient produzieren, sich am Markt nicht halten können. Daher sind die Strukturbedingungen des Wettbewerbs im System der Werbe-Preis-Finanzierung wichtig. Wie an anderer Stelle ausgeführt, sind die Strukturbedingungen des Wettbewerbs im Rundfunksektor generell nicht günstig. Dies liegt vor allem an der Fixkostendegression: Mit steigender Reichweite sinken die Programmkosten pro Kopf des Rezipienten kontinuierlich und ad infinitum. Dies ist die klassische Ursache für ein Marktversagen im Bereich des Wettbewerbs (vgl. Kapitel 4, Abschnitt 5). Desweiteren differieren die Strukturbedingungen des Wettbewerbs je nach der Finanzierungsart.

Bei Werbe-Preis-Finanzierung des Rundfunks funktioniert die kumulative Dynamik der Einnahmen ähnlich wie im Zeitungsgeschäft (vgl. Band 1, S. 212f.):

– Steigt die Reichweite, so sinken bei konstanten Werbespotpreisen die Tausend-Kontakte-Preise. Dies erhöht die Nachfrage nach Werbezeit *(Mengeneffekt)*.
– Sinkende Tausend-Kontakte-Preise bieten Spielräume, die Spotpreise zu erhöhen *(Preiseffekt)*.

Sowohl der Mengeneffekt als auch der Preiseffekt erhöhen die Einnahmen und – anders als bei Printmedien – direkt die Gewinne, weil die (zusätzliche) Ausstrahlung von Werbebotschaften für die Rundfunkveranstalter keine (zusätzlichen) Kosten impliziert (allenfalls die anteiligen Ausstrahlungskosten).

Diese zusätzlichen Gewinne *können* in die üblichen Maßnahmen des Marketing investiert werden:

– In eine Verbesserung der Programmqualität im ökonomischen Sinne, um die Reichweite weiter zu steigern,
– in eine Verstärkung der Werbung und /oder
– in eine Senkung der Preise für die Ausstrahlung der Werbebotschaften, um den Konkurrenten Werbemarktanteile abzujagen.

Beides erhöht die Konzentration, einmal auf dem Rezipientenmarkt, zum anderen auf dem Werbemarkt und verschlechtert die Strukturbedingungen des Wettbewerbs (nicht notwendigerweise den Wettbewerb selbst).

In zwei Punkten unterscheidet sich die Werbe-Preis-Reichweiten-Spirale von der Anzeigen-Auflagen-Spirale indes signifikant:

– Das Angebot eines Programms an Werbezeit ist medienrechtlich eng limitiert (vgl. Kapitel 3) und faktisch recht begrenzt, weil Rundfunkwerbung überwiegend als störend empfunden wird.
– Die Nachfrage nach Rundfunkwerbung, speziell nach Fernsehwerbung ist sehr groß, nimmt deutlich zu und übersteigt die Angebotsmöglichkeiten eines einzelnen Programms bei weitem.

Dies bedeutet, dass der Rundfunkwerbemarkt, insbesondere der nationale Fernsehwerbemarkt, anders als der relativ enge lokale und regionale Zeitungsmarkt Raum bietet für zahlreiche Programmangebote. Dies können dann auch Programmangebote wirtschaftlich unabhängiger Rundfunkveranstalter sein. Die Strukturbedingungen des Wettbewerbs bei Werbefinanzierung des Rundfunks sind mithin zufriedenstellend, deutlich besser als im Zeitungsgeschäft.

4.4. Vielfalt, Qualität, Niveau sowie Grundversorgung und Staatsfreiheit

Prinzipiell muss die Bewertung der Werbe-Preis-Finanzierung nach den publizistischen Kriterien von Vielfalt, Qualität, Niveau sowie Grundversorgung und Staatsfreiheit getrennt von den ökonomischen Kriterien erfolgen. Inhaltlich kann indes zum großen Teil auf die Diskussion der ökonomischen Kriterien Bezug genommen werden.

Die Bedingungen für die Produktion von *Vielfalt* sind schlecht, weil Präferenzintensitäten nicht berücksichtigt werden, und daher Minderheitenprogramme kaum

Finanzierungschancen haben. Die Bedingungen für die Produktion von *Qualität* sind ebenfalls schlecht, weil nur Anreize bestehen, Reichweiten so billig wie möglich zu erzielen, (teure) Qualitätsprogramme haben nur geringe Finanzierungschancen. Und grundsätzlich ist äußerst problematisch, dass medienpolitische Programmanforderungen wenig Chancen haben, gegen die Wünsche der werbungtreibenden Wirtschaft durchgesetzt zu werden. Ein aktuelles Beispiel ist die Modifikation des Auflagenprogramms „Kanal 4“ in Nordrhein-Westfalen nach den Vorstellungen der Veranstalter RTL und SAT.1 (vgl. w&v 13/1998, S. 114). Auch Niveau lässt sich offenbar nur mit Mühe durchsetzen.

Die *Staatsfreiheit* ist gewährleistet, und die *Grundversorgung* für alle ist naturgemäß gesichert, wenn die Programme ohne direktes Entgelt empfangen werden können.

4.5. Gesamtbewertung der Werbe-Preis-Finanzierung

Positiv zu bewerten ist die Staatsfreiheit, die Sicherung einer Grundversorgung mit Rundfunkprogrammen für alle zu einem individuellen Preis von Null und der Befund, dass die Strukturbedingungen für Wettbewerb zufriedenstellend sind. Allerdings funktioniert der Wettbewerb nur auf dem Werbemarkt recht gut, auf dem Rezipientenmarkt ist der Wettbewerb durch erhebliche Mängel gekennzeichnet. Der am schwersten wiegende Mangel ist die Missachtung der Rezipientenpräferenzen und nachfolgend der Bias gegen die Produktion von Qualität und Vielfalt. Diese Mängel werden nach meinem Werturteil durch die genannten Vorteile bei weitem nicht kompensiert.

5. Finanzierung durch Rezipienten-Preise

5.1. Probleme der Preiskalkulation für Rundfunkprogramme

In der Ökonomie wird generell angenommen, dass Unternehmen, auch Rundfunkveranstalter, wenn sie nicht öffentlich-rechtlich organisiert sind, nach maximalem Gewinn streben (Gewinnmaximierungshypothese). In Lehrbüchern der Ökonomie werden daraus relativ einfache und plausible Preiskalkulationsregeln abgeleitet. Wenn die Preise als Marktpreise gegeben sind – so im Modell der vollständigen Konkurrenz – wird gerade so viel produziert und angeboten, dass die Grenzkosten der Produktion dem Marktpreis gleich sind. Wenn der Anbieter als Preisfixierer – vor allem im Oligopol und im unvollkommenen Polypol – den Preis selbst setzt, kalkuliert er den Preis so, dass der Grenzumsatz den Grenzkosten der Produktion gleich wird. Und wenn Anbieter den Empfehlungen der Ökonomie-Lehrbücher nicht trauen oder nicht folgen können, weil sie den Grenzumsatzverlauf nicht kennen, dann kalkulieren sie ihre Preise häufig so, dass sie auf die Stückkosten der Produktion, die bei normaler Kapazitätsauslastung anfallen (Normalkosten) einen Gewinnaufschlag erheben (Normalkostenprinzip; vgl. Baßeler/Heinrich/Koch 1998, 5. und 6. Kapitel).

Da auf dem Markt für Rundfunkveranstaltung keine vollständige Konkurrenz herrscht, sondern Oligopole und Monopole vorherrschen (vgl. Kapitel 11 und 13), werden die Anbieter ihre Preise als Preisfixierer kalkulieren. Bei der Preiskalkulation nach dem Lehrbuch gilt die Gewinnmaximierungsregel:

Grenzumsatz = Grenzkosten!

Da für die Rundfunkveranstaltung die Grenzkosten der Produktion Null sind – bei ausschließlich fixen Kosten der Produktion kostet es keinen Pfennig mehr, wenn ein zusätzlicher Rezipient das Programm empfängt – muss der Preis so kalkuliert werden, dass der Grenzumsatz Null wird. Dies ist bei linearen Preis-Absatz-Beziehungen immer dort der Fall, wo die Grenzumsatzlinie die x-Achse schneidet. Dort wird das Umsatzmaximum erreicht, und der Grenzumsatz ist Null (vgl. Abbildung 5).

Abbildung 5: Preiskalkulation von Rundfunkveranstaltern

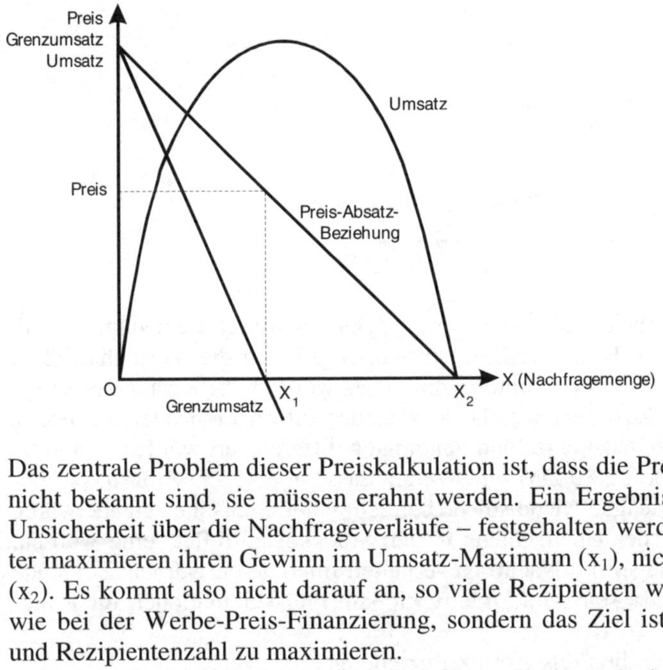

Das zentrale Problem dieser Preiskalkulation ist, dass die Preis-Absatz-Beziehungen nicht bekannt sind, sie müssen erahnt werden. Ein Ergebnis kann indes – bei aller Unsicherheit über die Nachfrageverläufe – festgehalten werden: Rundfunkveranstalter maximieren ihren Gewinn im Umsatz-Maximum (x_1), nicht im Absatz-Maximum (x_2). Es kommt also nicht darauf an, so viele Rezipienten wie möglich zu erreichen wie bei der Werbe-Preis-Finanzierung, sondern das Ziel ist, das Produkt aus Preis und Rezipientenzahl zu maximieren.

Bei der Preis-Kalkulation nach dem Normalkostenprinzip wird auf die Stückkosten der Produktion bei normaler Kapazitätsauslastung ein Gewinnaufschlag erhoben. Hier ergibt sich – ebenfalls resultierend aus der Unkenntnis der Preis-Absatz-Beziehung – das Problem, die normale Kapazitätsauslastung eines Rundfunkveranstalters zu bestimmen. Umgekehrt formuliert, solange die Nachfrage nicht bekannt ist, solange ist nicht bekannt, wie hoch die Stückkosten pro Rezipient sind, und solange kann „eigentlich" kein Preis kalkuliert werden. Dies illustriert Abbildung 6.

Die Stückkosten der Produktion pro Rezipient sinken ad infinitum, und es gibt keine technische Kapazitätsgrenze für Rundfunkveranstalter. Je größer die Nachfrage, desto niedriger sind die Stückkosten, und desto niedriger kann der Preis kalkuliert werden. Oder umgekehrt: Je niedriger der Preis, desto größer vermutlich die Nachfrage und desto niedriger die Stückkosten.

Im Grunde kann der Anbieter nur versuchen, im Zuge eines Trial-und-Error-Prozesses einen angemessenen Preis zu finden, Lehrbuchkalkulationen sind wenig hilfreich.

Abbildung 6: Preiskalkulation nach dem Normalkostenprinzip

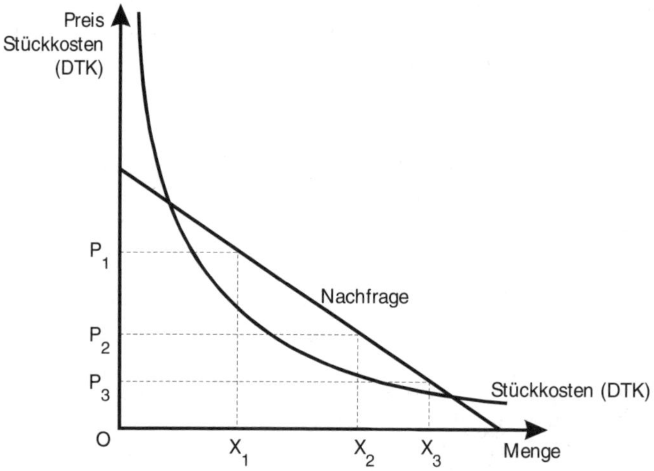

Die erheblichen Unsicherheiten über die Verläufe der Nachfrage-Beziehungen und, daraus abgeleitet, über die Höhe der Stückkosten, begründen die Vorteilhaftigkeit einer *Globalkalkulation* für ein Gesamtprogramm. Es würde hohe Kosten der Preiskalkulation und für die Rezipienten hohe Kosten der Information über die Preise bedeuten, wenn die Preise nach einzelnen Sendungen differenziert würden, z.B. 0,60 DM für die „Lindenstraße“, 2,80 DM für „Wetten dass“ und 11,- DM für das „Endspiel in der Champions-League“. Und solche beträchtlichen Preisunterschiede wären funktionslos, weil sie weder Unterschiede in den Stückkosten reflektieren würden, noch vermutlich Änderungen im Nachfrageverhalten implizieren würden. Folgende Faktoren begründen relativ starre und relativ globale Preiskalkulationen für Rundfunkprogramme:

- die Unsicherheit über die Preis-Absatz-Beziehung,
- die Unsicherheit über die Stückkosten,
- die Kosten der Preiskalkulation,
- die Kosten des Druckens von Preislisten und
- die Kosten der Information über die Preise (die Kosten der Preistransparenz für die Rezipienten).

5.2. Die Vorteilhaftigkeit der Rezipienten-Preis-Finanzierung für Rundfunkveranstalter

Pay-Rundfunk, insbesondere Pay-TV, nimmt weltweit deutlich zu. Diese Finanzierungsform muss also für Rundfunkveranstalter Einnahmevorteile gegenüber der Werbefinanzierung bieten. Diese Einnahmevorteile sind darin begründet, dass die Zahlungsbereitschaft der Rezipienten pro Zeiteinheit weniger beschränkt ist als die Zahlungsbereitschaft der werbungtreibenden Wirtschaft und darin, dass der Rezipient nicht indirekt vermarktet wird, sondern eine direkte Preiszahlungsbereitschaft enthüllt. Dies kann folgendes Beispiel zeigen.

Angenommen sei eine lineare Preis-Absatz-Relation für eine Sendung wie z.B. einen Top-Spielfilm, wie in Abbildung 7 dargestellt, mit einem Höchstpreis von 20,- DM und einer Sättigungs-Nachfrage von 20 Millionen Rezipienten.

Abbildung 7: Einnahmevorteile von Pay-TV

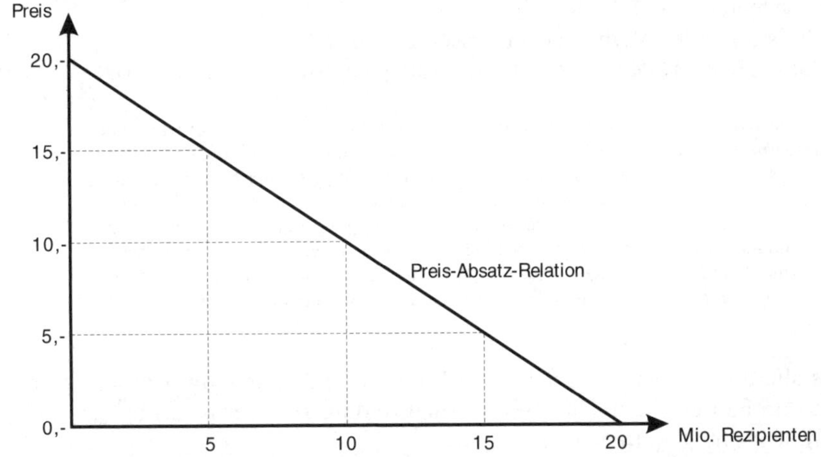

Bei einer Werbe-Preis-Finanzierung erbringen 20 Millionen Rezipienten im Rahmen einer 90minütigen Spielfilmübertragung maximal etwa 10 Millionen DM (pro Rezipienten-Minute zahlt die werbungtreibende Wirtschaft etwa 0,05 DM, bei 90 Minuten und einem Werbezeitenanteil von zehn Prozent erbringt dies pro Rezipient 0,45 DM; insgesamt mithin 9 Millionen DM).

Bei einer Rezipienten-Preis-Finanzierung, die nach der üblichen gewinnmaximierenden Preiskalkulation das Umsatzmaximum anstrebt, würde ein Preis von 10,- DM gesetzt, 10 Millionen Rezipienten würden den Film ansehen, und insgesamt würde ein Umsatz von 100 Millionen DM erzielt. Auch wenn die Preis-Absatz-Relation nicht bekannt ist und im Beispiel relativ willkürlich angenommen worden ist, so wird doch deutlich, dass die Rezipienten-Preis-Finanzierung wesentlich größere Einnahme-Potenziale erschließt: Weniger Rezipienten, die aber pro Kopf mehr zahlen. Daher werden Rundfunkveranstalter große Anstrengungen unternehmen, um eine Form des Pay-Rundfunks zu realisieren.

5.3. Die allokative Effizienz einer Rezipienten-Preis-Finanzierung: geringer als meist angenommen

Rezipienten-Preise für die Rundfunkfinanzierung gelten als entscheidender Schritt auf dem Weg zu einer guten allokativen Effizienz, weil letztlich nur durch real zu zahlende Preise Struktur und Intensität der Rezipientenpräferenzen enthüllt werden können, und weil durch die daran gekoppelten Einnahmen der Rundfunkveranstalter hinreichend große Anreize bestehen, Programme gemäß diesen Präferenzen anzubieten. Diese Zuschreibung der allokativen Effizienz zieht sich durch die gesamte einschlägige Literatur (vgl. Minasian 1964; Owen/Beebe/Manning 1974; Spence/Owen 1979; Baldwin/Wirth/Zenaty 1978) und hat sich dezidiert in den medienpolitischen Empfehlungen der Monopolkommission (Monopolkommission 1981) niedergeschlagen. Diese Rezipienten-Preis-Finanzierung entspricht der ökonomischen Norm-Vorstellung, dass der Konsument das, was er verbraucht, bezahlen sollte, weil sich grundsätzlich nur durch eine individuelle Preiszahlungsbereitschaft der Verbrauch von gesellschaftlich knappen Ressourcen legitimiert: Wird ein Preis kalkuliert und bezahlt, so bedeutet dies in der Regel zweierlei:

- Der Preis deckt den Verbrauch an Ressourcen, und
- der Preis reflektiert den Nutzen der Konsumenten (die dafür bezahlen).

> Maßstab für die anzustrebende Versorgung mit wirtschaftlichen Gütern ist in einer marktwirtschaftlichen Ordnung grundsätzlich die kaufkräftige Nachfrage. Befriedigt werden sollen alle diejenigen Bedürfnisse, für deren Befriedigung der Konsument einen Preis zu zahlen bereit ist, der mindestens die Herstellungskosten deckt. Jede darüber hinausgehende und jede dahinter zurückbleibende Versorgung bewirkt eine ineffiziente Verwendung wirtschaftlicher Güter. Sie wäre deshalb nur durch überwiegende andere politische Ziele zu rechtfertigen. Dies gilt grundsätzlich für alle wirtschaftlichen Güter; mithin auch für Rundfunk- und Fernsehsendungen. (Monopolkommission 1982, S. 416).

Man muss allerdings sehen, dass die zugeschriebene Enthüllung von Konsumentenpräferenzen im Fall der Rezipienten-Preis-Finanzierung geringer ist als bei „normalen" Gütern. Dies liegt an folgendem:

- Wegen der hohen Transaktionskosten einer detaillierten Preiskalkulation für jede einzelne Sendung werden in der Regel Globalpreise für Programmpakete kalkuliert (Pay-Per-Channel).
- Wegen der großen Unsicherheit über den Verlauf von Preis-Absatz-Relationen im Rundfunksektor können Preise kaum den Stückkosten der Produktion entsprechen, weil diese Stückkosten im Wesentlichen erst nach Preissetzung und daraufhin entfalteter Nachfrage bestimmt werden können.

Die vorherrschende, langfristig angelegte Globalkalkulation der Rezipienten-Preise für den Empfang eines umfassenden Programmpaketes erlaubt eben nur den Rückschluß auf eine langfristige, globale Zahlungsbereitschaft für das Programmpaket. Präferenzen für einzelne Sendungen lassen sich daraus nicht ableiten. Im Vergleich dazu erscheint die – nicht mit der Zahlungsbereitschaft gewichtete – Messung der Reichweiten sogar als besser geeignet, Rezipientenpräferenzen zu enthüllen. Und wenn die Preise nicht den Stückkosten entsprechen, reflektieren sie auch nicht den Verbrauch an knappen gesellschaftlichen Ressourcen und verlieren damit einen Teil ihrer Funktion. Die allokative Effizienz von Rezipienten-Preisen ist also beschränkter als gemeinhin angenommen.

Schließlich kollidiert die Rezipienten-Preis-Finanzierung mit dem wohlfahrtsökonomischen Postulat, dass der Preis des Rundfunks den Grenzkosten seiner Produktion entsprechen sollte, also gleich Null sein sollte. Jeder positive Preis für den Empfang von Rundfunkprogrammen schließt Rezipienten vom Konsum aus, obwohl dies wegen der Nichtrivalität im Konsum nicht notwendig wäre. Auch in diesem Zusammenhang halte ich das Argument zwar für richtig, aber für nicht sehr relevant.

5.4. Die produktive Effizienz einer Rezipienten-Preis-Finanzierung: Tendenz zur Monopolisierung

Im System der Rundfunkfinanzierung durch Rezipienten-Preise besteht ein großer Anreiz, so billig wie möglich zu produzieren, weil Kosteneinsparungen den Veranstaltern direkt als Gewinn zufließen. Die Frage ist nur, ob der Wettbewerb gut genug funktioniert, um die Veranstalter zu zwingen, die Kosteneinsparungen an die Rezipienten weiterzugeben. Hier sind Zweifel angebracht. Wie ausgeführt, sind die Strukturbedingungen für Wettbewerb im Rundfunksektor generell nicht gut, weil die Produktionskosten pro Kopf des Rezipienten mit steigender Reichweite kontinuierlich ad infinitum sinken.

Und bei der Rezipienten-Preis-Finanzierung funktioniert die kumulative Dynamik steigender Reichweiten ganz direkt, weil es nur einen Markt, den Rezipientenmarkt gibt, und weil steigende Reichweiten gleichzusetzen sind mit steigenden Einnahmen. Wenn die Zahl der Abonnenten steigt, steigen die Einnahmen bei konstanten Kosten der Programmausstrahlung – die sinkenden Stückkosten wirken sich real nicht aus[33] – und in gleichem Umfang steigen die Gewinne. Diese zusätzlichen Gewinne können in die üblichen Maßnahmen des Marketing investiert werden:

- In eine Verbesserung der Programmqualität,
- in eine Verstärkung der Werbung und/oder
- in eine Senkung der Abonnements-Preise.

Dies erhöht wiederum die Nachfrage nach Abonnements usw. Beendet wird dieser Prozess an der Marktgrenze, wenn die Marktsättigung der Rezipienten eingetreten ist. Die Spirale steigender Einnahmen wirkt mithin sehr direkt.

Hinzu kommt, dass die in der Regel langfristig angelegte Abonnentenfinanzierung und die Bindung an technische Abrechnungssysteme und an ökonomische Betreuungssysteme einen Wechsel der Abonnenten zu einem anderen Anbieter erschweren. Ein Marktzutritt neuer Anbieter wird damit sehr schwierig. Die sehr hohe Umsatzrendite des britischen Pay-TV-Anbieters „B Sky B“ von rund 25 Prozent bestätigt diesen Befund. Daher ist bei Pay-Rundfunk das klassische Dilemma der Wettbewerbspolitik nicht unwahrscheinlich. Der Monopolist produziert zwar am

---

33 Dabei wird vorausgesetzt, dass die zusätzlichen Abonnenten „vom Himmel fallen“; tatsächlich kostet die Gewinnung eines zusätzlichen Abonnenten für Pay-TV in Deutschland rund 500,- DM an Marketingaufwand.

effizientesten, aber es fehlen die Wettbewerbsmechanismen, um ihn zu zwingen, diese Kostenvorteile an die Rezipienten weiterzugeben.

5.5. Vielfalt, Qualität, Niveau sowie Grundversorgung und Staatsfreiheit

Die Bedingungen für die Produktion von *Vielfalt* sind besser als bei der Werbe-Preis-Finanzierung, weil Präferenzintensitäten berücksichtig werden können und von daher Minderheitenprogramme, für die eine kaufkräftige Nachfrage besteht, Finanzierungschancen haben. Aber dies muss betont werden: Die Minderheit muss bereit und in der Lage sein, relativ viel für ihr Programm zu bezahlen. Dies mögen spezielle Spielfilmprogramme sein oder spezielle Kultursendungen wie teure O-pernübertragungen. Dem, was in der normativ geprägten Debatte um Meinungsvielfalt meist unausgesprochen unter Vielfalt verstanden wird, entsprechen solche Minderheitenprogramme kaum.

Die Bedingungen für die Produktion von *Qualität* sind ebenfalls besser als bei der Werbe-Preis-Finanzierung, weil das Potenzial für die Finanzierung *teurer* Produktionen größer ist. Aber vermutlich werden diese Produktionen ebenfalls nicht dem entsprechen, was in der Debatte um publizistische Qualität als Qualität gedacht wird; es werden sicher eher teure Spielfilme und teure Sportübertragungen sein. Diese Qualität kann von den Rezipienten hinlänglich gut beurteilt werden, so dass sie für diese Art von Qualität auch eine Zahlungsbereitschaft entfalten werden.

Die Bedingungen für die Produktion von *Niveau* sind ebenfalls besser als bei der Werbe-Preis-Finanzierung, wenn es sich um die Niveauvorstellungen kleiner und kaufkräftiger Minderheiten handelt. Aber auch hier vermute ich, dass eher teure Minderheiten-Pornographie angeboten werden wird als Philosophie und Kultur.

Staatsfreiheit ist gewährleistet, und eine Grundversorgung ließe sich durch staatliches Handeln organisieren, per se ist sie im Regime von Pay-Rundfunk ausgeschlossen.

5.6. Gesambewertung der Rezipienten-Preis-Finanzierung

Positiv zu bewerten ist der größere Anreiz, Präferenzintensitäten zu berücksichtigen. Allerdings ist aus meiner Sicht die allokative Effizienz und die Aussicht, Vielfalt, Qualität und Niveau anzubieten, geringer als gemeinhin angenommen wird. Der große Mangel dieses Finanzierungsmodells ist die stärkere Tendenz zur Monopolisierung und die unsoziale und stark segmentierende Funktion des Preises.

6. Wettbewerb der Finanzierungssysteme und Erhalt einer öffentlich-rechtlichen Zwangsfinanzierung

Das optimale Finanzierungssystem kann nicht theoretisch deduziert werden; die jeweiligen Vorteile und Nachteile lassen sich nur beschreiben, aber nicht gewichten und nicht zu einem Gesamturteil zusammenzählen. Die folgende Übersicht 2 stellt die Kriterien und die Bewertung der Finanzierungsarten kompakt zusammen. Hieraus wird deutlich, dass alle Finanzierungsarten erhebliche Nachteile haben. Ich kann die meist vorherrschende Wertschätzung der „Ökonomie" für Formen von Pay-Rundfunk jedenfalls nicht teilen. Dies ist eine Ausgangsbasis, um den Wettbewerb über das optimale Finanzierungssystem entscheiden zu lassen. Die Möglichkeiten für einen solchen Wettbewerb sind technisch und rechtlich gegeben: Pay-Rundfunk ist machbar, Werbe-Preis-Finanzierung ist z. Zt. vorherrschend, und Mischformen sind denkbar.

Übersicht 2: Vorteile und Nachteile der Finanzierungsarten

Kriterien	Zwangsentgelte	Werbefinanzierung	Pay-Rundfunk
Allokative Effizienz	schlecht	mäßig	gut/mäßig
Produktive Effizienz	schlecht	gut	mäßig/schlecht[1]
Vielfalt	möglich	schlecht	möglich
Qualität	möglich	schlecht	möglich
Niveau	möglich	schlecht	möglich
Grundversorgung	gut	gut	schlecht
Staatsfreiheit	schlecht	gut	gut
[1] wegen erheblicher Monopolisierungstendenzen			

Ein solcher Wettbewerb der Finanzierungssysteme ist ökonomisch sinnvoll, weil Transparenz über die jeweiligen Vor- und Nachteile besteht und Handlungsfolgen zugerechnet werden. Im Wettbewerb zwischen Pay-Rundfunk und Free-Rundfunk wählen die Rezipienten zwischen einem für sie unentgeltlich angebotenen Programm bzw. Programmpaket und einem Programm bzw. Programmpaket, für das sie individuell bezahlen müssen. Man kann annehmen, dass Werbeunterbrechungen den Nutzen aus dem Rundfunkkonsum in der Regel und im Durchschnitt reduzieren, dass aber die Abneigung gegen Werbung für die einzelnen Rezipienten unterschiedlich hoch ist. Und man kann annehmen, dass ein Regime von Pay-Rundfunk etwas besser als Free-Rundfunk in der Lage ist, den Rezipientenpräferenzen zu entsprechen, dass dies aber für die Rezipienten von unterschiedlicher Bedeutung ist. Daher ist anzunehmen, dass beide Finanzierungsformen nebeneinander existieren werden. Was in der Praxis vieler Länder der Fall ist.

Die Finanzierung einer Form von öffentlich-rechtlichem Rundfunk durch pauschal erhobene Zwangsentgelte muss im Wettbewerb erhalten bleiben, weil öffentlich-rechtlicher Rundfunk notwendig ist, um

- den Teil des Rundfunkprogramms anzubieten, der die Eigenschaften eines öffentlichen Gutes hat, und um
- den Teil des Rundfunkprogramms anzubieten, der, wie Wahrheit, Meinungsvielfalt oder Rekonstruktion der Realität nicht dem Gebrauchswert- und nicht dem Tauschwertkalkül der Rezipienten unterfallen kann – wenn die Gesellschaft diese Angebote wünscht (vgl. Kapitel 16).

Die konkrete Ausgestaltung dieser Zwangsfinanzierung sollte eine sehr große Staats- und Parteienferne gewährleisten. Hierzu wäre eine öffentlich-rechtliche Stiftung vermutlich am besten geeignet.

Im Wettbewerb dieser Finanzierungssysteme und der entsprechenden Programmangebote könnten sich inhaltlich erkennbare Vergleichsmaßstäbe für die Erfüllung der allokativen Effizienz und für die Erfüllung von Vielfalt, Qualität und Niveau entwickeln, und zugleich wäre erkennbar, was diese Programme kosten und kosten dürfen.

Literatur

Eine ausführliche und solide Analyse der verschiedenen Formen der Rundfunkfinanzierung unter ökonomischen Aspekten bietet

- Schmitz, A., Rundfunkfinanzierung, Köln (Botermann) 1990.

Kürzer und aktueller wird das Problem der Rundfunkfinanzierung beschrieben von

- Kiefer, M.-L., Das Publikum als Kunde. Kapitel 3 des Sammelbandes: Was Sie über Rundfunk wissen sollten, Berlin (Vistas) 1997, S. 189-229.

Einen Einblick in verschiedene Aspekte der Rundfunkfinanzierung bietet der Sammelband von

- Pethig, R.; S. Blind (Hrsg.), Fernsehfinanzierung, Opladen (Westdeutscher Verlag) 1998.

9. Kapitel

Marketing

1. Begriffliche Abgrenzungen

Ursprünglich wurde Marketing mit einfacher Vermarktung gleichgesetzt, mit Verkauf bzw. mit Absatz. Absatz nennt die Betriebswirtschaftslehre die Bemühungen des Unternehmens, die Unternehmensleistungen dem Abnehmer zuzuleiten. Mit immer konsequenterer Kundenorientierung ist das Konzept des Marketing ausgeweitet worden. Zunächst in Richtung einer aktiven Gestaltung von Märkten, in Richtung einer „Produktion von Nachfrage" (Zentes 1993, S. 323). Danach auch in Richtung einer Unternehmensphilosophie, bei der die Marktorientierung sämtliche Unternehmensaktivitäten prägt.

Marketing ist und bleibt mithin ein diffuses Konzept, das einem dauernden Wandel unterworfen ist und mit keiner einheitlichen Vorstellung verbunden. Entsprechend differieren die Definitionen. Zweckmäßig erscheint mir die folgende, wenn denn eine Definition gewünscht wird: „Heute wird Marketing überwiegend als Ausdruck für eine umfassende Konzeption des Planens und Handelns gesehen, bei der – ausgehend von systematisch gewonnenen Informationen – alle Aktivitäten eines Unternehmens konsequent auf die gegenwärtigen und künftigen Erfordernisse der Märkte ausgerichtet werden, mit dem Ziel der Befriedigung von Bedürfnissen des Marktes …" (Weis 1993, S. 19).

In der begrifflichen Abgrenzung sind die folgenden Elemente des Marketing zentral:

– Die Marktorientierung, d.h., die Orientierung an den Präferenzen der Kunden und
– die systematische Planung, Durchführung und Kontrolle dieser Marktorientierung.

Beide Elemente sind notwendig und selbstverständlich für kapitalistische Unternehmen in der Marktwirtschaft.

Marketing kann nach einer Fülle von Ebenen unterschieden werden. Die wichtigsten Differenzierungen erfolgen:

– nach betrieblichen Funktionen (z.B. Absatzmarketing, Beschaffungsmarketing, Personalmarketing),
– nach Branchen (z.B. Agrarmarketing, Bankmarketing, Rundfunkmarketing, Verlagsmarketing),
– nach Anwendergruppen in Business-Marketing (kommerzielles Marketing) und Non-Business-Marketing (nicht-kommerzielles Marketing). Non-Business-Marketing ist das Marketing all der Institutionen, die nicht der Dominanz des

Gewinnziels unterliegen, also der so genannten Non-Profit-Organisationen wie Behörden, Kirchen, Parteien usw.,
– nach dem Zeithorizont der Planung in strategisches Marketing und operatives Marketing.

In der Regel ist Marketing überwiegend kommerzielles Absatzmarketing, d.h. es wird betrieben von kommerziellen Unternehmen und bezieht sich in erster Linie auf die erfolgreiche Gestaltung des Verkaufs der erstellten Produkte. Marketingaktivitäten, die sich auf andere betriebliche Funktionsbereiche beziehen, sind eher selten. Nicht-kommerzielles Marketing gewinnt zwar an Bedeutung, weil auch nicht-kommerzielle Institutionen zunehmend die Nachfrage nach ihren Aktivitäten gestalten müssen – z.B. Kirchen, Parteien, Gewerkschaften und im Rundfunksektor der öffentlich-rechtliche Rundfunk –, aber der Umfang ist bislang gering. Hier verschwimmen auch die Grenzen von Marketing zur Öffentlichkeitsarbeit/Public Relations (PR). Als PR bezeichnet man die Aktivitäten von Institutionen, die eine Förderung der Akzeptanz der Ziele dieser Institution in der Gesellschaft bezwecken. Solche Ziele beziehen sich in der Regel nicht nur auf den Absatz, sondern allgemeiner auf ein positives Image der Unternehmung oder ihrer Ziele wie z.B. PR von Atomkraftwerken oder Zigarettenfabriken.

Von wichtiger und praktikabler Bedeutung ist die Einteilung der Marketingaktivitäten in

– strategisches Marketing.
– operatives Marketing und
– Marktinformationsbeschaffung/Marktforschung.

Diese Felder werden nachfolgend beschrieben.

2. Strategisches Marketing

Strategisches Marketing bezeichnet die langfristig orientierte, umfassende Marketingplanung eines Unternehmens als Führungskonzeption. Sie ist gekennzeichnet durch einen umfassenden theoretischen Entwurf, der die Festlegung der Marketing- und Unternehmensziele des grundlegenden Handlungsrahmens in Form von Strategien wie auch die längerfristige Festlegung des Instrumenteneinsatzes beinhaltet. Das strategische Marketing stellt den zentralen, marktorientierten Teil des übergreifenden strategischen Managements dar, das darüber hinaus die langfristige Gestaltung der Führungs- und Organisationssysteme, die Pflege und Allokation von Unternehmensressourcen und die Gestaltung der weiteren Umweltbeziehungen zum Gegenstand hat (Zentes 1992, S. 263).

2.1. Merkmale erfolgreicher Unternehmen

Allgemein soll dic Marketingplanung als Führungskonzeption den Unternehmenserfolg sichern und ausbauen. Hierzu existieren eine Fülle von zunächst recht allgemein formulierten Ratschlägen, die im Prinzip alle Funktionsbereiche einer Unternehmung betreffen. Im Folgenden werden beispielhaft die viel beachteten Erfolgsdeterminanten von Peters und Waterman 1982 in der Zusammenfassung von Böcker/Dichtl 1991 und die Liste der Erfolgsfaktoren der „Hidden Champions“ von Simon 1996 wiedergegeben, um deutlich zu machen, wie weit strategisches Marketing reichen kann.

Erfolgsdeterminanten von Peters und Waterman:

1) Neigung zur Handlung: Erfolgreiche Unternehmen zeichnen sich nicht nur durch klare Analysen, sondern auch dadurch aus, dass sie zur rechten Zeit handeln. Zu breit angelegte theoretische Ausarbeitungen werden durch knappe, präzise Analysen und gezielt vorgenommene Marktaktivitäten, die häufig zunächst als Tests verstanden werden, ersetzt. Im kleinen Rahmen initiierte Versuche, die bisweilen allein mit dem Ziel zu lernen unternommen werden, kennzeichnen beispielsweise die Strategie von Procter&Gamble. Die von diesem Unternehmen über Jahre hinweg durchgeführten Experimente förderten nicht nur wichtige Erkenntnisse über den Markt zutage, sondern zogen in vielen Fällen auch unerwartete Erfolge am Markt nach sich.

2) Strikte Kundenorientierung: Die notwendige Ausrichtung auf die Bedürfnisse der tatsächlichen und potentiellen Kunden darf nicht nur im Sinne der Befriedigung einmal ermittelter Kundenwünsche geschehen, sondern muß auch als Bereitschaft verstanden werden, die vorhandenen Kunden besser zu behandeln und die potentiellen Kunden gezielter anzusprechen. Kunden sind dabei nicht nur als Wesen zu verstehen, die nach Befriedigung ihrer mehr oder weniger sinnvollen Bedürfnisse trachten, sondern auch als Partner, die häufig wertvolle Verbesserungsvorschläge für neue Produkte beizusteuern in der Lage sind.

3) Förderung von Autonomie und Unternehmertum im mittleren Management: Unternehmen sind vor allem deshalb erfolgreich, weil sie Innovatoren und Unternehmer im Kleinen hervorbringen und sie bei ihrem Tun gewahren lassen. Oberster Wahlspruch sollte daher sein: „Stelle sicher, dass auf allen Unternehmensebenen eine angemessene Anzahl von Fehlern gemacht wird!“ Solche Fehler sind, sofern sie nach Tragweite und Häufigkeit nicht überhandnehmen, stets ein Ausdruck von Tatkraft. Dass die Festlegung dessen, was als angemessene Anzahl einzustufen ist, sorgfältiger Abwägung bedarf, versteht sich von selbst.

4) Achtung vor dem Mitarbeiter: Nicht Kapital oder Know-how, sondern Mitarbeiter sind die Quelle des Unternehmenserfolges, und zwar auf allen Hierarchieebenen. Das Bemühen um die in einem Betrieb tätigen Menschen stellt keine untergeordnete Aufgabe des Managements, sondern dessen zentrale Funktion dar. Produktivitätseffekte, wie sie in den dreißiger Jahren bei den berühmten Experimenten in den Hawthorne-Werken von Western Electric in den USA zutage traten, können stets von neuem erreicht werden.

Durch positive Veränderungen der Arbeitsbedingungen war damals eine erhebliche Steigerung der Produktivität der gewerblichen Arbeitnehmer erreicht worden. Als man im Anschluß an die Verbesserung der Licht- und Raumverhältnisse die äußeren Bedingungen der Leistungserstellung verschlechterte, stieg die Arbeitsproduktivität dennoch weiter an.

Erklärt hat man dies seinerzeit damit, dass man im Rahmen von Gesprächen mit jedem einzelnen Mitarbeiter dessen Sorgen und Nöte zu ergründen versuchte, was von den Betroffenen überaus dankbar aufgenommen und mit weiteren Leistungssteigerungen honoriert wurde.

5) Unternehmensführung durch Werte: Eine einzigartige Unternehmenskultur, die mit einer innerhalb und außerhalb der Unternehmung wahrgenommenen Corporate Identity einhergeht, ist eine wichtige Triebfeder des Handelns der Mitarbeiter. Die Entwicklung eingängiger Wertvorstellungen schafft für die Mitarbeiter und die Kunden Identifikationsmöglichkeiten und liefert ihnen einen Grund, sich mit der entsprechenden Marke bzw. Unternehmung zu identifizieren.

6) „Schuster bleib bei Deinem Leisten!“: Nachhaltigen Erfolg erzielen nur solche Unternehmen, die sich durch ein vergleichsweise einheitliches Leistungsangebot bzw.

homogenes Angebotsprogramm auszeichnen. Nur in diesem Falle weist das Management auch die unabdingbare sachliche Kompetenz auf. Bei Konzernen mit unterschiedlichen Aktivitätsbereichen ermangelt es der Unternehmensführung i. d. R. an einer solchen produktspezifischen Kompetenz; sie werden darüber hinaus meistens auch nur über finanzwirtschaftliche Erfolgskriterien (Gewinn, Rentabilität) gesteuert. Dieser Fortfall einer auf die Sachleistung bezogenen Identifikationsmöglichkeit wirkt demotivierend und läßt insbesondere auch kaum eine heute für unverzichtbar gehaltene Unternehmenskultur entstehen.

7) Einfache Organisationsstruktur: Eine komplexe Organisationsstruktur (z.B. Matrixorganisation) und umfangreiche Stabseinheiten erschweren die direkte Kommunikation und behindern die Entwicklung von Führungspersönlichkeiten. Ferner führen sie häufig zu Verzögerungen bei Entscheidungen, was wiederum demotivierend auf die Betroffenen wirken kann.

8) Konzentration der Unternehmensführung auf das Wesentliche: Nur weniges bedarf einer zentralen Festlegung, vieles kann dezentralisiert besser erledigt werden. Eine besonders große Wirkung resultiert aus der Anwendung der genannten Leitlinien erfolgreicher Unternehmensführung dann, wenn sie nicht als blutleere Regeln vorgeschrieben, sondern durch die Führungspersönlichkeiten auch allseits erkennbar vorgelebt werden.

Aus den skizzierten Merksätzen lassen sich wichtige Rückschlüsse auf den Bereich des Unternehmens ziehen, das Bezugspunkt dieses Kapitels ist:

Auf Wettbewerbsmärkten zeichnen sich erfolgreiche Unternehmen dadurch aus, dass sie ein unverwechselbares Profil aufweisen, wobei dieses von Abnehmern und Mitarbeitern nicht nur erkannt, sondern auch anerkannt wird. Damit sind die Position des Unternehmens und deren Vermittlung nach außen angesprochen.

Auf Dauer erfolgreiche Unternehmensführung ist nur dann zu erwarten, wenn zum einen die Aktivitäten des Unternehmens konsequent auf die Befriedigung der Bedürfnisse der derzeitigen sowie potentiellen Käufer abzielen, zum anderen diese Zielsetzung auch durch ein geeignetes Informationswesen gestützt wird. Die systematische Aufdeckung der Marktstruktur und des Verhaltens der Beteiligten sowohl auf dem aggregierten als auch auf dem individuellen Niveau muss daher das primäre Ziel der informationswirtschaftlichen Bemühungen sein.

Entgegen dem gängigen Rationalitätspostulat der klassischen Mikroökonomie streben Käufer nicht nur nach einer möglichst kostengünstigen Befriedigung ihrer Wünsche, sondern sie suchen auch nach solchen Lösungen ihrer Alltagsprobleme, die sie umfassend motivieren. (Böcker/Dichtl 1991, S. 122ff.).

Die Punkte (1), (2), (6) und (8) sind dabei Handlungsmaximen, die sich primär auf den Markt beziehen, die übrigen zielen eher auf unternehmensinterne Organisations- und Führungsstrukturen. Beide Ebenen können indes das strategische Marketingkonzept konstituieren.

Erfolgsdeterminanten der „Hidden Champions"

Eine im Prinzip ähnliche Liste von Erfolgsdeterminanten erstellt Simon für die heimlichen Gewinner (die „Hidden Champions"), für die eher unbekannten mittelständischen Weltmarktführer wie Hauni (Zigarettenmaschinen) , Stihl (Motorsägen) oder Barth (Hopfen und Hopfenprodukte). Auch diese Liste soll hier wiedergegeben werden.

1) Die Hidden Champions streben Marktführerschaft an – sonst nichts. Sie verfolgen das klare Ziel, in ihren Märkten die Nummer eins in der Welt zu sein, und setzen dieses Ziel mit großer Ausdauer um.

2) Die Hidden Champions verstehen die Marktdefinition nicht als extern vorgegeben, sondern als Teil ihrer Strategie. Sie definieren ihre Märkte eng und beziehen dabei

Kundenbedürfnis und Technologie ein. Sie sind fokussiert sowie eher tief als breit. Sie konzentrieren sich auf ihre Kernkompetenzen und vermeiden Ablenkungen.

3) Die Hidden Champions kombinieren ihre Spezialisierung in Produkt und Knowhow mit globaler Vermarktung. Sie sind in Zielmärkten mit eigenen Tochtergesellschaften präsent und delegieren die Beziehung zum Kunden nicht an Dritte. So erreichen sie Nischenmärkte, realisieren „Economies of Scale" und verhindern das Entstehen neuer Konkurrenten in fremden Märkten.

4) Die Hidden Champions haben eine sehr hohe Kundennähe – insbesondere zu ihren Top-Kunden. Die Kundennähe umfaßt alle Funktionen und Ebenen. Sie sind hingegen keine Marketingprofis im Lehrbuchsinne. Sie verkaufen primär über den Wert, nicht über den Preis, ohne jedoch die Kosten zu vernachlässigen.

5) Die Hidden Champions sind hochinnovativ. Innovation heißt für sie Produkt und Prozeß. Innovationen (oft Durchbruchsinnovationen) sind das Fundament ihres langfristigen Erfolges. Bei ihren Innovationen integrieren die Hidden Champions Markt und Technik als gleichwertige Antriebskräfte und erreichen damit die Synergie von internen Kompetenzen und externen Marktchancen.

6) Die Hidden Champions schaffen ausgeprägte Wettbewerbsvorteile bei Produktqualität und Service. Sie sind räumlich nahe an ihren weltbesten Wettbewerbern und suchen aktiv die Konkurrenz mit diesen. Sie verteidigen ihre Wettbewerbsposition verbissen und sofort.

7) Die Hidden Champions vertrauen auf ihre eigenen Kräfte. Sie glauben nicht, dass andere ihre Probleme lösen. Um ihr Know-how und ihre Kernkompetenzen zu schützen, mißtrauen sie Kooperationen und strategischen Allianzen.

8) Die Hidden Champions zeichnen sich durch hohe Identifikation und Motivation der Mitarbeiter aus. Sie haben stets „mehr Arbeit als Köpfe", im frühen Stadium eines Arbeitsverhältnisses wird scharf selektiert. Langfristige Fluktuation und Krankenstand sind hingegen gering. Die Mitarbeiter zeichnen sich durch breite Einsetzbarkeit sowie hohe Aktivität bei Verbesserungsvorschlägen und Lernbereitschaft aus.

9) Die Führungspersönlichkeiten der Hidden Champions leben die Einheit von Person und Aufgabe. Sie führen autoritär in den Grundwerten und partizipativ im Detail. Sie sind große Energieträger und Inspiratoren. Die Kontinuität in der Führung ist extrem hoch (Simon 1996b, S. 13).

Diese Erfolgsdeterminanten sind hier aufgeführt worden, um deutlich machen zu können, dass die Planung von Unternehmensstrategien letztlich nicht am Reißbrett entworfen werden kann, sondern vielmehr auch ein Komplex ist, der stark persönlich gefärbt ist und ständig neu zu strukturieren ist. Einige Kernpunkte werden indes immer zu beachten sein, auch für Rundfunkunternehmen:

- die Kundennähe,
- die Konzentration auf Kernaktivitäten,
- die Innovationsneigung,
- die Betonung der Produktqualität,
- das große Ausmaß an Eigenproduktion und
- die sorgfältige, qualitätsbewußte Personalpolitik.

In stärkerer Ausrichtung auf die Märkte unterscheidet man häufig folgende Entscheidungsfelder des strategischen Marketing (vgl. Zentes 1993, S. 361ff.):

- Wachstums-/Schrumpfungsstrategien,
- Basisstrategien,
- Konzentrations- und Segmentierungsstrategien.

2.2. Wachstums- bzw. Schrumpfungsstrategien

Im Rahmen des strategischen Marketing werden Strategien für die Weiterentwicklung des Unternehmens konzipiert, im Regelfall Wachstumsstrategien, aber gegebenenfalls auch Schrumpfungsstrategien. Nach einer Analyse der zentralen Erfolgsfaktoren *relativer Marktanteil* (als Quotient aus dem eigenen Marktanteil und dem des stärksten Konkurrenten) und *Marktwachstum* können Normstrategien für die Weiterentwicklung des Unternehmens abgeleitet werden. Eine solche Marktwachstums-Marktanteils-Analyse zeigt Übersicht 1.

Hier ist zur Illustration die Position von RTL und SAT.1 eingezeichnet. RTL hat einen Werbemarktanteil von 30,1 Prozent und SAT.1 als stärkster Konkurrent hat einen Werbemarktanteil von 22,3 Prozent (vgl. Kapitel 13, Tabelle 17). Mithin ist der relative Marktanteil von RTL rund 1,35 und der relative Marktanteil von SAT.1 rund 0,75 (Angaben beziehen sich auf 1997).

Übersicht 1: Marktwachstums-Marktanteils-Portfolio

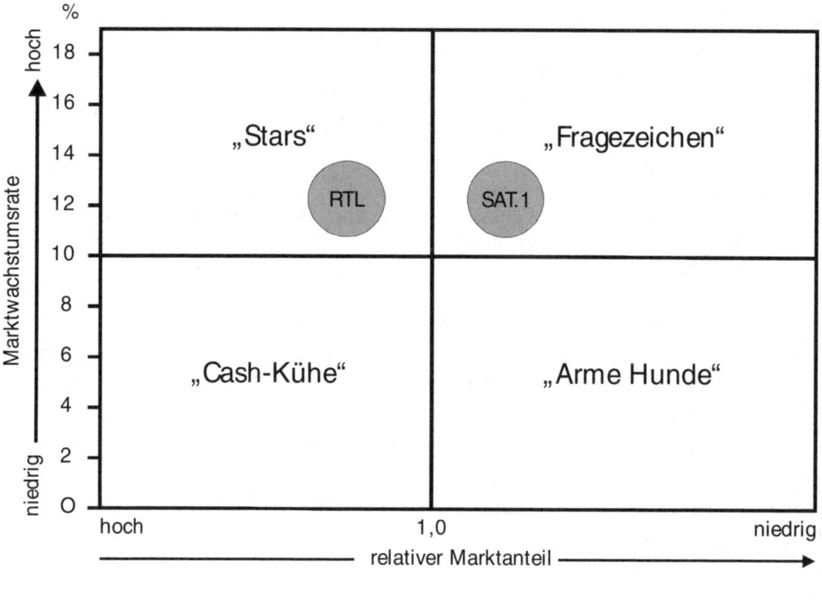

Quelle: Porter 1992, S. 448.

Für die vier Felder bieten sich naheliegende Normstrategien an: Für die „Stars" eine Investitionsstrategie, für die „Armen Hunde" eine Desinvestitionsstrategie, für die „Cash-Kühe" eine Abschöpfungsstrategie und für die „Fragezeichen" in Abhängigkeit von den zur Verfügung stehenden Ressourcen eine Investitions- oder eine Desinvestitionsstrategie (vgl. Zentes 1993, S. 361).

Wird eine Wachstumsstrategie gewählt, müssen die geeigneten *Produkt/Marktstrategien* entwickelt werden. Sie sind dadurch gekennzeichnet, dass sie sich auf gegenwärtige oder neue Märkte bzw. gegenwärtige oder neue Produkte beziehen (vgl. Übersicht 2).

Übersicht 2: Produkt/Markt-Strategien

Produkte / Märkte	gegenwärtige Produkte	neue Produkte
gegenwärtige Märkte	Marktdurchdringung	Produktentwicklung
neue Märkte	Marktentwicklung	Diversifikation

Quelle: Zentes 1993, S. 363.

Die *Strategie der Marktdurchdringung* versucht, mit den bekannten Produkten auf gegenwärtigen Märkten größere Marktanteile zu gewinnen. Dies kann vor allem durch verstärkte Werbung erreicht werden. Ein gutes Beispiel sind die Marketingaktivitäten der großen privaten Fernsehveranstalter SAT.1, RTL und ProSieben.

Die *Strategie der Marktentwicklung* setzt darauf, mit bekannten Produkten neue, insbesondere neue geographische Märkte zu erschließen. Dies ist gerade im Medienbereich lukrativ, weil die alten Produktionen, ohne sich zu verbrauchen, jeweils vielfach verwertet werden können. Man spricht im Mediensektor speziell von der Kaskaden-Strategie (Locksley 1988).

Die *Strategie der Produktentwicklung* setzt darauf, neue Produkte für bekannte Märkte zu entwickeln, also die Produkte den sich wandelnden Präferenzen der Käufer anzupassen. Im Mediensektor spricht man von Relaunching, einer Verlängerung des Lebenszyklus einer Medienmarke, z.B. das Relaunching von WDR1 als „Eins-Live".

Die *Strategie der Diversifikation* setzt darauf, neue Produkte für neue Märkte zu entwickeln, z.B. Ballungsraumfernsehen oder Spartenfernsehen, Homeshopping, Online-Dienste, Merchandising usw.

2.3. Basisstrategien – Kostenführerschaft oder Differenzierung

Generell müssen Unternehmen sich im Markt so positionieren, dass sie sich bestmöglich im Wettbewerb behaupten. In Anlehnung an Porter unterscheidet man häufig zwei Grundtypen von Wettbewerbsvorteilen und darauf aufbauend zwei Grundtypen von Wettbewerbsstrategien:

- Kostenvorteile und die Strategie der Kostenführerschaft,
- Differenzierungsvorteile und die Strategie der Differenzierung (Porter 1992, S. 62ff.).

Die Strategie der *Kostenführerschaft* setzt darauf, mit geringeren Kosten als die Konkurrenz zu produzieren. Diese Strategie ist in der Regel nur möglich, wenn in großen Stückzahlen produziert wird, wenn mithin ein großer Marktanteil besteht, der es erlaubt, Economies of Scale und Economies of Scope umfangreicher zu realisieren als die Konkurrenz (vgl. ausführlicher Dichtl 1994). Kostenvorteile bieten relativ guten Schutz gegen die Rivalität der aktuellen Konkurrenten, sie schützen gegen mächtige Abnehmer und Lieferanten und sind letztlich auch eine wirksame Marktzutrittsbarriere.

Die *Differenzierungsstrategie* besteht darin, im Branchenvergleich eine bessere Produktqualität, besseren Kundendienst, besseres Design u. ä. zu bieten, also die eigenen Leistungen so zu gestalten, dass sie als einzigartig für die betreffende Branche angesehen werden. Differenzierungsvorteile binden die Kunden an das Produkt, verringern die Preisempfindlichkeit der Nachfrage und erhöhen die Marktzutrittsbarrieren.

Neben diesen beiden Kernstrategien erscheint in vielen Fällen eine *Konzentration auf Schwerpunkte* (Nischenstrategie) als mögliche Strategie. Marktnischen sind meist bestimmte Kundengruppen, Teile des Produktprogramms oder geographisch abgegrenzte Teilmärkte; im Fall des Fernsehens also z.B. lokale Ballungsräume oder Programmsparten wie „Wetter" oder „Frauen". Wichtig ist, dass auch im Rahmen der Nischenstrategie Kostenvorteile und/oder Differenzierungsvorteile erzielt werden müssen, wenn sie langfristig erfolgreich sein soll.

2.4. Konzentrations-/Segmentierungsstrategien

Schließlich sind Konzentrations-/Segmentierungsstrategien zu entwickeln, wenn – was die Regel ist – nur Teile des Marktes abgedeckt werden können. Generell ist es notwendig, auch wenn der gesamte Markt abgedeckt werden soll, nach Zielgruppen zu differenzieren, zu segmentieren, weil ein einziges Produkt in der Regel nicht für alle Kunden zugleich geeignet erscheint. Ein gutes Beispiel für Segmentierungen bieten die Produktstrategien der großen Automobilkonzerne, die mittlerweile fast alle Käuferschichten bedienen. Um eine gute Anpassung – möglichst frei von Streuverlusten – an Käufersegmente zu erreichen, werden die Käufer nach kaufentscheidungsrelevanten Merkmalen in möglichst homogene Gruppen (Cluster) aufgeteilt. Wichtige Segmentierungskriterien sind demographische Merkmale wie Alter, Geschlecht und Einkommen, aber deutlich zunehmend auch psychographische Kriterien wie Verhaltensmuster, Werteinstellungen und Motivationsstrukturen. Demographische Merkmale sind relativ einfach zu erfassen, aber sie erlauben in der Regel keine trennscharfe Käufergruppenbildung; das Gegenteil gilt für psychographische Merkmale (Zentes 1993, S. 365).

3. Operatives Marketing

Operatives Marketing umfasst die Anwendung der Aktionsinstrumente des Marketing, eingebettet in die Entscheidungsfelder des strategischen Marketing. Die Aktionsinstrumente zeigt Übersicht 3.

Übersicht 3: Marketing-Mix

Produktpolitik	**Kommunikationspolitik**
▪ Qualität ▪ Produktlinie (Sortiment) ▪ Menge ▪ Kundendienst	▪ Werbung ▪ Verkaufsförderung ▪ Public Relations ▪ Personal Selling
Preis- und Konditionenpolitik	**Distributionspolitik**
▪ Preis ▪ Rabatt ▪ Skonto, Kredit	▪ physische Distribution ▪ Verkaufsorgan ▪ Absatzweg

Quelle: Zentes 1993, S. 366.

Diese Instrumente werden in der Regel kombiniert eingesetzt und ausgerichtet auf die Leitlinien des strategischen Marketing.

3.1. Produktpolitik

Die Produktpolitik steht häufig im Zentrum des Marketing-Mix. Sie bemüht sich, durch produktbezogene Maßnahmen bei den Kunden eine bessere Produktbeurteilung zu erreichen. Wichtige Teilbereiche sind

- die Qualität im technisch-physikalischen Sinn,
- die Produktgestaltung, Verpackung, Design und Layout,
- die Gestaltung des Produktsortiments und
- der Kundendienst einschließlich der Garantiepolitik.

Wesentliches Ziel der Produktpolitik – in der Regel unterstützt durch die Kommunikationspolitik (s. u.) – ist die optimale Positionierung des Produkts im Raum des Produktmarktes. Die Position eines Produktes im Produktmarktraum kennzeichnet seine Stellung im Markt, bestimmt durch die subjektive Einschätzung der wahrgenommenen Eigenschaften eines Produktes. So werden z.B. Fernsehveranstalter im psychologischen Erlebnisraum der Zuschauer positioniert. Die Veranstalter werden dabei z.B. innerhalb eines achteckigen Erlebnisraumes mit den psychologischen Grundtypen Energie, Extraversion, Wärme, soziale Empathie, Zurückhaltung, Introversion, Kühle und Egozentrismus eingeordnet. Das Ergebnis zeigt Abbildung 1, als ein Beispiel für eine Produktpositionierung.

Abbildung 1: Positionierung der Fernsehveranstalter

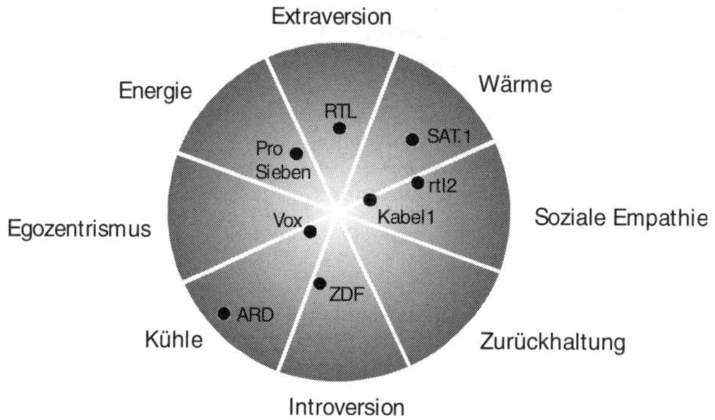

Quelle: Image der TV-Sender psychologisch erfaßt. In: Horizont 44, 1995, S. 81.

Die Produktpolitik zielt darauf, das Produkt optimal im Raum der Kundenwünsche zu positionieren. Optimal heißt, eine zielgruppengenaue Positionierung ohne Streuverluste und zudem die Auswahl einer Zielgruppe mit Wachstumspotenzial zu realisieren. Werbung muss die Produktpolitik ergänzen oder ersetzen, wenn es eigentliche Produktinnovationen nicht gibt. Wichtig ist es auch, den werblich zu definierenden Zusatznutzen der Produkte herauszustellen. Sehr häufig wird durch Produktpolitik und Werbung eine *Markenartikelposition* (Markierung) aufgebaut, die den Käufern dann die Informations- und Entscheidungskosten im Kaufprozess verringert.

„Als Markenartikel werden Erzeugnisse bezeichnet, die durch eine allseits bekannte Marke gekennzeichnet sind, ein hohes und mindestens gleichbleibendes Qualitätsniveau aufweisen und (nahezu) überall erhältlich sind" (Böcker/Dichtl 1991, S. 128). Wesensmerkmal einer Marke ist also ihre Profilierung und das Versprechen einer gleichbleibenden Qualität. Zentrale Funktion der Markierung ist für den Hersteller die Kundenbindung, die Bindung der Kunden an die Marke in Form der Markentreue, sichtbar und verwertbar als permanenter Wiederkauf der Marke. Erreicht wird dies durch den Aufbau eines Markennamens (Marken-Goodwill). Zentrale Funktion der Markierung für den Kunden ist die Verringerung seiner Informations- und Entscheidungskosten im Kaufprozess und die Verringerung seines Kaufrisikos (statt lange zu suchen, kauft man Nivea).

3.2. Kommunikationspolitik

Die Kommunikationspolitik gestaltet die Informationen, die die Unternehmung auf die Märkte und auf ihre gesellschaftliche Umwelt richtet. Zentrale Teilbereiche der Kommunikationspolitik sind
- die Werbung,
- die Öffentlichkeitsarbeit (Public Relations),
- die Verkaufsförderung (Sales Promotion) und
- der persönliche Verkauf (Personal Selling).

Werbung im engeren Sinne ist Absatzwerbung von Unternehmen; Public Relations ist Werbung um die allgemeine Förderung der Akzeptanz der allgemeinen Ziele von Institutionen; Verkaufsförderung ergänzt die klassische Media-Werbung durch Kontaktpflege, durch Prospekte, durch Broschüren, durch Informationsveranstaltungen, durch Verkaufswettbewerbe, Preisausschreiben usw.; Personal Selling umfasst den direkten Verkauf entweder Face-to-Face oder via Telefon. Werbung wird im 15. Kapitel noch einmal detailliert behandelt.

3.3. Preis- und Konditionenpolitik

Die Preis- und Konditionenpolitik betrifft die Preis- und Rabattpolitik, die Liefer- und Zahlungsbedingungen sowie die Kreditbedingungen. Für den Rundfunk ist die Preis- und Konditionenpolitik für Pay-TV und Pay-Radio relevant und generell für die Gestaltung der Preise und Konditionen auf dem Werbemarkt. Letzteres wird ebenfalls im Kapitel 15 näher erläutert.

3.4. Distributionspolitik (Vertriebspolitik)

Die Distributionspolitik umfasst die Maßnahmen, die ergriffen werden, um das Produkt vom Hersteller zum Endverbraucher zu bringen. Hierzu gehört vor allem die Wahl und Gestaltung des Absatzweges, die Wahl zwischen Direktvertrieb oder Vertrieb über den Handel, der Umfang der Bindung des Handels an Marketingkonzeptionen des Herstellers bis hin zur Frage der vertikalen Integration von Herstellung und Vertrieb.

4. Marktforschung

„Marktforschung ist eine systematische, empirische Untersuchungstätigkeit mit dem Zweck der Informationsgewinnung oder -verbesserung über objektiv bzw. subjektiv bedingte Markttatbestände und -phänomene als Grundlage beschaffungs- und absatzpolitischer Entscheidungen“ (Zentes 1993, S. 347). Vor allem wird das Umfeld der Marketingaktivitäten und die Wirkungen der Instrumente des Marketing erforscht. Wichtige Bereiche der Marktforschung sind

- die Analyse der Wettbewerbskräfte, insbesondere die Konkurrenzanalyse;
- die Analyse der Käufer, die so genannte Zielgruppenanalyse und
- die strategische Früherkennung relevanter Umweltbedingungen, die so genannte Trendanalyse.

4.1. Zielgruppenanalyse

Ein wichtiger Trend der Entwicklung ist die Differenzierung, die Segmentierung der Käufer. Den fiktiven Durchschnittskäufer gibt es nicht mehr, vielmehr sind Käufer zunehmend differenziert nach Lebenssituationen, Denkweisen und Kaufverhalten. Will eine Unternehmung Käufer ansprechen, wird sie mithin versuchen, die Nachfrage in Zielgruppen zu segmentieren und diesen dann speziell zugeschnittene Produkte anbieten. Häufig verwendete Segmentierungsvariable sind:

- sozio-ökonomische Merkmale (Einkommen, Beruf, Ausbildung usw.),
- demographische Merkmale (Religion, Alter, Geschlecht usw.),
- psychographische Merkmale (Lebensstile, Gewohnheiten, Einstellungen, Konsummotive usw.),
- Besitz- und Verbrauchsmerkmale (Schmalen 1996, S. 359).

Gerade für die Rundfunkproduktion ist eine Segmentierung von zentraler Bedeutung, weil Rundfunk vor allem Werbeträger ist und als Werbeträger in der Regel spezifisch segmentierte Käufergruppen ansprechen soll. Der Trend zu Spartenfernsehen, Ballungsraumfernsehen bzw. Formatradio und Lokalradio zeigt dies Bemühen der Rundfunkveranstalter, durch Segmentierungen Streuverluste der Werbung zu vermeiden.

Sozio-demographische Segmentierungsvariable (also sozio-ökonomische plus demographische Merkmale) sind relativ leicht zu erfassen, fraglich ist allerdings, ob sie jeweils ähnliche Präferenzstrukturen begründen (Woody Allen und Sylvester Stallone gehören z.B. zur gleichen sozio-demographischen Gruppe: weiß, reich, über 50, Großstadtbewohner, männlich usw.). Umgekehrt sind *psychographische Merkmale* schwerer zu erfassen, und sie können sich im Zeitablauf auch relativ schnell ändern, aber sie erlauben in der Regel eine trennschärfere Käufergruppenbildung. Ein Beispiel aus der schier unübersehbaren Fülle von psychographischer Segmentierung sind die folgenden Lebensstiltypen der GfK-Lebensstilforschung.

Gamblers

Junge Unverheiratete aus einfachen Kreisen, dynamisch und tolerant, zukunftsoptimistisch. Materielle Hedonisten, die das Gleichgewicht zwischen Vergnügen und Vernunft suchen.

Go-ahead Fellows

Ehrgeizige Junge, tolerant, „verrückte Experimentatoren“, begierig auf Neuheiten und darauf bedacht, Erfolge zu haben und in vollem Ausmaß an der Gesellschaft von Morgen teilzunehmen.

Isolated

Ältere, isolierte Menschen, die in Städten leben, puritanisch, völlig passiv, die sich in der Gesellschaft nicht mehr zurechtfinden und sich in ein Schneckenhaus unter Gleichgesinnten zurückziehen.

Safety-Oriented

Enttäuschte aus einfachen Kreisen, individualistisch, mißtrauisch und unbeteiligt gegenüber der sie umgebenden Welt, bestimmt von Fremdenfeindlichkeit und – aus Gründen der Selbstverteidigung – einem Rückzug auf sich selbst.

Bonvivants

Modern eingestellte Junge, hedonistisch, materialistisch, angeberisch, sehr zweckorientiert, aber viel von Geld träumend, um in vollem Ausmaß an der modernen Konsumgesellschaft der neuen Technologien teilnehmen zu können. (GfK AG, Lebensstilforschung, nach Horizont, 37, 1996, S. 137).

Die Zielgruppensegmentierung nach *Besitz- und Verbrauchsmerkmalen* orientiert sich am bisherigen Konsumverhalten. Z.B. segmentiert die Media-Analyse der Arbeitsgemeinschaft Media-Analyse (AGMA) die Rezipienten der Massenmedien sowohl nach Besitz- und Verbrauchsmerkmalen (Haushalte mit Vogelkäfig) als auch nach sozio-demographischen Merkmalen.

Die Zielgruppensegmentierung findet ihre Grenze in den Vorteilen der Massenproduktion: Die Zielgruppe muss groß genug sein, um eine Produktion im Bereich der mindestoptimalen Betriebsgröße zu ermöglichen. Oder umgekehrt müssten die Käufer für spezialisierte Produkte bereit sein, einen deutlich höheren Preis zu zahlen. In diesem Sinne besteht ein Trade-off zwischen Spezialisierung und hohen Preisen einerseits und Massenproduktion und niedrigen Preisen andererseits, wobei letztlich der Käufer die Grenze des Trade-off bestimmen wird. Unglücklicherweise ist die Rundfunkproduktion ein Bereich mit erheblichen Massenproduktionsvorteilen (vgl. Kapitel 4), daher ist es unwahrscheinlich, dass sich sehr stark segmentierte Produktionen im Rundfunkmarkt durchsetzen können.

4.2. Konkurrenzanalyse

Die Analyse der Konkurrenz liefert wichtige Erkenntnisse über mögliche Bedrohungen des eigenen Unternehmenserfolgs und über Möglichkeiten, die eigene Position zu verbessern. Wichtig ist es, die Wettbewerbskräfte zu erkennen (vgl. Abschnitt 5) und ihre Entwicklungspotenziale abzuschätzen. Als sinnvoll hat es sich auch erwiesen, von der Konkurrenz zu lernen. Das so genannte *Benchmarking,* das systematische Lernen von den Besten, hilft, schnell und rationell gute Lösungen bei der Konkurrenz zu entdecken und in das eigene Unternehmen zu integrieren: Imitation als Wettbewerbsstrategie (vgl. Rau 1996).

4.3. Trendanalyse

Um sich erfolgreich im Markt zu etablieren, muss man vorausschauend die Entwicklungstendenzen der Märkte abschätzen. Ein sehr häufig angewendetes Verfahren ist es, von der prognostizierten gesamtwirtschaftlichen Entwicklung, modifiziert um Branchenindikatoren, auf die eigene Absatzentwicklung zu schließen. So wird z.B. in den für den Rundfunksektor wichtigen Prognosen zur Entwicklung des Werbemarktes die prognostizierte Wachstumsrate des Bruttoinlandsproduktes zugrunde gelegt und um spezifische Ansätze zur Entwicklung der Werbeintensität modifiziert (vgl. Kapitel 15, Abschnitt 2.3.).

5. Wettbewerbskräfte im Rundfunksektor

Jedes Unternehmen, das im Wettbewerb erfolgreich bestehen will, muss in einer Strukturanalyse die spezifischen Wettbewerbsverhältnisse seiner Branche analysieren, um darauf ein strategisches Marketingkonzept aufbauen zu können. Ganz allgemein hängt der Stand des Wettbewerbs nach Porter von fünf grundlegenden Wettbewerbskräften ab, die in folgender Übersicht 4 zusammengestellt sind:

Übersicht 4: Die Triebkräfte des Branchenwettbewerbs

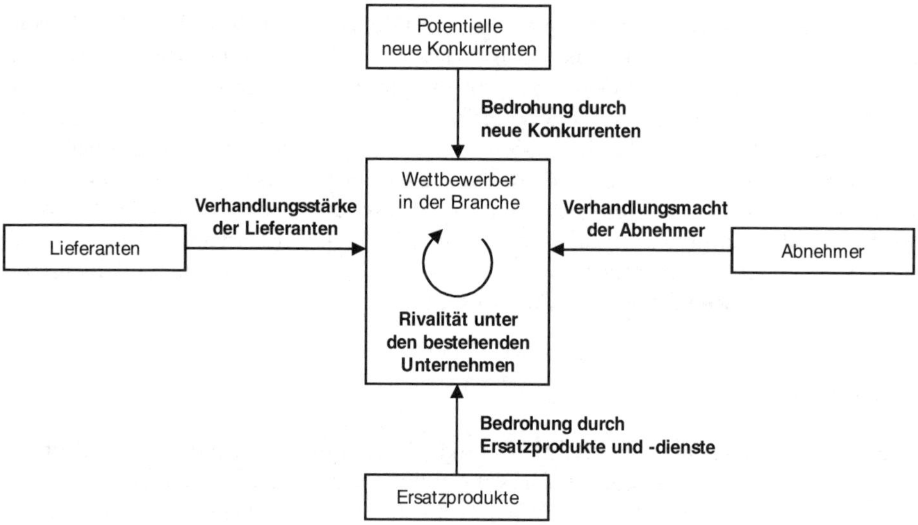

Quelle: Porter 1992, S. 26.

Die aufgeführten Wettbewerbskräfte

- Rivalität unter den bestehenden Wettbewerbern,
- potenzielle neue Wettbewerber,
- Druck durch Substitutionsprodukte,
- Verhandlungsstärke der Abnehmer und
- Verhandlungsstärke von Lieferanten

sollen im Folgenden für den Rundfunksektor untersucht werden, im Zweifel für das Fernsehen, wenn Abweichungen zwischen Radio und Fernsehen erheblich werden. Dabei wird Porters Vorgehensweise übernommen, soweit sie für den Rundfunksektor relevant ist.

5.1. Aktueller Wettbewerb im Rundfunksektor

Wettbewerb ist ein Verhältnis parametrischer Interdependenz und Rivalität zwischen den Marktteilnehmern (Baßeler/Heinrich/Koch 1998, S. 222). Die Rivalität wird stimuliert durch folgende strukturelle Faktoren (vgl. Porter 1992, S. 42ff.):

Die Zahl und Gleichartigkeit der Wettbewerber: Bei vielen und/oder bei unterschiedlichen Wettbewerbern ist die Wahrscheinlichkeit groß, dass einige Unternehmen Wettbewerbsmaßnahmen ergreifen im Glauben, die Konkurrenten würden dies nicht bemerken. Hieraus resultieren oft instabile Verhältnisse. Im Fernsehsektor gibt es sowohl zahlreiche Wettbewerber als auch eine größere Unterschiedlichkeit der Wettbewerber in Bezug auf ihre Größe und ihre finanziellen Ressourcen. Die Strukturbedingungen für eine heftige Rivalität sind mithin als gut zu bezeichnen. Im Hörfunksektor müssen regional abgegrenzte Märkte betrachtet werden: Hier ist sowohl heftige Rivalität – z.B. in Hamburg und Berlin – zu beobachten als auch eine eher geringe Rivalität – wie z.B. in Nordrhein-Westfalen mit nur einer privaten Lokalfunkkette – zu vermuten.

Langsames Branchenwachstum: Bei langsamem Branchenwachstum ist die Rivalität der Wettbewerber in der Regel höher als bei schnellem Branchenwachstum, weil der Kampf um Marktanteile geführt wird und der Wettbewerb den Charakter eines Nullsummenspiels hat, bei dem der eine verliert, was der andere gewinnt. Dieser Faktor spricht für eine geringe Rivalität der Wettbewerber im Rundfunksektor, weil die Branche relativ rasch expandiert und damit alle Unternehmen ihre Ergebnisse verbessern können, wenn sie nur ihre Marktanteile halten.

Hohe Fixkosten: Bei hohen Fixkosten (im Verhältnis zur Wertschöpfung) stehen Unternehmen unter starkem Druck, ihre Kapazitäten möglichst auszulasten, was bei zunächst vorhandenen Überkapazitäten oft zu rivalisierenden Preissenkungen führt (z.B. im Verkehrssektor, bei Stahl und Aluminium usw.). In der Rundfunkproduktion entstehen nur fixe Kosten, entsprechend stark ist der Druck, diese fixen Kosten auf eine große Nachfrage zu verteilen. Allerdings gibt es im Rundfunk bislang praktisch keinen Preiswettbewerb – dies mag sich ändern, wenn Pay-Rundfunk an Bedeutung gewonnen hat –, aber desto intensiver wird der Wettbewerb mit anderen Wettbewerbsparametern geführt wie Werbung und Produktpolitik.

Heterogene Wettbewerber: „Wettbewerber, die sich in Bezug auf Strategie, Herkunft, Persönlichkeiten und Beziehungen zu ihren Konzernen unterscheiden, haben verschiedene Ziele und Strategien für ihr Wettbewerbsverhalten und können dadurch kontinuierlich in Konflikt zueinander geraten. Es fällt ihnen oft schwer, die Absichten der jeweils anderen zu verstehen und sich über die Spielregeln der Branche zu einigen" (Porter 1992, S. 44). Heterogenität kann bestehen z.B. zwischen Eigentümerunternehmen und Publikumsgesellschaften oder zwischen Unternehmen, die einen Markt nur als Ventil für ihre Überschußkapazitäten betrachten, im Verhältnis zu solchen Unternehmen, für die der betreffende Markt Priorität besitzt. Oder eine Unternehmung, die Teil einer vertikalen Unternehmenskette innerhalb ihres Gesamtunternehmens ist, kann gegenüber einem unabhängigen Unternehmen in derselben Branche andersartige Ziele verfolgen. In diesem Sinne ist die Heterogenität der Wettbewerber im Rundfunksektor relativ groß. Es gibt ausgeprägte Eigentümerunternehmen, wie z.B. Kirch oder Springer, und es gibt eher rein kommerziell agierende Unternehmen, wie Bertelsmann/CLT oder die WAZ oder Holtzbrinck. Und es gibt Fernsehveranstalter, die, wie z.B. SAT.1 und DSF, Teil des vertikal integrierten Kirch-Konzerns sind, und gleichzeitig gibt es die relativ unabhängigen öffentlich-rechtlichen Veranstalter.

Hohe strategische Einsätze: Die Rivalität in einer Branche wird noch heftiger, wenn einige Unternehmen den Erfolg um jeden Preis suchen. Dies kann der Fall sein, wenn etwa die Branche oder die Region eine große strategische Bedeutung hat. Beides gilt sicher für den Rundfunksektor in Deutschland: Einerseits gilt die Rundfunkbranche als eine Schlüsselbranche für technologische Entwicklungen, und andererseits gewinnt der deutschsprachige Raum für die Rundfunkwirtschaft eine zunehmende Bedeutung.

Hohe Austrittsbarrieren: Austrittsbarrieren sind Kosten des Marktaustritts. Sie sind vor allem dann hoch, wenn die Kosten des Markteintritts im Falle des Misslingens in hohem Maße versunkene Kosten darstellen. Dies ist dann der Fall, wenn die Aktiva auf bestimmte Produkte oder Standorte spezialisiert sind und im Falle eines Marktaustritts nur sehr niedrige Liquidationswerte aufweisen. Wenn die Austrittsbarrieren hoch sind, verbleiben auch solche Unternehmen im Wettbewerb, die nur wenig erfolgreich sind. Sie können sich dann aufgrund ihrer Schwäche gezwungen sehen, zu extremen Wettbewerbsmaßnahmen zu greifen. Für die Rundfunkproduktion wird in nur geringem Umfang Realkapital wie Maschinen und Anlagen benötigt. Diese könnten im Falle eines Marktaustritts zu eher üblichen Werten liquidiert werden. In hohem Umfang benötigt eine Rundfunkproduktion dagegen Investitionen in den Markennamen (Werbung) und Investitionen in das Humankapital der Beschäftigten. Diese Kosten wären im Falle eines Marktaustritts versunken. Mithin bestehen im Rundfunksektor eher hohe Austrittsbarrieren.

Insgesamt dürfte der Grad der Rivalität unter den bestehenden Wettbewerbern im Rundfunksektor in Deutschland groß sein. Mit Ausnahme des schnellen Branchenwachstums sprechen alle anderen Faktoren für eine hohe Rivalität.

5.2. Potenzielle Konkurrenz

Potenzielle Konkurrenz kann Wettbewerbswirkungen hervorbringen, die denen des aktuellen Wettbewerbs gleich sind. Daher ist es wichtig, die Wahrscheinlichkeit des Marktzutritts neuer Konkurrenten zu analysieren. Marktzutritt ist unwahrscheinlich, wenn die Barrieren für einen Marktzutritt hoch sind. Als Marktzutrittsbarrieren definiert Bain die Vorteile, die etablierte Anbieter gegenüber potenziellen Konkurrenten genießen, die es jenen erlauben würden, ihren Preis dauerhaft über ein kompetitives Niveau anzuheben, ohne neue Firmen zum Eintritt zu bewegen. Dabei werden, Bain folgend, im Allgemeinen drei Formen von Marktzutrittsbarrieren unterschieden (vgl. Bain 1956):

- Economies of Scale (Betriebsgrößenvorteile),
- Vorteile der Produktdifferenzierung und
- absolute Kostenvorteile.

Ergänzend nennt Porter weitere Marktzutrittsbarrieren:

- Kapitalbedarf,
- Zugang zu Vertriebskanälen,
- staatliche Politik.

Für den Rundfunksektor können die Marktzutrittsbarrieren als gering gelten. Der Kapitalbedarf ist nicht sehr hoch, insbesondere nicht bei Radioveranstaltern und Sparten- bzw. Ballungsraumfernsehen, Produktdifferenzierungsvorteile existieren kaum, ebensowenig wie Economies of Scale. Absolute Kostenvorteile können existieren, insbesondere im Fall eines günstigen Zugangs zu Filmrechten, wenn diese Filmrechte vorausschauend zu einer Zeit erworben worden sind, zu der sie noch billig waren oder wenn die Filmrechte konzernintern günstig vergeben werden. Beides wird in Deutschland für den Kirch-Konzern vermutet. Die entscheidende Marktzutrittsbarriere für den Rundfunksektor ist, zumindestens in Deutschland, die Medienpolitik, die den Marktzugang lizenziert. Insgesamt kann die potenzielle Konkurrenz als erheblich gelten, jedenfalls dann, wenn staatliche Lizenzierungspolitik Marktzutritte ermöglicht.

5.3. Druck durch Substitutionsprodukte

Die Unternehmen einer Branche konkurrieren mit jenen Branchen, die Ersatzprodukte herstellen. Ersatzprodukte sind solche Produkte, die die gleiche Funktion erfüllen wie das in der Branche hergestellte Produkt. Substitutionsprodukte begrenzen die Gewinnerzielungsmöglichkeiten einer Branche, weil bei hohen Preisen eine Substitution durch andere Produkte wahrscheinlich ist.

Denkbare Substitutionsprodukte für das Fernsehen sind Kinos, Videokassetten und neuere Multimedia-Anwendungen wie z.B. Games-on-Demand. Faktisch zeichnet sich eine Substitution z. Z. indes nicht ab: Weltweit nimmt der Fernsehkonsum zu, und generell wird das klassische Fernsehen als bedeutendstes Geschäftssegment im Multimediasektor eingeschätzt (Monopolkommission 1996, S. 354). Für das Radio sind Substitutionsprodukte generell nicht in Sicht. Daher erscheint die Bedrohung des Rundfunks durch Ersatzprodukte z. Z. gering. Auch für die Rundfunkwerbung ist ein Ersatz nicht in Sicht.

5.4. Verhandlungsstärke der Abnehmer

Abnehmer können dann an den Gewinnen einer Branche teilhaben, wenn sie als Gruppe stark sind. Die Abnehmer der Rundfunkproduktion sind bei einer Werbefinanzierung die Werbungtreibenden, meist vertreten durch Media-Agenturen. Diese haben keine sehr starke Marktposition, weil sie wenig konzentriert sind und weil die Rundfunkveranstalter relativ glaubhaft mit einer Vorwärtsintegration drohen können: Sie sind in der Lage, ihre Werbezeiten auch selbst bzw. durch Tochtergesellschaften zu vermarkten (z.B. MGM für Pro Sieben oder IPA plus für RTL).

Bei Pay-Rundfunk sind die Rezipienten die Abnehmer. Auf Grund hoher Organisationskosten für eine mögliche konzertierte Aktion der Rezipienten ist ihre Marktmacht verschwindend gering. Insgesamt ist die Verhandlungsstärke der Abnehmer gegenüber ihren Lieferanten (anders als z.B. im Einzelhandel) recht gering.

5.5. Verhandlungsstärke der Lieferanten

Die Lieferanten der Fernsehproduktion sind vor allem die Produzenten von Spielfilmen, Fernsehfilmen, Fernsehserien und sonstigen Fernsehproduktionen. Sie haben eine relativ starke Marktposition, weil ihre Produkte nicht substituiert werden können und weil ihre Produkte für die TV-Veranstalter von zentraler Bedeutung sind. Zudem können Lieferanten glaubhaft mit einer Vorwärtsintegration drohen. Beispiele bieten der Walt-Disney-Konzern, der die Fernsehkette ABC aufgekauft hat, und in Deutschland die Kirch-Gruppe, die sich von einem Filmhändler zu einem vertikal integrierten Medienkonzern entwickelt hat. Die Macht der Lieferanten wird dadurch beschränkt, dass die Filmproduktionsbranche relativ wenig konzentriert ist.

Auch einzelne Arbeitskräfte können als Lieferanten dann beträchtliche Macht ausüben, wenn sie knapp und hochqualifiziert sind, wie z.B. Thomas Gottschalk oder Alfred Biolek. Im Hörfunksektor spielen Lieferanten nur eine geringe Rolle, ihre Macht ist entsprechend beschränkt.

Kurz gefasstes Ergebnis der Analyse der Wettbewerbskräfte ist:
- Es besteht eine hohe Wettbewerbsintensität („kannibalisch").
- Es besteht die Gefahr der Ausbeutung durch Lieferanten.

Ein möglicher Marktzutritt muss mithin sehr gründlich kalkuliert werden.

6. Rundfunk als junge und wachsende Branche

6.1. Der Produkt-Lebenszyklus

Die Entwicklungsphase einer Branche ist von zentraler Bedeutung insbesondere für das strategische Marketing von Unternehmen. Sie beeinflusst die Attraktivität einer Branche und begründet typische Aktions- und Reaktionsmuster der Unternehmen im Wettbewerb. Das Grundkonzept der Prognose von Branchenentwicklungen ist die Produkt-Lebenszyklus-Hypothese, die sich auf die Entwicklung von Produkten und der sie erstellenden Branchen bezieht. Die Hypothese besagt, dass Branchen idealtypisch folgende Entwicklungsphasen durchlaufen:
- Einführung,
- Wachstum,
- Reife/Sättigung,

– Stagnation/Rückgang.

Abbildung 5 zeigt diese Entwicklungsphasen.

Abbildung 5: Die Phasen des Produkt-Lebenszyklus

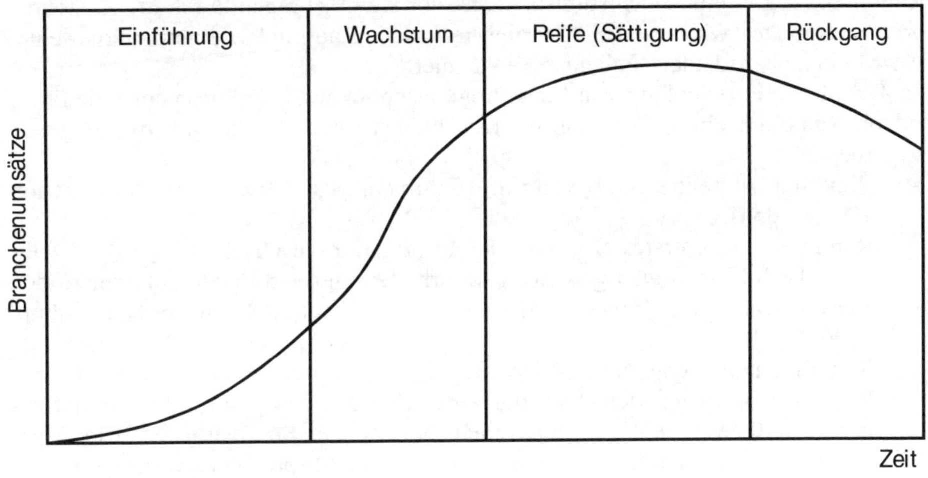

Quelle: Porter 1992, S. 214.

In der Phase der Einführung wachsen die Branchenumsätze nur langsam, weil Käufer in der Regel nur langsam auf neue Produkte reagieren, weil es schwierig ist, die Käufer zu überreden, das neue Produkt zu kaufen. In der Wachstumsphase nimmt die Zahl der Käufer und Käufe deutlich zu, das Produkt wird akzeptiert. Die Phase der Reife wird erreicht, wenn das Käuferpotenzial des neuen Produkts ausgeschöpft ist, wenn also der Erstbedarf gedeckt ist und Wiederholungskäufe überwiegen. In der Phase von Stagnation und Rückgang wird das ehemals neue Produkt von nunmehr neuen Ersatzprodukten verdrängt. Dieser Zyklus ist ein Grundmuster typischer Produkt- und Branchenentwicklungen, im Einzelnen können Entwicklungen unterschiedlich verlaufen.

6.2. Rundfunk als Wachstumsbranche

„Rundfunkunternehmen – Gewinner beim Strukturwandel der Medienwirtschaft": Unter diesem Titel beschreibt Seufert die Branchenentwicklung des Rundfunks seit 1984 (Seufert 1996b, S. 165). Seufert zeigt auf,

> dass der Rundfunk zwar aus einer gesamtwirtschaftlichen Sicht immer noch ein relativ unbedeutender Wirtschaftszweig ist, dass sein Gewicht seit 1984 aber meßbar zugenommen hat. Dies wird insbesondere an der Kennziffer Produktionswertanteil und – auf niedrigerem Niveau – an der Entwicklung des Erwerbstätigenanteils des Rundfunks an der Gesamtwirtschaft deutlich. Der Anteil des Rundfunksektors an der Bruttowert-

schöpfung folgt dagegen keinem kontinuierlichen Trend, sondern unterliegt starken Schwankungen. Diese sind letztlich auf die von Jahr zu Jahr sehr unterschiedlichen Gewinne zurückzuführen, die jeweils in die Bruttowertschöpfung eines Sektors eingerechnet werden (Seufert 1996, S. 167f.).

Rundfunk ist also eine Wachstumsbranche, vor allem getragen durch die Zulassung privater Anbieter, während der öffentlich-rechtliche Rundfunk, mit Ausnahme seiner Ausweitung nach Ostdeutschland, eher stagniert.

Die für die Entwicklung von Marketingkonzeptionen eigentlich spannende Frage ist, ob Rundfunk eine Wachstumsbranche bleiben wird. Dafür sprechen folgende Argumente:

- Rundfunk ist zentrales Segment im Multimediageschäft (Monopolkommission 1996, S. 354);
- Rundfunk ist zentrales Segment der Informationsgesellschaft. Die Technologien, die Informationen gewinnen, verarbeiten und verbreiten, gehören zu den Kernbranchen des Informationszeitalters (Fachverband Informationstechnik 1996, S. 17);
- Rundfunk kann von den Einsparpotenzialen der Digitalisierung profitieren, und
- Rundfunk bietet mit den Potenzialen der Digitalisierung und Interaktivität zunehmend die Möglichkeit, die akzeptanzhemmenden Streuverluste der Informationsverbreitung durch eine zielgruppengenauere Ansprache zu verringern.
- Insgesamt dürfte der Rundfunk gerade in Verbindung mit seiner durchgängigen Digitalisierung zunächst einmal Wachstumsbranche bleiben. Die gängigen Prognosen gehen generell auch von einem Wachstumsmarkt Rundfunkwerbung aus, insbesondere für die Fernsehwerbung (vgl. w&v, Heft 3, 1997, S.64ff.).

6.3. Marketingstrategische Besonderheiten der Wachstumsbranche Rundfunk

Rundfunk ist als Wachstumsbranche marketingstrategisch gesehen eine junge Branche, jedenfalls für den Bereich des privaten Rundfunks, um den es hier geht. Es gibt eine Reihe struktureller Faktoren, die für diese Entwicklungsphase typisch sind und die Marketingstrategien prägen. Solche Faktoren sind:

- die technologische Unsicherheit,
- die strategische Unsicherheit,
- die erhebliche Kostendegression und
- die große Zahl von Neugründungen (vgl. Porter 1992, S. 275ff; dabei werden hier nur die Faktoren aufgeführt, die für den Rundfunk von Bedeutung sind).

Technologische Unsicherheit: Es besteht Unsicherheit über die Produktgestaltung, über die Produktstandards und über die Produktionsverfahren.

- Welches Fernsehformat setzt sich wann durch?
- Welche Decodersysteme finden Anwendung?
- Wann wird sich das digitale Empfangsgerät durchsetzen?
- In welcher Form werden Radio, Fernsehen und PC verschmelzen?

Dies sind zur Zeit Fragen, die nicht sicher beantwortet werden können.

Strategische Unsicherheit: Es besteht Unsicherheit über die effizienten Unternehmensstrategien, Produkt/Marktstrategien müssen erst erprobt werden. Sind national geprägte Eigenproduktionen erfolgreich oder stark segmentierter Spartenrundfunk oder Ballungsraumfernsehen? Wird sich Pay-TV gegenüber Free-TV durchsetzen lassen? Mit welchen Partnern lassen sich Synergieeffekte realisieren? Auch dies ist bislang reichlich unklar.

Kostendegression: In den Anfangsjahren einer jungen Branche wird in kleinen Stückzahlen und mit noch unentwickeltem Know-how produziert. Daraus resultieren hohe Stückkosten der Produktion. Mit der Zunahme der Verkäufe kann Arbeit durch Kapital substituiert werden, es können Betriebsgrößenersparnisse realisiert werden, und Learning-by-Doing-Effekte tragen ebenfalls zur Kostensenkung bei. Dies bietet signifikante Potenziale für Preissenkungen und/oder Gewinnsteigerungen der Branche.

Für den Rundfunk gelten diese Kostendegressionen indes nur sehr beschränkt. Zum einen ist eine nachhaltige Zunahme der Produktionsmenge der Branche, gemessen als Rezeptionsdauer, multipliziert mit der Zahl der Rezipienten, auf Grund der Zeitgebundenheit des Rundfunkkonsums und der stagnierenden Bevölkerungsentwicklung nicht möglich. Zwar ist eine Zunahme der ausgestrahlten Werbung denkbar, aber zumindest für die klassische Werbung (Unterbrecher-Blockwerbung) zieht der zeitlich begrenzte Rundfunkkonsum und die begrenzte Akzeptanz dieser Art von Werbung auch enge Grenzen für den Werbezeitenverkauf. Solange eine Ausweitung aber noch möglich ist, bietet dies Raum für eine Senkung der Spotpreise und/oder für eine Erhöhung der Branchengewinne. Insgesamt sind daher Betriebsgrößenersparnisse für die Branche kaum zu erwarten. Zum anderen sind die Produktionsabläufe technologisch nicht sehr schwierig, so dass auch Lerneffekte nicht in großem Maße zu realisieren sind. Zum Dritten sind die Möglichkeiten, arbeitssparenden technischen Fortschritt in die Rundfunkproduktion zu implementieren, relativ gering. Preissenkungspotenziale und Gewinnsteigerungspotenziale sind mithin nicht oder nur in geringem Umfang vorhanden; dies erhöht die Aggressivität des Wettbewerbs innerhalb der Branche.

Neugründungen: Der Markteintritt zahlreicher neugegründeter Unternehmen ist typisch für junge Branchen. Häufig geschieht dies dadurch, dass angestellte Mitarbeiter ihre alte Unternehmung verlassen und neue Firmen gründen; so auch im Rundfunksektor, insbesondere im Sektor der Programm-Input-Produktion und im Hörfunk. Solche Neugründungen machen den Wettbewerb schwer kalkulierbar.

Zusammenfassend können die strategische und technologische Unsicherheit als zentral bezeichnet werden. Die Marketingstrategie der Branche muss daher vor allem versuchen, diese Unsicherheiten zu reduzieren. Eine Möglichkeit ist, durch Branchenführerschaft Spielregeln einzuführen und zu definieren. Eine andere Möglichkeit ist, durch koordinierte Branchenaktivitäten, z.B. Verbände, Kongresse und Publikationen, die Standardisierung zu fördern. „Schwarze Schafe" (aus der Sicht der Branche), die, wie z.B. SAT.1, bisweilen Filme ohne Werbung ausgestrahlt haben, sind aber immer zu befürchten. Wichtig ist, Qualitätsstandards zu setzen und solche Veranstalter auszugrenzen, die mindere Qualität anbieten, und wichtig ist, eine einheitliche Position gegenüber der Politik, Lieferanten und Kunden aufzubauen (wie es z.B. Ärzte, Architekten oder Gebrauchtwagenhändler versuchen).

Der *öffentlich-rechtliche Rundfunk* ist auf Grund seiner politischen Vorgaben ein stagnierendes Segment in der Wachstumsbranche Rundfunk und zugleich ein „altes" Segment in der jungen Branche des kommerziellen Rundfunks. Für ihn gelten ganz besondere Marketingkonstellationen, die hier nicht thematisiert werden sollen (vgl. dazu Schuster 1995).

7. Strategisches Marketing im Rundfunk

Nach der Beschreibung der grundlegenden Wettbewerbskräfte im Rundfunksektor und der speziellen Darstellung des Rundfunks als junge Branche und als wachsende Branche, sollen nun die Konsequenzen für die Wahl der Strategien analysiert werden. Auch diese Analyse bezieht sich auf den privaten Rundfunk.

7.1. Marktzutritt und Zeitpunkt des Marktzutritts

Die erste Frage ist, ob eine Unternehmung in den Rundfunksektor eintreten sollte. Dies ist zu bejahen für den Fall, dass die späteren Marktbedingungen überdurchschnittlich hohe Gewinne erwarten lassen und dass man glaubt, kurzfristig eine verteidigungsfähige Position im Rundfunksektor aufbauen zu können. Dies sind Fragen, die jede Unternehmung individuell für sich beantworten muss; die individuelle Wettbewerbsfähigkeit der Veranstalter ist sicher stark an vertikale Integrationen in den Bereich der Programmzulieferer und in den Bereich des Vertriebs gebunden.

Die zweite Frage ist die des Eintrittszeitpunktes. Die Wahl des Eintrittszeitpunktes in eine junge Branche ist von großer strategischer Bedeutung. Für einen frühen Marktzutritt sprechen folgende Argumente:

- Pionierunternehmen genießen meist einen guten Ruf.
- Lerneffekte werden schneller realisiert als bei der Konkurrenz.
- Das Prinzip der Kundentreue erhöht die Absatzchancen.
- Pionierunternehmen können Kostenvorteile realisieren, wenn sie rechtzeitig Beziehungen zu Lieferanten und Abnehmern aufbauen und Vertriebskanäle sichern.

Für einen frühen Eintritt in den Rundfunkmarkt spricht vor allem die frühzeitige Belegung von Frequenzen und Kanälen im Kabelnetz sowie der frühzeitige Erwerb von Film- und Sportübertragungsrechten angesichts schnell steigender Preise.

Gegen einen frühen Marktzutritt sprechen folgende Argumente:

- Wenn die Wettbewerbsstruktur einem raschen Wandel unterworfen ist, veralten Marktzutrittsinvestitionen sehr schnell.
- Wenn die Kosten der Marktentwicklung – Kampf um technische Standards, um rechtliche Regelungen, um Akzeptanz bei Politik und Verbrauchern – hoch sind, ist der frühe Eintritt teuer.
- Wenn die Technologie rasch veraltet und im Zeitablauf signifikant billiger wird, ist der frühe Eintritt teuer.

Diese, prinzipiell auch für den Rundfunkmarkt geltenden Argumente gegen einen frühen Marktzutritt werden sicher mehr als aufgewogen durch die Vorteile der frühen Sicherung von Zulieferungen und Vertriebskanälen.

7.2. Strategie der Kostenführerschaft?

Die Strategie der Kostenführerschaft sichert die Wettbewerbsfähigkeit, schützt vor der Rivalität der Konkurrenz, ist aber nicht leicht zu implementieren. Im Rundfunksektor ist schon die Definition der Kostenführerschaft schwierig, weil Preise auf dem Rezipientenmarkt bislang kaum existieren und weil Preise auf dem Werbemarkt nur eine lose Beziehung zu Produktionskosten haben.

Kostenführer im Rundfunk ist der Anbieter, der die Produktionskosten pro Reichweite – häufig gemessen pro 1000 Rezipienten pro Zeiteinheit – minimiert. Die Strategie richtet sich mithin (sinnvollerweise) nicht direkt auf eine Minimierung der Produktionskosten der Programme, Sendungen oder Beiträge, sondern auf eine Minimierung des Verhältnisses:

$$\frac{\text{Produktionskosten pro Zeiteinheit}}{\text{(1.000) Rezipienten pro Zeiteinheit}}.$$

In Anlehnung an die in der Werbewirtschaft gebräuchliche Terminologie könnte dieses Verhältnis „*Tausend-Kontakte-Kosten*“ (TKK) genannt werden.

Der auf dem Werbemarkt heftige Preiswettbewerb determiniert einen kompetitiven Tausend-Kontakte-Preis (TKP) als Marktpreis, auf den vor allem der Kostenführer einen signifikanten Einfluss hat. Und der Kostenführer kann mit diesem kompetitiven Tausend-Kontakte-Preis „leben“, er wird damit in aller Regel einen Gewinn erzielen, seine Konkurrenten hingegen nur zum Teil. Ähnliche Entwicklungen sind unter dem Regime von Pay-TV, insbesondere Pay-Per-View denkbar; bislang fehlt es hier indes an Wettbewerb und an umfangreichen Erfahrungen.

Die Strategie der Kostenführerschaft, die üblicherweise eine relativ sichere Strategie ist, lediglich einen hohen Investitionsaufwand begründet, ist im Rundfunkmarkt mit einer besonderen Unsicherheit behaftet: Die Unbestimmtheit der Input-Output-Relation im Rahmen der Programmveranstaltung macht die Kalkulation der Tausend-Kontakte-Kosten unsicher: Eine teure Sendung mit großer Reichweite kann niedrigere Tausend-Kontakte-Kosten bewirken als eine billige Sendung mit kleiner Reichweite. Daher ist die Strategie der Kostenführerschaft keine Strategie der Billigproduktion um jeden Preis, sondern sie kann auch darin bestehen, teure Programme bzw. Sendungen zu produzieren und mit hohem Marketingaufwand Reichweite zu implementieren. Die Strategie der Kostenführerschaft ist also nicht eindeutig und zudem unsicher.

7.3. Strategie der Produktdifferenzierung?

Die Strategie der Produktdifferenzierung schafft eine Kundenbindung an das Produkt und erhöht die Preisgestaltungsspielräume des Anbieters. Hierzu müssen die Aktivitäten der Unternehmung in den Bereichen Produktentwicklung und Marketing erfolgreicher sein als die der Konkurrenten; notwendig ist die Beschäftigung hochqualifizierter Mitarbeiter. Im Rundfunk ist auch die Strategie der Produktdifferenzierung recht schwierig zu implementieren, weil hier nicht ein Produkt angeboten wird, sondern ein täglich wechselndes Produktsortiment, ein Angebot, bei dem nur – und das auch nicht durchgängig – die Angebotsrubriken gleich bleiben, also z.B. Abenteuerfilm, Boulevard-Magazin oder Talk am Mittag. Hier bleibt nur das Dachmarkenkonzept als Strategie, eine Art Ersatzstrategie für die eigentliche Differenzierung des Produkts. Mit Hilfe einer Marke als Dach für das Programmspektrum wird versucht, das Programm insgesamt in einheitlicher Aufmachung unter dem Image des Veranstalters als Marke zu verkaufen. Wie schwierig es ist, unterscheidbare Marken zu positionieren, zeigen die unprofilierten Kampagnen-Slogans der Veranstalter:

- „Wir zeigen's Ihnen." – RTL (Horizont, Nr. 46, 1997),
- „Der WDR hat viele Gesichter, hier ist eines davon." – WDR (Horizont,. Nr. 24, 1994),
- „Der WDR hat Kanten und Ecken" usw.

Wichtig ist, zu sehen, dass eine Produktdifferenzierung, wenn sie nicht objektiv als Spartenprogramm oder regional profiliertes Rundfunkprogramm erkennbar ist, im Wesentlichen nur über die Ersatzvehikel der Kommunikationspolitik erreicht werden kann.

7.4. Konzentration auf Schwerpunkte – Nischenstrategie

Eine Nischenstrategie scheint die naheliegende Strategie für Unternehmen zu sein, die, aus welchen Gründen auch immer, auf dem Rundfunkmarkt vertreten sein wollen, deren finanzielle Ressourcen aber beschränkt sind oder die das Verlustrisiko klein halten wollen. Eine solche Strategie ist indes generell und speziell für den Rundfunkmarkt mit erheblichen Risiken behaftet, weil Marktsegmente vorhanden sein müssen und vor allem, weil der kleine Nischenanbieter seinen Teilmarkt effizienter beliefern muss, als es die großen Konkurrenten könnten. Regionale Marktsegmente sind im Rundfunk sicher vorhanden, weil die Nachfrage nach Information stark regional gebunden ist. Inwiefern Marktsegmente in Form von Spartenprogrammen genutzt werden können, muss die Erfahrung zeigen; bislang sind Spartenprogramme wenig erfolgreich. Der Kindersender „Nickelodeon" und der „Wetterkanal" sind eingestellt; die noch existierenden Spartenprogramme machen Verluste; das Erreichen der Gewinnschwelle ist nicht in Sicht. Dies liegt an der schon mehrfach beschriebenen Fixkostendegression im Bereich der Medienproduktion und insbesondere im Bereich der Rundfunkproduktion. Diese bewirkt, dass ein reichweitenstarkes Programm pro Kopf der Rezipienten sehr billig ist und ein reichweitenarmes Programm pro Kopf sehr teuer ist. Daher muss ein reichweitenarmes Programm entweder sehr teuer sein oder sehr billig und schlecht (vgl. Kapitel 4, Abschnitt 5.4.). Dies macht die Erfolgsaussichten für Spartenprogramme und Lokalprogramme, also für eine Nischenstrategie, gering.

8. Operatives Marketing im Rundfunk

8.1. Besonderheiten des Rundfunks im Bereich des operativen Marketing

Der Rundfunksektor ist durch eine Reihe von Besonderheiten geprägt, die bei der Erarbeitung von operativen Marketingkonzeptionen beachtet werden müssen, also wenn die zentralen Entscheidungen über die Position des Unternehmens in der Branche bereits gefallen sind. Diese Besonderheiten sind:

- Das hohe Ausmaß von Marktversagen,
- die Verbundproduktion für zwei Märkte,
- die Asymmetrie des Wettbewerbs im dualen Rundfunk und
- der Wettbewerb der Finanzierungssysteme Free-Rundfunk versus Pay-Rundfunk.

Elemente des Marktversagens sind (vgl. Kapitel 1):

- Eigentumsrechte können nicht hinreichend definiert und durchgesetzt werden;
- es bestehen Informationsmängel; und
- kontinuierlich sinkende Durchschnittskosten der Produktion begründen Strukturprobleme des Wettbewerbs.

Wenn Eigentumsrechte am ausgestrahlten Programm nicht hinreichend durchgesetzt werden können, ist es aus Anbietersicht sinnvoll, die direkte Vermarktung durch eine indirekte Vermarktung zu ergänzen, wenn nicht zu ersetzen. Daher wird nicht nur das Programm vermarktet, sondern vor allem die Verbreitungs- und Wirkungswahrscheinlichkeit von Werbebotschaften. Dies ist ein klar definiertes Produkt mit klar definierten und durchsetzbaren Eigentumsrechten, das auf einem Markt mit guter Preis- und Qualitätstransparenz vermarktet werden kann. Wenn Informationsmängel bestehen, muss im Rahmen des operativen Marketing vor allem die Kommunikationspolitik eingesetzt werden, um den Rezipienten die wirksamen Produktinformationen zu liefern („Verbotene Liebe“ als fast schon realsatirisches Beispiel). Und wenn die Durchschnittskosten der Produktion kontinuierlich sinken, besteht ein sehr großer Anreiz, durch ein aggressives Marketing die Kapazitätsauslastung zu steigern, um in den Genuß der Fixkostendegression zu kommen.

Die aus der Schwierigkeit, das Programm direkt zu vermarkten, resultierende *Verbundproduktion* muss mithin auf zwei Märkten vermarktet werden, auf dem Rezipienten- und auf dem Werbemarkt. Dieses quasi verdoppelte Marketing – für zwei Produkte für zwei Nachfragergruppen – macht das Marketing komplex und damit auch teuer:

- Das Programm muss als Rezipientenmarke und als Werbemarke entwickelt und verkauft werden, wobei die Rezipienten möglichst wenig davon bemerken sollen, dass sie als Werbezielgruppe verkauft werden.

- Die Werbung auf dem Rezipientenmarkt ist eher suggestiv und zielt auf die komplexen und diffusen Präferenzen des Publikums; die Werbung auf dem Werbemarkt ist eher informativ und zielt auf die klaren Präferenzen der werbungtreibenden Wirtschaft („TKP von 22,50 DM in der Zielgruppe der gut verdienenden Frauen zwischen 25 und 39 Jahren").
- Die Preispolitik richtet sich nur auf einen Markt, den Werbemarkt; hier ist der Preis zentraler Wettbewerbsparameter, während er auf dem Rezipientenmarkt als Wettbewerbsparameter bislang unbekannt ist.

Der *Wettbewerb* und damit die Marketingaktivitäten zwischen öffentlich-rechtlichen und privaten Veranstaltern ist notwendigerweise *asymmetrisch:*

- Die Erfolgsmaßstäbe der privaten Rundfunkveranstalter sind die einfachen Konzepte von Reichweite, Umsatz und letztlich Gewinn, die Erfolgsmaßstäbe der öffentlich-rechtlichen Rundfunkveranstalter sind die komplexen und unklaren Konzepte von Programmauftrag/Grundversorgung und Wirtschaftlichkeit.
- Daher ist die Produktpolitik und die Kommunikationspolitik der Privaten rezipientenorientierter, innovativer und aggressiver als die entsprechende Politik von ARD und ZDF.
- Die Innovationen (auch „Tutti Frutti" war eine Innovation) gehen in der Regel nur von einer Marktseite aus, während die Marktgegenseite sich auf Imitationen von Fall zu Fall beschränken kann. Die symmetrische Abfolge von Innovation und Imitation jeweils wechselnder Akteure findet nicht statt.

Weniger ungewöhnlich ist der *Wettbewerb der Finanzierungssysteme* Free-Rundfunk versus Pay-Rundfunk im privaten Sektor des Rundfunks allein, wenngleich Parallelen hierzu schwer zu finden sind. In weitem Maße entsprechen sich die Erfolgsmaßstäbe und die eingesetzten Wettbewerbs- bzw. Marketingparameter:

- Erfolgsmaßstäbe sind Reichweite/Umsatz/Gewinn bzw. Abonnentenzahlen/Umsatz/Gewinn.
- Marketingparameter sind die Produktpolitik und die Kommunikationspolitik für das Programm in jeweils ähnlicher Weise für beide Finanzierungsarten, die sich mithin in diesem Feld im direkten Wettbewerb befinden.

Nur im Falle der Preispolitik findet ein direkter Wettbewerb nicht statt, die gesetzten Preise beziehen sich einmal auf den Rezipientenmarkt, zum anderen auf den Werbemarkt, also auf getrennte Märkte. Preisaktionen mit darauf erfolgenden Preisreaktionen gibt es zwischen den beiden Finanzierungsarten nicht.

8.2. Produktpolitik im Rundfunk

Ziel der Produktpolitik ist die optimale Positionierung des Programmangebots im Raum der Rezipientenwünsche. Restriktionen der Produktpolitik sind die Programmanforderungen des Rundfunkrechts (vgl. Kapitel 3) und vor allem die finanziellen Mittel des Veranstalters. Im Rahmen der Produktpolitik von Rundfunkveranstaltern werden vor allem folgende Bereiche bearbeitet:

- Die Gestaltung von Qualität und Inhalten des Programms,

- die Gestaltung der Programmstruktur,
- die Gestaltung der Programmverpackung und
- die Gestaltung des Programmsortiments.

Qualität und Inhalt des Programms

Weil der Preis als Wettbewerbsparameter auf dem Rezipientenmarkt bei der vorherrschenden Werbefinanzierung entfällt, müsste das Produkt, in den Dimensionen Qualität und Inhalte, eine zentrale Rolle im Wettbewerb der Marketingaktivitäten übernehmen. Hierzu können einige grundlegende Überlegungen angestellt werden. In der Wirkungskette Kosten ⇨ Qualität ⇨ Reichweite ist der Zusammenhang zwischen Kosten und Qualität relativ sicher, der Zusammenhang zwischen Qualität und Reichweite dagegen relativ unsicher; beide zusammen müssen aber simultan beachtet werden.

Die zentrale Frage ist, in welchem Ausmaß sich eine Investition in hohe Programmkosten lohnt. Hierzu muss die Größe des Marktes – erfasst als Zahl der erreichbaren Rundfunkhaushalte und der erreichbaren Durchschnittseinkommen[34] – und die realistischerweise zu erwartende Größe des Marktanteils ins Kalkül gezogen werden. Weil sich die primären Programmpräferenzen der Zuschauer offenbar auf relativ wenige zentrale Programmkategorien richten – auf Musik, Sport und Unterhaltung – hängt der zu erwartende Marktanteil vor allem von der Programmkategorie ab. Eine große Investition in Programmkosten lohnt mithin allenfalls bei einem großen Markt, wie z.B. dem deutschsprachigen Raum und einer zentralen Programmkategorie wie Unterhaltung. Die sehr große Investition in die teure Produktion „Wetten dass...?“ für den deutschsprachigen Raum ist ein ideales Beispiel. Ob sich eine solche Investition tatsächlich lohnt, kann ex ante allerdings nie sicher kalkuliert werden, weil der Zusammenhang zwischen Input in die Qualität und Output an Reichweite recht unsicher ist.

Zur Reduktion dieser Unsicherheit müssen permanent die erkennbaren Rezipientenpräferenzen, auch und vor allem durch Beobachtung der Reichweitenerfolge der Konkurrenz, erforscht und beobachtet werden. Allgemein müssen folgende Elemente der Programmgestaltung beachtet werden:

- Die Programminnovation, d.h. die stete Einführung von neuen Programmen und Programmelementen.
- Die Programmvariation, d.h. die Optimierung vorhandener Programme und Programmelemente; z.B. bessere Sendeplätze für erfolgreiche Sendungen auswählen und erfolgreiche Sendungen imitieren.
- Die Programmelimination, d.h. das Aussortieren von Sendungen, die nicht genügend Reichweite erzielen.

Und vor allem müssen Programme strukturiert, verpackt und beworben werden.

Programmstrukturen

Die Gestaltung der Programmstrukturen hat vor allem folgende Ziele:

---

[34] Ergänzt um eventuelle Mehrfachverwertungen.

- Die Differenzierung des Programms vom Konkurrenzangebot (Produktdifferenzierung);
- die Etablierung des Programms als Marke („20 Uhr ARD-Tagesschau");
- die Reduktion der Informationskosten des Publikums und
- die Nutzung der Nachfrageträgheit im Rezeptionsfluß.

Das Programm soll gut und leicht erkennbar sein, die Sendung leicht auffindbar sein, und das Publikum soll an den Veranstalter gebunden werden.

Man unterscheidet die horizontale und die vertikale Strukturierung des Programms in Bezug auf die Zeit. Die *horizontale Zeitstruktur* des Programms hat das Ziel, ähnlichen Sendeinhalten jeden Tag oder jede Woche den gleichen Programmplatz zuzuweisen. Dies nennt man auch *Stripping*. Im Fernsehen spielt dabei die Formatierung des Programmangebots eine zentrale Rolle. „Ein *Fernsehformat* bezeichnet ein in seinem Inhalt, seiner Binnenstruktur und seiner Präsentation auf ein klar definiertes Zuschauersegment und einen in die Sendestruktur eingebetteten Programmplatz abgestimmtes mehrteiliges Sendekonzept" (Meckel 1997, S. 477f.). Eine solche horizontale Strukturierung des Programms erstreckt sich zunehmend auch auf die Zeitstruktur von Sendungen oder Beiträgen. Diese arbeiten mit einer zeitlichen Länge von Spannungsbögen, die den Regeln zur Zeitstruktur von Werbeunterbrechungen folgen und mit spannungserhaltenden Unterbrecherelementen („Cliff-Hanger") arbeiten. Zu beachten ist auch eine einheitliche Binnenstrukturierung von journalistischen Beiträgen, z.B. das Ablaufschema von 30minütigen Nachrichtenmagazinen (vgl. Meckel 1997, S. 481f.). Im *Hörfunk* bezieht sich das *Format* auf das Gesamtprogramm als Marke, in der Regel vor allem über die Musikfarbe definiert (vgl. Kapitel 12). Im Einzelnen wird das Hörfunkprogramm dann in Form der sog. Sendeuhr zeitlich horizontal strukturiert. Eine *Sendeuhr* ist die in Form einer Uhr dargestellte Grundstruktur einer Programmstunde, die festlegt, in welcher Abfolge und in welchem zeitlichen Umfang die Programmelemente (Musik, Moderation, Beiträge, Werbung) in der Sendestunde vertreten sind.

Die *vertikale Zeitstruktur* des Programms hat das Ziel, zwischen den einzelnen Sendungen eine Verbindung zu schaffen, um den „Audience Flow" auf dem eigenen Kanal zu fördern. Einmal gewonnene Rezipienten sollen auf die jeweils folgenden Sendungen „vererbt" werden. Wichtig ist also, möglichst kontinuierlich die gleichen Zielgruppen anzusprechen.

Programmverpackung – Programm-Design

Das Programm-Design bezieht sich auf die optische und akustische Verpackung des Programms und umfasst alle die Elemente, die nicht Inhalt der Sendung sind: Senderlogos und Senderjingles, Werbetrenner, Senderkennungen („Station ID's"), Gestaltung der Werbung, der Vorschauen, der Teaser und Trailer. Der Phantasie sind hier wenig Grenzen zu setzen. Das Programm-Design dient der Profilierung des Programms als Marke und damit der Rezipientenbindung.

Programmsortiment

Im Rahmen der Sortimentspolitik werden verschiedene Produkte zu einem effizienten Produktsortiment zusammengestellt, das einen optimalen Kompromiss zwischen

Kostenwirksamkeit und Verkaufswirksamkeit erreichen soll. Ein kleines Sortiment ist in der Regel kostengünstiger, während ein großes Sortiment verkaufsgünstiger ist.

Dies gilt auch für den Rundfunk: Ein großes Vollprogramm ist teurer als ein kleines Spartenprogramm, dafür erzielt es auch eine höhere Reichweite. In genauerer Differenzierung von „groß" und „klein" unterscheidet man folgende Sortimentsstrukturen:

- Ein *breites* Sortiment weist eine große Zahl von nach Thema und Ressort unterschiedlichen Programmgattungen auf, z.B. das sehr breite Angebot im WDR-Hörfunk.
- Ein *enges* Sortiment führt nur wenige Programmgattungen.
- Ein *tiefes* Sortiment führt die unterschiedlichen Programmgattungen in zahlreichen Qualitäten und Ausführungen, z.B. Nachrichtensendungen von ARD und ZDF in unterschiedlicher Breite und Tiefe.
- Ein *flaches* Sortiment führt die Programmgattungen nur in wenigen Varianten, wie z.B. RTL Sport nur in den Varianten Champions League, Boxen und Formel 1 angeboten hat.

In Analogie zur Sortimentsgestaltung im Handel kann man vermuten, dass ein tiefes Sortiment (Typ „Fachgeschäft") ein Image von Kompetenz schafft. Ein zugleich breites und tiefes Programmsortiment, das man im öffentlich-rechtlichen Rundfunk (ARD, ZDF, Deutschlandradio) ausmachen kann, ist recht teuer. Und es ist fraglich, ob sich solche Programme gegen die kostengünstigeren breiten und flachen Sortimente (Typ „Verbrauchermarkt") von RTL, SAT.1 und ProSieben rechnen.

8.3. Kommunikationspolitik im Rundfunk

Rundfunkveranstalter setzen in der Regel die gesamte Palette von Maßnahmen der Kommunikationspolitik ein:

- Werbung,
- Öffentlichkeitsarbeit/Public Relations,
- Verkaufsförderung und
- Personal Selling/persönlicher Verkauf

und zwar sowohl auf dem Rezipientenmarkt als auch auf dem Werbemarkt.

Werbung

Der Sektor Massenmedien steht seit 1994 auf Platz zwei in der Rangfolge der Branchen nach Bruttowerbeausgaben (in der Systematik der Nielsen-Werbeforschung): Im Jahr 1997 betrug der Bruttowerbeumsatz des Sektors Massenmedien 2.532 Millionen DM, fast soviel wie der Bruttowerbeumsatz der Automobilindustrie (ZAW, Werbung in Deutschland 1998, S. 136). Da der Umsatz des Sektors Massenmedien mit etwa 70 Mrd. DM sehr viel kleiner ist als der Umsatz der Automobilindustrie (261 Mrd. DM), kann die Medienbranche als werbeintensivste Branche überhaupt gelten. Leider werden die Angaben nicht für Hörfunk, Fernsehen und Print getrennt ausgewiesen; man kann indes vermuten, dass der größere Anteil der Werbeausgaben auf den Rundfunk (als Auftraggeber der Werbung) entfällt.

Die sehr hohe Werbeintensität von Hörfunk und Fernsehen ist in drei Faktoren begründet:

- Der Wettbewerb im Fernsehmarkt und in weiten Teilen des Hörfunkmarktes ist ungewöhnlich heftig.
- Der Wettbewerb im Rundfunkmarkt muss sehr stark mit dem Parameter Werbung ausgetragen werden, weil es Preise auf dem Rezipientenmarkt – mit Ausnahme von Pay TV – nicht gibt und weil die Produktpolitik bei der geringen Qualitätstransparenz der Rezipienten umfassend durch Werbung ergänzt werden muss.
- Werbung ist für Rundfunkveranstalter dann recht billig – praktisch kostenlos -, wenn sie im eigenen Sender als so genannte Eigenwerbung verbreitet wird.

Der Begriff *„Eigenwerbung“* bezeichnet zunächst einmal die Werbung der Rundfunkveranstalter für ihr eigenes Programm. Sofern eine solche Eigenwerbung auch im eigenen Programm erfolgt – was die Regel ist -, spricht man von *Eigenwerbung on air* (vgl. Schulte-Lippern 1997, S. 32ff.), andernfalls bisweilen von *Eigenwerbung off air.* Die Begriffe sind nicht besonders gut, weil Werbung immer Eigenwerbung ist; zur Unterscheidung dieser Veranstalterwerbung von der Werbung, die Rundfunkveranstalter für andere Unternehmen ausstrahlen, indes akzeptabel. Diese Eigenwerbung on air, die Werbung von Rundfunkveranstaltern für sich im eigenen Programm, ist eine Besonderheit des Rundfunksektors. Sie nimmt vielfältige Formen an; üblich sind:

- Programmansagen,
- Programmtafeln,
- Sendungen in eigener Sache,
- Programmtrailer (kurze Programmausschnitte),
- Teaser (Werbespot als Programmhinweis ohne Originalausschnitte),
- Video over/Voice over (Programmhinweise auf nachfolgende Sendungen während des Abspanns) und
- interne Cross Promotion (hier wirbt ein Sprecher in seiner Sendung für eine andere Sendung „und wünschen gute Unterhaltung bei dem nun folgenden Spielfilm“ ...).

Problematisch ist insbesondere, dass die Eigenwerbung on air oft nicht als Werbung erkennbar ist (vgl. zum Komplex der Eigenwerbung insgesamt Schulte-Lippern 1997).

Öffentlichkeitsarbeit, Verkaufsförderung und Personal Selling

Auch diese Instrumente der Kommunikationspolitik werden intensiv von den Rundfunkveranstaltern genutzt. Die Öffentlichkeitsarbeit umfasst die Herausgabe von Veranstalterpublikationen, die Organisation von Veranstaltungen, Pressekonferenzen, Senderbesichtigungen und Telefonaktionen, um nur einiges zu nennen. Verkaufsförderung und Personal Selling spielen eine wichtige Rolle für den Verkauf von Werbezeiten an Agenturen und die werbetreibende Wirtschaft. Beliebt ist das Event-Marketing, die Organisation von Veranstaltungen und ihre Vermarktung und die Cross-Event-Promotion, eine gegenseitige Unterstützung von Rundfunkveranstaltern und externen Akteuren (RTL sponsert den Auftritt von David Copperfield, und David Copperfield tritt bei RTL auf).

8.4. Preispolitik im Rundfunk

Bei *Free-Rundfunk* werden Preise für den Werbemarkt kalkuliert und gesetzt. Ausgangspunkt ist in der Regel – wenn nicht ein Monopol existiert – der durch den Wettbewerb der Werbeträger sich ergebende kompetitive Tausend-Kontakte-Preis (TKP). An diesen kompetitiven TKP müssen sich die Veranstalter anzupassen versuchen, indem sie, ausgehend von der erwarteten Reichweite (RW*) ihrer Sendungen die entsprechenden Werbespotpreise (P_{WS}) kalkulieren. Dies zeigt Abbildung 2.

Abbildung 2: Preiskalkulation auf dem Werbemarkt

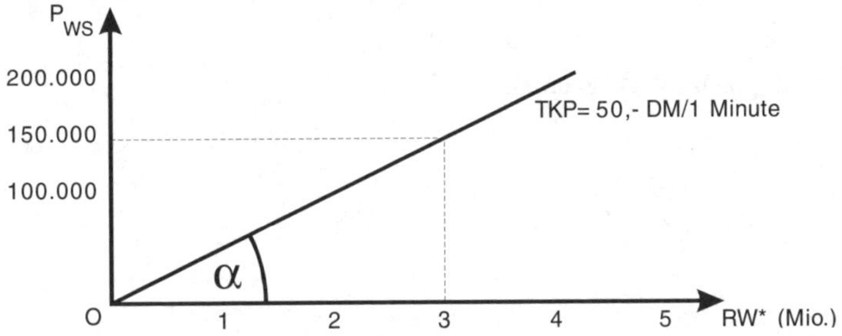

Der jeweils angenommene TKP wird gegeben durch den Tangens des Winkels der TKP-Linie[35]. Bei einem angenommenen TKP von 50,- DM pro Werbeminute wird bei einer erwarteten Reichweite der Sendung von z.B. drei Millionen Rezipienten mithin ein Werbespotpreis von 150.000 DM kalkuliert.

Eine solche Preiskalkulation ist mit zwei *Unsicherheiten* behaftet:

- Zum einen bestehen nur ungefähre Vorstellungen über die Höhe des kompetitiven TKP, und
- zum anderen sind die Reichweiten der jeweiligen Sendungen nur Erwartungsgrößen, die naturgemäß in der Realität nur selten bestätigt werden.

Reichweitenschätzungen sind mit besonderer Unsicherheit behaftet, wenn es sich um neue Sendungen oder sogar neue Programme handelt, über deren Akzeptanz Erfahrungswerte nicht vorliegen. Dennoch wird die Kalkulation auf diese Weise vorzunehmen sein, eine Alternative besteht nicht.

Wichtig ist, zu sehen, dass die Preispolitik für werbefinanzierten Rundfunk eine eher *passive* Rolle spielt: Der entscheidende Marketingparameter ist die Reichweite, auf deren Gestaltung sich die vorstehend beschriebenen Marketingaktivitäten vor allem beziehen. Wichtig zu sehen ist auch, wenngleich dies unmittelbar einsichtig

---

35 $\text{TKP} = \frac{\text{Spotpreis}}{\text{Reichweite}} \times 1000$

ist, dass der kalkulierte Werbepreis keinerlei Einfluss auf die Programmnachfrage hat.

Bei *Pay-Rundfunk* werden Preise für den Rezipientenmarkt kalkuliert. Diese Preise spielen eine entscheidende *aktive* Rolle bei der marketingmäßigen Gestaltung der Veranstalter-Rezipienten-Beziehungen. Allerdings geht es bei der Kalkulation der Rezipientenpreise um ein *langfristig* angelegtes Gewinnmaximierungskalkül der Pay-Rundfunk-Veranstalter, nicht um ein kurzfristiges Abschöpfen von partieller Preiszahlungsbereitschaft. Die langfristige Preis-Nachfragebeziehung für Pay-Rundfunk wird etwa den in Abbildung 3 eingezeichneten prinzipiellen Verlauf aufweisen. Bei einem recht hohen Preis werden nur wenige Rezipienten abonnieren; bei einem mittleren Preis, etwa P*, werden die Rezipienten R* gewonnen werden können, die im Prinzip für Pay-Rundfunk aufgeschlossen sind; weitere Preissenkungen lohnen für den Veranstalter nicht, weil damit nur wenige neue Abonnenten gewonnen werden könnten, aber alle bisherigen Abonnenten weniger zahlen müssten, als sie bisher zu zahlen bereit waren.

Abbildung 3: Preis-Absatz-Relation bei Pay-Rundfunk

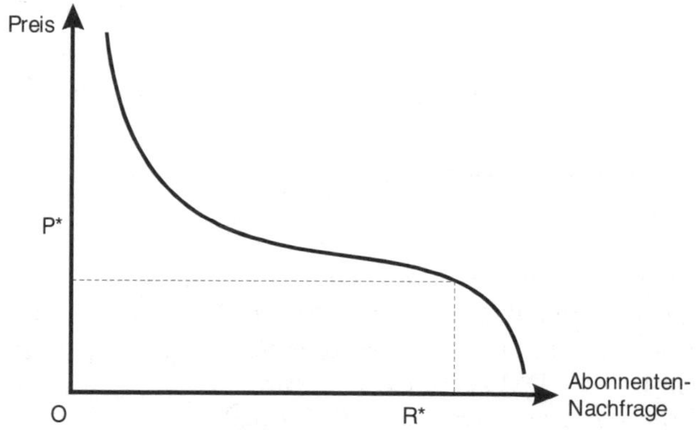

Eine genauere numerische Festlegung einer solchen prinzipiellen Preis-Absatz-Relation für Pay-Rundfunk ist (hier) nicht möglich. Werte für die Höhe von P* und R* hängen vor allem von den folgenden Faktoren ab:

- von der Konkurrenz durch Free-Rundfunk,
- von der Größe des Marktes (Kaufkraft und Zahl der erreichbaren Rundfunkhaushalte) und
- vom Umfang des Programmangebots.

8.5. Vertriebspolitik (Distributionspolitik) im Rundfunk

Die Vertriebspolitik spielt im Rundfunksektor nur eine geringe Rolle. Bei Free-Rundfunk ist die Wahl der Vertriebskanäle, die alle einige Vorteile und Nachteile aufweisen (vgl. Kapitel 6), von einer gewissen Bedeutung für die Akzeptanz des Programms; insbesondere im Hörfunk ist es wichtig, die Programme über die Terrestrik zu verbreiten, weil Kabel und Satellit faktisch überwiegend zum Fernsehempfang genutzt werden. Hier hat die Vertriebspolitik allerdings nur wenig Spielräume, weil diese terrestrischen Frequenzen durch die Medienpolitik zugeteilt werden. Der Vertrieb der Werbespots erfolgt über unabhängige Media-Agenturen oder verbundene Tochterunternehmen; hier sind die Konditionen des Verkaufs von entscheidender Bedeutung, die eher „weichen" Bedingungen der Vertriebswege spielen kaum eine Rolle. Bei Pay-Rundfunk spielt die Vertriebspolitik eine eigenständige, wenn auch kleine Rolle im Mix der operativen Marketinginstrumente: Der Vertrieb über den Fachhandel der Rundfunkgeräteindustrie bietet ein positives Verkaufsimage und eine gewisse Bequemlichkeit in der Transaktion.

Zusammenfassung

Marketing ist ein zentraler betrieblicher Funktionsbereich, der hier aus der Perspektive der Rundfunkunternehmung dargestellt worden ist. Aus den Marketingaktivitäten ergeben sich erhebliche Auswirkungen auf Programmstrukturen und Programmentwicklungen, von großer Relevanz für die Rezipienten. Rundfunkunternehmen, wie alle Unternehmen, müssen grundlegende Strategien der Produkt-, Unternehmens- und Marktentwicklung ableiten und durch die Instrumente des operativen Marketing stützen und vorantreiben. Aus der Analyse der Wettbewerbskräfte im Rundfunk ergibt sich eine ganz erhebliche Intensität des Wettbewerbs und eine gewisse Gefahr der Ausbeutung der Rundfunkveranstalter durch ihre Programmlieferanten, beides im Fernsehen stärker ausgeprägt als im Hörfunk. Rundfunk ist – mit Ausnahme des öffentlich-rechtlichen Rundfunks – eine junge Branche und eine moderat überdurchschnittlich wachsende Branche mit erheblichen strategischen und technologischen Unsicherheiten. Das operative Marketing ist ungewöhnlich komplex, weil Rundfunk in der Regel auf zwei Märkten angeboten wird, weil sich asymmetrische Wettbewerbsbeziehungen zwischen dem historisch gewachsenen und regulierten öffentlich-rechtlichen Rundfunk und dem wenig regulierten jungen privaten Rundfunk entwickeln und weil auch die Finanzierungssysteme im Wettbewerb stehen. Kurz: Komplexität und Unsicherheit ist auch für das Marketing die zentrale Herausforderung im Rundfunksystem.

Literaturhinweise

Einen knappen und klaren Überblick über das Gesamtgebiet des Marketing aus betriebswirtschaftlicher Sicht bieten:

- Zentes, J., Marketing, in: Vahlens Kompendium der Betriebswirtschaftlehre, Band 1, München (Vahlen), 3. Auflage, 1993, S. 321-395,
- Weis, H. C., Marketing, Ludwigshafen (Kiehl), 8. Auflage, 1993,
- Böcker, F.; E. Dichtl, Marketing, in: Bea, F. X.; E. Dichtl; M. Schweitzer, Allgemeine Betriebswirtschaftslehre, Band 3: Leistungsprozess, Stuttgart (Fischer), 5. Auflage, 1991, S. 121-182.

Ein umfangreiches Standardwerk zum Marketing ist

- Nieschlag, R.; E. Dichtl, H. Hörschgen, Marketing, Berlin (Duncker & Humblot), 17. Auflage, 1994.

Das grundlegende Werk zur Analyse von Wettbewerbsstrategien ist

- Porter, M. E., Wettbewerbsstrategie (Competitive Strategy), Frankfurt u. a. (Campus), 7. Auflage, 1992.

Marketing im Rundfunk, vor allem im öffentlich-rechtlichen Rundfunk, beschreibt

- Schuster, J., Rundfunkmarketing, Konstanz (Universitätsverlag), 1995.

Strategien der Markenbildung im Medienbereich analysiert

- Siegert, G., Medien Marken Management, München (R. Fischer), 2001.

10. Kapitel

Management

1. Zum Konzept von Management

Management ist ein diffuses Konzept, das in Standardlehrbüchern der Betriebswirtschaftslehre kaum erwähnt wird, und wenn es erwähnt wird, oft nur als Begriff für die Gestaltung der Mitarbeiterführung in Form der so genannten „Management by ...“-Prinzipien. Management meint meist den Komplex der Unternehmensführung, und diese umfasst etwa folgende betriebliche Funktionsbereiche:

- Planung und Entscheidung,
- Organisation,
- Führung und
- Kontrolle.

Diese Funktionen werden nicht immer einheitlich definiert, indes besteht ein hinreichender Grundkonsens über ihre Inhalte. Im Folgenden werden die Komplexe Organisation, Führung und Kontrolle dargestellt. Sie sind von großer Bedeutung für das schwierige Management der Rundfunkproduktion. Planung und Entscheidung sind ebenfalls wichtig, allerdings lässt sich hierzu wenig Konkretes ausführen. Daher wird auf die Darstellung dieses Komplexes verzichtet. Management bezieht sich auf Planung, Organisation, Führung und Kontrolle von Maßnahmen der Unternehmung, also auf intern zu erbringende Funktionen. Insofern unterscheidet sich Management deutlich vom Komplex des Marketing, das primär nach außen, auf die Bearbeitung und Gestaltung von Märkten gerichtet ist. Allerdings ist Marketing eine betriebliche Funktion, die wie andere Funktionen auch „gemanagt“ werden müssen, also geplant, organisiert, durchgeführt und kontrolliert werden müssen. Insofern kann man von einem Marketing-Management sprechen, sollte aber beide Komplexe strikt trennen.

2. Organisation

Die Vorteile der Arbeitsteilung begründen die Zerlegung der betrieblichen Aufgabe in Teilaufgaben. Man unterscheidet vor allem die sachliche Teilung, z.B. die Gliederung der Rundfunkproduktion nach Ressorts, und die personelle Teilung, die die gleiche Aufgabe auf mehrere Personen verteilt. Im Anschluss an die Aufgabenteilung müssen die Arbeitsschritte wieder koordiniert werden. Im Rahmen der Koordination müssen Informationen und Kompetenzen verteilt und strukturiert werden. Die Aufgabenteilung und die anschließende Koordination sind die Kernaufgabe der Organisation. Zentrale Aktionsparameter der Organisationsstruktur sind damit

- Teilung der Aufgabe,

- Verteilung von Entscheidungs- und Weisungsrechten (Kompetenzverteilung),
- Gliederung und Strukturierung der Kommunikation und
- Gliederung und Strukturierung des Arbeitsablaufs.

Recht zweckmäßig ist die analytische Unterscheidung von Aufbau- und Ablauforganisation. Im Rahmen der Aufbauorganisation ist zu klären, wie das Unternehmen organisatorisch strukturiert werden sollte, und im Rahmen der Ablauforganisation muss entschieden werden, wie der Betriebsablauf geordnet werden kann. Zuvor muss die Aufgabe „als Bedingungsrahmen für die Organisationsstruktur“ (Picot 1990, S. 114) analysiert werden.

2.1. Merkmale der Unternehmensaufgabe

Im Wesentlichen sind die folgenden vier Aufgabendimensionen relevant für die Organisationsstruktur:
- Die Strukturiertheit,
- die Veränderlichkeit,
- die Häufigkeit und
- die Ähnlichkeit der Aufgabe.

Die *Strukturiertheit* einer Aufgabe gibt an, in welchem Umfang eine Aufgabe in einzelne exakte, einander eindeutig zuzuordnende Teilaufgaben zerlegt werden kann. So gilt z.B. die Inspektion eines PKW als hoch strukturiert, Forschungs- und Entwicklungsaufgaben können dagegen als unstrukturiert gelten.

Die *Veränderlichkeit* einer Aufgabe gibt an, in welchem Umfang Änderungen der Aufgabe möglich sind und inwieweit diese prognostiziert werden können. Es geht, anders formuliert, um den Grad der Unsicherheit, der bei der Aufgabenerfüllung zu erwarten ist, um mögliche Änderungen bei Mengen, Terminen und vor allem Qualitäten. So kann z.B. die Stahlproduktion als gering veränderlich gelten, Garten- und Landschaftsbau ist dagegen eine Aufgabe von größerer Veränderlichkeit.

Die *Häufigkeit* einer Aufgabe gibt an, wie oft eine bestimmte Aufgabe innerhalb eines Zeitraums erfüllt werden muss, z.B. zehn oder 100 Inspektionen pro Tag. Die Häufigkeit ist groß bei der typischen Massenproduktion gleichbleibender Produkte (z.B. Ziegel, Zement, Stahl) und klein z.B. in einer Landarztpraxis.

Die *Ähnlichkeit* einer Aufgabe bezieht sich auf die Vergleichbarkeit in technologischer und marktlicher Hinsicht, auf die Vergleichbarkeit von Herstellungsverfahren und Abnehmergruppen. So können die Produktionen von Automobilen unterschiedlicher Typen als ähnlich gelten; wenig ähnlich ist die gleichzeitige Produktion von Automobilen und Flugzeugen.

Diese Merkmale der Unternehmensaufgabe bestimmen in hohem Maße Art und Umfang der Aufgabenteilung, dem Kernstück und Ausgangspunkt jeder Organisationsstruktur.

2.2. Aufgabenteilung, Arbeitsteilung und optimale Spezialisierung

Die Aufgabenteilung – auch Spezialisierung oder Arbeitsteilung genannt – erfolgt in der Regel nach unterschiedlichen Teilaufgaben. In einer solchen arbeitsteiligen Spezialisierung realisieren sich die *Vorzüge der Arbeitsteilung:*

– Die Spezialisierung auf einige wenige Tätigkeiten erhöht die Schnelligkeit, mit der diese Tätigkeiten ausgeführt werden können;
– die Arbeitsteilung ermöglicht den Einsatz spezialisierter Maschinen und damit kostengünstige Massenproduktion (realisiert die oft genannten Economies of Scale);
– Menschen mit den unterschiedlichsten Fähigkeiten können so im Produktionsprozess eingesetzt werden, dass ihre speziellen Fähigkeiten am besten ausgeschöpft werden.

Es darf aber nicht übersehen werden, dass mit der Arbeitsteilung auch *Nachteile* verbunden sind:

– Die Arbeit wird fremdbestimmt, d.h., man produziert nicht mehr das, was man konsumiert und konsumiert nicht mehr das, was man produziert. Dies begründet die Notwendigkeit von Hierarchien und die Schaffung von Leistungsanreizen.
– Arbeitsteilung zwingt zu einer straffen Arbeitsdisziplin.
– Da nur noch Teile gefertigt werden, geht die Beziehung zum Arbeitsprodukt verloren.
– Mit der arbeitsteiligen Verbundfertigung können auch negative psychologische Rückwirkungen verbunden sein. Einseitige Beanspruchung des Beschäftigten und vorgegebenes Arbeitstempo vermindern die Arbeitsmotivation (Baßeler/Heinrich 2001, S. 51).

Jede Arbeitsteilung führt zu einem Koordinationsbedarf mit entsprechenden Transaktionskosten. Die Grenze der Arbeitsteilung ergibt sich, wenn die Spezialisierungsvorteile gerade durch steigende Transaktionskosten kompensiert werden; diese Grenze stellt den *optimalen Spezialisierungsgrad* dar. Die Transaktionskosten hängen stark von den Merkmalen der Aufgabe ab: Eine hohe Strukturiertheit, eine geringe Veränderlichkeit, eine große Häufigkeit und eine große Ähnlichkeit verursachen jeweils geringe Transaktionskosten und lassen eine weitgetriebene Spezialisierung vorteilhaft erscheinen. Umgekehrt stehen wenig strukturierte, stark veränderliche und wenig ähnliche Aufgaben einer starken Spezialisierung entgegen. Solche Aufgaben erfordern eine breite Qualifikation und ganzheitliche Tätigkeiten nach dem Prinzip der Funktionsintegration (Picot 1990, S. 120).

2.3. Prinzipien der Arbeitsteilung

Die Arbeitsteilung, eine der grundlegenden Strukturentscheidungen der Organisation, erfolgt in der Regel nach einem oder mehreren der folgenden drei Prinzipien:

– Gliederung nach Objektmerkmalen (Objektorganisation),

- Gliederung nach Verrichtungsmerkmalen (Verrichtungsorganisation),
- Gliederung nach regionalen Merkmalen (Regionalorganisation).

Diese Prinzipien werden meist gemischt angewendet dergestalt, dass sie auf den verschiedenen Ebenen der Unternehmung in unterschiedlicher Weise zum Tragen kommen, indem z.B. auf der obersten Ebene eine Gliederung nach Verrichtungen und auf der folgenden Ebene eine Gliederung nach Objektmerkmalen vorgenommen wird.

„Die *Objektorganisation* – von der Organisationspraxis wird sie auch als divisionale Spartenorganisation bzw. Geschäftsbereichs-Organisation bezeichnet – geht von den Kernprodukten oder Kernproduktgruppen eines Unternehmens aus. Sie knüpft damit bei der Bildung organisatorischer Einheiten am Produktprogramm des Unternehmens an“ (Bea/Dichtl/ Schweitzer 1991, Bd. 2, S. 151).

Für die Rundfunkproduktion bietet sich als Objektgliederung die übliche Ressortgliederung an, etwa in folgenden Stufen:

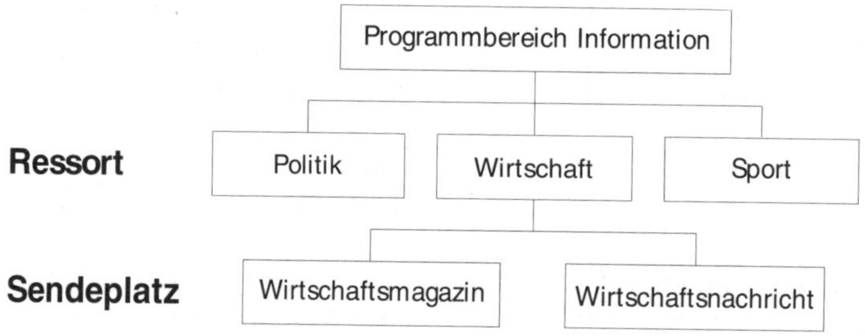

Möglich wären auch anders definierte Objektgliederungen etwa nach Interessensbereichen der Rezipienten, z.B. Lebenshilfe, Unterhaltung, Information/Bildung oder nach technischen Merkmalen wie z.B. Live-Bericht, tagesaktuelle Nachrichten und wochenaktuelle Magazine. Prinzipiell sollten die organisatorischen Einheiten so gebildet werden, dass

- innerhalb der Einheit umfangreiche Informations-, Koordinations- und Transportaufgaben (Transaktionskosten) anfallen
- und zwischen den Einheiten nur geringe Transaktionskosten anfallen.
- Dies wird erreicht, wenn die Einheiten relativ selbständig arbeiten, wie dies im Rahmen der sachlichen Ressortgliederungen der Fall ist.

Die Objektorganisation bietet eine gute Anpassungsfähigkeit an Umweltveränderungen, sie ermöglicht ein hohes Maß an Autonomie bei der Gestaltung der möglichen Marktbeziehungen von Beschaffung und Absatz und ist generell gut geeignet, eine Trennung von strategischen Aufgaben und operativen Tätigkeiten zu ermöglichen (große Delegationseffizienz). Nachteile sind ein möglicher Spartenegoismus und der Verzicht auf mögliche Spezialisierungsvorteile einer Zentralisation von Verrichtungen (jede Sparte übt ja die betrieblichen Funktionen Beschaffung, Fertigung, Absatz und Verwaltung für sich aus). Dieser Nachteil lässt sich indes durch Kombination der Objektgliederung mit der Verrichtungsgliederung vermeiden. Üblicherweise wird entsprechend verfahren, indem die Objektgliederung um einige zentrale Verrichtungsbereiche ergänzt wird, die den Gesamtzusammenhang der Unternehmung betreffen, meist Finanzen und Rechnungswesen, Personalwesen und Verwaltung.

„Die *Verrichtungsorganisation* – von der Organisationspraxis wird sie auch als funktionale Organisation bezeichnet – geht von den Kerntätigkeitsfeldern (Verrichtungen) eines Unternehmens aus: Forschung und Entwicklung, Beschaffung, Fertigung, Absatz, Logistik und Verwaltung" (Bea/Dichtl/Schweitzer 1991, Bd. 2, S. 146). Die Verrichtungsorganisation knüpft also im Prinzip an den realen Fluß der Güterströme an, die eine Unternehmung durchlaufen: Vom Einkauf des Materials über die Fertigung zum Absatz der Produktion, ergänzt um zentrale Funktionen wie Verwaltung, Finanzen oder Forschung und Entwicklung. Für die Rundfunkproduktion wäre es möglich, z.B. nach den Funktionen Einkauf, Programmproduktion und Vertrieb grob zu gliedern oder die Programmproduktion fein zu gliedern in die Funktionen Recherche, Erarbeiten der Konzeption, Archivmaterial Sichten, Drehen, Texten, Schneiden, Vertonen und Endabnahme.

Die Verrichtungsorganisation, die bei einem Einproduktunternehmen häufig anzutreffen ist, bietet den Vorteil einer leichten Programmierung, Arbeitsabläufe können recht gut standardisiert und aufeinander abgestimmt werden. Damit können die Vorteile der Arbeitsteilung realisiert werden, grundsätzlich besser als bei den beiden anderen Organisationsprinzipien. Nachteile sind eine geringe Innovationsneigung und die starke Belastung der Unternehmensspitze, die im Prinzip Entscheidungen nicht delegieren kann (Entscheidungszentralisation auf der Leitungsebene).

„Die *Regionalorganisation* geht von den räumlich gebundenen Aktivitätsfeldern – den Regionen – aus. Sie knüpft damit an die regionale Differenzierung der Unternehmenspolitik an" (Bea/Dichtl/Schweitzer 1991, Bd. 2, S. 158). Wichtig wäre eine Regionalorganisation, wenn die Bedingungen von Beschaffung, Fertigung und Absatz in regionaler Hinsicht stark differieren. So bieten die unterschiedlichen politischen, ökonomischen und kulturellen Besonderheiten einer Region, insbesondere im Ländervergleich, recht unterschiedliche Bedingungen für eine organisatorische Gestaltung. Wegen der grundsätzlich recht starken nationalen, regionalen und zum Teil sogar lokalen Gebundenheit von Rundfunkproduktionen ist das Prinzip der Regionalorganisation für Rundfunkveranstalter stark zu beachten. Die reine Regionalorganisation muss in der Regel ergänzt werden um einige zentrale Funktionen wie Verwaltung sowie Finanzen und Rechnungswesen. Die Regionalorganisation bietet im Prinzip die Vor- und Nachteile einer größeren Autonomie: Sie ermöglicht flexible Anpassungen an Umweltveränderungen, sie bietet die Möglichkeit, Störungen auszugleichen, aber sie birgt die Gefahr der Verselbständigung.

In grober *Zusammenfassung* kann man festhalten, dass objekt- und regionalorientierte Organisationsformen sich umso eher anbieten, je weniger strukturiert und je veränderlicher die Aufgabe ist. Dies liegt vor allem daran, dass bei ihnen ein großer Informations- und Koordinationsaufwand notwendig ist und dieser Aufwand durch eine Objektorganisation kleingehalten werden kann. Demgegenüber fällt dann der Verzicht auf die Realisierung der Vorzüge der Arbeitsteilung nicht so stark ins Gewicht.

2.4. *Rundfunkproduktion als Unternehmensaufgabe*

Der operative Kern von Rundfunkunternehmen ist die Rundfunkproduktion, also die Veranstaltung von Rundfunkprogrammen.[36] Sie ist durch folgende Merkmale gekennzeichnet:

- Sie ist gering strukturiert (komplex),
- sie ist stark veränderlich (unsicher),
- sie ist wenig häufig (speziell) und
- sie ist wenig ähnlich (vielfältig).

Die *geringe Strukturiertheit* ist darin begründet, dass sowohl das angestrebte Ergebnis als auch die effiziente Input-Output-Relation nicht gut quantifizierbar sind. Das angestrebte Ergebnis lässt sich zwar zeitlich exakt quantifizieren – Zeitpunkt und Zeitdauer einer Ausstrahlung – aber nicht in Bezug auf die zentralen publizistischen Qualitätskriterien Aktualität, Relevanz und Anmutung. Und eine Zerlegung der journalistischen Aufgabe in Teilschritte ist zwar prinzipiell machbar, z.B. Recherchieren, Drehen, Vertonen, Schneiden, aber eine exakte zeitliche und quantitative Zuordnung ist nur schwer möglich.

Die *starke Veränderlichkeit* der Rundfunkproduktion ist zum einen begründet im zentralen Qualitätskriterium jeder journalistischen Produktion, der Aktualität. Aktuelle Ereignisse sind nur schwer zu planen, sie sind prinzipiell nicht vorhersehbar, und ihre Relevanz stellt sich oft erst ad hoc heraus. Weil dies hohe Anforderungen an den journalistischen Einsatz stellt, versuchen Redaktionen typischerweise die Veränderlichkeit durch professionelle Strukturierungen von Sendungen (z.B. Anmoderation, O-Ton, Bericht, Interview...) wenigstens im Aufbau zu reduzieren oder durch einen ausgeprägten Terminjournalismus Aktualitätsrisiken zu verkleinern. Zum anderen ist die starke Veränderlichkeit begründet im Innovationszwang, im Zwang, stets neuartige Produkte anzubieten, die sich in Inhalt und Form stets neu präsentieren. Dies gilt für alle Programmsparten, auch für die, deren Produktion nicht dem Aktualitätsgebot unterliegt wie Unterhaltungs- oder Nutzwertsendungen.

Die *Häufigkeit* der Aufgaben der Programmproduktion ist gering, weil die Arbeitsschritte produkt- und personenbezogen sind und sich daher erheblich unterscheiden. So muss zwar täglich neu gedreht, vertont oder geschnitten werden, aber diese Tätigkeiten können nicht als Wiederholungen gesehen werden, weil sie inhaltlich differieren. Allenfalls Teilaufgaben wie das Verlesen von Verkehrsnachrichten kommen häufig vor.

Die *Ähnlichkeit* der Aufgaben der Programmproduktion ist gering, weil die Sortimentsbreite der Programmproduktion hoch ist. Dies gilt insbesondere bei Vollprogrammen, aber auch Spartenprogramme unterscheiden sich in ihren einzelnen Sendungen erheblich. Diese Sortimentsbreite begründet unterschiedliche Produktionsverfahren – so muss ein Wirtschaftsmagazin ganz anders produziert werden als eine Sportübertragung oder eine nicht fiktionale Unterhaltung – und setzt einen unterschiedlichen Zielgruppenzuschnitt voraus – Kinder werden anders angesprochen als Rentner usw. Damit sind industrielle Produktionsverfahren nicht möglich.

---

[36] Hilfsfunktionen wie z.B. Verwaltung und Vertrieb werden hier nicht betrachtet, sie unterscheiden sich auch nicht grundlegend von denen anderer Branchen.

Nach Klärung der Basisüberlegungen sollte die Organisationsstruktur als Aufbauorganisation gestaltet werden. Hierzu werden die – verteilten – Aufgaben angemessen strukturierten Stellen zugewiesen (Stellenaufbau), diese Stellen müssen mit Weisungsrechten verbunden werden, Entscheidungsrechte müssen verteilt werden und schließlich muss festgelegt werden, wie Informationen ausgetauscht werden sollen (Kommunikationsaufbau).

2.5. Stellenaufbau

Die Bildung von Teilaufgaben und ihre Zuordnung auf organisatorische Einheiten ist ein zentrales Problem der Strukturierung einer Organisation. Die *Stelle* ist ein Aufgabenkomplex für einen Aufgabenträger (meist eine Person), versehen mit Rechten und Pflichten. Sie ist die kleinste organisatorische Einheit. Der Stellenaufbau findet seinen Niederschlag in dem mit Stellenbeschreibungen versehenen *Stellenplan.* Es gilt das normative Prinzip der Einheit von Aufgabe, Kompetenz und Verantwortung für eine Stelle.

Leitungsstellen treffen Entscheidungen. In der Praxis gibt es häufig drei Leitungsebenen:

- Top-Management, zuständig für strategische Aufgaben;
- mittleres Management, setzt die strategischen Entscheidungen in Form von Teilplänen durch;
- unteres Management, ist zuständig für die operative Umsetzung.

Realisationsstellen, auch Ausführungsstellen genannt, erstellen Produkte und Dienstleistungen im Auftrag übergeordneter Stellen.

Insgesamt müssen für den Stellenaufbau mindestens zwei Fragen der Spezialisierung gelöst werden:

- Wie soll die Unternehmung global gegliedert werden?
- Wie soll auf der Stellenebene die Arbeit gestaltet werden?

Grundsätzlich gilt, dass die Art der Aufgabe die Gliederung determiniert: Je veränderlicher, je unähnlicher und je weniger strukturiert die Aufgabe ist, desto eher werden objektorientierte Organisationsformen gewählt, weil dies geringeren Koordinationsaufwand erfordert (Picot 1990, S. 126). Immer ist es das Ziel des Stellenaufbaus, die Koordinations- und Transaktionskosten zwischen den Stellen klein zu halten und gleichzeitig die Vorzüge der Arbeitsteilung zu realisieren.

2.6. Verteilung der Weisungsrechte

Für die Verteilung der Weisungsrechte kennt die Betriebswirtschaftslehre zwei organisatorische Grundformen: Das Einlinien- und das Mehrliniensystem. Bei dem Einliniensystem führt nur eine Anweisungslinie von der oberen Instanz zur nachgeordneten Stelle; bei dem Mehrliniensystem gibt es jeweils mehrere Anweisungslinien. In differenzierterer Betrachtung unterscheidet man häufig folgende Systeme:

Das *Liniensystem* (vgl. Abbildung 1).
Jede Stelle hat nur eine einzige direkt vorgesetzte Stelle. Der Vorteil ist die Klarheit von Zuständigkeit und Verantwortung. Der Nachteil ist der lange Dienstweg und die starke Belastung der oberen Stellen. Das Liniensystem eignet sich am ehesten für gut strukturierte, unveränderliche und ähnliche Aufgaben.

Abbildung 1: Das Liniensystem

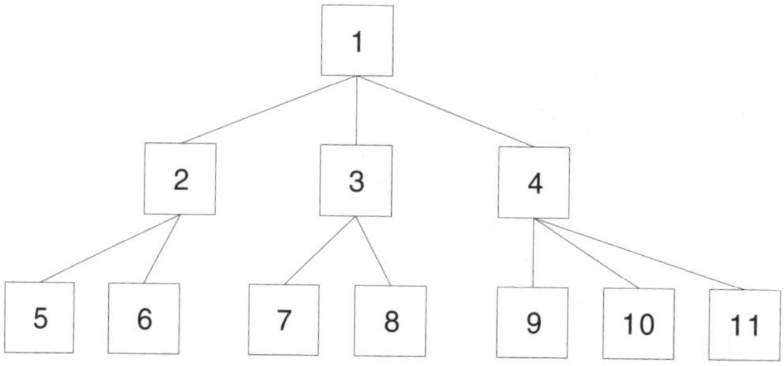

Das *Stabliniensystem.*
Um die jeweiligen Linienstellen zu entlasten, werden Stabsstellen zugeordnet. Ihre Aufgabe ist es, die Vorgesetzten in der Entscheidungsvorbereitung zu unterstützen. Stabsstellen haben aber keine Entscheidungs- und Weisungsbefugnis. Die Tendenz der Unternehmenspraxis scheint zu sein, Stabsstellen eher aufzulösen und ihre Aufgabe von externen Dienstleistern erledigen zu lassen (Outsourcing).

Das *Funktionssystem* (vgl. Abbildung 2).
Im Funktionssystem, der ersten Ausprägung eines Mehrliniensystems, kann jede Stelle mehrere unmittelbar vorgesetzte Stellen haben. Jede dieser Stellen ist nur hinsichtlich bestimmter Funktionen weisungsberechtigt (z.B. Personal, Finanzen, Rechnungswesen). Ein solches funktional abgegrenztes Weisungsrecht hat den Vorteil der spezialisierten Fachkompetenz auf der vorgesetzten Ebene. Nachteile sind unklare Zuständigkeiten und Gefahr von Kompetenzkonflikten.

Abbildung 2: Das Funktionssystem

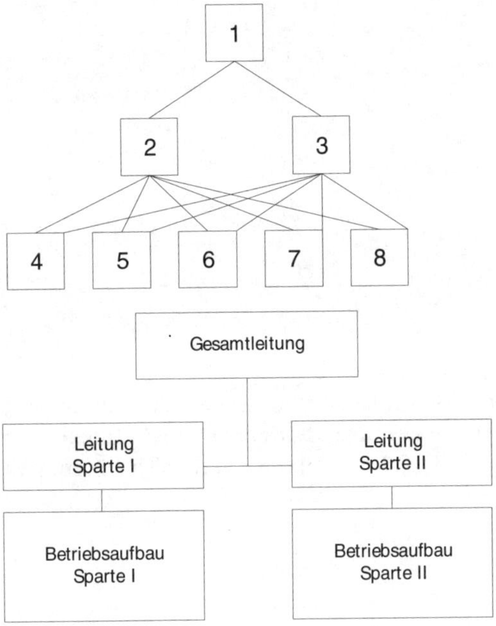

Die *Spartenorganisation* (Geschäftsbereich, Division) (vgl. Abbildung 3) gliedert die Unternehmung nach der marktlichen oder technischen Ähnlichkeit der Produkte in Produktgruppen (z.B. Lkw und Pkw oder Hörfunk und Fernsehen). Diese Produktgruppen (Sparten) erfüllen ihre operativen Aufgaben weitgehend autonom. Die Zentrale legt die Unternehmensstrategie fest und verteilt die finanziellen Ressourcen auf die Sparten. Hier gibt es dann den üblichen Kampf der Sparten um die knappen Investitionsmittel der Gesamtunternehmung.

Abbildung 3: Die Spartenorganisation

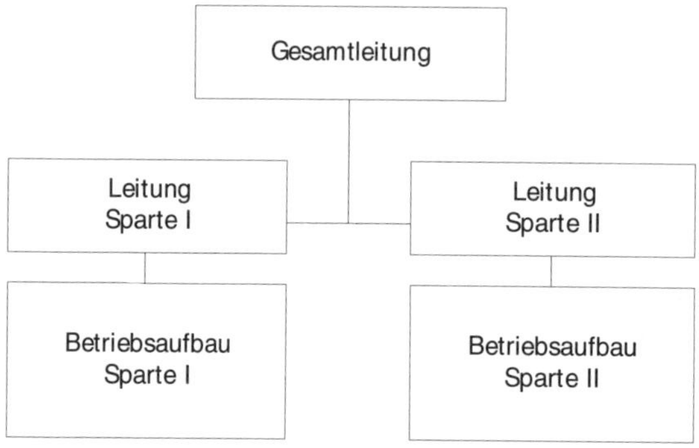

Die *Matrixorganisation* (vgl. Abbildung 4).
In Form der Matrixorganisation hat das Mehrliniensystem weite Verbreitung gefunden. Hier wird nach jeweils zwei Prinzipien einmal „horizontal" und einmal „vertikal" gegliedert, z.B. horizontal nach dem Objektprinzip und vertikal nach dem Verrichtungsprinzip oder dem Regionalprinzip.

Abbildung 4: Die Matrixorganisation

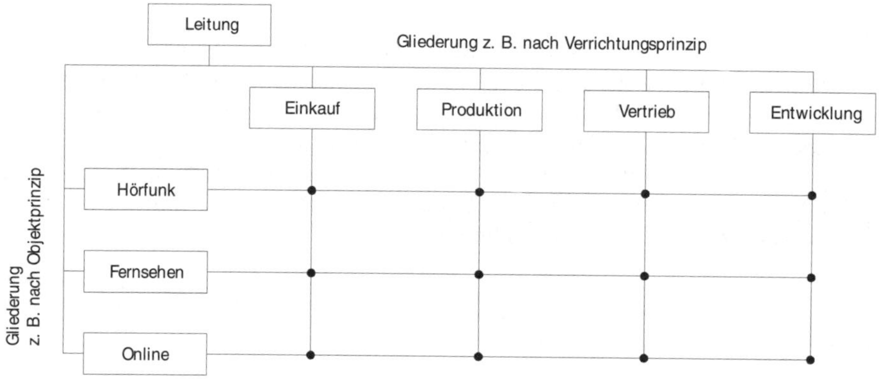

In der Regel wird horizontal nach dem Objekt gegliedert, indem – nach marktlicher oder technischer Verwandtschaft abgegrenzte – Produktgruppen (Sparten, Divisionen) gebildet werden. Vertikal wird dann nach Verrichtung oder Regionen gegliedert. Die Sparte entwickelt meist nur noch die Arbeitskonzeption, die Arbeitsabwicklung wird von den Funktionsbereichen durchgeführt.

Eine Weiterentwicklung der Matrixorganisation ist die so genannte *Management-Holding*. Hier werden die nach Produktgruppen gegliederten Geschäftsbereiche rechtlich verselbständigt (Outsourcing) und von der Konzernobergesellschaft, der Management-Holding koordiniert. Das operative Geschäft führen die Tochtergesellschaften selbständig durch. Die Obergesellschaft hat meist nur folgende Kernkompetenzen:

- Die Entwicklung von Produkt- und Marktstrategien,
- die Entwicklung von Investitions- und Forschungsstrategien,
- Öffentlichkeitsarbeit,
- die Entwicklung von Finanzstrategien und
- die Koordinierung der Gesamtunternehmung.

Eine Matrixorganisation soll eine spezialisierte, problemnahe Weisungsbefugnis und eine qualifizierte und rechtzeitige Koordination zugleich erreichen. Schlecht überschaubare und schwer zu leitende Unternehmen werden in Teilbetriebe aufgelöst, die sich gut an Veränderungen anpassen können. Zugleich wird die Gesamtkoordination gewährleistet. Problematisch bleiben immer Konfliktpotenziale und Kompetenzabgrenzungen in den Schnittstellen. Insgesamt eignet sich die Matrixorganisation damit vor allem für gering strukturierte und stark veränderliche Aufgaben wie z.B. die Rundfunkproduktion.

Der Leitungsaufbau muss auch die Zahl der *Hierarchieebenen* und, damit verbunden, die *Leitungsspanne* (Zahl der einem Vorgesetzten direkt unterstellten Stelleninhaber) festlegen. Hierzu gibt es keine allgemein akzeptierten Regeln. Bisweilen wird argumentiert, die Zahl der Hierarchieebenen müsse mit zunehmender Komplexität der Aufgaben zunehmen, die Leitungsspanne also eher abnehmen. Dies scheint indes nicht generell zu gelten. „Mit zunehmender Dynamik komplexer Aufgaben empfiehlt sich dagegen die Bildung integrierter, relativ autonomer, objektorientierter Aufgabenbereiche, die von einer flachen Hierarchie koordiniert werden (z.B. Fertigungsinseln)“ (Picot 1990, S. 133). Flache Hierarchien heben die Trennung von Planung und Ausführung weitgehend auf, sie fördern die Arbeitsmotivation, die Qualifikation und Kreativität der Mitarbeiter. „Die zehnstufigen Pyramiden von anno dazumal haben ... ausgedient, den flachen drei- bis vierstufigen Hierarchien gehört die Zukunft“ (Schmalen 1996, S. 172).

2.7. Verteilung der Entscheidungsrechte

Entscheidungsrechte beziehen sich auf die Gestaltungskompetenz der Aufgabenerfüllung, auf die Kompetenz, zu entscheiden, *wie* eine Aufgabe gelöst werden soll. Hier muss der Umfang der Entscheidungsdelegation festgelegt werden. Wenn die Entscheidungsbefugnisse auf die Stellen des Top-Managements konzentriert werden, spricht man von einer *Zentralisation;* wenn auch das mittlere und untere Management erhebliche Entscheidungsbefugnisse haben, spricht man von einer *Dezentralisation.*

Eine *Delegation* von Entscheidungsrechten, also eine *Dezentralisation,* hat folgende Vorteile:

- Vorgesetzte Stellen werden von einfachen Informations- und Entscheidungsaufgaben entlastet und können sich anderen Aufgaben, insbesondere der strategischen Unternehmensplanung, besser zuwenden.

- Untere Ebenen sind in der Regel über ihre Aufgabe besser informiert als ihre Vorgesetzten, und mögliche Problemlösungen sind ihnen besser vertraut.
- Der Verzicht auf den Instanzenweg beschleunigt Entscheidungs- und Lösungsprozesse, und
- die Leistungsmotivation der Mitarbeiter wird gesteigert.

In welchem Umfang delegiert werden kann, ist nur im Einzelfall zu entscheiden. Das Risiko einer unzureichenden Aufgabenerfüllung besteht immer, und auf eine Kontrolle kann nicht verzichtet werden. Eine sehr wirksame Kontrolle ist die Sicherung der Qualifikation der Mitarbeiter durch eine entsprechende Personalauswahl und eine permanente Weiterbildung. Ein hohes Maß an Delegation ist angezeigt bei gering strukturierten und stark veränderlichen Aufgaben, weil die Delegation hier erhebliche Informations- und Koordinationskosten erspart. Und die Sicherung der Qualifikation als Kontrollinstrument ist in diesem Fall besonders effizient, weil auch sie erhebliche Informationskosten der Kontrolle erspart.

Eng verbunden mit dem Umfang der Delegation ist die *Partizipation* an Entscheidungen. Die Partizipation meint das Ausmaß, in dem untergeordnete Stellen an der Entscheidungsfindung der übergeordneten Stellen beteiligt werden. Ein Beispiel für ein hohes Maß an Partizipation ist die Redaktionskonferenz, bei der im Team mit über die Gestaltung von Sendungen und Programmplätzen entschieden wird. Eine Partizipation verzögert Entscheidungen, aber sie bietet die Chance, das Wissen und die Motivation der Mitarbeiter zu mobilisieren. Sie ist in hohem Maße angezeigt, wenn gering strukturierte, veränderliche und heterogene Aufgaben zu erfüllen sind, weil dies ein vielfältiges Wissen und vielfältige Fähigkeiten erfordert, die in der Mitwirkung verschiedener Personen dann leichter generiert werden können.

2.8. Der Kommunikationsaufbau

Kommunikation ist in der Betriebswirtschaftslehre ein Prozess, bei dem Informationen zum Zwecke der aufgabenbezogenen Verständigung ausgetauscht werden (Reichwald 1990, S. 416). Kommunikation ist hier also eng und zweckorientiert definiert. Informationen müssen in Unternehmen ausgetauscht werden, um die arbeitsteiligen Produktionsprozesse zu koordinieren. Mit der beschriebenen Verteilung von Aufgaben, Weisungsrechten und Entscheidungsrechten ist der Kommunikationsaufbau schon weitgehend strukturiert. Es muss dann noch entschieden werden, in welcher Form Informationen ausgetauscht werden sollen.

Bei einem *gebundenen Kommunikationsaufbau* wird festgelegt, welche Informationen auf welchem Wege an welche Stellen weitergeleitet werden. Eine solche gebundene Kommunikation ist naturgemäß gut zu planen und zu kontrollieren, sie setzt allerdings auch eine gute Kenntnis der Struktur der Arbeitsschritte voraus. Bei einem *offenen* oder *freien Kommunikationsaufbau* kann jeder selbst entscheiden, mit welchen Stellen er welche Informationen austauscht. Von Vorteil ist die Flexibilität und die meist sehr einfache Vermittlung von Wissen. Grundsätzlich gilt: „Je unstrukturierter und veränderungsintensiver die Aufgabe, desto ungebundener sollte grundsätzlich das Kommunikationssystem sein“ (Picot 1990, S. 145).

Von großer Bedeutung sind Informationssysteme, die sicherstellen, dass Probleme frühzeitig erkannt werden und dass Informationen zur Problemlösung bereitgestellt werden. Ein zentrales klassisches Informationssystem ist das betriebliche Rechnungswesen. Dies wird in Abschnitt 3 dargestellt. Im Zuge der Entwicklung der Kommunikationstechnik und der Entwicklung flexibler Managementtechniken gewinnt ein so genanntes Management-Informations-System größere Bedeutung. Ein *Management-Informations-System* umfasst im Wesentlichen folgende Elemente:

- Die Basis bildet die zentrale Datenbank, die in strukturierter und umfassender Form Unternehmensdaten enthält.
- In einer zweiten Ebene werden Berichts- und Kontrollsysteme implementiert. Durch Zusammenfassung und Verknüpfung der hier abgerufenen Daten werden Informationen für die laufende Überwachung des Unternehmensgeschehens bereitgestellt.
- Auf der dritten Ebene werden Planungs- und Entscheidungssysteme errichtet, die auch die Konsequenzen von möglichen Entscheidungen für das Unternehmen prognostizieren.

2.9. Die Ablauforganisation – Programmierung der Arbeitsabläufe

Arbeitsabläufe werden im Rahmen der Ablauforganisation gestaltet. Neben den sachlichen Formen der Aufgabenteilung sind hier auch räumliche Aspekte und zeitliche Abhängigkeiten zu beachten. Wichtig ist, eine so genannte *organisatorische Programmierung,* also eine Standardisierung von Arbeitsabläufen zu erreichen, fallweise Regelungen durch generelle Regelungen zu besetzen. Letzteres wird das „Substitutionsprinzip der Organisation" genannt (Gutenberg 1983, S. 239f.). Die Programmierung in Form von Arbeitsprogrammen hat folgende Vorteile:

- Die Informations- und Koordinationskosten werden verringert;
- die Entscheidungskosten der Mitarbeiter werden verringert, und
- die Kontrolle des Arbeitsergebnisses wird erleichtert, weil zur Bewertung auf Standardverfahren zurückgegriffen werden kann.

Eine detaillierte Programmierung kann für gut strukturierte Aufgaben mit bekannter Input-Output-Relation relativ gut entwickelt werden, z.B. für den Bau oder die Inspektion von Kraftfahrzeugen. Schwieriger wird die Programmierung bei der komplexen, unsicheren und vielfältigen Aufgabe der Rundfunkproduktion. Gleichwohl kann auf eine Programmierung nicht verzichtet werden, weil gerade bei einer solchen Aufgabe die Informations- und Entscheidungskosten anderenfalls zu hoch wären. Daher werden hier im Zuge einer Rahmenprogrammierung allgemeine Verfahrensrichtlinien entwickelt, die den Lösungsweg eingrenzen. So gibt es

- Routineprogramme für die Recherche,
- Routineprogramme für die Auswahl von Informationen und
- Routineprogramme für die Darstellung von Informationen.

So hat sich z.B. eine schematische Strukturierung der Rundfunkprogramme bis hin zur Ebene der Sendung entwickelt. Sehr plastisch wird dies für die Struktur eines 30minütigen Nachrichtenmagazin-Formats im Fernsehen gezeigt. Hier hat sich ein einheitliches Ablaufschema herausgebildet. Eine solche

> „Strukturierung schafft für den Zuschauer ein hohes Maß an Orientierungsmöglichkeit und vereinfacht die Redaktionsabläufe einer im aktuellen Informationssektor ohnehin begrenzten Zeitspanne der Sendungsproduktion. Unter programminhaltlichen Gesichtspunkten führt sie allerdings zu einer Reduktion der thematischen und gestalterischen Alternativen..., indem einzelne Themen nur an bestimmten Stellen im Sendungsablauf eingepaßt werden können..." (Meckel 1997, S. 481f.).

Abbildung 5: Typische Struktur eines ca. 30minütigen Magazinformats

	TRAILER/VORSPANN
MOD.1	
	TAGESTHEMA 1
Überleitung	
	INTERVIEW (Tagesthema 1)
Überleitung	
	Newsblock: Meldung 1
	Newsblock: Film 1
	Newsblock: Meldung 2
	Newsblock: Film 2
	Newsblock: Meldung 3
	Newsblock: Film 3
Rückgabe	
MOD. 2	
	TAGESTHEMA 2
MOD. 3	
	TAGESTHEMA 3
MOD. 4	
	TAGESTHEMA 4 (bunt)
MOD. 5	
	WETTER
Verabschiedung	
	TRAILER/ABSPANN

Quelle: Meckel 1997, S. 481f.

Eine solche Programmierung spart Informationsverarbeitungskosten durch Standardisierung des Arbeitsablaufes. Sie ist ökonomisch effizient und im Grunde auch nicht zu vermeiden. Allerdings sollten solche Routineprogramme für das Prozess-Management flexibel an veränderte Umweltbedingungen angepasst werden. Empfohlen wird dabei das so genannte *Business-Reengineering*, die Simulation eines völligen Neuanfangs auf der Basis eines aktuellen Wissens, der Neuentwurf von Aufbau- und Ablauforganisation. Dies scheint für journalistische Arbeitsprogramme besonders notwendig zu sein. Sie sind im Wesentlichen in der zweiten Hälfte des 19.

und zu Beginn des 20. Jahrhunderts entwickelt worden (vgl. Blöbaum 1994, S. 220ff.).

Hilfreich für eine Programmierung der Arbeitsabläufe ist schließlich der Aufbau einer allgemeinen Wertorientierung der Mitarbeiter. Eine Programmierung des Verhaltens durch gemeinsame unternehmensbezogene Werte erleichtert die Koordination der Arbeitsabläufe und erspart Transaktionskosten. Das gleiche gilt für allgemeine Normen der Profession („Normen als Stabilisatoren des Systems Journalismus", Rühl 1980, S. 286). Die Vielfalt der Produktion wird durch Programmierungen allerdings beschränkt.

2.10. Idealtypische Organisation der Rundfunkproduktion

Die Aufgabe der Rundfunkproduktion ist gekennzeichnet durch
- geringe Strukturiertheit/große Komplexität,
- große Veränderlichkeit/große Unsicherheit,
- geringe Häufigkeit/große Spezialität,
- geringe Ähnlichkeit/große Vielfalt (vgl. Abschnitt 2.4).

Dabei sei noch einmal darauf hingewiesen, dass diese Zuschreibung nur für den operativen Kern der Rundfunkproduktion gilt, also für die Erstellung der Programme. In einzelnen Randbereichen der Rundfunkproduktion mögen andere Charakteristika gelten, dies gilt z.B. sicher für den Einkauf von Verbrauchsmaterial oder den Vertrieb von Programmzeitschriften. Hier interessiert indes nur der operative Kern der Aktivität Rundfunkproduktion.

Die Betriebswirtschaftslehre hat eine *Typisierung von Organisationsstrukturen* entwickelt und unterscheidet folgende Grundtypen:
- die einfache Kleinunternehmung,
- die bürokratisierte Massenproduktion,
- die professionalisierte Dienstleistung,
- die divisionalisierte Unternehmung (Spartenorganisation) und
- die Ad hoc-Kratie (vgl. Mintzberg 1979, S. 299ff., Picot 1990, S. 149ff.).

Vor dem Hintergrund dieser Typisierung lässt sich die Rundfunkproduktion im Rahmen einer großen Unternehmung insgesamt (wie z.B. im WDR oder im ZDF) recht gut dem Typus der „divisionalisierten Unternehmung" zuordnen; die Rundfunkproduktion in kleinen Unternehmen (wie z.B. im Lokalradio Dortmund 91,2) und in einzelnen Unternehmensbereichen (wie z.B. die Senderedaktion „Wirtschaft und Soziales" des ZDF) lässt sich dagegen recht gut dem Typus der „Ad hoc-Kratie" zuordnen.

Die *divisionalisierte Unternehmensorganisation* ist grundsätzlich geeignet für große Unternehmen, die damit die schlecht überschaubare und schwer zu leitende Großeinheit in übersichtliche und steuerbare Teilbetriebe auflösen, die dann auch eine bessere Anpassungsfähigkeit an wechselnde Umweltbedingungen aufweisen. Ein gutes Beispiel ist die Divisionalisierung des NDR: Hier wird grob gegliedert in Intendanz sowie Hörfunk, Fernsehen, Verwaltung, Justitiariat und Produktion sowie ergänzend eine regionale Spartenbildung vorgenommen (vgl. Abb. 6)

Abbildung 6: Organisationsplan des Norddeutschen Rundfunks

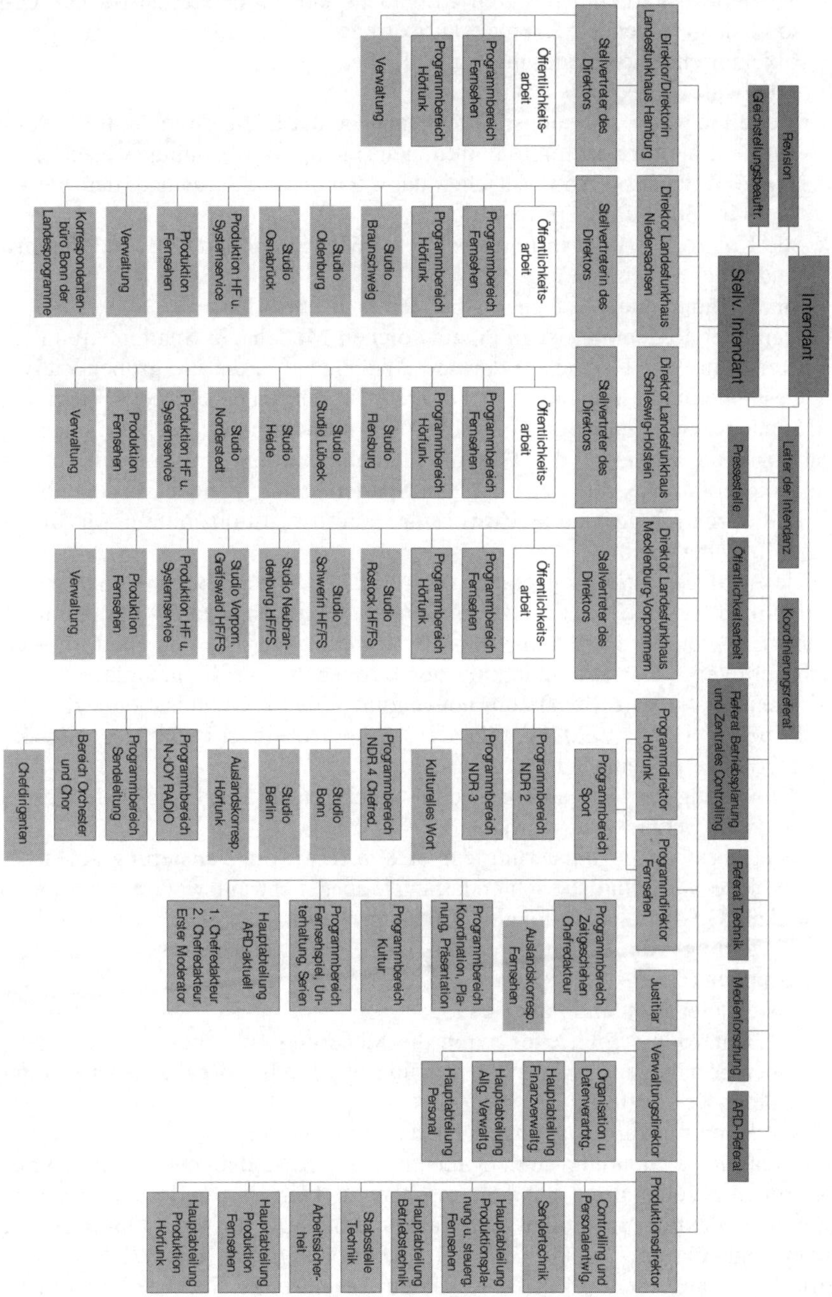

Vor allem eignet sich die divisionalisierte Unternehmensorganisation für große, diversifizierte Unternehmen, deren Aufgabenspektrum heterogen ist. Die Organisation sollte dann folgende Merkmale aufweisen:

- objektorientierte Gliederung der Aufgabe;
- relativ große Spezialisierung der Stellen;
- Verteilung von Weisungsrechten nach dem Liniensystem mit Weisungsrecht der Zentrale für bestimmte Funktionen (Finanzen, Rechnungswesen...);
- große Delegation von Entscheidungsrechten; das Ausmaß der Partizipation muss im Einzelfall geprüft werden;
- die Kontrolle erfolgt in Form einfacher Mengengrößen (z.B. Programmstunden und Reichweitenziele);
- die Kommunikation ist eher gebunden und schriftlich.

Von zentraler Bedeutung ist in einem solchen Modell die Spartenleitung (z.B. der „Programmdirektor Hörfunk" oder der „Wellenchef"), die die groben Zielvorgaben der Gesamtleitung (Intendanz) in konkrete Produktionen umsetzt (Programmschema, Sendeplätze, Sendungen...). Problemfelder sind grundsätzlich die Integration der Sparten in die Strategie des Gesamtunternehmens und die Formulierung solcher Erfolgskriterien, die die Leistung der Sparten untereinander vergleichbar macht, damit die zentral gesteuerte Zuweisung von Investitionsmitteln für die Sparten nachvollziehbar bleibt.

Die *Ad hoc-Kratie* ist geeignet für Aufgaben von größerer Komplexität, Unsicherheit und Vielfalt, wie sie z.B. im Bereich der neuen Medien- und Kommunikationstechnologien, im Forschungs- und Entwicklungsbereich und eben im Medienbereich auftreten. „Die Ermöglichung der Herrschaft von Spontanität, Improvisation und Kreativität... wird (hier) zum notwendigen, durch Organisation sicherzustellenden Prinzip ... (Picot 1990, S. 154). Die Ad hoc-Kratie ist durch folgende Organisationsmerkmale gekennzeichnet:

- Gliederung der Aufgabe nach dem Objektprinzip mit Projektorientierung (Objekte als Entwicklungsvorhaben);
- eher geringe Spezialisierung der Stellen (etwa Spezialisierung auf das Projekt „Lokale Wirtschaftsberichterstattung", aber nicht auf weitere Sparten wie z.B. lokale Geldwirtschaft, lokaler Arbeitsmarkt, lokale Umwelt usw.);
- Verteilung von Weisungsrechten nach dem Mehrliniensystem an autonome Gruppen (Teams);
- hohe Delegation und Partizipation;
- die Kontrolle erfolgt eher durch die Sicherung einer hohen Qualifikation und einer grundlegenden Wertorientierung als durch Vorgabe genauer Input- und Output-Kennziffern;
- die Kommunikation ist ungebunden und mündlich.

Von zentraler Bedeutung sind in einem solchen Modell die Arbeitsgruppen, die autonom die „eigentliche" Arbeit machen: in kleinen Rundfunkunternehmen die gesamte Redaktion, in großen Rundfunkunternehmen die nach Objekten oder Projekten gegliederten Redaktionen, z.B. die Projektgruppe des WDR „Service und Wirtschaft", ausgestattet mit 24 Redakteuren und einer Sachbearbeiterin, mit dem Sendeplatz täglich außer samstags von 18.20 Uhr bis 18.50 Uhr im WDR-Fernsehen oder das Projekt von n-tv „DM-Wall-Street-Talk" mit dem Sendeplatz sonntags von 14.30 Uhr bis 14.45 Uhr. „Hochqualifiziertes, kommunikations- und entwicklungsfähiges Fachpersonal wird zum wichtigsten Produktionsfaktor der Unternehmung" (Picot 1990, S. 154).

3. Führung

Mitarbeiter in Rundfunkanstalten sind in der Regel nicht Eigentümer der Unternehmung, sondern Angestellte. Sie müssen daher motiviert, qualifiziert und informiert werden, um die Ziele des Unternehmens zu erreichen. Im Idealfall sichert die Erfüllung der persönlichen Ziele der Mitarbeiter die Erreichung der Ziele des Unternehmens. Auf diesen Idealfall hinzuwirken, ist Aufgabe der Führung im Betrieb. Führung wird hier also als Menschenführung gesehen. Gerade für Rundfunkveranstalter ist die Menschenführung ein eminent wichtiger Bereich der Unternehmensführung, weil die eigentliche Produktion überwiegend durch Menschen erbracht wird, Maschinen spielen nur als Hilfsmittel eine Rolle.

3.1. Grundlagen der Motivation

Individuen handeln geleitet vom Eigeninteresse, Triebfeder ihres Handelns ist die Kosten-Nutzen-Analyse ihrer sozialen Tauschbeziehungen. Zentrale Tauschbeziehung im Leben eines Menschen ist der Tausch „Arbeit" gegen „Lohn". Die Arbeit wird von der Lehrbuchökonomie als individueller Kostenfaktor interpretiert, als Arbeitsleid. Im Durchschnitt dürfte dies richtig sein, auch wenn für manche Menschen die Arbeit an sich schon Anreiz ist (workaholics) und eine befriedigende Arbeit generell Teil eines Leistungsanreizsystems ist. Arbeit wird mithin erbracht, wenn der Nutzen der Arbeit das Arbeitsleid übersteigt. Der Nutzen der Arbeit resultiert aus den Anreizen in Form von Lohn, Sicherheit, Prestige, Macht usw. In der Abwägung zwischen Kosten und Nutzen der Arbeit wird schließlich ein bestimmtes Zufriedenheitsniveau erreicht, ein individuelles *Kosten-Nutzen-Gleichgewicht*. Wird dies Gleichgewicht gestört, z.B. durch eine Verschlechterung der Arbeitsbedingungen, so muss das Individuum reagieren:

- Entweder seine Arbeitsleistung mindern oder
- sein Anspruchsniveau reduzieren oder
- in Verhandlungen den alten Zustand wieder anstreben.

Entscheidend sind also die Nutzenvorstellungen der Mitarbeiter, ihre so genannte Bedürfnisstruktur. Sehr häufig wird zur Illustration der Bedürfnisstruktur die *Bedürfnispyramide* von Maslow herangezogen, der mehrere Bedürfnisebenen unterscheidet (Maslow 1970):

1. Grundbedürfnisse, also Hunger, Durst, Verlangen nach Schlaf, Wohnung und Sexualität.
2. Sicherheitsbedürfnisse, die sich darauf richten, die Befriedigung der Grundbedürfnisse auch für die Zukunft zu sichern (Stabilität, Freiheit von Angst, Altersversorgung ...).

3. Soziale Bedürfnisse, die aus den sozialen Kontakten des Individuums hervorgehen und sich in dem Wunsch nach Leben in der Gemeinschaft, nach Geselligkeit und ähnlichem niederschlagen (Liebe, Freundschaft ...).
4. Wertschätzungsbedürfnisse, die sich auf Anerkennung und Bestätigung durch andere richten (Prestige, Erfolg, Ansehen ...).
5. Entwicklungsbedürfnisse, die insbesondere auf Selbstverwirklichung zielen und sich von dem Wunsch nach Bestätigung durch die Gesellschaft lösen (Autonomie, Kreativität, Identität ...).

Die verschiedenen Bedürfnisebenen stehen nicht beziehungslos nebeneinander, sondern bauen aufeinander auf: Solange die Grundbedürfnisse nicht ausreichend befriedigt sind, sind sie bestimmend für die menschlichen Bedürfnisse und überdecken die übrigen Bedürfnisebenen. Erst wenn die Grundbedürfnisse befriedigt sind, strebt der Mensch eine andere Bedürfnisebene an. Dominantes Leistungsmotiv ist immer dasjenige Bedürfnis, das auf das zuletzt befriedigte Bedürfnis folgt. Eine solche Bedürfnispyramide illustriert die Grundstrukturen der Bedürfnisse, letztlich bleiben Bedürfnisse indes individuell determiniert und individuell unterschiedlich. Sie sind Grundlage der Ansätze zur Motivation, zur Hervorbringung eines gewünschten Handelns.

3.2. Grundprinzipien der Führung

Grundsätzlich muss immer geklärt werden:

- Welche Anforderungen stellen die Aufgaben an die Mitarbeiter, das sind die so genannten *Aufgaben-Constraints*.
- Welche Voraussetzungen bringen die Mitarbeiter zur Aufgabenerfüllung mit, das sind die so genannten *Personen-Constraints*.

Die Klärung dieser Grundfragen wird auch als *situativer Ansatz der Führung* bezeichnet.

Voraussetzungen zur Aufgabenerfüllung sind grundsätzlich die folgenden:

- Die *motivationale Voraussetzung*: Der Mitarbeiter erfüllt die Aufgaben, wenn die Aufgabenerfüllung auch seine individuellen Bedürfnisse befriedigt.
- Die *qualifikatorische Voraussetzung*: Der Mitarbeiter erfüllt die Aufgaben, wenn er dafür qualifiziert ist.
- Die *informationelle Voraussetzung*: Der Mitarbeiter erfüllt die Aufgaben, wenn er die handlungsrelevanten Informationen erhält.

Die Voraussetzungen, die der Mitarbeiter erfüllt, sein so genanntes Problemlösungspotenzial, können nur im Einzelfall beschrieben werden. Sie hängen ab von seinen Kenntnissen, Fähigkeiten und Motivationen.

Auch die Anforderungen, die die Aufgabe stellt, können letztlich nur im Einzelfall beschrieben werden. Indes bieten die oben genannten Merkmale der Unternehmensaufgabe gute Klassifizierungsmöglichkeiten. Wenn die Aufgabe, wie eben die Rundfunkproduktion, gering strukturiert, stark veränderlich, wenig häufig und wenig ähnlich ist, dann erfordert dies ein sehr hohes Problemlösungspotenzial der Mitarbeiter.

Im Einzelnen kann nach einer Fülle von Merkmalen der Aufgaben-Constraints und Personen-Constraints zugeordnet werden. Eine der vielen Theorien der Leistungsmotivation unterscheidet z.B. zwei Grundorientierungen des menschlichen Verhaltens:
- das Streben nach Erfolg (Erfolgssucher) und
- das Vermeiden von Misserfolg (Misserfolgsmeider).

Da nun Aufgaben mittleren Schwierigkeitsgrades Erfolge versprechen – es werden hohe, aber erreichbare Ziele gesetzt – sollten solche Aufgaben dem Typ des Erfolgssuchers übertragen werden. Dem Misserfolgsmeider könnte man Aufgaben von geringer Schwierigkeit übertragen – hier ist ein Misserfolg unwahrscheinlich – oder Aufgaben von hoher Schwierigkeit – hier ist ein Misserfolg gut möglich, aber auch so verzeihlich, dass er nicht als Misserfolg gewertet wird.

3.3. Instrumente der Führung

Einen Überblick über die Fülle der Möglichkeiten zur Personalführung gibt die folgende Zusammenstellung der wichtigsten Führungsinstrumente.

Übersicht 1: Führungsinstrumente

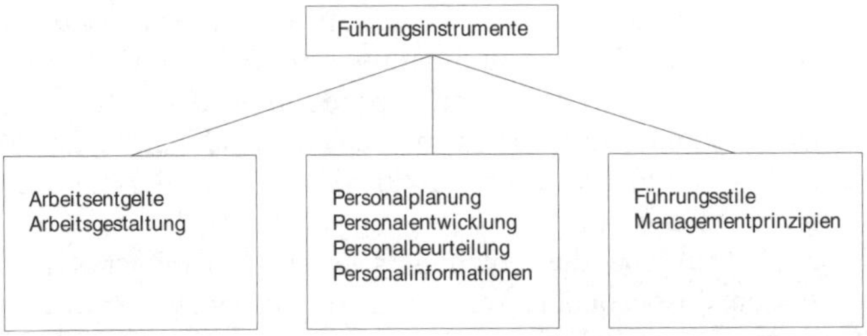

Arbeitsentgelte sind ein wesentlicher Faktor der Anreize, wichtig für die persönliche Anerkennung und die Motivation. Dazu gehört der Lohn bzw. das Gehalt, die gesetzlichen Personalzusatzkosten (Arbeitgeberanteile zur Sozialversicherung, bezahlte Feiertage, Entgeltfortzahlung bei Krankheit ...), die tariflichen und freiwilligen Personalzusatzkosten (z.B. Urlaubsgeld, 13. Monatsgehalt, Betriebsrenten, Wohnungsbeihilfen usw.) und Mitarbeiterbeteiligungen. Wichtig ist es, Arbeitsentgelte so festzusetzen, dass sie dem Prinzip der Anforderungsgerechtigkeit – der Lohn sollte der Schwierigkeit der Arbeit entsprechen; dies wird durch Arbeitsplatzbewertungen angestrebt – und dem Prinzip der Leistungsgerechtigkeit entsprechen – der Lohn sollte auch dem erbrachten Leistungsoutput entsprechen. Allerdings lässt sich in der üblichen arbeitsteiligen Verbundproduktion die Leistung der Mitarbeiter häufig nicht angemessen erfassen, und das Arbeitsentgelt kann mithin nicht der Leistung entsprechen. In diesen Fällen sind differenzierte Arbeitsentgelte funktional notwendig, um Mitarbeiter zu Leistung anzuspornen. Der Chefredakteur verdient in dieser Sicht nicht deswegen so viel, weil er viel leistet, sondern damit die Redakteure sich anstrengen, diese Position zu erreichen. So bietet das System der differenzierten Arbeitsentgelte in einer Unternehmung Karrierechancen mit Risiko, vergleichbar einer Lotterie: Nur wenige Mitarbeiter erreichen Spitzenpositionen, diese sind aber so dotiert, dass viele sich anstrengen und hohe Leistungen erbringen, um sie zu erreichen.

Arbeitsgestaltung umfasst die Gestaltung des Arbeitsinhaltes, insbesondere in Bezug auf die Komplexität bzw. Standardisierung der Arbeit und die Gestaltung der technischen Arbeitsbedingungen sowie des Arbeitsumfeldes (Klima, Beleuchtung ...). Für den Bereich der industriellen Produktion ist eine Reihe von Modellen entwickelt worden, um die Monotonie der Arbeitsabläufe zu verringern – Job-Enlargement, Job-Enrichment, Job-Rotation, Teamarbeit sowie Job-Sharing – für die Rundfunkproduktion sind solche Modelle indes nicht dringlich.

Personalplanung hat die Aufgabe, Mitarbeitern diejenigen Tätigkeitsbereiche zu übertragen, die ihnen sowohl objektiv in Bezug auf die Leistungsanforderungen als auch subjektiv in Bezug auf die Leistungsmotivation eine optimale Entfaltung ihrer Fähigkeiten erlauben und eine effiziente Aufgabenerfüllung sichern (vgl. Domsch 1993, S. 569). Dazu gehört die Personalbedarfsplanung, die Planung von Menge und Qualität der Mitarbeiter sowie die Personaleinsatzplanung, die Planung der Verteilung der Mitarbeiter auf Aufgabengebiete.

Personalentwicklung hat die Aufgabe, inner- und außerbetriebliche Aus- und Weiterbildung zu planen und zu organisieren sowie den Aufstieg innerhalb der Unternehmenshierarchien zu planen (Laufbahnentwicklung). Eine effiziente Entwicklungsplanung ist zentral für die Qualifikation und Motivation der Mitarbeiter und ganz besonders wichtig für die Aufgabe der Rundfunkproduktion, deren Erfüllung nur schwer kontrolliert werden kann. Hier kommt es entscheidend darauf an, die Qualität des Inputs in den Produktionsprozess zu kontrollieren, und der relevante Input ist die Arbeitsleistung der Mitarbeiter.

Personalbeurteilung hat die Aufgabe, die Leistungen und die Leistungspotenziale von Mitarbeitern zu erfassen, insbesondere für die Personalauswahl bei Bewerbungen, für die Gestaltung der Arbeitsentgelte und für die Planung der Laufbahnentwicklung.

Personalinformationen werden für eine Fülle von Zwecken benötigt; sie lassen sich grob gliedern in Informationen über Mitarbeiter, Informationen für Mitarbeiter und Informationen durch Mitarbeiter. Informationen über Mitarbeiter sind notwendig zur Personalplanung, Informationen für Mitarbeiter sind einerseits Voraussetzung für einen effizienten Arbeitseinsatz, andererseits wichtig für eine Identifikation mit der Unternehmenskultur. Informationen durch Mitarbeiter (Mitarbeiterbefragung) sind wichtig, um Maßnahmen und Entscheidungen zu kontrollieren und Mitarbeiter an Entscheidungsfindungen zu beteiligen (Partizipation).

Führungsstile sind Verhaltensmuster der Vorgesetzten, die diese gegenüber Mitarbeitern an den Tag legen. Sie beeinflussen die betrieblichen Arbeitsweisen erheblich. Man unterscheidet häufig patriarchalische, bürokratische und charismatische Führungsstile sowie den grundsätzlich autoritären bzw. kooperativen Führungsstil. Trotz zahlreicher Untersuchungen ist es bislang nicht möglich, verbindliche Empfehlungen zum Führungsstil zu geben. Wichtig ist, für die Erfüllung der Aufgabe der

Rundfunkproduktion eine Führung durch eine persönliche und fachliche Autorität zu fundieren und weniger durch eine formal definierte Macht.

Managementprinzipien enthalten Grundideen für die Gestaltung der Mitarbeiterführung. Wichtige Managementprinzipien sind:

- Management by Exception und
- Management by Objectives.

Management by Exception (MbE), Führung durch Abweichungskontrolle und Ausnahmeregelungen, ist ein Führungsprinzip, das dem Mitarbeiter für Normalfälle die Entscheidungskompetenz und Verantwortung überträgt. Nur in Ausnahmefällen wird sich der Vorgesetzte in die Aufgabenerfüllung des Untergebenen einschalten, z.B. bei Überschreitung eines Redaktionsbudgets oder eines bestimmten Programmumfangs.

Management by Objectives (MbO), Führung durch Ziele, ist eines der bekanntesten und erfolgreichsten Managementprinzipien. Hier werden Ziele vorgegeben, und der Mitarbeiter kann den Weg dorthin frei wählen, ist aber für das Ergebnis verantwortlich. Wichtig ist dabei, dass die Ziele von Mitarbeitern und Vorgesetzten *gemeinsam* entwickelt werden, dass sie präzise formuliert sind und dass sie regelmäßig überprüft werden. Wenn den Vorgesetzten, wie bei der Rundfunkproduktion, die Arbeitswege nicht genau bekannt sind, dann ist ein Management by Objectives angemessen.

Weitere Managementprinzipien sind z.B. Management by Results, Management by Delegation, Management by Ideas oder auch eher skurrile Varianten wie Management by walk around, Management by Ameise oder Management by Helikopter. Sie sollen hier nicht vorgestellt werden.

3.4. Führung von und in Rundfunkunternehmen

Zum Komplex der Führung von und in Rundfunkunternehmen gibt es eine Reihe von Ausführungen (vgl. die Literaturempfehlungen zu diesem Kapitel), die sich etwa folgendermaßen zusammenfassen lassen:

- Führung gerade von Journalisten ist schwierig, weil diese selbstbewußte, skeptische Individualisten sind (Klepsch 1997, S. 73). „Eine Redaktion ist für alle, die mit modernem Management umgehen wollen oder müssen, the worst case" (Siegelmann 1997, S. 111). Ergänzend wäre hinzuzufügen, dass eine solche Führungsaufgabe mit geeigneten Führungsmitteln, etwa Management by Objectives, möglicherweise recht einfach ist.
- Führung sollte klar und gewollt sein (Klenke 1997, S. 104ff.).
- Führung sollte sich auf die Steigerung der Motivation und Leistungsfähigkeit der Mitarbeiter konzentrieren (Klenke 1997, S.104).
- Führung sollte sich auf Macht durch persönliche und fachliche Autorität stützen.
- Als Managementprinzip wird explizit (Klenke 1997, S. 104) oder implizit (Klepsch 1997) ein Management by Objectives empfohlen: eine Zielvereinba-

rung im Dialog zu entwickeln, klar definierte Ziele und Erfolgskriterien zu erarbeiten und Zielkontrollen im Dialog durchzuführen.

Dieser Katalog entspricht den zuvor entwickelten allgemeinen Ausführungen und er entspricht generell den Anforderungen an ein effizientes Führungssystem.

4. Kontrolle

4.1. Begriff und Zweck der Kontrolle

Der Betriebsprozess gliedert sich in die drei Phasen
- Planung,
- Realisation und
- Kontrolle.

In der Kontrollphase werden Ist-Werte den Soll-Werten der Planung gegenübergestellt, der Grad der Übereinstimmung zwischen Planung und Realisation wird festgestellt, und die Abweichungen werden analysiert (Soll-Ist-Abweichungsanalyse). Dies muss planmäßig, geordnet und laufend erfolgen, in der Regel durch Personen innerhalb der jeweiligen Abteilung.

Kontrolle ist also ein geordneter, laufender, informationsverarbeitender Prozess zur Ermittlung von Abweichungen zwischen Plangrößen und Ist-Größen sowie die Analyse dieser Abweichungen (Bea/Dichtl/Schweitzer 1991, Bd. 2, S. 88).

Davon zu unterscheiden ist die *Revision*, die nur fallweise und nachträglich das betriebliche Geschehen auf Ordnungsmäßigkeit und Zweckmäßigkeit überprüft und von speziellen Revisionsabteilungen durchgeführt wird. Und zu unterscheiden ist auch das etwas diffuse, jedenfalls aber weitere Konzept des Controlling. *Controlling* ist eine zentrale Managementaufgabe zur Steuerung und Regelung des Betriebsablaufs. Controlling verknüpft die Ergebnisse der Abweichungsanalyse (also der Kontrolle) mit allen Ebenen des Entscheidungsprozesses, also mit der Planung, Realisation und Kontrolle. *Controlling* ist die Gesamtheit derjenigen Aufgaben, welche die Koordination der Unternehmensführung sowie die Informationsversorgung der Führungskräfte zur optimalen Erreichung der Unternehmensziele zum Gegenstand haben (Bea/Dichtl/Schweitzer 1991, Bd. 2, S. 88). Im Folgenden wird nur der engere Bereich der Kontrolle dargestellt; zentrale Managemententscheidungen, die sich aus einem Controlling ergeben, sind z.B. im Abschnitt über strategisches Marketing (Kapitel 9, Abschnitt 2) beschrieben worden.

Zentrale Elemente der Kontrolle sind:
- Geschäftsbuchführung (auch Finanzbuchhaltung genannt),
- Kosten- und Leistungsrechnung sowie
- Planungsrechnung.

Dabei richtet sich die Finanz- oder Geschäftsbuchführung auf den Außenbereich der Unternehmung, ist ein nach außen gerichtetes, *externes Rechnungswesen;* die Kosten- und Leistungsrechnung sowie die Planungsrechnung sind dem Innenbereich der Unternehmung zuzurechnen, sind ein nach innen gerichtetes, *internes Rechnungswesen.* Diese Elemente des betrieblichen Rechnungswesens werden im Folgenden kurz dargestellt, dabei ist zu vermerken, dass die Betriebskontrolle als Managementaufgabe im Wesentlichen auf das interne Rechnungswesen zurückgreift.

4.2. Geschäftsbuchhaltung

Die Geschäftsbuchhaltung umfasst den

- Jahresabschluß, bestehend aus
  - Bilanz,
  - Gewinn- und Verlustrechnung (G. u. V.) und
  - Anhang sowie den
- Lagebericht.

Bilanz: Die Bilanz ist die planmäßige Aufstellung des Vermögens und der Schulden einer Firma zu einem bestimmten Zeitpunkt (Bestandsgröße) in einer bestimmten Gliederung.

Aktiva *Bilanz zum 31.12.1999* *Passiva*

Realvermögen	Eigenkapital
Geldvermögen	Fremdkapital (Verbindlichkeiten)

Damit zeigt die Bilanz auf der Aktivseite die gesamten im Unternehmen vorhandenen, im Betrieb eingesetzten Wirtschaftsgüter = (Brutto)-Vermögen, und auf der Passivseite werden die Kapitalbeträge, mit denen das Vermögen finanziert worden ist, nach ihrer Herkunft ausgewiesen.

Die *Gewinn- und Verlustrechnung* (G. u. V.) ermittelt mit einer planmäßigen Aufstellung von Aufwand (Reinvermögensabnahme) und Ertrag (Reinvermögenszunahme) die Reinvermögensänderung (etwa das, was man als Gewinn bezeichnet) für eine Firma für ein Jahr.

Aufwand *G. u. V. für 1999* *Ertrag*

Reinvermögensabnahme z.B. Löhne, Zinsen ...	Reinvermögenszunahme z.B. Umsatz
Reinvermögensänderung als Saldo	

Der *Anhang* erläutert und erklärt die Bilanz und die G. u. V. (§ 284 HGB).

Der *Lagebericht* gibt einen Überblick über die wirtschaftliche Situation der Firma, etwa im Rahmen der konjunkturellen Entwicklung und/oder der Branchenkonjunktur (§ 289 HGB).

Als Kontrollinstrument ist die Geschäftsbuchhaltung nur begrenzt zu verwenden. Vor allem soll die Geschäftsbuchhaltung der *Öffentlichkeit* und insbesondere den *Gläubigern* der Firma einen Überblick geben über die

- Vermögenslage,
- Ertragslage und begrenzt auch über die

– finanzielle Situation

einer rechtlich selbständigen Firma.

4.3. Kosten- und Leistungsrechnung

Kernelement jeder Kontrolle ist die Kosten- und Leistungsrechnung. *Leistung* ist Produktionsmenge x Preis, also gleich dem Umsatz plus Bestandsveränderungen. Die Erfassung der Leistung ist in der Regel unproblematisch, problematisch ist dies nur für den öffentlich-rechtlichen Rundfunk (s. u. Abschnitt 4.6.). *Kosten* sind der bewertete Güterverkehr im Produktionsprozess, also der Wert der für den betrieblichen Produktionsprozess verbrauchten Ressourcen. Die Differenz zwischen Leistung bzw. Umsatz und Kosten ist der *Gewinn.*

Die Kostenrechnung hat vor allem drei Aufgaben zu erfüllen:

- die Kontrolle der Wirtschaftlichkeit durch einen Vergleich der geplanten Soll-Kosten mit den Ist-Kosten;
- die Ermittlung der Stückkosten als Grundlage der Preiskalkulation und
- die Bereitstellung von Kostenplanungsdaten.

Zu diesem Zweck ist die Kostenrechnung in die Bereiche Kostenartenrechnung, Kostenstellenrechnung und Kostenträgerrechnung gegliedert.

Die *Kostenartenrechnung* ist die Basis der Kostenrechnung. Hier werden die Kosten nach der Art der verbrauchten Güter (und Dienstleistungen) erfasst. Häufig wird grob gegliedert in Material, Löhne, Abschreibungen und Zinsen mit nachfolgenden Feingliederungen; für den Rundfunk sind Kostenarten z.B. Programmkosten, Personalkosten, Verwaltungskosten, Leitungskosten und Kosten des Marketing. Eine Gliederung sowohl nach der Art der Güter (z.B. Personalkosten, Leitungskosten) und nach betrieblichen Funktionsbereichen (z.B. Verwaltung oder Marketing) ist möglich; entscheidend ist vor allem die *vollständige* Erfassung der Kosten.

Die *Kostenstellenrechnung* bietet eine Zuordnung der Kosten auf Kostenstellen mit dem Ziel der Kontrolle der Wirtschaftlichkeit. Kostenstellen sind betriebliche Verantwortungsbereiche, die „ihre" Kosten planen, steuern und kontrollieren. Zweckmäßig ist mithin die Kostenstellengliederung nach organisatorischen Kriterien, um zu erreichen, dass sich die Kostenstellen mit Verantwortungsbereichen decken. Eine typische und sinnvolle Kostenstelle ist also eine Redaktion oder eine Programmgruppe.

Ein Problem der Kostenstellenrechnung ist, die Umlage der anfallenden Kosten möglichst verursachungsgerecht vorzunehmen. Dies ist einfach bei den so genannten Einzelkosten. *Einzelkosten* sind solche Kosten, die einer Kostenstelle und/oder einem Kostenträger (dem Produkt) eindeutig zugerechnet werden können, also z.B. das Gehalt des Kostenstellenleiters oder die Synchronisationskosten für einen Spielfilm. Einzelkosten sind häufig Materialkosten und spezielle Arbeitskosten. Schwieriger ist die Zurechnung bei den so genannten Gemeinkosten. *Gemeinkosten* sind solche Kosten, die für mehrere Kostenstellen und/oder mehrere Kostenträger zusammen anfallen, also z.B. das Gehalt des Intendanten oder die Grundsteuer. Gemeinkosten werden nach möglichst plausiblen Schlüsseln zugerechnet, also Heizkosten nach Raumgröße, Zinsen nach dem Wert der Maschinen und das Gehalt des Intendanten vielleicht nach dem zeitlichen Umfang der Produktionen. Hier ist Phantasie und Logik gefragt. Wenn die Kosten verursachungsgerecht zugeordnet sind, dann ist eine Kontrolle der Wirtschaftlichkeit möglich. Die Ist-Kosten werden den Soll-Kosten gegenübergestellt und Abweichungen müssen vom Kostenstellenleiter verantwortet werden.

Die *Kostenträgerrechnung* bietet eine Zuordnung der Kosten auf die Produkte als Kostenträger, also z.B. auf die Sendungen oder Beiträge eines Rundfunkveranstalters; sie ermittelt die so genannten Stückkosten der Produktion (auch Selbstkosten genannt). Dies ist notwendig, um zu ermitteln, welcher Preis die Kosten deckt oder – bei Preisen, die vom Wettbewerb vorgegeben sind, wie z.B. die Tausend-Kontakte-Preise in der Werbewirtschaft –, um zu ermitteln, in welchem Umfang der Preis die Kosten deckt.

Praxisrelevante Weiterentwicklungen dieser Grundstrukturen einer Kostenrechnung sind vor allem die Profit-Center als weiterentwickelte Kostenstellen, die Prozesskostenrechnung als Verfeinerung der Kostenträgerrechnung und die Deckungsbeitragsrechnung als Weiterentwicklung der Kostenträgerrechnung zu einem Steuerungssystem der Produktion.

Ein *Profit-Center* (Gewinnzentrum) ist ein Geschäftsbereich eines Unternehmens, der die unternehmerischen Grundfunktionen – in der Regel mit Ausnahme der Investitionsentscheidungen – im Rahmen seiner operativen Aufgabenstellung selbständig erfüllt. Mindestens ist das Profit-Center für Produktion und Absatz seiner Erzeugnisse und damit für Kosten, Leistung und Erfolg zuständig (vgl. Bea/Dichtl/Schweitzer 1991, Bd. 2, S. 95f. und Dellmann 1990, S.326). Profit-Center simulieren die Marktproduktion im Betrieb, sie realisieren einige Vorteile der Marktproduktion, sie stärken die Motivation der Mitarbeiter durch genauere Zurechnung von Handlungsfolgen und entlasten die Unternehmensleitung von Produktions- und Absatzentscheidungen. Auch Medienunternehmen führen zunehmend Profit-Center ein (vgl. Kapitel 14, Abschnitt 6.3.). Die Abgrenzung zu Kostenstellen ergibt sich dadurch, dass Kostenstellen nur eine Seite des betrieblichen Produktionsprozesses zu verantworten haben, nämlich die Ist-Kosten der geplanten Produktionsmenge, nicht aber mögliche Änderungen der Produktionsmenge und schon gar nicht die Verkaufspreise.

Eine *Prozesskostenrechnung* gliedert die Hauptprozesse des Betriebs, z.B. die Fertigungssteuerung in die Teilprozesse, z.B. Vorfertigung überwachen, Montageaufträge disponieren, Teile abrufen usw., oder sie gliedert die Programmplanung in die Planung von Recherche, Aufnahme, Schnitt usw. Die Kosten der Kostenstelle werden dann auf die Teilprozesse verteilt und je nach Verbrauch auf die Kostenträger weitergewälzt. Dies ergibt mithin eine detailliertere Kostenstellen- und Kostenträgerkalkulation.

Eine *Deckungsbeitragsrechnung* ermittelt den Beitrag, den ein Produkt zur Deckung der fixen Kosten[37] der Produktion erbringt. Der Deckungsbeitrag ist der Absatzpreis abzüglich der variablen Kosten der Produktion:

Deckungsbeitrag = Preis - variable Kosten.

Der Sinn einer solchen Rechnung liegt darin, dass die fixen Kosten der Produktion „sowieso" anfallen und jeder positive Deckungsbeitrag mithin zur Deckung der fixen Kosten beiträgt. Jeder positive Deckungsbeitrag verbessert die Situation der Unternehmung gegenüber dem Zustand der Nichtproduktion. Insgesamt und langfristig sollte die Summe der Deckungsbeiträge allerdings die Fixkosten übersteigen. Erst dann erwirtschaftet das Unternehmen einen Gewinn.

4.4. Planungsrechnungen

Planungsrechnungen beziehen sich auf alle Elemente des betrieblichen Produktionsprozesses, im Wesentlichen auf folgende Bereiche:
- Planung der Beschäftigung,
- Planung des Personals,
- Planung der Fertigung,
- Planung der Kosten,
- Planung der Liquidität und
- Planung der Investitionen,

um nur die wichtigsten Bereiche zu nennen. Allgemein gültige Planungsregeln gibt es dafür nicht, bzw. wenn es sie gibt, dann sind sie banal.

4.5. Planung und Kontrolle privater Rundfunkproduktion

Das Ziel privater Rundfunkunternehmen ist die Gewinnmaximierung. Gewinn ist Umsatz minus Kosten. Es ist mithin eine Umsatzplanung und eine Kostenplanung aufzustellen.

Umsatzplanung
Die Quelle für den Umsatz (auch Erlös oder Einnahmen genannt) sind vorherrschend Einnahmen aus dem Verkauf von Werbezeiten, daneben Einnahmen aus dem Verkauf von Programm-Inputs und möglicherweise Rezipientenentgelte im Rahmen von Pay-Rundfunk. Daneben mögen Einnahmen anfallen, die mit dem eigentlichen Betriebszweck, dem operativen Geschäft, nicht verbunden sind, wie z.B. Zinseinnahmen oder Einnahmen aus dem Verkauf von Grundstücken. Im Folgenden wird die Umsatzplanung auf den Verkauf von Werbezeiten beschränkt.

---

[37] Fixe Kosten sind Kosten, die unabhängig von der Produktionsmenge anfallen, z.B. Grundsteuern oder Zinsen auf das eingesetzte Kapital; variable Kosten sind abhängig von der Produktionsmenge, z.B. Material- oder Energieverbrauch.

Der Verkauf von Werbezeiten ist an eine erfolgreiche Programmausstrahlung gebunden; Planung und Kontrolle beziehen sich mithin im Kern auf den Einkauf bzw. auf die Produktion von Programm-Inputs und auf ihre Vermarktung. Die Umsatzplanung muss die Reichweite planen, die Zahl der zu verkaufenden Werbespots und die erzielbaren Werbespotpreise.

In die *Reichweitenplanung* gehen folgende Größen ein:

- Die technische Reichweite, also die technisch größtmögliche Empfangbarkeit.
- Der erwartete Marktanteil, also der Anteil an der jeweiligen Rezipientenzahl in Prozent. Dieser Anteil hängt ab von jeweiligen Konkurrenzsendungen und von der Akzeptanz der eigenen Sendung, die mit Erfahrungswerten der Vergangenheit geplant werden kann.
- Aus der Zahl der üblicherweise zum in Frage stehenden Zeitraum vorhandenen Rezipienten – z.B. 10 Millionen – und dem geschätzten Marktanteil – z.B. 25 Prozent – ergibt sich die Reichweite der Sendung als Zahl der prognostizierten Rezipienten, also im Sendungsdurchschnitt 2,5 Millionen Rezipienten.
- Schließlich muss die Reichweite der Werbeblocks prognostiziert werden, hier ist also das Zapping zu berücksichtigen. Dies ergibt im Durchschnitt eine Reduktion der Reichweite, ausgehend von der Sendungsreichweite, auf etwa 80 Prozent (vgl. Kapitel 15).

Erwartet wird mithin in unserem Beispiel eine Reichweite des Werbeblocks von 2 Millionen Rezipienten.

Die *Verkaufsplanung* geht in der Regel von einem im Wettbewerb durchsetzbaren Tausend-Kontakte-Preis (TKP) aus, für allgemeine Zielgruppen gilt ein Tausend-Kontakte-Preis von etwa 25 DM für einen 30-Sekunden-Werbespot als realistisch. Bei einer erwarteten Reichweite von 2 Millionen Rezipienten kann also ein Preis von 50.000 DM für einen 30-Sekunden-Werbespot kalkuliert werden.[38] Schließlich muss die Zahl der verkaufbaren Werbespots kalkuliert werden, wobei die Werbezeitenregulierungen das Maximum darstellen. Weitere Restriktionen sind die Konkurrenz, die erwartete Akzeptanz der eigenen Sendung sowie die konjunkturelle Lage und die Akzeptanz der Rundfunkwerbung im Vergleich zu anderen Werbeformen. Hier wird angenommen, dass pro Stunde zehn Prozent an Werbezeit verkauft werden kann; also ergibt sich eine Werbezeit von sechs Minuten bei einem Programm von 54 Minuten Dauer. Dies ergibt dann einen geplanten Umsatz von 600.000 DM.

Kostenplanung

Die *Kostenplanung* kann von der vorliegenden Kostenartenrechnung ausgehen und dann – über die anteiligen Kosten der Inanspruchnahme der verschiedenen Kostenstellen – die Kosten des Programm-Inputs ermitteln. Im Falle eines Einkaufs des Programm-Inputs von Zulieferern sind die Kosten sehr einfach als Einkaufspreis plus anteilige Verwaltungskosten (des Gesamtbetriebs und speziell der Einkaufsabteilung) zu ermitteln. Im Fall der Eigenproduktion gestaltet sich die Kostenplanung

38 Solche Kalkulationen werden in der Praxis jeweils vor dem Druck der Preislisten angestellt, also in der Regel für ein Jahr im Voraus.

etwas umfangreicher. Die wesentlichen *Kostenarten* der Rundfunkproduktion sind im Prinzip die folgenden:

- Personalkosten der Produktion,
- Materialkosten der Produktion,
- Kosten des Rechteerwerbs,
- Abschreibungen für Geräte, Maschinen und Anlagen,
- Mieten und Zinsen für Produktionsanlagen und Geräte,
- Nebenkosten der Produktion (Telefon, Spesen ...) und
- Kosten der Nebenfunktionen, vor allem Verwaltung, Vertrieb und Marketing.

Diese Kosten werden verursachungsgerecht auf die *Kostenstellen* des Rundfunkunternehmens verteilt, im Prinzip auf Redaktionen und Redaktionsgruppen und auf technisch definierte Verantwortungsbereiche wie Schnitt, Archiv, Aufnahmetechnik usw. sowie auf die Stellen, die Hilfsfunktionen ausführen wie Marketing und Marktforschung, Programmforschung, Verwaltung usw. Häufig werden nur die direkt zurechenbaren und kurzfristig variablen Kosten zugerechnet, vor allem Materialkosten, Löhne und anteilige Abschreibungen, da aus der Zurechnung der anderen Kosten nicht unmittelbar entscheidungsrelevante Schlüsse gezogen werden können.

Schließlich werden die Kosten auf die *Kostenträger* zugerechnet; in der Regel sind es einzelne Sendungen, bisweilen auch Serien oder einzelne Beiträge, die als Kostenträger definiert werden. Diesen Kostenträgern werden zunächst die direkt zurechenbaren Produktionskosten zugerechnet, das sind die Kostensätze der Produktionsstellen (Redaktionen, Schnitt, Archiv ...), die im Wesentlichen Löhne, Abschreibungen und Material umfassen. Hinzu kommen andere direkt zurechenbare Kosten, wie z.B. Kosten einer speziellen Werbekampagne. Nicht in jedem Betrieb werden dann in einem zweiten Schritt die verbleibenden Gemeinkosten (die Kosten der Verwaltung, Fremdkapitalzinsen, Steuern, Versicherung usw.) nach geeigneten Schlüsseln über die Kostenstellen auf die Kostenträger zugerechnet.

Zentrales Instrument der Erfolgsplanung und Erfolgskontrolle ist die beschriebene *Deckungsbeitragsrechnung:* Hier werden vom Verkaufspreis – im Beispiel 600.000 DM Werbeeinnahmen – die variablen Einzelkosten abgezogen, z.B. 6.200 DM pro Minute Fernsehsendung in der Sparte Unterhaltung, also 334.800 DM, und es resultiert ein Deckungsbeitrag für die verbleibenden fixen Kosten in Höhe von 265.200 DM.

$$\begin{aligned}\text{Deckungsbeitrag} &= \text{Preis - variable Kosten}\\ &= \text{600.000 DM - 334.800 DM}\\ &= \text{265.200 DM.}\end{aligned}$$

Der Deckungsbeitrag ist positiv, verbessert also die Situation der Rundfunkunternehmung gegenüber der Nichtausstrahlung. In einem nächsten Schritt empfiehlt es sich dann, alle Kosten zuzurechnen, um erkennen zu können, ob die Sendung insgesamt einen Gewinn erbringt.

Ergibt die Planung einen Gewinn oder wenigstens einen positiven Deckungsbeitrag, dann wird die fragliche Sendung produziert werden, wenn Alternativen sich nicht günstiger darstellen. Nach der Realisation und der Ausstrahlung der Sendung ist zu prüfen, ob die Planung richtig war:

- Konnte der erwartete Umsatz realisiert werden? Konnten die geplanten Preise und Verkaufsmengen erzielt werden? Wenn nicht, muss die Abweichung analysiert werden.
- War die Kostenplanung richtig? Wenn nicht, muss auch hier die Abweichung analysiert werden.
- Und generell sind Abweichungen Grundlage von Planungsänderungen. Einige Beispiele seien genannt:
- Wenn die erwartete Reichweite nicht erzielt werden konnte, dann sollte die Sendung geändert werden oder ihre zeitliche Platzierung überdacht werden oder die Werbung intensiviert werden.
- Wenn die erwarteten Spotpreise trotz genügender Reichweite nicht durchgesetzt werden konnten, dann könnte die Sendung auf eine attraktivere Zielgruppe zugeschnitten werden, z.B. auf jüngere und/oder reichere Rezipienten.
- Wenn die Produktionskosten zu hoch waren, dann könnten teure Produktionselemente wie z.B. Außenaufnahmen durch Studioaufnahmen ersetzt werden.

Dies sind einige typische Beispiele für den Prozess von Planung, Realisation, Kontrolle und anschließender Änderung. Konkret kann nur im Einzelfall analysiert werden, wobei der Kern der Analyse in der Regel die Deckungsbeitragsrechnung ist.

Für private Rundfunkveranstalter ist die Gewinnplanung, differenziert in Umsatz- und Kostenplanung von zentraler Bedeutung. Daneben mögen private Rundfunkunternehmen auch weitere Ziele verfolgen wie Steigerung von Qualität und Niveau des Programms oder Verbesserung des Images; diese Ziele werden aber dem Ziel der Gewinnmaximierung stets untergeordnet bleiben und in der Regel Unterziele des Gewinnzieles sein. Und ohne Ausnahme bestimmt der Rezipient, was Qualität ist.

4.6. Planung und Kontrolle im öffentlich-rechtlichen Rundfunk

Planung und Kontrolle im Bereich des öffentlich-rechtlichen Rundfunks verläuft für den Komplex der Kosten im Prinzip genau so wie bei den privaten Rundfunkunternehmen. Der zentrale Unterschied und zugleich das zentrale Planungs- und Kontrollproblem ist die Planung und Kontrolle der *Leistung.* Diese Leistung hat eine *Mengenkomponente:* Der öffentlich-rechtliche Rundfunk muss und will einen bestimmten Programmumfang anbieten, er muss also nach Zeitdauer und Zeitstruktur festgelegte Programmangebote machen. Dies zu planen und zu kontrollieren, ist unproblematisch, wenngleich die Aufstellung und quantitative Ausfüllung eines Programmschemas nicht eben einfach ist. Aber dies gleicht der Leistungsplanung jedes Händlers, der überlegen muss, „wie viele Verkaufsregale er wo aufstellt und und mit welchen Produkten er sie füllt."

Die Leistung des öffentlich-rechtlichen Rundfunks hat daneben eine zentrale *Qualitätskomponente,* und diese Qualität kann nicht operational definiert werden (vgl. z.B. auch Seidel/Libertus 1993, S. 199, Bühringer 1987, S. 63f., Pintzke 1997,

S. 233f.). Wenn die Qualität der Rundfunkproduktion als betriebliches Ziel sinnvoll vorgegeben werden soll, muss sie klar und eindeutig formuliert werden können, so dass ihre Einhaltung auch kontrolliert werden kann. Dies ist schwierig und bislang jedenfalls nicht zufriedenstellend gelöst. Ausgehend vom Programmauftrag können zwar zeitliche Anteile und zeitliche Strukturen für die Programmgattungen, z.B. Bildung, Information und Unterhaltung festgelegt werden, aber damit ist die Qualität nicht akzeptabel definiert. Man kann auch die üblichen Kriterien der publizistischen Qualität nennen und versuchen, so etwas wie publizistisches Niveau zu beschreiben, aber diese Kriterien können nicht quantifiziert werden und können nicht so einfach gemessen werden wie z.B. Raumangebot und Benzinverbrauch bei Autos oder die Funktionalität von Bohrmaschinen. Die Gründe seien noch einmal kurz genannt:

- Die Qualitätskriterien sind komplex und strittig;
- die Erfüllung der Kriterien ist kaum zu messen;
- die Qualitätskontrolle müsste permanent erfolgen, weil die Produktion sich in der Regel täglich erneuert;
- die Qualitätskriterien entsprechen vermutlich nicht denen des Publikums, und strittig ist nach wie vor, ob bzw. in welchem Umfang die Reichweite als Qualitätskriterium akzeptiert werden kann.

Die *Gefahren,* die aus der Schwierigkeit resultieren, die Qualität der öffentlich-rechtlichen Rundfunkproduktion operational zu definieren, lassen sich erkennen:

- Kontrollmaßnahmen zielen dann primär auf Kostensenkungen, weil diese einfach quantifiziert, gemessen und kontrolliert werden können, und sie richten sich weniger auf Qualitätsverbesserungen, weil diese eben nicht zufriedenstellend erfasst werden können. Der Wettbewerb wird mehr und mehr ein Kostenwettbewerb und immer weniger ein Qualitätswettbewerb (vgl. Heinrich 1996).
- Dennoch verbleibende Maßnahmen zur Qualitätsverbesserung zielen dann auf die Elemente der Qualität, die noch am ehesten erfasst werden können wie Aktualität, Prominenz der Handlungsträger, Prominenz der Handlungsorte oder auf solche Elemente, die lediglich behaupten, die Qualität der Produktion zu reflektieren wie Werbung und Design.

Abhilfen sind nur begrenzt möglich. Wichtig für eine Qualitätsproduktion sind folgende Elemente eines *Qualitätsmanagements:*

- Die Qualitätskriterien müssen im Dialog entwickelt werden.
- Die Qualitätskriterien müssen allen Mitarbeitern bekannt sein.
- Die Qualitätskontrolle sollte durch Qualitätszirkel im weiten Sinne erfolgen, also durch Kollegen und Vorgesetzte in Redaktionskonferenzen und durch die Programmkritik externer Experten und betroffener Rezipienten.
- Wichtigstes Element der Qualitätskontrolle ist die Sicherung und Weiterentwicklung der Qualifikation und Motivation der Mitarbeiter und die Selbstkontrolle.

Wenn und insoweit die Präferenzen des Publikums als qualitätsbestimmend akzeptiert werden, können alle bekannten Methoden der Rezipientenforschung angewendet werden (Reichweitenanalysen, Bekanntheits- und Imageanalysen, Hörer- und Zuschauerbriefe, Interviews oder Aktionen mit dem Publikum).

In der Unternehmenspraxis öffentlich-rechtlicher Rundfunkveranstalter wird ein *Kontrollsystem* die folgenden Elemente umfassen müssen:

- Die Kosten der Produktion,
- die Akzeptanz beim Publikum (Reichweite),
- die publizistische Qualität und
- das publizistische Niveau.

Die *Kosten* der Produktion einer Sendung lassen sich wie beschrieben ermitteln. So weist z.B. die ARD relativ detaillierte Kostenstrukturen aus, die in der folgenden Übersicht 2 wiedergegeben sind:

Übersicht 2: Stückkosten der Produktion von Fernsehsendungen der ARD 1996[1]

Sparte	Stückkosten pro Minute in DM
Politik und Gesellschaft	3298,-
Kultur und Wissenschaft	3520,-
Religion	4019,-
Fernsehspiel	20471,-
Unterhaltung	11106,-
Musik	4921,-
Familie	3174,-
Tagesschau/Tagesthemen	5031,-
Wetterkarte	6028,-
Sportschau	9542,-
Spielfilme (Degeto)	4183,-
[1] Stückkosten auf Vollkostenbasis, gelten für das 1. Programm der ARD	

Quelle: ARD-Jahrbuch 1997, S. 326.

Auch die *Reichweite* wird – jedenfalls im Fernsehen; für den Hörfunk wird die Reichweite meist zweimal pro Jahr global ermittelt – präzise und im 5-Sekunden-Block für jede Sendung und jeden Beitrag differenziert erfasst. Hieraus lassen sich dann unschwer rein quantitativ-ökonomische Leistungskennziffern berechnen, wie z.B. die Kosten der Sendung, zugerechnet auf die pro Zeiteinheit erreichten Zuschauer.

Die Berechnung einer solchen *Leistungskennziffer,* wie z.B. Kosten pro Tausend erreichte Zuschauer pro Minute (TZK = Tausend-Zuschauer-Kosten) sei anhand der ARD-Fernsehprogramme erläutert:

- Die Nachrichtensendung „Die Tagesschau" erreicht im Durchschnitt 8,5 Millionen Zuschauer und kostet im Durchschnitt 5031,- DM pro Minute (Angaben für 1996). Die TZK betragen mithin im Durchschnitt 0,59 DM pro Minute.
- Eine ARD-Fernsehshow erreicht im Durchschnitt 5,55 Millionen Zuschauer und kostet im Durchschnitt 20.471,- DM pro Minute (Angaben für 1996). Die TZK betragen mithin im Durchschnitt 3,69 DM pro Minute.

Jetzt weiß die Planungs- und Kontrollabteilung, dass z.B. Fernsehspiele pro Zuschauer im Durchschnitt gut sechsmal so teuer sind wie „Die Tagesschau". Diese Kenntnis kann dann in die Programmplanung einfließen.

Allerdings *beginnen* dann erst die Probleme der Programmplanung, die festlegen muss, welche Qualität produziert und welches Niveau erreicht werden soll, wieviel dies kosten darf und wie Qualität und Niveau gemessen werden sollen. Hier lassen sich Indikatoren finden, die – ähnlich wie die sog. sozialen Indikatoren das Wohlbefinden der Menschen erfassen sollen – Qualität und Niveau anzeigen können. Hier werden dazu keine Vorschläge gemacht, weil Redaktionen, Programmgruppen und Abteilungen ihre eigenen Kriterien im Dialog entwickeln und in Qualitätszirkeln mit Kollegen, Vorgesetzten und externen Experten überprüfen und permanent weiterentwickeln sollten.

All solche Überlegungen sind sinnvoll, vermutlich sogar notwendig, um irgendeine Form der Effizienzkontrolle zu erreichen. Letztlich werden solche Kalkulationen die Programmplanung etwas besser fundieren können als „Ratschläge von Kartenlegerinnen", aber die Unsicherheit in der Programmplanung wird bleiben. Eine unstrittige Maßzahl, die – wie der Gewinn – alle relevanten Kosten- und Akzeptanzaspekte als Informationskonzentrat einschließt, wird es zur Leistungsbeurteilung des öffentlich-rechtlichen Rundfunks nicht geben können. Dies bedeutet die Chance einer fruchtbaren und innovativen und permanenten Diskussion der Qualität des öffentlich-rechtlichen Rundfunks und das Risiko des Missbrauchs.

Zusammenfassung: Rundfunkmanagement als Unternehmensaufgabe

Grundlegend ist die Forderung, dass die Struktur der Aufgabe die Strukturen eines effizienten Managements bestimmt. Die Aufgabe der Rundfunkproduktion ist komplex, unsicher, speziell und vielfältig. Dies legt nahe, für das Rundfunkunternehmen insgesamt eine Form von divisionalisierter Unternehmensorganisation zu wählen mit folgenden zentralen Elementen: Gliederung nach dem Objektprinzip, Verteilung von Weisungsrechten nach dem Liniensystem, große Delegation und Kontrolle anhand einfacher Mengengrößen wie Programmstunden oder Reichweiten. Für sehr kleine Rundfunkunternehmen und generell für Redaktionen/Projektgruppen ist eher das Modell der Ad hoc-Kratie geeignet: Gliederung nach dem Objektprinzip, geringe Stellenspezialisierungen/Teambildung, hohe Delegation und Partizipation sowie Kontrolle vor allem durch Sicherung der Qualifikation und Motivation. Das geeignete Führungsprinzip ist eine Form von Management by Objectives mit intensiven Dialogen, die Führung ist im Idealfall charismatisch, im Übrigen vor allem kooperativ. Die Kontrolle unterscheidet die beiden Organisationsformen des Rundfunks signifikant: Private Rundfunkunternehmen können als Kontrollinstrument im Wesentlichen die Deckungsbeitragsrechnung heranziehen; öffentlich-rechtliche Rundfunkunternehmen benötigen ein sensibles und komplexes Kontrollsystem, das sehr stark auf die Sicherung der Qualität und der Qualifikation und Motivation der Mitarbeiter setzen muss.

Anhang

Zwei in der ausufernden Managementdiskussion häufig verwendete Konzepte sind bislang nicht verwendet worden: Lean Management und redaktionelles Management. Beide Konzepte sind zwar in ihren grundlegenden Elementen beschrieben worden, sollen hier aber zusammenfassend erläutert werden.

Lean Management
Wettbewerb zwingt dazu, immer billiger, immer schneller und immer besser zu produzieren. Dies erfordert von Unternehmen, Managementsysteme einzuführen, die dieses sicherstellen. Lean Management ist ein Managementsystem, also ein System mit bestimmten Elementen von Planung, Organisation, Führung und Kontrolle, das Unternehmen dazu befähigen soll, im Wettbewerb besser zu bestehen.
Elemente der *Organisation* sind:
- Gliederung nach dem Objektprinzip, nicht nach Verrichtung;
- Entwicklung von der Arbeitsteilung zur Teamarbeit mit einem hohen Maß an Delegation und Partizipation;
- Abbau von Hierarchien („drei- bis vierstufigen Hierarchien gehört die Zukunft", Wirtschaftswoche 1991).

Elemente der *Führung* sind:
- Optimierung der Qualifikation und Motivation der Mitarbeiter durch permanentes Lernen („Lernstatt");
- Implementation der Unternehmensgrundsätze – insbesondere Dienstleistungsorientierung und Wertschöpfungsorientierung – durch Identifikation der Mitarbeiter mit der Unternehmenskultur;
- Motivation der Mitarbeiter dahingehend, sich permanent um Verbesserungen zu bemühen (Kaizen).

Elemente der *Kontrolle* sind:
- Stärkung der intrinsischen Motivation der Mitarbeiter, in hoher Qualität zu produzieren (Eigenkontrolle);
- Ausrichtung der Leistung an den Besten der Branche (Benchmarking);
- permanente Kontrolle der Kundenzufriedenheit (Monitoring);
- Bildung von Arbeitskreisen aus Mitarbeitern, zum Teil auch aus Kunden und Lieferanten, um die Qualität zu steigern (Qualitätszirkel).

Insgesamt ist eine sehr ausgeprägte Orientierung auf die Erhöhung der Produktqualität zu beobachten, ein so genanntes *Total Quality Management* (TQM), das heißt, ein Qualitätsmanagement für *alle* Mitarbeiter und *alle* Unternehmensbereiche.

Lean Production, als Teilbereich von Lean Management, bezieht sich auf den eigentlichen Produktionsbereich der Unternehmung, es enthält die beschriebenen Elemente von Organisation, Führung und Kontrolle und ergänzend spezielle Maßnahmen, um die Produktion schneller und billiger zu machen, dazu gehören vor allem Just-in-Time-Anlieferungen und die Palette der computergestützten Planungs- und Fertigungsprozesse: z.B. CIM (Computer Integrated Manufacturing), CAP (Computer Aided Planning) und CAM (Computer Aided Manufacturing).

In der Rundfunkproduktion sind solche Elemente bereits mehr oder weniger verwirklicht. Die Abkehr vom Prinzip der stark spezialisierten Arbeitsteilung, die Abkehr von ausgeprägten Hierarchien und starren Leistungskontrollen war im Rundfunk schon immer zu beobachten, und ist durch den privaten Rundfunk deutlich verstärkt worden. Benchmarking ist Standard der Kontrolle, und Redaktions- und Planungskonferenzen sind klassische Qualitätszirkel. Computergestützte Produktion ist Alltag in modernen Rundfunkunternehmen und Live-Übertragungen sind klassische Just-in-Time-Anlieferungen.

Redaktionelles Management
Redaktionelles Management ist Planung, Organisation, Führung und Kontrolle der redaktionellen Produktion. Dieses Konzept wird bisweilen normativ ausgefüllt und enthält dann Vorschläge für ein effizientes Management von Redaktionen, die den hier entwickelten Grundsätzen entsprechen (vgl. z.B. Rager/Weber 1991, Ruß-Mohl 1995, Springensguth 1994).

Literatur
Eine gut verständliche Darstellung der Betriebswirtschaftslehre, die auch Ausführungen zum Komplex von Organisation, Führung und Kontrolle enthält, bietet
- Schmalen, H., Grundlagen und Probleme der Betriebswirtschaft, 10. A. Köln (Bachem) 1996, insbesondere Kapitel 6 und 10 sowie Kapitel 23 bis 25.

Sehr konzise Darstellungen der relevanten Teilgebiete der Betriebswirtschaftslehre bietet:
- Vahlens Kompendium der Betriebswirtschaftslehre, Band 1, 3. A. München (Vahlen) 1993 und Band 2, 2. A. München (Vahlen) 1990, hier vor allem mit den Beiträgen von
  - Picot, A., Organisation, Band 2, S. 99-163,
  - Baetge, J., Überwachung, Band 2, S. 165-208,
  - Dellmann, K., Kosten- und Leistungsrechnung, Band 2, S. 305-369.

Über Teilgebiete von Rundfunkmanagement informieren:
- Diekmann, T.; L. Ottinger, W. Teichert (Hrsg.), Führungsaufgaben in Redaktionen II, Gütersloh (Bertelsmann Stiftung) 1997 im 5. Kapitel;
- Fleck, F. (Hrsg.), Planung, Aufsicht und Kontrolle von Rundfunkunternehmen, Stuttgart u. a. (Kohlhammer) 1987;
- Seidel, N.; M. Libertus, Rundfunkökonomie, Wiesbaden (Gabler) 1997. Dieser Band enthält ausführliche und präzise Darstellungen des Finanz- und Rechnungswesens, des Personalwesens und der Controlling-Systeme im Rundfunk;
- Kayser, H., Controlling für Rundfunkanstalten, Baden-Baden (Nomos) 1993 und
- Eichhorn, P.; H. Raffée (Hrsg.), Management und Marketing von Rundfunkanstalten, Baden-Baden (Nomos) 1990.

Zahlreiche Anregungen auch für die Analyse von Rundfunkorganisationen bietet:
- Moss, C., Die Organisation der Zeitungsredaktion, Opladen (Westdeutscher Verlag) 1998.

Über „Lean Management“ informiert kurz
- Scholz, C., Lean Management, in: Wirtschaftswissenschaftliches Studium, Heft 4, 1994, S. 180-186.

11. Kapitel

Makroökonomik des Hörfunks – Volumen und Struktur des Hörfunksektors in Deutschland

Hörfunk in Deutschland beginnt am 29. Oktober 1923 mit der Übertragung einiger Musikstücke aus dem Vox-Haus in Berlin. Bis zum Ende des Zweiten Weltkriegs dominiert der zentrale staatlíche Einfluss den Hörfunk. Um den Gefahren einer zentralen staatlichen Steuerung des Hörfunks zu begegnen, werden nach dem Zusammenbruch des „Dritten Reiches" den Ländern die Kompetenzen zur Regelung des Rundfunks verliehen. Daher ist Rundfunk, und insbesondere Hörfunk, in Deutschland landesweit organisiert, zunächst in Form gebührenfinanzierter öffentlich-rechtlicher Programme, mittlerweile, nach der Zulassung privaten Rundfunks im Jahre 1981, in Form eines dualen Systems von öffentlichem und privatem Rundfunk. Dies begründet politisch die relativ stark landesweit geprägte Struktur des Hörfunkmarktes in Deutschland (vgl. Bauer 1995 zur Beschreibung des Marktzutritts privaten Hörfunks).

Hörfunk ist zentrales Element der Unterhaltungselektronik; 98,8 Prozent aller Haushalte verfügen über mindestens ein Radio, 46,8 Prozent verfügen dabei über vier und mehr Geräte (vgl. Tabelle 2, Kapitel 6); mithin ist das Radio vermutlich im Hinblick auf die Verbreitung das dominierende Element der Unterhaltungselektronik. Im Folgenden werden das Volumen und die Struktur der Hörfunkwirtschaft beschrieben und analysiert. Im ersten Abschnitt wird mit der Darstellung von Umfang und Struktur des Programmangebots ein grober Überblick über die publizistische Leistung des Hörfunks gegeben. Im zweiten Abschnitt werden zunächst die Indikatoren der wirtschaftlichen Bedeutung eines Sektors vorgestellt und anschließend die Produktion und Beschäftigung im Rundfunksektor *insgesamt*, also für Hörfunk und Fernsehen zusammen, ausgewiesen. Es folgt dann in Abschnitt 3 die Darstellung von Volumen und Struktur speziell der Hörfunkwirtschaft, in Abschnitt 4 die Darstellung der Rezipientennachfrage und in Abschnitt 5 die Darstellung der Nachfrage nach Hörfunkwerbung. Die Marktstruktur und Marktentwicklung des Hörfunks beschreibt Abschnitt 6, und Konzentration, Wettbewerb sowie die Wettbewerbspolitik werden abschließend in den Abschnitten 7 und 8 behandelt.

1. Umfang und Struktur des Programmangebots im Hörfunk

1998 werden rund 240 Hörfunkprogramme angeboten und insgesamt etwa 2 Millionen Stunden Programm ausgestrahlt. Die übliche Strukturierung unterscheidet vor allem nach der Rechtsform der Veranstalter öffentlich-rechtliche und private Programme und nach der Reichweite der Ausstrahlung nationale, landesweite, regionale und lokale Programme. Die Grenzen zwischen lokal, regional und landesweit können nicht exakt gezogen werden. Im Prinzip sollten raumwirtschaftliche Einheiten in der Größenordnung von Kreisen und kreisfreien Städten als lokal klassifiziert werden, raumwirtschaftliche Einheiten in der Größenordnung von Regierungsbezirken oder von Regionen nach dem Konzept der EU sollten als regional klassifiziert werden und darüberhinausreichende Einheiten sollten als landesweit bzw. bundesweit oder national klassifiziert werden. Zweifelsfälle ergeben sich bei den Stadtstaaten der Bundesrepublik. Meines Erachtens sollte hier pragmatisch nach der Bevölkerungszahl des Gebietes klassifiziert werden: Stadtstaaten, deren Bevölkerung die Millionengrenze deutlich übersteigt, wie Berlin und Hamburg, sollten eher als landesweite denn als lokale Einheit klassifiziert werden, Stadtstaaten von nur mittlerer Größe wie Bremen als lokal. Dies wird indes nicht einheitlich gehandhabt. Regionale Programme, die es in Deutschland nur in Baden-Württemberg gibt, spielen bislang keine große Rolle, sie werden im Folgenden stets den lokalen Programmen zugerechnet. Neben diesen genannten Programmen gibt es die so genannten nichtkommerziellen Programme. Diese nicht-kommerziellen Programme, vor allem offene Kanäle Hörfunk, Campus-Radios und Initiativen-Radios, gibt es in großer Fülle, ohne dass ihre wirtschaftliche Bedeutung verlässlich quantifizierbar wäre. Sie sind daher in den folgenden Darstellungen generell nicht enthalten, erst im sechsten Abschnitt werden sie qualitativ gewürdigt.

Tabelle 1 zeigt die *Entwicklung* des Hörfunkprogrammangebots in Deutschland. Bis 1984 gab es nur öffentlich-rechtliche Programme, mit Ausnahme des speziell für Deutschland konzipierten Programms von RTL-Radio (Luxemburg).

Tabelle 1: Entwicklung des Hörfunkprogrammangebots in Deutschland von 1984 bis 1998

	1984	1986	1988	1990	1992	1994	1996	1998	2000
öffentlich-rechtlich	35	39	39	41	50	53	53	55	55
private Programme insgesamt	1	25	136	172	164	175	187	182	1972
- bundesweit	1[2]	1	2	4	8	12	15	12	162
- landesweit	-	8	15	18	27	33	34	35	42
- lokal[1]	-	16	80	109	129	130	130	135	1395
insgesamt	36	64	175	213	214	228	240	237	252

[1] einschl. regional, [2] RTL-Radio mit Sitz in Luxemburg, aber für Deutschland konzipiert

Quelle: Jahrbücher der ARD, Jahrbücher der Landesmedienanstalten.

Mit der Zulassung privaten Rundfunks im Jahre 1981 wurden, insbesondere in den Jahren 1986 bis 1992, zahlreiche neue private Hörfunkprogramme entwickelt und auch die öffentlich-rechtlichen Veranstalter haben ihr Angebot deutlich ausgeweitet. Mittlerweile bieten die öffentlich-rechtlichen Veranstalter, die alle in der ARD (Arbeitsgemeinschaft der öffentlich-rechtlichen Rundfunkanstalten der Bundesrepublik Deutschland) organisiert sind und – mit Ausnahme von Berlin und Brandenburg, die gemeinsam Rundfunk veranstalten – jeweils landesweite Programme ausstrahlen, ein umfangreiches Programmangebot: 55 Programme werden ausgestrahlt, davon zwei bundesweite Programme (DeutschlandRadio Berlin und Deutschlandfunk

Köln). Dies bietet eine ausgedehnte Grundversorgung, in der Regel werden für die Hörer eines Sendegebietes fünf öffentlich-rechtliche Programme ausgestrahlt. 182 private Programme vervielfachen das Programmangebot, davon 35 landesweite und 135 lokale Programme. Daneben gibt es 1998 etwa 20 Campus-Radios, 13 Offene Kanäle Hörfunk, 22 Initiativen-Radios und drei spezielle Ausbildungs-Radios, insgesamt also 60 nicht-kommerzielle Programme (vgl. ALM 1998, S. 436 ff.).

Tabelle 2 zeigt die *Struktur* dieses Programmangebots zusätzlich nach Sendestunden und Erträgen differenziert, um die quantitativ ökonomischen Gewichte deutlich zu machen. Die privaten Programme senden knapp 1,4 Millionen Stunden pro Jahr, das sind 74 Prozent des Gesamtangebots; dabei dominieren die lokalen Programme mit gut 1,1 Millionen Sendestunden. Mit gut 1 Mrd. Mark erzielen die privaten Veranstalter 20,7 Prozent der Erträge, diese werden insbesondere im ertragsstarken landesweiten Hörfunk verdient. Die öffentlich-rechtlichen Veranstalter erhalten mit gut 4 Mrd. Mark 79,3 Prozent der Erträge und bestreiten damit knapp 26 Prozent des Programmangebots. Insgesamt werden in Deuschland knapp 2 Millionen Programmstunden pro Jahr angeboten; d.h. auch, dass fast alle Programme 24-Stunden-Programme sind.

Tabelle 2: Struktur des Programmangebots[1] nach Zahl, Sendeumfang und Erträgen 1998

	Zahl der Programme	Sendestunden/Jahr	Erträge Mio DM
Private Programme insgesamt	187	1.808.000	1.124
- davon national	15	74.000	59
- davon landesweit	34	259.000	630
- davon lokal	138	540.000	436
öffentliche Programme insgesamt	53	512.252	4.986
- davon national[2]	2	2.348.000	6.110
- davon landesweit	51	1.808.000	1.124
insgesamt	234	74.000	59

[1] ohne die nicht-kommerziellen Anbieter; [2] ohne Deutsche Welle

Quelle: ALM 1998, ARD-Jahrbücher, DLM 1998.

Die *Programminhalte* lassen sich nach den groben Kategorien Musik, Wort und Werbung differenzieren. Tabelle 3 zeigt, dass der Anteil der Musik eindeutig dominiert: 70 Prozent der privaten Programme und 64 Prozent der öffentlich-rechtlichen Programme sind Musik, der Wortanteil liegt bei gut 20 bzw. 35 Prozent und der Werbeanteil bei knapp 10 bzw. knapp 1 Prozent. Die Dominanz der Musik ist nicht verwunderlich: Musik (leichte Musik) ist mit 28 Mark Produktionskosten pro Minute der weitaus billigste Programmteil (Angaben gelten für die öffentlich-rechtlichen Rundfunkanstalten, vgl. ARD-Jahrbuch 98, S. 368) und Musik entspricht den Hörerpräferenzen am deutlichsten (vgl. Kapitel 12).

Tabelle 3: Inhaltliche Struktur der Hörfunkprogramme 1996

	Stunden	Anteil in v. H.
Private Programm insgesamt	1.329.588	100,0
- Musik	934.919	70,3
- Wort	283.603	21,3
- Werbung	111.065	8,4
Öffentlich-rechtliche Programme insgesamt[1]	474.862	100,0
- Musik	304.455	64,1
- Wort	166.071	35,0
- Werbung	4.336	0,9
[1] ohne Ausländerprogramme		

Quelle: DLM 1998, ARD-Jahrbuch 97.

Im internationalen Vergleich in Europa der 15 (EUR 15) ist das Angebot an Hörfunkprogrammen in Deutschland zumindest quantitativ recht unterentwickelt, wie Tabelle 4 zeigt. Danach gibt es in EU-Europa 1994 etwa 8.000 Hörfunkprogramme; besonders viele Programme in Spanien, Frankreich, Italien und auch in Norwegen und Dänemark ist das Programmangebot deutlich größer als in Deutschland.

Tabelle 4: Zahl der Hörfunkprogramme[1] im Europa der 15 von 1990 bis 1994

Land	1990	1991	1992	1993	1994
Belgien	252	252	252	k. A.	195
Dänemark	352	344	336	306	283
Deutschland	169	189	207	208	208
Griechenland	33	34	34	k. A.	k. A.
Spanien	2.017	2.017	2.017	2.539	2.686
Frankreich	53	53	53	1.553	1.292
Irland	25	25	24	24	24
Italien	2.000	2.000	2.000	2.000	2.000
Luxemburg	4	4	23	23	23
Niederlande	18	18	20	25	28
Österreich	13	13	13	13	13
Portugal	k. A.	311	295	k. A.	k. A.
Finnland	70	64	61	60	63
Schweden	28	28	28	89	111
Großbritannien	171	179	195	207	225
Insgesamt	5.205	5.531	5.558	k. A.	k. A.
[1] mit Veranstaltersitz im jeweiligen Land					

Quelle: Eurostat, Audio-visual statistics 1995, S. 77

Bezogen auf die Zahl der Einwohner gibt es nur in den Niederlanden und Österreich weniger Programme. Daraus wird bisweilen geschlossen, dass die Hörfunklandschaft in Deutschland im Hinblick auf die Zahl der Programme noch entwicklungsfähig sei (ALM 1998, S. 467f.). Das mag sein. Aus ökonomischer Sicht ist indes eine Vielzahl von Programmen nicht per se ein sinnvolles Ziel und nicht per se Ergebnis eines noch zunehmenden Wettbewerbs; wichtiger wäre eine Vielzahl qualitativ hochwertiger Programmangebote, die der durchschnittliche Rezipient pro Kopf empfangen kann.

2. Gesamtwirtschaftliche Bedeutung des Rundfunksektors in Deutschland

2.1. Indikatoren der gesamtwirtschaftlichen Bedeutung

Die gesamtwirtschaftliche Bedeutung einer Branche wird in der Regel vorrangig daran gemessen, welchen Anteil sie an der Entstehung des Bruttoinlandsprodukts (BIP) hat und wieviel Arbeitsplätze sie bietet. Übliche Kennziffern sind mithin

- Produktionswert und Umsatz,
- Bruttowertschöpfung und
- Zahl der Erwerbstätigen.

Daneben spielen die Investitionen und die Außenhandelsanteile (Export und Import) eine gewisse Rolle; darauf soll indes nicht eingegangen werden.

Der *Produktionswert* ist der Wert der von einer produzierenden Einheit während eines Zeitraums (meist Jahr) erzeugten Güter und Dienstleistungen. Dieser Produktionswert setzt sich zusammen aus dem Umsatz und dem Wert der Bestandsänderungen an eigenen Erzeugnissen und selbsterstellten Anlagen. Bewertet wird in der Regel zu Marktpreisen; die Bestandsänderungen und die selbsterstellten Anlagen werden zu Herstellkosten bewertet.

Der *Umsatz* ist der Wert der Verkäufe, erfasst als Absatzmenge multipliziert mit dem Marktpreis.

Die *Bruttowertschöpfung (BWS)* ist der Produktionswert abzüglich der Vorleistungen. Vorleistungen sind Sachgüter und Dienstleistungen, die produzierende Einheiten von anderen Produktionseinheiten bezogen haben und im betrachteten Zeitraum im Zuge der Produktion verbraucht haben (vgl. Baßeler/Heinrich/Koch 1998, S. 245f.); für die Rundfunkproduktion z.B. Material, Energie und Programm-Inputs oder Dienstleistungen von Marktforschungsinstituten. Die Bruttowertschöpfung, die bisweilen auch nur als Wertschöpfung bezeichnet wird, ist mithin das, was die produzierende Einheit sozusagen aus eigener Kraft erstellt hat: Die Bruttowertschöpfung ist der Beitrag der produzierenden Einheit zum Bruttoinlandsprodukt. Damit ist die Bruttowertschöpfung ein sehr aussagekräftiges Konzept zur Erfassung der wirtschaftlichen Leistung von produzierenden Einheiten. Die Bruttowertschöpfung umfasst

- den Teil der Wertschöpfung, der zum Erhalt des im Produktionsprozess genutzten Produktivkapitals dient (Abschreibung)[39],
- den Teil der Wertschöpfung, der auf Einkommen aus unselbständiger Arbeit entfällt (Löhne und Gehälter) und
- den Teil der Wertschöpfung, der auf Einkommen aus Unternehmertätigkeit und Vermögen entfällt (Gewinne, Mieten, Pachten, Zinsen, Lizenzabgaben).

---

39 Zieht man von der Bruttowertschöpfung die Abschreibungen ab, so erhält man die so genannte Nettowertschöpfung.

Kurz gefasst gelten folgende Beziehungen:

Produktionswert	= Wert der Produktion		
	= Umsatz ± Bestandsänderungen		
	./. Vorleistungen	=	Bruttowertschöpfung
	./. Abschreibungen	=	Nettowertschöpfung

Die *Wertschöpfungsquote* ist das Verhältnis von Bruttowertschöpfung zu Produktionswert, sie gibt mithin an, welchen Anteil an der gesamten Produktion die Unternehmung selbst produziert hat.

Der *Produktionswert von Rundfunkunternehmen* setzt sich in der Regel aus folgenden Komponenten zusammen:
- Gebühreneinnahmen,
- Einnahmen aus dem Verkauf von Werbezeiten,
- Einnahmen aus anderer Werbung (Teleshopping, Gewinnspiele, ...)
- Abonnementsgebühren,
- Einnahmen aus dem Verkauf von Programmrechten,
- Einnahmen aus dem Verkauf von sonstigen Produkten (z.B. Merchandising),
- Einnahmen aus sonstigen Quellen wie Mieten, Pachten und Zinsen und
- Erhöhung des Bestandes selbst erstellter Güter (vor allem Programm-Inputs).

Das Konzept der *Erwerbstätigkeit* ist relativ diffus. Die amtliche Statistik zählt als Erwerbstätige alle die Personen, die einer Erwerbstätigkeit nachgehen, unabhängig von der Dauer der zu leistenden Arbeit und unabhängig von der Bedeutung des Ertrags dieser Tätigkeit für den Lebensunterhalt. Dies Konzept ist also weit gefasst und schließt z.B. Volontäre und Praktikanten ebenso ein wie stundenweise arbeitende Musiker (Statistisches Bundesamt). In der Rundfunkwirtschaft unterscheidet man üblicherweise und sinnvollerweise zwei Gruppen von Erwerbstätigen (vgl. DLM 1997):
- Mitarbeiter mit festem Arbeitsverhältnis. Hierzu werden alle Mitarbeiter gerechnet, die einen festen Arbeitsvertrag haben sowie die Inhaber und mithelfenden Familienangehörigen und alle in einem regulären Ausbildungsverhältnis (Lehre, Volontariat) stehenden Mitarbeiter.
- Sonstige Mitarbeiter der Rundfunkveranstalter. Diese arbeiten entweder als Selbständige auf Honorarbasis (so genannte freie Mitarbeiter) oder sind Mitarbeiter ohne Arbeitsvertrag, wie z.B. Hospitanten oder Praktikanten.

Die *amtliche Statistik* kann zur Erfassung der gesamtwirtschaftlichen Bedeutung begrenzt herangezogen werden. Sie bietet die Umsatzsteuerstatistik, die jährlich erscheint. Daneben kann die ebenfalls jährlich erscheinende Beschäftigungsstatistik der Bundesanstalt für Arbeit herangezogen werden, die allerdings nur die sozialversichungspflichtig Beschäftigten ausweist. Die Abgrenzung erfolgt zum einen nach der Systematik der „Wirtschaftszweige für die Statistik der Bundesanstalt für Arbeit“: Einbezogen wird die Wirtschaftsklasse 764 „Rundfunk und Fernsehanstalten“. Nach der „Systematik der Wirtschaftszweige“ (WZ) und der „Fassung für die Statistik im produzierenden Gewerbe" (SYPRO) des statistischen Bundesamtes werden zum anderen einbezogen: WZ-NR 7555 (Rundfunkanbieter) sowie 78717 (Werbefunk und Werbefernsehen). Ein Mangel dieser Statistiken ist, dass Hörfunk und Fernsehen meist nicht oder nur ansatzweise separiert werden und dass die Zuordnung relativ ungenau ist.

2.2. Gesamtwirtschaftliche Bedeutung des Rundfunksektors

Weil in vielen Statistiken Hörfunk und Fernsehen nicht separiert werden und weil ein umfassender Überblick sinnvoll erscheint, wird zunächst in Tabelle 5 ein Überblick über Produktionswert, Bruttowertschöpfung und Beschäftigte im *Rundfunksektor insgesamt* von 1982 bis 1996 gegeben.

Tabelle 5: Produktionswert, Bruttowertschöpfung und Beschäftigte im Rundfunk von 1982 bis 1996[1)]

	1982	1984	1986	1988	1990	1992	1994	1995	1996
Produktionswert (in Mio DM)	6.400	7.520	8.045	8.670	11.200	16.300	19.180	20.010	21.765
Bruttowertschöpfung (in Mio DM)	2.810	3.770	3.310	3.540	4.220	6.345	6.225	5.720	5.505
Erwerbstätige[2)] (1000)	28.900	30.400	32.600	34.700	36.900	45.000	50.000	39.290	39.664
Anteil an der BWS[3)] in v.H.	0,19	0,21	0,18	0,17	0,19	0,23	0,19	0,19	0,19
Anteil an Beschäftigten in v.H.	0,14	0,15	0,16	0,16	0,13	0,15	0,19	0,11	0,12
Wertschöpfungsquote in v.H.	43,90	50,10	41,10	40,80	37,70	38,90	32,50	28,60	25,3

[1)] bis 1990 Westdeutschland, ab 1992 Gesamtdeutschland; in Mio.DM; [2)] Feste Mitarbeiter; [3)] der Volkswirtschaft insgesamt

Quelle: DIW Wochenbericht, Nr. 13, 1995; DIW Wochenbericht Nr. 16, 1997; Seufert (1994), Seufert (1996a), Seufert (1998), DLM 1998, Statistisches Bundesamt, z.T. eigene Berechnungen.

Die zum Teil großen Schwankungen in den Angaben insbesondere zur Beschäftigung in den Jahren 1992 und 1994 sind auf jeweils unterschiedliche Erhebungsmethoden zurückzuführen. Sie sollten nicht überinterpretiert werden. Ein Vergleich der Zahlen der Erwerbstätigen zeigt eine Übereinstimmung in der Größenordnung: So ermittelt Seufert für 1995 39.290 Erwerbstätige und die Statistik der Erwerbstätigen nach den Veranstalterangaben von ARD und ZDF sowie nach der Umfrage des Instituts der deutschen Wirtschaft ergibt 44.098 Beschäftigte (vgl. Tabelle 6).

Der Rundfunksektor ist makroökonomisch gesehen ein recht *kleiner Sektor der Volkswirtschaft*. Sein Anteil am Bruttoinlandsprodukt (also an der Bruttowertschöpfung) ist mit 0,17 bis 0,23 Prozent deutlich kleiner als der entsprechende Anteil für Printmedien (DLM 1997, S. 53). Der *Produktionswert* in Höhe von gut 20 Mrd. DM entspricht etwa dem des Bekleidungsgewerbes oder dem größerer Industriebetriebe wie z.B. der Friedrich Krupp AG oder der MAN AG. Die Zahl der Erwerbstätigen von knapp 40.000 entspricht der der FORD-Werke-AG oder der der Dresdner Bank. Die *Bruttowertschöpfung* in Höhe von knapp 6 Mrd. DM entspricht der Wertschöpfung im Luft- und Raumfahrzeugbau oder der Herstellung von Musikinstrumenten, Spielwaren und Füllhaltern (vgl. Statistisches Jahrbuch 1997, S. 671). Da der Anteil an der Bruttowertschöpfung den Anteil an der Beschäftigung deutlich übersteigt, liegt auch die *Bruttowertschöpfung pro Beschäftigtem* mit 145.584 DM deutlich über dem gesamtwirtschaftlichen Durchschnitt von 80.151 DM. Dies zeigt, dass die Einkommen im Rundfunksektor im Durchschnitt deutlich höher liegen als in der Gesamtwirtschaft.

Die *Wertschöpfungsquote* ergibt sich als Verhältnis der Bruttowertschöpfung zum Produktionswert. Ihre deutliche Abnahme im Zeitablauf von rund 50 Prozent auf 28,6 Prozent ist ein deutlicher Beleg für den Trend zum „Outsourcing", für den Trend zur Verlagerung der Produktion von der Eigenproduktion hin zur Fremdproduktion (vgl. Kapitel 5).

Ergänzend werden in Tabelle 6 die Zahlen für die Erwerbstätigen im Rundfunk nach Bereichen spezifiziert ausgewiesen. Diese Tabelle verwendet für den privaten Rundfunk die Daten, die vom Institut der deutschen Wirtschaft (Privatfunk in Deutschland) erhoben worden sind, weil diese die Entwicklung besser nachzeichnen. Die Angaben über die Zahl der Erwerbstätigen weisen eine höhere Beschäftigung aus, als später die Studien der Landesmedienanstalten (vgl. DLM 1997 und DLM 1998). Dies liegt an der unterschiedlichen Trennschärfe des Begriffs der Erwerbstätigkeit: Die Studien der Landesmedienanstalten erfassen primär Erwerbstätige mit einem festen Arbeitsverhältnis, das Institut der deutschen Wirtschaft hat z.T. auch freie Mitarbeiter erfasst. Tabelle 6 zeigt:

- eine deutliche Zunahme der Erwerbstätigkeit insgesamt, die allerdings zum Teil auf die Wiedervereinigung zurückzuführen ist;
- eine schwache Abnahme der Erwerbstätigkeit im öffentlich-rechtlichen Rundfunk seit 1993;
- eine kontinuierliche Zunahme der Erwerbstätigkeit im privaten Fernsehen und
- eine Zunahme der Erwerbstätigkeit im privaten Hörfunk bis 1995, danach eine deutliche Abnahme um ein gutes Drittel.

Tabelle 6: Erwerbstätige im Rundfunksektor in Deutschland von 1980 bis 1997

	1980	1983	1985	1987	1989	1991	1993	1995	1997
Öffentl. Rundfunk[1)]	25.241	25.788	26.224	26.865	27.719	28.391	31.631	30.839	30.122
- ARD[2)]	18.159	18.442	18.800	19.324	19.908	20.194	23.196	22.752	22.453
- ZDF[3)]	3.417	3.674	3.744	3.822	3.927	4.026	4.231	4.081	3.821
Privat	-	-	-	k. A.	k. A.	7.770	10.220	13.259	11.941
- Fernsehen	-	-	-	k. A.	k. A.	3.400	4.750	7.029	7.780
- Hörfunk	-	-	-	k. A.	k. A.	4.370	5.470	6.230	4.071
insgesamt	25.241	25.788	26.224	k. A.	k. A.	36.161	41.851	44.098	42.063

1) einschließlich Rias, Deutsche Welle, DeutschlandRadio bzw. Deutschlandfunk und einschließlich der Beschäftigten in den ARD-Gemeinschaftsaufgaben
2) besetzte Planstellen (ohne Gemeinschaftsaufgaben) der Landesrundfunkanstalten
3) lt. Stellenplan/Haushaltsplan

Quelle: ARD, ZDF, Privatfunk in Deutschland.

Die wirtschaftliche Lage des Rundfunks wird seit 1995 im Auftrag der Landesmedienanstalten vom Deutschen Institut für Wirtschaftsforschung (DIW) in Kooperation mit dem Hans-Bredow-Institut und der Arbeitsgruppe Kommunikationsforschung (AKM) erfasst und analysiert. Damit liegen erstmals umfassende und kompatible Erhebungen vor. Übersicht 1 stellt die zentralen Indikatoren der gesamtwirtschaftlichen Bedeutung des Rundfunks, nach Hörfunk und Fernsehen und nach der Organisationsform differenziert, zusammen.

Übersicht 1: Gesamtwirtschaftliche Struktur des Rundfunks 1996

	Rundfunk insgesamt	Öff.-rechtl. Rundfunk	Privater Rundfunk	Fernsehen (geschätzt)	Hörfunk (geschätzt)
	Mill. DM				
Produktionswert[1]	21.765	12.250	9.515	16.530	5.235
Vorleistungen	16.260	7.795	8.465	13.275	2.985
Bruttowertschöpfung	5.505	4.455	1.050	3.255	2.250
darunter					
Einkommen aus unselbst. Arbeit	5.220	4.370	850	3.095	2.125
Einkommen aus Unternehmertätigkeit und Vermögen	-775	-745	-30	-510	-265
	Anzahl				
Erwerbstätige	39.664	30.093	9.571	23.082	16.582
	Tausend DM				
Bruttowertschöpfung je Erwerbstätigen	138,8	148,0	109,7	141,0	135,7
	Anteile in v. H.				
Produktionswert	100	56	44	76	24
Vorleistungen	100	48	52	82	18
Bruttowertschöpfung	100	81	19	59	41
darunter					
Einkommen aus unselbst. Arbeit	100	84	16	59	41
Einkommen aus Unternehmertätigkeit und Vermögen	100	-	-	-	-
Erwerbstätige	100	76	24	58	42

[1] Werbeumsätze einschließlich Provisionen für Werbemittler

Quelle: DLM 1998, S. 19. Ursprungsdaten: DIW.

Danach beträgt der Hörfunkanteil am Rundfunksektor insgesamt rund 41 Prozent, gemessen an der Bruttowertschöpfung, und rund 42 Prozent, gemessen an der Zahl der festen Mitarbeiter.

3. Volumen und Strukturen der Hörfunkwirtschaft

Die Hörfunkwirtschaft ist ein recht kleiner Sektor der Gesamtwirtschaft, wie die in Tabelle 7 aufgeführten Indikatoren Produktionswert, Bruttowertschöpfung und Zahl der Beschäftigten zeigen.

Tabelle 7: Gesamtwirtschaftliche Position des Hörfunks 1996

	Hörfunk insgesamt	Private Anbieter	Öffentliche Anbieter
Produktionswert in Mio DM	5.235	1.069[1]	4.093[1]
Vorleistungen in Mio DM	2.985	k. A.	k. A.
Bruttowertschöpfung in Mio DM	2.250	k. A.	k. A.
Wertschöpfungsquote in v. H.	43	k. A.	k. A.
Feste Mitarbeiter	16.582	3.902	12.680[2]
Anteil an der BWS[3] in v.H.	0,068	k.A.	k.A.
Anteil an Erwerbstätigen[3] in v.H.	0,048	0,011	0,037

[1] Statt des nicht aufgegliederten Produktionswertes werden hier die Erträge zugrunde gelegt. Diese entsprechen dem Produktionswert ohne Bestandsänderungen.
[2] Die Aufteilung der Mitarbeiter auf Hörfunk und Fernsehen erfolgt nach dem Schlüssel 0,58 Fernsehen; 0,42 Hörfunk (vgl. DLM 1998, S. 787).
[3] der Wirtschaft insgesamt

Quelle: DLM 1998, Statistisches Bundesamt.

Hörfunk bietet 1996 insgesamt 16.582 Arbeitsplätze für feste Mitarbeiter, zu 76,5 Prozent im öffentlich-rechtlichen Hörfunk. Der Hörfunk produziert Leistungen im Wert von 5.235 Mio Mark; dazu bezieht er Vorleistungen im Wert von 2.985 Mio Mark von anderen Firmen – meist Rechte-Erwerb, Auftragsproduktionen und Verbreitungskosten – er erbringt mithin eine Bruttowertschöpfung von 2.250 Mio Mark bei einer Wertschöpfungsquote von 43 Prozent. Diese Wertschöpfungsquote ist im Vergleich zum Fernsehen recht hoch, d.h., der Hörfunk hat einen großen Anteil an Eigenproduktionen.

Hörfunk finanziert sich insgesamt zu 67,4 Prozent durch Gebühren und zu 21,3 Prozent durch Werbung, sonstige Erträge tragen mit 11,3 Prozent zur Finanzierung bei. Tabelle 8 zeigt die Strukturen dieser Erträge, sinnvollerweise nach privatem und öffentlich-rechtlichem Hörfunk differenziert.

Tabelle 8: Struktur der Hörfunkerträge 1996

	in Mio. Mark	in v. H.
Private Programme insgesamt; davon	1.069	100,0
- Werbung	976	91,3
- Sonstiges	93	8,7
Öffentliche Programme insgesamt; davon	4.093	100,0
- Werbung	126	3,1
- Gebühren	3.479	85,0
- Sonstige	488	11,9

Quelle: DLM 1998.

Neben Mitarbeitern mit einem festen Arbeitsvertrag werden im Mediensystem viele Mitarbeiter ohne festen Arbeitsvertrag beschäftigt: Praktikanten, Feste Freie und Sonstige Freie Mitarbeiter. Diese Flexibilität der Beschäftigung, die im Vergleich zur Beschäftigung in anderen Branchen ungewöhnlich ist, hat im Wesentlichen drei Gründe:

– Freie Mitarbeiter sind oft billiger als Feste Mitarbeiter;

- Freie Mitarbeiter sind in der Regel flexibler einzusetzen als Feste Mitarbeiter; eine flexible Beschäftigung gilt als förderlich für eine künstlerische/journalistische Produktion; und
- das große Angebot an Arbeitskräften, die im Mediensektor arbeiten wollen, macht einen flexiblen Einsatz möglich.

Tabelle 9 weist die Entwicklung der Beschäftigung insgesamt, einschließlich der Mitarbeiter ohne festen Arbeitsvertrag aus. Insgesamt hat die Beschäftigung im Hörfunk in den Jahren 1995 bis 1997 abgenommen, insbesondere im öffentlich-rechtlichen Hörfunk. Dies trifft die Festen Mitarbeiter und noch deutlicher die Sonstigen Mitarbeiter.

Tabelle 9: Entwicklung der Gesamtbeschäftigung im Hörfunk 1995-1997

	1995	1996	1997
Private Anbieter insgesamt	8.796	7.389	7.290
- davon Feste Mitarbeiter	4.087	3.902	3.937
- davon Sonstige Mitarbeiter	4.709	3.487	3.353
Öffentliche Anbieter insgesamt	20.223	19.768	19.205
- davon Feste Mitarbeiter	12.800	12.680	12.528
- davon Sonstige Mitarbeiter	7.423	7.088	6.677
Hörfunk insgesamt	29.019	27.157	26.495
- davon Feste Mitarbeiter	16.887	16.582	16.465
- davon Sonstige Mitarbeiter	12.132	10.575	10.030

Quelle: DLM 1997, DLM 1998, ARD-Jahrbücher.

Hier zeigen sich die Auswirkungen des heftigen und zunehmenden Wettbewerbs um die knappen Finanzierungspotenziale im Hörfunk, ein Wettbewerb, der vor allem Kosten sparen muss. Die Zahl der Beschäftigten pro Programm ist im Durchschnitt gesunken: Im öffentlich-rechtlichen Hörfunk von 382 (1995) auf 349 (1997) und im privaten Hörfunk von 49 (1995) auf 40 (1997) Mitarbeiter.

Die *funktionale Struktur* der Beschäftigung zeigt Tabelle 10. Insgesamt ist in beiden Organisationsformen des Hörfunks der überwiegende Teil der Festen Mitarbeiter im Bereich der Programmproduktion tätig, dabei ist der entsprechende Anteil bei den privaten Programmen deutlich größer. Organisation und Verwaltung beanspruchen in den Programmtypen einen ähnlichen Anteil von 15 bis 20 Prozent; große Unterschiede ergeben sich im Mitarbeiteranteil für Technik und Verkauf/Marketing.

Tabelle 10: Funktionale Struktur der Beschäftigung[1] im Hörfunk 1996

Funktionen	Anzahl der Mitarbeiter	in v. H.
Private Anbieter insgesamt	3.902	100
- Organisation/Verwaltung	588	15
- Verkauf/Marketing	693	18
- Produktion/Technik	240	6
- Programm	2.381	61
Öffentliche Anbieter insgesamt	12.680	100
- Organisation/Verwaltung	2.529	20
- Verkauf/Marketing[2]	14	0
- Produktion/Technik	4.371	34
- Programm	5.766	45

[1] Feste Mitarbeiter; [2] ohne ARD Werbegesellschaften

Quelle: DLM 1998.

Dies liegt zum einen daran, dass der öffentlich-rechtliche Rundfunk seine Angebote nicht verkaufen muss, während die Privaten gerade in Verkauf und Marketing erhebliche Ressourcen investieren müssen. Und der geringe Beschäftigtenanteil für Produktion und Technik liegt bei den Privaten auch daran, dass dieser Bereich häufig in den Markt verlagert wird (Outsourcing), während die öffentlich-rechtlichen Programme diese Aktivitäten im Rahmen der eigenen Unternehmung durchführen.

Insgesamt zeigt sich mit dieser aggregierten Betrachtung des Hörfunks, dass Hörfunk ein sehr billiges Medium ist: 1996 produzieren 27.157 Beschäftigte ein Programmvolumen von 1.880.235 Jahresstunden mit Erträgen von 5.162 Mio Mark; oder ein Beschäftigter produziert im Durchschnitt 69,2 Stunden pro Jahr und die Jahresstunde kostet die Gesellschaft im Durchschnitt 2.745 Mark.

4. Die Hörfunknutzung – die Nachfrage des Publikums

4.1. Die Messung der Hörfunknutzung durch die Media-Analyse

Die Nachfrage des Publikums, die so genannte Hörfunknutzung, wird für den Hörfunk, von einigen kleineren Spezialerhebungen abgesehen, nur im Rahmen der Media-Analyse (MA) der Arbeitsgemeinschaft Media-Analyse (AG.MA) ermittelt. Auftraggeber der Media-Analyse sind Medienunternehmen, Werbeagenturen, Werbungtreibende sowie die entsprechenden Verbände. In umfangreichen Befragungswellen wird die Mediennutzung der deutschen Bevölkerung in Form einer Abfrage zum Ablauf des gestrigen Tages ermittelt. Diese Befragung gilt als repräsentativ für die deutsche Bevölkerung ab 14 Jahren, wohnend in Privathaushalten. Die Stichprobe ist relativ groß und muss relativ groß sein, weil anderenfalls die kleinen, reichweitenschwachen Programme nicht angemessen repräsentiert wären.

Die Media-Analyse erhebt die Nutzungsdaten für alle Medien, für Zeitungen, Zeitschriften, Hörfunk und Fernsehen. Für das Fernsehen spielt die Media-Analyse indes praktisch keine Rolle, weil die Fernsehnutzung außerdem zusätzlich täglich in Fünf-Sekunden-Abständen durch die GfK (Gesellschaft für Konsumforschung) erfasst wird. Und für Printmedien stehen die Auflagenzahlen der IVW (Informationsgemeinschaft zur Feststellung der Verbreitung von Werbeträgern e. V.; vgl. Band 1, Kapitel 7) zusätzlich und aktuell zur Verfügung. Gerade für den Hörfunk ist die Media-Analyse indes von zentraler Bedeutung, weil die so genannte Elektronische Tranche (ET) der Media-Analyse die einzig allgemein akzeptierte und vergleichbare Reichweitenmessung des Hörfunks in Deutschland darstellt.

Im Rahmen der MA 1998 sind z.B. 52.370 Personen nach ihrem Nutzungsverhalten für elektronische Medien befragt worden; diese Stichprobe gilt als repräsentativ für 63,51 Millionen Erwachsene ab 14 Jahren in Privathaushalten. In diese Befragung sind 248 Radioprogramme eingegangen, darunter alle öffentlich-rechtlichen Programme, 173 private Programme und 20 nicht-kommerzielle Programme wie Uni-Radios (Angaben der AG.MA). Für den Hörfunk werden insbesondere folgende Nutzungsdaten erhoben:

- *Weitester Hörerkreis*: Hörer, die innerhalb von 14 Tagen mindestens einmal das fragliche Programm gehört haben.
- *Hörer gestern*: Hörer, die das fragliche Programm am Tag vor der Befragung, d.h. an dem Stichtag, auf den sich die Befragung bezieht, gehört haben.
- *Hördauer*: Gibt an, wie lange die jeweils befragten/erfassten Personen während eines bestimmten Zeitintervalls im Durchschnitt Radio gehört haben; bezieht als Durchschnittswert auch jene mit ein, die ihren Empfänger gar nicht eingeschaltet hatten.
- *Verweildauer*: Die Verweildauer gibt an, wie viel Zeit die Personen, die am Tag mindestens eine Viertelstunde lang Radio hören (Hörfunknutzer) durchschnittlich pro Tag Radio hören (vgl. ARD-Jahrbuch 98, S. 411).

Diese Art der Reichweitenmessung nur durch die MA ist ein großer Nachteil des Werbeträgers Hörfunk, weil die Reichweite nur innerhalb der Befragungszeiträume – mittlerweile zwei Befragungszeiträume pro Jahr – also sehr punktuell ermittelt wird. Diese punktuelle Ermittlung wird vermutlich die durchschnittlichen jährlichen Reichweiten nur recht ungenau abbilden, zudem sind die Befragungszeiträume zugleich Zeiträume intensiver Marketinganstrengungen der Veranstalter. Im Übrigen ist ein zentrales Problem der Tagesablaufabfrage die Identifikation der Sender durch die Befragten und die schlechte Erreichbarkeit von Ausländern und sehr reichen bzw. sehr armen Rezipienten (die Probleme beschreibt sehr deutlich Schürmanns 1996).

4.2. Die Entwicklung der Hörfunknutzung

Tabelle 11 zeigt die Entwicklung der Hörfunknutzung von 1987 bis 1998 nach den Ergebnissen der Media-Analyse. Der zentrale Indikator ist sicher die *Hördauer*, die durchschnittliche Hördauer der Gesamtbevölkerung. Diese Hördauer ist von 1987 bis 1997 deutlich angestiegen, im letzten Jahr indes ein wenig gesunken auf mittlerweile 172 Minuten pro Tag. Ähnlich hat sich die *Verweildauer* entwickelt, die durchschnittliche Hördauer der tatsächlichen Hörfunknutzer: Sie ist bis 1997 auf 214 Minuten pro Tag gestiegen und 1998 leicht auf 211 Minuten pro Tag gesunken. Der

Hörfunk ist mithin ein äußerst zeitintensiv genutztes Massenmedium. Dass der Hörfunk auch sehr häufig genutzt wird, zeigt der Indikator *Hörer gestern*: An einem durchschnittlichen Wochentag schalten 82 Prozent der Bevölkerung ein Radio ein. Interessant ist schließlich, dass die Hörfunknutzung von großer Programmtreue geprägt ist: Im Durchschnitt werden täglich 1,3 Programme gehört, d.h., dass die meisten Radiohörer nur ein Programm hören.

Tabelle 11: Die Entwicklung der Hörfunknutzung[1] von 1987 bis 1998

	Hörer gestern in %	**Hördauer[2] in Min.**	**Verweildauer[3] in Min.**	**durchschnittlich gehörte Programme**	
				täglich	letzte 14 Tage
MA 87	78	146	188	1,3	2,8
MA 88	78	156	198	1,3	2,8
MA 89	79	154	197	1,3	2,8
MA 90	80	156	196	1,3	2,8
MA 91	81	162	199	1,3	2,8
MA 92	82	169	206	1,4	3,0
MA 93	82	169	206	1,3	3,0
MA 94	81	168	207	1,3	3,0
MA 95	80	167	209	1,3	3,0
MA 96	80	169	212	1,3	2,9
MA 97	83	177	214	1,3	2,8
MA 98[4]	82	172	211	1,3	2,8

[1] bezieht sich auf die gesamte Woche, jeweils von 5.00 bis 24.00 Uhr, für Personen ab 14 Jahren; [2] also einschließlich der Nicht-Hörer; [3] der tatsächlichen Hörer; [4] bezieht sich auf die zweite Welle der MA 1998, meist MA 98 II genannt.

Quelle: Media Perspektiven 11/1998, S. 560. Ursprungsdaten MA.

Die in der MA ermittelten Nutzungsdaten entsprechen in Struktur und Größenordnung den Nutzungsdaten, die in der Langzeitstudie „Massenkommunikation" erhoben werden. Im Rahmen dieser Studie können Langzeitentwicklungen sehr gut verfolgt werden. So zeigt Tabelle 12:

- Hörfunk bleibt das Medium, für dessen Rezeption die meiste Zeit verwendet wird;
- die Hörfunknutzungsdauer ist von 1990 bis 1995 deutlich zurückgegangen und die Reichweite stagniert;
- im Vergleich dazu ist die Fernsehnutzung deutlich gestiegen, während die Nutzung der Tageszeitung eher stagniert.

Tabelle 12: Entwicklung der Nutzung[1] von Hörfunk, Fernsehen und Tageszeitung im Vergleich von 1964 bis 1995

	1964	1970	1974	1980	1985	1990	1995
Reichweite in %							
Fernsehen	47	72	78	77	72	81	81
Hörfunk	68	67	70	69	76	75	75
Tageszeitung	69	70	73	76	73	68	68
Durchschnittlicher Zeitaufwand in Std.:Min.							
Fernsehen	1:10	1:53	2:05	2:05	2:01	2:13	2:25
Hörfunk	1:29	1:13	1:53	2:15	2:34	2:57	2:35
Tageszeitung	0:35	0:35	0:38	0:38	0:33	0:30	0:31
Verweildauer je Nutzer in Std.:Min.							
Fernsehen	2:29	1:47	2:41	3:15	3:22	3:42	3:27
Hörfunk	2:11	2:17	2:40	2:42	2:42	2:50	2:58
Tageszeitung	0:52	0:48	0:52	0:52	0:51	0:45	0:45
[1] alte Bundesländer, Montag bis Samstag							

Quelle: Massenkommunikation V, 1996.

Insgesamt kann der Hörfunknutzung im Zeitablauf doch eine große Stabilität bescheinigt werden; bei allen Umbrüchen in der Hörfunklandschaft hat sich die Nutzung auf einem hohen Niveau stabilisiert.

Die Nachfrage nach Hörfunk hat mithin sehr viel weniger zugenommen als das Angebot. Daraus resultiert für den Hörfunk ein deutliches *Rezipientensplitting*. Bei einem Hörfunkprogrammangebot von 5.222 Stunden pro Tag (1.906.092 Stunden pro Jahr, vgl. Tabelle 2) und einer täglichen durchschnittlichen Nutzungsdauer von 169 Minuten (vgl. Tabelle 11) wird von diesem Angebot 1996 im Durchschnitt nur ein Anteil von 0,05 Prozent genutzt. Allerdings ist dies, anders als im Fernsehen, eine relativ fiktive Größe, weil das Programmangebot in der Regel auch nur auf kleine Verbreitungsräume zugeschnitten ist.

5. Die Nachfrage nach Hörfunkwerbung

Die Nachfrage nach Hörfunkwerbung, genauer gesagt, die Nachfrage nach der Verbreitung von Werbebotschaften durch den Hörfunk, wird vor allem als Netto-Werbeumsatz des Hörfunks ermittelt. Leider werden die Werbeeinnahmen der lokalen Programme dabei nicht erfasst, sie müssen bislang geschätzt werden. Tabelle 13 zeigt die Entwicklung des Netto-Werbeumsatzes des Hörfunks und des entsprechenden Anteils der Hörfunkwerbung an der Werbung insgesamt. Danach stagniert der Anteil der Hörfunkwerbung an der Werbung insgesamt auf niedrigem Niveau: Nach ZAW-Kriterien liegt der Anteil bei 3 Prozent, nach Kriterien von Nielsen S + P liegt der Anteil bei 6 Prozent. Die Differenz ergibt sich im Wesentlichen aus der unterschiedlich definierten Grundgesamtheit „Werbung insgesamt“ (vgl. Kapitel 15, Abschnitt 1.4.).

Tabelle 13: Umfang und Anteil der Hörfunkwerbung[1]

	1980	1986	1990	1992	1994	1996	1998
Hörfunkwerbung in Mio. DM[2]	398	580	889	981	1.101	1.153	1.176
Anteil der Hörfunkwerbung[2]	3,2	3,2	3,6	3,1	3,2	3,1	3,0
Anteil der Hörfunkwerbung[3]	6,5	6,9	7,5	6,6	6,7	6,1	6,0

[1] bis 1990 Westdeutschland; [2] nach ZAW-Kriterien; [3] nach Nielsen S + P

Quelle: ZAW; Nielsen S + P, Media Perspektiven Basisdaten

Ein anderes Bild ergibt sich, wenn die Werbung in lokalen Programmen mit erfasst wird. Nach der Studie der Landesmedienanstalten erzielten die privaten Lokalprogramme 1996 Werbeeinnahmen von insgesamt 439 Mio Mark, davon 155 Mio Mark aus überregionaler Werbung, 236 Mio Mark aus regionaler/lokaler Werbung und 49 Mio Mark aus Sponsoring und Teleshopping (DLM 1998, S. 69). Zählt man diese Einnahmen hinzu, dann ergibt sich 1996 ein Umsatzvolumen der Hörfunkwerbung von 1.592 Mio Mark und ein Anteil von 4,2 Prozent (nach ZAW-Kriterien). Dies deckt sich mit Analysen, die dem privaten Lokalradio einen Werbemarktanteil von 1,5 Prozent zutrauen (Heinrich 1993 b, S. 175).

Der Hörfunk als Werbeträger führt eine Art „Stiefkinddasein"; er spielt im Media-Mix im Durchschnitt nur eine geringe Rolle. So setzt sich die Media-Mix-Struktur eines durchschnittlichen Etats der Größenklasse über 15 Mio Mark 1998 wie folgt zusammen:

- Fernsehen 54,4 Prozent,
- Zeitungen 21,6 Prozent,
- Zeitschriften 16,7 Prozent,
- Hörfunk 4,5 Prozent,
- Plakat 2,0 Prozent,
- Fachzeitschriften 0,9 Prozent (W & V Kompakt 10/1998).

Und insgesamt erzielt der Hörfunk auch innerhalb des von Nielsen S + P erfassten Bruttowerbeaufwands mit 6 Prozent hinter Fernsehen mit 43 Prozent, Publikumszeitschriften mit 23,9 Prozent und Tageszeitungen mit 21,6 Prozent einen relativ geringen Anteil an der überregionalen Markenartikelwerbung (vgl. Kapitel 15, Tabelle 1).

Untersuchungen über die Vorzüge der Hörfunkwerbung stellen dagegen gerne heraus, dass Hörfunkwerbung einen eigenständigen Wirkungsbeitrag leistet, sich deutlich auf die Markenbekanntheit auswirkt und in Mixkampagnen mit dem Fernsehen zusätzliche Kundensegmente erschließt (vgl. zuletzt Wild 1997). Man muss allerdings berücksichtigen, dass die Auftraggeber solcher Studien meist selbst Vermarkter von Hörfunkwerbung sind.

Ein internationaler Vergleich über den Anteil der Hörfunkwerbung zeigt, dass der Hörfunk als Werbeträger eine sehr unterschiedliche Rolle spielt: Seine Anteile am Werbemarkt differieren 1996 zwischen 2,7 Prozent in der Schweiz und 16,9 Prozent in Luxemburg. Nun sind dies extreme Beispiele, aber auch bei strukturähnlicheren Ländern wie Deutschland und Italien auf der einen Seite und Frankreich, Belgien und Spanien auf der anderen Seite, differieren die Marktanteile um rund vier

Prozentpunkte wie Tabelle 14 zeigt[40]. Aus solchen Tabellen kann man schließen, dass die Hörfunkwerbung in Deutschland ihren Marktanteil ausbauen können sollte.

Tabelle 14: Der Marktanteil der Hörfunkwerbung in Europa, Japan und den USA 1995 bis 1997

	1995	1996	1997
Belgien	9,0	8,8	9,4
Deutschland	4,1	4,0	3,6
Frankreich	7,9	7,8	7,1
Großbritannien	4,4	4,8	5,4
Italien	3,9	3,9	4,4
Japan	5,2	5,1	5,0
Luxemburg	18,2	16,9	16,2
Niederlande	4,9	5,1	5,9
Polen	8,5	8,7	9,2
Portugal	6,6	6,7	7,5
Schweiz	2,7	2,7	2,7
Slowakei	9,4	10,8	8,3
Spanien	9,5	9,6	9,7
Tschechische Republik	7,3	7,7	7,3
Ungarn	8,3	8,5	8,1
USA	12,1	12,1	11,7

Quelle: IP, European Key Facts, Nr.3, 1996, S. 13; Nr. 39, 1998, S. 3.

6. Marktstruktur und Marktentwicklung im Hörfunk

6.1. Markteinteilung und Marktdeterminanten

Vor der Beschreibung und Analyse von Märkten müssen Märkte identifiziert und abgegrenzt werden. In der Ökonomie spricht man vom sog. *relevanten Markt,* dem Bereich wirksamer Konkurrenz. Dieser wird meist mit dem Konzept der funktionalen Austauschbarkeit aus der Sicht des verständigen Verbrauchers abgegrenzt; Abgrenzungskriterium ist die kurzfristige Substituierbarkeit (vgl. Band 1, Kapitel 1, Abschnitt 2.5.). Wenn Produkte kurzfristig substituierbar erscheinen, bilden sie einen relevanten Markt; wenn nicht, dann sind sie jeweils anderen Märkten zuzuordnen. Im Bereich der Massenmedien werden Märkte vor allem nach dem Medium und nach der Reichweite abgegrenzt, ergänzend nach Medieninhalten. So gelten die vier aktuellen Massenmedien Zeitung, Zeitschrift, Hörfunk und Fernsehen nicht als funktional austauschbar, weder für die Rezipienten noch für die werbungtreibende Wirtschaft; sie bilden also jeweils eigene relevante Märkte. Nachfolgend wird häufig nach der Reichweite in bundesweit, landesweit und lokal verbreitete Medien abge-

[40] Tabelle 14 gibt für die Hörfunkwerbung in Deutschland einen Marktanteil von 4 Prozent an. Dieser Wert ist höher als der von Tabelle 13. Dies liegt daran, dass die IP-Statistik von Tabelle 14 die Nettowerbeeinnahmen des Hörfunks nur auf die klassischen Werbeumsätze von Print, TV, Hörfunk, Kino und Außenwerbung bezieht.

grenzt, wegen des spezifischen Informationszuschnitts und der spezifischen werblichen Eignung. Ergänzend wird nach Informationsinhalten abgegrenzt, wenn dieses Kriterium eine große Unterschiedlichkeit begründet, wie es im Zeitschriftensektor der Fall ist.

Der Hörfunksektor wird im Wesentlichen nur nach der Programmreichweite in bundesweite, landesweite und lokale Märkte abgegrenzt und zwar sowohl im Rezipientenmarkt als auch im Werbemarktbereich. Im Werbemarktbereich hat sich in der Bundesrepublik eine Einteilungstradition entwickelt, die am Kriterium der räumlichen Reichweite anknüpft und eine Einteilung der Bundesrepublik in acht *Nielsen-Gebiete* und zehn *Nielsen-Ballungsräume* vornimmt. Diese Einteilung kann für Hörfunkwerbemärkte übernommen werden, weil die werbungtreibende Wirtschaft sich daran ausrichtet. Sie muss um lokale Werbemärkte ergänzt werden. Inhaltliche Differenzierungen existieren im Hörfunksektor kaum.

Exkurs: Nielsen-Gebiete und Nielsen-Ballungsräume
Das Marktforschungsunternehmen A.C. Nielsen hat die Bundesrepublik in acht Gebiete und zehn Ballungsräume unterteilt, um Marketingaktivitäten regional differenzieren zu können. Diese Einteilung wird in der Werbewirtschaft allgemein akzeptiert.

Die acht Nielsen-Gebiete sind:
- Gebiet 1: Hamburg, Bremen, Schleswig-Holstein, Niedersachsen;
- Gebiet 2: Nordrhein-Westfalen;
- Gebiet 3a: Hessen, Rheinland-Pfalz, Saarland;
- Gebiet 3b: Baden-Württemberg;
- Gebiet 4: Bayern;
- Gebiet 5: Berlin;
- Gebiet 6: Mecklenburg-Vorpommern, Brandenburg, Sachsen-Anhalt;
- Gebiet 7: Thüringen, Sachsen.

Die zehn Nielsen-Ballungsräume sind: 1 Hamburg; 2 Bremen; 3 Hannover; 4 Ruhrgebiet; 5 Rhein-Main; 6 Rhein-Neckar; 7 Stuttgart; 8 Nürnberg; 9 München; 10 Berlin.

Übersicht 2: Nielsen-Gebiete und Nielsen-Ballungsräume

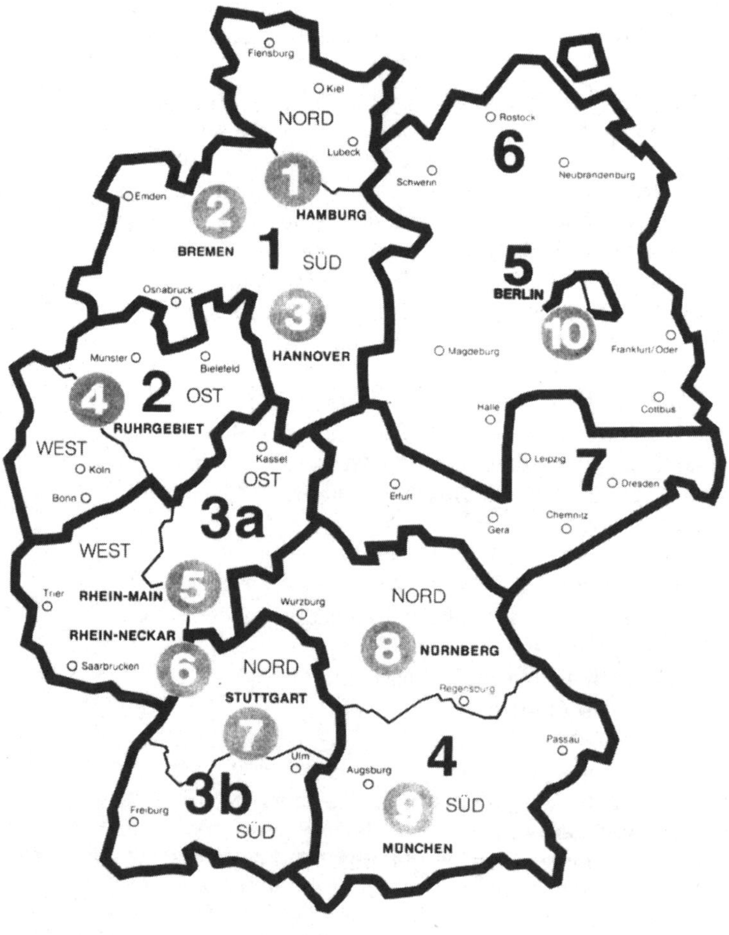

Nielsen-Ballungsräume:

1	Hamburg	4	Ruhrgebiet	7	Stuttgart	9	München
2	Bremen	5	Rhein-Main	8	Nürnberg	10	Berlin
3	Hannover	6	Rhein-Neckar				

Quelle: Zentes 1997, S. 311.

Zur Beschreibung und Analyse von Märkten verwendet die Ökonomie meist folgende *Markt-Indikatoren,* die letztlich alle einen Bezug zur Qualität des Wettbewerbs auf diesen Märkten herstellen:

- die Freiheit des Marktzutritts bzw. die Höhe der Marktzutrittsschranken;
- die Zahl und Konzentration der Anbieter und Nachfrager,

- die Transparenz auf den Märkten und die Flexibilität von Angebot und Nachfrage sowie
- die Phase der Marktentwicklung.

In allen Hörfunkmärkten existieren staatliche Marktzutrittsschranken, gesetzt durch die Zulassungspolitik der Landesmedienanstalten (vgl. Kapitel 3). Daneben existieren ökonomische Schranken, die von Fall zu Fall beleuchtet werden. In allen Hörfunkmärkten ist die Zahl der Nachfrager als Rezipienten sehr groß, und die Zahl der Nachfrager als werbungtreibende Wirtschaft ist in der Regel auch recht groß, wenngleich hier Media-Agenturen einen großen Teil der Nachfrage bündeln. Eine wettbewerbsbeschränkende Konzentration im Bereich der Nachfrage ist auf keinem Hörfunkmarkt zu erkennen (vgl. Sjurts 1996, S. 145). Die Transparenz und Flexibilität der werbungtreibenden Wirtschaft als Nachfrager ist insbesondere infolge der Transparenz herstellenden Media-Agenturen generell sehr hoch, die Transparenz und Flexibilität der Rezipienten als Nachfrager ist dagegen gering. Programmzeitschriften für Hörfunkprogramme werden kaum genutzt, und der durchschnittliche Rezipient ist ausgesprochen programmtreu. Die Marktphase ist am ehesten als Ausreifungsphase zu bezeichnen. Das Marktvolumen wächst nur gering: Die Rezipientennachfrage stagniert, die Nachfrage nach Hörfunkwerbung wächst mit der allgemeinen Rate des Wachstums des Bruttoinlandsproduktes, und die Zahl der Programme stagniert seit 1996 (vgl. Tabelle 1).

6.2. Ideale Marktstruktur im Hörfunk?

Was die ideale Marktstruktur im Hörfunk ist, kann nur ein ideal funktionierender Wettbewerb unter privaten Anbietern entdecken, ein Wettbewerb um Frequenzen, um Standorte, Reichweiten und Programminhalte. Ein solcher Wettbewerb könnte die Grundentscheidungen im Bereich der Programmpolitik fundieren; anschließend wäre das Ergebnis dieses Wettbewerbs im Hinblick auf Qualität, Vielfalt und Niveau zu überwachen. Bislang existiert ein solcher Wettbewerb indessen nicht. Die Medienpolitik hat vielmehr weitreichende Strukturentscheidungen getroffen, ohne den Markt und ohne die Rezipienten zu berücksichtigen. So bietet der historisch gewachsene öffentlich-rechtliche Hörfunk, versehen mit einer Bestands- und Entwicklungsgarantie, pro Kopf der Rezipienten in der Regel fünf Hörfunkprogramme an. Diese Programme sind meist als landesweite Programme konzipiert, z.T., insbesondere im Gebiet des NDR, aber auch in Mitteldeutschland, werden länderübergreifende Programme ausgestrahlt. Hinzu kommen zwei bundesweit ausgestrahlte öffentlich-rechtliche Programme. Und nach Einführung des privaten Hörfunks haben die Bundesländer wiederum weitreichende Strukturentscheidungen getroffen, ohne die Rezipienten zu befragen. In vielen Bundesländern werden nur landesweite Programme lizenziert, in einigen Ländern möglichst viele, in anderen Ländern nur wenige Programme und einige Länder lassen vor allem lokale Hörfunkprogramme zu, Nordrhein-Westfalen ausschließlich und Bayern und Baden-Württemberg überwiegend.

Solche Strukturentscheidungen mögen gut durchdacht sein, aber sie ersetzen die Entdeckungsfunktion des Wettbewerbs nicht, sie legen lediglich fest, wieviel Wettbewerb in welcher Form zugelassen werden soll. Da der Wettbewerb also nicht funktionieren kann, kann auch nicht entschieden werden, was die ideale Marktstruktur im Hörfunk wäre. Ich kann nur einige Grundüberlegungen anstellen, die sich darauf konzentrieren, dass der Wettbewerb sowohl die Programmkosten als auch die Rezipientenpräferenzen berücksichtigen würde.

Die Programmkosten hängen von folgenden Faktoren ab:

- Von den Programminhalten: Leichte Musik ist billig, Hörspiele sind teuer zu produzieren (vgl. ARD Jahrbuch 98, S. 369).
- Von der Programmreichweite: Bei gegebenen Programmproduktionskosten sinken die Kosten pro Rezipient mit steigender Reichweite.
- Von der räumlichen Nutzung der terrestrischen Frequenzen: Frequenzökonomisch benötigt eine lokale Senderkette wesentlich mehr Frequenzen als eine landesweite Senderkette.

Die Entscheidung für eine Kette von Lokalprogrammen mag also durch Rezipientenpräferenzen fundiert sein, sie ist aber eine sehr teure Grundsatzentscheidung. Das lokale Programm bietet wenig Fixkostendegressionen und benötigt relativ viel terrestrische Frequenzen. Umgekehrt böte die Entscheidung für bundesweite Programme eher die Aussicht auf signifikante Fixkostendegressionen und damit die Aussicht auf qualitativ hochwertige Programme mit entsprechend höheren Produktionskosten. Hier müsste der Rezipient entscheiden – und nicht die Landesmedienpolitik – in welcher Mischung Lokalprogramme, Regionalprogramme und bundesweit ausgestrahlte Programme gewünscht werden. Wer weiß schon, ob der Rezipient das Modell „Berlin-Brandenburg" dem Modell „Nordrhein-Westfalen" vorzieht. Bislang müssen die medienpolitisch motivierten Strukturentscheidungen für die Hörfunklandschaft akzeptiert werden.

6.3. Bundesweiter Hörfunk

6.3.1. Rezipientenmarkt

Bundesweite Hörfunkprogramme bilden vermutlich schon deshalb einen eigenständigen Bereich, weil sie nicht terrestrisch ausgestrahlt werden, sondern überwiegend die Vertriebswege von Kabel und Satellit nutzen, die von den Rezipienten aber kaum zum Hörfunkempfang (sondern überwiegend zum Fernsehempfang) genutzt werden. Nur in Einzelfällen dürften bundesweite Programme daher mit anderen Programmtypen konkurrieren.

Marktzutritt ist möglich, aber eben in der Regel nur über den im Hörfunk unbeliebten Vertriebsweg von Kabel und/oder Satellit. Im Bereich der Terrestrik ist Marktzutritt faktisch nicht möglich, und formal ist der Marktzutritt immer durch die Zulassungsbedingungen der Landesmedienanstalten beschränkt.

Die *Zahl* von 15 im Prinzip bundesweit angebotenen Programmen deutet zunächst auf einen heftigen Wettbewerb hin. Tabelle 15 gibt einen Überblick über das Angebot an bundesweit, häufig auch europaweit, verbreiteten Hörfunkprogrammen in Deutschland, differenziert nach Programmtyp und der Verbreitungsart Satellit, Kabel und Terrestrik.

Tabelle 15: Bundesweite Hörfunkprogramme 1998

Sender und Sendersitz	Programmtyp	Verbreitung[1]
RTL Radio, Luxemburg	Musik/Oldies	S, p K, p T
Star Sat Radio, Dreis-Brück	Musik/Pop	S
Radio Melodie, München	Musik/Volksmusik	S, p K, p T
Radio RPR 2, Ludwigshafen	Musik/Schlager	S, p K, p T
JAM FM, Berlin	Musik/Black Music	S, p K
Planet Radio, Frankfurt	Musik/Young Urban	S, p K, p T
Evosonic, Köln	Musik/Techno	S, K
Klassik Radio, Hamburg	Musik/Klassik	S, K, p T
Radio P. O. S., Kiel	Ladenfunk	S
IC Radio, Hamburg	Ladenfunk	S
ISS Radio, Hamburg	Ladenfunk	S
Radio Campanile, Ludwigshafen	Information/Religion	S, p K
ERF, Wetzlar	Religion	S, p K, p T
DeutschlandRadio, Berlin	Information/Kultur	S, p K
Deutschlandfunk, Köln	Information/Kultur	S, p K, p T
[1] Satellit (S); Kabel (K), Terrestrik (T), partiell (p)		

Quelle: ALM 1998, Booking 99, ARD-Jahrbuch 98.

Deutschlandfunk und DeutschlandRadio sind öffentlich-rechtliche Programme, sie haben einen Sonderstatus und ihr Programmtyp Information/Kultur unterscheidet sie deutlich von den Privaten. Zusammen mit der Anstalt des Bundesrechts Deutsche Welle sind hier 2.505 Mitarbeiter fest angestellt (ARD-Jahrbuch 98, S. 370) und die Nutzung ist mit 125.000 Hörern (Hörer gestern) für das DeutschlandRadio, Berlin und 663.000 Hörern für den Deutschlandfunk, Köln nicht unbeträchtlich (ARD-Jahrbuch 98, S. 413). Im Folgenden werden aber nur die privaten Programme näher analysiert.

1998 gibt es 13 bundesweit angebotene private Programme und zusätzlich das nicht aufgeführte Angebot des Pay-Radio-Veranstalters Music Choice Europe der Gesellschafter Warner, Sony, EMI, General Instruments und AEI mit 44 digitalen Musikkanälen. Acht Programme sind Musikprogramme, davon ein Programm mit klassischer Musik. Drei Programme sind Ladenfunk, auch Instore-Hörfunk genannt. Diese Programme bieten einen Musikteppich, der eine positive Einkaufsstimmung erzeugen soll mit wenig und meist verkaufsorientierten Wortelementen. Dies Angebot ist für Supermarktketten und andere gewerbliche Kunden konzipiert. Zwei Veranstalter senden ein Programm der Sparte Religion. Ingesamt ist bundesweiter Hörfunk eindeutig auf Musik orientiert, weil auch der Ladenfunk letztlich nur Musikprogramme anbietet. Im Zeitablauf stagniert der bundesweite private Hörfunk nicht nur, „sondern die Angebote sind de facto rückläufig“ (ALM 1998, S. 481f.).

Die *wirtschaftliche Situation* des bundesweiten privaten Hörfunks ist im Durchschnitt recht schlecht. Es gibt nur drei Veranstalter, die mit nennenswerten Reichweiten auch als Werbeträger akzeptiert sind: RTL Radio, Klassik-Radio und Radio

Melodie (vgl. Tabelle 16). Schwierig ist die Lage vor allem deshalb, weil die Verbreitung über Kabel und Satellit teuer ist und von den Rezipienten kaum genutzt wird, während für eine terrestrische Verbreitung nur wenig Frequenzen zur Verfügung stehen.

Tabelle 16: Reichweiten der führenden bundesweiten privaten Programme

	1997		1998[1]	
Sender	Hörer[2]	Marktanteil[3]	Hörer[2]	Marktanteil[3]
RTL Radio	104.000	0,2	111.000	0,2
Klassik-Radio	82.000	0,1	74.000	0,1
Radio Melodie	50.000	0,1	73.000	0,1
[1] MA 98/II; [2] Hörer pro Durchschnittsstunde 6-18 Uhr; [3] Anteil an allen Hörern in v. H.				

Quelle: MA 97, MA 98/II.

Insgesamt fristet der bundesweite Hörfunk

> ein Mauerblümchendasein. Die Vielfalt von Programmen hat seit 1995 kaum zugenommen. Sieht man einmal von den Instore-Radios ab, die für Supermarktketten und ähnliche gewerbliche Kunden konzipiert sind, bleiben weniger als ein halbes Dutzend ernstzunehmender Programmangebote übrig. Für diese ist Durchhaltevermögen gefragt und damit potente Gesellschafterstrukturen, die dazu bereit und in der Lage sind, eine längere finanzielle Durststrecke zu überwinden, wie dies bei Radio Melodie, Klassik Radio, RTL – der Oldiesender der Fall ist. (ALM 1998, S. 480).

6.3.2. Bundesweiter Hörfunkwerbemarkt

Bundesweite Hörfunkwerbung kann in den in Tabelle 15 aufgeführten privaten Programmen verbreitet werden; zusätzlich aber, und dies vor allem, in den so genannten Werbekombis, in den nationalen/überregionalen Zusammenschaltungen von Programmen, um die Reichweite der Werbung zu erhöhen. Ein *Marktzutritt* ist mithin leicht möglich, jedenfalls durch die Bildung jeweils neuer Kombinationen landesweiter Programme.

Tabelle 17 zeigt, dass in der Tat vor allem Kombis als Anbieter von bundesweiter Hörfunkwerbung auftreten. Diese Kombis sind den vier großen Vermarktern von Hörfunkwerbung zuzuordnen:

- ARD Werbung Sales & Services mit den ARD-Programmen;
- RMS Radio Marketing Service, Hamburg, mit 25 angeschlossenen Programmen;
- IP Radio-Vermarktungs-GmbH, Kronberg, mit zwölf angeschlossenen Programmen und
- die Kombi der Energy-Programme (eine detaillierte Zuordnung der Programme zu den Kombis gibt Steffens 1998, S. 258ff.).

Mithin gibt es auf dem bundesweiten Hörfunkwerbemarkt letztlich sieben Anbieter, nämlich die vier Kombis und die drei reichweitenstarken Einzelsender RTL-Radio,

Klassik-Radio und Radio Melodie. Die Transparenz auf diesem Markt und die Flexibilität der Nachfrage ist groß, mithin sollte der Wettbewerb heftig sein. Marktführer sind die ARD-Werbung mit einem Marktanteil von 28,3 Prozent und die RMS mit einem Marktanteil von 23,7 Prozent. Diese beiden Vermarkter sind zusammen marktbeherrschend im Sinne des Kartellgesetzes, allerdings kann heftiger Wettbewerb im Innenverhältnis vermutet werden.

Tabelle 17: Reichweiten der bundesweiten Hörfunkwerbung

	MA 98 Radio II		+/- in % zum Vorjahr
	in Tsd.	in %	
ARD All Stars	7.826	12,3	-1,2
RMS Super-Kombi 98	6.300	9,9	+0,4
ARD Radio-Kombi No. 1 +IP Berlin Goldie	5.573	8,8	-1,0
RMS-Kombi West 98	4.736	7,5	-0,8
ARD-Radio-Kombi No. 2 + IP Berlin 14-39 Kombi	4.557	7,2	+1,3
RMS-Kombi Süd	2.931	4,6	+0,5
RMS-Kombi Nordwest (NW)	1.064	1,7	-6,7
Freistaat-Funkpaket	371	0,6	-1,9
Energy-City-Kombi 98	245	0,4	+11,4
Energy-City-Kombi (ohne Berlin)	120	0,2	+2,6
RTL-Radio	111	0,2	+2,8
Klassik-Radio	74	0,1	-5,1
Radio Melodie	73	0,1	+30,4
Energy-City-Kombi West	68	0,1	+4,6

Quelle: W&V Compact 1998, 9, S. 32. Datenbasis: MA 98 (II).

6.4. Landesweiter Hörfunk

6.4.1. Rezipientenmärkte

Landesweiter Hörfunk ist kein ganz trennscharfer Begriff. Im Prinzip ist landesweiter Hörfunk für ein Flächen-Bundesland konzipiert mit der Ausnahme, dass auch die für Berlin und Brandenburg gemeinsam lizenzierten Programme als landesweit klassifiziert werden. Als Lokalprogramme gelten in den meisten Statistiken die für die Stadtstaaten Hamburg und Bremen konzipierten Programme; diese Einteilung wird hier nolens volens übernommen, auch wenn ich sie nur zum Teil für zweckmäßig halte (vgl. Abschnitt 1). Landesweiter Hörfunk wird vor allem terrestrisch ausgestrahlt; daher sind die Vertriebskapazitäten bislang ein Engpassfaktor.

Der *Marktzutritt* ist beschränkt, er obliegt der Entscheidung des Gesetzgebers in den 16 Bundesländern. Landesweiter Hörfunk ist im Prinzip in allen Bundesländern möglich, nur Nordrhein-Westfalen hat sich für ein reines Lokalprogramm-Modell entschieden[41], und Baden-Württemberg präferiert drei regionale Programme und lizenziert im Übrigen auch nur lokale Programme. Ob Marktzutritt möglich ist,

[41] Über ein zusätzliches privates landesweites Hörfunkprogramm wird diskutiert; seine Realisierung scheitert vorerst an mangelnden Frequenzen.

entscheidet also in erster Linie die Medienpolitik des Landes. Ob Marktzutritt *ökonomisch* machbar ist, entscheiden im Wesentlichen drei Faktoren:

- das Potenzial der Werbeeinnahmen,
- die Mindestproduktionskosten eines Programms und
- spezielle Marktvorteile etablierter Anbieter.

Spezielle Marktvorteile etablierter Anbieter existieren kaum. Zwar hören Rezipienten im Durchschnitt nur 1,3 Programme, aber es muss nicht immer das gleiche Programm sein; Programmwechselkosten sind vernachlässigbar gering. Die oft beschriebene Werbeumsatz-Reichweiten-Spirale ist hingegen eine relevante ökonomische Marktzutrittsschranke, sie wirkt allerdings weniger stringent als in lokalen Werbemärkten (vgl. Kapitel 7), weil die Nachfrage nach regionaler Hörfunkwerbung die Angebotsmöglichkeiten eines einzigen Veranstalters in der Regel übersteigt.

Das Potenzial der Werbeeinnahmen für den Hörfunk ergibt sich im Prinzip aus der Wirtschaftskraft des Landes, erfasst als Bruttoinlandsprodukt (BIP) und aus dem Werbemarktanteil des Hörfunks. Für landesweiten Hörfunk liegt ein realistischer Werbemarktanteil bei drei Prozent, für lokalen Hörfunk bei 1,5 Prozent und der Anteil der Werbung insgesamt am Bruttoinlandsprodukt liegt bei einem Prozent (vgl. Kapitel 15); mithin betragen die Anteile für landesweiten Hörfunk 0,03 Prozent und für lokalen Hörfunk 0,015 Prozent. Dabei ist nicht berücksichtigt, dass lokaler Hörfunk durch entsprechende Werbekombis zusätzlich am landesweiten Werbepotenzial partizipieren könnte. Als Mindestproduktionskosten werden von mir folgende Werte kalkuliert, die eine normative Komponente haben[42]:

- landesweite Programme: 15 Millionen DM,
- lokale Programme: 3 Millionen DM.

Hieraus ergibt sich das Programmpotenzial, das in Tabelle 18 länderbezogen ausgewiesen ist. Danach wäre Marktzutritt für landesweiten Hörfunk in Hessen und Niedersachsen ökonomisch leicht möglich, für Berlin und Schleswig-Holstein z.B. wären eher Marktaustritte zu erwarten.

Die Zahl der privaten Programme insgesamt zeigt Tabelle 18, differenziert nach den einzelnen Bundesländern. Hinzu kommen in jedem Bundesland mindestens vier, meistens fünf Programmangebote der elf Landesrundfunkanstalten der ARD. Diese sind zum Teil direkt auf das Bundesland zugeschnitten, so in Bayern, Bremen, Hessen, Saarland und Nordrhein-Westfalen, in den übrigen Sendegebieten länderübergreifend konzipiert. Nur landesweiten Hörfunk haben die acht Flächenstaaten Hessen, Mecklenburg-Vorpommern, Niedersachsen, Rheinland-Pfalz, Saarland, Sachsen-Anhalt, Schleswig-Holstein und Thüringen sowie Berlin-Brandenburg als ein zweiländerübergreifender Sonderfall; die Programme in Hamburg und Bremen werden üblicherweise als Lokalprogramme eingestuft, aber sie sind formal landesweite Programme. Auf das Lokalfunkkonzept haben Baden-Württemberg, Bayern, Nordrhein-Westfalen und Sachsen gesetzt; auch Hamburg und Bremen gelten, wie gesagt, als lokale Programme; zusätzlich hat Sachsen drei Landesprogramme und Bayern ein Landesprogramm zugelassen. Radio NRW in Nordrhein-Westfalen ist formal ein landesweiter eigenständiger Veranstalter, produziert aber nur die Mantelprogramme für den Lokalfunk.

---

42 Vorausgesetzt wird also ein Mindeststandard an publizistischer Qualität.

Die Intensität des Wettbewerbs im landesweiten Hörfunk ist sehr unterschiedlich. Indikatoren der Wettbewerbsintensität sind die Zahl der privaten Programme und die Ausschöpfung des Potenzials an Werbeeinnahmen für landesweiten Hörfunk, also der wirtschaftliche Zwang, entweder sparen zu müssen oder Konkurrenten zu verdrängen.

Tabelle 18: Private Hörfunkprogramme und Einnahmepotenziale nach Bundesländern 1998

	Einnahmepotenzial[1]		Programmpotenzial[2]		Ausgestrahlte Programme		
	landesweit	lokal	landesweit	lokal	landesweit	lokal[3]	insgesamt
Baden-Württemberg (LFK)	157	78	10	26	-	18	18
Bayern (BLM)	185	92	12	31	1	56	57
Berlin-Brandenburg (MABB)	69	35	4	12	12	-	12
Bremen	12	6	1	2	-	1	1
Hamburg (HAM)	43	21	3	7	-	4	4
Hessen (LPR)	106	53	7	18	2	-	2
Mecklenburg-Vorpom. (LRZ)	15	7	1	2	2	-	2
Niedersachsen (NLM)	95	47	6	16	2	-	2
Nordrhein-Westfalen (LfR)	240	120	16	40	1	46	47
Rheinland-Pfalz (LPR)	47	23	3	8	4	-	4
Saarland (LAR)	14	7	1	2	1	-	1
Sachsen (SLM)	37	18	2	6	3	10	13
Sachsen-Anhalt (LRA)	21	11	1	4	3	-	3
Schleswig-Holstein (ULR)	34	17	2	6	4	-	4
Thüringen (TLM)	20	10	1	3	2	-	2
Insgesamt	1095	54,5	70	183	37	135	172

[1] In Mio DM. [2] Zahl der finanzierbaren Programme bei durchschnittlichen Mindestkosten für landesweite Programme von 15 Mio DM und 3 Mio DM für lokale Programme. [3] Einschließlich der drei regionalen Programme in Baden Württemberg.

Quelle: Nach Angaben des Statistischen Bundesamtes und des Jahrbuches der Landesmedienanstalten 1997/98 berechnet.

Mithin ist der Wettbewerb in Berlin-Brandenburg sowohl nach der Zahl der zwölf Programme als auch in der Ausschöpfung des Einnahmepotenzials, das bei durchschnittlichen Produktionskosten nur vier Programme finanzieren würde, weitaus am intensivsten.[43] Nach der Zahl der Programme ist der Wettbewerb in Schleswig-Holstein und Rheinland-Pfalz ebenfalls recht intensiv, mit dem Unterschied, dass in Schleswig-Holstein das Einnahmepotenzial, das eher nur zwei Programme finanzieren sollte, intensiv ausgeschöpft ist, während in Rheinland-Pfalz die Ausschöpfung weniger intensiv ist. Ähnlich heftig ist auch der Wettbewerb in Hamburg, das formal indes als Lokalfunkgebiet zählt. Keinen Wettbewerb im Sektor des privaten landesweiten Hörfunks gibt es in Bayern, Nordrhein-Westfalen und im Saarland; finanziell sehr angenehm sollte der Wettbewerb in Hessen und Niedersachsen sein. Letztlich

[43] Dies gilt auch, wenn man berücksichtigt, dass in Berlin zum Teil zusätzlich das Potenzial an Lokalwerbung ausgeschöpft werden kann.

ist der Wettbewerb indes heftiger als diese Zahlen anzeigen, denn in allen Regionen wird der Wettbewerb durch folgende Faktoren verstärkt:
- Durch das Angebot der öffentlich-rechtlichen Programme,
- durch das Angebot der 13 bundesweiten privaten Hörfunkprogramme und
- durch den Randwettbewerb mit den Programmen der angrenzenden Gebiete.

Die *wirtschaftliche Situation* des landesweiten privaten Hörfunks ist im Durchschnitt gut. Es gibt nur wenige Veranstalter, die keinen Gewinn erzielen, der durchschnittliche Kostendeckungsgrad beträgt 125 Prozent (DLM 1998, S. 86ff.).

Hörfunk ist mithin ein Massenmedium, das im landesweiten Zuschnitt wirtschaftlich erfolgreich ist. Dies ist im Vergleich der Massenmedien erstaunlich, die sonst eher national verbreitet sind, wie Zeitschriften und das Fernsehen, oder lokal mit nationaler/regionaler Ergänzung wie die Zeitung. Die ungewöhnliche landesweite Ausrichtung des privaten Hörfunks lässt sich historisch-politisch erklären (s. Vorbemerkungen) und ergänzend mit der typischen Reichweite des UKW-Funks stützen, erstaunlich bleibt sie gleichwohl: Sowohl Kommunikationsräume als auch die Werbung sind überwiegend national auf der einen Seite und lokal auf der anderen Seite ausgerichtet, ein landesweiter Zuschnitt ist die Ausnahme.

6.4.2. Landesweite Hörfunkwerbemärkte

Eine genuin landesweite Hörfunkwerbung gibt es nur partiell, weil die Werbung in Form der Markenartikelwerbung überwiegend national ausgerichtet ist und in Form der informativen Werbung eher lokal gebunden ist. Dies wird dadurch bestätigt, dass die Werbeeinnahmen der landesweiten privaten Anbieter zu 68 Prozent aus überregionaler Werbung stammen (DLM 1998, S. 69). Dementsprechend ist die traditionelle räumliche Aufteilung des Werbemarktes der Bundesrepublik in Nielsen-Gebiete länderübergreifend angelegt. Die folgende Übersicht gibt eine Darstellung der 115 wichtigen Werbefunkanbieter, gegliedert nach den Nielsen-Gebieten. Es handelt sich um 52 Werbekombis und um 63 größere Einzelsender. Der Lokalfunk taucht dabei naturgemäß nur in Kombinationen (Lokalfunk-Kombis) auf, die eine den lokalen Raum übergreifende Abdeckung bieten.

Übersicht 3: Reichweiten der landesweiten Werbeträger nach Nielsen-Gebieten 1998

	MA 98 Radio II		**MA 98 Radio I**		**+/-**
	in Tsd.	**in %**	**in Tsd.**	**in %**	**in %**
Nielsen I					
Funk-Kombi Nord Plus 98	919	1,4	904	1,4	+1,7
Funk-Kombi Nord 98	772	1,2	744	1,2	+3,8
NDR Plus	724	1,1	717	1,1	+1,0
Hit-Radio Antenne	322	0,5	342	0,5	-5,8
Radio ffn	318	0,5	298	0,5	+6,7
Schleswig-Holstein-Kombi	311	0,5	288	0,5	+8,0
R.SH Radio Schleswig-Holstein	224	0,4	208	0,3	+7,7
Radio Hamburg	142	0,2	152	0,2	-6,6

Alster-Radio	85	0,1	85	0,1	+0,0
Radio Bremen RB 1 Hansawelle	83	0,1	75	0,1	+10,7
Radio Bremen RB 4	50	0,1	48	0,1	+4,2
Delta-Radio	49	0,1	43	0,1	+14,0
Nora	48	0,1	49	0,1	-2,0
Energy Hamburg 97,1	22	0,0	19	0,0	+15,8
Radio Bremen RB 3 Melodie	16	0,0	15	0,0	+6,7
Magic FM 95.0	13	0,0	20	0,0	-35,0
Nielsen II					
WDR Kompakt	2280	3,6			e. a.
WDR Mega-Kombi	1691	2,7	1721	2,7	-1,7
WDR Premium-Kombi	1244	2,0	1230	1,9	+1,1
WDR 4	1091	1,7	1125	1,8	-3,0
Radio NRW	743	1,2	801	1,3	-7,2
WDR 2	641	1,0	634	1,0	+1,1
Eins Live	635	1,0	621	1,0	+2,3
Lokalfunk-Kombi Westfalen	225	0,4	251	0,4	-10,4
Funk-Kombi West	149	0,2	164	0,3	-9,1
Radio Rhein-Ruhr	126	0,2	130	0,2	-3,1
Rheinland-Kombi Köln	115	0,2	117	0,2	-1,7
Nielsen IIIa					
3a-privat	914	1,4	912	1,4	+0,2
Hessen-Kombi	593	0,9	620	1,0	-4,4
Kombi HR 3 + HR 4	522	0,8	554	0,9	-5,8
RPR-Kombi	508	0,8	505	0,8	+0,6
FFH-Planet-Radio-Kombi	449	0,7			e. a.
Hit-Radio FFH	413	0,7	414	0,7	-0,2
Kombi HR 1 + HR 4	349	0,5	368	0,6	-5,2
RPR Eins	290	0,5	273	0,4	+6,2
Hessischer Rundfunk HR 4 / HR skyline	276	0,4			e. a.
Hessischer Rundfunk HR 3 + HR XXL	251	0,4			e. a.
Hessischer Rundfunk HR 3	244	0,4	261	0,4	-6,5
RPR Zwei	227	0,4	239	0,4	-5,0
Hessischer Rundfunk HR 1 / HR 1 plus	76	0,1			e. a.
Planet-Radio	39	0,1			e. a.
Nielsen IIIb					
Kombi Max	1783	2,8			e. a.
ARD-Radio-Kombi Ba.-Wü./Rheinland-Pfalz	999	1,6	1017	1,6	-1,8
SWF-Kombi Max	910	1,4	869	1,4	+4,7
SWF 3 / SDR 3-Kombi	811	1,3	776	1,2	+4,5
ARD Radio-Kombi BW	768	1,2	804	1,3	-4,5
Radio-Kombi Baden-Württemberg	635	1,0	635	1,0	+0,0
SWF 3	578	0,9	550	0,9	+5,1
S 4 Baden-Württemberg	446	0,7	460	0,7	-3,0
ARD Radio-Kombi BW 1	347	0,5	368	0,6	-5,7
SWF 1 / SWF 4	341	0,5	327	0,5	+4,3
Radio Regenbogen Plus	301	0,5			e. a.
SDR 1	242	0,4	259	0,4	-6,6
SDR 3	239	0,4	232	0,4	+3,0
SWF 1 / SWF 4 Regional Nord	226	0,4	207	0,3	+9,2
Radio Regenbogen	199	0,3	203	0,3	-2,0
Werbefunk-Saar-Kombi	195	0,3	210	0,3	-7,1

Antenne Gesamt	138	0,2	121	0,2	+14,0
Radio 7-Lokalkombi	113	0,2			e. a.
SWF 1 Regional Süd	108	0,2	113	0,2	-4,4
Radio 7	98	0,2	129	0,2	-24,0
Nielsen IV					
Radio-Kombi Bayern	1397	2,2	1387	2,2	+0,7
Bavaria-Kombi Bayern 1 + Bayern 3	1086	1,7	1118	1,8	-2,9
Bayern-Funkpaket	747	1,2	721	1,1	+3,6
Antenne Bayern	687	1,1	701	1,1	-2,0
Bayern 1	673	1,1	716	1,1	-6,0
Bayern 3	428	0,7	418	0,7	+2,4
Top-City Paket	428	0,7	434	0,7	-1,4
Nordbayern-Paket	426	0,7	416	0,7	+2,4
Südbayern-Paket	323	0,5	306	0,5	+5,6
Easy-Paket	221	0,3	233	0,4	-5,2
Hot-Paket	198	0,3	196	0,3	+1,0
Bayern 4 Klassik	85	0,1	82	0,1	+3,7
Bayern 2 Radio	82	0,1	83	0,1	-1,2
B 5 aktuell	78	0,1	69	0,1	+13,0
Nielsen V					
RMS-Kombi Berlin 98	643	1,0	568	0,9	+13,2
IP Berlin/Brandenburg-Kombi + Berlin 88‘8	569	0,9	572	0,9	-0,5
IP Berlin/Brandenburg-Kombi	488	0,8	494	0,8	-1,2
IP Berlin 14-39 Kombi	232	0,4	240	0,4	-3,3
IP Berliner Radio-Kombi	207	0,3	236	0,4	-12,3
IP Berlin Goldie-Kombi	177	0,3	174	0,3	+1,7
Berliner Rundfunk 91!4	156	0,2	130	0,2	+20,0
94 3 r.s.2	135	0,2	142	0,2	-4,9
Energy 103,4	125	0,2	104	0,2	+20,2
104,6 RTL	117	0,2	145	0,2	-21,4
Hundert,6 – Das Berlin-Radio	103	0,2	96	0,2	+7,3
Spreeradio 105,5	94	0,1	93	0,1	+1,1
Berlin 88‘8	85	0,1	84	0,1	+1,2
IP Berlin Hauptstadt-Kombi	41	0,1	39	0,1	+5,1
98.8 Kiss FM	22	0,0	23	0,0	-4,3
SFB/ORB InfoRadio	16	0,0	21	0,0	-23,8
Nielsen VII					
MDR/IP Mitteldt. Radio-Kombi Sunshine Plus	1394	2,2	1369	2,2	+1,8
MDR/IP Mitteldeutsche Radio-Kombi 14+	1220	1,9	1158	1,8	+5,4
RMS-Kombi Ost 98	943	1,5	951	1,5	-0,8
MDR 1	723	1,1	725	1,1	-0,3
MDR/IP Mitteldeutsche Radio-Kombi 14-49	712	1,1	687	1,1	+3,6
MDR 1 – Radio Sachsen	366	0,6	349	0,6	+4,9
Radio SAW	299	0,5	295	0,5	+1,4
Radiokombi Sachsen	276	0,4			e. a.
Radio PSR	271	0,4	290	0,5	-6,6
Hit-Radio Brocken	239	0,4	221	0,3	+8,1
Antenne Thüringen	233	0,4	212	0,3	+9,9
Hit-Radio Antenne Sachsen	225	0,4	175	0,3	+28,6
MDR 1 – Radio Thüringen	218	0,3	203	0,3	+7,4
MDR Life	192	0,3	233	0,4	-17,6
Gong-Ost Funkpaket	189	0,3	188	0,3	+0,5

Antenne Brandenburg	169	0,3	169	0,3	+0,0
Antenne MV	150	0,2	162	0,3	-7,4
BB Radio	134	0,2	97	0,2	+38,1
MDR 1 – Radio Sachsen-Anhalt	118	0,2	139	0,1	-15,1
Fritz	106	0,2	92	0,1	+15,2
Sachsen-Funkpaket	81	0,1	72	0,1	+12,5
Landeswelle Thüringen	69	0,1	73	0,1	-5,5
Energy Sachsen	52	0,1	51	0,1	+2,0
Ostseewelle Mecklenburg-Vorpommern	39	0,1	43	0,1	-9,3
e. a. = erstmals ausgewiesen					

Quelle: W&V Compact 1998, 9, S. 32-33. Datenbasis: MA.

Insgesamt ist der Wettbewerb in den landesweiten Hörfunkwerbemärkten von hoher Intensität. Zum einen ist die Zahl der Anbieter pro Nielsen-Gebiet mit gut zehn bis 24 Werbemöglichkeiten generell recht hoch, und zum anderen wird Preis- und Qualitätstransparenz durch dafür spezialisierte Media-Agenturen in hohem Maße hergestellt. Ein Marktzutritt ist möglich, auf jeden Fall durch die Bildung neuer Kombis.

6.5. Lokaler Hörfunk

6.5.1. Rezipientenmärkte

Lokaler Hörfunk ist für kleingeschnittene Verbreitungsgebiete in der Größenordnung von Kreisen und kreisfreien Städten konzipiert, und er bietet im Prinzip ein Vollprogramm, das jedenfalls Elemente lokaler Information und lokaler Partizipation enthält bzw. enthalten sollte. Ein trennscharfes Konzept ist es nicht. Lokaler Hörfunk wird vor allem terrestrisch ausgestrahlt und terrestrisch empfangen; daher sind Vertriebskapazitäten beschränkt und müssen gegebenenfalls mühsam gesucht werden.

Der Marktzutritt ist äußerst beschränkt. Zum einen entscheidet der Landesgesetzgeber über einen möglichen Marktzutritt, zum anderen die zu erwartende Wirtschaftlichkeit. Diese ist gering, weil das Potenzial lokaler Hörfunkwerbeeinnahmen recht klein ist: Zum einen sind lokale Werbemärkte ex definitione klein und umgreifen jeweils nur Räume von beschränkter Wirtschaftskraft, und zum anderen eignet sich die lokal begrenzte Ausstrahlung vor allem für die lokal begrenzte informative Werbung. Hinzu kommt allerdings eine mögliche Partizipation an regionalen Werbeeinnahmen durch die Bildung entsprechender Lokalfunk-Kombis. Diese müssen dann aber in der Regel mit einem landesweiten Werbefunk konkurrieren, der ein einheitliches Werbeumfeld und einfachere Buchungsmodalitäten bietet und damit eindeutige Wettbewerbsvorteile hat (vgl. Kapitel 4, Abschnitt 5.4.).

Die *Zahl der Anbieter* ist bereits in Tabelle 18 ausgewiesen. 1998 gibt es 135 lokale Hörfunkprogramme: 56 in Bayern, 46 in Nordrhein-Westfalen, zehn in Sachsen und 15 in Baden-Württemberg; hinzugezählt werden meistens auch die drei Regionalprogramme in Baden-Württemberg und die Stadtstaatenprogramme in Hamburg und Bremen. *Pro Kopf* der Rezipienten ist die Zahl der Angebote allerdings in der

Regel auf ein *Monopolangebot* beschränkt, ergänzt um den möglichen Randwettbewerb in Überschneidungsgebieten. Lediglich in Bayern und in Sachsen konkurrieren einige lokale Programmanbieter miteinander und in Baden-Württemberg besteht jeweils Konkurrenz mit den drei regionalen Programmen. Der Wettbewerb in diesem Sektor des Hörfunks ist also gering.

Lokaler Hörfunk ist im Durchschnitt *wirtschaftlich lebensfähig*, wenngleich nicht so profitabel wie der landesweite Hörfunk. Der Kostendeckungsgrad beträgt 102 Prozent mit allerdings großen Unterschieden zwischen den Sendegebieten (vgl. Kapitel 12, Abschnitt 4).

Lokaler Hörfunk ist, neben dem landesweiten Hörfunk, der zweite gewichtige Angebotstyp im Hörfunk. Tabelle 19 macht dies im Vergleich der Programmtypen deutlich. Lokaler Hörfunk produziert 80 Prozent des Sendevolumens des privaten Hörfunks mit 57 Prozent der Mitarbeiter, mit 47 Prozent des Aufwands und mit 43 Prozent der Erträge.

Tabelle 19: Das Gewicht der Angebotstypen des Hörfunks 1996

Indikator	Bundesweit		Landesweit		Lokal		Insgesamt	
	Abs.	v. H.	Abs.	v. H.	Abs.	v. H.	Abs.	v. H.
Sendestunden (1000)	64	5	212	15	1117	80	1394	100
Eigenproduktion (1000)	64	7	203	22	675	72	941	100
Aufwand (Mio. DM)	68	7	447	46	453	47	967	100
Ertrag (Mio. DM)	52	5	557	52	461	43	1069	100
Mitarbeiter[1]	272	7	1404	36	2261	57	3937	100

[1] Feste Mitarbeiter 1997

Quelle: DLM 1998.

Das publizistische Gewicht des lokalen Hörfunks ist mithin überaus bedeutsam, es übersteigt sein ökonomisches Gewicht beträchtlich. Dies kennzeichnet zugleich die zentrale Problematik des lokalen Hörfunks: Seine Einnahmebasis ist und bleibt gering. Daher dürfte der lokale Hörfunk im Zeitablauf bestenfalls stagnieren, und die Versuche, durch zentralproduzierte Mantelprogramme Kosten zu sparen, werden im Lokalfunk zunehmen. Damit nähert sich der lokale Hörfunk dann allerdings einer landesweiten Ausstrahlung an.

Der Rezipientenmarktanteil lokaler Hörfunkprogramme liegt etwa bei 25 Prozent: in Bayern bei 26,8 Prozent, in Baden-Württemberg bei 27,5 Prozent und in Nordrhein-Westfalen bei 24,1 Prozent (Angaben gelten für 1998, vgl. ALM 1998). Dies ist ein beachtlicher Marktanteil. Weil der lokale Hörfunk aber kaum einer privaten Konkurrenz ausgesetzt ist, ist dieser Marktanteil als Indikator für seine Akzeptanz nur von geringer Aussagekraft.

6.5.2. Lokale Hörfunkwerbemärkte

Ökonomische Basis der publizistischen Innovation „lokaler Hörfunk" ist das Potenzial der lokalen Werbeeinnahmen, weil andere Einnahmen für den (privaten) Lokalfunk bislang keine Rolle spielen. Die Idee war, das publizistische Angebot um die wichtige lokale Komponente zu erweitern und dies durch *neu zu erschließende Werbeeinnahmen* zu finanzieren, die eher nicht zu Lasten der Einnahmen der klassischen lokalen Werbeträger gehen. In der Analyse eines möglichen Potenzials genuin lokaler Hörfunkwerbung müssen zwei Konzepte getrennt werden: lokale Werbung und lokale Werbeträger.

Lokale Werbung richtet sich an einen örtlich begrenzten Kreis möglicher Handelspartner oder Ansprechpartner; sie nennt in der Regel den oder die Verkaufsorte, entweder explizit oder setzt ihre Kenntnis voraus. Daneben gibt es sehr begrenzt nur lokal bekannte und verbreitete Marken wie bei Bier oder Zeitungen. Das Volumen der lokalen Werbung ist nicht genau bekannt, weil in der statistischen Erfassung nicht zwischen lokaler und anderer Werbung unterschieden wird, vielmehr werden die Werbeeinnahmen bezogen auf die Werbeträger erfasst. Im Prinzip *lokale Werbeträger* sind vor allem Zeitungen und Anzeigenblätter, daneben Außenwerbung (Anschlag- und Verkehrsmittelwerbung), Adressbuchwerbung, Filmtheaterwerbung, Direktwerbung und ggf. lokaler Hörfunk und lokales Fernsehen.

Daher muss man in der empirischen Abgrenzung lokaler Hörfunkwerbemärkte zweierlei unterscheiden:

– das Volumen der Werbung in lokalen Hörfunkprogrammen und
– das Volumen einer lokalen Werbung in Hörfunkprogrammen.

Allerdings kann man annehmen, dass lokale Werbung im Wesentlichen nur über lokale Werbeträger, hier also über den lokalen Hörfunk, verbreitet wird, weil andernfalls die Kosten der Streuverluste zu hoch wären. Darüber hinaus können lokale Werbeträger auch supralokale Werbung verbreiten, vor allem wenn sie sich zu entsprechenden Werbekombinationen zusammenschließen.

Das Volumen der *Werbung in lokalen Hörfunkprogrammen* gibt Tabelle 20 an. Als lokale Hörfunkprogramme gelten hier die Lokalfunkprogramme in Baden-Württemberg, Bayern, Nordrhein-Westfalen und Sachsen sowie die Regionalprogramme von Baden-Württemberg und das Mantelprogramm von Radio NRW, das ausschließlich in den Lokalradios des Landes verbreitet wird[44]. Tabelle 20 zeigt ein Werbevolumen in lokalen Hörfunkprogrammen, einschließlich Sponsoring, von 366,5 Millionen DM. Davon entfällt auf die lokale Werbung 187,5 Millionen DM, auf die überregionale Werbung 135,2 Millionen DM und auf Sponsoring 43,8 Millionen DM. Geht man davon aus, dass auch die Einnahmen aus Sponsoring im gleichen Verhältnis als lokal bzw. überregional klassifiziert werden können, dann erhöht sich das Volumen an lokaler Werbung insgesamt auf 213 Millionen DM; dies entspricht einem Anteil von 58 Prozent. Ein nicht unerheblicher Anteil von 42 Prozent entfällt mithin auf nichtlokale Werbung im lokalen Hörfunk. Dies deutet an, dass das Potenzial lokaler Werbeeinnahmen für den lokalen Hörfunk recht eng ist.

---

44 Der Sonderfall Bremen, der aus meiner Sicht ein Lokalfunkmarkt ist, wird nicht einbezogen, weil Angaben nicht erhältlich sind.

Tabelle 20: Werbung in lokalen Hörfunkprogrammen 1996[1]

	Lokale Werbung	Überregionale Werbung	Sponsoring	Insgesamt
Baden-Württemberg	26,3	14,1	4,0	44,4
Bayern	74,8	27,2	16,4	118,4
Nordrhein-Westfalen	74,1	92,2[2]	19,5	185,8
Sachsen	12,3	1,7	3,9	17,9
Insgesamt	187,5	135,2	43,8	366,5

[1] in Mio. DM; [2] Einschließlich Mantelprogramm Radio NRW.

Quelle: Zusammengestelllt nach DLM 1998.

Das *Potenzial lokaler Werbeeinnahmen* für den lokalen Hörfunk kann recht einfach für die Bundesrepublik insgesamt eingeschätzt werden, wenn man die entsprechenden Einnahmen pro Kopf der Bevölkerung zugrundelegt. In Bayern werden pro Kopf der Bevölkerung 6,20 DM an lokalen Werbeeinnahmen erzielt, in Nordrhein-Westfalen sind es 4,12 DM. Daraus ergäbe sich für die Bundesrepublik insgesamt bei einer Bevölkerung von 82,061 Millionen ein Einnahmepotenzial von 338 bis 509 Millionen DM (wenn in allen Bundesländern lokaler Hörfunk so flächendeckend verbreitet wäre wie in Bayern und Nordrhein-Westfalen). Dies entspräche einem Anteil an den Nettowerbeeinnahmen insgesamt von 0,9 bis 1,4 Prozent, der in entsprechenden Potenzialstudien in dieser Größenordnung auch meist geschätzt wird (vgl. z.B. Heinrich 1993b).

In welchem Umfang lokale Werbung im lokalen Hörfunk zu Lasten der Einnahmen der anderen lokalen Werbeträger geht, ist nicht bekannt. Überwiegend glaubt man, dass zwischen lokaler Anzeigenwerbung in Zeitungen und Anzeigenblättern und lokaler Hörfunkwerbung zwar ein gewisser Substitutionswettbewerb bestehe, der aber infolge der sehr unterschiedlichen werblichen Eignung dieser Werbeträger doch sehr begrenzt sei. Weil die Medienpolitik aber nicht sicher war (und ist) und weil lokaler Hörfunk das lokale Zeitungssterben nicht beschleunigen sollte, dürfen sich Zeitungsverlage in der Regel am lokalen Hörfunk beteiligen – in Nordrhein-Westfalen besteht sogar eine vorrangige Beteiligungsoption der örtlich ansässigen Zeitungsverlage in Höhe von 75 Prozent.

6.6. Nicht-kommerzielle Programme

Nicht-kommerzielle Programme gelten als dritte Säule im Hörfunk, neben den öffentlich-rechtlichen und den kommerziellen privaten Programmen. Sie haben in der Regel ein inhaltlich klar definiertes Kommunikationsziel und eine nicht-kommerzielle Rechtsform, vor allem die Rechtsform des Vereins. 1998 gibt es in Deutschland 71 nicht-kommerzielle Programme, vor allem in Rheinland-Pfalz (23) und Baden-Württemberg (14), in Niedersachsen (8) und in Hessen (6). Die Finanzierung der nicht-kommerziellen Programme erfolgt in der Regel durch Mitgliedsbeiträge, Spenden und Zuschüsse; Werbung ist meist nicht erlaubt.

Nicht-kommerzielle Programme haben in der Regel eher die Funktion, Bürgern ein Forum der Meinungs*äußerung* zu bieten, als Rezipienten passiv mit Programmen zu versorgen. Sie haben damit auch die Funktion, Bürgern ein vielfältiges Arbeitsspektrum zu bieten und speziell die Funktion, Bürger im „Radio-Machen" auszubilden (vgl. Aqrabawy 1998). Nicht-kommerzielle Programme sind meist Offene Kanäle Hörfunk, Campus- bzw. Uni-Radios und Initiativen-Radios. Als sehr kostengünstiges Medium bietet der Hörfunk damit den Bürgern ein Forum der Meinungsäußerung, eine reale Möglichkeit, die Meinungsäußerungsfreiheit materiell zu fundieren. Dies ist publizistisch von zentraler Bedeutung.

6.7. Entwicklungsperspektiven des Hörfunks insgesamt

Die *wirtschaftliche Lage* des Hörfunks insgesamt kann bei deutlichen Unterschieden zwischen den verschiedenen Programmtypen als für die Veranstalter zufriedenstellend bezeichnet werden. Der öffentlich-rechtliche Hörfunk kann regulierungsbedingt darauf setzen, seine Produktionskosten durch Gebühreneinnahmen zu finanzieren und der private Hörfunk kann seine Kosten 1996 zu 111 Prozent decken und erzielt eine Umsatzrendite von 9,5 Prozent (DLM 1998, S. 69).

Die *Finanzierungsperspektiven* des Hörfunks werden durch die Entwicklung des Gebührenaufkommens und der Hörfunkwerbeeinnahmen abgesteckt, andere Einnahmen werden für den Hörfunk in absehbarer Zeit keine Rolle spielen. Die Entwicklung des Gebührenaufkommens ist im Wesentlichen politisch bestimmt, moderate Anhebungen in der Größenordnung der allgemeinen Inflationsrate können erwartet werden. Die zentralen Determinanten der Entwicklung der Hörfunkwerbung sind:

- Das Wachstum des Bruttoinlandsprodukts,
- die Entwicklung der Werbeintensität und
- der Marktanteil der Hörfunkwerbung.

Für die beiden ersten Determinanten können die Prognosewerte der Studie „Werbemarkt 2010" der Prognos AG herangezogen werden (vgl. Kapitel 15, Abschnitt 2.2.). Danach wächst das Bruttoinlandsprodukt jährlich durchschnittlich um 4,1 Prozent nominal und 2,3 Prozent real und die Werbeintensität wird von 1,08 Prozent auf 1,13 Prozent leicht zunehmen. Der Marktanteil der Hörfunkwerbung liegt nach ZAW-Kriterien bei relativ konstanten 3 Prozent, allerdings sind hierbei die Einnahmen der Lokalradios nicht einbezogen. Insgesamt kann mithin von einem Marktanteil der Hörfunkwerbung von 4,2 Prozent ausgegangen werden. Gründe für eine deutliche Veränderung des Marktanteils der Hörfunkwerbung sind nicht in Sicht; Mutmaßungen über eine Renaissance der Hörfunkwerbung im Vergleich zu anderen Werbeträgern bleiben Spekulation. Daher wird von mir angenommen, dass der Marktanteil der Hörfunkwerbung bei 4,2 Prozent verbleibt; davon entfallen auf den ARD-Werbefunk rund 1 Prozent, auf den lokalen privaten Werbefunk rund 1,2 Prozent und auf den landesweiten/bundesweiten Werbefunk rund 2 Prozent. Mithin kann ein moderates Wachstum der Einnahmen aus Hörfunkwerbung angenommen werden, das in Tabelle 21 detailliert ausgewiesen ist. Die Aufteilung dieser Einnahmen auf die verschiedenen Programmtypen wird sehr stark durch die medienpolitischen Entscheidungen der Bundesländer in Bezug auf die Zulassung neuer Anbieter betroffen sein.

Tabelle 21: Werbemarktprognose für den Hörfunk[1]

	1996	2002	2010
Bruttoinlandsprodukt[2]	3542	4.327	5.949
Nettowerbeeinnahmen[3]	37.286	48.200	67.000
Hörfunkwerbeeinnahmen	1.592	2.024	2.814
- ARD-Werbefunk	399	482	670
- Privater Landesfunk[4]	754	964	1.340
- Privater Lokalfunk	439	578	804

[1] In Millionen DM; [2] Nominal; [3] Nach ZAW-Kriterien; [4] Einschl. bundesweiter Hörfunk

Quelle: „Werbemarkt 2010“ (Prognos AG), ZAW, Statistisches Bundesamt, eigene Berechnungen.

7. Wettbewerb und Konzentration

Wettbewerb besteht zwischen den privaten und den öffentlich-rechtlichen Programmen – wenngleich die Wettbewerbsparameter ungleich zum Tragen kommen – und zwischen den privaten Programmen allein. Im Prinzip besteht auch eine Form von Wettbewerb zwischen den öffentlich-rechtlichen Programmen allein, ein Wettbewerb um Reichweiten, Hörerresonanz oder Medienpreise, allerdings hat dieser Wettbewerb so wenig Auswirkungen auf die Existenz dieser Programme, dass er hier nicht dargestellt werden soll. Mithin wird nur der Wettbewerb der beiden Programmformen öffentlich-rechtlich versus privat beschrieben und der Wettbewerb der privaten Programme am Beispiel des Wettbewerbs im Ballungsraum Berlin. Auch die Konzentration wird nur für den privaten Hörfunksektor beschrieben, weil die Konzentration im Bereich der öffentlich-rechtlichen Programme weder den Wettbewerb noch die Vielfalt in einer systematisierbaren Weise beeinflusst.

7.1. Wettbewerb im dualen Hörfunksystem

Der Wettbewerb zwischen den öffentlich-rechtlichen und den privaten Programmen ist von besonderer Bedeutung, weil hier über die Reichweite und Akzeptanz des am Gemeinwohl orientierten Hörfunks und über die Legitimation des resultierenden Verbrauchs gesellschaftlich knapper Ressourcen entschieden wird. Es konkurrieren vordergründig die ARD-Werbeprogramme allein, letztlich aber die ARD-Programme insgesamt mit den privaten Programmen, weil der Wettbewerb in erster Linie über Reichweiten ausgetragen wird und sich nur ergänzend in der Entwicklung der Werbemarktanteile niederschlägt. Tabelle 22 zeigt die Entwicklung der Anteile am Rezipientenmarkt. Es wird deutlich, dass die ARD-Programme ihre dominierende Position hier bislang gut behaupten konnten.

Tabelle 22: Entwicklung der Rezipientenmarktanteile[1] im dualen System des Hörfunks von 1994-1998 in v.H. [2]

	1994	1995	1996	1997	1998
ARD-Programme	60	59	58	57	56
Privat-Programme	40	41	42	43	44

[1] Hörer ab 14; [2] Mo – So. 5.00 bis 24.00.

Quelle: Jahrbücher der ARD; Ursprungsdaten MA.

Auf dem Werbemarkt haben die öffentlich-rechtlichen Programme ihre Dominanz mittlerweile eingebüßt, allerdings konnten sie ihren Marktanteil 1997 wieder ein wenig steigern. Die Unterschiedlichkeit der Entwicklung der Marktanteile ist leicht mit der regulierungsbedingten speziellen Beschränkung der Werbung im öffentlich-rechtlichen Rundfunk erklärt (vgl. Kap.3). Insgesamt ist die Position des öffentlich-rechtlichen Hörfunks, anders als die Position des öffentlich-rechtlichen Fernsehens, vergleichsweise recht stark.

Tabelle 23: Entwicklung der Werbemarktanteile[1] im dualen System des Hörfunks von 1986 bis 1997 in v.H.

	1986	1988	1990	1992	1994	1996	1997
ARD-Sender	87,4	85,5	71,4	61,8	44,7	34,6	35,3
Privat-Sender[2]	12,6	14,5	28,6	38,2	55,3	65,4	64,7

[1] Ohne Einnahmen der privaten Lokalprogramme; [2] Einschließlich RTL.

Quelle: ZAW.

Die starke Stellung des ARD-Hörfunks auf dem Rezipientenmarkt ist primär darin begründet, dass der durchschnittliche Rezipient, wenngleich nach Sendegebiet ein wenig unterschiedlich, deutlich mehr ARD-Programme als private Programme empfangen kann. Dies ist eine zentrale Folge der medienpolitisch motivierten und historisch erklärbaren Frequenzvergabe im Bereich der Terrestrik und ergänzend die Folge der mangelnden Akzeptanz des Vertriebswegs Kabel und/oder Satellit. Tabelle 24 zeigt das durchschnittliche Programmangebot für die Rezipienten, nach Bundesländern differenziert. In der Regel können in den Kerngebieten der Sender jeweils fünf ARD-Programme terrestrisch empfangen werden und zusätzlich ein bis zwölf, häufig zwei, private Programme. Tabelle 24 macht deutlich, dass die ARD-Marktanteile dort besonders hoch sind, wo die private Konkurrenz zahlenmäßig schwach ist – in Bremen, Nordrhein-Westfalen und im Saarland – und dass die ARD-Marktanteile dort niedrig sind, wo die private Konkurrenz zahlenmäßig stark ist – insbesondere in Berlin und Brandenburg, annähernd auch in Hamburg und Rheinland-Pfalz. Eine Ausnahme ist Bayern (wie häufig).

Tabelle 24: Zahl der terrestrisch empfangbaren Hörfunkprogramme[1] und Marktanteile der ARD-Programme 1998

Bundesland	ARD-Programme	Private Programme	ARD-Marktanteil[2]
Baden-Württemberg	6	2	67
Bayern	5	2	45
Berlin	6	12	24
Brandenburg	5	12	41
Bremen	4	1	77
Hamburg	5	4	41
Hessen	4	2	57
Mecklenburg-Vorpommern	5	2	59
Niedersachsen	5	2	69
Nordrhein-Westfalen	5	1	74
Rheinland-Pfalz	4	4	48
Saar	4	1	68
Sachsen	5	4	47
Sachsen-Anhalt	5	3	40
Schleswig-Holstein	5	4	56
Thüringen	5	2	54
Gesamt (im Durchschnitt)	5	3-4	56

[1] Erfasst werden die explizit für das Land/Sendegebiet konzipierten Programme; Randwettbewerb wird nicht berücksichtigt, dieser gleicht sich insgesamt aus. Die Zuordnung ist nicht trennscharf, insbesondere bei den flächenmäßig kleinen Sendegebieten. Bundesweite Programme sind nicht berücksichtigt.
[2] MA 98/I, in v.H.

Quelle: Tabelle 18; ARD-Jahrbuch 98; MA.

Zusätzlich zur sie privilegierenden Position bei der Frequenzzuteilung haben die ARD-Programme bemerkenswert intensiv Wettbewerb über Produktinnovationen (Umgestaltung ihrer Programme) veranstaltet. Insbesondere folgende Aktivitäten können beobachtet werden:

- Eine Ausweitung des Programmangebots von 50 (1992) auf 55 Programme im Jahre 1998.
- Eine stärkere Orientierung auf die Gruppe junger Rezipienten: RB 4, Fritz! (ORB), N-Joy (NDR) und Eins Live (WDR; auch DAS DING als Angebot für Jugendliche, zu empfangen über DAB, ADR und Internet, ist als Beispiel zu nennen (SDR und SWF).
- Ein stärkerer Zuschnitt auf segmentierte Programmpräferenzen: Radio Eins (ORB und SFB) im qualifizierten Magazinformat, WDR 5, WDR 2 Klassik oder radio kultur sind neuere Beispiele für eine verstärkte Profilierung der Programme und eine ausgeprägte Rezipientenorientierung.
- Ein stärkerer Zuschnitt auf Musik-Formate, etwa mehrheitsfähige melodiöse Musik für den Geschmack des Publikums ab 40 bei Bayern 1 (ARD-Jahrbuch 97, S. 175) oder Musik pur für die Jugend-Feten bei Eins Live (ARD-Jahrbuch 97, S. 176). Insgesamt ist der Musikanteil der ARD-Programme von 1984 bis 1997 von 54,1 Prozent auf 63,4 Prozent gestiegen und der Anteil der leichten Musik von 35,1 Prozent auf 49,3 Prozent (ARD-Jahrbücher).

- Eine stärkere Regionalisierung, vor allem durch die Auseinanderschaltungen von Fensterprogrammen.
- Eine stärkere Werbung für die ARD-Programme.

Dies sind im Prinzip die klassischen kommerziellen Wettbewerbsparameter – hinzuzufügen ist, dass kommerziell für mich per se kein negativ gefärbtes Attribut ist.

7.2. Wettbewerb im privaten Hörfunksektor – das Beispiel Berlin

Der Wettbewerb im privaten Hörfunk ist außerordentlich unterschiedlich: In Nordrhein-Westfalen gibt es allenfalls Randwettbewerb zwischen den Lokalprogrammen, in Berlin dagegen ist der Wettbewerb ungewöhnlich heftig, hier sollte sich die Struktur des Wettbewerbs mithin am deutlichsten zeigen.

Den Radiohimmel über Berlin[45] teilen sich neun ARD-Programme, zwölf private Programme und drei ausländische Programme, die alle über UKW empfangen werden können (ALM 1998, S. 14), also insgesamt 24 Programme. Hinzu kommen die 13 bundesweiten Programme, die über eins der Vertriebsnetze auch in Berlin empfangen werden können. Als Ergebnis dieses Wettbewerbs ist eine deutliche *Produktdifferenzierung* festzustellen, die sich in unterschiedlichen Programmformaten manifestiert. Im Bereich der privaten Programme konkurrieren folgende Formate:

- Ein informationsorientiertes Vollprogramm mit einer Reichweite von 103000 Hörern (Radio Hundert, 6).
- Ein Nachrichten- und Service-Radio (berlin aktuell 93,6).
- Zehn Musikprogramme, von denen fünf dem Standardformat AC (Adult Contemporary/zur Formatbildung vgl. Kapitel 12) zuzurechnen sind, z.T. in ergänzender Differenzierung wie Hot AC, Soft AC und Oldie-based AC; im Übrigen ist die Musikfarbe von Oldie über Schlager und Jazz deutlich ausdifferenziert. Eine solche Produktdifferenzierung ist typisch für eine Branche, in der ein Wettbewerb über Verkaufspreise nicht möglich ist. Ergänzend findet ein außerordentlich heftiger Wettbewerb im Bereich der Werbung statt.

7.3. Konzentration im privaten Hörfunksektor

Die Konzentration im Hörfunk kann, anders als im Fernsehen und bei Printmedien, nicht in Form von Konzentrationsmaßziffern dargestellt werden. Dies liegt an folgenden Schwierigkeiten: Die Hörfunklandschaft ist räumlich und z.T. auch sachlich so stark zersplittert, dass relevante Märkte immer nur in Einzelfällen abgegrenzt werden können und dass eine prinzipielle Messung auf der Ebene einer groben Gliederung, etwa bundesweit, landesweit und lokal, nur irreführend wäre. Und Umsätze können einzelnen Veranstaltern nicht oder nur sporadisch zugerechnet werden und Reichweitenangaben sind recht ungenau. Daher kann die Konzentration im Hörfunk

---

45 Formal handelt es sich um das Gebiet von Berlin und Brandenburg, faktisch ist der Ballungsraum Berlin plus Randgebiete für den Hörfunkwettbewerb relevant.

nur anhand einiger Kooperationsformen und einiger typischer Beteiligungsstrukturen qualitativ beschrieben werden.

Vorteile einer Konzentration im Hörfunk sind die generellen und die medienspezifischen Vorteile einer horizontalen und einer vertikalen Konzentration(vgl. Kapitel 7). Von besonderer Bedeutung für eine zunehmende Konzentration sind die Mehrfachverwertung von Programmen und die Zusammenschaltung von Programmen zu Werbekombis. Eine *Mehrfachverwertung von Programmen* senkt die Programmkosten signifikant und proportional zum Umfang der Mehrfachverwertung. Eine typische Mehrfachverwertung im Hörfunk erfolgt in Form von Mantelprogrammen oder Syndication. *Mantelprogramme* werden live von zentralen Programmlieferanten bezogen und ausgestrahlt, meist sind es Mantelprogramme für Lokalstationen. Mantelprogramme sind in der Regel solche Programme, die sehr teuer zu produzieren sind, z.B. Nachrichten, Magazine oder Comedy und/oder solche Programme, bei denen das Fehlen des lokalen Zuschnitts nicht als Mangel empfunden wird, vor allem Musik. Mantelprogramme produzieren z.B. Radio NRW in Oberhausen oder die „Sächsische Lokalrundfunk-Dienstleistungs-Programm GmbH" in Dresden. Von *Syndication* spricht man, wenn Programme, Sendungen oder Beiträge zentral produziert werden und nachfolgend von unterschiedlichen Veranstaltern zu unterschiedlichen Zeiten, also nicht live, ausgestrahlt werden. Hier handelt es sich um unterschiedlichste Beiträge wie z.B. Comedies, Horoskope, Verbrauchertips oder Starinterviews, die alle nicht aktuell verbreitet werden müssen. Booking '99, die Werbefachinformation über Hörfunk und Fernsehveranstalter, führt 21 Anbieter im Bereich der Syndication auf. Solche Mehrfachverwertungen in Form von Mantelprogramm oder Syndication können über marktmäßige Tauschbeziehungen abgewickelt werden, aber effizienter ist es, die Transaktionskosten durch Einbindung solcher Tauschbeziehungen in die strukturierten Vertragsbeziehungen einer Unternehmung zu verringern, also die Unternehmenskonzentration zu erhöhen.

Werbekombis sind Zusammenschlüsse von Hörfunkprogrammen zu einem Programmpaket, in dem die Werbung gemeinsam ausgestrahlt wird. Die Organisation und Vermarktung solcher Werbekombis übernehmen spezialisierte Hörfunkvermarkter. Die Funktion der Werbekombis ist es, der werbungtreibenden Wirtschaft ein einfach zu buchendes Werbeumfeld mit einer größeren Reichweite zu bieten. Auch hier sind die Anreize zur Konzentration hoch: Zum einen erspart der Zusammenschluss von Programmen zu einer wirtschaftlichen Einheit erhebliche Transaktionskosten der Abrechnung und zum anderen erleichtert ein solcher Zusammenschluss die einheitliche Gestaltung der Programme als Werbeumfeld. Hierfür ist das Netzwerk der acht Energy-Programme ein gutes Beispiel (vgl. Tabelle 17 und Übersicht 3).

Ein erhebliches Konzentrationspotenzial stellt die *Beteiligung von Zeitungsverlagen,* insbesondere von jeweils örtlich ansässigen Zeitungsverlagen, an den neuen Hörfunksendern dar. Die Beteiligung von Zeitungsverlagen am Hörfunk ist aus folgenden Gründen naheliegend:

– Die Zeitungsbranche ist eine eher stagnierende, z.T. auch schrumpfende Branche, die darauf angewiesen ist, mit einer Strategie der Diversifikation neue Produkte für neue Märkte zu entwickeln, anzubieten und zu verkaufen (vgl. Kapitel 9, Abschnitt 2.2.). Und es liegt in der ökonomischen Logik, die Produktpalette in die Richtung zu diversifizieren, in der ein komparativ überlegenes Know-How vorhanden ist, also in der lokalen/regionalen Berichterstattung und in der lokalen/regionalen Werbung.

- Das Einnahmepotenzial aus lokaler/regionaler Werbung wird für die örtlich ansässigen Zeitungen durch das neue Werbemedium Hörfunk vermutlich bedroht und auch daher liegt es in der ökonomischen Logik, die neue Konkurrenz selbst zu veranstalten, wenn man sie denn nicht verhindern kann.

Die Medienpolitik hat dagegen das Ziel, das Entstehen solcher sog. *Doppelmonopole* auf dem Hörfunk- und Zeitungsmarkt zugleich zu verhindern. Hierzu sind länderspezifisch unterschiedliche Strategien der Medienpolitik entwickelt worden. In Nordrhein-Westfalen haben die örtlich ansässigen Zeitungsverleger zwar eine Option auf eine Beteiligung von 75 Prozent an den Hörfunkveranstaltern (die restlichen 25 Prozent stehen der Stadt zu), die Programmveranstaltung wird aber von autonomen Veranstaltergemeinschaften verantwortet (Zwei-Säulen-Modell). Auch in den anderen Bundesländern sind regelmäßig die Zeitungsverlage am Hörfunksender beteiligt, deren Blätter im Verbreitungsgebiet der Hörfunksender erscheinen. So sind mittlerweile an zwei Drittel aller privaten Hörfunkveranstalter Verleger bzw. Verlagsgruppen mit mehr als 25 Prozent beteiligt (ALM 1996, S. 390). Meist können die führenden Zeitungsverlage indes keine solche gesellschaftsrechtliche Position erlangen, die ihnen einen dominierenden Einfluss auf das Hörfunkprogramm sichern könnte. Insgesamt sind die Beteiligungen relativ breit gestreut und der Anteil der großen Medienkonzerne am Hörfunk ist kleiner als ihr Anteil am Fernsehen. Die folgende Übersicht stellt die Beteiligungen der großen Medienkonzerne zusammen.

Übersicht 4: Hörfunkbeteiligungen[1] der Medienkonzerne 1997

CLT-UFA: Klassik Radio Hamburg 46,8 %; 104,6 RTL Berlin 100 %; RTL Radio Luxemburg 100%; Antenne Bayern München 16 %; Radio NRW Oberhausen 16,1%; Radio Hamburg, Hamburg 29,2 %; Berliner Rundfunk 91,4, Berlin 30%; Berlin aktuell 93,6, Berlin 7,5 %. Daneben ist die CLT-UFA indirekt zu 9 % bzw. 8,6% an Delta Radio und NoRa Radio, Schleswig-Holstein beteiligt Insgesamt handelt es sich um acht direkte Beteiligungen, davon fünf Beteiligungen über 25 %; meist sind es Beteiligungen an reichweitenstarken Programmen.
Holtzbrinck: Antenne Sachsen, Dresden 43 %; Antenne Thüringen, Weimar 15 %; Antenne Das Radio, Niedersachsen 22 %; Radio Regenbogen, Mannheim 27 %; Hit Radio Antenne, Sachsen-Anhalt 25 %; Antenne MV, Plate 19 %; BB Radio, Berlin 24,9 %; Radio Gong 96,3, München 10 %; Radio 7, Ulm 10 %; Radio Brocken, Halle 24 %; Radio Konstanz 24,9 %. Insgesamt hält Holtzbrinck elf Beteiligungen, davon 6 etwa 25 % oder mehr; meist handelt es sich um Programme mit mittlerer Reichweite. Der Holtzbrinck-Konzern ist also relativ stark im Hörfunksektor vertreten.
WAZ-Konzern: Der WAZ-Konzern hat Beteiligungen an 18 Lokalradios in Nordrhein-Westfalen sowie am Mantelprogrammanbieter Radio NRW in Höhe von 12,4 % und an der Westfunk, einem Hörfunkdienstleister, Anteile von 100 %. Neun der Lokalradiobeteiligungen liegen über 68 %. Der WAZ-Konzern ist mithin der dominierende Hörfunkkonzern in Nordrhein-Westfalen.
Springer-Konzern: Radio R.S.H, Schleswig-Holstein, 18,05%; Radio Hamburg 35 %; Antenne Bayern 16 %; Radio NRW 7,3 %; Radio r.s.2, Berlin 44,3 %; Antenne MV 8%; Radio PSR 20,4%; Radio SAW 10,65 %, Radio Nora 24,9 %, Delta Radio 9 %; Magic 95,0 24,5 %; Radio ffn 7,7 %; Radio FFH 12,5 %. Insgesamt hält der Springer-Konzern 13 Beteiligungen, davon 4 annähernd 25 % oder mehr; meist handelt es sich um eher reichweitenstarke Programme.
Sebaldus-Konzern: Über den Gong-Verlag hält Sebaldus sieben direkte und drei indirekte Beteiligungen an bayerischen Lokalradios; daneben Beteiligungen an Antenne Bayern 7 %; Ostseewelle 18%; Hit-Radio Antenne 19 %; BB Radio 25 %; daneben ist der Sebaldus-Konzern beteiligt am Mantelprogrammanbieter Sächsischer Lokalrundfunk in Höhe von 37% und am Mantelprogrammanbieter Bayerischer Lokalradio mit 32 %. Insgesamt hält der Sebaldus-Konzern 16 Beteiligungen, ist also relativ stark im Hörfunksektor engagiert.
Daneben hält der *Burda-Konzern* fünf direkte und eine indirekte Beteiligung und der Bauer-Konzern zwei direkte und eine indirekte Beteiligung. Der Kirch-Konzern ist im Hörfunksektor nicht vertreten; lediglich Thomas Kirch hält 100% der Anteile an Radio Hundert, 6 Berlin.
[1] Beteiligungen, die über 5 Prozent hinausgehen

Die Konzentration im privaten Hörfunksektor ist mithin weniger stark ausgeprägt als im Fernsehmarkt, zudem ist die Konzernkonzentration anders strukturiert. Größere Anteile am Hörfunkmarkt halten hier die im Fernsehmarkt nur schwach vertretenen Konzerne Holtzbrinck, Selbaldus und WAZ; sowohl im Hörfunk als auch im Fernsehen ist der Springer-Konzern und CLT-UFA vertreten; der Kirch-Konzern ist hingegen am Hörfunk praktisch nicht beteiligt.

8. Wettbewerbspolitik im Hörfunksektor

Wettbewerbspolitik im Hörfunk bezieht sich im Wesentlichen auf die *Zusammenschlusskontrolle*, mit dem Ziel, das Entstehen oder die Verstärkung einer marktbeherrschenden Stellung zu verhindern (§36 KartellG). Dabei handelt es sich sehr häufig um die Kontrolle des Zusammenschlusses von Zeitungsverlegern zu Hörfunkveranstaltern. Ein spezielles Problem der Zusammenschlusskontrolle war die geplante Beteiligung öffentlich-rechtlicher Veranstalter an privaten Hörfunkprogrammen: Die Beteiligung des WDR an Radio NRW und die Beteiligung des Saarländischen Rundfunks an Radio Salü, weil hier die Frage zu entscheiden war, ob Landesrundfunkrecht Vorrang vor Kartellrecht habe.

Generell gilt nach Kartellrecht, dass internes Wachstum von Unternehmen, also hundertprozentige *Eigengründungen* von Hörfunkunternehmen nicht der Zusammenschlusskontrolle unterliegen. Wenn also ein Medienkonzern ein Hörfunkunternehmen gründet, so ist dies kartellrechtlich nicht zu ahnden oder wenn der marktbeherrschende Zeitungsverlag ein Hörfunkprogramm betreibt, so ist auch dies kartellrechtlich nicht zu verhindern. Diese Konstellation war im Prinzip in Nordrhein-Westfalen der Normalfall bei der Entstehung der Lokalradios: Der dominierende Zeitungsverlag im Verbreitungsgebiet gründet zunächst die Holdinggesellschaft, die später 75 Prozent der Anteile der Hörfunkbetriebsgesellschaft übernimmt. Diese Unternehmensgründung unterlag also als Eigengründung nicht der Zusammenschlusskontrolle. Nachfolgend erwarb die Zweit- und Dritt-Zeitung usw. den ihr zustehenden Anteil an der Holding. Dies waren dann Zusammenschlüsse, die der Kontrolle unterlagen, aber sie führten in keinem Fall zu einer Entstehung oder Verstärkung einer marktbeherrschenden Stellung der *nachrangigen* Zeitungen und darauf wäre es angekommen. In keinem Fall sind diese Beteiligungen der marktbeherrschenden Zeitungsverlage am lokalen Hörfunkprogramm untersagt worden.

Die *Bagatellklausel* des § 24, Abs. 8, Nr. 3 GWB[46] schloß Märkte, auf denen Umsatzerlöse von weniger als 10 Millionen Mark erzielt werden, von den Vorschriften der Zusammenschlusskontrolle aus. Weil die Umsätze auf den betroffenen lokalen Hörfunkmärkten diese Grenze oft nicht erreichen, sind zahlreiche Zusammenschlüsse aus diesem Grund nicht untersagt worden. So z.B. die Gründung des Funkhauses Nürnberg, ein Zusammenschluss der bis dato getrennten Anbieter Radio Gong (Sebaldus), Radio F (Nürnberger Nachrichten), Neue Welle Franken-Radio Charivari (Oschmann), Radio N1 und Radio 5 zu einem Allein-Anbieter auf dem lokalen Hörfunkwerbemarkt Nürnberg (Bundeskartellamt 1995, S. 124). Auch die Zusammenschlüsse zu privaten Regionalsendern in Baden-Württemberg konnten aus diesem Grund, wegen der Bagatellklausel, nicht untersagt werden (ebd., S. 123f.).

In einigen Fällen sind Zusammenschlüsse als so genannte *Aufholfusionen* erlaubt worden, als Zusammenschlüsse kleinerer Anbieter zu einer neuen Einheit, die den vorhandenen größeren Wettbewerbern dann besser Paroli bieten können. So haben sich an der Veranstaltergemeinschaft Neuer Berliner Rundfunk GmbH & Co KG die Verlage Kölner Stadtanzeiger, Berliner Zeitung und Märkische Oderzeitung mit je 25 Prozent und die Märkische Allgemeine mit 10 Prozent beteiligt. Hier haben also führende Zeitungsverlage einen herrschenden gesellschaftsrechtlichen Einfluss bei einem Hörfunkprogrammanbieter erlangt. Weil der Wettbewerb im Raum Berlin indes sehr heftig ist und zudem die Wettbewerber des Berliner Rundfunks höhere Marktanteile aufweisen, ist dieser Zusammenschluss (zu Recht) nicht untersagt worden (vgl. Bundeskartellamt 1993, S. 130).

Ein *medien*politisch zentrales Problem in der Marktzutrittsphase privaten Hörfunks war generell die häufig geplante dominierende Beteiligung des dominierenden Zeitungsverlages am Hörfunk der Region. *Kartell*rechtlich könnte dies nur in nur

---

[46] Mittlerweile ist diese Schwelle auf 30 Millionen DM angehoben worden (§35, Abs. 2, Nr. 2 KartellG).

theoretisch denkbaren Konstellationen verhindert werden. Grundsätzlich geht das Bundeskartellamt davon aus, dass der Anzeigenmarkt und der Hörfunkwerbemarkt unterschiedliche Märkte sind, also keinen gemeinsamen relevanten Markt bilden. Zwischen diesen Märkten besteht indes ein Substitutionswettbewerb zwischen lokaler Anzeigenwerbung und lokaler Hörfunkwerbung, der am stärksten ist, wenn sich die Verbreitungsgebiete der Zeitungen mit denen des Hörfunks decken (Monopolkommission 1992, S. 303f.). Wenn aber die Kartellrechtsprechung von *zwei verschiedenen Märkten* ausgeht, dann wird ein Zusammenschluss von Zeitung und Hörfunk marktbeherrschende Stellungen auf diesen getrennten Märkten nicht begründen oder nicht verstärken, weil sich die Positionen auf den angestammten Märkten ja nicht verändern (so wie der Zusammenschluss von Daimler Benz und AEG nicht untersagt worden ist, weil er sich auf jeweils unterschiedliche Märkte bezogen hatte). Ein Zusammenschlussverbot

> ist nur denkbar, wenn die Erstzeitung sowohl im Anzeigenmarkt als auch im Hörfunkwerbemarkt über marktbeherrschende Stellungen verfügt. Dann könnte die Erstzeitung – z.B. bei sehr hohen Marktanteilen oder sogar einer Alleinstellung – ihren Anzeigenumsatz durch hohe Werbespotpreise vor dem Substitutionswettbewerb der Hörfunkwerbung schützen. Umgekehrt wäre bei niedrigen Hörfunkwerbepreisen auch die Umleitung von Anzeigenwerbevolumen auf den Hörfunk möglich; dies würde sich insbesondere auf die nachrangigen Wettbewerber im Anzeigengeschäft nachteilig auswirken und damit die marktbeherrschende Stellung einer Erstzeitung verstärken können. Voraussetzung wäre dazu aber, dass die Erstzeitung über die gesellschaftsrechtlichen Mittel verfügt, um in entsprechender Weise auf die Preisgestaltung der Hörfunkwerbung Einfluß zu nehmen. Diese außergewöhnlichen Bedingungen, in denen ein Beteiligter seine wirtschaftlichen Interessen gegenüber anderen Gesellschaftern durchsetzen kann, lagen in keinem der über zwanzig Zusammenschlußfälle mit Beteiligung von Presseunternehmen am lokalen Hörfunk vor (Monopolkommission 1992, S. 303f.).

Daher kann das Entstehen solcher Doppelmonopole von Zeitung und Hörfunk nur durch das Medienrecht wirksam verhindert werden. Dies ist im Hörfunksektor auch erreicht worden.

Zwei geplante Beteiligungen *öffentlich-rechtlicher Programmveranstalter* an privaten Hörfunkveranstaltern sind untersagt worden: Es handelte sich um die geplante Beteiligung des WDR an Radio NRW in Höhe von 30 Prozent und um die Beteiligung des Saarländischen Rundfunks an Radio Salü in Höhe von 20 Prozent. In beiden Fällen war der Zusammenschlusstatbestand erfüllt und in beiden Fällen war anzunehmen, dass sich durch einen solchen Zusammenschluss die marktbeherrschende Stellung des öffentlich-rechtlichen Anbieters verstärken würde. Interessant waren diese Fälle nur, weil es auch darum ging, zu prüfen, ob die Landesrundfunkgesetze Vorrang vor dem Kartellrecht haben. Dazu wurde festgestellt, dass die Beteiligung des WDR in dieser Höhe nur dann einen Vorrang des Rundfunkrechtes begründen könnte, wenn die Beteiligung in dieser Höhe *notwendig* wäre, um die geplante Steigerung der Medienvielfalt zu gewährleisten. Dies war indes nicht nachzuweisen. Entsprechend musste der WDR seine Beteiligung auf unter 25 Prozent reduzieren und der Saarländische Rundfunk auf seine Sperr-Rechte verzichten (vgl. Monopolkommission 1992, S. 306 und Monopolkommission 1994, S. 315).

Im Hörfunksektor hat die Medienpolitik die Wettbewerbspolitik mithin sinnvoll ergänzt und umgekehrt hat die Wettbewerbspolitik die Privilegierung des öffentlich-rechtlichen Hörfunks eingeschränkt.

Zusammenfassung

Der Hörfunk erstellt mit 55 öffentlich-rechtlichen und 182 privaten Programmen ein Programmangebot von fast zwei Millionen Sendestunden pro Jahr. Davon bestreiten der öffentlich-rechtliche Hörfunk einen Anteil von 26 Prozent, die privaten Anbieter einen Anteil von 74 Prozent. Hörfunk wird zu vier Prozent bundesweit, zu 36 Prozent landesweit und zu 60 Prozent lokal verbreitet, er ist also ein fast ausschließlich lokales und landesweites Medium. Neben der enormen quantitativ-publizistischen Bedeutung des Hörfunkangebots ist auch die Hörfunknachfrage beachtlich: Mit durchschnittlich 172 Minuten täglicher Rezeptionszeit übersteigt die quantitative Nutzung des Hörfunks die Nutzung der anderen aktuellen Massenmedien deutlich. Die ökonomische Bedeutung des Hörfunks ist dagegen gering: Der Hörfunk bietet rund 26.500 Arbeitsplätze, davon 16.500 Arbeitsplätze für feste Mitarbeiter, das sind 42 Prozent der Arbeitsplätze im Rundfunksektor; die Bruttowertschöpfung erreicht mit 2.250 Millionen DM einen Anteil an der gesamten Bruttowertschöpfung im Rundfunk von 41 Prozent; die Bedeutung des Hörfunks als Werbeträger ist mit einem Anteil am Werbevolumen von drei bis gut vier Prozent gering. Der Wettbewerb im Hörfunk ist insgesamt recht intensiv, aber aufgrund seines landesweiten und lokalen Zuschnitts in den Regionen der Bundesrepublik doch sehr unterschiedlich intensiv. Die Konzentration ist geringer als im Fernsehsektor, allerdings sind auch am Hörfunk große Medienkonzerne signifikant beteiligt.

Literatur

Über den Hörfunk informiert umfassend

- Stuiber, H.-W., Medien in Deutschland, Bd. 2, Rundfunk, Konstanz (UVK Medien) 1998.

Zahlreiche Aspekte des Hörfunks behandeln jeweils die von Stephan Ory und Helmut G. Bauer herausgegebenen Jahrbücher

- Hörfunk Jahrbuch, Berlin (Vistas).

Einen Überblick über die Situation im privaten Hörfunk gibt das

- Jahrbuch der Landesmedienanstalten, München (Fischer).

Die wirtschaftliche Lage im Hörfunk analysiert die Studie

- Beschäftigte und wirtschaftliche Lage des Rundfunks in Deutschlands, Hrsg. Landesmedienanstalten, Berlin (Vistas) 1998, sowie
- Böckelmann, F., Hörfunk in Deutschland: Rahmenbedingungen und Wettbewerbssituation, Hrsg. vom Verband Privater Rundfunk und Telekommunikation e. V. (VPRT), Berlin (Vistas) 1998.

12. Kapitel
Mikroökonomik des Hörfunks

Die Mikroökonomik des Hörfunks umfasst die einzelwirtschaftlichen Aspekte des Hörfunks, die eher betriebswirtschaftlichen Funktionsbereiche und Analyseansätze. Mithin wird der Hörfunk als Medium und die Nachfrage nach Hörfunk beschrieben, und die zentralen betriebswirtschaftlichen Funktionsbereiche des Marketings und des Managements werden für den Hörfunk spezifiziert. Zwischen Marketing und Management wird die wirtschaftliche Lage des Hörfunks in Deutschland vorgestellt und die Wirtschaftlichkeit der beiden Organisationsformen des Hörfunks verglichen.

1. Das Medium Hörfunk

Der Hörfunk verbreitet nur akustische Informationen. Erstaunlicherweise wird dies in der Regel nicht als Mangel gesehen, sondern als Chance, eine aktive Beteiligung der Rezipienten herauszufordern und ihre Phantasie anzuregen (vgl. Häusermann 1998, S. 5). „Kino im Kopf" ist eine gängige Zuschreibung dieses Sachverhalts, der Phantasie des Rezipienten sind im Hörfunk keine Grenzen gesetzt. Zumindest für den Hörfunk als Werbeträger werden die auf den Ton beschränkten Gestaltungsmöglichkeiten indes doch als Mangel empfunden.

Der Hörfunk ist ein *billiges Medium* und zwar in allen relevanten Dimensionen. Hörfunk kann sehr billig produziert werden. So kostet die Sendeminute im Lokalradio in Deutschland zwischen 3 und 21 DM und im landesweiten privaten Hörfunk im Durchschnitt auch nur 35 DM (vgl. Abschnitt 4.2. und 4.3.). Aufnahmegeräte können mittlerweile sehr billig sein, und an die Produktion von Hörfunkprogrammen werden nicht notwendigerweise große Anforderungen zu stellen sein. Theoretisch können auch Analphabeten ein Hörfunkprogramm produzieren.[47] Und mittlerweile kann man mit einem Audioserver für wenige Tausend DM Hörfunk im Internet verbreiten. Zudem kann Hörfunk sehr billig vertrieben werden, geringe Wattzahlen reichen aus, um Hörfunkprogramme auszustrahlen, und wegen der Nichtrivalität im Konsum sinken die Vertriebskosten pro Kopf mit der Masse der Rezipienten ad infinitum. Und Hörfunk kann sehr billig empfangen werden, Empfangsgeräte kosten kaum mehr als 100 DM, und der Rezipient muss nur hören können.

Hörfunk *ist mobil* in vielfacher Hinsicht. Empfangsgeräte sind mobil und tragbar, Autoradio und Kofferradio sind verbreitete Varianten des Radios, die einen Empfang überall und zu jeder Zeit ermöglichen. Für den Rezipienten ist die Mobili-

---

47 Normalerweise natürlich nicht; „Schreiben für das Sprechen" ist z.B. ein Lehrgegenstand in der Journalistenausbildung in Dortmund.

tät mithin praktisch unbeschränkt. Und auch die Produktion von Hörfunkprogrammen kann die Vorteile der Mobilität für sich in Anspruch nehmen, weil per Telefon praktisch von jedem Ort der Welt ohne großen Aufwand gesendet werden kann. Damit ist der Hörfunk deutlich mobiler als das Fernsehen.

Hörfunk ist schließlich ein sehr *aktuelles Medium*, weil er in der Lage ist, „die Verbindung zwischen Akteur, Kommunikator und Rezipient sehr schnell herzustellen“ (Häusermann 1998, S. 8). In technischer Hinsicht ist Hörfunk damit genauso aktuell im Sinne von schnell wie das Fernsehen, faktisch ist Hörfunk aktueller, weil Live-Produktionen im Hörfunk weniger Aufwand und weniger Vorbereitung erfordern als im Fernsehen. Und besonders für ganz aktuelle Werbebotschaften ist Hörfunk das geeignetste Medium, weil die Produktion von Werbespots sehr rasch realisiert werden kann und Hörfunkwerbung, z.B. im Ladenfunk, direkt am Verkaufsort, am „Point of Sale“ (P. o. S.) verbreitet werden kann. Hörfunk ist also prädestiniert, ein weit verbreitetes und weit genutztes aktuelles Massenmedium zu sein.

2. Die Nachfrage nach Hörfunk

2.1. Umfang und Struktur der Rezeption von Hörfunk

Das Rezipientenverhalten ist für den Hörfunk nur wenig erforscht. Der Umfang und die soziodemographische Struktur der Hörfunkrezeption wird in Deutschland (wie auch sonst meist üblich) mit Hilfe von Interviews über den Tagesablauf des Vortages im Rahmen der Media-Analyse (MA) und der Langzeitstudie Massenkommunikation erfasst (vgl. Kapitel 11, Abschnitt 4.1.). Die Ergebnisse müssen eher als Nutzungsgewohnheiten und Nutzungsdispositionen verstanden werden denn als minutengenaue Nutzungsdaten (Massenkommunikation V, 1996, S. 36, Fußnote 28).

Tabelle 1 zeigt die Hörfunknutzung anhand der Indikatoren „Hörer gestern“ und „Hördauer“ nach soziodemographischen Gruppen. Die Hördauer beträgt, leicht rückläufig, 172 Minuten pro Tag; Frauen hören etwas länger Radio als Männer; die Hörfunknutzung ist bei den jungen und bei den alten Personen geringer als bei den Personen mittleren Alters; im Übrigen sind die soziodemographischen Unterschiede in der Hörfunknutzung nicht sehr groß.

Tabelle 1: Hörfunknutzung nach soziodemographischen Gruppen 1997 und 1998

	Hörer gestern in %		Hördauer in Min.	
	MA 97	MA 98 II	MA 97	MA 98 II
Personen ab 14 J.	82,5	81,6	177	172
Männer	83,3	82,0	169	163
Frauen	81,8	81,2	184	181
Alter in Jahren				
- 14-19	79,5	80,9	126	128
- 20-29	81,9	82,0	168	166
- 30-39	85,2	84,2	193	188
- 40-49	85,2	83,9	192	186
- 50-59	84,4	83,2	183	181
- 60-69	83,2	81,6	187	178
- 70 und älter	74,8	73,1	158	150
Bildung				
- Volks-/Hauptschule	80,4	78,7	186	171
- Weiterf. Schulen				
- Ohne Abitur	85,3	85,3	183	182
- Abitur/Studium	83,9	83,2	158	160
Beruf				
- In Ausbildung	79,7	81,2	186	126
- Berufstätig	85,2	83,9	183	179
- Nicht berufstätig/Rentner	79,5	78,4	158	176

Quelle: Media Perspektiven 1998, 11, S. 561. Ursprungsdaten: MA 97 und MA 98 II sowie ARD-Werbung Mediaforschung Radio.

Die Hörfunknutzung ist recht *mobil*, wie Tabelle 2 zeigt. Rund 46 Minuten der insgesamt 172 Minuten Hördauer entfallen auf die Nutzung außer Haus (27 Prozent), wobei diese Nutzung außer Haus bei den Personen mittleren Alters stärker ausgeprägt ist als bei den jungen und bei den alten Hörern.

Tabelle 2: Hörfunknutzung im Haus und außer Haus

	Radionutzung		
	gesamt	im Haus	außer Haus
Reichweite in %			
- Personenen ab 14 J.	81,6	71,8	35,7
- 14-29 Jahre	81,6	68,2	43,0
- 30-49 Jahre	84,0	70,7	48,3
- 50 Jahre und älter	79,6	74,5	22,0
Hördauer in Min.[1]			
- Personenen ab 14 J.	172	124	46
- 14-29 Jahre	153	92	59
- 30-49 Jahre	187	118	68
- 50 Jahre und älter	171	144	23

[1] Basis: Gesamtbevölkerung, Mo-So.

Quelle: Media Perspektiven 1998, 11, S. 563. Ursprungsdaten: MA 98 II, ARD-Werbung Mediaforschung Radio.

Vor allem ist der Hörfunk das Medium mit einer ausgeprägten *Parallelnutzung*. Während des Essens, während der Arbeit, beim Autofahren und bei diversen Freizeitaktivitäten wird auch Radio gehört: Der Hörfunk ist mithin ein klassisches Begleitmedium.

Tabelle 3: Parallelnutzung des Hörfunks 1998

Radiohören und ...	Hörer gestern in % Deutschland gesamt	Hördauer in Min. Deutschland gesamt
Essen	58,8	28
Arbeit im Haus	40,5	50
Arbeit außer Haus	7,8	21
Autofahren	29,3	21
Freizeittätigkeiten	35,1	39
Im Haus gesamt	71,8	124
Außer Haus gesamt	35,7	46

Quelle: Media Perspektiven 1998, 11, S. 563. Ursprungsdaten: MA 98 II, ARD-Werbung Mediaforschung Radio.

Schließlich ist die durchschnittliche Hörfunknutzung sehr stark und im Zeitablauf praktisch unverändert an die *Tageszeit* gebunden. Mit kleineren Unterschieden in der Nutzung zwischen Frau und Mann liegt die Hauptnutzung in der Zeit zwischen 7 und 11 Uhr; dabei werden in den Spitzenviertelstunden zwischen 8.15 und 10.00 Uhr jeweils rund ein Drittel aller Bundesbürger erreicht. Nachmittags und vor allem am Abend wird der Hörfunk kaum noch genutzt, wie Abbildung 1 zeigt.

Abbildung 1: Hörfunknutzung im Tagesverlauf 1994 bis 1998

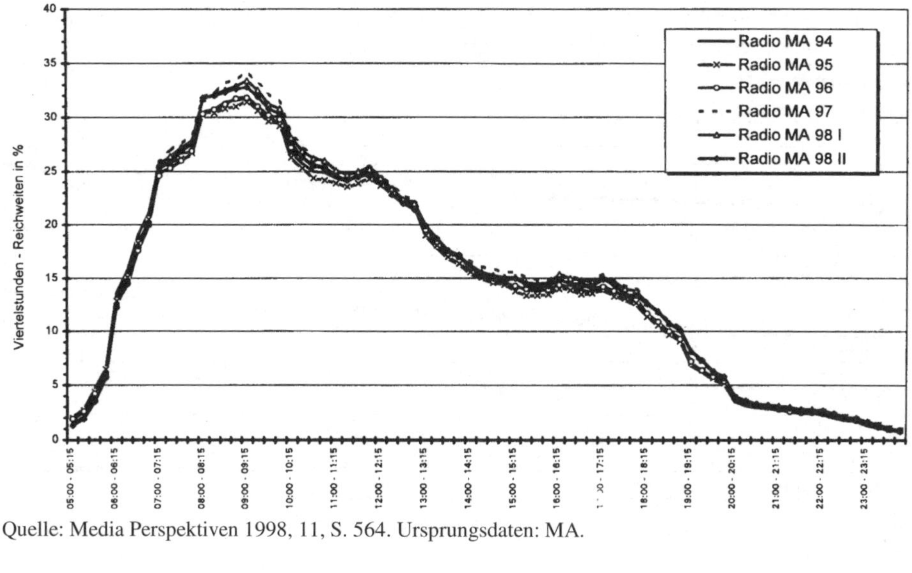

Quelle: Media Perspektiven 1998, 11, S. 564. Ursprungsdaten: MA.

Hörfunk wird offenbar vor allem als aktuelles politisches Nachrichtenmedium genutzt. Mehr als die Hälfte der Gesamtbevölkerung – und dies noch stärker ausgeprägt beim regelmäßigen Hörfunkpublikum – nutzt regelmäßig das Angebot von Nachrichten, von politischen Informationen und von aktuellen Informationen. Auffällig ist, dass dagegen regionale Informationen regelmäßig nur von etwa einem Fünftel der Bevölkerung genutzt werden, obwohl der Hörfunk in seiner Verbreitung ein vorwiegend regionales Medium ist. Neben der politischen Information wird vor allem das Angebot an Unterhaltung und speziell das Angebot an Musikunterhaltung genutzt, wie Tabelle 4 zeigt.

Tabelle 4: Regelmäßig genutzte Angebotskategorien des Hörfunks 1995 in Prozent

	Bundesländer gesamt		
	Gesamtbev.	Regelm. Hörfunkpubl.	Stichtagpubl.
Nachrichten	51	68	56
politische Information gesamt	51	68	57
regionale Information	19	27	21
aktuelle Information gesamt	53	71	58
spezielle Information	19	26	20
Programme „mit Anspruch“	7	9	7
Unterhaltung Wort	19	26	21
Unterhaltung Musik	43	56	47
Unterhaltung gesamt	48	62	51
Sport	11	14	12

Quelle: Massenkommunikation V 1996, S. 207.

Hörfunk bietet inhaltlich vor allem *Musik*. Daher sind für dieses Massenmedium die Musikpräferenzen eine entscheidende Determinante des Nachfrageverhaltens. Die Media-Analyse erfasst diese Musikpräferenzen als Nutzung in der Ausprägung „Höre mindestens mehrmals in der Woche“, unabhängig vom Medium in den folgenden fünf Kategorien: Popmusik, Rockmusik, deutsche Schlager/Evergreens, Volksmusik und klassische Musik. Die Präferenzverteilung nach soziodemographischen Merkmalen zeigt Tabelle 5.

Tabelle 5: Musikpräferenzen nach soziodemographischen Merkmalen 1998

	Höre mehrmals in der Woche ...				
	Popmusik	Rockmusik	Klassische Musik	Dt. Schlager/Evergreens	Volksmusik
Gesamt	33,0	25,0	11,1	34,6	26,2
Männer	36,0	29,0	10,2	31,7	24,1
Frauen	31,0	22,0	12,0	37,3	28,2
Alter in Jahren					
- 14-19	76,0	66,0	4,1	9,9	2,6
- 20-29	63,0	51,0	7,6	15,3	5,3
- 30-39	49,7	38,4	9,3	25,4	11,2
- 40-49	33,3	22,8	11,5	36,9	21,8
- 50-59	15,6	9,3	14,2	48,1	37,3
- 60-69	6,7	3,4	14,3	50,6	49,1
- 70 und älter	3,4	1,5	13,8	45,5	51,3
Bildung					
- Volks-/Hauptschule o. Lehre	20,5	14,7	5,5	38,9	38,5
- Volks-/Hauptsch. m. Lehre	22,4	15,4	7,8	45,4	37,1
- Weiterf. Schulen ohne Abitur	45,2	35,2	11,0	28,8	17,2
- Abitur/Studium	44,7	35,9	23,0	19,5	10,5
Beruf					
- In Ausbildung	75,4	63,7	6,7	9,9	2,6
- Berufstätig	39,6	29,9	10,4	30,9	18,4
- Nicht berufstätig/Rentner	13,0	8,2	13,4	46,6	43,7

Quelle: Media Perspektiven 1998, 11, S. 568. Ursprungsdaten: MA 98 II.

Hier bestätigt sich die allgemeine Vorstellung vom Musiknutzungsverhalten der Rezipienten. Pop und Rock hören vor allem jüngere Menschen, die sich in der Ausbildung befinden, deutsche Schlager und Volksmusik hören eher ältere Menschen bzw. Rentner.

Ergänzend zur Analyse der durchschnittlichen Rezeptionsmuster gibt es immer wieder Versuche, das Motivgeflecht und die Nutzungsprofile der Hörer differenzierter zu erfassen. So hat das Freiburger Institut für Motivforschung (IfM) im Auftrag der Radio Marketing Service (RMS) fünf verschiedene Hörertypen, definiert über die vorherrschenden Motive, Radio zu hören, entdeckt. Diese sind in der folgenden Übersicht 1 wiedergegeben; Basis waren Interviews mit je 45 Frauen und Männern zwischen 14 und 60 Jahren.

Übersicht 1: Hörertypen nach Rezeptionsmotiven

Hintergrund-Hörer: Das Radio läuft fast den ganzen Tag als „Geräuschkulisse". Bevorzugt werden eingängige Standardhits und kurze Wortbeiträge - kurz: Sender mit überwiegend seichter Unterhaltungsmusik. Unter den Befragten findet sich dieser Typ vor allem bei Hausfrauen, Frührentnern und Studenten.
Schmiermittel-Hörer: Das Radio füllt Zwischenräume und ist mit anderen Aktivitäten verbunden wie dem Zähneputzen am Morgen oder der Fahrt auf dem Weg zur Arbeit. Die Musik hat eher unauffälligen Standardcharakter. Bevorzugt werden Privatradios. Tendenziell gehören zu diesem Typ Berufstätige, die das Radiohören zum Dienste ihrer Alltagsstruktur funktionalisiert haben, und Personen, die ständig auf Achse sind.
Stimmungssuchende: Das Radio wird aus einem spontanen Bedürfnis heraus eingeschaltet. Die Musik soll der momentanen Befindlichkeit Ausdruck verleihen oder dazu beitragen, diese zu verändern. Die Senderloyalität ist geringer als bei den anderen Typen ausgeprägt: Es wird kein Sender gehört, sondern nach einer bestimmten Musikrichtung gesucht. Radio steht in direkter Konkurrenz zur CD und Kassette. Vorwiegend Berufstätige fallen unter diesen Typ.
Strukturbedürftige: Radiohören dient der Strukturierung und Zeiteinteilung des Alltags. Der Strukturbedürftige bevorzugt klare und vertraute Programmstrukturen und ist an regelmäßig abwechselnden Musik- und Wortbeiträgen interessiert. Unter den Befragten dieses Typs fanden sich ausschließlich Personen ab 40 Jahren, die vorwiegend öffentlich-rechtliche Sender hören.
Zielgerichtete Hörer: Aus einem Informationsbedürfnis heraus werden gezielt einzelne Sendungen, bevorzugt Wortbeiträge der öffentlich-rechtlichen Sender, eingeschaltet. Erwartet wird eine hohe journalistische Qualität. Dieser Typ findet sich unter allen Alters- und Berufsschichten.

Quelle: Horizont 1996, 38, S. 59.

In einer repräsentativeren Studie auf der Basis der Funkanalyse Bayern 1996 hat Infratest Nutzungsprofile unterschiedlicher Hörertypen nach eher quantitativen Nutzungskriterien entwickelt. Solche Nutzungskriterien waren:

- die Tageszeit der Hörfunknutzung,
- der Ort der Hörfunknutzung (zu Hause, im Auto, bei der Arbeit),
- die Dauer der Hörfunknutzung,
- die Frequenz der Hörfunknutzung
- der Umfang des Fernsehkonsums.

Dabei differieren die Ergebnisse nach den eher ländlich strukturierten Einfrequenzstandorten und den eher städtisch strukturierten Mehrfrequenzstandorten wie München oder Nürnberg. Wichtig erscheint, dass es deutlich unterschiedliche Typen der Hörfunknutzung gibt, die für Einfrequenzstandorte in der Übersicht 2 wiedergegeben sind.

Übersicht 2: Typen der Hörfunknutzung 1999[1]

Typ	Anteil	Beschreibung
1	5,9%	Dauerhörer, die während der Arbeit Radio hören
2	6,6%	Dauerradiohörer zuhause
3	16,8%	Vielradiohörer zuhause mit durchschnittlichem Fernsehkonsum
4	5,7%	Abend-Radiohörer
5	9,2%	Autoradiohörer
6	9,4%	Berufstätige, die während der Arbeit nicht Radio hören
7	8,8%	Nichtberufstätige Vormittags-Hörer und Fernsehfans
8	2,6%	Frühstücksfernseh-Zuschauer
9	23,6%	Unterdurchschnittliche Radiohörer und Fernsehkonsumenten
10	11,4%	Radio-Muffel

[1] Einfrequenzstandorte in Bayern

Quelle: Tendenz 1997, III, S. 34.

Diese Nutzertypen haben auch unterschiedliche Interessensprofile. So interessiert sich der Abend-Radiohörer (Typ 4) überdurchschnittlich stark für überregionale Nachrichten, während der Viel- und Dauerradiohörer zu Hause (Typ 2 und 3) sich stark für lokale Themen und Wunsch- und Ratgebersendungen interessiert. Dies muss im Einzelnen hier nicht verfolgt werden; wichtig ist, dass diese unterschiedlichen Interessen vermutlich stärker differenzierte Programmangebote wünschen als bislang üblicherweise angeboten werden.

2.2. Bewertung des Hörfunks durch die Rezipienten

Die (subjektiven) *Rezipientenpräferenzen* gegenüber dem Hörfunk (und den aktuellen Massenmedien insgesamt) werden im Rahmen der Langzeitstudie Massenkommunikation vor allem durch zwei Fragen zur Medienbindung erfasst:

- „Es würden sehr vermissen“ ... und
- „Es würden sich entscheiden für ...“.

Eine solche Einschätzung kann die Wertschätzung zwar nicht so quantifizieren, wie es eine Preiszahlungsbereitschaft ausdrücken würde, aber im Vergleich der Medien und im Zeitablauf werden doch wichtige Wertungen deutlich. Tabelle 6 zeigt, dass Hörfunk ähnlich stark vermißt würde wie das Fernsehen und die Tageszeitung, dass aber in der hypothetischen Situation, in der man nur ein Medium haben könne, sich nur 25 Prozent der Befragten für den Hörfunk entscheiden würden. Im Zeitablauf hat die Bindung an den Hörfunk seit 1990 leicht abgenommen, offenbar zugunsten des Fernsehens.

Tabelle 6: Bindung an die Medien[1] 1970 bis 1995

	1970	1974	1980	1985	1990	1995
Es würden sehr vermissen ...						
- Fernsehen	60	53	47	42	51	53
- Hörfunk	42	47	52	54	57	53
- Tageszeitung	47	53	60	57	63	59
Es würden sich entscheiden für ...						
- Fernsehen	62	57	51	47	52	53
- Hörfunk	21	25	29	31	26	25
- Tageszeitung	15	17	18	20	20	19
[1] Prozent; alte Bundesländer.						

Quelle: Massenkommunikation V, 1996, S. 231.

Die für ein Massenmedium insbesondere als Werbeträger wichtigen Dimensionen der *„Objektivität"* und der *„Glaubwürdigkeit"* sind in Tabelle 7 dargestellt. Danach gelten mittlerweile alle aktuellen Massenmedien als wenig objektiv, wobei der Hörfunk am deutlichsten an Wertschätzung eingebüßt hat. Die relative Glaubwürdigkeit des Hörfunks wird als gering eingeschätzt, allerdings konnte der Hörfunk hier gegenüber dem Fernsehen leicht aufholen.

Tabelle 7: Objektivität und relative Glaubwürdigkeit der Massenmedien 1964 – 1995 in Prozent (alte Bundesländer).

	Dimension „Objektivität"						Relative „Glaubwürdigkeit"		
	Statement „berichtet wahrheitsgetreu"			Skalenpunkte 9 u. 10 der „Objektivitätsskala"			Alternativentscheidung zwischen den Medien		
	Fernsehen	Hörfunk	Tageszeitung	Fernsehen	Hörfunk	Tageszeitung	Fernsehen	Hörfunk	Tageszeitung
1964	47	45	32	51	41	31	-	-	-
1970	56	47	23	59	38	20	75	13	12
1974	43	38	22	49	31	20	70	13	14
1980	41	32	21	41	28	19	68	14	15
1985	27	25	18	33	24	17	62	17	21
1990	28	24	19	33	23	18	63	15	22
1995	20	19	20	20	15	15	56	15	31

Quelle: Massenkommunikation V, 1996, S. 252.

Detaillierte Nutzeneinschätzungen der aktuellen Massenmedien durch die Rezipienten enthält Tabelle 8. Danach zeichnet sich der Hörfunk durch Zuschreibungen aus, die ihn vor allem als Begleitmedium charakterisieren: „läßt sich mit vielen Tätigkeiten kombinieren" (55 Prozent Zustimmung), „nutze ich eher gewohnheitsmäßig" (27 Prozent) oder „hilft, freie Zeit zu füllen, wenn man nichts anderes zu tun hat" (24 Prozent). Daneben scheint die emotionale Bindung an den Hörfunk etwas größer zu sein als die Bindung an die anderen Massenmedien:

Tabelle 8: Ansichten über Medien und subjektive Aspekte ihrer Nutzung 1995 in Prozent

„Trifft voll und ganz auf das Medium ... zu"	Fernsehen			Hörfunk			Tageszeitung		
	West	Ost	Gesamt	West	Ost	Gesamt	West	Ost	Gesamt
hilft einem, seine Zeit sinnvoll zu verbringen	9	14	10	8	14	9	13	13	13
hilft, freie Zeit zu füllen, wenn man nichts anderes zu tun hat	39	44	40	23	29	24	20	21	21
nimmt eigentlich zu viel Zeit in Anspruch	18	21	18	2	5	3	5	10	6
lässt sich mit vielen anderen Tätigkeiten kombinieren	12	13	12	54	59	55	2	3	3
führt zur Vereinsamung der Menschen	22	19	21	3	3	3	2	2	2
hilft gegen das Gefühl, allein zu sein	24	24	24	19	22	20	7	9	8
ist fast wie ein Freund	7	11	8	8	13	9	7	8	7
trägt viel zu meinem Wohlbefinden bei	10	14	11	14	20	15	9	9	9
nutze ich eher gewohnheitsmäßig	20	22	21	26	32	27	22	22	22
finde immer etwas, was mich interessiert	24	35	26	21	31	23	30	30	30
ist vieler Hinsicht anregend	14	19	15	13	19	14	13	15	14
bietet Orientierung, wie man den Alltag bewältigt	6	10	7	5	10	6	7	11	7
greift Alltagsprobleme auf, die viele interessieren	18	23	19	13	22	15	20	27	21
fasst heiße Eisen an	27	27	27	13	19	14	20	23	21
achtet auf Qualität	10	13	10	9	15	10	13	12	13
ist gemessen an dem, was ich dafür bekomme, preiswert	11	13	11	16	17	16	16	13	15

Quelle: Massenkommunikation V, 1996, S. 256.

Die Statements „ist fast wie ein Freund“ und „trägt viel zu meinem Wohlbefinden bei“ werden für den Hörfunk mehr bejaht als für Fernsehen und Tageszeitung.

Zusammenfassend kann der Hörfunk als ein im Nutzungsumfang überragender *Tagesbegleiter* für aktuelle, politische Information und für Musikunterhaltung gelten. Hörfunk „liegt jedoch in der Gunst des Publikums näher an der Zahnpasta als an High-Interest-Produkten wie Auto oder Mode“ (Duisberg 1998, S. 62). Hörfunk ist für die Masse des Publikums eher ein Low-Interest-Produkt, er bietet nicht die Emotionen, die das Fernsehen mit Top-Spielfilmen, Top-Sportübertragungen oder Katastrophenberichten schafft. Die Hörfunkrezeption kann eher als situationsspezifisch denn als angebotsorientiert gelten (Häusermann 1998, S. 50); man fragt Hörfunkprogramme mithin weniger wegen ihrer Inhalte nach, sondern vielmehr als situationsbezogene Begleiter. Hörfunk als „Dauergast zur Information und Unterhaltung“, als Dauergast, mit dem man keine großen Umstände macht, als wäre er gar nicht da, den man aber auch nicht missen möchte, dies ist sicher eine angemessene Beschreibung der Rolle des Hörfunks, die von Kiefer wieder aufgegriffen worden ist (Kiefer 1997b, S. 612).

Aus dieser wenig konturierten, wenig spektakulären und wenig spezifizierten Einschätzung des Hörfunks durch die Rezipienten ergeben sich grundlegende Konsequenzen für das Marketing:

- Hörfunkprogramme müssen sich, wenn sie eine große Reichweite anstreben, eher an Situationen und die dort vorhandenen Rezipienten anpassen als umgekehrt versuchen, mit dem Programm Rezipienten anzulocken.
- Programminhalte sind als Vehikel einer Produktdifferenzierung, um das eigene Programm vor den Konkurrenzangeboten erkennbar und unterscheidbar zu machen, weniger wichtig als die Programmstruktur, die Programmverpackung und die Werbung für das Programm.

3. Marketing

Operatives Marketing im Hörfunk ist vor allem Produktpolitik und Kommunikationspolitik, Preispolitik und Vertriebspolitik spielen nur für den Verkauf von Werbezeiten eine Rolle. Strategisches Marketing kann in seinen Grundzügen in der Entwicklung des Hörfunks nach der Zulassung privaten Rundfunks gut beobachtet werden.

3.1. Produktpolitik: Markierung und Formatierung

Im Rahmen ihrer Produktpolitik versucht eine Unternehmung, ihr Produkt so im Raum der Kundenwünsche und Konkurrenzangebote zu positionieren, dass ihr Verkaufserfolg optimal wird. Im Allgemeinen wird dazu bei Konsumgütern ein Markenname aufgebaut mit dem Versprechen einer gleichbleibend hohen und unverwechselbaren Qualität. Im Hörfunk wird die hier spezifische Markenpolitik Formatierung genannt, die Konzipierung eines Programmformats. Hier wird, fast wie im

Lehrbuchmodell, im Rahmen der Produkt/Markt-Entwicklung eine Konzentrations-/ Segmentierungsstrategie konzipiert, um die Marktnachfrage zielgruppengenauer abdecken zu können. Ganz allgemein ist ein *Format* (im Hörfunk) eine zielgruppenspezifische Ausrichtung des Programms (vgl. Penninger 1995, S. 79; Haas/Frigge/Zimmer 1991, S. 158). Im Grunde hat damit (oder sollte damit haben) jedes Hörfunkprogramm ein Format. Zur Abgrenzung eines solchen weiten Formatbegriffs wird bisweilen eine normative Vorgabe für die Konzipierung eines Formats in die Definition einbezogen und ein eindeutiger Zuschnitt aller Programmelemente und aller Senderaktivitäten auf die Zielgruppe auf der Grundlage von Marktanalysen gefordert (vgl. z.B. Goldhammer 1995, S. 142). Meines Erachtens wäre dies eine ideale Formatbildung, aber als Definition zu normativ. Ziel der Formatierung, wie jeder Markierung, ist es, eine Kundenbindung, eine Hörerbindung herzustellen durch eine gleichbleibende und unverwechselbare Qualität (Durchhörbarkeit) des Programms. Formate sprechen in der Regel bestimmte Altersgruppen an. *Formatbildende Elemente* sind vor allem:

- die Musik,
- die Wortbeiträge,
- die Verpackung und
- die Kompositionsprinzipien des Programms.

Musik ist das weitaus wichtigste Segment im Leistungsangebot eines Hörfunkprogramms, etwa 80 Prozent des Einschaltverhaltens wird durch das musikalische Angebot bestimmt (Schürmanns 1998, S. 239), und im Musikradio ist die Musik naturgemäß das formatbestimmende Element schlechthin.

Neben der Musik beherrschen Nachrichten, Unterhaltung und Service das Programm, in der Regel kurze *Wortbeiträge:* Nachrichten, Wetter, Verkehrshinweise; Horoskope, Star-Interviews und Comedies (Hörfunk-Comics als Mini-Hörspiele). Eine wichtige Funktion hat der Moderator, der mit seiner Moderation fließende Übergänge zwischen den Programmteilen herstellen soll und als Person formatbildend wirken soll. Häufig scheint die Moderation wichtiges Auswahlkriterium für das Einschalten eines Programms zu sein (vgl. Prüfig 1993, S. 107), und dies deckt sich mit dem von der Marketingforschung herausgestellten Postulat, eine Unique Selling Proposition zu entwickeln: Nichts ist unverwechselbarer als die Person. „Fakt ist, dass Stars einem Sender Profil geben, und dass sie vor allem als eine Art fleischgewordene Submarke die Abteilung emotionale Bindung bedienen. Stars sind Persönlichkeiten, die nicht ohne weiteres austauschbar sind. Austauschbar bei einem Radiosender ist die Musik und auch der ganze Service" (Duisberg 1998, S. 64).

Die *Verpackung* des Senders hat die Funktion, die Markierung in Form der Formatbildung zu unterstützen, zu akzentuieren und zu „verkaufen", also dem Hörer bekannt und begehrt zu machen. Meist ist es kurze Musik, versehen mit Sendernamen, mit Programmhinweisen oder eingängigen Slogans. Häufig verwendete Formen sind Jingles (ein meist aus Musik produziertes kurzes Verpackungselement, eine Art Werbespot für das Programm), die einleitenden bzw. aus- und überleitenden Programmverbindungen (sog. Intros und Outros) und die kurzen Musikteppiche, die zum Untermalen von Texten und auch von Werbung verwendet werden (sog. Musicbeds; vgl. Sturm/Zirbik 1996, S. 268 ff.).

Kompositionsprinzipien des Programms, auch als Aufbauprinzipien bezeichnet, strukturieren und verbinden die Programmteile. Sie korrespondieren mit den (vermuteten) Hörerpräferenzen, etwa mit der vermuteten Vorliebe der Hörer für einen Programmfluß ohne Brüche in der Dynamik und der Energie. Wenn die Werbung z.B. sanft endet, sollte auch die folgende Musik sanft beginnen, oder umgekehrt, wie es die folgende Abbildung eines idealtypischen Dynamikaufbaus vorschlägt.

Abbildung 2: Idealtypischer Dynamikaufbau

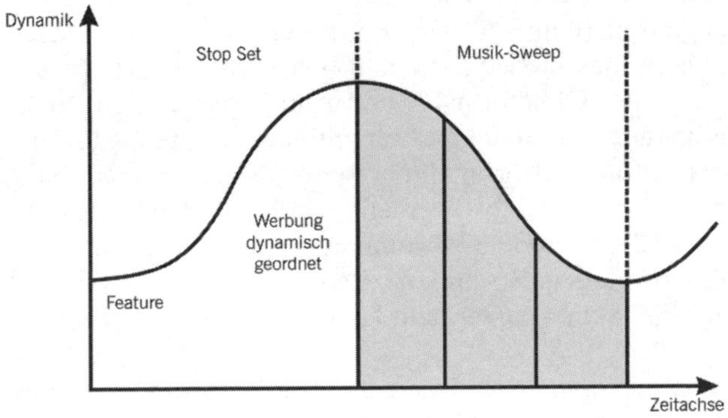

Quelle: Penninger 1995, S. 81.

3.2. Kommunikationspolitik: Werbung, Eigenwerbung, Promotion

Kommunikationspolitik ist vor allem Werbung und PR, entweder für bestimmte Produkte und/oder für das Image der Unternehmung insgesamt. Im Hörfunk ist Produktwerbung in aller Regel zugleich Imagewerbung für den Veranstalter, Produkt und Unternehmung sind im privaten Hörfunkprogramm identisch. Hörfunkwerbung ist zum großen Teil Eigenwerbung im eigenen Programm, Eigenwerbung on air genannt, z.T. auch Eigenwerbung in anderen Medien, Eigenwerbung off air genannt. Die *Eigenwerbung off air* wird wegen ihrer kurzen und einprägsamen Botschaft (z.B. Radio Hamburg: „Mehr muss man nicht anhaben!") häufig über den Werbeträger Außenwerbung (Plakat, Verkehrsmittel, City-Poster) verbreitet, im Übrigen ist die Eigenwerbung für Hörfunkprogramme von ganz zentraler Bedeutung: Nach Branchenfaustregeln sollten 25 Prozent des Umsatzes für Eigenwerbung ausgegeben werden.

Die *Eigenwerbung on air,* die Werbung für das eigene Programm im eigenen Programm spielt für den Hörfunk eine überragende Rolle. Werbespots, Promos (längere Programmankündigungen), Teaser (kurze Programmankündigungen unmittelbar vor dem entsprechenden Programmteil) oder Outros (diese versehen einen Beitrag mit einer standardisierten Schlußformel, z.B. „Live aus der Kieler Ostseehalle berichtete Peter Müller, Radio KO, jetzt sind Sie umfassend informiert.") sind häufige Formen der Eigenwerbung im Programm. Daneben ist die Eigenwerbung vor allem in die Verpackungselemente eingebaut, in die Musikstücke zur Überbrückung fehlender Zeiten, in die Jingles und Station-IDs. Eigenwerbung on air ist für den Sender sehr preiswert, zugleich ist es eine sehr preiswerte Form der Programmgestaltung; über ihre Wirksamkeit ist wenig bekannt. Sie kann naturgemäß allenfalls die vorhandenen Hörer an das Programm bringen, neue Hörer können damit nicht gewonnen werden.

Eine besondere Werbeform, die gerade im Hörfunk eine große Rolle spielt, ist die so genannte Promotion. *Promotion* bezeichnet die Organisation von Aktionen, Veranstaltungen oder Ereignissen, in die die Hörer aktiv und dialogisch einbezogen werden, Promotion ist also eine Form der so genannten Pull-Werbung (vgl. Kapitel 15). Hier werden Gewinnspiele veranstaltet, Feste organisiert und Unternehmungen gemeinsam mit Hörern durchgeführt (Oldie-Nächte, Beach-Parties oder Radtouren sind recht beliebte Formen). Diese müssen natürlich zum Image des Senders passen – Oldie-Nächte für einen Sender mit Oldieformat – und zum Image des Hörfunks insgesamt; Freizeit und Unterhaltungsaktivitäten passen mithin recht gut als Promotionelemente. Darüber hinaus entfalten Hörfunkprogrammveranstalter eine Fülle weiterer Marketingaktivitäten: Hörfunk-Clubs werden gegründet, Clubmagazine herausgegeben, und bisweilen wird das Produkt Hörfunkprogramm so weit differenziert, dass neue Marken etabliert werden. So kreierte Radio FFN (Niedersachsen) Sekt, Bier, Parfum und sogar eine Aktie – unter dem Namen CURT (vgl. Tendenz III, 1997, S. 9).

Ganz wichtig sind *Anrufsendungen,* in denen Hörer ihre Bindung zum Programm festigen und ausbauen sollen und ein wenig zur Programmgestaltung beitragen können. Eine Hörerbeteiligung ist schon sehr lange Wunschvorstellung von Radiotheoretikern wie Bertolt Brecht oder Walter Benjamin (vgl. Häusermann 1998, S. 51 f); Wunschkonzerte oder Anruf-Gewinnspiele waren damit sicher weniger gemeint als etwa eine so erfolgreiche Radiosendung wie „Hallo Ü-Wagen" von Carmen Thomas im WDR, bei der die Hörer sowohl die Themen der Sendung bestimmt haben als auch maßgeblich an der Gestaltung der Sendung beteiligt waren. In solchen Formen von Hörerbeteiligungen vermischen sich Elemente einer primär auf Werbung zielenden Kommunikationspolitik mit Elementen einer substanziellen Produktgestaltung.

Generell ist die Palette der Marketingaktivitäten im Hörfunk ungewöhnlich vielfältig. Erstaunlich ist diese Vielfalt indes nicht, weil ein Hörfunkprogramm als Konsummarke, wenn es denn als Marke profiliert werden soll, nicht anders durchgesetzt werden kann. Entsprechend konzentrieren sich Ratschläge für eine erfolgreiche Programmgestaltung vor allem auf die Hörernähe:

> Lokalfunk-Task-Force empfiehlt mehr Hörernähe
>
> Die Ende vergangenen Jahres gebildete sogenannte Lokalfunk-Task-Force hat als erste Stationen die Anbieter Radio Antenne Niederrhein in Kleve und Radiowelle Niederrhein in Krefeld besucht. Bei ihren jeweils dreitägigen Besuchen stellte die Kommission bislang vor allem Mängel in der Vermittlung von Hörernähe und lokaler Identität sowie organisatorische Defizite fest. (...) Bei ihren Einsätzen vor Ort empfahlen die Task-Force-Mitglieder vor allem mehr Anrufsendungen, verstärkte Werbung fürs eigene Programm, vitalere Präsentationen, direktere Höreransprache und eine Verbesserung der redaktionsinternen Kommunikation. Die Programmschemata und das Musik/Wort-Verhältnis aber sollen nicht verändert werden (Funkkorrespondenz 1999, 5, S. 37).

Empfehlungen dieser Art beziehen sich in erster Linie immer auf eine verbesserte Werbung, auf Promotions, auf Höreransprachen und auf Präsentationen; auf Programminhalte beziehen sie sich in der Regel nicht. Sie mögen gleichwohl erfolgreich sein, aber unter den Aspekten von publizistischer Qualität und publizistischem Niveau ist es bedauerlich, dass die Werbung wichtiger wird als das Produkt. Dies wird indes nicht zu ändern sein, solange Hörfunkprogramme als kommerzielle Produkte verkauft werden müssen.

3.3. Formate im Wettbewerb

Zentrales Ergebnis der Marketingaktivitäten eines Hörfunkanbieters ist das Format. Formate werden sehr stark über die Musikfarbe definiert, weil die Segmentierung des Publikums sich in erster Linie über die Musik vollzieht (ALM 1998, S. 470), aber daneben sind auch wortorientierte Formatdefinitionen üblich. Eine sehr detaillierte Beschreibung der 1998 beobachtbaren Formate bietet Booking '99, eine Fachpublikation für die werbungtreibende Wirtschaft mit den werberelevanten Daten der Hörfunk- und Fernsehveranstalter. Dabei wird deutlich, dass die Kernzielgruppen primär über das Alter abgebildet werden und ergänzend durch grobe Wertorientierungen. Deutlich wird auch die schon recht weit vorangetriebene Differenzierung der Formate; einschließlich der Untergruppen können mittlerweile 34 Formate unterschieden werden, davon 8 wortorientierte Formate (vgl. Übersicht 3). Im Übrigen ist darauf hinzuweisen, dass die Veranstalter selbst ihr Format in aller Regel noch differenzierter beschreiben, meist mit einem Hinweis auf die Wortausrichtung. So beschreibt z.B. RPR Eins sein Format wie folgt: Nur die Superhits – die Hits der 80er und 90er; informativ und regional. Aktueller und schneller Service. Kernzielgruppe: 14 – 49 Jahre. Oder Radio Mainwelle beschreibt sein Format mit: Middle of the road mit hohem Deutschanteil, lokale und regionale Information, Kernzielgruppe: 30 – 59 Jahre.

Übersicht 3: Hörfunkformate 1998

Adult Contemporary (AC) Popmusikstandards der letzten Jahrzehnte bis heute: Orientierung am breiten Massengeschmack, melodisch geprägt, leicht durchhörbar, drei oder vier Titel ohne Unterbrechung; kurze positiv-verkaufende Moderationen. Häufig aufwändige Gewinnspielaktionen zur Hörerbindung, Informationen nur in kurzen Service-Berichten. *Kernzielgruppe:* 25-49 Jahre, breite Massen, mehr weibliche Hörer *Beispiel:* Genesis, Michael Jackson, Whitney Houston, Westernhagen *Oldie-Based AC:* Musikstücke der 60er bis 80er Jahre, zusätzlich noch einige aktuellere Pop-Hits, präferiert vom oberen Alterssegment der Kernzielgruppe *Euro/German Based AC:* Aktuellere europäische Musik (italienisch, französisch, weniger englisch) beziehungsweise deutschsprachige Popmusik-Titel *Soft AC:* Ruhigere, gefällige und sanftere Poptitel, besonders abends romantische „Schmuse-Musik“, Wunschmusik/Hörergrüße *Current Based/Hot AC:* Verstärkt aktuellere Titel der 80er und 90er Jahre
Contemporary Hit Radio (CHR) Aktuelle, schnellere Charthits, begrenzte Playlist, Top 40 (Titel, die erst noch Hits für AC-Sender werden), keine Oldies, lange Musikstrecken, schnelle Titel-Rotation: Tophits werden zum Teil fünf- bis

achtmal täglich gespielt. Ziel ist es, junge Hörer mit einem schnellen, „heißen“ und aktuellen Programm zu unterhalten; geringer Informationsanteil; knappe, dynamisch-aggressive oder witzige Moderation, häufige Promotions/Gewinnspiele. *Kernzielgruppe:* 14-24 Jahre, konsumfreudige junge Menschen *Beispiel:* KLF, Die Fantastischen Vier *Dance/Hit Oriented CHR:* Discomusik der 90er Jahre, aktuelle und tanzbare Hits aus den Musikclubs *Mainstream CHR:* breite gestreute Titelselektion gängiger Hitlisten-Musik *Euro/German Based CHR:* Aktuellere, europäische Musik (italienisch, französisch, weniger englisch) beziehungsweise deutschsprachige Popmusik-Titel *Rock Oriented CHR:* Rocklastige aktuelle Musiktitel
Country Beliebte Musiktitel aus dem Country-Bereich. Eher wenig anspruchsvolle redaktionelle Inhalte, unaufgeregte Moderation, mittlere Promotionaktivitäten. Teilweise Konzentration auf deutsche oder auf amerikanische Titel. Young Country: Konzentration auf aktuellere Titel für eine eher jüngere Zielgruppe. *Kernzielgruppe:* 30-50 Jahre
Diskussionsbasiertes Radioformat Nahezu ausschließlich gesprochenes Wort zu einer breiten Palette von Themen; Programm oftmals in Form von Call-In-Shows, bei denen die Zuhörer in der Sendung anrufen können, um mit Moderatoren und Studiogästen zu diskutieren; starke Bindung der Hörer. *Kernzielgruppe:* 35-50 Jahre, anteilig mehr ältere Hörer. *All Talk:* Konzentration auf reine Talkshows, zumeist Lebenshilfe und allgemeinere. „weiche“ Themen *Comedy:* Unterhaltungsprogramm, das sich auf Witze und lustige Shows, Komödien, Kabarett und Klamauk konzentriert *News/Talk:* Mischung aus Talkshows und Informationen bzw. Nachrichten. Gespräche mit Anrufern und Studiogästen zu einem breiten, nachrichtenorientierten Themenspektrum
Easy Listening/Beautiful Musik (EZ) Sanfte bis entspannende, ältere Gesangstitel, hauptsächlich internationale, softe Musikstücke, nur geringer Wortanteil, aber stündliche Nachrichten, unaufdringlich-freundliche Moderation mit zum Teil tiefer, ruhiger Stimme, geringere Promotionaktivitäten, um beruhigenden Sendereindruck zu bewahren *Kernzielgruppe:* über 40 Jahre *Beispiel:* Barry Manilow, Hot Chocolate
Infos/News Wortorientiertes Informationsprogramm, das in schneller Rotation aktuelle Nachrichten zu allen journalistisch relevanten Bereichen sendet. Hoher Aufmerksamkeitsgrad der Zuhörer, relativ intensive Promotion. *Kernzielgruppe:* 25-50 Jahre, Informationsinteressierte *All News:* Vermittlung von aktuellen Geschehnissen und Nachrichten des Tages *All Weather:* Konzentration auf Wetternachrichten, auch für spezielle Zielgruppen wie Landwirte, Segler oder den Luftverkehr *All Sports:* Sportberichte über alle Sportarten, von Abfahrslauf bis Weitsprung *All Money:* Aktuelle Börsen- bzw. Devisenkurse, Geld- und Anlagetips, Gespräche mit Fachleuten zu allen finanzwirtschaftlich-relevanten Themen
Jazz Beliebte Musiktitel aus dem Jazz-Bereich; teilweise anspruchsvolle redaktionelle Inhalte, kultivierte Moderation, nur geringe Promotionaktivitäten *Zielgruppe:* 30-60 Jahre, verstärkt gebildete Besserverdiener *Beispiel:* Louis Armstrong, Miles Davis
Klassik Beliebte Stücke der klassischen Musik, Konzerte, Sinfonien, Opern und Operetten; teilweise verkürzt auf leichtere/bekanntere Passagen; teilweise anspruchsvolle redaktionelle Inhalte, kultivierte Moderation, nur geringe Promotionaktivitäten *Kernzielgruppe:* über 30 Jahre, verstärkt gebildete Besserverdiener *Beispiele:* Mozart, Beethoven, Bach
Melodie-Schlager Mischung aus melodiebetonten deutschen Schlagern von 1955 bis heute, Evergreens und volkstümli-

cher Musik; unaufdringlich-freundliche, teilweise konservative Moderation, potenziell weiter Hörerkreis mit hoher Verweildauer, hohe Promotionaktivitäten zur Hörerbindung *Kernzielgruppe:* 40-60 Jahre, durchschnittlich-konservativ *Beispiele:* Nicki, Wildecker Herzbuben, Heino *Arabella:* Melodiegeprägtes Musikformat mit Schlagern und internationalen Oldies *Deutscher Schlager:* Konzentration auf deutschsprachige Schlagermusik *Volksmusik:* Konzentration auf deutschsprachige Volksmusik bzw. volkstümliche Musik
Middle of the Road/Full Service (MOR) Klassisches „Vollprogramm" mit einer ausgewogenen Mischung von Musik und Information; nationale und internationale möglichst harmonisch-melodiöse Musik, Titel sind nicht zu neu und nicht zu alt, weder zu ruhig noch zu schnell; breites Spektrum an Nachrichten und Informationen, zum Teil auch anspruchsvolle redaktionelle Inhalte; ruhige, sachliche Moderation *Kernzielgruppe:* 35-55 Jahre, durchschnittlich-konservativ *Beispiel:* Dire Straits, James Last
Oldies Mischung aus internationalen und nationalen Oldies und Evergreens seit den 20er Jahren; ruhige Moderation; nur geringe Promotionaktivitäten *Kernzielgruppe:* über 40 Jahre, „Junggebliebene" *Beispiele:* Frank Sinatra, Liza Minelli, Marlene Dietrich
Rock/Album Oriented Rock (AOR) Musikintensives Format mit breiter, rockmusik-orientierter Playlist: Titel zum Teil auch von weniger bekannten Gruppen; teilweise Kombination mehrerer Rockmusik-Richtungen; Nachrichten und Informationen mit eher untergeordneter Bedeutung; je nach Format ruhige oder aggressive Moderation *Kernzielgruppe:* 18-34 Jahre, mehr männliche Hörer *Beispiel:* ZZ Top, Bryan Adams, Metallica *Classic Rock:* Klassische Rockmusiktitel, sowohl aktuelle als auch ältere Titel *Hard/Heavy Rock:* Harte, zum Teil schnelle und aggressive Rockmusiktitel, wenig weibliche Zuhörer *Soft Rock:* Sanfte rocklastige Musiktitel, „Kuschel-Rock"
Urban Contemporary (UC) Rhythmusorientierte, schwarze Musiktitel, die sowohl ruhigere Stücke als auch Discothekenmusik vereint; gutgelaunte Moderationen, oft von Discjockeys, Nachrichten eher unbedeutend; Trend/Szene-Berichte, häufig Promotions *Kernzielgruppe:* 18-34 Jahre, jung und konsumfreudig, trendorientiert *Beispiele:* West Bam, Naughty by Nature *Dance:* Aktuelle, zum Teil unbekannte Dance-Titel aus vielen Bereichen (Techno, House) *Black Music:* Aktuelle, schwarze Musik (Hip Hop, Rap, Jungle) *Soul/Funk:* Musiktitel aus dem Bereich Soul und Funk, auch ältere Standards aus diesem Bereich
Sonstiges Hierunter werden weitere Programmformate gefasst, die teilweise als Mischform aus wort- bzw. musikorientierten Formaten, teilweise auch nur als vereinzelt anzutreffende Programmformen in Deutschland angesehen werden können *Ethnisch:* Fremdsprachige Sender, die sowohl Wort- als auch Musikbeiträge in der entsprechenden Landessprache oder durch deutschsprachige Moderatoren aus dem jeweiligen Land präsentieren (zum Beispiel Türkisch, Spanisch, Französisch) *Weltmusik:* Musikformat, das sich auf eine möglichst breite Titelselektion aus praktisch allen Ländern der Erde konzentriert; Ziel ist eine anspruchsvolle und unterhaltende Musikmischung *Religiös:* Mischung aus Wort- und Musikbeiträgen, die sich auf religiöse Inhalte konzentrieren, Übertragung von Liturgien und Gottesdiensten *Mix:* Mischung aus verschiedenen Musikformaten, das sich bewußt einer einzigen Kategorisierung entzieht

Quelle: Booking '99, 1999, S. 65f.

Dominierendes Radioformat ist AC (Adult Contemporary), das mittlerweile von mehr als der Hälfte der privaten Hörfunkprogramme realisiert wird, wie Tabelle 9 zeigt.

Tabelle 9: Formate der privaten Hörfunkprogramme 1993 – 1998

Radioformate	1993/94		1995/96		1997/98	
	Anbieter	in %	Anbieter	in %	Anbieter	in %
AC (Adult Contemporary)	40	22,1	90	46,6	112	55,7
Melodie	12	6,6	8	4,1	13	6,5
CHR (Contemporary Hit Radio)	11	6,1	8	4,1	11	5,5
MOR (Middle of the Road)	10	5,5	13	6,7	9	4,5
AOR (Album Oriented Rock)	0	0,0	1	0,5	0	0,0
EHR (European Hit Radio)	0	0,0	10	5,2	15	7,5
Oldies	0	0,0	13	6,7	6	3,0
Klassik	3	1,7	3	1,6	3	1,5
Jazz	3	1,7	4	2,1	2	1,0
Easy Listening	2	1,1	4	2,1	2	1,0
NewsTalk	0	0,0	1	0,5	0	0,0
Gold	0	0,0	1	0,5	0	0,0
Urban Dance	0	1,7	2	1,0	4	2,0
Religiös	3	0,6	5	2,6	4	2,0
Full Service	1	0,0	1	0,5	0	0,0
Techno	0	0,0	0	0,0	1	0,5
All News	0	0,0	0	0,0	1	0,5
Nicht zuzuordnen	46	25,4	18	9,3	17	8,5
Keine Angaben	50	27,6	11	5,7	1	0,5
Summe	181	100,0	193	100,0	201	100,0

Quelle: Jahrbuch der Landesmedienanstalten 1997/98, S. 469.

Daneben spielen die Formate EHR (European Hit Radio), Melodie, CHR (Contemporary-Hit Radio), MOR (Middle of the road) und Oldies eine gewisse Rolle, andere Formate sind nur vereinzelt zu hören. Private Wortprogramme bleiben die große Ausnahme; nur im Wettbewerbsmarkt Berlin-Brandenburg gibt es seit April 1998 mit Berlin aktuell 93,6 ein privates Nachrichten- und Service-Radio. Gesendet werden 76 Nachrichtenausgaben täglich im 15-Minuten-Rhythmus, die in jeweils zweistündige aktuelle Magazine mit aktuellen Live-Reportagen, Korrespondentenberichten, Experten-Interviews und Service-Serien eingebettet sind.

Im Zeitablauf hat die Dominanz des AC-Formats sehr deutlich zugenommen und zugleich hat die Zahl der Radioformate, die nicht zuzuordnen waren bzw. über die keine Angaben erhältlich waren, deutlich abgenommen. Dies zeigt zweierlei:

– Die Sinnhaftigkeit einer Format-Bildung wird zunehmend akzeptiert und umgesetzt.
– Die Format-Bildung zielt auf den breiten Musik-Massengeschmack.

In dieser Entwicklung bestätigt sich die in der Ökonomie im Hotelling-Modell komprimierte Idee des *Wettbewerbs um die Mitte*. Wenn zwei Anbieter (z.B. zwei Bäcker) um die gleichmäßig entlang einer Linie (z.B. einer Straße) verteilten Nachfrager konkurrieren, ist der absatzmaximale Standort für beide in unmittelbarer

Nachbarschaft in der Mitte der Linie (Hotelling 1929). Dabei gilt der Standort nur als *ein* Indikator für Qualität. Mithin ist es generell am günstigsten, wenn neue Anbieter auf dem Markt zunächst einmal die Produktqualitäten des etablierten Anbieters weitgehend imitieren. Ähnlich günstig ist die Formatwahl in der Mitte der Hörerpräferenzen, solange der auf die Anbieter entfallende Anteil größer ist als die denkbare Reichweite eines differenzierten Spartenprogramms. Man kann dies Prinzip auch einfacher formulieren: „Wenn man angeln geht, sollte man dorthin gehen, wo viele Fische und wenig Angler sind, außerdem sollte man darauf achten, Köder zu nehmen, den die Fische auch mögen" (Heine 1994, S. 52).

Musik ist das quantitativ bedeutendste Element im Hörfunkprogrammangebot, entsprechend wichtig sind daher die Analysen der Akzeptanzpotenziale der Musik. Eine solche Analyse des Akzeptanzpotenzials ist, wie jede Marktforschung im Mediensektor, recht schwierig. Zur Anwendung kommen etwa folgende Formen der Zuschauerforschung:

– Analyse in Großgruppen (z.B. im Kino),
– Telefoninterviews,
– Versenden von Tapes mit Fragebogen,
– Interviews von Kleingruppen (meist im Studio).

Alle Verfahren müssen die erheblichen Probleme der Stichprobenschwankungen, der Stichprobengröße, der Reihenfolgen- und Testsituations-Einflüsse lösen (vgl. Schürmanns 1998). Im Idealfall ergeben solche Akzeptanzstudien Anhaltspunkte für die Bewertung der Musiktitel und der Musikfarbe und Anhaltspunkte für das Einschaltverhalten der Hörer, differenziert nach soziodemographischen Merkmalen, nach Größe, Struktur und Milieu. Daraus lassen sich passende Musikfarben zusammenstellen. Eine *Musikfarbe* ist ein Musikstil, dem von einer Zielgruppe eine homogene Verträglichkeit und Affinität zugemessen wird, also marketingtheoretisch gesprochen ein Musik-Cluster. Dies ist das zentrale Element der Markenpolitik von Hörfunkprogrammveranstaltern.

3.4. Strategisches Marketing

Mit der Zulassung privaten Rundfunks intensivierte sich der Wettbewerb im Hörfunk ganz erheblich; die öffentlich-rechtlichen Programme bekamen Konkurrenz, und die privaten Programme, die zunächst als Pionierunternehmen Monopolgewinne[48] erzielen konnten, sahen sich sehr rasch dem Schumpeterschen Prozess einer schöpferischen Zerstörung durch immer neue Konkurrenten ausgesetzt. Dieser zunehmende Wettbewerb führte zu einer Steigerung der allokativen und produktiven Effizienz des gesamten Hörfunkprogrammangebots.

Programme werden durch eine konsequente *Rezipientenorientierung* geprägt. Diese wirkt sich in zwei grundlegenden Orientierungen aus:

– Es schwindet die Idee eines Programmauftrags des Hörfunks als Kulturgut, und es beginnt sich die Erkenntnis durchzusetzen, dass die Hörfunknachfrage über-

48 So erzielte RSH (Radio Schleswig-Holstein) in seiner Anfangsphase eine Umsatzrendite von 40 Prozent; fast die Hälfte des Umsatzes waren Gewinn.

wiegend situationsspezifisch ist und dass die Programmangebote sich an diese Situationen und die vorhandenen Hörer anpassen müssen und nicht umgekehrt.
- Und die Rezipientenorientierung zielt verstärkt auf die Gruppen, die für die werbungtreibende Wirtschaft von Bedeutung sind: auf die 14- bis 49jährigen.

Es werden *Servicewellen* konzipiert, die sich an die situationsspezifischen Rezeptionspräferenzen anpassen und daneben vor allem ein musikdominiertes, am Massengeschmack orientiertes Begleitprogramm anbieten. Wichtig scheint auch die räumliche Orientierung des Programms, je nach medienpolitischen Vorgaben entweder ein landesweiter oder ein lokaler Zuschnitt des Programms, um die Identifikation der Hörer mit dem Programm zu stützen.

Wesensmerkmal des Wettbewerbs ist eine dynamische Programmentwicklung im Zeitablauf und eine Angleichung der jeweiligen Programme an die erfolgreichen Pionierprogramme – also die klassische Abfolge von Innovation und Imitation. Dabei gehen die Innovationen so gut wie immer von den privaten Anbietern aus, die neue Formate entwickeln und ausprobieren, während die öffentlich-rechtlichen Anbieter im Wesentlichen die erfolgreichen Formate imitieren, indem sie etwa ihre regionale Orientierung ausbauen und daneben verstärkt Jugendprogramme ausstrahlen.

Die Innovations- und Imitationsstrategien lassen wenig Raum für ausgeprägte Differenzierungsstrategien der Anbieter. Aber in Märkten mit einer sehr großen Zahl von Anbietern und heftigem Wettbewerb werden neue Marktsegmente mit differenzierten Programmen auszuschöpfen versucht wie in Berlin-Brandenburg, wo differenzierte Musikformate und ein privates Informationsformat ausprobiert werden (vgl. Kapitel 11, Abschnitt 7.2.).

4. Die wirtschaftliche Lage und die Wirtschaftlichkeit des Hörfunks

Die wirtschaftliche Lage des Hörfunks wird seit 1995 im Auftrag der Landesmedienanstalten vom Deutschen Institut für Wirtschaftsforschung (DIW) in Kooperation mit dem Hans-Bredow-Institut und der Arbeitsgruppe Kommunikationsforschung (AKM) erfasst und analysiert. Die *wirtschaftliche Lage* des Hörfunks insgesamt kann als für die Veranstalter zufriedenstellend bezeichnet werden. Der öffentlich-rechtliche Hörfunk kann regulierungsbedingt darauf setzen, seine Produktionskosten durch Gebühreneinnahmen zu finanzieren, und der private Hörfunk kann seine Kosten 1996 zu 111 Prozent decken und erzielt eine Umsatzrendite von 9,5 Prozent (DLM 1998, S. 69). Eine Gesamtbetrachtung macht indes wenig Sinn, weil die Unterschiede zwischen den Programmtypen zu groß sind, mindestens soll nach den grundlegenden Strukturtypen differenziert werden.

4.1. Bundesweiter privater Hörfunk

Die *wirtschaftliche Lage* des bundesweiten privaten Hörfunks ist im Durchschnitt recht schlecht. Es gibt nur drei Veranstalter mit nennenswerten Reichweiten und nur zwei der hier erfassten zehn Anbieter machen einen Gewinn. Die wirtschaftlichen

Eckdaten des privaten bundesweiten Hörfunks machen seine prekäre Lage deutlich (vgl. DLM 1998, S. 68ff.).

Ertrag:	52 Mio. DM
Aufwand:	69 Mio. DM
Verlust:	12 Mio. DM
Durchschnittlicher Kostendeckungsgrad:	76 Prozent
Beschäftigte:	272
Beschäftigte je Programm:	21
Aufwand pro Programm:	6,8 Mio. DM
Aufwand pro Sendeminute:	18 DM
Aufwand pro Minute Eigenproduktion:	18 DM
Anteil der Eigenproduktion:	99 Prozent

Die Ursache dieser hohen Verluste in in erster Linie die geringe Zuteilung terrestrischer Frequenzen durch Landesmedienanstalten. Diese setzen offenbar aus medienstandortpolitischen Gründen primär auf Landesprogramme bzw. auf das Land bezogene Lokalfunkketten. Eine Verbreitung über Kabel und Satellit ist möglich, diese ist indes teuer und bringt nur geringe Hörerreichweiten, weil Hörfunkprogramme überwiegend terrestrisch empfangen werden. Aus ökonomischen und frequenzökonomischen Gründen sollte bundesweiter Hörfunk wegen seiner möglichen großen Reichweite Fixkostendegressionen besser realisieren als landesweiter und lokaler Hörfunk, er sollte damit einen hohen Grad an Wirtschaftlichkeit erzielen.

4.2. Landesweiter privater Hörfunk

Die *wirtschaftliche Situation* des landesweiten privaten Hörfunks ist im Durchschnitt gut. Es gibt nur wenige Veranstalter, die keinen Gewinn erzielen, der durchschnittliche Kostendeckungsgrad beträgt 125 Prozent. Die wirtschaftlichen Eckdaten des landesweiten privaten Hörfunks für 1996 machen seine gute wirtschaftliche Position deutlich (DLM 1998, S. 86ff.):

Ertrag:	557 Mio. DM
Aufwand:	447 Mio. DM
Gewinn:	110 Mio. DM
Durchschnittlicher Kostendeckungsgrad:	125 Prozent
Beschäftigte:	1.404
Beschäftigte je Programm:	54
Aufwand pro Programm:	17,2 Mio. DM
Aufwand pro Sendeminute:	35 DM
Aufwand pro Minute Eigenproduktion:	37 DM
Anteil der Eigenproduktion:	96 Prozent

Dabei liegt der Aufwand je Programm, länderspezifisch ein wenig differenziert, zwischen 9,3 Millionen DM in Sachsen und 21 Millionen DM in Baden-Württemberg (DLM 1998).

Privater Hörfunk ist also im landesweiten Zuschnitt sehr profitabel. Diese Position ist gegenüber dem bundesweiten Hörfunk nur medienpolitisch mit der bevorzugten Frequenzvergabe zu erklären (s. o.). Bezeichnenderweise ist der landesweite Hörfunk als Werbemedium auch ein eher bundesweites Medium: 60 Prozent seiner Erträge entstammen der überregionalen Werbung (DLM 1998, S. 69). Die gegenüber dem lokalen privaten Hörfunk profitablere Position ist dagegen mit den Effizienzvorteilen des Massenprogramms gegenüber dem Minderheitenprogramm unschwer ökonomisch zu erklären (vgl. Kapitel 4, Abschnitt 5.4.).

4.3. Lokaler privater Hörfunk

Lokaler Hörfunk ist im Durchschnitt *wirtschaftlich lebensfähig,* wenngleich nicht so profitabel wie der landesweite Hörfunk. Die wirtschaftlichen Eckdaten 1996 machen dies deutlich (DLM 1998, S. 68ff.):

Ertrag:	461 Mio. DM
Aufwand:	453 Mio. DM
Gewinn:	8 Mio. DM
Durchschnittlicher Kostendeckungsgrad:	102 Prozent
Beschäftigte:	2.219
Beschäftigte je Programm:	16
Aufwand pro Programm:	3,3 Mio. DM
Aufwand pro Sendeminute:	7 DM
Aufwand pro Minute Eigenproduktion:	11 DM
Anteil der Eigenproduktion:	60 Prozent

Allerdings sind die Unterschiede zwischen den Sendegebieten und auch innerhalb der Sendegebiete recht groß. Tabelle 10 stellt die zentralen ökonomischen Kennziffern für die Lokalprogramme der vier Flächenstaaten Baden-Württemberg, Bayern, Nordrhein-Westfalen und Sachsen zusammen, um die Unterschiede sichtbar zu machen.

Tabelle 10: Eckdaten des lokalen Hörfunks in den Flächenstaaten 1996

	Baden-Württemberg	Bayern	NRW	Sachsen
Zahl der Programme	15[1]	54	45	8
Erträge insgesamt in Mio. DM	46,7	129,1	138,4	14,4
durchschn. Erwerbstätige	17,7	15,1	14,2	6,7
durchschn. Ertrag in Mio. DM	3,1	2,4	3,1	1,8
durchschn. Aufwand/Programm in Mio. DM	3,5	2,2	3,2	1,5
durchschn. Aufwand/Sendeminute in DM	6	5	6	3
durchschn. Aufwand/Min. Eigenproduktion in DM	7	6	21	7
durchschn. Kostendeckung in v. H.	88	108	96	118
durchschn. Eigenproduktionsanteil in v. H.	85	79	29	40
Marktanteil[2]	k. A.	29,3	25,1	k. A.
[1] Ohne Regionalsender; [2] Hörer gestern Mo. – Fr.				

Quelle: DLM 1998, Funkanalyse Bayern, EMA NRW.

Danach erzielen die lokalen Programme in Sachsen die höchste Rendite mit einer durchschnittlichen Kostendeckung von 118 Prozent. Erreicht wird dies vor allem durch eine sehr billige Produktion zu Kosten von durchschnittlich 1,5 Millionen DM pro Programm. Die lokalen Programme in Bayern produzieren ebenfalls recht kostengünstig, trotz des hohen Eigenproduktionsanteils von 79 Prozent. Zugleich wird in Bayern das Werbeeinnahmenpotenzial gut ausgeschöpft. In Nordrhein-Westfalen und insbesondere in Baden-Württemberg wird relativ teuer produziert und insgesamt im Durchschnitt ein Verlust erzielt.

Für den lokalen Hörfunk gilt verstärkt der strukturbedingte Nachteil von reichweitenschwachen Programmen: Sie sind pro Kopf sehr teuer, und wenn die Rezipienten diese höheren Kosten nicht tragen, dann müssen die Programme sehr billig produziert werden, was auch bei der mangelnden Qualitätstransparenz der Rezipienten nicht akzeptanzförderlich ist. Bezeichnenderweise ist der lokale Hörfunk durch seine Mantelprogramme und seine Zusammenschaltungen zu Werbekombis partiell auch schon ein überlokales Medium geworden.

4.4. Die wirtschaftliche Lage des öffentlich-rechtlichen Hörfunks

Öffentlich-rechtlicher Hörfunk wird veranstaltet von den 11 Landesrundfunkanstalten der ARD, von der staatsvertraglich geregelten Körperschaft des öffentlichen Rechts „DeutschlandRadio", das zwei Programme bundesweit ausstrahlt (DeutschlandRadio, Berlin und Deutschlandfunk, Köln) und von der Bundesrundfunkanstalt „Deutsche Welle", die vor allem Auslandsprogramme produziert. Die amtliche Statistik liefert auch für diesen Bereich der Rundfunkproduktion nur wenig Daten, allerdings berichten die Rundfunkanstalten selbst in ihren Jahrbüchern und Geschäftsberichten regelmäßig und relativ detailliert über ihre Aktivitäten. Leider sind diese Angaben nicht generell kompatibel mit den Angaben der privaten Veranstalter und leider wird meist nicht streng zwischen Hörfunk- und Fernsehaktivitäten getrennt.

Tabelle 11 gibt einen Überblick über Ertrags- und Aufwandsstrukturen im öffentlich-rechtlichen Hörfunk, die zum Teil auf Schätzungen des DIW beruhen, das diese Daten federführend erhoben hat. Die wesentlichen Einnahmen entstammen dem Hörfunkgebührenaufkommen, Zuwendungen fließen an die Deutsche Welle (Bundeszuschüsse), sonstige Erträge sind vor allem Zinserträge; insgesamt belaufen sich die Erträge auf gut 4 Milliarden DM. Der Aufwand beträgt insgesamt fast 4,5 Milliarden DM, davon entfallen jeweils 41 Prozent auf Personalkosten und Sachkosten. Das ausgewiesene Defizit in Höhe von 365 Millionen DM ist kein Verlust im Sinne des Handelsrechts, es ist eher ein Argument, um die Notwendigkeit von Gebührenerhöhungen politisch zu begründen.

Tabelle 11: Aufwand und Ertrag des öffentlich-rechtlichen Hörfunks 1996

	Mill. DM (geschätzt)	v. H.
Erträge	**4.093**	**100**
- Werbung	126	3
- Rundfunkgebühren	3.479	85
- Auftragsproduktionen für Dritte	20	0
- Zuwendungen	328	8
- Sonstige Erträge	140	3
Aufwand	**4.458**	**100**
- Personalkosten	1.828	41
- Vergütungen	503	11
- Sachkosten	1.811	41
- Abschreibungen	306	7
- Indirekte Steuern	10	0
Gewinne	**-365**	**-**

Quelle: DLM 1998, S. 79.

Mit dem ausgewiesenen Aufwand von 4,458 Milliarden DM werden 62 Programme mit insgesamt 512.252 Sendestunden produziert; damit beträgt

– der Aufwand pro Programm 72 Millionen DM,
– der Aufwand pro Sendestunde 8.700 DM und
– der Aufwand pro Sendeminute 145 DM (DLM 1998, S. 79).

Dies sind Durchschnittsangaben, die die Programme der Deutschen Welle und des DeutschlandRadios einschließen. Wegen des besonderen rundfunkpolitischen Auftrags dieser Programme ist es sinnvoll, die Strukturdaten der 11 Landesrundfunkanstalten und der beiden Bundesanstalten zu separieren.

Tabelle 12 stellt die Programmproduktion sowie die Strukturdaten von Aufwand und Ertrag für DeutschlandRadio und Deutsche Welle zusammen.

Tabelle 12: Aufwand und Programmproduktion von DeutschlandRadio und Deutsche Welle 1996 und 1997

	1996	1997
Aufwand (in Mio. DM)	1.004	1.004
Programmproduktion (Stunden)	44.090	47.433
Aufwand pro Stunde (DM)	22.772	21.167
Aufwand pro Minute (DM)	380	353

Quelle: ARD-Jahrbücher.

In diesen beiden Anstalten wird also recht teuer produziert: Die Programmstunde kostet im Durchschnitt rund 20.000 DM und die Programmminute kostet 1997 353 DM. Diese hohen Kosten können zumindest auch damit erklärt werden, dass diese Programme überwiegend Wortprogramme sind und Wortprogramme sind deutlich teurer als Musikprogramme (s. u.). Die Deutsche Welle Hörfunk hat 1997 einen Wortanteil von 88 Prozent, das DeutschlandRadio hat einen Wortanteil von 64 Prozent (ARD Jahrbuch 98, S. 391f.).

Die 11 Landesrundfunkanstalten produzieren dagegen deutlich billiger, wie Tabelle 13 zeigt. Dies liegt sicher auch daran, dass die Programme der Landesrundfunkanstalten mit einem Wortanteil von durchschnittlich 34 Prozent deutlich weniger teure Wortprogramme produzieren als die Bundesanstalten.

Tabelle 13: Kosten und Programmproduktion der Landesrundfunkanstalten 1996 und 1997

	1996	1997
Kosten (in Mio DM)	2.607	2.694
Programmproduktion (Stunden)	468.161	468.045
Kosten pro Stunde (DM)	5.568	5.756
Kosten pro Minute (DM)	93	96

Quelle: ARD-Jahrbücher.

Wie unterschiedlich die Produktionskosten pro Sendeminute nach den Programmsparten sind und welchen Anteil die Programmsparten an der gesamten Sendezeit haben, zeigt Tabelle 14. Sehr teuer ist die Produktion von Hörspielen, auch die Sparten Bildung, Familie, Unterhaltung und Sport sind teurer als der Durchschnitt der Wortbeiträge und wesentlich teurer als die Sparte Musik, insbesondere die „leichte Musik", die mit Produktionskosten von 28 DM pro Minute weitaus am billigsten zu liefern ist.

Tabelle 14: Kosten, Sendezeiten und Durchschnittskosten der Programmsparten der ARD-Hörfunkprogramme 1996[1]

	Selbstkosten	Sendezeit		Durchschnitts-Selbstkosten je Sendeminute
	TDM	Minuten	Anteil v. H.	DM
1. Musik				
- Ernste Musik	563.739,4	3.946.611	14,5	143
- Leichte Musik	384.169,9	13.858.089	51,1	28
Gesamt	**947.909,3**	**17.804.700**	**65,6**	**53**
2. Wort				
- Politik	523.225,0	4.571.655	16,8	114
- Kultur	223.980,4	1.245.199	4,6	180
- Bildung	45.545,2	173.785	0,6	262
- Unterhaltung	142.333,9	701.996	2,6	203
- Hörspiel	90.743,9	171.784	0,6	528
- Sport	53.829,2	289.134	1,1	186
- Familienprogramm	99.113,4	451.940	1,7	219
- Magazinsendungen	301.665,5	1.634.349	6,0	185
- Sonstiges	25.468,8	95.302	0,4	267
Gesamt	**1.505.905,3**	**9.335.144**	**34,4**	**161**
Gesamt 1.+2.	**2.453.814,6**	**27.139.844**	**100,0**	**90**

[1] Ohne Ausländerprogramm, Werbefunk und Abspielung.

Quelle: ARD-Jahrbuch 98, S. 368; z.T. eigene Berechnung.

Damit lässt sich begründet vermuten, dass die Dominanz der Musik in so gut wie allen Hörfunkprogrammen nicht nur mit Rezipientenpräferenzen, sondern auch angebotsseitig mit den niedrigen Produktionskosten erklärt werden kann.

4.5. Die Anpassung der Kosten an die Einnahmen und die Anpassung der Einnahmen an die Kosten

Ökonomisch erstaunlich sind die gewaltigen Unterschiede in den Kosten pro Programm – von 1,5 Millionen DM für das durchschnittliche Lokalfunkprogramm in Sachsen über 21 Millionen DM für das durchschnittliche private Landesprogramm in Baden-Württemberg bis hin zu 51 Millionen DM für das durchschnittliche Programm der ARD-Landesrundfunkanstalten. Sie sind deswegen erstaunlich, weil diese Kostenunterschiede keine erkennbar systematischen Auswirkungen auf die Hörerakzeptanz und die Reichweite haben. Dies bestätigt die einzigartige Unbestimmtheit der Input-Output-Relation von Rundfunkproduktionen (vgl. Kapitel 4), im Hörfunk sehr viel ausgeprägter als im Fernsehen. Und dies zeigt sehr augenfällig, dass diese Hörfunkprogramme miteinander kaum im Wettbewerb stehen. Ein Vergleich mit einem Wettbewerbsmarkt macht diese Erstaunlichkeit deutlich: Dies ist, wie wenn auf dem Pkw-Markt Produktionskostenunterschiede zwischen 5.000 und 150.000 DM bestünden, die Pkws für den Käufer zu einem einheitlich/gleichen Preis verkauft würden (Hörfunkprogramme kosten ja einheitlich nichts) und dennoch alle Pkws etwa gleiche Absatzchancen hätten. Der Wettbewerb erzwingt im Hörfunk also keine Nivellierung der zentralen Variablen Einnahmen und Kosten, was sonst für den Wettbewerb typisch ist. Es bleibt die Frage, wie sich diese Variablen aneinander anpassen.

Für den öffentlich-rechtlichen Hörfunk ist diese Frage recht einfach zu beantworten: Hier passen sich regulierungsbedingt in erster Linie die Einnahmen an die Kosten an, und nur langsam beginnt auch eine Anpassung der Kosten an die Gebühreneinnahmen. Für den privaten Hörfunk gilt dagegen das eherne marktwirtschaftliche Primat der Einnahmen gegenüber den Kosten. Die Kosten müssen sich „nach unten“ an knappe Einnahmen anpassen, und offenbar setzen die Rezipientenpräferenzen einer Billigproduktion nach unten nur schwache Grenzen. Umgekehrt treibt der Wettbewerb aber auch „nach oben“ die Kosten in die Nähe der Einnahmen (vgl. auch Kommunikationsordnung 2000, S. 41). Dies kann damit erklärt werden, dass Unternehmen nicht nach Gewinnmaximierung streben, sondern mit einer bestimmten Rendite – meist wird als Zielgröße eine Eigenkapitalrendite von 15 Prozent genannt – zufrieden sind und darüber hinausgehende Einnahmen in die Programmproduktion investieren, um eine langfristig kompetitive Marktposition aufzubauen. Im privaten Sektor passen sich also in erster Linie die Kosten an die Einnahmen an.

4.6. Strukturvergleich der Wirtschaftlichkeit im dualen Hörfunksystem

Der öffentlich-rechtliche Hörfunk produziert unter ganz anderen Bedingungen als der private Hörfunk. Der öffentlich-rechtliche Hörfunk verfügt über weit höhere Kapazitäten der technischen Verbreitung als der private Hörfunk. Sowohl nach der Zahl der Frequenzen – 946 Frequenzen gegenüber 255 Frequenzen – als auch nach der Sendeleistung – 20,2 Millionen Watt gegenüber 6,5 Millionen Watt – ist der öffentlich-rechtliche Hörfunk, vor allem historisch bedingt, mit einer Vertriebskapazität versehen worden, die mehr als drei Viertel der gesamten terrestrischen Vertriebskapazität im Hörfunk umfasst (vgl. Böckelmann 1999, S. 61ff.). Der öffentlich-rechtliche Hörfunk verfügt auch über höhere Einnahmen als der private Hörfunk, produziert aber unter anderen medienpolitischen Vorgaben. Dies kann ein Vergleich der Wirtschaftlichkeit nicht berücksichtigen. Dennoch ist es sinnvoll zu ermitteln, welche Anteile der öffentlich-rechtliche Hörfunk an den zentralen Kategorien von Input und Output im Hörfunk hält. Die Input-Anteile sind Anteile an den Frequenzen, am Aufwand und an den Erträgen, und die Output-Anteile sind Anteile am Programmangebot und am Hörermarkt.

Tabelle 15 zeigt, dass die Input-Anteile des öffentlich-rechtlichen Hörfunk die Output-Anteile übersteigen. 1996 verfügt er über rund 80 Prozent der Senderfrequenzen, des Aufwands und der Erträge und produziert damit gut ein Viertel des Programmangebots und erzielt damit einen Hörermarktanteil von knapp 60 Prozent.

Tabelle 15: Input und Output im Hörfunk-Strukturvergleich 1996

	Insgesamt	Öffentlich-rechtliche		Private	
		absolut	in v. H.	absolut	in v. H.
Frequenzen (Zahl)	1.201	946	78,8	255	21,2
Aufwand (Mio. DM)	5.425	4.458	82,2	967	17,8
Ertrag (Mio. DM)	5.162	4.093	79,3	1.069	20,7
Programmangebot (Std.)	1.906.092	512.252	26,9	1.393.840	73,1
Hörermarktanteil (v. H.)	100	-	58,2	-	41,8
[1] Anteil an der Zahl der Senderfrequenzen 1997; [2] Anteil an den gesendeten Programmstunden; [3] Hörermarktanteil					

Quelle: Berechnet aus den Angaben in Tabellen 2, 7, 8, 22 von Kapitel 11 sowie Böckelmann 1998, S. 61ff.

Das bedeutet im quantitativ ökonomischen Effizienzvergleich, dass der öffentlich-rechtliche Hörfunk

- pro Programmstunde (8.703 DM vs. 694 DM)[49] 12,5mal so teuer produziert wie der private Hörfunk, dass er allerdings
- pro Programmstunde fast viermal (3,79mal) mehr Reichweite erzielt als der private Hörfunk.

Für die Gesellschaft dürfte es vor allem wichtig sein, zu erfahren, was in der Relation von Output zu Input wirtschaftlicher ist, der öffentlich-rechtliche Hörfunk oder der private Hörfunk. Verwendet wird mithin folgender Begriff der Wirtschaftlichkeit[50]:

$$\text{Wirtschaftlichkeit} = \frac{\text{Output}}{\text{Input}}$$

[49] Diese Angaben, die im Wesentlichen den Studien der Landesmedienanstalten entstammen, stimmen nicht ganz überein mit den Angaben der ARD (vgl. Tabelle 14). Tabelle 14 bezieht sich indes nur auf die Landesrundfunkprogramme und enthält nicht alle Kosten.

[50] Wirtschaftlichkeit erfasst die Beziehung zwischen dem Produktionsergebnis und dem dafür erforderlichen Mitteleinsatz. Dafür kann man jeweils unterschiedliche Indikatoren verwenden.

Der Output des Rundfunks kann nicht wertmäßig, sondern nur mengenmäßig als erreichte Rezipientenzahl erfasst werden; Indikator ist der Hörermarktanteil. Der Input in den Rundfunkproduktionsprozess ist in diesem Fall, in dem es um gesellschaftliche Kosten gehen soll, das, was die Gesellschaft bezahlt, und das ist das, was die Rundfunkanstalten ihrerseits als Ertrag verbuchen. Indikator für den gesellschaftlich relevanten Input ist also der in Tabelle 15 ausgewiesene *Ertrag* der Veranstalter. Die Wirtschaftlichkeit mißt letztlich also die pro Input-Mark erzielten Marktanteilspunkte. Weil dies zunächst recht sperrige Zahlen ergibt, wird die Wirtschaftlichkeit normiert auf das Verhältnis:

$$\text{Wirtschaftlichkeit} = \frac{\text{Ein Marktanteilspunkt}}{\text{Ressourcenverbrauch in Mio. DM}}$$

Die Ergebnisse für die Jahre 1995 und 1996 zeigt Tabelle 16.

Tabelle 16: Ressourcenverbrauch pro Hörermarktanteilspunkt 1995 und 1996

	1995	1996
Öffentlich-rechtlicher Hörfunk		
- Ressourcenverbrauch (Mio. DM)	4.364	4.093
- Marktanteil in v. H.	58,6	58,2
- Verbrauch pro Marktanteilspunkt (Mio. DM)	74,5	70,3
Privater Hörfunk		
- Ressourcenverbrauch (Mio. DM)	1.049	1.069
- Marktanteil in v. H.	41,4	41,8
- Verbrauch pro Marktanteilspunkt (Mio. DM)	25,3	25,6

Quelle: Berechnet aus Tabelle 15 und den dort angegebenen Quellen.

Der öffentlich-rechtliche Hörfunk verbraucht pro Marktanteilspunkt 1996 70,3 Millionen DM, während der private Hörfunk pro Marktanteilspunkt nur 25,6 Millionen DM verbraucht. Öffentlich-rechtlicher Hörfunk produziert pro Programmstunde deutlich teurer als der private Hörfunk und dieser größere Aufwand schlägt sich in erheblich größeren Reichweiten nieder. Per Saldo aber ist die Wirtschaftlichkeit des privaten Hörfunks mit 0,0390625 fast dreimal (2,75mal) so groß wie die Wirtschaftlichkeit des öffentlich-rechtlichen Hörfunks mit 0,0142248 (Marktanteilspunkten pro Mio. DM). Dies ist dann ein, aber nur *ein* Indikator zur Beurteilung der Leistungen im dualen System.

5. Management

Management umfasst die Bereiche Planung, Führung, Organisation und Kontrolle (vgl. Kap. 10). Die wichtigsten Problemfelder dieser Bereiche sollen hörfunkorientiert vorgestellt werden. Dabei wird der Komplex der Führung nicht behandelt, weil Hörfunkspezifika hier unbeachtlich sind.

5.1. Planung

In einer strategischen Planung müssen die langfristigen Ziele des Unternehmens vor dem Hintergrund von Stärken und Schwächen des Unternehmens und des Marktes festgelegt werden und daraus müssen die grundsätzlichen Maßnahmen zur Sicherung der Entwicklung des Unternehmens abgeleitet werden. Von zentraler Bedeutung ist dabei die Analyse der Entwicklungspotenziale der Märkte unter ökonomischen und medienpolitischen Aspekten. Diese Entwicklungspotenziale sind für bundesweiten Hörfunk eher schlecht, für landesweiten Hörfunk gut und für lokalen Hörfunk problematisch. Die Position im Markt muss geplant werden, etwa das Format und die Wettbewerbsstrategie. Anschließend müssen daraus abgeleitet die betrieblichen Funktionsbereiche geplant werden. Von zentraler Bedeutung sind vor allem:

- die Produktionsplanung,
- die Personalplanung,
- die Planung von Marketing und Verkauf und
- die Kosten- und Finanzplanung.

Eine solche Planung lässt Risiken und Entwicklungsmöglichkeiten frühzeitig erkennen und ist eine Grundlage für die Plan-Ist-Vergleiche betrieblicher Kennziffern.

5.2. Organisation

In der *Aufbauorganisation* gibt es naturgemäß große Unterschiede zwischen den großen öffentlich-rechtlichen Hörfunkveranstaltern, die alle in eine Gesamtunternehmung integriert sind, die neben Hörfunk auch Fernsehen produziert und den überwiegend sehr kleinen privaten Veranstaltern, die in der Regel nur Hörfunkprogramme erstellen und zwar nur eins. Ein gutes Beispiel für eine Aufbauorganisation des öffentlich-rechtlichen Hörfunks, die sehr ausgeprägt eine Gliederung nach dem Objektprínzip realisiert, ist der Organisationsplan des WDR, der hier, beschränkt auf den Hörfunk, wiedergegeben ist. Wie Übersicht 4 zeigt, wird überwiegend, wie dies auch für die Aufgabe der Rundfunkproduktion angemessen ist, nach Objekten gegliedert:

- nach Programmen („Wellen"),
- zusätzlich nach Inhalten (z.B. Musik, künstlerisches Wort und journalistisches Wort, oder Musik und Politik) und
- ergänzend nach Regionen (Studio Düsseldorf, Studio Dortmund usw.).

Sehr deutlich wird auch das Ein-Mann-Prinzip der Geschäftsführung beim WDR realisiert. So gibt es eine Hörfunkdirektorin insgesamt und so genannte „Wellenchefs" für die Programme. Diese Objektgliederung wird ergänzt um eine Gliederung nach dem Verrichtungsprinzip für Hilfsfunktionen wie Planung, Präsentation und Mittelbewirtschaftung.

Übersicht 4: Organisationsplan für den WDR-Hörfunk 1998

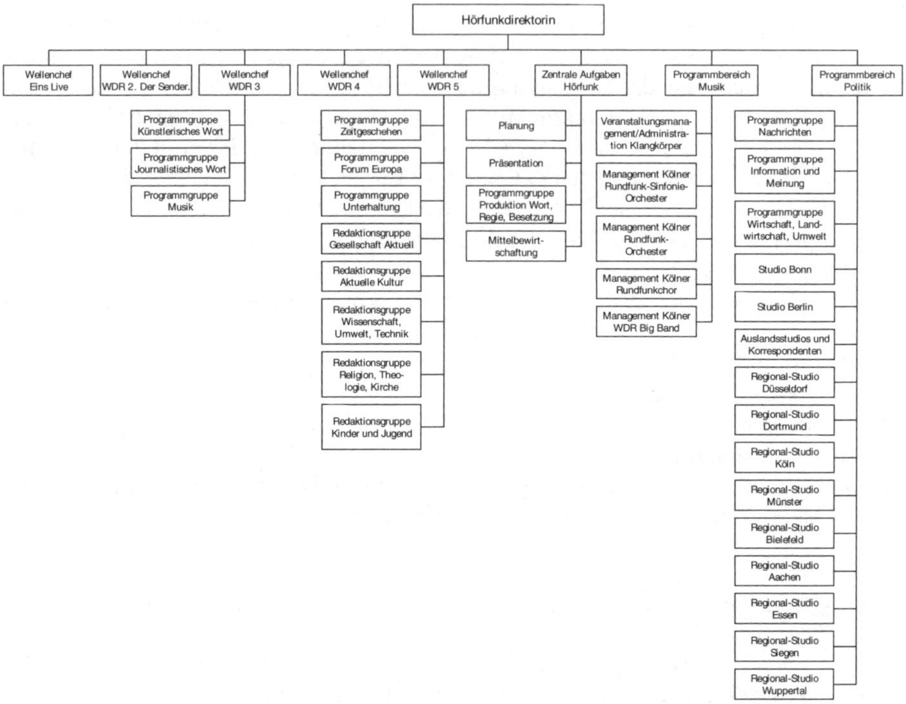

Quelle: WDR.

Kleine private Hörfunkveranstalter sind demgegenüber viel einfacher strukturiert, weil sie als sehr kleine Organisationen nur sehr wenige Organisationseinheiten benötigen. Ein gutes Beispiel ist der Organisationsplan von Radio 91,2, dem Lokalradio in Dortmund.

Übersicht 5: Organisationsplan von Radio 91,2 Dortmund 1998

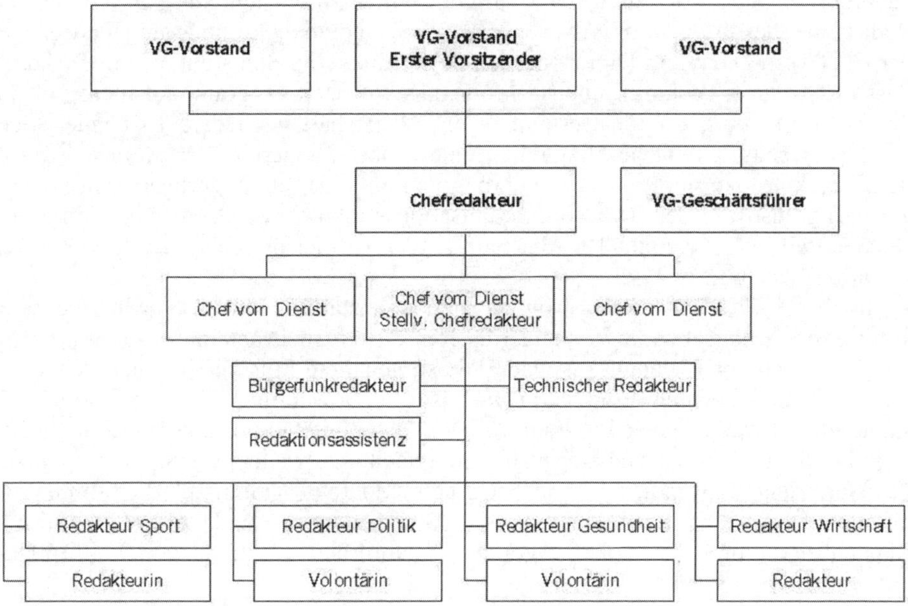

Quelle: Radio 91,2.

Dieser Organisationsplan (Organigramm) trägt zum einen den Besonderheiten des nordrhein-westfälischen Lokalfunkmodells, dem sog. „Zwei-Säulen-Modell" Rechnung. Dieses Zwei-Säulen-Modell versucht die Quadratur des Kreises, die privatkommerzielle Finanzierung eines am Gemeinwohl orientierten lokalen Hörfunkprogramms (§24 LRGNW) zu verwirklichen. Veranstalter des Programms ist eine Veranstaltergemeinschaft (als Verein), die sich aus den gesellschaftlich relevanten Gruppen zusammensetzt (§§25, 26 LRGNW). Diese Veranstaltergemeinschaft hat die alleinige Programmverantwortung (§25, Abs. 1 LRGNW). In diesem Sinne ist der Vorstand der Veranstaltergemeinschaft (VG) oberstes Leitungsorgan, dessen operative Aufgabe der VG-Geschäftsführer übernimmt. Die Finanzierung des Programms erfolgt durch die sog. Betriebsgesellschaft (BG), die der VG die notwendigen Mittel zur Programmproduktion und Programmausstrahlung zur Verfügung stellen muss. Dafür darf die BG im lokalen Hörfunkprogramm Werbung ausstrahlen; die Finanzierung erfolgt also über Werbeeinnahmen[51]. Formal hat die BG keinen Einfluss auf das Programm, allerdings darf der Chefredakteur nur mit Zustimmung der BG eingestellt und entlassen werden (§28 LRGNW). Der Chefredakteur hat also

[51] Das Zwei-Säulen-*Modell* zeugt von Phantasie und Logik; der Logik der Trennung von Programmveranwortung und Programmfinanzierung und der Phantasie eines handhabbaren Regelungsmodells. In der Praxis ist der Einfluß des Marktes indes sehr groß, weil Reichweiten des Lokalfunks die Finanzierungsgrundlage bleiben und weil alle Programm-Macher wissen, dass ihr Arbeitsplatz von ausreichenden Reichweiten abhängt.

eine zentrale Position als Verbindungselement zwischen den zwei Säulen, die noch dadurch verstärkt wird, dass der Chefredakteur letztlich über die Einstellung der Redakteure bestimmt (§28, Abs. 3 LRGNW). Operative Leitungsaufgaben erfüllt der Chef vom Dienst im Dreierwechsel, zugeordnet sind Stabsfunktionen (Redaktionsassistenz und Technik), und nachfolgend wird nach Programminhalten grob in die Bereiche Sport, Politik, Gesundheit und Wirtschaft gegliedert. Es handelt sich um eine vierstufige flache Hierarchie, eine grobe Gliederung der Aufgaben nach dem Objektprinzip mit Projektorientierung und um eine relativ geringe Stellenspezialisierung, also um den Typ von Organisationsstruktur, der als Ad-hoc-Kratie bezeichnet wird (vgl. Kapitel 10, Abschnitt 2.10.) und der dem Typ der Aufgabe des Lokalfunks angemessen ist.

In der *Ablauforganisation* von Hörfunkveranstaltern wird versucht, die sehr komplexen Arbeitsabläufe zu standardisieren, also Arbeitsabläufe zu programmieren. Von zentraler Bedeutung ist dabei die so genannte Stundenuhr, auch Sendeuhr oder Hot Clock genannt. Eine *Stundenuhr* ist die grafisch in Form einer Uhr dargestellte Grundstruktur einer Programmstunde. Die Einteilung erfolgt im Minutentakt pro Stunde und ergänzend sogar im Sekundentakt, wenn eine sekundengenaue Strukturierung notwendig ist, wie bei einem Mantelprogramm für Lokalfunkprogramme. Übersicht 5 zeigt als Beispiel die Stundenuhr von Radio NRW, die für die Mantelprogrammzeit der Lokalprogramme in Nordrhein Westfalen von 9 bis 16 Uhr gilt.

Übersicht 5: Stundenuhr von Radio NRW 1998

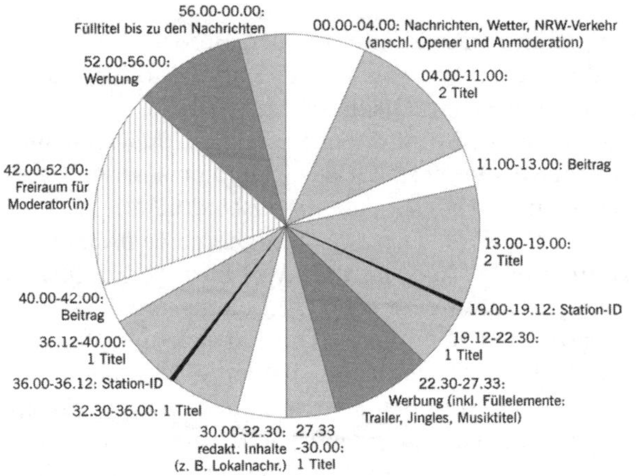

Quelle: Radio NRW.

Diese Stundenuhr gibt eine genaue zeitliche Strukturierung der vier Programmelemente Wort, Werbung, Verpackung und Musik vor. So beginnt die Mantelprogrammstunde jeweils mit vier Minuten Nachrichten, Wetter und Verkehrsmeldungen, es folgen sieben Minuten Musik, die genau geplant werden. So wird als Opener, als erster Titel einer Sendestunde, gerne ein Titel mit hohem Wiedererkennungswert, positiver Anmutung und flottem Tempo eingesetzt und als Fülltitel zwischen der Werbung bis Minute 56 und den Nachrichten zum Beginn jeder Stunde wird bei Radio NRW z.B. der „Hit der Stunde" eingespielt, ein beliebter Musiktitel mit großer Rotation. Es folgen dann in der Minute 11 bis 13 Wortbeiträge, dann wieder zwei Musiktitel und die Station-ID, die Senderkennung in Form eines Jingles von 12 Sekunden Dauer, das zur Identifizierung des eingeschalteten Programms dient, dann wieder ein Musiktitel, diesmal mit einer Dauer von 3 Minuten und 18 Sekunden. Für die Werbung ist nach jeweils 22 Minuten und 30 Sekunden eine Zeit von fünf Minuten und drei Sekunden eingeplant. Hier müssen auch Füllelemente eingesetzt werden, weil nicht jede Werbezeit ausgebucht ist. Der Rest der Zeit folgt einem ähnlichen Strukturmuster. Nach solchen Prinzipien sind im Grunde alle Stundenuhren strukturiert. Diese sind für private Veranstalter üblich, für öffentlich-rechtliche Veranstalter meist noch Diskussionsgegenstand.

Das Ordnungsprinzip der Stundenuhr ist die Zeit im Gegensatz zum Ordnungsprinzip Raum für das Layout von Zeitungen und Zeitschriften. Die *Funktionen der Stundenuhr* sind:

- die Rationalisierung der redaktionellen Arbeit,
- die Sicherung eines Mindeststandards an Programmqualität,
- die Unterstützung der Formatbildung, um das Programm als Marke für die Hörer erkennbar zu machen und
- eine Hilfestellung, damit der Hörer sich im Programm zurecht findet.

Die Stundenuhr hat also eine zentrale Bedeutung sowohl für das Management (in Form der Programmierung der Arbeitsabläufe) als auch für das Marketing (in Form der Produktgestaltung).

Neben der Stundenuhr als Instrument der zeitlichen Strukturierung des Programms werden eine Fülle von *Leitfäden für die inhaltliche Programmgestaltung* konzipiert und realisiert. Solche Leitfäden haben im Prinzip die gleichen Funktionen wie die Stundenuhren:

- Sie rationalisieren die Arbeit (wir sagen immer „in der kommenden Woche" statt „in der nächsten Woche").
- Sie sichern einen Mindeststandard an Programmqualität (Regeln zur Nachrichtenauswahl oder zur sprachlichen Gestaltung, z.B. einen Begriff oder eine Person immer gleich zu benennen).
- Sie verleihen dem Programm die gewünschte Anmutung (Hörer werden z.B. immer mit „Sie" oder in anderen Programmen immer mit „Du" angeredet).
- Sie versuchen, die Hörer zu halten.

Als ein Beispiel sei folgende Empfehlung als Teil eines umfassenden Programmleitfadens wiedergegeben:

> Radio ist ein Nebenbei-Medium. Es wird gerade dann gehört, wenn es die persönliche Situation des Hörers zuläßt oder nahelegt, und wird dann abgeschaltet, wenn eben diese Situation es erforderlich macht, abzuschalten. Wir können dieses Abschalten nur hinauszögern, aber nicht grundsätzlich verhindern. Wir zögern das Abschalten am besten dadurch hinaus, dass wir dem Programm Tempo verleihen. Durch häufige, schnelle Wechsel im Programm und mit der Tatsache, dass immer wieder was Neues kommt, wird der Hörer ständig wieder zum Dabeibleiben animiert. Das genaue Gegenteil dieser Vorgehensweise ist ein längerer Programmbeitrag, der dem Hörer über mehrere Minu-

> ten Gelegenheit gibt, auszusteigen. Aus diesem Grunde sind auch monothematische Sendungen immer programmschädlich, da alle an diesem einen Thema nicht sonderlich interessierten Hörer dabei mit Sicherheit um- oder abschalten. Die Konsequenzen daraus lauten:
>
> 1. Der einzelne Wortbeitrag darf nicht länger als 1 Minute 30 sein. Der Hörer weiß somit, dass auch ein weniger interessanter Beitrag gleich vorbei ist.
>
> 2. Zwei Takes zu dem gleichen Thema müssen vermieden werden. Der nicht interessierte Hörer kann keine bessere Rechtfertigung zum Umschalten oder Aussteigen finden.
>
> 3. Durch Teasing muß das, was gleich kommt, angekündigt werden. Zu wissen, dass gleich ein Beitrag kommt, der interessant sein könnte, ist der beste Grund, dabeizubleiben.
>
> Dieser Funktion des Nebenbei-Mediums tragen wir mit kurzer und leicht konsumierbarer Kost Rechnung. Das müssen wir nicht nur in der Länge der Beiträge, Meldungen und Moderationen berücksichtigen, sondern auch bei der sprachlichen und dramaturgischen Gestaltung, sowie der Tiefe, in der einzelne Themen aufbereitet werden.

Um nicht mißverstanden zu werden, sei darauf verwiesen, dass dies nur ein Beispiel für eine Programmierung in der Ablauforganisation eines Hörfunkprogrammveranstalters ist. Ob ein Wortbeitrag wirklich nicht länger als eine Minute dreißig sein soll oder darf, das zu entscheiden, ist Aufgabe der Publizistik bzw. der Journalistik. Im Rahmen einer Medienökonomie ist es nur wichtig zu erkennen, *dass* rationalisiert, programmiert, strukturiert und vereinheitlicht wird, dass dies ökonomisch sinnvoll ist und dass dies bedauerlich ist, wenn die üblichen Maßstäbe publizistischer Qualität oder publizistischen Niveaus angelegt werden. Wichtig erscheinen (und sind vermutlich auch) Verpackungselemente, Zeitstrukturen, Anmutungen, Tempi und eine Harmonie von Rhythmus, Dynamik und Lautstärke; Inhalte scheinen einem irreversiblen Bedeutungsverlust zu unterliegen.

5.3. Kontrolle

Hörfunkunternehmen kontrollieren ihre Aktivitäten mit den in Kapitel 10 beschriebenen Kontrollinstrumenten, mit Kosten- und Leistungsrechnungen, mit Planungsrechnungen und mit Deckungsbeitragsrechnungen – idealiter. Bei den vielen sehr kleinen privaten Hörfunkveranstaltern ist eine detaillierte Kontrollrechnung indes häufig gar nicht möglich, weil das Personal fehlt. Hinzu kommt für alle Veranstalter, dass eine detaillierte Erfassung der Leistung in Form von sendungsbezogenen Reichweiten nicht existiert. Die Leistung wird hier, viel globaler als beim Fernsehen, lediglich sehr grob in Form von Viertelstundenreichweiten der zeitbezogenen Programmstrukturen erfasst und dies auch nur in ausgewählten Befragungszeiträumen. Die Reichweiten einzelner Sendungen oder Beiträge sind niemals bekannt. Daher sind Deckungsbeitragsrechnungen allenfalls global möglich und mithin nur sehr begrenzt sinnvoll. Detaillierte Deckungsbeitragsrechnungen sind auch weniger dringlich als im Fernsehen, weil die Strukturen der Hörfunkprogramme relativ einheitlich von leichter Musik dominiert werden und relativ einheitliche Wortelemente enthalten und weil die Produktionskostenunterschiede zwischen den Programmsparten – mit Ausnahme der beiden Ausreißer „Leichte Musik“ (28 DM pro Minute) und „Hörspiel“ (528 DM pro Minute, vgl. Tabelle 14) recht gering sind. Im

Hörfunk gibt es keine Top-Sendungen wie im Fernsehen etwa „Wetten, dass..?“ oder die Fußballweltmeisterschaft (und wenn es sie gäbe, würde man dies nicht wissen). Daher ist Kontrolle im Hörfunk – neben einer üblichen unspezifischen Kostenkontrolle – vor allem eine globale Programmkontrolle.

Eine *globale Programmkontrolle* umfasst folgende Schritte:

1. Eine Beschreibung der Lage (Marktsituation):
- Auswahl geeigneter/erhältlicher Indikatoren,
- Lage im Verhältnis zur Konkurrenz und zur Vergangenheit.
2. Eine Analyse der Lage (Marktanalyse):
- Identifikation der relevanten Konkurrenz,
- Analyse der Situation der Konkurrenz nach Zeitstrukturen und nach soziodemographischen Gruppen.
3. Eine Analyse des Programms
- nach Inhalten und Präferenzen und
- nach professioneller Qualität.

Die *Lagebeschreibung*: Die Effizienz eines Programms lässt sich mit den in der Media-Analyse erhobenen Indikatoren beschreiben, mit Bekanntheitsgrad, weitester Hörerkreis, Hördauer, Verweildauer oder Hörer gestern (vgl. Kapitel 11, Abschnitt 4.1.). Alle diese Indikatoren haben eine spezifische Aussagekraft. Wenn aus Gründen der Operationalität nur ein Indikator verwendet werden kann, wird in der Regel der Indikator „Hörer gestern“ gewählt. Ergänzend wären qualitative Programmbewertungen (z.B. „ist wichtig“ oder „gefällt mir gut“) sehr hilfreich; diese sind aber in der Regel nur auf die Programmgattung bezogen erhältlich, nicht auf den Veranstalter bezogen. Mit diesen Indikatoren kann der Programmerfolg im Verhältnis zur Konkurrenz und zur Vergangenheit abgebildet werden. Als Beispiel einer groben Lagebeschreibung nach dem Indikator „Hörer gestern“ sei die Marktsituation des Hörfunks in Nordrhein Westfalen 1998 abgebildet.

Übersicht 6: Marktsituation des Hörfunks in Nordrhein-Westfalen 1998

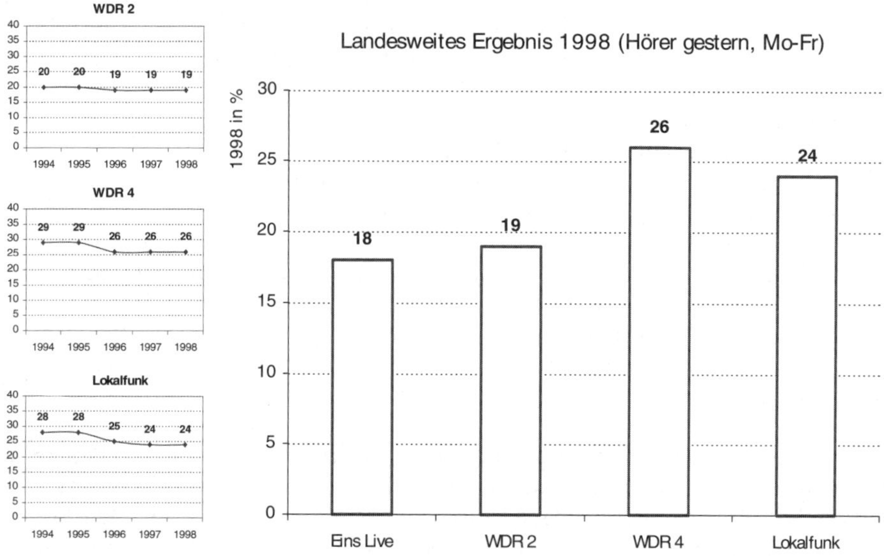

Quelle: EMA NRW.

Die *Lageanalyse* – hier beispielhaft aus der Sicht des Lokalfunks skizziert – muss zunächst einmal die nach Rezipientenzielgruppen relevante Konkurrenz identifizieren. Die Konkurrenz des Lokalfunks ist WDR 2, ein serviceorientiertes Vollprogramm mit einem großen Anteil an Hörern der wichtigen Altersgruppe der 30 – 49jährigen und Eins Live, ein Jugendprogramm mit einem hohen Anteil an jüngeren Hörern der Altersgruppe der 14 – 29jährigen, weil diese Altersgruppen für die werbungtreibende Wirtschaft relevant sind. Kein relevanter Konkurrent des privaten Lokalfunks ist WDR 4, ein Programm für eher ältere Menschen (das Durchschnittsalter der Hörer beträgt für WDR 4 58,8 Jahre; MA 98 II). Eine Lageanalyse müsste dann die Stundenreichweiten über den Tagesverlauf zwischen diesen drei Programmen vergleichen und nach Altersgruppen differenzieren. Wenn der Lokalfunk beispielsweise in der Hauptnutzungszeit zwischen 7 und 8 Uhr am meisten von den Hörern über 50 Jahre gehört wird, ist dies ein Grund, das Programm zu überdenken.

Die *Programmanalyse* muss Programme und Programmpräferenzen angleichen. Programmpräferenzen sind meist rudimentär bekannt (vgl. Abschnitt 2), ergänzend sollten spezielle Präferenzen für Lokalprogramme herangezogen werden, wenn sie denn erhältlich sind. Übersicht 7 stellt zusammen, was die Hörer von Lokalprogrammen einerseits für wichtig, andererseits für gut halten.

Übersicht 7: Programmpräferenzen von Lokalfunkhörern

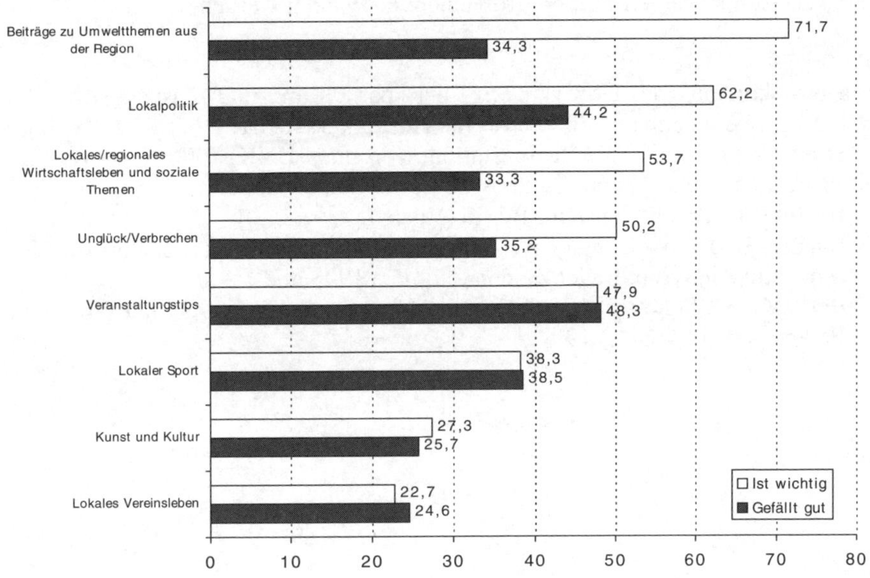

Quelle: Infratest Kommunikationsforschung 1993.

Wenn jetzt *zum Beispiel* deutlich wird, dass der Lokalfunk in der Zeit zwischen 16 und 18 Uhr besonders weit hinter WDR 2 und Eins Live zurückliegt, dass in dieser Zeit überdurchschnittlich viele jüngere Menschen Radio hören, dass sich jüngere Menschen relativ wenig für lokale Informationen interessieren und dass in dieser Zeit das Lokalradio ein Programm ausstrahlt, das etwa „unsere Stadt heute" heißt, dann ist dies ein Hinweis darauf, dass es sinnvoll sein könnte, diesen Programmplatz anders zu besetzen. Dieses Beispiel soll zeigen, wie komplex Programmanalysen sind.

Zusammenfassung

Hörfunk ist ein aktuelles, billiges und mobiles Massenmedium; er ist ein im Nutzungsumfang überragender Tagesbegleiter vor allem für aktuelle politische Information und für Musikunterhaltung. An das Marketing stellt eine so wenig konturierte Wertschätzung erhebliche Anforderungen. Es wird versucht, durch eine Produktpolitik in der Art der Formatbildung und durch eine ungemein vielfältige und lebendige Werbung Hörer zu gewinnen und an das Programm zu binden. Die Wirtschaftlichkeit der Programmtypen ist sehr unterschiedlich: Profitabel produziert der landesweite private Hörfunk, etwa Kostendeckung erreicht der lokale Hörfunk, und erhebliche Verluste erzielt der bundesweite Hörfunk im Durchschnitt. Wesentlich teurer produziert der öffentlich-rechtliche Hörfunk; im Output-Input-Vergleich ist der private Hörfunk fast dreimal so wirtschaftlich wie der öffentlich-rechtliche Hörfunk. Das Management im Hörfunk ist meist nur rudimentär entwickelt, detailliertere

Kosten- und Leistungsrechnungen können wegen der fehlenden Leistungsmessung und der meist nur kleinen Betriebsgröße nicht entwickelt werden.

Literatur

Die Mikroökonomik des Hörfunks wird nur spärlich und in Teilaspekten beschrieben. Eine gut verwendbare Analyse für die Hörfunkpraxis ist

- Sturm, R.; J. Zirbik, Die Radio-Station, Konstanz (UVK) 1996.

Zahlreiche, auch mikroökonomische Aspekte werden behandelt in

- Hörfunk-Jahrbuch (jährlich), Berlin (Vistas),
- Bucher, H.-J.; W. Klingler, C. Schröder (Hrsg.), Radiotrends. Formate, Konzepte und Analysen, Baden-Baden (Nomos) 1995 und
- Barth, C.; C. Schröter (Hrsg.), Radioperspektiven. Strukturen und Programme, Baden-Baden (Nomos) 1997.

13. Kapitel

Makroökonomik des Fernsehens – Volumen und Struktur des Fernsehsektors in Deutschland

Fernsehen in Deutschland beginnt am 22. März 1935 in Berlin mit einem Versuchsprogramm dreimal pro Woche von 20.00 bis 22.00 Uhr. Private Empfangsgeräte gab es zunächst nicht; zu sehen war das Programm in einigen öffentlichen Fernsehstuben. Zuständig war skurrilerweise zunächst der Reichsminister für Luftfahrt, später auch das Propagandaministerium. Nach dem Zusammenbruch des „Dritten Reiches" und nach Übertragung der Rundfunkkompetenzen auf die Länder beginnt der NWDR (der Nordwestdeutsche Rundfunk der vier Länder Hamburg, Niedersachsen, Nordrhein-Westfalen und Schleswig-Holstein) am 27. November 1950 mit einem Fernsehversuchsbetrieb, und ab dem 25. Dezember 1952 strahlt der NWDR einen regelmäßigen täglichen Programmdienst aus. Vier Tage vorher, am 21. Dezember 1952, pünktlich zum Geburtstag von Stalin, startet das offizielle Versuchsprogramm des DFF, des „Deutschen Fernsehfunks" der DDR.

Weil Fernsehen sehr viel teurer zu produzieren war als der Hörfunk (Stuiber berichtet von 500 DM pro Fernsehminute gegenüber 25 DM pro Hörfunkminute; Stuiber 1998, S. 214), war von Beginn an klar, dass Fernsehen von den Landesrundfunkanstalten nur gemeinsam veranstaltet werden sollte. So beginnt am 1. November 1954 das Gemeinschaftsprogramm der in der ARD zusammengeschlossenen Landesrundfunkanstalten „Deutsches Fernsehen". Und am 1. April 1963 erfolgt der Sendestart des „Zweiten Deutschen Fernsehens" (ZDF), dem zweiten öffentlich-rechtlichen Fernsehprogramm. Im Gegensatz zum Hörfunk war Fernsehen mithin von Anfang an bundesweit konzipiert und realisiert worden.

Das Fernsehgerät ist, neben dem Radio, das dominierende Ausstattungselement im Bereich der Unterhaltungselektronik. Dies zeigt die jährlich im Rahmen der Media Analyse erhobene Geräteausstattung der deutschen Haushalte: 98,7 Prozent der Personen leben in einem Haushalt mit einem Fernsehgerät, 26,4 Prozent der Personen leben in einem Haushalt mit mehr als einem Fernsehgerät, in der Regel ist es ein Farbfernsehgerät mit Fernbedienung (vgl. Kapitel 6, Tabelle 2).

Im Folgenden werden das Volumen und die Struktur der Fernsehwirtschaft beschrieben und analysiert. Im ersten Abschnitt wird mit einer Darstellung von Umfang und Struktur des Fernsehprogrammangebots ein quantitativer Überblick über die publizistische Leistung des Fernsehens gegeben. Im zweiten Abschnitt wird die wirtschaftliche Bedeutung anhand der Indikatoren Erwerbstätigkeit und Produktionswert dargestellt, und im dritten Abschnitt wird mit einer Zusammenstellung von Angebotsleistungen des Fernsehens und Nachfrage nach Fernsehleistungen auf die erstaunliche Schere zwischen Angebot und Nachfrage verwiesen. Im vierten Abschnitt werden die Unternehmens- und Konzernkonzentration dargestellt und anschließend im fünften Abschnitt die Möglichkeiten der Wettbewerbspolitik erörtert, bevor im sechsten Abschnitt die Konzentration der Veranstaltergruppen ausgewiesen wird. Im siebenten Abschnitt wird zunächst die Marktstruktur und die Marktentwicklung allgemein beschrieben, bevor im achten Abschnitt die verschiedenen Ausprägungen des Fernsehens unterschieden werden.

- Mit Nachdruck wird von mir und anderen (vgl. z.B. Maier-Rabler/Sutterlütti 1996) beklagt, dass eine amtliche Statistik fehlt[52], und mit Nachdruck wird der Gesetzgeber aufgefordert, ein entsprechendes Statistikgesetz zu erlassen. Solange eine solche Statistik fehlt, muss auf Angaben der Veranstalter, auf Verbandsstatistiken und Erhebungen der Institutionen, insbesondere der Landesmedienanstalten, zurückgegriffen werden, die nicht regelmäßig erscheinen und nicht generell kompatibel sind.

1. Umfang und Struktur des Fernsehprogrammangebots in Deutschland

Im Folgenden werden Fernsehveranstalter als Lizenzträger, also als rechtliche, nicht als wirtschaftliche Einheit erfasst, die ihren Sitz in Deutschland haben. Ausländische Programme, die in Deutschland empfangen werden können, werden nicht einbezogen, auch wenn sie in das Kabelnetz eingespeist werden. Hierzu gehören insbesondere CNN, Euro News, Eurosport, MTV Europe, NBC-Super Channel, TV Polonia, TV 5 Europe, TRT-INT. Offene Fernsehkanäle, die selbstgestalteten und selbstverantworteten Fernsehbeiträge von Bürgern, gefördert von den Landesmedienanstalten und nicht kommerziell betrieben, werden hier ebenfalls nicht einbezogen. Sie sind gleichwohl von großer medienpolitischer Bedeutung: Rund 60 offene Kanäle werden inzwischen in Deutschland betrieben und senden in beachtlichem Umfang (vgl. Schurig 1997, S. 130ff.). Nur ihre statistische Erfassung ist schwierig.

Fernsehveranstalter senden meist jeweils ein Programm, in einigen Fällen sind es auch mehr als ein Programm. So veranstaltet „VIVA Fernsehen GmbH & Co. KG, Köln“ die Programme „VIVA“ und „VIVA ZWEI“ und der Veranstalter der landesweiten Fensterprogramme von RTL und SAT.1 von Hamburg, Niedersachsen/Bremen und Schleswig-Holstein sendet jeweils drei Programme. Und die öffentlich-rechtlichen Veranstalter senden ebenfalls mehrere Programme. Im Zweifel werden Programme erfasst, weil vor allem Struktur und Volumen der Produktion wiedergegeben werden soll.

Die folgende Tabelle 1 zeigt die Struktur des Programmangebots der Fernsehveranstalter in Deutschland 1997, gegliedert nach Organisationsform der Veranstalter, Programmtyp und regionaler Reichweite. Ausgewiesen ist die Zahl der Programme, die tägliche Sendezeit und ergänzend die Zahl der Mitarbeiter, um einen Eindruck vom Input in das jeweilige Programmangebot zu erhalten.

---

52 So weiß man z.B. amtlich, wie viele Topfprimeln in Bayern 1996 produziert worden sind (3.036.000 Stück), aber nicht, welchen Umfang die Programmproduktion der Rundfunkveranstalter erreicht oder wie viele Mitarbeiter der Fernsehsektor beschäftigt.

Tabelle 1: TV-Programme in Deutschland 1997

	Zahl	Sendezeit[2)]	Mitarbeiter[3)]
A. Private Programme[1)]	293	872	6691
1. Bundesweite Programme; davon:	24	571	5673
1.1. Vollprogramme	6	144	4463
1.2. Spartenprogramme	13	315	265
1.3. Pay-Programme	3	64	692
1.4. Einkaufsprogramme	2	48	253
2. Landesweite Programme (Fensterprogramme für RTL und SAT.1)	15	6	267
3. Ballungsraumprogramme	14	295	751
4. Lokale Programme[4)]	ca. 240	k. A.	k. A.
B. Öffentlich-rechtliche Programme	28	333	16.844[5)]
1. Bundesweite Programme	15	316	15.984[6)]
1.1. Vollprogramme	3	72	3.642[6)]
1.2. Spartenprogramme	4	61	3.086[6)]
1.3. Dritte Programme	8	183	9.257[6)]
2. Regionale Programme (regionale Vorabendprogramme)	13	17	860[6)]
C. Fernsehsektor insgesamt	321	1.205	23.535

[1)] Ohne dctp und Kanal 4, deren zahlreiche Fernsterprogramme im Programm von RTL, SAT.1 und VOX enthalten sind
[2)] ∅ tägliche Sendezeit in Stunden
[3)] Feste Mitarbeiter
[4)] Diese Lokalprogramme senden meist mit sehr geringer Reichweite und geringer Sendezeit.
[5)] Die Mitarbeiter der ARD wurden zu 58 Prozent dem Fernsehsektor zugerechnet = 13.023 Mitarbeiter.
[6)] Die Gesamzahl 16.844 wird aufgeteilt nach Sendezeitenanteil

Quelle: Veranstalterangaben, ALM 1998, DLM 1998.

Erstaunlich ist die *Fülle des Programmangebots*, der quantitative Umfang und die strukturelle Unterschiedlichkeit der Programmangebote. Angeboten werden 321 im Prinzip unterschiedliche Fernsehprogramme. Lässt man die nach Sendezeit und Reichweite quantitativ unbedeutenden Lokalprogramme unberücksichtigt, bleiben immer noch 82 unterscheidbare Fernsehprogramme mit einer täglichen Sendezeit von insgesamt 1.205 Stunden; ganz überwiegend umfasst die durchschnittliche tägliche Sendezeit jeweils 24 Stunden. Der durchschnittliche Rezipient, der täglich 158 Minuten fernsieht (Massenkommunikation V, S. 53) kann von diesem Angebot statistisch gesehen nur den winzigen Bruchteil von 0,22 Promille nutzen. Anders formuliert: Um die tägliche Sendezeit von 1.205 Stunden konsumieren zu können, müsste ein Rezipient gut 50 Tage Tag und Nacht fernsehen. Oder noch einmal anders formuliert: Bei gleicher Verteilung des Programmangebots auf die 34 Millionen TV-Haushalte ergäben sich 458 Nutzergruppen mit einem jeweiligen Umfang von rund 75.000 Rezipienten. Damit rückt die statistische Durchschnittsreichweite der Fernsehprogramme in die Nähe von Livekonzerten oder Bundesligafußballspielen.

Wählt man als Grundgesamtheit die ausgewiesenen Programme ohne Lokalprogramme und ohne die landesweiten Fensterprogramme, also insgesamt 66 Programme mit einer Sendezeit von 1.199 Stunden und 25.634 Mitarbeitern, lässt sich die *Struktur des Programmangebots* angemessen verdeutlichen. Wie Tabelle 2 zeigt, bestreitet das öffentlich-rechtliche Fernsehen 42 Prozent der Programme mit 28 Prozent der Sendezeit und 75 Prozent der Mitarbeiter. Das private Fernsehen bestreitet 58 Prozent der Programme und 72 Prozent der Sendezeit mit 25 Prozent der Mitarbeiter. Dominierende Programmreichweite ist die bundesweite Ausstrahlung mit 59 Prozent der Programme, 74 Prozent der Sendezeit und 93 Prozent der Mitarbeiter. Regionalprogramme bestreiten nur ein Prozent der Sendezeit, während das Ballungsraumfernsehen immerhin 25 Prozent der Sendezeit füllt. Als Programmform dominiert das Vollprogramm mit 67 Prozent der Programme, 59 Prozent der Sendezeit und 82 Prozent der Mitarbeiter.

Tabelle 2: Struktur des Fernsehprogrammangebots 1997

	Zahl der Programme		**Ø tägliche Sendezeit**		**Mitarbeiter**	
	absolut	**in v. H.**	**absolut**	**in v. H.**	**absolut**	**in v. H.**
1. Organisationsform						
öffentlich-rechtlich	28	42	333	28	19.210	75
privat	38	58	866	72	6.424	25
2. Räumliche Reichweite						
Bundesweit	39	59	887	74	23.903	93
Regional	13	20	17	1	981	4
Ballungsraum	14	21	295	25	751	3
3. Programmform						
Vollprogramm	44	67	711	59	20.905	82
Spartenprogramm[1)]	22	33	488	41	4.729	18
[1)] Einschließlich der Pay-Programme und Einkaufsprogramme						

Quelle: Berechnet aus Tabelle 1.

Bundesweit zu empfangen sind 39 Programme, die sicher auch weitgehend die Vorstellung des Rezipienten vom Fernsehprogrammangebot prägen. Wegen der unterschiedlichen Vertriebs- und Empfangssysteme können diese 39 Programme allerdings nicht von jedem Haushalt empfangen werden. Der *durchschnittliche* Fernsehhaushalt konnte Ende 1997 34 verschiedene Programme empfangen (Darschin/Frank 1998, S. 154). Wieviel Fernsehprogramme in Deutschland überhaupt empfangbar sind, hängt ab vom individuellen Empfangssystem: Allein über das Astra-Satellitensystem werden zusätzlich zu den bisher aufgeführten Programmen 54 weitere Programme ausgestrahlt. Mithin kann ein TV-Haushalt, der über eine geeignete Satellitenempfangsanlage verfügt, in Deutschland rund 100 überregionale Programme empfangen. Während die Zahl der angebotenen Programme insgesamt mit 321 Fernsehprogrammen in der Größenordnung der Zahl der 241 Hörfunkprogramme entspricht (1997), ist das durchschnittliche Programmangebot, das pro Kopf der Rezipienten empfangen werden kann, im Fernsehen mit ca. 34 Programmen wesentlich größer als im Hörfunk mit etwa zehn Programmen.

2. Gesamtwirtschaftliche Bedeutung des Fernsehsektors

Die gesamtwirtschaftliche Bedeutung des Fernsehens soll anhand der beschriebenen Indikatoren Produktionswert, Bruttowertschöpfung und Erwerbstätige ausgewiesen werden (vgl. Kapitel 11, Abschnitt 2). Leider sind diese Indikatoren nicht generell separat verfügbar, daher muss insbesondere auf den Indikator „Einnahmen" als Ersatzgröße für den Indikator Produktionswert zurückgegriffen werden. Der Unterschied ist indes nicht erheblich, er besteht lediglich in den Änderungen des Bestandes an selbst erstellten Gütern. Die Einnahmen sind für den öffentlich-rechtlichen Rundfunk vollständig in den Jahrbüchern von ARD und ZDF ausgewiesen, eine Trennung nach Hörfunk und Fernsehen ist für Gebühren und Werbeeinnahmen ausgewiesen; für sonstige Einnahmen (z.B. Verwertungserlöse und Zinsen) muss die Aufteilung geschätzt werden. Für private Fernsehveranstalter sind die Einnahmen als Nettowerbeeinnahmen ausgewiesen und für den Pay-TV-Bereich als Veranstalterangaben erhältlich. Für eine Darstellung der langfristigen Entwicklung wird auf diese kompilierten Daten zurückgegriffen; eine Beschreibung der gegenwärtigen Wirtschaftsstruktur kann auf die Studien der Landesmedienanstalten (DLM 1997 und DLM 1998) zurückgreifen.[53]

Tabelle 3 zeigt die *Entwicklung der Einnahmen* der Fernsehveranstalter von 1982 bis 1997. Folgende Grundlinien der Entwicklung sind zu erkennen:

- Die Einnahmen insgesamt sind um 12.395 Millionen DM gestiegen, dies ist eine Zunahme um 317 Prozent.
- Die Einnahmen der öffentlich-rechtlichen Veranstalter haben sich knapp verdreifacht, eine Zunahme von 189 Prozent im Zeitraum von 15 Jahren.
- Seit 1992 stagnieren die Einnahmen der öffentlich-rechtlichen Veranstalter, insbesondere die Werbeeinnahmen sinken deutlich.
- Die privaten Veranstalter konnten eine kräftige Zunahme ihrer Einnahmen verbuchen, sie sind die Gewinner im Strukturwandel des Rundfunksektors: Der private Fernsehmarkt ist der eigentliche Wachstumskern im Medienmarkt.

Insgesamt ist der Fernsehsektor indes ein Sektor von nur kleiner ökonomischer Bedeutung. Der Produktionswert von rund 16 Mrd. DM im Jahre 1997 entspricht etwa dem von IBM Deutschland oder der Ruhrgas AG.

[53] Die Werte stimmen in der Größenordnung überein: Dort wird für 1995 ein Produktionswert von 14.590 Mio. DM ausgewiesen, hier Gesamteinnahmen von 13.154 Mio. DM.

Tabelle 3: Einnahmen der Fernsehveranstalter von 1982 bis 1997[1)]

	1982	1984	1986	1988	1990	1992	1994	1995	1996	1997
ARD + ZDF	**3.907**	**4.585**	**4.856**	**5.109**	**5.683**	**7.392**	**7.207**	**7.277**	**7.446**	**8745**
- Gebühren	2.231	2.790	2.854	2.993	3.530	5.123	5.521	5.627	5.698	6891
- Werbung	1.247	1.356	1.460	1.576	1.444	1.298	589	647	648	616
- Sonstige[2]	429	439	543	594	777	1.065	1.097	1.003	1.100	1.238
Private	**-**	**-**	**36**	**275**	**1.395**	**3.269**	**5.433**	**6.101**	**6.736**	**7.557**
- Werbung	-	-	36	275	1.365	3.073	5.041	5.695	6.249	6.822
- Pay-TV	-	-	-	-	30	196	392	406	487	735
Insgesamt	**3.907**	**4.585**	**4.892**	**5.384**	**7.078**	**10.661**	**12.640**	**13.378**	**14.182**	**16.302**

[1)] in Mio. DM; bis 1990 einschließlich nur Westdeutschland
[2)] Enthält „Sonstige betriebliche Erträge“ der ARD insgesamt, z.B. Erträge aus Koproduktion (vgl. ARD Jahrbuch 1998, S. 359) und die „Übrigen Erträge“ des ZDF, z.B. Erträge aus Programmvertrieb (vgl. ZDF Jahrbuch 1997, S. 261f.). Für 1997 sind die Angaben für das ZDF auf 280 Millionen DM geschätzt.

Quelle: Jahrbücher von ARD und ZDF, Jahrbücher der ZAW, Veranstalterangaben von Premiere.

Die *Entwicklung der Beschäftigung* im Fernsehsektor ist überraschend schwer nachzuzeichnen. Dies liegt daran, dass im Bereich der ARD die Zahlen für Hörfunk und Fernsehen nicht separiert ausgewiesen werden und dass sie für das private Fernsehen nach unterschiedlicher Methodik und erst seit Ende der 80er Jahre ermittelt werden. Die ausgewiesenen Zahlen sind daher zum Teil geschätzt. So wird für den Bereich der ARD angenommen, dass 58 Prozent *aller* Mitarbeiter im Fernsehbereich tätig sind (vgl. DLM 1997, S. 105f.). Tabelle 4 stellt die zum Teil unterschiedlichen Zahlen zusammen.

Tabelle 4: Entwicklung der Erwerbstätigkeit[1)] im Fernsehsektor 1980 bis 1997

	1980	1985	1987	1989	1991	1993	1995	1997
Öffentl.-rechtl. insg.	**13.949**	**14.648**	**15.030**	**15.474**	**15.735**	**17.685**	**17.277**	**16.711**
- ARD (TV)[2)]	10.532	10.904	11.208	11.547	11.709	13.454	13.196	12.890
- ZDF	3.417	3.744	3.822	3.927	4.026	4.231	4.081	3.821
Privat								
- nach IW-Umfrage	-	-	-	-	3.400	4.750	7.029	7.870
- nach DIW-Umfrage	-	-	-	-	-	-	4.925	6.058
- nach Veranstalterangaben	-	-	-	-	-	-	-	6.691
Gesamt[3)]	**13.949**	**14.648**	**15.030**	**15.474**	**19.135**	**22.435**	**24.306**	**24.581**

[1)] Feste Mitarbeiter bzw. besetzte Planstellen
[2)] 58 Prozent der Mitarbeiter der Landesrundfunkanstalten; ohne Gemeinschaftsaufgaben.
[3)] unter Verwendung der Zahlen der IW-Umfrage

Quelle: Jahrbücher von ARD und ZDF, Privatfunk in Deutschland (IW); DLM 1997, DLM 1998.

Insgesamt hat sich die Zahl der festen Mitarbeiter im Fernsehsektor in den 17 Jahren von 1980 bis 1997 von knapp 14.000 auf gut 24.000 erhöht, dies ist eine Zunahme von 76 Prozent. Dabei ist das Wachstum der Beschäftigung der öffentlich-rechtlichen Fernsehveranstalter mit 19,8 Prozent recht moderat, seit 1993 wird hier die Beschäftigung verringert. Die entscheidende Zunahme der Erwerbstätigkeit vollzieht sich im privaten Fernsehsektor, der 1997 je nach Zählweise etwa 7.000 feste Mitarbeiter beschäftigt. Gesamtwirtschaftlich gesehen ist die Zahl der Arbeitsplätze im Fernsehsektor indes gering: Der Anteil an der Zahl aller Erwerbstätigen in der Bundesrepublik beträgt 0,7 Promille. Oder ein anderer Vergleich: Die Zahl der Mitarbeiter im privaten Fernsehsektor von rund 7.000 entspricht etwa der Zahl der wissenschaftlichen Mitarbeiter (Professoren, Assistenten) an den elf Hochschulen Brandenburgs (6.649 laut Statistisches Jahrbuch 1997, S. 404).

Die *Struktur der Wirtschaft* im Fernsehen beschreibt Tabelle 5, die wesentlich auf die Studien der Landesmedienanstalten zurückgreift und dennoch zwischen dem öffentlichen und dem privaten Sektor nur unvollkommen differenzieren kann. Fernsehen erbringt einen Produktionswert von rund 16,5 Mrd. DM, etwa das Dreifache des Produktionswertes des Hörfunks. Fernsehen bezieht mit Vorleistungen in Höhe von rund 13,3 Mrd. DM einen sehr großen Teil seiner Produktion von anderen Sektoren – insbesondere Programm-Inputs – und weist entsprechend eine viel geringere Wertschöpfungsquote als der Hörfunk aus, der einen großen Teil seiner Produktion selbst erstellt. Die Bruttowertschöpfung beträgt rund 3,3 Mrd. DM, sie übersteigt die Bruttowertschöpfung des Hörfunks um knapp 45 Prozent; die Zahl der festen Mitarbeiter übersteigt mit 23.082 Mitarbeitern die entsprechende Zahl im Hörfunk um knapp 40 Prozent (vgl. Kapitel 11, Tabelle 7).

Tabelle 5: Gesamtwirtschaftliche Position des Fernsehens 1996

	Insgesamt	Öffentlich	Privat
Produktionswert (Mio. DM)	16.530	8.098[1]	7.868[1]
Vorleistungen (Mio. DM)	13.275	k. A.	k. A.
Bruttowertschöpfung (Mio. DM)	3.255	k. A.	k. A.
Wertschöpfungsquote (in v. H.)	19,7	k. A.	k. A.
Feste Mitarbeiter	23.082	17.413	5.669
Bruttowertschöpfung pro Mitarbeiter (DM)	141.000	k. A.	k. A.

[1] Erträge statt Produktionswert

Quelle: DLM 1997.

Die *Struktur der Beschäftigung* kann nach den Indikatoren Angebotstyp und betriebliche Funktion differenziert werden. Tabelle 6 zeigt die Beschäftigung im Fernsehen, differenziert nach dem Programmangebotstyp für das Jahr 1997.

Tabelle 6: Angebotsstruktur der Beschäftigung im Fernsehen 1997

	Zahl der Erwerbstätigen	in v. H.
Private Programme	6.058	100,0
- bundesweit	4.819	79,5
- landesweit	223	3,7
- Ballungsraum	525	8,7
- lokal	491	8,1
Öffentliche Programme	17.258	100,0

Quelle: DLM 1998.

Nach der Zahl der Erwerbstätigen dominiert im deutschen Fernsehen eindeutig das bundesweit ausgestrahlte Programm; landesweite Programme sind im privaten Fernsehen von ganz geringer Bedeutung, im öffentlich-rechtlichen Fernsehen spielen landesweite Regionalprogramme eine nicht unbedeutende Rolle, allerdings kann die Zahl der Erwerbstätigen nicht zugerechnet werden. Ballungsraumprogramme und lokale Programme gibt es nur in privater Organisationsform, sie bieten zusammen rund 1.000 Arbeitsplätze für feste Mitarbeiter.

Tabelle 7 zeigt die Beschäftigung, gegliedert nach den zentralen betrieblichen Funktionen Verwaltung, Verkauf, Technik und Programmerstellung. Organisation und Verwaltung beansprucht in beiden Rechtsformen rund 15 Prozent der Erwerbstätigen; im Übrigen bestehen z.T. erhebliche Unterschiede in der funktionalen Struktur der Beschäftigung. Die privaten Anbieter setzen weit mehr als die Hälfte ihrer Mitarbeiter für die Programmerstellung ein und nur knapp ein Fünftel für die Technik. Dies liegt auch daran, dass die Privaten ihre Sendetechnik häufig in selbständigen Unternehmen auslagern. Die öffentlich-rechtlichen Programme produzieren hingegen in der Regel mit eigener Produktionstechnik, vermutlich auch mit einem Bestand an historisch gewachsenem Technikpersonal. Insgesamt bietet das Fernsehen Ende 1996 23.082 Arbeitsplätze für festangestellte Mitarbeiter, davon 10.483 Arbeitsplätze im Bereich der Programmerstellung, also für Journalisten in einer sehr weiten Abgrenzung.

Tabelle 7: Funktionale Struktur der Beschäftigung im Fernsehen 1996

	Zahl der Erwerbstätigen	in v. H.
Private Programme	5.669	100,0
- Organisation/Verwaltung	797	14,1
- Verkauf/Marketing	693	12,2
- Produktion/Technik	1.054	18,6
- Programm	3.125	55,1
Öffentliche Programme	17.413	100,0
- Organisation/Verwaltung	2.610	15,0
- Verkauf/Marketing	23	0,1
- Produktion/Technik	7.415	42,6
- Programm	7.365	42,3

Quelle: DLM 1997.

3. Angebot des Fernsehens und Nachfrage nach Fernsehleistungen

Üblicherweise folgt das Angebot der Nachfrage, die erwartete Nachfrage bestimmt den Umfang der Produktion. Zwar wird die Nachfrage mit den Instrumenten des Marketing versucht zu beeinflussen, letztlich aber wird das produziert, was die Nachfrage bereit ist, zu bezahlen. Für den Rundfunk und speziell für das Fernsehen ist dagegen eine größere Entkopplung des Angebots von der Nachfrage zu beobachten. Das Angebot ist Programmangebot für die Rezipienten und Werbezeitenangebot für die werbungtreibende Wirtschaft. Die Nachfrage ist entsprechend zum einen Nachfrage der Rezipienten nach Programmen und zum anderen Nachfrage der werbungtreibenden Wirtschaft nach Werbezeiten. Im Folgenden werden Entwicklung und Grundstrukturen von Angebot und Nachfrage im Fernsehen dargestellt.

3.1. Fernsehprogrammangebot

Das Fernsehprogrammangebot umfasst das in Mengeneinheiten (Stunden) gemessene Programm der in Deutschland lizenzierten Veranstalter. Dies beträgt für 1997 rund 440.000 Stunden Programmangebot (vgl. Tabelle 1: 1.205 Stunden tägliche Sendezeit multipliziert mit 365 Tagen). Dabei sind die kleinen Lokalprogramme noch nicht einmal eingerechnet. Sehr viele Programmangebote haben indes nur eine sehr kleine Reichweite, wie die Spartenprogramme und die Ballungsraumprogramme. Daher erscheint es sinnvoll, die Entwicklung des Programmangebots reduziert, also auf die reichweitenstärkeren Programme beschränkt, darzustellen. Tabelle 8 gibt einen Überblick über die rasche Entwicklung des Programmangebots im Fernsehen.

Tabelle 8: Entwicklung des TV-Programmangebots der großen Veranstalter/Programme in Stunden pro Jahr von 1982 bis 1998

	1982	1984	1986	1988	1990	1992	1994	1996	1998
Öffentlich-rechtlich	20.980	32.232	25.036	27.319	32.364	48.046	66.911	82.602	87.600
ARD 1	4.203	4.623	4.820	4.868	5.549	5.973	7.167	8.760	8.760
ARD 3	12.957	14.483	15.966	17.904	22.092	36.841	54.290	66.795	70.080
ZDF[1)]	3.820	4.126	4.250	4.547	4.723	5.232	5.454	7.047	8.760
Privat				7.150	31.844	56.983	68.620	87.600	87.600
SAT.1				7.150	7.380	7.028	8.760	8.760	8.760
RTL					7.310	8.760	8.760	8.760	8.760
Pro7					8.418	8.715	8.760	8.760	8.760
RTL2							8.760	8.760	8.760
Kabel 1						8.760	8.760	8.760	8.760
Vox								8.760	8.760
SuperRTL								8.760	8.760
DSF					8.736	6.200	7.300	8.760	8.760
n-tv						8.760	8.760	8.760	8.760
Premiere						8.760	8.760	8.760	8.760
TV-Angebot insg.	**20.980**	**23.232**	**25.036**	**34.469**	**64.208**	**105.029**	**135.531**	**170.202**	**175.200**

[1)] ZDF-Hauptprogramm plus Anteil am Vormittagsprogramm

Quelle: Veranstalterangaben.

Das Programmangebot hat von 20.980 Stunden im Jahr 1982 auf 175.200 Stunden im Jahr 1998 zugenommen, dies ist eine Steigerung von 735 Prozent, mehr als eine Verachtfachung innerhalb von 16 Jahren. Dies kann, vor allem wenn man berücksichtigt, dass nur die reichweitenstärkeren Programme einbezogen sind, ausnahmsweise als ein explosionsartiges Wachstum bezeichnet werden. Dies Wachstum speist sich aus zwei Quellen:

- Aus der Zunahme der Zahl der „großen" Programme von drei auf 13 und
- aus der Zunahme der durchschnittlichen täglichen Sendezeit auf mittlerweile durchweg 24 Stunden.

3.2. Werbezeitenangebot des Fernsehens

Das Werbezeitenangebot des Fernsehens hängt ab von

- der Zahl der Programme mit Werbung,
- der täglichen Sendezeit und
- den quantitativen Werbezeitenregelungen.

Tabelle 9 zeigt die Entwicklung des Werbezeitenangebots für den Zeitraum von 1982 bis 1998. Während das Werbezeitenangebot der öffentlich-rechtlichen Veranstalter regulierungsbedingt bei 203 Stunden pro Jahr stagniert, ist das Werbezeitenangebot der privaten Veranstalter erheblich ausgeweitet worden, auf mittlerweile ein Werbezeitenangebot von 10.500 Stunden pro Jahr bzw. 29,4 Stunden pro Tag.

Tabelle 9: Entwicklung des Werbezeitenangebots von 1982 bis 1998 in Stunden

	1982	1990	1992	1994	1996	1997	1998
ARD und ZDF [1)]	203	203	203	203	203	203	203
Private [2)]	-	4.777	5.919	7.665	10.512	10.512	10.512
Zusammen	203	4.980	6.122	7.868	10.715	10.715	10.715

[1)] Angenommen werden 52 Sonntage und 9 Feiertage pro Jahr; mithin ergibt sich ein Werbezeitenangebot pro Veranstalter von 20 Minuten x 304 Tage = 101,33 Stunden pro Jahr

[2)] Beschränkt auf die acht größeren Programmangebote, ohne n-tv, für das Angaben zur *Nachfrage* nach Werbezeit nicht vorliegen. Angenommen wird ein Werbezeitenangebot von 15 Prozent der täglichen Sendezeit.

Quelle: Veranstalterangaben, Tabelle 1, eigene Berechnungen.

3.3. Fernsehprogrammnachfrage der Rezipienten

Die Fernsehprogrammnachfrage der Rezipienten wird angemessen in Form der durchschnittlichen täglichen Sehdauer als Fernsehkonsumzeit erfasst. Eine Erfassung als Wertsumme, wie dies in der Ökonomie üblich ist, ist nur möglich bei einem Regime von Pay-TV, das in Deutschland bislang keine große Rolle spielt. Die durchschnittliche tägliche Sehdauer der Rezipienten muss als Nachfragekomponente um die Zahl der Rezipienten ergänzt werden, um die Gesamtnachfrage zu erfassen. Tabelle 10 gibt einen Überblick über die Entwicklung der durchschnittlichen täglichen Sehdauer und der Gesamtnachfrage, gemessen in Fernsehkonsumstunden.

Tabelle 10: Die Entwicklung der Fernsehnachfrage von 1982 bis 1997

	durchschnittlich tägliche Sehdauer in Minuten[1]		Bevölkerung	durchschnittlich tägliche Gesamtnachfrage in 1.000 Stunden
	Erwachsene ab 14	Kinder 6-13	ab 14 in 1.000	Erwachsene ab 14
1982	105	36	66.061	115.607
1984	116	k. A.	66.197	127.981
1986	149	92	66.466	165.057
1988	152	87	66.806	169.242
1990	156	87	67.619	175.809
1992	168	104	68.573	192.004
1994	178	93	69.157	205.166
1995	186	95	69.493	215.428
1996	195	101	69.810[2]	226.883
1997	196	95	70.150[2]	229.157

[1] Montag bis Sonntag in Minuten; 1982 nur Montag bis Freitag
[2] geschätzt, Zahlen waren noch nicht verfügbar

Quelle: Darschin/Frank, Tendenzen im Zuschauerverhalten. Erscheint jährlich in den Media Perspektiven; basiert auf der GfK-Fernsehforschung, bis 1984 auf Teleskopie; Statistisches Bundesamt; eigene Berechnungen.

Die Fernsehnachfrage hat sich, gemessen für Erwachsene ab 14 Jahren, von 1982 bis 1997 von gut 115 Millionen durchschnittlich täglichen TV-Konsumstunden auf 230 Millionen TV-Konsumstunden knapp verdoppelt (Zunahme von 96,3 Prozent). Dies Wachstum speist sich aus zwei Quellen:

– Aus der Zunahme der durchschnittlichen täglichen Sehdauer (der Erwachsenen) um 86,7 Prozent von 105 auf 196 Minuten und
– aus dem Wachstum der Bevölkerung der entsprechenden Altersgruppe von 66 Millionen auf gut 70 Millionen.

Dies Wachstum der Fernsehnachfrage der Rezipienten kann als moderat bezeichnet werden, insbesondere vor dem Hintergrund des gewaltigen Wachstums des Angebots. Es muss also eine andere Nachfrage stärker zugenommen haben, die Nachfrage nach Werbezeit.

3.4. Nachfrage nach Werbezeit

Die Nachfrage der werbungtreibenden Wirtschaft lässt sich mengenmäßig als Zeitdauer der Werbung und wertmäßig als Nettoumsatz des Werbefernsehens erfassen. Tabelle 11 zeigt die Entwicklung der Zeitdauer der Werbung im Fernsehen. Diese Zeitdauer war bis zur Etablierung des privaten Fernsehens sehr stark durch die Werbezeitbeschränkung für den öffentlich-rechtlichen Rundfunk auf 20 Minuten pro Werktag limitiert, mit der Folge, dass in den 80er Jahren die Werbezeit auf diesem Umfang verharrte.[54] Daher ist in Tabelle 11 nur das Jahr 1982 und die Entwicklung ab 1990 dargestellt.

---

54 Dabei war in aller Regel die Nachfrage größer als das verfügbare Zeitkontingent an Werbung.

Die Nachfrage nach Werbezeit ist im Zeitraum von 1982 auf 1997 um 8.253 Stunden gestiegen, das ist eine Zunahme von gut 4.000 Prozent. Dies Wachstum speiste sich aus folgenden Quellen:

- Zum einen aus der Zunahme des Werbezeitenangebots, die der in den 80er Jahren üblichen Überbuchung ein Ende bereitete[55].
- Zum anderen aus dem gestiegenen Bedarf an der multisensorisch wirkenden Fernsehwerbung.

Dieses Wachstum kann als explosionsartig bezeichnet werden, allerdings in den letzten Jahren mit einer Tendenz zu einem moderaten Wachstum.

Tabelle 11: Die Entwicklung der Nachfrage nach Werbezeit in Stunden

	1982	1990	1992	1994	1995	1996	1997
ARD (national)	102	84	88	61	78	82	87
ZDF	101	103	94	94	106	107	91
SAT.1	-	373	773	1.171	1.242	1.154	1.184
RTL	-	432	923	1.104	1.078	1.114	1.217
PRO 7	-	293	739	1.139	1.082	1.049	1.216
RTL 2	-	-	-	950	763	851	1.076
Kabel 1	-	-	196	929	862	710	1.023
Vox	-	-	-	497	786	1.090	1.028
Super RTL	-	-	-	-	390	814	679
DSF	-	383	458	808	832	777	855
zusammen	**203**	**1.668**	**3.271**	**6.753**	**7.219**	**7.748**	**8.456**

Quelle: w&v Compact 1-2/1998, S. 41, Horizont Media Facts 3/1997, S. 9, (Basiert auf Nielsen Werbeforschung S+P), ZAW Jahrbücher Werbung in Deutschland.

Tabelle 12 zeigt die Entwicklung der Nachfrage nach Werbung, gemessen als Nettoumsatz, also als Ausgabensumme, die die werbungtreibende Wirtschaft zu zahlen bereit war. Diese Ausgabensumme ist von 1982 bis 1997 um 6.191 Millionen DM bzw. um 496 Prozent gestiegen. In den relevanten Jahren nach Etablierung des privaten Fernsehens und nach der Wiedervereinigung, also von 1992 bis 1997, stiegen die Ausgaben für Fernsehwerbung mit jährlichen Wachstumsraten von weit über zehn Prozent um 2.569 Millionen DM bzw. 59 Prozent noch recht kräftig. Allerdings sind die Ausgaben in diesem Zeitraum bei weitem nicht so angestiegen wie die Werbezeiten. Diese erhöhten sich in dem genannten Zeitraum 1992 bis 1997 von 3.271 Stunden auf 8.456 Stunden, also um 5.185 Stunden bzw. 159 Prozent. Dies zeigt, dass die gezahlten Spotpreise im Durchschnitt deutlich gesunken sind; es wird auch vermutet, dass Werbung zum Teil umsonst ausgestrahlt wird.

Tabelle 12: Die Entwicklung der Ausgaben für Fernsehwerbung

	1982	1990	1992	1994	1995	1996	1997
Netto-Umsatz in Mio. DM	1.247	2.858	4.328	5.630	6.342	6.897	7.438

Quelle: ZAW Jahrbücher Werbung in Deutschland

55 Allenfalls in der Prime-Time sind Werbezeiten heute noch überbucht.

3.5. Zum Verhältnis von Angebot und Nachfrage – Zuschauersplitting, Einnahmesplitting und Werbezeitenauslastung

Das, nach Maßstäben herkömmlicher Wirtschaft, ungewöhnliche Auseinanderfallen der Entwicklung von Angebot und Nachfrage wird vor allem in folgenden Kenngrößen deutlich:

- im Zuschauersplitting und
- im Einnahmesplitting, weniger
- in der Werbezeitenauslastung.

Zuschauersplitting
Wenn das Programmangebot sehr viel stärker zunimmt als die Rezipientennachfrage, dann muss die durchschnittliche Nutzung des durchschnittlichen Programms (durchschnittliche Nutzungsquote) kontinuierlich abnehmen. Die durchschnittliche Nutzungsquote errechnet sich wie folgt:

$$\frac{\text{durchschnittliche Fernsehkonsumzeit pro Zeiteinheit gemessen in Zeiteinheiten}}{\text{Fernsehprogrammangebot pro Zeiteinheit gemessen in Zeiteinheiten}}.$$

Für 1996 beträgt die durchschnittliche Fernsehkonsumzeit der Erwachsenen ab 14 Jahren täglich 195 Minuten, d.h. 1186,25 Stunden pro Jahr, und das Fernsehprogrammangebot beläuft sich auf 170.202 Stunden pro Jahr. Die durchschnittliche Nutzungsquote ist mithin:

$$\text{Durchschnittliche Nutzungsquote} = \frac{1.186,25\,\text{Stunden}/\text{Jahr}}{170.202\,\text{Stunden}/\text{Jahr}} = 0{,}006969\,.$$

Die durchschnittliche Nutzungsquote ist eine dimensionslose Zahl, für 1996 also 0,69 Prozent.

Diese durchschnittliche Nutzungsquote ist zugleich der fiktive Marktanteil einer Programmstunde (allgemein: einer Programmzeiteinheit) bei einer unterstellten gleichmäßigen Nutzung aller Programme, und dies kann als fiktiver Durchschnittsmarktanteil bezeichnet werden.

Zu einer ähnlichen Größe als Indikator für ein Zuschauersplitting gelangt man, wenn man die durchschnittlich vorhandene Rezipientennachfrage auf das durchschnittliche Programmangebot verteilt. Dies ergibt die durchschnittliche Reichweite in Rezipientenzahlen:

$$\text{Durchschnittliche Reichweite} = \frac{\text{Programmnachfrage pro Zeiteinheit in Zeiteinheiten}}{\text{Programmangebot pro Zeiteinheit in Zeiteinheiten}}$$

Für 1996 beträgt die Programmnachfrage pro Tag 226.883.000 Stunden; dies dividiert durch das durchschnittliche Programmangebot von 446,3 Stunden pro Tag

(170.202 Stunden pro Jahr) ergibt eine durchschnittliche Reichweite von 508.000 Rezipienten:

$$\frac{69{,}810\,\text{Mio. Rezipienten} \times 3{,}25\,\text{Stunden/Tag}}{446{,}3\,\text{Stunden/Tag}} = 0{,}508\,\text{Mio. Rezipienten}\,.$$

Tabelle 13 zeigt die Entwicklung der durchschnittlichen Nutzungsquote und der durchschnittlichen Reichweite als Indikatoren des Zuschauersplittings.

Tabelle 13: Entwicklung des Zuschauersplitting von 1982 bis 1996

	1982	1984	1986	1988	1990	1992	1994	1996
Ø Nutzungsquote = Ø Marktanteil[1)] in v. H.	3,04	3,04	3,62	2,68	1,48	0,97	0,79	0,69
Ø Reichweite der Ø Stunde in 1.000 Rezipienten[2)]	2.011	2.011	2.406	1.792	999	667	553	508

1) Ø Fernsehkonsumzeit (pro Erwachsenem) durch Programmangebot
2) Ø tägliche Gesamtnachfrage durch Ø tägliches Angebot, ergibt letztlich die Rezipientenzahl

Quelle: Tabellen 8 und 10.

Daraus ergibt sich, dass die durchschnittliche Programmnutzung von gut 3 Prozent im Jahre 1982 auf nunmehr 0,69 im Jahre 1996 gesunken ist und dass die durchschnittliche Reichweite des durchschnittlichen Programmangebots von 2.011.000 Rezipienten auf nunmehr 508.000 Rezipienten abgenommen hat. Es soll explizit erwähnt werden, dass dies Durchschnittswerte sind, die für den Durchschnitt aller Programme gelten. Im Einzelnen können sich selbstverständlich Abweichungen ergeben: So erreichte der TV-Hit des Jahres 1998 – die Übertragung des WM-Fußballspiels Deutschland-USA – 24,37 Millionen Zuschauer und einen Marktanteil von 70,1 Prozent. Aber solche Spitzenwerte bleiben Ausnahmen. Die Durchschnittsbetrachtung kann aber sehr deutlich machen, dass der Wettbewerb der Programme um Einnahmen an Schärfe zugenommen hat. Dies illustriert das Einnahmesplitting.

Einnahmesplitting

Die gewaltige Zunahme des Programmangebots wird z.T. gestützt durch eine Zunahme der Nachfrage nach Werbezeiten. Allerdings bleibt die Zunahme der Einnahmen deutlich hinter der Zunahme des Angebotes zurück. Dies führt zu einer Aufteilung des Einnahmekuchens in immer kleinere Stücke pro Programmstunde, zu einem zunehmenden Einnahmesplitting. Dies zeigt Tabelle 14. Danach sind die Einnahmen, umgerechnet auf die ausgestrahlte Programmstunde für die öffentlich-rechtlichen Veranstalter von 186.000 DM Stunde auf 83.000 DM pro Stunde gesunken und für die privaten Veranstalter auf 77.000 DM pro Stunde gestiegen. 1996 ergab sich eine etwa gleiche Einnahmesituation von rund 80.000 DM pro ausgestrahlte Programmstunde sowohl für die öffentlich-rechtlichen als auch für die privaten Veranstalter.

Tabelle 14: Einnahmesplitting – durchschnittliche Einnahmen pro durchschnittliche Programmstunde[1)]

	1982	1984	1986	1988	1990	1992	1994	1996
ARD und ZDF	186	197	194	187	176	154	108	83
Private	-	-	-	38	44	57	79	77
Gesamt	186	197	194	156	110	102	93	81
[1)] in 1.000 DM								

Quelle: Tabellen 6 und 8.

Die Interpretation hat Mühe, die Ursachen von den Folgen zu unterscheiden: Das Sinken der Einnahmen pro Programmstunde ist sicher primär auf den gewaltigen Anstieg des Angebots zurückzuführen. Diese Zunahme des Angebots speist sich zum großen Teil aus Wiederholungen, was wiederum die Folge knapper Einnahmen ist. Die Produktionskosten pro neuproduziertem Programm liegen deutlich über den durchschnittlichen Einnahmen pro Programmstunde (vgl. Kapitel 14, Abschnitt 4).

Werbezeitenauslastung

Angebot an Werbung und Nachfrage nach Werbezeiten im Fernsehen haben sich – anders als Angebot und Nachfrage im Rezipientenmarkt – mit Ausnahme der Anfangsjahre des privaten Fernsehens etwa parallel entwickelt. Tabelle 15 zeigt die durchschnittliche Werbezeitenauslastung des Fernsehens.

Tabelle 15: Entwicklung der durchschnittlichen Werbezeitenauslastung in Prozent

	1982	1990	1992	1994	1996	1997
Werbezeitenauslastung	100	33,5	53,4	85,8	72,3	78,9

Quelle: Eigene Berechnungen auf Grundlage von Veranstalterangaben und Tabelle 11.

Im Durchschnitt ergibt sich mittlerweile eine Auslastung des Werbezeitenangebots von rund 80 Prozent. Dies deckt sich mit der Werbezeitenauslastung von RTL, SAT.1 und ProSieben, wie Tabelle 16 zeigt.

Tabelle 16: Entwicklung der Werbezeitenauslastung der drei großen privaten Fernsehveranstalter (Auslastung in vH)

	1994	1995	1996
RTL	82,1	81,4	85,6
SAT.1	81,1	87,7	86,9
Pro Sieben	86,8	82,3	79,7

Quelle: Schöneberger 1997, S. 9

Insgesamt zeigt die Analyse der Entwicklung von Angebot und Nachfrage, erfasst in den großen Aggregaten von Programmangebot und Werbezeitenangebot sowie Programmnachfrage und Werbenachfrage, eine gewaltige Zunahme des Angebots, dem die Nachfrage nur partiell im Bereich der Werbenachfrage gefolgt ist. Die Konsequenz ist ein „Squeezing“ von Einnahmen und Rezipientenzahlen pro Durchschnittsstunde Fernsehprogramm.

4. Ökonomische Konzentration im Fernsehsektor

4.1. Abgrenzung der Einheiten und Abgrenzung der relevanten Märkte

Im Folgenden wird die ökonomische Konzentration in zwei Ausprägungen erfasst:
- In Form der Konzentration der Fernsehunternehmen als rechtliche Einheit, so genannte *Unternehmenskonzentration* und
- in Form der Konzentration der Fernsehunternehmen als wirtschaftliche Einheit, so genannte *Konzernkonzentration* (vgl. Monopolkommission 1996, S. 154ff.).

Erfasste Merkmale sind die Werbeeinnahmen der Fernsehveranstalter in der Abgrenzung der Nettowerbeeinnahmen nach ZAW-Kriterien und die Zuschauerreichweiten nach Messungen der GfK. Pay-TV-Einnahmen spielen eine geringe Rolle, sie können bislang unberücksichtigt bleiben. Die Einordnung der öffentlich-rechtlichen Veranstalter bereitet methodisch einige Schwierigkeiten, weil sie durch ihre Organisationsform in ihren ökonomischen Aktivitäten gegenüber den privaten teils beschränkt, teils privilegiert sind. Daher wird der private Sektor stets auch separat dargestellt.

Die ökonomische Konzentration wird auf so genannten relevanten Märkten ermittelt, dem Bereich wirksamer Konkurrenz. Der *relevante Markt* umfasst die Produkte, die aus der Sicht der Nachfrager kurzfristig austauschbar sind. Das Bundeskartellamt spricht vom Kriterium der „funktionalen Austauschbarkeit aus der Sicht des verständigen Verbrauchers“ (vgl. Band 1, Kapitel 1, Abschnitt 2.5.). Die Abgrenzung des relevanten Marktes ist generell ein zentrales Problem von Konzentrationsanalyse und Wettbewerbspolitik und speziell ein Problem im Bereich des Fernsehens.

Im Fernsehsektor existiert der *Werbemarkt* mit wirtschaftlichen Austauschbeziehungen zwischen den Programmanbietern und der werbungtreibenden Wirtschaft. Dieser Werbemarkt ist zeitlich besonders strukturiert:
- Werktags bis 20.00 Uhr konkurrieren öffentlich-rechtliche und private Anbieter um den Verkauf von Werbezeit, wobei die öffentlich-rechtlichen Anbieter zudem einer speziellen zeitlichen Beschränkung unterliegen.
- Ab 20.00 Uhr sowie an Sonn- und Feiertagen konkurrieren nur noch die privaten Anbieter.

Aufgrund der Zeitstruktur des Fernsehkonsums – die Hauptkonsumzeit beginnt nach 19.00 Uhr – und aufgrund der speziellen Beschränkungen für das öffentlich-rechtliche Fernsehen – liegt eine zeitliche Abgrenzung des Werbemarktes nahe (vgl. Monopolkommission 1996, S. 376). Diese wird indes bislang nicht vorgenommen und kann auch hier nicht geleistet werden. Ein naheliegender Ausweg, der von mir seit langem vorgeschlagen wird (vgl. Heinrich 1992a, S. 343ff.), besteht darin, die Werbemärkte sowohl global als auch für den privaten Bereich separat zu analysieren.

Der Werbemarkt ist außerdem regional und vermutlich auch sachlich differenziert. Lokale Werbung und nationale Werbung sind funktional nicht austauschbar, sie bilden unterschiedliche relevante Märkte. Im Folgenden wird nur der nationale Werbemarkt betrachtet. Fraglich ist, ob Werbung in unterschiedlichen Spartenprogrammen untereinander und insgesamt mit Werbung in Vollprogrammen funktional austauschbar ist. Die Unterschiede dürften indes bei dem gegenwärtigen Stand des geringen Angebots an Spartenprogrammen zumindest quantitativ nicht erheblich sein; zudem ist wenigstens in Teilsegmenten die Werbung funktional austauschbar, z.B. die Werbung im „Wetterkanal“ (inzwischen eingestellt) und im Umfeld der Wettervorhersage in Vollprogrammen. Daher wird im Folgenden auf eine sachliche Differenzierung des Werbemarktes verzichtet. Im Einklang mit der Vorgehensweise des Bundeskartellamtes.

Ob es neben dem Werbemarkt einen *Zuschauermarkt,* also einen Markt mit wirtschaftlichen Austauschbeziehungen zwischen den Programmanbietern und den Zuschauern gibt, war lange Zeit eher bezweifelt worden (vgl. Monopolkommission 1986, S. 229). Inzwischen wird indes auch die Existenz eines Zuschauermarktes gesehen (Monopolkommission 1996, S. 375 f). Dies erscheint sehr sinnvoll, weil der Wettbewerb um Zuschauerreichweiten mit dem Wettbewerb auf dem Werbemarkt untrennbar verbunden ist. Im Folgenden wird daher auch der Wettbewerb auf dem Zuschauermarkt analysiert und auch hier einmal global und einmal allein für den privaten Bereich und zwar für die bundesweit ausgestrahlten Programme. Ballungsraumfernsehen bildet sicher einen relevanten Markt für sich, mit einer Vielzahl kleinerer Monopole in den Ballungsräumen. Auf eine detaillierte Analyse wird wegen der geringen ökonomischen Bedeutung des Ballungsraumfernsehens verzichtet.

4.2. Unternehmenskonzentration auf dem bundesweiten Werbemarkt

Tabelle 17 zeigt die Marktanteile der größeren Fernsehveranstalter im nationalen Fernsehwerbemarkt. Man kann von einem marktbeherrschenden Oligopol im Sinne von §19, Abs. 3 KartellG sprechen: Drei Anbieter haben zusammen einen Marktanteil von mehr als 50 Prozent. Dies sind RTL, das 1992 und 1994 sogar allein als marktbeherrschend klassifiziert werden konnte, SAT.1 und ProSieben, die zusammen einen Marktanteil von 74,9 Prozent erreichen. Daneben gibt es eine Gruppe kleinerer Anbieter – RTL 2, ZDF, ARD, Kabel 1 und Vox – und eine Gruppe sehr kleiner Anbieter wie DSF, n-tv, Super RTL und Viva sowie weitere, hier nicht genannte Anbieter.

Tabelle 17: Marktanteile im nationalen Fernsehwerbemarkt[1)] von 1990 bis 1997

	1990	1992	1994	1996	1997
ARD	26,5	13,3	4,5	4,4	4,1
ZDF	25,8	16,7	5,9	5,0	4,1
SAT.1	19,8	24,3	27,8	24,0	22,3
RTL	25,0	34,0	33,4	29,7	30,1
Pro 7	1,7	9,3	19,9	21,2	21,2
RTL 2	-	-	4,3	5,9	5,5
Kabel 1	-	0,3	1,1	3,0	3,5
Vox	-	-	1,0	2,5[2)]	1,4
Super RTL	-	-	-	0,8[2)]	1,4
DSF	1,3	2,2	1,1	1,4	1,7
n-tv	-	-	0,5[2)]	1,1[2)]	1,2

[1)] Basis ist der Netto-Werbeumsatz nach ZAW-Kriterien
[2)] Geschätzt auf der Basis des Brutto-Werbeumsatzes (Netto = 0,57 Brutto)

Quelle: Berechnet aus ZAW-Angaben.

Tabelle 18 zeigt die statistisch gemessene Entwicklung der Konzentration in Form der Konzentrationsrate für die drei größten Veranstalter und in Form des Hirschman-Herfindahl-Indexes: Die Konzentration ist hoch, hat im Zeitablauf indes ein wenig abgenommen.

Tabelle 18: Unternehmenskonzentration im nationalen Fernsehwerbemarkt

	1990	1992	1994	1996	1997
CR-3	77,3	75,0	81,1	74,9	73,6
H-H-I	2390	2292	2362	2006	1937

Quelle: Berechnet aus Tabelle 17.

Da es, wie ausgeführt, zumindest sehr fraglich ist, ob die privaten und die öffentlich-rechtlichen Veranstalter auf dem gleichen Werbemarkt auftreten, wird die Konzentration für den privaten Fernsehwerbemarkt gesondert ausgewiesen.

Tabelle 19: Marktanteile im privaten Fernsehwerbemarkt

	1990	1992	1994	1996	1997
RTL	52,3	48,5	37,3	32,8	32,8
SAT.1	41,4	34,7	31,0	26,5	24,3
Pro 7	3,6	13,3	22,3	23,4	23,2
RTL 2	-	-	4,8	6,5	6,0
Kabel 1	-	0,4	1,2	3,3	3,9
Vox	-	-	1,1	2,7	1,5
DSF	2,7	3,1	1,2	1,6	1,8
n-tv	-	-	0,6	1,2	1,4
Super RTL	-	-	-	1,0	1,5

Quelle: Berechnet aus ZAW-Angaben

Tabelle 20: Unternehmenskonzentration im privaten Fernsehwerbemarkt

	1990	1992	1994	1996	1997
CR-3	97,3	96,5	90,6	82,7	80,3
H-H-I	4.470	3.743	2.877	2.391	2.265

Sie unterscheidet sich nicht erheblich von der Konzentration auf dem Werbemarkt insgesamt, weil die öffentlich-rechtlichen Veranstalter auf dem Werbemarkt regulierungsbedingt nur eine sehr schwache Position einnehmen. Die starke Stellung des marktbeherrschenden Oligopols RTL, SAT.1 und ProSieben wird indes besonders deutlich. Ein erheblicher Randwettbewerb mit den kleinen Veranstaltern ist zu vermuten, wie dies typisch ist für eine junge Branche.

4.3. Unternehmenskonzentration auf dem bundesweiten Zuschauermarkt

Tabelle 21 zeigt die Marktanteile der größeren Fernsehveranstalter im nationalen Zuschauermarkt. Man kann auch hier von einem marktbeherrschenden Oligopol von drei – ARD, ZDF, RTL – bzw. von fünf Anbietern – ARD, ZDF, RTL, SAT.1 und ProSieben – sprechen. Diese fünf Anbieter haben einen Marktanteil von 78 Prozent, also mehr als die für eine Marktbeherrschung geforderten 75 Prozent. Allerdings ist die Disparität der Anbieter deutlich kleiner als auf dem Werbemarkt. Die Konzentration ist, wie Tabelle 22 zeigt, hoch, indes geringer als auf dem Werbemarkt. Im Zeitablauf hat die Konzentration zudem signifikant abgenommen. Auch dies ist typisch für eine expandierende Branche.

Tabelle 21: Marktanteile der größeren Fernsehveranstalter im nationalen Zuschauermarkt[1)]

	1990	1991	1992	1993	1994	1995	1996	1997
ARD 1	30,7	26,9	21,7	17,0	16,3	14,6	14,8	14,7
ARD 3	9,0	8,8	8,1	7,9	8,9	9,7	10,1	11,6
ZDF	28,4	25,4	21,3	18,0	17,0	14,7	14,4	13,4
SAT.1	9,2	10,3	13,2	14,4	14,9	14,7	13,2	12,8
RTL	11,8	14,3	16,9	18,9	17,5	17,6	17,0	16,1
Pro 7	1,2	3,9	6,7	9,2	9,4	9,9	9,5	9,4
RTL 2	-	-	-	2,6	3,8	4,6	4,5	4,0
Kabel 1	-	-	-	1,6	2,0	3,0	3,6	3,8
Vox	-	-	-	1,3	2,0	2,6	3,0	3,0
Super RTL	-	-	-	-	-	1,1	2,1	2,3
DSF[2)]	0,7	2,1	2,6	1,3	1,2	1,3	1,1	1,2
n-tv	-	-	-	0,3	0,3	0,3	0,3	0,5

[1)] Anteil am Fernsehkonsum der Zuschauer ab 3 Jahre in Prozent; bis 1994 für Zuschauer ab 6 Jahre
[2)] bis 31.12.1992 Tele 5

Quelle: Darschin, W.; B. Frank, Tendenzen im Zuschauerverhalten; erscheint jährlich in den Media Perspektiven und basiert auf der GfK-Fernsehforschung.

Tabelle 22: Unternehmenskonzentration im nationalen Zuschauermarkt[1]

	1990	1992	1994	1996	1997
CR-3	79,9	68,0	59,7	56,3	55,8
H-H-I	2056	1502	1274	1130	1088
[1] ARD gesamt					

Quelle: Berechnet aus Tabelle 21.

Schließlich soll die Konzentration für den privaten *Zuschauermarkt* allein ausgewiesen werden, weil öffentlich-rechtliche und private Veranstalter auch auf dem Zuschauermarkt nur sehr begrenzt miteinander konkurrieren, allerdings doch mehr miteinander konkurrieren als auf dem Werbemarkt. Tabelle 23 zeigt die Marktanteile und die Unternehmenskonzentration im privaten Zuschauermarkt allein. Sie unterscheidet sich erheblich von der Konzentration auf dem Zuschauermarkt insgesamt, weil dort die öffentlich-rechtlichen Veranstalter eine bedeutsame Rolle spielen. Es existiert ein deutlich marktbeherrschendes Oligopol der drei dominierenden Veranstalter RTL, SAT.1 und ProSieben, die 1997 einen Marktanteil von zusammen 72,1 Prozent aufweisen. Im Zeitablauf hat die statistisch erfasste Konzentration abgenommen, sie bleibt indes sehr hoch.

Tabelle 23: Unternehmenskonzentration im privaten Zuschauermarkt

	1990	1992	1994	1996	1997
Marktanteile					
RTL	51,5	42,9	34,2	31,3	30,3
SAT.1	40,2	33,5	29,2	24,3	24,1
Pro 7	5,2	17,0	18,4	17,5	17,7
RTL 2	-	-	7,4	8,3	7,5
Kabelkanal	-	-	3,9	6,6	7,2
Vox	-	-	3,9	5,5	5,6
DSF	3,1	6,6	2,3	2,0	2,3
n-tv	-	-	0,6	0,6	0,9
SRTL	-	-	-	3,9	4,3
Konzentrationsmaße					
CR-3	96,9	93,4	81,8	73,1	72,1
H-H-I	4305	3295	2452	2039	1976

Quelle: Berechnet aus Tabelle 21.

Die Ausweisung der privaten Konzentration allein hat vor allem den Sinn, die Struktur des Wettbewerbs der privaten Veranstalter untereinander zu erhellen.

4.4. Konzernkonzentration im nationalen Fernsehmarkt

Die Beteiligung von Unternehmen an bundesweiten Fernsehveranstaltern ist in Tabelle 24 wiedergegeben. Um die ökonomische Bedeutung der Beteiligungen erkennen zu können, sind die Anteile der Veranstalter am Werbemarkt und am Zuschauermarkt hinzugefügt. Die Beteiligungen sind z.T. häufigen Veränderungen unterworfen gewesen, insbesondere bei DSF, Kabel 1, ProSieben und SAT.1, z.T. sind sie auch recht stabil wie bei RTL.

Tabelle 24: Wesentliche Beteiligungen[1] an bundesweiten Fernsehveranstaltern 1997 in Prozent der Stimmrechte

Anteil am Zuschauermarkt[2]	12,8	16,1	4,0	2,3	9,4	3,8	1,2	3,0[3]	3,0	0,5	Anz. der Beteiligungen
Anteil am Werbemarkt[2]	22,3	30,1	5,5	1,4	21,2	3,5	1,7	-	1,4	1,2	
	SAT. 1	**RTL**	**RTL 2**	**Super RTL**	**Pro Sieben[4]**	**Kabel 1**	**DSF**	**Premiere**	**Vox**	**n-tv**	
CLT-UFA		87	33,4	50				37,5	24,9		6
Leo Kirch	44						66,5	25			3
Thomas Kirch[4]					58,4	60					2
Springer	40										1
Holtzbrinck	15[5]									25	2
WAZ		11									1
Bauer			32,2								1
Tele München[6]			32,2								1
Rewe					41,6	40					2
Nixdorf										16,98	1
Berlusconi							33,5				1
Canal Plus								37,5	24,9		2
Murdoch									49,9		1
Time Warner										49,79	1
Walt Disney				50							1
Erfasste Beteiligungen	99	98	97,8	100	100	100	100	100	99,7	91,77	

1) ab 15 Prozent-Beteiligungen; praktisch sind fast alle Beteiligungen erfasst
2) 1997 in v. H.
3) Für Premiere auf 3 Prozent geschätzt
4) Anteile an den Stammaktien (vinkulierte Namensaktien)
5) Leo Kirch plant, die 15-Prozent-Beteiligung von Holtzbrinck zu erwerben
6) Herbert Kloiber

Quelle: Veranstalterangaben und Jahresbericht der KEK.

Im *Zeitablauf der Beteiligungen* sind folgende Grundlinien zu erkennen:

– Ein Rückzug der eher auf Printmedien spezialisierten Unternehmen wie Burda, FAZ und Süddeutsche Zeitung.

- Ein Rückzug der z.T. als Strohmänner für Kirch verdächtigten Anteilseigner wie Ackermans und Beisheim.
- Eine Konzentration der Sendereigentümer auf klare Eigentumsverhältnisse (Leo Kirch konzentriert sich auf SAT.1 und DSF; Thomas Kirch auf ProSieben und Kabel 1, CLT-UFA auf die RTL-Gruppe).
- Eine vorsichtige Ausweitung der Beteiligungen ausländischer Medienkonzerne (Walt Disney bei RTL 2 und Super RTL, Time Warner bei n-tv, Murdoch bei Vox und Canal Plus bei Vox und Premiere).

Die *Struktur der Beteiligung* lässt sich etwa wie folgt zusammenfassen:

- Nach Zahl und Bedeutung umfangreiche Beteiligungen haben CLT-UFA sowie Vater und Sohn Kirch; die stärker im Printbereich tätigen Medienkonzerne Holtzbrinck, Springer und WAZ sowie der Heinrich Bauer-Konzern verfügen über mittlere bis kleine Beteiligungen.
- Die großen ausländischen Medienkonzerne sind bislang nur an kleineren Veranstaltern beteiligt.
- Branchenfremdes Kapital ist die Ausnahme: Nur die REWE-Handelsgruppe ist relativ stark bei ProSieben und Kabel 1 engagiert; daneben ist die Nixdorf-Familie nicht unerheblich bei n-tv beteiligt.
- Herbert Kloiber, der Eigentümer von Tele München, ist der einzig verbliebene kleinere Einzelunternehmer als dominierender Anteilseigner.

Als Konzerne nach Handelsrecht (§18 AktG), die auf dem deutschen Fernsehmarkt eine merkliche Position erreichen, können folgende Einheiten gelten:

- CLT-UFA mit den Veranstaltern RTL, RTL 2, Super RTL und Premiere.
- Die Kirchgruppe von Leo Kirch mit SAT.1[56] und DSF.
- Die ProSieben-Gruppe der Stammaktionäre Thomas Kirch (rund 60 Prozent) und REWE (rund 40 Prozent) mit Pro Sieben und Kabel 1.

Methodisch schwierig ist die Zuordnung von ARD und ZDF. Sie sind große Unternehmen – in der Rangfolge der nach Umsatz gruppierten größten deutschen Medienunternehmen nimmt die ARD hinter Bertelsmann Platz zwei und das ZDF Platz neun ein – aber sie sind, weil sie nur wenige Tochterunternehmen haben, keine Konzerne. Zudem spielen sie wettbewerbspolitisch eine ganz andere Rolle als die privaten Medienkonzerne. Dennoch können sie nicht unberücksichtigt bleiben: Sie werden daher als Konzern „ARD/ZDF“ zusammengefasst. Den ausländischen Medienkonzernen sind die beiden Veranstalter Vox und n-tv zuzuordnen. Sie bleiben im Folgenden unberücksichtigt. Damit kann die Konzernkonzentration dargestellt werden, indem die ausgewiesenen Werbemarkt- und Zuschauermarktanteile der Veranstalter den Konzernen zugerechnet werden.

[56] Unklar sind die Einflussstrukturen der Axel Springer Verlag AG und ihre Beteiligung bei SAT.1. Bislang sind im Aufsichtsrat von SAT.1 Vertreter von Springer und Kirch mit gleichen Stimmrechten vertreten. Da aber die Anteile von Kirch etwas größer sind als die von Springer und da Kirch selbst mit 40,05 Prozent an der Axel Springer Verlag AG als - nach der Familie Springer mit 50 Prozent plus einer Aktie - zweitwichtigster Aktionär beteiligt ist und zudem beabsichtigt, den 15 Prozent-Anteil von Holtzbrinck zu erwerben, wird SAT.1 dem Konzern der Kirchgruppe zugeordnet.

Tabelle 25: Anteile großer Medienkonzerne am Fernsehmarkt[1)]

Konzern	1990	1992	1994	1996	1997
	Werbemarktanteile in v. H.				
CLT-UFA	25,0	34,0	37,7	36,5	37,0
Leo-Kirch-Gruppe	21,1	26,5	28,9	25,4	24,0
ProSieben-Gruppe	1,7	9,6	21,0	24,2	24,7
ARD + ZDF	52,3	30,0	10,4	9,5	8,2
	Zuschauermarktanteile in v.H.				
CLT-UFA	11,8	16,9	21,3	23,6	25,4
Leo-Kirch-Gruppe	9,9	15,8	16,1	14,3	14,0
ProSieben-Gruppe	1,2	6,7	11,4	13,1	13,2
ARD + ZDF	68,1	51,5	42,2	39,3	39,7

[1)] Konzerne nach Handelsrecht; ARD und ZDF als Sonderfall; ohne Premiere

Quelle: Berechnet aus Tabellen 17, 21 und 24.

Tabelle 25 zeigt die Entwicklung der Konzernkonzentration im deutschen Fernsehmarkt von 1990 bis 1997. Es gibt vier große Konzerne, die den deutschen Fernsehmarkt dominieren, die öffentlich-rechtlichen ARD und ZDF als Sonderfall, der CLT-UFA-Konzern, der Leo Kirch Konzern, genannt Kirch-Gruppe, und der Konzern Pro-Sieben-Gruppe[57]. Das Verhältnis der ProSieben-Gruppe zur Kirch-Gruppe ist dabei nie ganz klar gewesen; nach Handelsrecht handelt es sich indes mit großer Wahrscheinlichkeit um zwei Konzerne, die also jeweils wirtschaftlich selbständig sind. Eine Vater-Sohn-Beziehung spielt nach Handelsrecht keine Rolle zur Begründung einer gesellschaftsrechtlich fundierten Verbindung. Auf dem Werbemarkt dominieren die privaten Konzerne, CLT-UFA ist mit einem Marktanteil von 37 Prozent marktbeherrschend. Auf dem Zuschauermarkt haben die öffentlich-rechtlichen Veranstalter deutlich Marktanteile verloren, sie bleiben indes ebenso marktbeherrschend nach Kartellgesetz wie die drei privaten Konzerne zusammen.

Betrachtet man den *privaten Fernsehmarkt* allein, so wird das Binnenverhältnis der privaten Konzerne deutlicher. Tabelle 26 zeigt die Konzentrationsentwicklung von 1990 bis 1997.

57 Die Bezeichnungen zeigen, dass große Medienunternehmen offenbar nicht gerne als „Konzern" bezeichnet werden.

Tabelle 26: Konzernkonzentration auf dem privaten Fernsehmarkt

Konzern	1990	1992	1994	1996	1997
	Werbemarktanteile in v.H.				
CLT-UFA	52,3	48,5	43,0	42,4	40,3
Kirch-Gruppe	44,1	37,8	33,0	29,5	26,1
ProSieben-Gruppe	3,6	13,7	24,0	28,1	27,1
	Zuschauermarktanteile in v. H.				
CLT-UFA	51,2	42,9	43,6	46,3	45,2
Kirch-Gruppe	43,2	40,1	33,0	28,0	28,2
ProSieben-Gruppe	5,2	17,0	23,4	25,7	26,6

Quelle: Berechnet aus Tabellen 19 und 24.

Ohne große Unterschiede zwischen Werbemarkt und Zuschauermarkt ist der CLT-UFA-Konzern marktbeherrschend, seine Konkurrenten sind in der Größenordnung indes vergleichbar. Es handelt sich um ein sehr enges Oligopol.

Fasst man die Konzerne (nach Handelsrecht) zu *Unternehmensgruppen als wettbewerblich relevante Einheiten* zusammen, dann gibt es im privaten Fernsehmarkt nur noch zwei relevante Gruppierungen:

- Bertelsmann / CLT-UFA / WAZ mit den Programmen von RTL, RTL 2, Super RTL sowie Premiere[58] und vermutlich Vox;
- Leo Kirch / Thomas Kirch / Springer mit den Programmen von SAT.1, ProSieben, Kabel 1 und DSF.

Das Bundeskartellamt spricht von

> zwei wettbewerblich rivalisierenden Unternehmensgruppierungen, sogenannte Senderfamilien. ... Die eine Gruppierung bilden die Unternehmen der Leo-Kirch- und Thomas-Kirch-Gruppe sowie der Axel Springer Verlag mit den Veranstaltern SAT.1, Pro 7, deutsches Sportfernsehen und Kabelkanal. Die andere Gruppierung bilden CLT und Bertelsmann mit RTL, RTL 2 und – mit den oben genannten Einschränkungen – Vox. Bei Fernsehveranstaltern an denen die Kirch-Gruppe oder Bertelsmann nicht beteiligt sind, handelt es sich um Spartenprogrammveranstalter wie den Musiksender VIVA, den Nachrichtensender n-tv und regionale Ballungsraumsender, die auf dem Fernsehwerbemarkt nur eine relativ geringe Bedeutung haben. (Bundeskartellamt 1995, S. 122).

Diese Charakterisierung kann bis zum Zeitpunkt Ende 1997 sicher akzeptiert werden. Die geplante, nur am EU-Veto gescheiterte Zusammenarbeit von Bertelsmann und Kirch zeigt indes, dass Rivalitäten auch sehr schnell beendet werden können. Auf dem privaten Fernsehmarkt gibt es mithin ein Duopol, nächst dem Monopol die höchste Form der Konzentration. Die Konzentration übersteigt die Konzentration z.B. im Lebensmittelhandel, die als besonders groß gilt (vgl. Monopolkommission 1996, insbesondere S. 199ff.) bei weitem. Dies ist wettbewerbspolitisch problematisch.

Umso mehr erhebt sich die Frage, „ob zwischen diesen Oligopolunternehmen einschließlich der öffentlich-rechtlichen Fernsehveranstalter noch strukturbedingter, wesentlicher Wettbewerb herrscht“ (Bundeskartellamt 1995, S. 122f.). Bislang geht

---

[58] CLT-UFA hat im Frühjahr 1999 seine Anteile an Premiere zum größten Teil an Leo Kirch verkauft, seitdem ist Premiere dem Kirch-Konzern zuzurechnen.

das Bundeskartellamt von einem „wesentlichen Binnenwettbewerb“ (Bundeskartellamt 1997, S. 153) aus, sicher zu Recht. Umso kritischer müssen dann aber bestehende und geplante Verflechtungen zwischen den beiden Unternehmensgruppen geprüft werden. Kaum vorstellbar ist, dass sie nach Kartellrecht zulässig wären.

Angesichts dieser Bedrohung des Wettbewerbs bleibt die Existenz des öffentlich-rechtlichen Rundfunks schon wettbewerbspolitisch geboten. Ob der Marktzutritt ausländischer Medienkonzerne wie Canal Plus, Murdoch, Time Warner und Walt Disney den Wettbewerb beleben wird, hängt davon ab, inwieweit sie eigenständig agieren oder in die bestehenden Unternehmensgruppen eingebunden werden. Übersicht 1 zeigt die Beteiligungen ausländischer Medienkonzerne in Deutschland. Sie sind vor allem an kleineren Spartenprogrammen, an Spezialprogrammen wie Homeshopping und am Ballungsraumfernsehen beteiligt. Dies deutet eher nicht auf eine Einbindung in bestehende Konzernstrukturen hin und stützt die stets grundsätzliche Erwartung der Ökonomie, dass eine Marktöffnung den Wettbewerb belebe. Letztlich ist auch nicht gut vorstellbar, dass die großen ausländischen Medienkonzerne sich in bestehende inländische Konzernstrukturen einbinden lassen, ein Zutritt in den schwierigen deutschsprachigen Fernsehmarkt macht eigentlich nur Sinn, wenn – im Vertrauen auf eine überlegene Marketing- und Managementstrategie – erwartet werden kann, eine starke Marktstellung zu erringen.

Übersicht 1: Beteiligungen ausländischer Medienkonzerne 1998

Konzern	Veranstalter	Anteile in v. H.
Canal plus (Havas)	Premiere	37,5
	VOX	24,9
Com cast / TCI	QVC	43,0
Fininvest (Berlusconi)	DSF	33,5
Home Shopping Network	H. O. T.	29,0
News Corporation (Murdoch)	VOX	49,9
Time Warner	n-tv	49,8
	VIVA/VIVA II	24,7
	Puls TV	21,6
	Hamburg 1	24,0
Viacom	VH-1	100,0
	Nickelodeon[1)]	90,0
Walt Disney / ABC	Super RTL	50,0
	RTL2	16,1
	TM3	50,0
[1)] inzwischen eingestellt		

Quelle: Veranstalterangaben.

5. Wettbewerbspolitik im Fernsehsektor

Nationale Wettbewerbspolitik wird durch das Bundeskartellamt und gegebenenfalls durch die höheren Instanzen des zuständigen Oberlandesgerichtes und des Bundesgerichtshofes gestaltet. Bei Überschreiten der Grenzwerte für nationale Wettbewerbspolitik wird die EU-Kommission und gegebenenfalls der Europäische Gerichtshof tätig. Eine Wettbewerbspolitik auf globaler Ebene gibt es nicht (vgl. Kapitel 7). Die Konzentrationskontrolle durch die Medienpolitik wird in Abschnitt 6 beschrieben.

Die Wettbewerbspolitik des Bundeskartellamtes bezieht sich im Wesentlichen auf zwei Märkte:

- Den *Markt für nationale Fernsehwerbung*, der nicht weiter, etwa nach Voll- und Spartenprogrammen, differenziert wird (Monopolkommission 1994, S. 313) und
- den *Markt für Filmrechte*.

Daneben spielt der Markt für Tonträger der Unterhaltungsmusik eine Rolle für die wettbewerbspolitische Beurteilung der Musikspartenprogramme (VIVA, VIVA II.) Wegen der geringen quantitativen Bedeutung wird darauf indes nicht eingegangen. In funktionaler Abgrenzung bezieht sich die nationale Wettbewerbspolitik für das Fernsehen vor allem auf zwei Bereiche:

- Die Kontrolle von Zusammenschlüssen und
- die Öffnung von Märkten.

5.1. Zusammenschlusskontrolle

Auf dem *Markt für nationale Fernsehwerbung* besteht nach Ansicht von Bundeskartellamt und Monopolkommission ein Oligopol mit intensivem Wettbewerb im Innenverhältnis (Monopolkommission 1994, S. 315, Bundeskartellamt 1997, S. 153). Dies Oligopol bestand zunächst aus den drei Anbietern ARD/ZDF, SAT.1 und RTL, später aus den vier Oligopolisten RTL, SAT.1, Pro-Sieben-Gruppe und ARD/ZDF mit einem Kranz kleinerer Randwettbewerber. Dies Oligopol war rein rechnerisch immer marktbeherrschend im Sinne von damals §22, Abs. 3 GWB. Weil aber wesentlicher Wettbewerb im Binnenverhältnis, also zwischen den drei bzw. vier Oligopolisten vermutet wurde, galt die Marktbeherrschung stets als widerlegt und kein einziger Zusammenschluss der Jahre 1990 bis 1997 ist untersagt worden. Hinzu kam, dass mit dem Hinweis auf die (ursprünglich) marktbeherrschende Stellung von ARD und ZDF Zusammenschlüsse von privaten Fernsehveranstaltern als „Aufholfusion" wettbewerbspolitisch begrüßt worden sind.

Von größerer Relevanz waren folgende Zusammenschlüsse:

- Erwerb einer 29%igen Beteiligung der Axel Springer Gesellschaft für Publizistik (Springer Familie) an Tele 5 (später DSF).
- Erwerb einer 24%igen Beteiligung von CLT an Tele 5 (DSF).
- Erwerb einer 24,5%igen Beteiligung der Kirch-Gruppe an Tele 5 (DSF).

- Aufstockung der Anteile von Pro Sieben an Kabel 1 von 45% auf 100%.
- Erwerb einer 40%igen Beteiligung der REWE-Gruppe an der Pro-Sieben-Gruppe.
- Die Gründung der Gemeinschaftsunternehmungen (eine Gründung von Gemeinschaftsunternehmen gilt als Zusammenschluss der beteiligten Muttergesellschaften) RTL 2, VIVA, n-tv und Vox, vor allen Dingen mit den beteiligten Müttern CLT und UFA, die zu jener Zeit noch nicht verbunden waren.

In all diesen Fällen war der Zusammenschlusstatbestand, trotz z.T. numerisch unter 25 Prozent liegender Anteile, nicht strittig. Da aber in keinem Fall eine marktbeherrschende Stellung entstanden ist (wegen des Wettbewerbs im Binnenverhältnis), wurde keine Fusion untersagt.

Dies ist keine Kritik an den Entscheidungen des Bundeskartellamtes. Tatsächlich ist heftiger Wettbewerb zwischen ARD/ZDF, SAT.1, RTL und der Pro-Sieben-Gruppe zu vermuten. Und wenn das so ist, dann hat keiner dieser Anbieter und auch nicht das Oligopol insgesamt eine marktbeherrschende Stellung und daher kann durch die genannten Fusionen auch keine marktbeherrschende Stellung verstärkt werden. Dies zeigt aber sehr deutlich, dass die Wettbewerbspolitik im sensiblen Bereich der Medienstrukturen durch die Medienpolitik verschärft werden muss, wenn der Einfluss großer Medienkonzerne auf den Prozess der Meinungsbildung beschränkt werden soll.

Auf dem *Markt für Filmrechte* gilt die Kirchgruppe als „mit Abstand Marktführer“ (Monopolkommission 1994, S. 313) oder, wie es das Kartellamt formuliert hat, die Kirch-Gruppe habe „auf dem vorgelagerten Markt für Filmverwertungsrechte eine starke Marktstellung, die durch den Einfluss auf die Programmbeschaffung weiterer Fernsehveranstalter ausgebaut werden kann“ (Bundeskartellamt 1995, S. 123). Dennoch ist die Beteiligung von Kirch an Tele 5/DSF in Höhe von 24,5 % (der Fusionstatbestand war erfüllt) nicht untersagt worden, weil der Sportspartenprogrammanbieter DSF nur einen zu vernachlässigenden Spielfilmbedarf habe (ebenda, S. 123). Und die Verbesserung der Position der von Springer und Kirch gemeinsam betriebenen Sportrechteagentur ISPR war nicht zu berücksichtigen, weil die ISPR keine marktbeherrschende Stellung habe (ebenda S. 123). Auch der Erwerb einer 45%igen Beteiligung der TEFI-Handels AG Baar/Schweiz (Metro-Gruppe von Otto Beisheim) am Kabelkanal im April 1992 (später wieder an Pro Sieben veräußert) betraf den Markt für Filmrechte, weil Beisheim über seine MH-Medien Handelsgesellschaft Filmrechte handelte. Er hatte dort aber keine marktbeherrschende Stellung. Diese Entscheidungen erscheinen mir auch wettbewerbspolitisch problematisch, weil in beiden Fällen die marktbeherrschende Stellung der Kirch-Gruppe verstärkt worden ist. Medienpolitisch ist die Verstärkung der vertikalen Integration zwischen Programmveranstaltern und Programm-Input-Produzenten eine nicht akzeptable Vergrößerung der Möglichkeit, die Freiheit der Programmgestaltung zu beschränken. Auch die Kontrolle der vertikalen Integration bedarf dringend einer Verschärfung durch die Medienpolitik.

5.2. Die Öffnung von Märkten

Nach der wettbewerbspolitischen Konzeption der „neuklassischen Wettbewerbsfreiheit", die das Leitbild des „funktionsfähigen Wettbewerbs" zumindest ergänzt, ist ein freier Marktzutritt von zentraler Bedeutung für den Wettbewerb (vgl. Baßeler/Heinrich/Koch 1998, 8. Kapitel). Gemäß dieser Konzeption hat sich die Wettbewerbspolitik um die Öffnung der Märkte für Fernsehübertragungsrechte bemüht. Grundlegend waren folgende Beschlüsse:

Die *Untersagung des Globalvertrages* zwischen ARD/ZDF und dem deutschen Sportbund vom 3.9.1985 durch das Bundeskartellamt am 27.8.1987, bestätigt durch das Berliner Kammergericht am 8.7.1988 und durch den Bundesgerichtshof am 13.4.1990. In diesem Globalvertrag hatten ARD und ZDF mit dem deutschen Sportbund und 37 seiner Spitzenverbände – ohne Fußball, Motorsport und Eishockey – die exklusive Fernsehverwertung der betroffenen Sportveranstaltungen für die Dauer von fünf Jahren vereinbart. Dies behinderte die Wettbewerbsfreiheit der privaten Veranstalter, weil es den Zutritt zum Markt für Sportübertragungsrechte unbillig beschränkte und dementsprechend wurde dieser Globalvertrag nach § 18 Abs. 1 lit. b GWB untersagt (vgl. Wirtschaft und Wettbewerb, Heft 9/1990, S. 769-785).

Die *Untersagung der zentralen Vermarktung der Fernsehübertragungsrechte* an den Europapokalheimspielen deutscher Fußballvereine durch den DFB, verboten durch das Bundeskartellamt am 2.9.1994 und bestätigt durch das Berliner Kammergericht am 8.11.1995 und durch den Bundesgerichtshof am 11.12.1997 (vgl. Wirtschaft und Wettbewerb Heft 2/1998, S. 163 ff.). Die zentrale Vermarktung galt als unzulässiges Kartell nach §1 GWB, als Kartell, das den Wettbewerb zwischen den Fußballvereinen und zwischen den Fernsehveranstaltern beschränkt. Auch als Rationalisierungskartell nach §5 GWB konnte die zentrale Vermarktung nicht anerkannt werden.

In beiden Fällen ist der Zutritt zum Markt für Sportübertragungsrechte erleichtert worden und damit ist auch der Zutritt zum Markt für Fernsehprogrammveranstaltung erleichtert worden. Inzwischen ist für die Sportvermarktung eine Ausnahmeregelung in §31 KartellG getroffen worden: Das Vermarktungskartell ist erlaubt. Dies wird wettbewerbspolitisch vehement kritisiert (vgl. Monopolkommission 1998, S. 17ff.).

5.3. Medienpolitische Bewertung der Praxis der Wettbewerbspolitik

In der kurz beschriebenen Praxis der Wettbewerbspolitik bestätigen sich die im 7. Kapitel aufgezeigten Insuffizienzen der Wettbewerbspolitik als Instrument der Medienpolitik:

- Die enge Marktabgrenzung verhindert eine wirksame Kontrolle intermediärer Verflechtungen;
- die Wettbewerbspolitik kann internes Wachstum nicht beschränken, und
- die Wettbewerbspolitik kann oder will die Sonderstellung des öffentlich-rechtlichen Rundfunks nicht angemessen berücksichtigen.

So konnte die Beteiligung großer Medienkonzerne (Bertelsmann, CLT, Kirch und Springer) an den Fernsehveranstaltern nicht verhindert werden, so konnte der Aufstieg von Leo Kirch zu einem marktbeherrschenden Filmrechtehändler nicht verhindert oder rückgängig gemacht werden und so wird der Aufstieg von CLT-UFA oder der Aufstieg der Pro-Sieben-Gruppe nicht verhindert werden können. Und wenn ARD und ZDF wie erwerbswirtschaftlich orientierte Unternehmen behandelt werden, dann verhindert dies eine angemessene Wettbewerbspolitik für den privaten Sektor allein.

Die Öffnung des Marktes für Sportübertragungsrechte war wettbewerbspolitisch und medienpolitisch zugleich positiv zu bewerten, weil jeder Marktzutritt sowohl den Wettbewerb als auch die Aussichten auf die Produktion von Meinungsvielfalt verbessert. Bedauerlich ist nur, dass eine solche Marktöffnung nicht auch auf dem Markt für Filmrechte bewirkt werden kann und dass die Sportvermarktung inzwischen wieder zentralisiert gestattet ist. Insgesamt müssen die Möglichkeiten der nationalen Wettbewerbspolitik, eine Vielzahl unabhängiger Anbieter auf dem Fernsehmarkt zu schützen, als gering eingeschätzt werden.

6. Publizistische Konzentration im Fernsehsektor

Das publizistisch relevante Gebiet ist definiert durch das Medium mit der kleinsten Reichweite (vgl. Kapitel 7); im Fall der Beschränkung auf das Fernsehen also etwa definiert durch die Reichweite des Lokalfernsehens. In einem solchen Raum müsste man dann ermitteln, wie viele Programme empfangen werden können, wie viele unabhängige Programmveranstalter existieren und wie groß ihre Marktanteile sind. Dies kann hier nicht geleistet werden, weil die Reichweiten der zahlreichen kleinen Lokalprogramme und der Ballungsraumprogramme nicht detailliert bekannt sind. Daher beschränkt sich die Darstellung der publizistischen Konzentration auf den nationalen Fernsehsektor und die bundesweiten Programme. Es muss dann berücksichtigt werden, dass die publizistische Vielfalt in einigen Gebieten der Bundesrepublik deutlich größer ist als die national ermittelte publizistische Konzentration anzeigt.

Im Gebiet der Bundesrepublik werden von Fernsehveranstaltern mit Sitz in Deutschland 39 Programme bundesweit ausgestrahlt, davon 24 private und 15 öffentlich-rechtliche Programme (vgl. Tabelle 1). Diese Zahl von 39 Programmen ist Indikator für die Wahlmöglichkeit der Zuschauer. Sie übersteigt die faktischen Wahlmöglichkeiten der Rezipienten auf dem Zeitungsmarkt sehr deutlich (vgl. Band 1, Kapitel 9), und nur schwerlich wäre es möglich, diese Wahlmöglichkeiten als gering zu bezeichnen.

Fragt man dagegen nach der Zahl der wirtschaftlich selbständigen Programmveranstalter, so werden die Wahlmöglichkeiten der Zuschauer deutlich reduziert. Die Medienpolitik rechnet nach dem Rundfunkstaatsvertrag vom 1.1.1997 alle die Programme einem Veranstalter zu, an denen dieser mit 25 Prozent oder mehr beteiligt ist (vgl. Kapitel 7). Dies ergibt dann die in Übersicht 2 aufgeführten Veranstaltergruppen, die sich z.T. die Programme mehrfach zurechnen lassen müssen.

Übersicht 2: Veranstaltergruppen nach Medienrecht 1997

CLT-UFA	RTL, RTL 2, Super RTL, Premiere und vermutlich auch Vox
Leo Kirch	SAT.1, DSF und Premiere
Thomas Kirch	Pro 7 und Kabel 1
Springer	SAT.1
Holtzbrinck	n-tv
Bauer	RTL 2
Kloiber	RTL 2
REWE	Pro 7 und Kabel 1

Es resultieren acht Veranstaltergruppen mit Beteiligungen an deutschen Fernsehunternehmen. Diesen Veranstaltergruppen ist dann nach § 28 RStV die jeweilige Reichweite der Programme auf dem Zuschauermarkt zuzurechnen. Tabelle 27 fasst die Zuschauermarktanteile der Veranstaltergruppen zusammen.

Tabelle 27: Zuschauermarktanteile deutscher Medienunternehmen 1997 nach Rundfunkstaatsvertrag in v. H.[1)]

CLT-UFA	28,4
Leo-Kirch-Gruppe	17,0
ProSieben-Gruppe	13,2
Springer	12,8
Holtzbrinck	0,5
Bauer	4,0
Kloiber	4,0
REWE	13,2
[1)] Einschließlich der auf 3 Prozent geschätzten Reichweite von Premiere	

Quelle: Berechnet aus Tabelle 24.

Tabelle 27 zeigt, ähnlich wie Tabelle 26, drei einflussreiche Fernsehveranstalter:
- CTL-UFA mit 28,4 Prozent Anteil,
- die Kirch-Gruppe mit 17,0 Prozent Anteil und
- die Pro-Sieben-Gruppe mit 13,2 Prozent Anteil.

Es gibt mithin eine starke publizistische Konzentration nach dem Merkmal wirtschaftlich unabhängige Eigentümer. Darüber hinaus ist die Unabhängigkeit der ProSieben-Gruppe von der (Leo-)Kirch-Gruppe nach wie vor strittig. Viele Beobachter sprechen eher von nur zwei rivalisierenden Unternehmensgruppen auf dem deutschen Fernsehmarkt (vgl. z.B. Kruse 1996, S. 49; Horizont 1997, 51). Diese Konzentration ist umso erstaunlicher, als die Medienpolitik mit dem Instrument der Lizenzierung die Möglichkeit gehabt hätte, eine solche Konzentration zu verhindern: Lizenzen mussten nicht an immer die gleichen Unternehmensgruppen vergeben werden, sie mussten auch nicht markbeherrschenden Programmrechtehändlern oder marktbeherrschenden Pressekonzernen zugesprochen werden. Die Medienpolitik hat also bei der Aufgabe der Konzentrationskontrolle versagt (vgl. auch Kruse 1996, S. 49).

Die Gründe für dieses Versagen sind die folgenden:

- Die Lizenzierung wurde, ermöglicht durch die zersplitterten Länderkompetenzen, als Instrument regionaler Medienstandortpolitik missbraucht.
- Die Medienbranche gilt in der Politik als eine der zentralen Wachstumsbranchen, deren Entwicklung gefördert werden soll und nicht dadurch gebremst werden soll, dass finanzstarken Medienkonzernen der Zugang verwehrt wird.

Weil diese Gründe fortbestehen, wird eine wirksame Konzentrationskontrolle durch die Medienpolitik auch in Zukunft nicht zu erwarten sein.

Angesichts der beschriebenen Probleme der Wettbewerbspolitik und der Medienpolitik zugleich, Wettbewerb bzw. publizistische Vielfalt zu schützen, kommt dem Bestand des öffentlich-rechtlichen Rundfunks die zentrale Aufgabe zu

- sowohl ein Mindestmaß an Wettbewerb zu erhalten,
- als auch das Angebot publizistischer Vielfalt zu sichern.

Dies setzt dann aber voraus, dass öffentlich-rechtliche Veranstalter ihr Programmangebot von dem der privaten Veranstalter differenzieren.

7. Marktstruktur und Marktentwicklung

Die Wettbewerbskräfte im Rundfunksektor sind grundlegend im 9. Kapitel dargestellt worden (Abschnitt 5). In diesem 13. Kapitel werden zum einen die Marktstruktur und der Wettbewerb im Fernsehmarkt speziell evaluiert und zum anderen wird eine Einschätzung der zukünftigen Entwicklung des Marktes gegeben.

7.1. Marktstruktur und Wettbewerb im Fernsehsektor

Die *Marktstruktur* ist gekennzeichnet durch ein *enges Oligopol* von, je nach Zählweise, drei oder vier in der Größenordnung ähnlichen Unternehmensgruppen: ARD/ZDF, CLT/UFA, Kirch-Gruppe und Pro-Sieben-Gruppe. Dies enge Oligopol wird ergänzt durch einige kleinere Randwettbewerber, die überwiegend Sparten- oder Ballungsraumprogramme anbieten. Dabei stellen die öffentlich-rechtlichen Veranstalter einen einzigartigen wettbewerbspolitischen Sonderfall dar: Ihre Tätigkeit wird reguliert und Bestand und Entwicklung garantiert. Für die weitere Entwicklung der Marktstruktur wird entscheidend sein, ob es ausländischen Medienkonzernen gelingt, einen kontrollierenden Einfluss zu erlangen. Falls nicht, dürfte die Marktstruktur vorerst festgelegt sein.

Ein *Marktzutritt* ist möglich, wenngleich die Marktzutrittsschranken nicht unerheblich sind. Marktzutrittsschranken sind insbesondere die folgenden:

- Die Bestands- und Entwicklungsgarantie für die öffentlich-rechtlichen Veranstalter, die das Erlöspotenzial für Newcomer deutlich einschränkt. Private Anbieter müssen mit einer politisch subventionierten Konkurrenz rechnen, die den Marktgesetzen in eingeschränkter Weise unterliegt. Dies wird z.B. deutlich im Marktaustritt des privaten Kinderspartenkanals „Nickelodeon“ am 30.5.1998, der sich in Konkurrenz zum öffentlich-rechtlichen Kinderkanal nicht durchsetzen konnte (Medienspiegel, Heft 24/1998).

- Die zur Zeit noch gegebene Knappheit der Vertriebskapazitäten im Kabelnetz und in der Terrestrik im Verein mit der Lizenzierungspolitik der Landesmedienanstalten erschwert einen Marktzutritt.
- Die vertikale Konzentration zwischen Programmveranstaltern und Programm-Input-Produzenten, vor allem in Verbindung mit der marktbeherrschenden Position der (Leo-)Kirch-Gruppe zumindest auf dem Programm-Inputmarkt, macht einen Marktzutritt riskant, weil der Einkauf von Programm-Inputs nicht sicher geplant werden kann und weil seine Bedingungen zur Verdrängung von Newcomern missbraucht werden können.
- Die Praxis der Werbeagenturen, Werbung vor allem in reichweitenstarken Programmen zu buchen, begünstigt naturgemäß die etablierten Anbieter.
- Die Kosten eines Marktzutritts wären im Falle eines Scheiterns, also bei einem Marktaustritt, im Wesentlichen verlorene Kosten (sunk costs) des Marketing und der Programmproduktion. Dies erhöht das Marktzutrittsrisiko nicht unerheblich.

Der *Wettbewerb* kann als intensiv gelten (vgl. auch Monopolkommission 1994, S. 313; Sjurts 1996, S. 185ff.). Trotz des engen Oligopols besteht wenigstens zwischen drei Unternehmensgruppen eine hinreichende Rivalität mit resultierendem Wettbewerb im Binnenverhältnis. Indikator der Wettbewerbsintensität ist der gut beobachtbare Einsatz der klassischen Wettbewerbsparameter Produktinnovation, Werbung und Preis:

- Neue Programmsparten (Frauen, Kinder, Wetter...) und vor allem permanent neuentwickelte Programmformate zeigen den Wettbewerb um Marktanteile. Allein im März 1998 starten 38 neue Programmformate im Fernsehen (Horizont Media Facts, Heft 3/1998, S. 13), z.B. „Brigitte TV" in der ARD oder „Warm up" bei DSF.
- Die Flexibilität der Nachfrage und die Transparenz auf dem Werbemarkt begründen eine deutliche Flexibilität der Werbepreise (vgl. Kapitel 15).
- Der Werbeaufwand der Massenmedien ist gigantisch: Mit einem Gesamtvolumen von 2,5 Mrd. DM liegen die Massenmedien knapp hinter der wesentlich gewichtigeren Automobilbranche, ein deutliches Zeichen für den erheblichen Wettbewerbsdruck vor allem im Rundfunksektor (vgl. ZAW 1998, S. 137).

Das *Marktergebnis* zeigt die Wettbewerbsintensität recht eindrucksvoll. Bundesweit sendende private Programmanbieter erreichten 1996 im Durchschnitt einen Kostendeckungsgrad von 99 Prozent; anders formuliert, sie erzielten eine Rendite von weniger als null Prozent. Nur Pro Sieben und RTL konnten einen Gewinn erzielen, die anderen Anbieter produzierten Verluste oder wie SAT.1 einen Gewinn von null DM (vgl. Kapitel 14, Abschnitt 4).

7.2. Marktentwicklung

Eine Einschätzung der Marktentwicklung muss das Finanzierungspotenzial und die Kosten von Fernsehveranstaltung umfassen sowie die technischen und regulativen Entwicklungsbedingungen berücksichtigen.

Das *Finanzierungspotenzial* resultiert im Wesentlichen aus zwei Quellen:

- den Ausgaben privater Haushalte für die Fernsehnutzung und
- den Ausgaben der werbungtreibenden Wirtschaft für die Fernsehwerbung; und dieses Finanzierungspotenzial wird beschränkt durch die Nachfragezeit, die private Haushalte dem Fernsehen widmen.

Die Ausgaben privater Haushalte für die Fernsehnutzung (vor allem Kauf und Wartung der Geräte, Fernsehgebühr sowie Pay-TV-Preise) hängen von der Entwicklung der Haushaltseinkommen ab; diese hängt wiederum ab vom Wachstum des Bruttoinlandsprodukts und seiner Verteilung. Man rechnet langfristig in der Regel mit realen Wachstumsraten von gut zwei Prozent bei einer relativen Konstanz der Verteilung des Bruttoinlandsprodukts. Der Anteil der Ausgaben für die Nutzung von Massenmedien insgesamt nimmt leicht zu: von 3,17 Prozent (1970) über 3,40 Prozent (1980) und über 3,79 Prozent (1990) auf 3,7 Prozent (1995) (Statistisches Bundesamt) verbunden mit einem leichten Anstieg des Anteils, der für das Fernsehen speziell ausgegeben wird (vgl. Seufert 1992, S. 154ff.).

Die *Ausgaben der werbungtreibenden Wirtschaft für Fernsehwerbung* hängen eng von der gesamtwirtschaftlichen Entwicklung, also vom Wachstum des Bruttoinlandsproduktes ab und ergänzend von der Entwicklung der Werbeintensität, d.h. der Relation von Werbeausgaben zum BIP. Hier geht man in der Regel noch von einem leichten Anstieg der Werbeintensität und einem speziellen Anstieg des Anteils der Fernsehwerbung aus (vgl. Seufert 1992, S. 159ff.).

Die *Nachfrage privater Haushalte* nach Fernsehprogrammen ergibt sich aus der Entwicklung der Zahl der Haushalte und der durchschnittlichen täglichen Sehdauer. Hier wird nur ein geringer Anstieg erwartet. Dieses in Zeit gemessene Nachfragevolumen beschränkt die Entwicklung des Werbevolumens nachhaltig.

Schließlich sind die technischen Rahmenbedingungen zu berücksichtigen, vor allem die Entwicklung der technischen Reichweite und neuartige Fernsehangebote, vor allem digitales Fernsehen. Und letztlich beschränkt die Regulierung des Fernsehmarktes, insbesondere die Regulierung der Fernsehwerbung (Zeitdauer und Werbeverbote für bestimmte Produktgruppen) das Finanzierungspotenzial.

Die Abschätzung der *Kosten* eines Fernsehprogramms orientiert sich an der tatsächlichen Marktsituation: Bundesweite Vollprogramme kosten durchschnittlich gut eine Mrd. DM, Spartenprogramme deutlich weniger (vgl. Kapitel 14, Abschnitt 4).

In einer sehr klaren und methodisch korrekten Studie hat Seufert die Entwicklung dieser kurz beschriebenen Bedingungsfaktoren mit Hilfe einer Modellrechnung prognostiziert. Im Jahre 1992 kam er zu folgenden Prognosen für das Jahr 2000:

- Bei werbefinanzierten Vollprogrammen sind vier Anbieter denkbar;

- bei werbefinanzierten Spartenprogrammen sind zwei bis drei Anbieter realistisch und
- zwei bis drei Pay-TV-Spartenprogramme seien finanzierbar (Seufert 1992, S. 1990f.)

Diese Prognose entspricht den tatsächlichen Größenordnungen, vor allem aber ist sie ein sehr gutes Modellbeispiel.

Eine zum jetzigen Zeitpunkt anzustellende Prognose käme zu ähnlichen Prognosewerten. Angesichts der zu erwartenden nur geringen Wachstumsrate der Bedingungsfaktoren könnten wohl sechs Vollprogramme, einige kleine Spartenprogramme und ein bis zwei Pay-TV-Programme finanzierbar sein. Vermutet wird also eher eine Marktbereinigung.

8. Differenzierung des Fernsehmarktes in räumlicher und sachlicher Ausprägung

Bislang ist der Fernsehmarkt in groben makroökonomischen Strukturen dargestellt worden; in der Regel wurden bundesweite Vollprogramme und größere Spartenprogramme zu Grunde gelegt. Verwertungsinteressen des Marktes und das medienpolitische Interesse an publizistischer Vielfalt begründen indes eine zunehmende Differenzierung, vor allem in räumlicher und sachlicher Hinsicht. Daneben lässt sich Fernsehen nach der Ausstrahlungstechnik in analoges und digitales Fernsehen differenzieren. Diese Unterscheidung liegt zwar völlig quer zu den im Übrigen inhaltlichen Differenzierungen und sie dürfte in etwa zehn Jahren auch obsolet geworden sein. Dennoch soll auch das digitale Fernsehen als Typus aufgeführt werden.

8.1. Digitales Fernsehen

Digitales Fernsehen ist digital ausgestrahltes Fernsehen. Es unterscheidet sich von analog ausgestrahltem Fernsehen lediglich in Form einiger Verbesserungen. Digitales Fernsehen bietet die in Kapitel 2 und 6 genannten Vorteile:

- Zunahme der Vertriebskapazität;
- Verbesserung der Bild- und Tonqualität;
- Möglichkeit der Verbindung von Fernsehen mit Multimediadienstleistungen.

Mithin bietet digitales Fernsehen die Möglichkeit, vorhandene Programme mit unveränderten Inhalten in verbesserter Qualität auszustrahlen und die Möglichkeit, neue, insbesondere vertriebskapazitätsintensive Programme auszustrahlen. Und so wird die Digitaltechnik genutzt.

Zum einen werden die gleichen Programme sowohl analog als auch digital ausgestrahlt. Es werden über Astra 24 Fernsehprogramme sowohl analog als auch digital ausgestrahlt, u.a. ARD, ZDF und Premiere (vgl. Astra-Marketing 1998) und auch über das deutsche Kabelnetz werden vor allem die öffentlich-rechtlichen Programme gleichzeitig analog und digital verbreitet. Zum anderen werden neue Programme entwickelt und zusammengestellt, die nur digital ausgestrahlt werden, insbesondere solche Programme, die für die Rezipienten Wahlmöglichkeiten bieten, also substanzielle Vertriebskapazitäten benötigen wie Spielfilm- und Sportprogramme. So werden mittlerweile über Astra 68 Programme ausschließlich digital verbreitet (Astra-Marketing 1998), darunter zahlreiche Pay-TV-Angebote; und auch über das deutsche Kabelnetz werden einige ausschließlich digital ausgestrahlte Programme vermarktet wie die Programme von DF1 und Premiere-digital. Letztere sind Pay-TV-Spartenprogramme.

8.2. Pay-TV

In Deutschland senden Ende 1998 fünf Veranstalter Pay-TV-Programme:

- Premiere (je 37,5 Prozent Anteile von CLT-UFA und CanalPlus; 25 Prozent Anteil der Kirchgruppe) mit etwa 1,7 Millionen Abonnenten, mit einem Umsatz von 735 Millionen DM im Jahre 1997 und 780 Mitarbeitern;
- DF1 (100 Prozent Kirchgruppe) mit etwa 300.000 Abonnenten (Anfang 1999) und 250 Mitarbeitern;
- Discovery Channel, Multithematiques und 13th Street senden als selbständig lizenzierte Veranstalter auf der Plattform von DF1 und sind Bestandteil des DF1-Programmangebots.

Damit ist der Pay-TV-Markt in Deutschland im Vergleich mit den USA und Großbritannien sowie Frankreich recht unterentwickelt, wie Tabelle 28 zeigt. Gerade in Großbritannien ist Pay-TV weit verbreitet[59]. Der europäische Markt wird von den großen europäischen Medienkonzernen Berlusconi, CLT-UFA, CanalPlus (Hauptaktionär ist Havas) und der Kirchgruppe dominiert, daneben ist Murdoch stark vertreten.

Tabelle 28: Verbreitung von Pay-TV in Europa 1997

Land	Abonnenten	Umsatz in Mio. DM	Zahl der Veranstalter	Konzernzugehörigkeit
Belgien	342.526	183	2	CanalPlus
Deutschland	1.905.000	735[1]	2[2]	CLT/UFA; Kirchgruppe
Frankreich	4.308.005	2.743	1	CanalPlus
Griechenland	ca. 200.000	k. A.	1	Rupert
Großbritannien[3]	12.800.000	4.074	2	Murdoch; Pearson
Italien	1.127.900	581	2	Berlusconi
Niederlande	224.126	114	2	CanalPlus, TCI
Österreich	ca. 120.000	k.A.	3	CLT-UFA; Kirchgruppe
Skandinavien	555.492	k.A.	3	CanalPlus, Stenbeck
Schweiz	90.000	k. A.	1	Kirch/Ringier
Spanien	2.255.894	ca. 1.200	3	CanalPlus

[1] Nur Premiere
[2] Ohne die drei Mitveranstalter auf DF1
[3] Mit Irland

Quelle: Zusammengestellt nach W&V Compact 11+12, 1998 und 1+2, 1999.

[59] Und profitabel. So erzielte der britische Satellitensender BSkyB von Murdoch im Geschäftsjahr 1996/97 einen Umsatz von 1,27 Mrd. Pfund und einen Gewinn (vor Steuern) von 314 Mio Pfund (Die Welt 12.8.1997).

Pay-TV bietet wesentlich größere Finanzierungspotenziale als das werbefinanzierte Free-TV, weil die Zahlungsbereitschaft der Rezipienten differenziert und direkt ausgeschöpft werden kann (vgl. Kapitel 8). Die Grundstruktur der Preispolitik der Pay-TV-Veranstalter ist international vergleichbar. In der Regel wird ein einfaches Basispaket von Programmen für 30 bis 50 DM pro Monat angeboten, darüber hinaus gibt es interessante Zusatzprogramme, für die zusätzlich gezahlt werden muss; und exklusive Ereignisse, wie Top-Spielfilme, oder Top-Sportübertragungen werden häufig über Pay-Per-View abgerechnet (vgl. zu den Strategien der Vermarkter Hüther 1996). Pay-TV ist also recht teuer.

Die Vorteile von Pay-TV aus Zuschauersicht liegen in der Werbefreiheit, in der größeren Programmgestaltungsfreiheit und im besseren Angebot von Spielfilmen und Sportübertragungen. Übersicht 3 stellt die entsprechenden Ergebnisse einer Umfrage aus dem Jahr 1997 zusammen. Inhaltliche Zugpferde sind häufig exklusive Sportübertragungen. So konnte Premiere mit der exklusiven Übertragung des ersten Boxkampfes zwischen Tyson und Holyfield rund 25.000 neue Abonnenten gewinnen (Welt am Sonntag 29.6.1997, S. 29).

Übersicht 3: Vorteile von Pay-TV aus Zuschauersicht

	Bevölkerung insgesamt ***(in Prozent)***	**Premiere-Interessenten[1)]** ***(in Prozent)***
Kaum Werbung	47	62
Sendebeginn kann selber bestimmt werden	41	56
Allerneueste Spielfilme	38	64
Fernsehprogramm kann nahtlos zusammengestellt werden	30	46
Übertragung von Sportereignissen, die man woanders nicht sieht	28	44
Viel größeres Angebot (z.B. verschiedene Krimis, Western)	25	41
Spezialkanäle (z.B. nur mit Tier-, nur mit Volksmusiksendungen oder nur mit Filmklassikern)	20	28
Übertragung exklusiver Musikkonzerte	19	25
Auswahl der Kameraeinstellung mit Hin- und Herschaltmöglichkeiten (z.B. bei Sportereignissen und großen TV-Shows)	17	29
Nichts davon	23	6

[1)] Personen, die schon überlegten, sich für Premiere anzumelden; Basis: Bundesrepublik Deutschland, Bevölkerung zwischen 14 und 54 Jahren.
Quelle: Allensbacher Archiv, IfD-Umfrage 7680, Februar bis April 1997.

Quelle: Medienspiegel 24, 1997, S. 3.

Die Durchdringung des Pay-TV-Marktes gestaltet sich in Deutschland schwierig, weil das Konkurrenzangebot mit knapp 25 werbefinanzierten Free-TV-Programmen und etwa 15 gebührenfinanzierten öffentlich-rechtlichen Programmen ungewöhnlich groß ist. Dennoch scheint sich Pay-TV auch in Deutschland durchzusetzen. Dies zeigt z.B. die relativ stetige Entwicklung von Umsatz und Abonnentenzahlen von

Premiere, die in Tabelle 30 wiedergegeben ist. Mittlerweile ist Premiere, nach Umsatz gerechnet, der viertgrößte private Fernsehveranstalter in Deutschland.

Tabelle 30: Entwicklung von Abonnentenzahl und Umsatz bei Premiere

	1990	1991	1992	1993	1994	1995	1996	1997
Abonnenten in Tsd.	152	288	554	755	903	1.064	1.404	1.613
Umsatz in Mio. DM	39	120	228	332	406	487	579	735

Quelle: Premiere.

Die medienpolitische Problematik von Pay-TV liegt vor allem in seinen großen spezifischen Konzentrationstendenzen und in der Beschränkung der materiellen Informationsfreiheit (vgl. Kapitel 8).

8.3. Spartenfernsehprogramme

Nach Medienrecht sind Spartenprogramme Programme mit im Wesentlichen gleichartigen Inhalten, wobei sich die Gleichartigkeit auf die groben Kategorien Information, Bildung, Beratung und Unterhaltung bezieht. Praktikabler ist sicher die Negativdefinition: Spartenprogramme sind Programme, die keine Vollprogramme sind (vgl. Kapitel 3). In ökonomischer Sicht sind Spartenprogramme solche Programme, die segmentierte Informationspräferenzen bedienen.

In Deutschland wurden 1998 die folgenden Spartenprogramme ausgestrahlt:

- 12 Spartenprogramme unter dem Regime von werbefinanziertem Free-TV;
- 3 Spartenprogramme des gebührenfinanzierten öffentlich-rechtlichen Rundfunks[60] und
- ca. 50 Programme unter dem Regime von Pay-TV, also bei DF1 und Premiere.

Spartenprogramme wollen spezielle Interessen ansprechen und damit entweder die vermutete größere Zahlungsbereitschaft pro Kopf der Rezipienten ausschöpfen oder Werbemöglichkeiten ohne Streuverluste anbieten und damit höhere Werbepreise durchsetzen. Wenn dies gelingt, können Spartenprogramme möglicherweise wirtschaftlich rentabel existieren, bislang sind die Erfahrungen indes ernüchternd.

Im *werbefinanzierten Free-TV* werden 12 Spartenprogramme ausgestrahlt und diese sind der eigentliche Kern dessen, was gemeinhin unter Spartenprogrammen verstanden wird. Dabei konzentrieren sich die Sparten auf einige wenige Ausrichtungen:

- Musik 42 Prozent (5 Programme)
- Sport 17 Prozent (2 Programme)
- Wirtschaftsnachrichten 17 Prozent (2 Programme)
- Unterhaltung 17 Prozent (2 Programme)
- Nachrichten 8 Prozent (1 Programm)

So dominiert die Sparte Musik, vermutlich wegen der vergleichsweise geringen Programmkosten und der meist jugendlichen Zielgruppe, die das Programm für die

60 Ohne Arte und 3sat, die eher als Vollprogramme gelten.

werbungtreibende Wirtschaft attraktiv macht. Daneben spielt die Sparte Sport und die Sparte Wirtschaftsnachrichten eine etablierte Rolle: Hier werden ausgeprägte Präferenzen angesprochen, die sich auch im Zeitungsbereich als tragfähig erwiesen haben (Handelsblatt, Börsenzeitung) oder die immer wieder, wie im Sportbereich, für eine aktuelle Berichterstattung Anlass geben. Die Sparte Unterhaltung – vertreten durch das ehemalige Frauen-Spartenprogramm TM3 und durch das Unterhaltungsprogramm mit Schwerpunkt „Junge Familie" von Super RTL – bedient im Grunde keine speziellen Präferenzen und dürfte sich im Übergang befinden; entweder im Übergang zu einem wettbewerbsfähigen Unterhaltungsvollprogramm oder im Übergang zum Marktaustritt.

Werbefinanzierte Fernsehspartenprogramme haben zentrale Finanzierungsprobleme: Möglicherweise vorhandene spezielle Programmpräferenzen der Zuschauer lassen sich durch Werbeeinnahmen nur dann und dann auch nur bedingt in vergleichsweise hohen Werbepreisen ausschöpfen, wenn die Programmpräferenzen sich auf Produktgruppen beziehen lassen, für die dann in diesem Programm ohne Streuverluste geworben werden kann. Dies ist ansatzweise im Spartenprogramm Sport gegeben, das einen Bezug auf Produkte im Bereich von Sport und Freizeit erlaubt. Im Übrigen lassen sich die existierenden Spartenprogramme Musik, Wirtschaftsnachrichten und Unterhaltung nicht auf Produktpräferenzen übertragen, anders als im Zeitschriftenmarkt, in dem eine Fülle von Special-Interest-Titeln wirtschaftlich lebensfähig ist. Hinzu kommt, dass die Reichweiten solcher kleinen Spezialprogramme nicht standardisiert und verläßlich gemessen werden, was die Akzeptanz für die werbungtreibende Wirtschaft entscheidend verringert. Ein spezielles Problem von Spartenprogrammen ist die Verbreitung: Sie müssen in der Regel national ausgestrahlt werden, was substanzielle Vertriebskapazitäten erfordert, werden aber nur von einem kleinen Teil der erreichbaren Haushalte genutzt. Das macht den Vertrieb pro Kopf teuer. Insgesamt haben Spartenprogramme die spezifischen Finanzierungsprobleme von Minderheitenprogrammen (vgl. Kapitel 4, Abschnitt 5.4.).

Dies theoretisch begründbare Finanzierungsproblem bestätigt sich in der Praxis: Für die 12 Anbieter von werbefinanzierten Spartenprogrammen gelten 1996 folgende ökonomischen Eckwerte:

- Einnahmen: 662 Millionen DM
- Kosten: 937 Millionen DM
- durchschnittlicher Kostendeckungsgrad: 71 Prozent

Das durchschnittliche Spartenprogramm kostet knapp 80 Millionen DM pro Jahr und erzielt Einnahmen von durchschnittlich 55 Millionen DM, zu 91 Prozent aus überregionaler Werbung (DLM 1998, S. 65); die wirtschaftliche Lage ist mithin düster.

8.4. Ballungsraumfernsehen

Ballungsraumfernsehprogramme sind in der Regel werbefinanzierte Programme, zugeschnitten auf einen Raum mit einer hohen Bevölkerungsdichte und einer großen Bevölkerungszahl von deutlich mehr als einer Million Einwohner. Räumlich begrenztes Fernsehen für kleinere Räume wird eher als Lokalfernsehen bezeichnet (vgl. Wöste 1997, S. 343f.). Idealiter bezieht sich Ballungsraumfernsehen auf einen wirtschaftlich und zugleich kulturell/politisch zusammenhängenden gewachsenen *Kommunikationsraum,* faktisch aber ist es meist auf seine ökonomische Werbebasis, auf die sog. *Nielsen-Ballungsräume* (vgl. Kapitel 11, Abschnitt 6.1.) zugeschnitten. Zum Teil sind es ausschließlich lokale Programme, zum Teil werden diese um Mantelprogramme im Unterhaltungsformat ergänzt, in Syndication mit einem Vollprogramm.

In der Bundesrepublik sind 1998 zwölf Ballungsraum-Programme auf Sendung, die sich überwiegend auf Nielsen-Ballungsräume ausrichten, wie Übersicht 4 zeigt.

Übersicht 4: Ballungsraumfernsehen in Deutschland 1998

Ballungsraum	Sender
Berlin	TV.Berlin (Nachfolger von Puls-TV)
	FAB Fernsehen aus Berlin
München	TV. München
	M 1 – Fernsehen für München
Nürnberg	Franken Fernsehen Nürnberg
Hamburg	Hamburg 1
Dresden	Dresden Fernsehen
Leipzig	Leipzig Fernsehen
Karlsruhe	B.TV Baden
Stuttgart	B.TV Württemberg
Mannheim/Ludwigshafen	RNF plus
Saarbrücken	Saar TV

Quelle: ALM 1998, S. 372.

Ballungsraumfernsehen will zum einen die spezifischen regional gebundenen Informationspräferenzen des Publikums bedienen und vor allem den regionalen Werbemarkt ausschöpfen. Allerdings ist Werbung in der Regel entweder national ausgerichtet wie der größte Teil der Markenartikelwerbung oder lokal ausgerichtet wie der größte Teil der Handelswerbung. Regional gebundene Angebote sind eher selten; zu nennen ist die Bierwerbung, die Werbung für große Autohäuser, für regionale Lottoveranstalter und für Tageszeitungen.

Die ökonomische Situation ist wohl noch ungünstiger als im Bereich des Spartenfernsehens, im Prinzip ist die Vermarktungsproblematik indes gleichartig strukturiert:

- Die Reichweite ist gering;
- Verlässliche und aktuelle Reichweitenmessungen gibt es nicht,
- das Potenzial an regionalen Werbeeinnahmen ist recht beschränkt und
- der Versuch, den nationalen Werbemarkt durch Kombis von Ballungsraumprogrammen auszuschöpfen, z.B. RTL-City-TV[61], stößt auf die leistungsfähige Konkurrenz der nationalen Vollprogrammangebote.

[61] Hier sind die Sender Hamburg1, FAB, TV Augsburg, TV Passau und Franken Fernsehen zusammengeschlossen.

Empirisch wird die schwierige Situation des Ballungsraumfernsehens bestätigt. 1996 erzielen die Veranstalter von Ballungsraumfernsehen einen durchschnittlichen Kostendeckungsgrad von 48 Prozent, kein einziger Veranstalter erzielt einen Gewinn. Die ökonomischen Eckdaten sind (DLM 1998, S. 64):

- Kosten: 146 Millionen DM
- Erträge: 70 Millionen DM
  - davon regionale Werbung: 37 Millionen DM
  - davon überregionale Werbung: 11 Millionen DM
- Verluste: 76 Millionen DM

Ballungsraumfernsehen wird in der Regel über Kabel und z.T. terrestrisch verbreitet, eine Ausstrahlung über Satellit macht wegen der regionalen Streuverluste wenig Sinn. Weil Ballungsraumfernsehen wenig Einnahmen erzielt, wird sehr häufig das Unterhaltungsrahmenprogramm aus einer Syndication mit einem nationalen Vollprogramm (RTL, Super RTL, TM3) bestritten. Damit schwindet die Hoffnung auf eine die Vielfalt bereichernde anspruchsvolle lokale Berichterstattung (vgl. Wöste 1997 und tendenz 1998, III).

8.5. Teleshopping

Teleshopping-Programme präsentieren und verkaufen Produkte. In Deutschland werden hierzu in jeweils einstündigen Verkaufsshows Produkte aus verschiedenen Bereichen angeboten. Der Live-Programm-Anteil beträgt zwischen 11 (QVC) und 16 (H.O.T.) Stunden pro Tag. Stark vertretene Produktgruppen sind Schmuck, Heim-Elektronik, Heimwerkerbedarf, Haushalt und Heimtextilien. In Deutschland bieten 1998 zwei Veranstalter ein Teleshopping-Programm: H.O.T. und QVC.

H.O.T. (Home Order Television), im Oktober 1995 gestartet, erzielt 1997 einen Umsatz von 82 Millionen DM bei 350.000 Kunden, mit rund 500 Mitarbeitern. Für 1999 ist ein Umsatz von knapp 400 Millionen DM geplant, der dann auch die Kosten decken soll. Gesellschafter sind Thomas Kirch (33 Prozent), Quelle (31 Prozent), Home Shopping Network, USA (29 Prozent) und Georg Kofler (7 Prozent). Verbreitet wird H.O.T. über Satellit und Kabel, die technische Reichweite liegt bei 16,8 Millionen Haushalten im deutschsprachigen Raum (Veranstalterangaben).

QVC (Quality Value Convenience), eine 100 prozentige Tochtergesellschaft von QVC, USA, ist seit Dezember 1996 auf Sendung. Bei 410 Mitarbeitern wurde 1997 ein Umsatz von 20 Millionen DM erzielt; es wird erwartet, die Gewinnschwelle Ende 1999 zu erreichen. Die technische Reichweite über Kabel und Satellit beträgt 11,5 Millionen Haushalte (Veranstalterangaben). In den USA erzielen die beiden Teleshopping Marktführer HSN und QVC 1996 einen Umsatz von 2,8 Mrd. US-Dollar (W&V Background 42, 1997, S. 128). Daraus wird auf ein mögliches Umsatzvolumen für Deutschland von einer Milliarde DM geschlossen.

Teleshopping ist kein Fernsehen im Sinne des Rundfunkstaatsvertrags; es wird vom Mediendienste-Staatsvertrag geregelt.

8.6. Business-TV

Business-TV richtet sich an geschlossene Rezipientengruppen (Inhouse-Medium), wird veranstaltet von Unternehmen und darüber hinaus gelegentlich von nichterwerbswirtschaftlichen Institutionen wie Kirchen und Gewerkschaften und verfolgt die klassischen Ziele der Unternehmenskommunikation:

- bislang vor allem interne Unternehmenskommunikation (Fortbildung der Mitarbeiter, Information der Mitarbeiter, Aufbau einer Corporate Identity);
- denkbar ist auch die nach außen gerichtete Unternehmenskommunikation (Produktinformation, Werbung und Öffentlichkeitsarbeit).

Damit ist Business-TV kein Medium der Massenkommunikation, es ist nicht an die allgemeine Öffentlichkeit gerichtet und ist nicht publizistisch orientiert, es gilt mithin nicht als Rundfunk im Sinne des Rundfunkstaatsvertrages. In Deutschland wird Business-TV bislang vor allem bei einigen Banken (Deutsche Bank, Bayerische Vereinsbank), im Automobilsektor (Daimler-Benz, VW/Audi) sowie von einigen größeren Unternehmen aus unterschiedlichen Branchen eingesetzt (Schwäbisch Hall, BASF, Allianz, Kaufhof, Deutsche Telekom) (vgl. Elis 1998 und Waldhecker 1999).

8.7. Lokale Fernsehprogramme

Während Pay-TV, Spartenfernsehen und Ballungsraumfernsehen in der Regel ein zeitlich komplettes Programmangebot machen, sind lokale Fernsehprogramme

- meist auf ein sehr kleines Verbreitungsgebiet bezogen und
- meist auf sehr kleine Zeitabschnitte begrenzt.

Zum Teil sind es selbständige Programme, zum Teil lokale Fensterprogramme, zum Teil kommerziell orientiert, überwiegend indes publizistisch orientiert. Insbesondere in Bayern und Ostdeutschland sind solche kleinen Lokalprogramme verbreitet. In Sachsen senden 95 lokale Programmanbieter, in Berlin 35, in Brandenburg 27 und in Thüringen 24 Veranstalter, in Bayern gibt es 21 lokale Fernsehangebote (Angaben für Mitte 1998; ALM 1998).

Zusammenfassung

Der Fernsehmarkt gilt als der Wachstumsmarkt der Massenmedienbranche, und entsprechend umfangreich und vielfältig ist das Programmangebot und die Ausdifferenzierung des Programmangebots. Es gibt 321 Fernsehprogramme von Veranstaltern mit Sitz in Deutschland, ein durchschnittliches Programmangebot pro Kopf von etwa 35 Programmen und intensiv veranstaltete Produktentwicklungen und Produktdiversifizierungen in Form von Pay-TV, Ballungsraumfernsehen, Spartenprogrammen, Teleshopping und Business-TV. Die ökonomische Basis des Fernsehens ist aber kleiner als vielfach vermutet, weil die Entwicklung der Zuschauernachfrage nach Programmen und Werbung recht beschränkt ist. Dies führt zu einem deutlichen Zuschauer- und Einnahmensplitting. Eine Ausnahme ist möglicherweise Pay-TV, dessen Entwicklungsmöglichkeiten in Deutschland noch nicht klar zu erkennen sind (ich vermute eine deutliche Zunahme dieses Marktsegmentes). Entsprechend klein ist bislang das ökonomische Volumen des Fernsehmarktes: Der Sektor erzielt eine Bruttowertschöpfung von rund 3,3 Mrd. DM, etwa wie der Schiffsbau oder das Ledergewerbe, und der Sektor bietet Arbeitsplätze für rund 25.000 feste Mitarbeiter, davon nur rund 6.000 bei den privaten Veranstaltern. Entsprechend groß ist der Zwang, durch Konzentrationsprozesse Kosten zu sparen und die Konkurrenzfähigkeit zu sichern. Auf der Ebene von Konzernen gibt es vermutlich noch drei konkurrierende private Unternehmensgruppen, auf der Ebene von wettbewerblich relevanten Einheiten wohl nur noch zwei Gruppierungen: Bertelsmann/CLT und die Kirch-Gruppe. Weder die Wettbewerbspolitik noch die Medienpolitik hat diese Konzentration verhindern können oder wollen; daraus ergibt sich eine gewichtige Begründung für die Existenz eines öffentlich-rechtlichen Rundfunks als Garant eines Wettbewerbs und als potenzieller Garant für die Aufrechterhaltung von publizistischer Qualität und publizistischem Niveau.

Literatur

Die makroökonomische Position der Massenmedien und speziell von Hörfunk und Fernsehen beschreibt in seinen grundlegenden Studien:

– Seufert, W., Wirtschaftliche Aspekte von Hörfunk und Fernsehen, erscheint regelmäßig in Internationales Handbuch für Hörfunk und Fernsehen, Baden-Baden/Hamburg (Nomos).

Sehr informativ ist auch die Studie

– Die Landesmedienanstalten (Hrsg.), Beschäftigte und wirtschaftliche Lage des Rundfunks in Deutschland 1995/96, Studie des Deutschen Instituts für Wirtschaftsforschung (DIW) in Kooperation mit dem Hans-Bredow-Institut und der Arbeitsgruppe Kommunikationsforschung München (AKM), Berlin (Vistas), 1997, sowie die Fortführung für das Jahr 1996/97, Berlin (Vistas) 1998.

Die Konzentration im Mediensektor beschreibt regelmäßig:

– Röper, H., Formationen deutscher Medienmultis, in: Media Perspektiven.

Einen umfassenden Bericht zur Konzentration im privaten Rundfunk hat erstellt:

– Europäisches Medieninstitut, Bericht über die Entwicklung der Meinungsvielfalt und der Konzentration im privaten Rundfunk gemäß §21, Abs. 6, Staatsvertrag über den Rundfunk im vereinten Deutschland, in: Die Landesmedienanstalten (Hrsg.), Die Sicherung der Meinungsvielfalt: Berichte, Gutachten und Vorschläge zur Fortentwicklung des Rechts der Medienkonzentrationskontrolle, Berlin (Vistas), 1995.
– 1998 hat die Kommission zur Ermittlung der Konzentration im Medienbereich (KEK) ihren ersten Bericht für den Zeitraum Mai 1997 bis Juni 1998 erstellt.

Im Rahmen seiner Gesamtdarstellung des Mediensystems beschreibt auch den Fernsehsektor

– Meyn, H., Massenmedien in Deutschland, Neuauflage, Konstanz (UVK) 1999.

14. Kapitel

Mikroökonomik des Fernsehens

Fernsehen ist der große Bruder des Radios (Heussen/Blaes 1997, S. 18), weil Fernsehen nicht nur das Ohr, sondern auch das Auge reizt. Fernsehen bietet eine leichte Zugänglichkeit, eine direkte Verständlichkeit und eine gerade durch seine nichtverbalen Elemente begründete Emotionalität (Hickethier 1997, S. 522). Fernsehen ist Massenmedium und Leitmedium (Heussen/Blaes 1997, S. 21), Fernsehen holt die Welt via Bildschirm in die Wohnstube (Elsner/Gumbrecht/Müller/Spangenberg 1994). Fernsehen prägt die Kultur und die Sozialisation der nachwachsenden Generationen und dient als Trendsetter (Weischenberg 1995, S. 279), und Fernsehen hat, anders als der Hörfunk, Top-Stars und Top-Ereignisse zu bieten. Zur Stützung von analytischer Information oder erklärender Hintergrundinformation kann das Bewegtbild nur wenig beitragen, die bisweilen beklagte Wort-Bild-Schere deutet an, dass Wort und Bild je andere Botschaften transportieren: „Das Wort kann anderes vermitteln als das Bild, beide werden jeweils eingesetzt, um spezifische Informationen zu einer Darstellung beizusteuern" (Hickethier 1997, S. 523). Fernsehen ist zentrales Medium der Unterhaltung, „Fernsehen ist eine Reizdusche ..., Fernsehen will einen Reizpegel erzeugen, der nicht so hoch ist, dass die Leute genervt werden" (Küppersbusch 1999, S. 101). „Fernsehen ist Vampir-Medium" (Eurich/Würzberg 1980, S. 128), das, so könnte man interpretieren, die Wirklichkeit ihrer realen Bedeutung und die Menschen ihrer realen Verwirklichung entleert. Und „Fernsehen macht krank, blind und blöd! Und zwar alle: die, die zuschauen, und die, die's machen. Fernsehen ist Scheiße, Scheiße, Scheiße!" so Thomas Gottschalk in seiner Filmrolle in „Late Show" (zitiert nach Spiegel 1999, 11, S. 118). Dies zu beurteilen, ist das Instrumentarium der Ökonomie nicht geeignet. Es bleibt die Analyse der an der Oberfläche treibenden Ausbildungen des Fernsehens und der Hinweis, dass das Fernsehen als *Werbemedium* eine nicht bestrittene herausragende Qualität hat.

Die Mikroökonomik des Fernsehens umfasst die einzelwirtschaftlichen Aspekte des Fernsehens, die eher betriebswirtschaftlichen Funktionsbereiche und Analyseansätze. Mithin wird die Nachfrage nach Fernsehen und das Angebot von Fernsehen, insbesondere die Programmplanung beschrieben, und die zentralen betriebswirtschaftlichen Funktionsbereiche des Marketing und des Managements werden für das Fernsehen spezifiziert. Zwischen Marketing und Management wird die wirtschaftliche Lage des Fernsehens in Deutschland vorgestellt, und die Wirtschaftlichkeit der beiden Organisationsformen des Fernsehens im dualen System wird verglichen.

1. Zuschauernachfrage nach Fernsehen

1.1. Umfang und allgemeine Bestimmungsgründe der individuellen Fernsehnachfrage

Die durchschnittliche individuelle Nachfrage der Zuschauer nach Fernsehen hat im Zeitablauf deutlich zugenommen. Dabei sind verschiedene Indikatoren zu unterscheiden. Die Langzeitstudie zur Mediennutzung und Medienbewertung ermittelte jeweils von 1964 bis 1995 (alte Bundesländer):

- einen Anstieg des durchschnittlichen Zeitaufwandes für Fernsehen von 70 auf 145 Minuten (+107 Prozent),
- einen Anstieg der durchschnittlichen Verweildauer der Zuschauer von 160 Minuten (1974) auf 178 Minuten (+11 Prozent) und
- einen Anstieg der Reichweite des Fernsehens von 47 auf 81 Prozent (+72 Prozent) (Massenkommunikation V).

Ähnliche Werte ergibt die Fernsehforschung der GfK jeweils im Vergleich der Jahre 1987 bis 1998 für die Personengruppen der Erwachsenen ab 14 Jahre (vgl. Übersicht 1):

- Einen Anstieg der Sehdauer auf 199 Minuten (+29 Prozent);
- einen Anstieg der Einschaltdauer der Geräte auf 321 Minuten (+33 Prozent) und
- einen nur geringen Anstieg der Tagesreichweite auf 89 Prozent.

Übersicht 1: Entwicklung der Fernsehnachfrage von 1987 bis 1998[1)]

	1987	1989	1991	1993	1995	1996	1997	1998
Sehdauer (Min.)	154	153	160	176	186	195	196	199
Einschaltdauer (Min.)	241	251	263	286	297	312	312	321
Tagesreichweite[2)] (v. H.)	88	88	87	88	88	88	89	89

[1)] Für Erwachsene ab 14 Jahre, ab 1993 Gesamtdeutschland
[2)] Haushalte

Quelle: Media Perspektiven Basisdaten; Ursprungsdaten: GfK.

Alle Indikatoren zeigen einen zunächst kräftigen Anstieg der Nachfrage, der sich im Zeitablauf mit der Etablierung der Fernsehausstattung abschwächt, aber mit einer Sehdauer von mittlerweile 199 Minuten erreicht die Fernsehnachfrage ein beachtlich-erschreckendes Niveau.

Exkurs: Die Messung der Programmnachfrage durch die GfK
In Deutschland wird seit gut dreißig Jahren eine kontinuierliche Zuschauermessung durch wechselnde Forschungsinstitute betrieben. Damit diese Messung möglichst neutral, objektiv und einheitlich für alle Fernsehveranstalter durchgeführt wird, wurde 1988 die Arbeitsgemeinschaft Fernsehforschung (AGF) gegründet, in der die öffentlich-rechtlichen und die privaten Veranstalter vertreten sind. Diese Arbeitsge-

meinschaft ist der Auftraggeber für die einheitliche Fernsehforschung. Seit 1985 ist die Gesellschaft für Konsum-, Absatz- und Marktforschung (GfK), Nürnberg, der Auftragnehmer der AGF.

Die Programmnachfrage wird in einer repräsentativen Stichprobe, dem sog. *GfK-Panel*[62] erfasst. Derzeit umfasst das Panel 5.200 Haushalte und rund 12.000 Personen ab drei Jahren. Nicht erfasst wird die Fernsehnutzung außer Haus (in Hotels, Gaststätten oder Büros) und die Fernsehnutzung von Ausländern[63]. Die Programmnachfrage wird mit einem elektronischen Messgerät, dem sog. *GfK-Meter,* gemessen, das an die Fernsehgeräte der Panelhaushalte angeschlossen ist. Jede zum Haushalt gehörende Person meldet ihre Fernsehnutzung per Fernbedienung als Einschalten und Ausschalten; Umschaltvorgänge werden automatisch registriert. Diese Daten werden sekundengenau an einen Zentralrechner übermittelt, der daraus und aus den Sendeablaufprotokollen der Veranstalter die Reichweiten von Programmen und Sendungen errechnet. Die elektronische Messung wird stichprobenartig per Telefon kontrolliert. Dabei hat man festgestellt, dass die gemessenen Werte immer etwas unter den erfragten Werten liegen (Darkow 1995, S. 26), dass diese Differenz aber relativ stabil ist.

Erfasste *Dimensionen* der Fernsehnutzung sind

- die Zahl der Haushalte,
- die Zahl der Personen,
- die soziodemographische Struktur der Haushalte,
- die Sendungen,
- die Sendungsarten, Sendungsformen und Sendungsinhalte sowie
- die Empfangswege.

So unterscheidet die GfK nach dem Empfangsweg die folgenden Haushaltstypen:

- Satellitenhaushalte: Empfangen ihre Programme über eine individuelle Satellitenempfangsanlage;
- Kabelhaushalte: Empfangen neben ARD und ZDF mindestens fünf private Programme;
- Terrestrische Haushalte: Empfangen neben ARD und ZDF weniger als fünf private Programme.

Nach solchen Dimensionen differenziert, werden folgende Nachfragekonzepte ausgewiesen:

Reichweite (Zuschauer in Millionen): Gibt an, wie viele Zuschauer (als Personen, nicht als Haushalte) eine bestimmte Sendung im Durchschnitt gesehen haben. Eine Reichweite von einer Million Zuschauer heißt dann, dass z.B. eine Million Zuschauer die Sendung ganz gesehen haben oder zehn Millionen die Sendung jeweils zu zehn Prozent gesehen haben. Diese Reichweite erfasst also die *absolute Attraktivität* einer Sendung, sie ist die für die werbungtreibende Wirtschaft ausschlaggebende Größe.

---

62 In einer Panelerhebung wird das Verhalten der jeweils gleichen Stichprobe zu verschiedenen Zeitpunkten erfasst.

63 Weil die amtliche Statistik wenig über Ausländer weiß, ist es auch nicht möglich, eine repräsentative Stichprobe von Ausländern zu bilden.

Marktanteil (in Prozent): Gibt an, welcher Anteil der Zuschauer, die *zu dieser Zeit insgesamt* ferngesehen haben, auf eine bestimmte Sendung entfällt. Dies erfasst also die *relative Attraktivität* einer Sendung.

Daneben werden für die Zwecke der langfristigen Analyse des Fernsehnutzungsverhaltens folgende Maßgrößen ausgewiesen:

Sehdauer (in Minuten): Gibt die durchschnittliche Nutzungsdauer aller Personen pro Tag an. Hier fließen alle Personen ein, die in Fernsehhaushalten leben, unabhängig davon, ob sie ferngesehen haben oder nicht.

Einschaltdauer (in Minuten): Gibt an, wie lange die Fernsehgeräte im Durchschnitt pro Tag eingeschaltet waren.

Tagesreichweite (in Prozent): Ist der Anteil der Personen, die von einem Medium im Durchschnitt erreicht werden.

In ökonomischer Sicht hängt die Nachfrage nach Fernsehen ab
- vom Preis des Fernsehens,
- von den Preisen konkurrierender Güter,
- von den Preisen komplementärer Güter,
- vom Einkommen,
- von der Bedarfsstruktur und
- vom Angebot, das seinerseits die Bedarfsstruktur beeinflusst.

Direkte Preise für Fernsehen gibt es mit Ausnahme von Pay-TV nicht, es gibt nur Preise für die komplementären Güter wie Empfangsgerät und Übertragungsanlagen sowie die Fernsehgebühr als Globalpreis für das Bereithalten eines Fernsehempfangsgerätes. Diese Preise und die entsprechenden Ausgaben werden vom Statistischen Bundesamt ermittelt.

1.2. Preise und Ausgaben für den Fernsehkonsum

Fernsehkonsum ist Teil der Freizeitgestaltung. Übersicht 1 zeigt für den Haushaltstyp 2 – Vier-Personen-Haushalt von Arbeitern und Angestellten mit mittlerem Einkommen – zunächst einmal die *Struktur* der gesamten Freizeitausgaben im Jahre 1997. Die Ausgaben für Hörfunk und Fernsehen[64] machen mit 91,42 DM bzw. 85,78 DM gut zehn Prozent des Freizeitbudgets aus (10,8 Prozent für Westdeutschland und 12,7 Prozent für Ostdeutschland); Hörfunk und Fernsehen ist also ein billiges Vergnügen.

64 Eine Ausweisung getrennt nach Hörfunk und Fernsehen bietet das Statistische Bundesamt nicht.

Übersicht 1: Die Struktur des Freizeitbudgets 1997

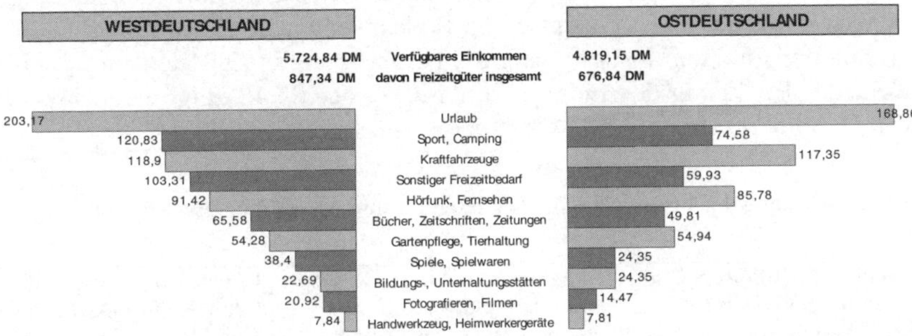

Quelle: Statistisches Bundesamt.

Im *Zeitablauf* haben sich die Ausgaben für die einzelnen Massenmedien unterschiedlich entwickelt, wie Tabelle 1 zeigt. Insbesondere die Ausgaben für Fernsehgeräte haben im Durchschnitt deutlich abgenommen, sicher eine Folge der Marktsättigung in der Ausstattung mit Fernsehgeräten. Dagegen haben sich z.B. die Ausgaben für Rundfunkgebühren kräftig erhöht.

Tabelle 1: Entwicklung der monatlichen Ausgaben für Massenmedien[1]

	1991	1993	1995	1996
Fernsehgeräte	11,34	11,68	8,25	5,98
Hörfunkgeräte	10,68	9,58	8,29	9,13
Zubehör für Fernseh-/Hörfunkgeräte	5,15	3,89	4,37	4,41
Installation/Reparatur	2,74	1,91	2,65	2,30
Rundfunkgebühren	21,87	28,62	30,16	29,20
Plattenspieler/Tonbandgerät/Sonstige	3,52	3,35	2,26	1,35
Videorecorder	6,41	4,16	4,86	3,41
Schallpl./Tonbänder/Videobänder/Bildplatten u.ä.	12,59	16,23	17,76	17,93
Bücher/Broschüren	23,12	26,62	28,62	29,57
Tages- und Wochenzeitungen	18,53	18,56	20,62	21,71
Zeitschriften	13,73	14,85	15,07	15,42
Kino	2,35	2,95	2,82	3,30
Theater	2,55	2,47	3,44	3,62
Konzert	1,41	1,69	2,46	2,86
Gesamt West	135,99	146,56	151,63	150,19
Durchschnittl. monatl. Haushaltsnettoeinkommen	4.580,65	4.850,41	5.011,01	5.203,45
Anteil am privaten Verbrauch in %	3,55	3,68	3,70	3,52
[1] Westdeutschland; für Haushaltstyp 2; in DM				

Quelle: Statistisches Bundesamt.

Ausgaben haben eine Mengenkomponente und eine Preiskomponente. Tabelle 2 zeigt die Preiskomponente in Form der Entwicklung der Preisindizes, einmal der Güter für Bildung, Unterhaltung und Freizeit insgesamt (Spalte 1) und zum anderen die Entwicklung der Preisindizes für die Geräte im audiovisuellen Bereich insgesamt

(Spalte 2) und für die Fernsehempfangsgeräte allein (Spalte 3). Während Freizeitgüter von 1980 bis 1998 insgesamt deutlich teurer geworden sind (der Anstieg des Indexes von 79,92 auf 113,91 zeigt einen Preisanstieg von 42,5 Prozent), sind die audiovisuellen Geräte und insbesondere die Fernsehempfangsgeräte deutlich billiger geworden (der Rückgang des Indexes von 120,87 auf 85,40 zeigt einen Preisrückgang von 29,3 Prozent).

Tabelle 2: Entwicklung der Preisindizes für Freizeitgüter und AV-Empfangsgeräte von 1980 bis 1998

Jahr	Güter für Bildung, Unterhaltung, Freizeit (ohne Dienstleistungen des Gastgewerbes)	Fernsehempfangs-, Rundfunkempfangs-, Phono-, Foto- und Kinogeräte	Fernsehempfangsgeräte (ohne Rundfunk-/Fernseh-Kombinationen)
1980	79,92	118,74	120,87
1981	82,89	118,78	122,22
1982	86,28	119,46	122,54
1983	89,03	116,34	119,02
1984	91,31	114,31	114,95
1985	92,68	112,02	110,45
1986	93,50	109,46	106,45
1987	94,12	106,80	104,88
1988	95,18	103,44	102,67
1989	96,16	101,88	101,54
1990	98,33	101,00	100,81
1991	100,00	99,99	99,98
1992	103,99	98,72	98,90
1993	106,52	97,75	97,67
1994	108,41	96,63	94,78
1995	109,77	95,58	93,29
1996	110,70	94,09	91,68
1997	113,17	91,94	88,23
1998	113,91	90,22	85,40

Quelle: Statistisches Bundesamt.

Sicher ist der Preisrückgang für Fernsehempfangsgeräte nicht die Ursache für den steigenden Fernsehkonsum, aber immerhin kann man annehmen, dass die Preisentwicklung im Gerätebereich die Ausweitung des Fernsehkonsums gestützt hat. Teurer geworden ist allerdings die Fernsehgebühr: Hier stieg der Preisindex (in diesem Fall der Preis) von 1980 bis 1997 um 44,6 Prozent (Media Perspektiven, Basisdaten, 1997, S. 87).

1.3. Bedarfsstruktur – Bewertung des Fernsehens

Das Fernsehen ist ein Konsumgut, das von den Konsumenten offenbar sehr geschätzt wird, und es ist das Massenmedium, das im Vergleich zu Radio und Tageszeitung den Spitzenplatz in der Bewertung erreicht. In spezifizierter Analyse wird die Bewertung des Fernsehens in den Kategorien der individuellen Unentbehrlichkeit („würde sehr vermissen"; „würde mich alternativ für das Fernsehen entscheiden") und der Glaubwürdigkeit (Beurteilung der Objektivität; „würde am ehesten glauben") über die Zeit ermittelt. Tabelle 3 zeigt die Entwicklung der Bewertung des Fernsehens. Bis 1985 hat die individuelle Unentbehrlichkeit abgenommen, ab 1995 aber wieder Werte erreicht, die deutlich über 50 Prozent liegen.

Tabelle 3: Die Bewertung des Fernsehens[1]

	1970	1974	1980	1985	1990	1995
Würde sehr vermissen	60	53	47	42	51	53
Alternativentscheidung	62	57	51	47	52	53
Objektivität	56	43	41	27	28	20
Relative Glaubwürdigkeit	75	70	68	62	63	56
[1] Alte Bundesländer; in Prozent der Befragten.						

Quelle: Massenkommunikation V, S. 231, S. 252

Dies zeigt, wie wichtig das Fernsehen im Leben der Konsumenten ist. In der Beurteilung der Objektivität des Fernsehens zeigt sich zwar eine enorme Skepsis – nurmehr 20 Prozent der Befragten glauben, dass das Fernsehen wahrheitsgemäß berichtet – aber im Vergleich der drei aktuellen Massenmedien wird dem Fernsehen doch die relativ größte Glaubwürdigkeit zugebilligt.

Ein detailliertes Bewertungsprofil des Fernsehens im Vergleich zum Radio und zu Tageszeitungen zeigt Tabelle 4.

Tabelle 4: Die Wertschätzung der Massenmedien

Von 100 Personen gaben an:	1964			1970			1974			1980			1985			1990			1995		
Das Statement tritt auf das Medium ... zu	TV	HF	TZ	TV	HF	TZ	TV	HF	TZ	TV	HF	TZ	TV	HF	TZ	TV	HF	TZ	TV	HF	TZ
gibt einen vollständigen Überblick über alle wichtigen Entwicklungen in Politik und Zeitgeschehen	70	60	60	73	58	53	67	57	55	59	48	50	54	46	49	59	46	55	54	(36)	51
bringt viele wichtige Dinge, über die man sich mit Freunden und Bekannten unterhalten kann	76	52	59	70	47	55	63	46	53	56	42	49	54	41	47	51	42	50	49	37	49
sorgt für Entspannung und Ablenkung	76	62	48	71	66	39	65	69	37	62	65	34	58	66	30	60	65	31	61	69	34
bringt die neuesten Nachrichten beson-	85	82	49	80	76	32	72	80	31	70	73	31	66	76	30	69	74	26	72	72	27

ders schnell																					
berichtet wahrheitsgetreu und gibt die Dinge immer so wieder, wie sie wirklich sind	47	45	32	56	47	23	43	38	22	41	32	21	27	25	18	28	24	19	20	19	20
berichtet klar und verständlich über politische Ereignisse	61	56	55	67	56	45	59	55	44	41	44	40	44	41	40	50	44	47	45	36	45
berichtet ausführlich über alle Ereignisse aus meiner näheren Umgebung	28	26	73	24	26	70	20	25	72	17	24	65	13	23	65	15	30	66	13	34	64
hilft manchmal, die Sorgen und Probleme des Alltags zu vergessen	65	45	30	52	43	25	41	43	20	40	40	20	37	39	14	36	37	15	35	36	14
hat für fast alle Gebiete hervorragende Fachleute	59	45	36	54	43	32	42	40	29	41	36	28	34	30	24	34	28	26	33	23	26
bringt viele interessante Dinge, über die man anderswo kaum etwas erfahren kann	67	39	35	57	32	31	50	33	32	44	31	31	39	29	29	39	28	31	38	26	31
gibt Anregungen und Stoff zum Nachdenken	63	42	44	56	42	39	48	37	37	44	34	36	40	34	36	42	35	41	40	31	41
hilft vielen Menschen, sich in der heutigen Welt zurechtzufinden	48	36	37	47	33	34	36	29	28	31	24	25	25	21	22	28	21	26	23	18	21
ist oft eine wertvolle Hilfe, wenn man sich eine eigene Meinung bilden will	53	38	42	49	37	38	38	33	36	37	30	36	29	29	36	33	30	41	28	24	40
trägt dazu bei, dass man die Sorgen und Probleme anderer Menschen kennenlernt	68	45	52	59	38	43	51	34	39	47	32	36	41	31	33	41	30	36	42	28	36

Quelle: Massenkommunikation V, S. 243f.

Daraus wird Folgendes deutlich:

- Die Zustimmung zu den Statements, also die Wertschätzung insgesamt, hat für alle drei Medien deutlich abgenommen.
- Die Wertschätzung für das Fernsehen hat insgesamt am meisten abgenommen.
- Dennoch ist die Wertschätzung für das Fernsehen *relativ* gesehen am größten: In zehn von 14 Statements findet es die größte Zustimmung.

In grober Charakterisierung kann das Fernsehen als aktuell und unterhaltsam bezeichnet werden, und es bietet eine recht gute politische Information. Ein Rest an Verwunderung bleibt gleichwohl: Die deutlich zunehmende Nutzung von Fernsehen stimmt mit der abnehmenden Wertschätzung schlecht überein.

1.4. Programmwahlverfahren und Programmwahl

Die Ökonomie geht auch bei der Erklärung des Programmwahlverfahrens und der Programmwahl von der Hypothese der Nutzenmaximierung im Rahmen eines aktiven rationalen Entscheidungskalküls von Individuen aus. Diese Hypothese ist im Rahmen des Uses-and-Gratifications-Ansatzes auch von der Kommunikationswissenschaft übernommen worden (Gleich 1996, S. 598). So wählt der Zuschauer das Programm bzw. die Programmbausteine, die seine Bedürfnisse am besten befriedigen, oder, wie es formuliert wird, „die Zuschauer werden sich ... vor allem denjenigen Fernsehsendungen zuwenden, bei denen die durchschnittliche Diskrepanz zwischen gesuchten und erhaltenen Gratifikationen am kleinsten ist, kurz: bei denen sie am meisten Bedürfnisbefriedigung erfahren (Schenk/Rössler 1990, S. 786). Da die Zuschauer aber vor und im Grunde auch nach der Programmwahl nicht wissen, welches Programm ihren Nutzen maximiert hätte – die Qualitäts- und Nutzentransparenz ist ausgesprochen gering – ist das Programmwahlverfahren von großer Bedeutung, für die Programmwahl möglicherweise wichtiger als die Programminhalte selbst.

Das *Programmwahlverfahren*, das Verfahren, nach dem entschieden wird, welche Programme gesehen werden, unterliegt selbst dem Kosten-Nutzen-Kalkül. Der Zuschauer hat Kosten der Informationssuche und Informationsverarbeitung; diese Kosten bestehen aus dem Zeitverbrauch und gegebenenfalls aus den Kosten für den Kauf von Programmzeitschriften. Der Nutzen der Informationssuche besteht in der Erhöhung der Wahrscheinlichkeit, das „beste" Programm zu finden. Das Informationskalkül ist von großer Unsicherheit gekennzeichnet, weil ex ante (vor dem Konsum) die Qualität des Programms, wie bei Erfahrungs- und Vertrauensgütern typisch, nicht richtig beurteilt werden kann und weil ex post (nach dem Konsum) die Unsicherheit bleibt, ob man wirklich das beste Programm gewählt hat. Der Nutzen von aktiver Programminformation dürfte gering sein, weil man sich vorab nur grob über Thema und Grundstruktur von Sendungen informieren kann oder, bei Spielfilmen, über die Bewertung von Kritikern, deren Wertmaßstäbe meist unbekannt bleiben.

Wenn der erwartete Nutzen von Programminformationen gering ist, dann ist der Zuschauer nicht bereit, hohe Informationskosten zu tragen. In der Regel resultieren dann billige Programmwahlverfahren:

- einfache Routineprogramme,
- einfache Auswahlkriterien wie z.B. eine Orientierung an Stars (vgl. Berghaus/Hocker/Staab 1994),
- eine gewisse Auswahlträgheit und
- mühelose Auswahlverfahren.

Diese theoretischen Überlegungen werden bestätigt durch die Analyse des Fernsehverhaltens. Tabelle 5 zeigt die typischen Muster von Programmauswahlverfahren. Nur knapp ein Viertel der Jugendlichen und ein Drittel der Erwachsenen wählen das Programm gezielt aus der Programmzeitschrift, im Übrigen werden einfache Routineauswahlverfahren bevorzugt, die von einer gewissen Auswahlträgheit gekennzeichnet sind, oder es wird das mühelose Auswahlverfahren des Zapping gewählt.

Tabelle 5: Muster des Programmwahlverfahrens[1]

	14-19jährige	**20-29jährige**
„Ich schalte immer zuerst meinen Lieblingssender ein."	44,7	27,7
„Ich entscheide, was ich sehen will und wähle den Sender, wo so was am ehesten läuft."	33,6	36,3
„Ich schalte erst immer das Programm 1 ein."	26,0	26,2
„Ich wähle das Programm gezielt aus der Programmzeitschrift."	23,4	33,7
„Ich gerate zufällig in irgendein Programm und zappe dann herum."	22,8	21,7
„Der Fernseher läuft schon und ich setze mich dazu."	11,3	8,1

[1] „Meistens/manchmal", Antworten in %
Frage: Wie ist das, wenn Du ein Fernsehprogramm einschaltest: Es gibt ja verschiedene Möglichkeiten, wie man vorgehen kann. Ich lese Dir einige Möglichkeiten vor. Sage bitte bei jeder, ob Du so meistens (1), manchmal (2), selten (3) oder nie (4) vorgehst. Basis: n=1186.

Quelle: Media Perspektiven, 5, 1995, S. 224

Die *Programmwahl* selbst ist ein komplexer Vorgang, der nur schwerlich in Analogie zu üblichen Konsumgüterkäufen gesehen werden kann. Vermutlich ist der „Umgang der Zuschauer mit dem Fernsehen integraler Bestandteil ihrer individuellen Alltagsgestaltung" (Hasebrink/Krotz 1992, S. 410). Und diese individuelle Alltagsgestaltung vollzieht sich nach sehr unterschiedlichen Mustern, so dass Typisierungen schwierig und Durchschnittswerte fragwürdig sind (vgl. Krotz 1994, S. 508; Hasebrink/Krotz 1993, S. 517). Einige Verhaltensmuster lassen sich dennoch beschreiben.

Zunächst einmal ersetzt offenbar der *Fernsehfluß*, ein Begriff, den Williams geprägt hat (Williams 1974) und den Krotz wieder aufgenommen hat (Krotz 1994), die bewußte Auswahl und die Rezeption einzelner Sendungen: Der Zuschauer klinkt sich in den Fernsehfluß ein, und die Rezeption ist „eine Art innerer Dialog des einzelnen Zuschauers bezüglich der Sendung ..., in dem die Kontextbezüge des Nutzers relevant werden" (Krotz 1994, S. 506). Wichtig erscheint, dass die so genannten

Nutzungsintervalle – ein Nutzungsintervall ist der Zeitraum der Fernsehnutzung eines Individuums oder Haushalts, über den hinweg Kanalwahl und soziale Konstellation vor dem Bildschirm gleich bleiben (Krotz 1994, S. 507) – sich deutlich verringert haben und 1994 nur noch knapp zehn Minuten betragen. Allerdings ist dies ein Durchschnittswert, der die erheblichen individuellen Unterschiede verdeckt. So variiert nach der Analyse von Krotz

> die durchschnittliche Länge eines Nutzungsintervalls über die Haushalte hinweg beträchtlich, sie liegt zwischen 104 Sekunden und 100 Minuten. Während bei den zehn Prozent der Haushalte mit den kürzesten durchschnittlichen Nutzungsintervallen die durchschnittliche Länge bei vier Minuten und 35 Sekunden liegt, beträgt der entsprechende Wert für die zehn Prozent mit den längsten durchschnittlichen Nutzungsintervallen hingegen 53 Minuten und acht Sekunden. Innerhalb der Haushalte variieren ferner auch die Zeitspannen je Person, zudem ist auch die Streuung bei den einzelnen Personen zu verschiedenen Zeitpunkten beträchtlich (Krotz 1994, S. 508).

Ähnliche mosaiksteinartige Nutzungsmuster haben Hasebrink und Krotz 1992 festgestellt, mit einer durchschnittlichen Kanalintervalldauer von 22 Minuten (Hasebrink/Krotz 1993, S. 521).
In diesem Sinn ist Fernsehrezeption offenbar ein konstruktiver, aktiver Vorgang, in dem der Zuschauer sich selbst sein Programm zusammenstellt und im Sinne der Konsumtheorie von Becker (vgl. Kapitel 4, Abschnitt 7) unter Verwendung seiner Zeit und der ausgewählten Sendungselemente *elementare Konsumgüter selbst produziert.* Welche elementaren Konsumgüter der Haushalt im Rahmen seiner Fernsehrezeption produziert, hängt offenbar vom Nutzertyp ab. Vielseher befriedigen ihr Bedürfnis nach Orientierung, Information und Teilhabe an der Öffentlichkeit, vor allem aber Entspannung und Anregung (vgl. Schulz 1997). Sie produzieren also, ökonomisch gesprochen, die elementaren Konsumgüter Information und Unterhaltung. Dies gilt auch generell: Information und Unterhaltung werden als Nutzungsziel aus der Langzeitstudie Massenkommunikation herausgefiltert, wobei die unterhaltungsorientierte Zuwendung zum Fernsehen deutlich zu- und eine primär informationsorientierte Zuwendung deutlich abgenommen hat (Berens/Kiefer/Meder 1997).

Im Rahmen dieser mosaiksteinartigen Nutzung des Fernsehprogrammangebots spielt das *Umschaltverhalten* von Zuschauern eine wichtige Rolle. Dies Umschaltverhalten wird *Zapping* oder *Zappen* genannt, wenn es sich um ein rasches Wechseln der Programme handelt, und es wird *Sreening* (oder auch Scanning) genannt, wenn mit dem Umschalten gezielt attraktive Programmangebote gesucht werden. In ökonomischer Sicht kann das Zappen im Prinzip zwei Funktionen erfüllen. Zum einen kann das Zappen über Programmangebote informieren (Informationsfunktion), zum anderen kann das Zappen zur individuellen Programmproduktion genutzt werden (Unterhaltungsfunktion). Eine Analyse des Umschaltverhaltens ergab fünf spezifische Zapping-Muster:

- Unsystematisches Sehen: Aus laufenden Sendungen wird in laufende Sendungen gewechselt, die Verweildauer ist gering.
- Wechsel von kurzen und langen Nutzungsintervallen, d.h., Zapping wird offensichtlich zur Überbrückung der Zeitspanne zwischen zwei Sendungen, die man sehen möchte, genutzt.

- Kanalrepertoire: Es wird zwischen wenigen Kanälen bzw. Sendungen hin- und hergeschaltet.
- Paralleles Sehen: Zwei Sendungen, meist aus dem gleichen Genre, werden abwechselnd eingeschaltet (im Sport z.B. eine Handballübertragung des THW Kiel und eine Fußballübertragung des BVB Dortmund).
- Programm-Screening: Nach dem Einschalten werden auf der Suche nach einem guten Angebot alle Programme „durchgezappt" (Gleich 1996, S. 601 in Anlehnung an Jäckel 1993).

Diese Zapping-Muster lassen sich alle sehr gut der Informationsfunktion und der Unterhaltungsfunktion zuordnen.

Häufig wird ein naheliegendes Heraus-Zappen aus den ausgestrahlten Werbeblöcken vermutet. Dies ist für den Fernsehveranstalter mißlich, weil damit der Werbewert der Werbespots, letztlich der erzielbare Spot-Preis sinkt. Veranstalter versuchen, das Heraus-Zappen durch eine attraktive Dramaturgie der Werbeblockgestaltung und durch Appelle wie „Bleiben Sie dran" zu begrenzen. Wie verbreitet das Heraus-Zappen aus der Werbung ist, ist nicht genau bekannt[65], es gibt widersprechende Studien. Eine neuere Studie der IP-Gruppe Deutschland in Zusammenarbeit mit der Universität Hohenheim ergab, dass weniger gezappt wird als vermutet: 82 Prozent der TV-Zuschauer bleiben einer durchschnittlichen Werbeinsel treu (vgl. Horizont 8, 1997 und W&V News 8, 1997; vgl. auch Kapitel 15). Andere Studien sprechen eher von 50 Prozent (vgl. ebenda).

Umstritten scheint die Auswahlträgheit der Zuschauer, ihre so genannte *Kanaltreue*, zu sein. Die Kanaltreue beschreibt die Konstanz in der Zusammensetzung des Publikums für einen bestimmten Kanal. Ob man nun aber z.B. den Befund, dass in einem Zeitraum von vier Wochen Kabelhaushalte im Durchschnitt 14,1 Kanäle, die übrigen Haushalte im Durchschnitt 5,6 Kanäle nutzen (Hasebrink/Krotz 1993, S. 521), als Kanaltreue bezeichnen sollte, ist fraglich. Im Vergleich zu den recht stabilen Verbrauchsmustern im Bereich der sonstigen Konsumgüter und bei Zeitungen und Hörfunk ist ein solcher Wechsel der Kanäle eher Ausdruck einer geringen Bindung an den Kanal als Marke.

Relativ sicher ist dagegen, dass die Nutzung eines Programms durch vorausgegangene und nachfolgende Programme beeinflusst wird. Dabei treten zwei Effekte auf:

- *Lead-in-Effekte* beschreiben die „Vererbung" des Publikums von einer Sendung auf die nachfolgende Sendung im gleichen Kanal, und
- *Lead-out-Effekte* beschreiben den Sachverhalt, dass vorhergehende Sendungen bereits Zuschauer anziehen, die vor allem die nachfolgende Sendung sehen wollen.

Solche Effekte, die auf eine gewisse Auswahlträgheit hindeuten, sind vor allem dann relevant, wenn das Programmangebot wenig Spektakuläres enthält.

Quantitative Analysen der tatsächlichen Fernsehnachfrage erscheinen regelmäßig jährlich in den „Media Perspektiven". Wolfgang Darschin und Bernward Frank ermitteln hier in der Regel das Zuschauerverhalten nach Veranstaltern, nach Pro-

---

65 Es ist allerdings genau bekannt, wieviele Zuschauer einen Werbespot sehen; dies ermittelt die GfK-Fernsehforschung im Sekundentakt.

grammsparten und nach Tageszeit und bieten eine Bewertung der Programmsparten der Veranstalter durch die Zuschauer (vgl. zuletzt Darschin/Frank 1998). Daneben erscheinen unregelmäßig sehr unterschiedliche Analysen der Fernsehnachfrage. Neuere Umfrageergebnisse sollen kurz dargestellt werden. Zum einen werden die Zuschauer-Profile der größeren Veranstalter, insbesondere im Hinblick auf ihre Freizeitaktivitäten und Anschaffungswünsche ermittelt.

Übersicht 2: Zuschauer-Profile der Veranstalter

	∅ in %	RTL in %	ARD in %	ZDF in %	SAT.1 in %	Pro7 in %
Marktanteil	**14**	**16**	**15**	**14**	**13**	**10**
Lieblings-Sender						
Männer	46	33	47	42	57	51
Frauen	54	67	53	58	43	49
Alter						
14-29 in Jahren	24	19	8	8	22	64
30-49 in Jahren	30	40	24	24	31	33
50+ in Jahren	46	41	68	68	47	4
Bildung						
niedrig	54	68	58	55	56	33
mittel	31	26	22	29	29	49
hoch	15	7	20	16	15	18
West	81	70	88	83	84	78
Ost	20	30	12	17	16	23
Freizeitaktivitäten ∅	**43**	**41**	**40**	**41**	**39**	**55**
Lesen	67	65	70	78	56	65
Essen gehen	61	55	61	59	66	66
Faulenzen	52	53	46	44	54	64
Reisen	51	41	45	46	38	86
Kochen	49	53	46	50	43	54
Sport	46	44	46	38	44	57
Ausgehen	44	40	36	35	41	67
Parties/Feste	41	40	37	41	33	53
Kino	34	36	20	21	32	62
Theater/Oper	23	15	29	35	16	18
Internet	7	6	6	5	8	9
Anschaffungswünsche ∅	**24**	**24**	**21**	**23**	**23**	**31**
Kleidung	66	63	59	62	59	88
Reisen	52	45	53	60	53	48
Möbel	24	22	21	25	25	26
Auto	22	19	19	20	17	35
Unterhaltungselektronik	15	12	11	13	15	26
Haus, Wohnung	14	19	9	10	16	18
Computer	12	18	7	8	10	16
Sportgerät	8	8	5	8	6	13
Handy	6	10	5	5	2	10

Der nächste Freizeitkonkurrent zum Fernsehen ist das Lesen, das bei den Freunden der öffentlich-rechtlichen Programme besonders beliebt ist. In den Altersgruppen bedienen ARD und ZDF die älteren Zuschauer, die Privaten die jüngeren. Der Sender für die 30-49jährigen ist RTL. Pro7-Seher sind überdurchschnittlich freizeitaktiv, reise- und konsumfreudig, SAT.1-Seher eher weniger. Seher von RTL, ARD, ZDF, SAT.1 und Pro7. Befragung vom 28.11. bis 02.12.97. Institut Emnid, Bielefeld.

Quelle: Nach Horizont Media Facts, 2, 1998.

Daneben werden allgemeine Nutzungsgewohnheiten und Sehzeiten erfragt, die in Übersicht 3 wiedergegeben sind.

Übersicht 3: Nutzung und Sehzeiten des Fernsehens

Jeweilige Altersgruppe = 100	Bevölkerung	
	14+ Jahre in %	14-49 Jahre in %
Interesse am Programm		
Gibt vieles, was mich interessiert	47,4	45,0
Kommt eher wenig Interessantes	41,7	43,5
Unentschieden, keine Angaben	10,9	11,5
Gezielte Nutzung		
Schalte gezielt ein	45,1	40,2
Schalte meistens einfach so ein	25,0	27,9
Ganz verschieden	25,8	27,7
Unentschieden	2,9	2,8
Sehe nie Fernsehen	1,1	1,3
TV bis 9 Uhr		
Normalerweise	3,4	3,1
Gestern	1,3	1,4
TV zwischen 9 und 12 Uhr		
Normalerweise	7,4	5,3
Gestern	3,7	2,4
TV zwischen 12 und 15 Uhr		
Normalerweise	11,8	10,1
Gestern	5,2	5,0
TV zwischen 15 und 19 Uhr		
Normalerweise	33,7	28,3
Gestern	18,3	13,1
TV zwischen 19 und 22 Uhr		
Normalerweise	92,3	90,9
Gestern	58,8	52,8
TV nach 22 Uhr		
Normalerweise	49,5	54,3
Gestern	26,8	28,5
∅ TV-Konsum pro Werktag		
Mehr als 4 Stunden	9,9	6,2
Etwa 4 Stunden	11,7	8,9
Etwa 3 Stunden	25,0	24,3
Etwa 2 Stunden	32,3	33,8
Etwa 1 Stunde	11,0	13,8
Weniger als 1 Stunde	8,7	11,0
Sehe nie fern	1,4	1,8

Der Fernsehkonsum über den Tag wird von den meisten Deutschen überschätzt oder unterliegt starken Schwankungen. Das macht die „Fame"-Studie deutlich vor, die Fernsehen im Tagesablauf erfragt und das „normalerweise" dem „gestern gesehen" gegenüberstellt. Die Spalten sind die Meinungen der Deutschen beim Interesse am Programm.
Quelle: „Fame 97/98"/Verlagsgruppe Milchstraße, repräsentativ für Deutsche ab 14 mit 6.231 Fällen einer AWA-Nachbefragung, disproportionale Stichprobe von 14 bis 49 Jahren (5.000), angepasst an AWA-Strukturen und –Reichweiten. Feldzeit: Juli bis September 1997, gezählt mit mediMach III.

Quelle: Nach Horizont Media Facts, 2, 1998.

Schließlich ist zu sehen, welche Programmsparten der Typ des häufigen Sehers (das sind fast alle) bevorzugt.

Übersicht 4: Vorliebe für Programmsparten

Häufige Seher; 50,86 Mio. Deutsche; 14 bis 64 Jahre	häufig %	ab und zu %	nie, so gut wie nie %
Ballett	2	10	88
Unterhaltungsshows	27	52	21
Game-Shows	16	40	43
Talk-Shows	18	53	30
Western	14	41	45
Westernkomödien	8	34	59
Historienfilme	8	37	56
Horror-/Grusel-Filme	11	34	55
Heimatfilme	14	33	53
Märchen-/Fantasy-Filme	8	37	55
Klassisches Theater	2	13	85
Modernes Theater	2	17	82
Boulevardstücke	4	29	68
Volkstheater, Bauernth., Schwänke	13	32	55
Krimis, Thriller	39	47	14
Kriminalkomödien	23	49	28
Abenteuer-/Action-Filme	34	42	25
Kinder(abenteuer)filme	6	29	66
Kriegs-/Antikriegsfilme	10	36	54
Science-Fiction	17	34	49
Musikfilme, Revuefilme	9	39	53
Melodramen/Liebesfilme	14	41	45
Sitcom/Situationskomödien	7	32	61
Milieufilme	12	50	38
Komödien, Lustspiele	18	48	34
Erotik/Komödien, Sexfilme	5	33	62
Zeit-, Gesellschafts- und Sozialkritik	8	38	54
Avantgarde, Kunstfilme	2	16	82
Satire, schwarze Komödien	7	28	65
Trickfilme/Comics/Cartoons	11	38	51
Wetter	54	34	11
Musiksendungen: Pop, Rock	15	32	53
Musiksendungen: Volksmusik	14	22	64
Musiksendungen: Operette, Musical	4	21	75
Musiksendungen: Opern	2	11	87
Andere Musiksendungen	9	41	50
Nicht nur ein semantischer Unterschied: Diese Abfrage im Zuge der „Markenprofile 6" stellt die Erinnerung über Sehhäufigkeiten, nicht die präzise tatsächliche Nutzung dar. Unterschiede zwischen Ost und West sind unbedeutend. Quelle: „Markenprofile 6"/Gruner+Jahr 10.033 Fälle, 1/96.			

Quelle: Nach Horizont Media Facts, 2, 1998.

Die Ergebnisse sollen hier nicht kommentiert werden; sie sollen nur zeigen, dass die Fernsehnachfrage recht differenziert untersucht wird, um Anhaltspunkte für die Planung des Programmangebots zu gewinnen. Man kann daraus z.B. schließen, dass der geplante Theaterkanal des ZDF keine großen Reichweiten erzielen wird oder dass es unter kommerziellen Aspekten allein lukrativer wäre, weiter auf Krimis und Action zu setzen.

2. Das Fernsehangebot – die Programmplanung

2.1. Grundüberlegungen der Programmplanung

Das Angebot der öffentlich-rechtlichen Fernsehveranstalter ist auftragsgemäß nicht nur marktgerichtet, sondern auch an den Werten des Rundfunks als Kulturgut orientiert. Dies wird sichtbar an der großen Breite und Tiefe des Programmangebots und an der partiellen Ausrichtung auch auf ein vielfältiges Programmangebot von hohem Niveau. Die darin implizierte Programmstrategie ist häufig beschrieben und gewürdigt worden. Das Angebot der öffentlich-rechtlichen Fernsehveranstalter ist aber auch marktorientiert und folgt erkennbar den kommerziellen Programmplanungsstrategien der Privaten (vgl. Bleicher 1997). Im Folgenden wird nur die kommerzielle Programmplanung beschrieben.

Private Fernsehveranstalter streben nach maximalem Gewinn. Der Gewinn ergibt sich als Differenz von Umsatz und Kosten. Der Umsatz ergibt sich aus der Menge an verkaufter Werbezeit multipliziert mit den entsprechenden Spotpreisen. Die Spotpreise werden so kalkuliert, dass sie bei den prognostizierten Reichweiten einen wettbewerbsfähigen Tausend-Kontakte-Preis ergeben.[66] Die Reichweitenprognosen hängen stark von den tatsächlich erzielten Reichweiten ab und werden entsprechend korrigiert, was wiederum Einfluss auf die Kalkulation der Spotpreise hat. So hängt der Umsatz, wenngleich nicht ganz direkt, von der Reichweite und auch von der Struktur der Reichweite ab, weil die Tausend-Kontakte-Preise zielgruppenspezifisch differieren. Von zentraler Bedeutung sind mithin die Möglichkeiten der Programmplanung zur Beeinflussung der Reichweite und zur Beeinflussung der zielgruppenspezifischen Struktur der Reichweite. Daneben müssen die Programmkosten berücksichtigt werden, die wesentlich von den Programmsparten abhängen, von der Entscheidung „Make or Buy" und vom Zeitpunkt des Einkaufs der Programmrechte. Ein effizientes Kostenmanagement ist unabdingbar. Die Kunst der Programmplanung besteht darin, Kosten und Reichweiten synchron zu planen; in diesem Abschnitt müssen die entsprechenden Überlegungen indes separiert werden.

Die Programmplanung hat langfristig die Aufgabe, die Position des Veranstalters als Marke im Raum der Zuschauerwünsche zu definieren; dies wird zweckmäßigerweise als strategische Programmplanung bezeichnet. Kurzfristig hat die Programmplanung die Aufgabe, ein bestehendes Markenkonzept optimal umzusetzen; dies wird zweckmäßigerweise als operative Programmplanung bezeichnet.

[66] Spotpreis = Tausend-Kontakte-Preis (TKP) x Reichweite. Bei einem TKP von 25 DM pro 1.000 Rezipienten und einer erwarteten Reichweite von 3 Mio. Zuschauern wird z.B. ein Spotpreis von 75.000 DM kalkuliert: 75.000 DM = 25 DM / 1.000 Zuschauer x 3.000.000 Zuschauer.

2.2. Strategische Programmplanung

Die *strategische Programmplanung* muss das Programm als Marke definieren und positionieren. Das Fernsehprogramm ist das Produktsortiment des Veranstalters, der bei Eigenproduktionen in der Funktion des Herstellers, bei Kaufproduktionen in der Funktion des Händlers Sortimentsbreite und Sortimentstiefe festlegen muss. Der Veranstalter muss entscheiden, ob er ein Vollprogramm oder ein Spartenprogramm anbietet und welche Breite, welche Tiefe und welche Qualität angemessen ist.
Ein breites Sortiment, ein *Vollprogramm*, bietet folgende Vorteile:

– Die Zuschauer erhalten ein vielfältiges Angebot, das ihnen, wie bei einem Einkaufsbummel bei „Harrod's", eine große Wahrscheinlichkeit bietet, etwas zu finden, was konveniert.
– Der Zuschauer spart damit in gewissem Umfang Such- und Entscheidungskosten; er schaltet das Vollprogramm ein und kann erwarten, etwas Passendes zu sehen, und
– der Veranstalter spart, indem er „allen alles" bietet, Kosten der ja immer sehr schwierigen Erforschung der Zuschauerwünsche.

Allerdings ist ein Vollprogramm teuer: Die Kosten liegen zwischen rund 1.500 Millionen DM und 2.000 Millionen DM pro Jahr (vgl. Abschnitt 4).

Spartenprogramme sind wesentlich billiger zu erstellen: Die Kosten hängen ganz entscheidend von der Art des Programms ab: Musikprogramme können sehr billig produziert werden, Programme mit Information sind deutlich teurer. Die folgende Tabelle, die auf Berechnungen des DIW zurückgeht, gibt die Größenordnung der Kosten für Spartenprogramme wieder.

Tabelle 6: Kosten für ausgewählte Spartenprogramme 1995

Veranstalter	Programmaufwand in Mio. DM	Kosten pro Sendeminute in DM
SuperRTL	85,4	200
Nickelodeon	63,6	120
Kabel plus	65,6	135
Sun TV	21,1	120
Doku TV	24,3	80
Com TV	21,8	205
VIVA2	8,4	80
FAB	10,6	20

Quelle: Funk-Korrespondenz Nr. 3, 20.1.1995.

Die Akzeptanz solcher Spartenprogramme ist allerdings bisher relativ gering, wie die Marktaustritte von „Nickelodeon" und „Der Wetterkanal" und theoretische Überlegungen zeigen (vgl. Kapitel 4, Abschnitt 5.4.).

Wenn die Entscheidung für ein Vollprogramm gefallen ist, muss die Struktur des Programms festgelegt werden. Auch hier spielen Kosten und Nachfragewirksamkeit die entscheidende Rolle. Die folgende Tabelle 7 zeigt, dass vor allem Sport, aber auch Unterhaltung teure Programmsparten sind.

Tabelle 7: Programm-Minutenkosten nach Programmsparten für RTL

Programmsparte	1996	1997
Information	3.800	3.900
Sport	19.400	19.300
Unterhaltung	5.600	6.200
Spielfilme	3.300	4.400
Kaufserien	800	1.000
Gesamt	3.800	4.300

Quelle: RTL Bilanzpressekonferenz 1998.

Wichtiger als die Programmkosten sind die Deckungsbeiträge, die die Programmsparten liefern (vgl. Kapitel 10). Informationssendungen, insbesondere Nachrichten, gelten als strukturelle Minusmacher, weil Werbung dort verboten ist. Und Sportübertragungen von Top-Ereignissen bringen in der Regel eine hohe Reichweite und hohe Spotpreise, diese decken indes die Kosten in aller Regel nicht: Das Champions-League-Finale Dortmund – Juventus Turin am 28.5.1997 sahen 15,28 Mio. Zuschauer und der Preis für einen 30-Sekunden-Spot betrug 225.000 DM, doch damit konnten die teuren Sportübertragungsrechte nicht finanziert werden. Auch die Fußball-Show „ran" bringt SAT.1 zwar Image und Reichweite, aber ein ebenso hohes Defizit (Schöneberger 1997, S. 4). Sport ist Mord (für die Finanzplanung).

Trotz ihrer negativen Deckungsbeiträge sind Nachrichten und Sport nicht nur aus rechtlichen Gründen für ein Vollprogramm unverzichtbar (vgl. auch Schöneberger 1997):

– Nachrichten fördern die Glaubwürdigkeit des Programms, verleihen das Image von Kompetenz und haben eine positive Ausstrahlung auf die Akzeptanz des Gesamtprogramms.
– Sportübertragungen von Top-Ereignissen übertragen das Top-Image auf den Veranstalter und vor allem erhöhen sie auf Grund ihrer großen Reichweite den Marktanteil des Senders insgesamt. Auch dies, etwa Marktführer zu sein oder zu den „großen Drei" zu gehören, stabilisiert ein positives Senderimage. So glaubt man. Pro Sieben verzichtet dagegen auf Sportübertragungen und weitgehend auf Nachrichtensendungen, erzielt aber mit 9,7 Prozent eine höhere Umsatzrendite als RTL mit 7,6 Prozent, ganz zu schweigen von SAT.1, das 1997 einen Verlust von 165 Millionen DM erzielt hat.

2.3. Operative Programmplanung

Die *operative Programmplanung* hat das Ziel, eine gegebene Programmarke mit gegebenen Programmproduktionen reichweitenstark zu vermarkten. Folgende Instrumente werden dabei eingesetzt:

- *Informationskostensparende Programmstrukturmodelle.* Die Such- und Entscheidungskosten der Zuschauer werden reduziert durch
  - eine klare zeitliche *Slotstrukturierung* des Programms in 30- und/oder 60-Minuten-Abständen,
  - eine klare erinnerbare zeitliche Struktur des Programms dergestalt, dass an jedem Tag zur gleichen Zeit das gleiche Format angeboten wird – dies wird *Programm-Stripping* genannt –,
  - eine konzentrische themenorientierte Programmstrukturierung dergestalt, dass konstante Genreflächen zu konstanten Zeiten angeboten werden (wie z.B. Wildwest-Filme Freitag Abend auf Kabel1). Dies wird *Flächenprogrammierung* genannt. Wichtig ist dabei, dass die Zuschauer wissen, was angeboten wird und dass die gleichen Zuschauergruppen an das Programm gebunden bleiben. Diese Programmstrukturmodelle nutzen also die vorhandene, letztlich auch informationskostentheoretisch begründbare, Nachfrageträgheit der Zuschauer.
- *Zuschauerbindung durch Serialisierung.* Mit dem Prinzip der Verknüpfung einer fortlaufenden Erzählung mit jeweils in einer Folge abgeschlossenen Handlungsteilen sollen Zuschauer an das Programm gebunden werden (Bleicher 1997, S. 30f.). Beispiele sind Dallas, Denver Clan, die Lindenstraße oder Heimat.
- *Transfer von Image und Interessen.* Das begehrte Image von Reichweitenstärke wird im Rahmen einer so genannten *Highlight-Programmierung* auf Sendungen übertragen, die im Umfeld platziert werden. So wurde „Der König von St. Pauli" ergänzt um eine komplette „Rotlicht-Fläche" in der folgenden Talkshow von Erich Böhme, in der folgenden Spiegel-TV-Reportage und im folgenden Reportermagazin „24 Stunden". Oder das begehrte Katastrophen-Melodram-Image wird vom extern ausgestrahlten Titanic-Kinofilm im Rahmen einer so genannten *Event-Programmierung* auf Sendungen übertragen, die sich ebenfalls mit der Titanic befassen (so Pro Sieben am 4.1.1998).
- Die *Wahl reichweitenstarker Zeiten.* Teure Programme müssen in reichweitenstarken Zeiten (Prime-Time) ausgestrahlt werden, weil in diesen Zeiten auch bei einem konkurrenzbedingt kleinen Marktanteil die Reichweite größer ist als bei Sendungen mit einem großen Marktanteil außerhalb dieser Zeit. Dies gilt für die durchschnittliche Zielgruppe genauso wie für spezielle Zielgruppen wie Frauen oder Kinder, die bevorzugt am Vormittag (Frauen) oder Vorabend (Kinder) beliefert werden.
- Die *Wahl eines günstigen Konkurrenzumfeldes.* Hier soll das eigene Angebot so platziert werden, dass es sich deutlich vom Konkurrenzangebot abhebt und möglichst viel Nachfrage auf sich zieht. Dies ist nicht leicht zu realisieren, weil die Sendungsplanung der Konkurrenz nur im Sechs-Wochen-Vorlauf aus der Programmpresse zu entnehmen ist. Die Strategie ist die so genannte *Wettbewerbsprogrammierung,* nämlich einem guten Angebot der Konkurrenz ein besseres eigenes Angebot entgegenzusetzen:
  - Entweder in der gleichen Sparte die Konkurrenz zu überbieten

- oder, wenn dies, wie z.B. bei Top-Sportübertragungen, nicht möglich ist, auf eine ganz andere Sparte überzugehen.

Die beschriebenen Elemente der Programmplanung werden im Wettbewerbsprozess eingesetzt. Grundlegendes Wettbewerbsmuster ist die Abfolge von Innovation und Imitation und die Besetzung von Marktlücken als spezielle Innovation. Die Innovation kann sich auf alle Aspekte des Programmangebots beziehen:

- Auf die Entscheidung für spezielle Programmstrukturmodelle,
- auf die Wahl neuer Programmformen wie z.B. „Der heiße Stuhl“, oder „Traumhochzeit“ oder „Wer wird Millionär“,
- auf eine inhaltliche Orientierung wie z.B. die zunehmende Informationsorientierung und
- auf die Besetzung von zeitlichen Marktlücken (Morgenprogramme, Vormittagsprogramme, Mittagsprogramme usw. bis hin zum 24-Stunden-Programm).

Erfolgreiche Innovationen werden im heftigen Wettbewerb des Fernsehmarktes stets sehr rasch imitiert (vgl. Bleicher 1997, S. 28).

3. Marketing

Die Nachfrage wird mit den Instrumenten des Marketing so beeinflusst, und das Angebot wird den Marketingerfordernissen so angepasst, dass für die Fernsehveranstalter die Aussicht besteht, Marktanteile zu gewinnen. Dies gilt auch für die öffentlich-rechtlichen Fernsehveranstalter, die allerdings als Unternehmen besonderer Art in ihrer Vermarktung beschränkt sind. Für sie gelten die folgenden Ausführungen additiv, als marktbezogene Ergänzung ihrer umfassenderen Marketingstrategie.

3.1. Strategisches Marketing

Der Fernsehmarkt in den Ausprägungen Fernsehwerbemarkt und Pay-TV gilt als Wachstumsbranche. Dies lässt einen Marktzutritt lohnend erscheinen und zwar einen *frühen Marktzutritt,* insbesondere weil dann Lerneffekte frühzeitig realisiert werden können, weil Programmzulieferungen gesichert werden können und weil Vertriebskanäle in der Terrestrik und im Kabel besetzt werden können. So erfolgte der Marktzutritt der meisten größeren Fernsehveranstalter recht früh: RTL 1984, SAT.1 1985, Tele 5 (später DSF) 1988, Pro Sieben 1989, Premiere 1991, Kabel 1 1992, n-tv 1992, RTL2 1993, VOX 1993 und Super RTL 1995. Dabei scheiterte ein früherer Marktzutritt in der Regel an Frequenzengpässen bei Kabel und in der Terrestrik.

Die erkennbaren *Wachstumsstrategien* sind die folgenden:

- Eine Strategie der *Marktdurchdringung,* also mit dem bekannten Programm auf den bekannten Märkten Marktanteile zu gewinnen, verfolgen die großen Vollprogramme RTL, SAT 1, Pro Sieben sowie ARD und ZDF. Die zu beobachtende Entwicklung im Programmbereich kann nur ansatzweise als Produktentwicklung beschrieben werden.

– Eine Strategie der *Marktentwicklung,* also mit bekannten Programmen neue Märkte zu erschließen, verfolgen die Veranstalter im Rahmen der Mehrfachverwertung ihrer Programme in kooperierenden oder verbundenen Unternehmen; so insbesondere RTL mit RTL 2 und Super RTL und dem seinerzeit geplanten Sender RTL plus.

RTL will ein Verwertungs-Plus
Zweitverwertungskanal RTL plus für Sommer 1997 geplant
KÖLN. RTL plus soll der Sender heißen, der die Verwertungskette der RTL-Senderfamilie erweitern soll. Der Beirat der RTL Television genehmigte am 11. Dezember auf Basis einer Präsentation mit ersten Programmelementen eine Planungsgruppe, die noch bis zum Frühjahr 1997 die Chancen für ein derartiges Projekt ausloten wird.

Bei dem neuen Sender geht es vor allem um eine weitere Möglichkeit für die Verwertung von Programmen der RTL Television und der RTL-Gesellschafter. Die zeitversetzte Ausstrahlung aktueller RTL-Programme ist ebenfalls denkbar. Leiter der Planungsgruppe ist der CLT-Berater Stefan Jedele, der schon mit dem Entwurf eines Sendefahrplans begonnen hat. Jedele war als Programmdirektor für Super RTL tätig und leitete die vorbereitenden Projektgruppen für RTL 2 und das ehemals geplante Digital-Paket Club RTL. RTL plus wäre ein 100prozentiges Tochterunternehmen von RTL und würde die Pläne zur Zusammenfassung der RTL-Sender in einer Holding nicht beeinflussen. Auch bei den Programmverkäufen an RTL 2 und Super RTL werde sich nichts ändern. Für die Verbreitung über Satellit stehen der CLT noch Übertragungskapazitäten auf Astra zur Verfügung, die ursprünglich für Club RTL gedacht waren. Weniger konkret sind dagegen die Planungen zum RTL-Infokanal. RTL-Informationsdirektor Hans Mahr ist weiter auf der Suche nach potentiellen Investoren. Dabei ist er unter anderem in den USA mit Fox News im Gespräch, dessen Gesellschafter Rupert Murdoch auch 49 Prozent der Anteile von Vox hält. Für Vox könnte sich allerdings RTL-Geschäftsführer Helmut Thoma, nach der Gründung einer RTL-Holding, wieder die Umwandlung zu einem reinen Informations-Programm vorstellen (Horizont 51/52, 1996.).

– Eine Strategie der *Diversifikation,* also neue Programme für neue Märkte zu entwickeln, verfolgen die Anbieter von Ballungsraumfernsehen, Spartenfernsehen und Business TV.

In den jeweiligen Märkten setzen die großen Vollprogrammanbieter auf eine Differenzierungsstrategie; die kleinen Anbieter setzen dagegen auf eine Nischenstrategie. Von großer Bedeutung ist generell die Absicherung gegenüber Programmlieferanten. Mittel hierzu sind langfristige Lieferverträge z.B. im Rahmen von Output Deals und die Eingliederung von Produktionsfirmen in einem Netzwerk von Beteiligungen, sehr ausgeprägt bei RTL und Pro Sieben (vgl. Kapitel 5).

3.2. Operatives Marketing

3.2.1. Produktpolitik

Im Mittelpunkt der Produktpolitik der Fernsehveranstalter steht das Bemühen, ihr Programm als Marke zu positionieren („TV-Marke RTL" [Horizont 46,1997], „DSF gibt sich Profil eines Markenartikels" [Horizont 12, 1995]). Dies Bemühen ist verständlich, weil Marken eine Kundenbindung bewirken und weil ein Markenaufbau (Markierung) gerade beim Fernsehen, dem Konsumgut mit der zeitlich umfangreichsten Wiederholung, für den Veranstalter von zentraler Bedeutung ist. Der Aufbau einer Programm-Marke ist aber auch überaus schwierig, weil das Programm ein Produktsortiment von täglich wechselnden Inhalten ist, im Gegensatz z.B. zu Nivea-Creme, die seit 50 Jahren praktisch unverändert ist.

Der Aufbau eines Programms als Marke muss auf drei Wegen angestrebt werden:

- durch die Herausstellung maximal möglicher Konstanz im Zeitablauf;
- durch die Herausstellung maximal möglicher Differenzierung und
- durch den Aufbau von Glaubwürdigkeit.

Eine gewisse *Konstanz* des Programms lässt sich angesichts der notwendigen inhaltlichen Variation nur über folgende Elemente erreichen:

- Konstanz von Programmstrukturelementen wie Zeitstruktur und Sendeplatz;
- Konstanz von Handlungsträgern, vor allem Schauspieler, Talkmaster, Nachrichtensprecher und Moderatoren, aber auch Konstanz von Handlungselementen wie Ärzte, Berge oder Meere;
- Konstanz der Grundelemente der Kommunikationspolitik (Werbung, Public Relations oder Corporate Design);
- Konstanz von Senderimage bzw. Corporate Identity.

Eine gewisse *Differenzierung* des Programms lässt sich bei einem Vollprogramm über profilbildende Programmschwerpunkte herausstellen:

- Top-Kinofilme,
- Top-Sportübertragungen,
- Top-Nachrichtensendungen,
- Top-Namen der handelnden Personen (Harald Schmidt, Ulrich Wickert, Veronika Ferres...).

> **ZDF setzt auf Ferres**
> (dpa) Nach ihren TV-Erfolgen als „Chaos-Queen“ und „Ungehorsame Frau“ will Schauspielerin Veronika Ferres drei weitere Fernsehfilme für das ZDF drehen. ZDF-Programmdirektor Markus Schächter sagte zur „Bild am Sonntag“: „Mit Veronika Ferres haben wir einen der größten Erfolge bei unseren TV-Filmen erzielt.“ Daran wolle der Mainzer Sender anknüpfen (Westfälische Rundschau, 13.7.1998).

Generell sind Personen prinzipiell gut geeignet, eine Differenzierung eines Produktes zu bewirken, weil Personen per se einzigartig sind und per se eine „Unique Selling Proposition“ begründen – wenn sie mit einem Produkt in eine sinnvolle Verbindung gebracht werden können wie etwa bei Fernseh- und Parteiprogrammen.

Ein Image von *Glaubwürdigkeit* lässt sich gut durch Nachrichtensendungen aufbauen, die prinzipiell als seriös und kompetent empfunden werden. Entsprechend starteten die privaten Fernsehvollprogramme eine Informationsoffensive, die mittlerweile zu einem quantitativ beachtlichen Nachrichtenangebot im Fernsehen geführt hat – am Vorabend, zu Beginn der Prime-Time und als Nachrichtenleiste im Nachtprogramm. Tabelle 8 zeigt die Bewertung der Sender im Bereich der Informationskompetenz. Danach führt eindeutig die ARD in der Informationskompetenz (sie wird neun Mal als bester Sender genannt), weit vor RTL (die drei Mal als bester Sender genannt wird).

Tabelle 8: Bewertung[1] der Vollprogramme im Bereich ihrer Informationskompetenz (Juni 1997)

	ARD	ZDF	RTL	SAT. 1	Pro 7
Informiert live und direkt	32	11	24	7	4
Zeigt, was die Leute interessiert	21	10	18	6	9
Nimmt kein Blatt vor den Mund	10	6	34	11	7
Deckt Skandale und Mißstände auf	17	10	35	12	5
Bringt die Dinge auf den Punkt	25	11	18	8	6
Hat eine kompetente Berichterstattung	44	16	13	5	4
Leistet journalistisch hervorragende Arbeit	35	17	14	5	5
Zeigt interessante Magazine	19	18	19	6	6
Hat gut gemachte Hauptnachrichten	51	18	16	4	5
Hat gute Sprecher/Moderatoren	42	15	19	5	6
Nachrichtensendung Nr. 1	49	21	16	2	4

[1] jeweils genannter bester Sender in Prozent aller Befragten (2001 Personen)

Quelle: Forsa-Umfrage im Auftrag von RTL im Juni 1997; nach: Medienspiegel/Dokumentation 41, 1997.

Insgesamt bleibt eine Profilierung der Vollprogramme als Marke schwierig. Im Einzelnen versuchen die Vollprogramme eine Produktdifferenzierung. Im Folgenden wird ihr Programmprofil kurz charakterisiert.

Die *ARD* kann als breites und tiefes Vollprogramm mit der weitaus höchsten Informationskompetenz gelten. Die Zielgruppe ist nicht auf eine bestimmte Altersgruppe beschränkt, sondern kann als familienintegrierend bezeichnet werden. In Worten der ARD: „Das Erste gilt als der Sender mit der höchsten Informationskompetenz. Mit diesem Profil grenzen wir uns von allen Mitbewerbern auf dem Fernsehmarkt ab. Wer sich für Politik interessiert, bevorzugt die öffentlich-rechtlichen Fernsehsender. Und umgekehrt steigt die Akzeptanz der Privatsender, je unpolitischer die Fernsehzuschauer sind. Wir werden die Informationsprogramme stärker und übersichtlicher gestalten, um das Profil des Ersten als informationsgeprägtes Vollprogramm weiterhin zu pflegen und zu schärfen. Eine 15minütige moderierte Tagesschau, als erstes großes Nachrichten- und Informationsangebot am Vorabend, wird ab Herbst um 17 Uhr im Programm etabliert. Als weitere Innovation wird ein verbraucherorientiertes Wirtschaftsmagazin, das einmal wöchentlich jeweils dienstags auf Sendung gehen soll, eingerichtet. Am Freitagabend schaffen wir gegen 21.45 Uhr einen durchgehenden Sendeplatz für aktuelle Reportagen" (Günter Struve, Programmdirektor der ARD, in: Horizont 22, 1996, S. 74). Die ARD kann damit als Marke bezeichnet werden, die Stärkung der Informationskompetenz kann als gelungene Produktdifferenzierung bezeichnet werden.

Das *ZDF* ist ein ähnlich breites und tiefes Vollprogramm, das nicht auf eine bestimmte Altersgruppe beschränkt ist. Eine klare Profilierung zu erkennen, fällt schwer, weil dem ZDF eine eher breite Programmspartenkompetenz zugebilligt wird. In Worten des ZDF: „In zehn von insgesamt 25 Programmsparten hat das ZDF nach der Einschätzung der Zuschauer die besten Programme unter allen Anbietern, d.h., die qualitative Marktführerschaft. Dazu gehören u. a. Magazine aus Kultur, Wissenschaft und Technik, Natur- und Tiersendungen, anspruchsvolle Fernsehfilme, Krimis und Sportsendungen, politische Magazine und Wirtschaftsmagazine" (ZDF Jahrbuch 1996, S. 66).

RTL ist ein innovatives, unterhaltungsorientiertes Vollprogramm mit beachtlichem Image in Bezug auf die Informationskompetenz. RTL ist Marktführer auf dem Werbemarkt („Europas größter Werbeträger") und meist Marktführer auf dem Zuschauermarkt. Diese starke Stellung als Marktführer kann als profilbildend gelten. Zielgruppe bilden die Zuschauer bis 49 Jahre, die zentrale Zielgruppe der werbungtreibenden Wirtschaft. In Worten von RTL: „Kontinuierliche Programminnovationen und kreative Weiterführung bewährter Strategien haben RTL zu dem Markenartikel in der deutschen Medienlandschaft gemacht, der bei jüngeren und junggebliebenen Zuschauern die Nase vorn hat. Der Erfolg ist unserem Programm-Mix aus hochwertigen Kaufproduktionen und innovativen, maßgeschneiderten Eigenproduktionen, professionellen News- und Magazinsendungen sowie absoluten Sport-Highlights zuzuschreiben" (Marc Conrad, Programmdirektor von RTL, in: Horizont 22, 1996, S. 74).

SAT.1 ist ein unterhaltungsorientiertes Vollprogramm. Im Übrigen ist die Profilierung als Marke nicht zu erkennen. Dies bestätigt die Selbstbeschreibung, die die Ausgewogenheit des Programms hervorhebt. Die Zielgruppe bilden die Zuschauer bis 49 Jahre. In Worten von SAT.1: „Als Vollprogramm überzeugt SAT.1 seine Zuschauer durch eine Ausgewogenheit des Programmangebots. Das Programm ist erfolgreich, wenn es gelingt, zu den verschiedensten Tageszeiten und an den einzelnen Wochentagen die richtige Mischung anzubieten: die Ausgewogenheit zwischen Bekannt-Verläßlichem und Neu-Überraschendem. In der eigenproduzierten Serie, der Show und dem Sport erreicht SAT.1 eine überdurchschnittliche Akzeptanz. Die derzeitige Situation bei den Lizenzspielfilmen gleichen wir mit hochwertigen Eigenproduktionen aus. Bestes Beispiel ist der Erwerb der German Classics von Bernd Eichinger, die Weihnachten 1996 ein echtes Programmhighlight sein werden" (Fred Kogel, Programmgeschäftsführer von SAT.1, in: Horizont 22, 1996, S. 74).

Pro Sieben kann als Vollprogramm mit einer deutlichen Spielfilmprofilierung gelten, speziell mit einer Ausrichtung auf „Hollywood". In Worten von Pro Sieben: „Hauptziel von Pro Sieben wird es sein, das weiter auszubauen, was wir sind und was wir gut können: Ein Spielfilmsender, der im Fictionbereich eine hohe Kompetenz hat und dem Zuschauer Qualität bietet. Als zweite Säule neben Filmen, Serien und Unterhaltung wollen wir die Informationsschiene stärken. Auch hier soll die Qualitätsmarke Pro Sieben Kompetenz signalisieren. Wir bringen unseren Zuschauern die Welt der Unterhaltung und informieren sie gleichzeitig über die Welt, in der sie leben" (Jan Körbelin, Programmdirektor von Pro Sieben, in: Horizont 22, 1996, S. 74).

RTL 2 will ein jugend- und unterhaltungsorientiertes Vollprogramm sein. Zielgruppe sind die 20- bis 29jährigen. In eigenen Worten: „RTL 2 bietet einer jungen Zielgruppe ein qualitativ hochwertiges Unterhaltungsprogramm. Unsere Zuschauer sind aufgeschlossen, stehen mit beiden Beinen im Leben und wissen, was sie wollen. Das Fictionprogramm von RTL 2 gestaltet sich entsprechend: Top-Spielfilme aus dem Bereich Action und Krimi, aber auch Gefühlvolles, Drama, eben Spitzenware, die auch im Kino erfolgreich war" (Harry Goering, Programmdirektor von RTL 2, in: Horizont 22, 1996, S. 74).

Bei den Spartenprogrammen definiert sich die Marke über die Sparte: Sport bei DSF, Nachrichten bei n-tv, Frauen ehemals bei TM3, „alte" Unterhaltung bei Kabel 1 usw. Hier ist eine Markierung nicht prinzipiell schwierig, sie scheitert indes häufig an der geringen Reichweite und den geringen finanziellen Ressourcen, die notwendig wären, um ein Markenprofilbewußtsein der Zuschauer zu verankern. Generell wird von mir die wirtschaftliche Lebensfähigkeit von Spartenprogrammen skeptisch beurteilt. Dazu passt, dass Kabel 1 den Ausbau zum Vollprogramm mit eigenen Nachrichtensendungen, Magazinen und Dokumentationen geplant (vgl. Medienspiegel 16, 1997) und rechtlich auch erreicht hat.[67]

Die Markenpositionierung erfordert eine kontinuierliche Markenpflege und Markenführung auf der Basis möglichst detaillierter Marktforschung. Erst auf der Grundlage umfassender Umfragen kann letztlich auch begründet werden, ob ein Programm als Marke profiliert ist. Als ein Beispiel für eine Fülle ähnlicher Studien seien einige Ergebnisse der Imagestudie FAME vorgestellt, die Images für Medien und Marken erfragt. Solche Studien zeigen den Fernsehveranstaltern, wo ihre Marke positioniert ist und in welchen Bereichen korrigierende Imagepflege betrieben werden sollte.

[67] Seit dem 14.7.1997 gilt Kabel 1 als Vollprogramm im Sinne von § 2 Abs. 2 RStV (vgl. Bericht der KEK 1998) – aus ökonomischer Sicht bleibt Kabel 1 ein Spartenprogramm Unterhaltung.

Übersicht 5: Images der TV-Sender

Image-dimensionen	Rang-folge	Bevölkerung ab 14 Jahre	Bevölkerung 14-49 Jahre	Bevölkerung mit gehobener Schulausbildung
Sympathie	1	ZDF	Pro Sieben	ARD
	2	ARD	RTL	ZDF
	3	SAT.1	SAT.1	Pro Sieben
Ist „in“, modern, zeitgemäß	1	VIVA	VIVA	VIVA
	2	MTV	MTV	MTV
	3	RTL	Pro Sieben	Pro Sieben
Wird an Bedeutung zunehmen	1	Pro Sieben	Pro Sieben	Pro Sieben
	2	RTL	VIVA	VIVA
	3	VIVA	RTL	RTL
Wird an Bedeutung gleichbleiben	1	VOX	VOX	Kabel 1
	2	Kabel 1	Kabel 1	VOX
	3	RTL 2	RTL 2	RTL 2
Wird an Bedeutung abnehmen	1	ARD	ARD	ARD
	2	ZDF	ZDF	ZDF
	3	VOX	Kabel 1	VOX
Wirkt eher jung	1	VIVA	VIVA	VIVA
	2	MTV	MTV	MTV
	3	Pro Sieben	Pro Sieben	Pro Sieben
Wirkt eher alt	1	ARD	ARD	ARD
	2	ZDF	ZDF	ZDF
	3	Kabel 1	n-tv	Kabel 1
Viel Temperament, dynamisch	1	VIVA	VIVA	VIVA
	2	MTV	MTV	MTV
	3	Pro Sieben	Pro Sieben	Pro Sieben
Hat interessante Werbung	1	RTL	RTL	RTL
	2	SAT.1	SAT.1	SAT.1
	3	Pro Sieben	Pro Sieben	Pro Sieben

Lesebeispiel: Die beiden öffentlich-rechtlichen TV-Sender ARD und ZDF erzielen in der Gesamtbevölkerung zwar die höchsten Sympathiewerte – vor allem bei den besser Gebildeten –, sie werden aber zugleich auch als „eher alt“ eingeschätzt. Während in der Gesamtbevölkerung RTL bei der Einschätzung „ist in, modern, zeitgemäß“ auf Platz 3 hinter Viva und MTV rangiert, fällt es bei den 14- bis 49jährigen oder den besser Gebildeten zugunsten von Pro Sieben aus dem Dreier-Ranking.

Quelle: FAME 97/98; nach: Horizont 44, 1997, S. 88.

Wenn z.B. Kabel 1 meint, ihr Programm sollte weniger alt wirken, müsste das Programm und/oder die Werbung verjüngt werden. Um Irritationen zu vermeiden, sei noch einmal darauf verwiesen, dass obige Studie nur als ein Beispiel für Imagestudien vorgestellt wird; konkrete Schlußfolgerungen werden daraus hier nicht abzuleiten sein.

3.2.2. Kommunikationspolitik

Die Produktpolitik der Fernsehveranstalter, die im Wesentlichen Markenpolitik ist, muss stets durch die Mittel der Kommunikationspolitik gestützt werden; im Falle der Positionierung von Fernsehprogrammen als Marken gilt dies ganz besonders,

- weil Fernsehprogramme recht homogen sind,
- weil die Produkteigenschaften/die Qualität von Fernsehprogrammen nicht leicht erkannt werden, und
- weil die Kommunikationspolitik, sofern sie wirkt, besonders rentabel ist (weil die Grenzkosten einer Reichweitenerhöhung null sind im Gegensatz zu Branchen wie z.B. der Automobilbranche, wo mehr Automobile gebaut werden müssen, wenn die Automobilwerbung wirkt).

Im Rahmen ihrer Kommunikationspolitik nutzen die Fernsehveranstalter vor allem die Instrumente der Werbung und der Öffentlichkeitsarbeit; Verkaufsförderung und Personal Selling spielen demgegenüber nur eine geringe Rolle.

Werbung, Eigenwerbung, Sponsoring und Programmdesign

Fernsehveranstalter werben, wie der Sektor Massenmedien insgesamt, mit großem Aufwand und in vielfältigsten Formen. Wieviel Geld Fernsehveranstalter für Werbung ausgeben, lässt sich nicht verläßlich ermitteln; in der Regel ist dies ein Geschäftsgeheimnis. Eine Zusammenstellung verstreuter Angaben bietet die folgende Übersicht 6. Die Angaben können allenfalls Anhaltspunkte liefern; vor allem ist zu beachten, dass die (Eigen-)Werbung im eigenen Programm nicht enthalten ist, weil sie direkt kaum Kosten verursacht.

Übersicht 6: Werbeetats von Fernsehveranstaltern

	Werbeetat in Mio. DM	für das Jahr
SAT.1	50	1996
RTL	30	1995
Premiere	20	1995
Pro Sieben	20	1994
DSF	15	1995/1996
Kabel 1	15	1995
RTL 2	15	1996
ZDF	15	1995
ARD	10	1995
n-tv	5 bis 10	1995/1996
WDR	7	1995/1996

Quelle: Schulte-Lippern 1997, S. 47.

In welchen Medien (mit Ausnahme ihres eigenen Programms) Fernsehveranstalter werben, zeigt Übersicht 7. Es wird deutlich, dass Fernsehveranstalter mit wenigen Ausnahmen (3sat, n-tv, VIVA und VOX) die gesamte Palette möglicher Werbeträger nutzen; auch dies ist ein Indiz für die außerordentlich große Werbeintensität dieser Branche.

Übersicht 7: Werbeträger der Programmwerbung von Fernsehveranstaltern

	Fern-sehtext	Zei-tungen	Zeit-schrif-ten	Hör-funk	andere TV-Kanäle	Kino	Plakate	Inter-net	Gesche nke
ARD	x	x	x	x		x	x	x	x
DSF	x	x	x	x	x				x
3sat	x	x			x		x	x	x
Kabel 1			x	x	x		x	x	x
n-tv		x	x		x				x
Premiere	x	x	x	x	x		x		x
Pro Sieben	x	x	x	x	x		x	x	x
RTL	x	x	x	x	x	x	x	x	x
RTL 2	x	x	x	x	x		x	x	x
SAT.1	x	x	x	x			x	x	x
Super RTL	x	x	x	x	x		x	x	x
VIVA	x	x	x				x		x
VOX			x			x	x	x	x
WDR	x	x	x	x	x	x	x	x	x
ZDF	x	x	x	x		x	x	x	

Quelle: Schulte-Lippern 1997, S. 103.

Im Rahmen ihrer *(Eigen-)Werbung* nutzen Fernsehveranstalter ihr eigenes Programm als Werbeträger. Dass dies außerordentlich intensiv genutzt wird, zeigt Übersicht 8. Mit Ausnahme des Nachrichtenprogramms n-tv verwenden die Fernsehveranstalter fast alle Formen der Werbung im eigenen Programm, insbesondere Trailer, Vorabschaltungen, Vorschauen, Gewinnspiele und Imagewerbespots.

Übersicht 8: Formen der Programmwerbung im eigenen Programm

	Traditionelle Formen			Moderne Formen						
	Pro-gramm - Ansa-gen	Pro-gramm -Tafeln	Sen-dungen in eig. Sache	Trai-ler	Vorab schal-tun-gen	Flash-Teaser	Audio/ Video over	Vor-schau-en	Ge-winns piele	Image - Wer-bespot s
ARD	x	x	x	x	x	x	x	x	x	x
DSF		x		x	x				x	
3sat		x		x	x	x		x	x	x
Kabel 1				x	x			x		x
n-tv		x		x						
Premi ere	x		x	x		x		x	x	x
Pro Sie-ben	x	x		x	x		x		x	x
RTL				x	x		x	x	x	x
RTL 2				x	x	x	x		x	x
SAT.1		x		x		x	x		x	x
Super RTL		x		x	x	x	x	x	x	x
VIVA				x	x			x	x	x
VOX				x		x	x	x		x
WDR	x			x			x	x	x	x
ZDF	x	x	x	x	x		x	x	x	x

Quelle: Schulte-Lippern 1997, S. 78.

Im Mittelpunkt der Werbung im eigenen Programm stehen *Programm-Trailer*, kurze Sendungsvorschauen mit Originalszenen, schnell geschnitten und mit spannenden Szenen. Trailer sind neben den Programmzeitschriften die wichtigste Informationsquelle für die Zuschauer (WDR 1996, S. 6). Sie werden in der Regel von Präsentationsredaktionen relativ aufwändig erstellt, haben meist eine Länge von zehn, 20 oder 30 Sekunden, selten länger. Die Ausstrahlung der Programmtrailer hat häufig einen Vorlauf von vier Tagen. Man beginnt mit einer „Vorab-Version", schaltet dann die „Morgen-Version" und schließlich vor allem die „Heute-Version" (vgl. WDR 1996, S. 8). Die großen privaten Programme RTL, SAT 1, Pro Sieben, Kabel 1 und auch Premiere, trailern mindestens die Hälfte ihrer Sendungen, einige Veranstalter trailern so gut wie alle Sendungen. Bei einer durchschnittlichen Länge von 30 Sekunden wird damit pro Tag etwa eine Stunde Programm-Werbung im eigenen Programm erreicht, mehr als die Sparte Nachrichten oder die Sparte Wirtschaft umfasst (vgl. Schulte-Lippern 1997, S. 59ff.).

Sponsoring ist eine Werbeform der Fernsehveranstalter, die offenbar an Bedeutung gewinnt. Sponsoring bietet die Möglichkeit, die gesponserte Aktivität/Institution kommunikativ zu nutzen und zur Imagepflege des Veranstalters einzusetzen. So werden bevorzugt Aktivitäten/Institutionen im Bereich der Kultur wie Konzerte, Theater, Museen oder Ausstellungen gesponsert, um das positive Image der Kultur auf den Veranstalter zu übertragen. Einige Beispiele seien genannt: RTL sponsert die deutsche Beteiligung an der Biennale in Venedig, Konzerte der israelischen Philharmonie oder das Freie Theater in Köln; SAT.1 sponsert die Deutschlandtournee von Peter Maffay und Tina Turner, oder Pro Sieben sponsert das Münchener Theater für Kinder; DSF sponsert naturgemäß vor allem Sportveranstaltungen.

Das *Programm-Design* wird auf allen Ebenen der internen und externen Kommunikation der Veranstalter strukturiert. Es bezieht sich auf alle Elemente der Kommunikation, die als Verpackung gestaltet werden können: Senderkennung, Trailer, Teaser, Ankündigung, Abspann, Titel, Studiodekoration, Gestaltung der Werbung und der Broschüren usw. Der Phantasie sind hier wenig Grenzen zu setzen. Das Ziel ist immer das Gleiche, nämlich das Programm und den Sender zu einer wiedererkennbaren Marke aufzubauen.

Öffentlichkeitsarbeit (Public Relations)
Im Rahmen ihrer Öffentlichkeitsarbeit versuchen Fernsehveranstalter eine allgemeine Akzeptanz ihres Programms beim Publikum und bei der werbungtreibenden Wirtschaft zu erreichen. Mittel sind insbesondere die folgenden:

- Klassische Pressestellenarbeit.
- Pressekonferenzen, oft verbunden mit der Besichtigung attraktiver Drehorte oder interessanter Darsteller.
- Veranstaltungen mit und für die werbungtreibende Wirtschaft (z.B. der „ARD-Werbetreff").
- Die Organisation von attraktiven Großveranstaltungen (Konzerte, Open-Air-Partys bei Sportübertragungen, Kinderfeste...).
- Kontakte mit dem Publikum bei Messen, bei Bürgerfesten, über Zuschauerredaktionen und insbesondere über Werksbesichtigungen.
- Die Herausgabe eigener Publikationen mit Informationen über den Veranstalter, die meist nach außen, bisweilen auch nach innen gerichtet sein können (z.B. die Jahrbücher von ARD und ZDF, das ZDF-Monatsmagazin oder WDR-Print) oder mit neutral erscheinenden Informationen wie z.B. die Media Perspektiven der ARD-Werbung, die Zeitschrift Facts & Fiction der Mediagruppe München oder Impact, eine Zeitschrift der IP-Gruppe Deutschland.

4. Wirtschaftlichkeit des Fernsehens in Deutschland

4.1. Allgemeine Lage des Fernsehens

Die wirtschaftliche Lage des Fernsehens ist schlecht. Dies liegt daran, dass die Einnahmepotenziale beschränkt sind, dass die Konkurrenz zunimmt und dass die Verhandlungsstärke von Lieferanten (Filmproduzenten, Rechteinhaber, Schauspieler...) recht groß ist.

Einnahmepotenziale sind – von staatlichen Subventionen abgesehen – folgende Finanzierungsquellen:

- Einnahmen aus klassischer Spot-Werbung,
- Einnahmen aus Werbung „below the line" (Sponsoring, Tele-Shopping...),

- Einnahmen aus Abonnementsgebühren,
- Einnahmen aus dem Verkauf von Programmen,
- sonstige Einnahmen (Merchandising, Vermietung von Studios...).

Haupteinnahmequelle ist die Werbung. Fernsehwerbung ist zwar noch ein Wachstumsmarkt, aber die Wachstumsraten werden kleiner, wie Tabelle 9 zeigt, und diese Entwicklung wird vermutlich anhalten (vgl. z.B. Schöneberger 1997, S. 9).

Tabelle 9: Wachstumsraten der Umsätze im Werbefernsehen in Prozent

	1990	1991	1992	1993	1994	1995	1996	1997
Netto-Werbeeinnahmen [1]	22,5	34,0	16,8	11,5	16,6	12,6	8,7	7,8
Brutto-Werbeeinnahmen [2]	22,5	25,9	27,2	14,9	23,0	6,5	12,8	9,7
[1] Nach ZAW-Kriterien; [2] Nach Nielsen S+P-Kriterien								

Quelle: ZAW-Jahrbücher Werbung, Nielsen S+P.

Die Zeit der hohen Wachstumsraten im Fernsehwerbemarkt ist auch deswegen vorbei, weil die Werbezeiten der großen Fernsehveranstalter zeitlich fast ausgeschöpft sind, wie Tabelle 10 zeigt, und weil die Werbepreise in der Konkurrenz der Werbeträger stagnieren (vgl. Kapitel 15).

Tabelle 10: Entwicklung der Werbezeitenauslastung der drei großen privaten Fernsehveranstalter (Auslastung in vH)

	1994	1995	1996
RTL	82,1	81,4	85,6
SAT.1	81,1	87,7	86,9
Pro Sieben	86,8	82,3	79,7

Quelle: Schöneberger 1997, S. 9

Ein gutes Entwicklungspotenzial wird häufig dem Pay-TV vorhergesagt, bislang spielt diese Einnahmequelle, wie die anderen genannten Einnahmequellen, in Deutschland keine große Rolle.

Die *Konkurrenz* hat deutlich zugenommen. Die Zahl allein der größeren bundesweit ausgestrahlten Programme ist zwischen 1992 und 1998 von drei auf 13 gestiegen; der Sendeumfang dieser Programme ist im gleichen Zeitraum von rund 21.000 auf rund 175.000 Jahresstunden gestiegen (vgl. Kapitel 13). Damit ist zwangsläufig ein erhebliches Zuschauersplitting und ein deutliches Einnahmesplitting verbunden. Die Konkurrenz kann als kannibalisch bezeichnet werden.

Für die Programmveranstalter kommt erschwerend hinzu, dass die stark gestiegene Nachfrage nach Programm-Inputs auf ein relativ *unelastisches Angebot* gestoßen ist: Die Preise für Sportübertragungsrechte sind explodiert (vgl. Kapitel 5), die Kosten für Spielfilme haben sich vervielfacht – 1984 wurden für einen amerikanischen Spielfilm in Deutschland 120.000 DM bis 130.000 DM gezahlt, fünf Jahre später lagen die Preise bei durchschnittlich 400.000 DM, heute müssen eher 700.000 DM bis 1.000.000 DM gezahlt werden (Schöneberger 1997, S. 15) – und auch die

Kosten für Auftragsproduktionen sind deutlich gestiegen, vor allem die Gagen für Spitzenkönner. Eine Wende ist für die Fernsehveranstalter nicht in Sicht.

4.2. Die wirtschaftliche Lage des privaten Fernsehens

Für 1995 ist erstmals eine Analyse der wirtschaftlichen Lage des Rundfunks vorgelegt worden (DLM 1997), die nachfolgend auch auf 1996 ausgedehnt worden ist. Die Ergebnisse für den Fernsehbereich werden in Tabelle 11 zusammengefasst.

Tabelle 11: Aufwand und Ertrag privater Fernsehveranstalter 1996[1]

	Anbietergruppen				Insgesamt
	bundesweit	landesweit	Ballungsraum	Lokal	
Erträge[1]	7.652	98	70	48	7868
Aufwand[1]	7702	98	146	52	7998
Gewinn (Verlust)[1]	-50	0	-76	-4	-130
Zahl der Programme	23	15	12	31	78
Sendestunden pro Jahr	147.926	4.152	82.813	55.948	290.839
Aufwand je Programm[1]	334,9	6,5	12,1	1,7	102,5
Aufwand je Sendemin.[2]	868	394	29	15	458
Aufwand je Min. Erstsendung[2]	1.456	1.136	72	69	984

[1] in Mill. DM
[2] in DM

Quelle: DLM 1998, S. 64.

Tabelle 11 zeigt:

- Bundesweite Fernsehprogramme spielen ökonomisch die zentrale Rolle. Sie erzielen mit Einnahmen von 7.652 Millionen DM 97 Prozent aller Einnahmen.
- Landesweite Programme, Ballungsraumprogramme und Lokalprogramme spielen ökonomisch gesehen nur eine sehr geringe Rolle.
- Alle Anbietertypen mit Ausnahme des Sonderfalls der landesweiten Programme machen Verluste; das Verhältnis von Aufwand zu Ertrag ist besonders schlecht bei den Ballungsraumprogrammen (nur 48 Prozent des Aufwands sind durch Erträge gedeckt).

Im Folgenden wird nur die wirtschaftliche Lage der *bundesweiten* Programme näher analysiert. Die Ergebnisse sind in Tabelle 12 dargestellt.

Tabelle 12: Wirtschaftliche Lage der bundesweiten Fernsehprogrammananbieter 1996

	Bundesweite Anbieter				Strukturen			
	Insgesamt	Vollprogramme	Spartenprogramme	übrige Programme	Insgesamt	Vollprogramme	Spartenprogramme	übrige Programme
	Mill. DM				Anteile in vH			
Gewinne (Verluste)	**-50**	**576**	**-276**	**-351**	**-**	**-**	**-**	**-**
Erträge	**7652**	**6356**	**662**	**634**	**100**	**100**	**100**	**100**
Werbespots insg.	6353	5724	605	23	83	90	91	4
davon:								
- überregionale Werbung	6353	5724	605	23	83	90	91	4
- regionale Werbung	0	0	0	0	0	0	0	0
Sponsoring/Teleshopping	22	16	5	1	0	0	1	0
Abonnementsgebühren	573	0	0	573	7	0	0	90
Programmverkäufe/Auftragsproduktionen für Dritte	10	2	0	8	0	0	0	1
Sonstige Erträge	694	614	52	29	9	10	8	5
darunter: Teleshopping	74				1			
Aufwand	**7702**	**5780**	**937**	**985**	**100**	**100**	**100**	**100**
Personalkosten	457	260	104	93	6	4	11	9
Vergütungen	150	113	33	4	2	2	4	0
Sachkosten	6955	5321	762	872	90	92	81	89
davon:								
- Käufe von TV-Lizenzen, anderen Rechten und fertigen Programmen	3634	2659	356	618	47	46	38	63
- Kosten von Auftragsproduktionen	1566	1452	91	22	20	25	10	2
- Kosten der technischen Programmverbreitung	295	123	115	58	4	2	12	6
- Sonstige Käufe von Waren und Dienstleistungen	1460	1087	200	173	19	19	21	18
Abschreibungen/Indirekte Steuern	140	85	38	17	2	1	4	2
Kostendeckungsgrad (v. H.)	**99**	**110**	**71**	**64**	**-**	**-**	**-**	**-**
darunter: Zahl der Anbieter über 100 v. H.	5	3	1	1	-	-	-	-
Zahl der Programme Ende 1995	23	5	12	6	-	-	-	-
Sendestunden im Jahr	147926	43080	77176	27670	-	-	-	-
davon: Erstsendungen	88147	31929	50789	5429	-	-	-	-
Erträge je Programm in Mio. DM	332,7	1271,2	55,2	106,7	-	-	-	-
Aufwand je Programm in Mio. DM	334,9	1156,1	78,1	164,1	-	-	-	-
Aufwand je Sendeminute in DM	868	2236	202	593	-	-	-	-
Aufwand je Min. Erstsendung in DM	1456	3017	308	3023	-	-	-	-

Quelle: DLM 1998, S. 65.

1996 wurden 23 bundesweite Fernsehprogramme ausgestrahlt; fünf Vollprogramme (RTL, SAT 1, Pro Sieben, RTL 2 und VOX), 12 Spartenprogramme und sechs sonstige Programme (zwei Pay-TV-Programme, zwei Teleshopping-Programme und zwei landesweite Fernsehprogramme). Die Unterschiede zwischen diesen beiden Programmtypen sind so groß, dass nur eine differenzierte Betrachtung angemessen ist.

Die fünf Vollprogramme senden alle praktisch 24 Stunden pro Tag, zu 74 Prozent Erstsendungen, zu 26 Prozent Wiederholungen. Die Erträge belaufen sich auf 6.356 Mio. DM; zu 90 Prozent sind das Erträge aus der klassischen Fernsehspotwerbung, andere Einnahmen spielen keine große Rolle. Der Aufwand beträgt 5.780 Mio. DM; mithin wird von den fünf Vollprogrammen insgesamt ein Gewinn vor Steuern von 576 Mio. DM erwirtschaftet, das entspricht einem Kostendeckungsgrad von 110 Prozent. Ein privates bundesweites Vollprogramm kostet[68] im Durchschnitt 1,16 Mrd. DM; die Sendeminute kostet 2.236 DM, für Erstsendungen kostet die Sendeminute 3.017 DM.

Auch diese Durchschnittsbetrachtung der bundesweiten Vollprogramme ist problematisch, weil drei große Programme mit zwei kleinen Programmen vermischt werden. Daher werden in Tabelle 13 die ökonomischen Eckdaten veranstalterbezogen ausgewiesen, sofern sie verfügbar sind.

Tabelle 13: Die wirtschaftliche Lage der Vollprogrammanbieter 1996[1]

	Umsatz[2]	Kosten	Gewinn[3]	Minutenkosten (DM)[4]
RTL	2.051	1.907	144	3.800
SAT.1	1.655	1.655	0	3.150
Pro Sieben	1.459	1.359	100[5]	2.590
RTL 2	404	494	-90	940
VOX	205	245	-40	470
Insgesamt/im Durchschnitt	5.370	5.660	114	2.043

[1] in Mio. DM
[2] Netto-Werbeumsatz nach ZAW
[3] nach Steuerabzug
[4] für RTL ausgewiesen; für die anderen Veranstalter von mir berechnet
[5] geschätzt nach dem ausgewiesenen Gewinn vor Steuerabzug von 212 Mio. DM (Pro Sieben Geschäftsbericht 1997, S. 5)

Quelle: Veranstalterangaben

Tabelle 13 zeigt deutlich, dass RTL 2 und VOX bislang in einer anderen Klasse spielen als RTL, SAT.1 und Pro Sieben. Ein erfolgreiches bundesweites Vollprogramm kostet mithin 1,5 bis 2 Mrd. DM und hat Programm-Minutenkosten von 2.500 bis 4.000 DM.

[68] Zwischen Aufwand und Kosten besteht ein kleiner prinzipieller Unterschied: Im Aufwand addieren sich alle reinvermögensmindernden Posten, Kosten sind dagegen nur die Posten, denen ein Güterverzehr im Produktionsprozess entspricht. So verursacht z.B. der Brand einer Lagerhalle nur Aufwand, aber keine Kosten. Hier spielen diese Unterschiede indes keine Rolle.

Wie schwierig die wirtschaftliche Lage des Fernsehens ist, zeigt die abschließende Zusammenstellung der Gewinne und vor allem der Verluste wichtiger Fernsehveranstalter, kumuliert über die Dauer ihres Bestehens.

Tabelle 14: Kumulierte Gewinne bzw. Verluste im Fernsehen bis Ende 1996 in Mio. DM

	Gründungsjahr	kumulierte Gewinne (Verluste)
RTL	1984	405
SAT.1	1984	-600
Pro Sieben	1989	0
Premiere	1991	-600
n-tv	1992	-250
Kabel 1	1992	-160
RTL 2	1993	-450
DSF	1993	-750
TM3	1995	-100
Super RTL	1995	-120
DF1	1996	-130

Quelle: Der Spiegel Nr. 31/1997, S. 64.

Nur zwei Veranstalter konnten bislang ihre Anlaufverluste zurückzahlen und erzielen laufende Gewinne: RTL und Pro Sieben. Dabei kann Pro Sieben in gewisser Weise als ein Sonderfall gelten:

- Es gibt keine Auflagenprogramme für Pro Sieben;
- Pro Sieben verfügt vermutlich über günstige Lieferbedingungen von Lizenzrechten aus der Kirch-Gruppe, und
- die Positionierung als Spielfilmprogramm macht es fraglich, ob Pro Sieben ein echtes Vollprogramm ist.

4.3. Die wirtschaftliche Lage des öffentlich-rechtlichen Fernsehens

Die Datenbasis ist für das öffentlich-rechtliche Fernsehen deutlich besser als für das private Fernsehen. Die Jahrbücher von ARD und ZDF sowie die Berichte der Kommission zur Ermittlung des Finanzbedarfs (KEF) bieten ausführliche und regelmäßige Informationen. Problematisch ist nur, dass im Bereich der ARD nicht strikt zwischen Hörfunk- und Fernsehaktivitäten getrennt wird – hier sind mithin Abschätzungen notwendig – und dass die Rechenwerke nicht wie die Jahresabschlüsse privater Unternehmen aufgebaut sind und zum Teil anderen Ermittlungsgrundsätzen unterliegen. Daher sind die Daten nicht immer mit denen der privaten Veranstalter vergleichbar.[69]

Tabelle 15 gibt einen Überblick über Ertrags- und Aufwandsstrukturen im öffentlich-rechtlichen Fernsehen. Der Aufwand beträgt rund 8,5 Mrd. DM, davon 30

[69] Eine sehr detaillierte Beschreibung der Elemente des Jahresabschlusses öffentlich-rechtlicher Rundfunkanstalten und einen Vergleich mit den entsprechenden Vorschriften des Handelsrechts bieten Seidel/Libertus 1993, S. 178ff.

Prozent für Personalkosten und 57,3 Prozent für Sachkosten. Mithin fällt der Personalkostenanteil wesentlich höher aus als bei den privaten bundesweiten Vollprogrammen mit vier Prozent. Dies liegt vor allem am höheren Eigenproduktionsanteil des öffentlich-rechtlichen Fernsehens und am höheren Anteil personalkostenintensiver Programmsparten wie Nachrichten und Information. Umgekehrt ist der Anteil der Sachkosten für die Programmerstellung mit 51,8 Prozent entsprechend deutlich geringer als bei den Privaten (90 Prozent). Die Erträge entstammen im Wesentlichen der Fernsehgebühr, Einnahmen aus Werbung spielen nur noch eine geringe Rolle für das öffentlich-rechtliche Fernsehen. Insgesamt ergibt sich für 1996 ein Defizit im Fernsehbereich des öffentlich-rechtlichen Rundfunks; dies ist vor geplanten Gebührenerhöhungen nicht ungewöhnlich.

Tabelle 15: Aufwand und Ertrag des öffentlich-rechtlichen Fernsehens 1996

	Mill. DM	**in vH**
Aufwand	8.479	100
davon für:		
- Personalkosten	2.544	30,0
- Vergütungen	568	6,7
- Sachkosten	4.855	57,3
- Abschreibungen	355	4,2
- indirekte Steuern	157	1,9
Erträge	8.098	100
davon:		
- Fernsehgebühren	5.566	68,7
- Werbung	595	7,3
- Auftragsproduktion	240	3,0
- Zuwendungen[1]	338	4,2
- Sonstige[2]	1.359	16,8
Überschuß/Defizit	-381	-4,7

[1] für die Deutsche Welle
[2] Mieten, Zinsen, Erstattungen, Sponsoring usw.

Quelle: DLM 1998, S. 79.

Das öffentlich-rechtliche Fernsehen produziert mit diesen Einnahmen 13 Programme mit 90.482 Sendestunden, damit beträgt:

– der Aufwand pro Programm 652 Mill. DM,
– der Aufwand pro Sendeminute 1.562 DM und
– der Aufwand pro Sendestunde 93.720 DM (DLM 1998, S. 79).

Dies sind Durchschnittsangaben, die die dritten Programme einschließen. Für die Produktion des Abendprogramms des Ersten Deutschen Fernsehens ergibt sich z.B. ein Aufwand von gut 360.000 DM pro Sendestunde (1996: 361.620 DM; ARD-Jahrbücher).

Detaillierte Durchschnittskosten pro Sendeminute werden von ARD und ZDF nach Programmsparten differenziert ermittelt. Dabei sind die Einteilungen (leider) nicht kompatibel. Tabelle 16 zeigt die Durchschnittskosten pro Sendeminute für das Hauptprogramm der ARD. Diese betragen für das Hauptprogramm insgesamt 6.027

DM; besonders teuer sind Fernsehspiel und Unterhaltung mit 20.471 DM bzw. 11.106 DM.

Tabelle 16: Kosten, Sendezeit und Durchschnittskosten des ARD-Hauptprogramms nach Programmsparten 1996

	Kosten in TDM	Sendezeit in Min.	Kosten je Min.
Erstes Deutsches Fernsehen (Das Erste)			
Eigene Beiträge der Anstalten			
- Politik und Gesellschaft	175.558,8	53.239	3.298
- Kultur und Wissenschaft	50.302,1	14.290	3.520
- Religion	12.913,4	3.213	4.019
- Fernsehspiel	463.850,4	22.659	20.471
- Unterhaltung	326.206,1	29.371	11.106
- Musik	15.973,1	3.246	4.921
- Familie	268.007,5	84.434	3.174
Zwischensumme	1.312.811,4	210.452	6.238
-Spot/Überleitung	12.567,6	9.005	1.396
Gesamt	*1.325.379,0*	*219.457*	*6.039*
Gemeinschaftssendungen			
- Tagesschau/Tagesthemen	170.522,3	33.895	5.031
- Wetterkarte	4.978,9	826	6.028
- Sportschau/ARD Sport Extra	486.485,6	50.981	9.542
- Spielfilme (Degeto)	292.883,9	70.022	4.183
- Sonstige Gemeinschaftssendungen	10.043,2	4.797	2.094
Gesamt	*964.913,9*	*160.521*	*6.011*
Insgesamt	2.290.292,9	379.978	6.027

Quelle: ARD-Jahrbuch 1997, S. 326.

Tabelle 17 gibt die Durchschnittskosten für etwas anders gegliederte Programmsparten des ZDF an. Das ZDF-Hauptprogramm kostet pro Minute 4.958 DM, besonders teuer ist der Bereich „Wort“ mit 11.911 DM und der Bereich „Schauspiel“ mit 14.333 DM.

Tabelle 17: Durchschnittskosten des ZDF-Hauptprogramms nach Programmsparten 1996

Programmsparte	Durchschnitts-Minutenkosten (DM)
Kinder-Jugend-Familie	2.977
Kultur	4.365
Wort	11.911
Show	5.495
Musik	6.621
Schauspiel	14.333
Fernsehspiel	6.885
Film	2.907
Reihen und Serien Vorabend	6.176
Programmdirektion Gesamt	**4.930**
Aktuelles	4.834
Politik	4.485
Sport	6.850
Chefredaktion Gesamt	5.411
Präsentation	2.171
ZDF-Hauptprogramm	**4.958**

Quelle: ZDF.

5. Vergleich der Wirtschaftlichkeit des privaten mit dem öffentlich-rechtlichen Fernsehen

Öffentlich-rechtliches und privates Fernsehen werden häufig miteinander verglichen. Meist sind Programminhalte und Programmqualitäten Gegenstand des Vergleichs, was Wertungen genügend Raum lässt. Hier sollen lediglich rein ökonomische Kennziffern vergleichend ermittelt werden:

- Die Anteile an den Erträgen,
- die Anteile am Programmangebot und
- die Anteile an der Nachfrage (Zuschauermarktanteile).

Ein solcher Vergleich kann die unterschiedliche medienpolitische Bedeutung der unterschiedlichen Angebots- und Nachfragesparten nicht berücksichtigen und abstrahiert von den unterschiedlich hohen spezifischen Produktionskosten der Programmsparten, er kann aber deutlich machen, was die medienpolitischen Vorgaben die Gesellschaft kosten. Tabelle 18 stellt die Entwicklung dieser Anteile zusammen.

Tabelle 18: Öffentlich-rechtliches und privates Fernsehen im Strukturvergleich – Anteile des öffentlich-rechtlichen Fernsehens

	1982	1990	1992	1994	1996	1997
Einnahmeanteil in vH	100	80,3	69,3	57,0	52,5	53,6
Angebotsanteil[1] in vH	100	50,4	45,7	49,4	48,5	50,0
Nachfrageanteil[2] in vH	100	68,1	51,1	42,2	39,3	39,7

[1] Anteil an gesendeten Programmstunden
[2] Zuschauermarktanteil

Quelle: Berechnet aus Tabellen 3, 8 und 21 des Kapitels 13.

Das öffentlich-rechtliche Fernsehen produziert mit einem Einnahmeanteil von gut 50 Prozent einen Angebotsanteil von 50 Prozent und kann mit seinem Programm rund 40 Prozent der Nachfrage auf sich vereinen. Dies bedeutet rein ökonomisch betrachtet, dass das öffentlich-rechtliche Fernsehen im Durchschnitt ein wenig teurer produziert als das private Fernsehen und im Durchschnitt eine geringere Reichweite erzielt. Groß sind die Unterschiede indes nicht. In etwas anderer Betrachtung ist es aufschlußreich, zu ermitteln, was die Gesellschaft für ihren Fernsehkonsum an die beiden Veranstaltertypen bezahlt – als Gebühr, als Werbekosten, als Pay-TV-Preise, als Zinsen und sonstige Finanzierungsarten, kurz, wie groß der gesellschaftliche Ressourcenverbrauch ist. Bezugsgröße ist der Umfang der jeweiligen Nachfrage, erfasst als Zuschauermarktanteil. Diesen Ressourcenverbrauch pro Marktanteilspunkt zeigt Tabelle 19 (vgl. zur Methode Kapitel 12, Abschnitt 4.5.).

Tabelle 19: Ressourcenverbrauch pro Marktanteilspunkt in Mill. DM

	1982	1990	1992	1994	1996	1997
öffentlich-rechtliches Fernsehen	39	83	145	171	190	220
privates Fernsehen	-	44	67	94	111	125

Quelle: Berechnet aus Tabellen 3 des Kapitels 13 und Tabelle 18 des Kapitels 14.

Eine Interpretation ergibt:

– Im Zeitablauf steigt der Ressourcenverbrauch pro Marktanteilspunkt für beide Veranstaltertypen. Dies zeigt den Programmwettbewerb um Zuschauer.
– Für private Veranstalter steigt der Ressourcenverbrauch schneller als Marktanteile gewonnen werden, mithin steigt der Ressourcenverbrauch pro Marktanteilspunkt deutlich an.
– Für öffentlich-rechtliche Veranstalter steigt der Ressourcenverbrauch pro Marktanteilspunkt, vor allem, weil naturgemäß Marktanteile verloren werden.

Wichtiger als die Analyse des Entwicklungsprozesses, der leicht falsch interpretiert werden kann, wäre die Analyse eines in etwa stabilen Gleichgewichts zwischen öffentlich-rechtlichem und privatem Fernsehen. Dies Gleichgewicht scheint 1997 näherungsweise erreicht. Für öffentlich-rechtliche Veranstalter stagniert der Einnahmeanteil und der Angebotsanteil bei etwa 50 Prozent und der Nachfrageanteil stabilisiert sich bei etwa 40 Prozent. Unter dieser Voraussetzung kann die *komparative Wirtschaftlichkeit* berechnet werden. So ist im Jahre 1997 die Wirtschaftlichkeit des privaten Fernsehens mit 0,0079794 (Marktanteilspunkten pro 1 Mio. DM Ressourcenverbrauch) 1,76mal so groß wie die Wirtschaftlichkeit des öffentlich-rechtlichen Fernsehens mit 0,0045397 (Marktanteilspunkten pro 1 Mio. DM Ressourcenverbrauch). Die Unterschiede in der Wirtschaftlichkeit sind deutlich kleiner als im Hörfunk. Sehr grob kann man sagen, dass das private Fernsehen knapp doppelt so wirtschaftlich produziert wie das öffentlich-rechtliche Fernsehen. Die Gründe sind die folgenden:

Weil die durchschnittliche Reichweite des öffentlich-rechtlichen Fernsehens kleiner ist als die der Privaten, wären die Kosten pro Zuschauer auch bei gleichen Programmproduktionskosten größer. Hinzu kommt, dass der Ressourcenverbrauch des öffentlich-rechtlichen Fernsehens pro Programmstunde auch etwas höher ist als der der Privaten, wie Tabelle 20 zeigt.

Tabelle 20: Ressourcenverbrauch pro Programmstunde in DM

	1982	1990	1992	1994	1996
öffentlich-rechtliches Fernsehen	186.225	175.596	153.853	107.710	90.240
privates Fernsehen	-	195.105	57.368	79.175	76.895

Quelle: Berechnet aus Tabellen 3 und 8 des Kapitels 13.

In der Interpretation von Tabelle 19 und 20 ist zu beachten, dass der „Ressourcenverbrauch" nicht genau dem Konzept der „Kosten" entspricht, sondern auf die Einnahmen der Veranstalter abzielt. Nur bei einem Überschuß bzw. Gewinn von Null DM wäre der Ressourcenverbrauch den Kosten gleich. Immerhin kann der Ressourcenverbrauch aber als Kostenindikator verwendet werden und vor allem zeigt er, was die Gesellschaft den Fernsehveranstaltern zahlt. 1996 überstieg der Ressourcenverbrauch des öffentlich-rechtlichen Fernsehens für die ausgestrahlte durchschnittliche Programmstunde den Verbrauch der Privaten mit 90.240 DM gegenüber 76.895 DM um 17,4 Prozent. Für den höheren Ressourcenverbrauch des öffentlich-rechtlichen Fernsehens gibt es insbesondere zwei Gründe:

– Den höheren Eigenproduktionsanteil und
– den höheren Anteil an personalintensiven Informationsprogrammen (vgl. DLM 1997, S. 110ff.)

Darüber hinaus wird häufig auch eine wenig effiziente „öffentlich-rechtliche" Produktionsweise vermutet: Vorstehende Berechnungen relativieren diesen Vorwurf weitgehend. Allerdings muss berücksichtigt werden, dass in diese Betrachtung die relativ reichweitenstarken Dritten Programme der ARD einfließen, die kostengünstig erstellt werden.

Ein medienpolitischer Effizienzvergleich ist mit diesen Kalkulationen nicht möglich, weil „die Medienpolitik" zwar die Programmkategorie „Information" sowohl auf der Angebotsseite als auch auf der Nachfrageseite höher schätzt als andere Programmkategorien, aber verständlicherweise diese Höherschätzung nicht quantifizieren kann. Mithin ist es auch nicht möglich, die strukturbedingt höheren Kosten des öffentlich-rechtlichen Informationsangebotes und die strukturbedingt geringere Nachfrage nach Informationsprogrammen quantitativ zu berücksichtigen. Die medienpolitisch gewollten Strukturnachteile des öffentlich-rechtlichen Fernsehens in ökonomischer Sicht müssen mithin akzeptiert werden.

6. Management

Management umfasst im Wesentlichen die Funktionsbereiche Planung und Entscheidung, Organisation, Führung und Kontrolle. Im Folgenden werden wichtige Planbereiche vorgestellt, die Grundzüge der Organisation beschrieben und einige

Kontrollinstrumente analysiert. Abschließend wird untersucht, welche Bedeutung das Outsourcing im Zuge der geplanten Reorganisationen hat. Zum Komplex der Führung lässt sich wenig Konkretes ausführen.

6.1. Planung

Zum einen müssen in Fernsehunternehmen die betrieblichen Funktionsbereiche genauso geplant werden wie in Industriebetrieben. Dabei geht es vor allem um folgende Bereiche:

- Produktionsplanung,
- Absatzplanung,
- Personalplanung,
- Finanzplanung und
- Investitionsplanung (vgl. z.B. Mag 1990).

Hierzu ist es nicht notwendig, Fernsehspezifika zu beschreiben. Sie sind gering, mit einer Ausnahme, der Produktionsplanung. Die Produktionsplanung ist für Fernsehunternehmen ungewöhnlich komplex (im Vergleich zu den Industriebetrieben), weil ein Produktionssortiment geplant werden muss, das

- sowohl sehr breit (sehr umfangreich)
- als auch sehr veränderlich ist.

Die Produktionsplanung öffentlich-rechtlicher Fernsehveranstalter wird präzise und informativ von Seidel/Libertus beschrieben. Die Planung im Bereich der Fernsehproduktion beinhaltet folgende Teilpläne:

- Sendebedarfsplan,
- Kapazitätsplan,
- Leistungsplan,
- Produktionsplan,
- Personalplan.

> Grundlage für die Programmplanung der Sendeleistungen ist der *Sendebedarfsplan.* In Orientierung an das Programmschema weist der Sendebedarfsplan die im Planjahr vorgesehenen Sendezeiten für die einzelnen Programmbereiche bzw. Programm- und Redaktionsgruppen aus.
>
> Parallel zum Sendebedarfsplan wird der *Kapazitätsplan* aufgestellt, der die Optimierung des Einsatzes der personellen und sachlichen Ressourcen einer Rundfunkanstalt zum Ziele hat. Der Kapazitätsplan gibt letztendlich Auskunft darüber, wieviele Sendeminuten des Sendebedarfs mit anstaltseigenen Produktionsmitteln herzustellen sind. Der durch Eigenproduktionen nicht zu deckende Sendebedarf ist letztendlich durch Programmentstehungen wie Auftrags- bzw. Fremdproduktionen sowie Ankäufe zu befriedigen.
>
> Aus den Daten des Sendebedarfs- und Kapazitätsplans wird der *Leistungsplan* erstellt, der Art und Umfang der durch die Redaktionen zu verantwortenden Sendeleistungen im Planjahr festlegt. Der Leistungsplan gibt u.a. vor, wie der Sendebedarfsplan, z.B. als Eigen- oder als Auftragsproduktion, erfüllt werden soll. Der Leistungsplan ist letztendlich Basis für die Ermittlung des Mittelbedarfs für das Programm.
>
> Basierend auf dem im Leistungsplan mit Hilfe des Kapazitätsplans fixierten Eigenproduktionsanteil wird von den programmverantwortlichen Redaktionen der Kapazitätsbedarf für die einzelnen Eigenproduktionen angemeldet und im *Produktionsplan* festgeschrieben. Der Produktionsplan gibt somit neben der Produktionsdauer Angaben

> über die Beanspruchung eigener Produktionsmittel in bezug auf die konkreten einzelnen Programmvorhaben aus. Die Planung erweist sich hier in der Regel als schwierig, da aufgrund des Unikatcharakters der einzelnen Produktionen die Festlegung von Normen im Produktionsbereich sehr erschwert ist.
>
> Entscheidungsrelevante Informationen für ein Controlling beziehen sich im Bereich der *Personalplanung* auch auf Fragestellungen wie arbeits- und sozialrechtliche Probleme beim Einsatz freier Mitarbeiter oder Entwicklungen auf dem Markt für rundfunkspezifische Fachkräfte etc. Der Schwerpunkt der Aktivitäten im Bereich der Personalplanung öffentlich-rechtlicher Rundfunkanstalten liegt hauptsächlich bei einer quantitativen Personalplanung in Form von exakten Stellenplänen, Stellenbesetzungsplänen, Personalkostenplänen und Altersstrukturplänen (Seidel/Libertus 1993, S. 194f.).

Eine solche Planung müssen auch die privaten Veranstalter entwickeln.

6.2. Organisation

Fernsehunternehmen, ob öffentlich-rechtlich oder privat organisiert, sind in ihren Grundzügen recht ähnlich aufgebaut. Die *Geschäftsführung* folgt in der Regel dem Ein-Mann-Prinzip, nicht dem Kollegialprinzip, das für den Vorstand von Industrie-Aktiengesellschaft typisch ist. An der Spitze der Fernsehunternehmen steht ein Geschäftsführer bzw. ein Intendant, der zwar von Aufsichtsgremien überwacht wird – Gesellschafterversammlung bzw. Aufsichtsrat im privaten Rundfunk, Rundfunkrat und Verwaltungsrat im öffentlich-rechtlichen Rundfunk – der aber die Geschäfte in eigener Verantwortung führt.

Die Geschäftsführung wird immer durch *Stabsstellen* unterstützt, die sehr häufig auf jeden Fall die Aufgaben des Justitiariats, der Medienforschung und der Unternehmenskommunikation betreuen, daneben aber sehr unterschiedliche Komplexe bearbeiten wie Jugendschutz, Gleichstellung oder die Verbindung zur EU.

Unterhalb der Ebene der Geschäftsführung wird in der Regel nach Kernprodukten und Funktionen zugleich differenziert, also eine divisionalisierte Unternehmensorganisation realisiert (vgl. Kapitel 10, Abschnitt 2.10.). Üblich ist eine Gliederung der Organisation in folgende *Hauptabteilungen:*

- Die *Chefredaktion* verantwortet die primär journalistische Produktion, leitet also die Bereiche der aktuellen Information wie Nachrichten, Magazine und Sport.
- Die *Programmdirektion* verantwortet die mehr künstlerisch oder wissenschaftlich orientierte Produktion im Bereich Bildung und Unterhaltung.
- Die *kaufmännische Direktion* verantwortet die Wirtschaftlichkeit und die Liquidität der gesamten Fernsehproduktion.
- Die *technische Direktion* verantwortet die Produktionstechnik, steuert und überwacht die technischen Abläufe im Betrieb.

Zwischen den Fernsehveranstaltern unterscheiden sich einige Bezeichnungen; bisweilen wird auch zwischen Chefredaktion und Programmdirektion nicht unterschieden; durchgängig ist aber die Aufteilung in die Bereiche Programm, Wirtschaft und Technik. Dies erscheint angemessen, weil die Anforderungen an Organisation und Führung in diesen Bereichen sehr stark differenziert sind (der Leiter der Technik wäre vermutlich kein guter Leiter der Chefredaktion und die zu erfüllenden Aufgaben sind in der Technik ganz anders strukturiert als in der Programmdirektion). Als ein gutes Beispiel für eine divisionalisierte Unternehmensorganisation sei das Organigramm (Strukturschaubild der Organisation) des ZDF beigefügt.

Abbildung 1: Das Organigramm des ZDF (1997)

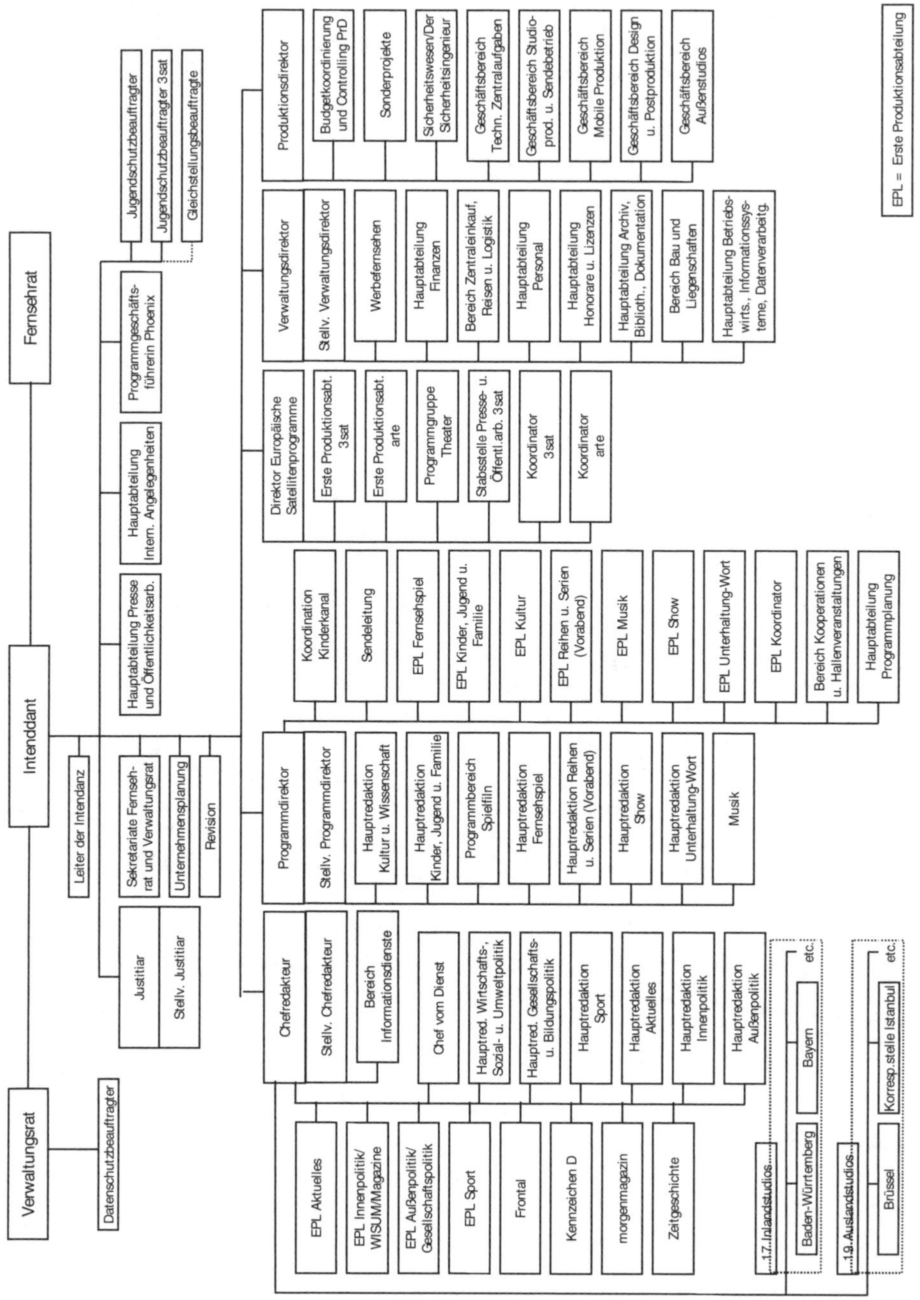

Um zu zeigen, dass die Fernsehunternehmen – bei aller Ähnlichkeit im Grundprinzip der Organisation – sehr unterschiedliche Schwerpunkte setzen, die sich auch im Organisationsaufbau niederschlagen, wird das Organigramm von Kabel 1 herangezogen. Hier wird sehr deutlich, welche Bedeutung die „Ökonomie" für ein privates Fernsehunternehmen hat. Zwei Hauptabteilungen sind dem Bereich des Marketing zuzuordnen, nämlich die „On-Air-Promotion" (also die Programmwerbung im eigenen Programm) und der Bereich „Marketing/Kommunikation"; ein Bereich, nämlich der Bereich „Finanzen/Controlling" kontrolliert die Wirtschaftlichkeit und (nur) ein Bereich bezieht sich auf die Programmveranstaltung. Die „Technik" ist ausgegliedert und wird von der zur Pro-Sieben-Gruppe gehörenden SZM Studio-, Film-, TV- und Multimedia-Produktions GmbH betrieben.

Abbildung 2: Das Organigramm von Kabel 1

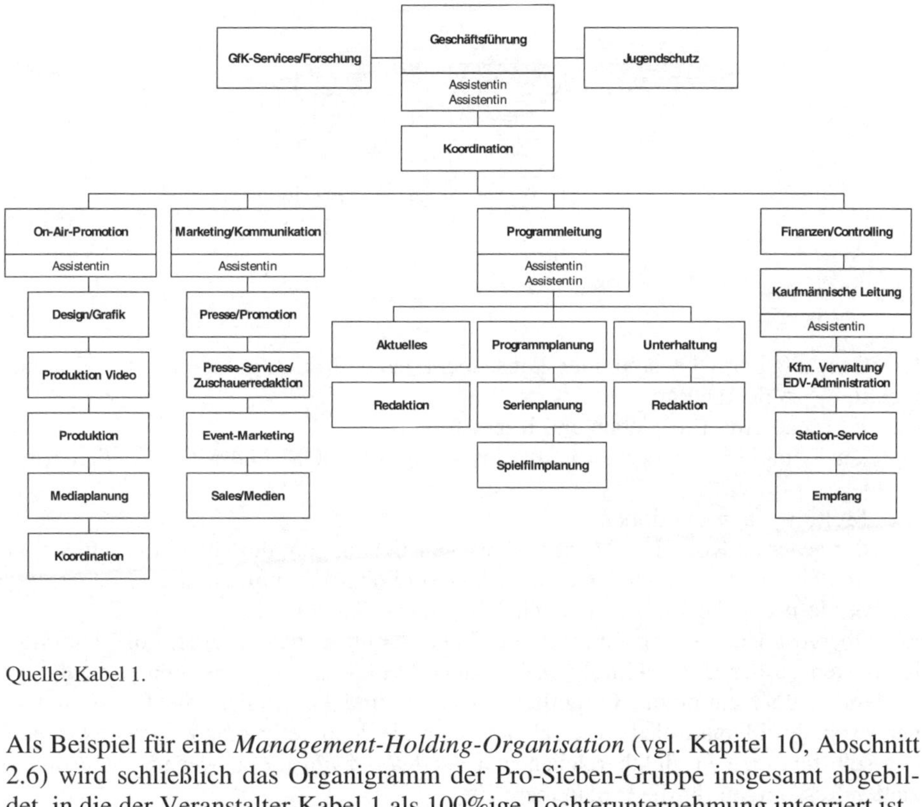

Quelle: Kabel 1.

Als Beispiel für eine *Management-Holding-Organisation* (vgl. Kapitel 10, Abschnitt 2.6) wird schließlich das Organigramm der Pro-Sieben-Gruppe insgesamt abgebildet, in die der Veranstalter Kabel 1 als 100%ige Tochterunternehmung integriert ist.

Abbildung 3: Das Organigramm der Pro-Sieben-Gruppe

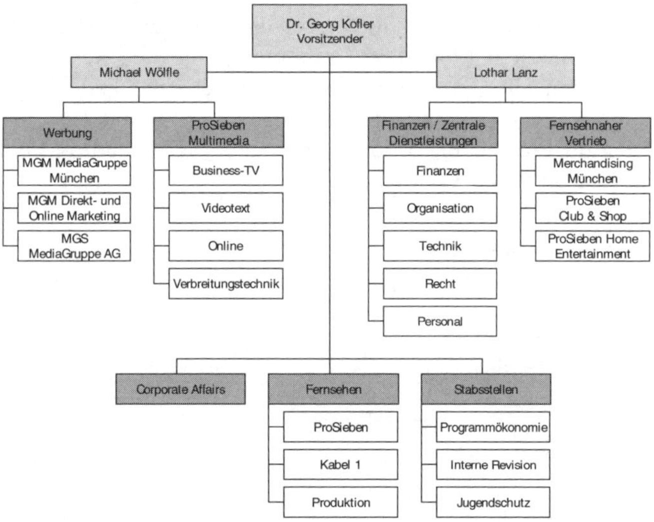

Quelle: ProSieben.

Die Geschäftsbereiche sind hier konsequent nach Produktgruppen aufgeteilt und rechtlich verselbständigt:

- Fernsehen mit Pro Sieben und Kabel 1,
- der Komplex der Werbezeitenvermarktung mit MGM und MGS (Mediengruppe Schweiz),
- Multimediaproduktionen,
- der gesamte Komplex der zentralen Dienstleistungen, der sowohl Organisation und Finanzen als auch den technischen Studiobetrieb umfasst und
- der fernsehnahe Vertrieb (Merchandising und Fanclubs).

Die Obergesellschaft, der Konzern Pro-Sieben-Gruppe, hat vor allem die zentralen Kompetenzen der Entwicklung von Produkt-, Markt-, Investitions- und Forschungsstrategien, übernimmt die Öffentlichkeitsarbeit und koordiniert die Gesamtunternehmung. Problematisch bleibt dabei immer die Kompetenzabgrenzung zwischen den selbständigen Produktbereichen und der Kampf um die Zuweisung von finanziellen Ressourcen für die Produktbereiche.

6.3. Kontrolle durch Profit-Center

Fernsehunternehmen kontrollieren ihre Aktivitäten mit den in Kapitel 10 beschriebenen Instrumenten, vor allem mit detaillierten Kosten- und Leistungsrechnungen, mit Planungsrechnungen und mit Deckungsbeitragsrechnungen. Pro Sieben erstellt darüber hinaus einen Jahresabschluß nach Handelsrecht und die öffentlich-rechtlichen Rundfunkveranstalter erstellen Jahresabschlüsse nach den Vorgaben des Rundfunkrechts. Dadurch wird in diesen Fällen, zusätzlich zur internen Kontrolle, eine begrenzte Kontrolle durch die Öffentlichkeit ermöglicht. Die wirksamste Kontrolle der Wirtschaftlichkeit ist indes der Markt und entsprechend versuchen Fernsehunternehmen, Profit-Center als Instrument der Erfolgskontrolle zu implementieren.

Ein *Profit-Center* ist ein Betriebsbereich, der meist für Einkauf, Produktion und Absatz seiner Erzeugnisse selbständig verantwortlich ist und der damit auch Kosten, Leistung und den Erfolg verantwortet. Nicht in den Aufgabenbereich eines Profit-Centers fällt in der Regel der Komplex von Investition und Finanzierung. Ein Profit-Center ist mithin dicht an der Grenze zu einem selbständigen Unternehmen angesiedelt; eine Ausgliederung in Form rechtlich selbständiger Unternehmensteile unter dem Dach einer Management-Holding ist oft die Weiterführung der Einrichtung von Profit-Centern. Die Bildung von Profit-Centern hat vor allem folgende Ziele:

- die Erfolgskontrolle zu vereinfachen, weil – statt die Leistung und die Kosten getrennt zu erfassen – jetzt nur noch ein Erfolgsindikator existiert: der Gewinn;
- die Leistungsbereitschaft der Mitarbeiter des Profit-Centers zu erhöhen, insbesondere die Leistungsbereitschaft des Managements des Profit-Centers;
- die Unternehmensleitung von Produktions- und Absatzentscheidungen zu entlasten.

Ein zentrales Problem der Erfolgsmessung von Profit-Centern ist die Festlegung der (Verrechnungs-)Preise ihrer Leistungen, insbesondere dann, wenn zwischen den Profit-Centern innerhalb einer Unternehmung Lieferbeziehungen bestehen, dergestalt, dass die Leistung des einen Profit-Centers einen wesentlichen Teil des Inputs eines anderen Profit-Centers darstellt. Dies ist für den praktisch relevanten Fall der Organisation der Programm-Input-Produktion als Profit-Center gegeben. In diesem Fall verkauft die Programm-Input-Produktion ihre Leistung an die Programm-Veranstaltung; in der Formulierung der Veranstalter: Der Produktionsbereich verkauft an den Programmbereich. Marktbeziehungen können damit simuliert werden. Wenn Marktpreise existieren, dann können die Verrechnungspreise sich daran orientieren; dies setzt aber voraus, dass es kompetitive Preise[70] und vergleichbare Leistungen sind. Wenn Marktpreise nicht existieren, müssen sich die Verrechnungspreise an den Normalkosten orientieren, an den Kosten der Produktion bei normaler Kapazitätsauslastung. Gerade im Bereich der Programm-Input-Produktion, in dem die einzelnen Programmvorhaben sich sehr stark voneinander unterscheiden (vgl.

---

70 Kompetitive Preise existieren auf Wettbewerbsmärkten, auf denen die Leistung in beliebigen Mengen ge- und verkauft werden kann.

Lampe/Mewes 1998, S. 214), ist es mithin sehr schwierig, angemessene Verrechnungspreise zu kalkulieren und eine effektive Kontrolle zu implementieren. „Für manche Kapazitäten (wie etwa Studios) sind Marktpreise mangels Vergleichbarkeit nicht sinnvoll zu ermitteln" (Lampe/Mewes 1998, S. 214).

Ungeachtet dieser Schwierigkeiten wird in vielen Rundfunkanstalten, nach dem Vorbild von BBC und der schweizerischen SRG, ein Profit-Center-System eingeführt. So hat das ZDF seit Mitte 1997 ein Profit-Center-System eingeführt mit folgenden (vom ZDF so bezeichneten) Elementen:

- Ein-Budget-System,
- Organisation der Produktionsdirektion als Service- und Cost-Center und
- Produktions-Controlling (vgl. Kettering 1998, S.71ff.).

Das so genannte *Ein-Budget-System* impliziert die grundsätzliche finanzielle Gleichbehandlung von intern und extern erbrachten Leistungen. Die Programmbereiche erhalten ein Budget, das sie zur Finanzierung ihrer benötigten Leistungen verwenden, wobei es unerheblich ist, ob sie die Leistungen intern oder extern beziehen. Dies soll einen internen Markt schaffen, ein Lieferanten-Kunden-Verhältnis zwischen Produktionsbereich und Programmbereich, und den Programmbereich zugleich der Konkurrenz mit Anbietern vergleichbarer Leistungen auf dem Markt aussetzen. Die Redaktionen als Nachfrager der Dienstleistungen der Produktionsdirektion sollen damit ein größeres Kostenbewusstsein entwickeln und mit den Ressourcen der Produktionsdirektion wirtschaftlich umzugehen lernen. Das Ein-Budget-System ist mithin der *organisatorische Kern* der Errichtung von Profit-Centern.

Die *Produktionsdirektion* des ZDF umfasst 1.630 feste Mitarbeiter und 450 Mannjahre freie Mitarbeiter und produziert im Wesentlichen Programm-Inputs. Die Leistungen, die an die Programmdirektion geliefert werden, sollen zu rund 90 Prozent über so genannte Service-Center zu Marktverrechnungspreisen und zu rund zehn Prozent über so genannte Cost-Center zu Kostenpreisen verrechnet werden (Ziemer 1998). Die Produktionsdirektion ist mithin der *operative Kern* der Profit-Center im ZDF.

Das (vom ZDF so genannte) *Produktionscontrolling* ermittelt – wie dies für Profit-Center üblich ist – den Erfolg des Profit-Centers „Produktionsdirektion" als Differenz der Erlöse, die sie für ihre Dienstleistungen vom Programmbereich aufgrund von am Markt orientierten Verrechnungspreisen erhält, und ihrer Kosten. Wird ein Erfolg ausgewiesen, so heißt dies, dass die Marktverrechnungspreise die Kosten der Produktion mehr als decken, dass also die Produktionsdirektion auch am Markt konkurrenzfähig wäre und vice versa. Diese Kontrolle der Wirtschaftlichkeit ist das *zentrale Ziel* der Einführung von Profit-Centern.

Für öffentlich-rechtliche Rundfunkveranstalter kann mit der Einführung von Profit-Centern ein spezielles Problem entstehen. Wenn die Programmdirektion als interner Nachfrager für die Produktionsdirektion entfallen sollte, weil externe Anbieter günstiger produzieren, muss sich die Produktionsdirektion dieser veränderten Nachfragesituation anpassen und entweder Mitarbeiter entlassen und/oder neue Kunden gewinnen. Mitarbeiter zu entlassen, ist gerade für öffentlich-rechtliche Rundfunkveranstalter schwierig; und neue Kunden zu finden, ist genauso schwierig, und zudem ist es möglicherweise rechtlich nicht zulässig, dass öffentlich-rechtliche Produktionsbetriebe auf dem Markt als Anbieter auftreten (vgl. Lampe/Mewes 1998, S. 221). Hier existieren also regulierungsbedingte Sonderprobleme bei der Einführung von Profit-Centern für den öffentlich-rechtlichen Rundfunk.

6.4. Kontrolle durch Outsourcing

Profit-Center stellen eine große Annäherung an Marktgesetzlichkeiten her und schaffen damit Potenziale für eine verbesserte Kontrolle der Wirtschaftlichkeit der Programm-Input-Produktion und der Programmveranstaltung. Eine noch größere Kontrolle der Wirtschaftlichkeit bietet der richtige Markt, eine Verlagerung der Produktion in den Markt, also ein Outsourcing (vgl. Kapitel 5, Abschnitt 2). Inwieweit dies für öffentlich-rechtliche Rundfunkveranstalter rechtlich zulässig ist, kann hier nicht beurteilt werden; die Existenz zahlreicher unabhängiger Produktionsfirmen mit öffentlich-rechtlicher Beteiligung deutet indes darauf hin, dass dies zulässig ist. Ein Outsourcing bietet alle Vorteile von Profit-Centern und vermeidet die Probleme mit der Kalkulation der Verrechnungspreise und der Anpassung der betriebsinternen Kapazitäten an veränderte Nachfragebedingungen. Daher dürften im Trend Profit-Center gänzlich in den Markt verlagert werden, in Form eines internen Outsourcing oder eines Beteiligungs-Outsourcing.

Wenn Eigenproduktionen recht teuer sind, und auch Kaufproduktionen immer teurer werden (vgl. Kapitel 5), dann erscheinen Auftragsproduktionen, erstellt in einer Tochterunternehmung, als praktikabler Ausweg. *Auftragsproduktionen* bieten folgende Vorteile:

- Der Veranstalter als Auftraggeber kann zumindest die groben Strukturen der Auftragsproduktion vorgeben, also auf sein gewünschtes Senderprofil zuschneiden, Markierungsnachteile des Outsourcing entfallen partiell (vgl. zu den Nachteilen des Outsourcing Kapitel 5, Abschnitt 2).
- Der Veranstalter als Auftraggeber kann die Auftragsproduktion, anders als gekaufte Spielfilme, beliebig einsetzen, wiederholen oder weiterverkaufen. Die Verwertungsbedingungen sind also recht günstig.
- Schließlich kann die Tochterunternehmung flexibel auf Veränderung der Marktbedingungen reagieren, flexibler jedenfalls als ein vertikal integriertes Fernsehunternehmen.

Eine zu erwartende größere Wirtschaftlichkeit spricht also für diese Form des Outsourcing.

6.5. Kostenwettbewerb statt Qualitätswettbewerb

Ein effizientes Management dient dazu, Kostensenkungspotenziale aufzuspüren und zu nutzen und die Qualität der Produktion zu steigern. Dies ist aus ökonomischer Sicht zu begrüßen, weil damit die Wohlfahrt der Gesellschaft erhöht wird: Die Bedarfe werden besser befriedigt, und es muss weniger dafür bezahlt werden. Solche Wettbewerbsfolgen sind aber dann problematisch, wenn der Wettbewerb asymmetrisch vor allem ein Kostenwettbewerb ist und nicht auch ein Wettbewerb um bessere

Qualitäten. Dies ist im Mediensektor, und vor allem im Hörfunk- und Fernsehsektor, zu beobachten: Weil die Qualität von Fernsehsendungen nur schwerlich erkannt und beurteilt werden kann und möglicherweise den Zuschauer auch nicht sonderlich interessiert, kommt es zu einem Marktversagen in Bezug auf die Produktqualität (vgl. Kapitel 1, Abschnitt 4 und Heinrich 1996). Daher kann ich die Managementerfolge im Fernsehsektor, die erkennbar allein auf eine deutliche Kostensenkung abzielen, auf eine Form von „Lean Television" (Helmut Thoma), nicht uneingeschränkt positiv werten.

Zusammenfassung

Fernsehen spielt eine zentrale Rolle im Leben der Menschen, die nur rudimentär mit ökonomischen Konzepten analysiert werden kann. Nur die Art des Programmwahlverfahrens und die Struktur der Rezeption folgt ökonomisch nachvollziehbarer Rationalität. Das Verhalten der Fernsehunternehmen als Anbieter der Fernsehprogramme folgt dagegen in all ihren Ausprägungen einer klaren ökonomischen Rationalität. Programme werden so geplant und strukturiert, dass ihrer Rezeption keine Hürden aufgebaut werden; Programme – das ist jedenfalls das Ziel – werden als Konsummarke so geformt und positioniert, dass sie möglichst ohne Streuverluste von der werblich für wichtig gehaltenen Zielgruppe konsumiert werden, und dabei spielt die Werbung für das Programm vermutlich eine größere Rolle als der Inhalt des Programms. Und Programme werden so „gemanagt", dass sie vor allem kostengünstig erstellt werden. Unter diesem Aspekt der Kosteneffizienz sind die privaten Programme den öffentlich-rechtlichen Programmen deutlich überlegen und auch im Verhältnis von Reichweiten zu Kosten.

„Apoll ist der Gott der Fernsehmacher (ursprünglich Zeitungsschreiber) geworden. Und sein Mann ist, wer ihm treulich das Faktum erzählt" (Hölderlin 1961, S. 177). Schön wär's.

Literatur

Die Mikroökonomik des Fernsehens wird generell nur spärlich und in Teilaspekten beschrieben. Eine Ausnahme bilden

- Karstens, E.; J. Schütte, Firma Fernsehen, Reinbek (Rowohlt) 1999.

Darüber hinaus sind zu nennen

- Seidel, N.; M. Libertus, Rundfunkökonomie, Wiesbaden (Gabler) 1993,
- Eichhorn, P.; H. Raffée (Hrsg.), Management und Marketing von Rundfunkanstalten, Baden-Baden (Nomos) 1990,
- Kayser, H. J., Controlling für Rundfunkanstalten, Baden-Baden (Nomos) 1993,
- Schuster, J. Rundfunkmarketing, Konstanz (UVK) 1995

und speziell als praktischer Leitfaden für den Betrieb von Lokal- und Regionalfernsehen:

- Sturm, R.; J. Zirbik, Die Fernsehstation, Konstanz (UVK) 1998.

Eine ökonomische Analyse der Zuschauernachfrage bieten

- Rott, A.; St. Schmitt, Wochenend und Sonnenschein... Determinanten der Zuschauernachfrage auf dem deutschen Fernsehmarkt, in: Medien & Kommunikationswissenschaft Heft 4, 2000, S. 537-553.

15. Kapitel
Werbung und Werbemarkt

Massenmedien sind eng mit der Werbung verbunden. Sie sind, ökonomisch gesehen, in erster Linie Werbeträger, finanzieren sich überwiegend durch Werbung, betreiben selbst sehr intensiv Werbung und stellen die wesentlichen Werbeplattformen dar. Daher ist es notwendig, den für Massenmedien zentralen Komplex der Werbung darzustellen. Nach einer Klärung der Grundbegriffe wird Volumen, Struktur und Entwicklung der Werbung beschrieben, auch um die Potenziale der Finanzierung von Massenmedien abschätzen zu können. Anschließend werden, nach einem Überblick über die betriebswirtschaftlichen Funktionen der Werbung, die zentralen Entscheidungsfelder der Werbung beschrieben: Die Werbeplanung, die Festlegung des Werbeetats, die Auswahl der Werbeträger, die Kontrolle der Werbewirkung und der Verbund von Massenmedien und Werbung. Generell werden solche Bereiche herausgestellt, die für die Existenz von Massenmedien von Bedeutung sind. Ein Überblick über Konzentration und Wettbewerb im Werbemarkt schließt das Kapitel ab.

1. Grundbegriffe der Werbung

1.1. Begriff der Werbung

In allgemeiner Form umfasst der Begriff „Werbung" alle Formen der gezielten Beeinflussung von Menschen ohne formellen Zwang im Hinblick auf jeden beliebigen Gegenstand (Zentes 1993, S. 381). Im Einzelnen wird dann differenziert in

- Wirtschaftswerbung (Reklame),
- politische Werbung (Propaganda) und
- religiöse/kulturelle Werbung (Schweiger/Schrattenecker 1995, S. 11; Weis 1993, S. 343ff.).

Wirtschaftswerbung ist die gezielte Beeinflussung von *marktrelevanten* Einstellungen und Verhaltensweisen ohne formellen Zwang unter Einsatz von Werbemitteln. Die Wirtschaftswerbung, im Folgenden kurz Werbung genannt, kann sich beziehen auf die Ziele der Unternehmung als Ganzes (Firmenwerbung) und/oder auf Teilfunktionen wie Beschaffung (Beschaffungswerbung), wie Gewinnung von Mitarbeitern (Personalwerbung) oder wie Absatz (Absatzwerbung). *Meist versteht man unter Werbung im ganz engen Sinn die Absatzwerbung von Unternehmen.* Dann lässt sich die Werbung (im engen Sinn) gut von Public Relations (PR) abgrenzen. Public Relations oder Öffentlichkeitsarbeit umfasst recht weitgehend die Förderung der

Akzeptanz der Ziele des Werbenden. PR hat vielfältige Ziele, vielfältige Auftraggeber und vielfältige Inhalte. Für die Medienwirtschaft ist wichtig, dass für die Verbreitung von Werbung an Massenmedien gezahlt wird, während die Berichterstattung mit PR-Inhalten kostenlos übernommen wird. Politische Werbung und religiöse/kulturelle Werbung wird hier nicht behandelt.

1.2. Werbung im Rahmen von Unternehmenskommunikation und Marketing

Werbung ist Teil des operativen Marketing (vgl. Kapitel 9) und hier Teil der sog. Kommunikationspolitik der Unternehmung bzw. der sog. Unternehmenskommunikation, speziell der externen Unternehmenskommunikation. Übersicht 1 stellt die Zuordnungen zusammen.

Übersicht 1: Werbung im Rahmen von Marketing

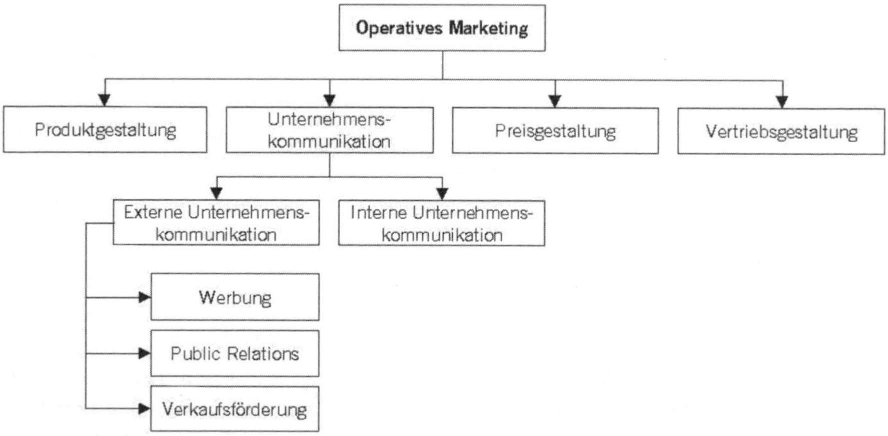

Im Prinzip und in Grenzen sind die Marketinginstrumente, vor allem Qualität, Preis und Werbung, substituierbar, Werbung kann Qualität substituieren, Werbung kann ein Qualitätsindikator sein, und Werbung kann höhere Preise stützen. Allerdings sind die Substitutionsbeziehungen quantitativ nicht genau bekannt.

Werbung als Teil der Kommunikationspolitik wird, in Abgrenzung zu Verkaufsförderung, Public Relations und Personal Selling, häufig als *klassische Werbung* bezeichnet und meint die Werbung mit Anzeigen und Werbespots. Medien der *klassischen Werbung* sind

- Zeitungen,
- Zeitschriften,
- Radio,
- Fernsehen,
- Plakat und
- Kino.

In diesem Sinne ist die klassische Werbung der Hauptfinanzierer der Massenmedien. Diese klassische Werbung wird auch Spot-Werbung, Push-Werbung oder Werbung „above-the-line“ (oberhalb der Gürtellinie) genannt.

1.3. Werbeagenturen

Die Unternehmung muss entscheiden, ob die Werbung in das Unternehmen integriert wird oder ausgegliedert wird. Vorteile der Integration sind die bessere Kenntnis der zu bewerbenden Produkte und die bessere Kontrolle der Durchführung. Nachteile sind die höheren Kosten (Verzicht auf die Vorzüge der Arbeitsteilung) und die Möglichkeit der Betriebsblindheit. Daher wird die Werbung in der Regel ausgegliedert und Werbeagenturen übertragen. Allerdings hat eine Unternehmung so gut wie immer eine Marketingabteilung, die alle marktorientierten Aktivitäten koordiniert (idealiter).

Eine *Full-Service-Werbeagentur* bietet die komplette werbepolitische Betreuung:

- die Beratung und Gestaltung der Werbeaktivität,
- die Auswahl der Werbeträger und Platzierung der Werbebotschaft bei den Medien sowie
- die Kontrolle der Werbewirkung.

Häufig sind diese Aktivitäten wiederum selbständig organisiert in einer

- *Kreativ-Agentur* (übernimmt die Gestaltung der Werbebotschaft) und einer
- *Media-Agentur* (übernimmt die Auswahl der Werbeträger und Platzierung der Werbebotschaft).

Einen Überblick bieten regelmäßig die Werbefachblätter „Horizont“ und „w&v“. Die 200 größten Werbeagenturen in Deutschland hatten 1995 14.306 Mitarbeiter, Einnahmen von 3,128 Mrd. DM und betreuten ein Werbevolumen (Equivalent Billings) von 20,858 Mrd. DM (Horizont 10, 1996).

Media-Agenturen sind (in Deutschland) Makler und keine Händler, d.h. sie buchen im Kundenauftrag Werbezeiten und Werbeflächen, aber sie kaufen und verkaufen nicht auf eigene Rechnung. Daneben vermarkten konzerngebundene Media-Agenturen die Werbezeiten ihrer Mutter- und/oder Tochtergesellschaften. So vermarktet die MGM Media Gruppe München, eine 100%ige Tochter des Pro-Sieben-Konzerns, die Werbezeiten von Pro Sieben und Kabel 1, und IPA plus, eine 50%ige Tochter von RTL (im Übrigen Teil der IP-Gruppe „Information et Publicité“, die zum CLT-Ufa-Konzern gehört), vermarktet die Werbezeiten der RTL-Gruppe. In einer solchen Integration von Programmveranstaltern und Media-Agenturen liegen Gefahren für die Programmgestaltungsfreiheit und die Meinungsvielfalt, wenn und insoweit die Werbezeitenvermarkter Einfluss auf das Werbeumfeld nehmen. Der Anreiz ist groß, und die Möglichkeit ist gegeben.

Abgerechnet wird in der Regel auf *Provisionsbasis:* Die Media-Agentur behält die Provision, die sie als Vermittler des Auftrags von den Werbeträgern erhält, üblicherweise 15 Prozent vom Kunden-Netto-Preis.

1.4. Werbekosten, Werbeumsatz – Werbemittel, Werbeträger

Werbekosten sind die gesamten Kosten, die für die Aktivität „Werbung" anfallen. Diese gesamten Kosten lassen sich unterteilen in:

- Werbematerialkosten, also die Kosten der Konzeption und der Produktion der Werbebotschaft,
- Werbeträgerkosten, also Kosten der Verbreitung der Werbebotschaft und
- Werbeverwaltungskosten, also Kosten der Planung, Abrechnung und Kontrolle der Werbung (vgl. Klein-Blenkers 1986, S. 9).

Grundsätzlich ist es sinnvoll, die Werbekosten vollständig zu erfassen, weil in diesem Umfang gesellschaftliche Ressourcen verbraucht werden und weil im Intermedia-Vergleich nur die gesamten Kosten der Werbung den Rahmen für Substitutionen abstecken. Allerdings werden diese gesamten Werbekosten nur selten erfasst. Klein-Blenkers ermittelte für 1984 Werbekosten von 51 Mrd. DM, das ist vermutlich die bislang letzte vollständige Erfassung von Werbekosten. Die gesamten Werbekosten werden auch *Werbeinvestition* genannt (vgl. ZAW 1998, S. 11).

Werbeumsatz sind Einnahmen der Massenmedien als Werbeträger, auch *Werbeeinnahmen* genannt. Es sind also die Werbeträgerkosten, die die Werbungtreibenden an die Massenmedien entrichten. Hier ist zwischen Brutto-Werbeumsatz und Netto-Werbeumsatz zu unterscheiden. Als *Brutto-Werbeumsatz* bezeichnet man die gesamten Werbeträgerkosten, die der Werbungtreibende nach der Preisliste zu zahlen hat, auch Brutto-Werbeaufwand genannt; als *Netto-Werbeumsatz* bezeichnet man das, was den Medien nach Abzug von Mittlerprovisionen, Mengen- und Mehrfachrabatten (Malrabatte) sowie Skonti verbleibt, auch Netto-Werbeeinnahmen genannt. Diese Unterscheidung ist in den unterschiedlichen Erfassungsmethoden begründet.

In Deutschland wird der Werbeumsatz zum einen von der A. C. Nielsen-Werbeforschung/S+P erfasst, zum anderen vom Zentralverband der deutschen Werbewirtschaft (ZAW). Die A. C. Nielsen-Werbeforschung/S+P erfasst für ihre Statistik jede Anzeige und jeden Werbespot und berechnet den Werbeumsatz dann auf der Basis der Preislisten der Medien. Freispots, Rabatte oder Sonderkonditionen, die sich insbesondere die Medien gegenseitig einräumen, werden mithin nicht erfasst. Daher spricht man von *Brutto-Werbeumsatz.* Zudem ist zu beachten, dass die Nielsen-Werbeforschung mangels Kundeninteresse das Regional- und Rubrikgeschäft der Zeitungen nicht erfasst. Vorzug der Nielsen-Zahlen ist ihre große Aktualität und ihre Differenzierung nach Branchen, Marken und Produkten sowie nach Werbeträgern. Als Beispiel sei in Tabelle 1 der Bruttowerbeumsatz der 20 wichtigsten Branchen, differenziert nach den einzelnen Medien aufgeführt.

Tabelle 1: Bruttowerbeaufwand der 20 wichtigsten Branchen 1997

Rang	S+P-Produktgruppen	Brutto-Werbeaufwand in Mio. DM	Anteil der Medien in %						Veränderung zum Vorjahr in %
			Tageszeitung	Publ.-zeitschrift	Fachzeitschrift	Fernsehen	Hörfunk	Plakat	
1	Automarkt	2.736	31,8	30,4	0,9	29,3	6,5	1,1	+6,9
2	Massenmedien	2.532	37,1	31,5	3,4	17,4	7,1	3,5	+13,9
3	Handelsorganisationen	1.762	85,8	4,9	0,1	3,5	4,4	1,3	+6,8
4	Pharmazie Publikumswerbung	1.067	4,9	37,5	1,5	53,9	1,3	0,9	-2,3
5	Schokolade und Süßwaren	1.065	0,2	2,9	0,9	90,8	4,7	0,4	+2,3
6	Telekommunikation	867	26,1	22,4	2,5	36,7	8,7	3,6	+999,9
7	Banken und Sparkassen	843	41,5	19,2	0,7	31,9	3,7	3,0	-1,5
8	Bier	787	5,6	8,7	1,1	57,2	16,5	11,0	+2,1
9	Spezialversender	671	4,1	49,4	8,9	33,4	4,1	0,0	+1,5
10	EDV-Hard-/Software und Services	546	18,3	49,6	15,5	14,1	2,2	0,3	-35,7
11	Waschmittel	536	0,0	0,7	0,2	96,3	1,5	1,4	+18,2
12	Rubrikenwerbung und Sonstiges	513	21,6	49,1	1,2	22,7	2,1	3,3	+118,0
13	Versicherungen	490	15,5	30,3	1,6	38,8	12,1	1,8	+11,4
14	Milchprodukte	479	0,8	8,1	2,6	80,5	4,9	3,1	+8,6
15	Haarpflege	473	0,2	10,5	0,6	88,1	0,4	0,2	+19,3
16	Alkoholfreie Getränke	451	4,3	5,7	1,6	60,6	16,7	11,1	+7,6
17	Putz-+Pflegemittel	433	0,1	2,2	0,7	92,9	4,1	0,0	+19,3
18	Kaffee, Tee, Kakao	429	1,8	7,0	0,6	84,1	5,9	0,6	-7,3
19	Möbel+Einrichtung	366	19,9	36,9	3,4	21,9	15,0	2,9	+6,6
20	Pflegende Kosmetik	344	0,9	44,3	0,6	54,1	0,0	0,1	+7,3
Werbemarkt gesamt		**27.438**	**21,6**	**23,9**	**3,1**	**43,0**	**6,0**	**2,5**	**+5,9**

Quelle: Nielsen Werbeforschung S+P; nach: Media Perspektiven 6, 1998, S. 272.

Dagegen erfasst der Zentralverband der deutschen Werbewirtschaft (ZAW) den Werbeumsatz

- als Netto-Werbeumsatz und
- durch Meldungen der angeschlossenen Verbände der Werbewirtschaft.

Die Zahlen sind mithin grundsätzlich nicht vergleichbar; im Zweifel sind die Zahlen des ZAW aussagekräftiger. Die Differenzen zwischen Brutto und Netto sind beträchtlich; „Netto" betrug z.B. in der Fernsehwerbung 1996 zwischen 75,9 Prozent (ZDF) und 51,5 Prozent (DSF) von „Brutto" (Horizont 1996, 16, S. 45). Tabelle 2 zeigt die Netto-Werbeeinnahmen und in den Fußnoten die angeschlossenen und berichtenden Verbände.

Tabelle 2: Netto-Werbeeinnahmen erfassbarer Werbeträger in Deutschland (in Mio. DM/ohne Produktionskosten/Veränderungen in Prozent)

Gebiet	Deutschland							
Werbeträger	1995	%	1996	%	1997	%	1998	%
Tageszeitungen[1]	10.721,7	+3,4	10.678,7	-0,4	10869,7	+1,8	11477,4	+5,6
Fernsehen[2]	6.342,0	+12,6	6.896,9	+8,7	7.438,2	+7,8	7904,9	+6,3
Werbung per Post[3]	5.251,4	+15,4	5.717,2	+8,9	5.926,0	+3,7	6806,7	+14,9
Publikumszeit-schriften[4]	3.505,4	+6,0	3.416,6	-2,5	3.509,4	+2,7	3655,4	+4,2
Anzeigenblätter[5]	2.917,4	+3,5	3.011,0	+3,2	3.278,8	+8,9	3446,0	+5,1
Adressbücher[6]	2.263,0	+3,1	2.299,0	+1,6	2.302,0	+0,1	2343,0	+1,8
Fachzeitschriften[7]	2.211,4	+7,8	2.110,0	-4,6	2.162,0	+2,5	2205,0	+2,0
Hörfunk[8]	1.127,7	+2,5	1.153,2	+2,3	1.176,0	+2,0	1182,7	+0,6
Außenwerbung[9]	1.001,6	+4,7	1038,2	+3,7	1002,4	-3,4	1100,8	+9,8
Wochen-/Sonntags-zeitungen[9]	448,9	+7,8	439,4	-2,1	472,3	+7,5	487,6	+3,2
Filmtheater[10]	295,8	+7,0	299,9	+1,4	305,4	+1,8	323,6	+6,0
Zeitungssupple-ments[1]	252,2	-1,7	225,7	-10,5	211,5	-6,3	180,5	-14,7
Gesamt	**36.338,5**	**+7,1**	**37.285,8**	**+2,6**	**38.653,7**	**+3,7**	**41113,6**	**+6,4**

Netto – nach Abzug von Mengen und Malrabatten sowie Mittlerprovisionen, sofern nicht anders bezeichnet, vor Skonti

*) wegen Präzisierung der Erhebungsmethode mit dem Vorjahr nicht vergleichbar

1) Bundesverband Deutscher Zeitungsverleger (BDZV)

2) ARD-Werbung Sales & Services, ZDF Werbefernsehen, Verband Privater Rundfunk und Telekommunikation (VPRT), IP Multimedia, RTL, RTL 2, SAT 1, Pro Sieben, Kabel 1, DSF sowie VOX, n-tv, Viva, Viva II, tm3, Nickelodeon und Onyx TV

3) DDV Deutscher Direktmarketing Verband e. V., Streukosten der Werbung Post (Verkehrszahlen der Deutschen Post AG)

4) Fachverband Die Publikumszeitschriften im Verband Deutscher Zeitungsverleger e. V.

5) Bundesverband Deutscher Anzeigenblätter (BVDA)

6) Verband Deutscher Adressbuchverleger e. V., Erhebung bei Mitgliedern, nach Skonti

7) Fachverband Fachpresse im Verband Deutscher Zeitungsverleger e. V.

8) ARD Werbung Sales & Services, RMS Verein zur Förderung der Gattung Funk, Verband Privater Rundfunk und Telekommunikation (VPRT)

9) Berechnungen des Fachverbandes Außenwerbung (FAW) und des ZAW

10) FDW Werbung im Kino e. V., Erhebung bei Mitgliedern

Quelle: Werbung in Deutschland 1999, S. 16.

Werbeträger – auch als Streumittel bezeichnet – haben die Funktion, die Werbebotschaft zu verbreiten (z.B. Zeitung, Plakatwand, Radio), während *Werbemittel* die Botschaft darstellen (z.B. Anzeige, Plakat, Werbespot). Die folgende Übersicht 2 enthält eine relativ vollständige Auflistung der Werbeträger.

Übersicht 2: Werbeträger

A. Anzeigen- und Beilagenwerbung	**D. Fernseh-, Rundfunk-, Film-Werbung**
1. Zeitungen	21. Fernsehwerbung
2. Publikumszeitschriften	22. Rundfunkwerbung
3. Fachzeitschriften	23. Filmtheaterwerbung
4. Kundenzeitschriften	24. Bildschirmtext-Werbung (jetzt Datex-J)
5. Anzeigenblätter	**E. Online-Werbung**
6. Konfessionelle Zeitschriften	**F. Wertwerbung**
7. Adressbücher (Anzeigen)	25. Preisausschreiben
8. Romanhefte, Comics, Rätselhefte, Zeitungsmagazine (ohne Programmsupplements)	26. Kundenzeitschriften (Verkaufserlöse)
9. Lesezirkel	27. Warenproben
10. Sonstige Insertionsmöglichkeiten	28. Werbegeschenke
B. Außenwerbung	29. Bewirtung
11. Anschlagwerbung	30. Schaufensterwerbung
12. Verkehrsmittelwerbung	**G. Schauwerbung**
13. Licht- und Schilderwerbung	31. Verkaufsraumwerbung
14. Sonstige Daueraußenwerbung	32. Museen und Ausstellungen
15. Luftwerbung	**H. Schauwerbung**
16. Kraftfahrzeugbeschriftungen	33. Sonstige Werbeveranstaltungen
17. Sportwerbung	
C. Direktwerbung	
18. Direktwerbung mit grafischen Werbemitteln	
19. Direktwerbung mit audiovisuellen Werbemitteln (CD-i und CD-ROM)	
20. Werbeartikel	

Quelle: Klein-Blenkers (1986, S. 7), ergänzt um die multimediale Werbung Online, um CD-Rom bzw. CD-i und um Computerspiele.

Werbeintensität ist das Verhältnis von Werbung – entweder erfasst als Werbekosten oder Werbeumsatz – zum Bruttoinlandsprodukt (BIP). Diese Maßgröße ist wichtiger Bestandteil von Prognosen über die Entwicklung von Werbemärkten.

Bei der Analyse des Werbemarktes ist eine stete Quelle von Konfusionen die oft unterschiedlich verwendete Begrifflichkeit und der unterschiedliche Umfang der Erfassung. Bisweilen werden nur die sog. klassischen Werbeträger Hörfunk, Fernsehen, Film sowie Zeitungen, Zeitschriften und Anzeigenblätter erfasst, und bisweilen fehlen lokale Werbeträger. Generell ist also bei der Verwendung solcher Daten, insbesondere auch im internationalen oder im zeitlichen Vergleich, größte Vorsicht anzuraten, weil Grundgesamtheiten und/oder Erhebungsmethoden differieren und/oder wechseln.

1.5. Werbepreise

Das auf Werbemärkten gehandelte Gut ist die Verbreitungswahrscheinlichkeit und die Wirkungswahrscheinlichkeit von Werbebotschaften. Dieses Gut wird einmal gemessen in Mengeneinheiten des Inputs an Werbung, also in Zeiteinheiten, üblicherweise in Sekunden oder in Raumeinheiten, üblicherweise Millimeter oder Seiten. Der Preis für diese Mengeneinheiten ist der *Werbegrundpreis,* auch *Spotpreis* genannt. Üblich ist die Angabe bei Printmedien als Preis pro Millimeter-Spalte und als Preis für eine Seite vierfarbig; beim Rundfunk wird sehr häufig der Preis für einen Zeitraum von 30 Sekunden als Basisinformation angegeben.

Diese Preise differieren nach einer Fülle von Merkmalen, generell nach Reichweite und Qualität des Werbeträgers; bei Printmedien wird nachfolgend nach Auftraggeber (privat oder gewerblich), nach Rubrik, nach Platzierung (im Textteil oder Anzeigenteil), nach Gestaltung und Formatierung differenziert, bei Rundfunkwerbung vor allem nach Programmumfeld sowie Tages- und Jahreszeit.

Bedeutsamer als die Input-Mengeneinheiten der Werbung ist die Output-Mengeneinheit „erreichte Personenzahl". Üblicherweise wird die von der Werbebotschaft erreichte Personenzahl in 1.000 gemessen und der dafür zu zahlende Preis ist der *Tausenderpreis,* der Preis, der für einen Werbekontakt pro 1.000 Personen zu zahlen ist.

Bei der Berechnung des Tausenderpreises ist zu differenzieren danach, ob der Preis pro Käufer bzw. eingeschaltetem Gerät oder pro Kontaktperson kalkuliert wird. Dies macht einen deutlichen Unterschied aus, weil eine Zeitung z.B. in der Regel von rund zwei Personen gelesen wird und vor Rundfunkgeräten bisweilen auch mehr als eine Person sitzt. Daher unterscheidet man

– Tausend-Kontakte-Preis (TKP) = $\frac{\text{Werbegrundpreis} \times 1.000}{\text{Zahl der erreichten Personen}}$.

  Die Zahl der erreichten Personen bezieht sich entweder auf Leser oder auf Hörer bzw. Seher oder Nutzer und heißt dann auch Tausend-Leser-Preis oder Tausend-Hörer-Preis usw.

– Tausend-Käufer-Preis = $\frac{\text{Preis einer Anzeigenseite} \times 1.000}{\text{Auflage}}$.

– Tausend-Geräte-Preis = $\frac{\text{Preis eines Werbespots} \times 1.000}{\text{Zahl der eingeschalteten Geräte}}$.

Bei der multimedialen Werbung in Online-Netzen kann man die Kontaktzahlen direkt aus den Zugriffsprotokollen ermitteln.

Der Tausend-Kontakte-Preis ist zentrales Kriterium der Media-Selektion.

1.6. Arten der Werbung

In der Werbung wird häufig zwischen informativer und nicht-informativer Werbung unterschieden. Die *informative Werbung,* z.T. auch kognitive Werbung genannt, ist eine Werbung, die sachliche Informationen vermittelt wie Preise, Qualitäten oder Lieferbedingungen. Die *nicht-informative Werbung,* auch emotionale oder suggestive Werbung genannt, ist eine Werbung, die emotionale Reize bietet, an Gefühle und Einstellungen appelliert, auf Leitbilder und Assoziationen setzt.

Eine solche Trennung und die damit in der Regel verbundene Wertung der „guten" informativen Werbung und der „schlechten" nicht-informativen Werbung ist umstritten (vgl. Hilke/Mähling 1981). Eine klare Trennung wird sicher nicht vorgenommen werden können, aber eine eher informative Werbung vor allem in Tageszeitungen und eine eher emotionale Werbung vor allem im Fernsehen lässt sich in der Praxis leicht auseinanderhalten.

Daneben wird die unterschwellige oder subliminale Werbung unterschieden. Bei *unterschwelliger* oder *subliminaler Werbung* werden Reize so kurzzeitig dargeboten, dass sie nicht bewußt wahrgenommen werden können. Ihre Wirkung ist unbewiesen und ihr Einsatz ist meist verboten (z.B. im Rahmen der EU-Fernseh-Richtlinie).

1.7. Ausdifferenzierung der Werbung – Sponsoring und Product Placement

Die klassische Spot-Werbung, deren Wirksamkeit immer wieder bezweifelt wird, wird daher zunehmend durch subtilere Werbeformen ergänzt. Eine solche subtilere Werbung wird häufig *nicht-klassische Werbung,* Pull-Werbung oder Werbung below-the-line (unterhalb der Gürtellinie) genannt. Dazu zählen insbesondere
– Sponsoring und
– Product Placement.

Sponsoring bedeutet die vertraglich geregelte Bereitstellung von Geld, Sachmitteln oder Dienstleistungen durch Unternehmen zur Förderung von Personen, Gruppen, Organisationen oder Körperschaften im sportlichen, kulturellen, sozialen, ökologischen oder medialen Bereich, um damit gleichzeitig Ziele der eigenen Unternehmenskommunikation zu erreichen.

Sponsoring ist für die werblichen Zwecke der Unternehmen dann besonders geeignet, wenn Sponsorenhinweise massenmedial verbreitet werden. Daher werden bevorzugt öffentlichkeitswirksame Aktivitäten gesponsert. Anders als bei der klassischen Werbung steht beim Sponsoring meist nicht ein einzelnes Produkt im Vordergrund, sondern das Unternehmen selbst. Sponsoring erreicht mittlerweile in Deutschland ein Volumen von 3,4 Mrd. DM, bevorzugt im Sport platziert (vgl. Tabelle 3), und die prognostizierten Zuwächse sind beachtlich.

Tabelle 3: Umfang und Bereiche des Sponsoring

	Sport	Kultur	Soziales	Umwelt	insgesamt
1997	2,3 Mrd. DM	0,5 Mrd. DM	0,2 Mrd. DM	0,2 Mrd. DM	3,2 Mrd. DM
1998	2,5 Mrd. DM	0,5 Mrd. DM	0,2 Mrd. DM	0,2 Mrd. DM	3,4 Mrd. DM
2002	3,1 Mrd. DM	0,7 Mrd. DM	0,3 Mrd. DM	0,3 Mrd. DM	4,4 Mrd. DM

Quelle: iwd 28, 1998, S. 8.

Insbesondere für Fernsehveranstalter sind Einnahmen aus Sponsoring mittlerweile eine beachtliche und rasch expandierende Einnahmequelle, wie Tabelle 4 zeigt. Dabei sind die Angaben strittig, kolportiert wird auch eine Summe von 200 Millionen DM (Horizont 7, 1997).

Tabelle 4: Brutto-Umsätze mit TV-Sponsoring (Umsätze in Mio. DM)

Sender	1995	1996	+/- in Prozent
RTL	16	20	+25
Sat 1	15	18	+20
ARD	12	23	+92
ZDF	12	23	+92
DSF*	7	10	+43
sonstige	5	8	+60
total	**67**	**102**	**+52**
* inkl. aller Eventumsätze (Titelsponsoring, etc.)			

Quelle: Horizont 7, 1997; Ursprungsdaten: IP Deutschland.

Für 1998 wird ein Volumen von 150 Millionen DM geschätzt (Medienspiegel 1999, 10, S. 3).

Sponsoring von Rundfunkprogrammen, insbesondere *TV-Programmsponsoring* wird als attraktive Werbeform angesehen. Die Vorteile sind die Alleinstellung des Sponsorhinweises, der große Aufmerksamkeitswert und der umfassende Imagetransfer infolge der großen Programmnähe. So ist für viele Werbungtreibende das TV-Programmsponsoring ein wichtiges Element im Mix der externen Unternehmenskommunikation geworden. Der Sponsorhinweis muss in vertretbarer Kürze – in der Regel fünf bis sieben Sekunden – erfolgen; ein Sponsoring von Nachrichten und Politik ist nicht erlaubt. Sponsoring ist etwas teurer als die normale Spotwerbung: Auf den Preis für einen Sieben-Sekunden-Werbespot wird ein Aufschlag erhoben, meist mindestens 20 Prozent. Die folgende Zusammenstellung zeigt die Struktur des TV-Sponsorings 1998. Bevorzugt gesponsert werden Wetter und Sport, wichtige Sponsoren sind Banken, Brauereien und Versicherungen, und stark gesponserte Programme sind die von n-tv, SAT.1 sowie ARD und ZDF.

Übersicht 3: Struktur des TV-Programmsponsoring 1998

Top 10 der Sender	**Anzahl der Sponsorauftritte**
1. n-tv	6.759
2. SAT.1	2.245
3. ARD	1.832
4. ZDF	1.694
5. B1	972
6. VOX	946
7. RTL	924
8. ORB3	802
9. ProSieben	712
10. BFS	569
Top 10 der Branchen	
1. Banken	2.922
2. Brauereien	2.824
3. Versicherungen	2.238
4. Lebensmittel	1.768
5. Zeitschriften	1.439
6. Elektro	1.045
7. Telekommunikation	959
8. Kosmetik	777
9. Getränke	743
10. Computer	565
Top 10 der Genres	
1. Wetter	5.238
2. Sport	4.035
3. Magazin	2.891
4. Börsennachrichten	1.877
5. Serie	1.777
6. Film	1.316
7. Unterhaltung	1.279
8. Gesundheit	1.124
9. Talk-Show	741
10. Kultur	156

Quelle: Medienspiegel 10, 1999, S. 3; Ursprungsdaten: Observer RTV Baden-Baden.

Product Placement ist „die werbewirksame Integration von Produkten und/oder Dienstleistungen in Medienprogramme (Kino-, Video- und Fernsehprogramme) mit dem Ziel, deren Marktstellung und -erfolg zu verbessern" (Weis 1993, S. 394). Da Product Placement, jedenfalls wenn dafür gezahlt wird, verboten ist, sind Zahlen über den Umfang schwer erhältlich. Weis schätzt, dass in Deutschland zwischen 100 und 200 Millionen DM für Product Placement ausgegeben werden (Weis 1993, S. 395); bereits 1985 wurde gemutmaßt, dass z.B. die Platzierung einer bestimmten Uhrenmarke 50.000 DM kostet (Wirtschaftswoche 19, 1985, S. 61).

Daneben gibt es eine Fülle von subtilen, meist programmintegrierten Werbeformen, die nachfolgend zusammengestellt sind.

Zusammenstellung programmintegrierter Werbeformen

Spotwerbung
Narrow Casting: Werbespots werden gestalterisch/inhaltlich eng an das Programmumfeld angelehnt (Pro Sieben wirbt im Umfeld der Zeichentrickserie mit den „Schlümpfen“ für eine „Schlümpfe“-CD, wobei sich die Gestaltung der Spots durch den Auftritt der Schlumpffiguren nicht vom Zeichentrickfilm unterscheidet).
Sponsoring
Titelsponsoring: Markennamen, zum Beispiel von Printtiteln, werden an ein Programmformat gebunden, um damit Werbewirkung zu erzielen („Cinema-TV“ (Pro Sieben), „Bravo-TV“ (RTL 2)). Häufigkeit der Sponsorhinweise: Um die Frequenz der Sponsorhinweise zu erhöhen, werden Teile einer Sendung als eigenständige Elemente definiert und einzeln gesponsert (bei „Börse live“ auf n-tv werden „Aktienindices“ und „DTB-Optionen“ sowie die gesamte Sendung jeweils mit An- und Absponsorhinweisen verschiedener Werbungtreibender versehen. Ergebnis: 6 Sponsorhinweise in 9 Minuten). Sponsorhinweise haben die Anmutung von Werbespots. (Im Anschluss an n-tv-Wettermeldungen präsentiert Lancaster seine Sonnenschutzcreme: „Lancaster – Der neue Schutzkomplex macht die Sonne für Sie zu einem Erlebnis.“)
Dauerwerbesendungen
Werbung wird als Programm präsentiert und damit zuschauerfreundlich und attraktiv gestaltet („Das Glücksrad“ (Sat 1)). Besonders irritierend: Dasselbe Unterhaltungsprinzip und dieselbe Moderatorin führen zuerst durch die Gameshow „Hugo“ (Kabel 1), dann durch die Dauerwerbesendung „Hexana Club Nintendo“. Die Figur „Hexana“ tritt sowohl im nichtwerblichen Programm als auch in der Dauerwerbesendung auf.
Gewinnspiele
Die Präsentation der zu gewinnenden Produkte ist wie ein Werbespot gestaltet (vor allem bei Reisen von Fluggesellschaft XY oder bei Autos anzutreffen). Gewinnspiel ist ein Merchandising-Produkt: In der Gameshow „Hugo“ spielen Kinder das Computerspiel „Hugo“, das es auch zu kaufen gibt.
Product Placement
Produkte, Marken und Firmenlogos werden optisch und/oder akustisch ins Bild gerückt. Die Übergänge zwischen journalistisch/dramaturgisch notwendigem Beiwerk und werblicher Präsentation sind fließend. Trend: Produktnamen werden mit Sendungen verknüpft und die Produkte ins Bild gerückt („Hattrick – Doppelpass – der Warsteiner Fußballstammtisch“ (DSF), „Superfan – Das Paulaner Fußballquiz“ (DSF), „Auf Schalke – Das Veltins Bundesliga-Magazin“ (DSF), „Finish – Das Krombacher Studio“ (DSF)).
Schleichwerbung
Durchdringung ganzer Sendungen oder Beiträge mit werblichen Inhalten.
Infomercials
Langformatige Werbefilme, die sich in Inhalt und Form an Programmformate anlehnen und zumeist von Werbungtreibenden selbst produziert werden (Deutsche Telekom auf n-tv mit „T-Forum – Das Fernsehmagazin der Deutschen Telekom“, Software- und Hardwareanbieter präsentieren sich in „Mouse & Co.“). Teleshopping-Infomercials („TV-Shop“ auf RTL 2, „Sell-A-Vision“ morgens auf Vox-Frequenz).
Storymercials
Minimovies, die eine unterhaltende Geschichte rund um ein Produkt erzählen.
Splitscreen
Gleichzeitige Ausstrahlung von Werbung und redaktionellen Inhalten, dazu wird der TV-Bildschirm geteilt. Faustformel: ein Viertel für Werbebotschaften, drei Viertel für Redaktionelles. Dies praktiziert z.B. „Bloomberg TV Deutschland“, der deutsche Ableger des US-Wirtschaftsfernsehens Bloomberg TV (seit 1.9.1998). Dies widerspricht zwar dem Prinzip der räumlichen und zeitlichen Trennung von Redaktion und Werbung. Doch Bloomberg hat dafür eine Sondergenehmigung erhalten.
Virtuelle Werbung
Nachträgliche Einblendung von Produkten oder Logos, die in der Realität nicht zu sehen sind.

Quelle: Studie im Auftrag der Landesanstalt für Rundfunk Nordrhein-Westfalen (LfR): „Die Trennung von Werbung und Programm im Fernsehen"; Auswahl der Beispiele erfolgte ungeachtet der rechtlichen Zulässigkeit der jeweiligen Werbeformen. Beobachtungszeitraum: März bis Juli 1997.

Eine wiederum etwas andere Form der Werbung below-the-line ist Bartering. Im Falle des *Bartering* stellt der Werbungtreibende dem Veranstalter eine von ihm finanzierte Produktion kostenlos zur Verfügung und erhält dafür Werbezeit zum Nulltarif.

> **Programm von Procter**
> Amerikas Konsumgüterriese Procter & Gamble (Pampers, Ariel) beläßt es nicht dabei, soviel Spots wie kein anderes Unternehmen im deutschen Fernsehen zu schalten – das Unternehmen will selbst für das richtige Programm sorgen. Der US-Multi, der seit Jahrzehnten im amerikanischen Rundfunk Seifenopern für Hausfrauen ausstrahlen läßt, plant in Deutschland täglich eine einstündige Familienserie (Arbeitstitel: „Neustadt-Saga"). Seit Wochen laufen Gespräche mit RTL. Die Produktion, die über 200 Jobs bringt, soll in Köln entstehen, die rund 50 Millionen Mark Kosten würden sich die Firmen teilen. Möglicher Sendetermin: zwischen 12 und 14 Uhr. Bei dem Deal bekäme der Konzern, dessen „Springfield Story" seit 1986 bei RTL läuft, für seinen Anteil Spotzeiten. RTL will die erste Ein-Stunden-Soap in europäische Länder exportieren. Eigentümer Bertelsmann zweifelt jedoch, ob sich das Projekt rentiert. Der deutsche Procter-Mediachef Hartmut Reuff ist übrigens als Chef der Organisation Werbungtreibende ein großer Kritiker deutscher TV-Konzerne: Die Konzentration müsse gestoppt werden, so Reuff, sonst seien Werbekunden „der fortgesetzten Reduktion und Verteuerung von Werbemöglichkeiten ausgeliefert." (Der Spiegel 4, 1998).

Diese Werbeformen sind hier dargestellt worden, um zu illustrieren, mit welcher Phantasie und Logik werbungtreibende Unternehmen ihre Werbung gestalten und platzieren. Eine rechtliche Wertung soll hier nicht vorgenommen werden, und eine erhebliche Kollision mit journalistischen Berufsnormen kann nur vermutet werden. Aus ökonomischer Sicht wäre Folgendes wichtig:

- Zum einen sollten einfache und einheitliche Werberegeln für den gesamten Medienbereich entwickelt werden (Warum ist der Werbeanteil im Rundfunk beschränkt, bei Printmedien aber nicht?),
- Zum anderen wäre es unabdingbar, Transparenz herzustellen, nämlich Werbung als Werbung zu kennzeichnen, damit der Rezipient Werbung, wenn er es denn will, aktiv als Werbung rezipieren kann und anderenfalls umschalten kann.
- Zum Dritten sollten Unternehmen für die Richtigkeit ihrer Werbung haften.

2. Volumen, Struktur und Entwicklung der Werbung in Deutschland

2.1. Volumen und Entwicklung der Werbung

Werbung ist mit einem Volumen von rund 60 Mrd. DM bezogen auf die gesamten Werbekosten bzw. knapp 40 Mrd. DM bezogen auf die Netto-Werbeeinnahmen der Medien ein bedeutsamer Wirtschaftszweig. Er bietet rund 350.000 Arbeitsplätze, davon

- 35.000 im Bereich der Administration,
- 128.000 im Bereich der Werbemittelgestaltung und
- 175.000 im Bereich der Zulieferer (ZAW 1998, S. 21).

Tabelle 5 zeigt das Volumen und die Entwicklung der Werbung in Deutschland. Werbung wächst mit dem Sozialprodukt. Dies ist leicht zu erklären. Für Werbung ist zwischen der Aufkommensseite und der Verwendungsseite zu unterscheiden. Werbung muss bezahlt werden, und zwar üblicherweise aus dem Umsatz der werbungtreibenden Unternehmen und sehr begrenzt aus dem Einkommen nichtkommerzieller Institutionen. Die Aufkommensseite der Werbung wird mithin im Wesentlichen durch den Umsatz der Wirtschaft bestimmt. Die Verwendungsseite der Werbung wird durch die Zielgröße der Werbung bestimmt. Zielgröße kommerzieller Werbung und z.T. auch nicht-kommerzieller Werbung ist die Kaufkraft der Wirtschaft – am besten durch die Größe Volkseinkommen erfasst – und speziell die Kaufkraft der privaten Haushalte – am besten durch die Maßgröße verfügbares Einkommen erfasst. Als Zielgröße der Werbung kann indes auch die Verwendung der Kaufkraft der privaten Haushalte – also der private Verbrauch – angesehen werden. Für die Verwendung des Sozialproduktes als Leitvariable spricht, dass in dieser Kennziffer sowohl die Aufkommensseite als auch die Verwendungsseite der Werbung enthalten ist; daher kann das Sozialprodukt, üblicherweise in der Konzeption des Bruttoinlandsprodukts, als wichtigste Bestimmungsgröße der Werbung gelten (vgl. Heinrich 1989, S. 147ff.). Mithin hängt auch die Entwicklung der Massenmedien zentral von der Entwicklung des Sozialprodukts ab.

Tabelle 5: Volumen und Entwicklung der Werbung in Deutschland

Jahr	Brutto-Inlands-Produkt (BIP) in Mrd. Mark	Werbe-Investitionen (WI) in Mrd. Mark	Anteil WI am BIP in %	davon Werbeeinnahmen der Medien in Mrd. Mark	Anteil Werbeeinnahmen der Medien am BIP in %
1988	2.096,0	35,0	1,67	20,7	0,99
1989	2.244,4	37,0	1,65	22,6	1,01
1990	2.426,0[1]	39,5[2]	1,63	24,6[2]	1,01
1991	2.853,6	43,6	1,53	28,3	0,99
1992	3.075,6	47,2	1,53	31,3	1,02
1993	3.163,7	48,4	1,53	31,9	1,01
1994	3.328,2	50,8	1,53	34,0	1,02
1995	3.459,6	53,6	1,55	36,4	1,05
1996	3.541,5	54,9	1,55	37,3	1,05
1997	3.641,8	56,6	1,55	38,7	1,06

Ab 1991 gelten die Daten für alte und neue Bundesländer. Angegeben ist jeweils das Brutto-Inlandsprodukt nominal, in jeweiligen Preisen.
[1] nur alte Bundesländer
[2] teilweise neue Länder

Quelle: ZAW Werbung in Deutschland 1998, S. 11.

Die *Werbeintensität,* die Relation der Netto-Werbeeinnahmen der Medien zum Sozialprodukt, ist im betrachteten Zeitraum leicht, von 0,99 auf 1,06 Prozent gestiegen. Dies lässt sich ebenfalls gut erklären:

- Die Werbekonkurrenz nimmt zu, Qualitätswettbewerb wird zunehmend durch Kommunikationswettbewerb ergänzt und ersetzt.
- Die Zahl der möglichen Werbemedien im Kommunikationsmix nimmt zu, neue Werbemittel machen neue Werbeformen und Kombinationen möglich.
- Die Zahl der zu bewerbenden Produkte nimmt im Zuge der Individualisierung des Konsums zu, z.T. wird diese angestrebte Individualisierung wesentlich durch Werbung gestützt.
- Die Bedeutung des Zusatznutzens der Produkte wird steigen, und dieser Zusatznutzen wird sich wesentlich nur kommunikativ vermitteln lassen.
- Die Zahl der Werbungtreibenden wird wachsen, da zunehmend auch nichterwerbswirtschaftlich orientierte Organisationen den Nutzen von Werbung entdecken.
- Das Spektrum der Werbung weitet sich von der Absatzwerbung zu Public Relations.
- Die Schaffung neuer Märkte (Globalisierung des Wettbewerbs) wird die Notwendigkeit, Kontakte zu neuen Kundengruppen aufzubauen, verstärken.
- Informationsbeschaffung und –verarbeitung wird im Zuge der weiteren Entwicklung der Arbeitsteilung zunehmend dem Bereich der Eigenproduktion entzogen und durch Marktaktivitäten ersetzt, unter denen Werbung eine wichtige Rolle spielen wird.

Mithin kann Werbung als ein leicht superiores Gut gelten, als ein Gut, dessen Nachfrage mit steigendem Volkseinkommen überproportional wächst.

2.2. Struktur der Werbung

Die Verteilung der Netto-Werbeeinnahmen auf die in dieser „Medienökonomie" betrachteten aktuellen Massenmedien zeigt Tabelle 6. Die Werbung im Fernsehen hat deutlich Marktanteile gewonnen, die Werbung in Tageszeitungen hat kontinuierlich Marktanteile verloren, doch bleibt die Tageszeitung das bei weitem umsatzstärkste Massenmedium. Die Zeitschrift hat Werbemarktanteile verloren, hingegen konnten das Anzeigeblatt und in etwa auch der Hörfunk ihre Marktanteile halten. Dabei muss berücksichtigt werden, dass die Werbeeinnahmen der Lokalradios in den Statistiken des ZAW nicht enthalten sind. Der Anteil der anderen Werbeträger insgesamt hat von 22 auf 27 Prozent zugenommen; insbesondere die Direktwerbung per Post konnte Marktanteile gewinnen. Dies deutet einen Trend zu einer stärker individualisierten Werbung an, als sie die Massenmedien bieten können.

Tabelle 6: Marktanteile der Massenmedien im Werbemarkt von 1988 bis 1997

	1988	1989	1990	1991	1992	1993	1994	1995	1996	1997
Tageszeitung	35	34	33	31	32	31	31	30	29	28
Fernsehen	9	10	11	13	14	15	17	17	18	19
Hörfunk	4	4	4	4	3	3	3	3	3	3
Zeitschrift	22	21	21	18	18	16	16	16	15	15
Anzeigenblatt	8	8	8	8	8	8	8	8	8	8
andere Werbeträger insgesamt	22	23	23	26	25	27	25	26	27	27

Quelle: ZAW Jahrbücher Werbung in Deutschland.

Im *internationalen Vergleich* wird deutlich, dass die Marktanteile der Medien am Werbemarkt recht unterschiedlich sind. So zeigt Tabelle 7, die die Marktanteile der klassischen Werbeträger Presse (Zeitung, Zeitschrift und z.T. auch Anzeigenblatt), Fernsehen, Außenwerbung (Plakat), Hörfunk und Kino ausweist, dass die Printmedien als Werbeträger insbesondere in Deutschland, Niederlande, Schweiz und Luxemburg eine sehr starke Marktposition einnehmen, während z.B. das Fernsehen bevorzugter Werbeträger in Italien, Japan, Polen, Portugal und der Slowakei ist. Dies liegt vor allem an der unterschiedlichen Verfügbarkeit der Werbeträger im Hinblick auf Anzahl und Verbreitung und z.T. an der unterschiedlichen Regulierung des Werbemarktes.

Tabelle 7: Marktanteile der klassischen Werbeträger in Europa 1997 in Prozent

Staat	Presse	Fernsehen	Plakat	Radio	Kino
Belgien	39,5	38,1	11,4	9,4	1,6
Tschechische Republik	42,8	39,2	8,6	7,3	2,0
Frankreich	42,7	36,9	12,7	7,1	0,6
Deutschland	69,7	22,7	3,1	3,6	0,9
Ungarn	43,4	39,6	8,6	8,1	0,3
Italien	36,5	54,6	4,1	4,4	0,3
Japan	37,7	44,5	12,9	5,0	
Luxemburg	70,7	9,7	2,1	16,2	1,3
Niederlande	68,9	20,7	4,1	5,9	0,4
Polen	36,8	46,1	7,8	9,2	0,1
Portugal	24,6	61,4	6,4	7,5	
Slowakei	22,4	65,3	4,0	8,3	
Spanien	46,6	38,3	4,6	9,7	0,8
Schweiz	72,7	10,2	13,3	2,7	1,2
Großbritannien	43,5	43,0	6,9	5,4	1,2
USA	48,5	38,6	1,3	11,7	

Quelle: Status Report 98, Nr. 39/August 1998, S. 3.

2.3. Prognose des Werbemarktes

Eine Prognose für den Werbemarkt muss die Entwicklung der grundlegenden Determinanten

- Wachstum des Bruttoinlandsprodukts und
- Werbeintensität

analysieren und den Einfluss von Sonderfaktoren herausarbeiten. Ein gutes Beispiel für eine Werbemarktprognose ist die Studie „Werbemarkt 2010" der Prognos AG, erstellt im Auftrag der MGM Media Gruppe München 1998. Danach wächst das *BIP* bis zum Jahre 2010 mit durchschnittlich jährlich 4,1 Prozent nominal und 2,3 Prozent real, und die *Werbeintensität* wird von 1,08 Prozent (1998) auf 1,13 Prozent leicht zunehmen (vgl. Tabelle 8). Damit wird ein Wachstum der Netto-Werbeeinnahmen um jährlich 4,2 Prozent auf 67 Mrd. DM vorhergesagt. Die Marktanteile der Medien werden sich nur sehr geringfügig verändern. Eine nur sehr leichte Zunahme des Marktanteils für Fernsehwerbung um 0,2-Prozent-Punkte wird prognostiziert. Die Marktanteile der anderen Massenmedien verändern sich entsprechend, sie werden in der Prognos-Studie nicht thematisiert.

Tabelle 8: Werbemarkt-Prognose zum Jahr 2010

	2002	2010	Veränderung 2002/2010
BIP nominal in Mrd. DM	4.327	5.949	Ø Wachstum 4,1% p. a.
Inflationsrate			Ø 1,8% p. a.
Nettowerbeeinnahmen in Mrd. DM	48,2	67,0	Ø Wachstum 4,2% p. a.
Werbeintensität in % des BIP nominal	1,11	1,13	+0,02%-Punkte
TV-Werbeeinnahmen in Mrd. DM	9,5	13,4	Ø Wachstum 4,4% p. a.
TV-Anteil am Gesamtwerbemarkt in %	19,8	20,0	+0,2%-Punkte

Quelle: Prognos, Werbemarkt 2010, 1998.

Sonderfaktoren sind vor allem die Einführung des Euro, die Entwicklung von Online-Werbung und die möglichen Veränderungen der rechtlichen Rahmenbedingungen. Die Einführung des *Euro* wird den globalen europäischen Wettbewerb verstärken, nämlich die Preistransparenz erhöhen und Distanzüberwindungskosten, insbesondere die Transaktionskosten, senken. Dieser verstärkte Wettbewerb zwingt zu erhöhten Marketingaktivitäten und speziell zu erhöhten werblichen Aktivitäten.

Die Entwicklung der *Online-Werbung* ist besonders schwierig zu prognostizieren, weil es schon schwierig ist, den gegenwärtigen Stand zu erfassen (vgl. Abschnitt 8). Prognos hält es für möglich, dass das Volumen der Online-Werbung von 20 bis 50 Millionen DM 1997 auf 450 Millionen DM im Jahre 2002 ansteigt und damit einen Marktanteil von 1 Prozent erreicht. Sie wird sehr begrenzt die Werbung in Printmedien (vor allem in Fachzeitschriften und die Rubrikenanzeigen in Tageszeitungen) substituieren und die Direktwerbung per Post ergänzen.

Die *rechtlichen Rahmenbedingungen* für Werbung werden vermutlich restriktiver gestaltet: Die EU-Richtlinie zur Tabakwerbung sieht im Prinzip ein Verbot der Tabakwerbung vor, und es wird diskutiert, die Werbung für Alkohol und Automobile einzuschränken (vgl. ZAW Jahrbuch Werbung in Deutschland 1998, S. 95ff.).

Insgesamt ist die Entwicklung des Werbemarktes durch eine weitgehende Struktur- und Trendstabilität gekennzeichnet (Prognos, Werbemarkt 2010, 1998, S. 19). Zu einer ähnlichen Einschätzung in kurzfristiger Sicht kommt die jährlich erscheinende Werbeklima-Studie der GfK, die mit einer Befragung von Experten aus der werbungtreibenden Wirtschaft und aus Agenturen das Volumen und die Struktur der Werbung prognostiziert (GfK-Wirtschaftswoche – Ergebnisse der Werbeklima-Studie I/98; Düsseldorf 1998).

3. Betriebswirtschaftliche Funktionen der Werbung

Werbung wirkt. Wie sie wirkt, lässt sich grob beschreiben; in welchem Ausmaß sie wirkt, ist nicht generell bekannt.

3.1. Funktionen der Werbung im Rahmen des Marketing

Um aufzuzeigen, wie Werbung wirkt, sind eine Reihe von Stufenmodellen entwickelt worden, die sich entweder auf Marktziele oder auf Verhaltensziele beziehen. Diese Stufenmodelle unterstellen, dass die Konsumenten verschiedene Stufen der Beeinflussung durchlaufen, bevor sie Kaufentscheidungen fällen. Ein bekanntes *Stufenmodell mit Marktzielen* hierarchisiert die Wirkungen der Werbung folgendermaßen (Kroeber-Riel 1984, S. 603):

Markenbekanntheit
↓
Markenakzeptanz
↓
Markenpositionierung

Die *Stufenmodelle mit Verhaltenszielen* basieren auf der von Lewis 1898 entworfenen AIDA-Formel. AIDA heißt: Attention, Interest, Desire und Action. Eine modernere Formulierung bietet das folgende Stufenmodell (vgl. Kroeber-Riel 1984, S. 604):

Aufmerksamkeit
↓
affektive Haltung
↓
rationale Beurteilung
↓
Kaufabsicht
↓
Kauf

Grundvoraussetzung einer Werbewirkung ist mithin die Wahrnehmung der Werbebotschaft, es folgt die Verarbeitung der Werbebotschaft, schließlich die positive Einstellung zum Produkt und der Kauf.

Eine Weiterentwicklung der einfachen Stufenmodelle ist das *„Modell der Wirkungspfade"* von Kroeber-Riel. Hier werden weitere Bestimmungsfaktoren der Werbewirkung eingeführt, insbesondere

– die Art der Werbung (emotional oder informativ oder gemischt) und
– das Involvement der Konsumenten (gering oder hoch).

Das *Involvement* gibt das innere Engagement an, mit dem das Inviduum sich einem Sachverhalt widmet (Kroeber-Riel 1984, S. 321). So wird z.B. ein stark involvierter Konsument von einer informativen Werbung ganz anders beeinflusst als ein schwach involvierter usw. (vgl. im Einzelnen dazu Kroeber-Riel 1984, S. 606ff.).

Die letztlich für das Unternehmen entscheidende Wirkung der Werbung ist eine Verschiebung der Nachfragefunktion nach rechts (auch Preis-Absatz-Relation – PAR – genannt). Dies zeigt Abbildung 1.

Abbildung 1: Verschiebung der Nachfrage durch Werbung

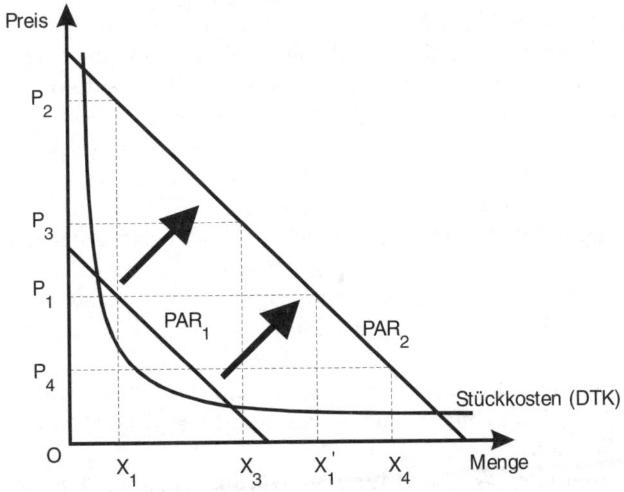

Wie eine solche Verschiebung der Nachfragefunktion von der Unternehmung genutzt wird, muss im Rahmen des gesamten Marketingkonzepts entschieden werden. Möglich sind Preiserhöhungen – man kann die bisherige Menge zu einem höheren Preis verkaufen – aber auch Preissenkungen, weil mit steigender Nachfrage und zunehmender Produktion üblicherweise die Stückkosten der Produktion fallen. Dies zeigt in Abbildung 1 der fallende Verlauf der Stückkostenkurve DTK.

Daher kann nicht allgemein gesagt werden, ob Werbung Produkte teurer oder billiger macht. Wenn Werbung nur die Werbung der Konkurrenz ausgleicht, dann steigt die Produktionsmenge nicht, und dann werden in der Regel die Werbekosten im Preis weitergegeben. Wenn die Nachfrage nach dem beworbenen Produkt hingegen zunimmt und die Stückkosten der Produktion sinken und wenn diese billigeren Produkte andere teurere Produkte vom Markt verdrängen, dann macht die Werbung die Produkte billiger. Erkauft würde dies mit einer zunehmenden Konzentration der Anbieter. Insgesamt darf aber wohl eher vermutet werden, dass Werbung die Produkte nicht billiger macht, sondern dass die Werbekosten, die im Durchschnitt rund 1,6 Prozent des Bruttinlandsprodukt ausmachen, entsprechend über die Verkaufspreise weitergegeben werden.

3.2. Funktionen der Werbung für den Konsumenten

Für den Konsumenten bietet die Werbung
- Informationen für Kaufentscheidungen,
- Unterhaltung sowie
- Normen und Modelle für das Konsumentenverhalten.

Information: Werbung informiert über die Existenz des Produkts, informiert darüber, dass dies Produkt beworben wird und liefert darüber hinaus, je nach Art der Werbung, mehr oder weniger kaufrelevante Informationen. Man spricht auch von einem Informationsnutzen (z.B. Kaas 1990, S. 498): Die Werbung informiert über Anbieter, Produkte, Preise und Qualitäten und liefert damit Informationen, die Kaufentscheidungen verbessern. Insbesondere vereinfacht die Werbung die Kaufprozesse, indem sie Informationssuchkosten und Entscheidungskosten verringert. Wer z.B. eine Hautcreme kaufen will, kann umfangreiche Vergleiche und Tests anstellen, er kann aber auch der Werbung in einen der bekanntesten Markennamen vertrauen und ohne große Such- und Entscheidungskosten einfach „Nivea“ kaufen.

Unterhaltung: Die Werbung hat in der Regel zusätzlich zum Informationsnutzen einen eigenständigen Unterhaltungswert, einen so genannten Animationsnutzen (Kaas 1990, S. 498). Dieser Animationsnutzen kann auch zu dem Zweck eingesetzt werden, dass der Konsument überhaupt bereit ist, die Information der Werbung zu rezipieren.

In dem gemeinsam von „Horizont“ und der GfK-Marktforschung entwickelten „Kommunikationsbarometer“ wird regelmäßig die Reaktion der Verbraucher auf Produktwerbung untersucht. Danach
- halten 57,3 Prozent der Befragten Werbung für glaubwürdig (glaubwürdig und besonders glaubwürdig) (Horizont 51/52, 1995, S. 31);
- halten 51,9 Prozent der Befragten Werbung für „eigentlich ganz hilfreich für den Verbraucher“;
- meinen 66,6 Prozent der Befragten, „Werbung ist meist recht unterhaltsam (Horizont 19, 1995, S. 32).

Diese Ergebnisse liegen sicher im Interesse der Auftraggeber. Sie bestätigen indes die ökonomische Vorstellung, dass Werbung einen Informationsnutzen und einen Animationsnutzen hat. Allerdings wird auch über zu viel Werbung geklagt: 84,2 Prozent der Befragten meinen, dass es zu viel Werbung gibt, und nur 0,9 Prozent meinen, es könnte ruhig noch mehr Werbung geben (Horizont 9, 1996, S. 24). Insbesondere die Werbung im Fernsehen wird offenbar als störend empfunden: 97,9

Prozent der Befragten meinen, dass es im Fernsehen zu viel Werbung gibt (ebenda; vgl. Übersicht 4).

Übersicht 4: Werbung im Urteil der Öffentlichkeit – Ergebnisse einer Umfrage[1]

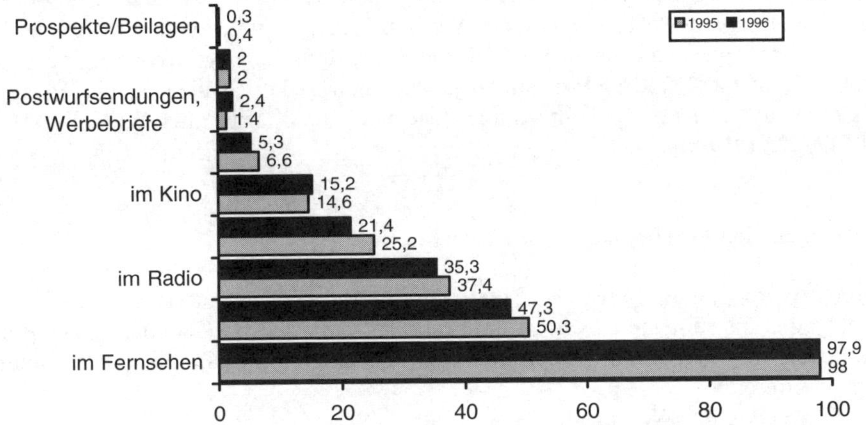

[1] Zustimmung zu der Aussage: „In diesem Medium gibt es zu viel Werbung." in v. H.

Quelle: GfK-Marktforschung; nach: Horizont 9, 1996.

Normen und Verhaltensmodelle: Die Werbung stellt den Konsumenten bestimmte Normen oder fertige Verhaltensmodelle zur Verfügung, an die sich der Konsument in Kaufsituationen halten kann. Eine solche Orientierung am Verhalten anderer vereinfacht die Entscheidungsprozesse des Konsumenten (Kroeber-Riel 1984, S. 600f.).

3.3. Manipulation durch Werbung?

In diesem Zusammenhang erhebt sich die Frage, ob Werbung den Konsumenten manipuliert im Sinne einer nicht bewußt kontrollierten Beeinflussung. Dies wird sicher nie endgültig geklärt werden können, weil es den Konsumenten mit unabhängig gegebenen Präferenzen nicht gibt; die Präferenzen entwickeln sich vielmehr im Marktprozess unter dem Einfluss des Güterangebots, der Werbung und der individuellen Konsumerfahrungen. Auch eine klare Trennung zwischen nicht manipulierender informativer Werbung und manipulierender suggestiver Werbung ist letztlich nicht möglich, weil emotionale und kognitive Elemente der Werbung in der Regel im Verbund wirken, eine Aktivierung der Konsumenten durch emotionale Elemente ist das Vehikel zur Aufnahme der sachlichen Information. Werbung ist in der Regel nur dann wirksam, wenn informative und suggestive Werbeelemente miteinander kombiniert werden (Hilke/Mähling 1981, S. 583).

Immerhin hatte die Monopolkommission in ihrem 11. Sondergutachten Hörfunk- und Fernsehwerbung aus grundsätzlichen ordnungspolitischen Bedenken abgelehnt, u. a. wegen ihres geringen Informationsgehaltes bei relativ starker suggestiver Wirkung (Monopolkommission 1982, TZ 34).

Dass Werbung sehr stark und auch manipulierend wirkt, vermuten insbesondere „linke" Kapitalismuskritiker und dass Werbung generell wirkt, verbreiten gerne die, die vom Werbegeschäft leben. Dass Werbung letztlich nur begrenzt wirkt, zeigt die Beobachtung, dass rund 85 Prozent der jährlich neu in die Regale des Handels drängenden Produkte sich als nicht vermarktbar erweisen – trotz aller Werbung (Handelsblatt, 26.6.1990).

4. Struktur der Werbeplanung im Überblick

In ihrer Werbeplanung muss die Unternehmung ihre Werbeziele festlegen, die einzusetzenden Instrumente bewerten und bestimmen und diesen Komplex in den übergeordneten Marketingplan integrieren. Im Einzelnen umfasst die Werbeplanung folgende Bereiche:

- Festlegung der Werbeziele,
- Festlegung des Werbeetats,
- Festlegung der Zielgruppe der Werbung,
- Festlegung des Werbeobjekts (Produkt, Produktgruppe, Firma ...),
- Festlegung der Werbebotschaft,
- Auswahl der Werbeträgerarten und der Werbeträger,
- Auswahl der Werbezeit und der Werbegebiete,
- Kontrolle der Werbung und der Werbewirkung.

Für Massenmedien sind besonders wichtig die Festlegung des Werbeetats, die Auswahl der Werbeträger und die Kontrolle der Werbewirkung, die nachfolgend genauer beschrieben werden. Zuvor einige Ausführungen zu den übrigen Elementen der Werbeplanung:

Bei der Festlegung der *Werbeziele* wird häufig zwischen ökonomischen und kommunikativen Zielen unterschieden. Ökonomische Ziele sind vor allem Gewinn und nachfolgend Umsatz bzw. Marktanteil. Diese Ziele können und sollen durch die Werbung beeinflusst werden. Allerdings ist der Zusammenhang zwischen Werbung und ökonomischen Zielen nicht eindeutig und nicht nachweisbar. Die so genannte *Responsefunktion,* der Zusammenhang zwischen absatzpolitischen Maßnahmen und der Absatzmenge, ist relativ unbekannt und wird wie eine Blackbox behandelt. Daher muss die Werbung auf kommunikative Ziele zurückgreifen, die in der Regel Ersatzziele bzw. Indikatorziele darstellen. Solche Ziele beziehen sich in der Regel auf Aspekte der Wahrnehmung, auf Aspekte der Verarbeitung der Werbebotschaft, auf die Beurteilung des Werbeobjekts und auf Verhaltensbeeinflussungen. Die folgende Übersicht zeigt häufig formulierte Werbeziele.

Übersicht 5: Ökonomische und kommunikative Werbeziele

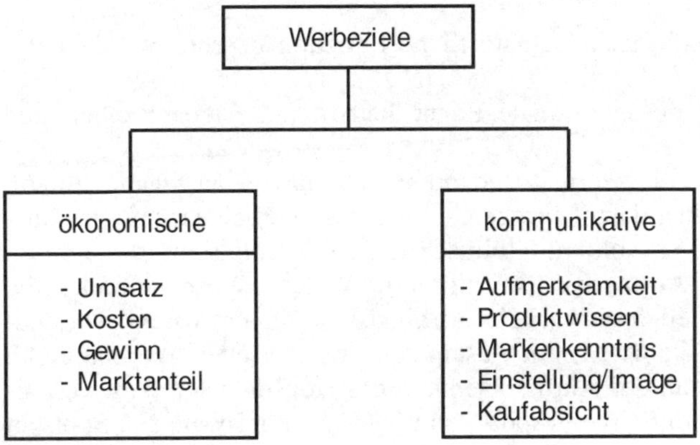

Quelle: Schweiger/Schrattenecker 1995, S. 56.

Nach der Festlegung allgemeiner Werbeziele muss konkret bestimmt werden, welche Werbewirkung bei welcher Zielgruppe zu welchen Zeitpunkten angestrebt wird. Konkret wird dann der so genannte *Werbedruck* festgelegt. Das ist die Zahl und der Umfang der pro Rezipient entfallenden Kontakte, multipliziert mit der Reichweite der Werbung.

Dieser Werbedruck wird geplant, indem die zusätzlichen Kosten einer Ausstrahlung mit dem dadurch erreichten Zuwachs an Aufmerksamkeit bzw. Kaufabsicht verglichen werden. Zugrunde liegt häufig die Vorstellung von einem etwa S-förmigen Zusammenhang zwischen der Zahl der verbreiteten Werbebotschaften und dem dadurch erreichten Niveau von Aufmerksamkeit (vgl. Schweiger/Schrattenecker 1995, S. 92ff.). Dies bedeutet, dass der *Zuwachs* an Aufmerksamkeit, der auf eine zusätzlich ausgestrahlte Werbebotschaft zurückgeführt wird, zunächst zunimmt, ab einem bestimmten Punkt aber abnimmt und schließlich gegen Null gehen kann. Daraus ergibt sich, dass nur eine begrenzte Zahl von Wiederholungen der Werbebotschaft wirtschaftlich sinnvoll ist (vgl. Abschnitt 7).

Werbeinstrumente, also Instrumente, um die Werbeziele zu erreichen, sind vor allem:

– Werbebotschaft,
– Werbemittel,
– Werbeträger,
– Werbebudget.

Die Gestaltung der *Werbebotschaft* sollte geeignet sein, die Zielgruppen entsprechend zu beeinflussen. Wichtig ist dabei Folgendes:

– Die Botschaft soll Aufmerksamkeit erregen und emotional aktivieren,
– die Botschaft soll verstanden werden, und
– die Botschaft soll glaubwürdig sein.

Erfolge versprechen solche Argumente, die als für das Produkt ausschließlich gelten, als „einzigartiges Verkaufsversprechen", als so genannte *„Unique Selling Propositi-*

on" (USP). Solche Verkaufsversprechen können sich insbesondere auf zwei Ebenen beziehen,

- den Grundnutzen, der die technisch-stoffliche Funktion beschreibt („170 PS; 230 km/h") oder
- den Zusatznutzen, der die emotionale Ebene betrifft („... bietet Freiheit und Abenteuer").

Für Medienunternehmen ist von zentraler Bedeutung, dass davon ausgegangen wird, dass sie als Werbeträger selbst dazu beitragen sollten, die Werbebotschaft zu transportieren und zu verstärken. Sie sollten mithin selbst glaubwürdig sein und in ihrem Umfeld die Erregung von Aufmerksamkeit fördern. Welche Werbeumfelder die Aufmerksamkeit am stärksten positiv beeinflussen, ist heftig umstritten. Die Zusammenhänge sind äußerst komplex; ein Zusammenhang zwischen Werbeumfeld, Typ des Werbespots und Grad der Aufmerksamkeit des Konsumenten wird vermutet. So wird z.B. ermittelt, dass Werbespots vom Typ „Erlebniswelten" (Spots in außergewöhnlicher Umgebung) die größte Beachtung (Awareness) im Rahmen einer Actionserie finden oder dass Werbespots vom Typ „Demonstration" (Spots, die die Vorzüge eines Produkts sachlich präsentieren) die größte Beachtung im Rahmen eines Spielfilms finden (Facts & Fiction, 1, 1996, S. 21).

Hier ist nicht entscheidend, ob solche Analysen die richtigen Wirkungszusammenhänge ermittelt haben, entscheidend ist vielmehr, dass die werbungtreibende Wirtschaft sich nach solchen Analysen richtet und bevorzugt ihre Spots in einem für passend gehaltenen Programmumfeld platziert und dass die Medienunternehmen einen starken Anreiz haben, die passenden Werbeumfelder auszustrahlen.

Die Auswahl des *Werbemittels* (z.B. Brief, Plakat, Anzeige, Werbespot) muss gestalterische Gesichtspunkte berücksichtigen, auf die hier nicht weiter eingegangen wird. Für die Medienwirtschaft ist von zentraler Bedeutung die Festlegung des Werbebudgets, die Auswahl der Werbeträger, die so genannte Media-Selektion, und die Kontrolle der Werbewirkung.

5. Planung des Werbebudgets

Die Bestimmung des (optimalen) Werbebudgets ist ein sehr komplexes Optimierungsproblem, das in der Regel rechnerisch-analytisch nicht zu lösen ist, weil zentrale Zusammenhänge, vor allem die Responsefunktion, der Wirkungszusammenhang zwischen Werbebudget und Absatzmenge, nicht genau genug bekannt ist. Die Praxis geht überwiegend von heuristischen Methoden aus und verwendet meist Erfahrungssätze oder einfache Entscheidungsregeln. Dies sind im Wesentlichen folgende Methoden:

- Umsatzanteil-Methode (bisweilen auch Gewinnanteil-Methode)
- Konkurrenz-Paritäts-Methode,
- Methode der finanziellen Tragbarkeit,
- Methode der Werbekosten je Verkaufseinheit,
- werbezielabhängige Methoden (vgl. Nieschlag/Dichtl/Hörschgen 1985, S. 504ff.; Schweiger/Schrattenecker 1995, S. 68ff.).

Bei der *Umsatzanteil-Methode* wird das Werbebudget proportional zum vergangenen, gegenwärtigen oder zu erwartenden Umsatz festgelegt. Die Höhe des Prozentsatzes entspringt meist Daumenregeln, Branchengepflogenheiten oder der Tradition der Firma. Diese einfache Methode wird offenbar ganz überwiegend angewendet. Nieschlag/Dichtl/Hörschgen sprechen von etwa 80 Prozent aller Firmen in USA, Großbritannien und Deutschland, die sich der verschiedenen Varianten der Umsatzanteil-Methode bedienen (Nieschlag/Dichtl/Hörschgen 1985, S. 505).

Bei der *Konkurrenz-Paritäts-Methode* orientiert sich das Werbebudget an den Werbeaktivitäten der Konkurrenz. Angestrebt wird häufig, dass der Werbeanteil, der so genannte Share of Voice, mindestens dem Umsatzmarktanteil entspricht, damit der Anteil am Bewußtsein der Käufer, der so genannte Share of Mind, nicht zurückfällt. Bei der *Methode der finanziellen Tragbarkeit* wird das Werbebudget als Restgröße betrachtet, die nach Abzug der sonstigen für notwendig gehaltenen Marketingausgaben verbleibt. Diese Methode ist sicher die schlechteste von allen. Bei der *Methode der Werbekosten je Produkteinheit* wird das pro Produkteinheit notwendige Werbevolumen ermittelt und mit dem prognostizierten Absatz multipliziert.

Diese vier Methoden begründen mikroökonomisch, was makroökonomisch bestätigt wird (vgl. Abschnitt 2): Werbung und Werbeumsatz orientieren sich primär an der wirtschaftlichen Entwicklung. Werbung ist also, wenn es denn noch Konjunkturzyklen gibt, prozyklisch. Eine prozyklische Werbung, eine Werbung, die sich dem Konjunkturverlauf anpasst, hat sowohl einzelwirtschaftlich als auch gesamtwirtschaftlich gesehen eher Nachteile als Vorteile. So wird darauf hingewiesen, dass Firmen, die in der Rezession ihre Werbeausgaben nicht reduzieren, möglichst sogar steigern, überdurchschnittliche Verkaufsergebnisse erzielen (Nieschlag/Dichtl /Hörschgen 1985, S. 504), und gesamtwirtschaftlich gesehen verstärkt eine an der wirtschaftlichen Entwicklung ausgerichtete Werbung die Zyklizität von Konjunkturen.

Entsprechend werden von der Wissenschaft die *werbezielabhängigen Methoden* favorisiert. Diese legen die Höhe des Werbebudgets nach den angestrebten Zielen fest. Dabei werden die Konkurrenzsituation, die Stellung des Produkts im Markt und die Stellung des Produkts im Lebenszyklus zu berücksichtigen sein.

Die Stellung des Produkts im Markt, der Marktanteil, hat einen Einfluss auf die Höhe des Werbebudgets, weil Marken mit steigender Größe bzw. steigendem Marktanteil in der Regel mit einem immer kleineren Share of Voice und damit relativ geringerem Werbebudget auskommen. So benötigt eine Marke mit beispielsweise 25 Prozent Marktanteil durchschnittlich nur 20 Prozent Werbeausgaben einer Produktkategorie, während eine Marke mit nur fünf Prozent Marktanteil neun Prozent der Werbeausgaben erreichen muss (vgl. absatzwirtschaft, 4, 1996, S. 54). Die Erklärung liegt zum einen im vermuteten S-förmigen Verlauf der Werbewirkungskurve und zum anderen darin, dass große Marken durch ihre bloße Präsenz bereits Kaufanreize induzieren. Produkte mit kleinem Marktanteil müssen mithin relativ intensiv werben, wenn sie ihren Marktanteil halten oder sogar ausbauen wollen. Ähnliches gilt für die Stellung des Produkts im Lebenszyklus. In der Anfangsphase im Lebenszyklus eines Produkts muss relativ viel geworben werden, um das Produkt erst einmal bekannt zu machen. In der Endphase, wenn das Produkt etwa zu einer „Cash Cow" geworden ist, kann auf hohe Werbeausgaben verzichtet werden.

Die *zeitliche Verteilung* des Werbebudgets ist zunächst wiederum ein mikroökonomisches Optimierungsproblem, das die saisonalen Schwankungen der jeweiligen Nachfrage und den Einfluss der Verteilung der Werbeausgaben auf die Erinnerung an die Werbebotschaft, die so genannte Awareness, berücksichtigen muss. So scheint der Erinnerungserfolg bei intensiven Werbeausgaben in kurzer Zeit relativ schnell anzusteigen, aber auch wieder rasch abzufallen. Bei kontinuierlicher Verteilung der Werbemaßnahmen auf größere Zeitperioden scheint dagegen der Erinnerungserfolg kontinuierlich anzusteigen (vgl. Schweiger/Schrattenecker 1995, S. 75ff.). Für die Medienwirtschaft ist eine saisonale Verteilung von Werbeeinnahmen wichtige Planungsgröße.

6. Auswahl der Werbeträger – Mediaselektion

Werbeträger tragen die Werbebotschaft an die Zielgruppen heran. Einen vollständigen Überblick über mögliche Werbeträger bietet Übersicht 2 im 1. Abschnitt. Diese sollen hier nicht im Einzelnen dargestellt werden. Hier interessieren vor allem die Massenmedien als Werbeträger, die in dieser „Medienökonomie" unter publizistisch-ökonomischen Aspekten bereits umfassend dargestellt worden sind: Zeitung, Zeitschrift, Anzeigenblatt sowie Hörfunk und Fernsehen. Die relevanten werblich-ökonomischen Aspekte sollen nun nachgetragen werden.

Die Auswahl der Werbeträger beeinflusst die wirtschaftliche Entwicklung der Massenmedien insgesamt und in ihrer Stellung zueinander. Daher ist die Planung der Werbeträger von immenser Bedeutung für die Massenmedien. Ziel der Planung ist es immer, eine maximale Wirkung des Werbebudgets zu erreichen. Die so genannte Mediaselektion wird im Wesentlichen durch folgende Faktoren bestimmt:

- Preise der Werbeträger,
- werbliche Eignung der Werbeträger und
- die zielgruppenspezifische Reichweite der Werbeträger.

6.1. Preise der Werbeträger

Preiskalküle im Rahmen der Media-Selektion beziehen sich auf

- den Tausenderpreis,
- den Werbegrundpreis und auf
- die Preise für die Produktion der Werbebotschaft.

Absolut dominierendes Auswahlkriterium ist der *Tausenderpreis,* der Preis für 1.000 Werbekontakte. *Basis* der Ermittlung von Tausenderpreisen sind die Werbepreislisten der Medienunternehmen, die von diesen regelmäßig für bestimmte Zeiträume – häufig für sechs oder zwölf Monate – veröffentlicht werden. Übersicht 6 gibt ein Beispiel für die Werbepreisliste eines Fernsehveranstalters.

Übersicht 6: Preisliste von SAT.1 für einen 30-Sekunden-Spot 1998

Tarif-gruppe	Jan.	Feb.	März	April	Mai	Juni	Juli	Aug.	Sept.	Okt.	Nov.	Dez.	Ø 1998
TG1	12.390	14.850	18.060	17.130	15.300	13.770	10.470	10.470	16.080	18.360	18.900	17.820	15.300
TG2	13.620	16.290	19.830	18.810	16.800	15.120	11.520	11.520	17.640	20.160	20.760	19.560	16.803
TG3	15.390	18.420	22.410	21.270	18.990	17.100	13.020	13.020	19.950	22.800	23.460	22.140	18.998
TG4	17.010	20.370	24.780	23.520	21.000	18.900	14.400	14.400	22.050	25.200	25.950	24.480	21.005
TG5	18.630	22.320	27.150	25.770	23.010	20.700	15.750	15.750	24.150	27.600	28.410	26.790	23.003
TG6	20.250	24.240	29.490	27.990	24.990	22.500	17.130	17.130	26.250	30.000	30.870	29.130	24.998
TG7	25.260	30.270	36.810	34.950	31.200	28.080	21.360	21.360	32.760	37.440	38.520	36.360	31.198
TG8	27.540	32.970	40.110	38.070	33.990	30.600	23.280	23.280	35.700	40.800	42.000	39.600	33.995
TG9	29.160	34.920	42.480	40.320	36.000	32.400	24.660	24.660	37.800	43.200	44.460	41.940	36.000
TG10	32.730	39.180	47.670	45.240	40.410	36.360	27.660	27.660	42.420	48.840	49.890	47.070	40.398
TG11	35.190	42.120	51.240	48.630	43.440	39.090	29.760	29.760	45.600	52.110	53.640	50.610	43.433
TG12	37.620	45.060	54.810	52.050	46.470	41.820	31.830	31.830	48.780	55.740	57.390	54.120	46.460
TG13	42.120	50.460	61.380	58.260	52.020	46.800	35.640	35.640	54.630	62.430	64.230	60.600	52.018
TG14	45.000	53.880	65.550	62.220	55.560	50.010	38.040	38.040	58.230	66.660	68.610	64.710	55.550
TG15	47.850	57.300	69.720	66.180	59.100	53.190	40.470	40.470	62.040	70.890	72.960	68.820	59.083
TG16	52.350	62.700	76.290	72.390	64.650	58.170	44.280	44.280	67.860	77.580	79.830	75.300	64.640
TG17	60.570	72.540	88.230	83.760	74.790	67.290	51.210	51.210	78.510	89.730	92.340	87.120	74.775
TG18	111.300	111.300	134.730	128.880	117.150			87.870	111.300	128.880	134.730	123.000	118.914
TG19	64.710	64.710	78.330	74.940	68.130			51.090	64.710	74.940	78.330	71.520	69.141
TG20	12.000	14.370	17.460	16.590	14.790	13.320	10.140	10.140	15.540	17.760	18.270	17.250	14.803
TG21	10.680	12.810	15.570	14.790	13.200	11.880	9.030	9.030	13.860	15.840	16.290	15.390	13.198
TG22	9.000	10.770	13.110	12.420	11.100	9.900	7.590	7.590	11.670	13.320	13.710	12.930	11.100
TG23	7.560	9.060	11.040	10.470	9.360	8.430	6.390	6.390	9.810	11.220	11.550	10.890	9.348
TG24	6.900	8.250	10.020	9.510	8.490	7.650	5.820	5.820	8.940	10.200	10.500	9.900	8.500
TG25	5.520	6.600	8.010	7.620	6.810	6.120	4.650	4.650	7.140	8.160	8.400	7.920	6.800
TG26	3.720	4.470	5.430	5.160	4.590	4.140	3.150	3.150	4.830	5.520	5.670	5.370	4.600
TG27	2.700	3.240	3.960	3.750	3.360	3.030	2.280	2.280	3.510	4.020	4.140	3.900	3.348
TG28	2.130	2.370	2.880	2.880	2.490	2.370	1.890	1.890	2.640	2.880	2.880	2.760	2.505
TG29	1.500	1.650	2.010	2.010	1.740	1.650	1.320	1.320	1.830	2.010	2.010	1.920	1.748
TG30	780	870	1.080	1.080	930	870	690	690	990	1.080	1.080	1.020	930

Rabattstaffel														
Brutto-Umsatz in Mio. DM	2	3	4	6	8	10	12	14	16	18	20	24	26	28
SAT.1 1998 – Rabatt in %	1,5	2,0	2,5	3,5	4,5	5,5	7,0	8,0	9,0	10,0	11,0	11,5	12,5	*)

*) weiterführende Rabattstaffel auf Anfrage

Quelle: SAT.1-Tarif 13; gültig ab 1. Januar 1998.

Die Preisliste von SAT.1, die den Preislisten der übrigen Veranstalter ähnelt, zeigt Folgendes:

- Die Spotpreise differerien nach Jahreszeit; sie sind am teuersten in den wichtigen Kaufphasen der Konsumenten „Vorfrühling“ und „Vorweihnachten“.
- Die Spotpreise differieren vor allem nach Tarifgruppen, die – was hier nicht gezeigt werden kann – nach Programmumfeld, Tageszeit und vermuteter Reichweite differieren. So ist Tarifgruppe 18 am teuersten; sie gilt für „ranSAT.1-Fußball“ samstags von 18.00 bis 20.00 Uhr; Tarifgruppe 30, die billigste, gilt für das Nachtprogramm, in der Regel ab 1.00 Uhr.

Und generell differieren die Spotpreise naturgemäß zwischen den Medienunternehmen, wobei die Differenzen im Wesentlichen auf die erwarteten Reichweiten zurückzuführen sind. So sind die durchschnittlichen Spotpreise von RTL für 1999 mit 50.418 DM die höchsten, gefolgt von SAT.1 (40.160 DM), ARD (37.550 DM), ZDF

(34.617 DM), ProSieben (34.566 DM) und RTL2 (8930 DM) (w&v compact 11, 1998, S. 21).

Vor der Auswahl des Werbeträgers (z.B. SAT.1) und des Werbeumfeldes (z.B. Eigenserien/Top-Filme) muss die jeweilige Reichweite prognostiziert werden, damit der Tausenderpreis ex ante kalkuliert werden kann. In dieser Kalkulation stecken Unsicherheiten, weil die Reichweiten von z.B. „Der Bulle von Tölz" vorab nicht sicher bekannt sind. Um solche Unsicherheiten in der Planung zu verringern, bieten Werbeträger bisweilen eine Tausenderpreis-Garantie dergestalt, dass bei Nichterreichen der Reichweite ein kostenfreies Ausstrahlen in einem anderen Werbeumfeld angeboten wird (so seinerzeit z.B. ProSieben und die ARD).

Geht man, wie es üblich ist, von Durchschnittsreichweiten der Vergangenheit aus und erwartet z.B. für „Der Bulle von Tölz" am 16.8.1998 eine Reichweite von drei Millionen Zuschauern, so wird für den 30-Sekunden-Spot in der TG 13 mit 35.640 DM ein Tausenderpreis von 11,88 DM erwartet. Wie hoch der Tausenderpreis tatsächlich gewesen ist, wird man nur ex post feststellen.

Damit soll gezeigt werden, dass die Berechnung von Tausenderpreisen recht aufwändig ist. Ganz genau können sie nur ex post für eine bestimmte Werbebotschaft in einem bestimmten Werbeträger in einer ganz bestimmten Zeit ermittelt werden. Ex ante sind es immer Prognosen. Und durchschnittliche Tausenderpreise zu ermitteln, etwa für SAT.1 oder für „das Fernsehen" ist recht mühsam oder recht ungenau. So differieren insbesondere folgende Bestimmungsgründe des Tausenderpreises z.T. erheblich:

– die Definition der Zielgruppe (nach den verschiedensten demographischen und psychographischen Merkmalen),
– die Festlegung des Zeitraums (24 Stunden Sonntag bis Sonntag; Prime Time von 19 Uhr bis 23 Uhr usw.),
– die tatsächlichen Reichweiten in der Zielgruppe,
– die zu zahlenden Werbegrundpreise/Spotpreise.

Entsprechend sind Tausenderpreis-Angaben mit Vorsicht zu interpretieren, insbesondere bei Radio und Fernsehen. So gelingt es vermutlich jedem TV-Veranstalter, seine Tausenderpreise, jedenfalls für ganz speziell definierte Zeiten und Zielgruppen als die jeweils günstigsten herauszustellen. Tabelle 9 zeigt die Entwicklung der Tausendkontaktepreise für die größeren Fernsehveranstalter. Mit Ausnahme der recht hohen Tausendkontaktepreise des ZDF liegen die Preise in der Größenordnung in der Spanne zwischen 20,- und 30,- DM.

Tabelle 9: Tausendkontaktepreise im Fernsehen[1]

	TKP '94	TKP '95	TKP '97	TKP 2000
ProSieben	24,84	21,80	26,81	28,86
RTL	25,05	23,49	28,51	19,62
SAT.1	29,41	28,04	26,36	20,59
ARD	57,89	39,18	32,35	19,77
ZDF	50,69	41,59	47,99	11,99
Kabel 1	24,81	19,25	16,96	9,12
rtl 2	13,65	16,12	19,53	18,06
Vox	22,99	18,25	19,16	15,81

[1] Erwachsene 14-49 Jahre; Basis: Durchschnitt Februar des Jahres (in DM); Quelle: AGF/GfK-Fernsehforschung/MGM MediaGruppe München/Media & Marketing

Quelle: w&v compact 6, 2000, S. 23.

Eine intermediale Vergleichbarkeit von Tausenderpreisen gibt es (bislang) nicht. Zwar ist es üblich, die Tausenderpreise für Radio und Fernsehen für einen 30-Sekunden-Spot anzugeben, bei Zeitungen die 1/1-Seite schwarz-weiß und bei Zeitschriften die 1/1-Bruttoseite vierfarbig (4c) auszuweisen; eine Vergleichbarkeit der Werbewirkung kann damit indes nicht behauptet werden. Tabelle 10 stellt dennoch einmal die Tausenderpreise für die verschiedenen Medien zusammen. Bei aller Vorsicht kann die Werbung im Hörfunk wohl als billig bezeichnet werden; dagegen ist die Werbung in Zeitungen recht teuer, bietet aber den Vorzug exakt planbarer Streuung.

Tabelle 10: Tausendkontaktepreise ausgewählter Massenmedien

	Preise '97	Preise '98	± zu '97 in Prozent
Publikumszeitschriften (Tausendkontaktkosten in DM[1])			
Aktuelle Illustrierte	12,67	12,51	-1,2
Programmzeitschriften, wöchentlich[2]	12,43	13,18	+6,0
Programmzeitschriften, 14täglich[2]	15,26	13,88	-9,0
Frauenzeitschriften, wöchentlich	12,62	12,28	-2,7
Frauenzeitschriften, 14täglich	19,06	19,21	+0,8
Frauenzeitschriften, monatlich[3]	32,27	36,05	+11,7
Special Interest	21,41	21,90	+2,3
Gesamt	**15,81**	**15,93**	**+0,7**
Zeitungen (Tausendexemplarpreis in DM[4])			
Regionale Abo-Zeitungen (31 Titel)	158,78	163,18	+2,8
Überreg. Tages-, Wirtsch.- u. pol. Wochenztg. (12 T.)	145,47	154,18	+6,0
Sonntagszeitungen (2 Titel)	41,92	42,67	+1,8
Kaufzeitungen (7 Titel)	100,81	101,20	+0,4
Gesamt	**123,87**	**126,48**	**+2,1**
Hörfunk (Tausendkontaktkosten in DM[5])			
ARD	3,53	3,54	+0,3
Privatsender	4,22	4,25	+0,7
Gesamt	**3,82**	**3,84**	**+0,5**
Plakat (Preis pro Tag und Stelle in DM[6])			
Allgemeiner Anschlag[7]	0,97	1,02	ca. 5,0
Ganzstelle	25,64	26,50	ca. 3,5
Großfläche	14,93	15,50	ca. 4,0
Citylight-Poster	17,32	17,75	ca. 2,5
Superposter	53,00	55,00	ca. 3,8
4/1 auf VM[8]	13,00	13,50	ca. 3,8

[1] Basis: 1/1-Seite 4c, Titelauswahl. [2] unter Berücksichtigung der Jahresdurchschnittspreise für Hörzu und Funkuhr. [3] ab 1998 ohne Prima Carina. [4] Titelauswahl, Basis: 1/1-Seite s/w, 1997. [5] manuell aus Senderauswahl errechnet. [6] Orte ab 100.000 Einwohner. [7] 1/1-Bogen. [8] früher als Prismaton bzw. Mobildisplay vermarktet.

Quelle: w&v compact 11, 1997, S. 22.

Im Zeitablauf haben sich die Werbepreise der klassischen Medien unterschiedlich entwickelt. Insbesondere die Plakatwerbung und die Fernsehwerbung ist von 1992 bis 1997 deutlich teurer geworden; die Preise für Hörfunkwerbung sind hingegen praktisch konstant geblieben, wie Tabelle 11 zeigt.

Tabelle 11: Preisentwicklung der Medien 1990-1997

	1990	1991	1992	1993	1994	1995	1996	1997
Fernsehen	100	101	122	119	126	121	133	143
Radio	100	100	96	101	104	101	101	104
Zeitschriften	100	104	108	109	109	109	110	108
Zeitungen	100	103	107	111	115	118	122	125
Plakat	100	105	111	118	126	131	136	140
Kino	100	105	113	116	123	124	129	134
Index 1990 = 100								

Quelle: Mediamarkt 1997, S. 67.

Die *absoluten Werbegrundpreise/Spotpreise* spielen für die Mediaselektion insofern eine Rolle, als Produkte mit kleinen Märkten bzw. kleinen Marktanteilen eine teure Werbung wirtschaftlich nicht tragen, unabhängig von der Höhe der möglicherweise sehr günstigen Tausenderpreise. Letztlich ist dies in der Regel ein Problem der regionalen Abgrenzbarkeit der Zielgruppe.

Nicht unwichtig sind schließlich die *Preise für die Produktion* der mediaspezifischen Werbemittel. So sind die Produktionskosten einer Zeitungsanzeige meist vernachlässigbar gering und für Zeitschriftenanzeigen hängen die Produktionskosten sehr stark vom gestalterischen Aufwand ab. Für die Spotproduktion beim Radio sind etwa 1.500 DM bis 2.000 DM für Lokalradios und 3.000 DM bis 3.500 DM für Regionalradios zu kalkulieren, während die Produktion eines Werbespots für das Fernsehen leicht bis zu 1 Million DM kosten kann.

6.2. Die werbliche Eignung der Werbeträger

Die werbliche Eignung der Werbeträger kann nach zahlreichen Merkmalen differenziert werden. Wichtige Unterscheidungskriterien sind die folgenden:

- Räumlicher Zielgruppenbezug,
- demographischer Zielgruppenbezug,
- Nutzungsfunktion für Rezipienten,
- Nutzungsmodalitäten (wo, wie, wie häufig),
- zeitliche Flexibilität,
- Verfügbarkeit (Buchungssituation/Knappheit),
- Produktionskosten der Werbebotschaft,
- Tausendkontaktpreise,
- Gestaltungsmöglichkeiten (Farbe, Bild, Ton),
- redaktionelles Image,
- werbliches Image.

Die werbliche Eignung der fünf aktuellen Massenmedien bestimmt ihre Stellung im Media-Mix und prägt die Strukturentwicklung der Massenmedien, z.B. die Zunahme des Marktanteils der Fernsehwerbung zu Lasten der Zeitung.

Tageszeitung

- Sehr gut räumlicher Zielgruppenbezug (Stadtteilausgaben) möglich.

- Kein sozio-demographischer Zielgruppenbezug bei regionalen und lokalen Abonnementzeitungen; begrenzt möglich bei überregionalen Tageszeitungen (Handelsblatt, FAZ) als Informationsmedien für Führungskräfte in Wirtschaft und Verwaltung.
- Nutzungsfunktion: aktive Informationssuche bezogen auf tagesaktuelle Ereignisse und auf Güterangebote.
- Nutzungsmodalitäten: einmalige Nutzung an verschiedenen Orten; keine Nebenbeschäftigung.
- Zeitliche Flexibilität ist sehr hoch, Anzeigen können quasi „in letzter Minute" platziert werden.
- Verfügbarkeit ist praktisch unbegrenzt.
- Produktionskosten der Werbebotschaft sind gering.
- Tausendkontaktpreise gelten als hoch; nur bei selektiver Nutzung kostengünstig.
- Gestaltungsmöglichkeiten sind etwas schlechter als bei der Zeitschrift und deutlich schlechter als beim Fernsehen.
- Das redaktionelle Image ist insgesamt gut.
- Das werbliche Image wird widersprüchlich beurteilt.

Kurzcharakterisierung der Zeitung: Die Zeitung ist Basismedium nur für den lokalen und regionalen Einzelhandel sowie für Familien-, Immobilien- und Stellenanzeigen, ihre Werbung ist eher argumentativ und rational, für Markenartikelwerbung ist die Zeitung allenfalls Zusatzmedium. Ein regionaler Zielgruppenbezug ist sehr gut erreichbar.

Zeitschrift

- Räumlicher Zielgruppenbezug meist nicht möglich.
- Sozio-demographischer Zielgruppenbezug bei Special-Interest-Zeitschriften sehr gut, bei Publikumszeitschriften eher nicht gegeben.
- Nutzungsfunktion: aktive Nutzung allgemeiner und spezieller Informationen, hohe Kontaktintensität durch Übereinstimmung von Informationsangebot und Leserinteresse; in Fachzeitschriften werden auch Anzeigen z.T. aktiv gelesen.
- Nutzungsmodalitäten: zeitlich gestreckte Nutzung meist in häuslicher Umgebung, wiederholte Nutzung, keine Nebenbeschäftigung.
- Zeitliche Flexibilität ist wegen der nicht täglichen Erscheinungsweise begrenzt.
- Verfügbarkeit ist praktisch unbegrenzt.
- Produktionskosten der Werbebotschaft sind relativ gering.
- Tausendkontaktpreise sind sehr unterschiedlich; günstig vor allem bei speziellen Zielgruppen.
- Gestaltungsmöglichkeiten sind besser als bei Zeitungen, schlechter als beim Fernsehen.
- Das redaktionelle Image und das werbliche Image sind nicht besonders hoch einzuschätzen. Allerdings sind dies *durchschnittliche* Beurteilungen, die je nach Zeitschrift erheblich differieren können.

Kurzcharakterisierung der Zeitschrift: Die Zeitschrift, vor allem die Publikumszeitschrift, gilt als Basismedium für die Durchsetzung von Neueinführungen, für den

Aufbau und die Festlegung von Bekanntheitsgrad und Image, weil sie Werbebotschaften einprägsam vermitteln kann. Und über die Fachzeitschriften und Special-Interest-Zeitschriften können wie bei keinem anderen Medium sozio-demographisch genau abgegrenzte Zielgruppen erreicht werden.

Anzeigenblatt

- Sehr guter räumlicher Zielgruppenbezug.
- Kein sozio-demographischer Zielgruppenbezug.
- Nutzungsfunktion: aktive, aber beiläufige Informationssuche bezogen auf Werbeangebote und allgemeine Informationen; geringe Kontaktintensität, weil die Übereinstimmung von Informationsangebot und Leseinteresse gering ist.
- Nutzungsmodalitäten: einmalige Nutzung überwiegend zu Hause.
- Zeitliche Flexibilität ist hoch. Anzeigen können quasi „in letzter Minute" platziert werden.
- Verfügbarkeit ist unbegrenzt.
- Produktionskosten der Werbebotschaften sind gering.
- Tausendkontaktpreise sind niedrig.
- Gestaltungsmöglichkeiten sind schlecht. Druckqualität meist einfach.
- Das redaktionelle Image und das werbliche Image sind schlecht (dies wird allerdings nur vermutet. Analysen sind mir nicht bekannt.)

Kurzcharakterisierung des Anzeigenblatts: Das Anzeigenblatt ist Basismedium allenfalls für den lokalen und regionalen Einzelhandel. Sein Vorzug ist die preiswerte, räumlich abgrenzbare *Vollabdeckung* von Haushalten, sein Nachteil ist vor allem das schlechte redaktionelle und werbliche Image.

Hörfunk

- Ein räumlicher Zielgruppenbezug ist mit dem lokalen Radio recht gut möglich; im Übrigen ist der Hörfunk ein überwiegend regionales Medium, das die regionale Reichweite von Tageszeitungen in der Regel übersteigt.
- Ein sozio-demographischer Zielgruppenbezug ist begrenzt möglich bei entsprechender Formatierung des Radios und bei entsprechender Programm- und Sendezeitenwahl.
- Nutzungsfunktion: passive Nutzung eines begleitenden Mediums im Tagesablauf.
- Nutzungsmodalitäten: einmalige Nutzung in wechselnder Umgebung; zu rund zwei Drittel der Nutzungszeit von anderen Tätigkeiten begleitet (Massenkommunikation IV, S. 42).
- Zeitliche Flexibilität ist gut, aktuelle Informationen sind selbst am Point of Sale (Ladenfunk) möglich.
- Verfügbarkeit ist theoretisch begrenzt durch die Festlegung von maximalen Werbezeiten pro Tag, pro Stunde und pro Block, praktisch stehen indes genügend Werbezeiten zur Verfügung.
- Die Produktionskosten der Werbespots sind – jedenfalls im Vergleich zum Fernsehen – niedrig.
- Die Tausendkontaktpreise sind niedrig.

- Die Gestaltungsmöglichkeiten sind gering, beschränkt auf den Ton.
- Das redaktionelle Image ist deutlich schlechter als das des Fernsehens und entspricht etwa dem Image von Tageszeitungen, allerdings nicht in je einzelnen Dimensionen.
- Das werbliche Image des Hörfunks ist nur als mittelmäßig zu bezeichnen.
- Reichweiten werden nur zweimal jährlich erfasst; ihre Aussagekraft ist beschränkt.

Kurzcharakterisierung des Hörfunks: Der Hörfunk gilt nur als Ergänzungsmedium, er ist geeignet für aktuelle Kaufanstöße, zur Reaktualisierung vorhandener Werbebotschaften und zur Bekanntmachung von Produkt- und Herstellernamen; er wird in der Regel im Media-Mix genutzt.

Fernsehen

- Ein räumlicher Zielgruppenbezug ist bislang nur sehr beschränkt möglich, dies hat sich mit der Einführung von Ballungsraumfernsehen etwas geändert.
- Ein sachlicher Zielgruppenbezug ist derzeit beschränkt möglich durch Veranstalter-, Programm- und Sendezeitenwahl; mit einer weiter zunehmenden Zahl von Spartenprogrammen dürfte die Möglichkeit einer Werbung ohne Streuverluste deutlich verbessert werden.
- Nutzungsfunktion: passive Nutzung unterhaltender und eher allgemein interessierender Information.
- Nutzungsmodalitäten: einmalige Nutzung in häuslicher Umgebung; begrenzt wird Fernsehen von anderen Tätigkeiten begleitet.
- Die zeitliche Flexibilität ist recht gut, aktuelle Werbung ist möglich.
- Die Verfügbarkeit ist theoretisch begrenzt durch die Festlegung von maximalen Werbezeiten pro Tag, pro Stunde und pro Block, praktisch hat sich die früher regelmäßig zu beobachtende Überbuchungssituation indes entspannt; Überbuchung in der Prime-Time ist bisweilen aber noch festzustellen.
- Die Produktionskosten der Werbespots sind sehr hoch.
- Die Tausendkontaktpreise sind hoch.
- Die Gestaltungsmöglichkeiten sind sehr gut (Bild, Ton, Farbe).
- Das redaktionelle Image des Fernsehens ist vergleichsweise gut, in so gut wie allen Dimensionen nimmt das Fernsehen den Spitzenplatz ein.
- Das werbliche Image des Fernsehens ist ebenfalls recht gut, nur wird Werbung im Fernsehen als am störendsten empfunden.
- Reichweiten werden sehr aktuell erfasst.

Kurzcharakterisierung des Fernsehens: Fernsehen ist das Basismedium im Bereich der Markenartikelwerbung, durch seine multisensorische Wirkungsweise (Bild, Ton, Farbe als Gestaltungselemente) gilt es als eines der stärksten Werbemedien. Auch wenn solche qualitativen Zuschreibungen eigentlich nicht zu gewichten und nur unter Vorbehalt zu einer Gesamtbeurteilung zusammenzufügen sind, kann wohl doch das Fernsehen zusammenfassend als das aktuelle Massenmedium bezeichnet werden, das im Werbemarkt der Zukunft die besten Entfaltungsmöglichkeiten haben dürfte.

Die Stellung der Massenmedien im Media-Mix ist in Tabelle 1 nach Produktgruppen differenziert. Dies zeigt, dass die werbliche Eignung der Massenmedien immer auch auf das Produkt bezogen werden muss. So dominiert das Fernsehen ganz eindeutig in der Schokoladen-, Putz- und Waschmittelwerbung, während die Tageszeitung in der Werbung von Banken und Sparkassen bevorzugt wird usw. Generell zeigt indes auch Tabelle 1 die Dominanz des Fernsehens im Media-Mix.

6.3. Zielgruppenspezifische Reichweiten – Methoden der Reichweitenmessung

Jede Werbebotschaft richtet sich an mehr oder weniger genau definierte und erfasste Zielgruppen (vgl. Kapitel 9, Abschnitt 4). Welche Zielgruppen welche Medien erreichen, kann nicht allgemein angegeben werden.[71] Wichtig ist, dass die Methoden zur Messung der Reichweiten für die einzelnen Medien außerordentlich differieren (vgl. die Darstellung bei der Analyse der verschiedenen Medien in Band 1, Kapitel 7 sowie in Band 2, Kapitel 12 und 14). Hier sollen die wichtigsten Methoden noch einmal vergleichend zusammengestellt werden. So existieren für das Fernsehen sehr aktuelle Reichweitenmessungen mit sehr großer Informationstiefe, während für den Hörfunk nur die zweimal jährlich erstellte Media Analyse (MA) der AGMA und die zweimal jährlich erstellte Verbraucher- und Mediaanalyse (VuMA) existieren. Diese ungenügende Reichweitenmessung ist eine spezifische Schwäche der Radio-Werbung.

---

[71] Die Vorliebe der werbungtreibenden Wirtschaft für die Alterszielgruppe 14-49 Jahre wird häufig kritisiert, und es wird darauf verwiesen, dass Personen ab 50 meist einkommensstark sind. Allerdings gelten ältere Menschen als weniger durch Werbung manipulierbar, und die Investition in ihre Markeneinstellung lohnt auch deswegen weniger, weil ihre Konsumzeit begrenzter ist als die jüngerer Menschen.

Übersicht 7: Reichweitenmessung der Massenmedien

	Print	Radio	TV	Online
Erhebungsverfahren	IVW Mediaanalyse (MA) Verbraucheranalyse (VA) Typologie der Wünsche (TdW) Weitere zielgruppenspezifische Erhebungen	MA VuMA	Kontinuierliche Fernsehforschung der GfK im Auftrag der AGF VuMA	IVW Einzelne Nutzerstudien (z.B. w3b-Studie)
Methode/ Fallzahl	Befragung MA: 26.000 (Pressetranche) bzw. 138.000 (Tageszeitungstranche; für 1993-1995) VA: ca. 15.000 TdW: ca. 10.000	Befragung MA: ca. 24.000 (Elektroniktranche) VuMA: ca. 18.000 (inkl. Aufstockung für Funk)	Messung (GfK) und Befragung (VuMA) GfK-Panel: 4.400 repräsentativ ausgewählte Haushalte VuMA: ca. 16.000 Personen	Messung und interaktive Befragung Entspricht Anzahl der Zugriffe
Aktualisierung	Jährlich	Jährlich (MA) Zweimal jährlich (VuMA)	Täglich (GfK) Zweimal jährlich (VuMA)	Permanent
Zielgruppenbeschreibung	Soziodemographische (MA) und konsumrelevante Informationen (nur VA und TdW)	Soziodemographische und konsumrelevante Informationen	Soziodemographische und konsumrelevante Informationen	Derzeit noch keine repräsentativen Informationen
Validität	Repräsentativität durch Stichprobenverfahren und Gewichtung gesichert	Repräsentativität durch Stichprobenverfahren und Gewichtung gesichert	Repräsentativität der Ergebnisse durch Stichprobenverfahren und externe Hochrechnungsvorgaben (MA) gesichert	Pilot-Studien erlauben ansatzweise Quantifizierung von Nutzungsmengen und -strukturen
Informationstiefe	Nur pauschale Informationen über Leseverhalten, z.B. keine seitenbezogenen Informationen, kaum Abbildung saisonaler Schwankungen	Geringe Informationen über Nutzungsverhalten (nur Stundenwerte). Gute Konsuminformationen durch VuMA-Fusion	Sekundengenaue Information über das Sehverhalten. Gute Konsuminformationen durch VuMA-Fusion	Detaillierte Informationen durch Nutzerprotokolle, wenig ergänzende Informationen
Zukunftsperspektive	Erhebungsweise vorerst nicht veränderbar	Umstellung auf halbjährliche Berichterstattung. Technische Messsysteme in der Entwicklung	Kombinierte Erfassung von Einkäufen und Fernsehnutzung (Single Source)	Derzeit in der Diskussion: a) Benutzerregistrierung b) Messung in einem repräsentativen Online-Panel

Quelle: Facts & Fiction 1, 1996, S. 22.

7. Kontrolle der Werbewirkung

Grundsätzlich möchte die werbungtreibende Wirtschaft wissen, welcher Zusammenhang zwischen Werbung und Absatz besteht, oder allgemeiner, welcher Zusammenhang zwischen Werbeaufwand und Werbeertrag besteht. Dieser Zusammenhang, die *Responsefunktion,* ist indes nicht bekannt und lässt sich auch nicht ermitteln, weil der Absatz durch eine Vielzahl von Faktoren beeinflusst wird (Preise, Qualitäten, Werbung, Präferenzen ...) und sich der Einfluss der Werbung nicht isolieren lässt. Daher muss auf *Ersatzindikatoren* zurückgegriffen werden. Diese beziehen sich vor allem auf

- die Wahrnehmung der Werbebotschaft,
- die Verarbeitung der Werbebotschaft und
- das Kaufverhalten.

Wie auch immer der Werbeerfolg gemessen wird – als Erinnerung, als Änderung der Einstellung oder als Absatz –, es ergibt sich ein bestimmter Zusammenhang zwischen der Kontaktanzahl und der Werbewirkung. Empirische Untersuchungen ergeben meist einen degressiven Verlauf der Wirkungskurve, bisweilen auch einen S-förmigen Verlauf (Schweiger/Schrattenecker 1995, S. 246). Dies zeigt Abbildung 2.

Abbildung 2: Zusammenhang von Kontaktanzahl und Werbewirkung

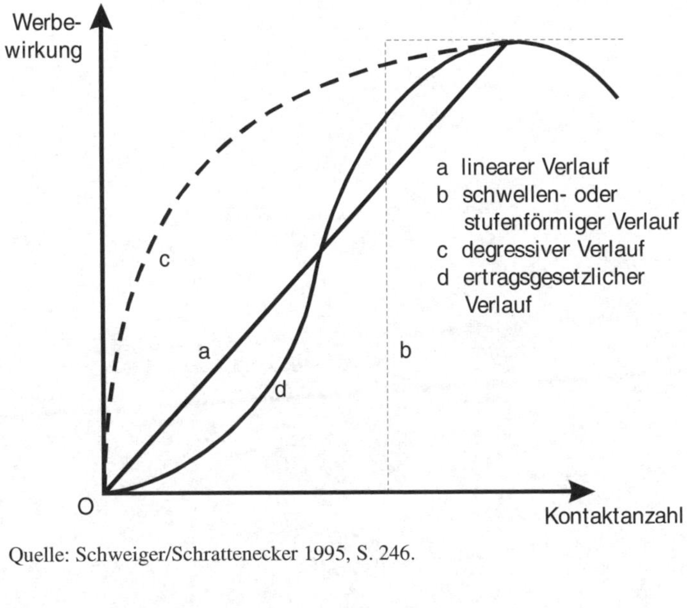

Quelle: Schweiger/Schrattenecker 1995, S. 246.

Wichtig ist, dass die Grenzerträge der Werbung von einer bestimmten Kontaktzahl ab fallen, dass also die Zuwächse der Werbewirkung abnehmen. Ein Beispiel bietet Wild in seiner Analyse der Fernsehwerbung: „Die Wirkung der Fernsehspots auf den Zuschauer nimmt mit der Anzahl der mit ihnen erfolgten Kontakte zu – ein Wear-out-Effekt lässt sich bei dieser Durchschnittsbetrachtung über alle Kampagnen nicht feststellen, wohl aber eine Art Sättigung. Die Zuwächse in der Werbewirkung nehmen im oberen Kontaktbereich ab. So ist ein Drittel des ingesamt möglichen Wirkungszuwachses von 80 Prozent bei der Kampagnenerinnerung bereits nach dem neunten Kontakt verwirklicht, und nicht erst bei angenommener Linearität des Verlaufes, nach dem 30. Kontakt. Für das zweite Drittel braucht es bereits gut 20 weitere Kontakte, und der Maximalwert wird schließlich erst mit dem neunzigsten Kontakt erreicht." (Wild 1996, S. 41).

Die *Wahrnehmung einer Werbebotschaft* (Werbekampagne) ist nur eine notwendige Bedingung für den Werbeerfolg. Weil die Messung aber sehr einfach ist, ist die Messung der Kampagnenerinnerung die in erster Linie verwendete Kontrollmethode. Zur Messung der Kampagnenerinnerung, der so genannten Awareness, unterscheidet man vor allem:

- den Recall-Test, die ungestützte Erinnerung („An welche Werbung können Sie sich erinnern?")
- den Aided-Recall-Test, die gestützte Wiedererkennung („Können Sie sich an die Werbung zu XY erinnern?")
- den Recognition-Test, die abgefragte Wiedererkennung („Kennen Sie die vorgelegte Anzeige wieder?"),
- die Kampagnenbeurteilung/die Kampagnensympathie.

Ein Beispiel für solche Tests bietet die folgende Übersicht 8.

Übersicht 8: Kampagnenerinnerung und Kampagnenbeurteilung

Von Zuschauern, die im Monat Oktober Werbespots gesehen haben, erinnern sich:							
Spontan				**Abgefragt**			
Rangplatz	**Produkt**	**Erinnerung in %**	**Bewertung**	**Rangplatz**	**Produkt**	**Erinnerung in %**	**Bewertung**
1.	Persil	18	3,4	1.	Wick Bonbons	77	3,0
2.	Ariel	13	3,1	2.	Pal (Hundefutter)	74	3,2
3.	Toyota	10	1,6	3.	Levi's Jeans	69	2,2
4.	Milka	9	2,7	4.	Thomy Mayonnaise	66	3,4
5.	Fairy Ultra	7	2,6	5.	Red Bull	62	2,7
6.	Aral	7	1,9	6.	Wellacolor	60	3,1
7.	Jacobs Kaffee	6	3,5	7.	Telekom	57	3,1
8.	Ford	5	2,5	8.	Odol N'Ice	57	3,2
9.	Telekom	5	2,9	9.	Remy Martin	48	3,0
10.	Opel	5	2,7	10.	Dr. Oetker Kuchen	48	3,1
				11.	Chiquita Bananen	47	2,9
				12.	Nivea	46	2,6
				13.	Dany Sahne	41	2,9
				14.	Abtei Vitamin	38	3,8
				15.	Dujardin	35	3,2
				16.	ARD/ZDF	35	3,1
				17.	Intel Inside Pentium	31	2,7
				18.	Playtex BH	20	3,6
				19.	Calida	18	3,4
				20.	Ypno von Otto Kern	13	3,0

Erklärung: Die in den beiden Tabellen ausgewiesenen Prozentwerte beziehen sich auf Personen, die in einer vorgeschalteten Frage „Haben Sie in der letzten Woche TV-Werbung gesehen?" mit „ja" geantwortet haben. Das sind in dieser Woche n=522 Personen.
In der Tabelle „Spontan" werden die zehn Werbespots aufgeführt, welche die Befragten auf die Frage „Wenn Sie an die letzte Woche denken, an welche Werbespots können Sie sich erinnern?" spontan am häufigsten nannten. Die Tabelle beschränkt sich deshalb auf die zehn meistgenannten Spots, weil bei allen weiteren spontan genannten Commercials (ingesamt zwischen 90 und 130) die Zahl der Nennungen pro Spot äußerst niedrig war.
Die Tabelle **„Abgefragt"** zeigt die zwanzig meistgenannten Commercials aus einer Liste aktueller Werbespots, die vom Gesamtverband Werbeagenturen zur Verfügung gestellt wird. Alle TV-Spots, die mehr als 65% gestützte Werbeerinnerung erzielen, werden in der nächsten Befragungswoche in die Liste aufgenommen. Die entsprechende Frage lautete: „An welchen der folgenden TV-Spots können Sie sich erinnern?"
Darüber hinaus bewerteten die Befragten sowohl die spontan genannten als auch die abgefragten Werbespots jeweils mit Hilfe von Schulnoten.

Quelle: Horizont, 45, 1994.

Daneben gibt es eine Reihe von Methoden, die die Art und Intensität der Wahrnehmung erfassen, indem z.B. das Rezeptionsverhalten beobachtet wird, das Blickverhalten gemessen wird oder der Hautwiderstand bzw. Gehirnströme als Aktivierungsindikatoren herangezogen werden (vgl. im Einzelnen Schweiger/Schrattenecker 1995, S. 258ff.).

In zweiter Linie wird versucht zu ermitteln, wie die Rezipienten die Werbebotschaft *verarbeitet* haben. Häufig wird auf folgende Elemente abgestellt:

- die Produktbekanntheit/Markenbekanntheit,
- die Produktbeziehung/Markenbeziehung und
- die Kaufbereitschaft.

Dabei gilt die Zuverlässigkeit geäußerter Kaufabsichten als relativ gering.

Ein gutes Beispiel für die Erfassung der Wirkung der Werbung ist die ARD/ZDF-Studie „Qualitäten der Fernsehwerbung“, die nach 1988 und 1993 inzwischen 1996 zum dritten Mal erschienen ist (Wild 1996). Indikatoren für die Werbewirkung sind hier die Kampagnenerinnerung und die Kampagnensympathie, Indikatoren für die Markenbeziehung sind die Markenbekanntheit, die Kaufbereitschaft und die Markenverwendung.

Schließlich wird versucht, den Zusammenhang zwischen Werbung und Kaufverhalten direkt zu erfassen. Hierzu wird die Werbewirkung durch einen Vergleich der Kaufwerte zwischen Testgruppe mit Werbung und einer Kontrollgruppe ohne Werbung ermittelt. Diese Marktforschung ist eine so genannte Single-Source-Erhebung, weil die Daten aus einer einzigen Quelle stammen; in diesem Fall werden Daten sowohl zum Konsumverhalten als auch zum Kommunikationsverhalten aus der gleichen Quelle gewonnen.

In Deutschland existieren für die Werbewirkungsmessung experimentelle Mikromärkte: Die GfK testet mit Behaviour-Scan in Haßloch (Rheinland-Pfalz) bei 3.000 Haushalten, und Nielsen testet mit Telerim (Television Electronic Research for Insights into Marketing) in Bad Kreuznach und Buxtehude bei je 1.000 Haushalten. Zum einen wird das Mediennutzungsverhalten, überwiegend das TV-Nutzungsverhalten erhoben, und dabei werden insbesondere die Werbeimpulse erfasst. Eine spezielle Technik macht es möglich, auch mit Testwerbung zu arbeiten, indem reguläre Spots mit Testspots überblendet werden, oder einen unterschiedlichen Werbedruck zu testen. Zum anderen wird das Kaufverhalten der beworbenen Haushalte erfasst. Hierzu sind die Haushalte mit Identitätskarten ausgestattet, die sie bei Einkäufen in den mit Scannerkassen ausgerüsteten Geschäften vorlegen. So kann die Wirkung von Marketingvariablen auf das Kaufverhalten abgeleitet werden. Übersicht 9 stellt die häufig verwendeten Parameter der Werbewirkung noch einmal zusammen.

Übersicht 9: Die Parameter der Werbewirkung

Direkte Werbewirkungsparameter	Globale Werbeerinnerung bei Markenvorlage Spontane Werbeerinnerung an Details der Werbung Kampagnensympathie
Indirekte Werbewirkungsparameter	Spontane Markenbekanntheit Markensympathie Kaufneigung Markenverwendung/Besitz

Quelle: Tele Images, 1, 1995, S. 35.

8. Online-Werbung

Die Online-Werbung ist bislang nicht dargestellt worden, weil die Netze der Kommunikation noch nicht als eigenständiges Massenmedium gelten. Gleichwohl kann die Online-Werbung als besondere Werbeform die Werbung in den klassischen Massenmedien ergänzen und z.T. wohl auch ersetzen. Daher soll die Werbung im Netz der Online-Kommunikation hier gesondert dargestellt werden.

Online-Werbung ist die Werbung in leitungsgebundenen Kommunikationsnetzen, faktisch die Werbung im Internet und in Online-Diensten. Diese Werbung kann einfache Anzeigenwerbung sein, interaktive Werbung und Sponsorwerbung. Zu unterscheiden ist die Werbung auf der eigenen Homepage – diese ist meist Imagewerbung für die Unternehmung und für ihre wichtigen Dachmarken – von der Werbung in fremden Online-Angeboten. Es ist beides Werbung, aber nur die Werbung in fremden Websites erbringt dem Werbeträger Einnahmen. Die Werbung in fremden Online-Angeboten ist meist *Bannerwerbung* auf rechteckigen Flächen am Kopf der Online-Seite oder *Buttonwerbung* auf runden Flächen an der rechten Seite der Online-Seite.

Der *werbliche Nutzen* von Online-Werbung ist bislang umstritten. Als wichtig gilt eine dialogorientierte Werbung, die für die Nutzer einen Zusatznutzen enthält, etwa ein Gewinnspiel oder informative Hinweise zur Produktverwendung (Backrezepte, Reiseführer ...). Eine solche Dialogorientierung ist einer der komparativen Vorteile der Online-Werbung; der andere Vorteil ist die Möglichkeit, gezielt nach Informationen über Produkte oder Firmen suchen zu können. So wird Push-Werbung zur Pull-Werbung, zur aktiv gesuchten Werbung mit entsprechendem Informationsnutzen.

Das *Volumen* des Marktes für Online-Werbung kann bislang nur grob geschätzt werden:

- Auf 20 bis 50 Millionen DM wird das Volumen der Online-Werbung in *fremden* Online-Angeboten geschätzt (vgl. ZAW 1998, S. 248; Prognos 1998, S. 8).
- Auf vier Mrd. DM werden die Kosten für die Online-Marktkommunikation *insgesamt* geschätzt (vgl. ZAW 1998, S. 247).

Etwa 50 Prozent der Werbeeinnahmen (also der Werbung in fremden Online-Angeboten) entfallen auf die Online-Angebote der Verlage, etwa 30 Prozent auf die Betreiber von Suchmaschinen, der Rest auf Fernsehveranstalter und Anbieter von Online-Diensten (vgl. ZAW 1998, S. 247ff.). Die Vermarktung erfolgt häufig durch spezielle Internet-Werbevermarkter wie z.B. 1&1 Online Dialog GmbH (Dortmund), die die Werbeflächen im Online-Angebot von SAT.1 vermarktet.

Die *Preisgestaltung* der Online-Werbung ist z. Zt. noch einem „trial and error"-Prozess unterworfen. Welche Preiskonditionen sich einstellen werden, bleibt abzuwarten. Focus z.B. kalkulierte 1996 für einen einfachen Werbemittelkontakt einen Tausendkontaktepreis von 80,- DM und für einen interaktiven Kontakt einen TKP von 200,- DM mit entsprechenden Spotpreisen von 12.000 DM bzw. 30.000 DM für die Focus-Online-Homepage (Horizont, 2, 1996).

Die *Reichweite* der Online-Werbung wird seit Oktober 1997 durch die IVW (Informationsgemeinschaft zur Feststellung der Verbreitung von Werbeträgern e. V.) für die ihr angeschlossenen Werbeträger geprüft. Sie ermittelt „Page Impressions" (Sichtkontakte) und „Visits" (Nutzungen). *Page Impressions* nach IVW-Richtlinien sind die „Anzahl der Sichtkontakte beliebiger Benutzer mit einer potenziell werbeführenden HTML-Seite. Sie liefern das Maß für die Nutzung einzelner Seiten eines Angebotes. Ein *Visit* bezeichnet einen zusammenhängenden Nutzungsvorgang (Besuch eines WWW-Angebots). Es definiert den Werbeträgerkontakt. Als Nutzungsvorgang zählt ein technisch erfolgreicher Seitenzugriff eines Internet-Browsers auf das aktuelle Angebot, wenn er von außerhalb des Angebots erfolgt" (ZAW 1998, S. 253).

9. Verbund von Massenmedien und Werbung

9.1. Ausmaß des Verbunds von Massenmedien und Werbung

Der Verbund von Massenmedien und Werbung hat drei Aspekte:
- Werbeträger sind vor allem die klassischen Massenmedien Zeitung, Zeitschrift, Anzeigenblatt sowie Hörfunk und Fernsehen;
- Massenmedien sind in erheblichem Umfang Werbeträger, und
- Massenmedien gehören zu den werbeintensivsten Branchen der Wirtschaft.

Die herausragende Stellung der *Massenmedien als Werbeträger* zeigt Tabelle 12. Mehr als drei Viertel des Netto-Werbeumsatzes entfällt auf die klassischen Massenmedien. Allerdings nimmt ihr Anteil von 81,3 Prozent (1980) auf 75,3 Prozent (1997) deutlich ab. Insbesondere die Direktwerbung per Post und in zweiter Linie die Adressbuchwerbung hat Marktanteile gewonnen.

Tabelle 12: Anteil der klassischen Massenmedien als Werbeträger von 1980 bis 1997[1]

Jahr	1980	1982	1984	1986	1988	1990	1992	1994	1996	1997
Anteil	81,3	80,4	80,3	80,2	79,7	78,6	77,3	76,5	75,1	75,3

[1] in Prozent der Netto-Werbeeinnahmen der vom ZAW insgesamt erfassten Werbeträger, ab 1992 alte und neue Bundesländer

Quelle: Ursprungsdaten ZAW-Jahrbücher „Werbung in Deutschland"

In welchem Umfang Massenmedien Werbeträger sind, kann nicht pauschal gesagt werden. Wählt man als Indikator den Anteil der Werbeeinnahmen an den gesamten Einnahmen, so kann etwa folgendermaßen klassifiziert werden:
- Zeitungen sind zu knapp zwei Dritteln Werbeträger (vgl. Band 1, Kapitel 8);
- Zeitschriften sind – bei deutlichen Unterschieden zwischen den einzelnen Zeitschriftentypen – zu etwas über 50 Prozent Werbeträger;
- Anzeigenblätter sind zu 100 Prozent Werbeträger;
- privater Hörfunk ist bislang zu praktisch 100 Prozent Werbeträger;
- öffentlich-rechtlicher Hörfunk ist zu knapp 3 Prozent Werbeträger (vgl. Kapitel 11);
- privates Fernsehen ist bislang zu fast 100 Prozent Werbeträger und
- öffentlich-rechtliches Fernsehen zu gut 7 Prozent (vgl. Kapitel 13).

Zusammenfassend kann man sagen, dass Massenmedien nach dem Schwerpunkt ihrer wirtschaftlichen Aktivität mit Ausnahme des öffentlich-rechtlichen Rundfunks vor allem eines sind: Werbeträger.

Massenmedien gehören zu den *werbeintensivsten Branchen* überhaupt, wenngleich ganz genaue und vergleichbare Daten nicht vorliegen. Nach Daten der Nielsen Werbeforschung S+P belegt der Sektor Massenmedien stets einen Spitzenplatz in der Rangfolge der werbestärksten Branchen in Deutschland. Dabei ist allerdings zu berücksichtigen, dass bei der (Eigen-) Werbung der Massenmedien die Summe der Rabatte und Freischaltungen überdurchschnittlich hoch ist, dies aber von der Nielsen Werbeforschung nicht berücksichtigt wird. Tabelle 13 gibt einen Überblick über den Werbeaufwand der Massenmedien.

Tabelle 13: Bruttowerbeaufwand der Massenmedien von 1990 bis 1997 in Deutschland[1]

	1990	1991	1992	1993	1994	1995	1996	1997
Werbaufwand insgesamt	15.115	17.163	19.846	21.514	23.363	24.517	25.909	27.438
Werbeaufwand der Massenmedien	740	878	1.039	1.244	1.697	1.965	2223	2532
Anteil von (2) an (1) in v. H.	4,9	5,1	5,2	5,8	7,3	8,0	8,6	9,2
Rangplatz[2]	3	2	3	3	2	2	2	2

[1] in Mio. DM; [2] Rangplatz nach der absoluten Höhe des Werbeaufwands

Quelle: Ursprungsdaten ZAW Jahrbücher „Werbung in Deutschland".

Im Zeitablauf hat die Werbung für Massenmedien deutlich zugenommen; mittlerweile rangieren die Massenmedien an zweiter Stelle der werbestärksten Branchen und erreichen gut neun Prozent des gesamten Werbeaufwands. 1997 steht SAT.1 mit einem Brutto-Werbeaufwand von 66,7 Mio. DM auf Platz 11, RTL mit 55,9 Mio. DM auf Platz 19, nur zwei Plätze hinter Coca-Cola mit 58,1 Mio. DM. Und z.B. der Axel-Springer-Verlag verbucht einen Brutto-Werbeaufwand von 268,5 Mio. DM, 100 Mio. DM mehr als Daimler Benz (168,2 Mio. DM) (vgl. W&V Background, 6, 1998, S. 84). Berücksichtigt man, dass der Sektor Massenmedien eine vergleichsweise kleine Branche der Wirtschaft ist, so können die Massenmedien als die Branche mit der größten Werbeintensität (Werbung im Verhältnis zur Bruttowertschöpfung) bezeichnet werden.

9.2. Ursachen des Verbunds

Der erstaunlich umfangreiche Verbund von Massenmedien und Werbung, genauer gesagt, von journalistischer bzw. redaktioneller Information und werblicher Information, ist kein Zufall, sondern ist begründet in *Effizienzvorteilen des Verbunds.* Solche Verbundvorteile (auch Diversifizierungsvorteile bzw. Economies of Scope genannt) liegen vor, wenn Herstellung und/oder Vertrieb mehrerer Produkte durch das gleiche Unternehmen zu niedrigeren Gesamtkosten führt, als wenn die jeweiligen Produkte von jeweils unterschiedlichen Unternehmen produziert und vertrieben werden.

Der Verbund von Massenmedien und Werbung ist zum einen begründet in erheblichen *Verbundvorteilen im Vertrieb.* Dies liegt daran, dass das eine Produkt, die werbliche Information, in der Regel an die gleichen Rezipienten geliefert wird wie die redaktionelle Information und daran, dass die Verteilkosten relativ wenig von der Liefermenge der Informationen abhängen. So sind die Verteilkosten bei Zeitungen, Zeitschriften und Anzeigenblättern relativ unabhängig vom Gewicht, daher wird die Zustellung von Printmedien praktisch nicht teurer, wenn ihr Umfang durch

Werbung vergrößert wird. Und die Verteilkosten bei Hörfunk und Fernsehen sind in der Regel unabhängig von der Sendezeit, daher wird die Ausstrahlung von Hörfunk und Fernsehen nicht teurer, wenn die Sendezeit durch Werbung verlängert wird. Solche Verbundvorteile im Vertrieb sind die zentralen Ursachen für den Verbund von redaktioneller und werblicher Information.

Solche Verbundvorteile im Vertrieb schwinden, wenn die Vertriebskosten der Informationen allein von ihrer Menge abhängen, was bei „elektronischen Printmedien" (Zeitung bzw. Zeitschrift Online) der Fall und was generell bei leitungsgebundener Übertragung möglich ist. In dieser Konstellation wird der Verbund von journalistischer und werblicher Information deutlich weniger vorteilhaft.

Zum Zweiten ist der Verbund von journalistischer und werblicher Information begründet in erheblichen *Verbundvorteilen im Konsum.* Zugrunde liegt hier die Vorstellung, dass der Rezipient Werbung aktiv „nachfragt" und zwar so lange, wie der Nutzen der Werbung ihre Kosten für den Rezipienten übersteigt, genauer gesagt, solange der Grenznutzen die Grenzkosten übersteigt (vgl. Abschnitt 3.2.). Der Nutzen der Werbung ist der Informationsnutzen und der Animationsnutzen. Diese Nutzen ändern sich durch den Verbund nicht. Die Kosten der Werbung sind für den Rezipienten die Kosten des Zeitverbrauchs, gedacht als Opportunitätskosten, als entgangener Nutzen einer alternativen Verwendung der Zeit (man könnte ja, statt Werbung zu sehen, abwaschen oder Blumen gießen oder Heimarbeit erledigen oder zappen usw.). Diese Opportunitätskosten der Zeit werden durch den Konsumverbund, also die verbundene Rezeption von journalistischer und werblicher Information, deutlich verringert:

- Der Rezipient spart Suchzeit – Zeit, um die Werbung zu suchen, die rezipiert werden soll;
- der Rezipient spart Entscheidungszeit – Zeit, um zu entscheiden, welche Werbung rezipiert werden soll;
- der Rezipient hat im Konsumverbund nur sehr geringe Opportunitätskosten, weil die Alternativen, die er hat, dann sehr gering sind, wenn er die journalistische Information sowieso schon konsumiert. In diesem Sinne sind die Opportunitätskosten, die entstehen, wenn man z.B. einen Werbebrief liest, sehr viel höher, als wenn man Rundfunkwerbung rezipiert (vgl. Kaas 1990, S. 501f.).

Man hat kaum eine andere Wahl, als viele Formen der Werbung zu rezipieren: Dies ist die umgangssprachliche Formulierung der ökonomischen Ausdrucksweise, die Opportunitätskosten seien gering.

Schließlich kann die Verbreitung und Verarbeitung der Werbebotschaft von einem *Glaubwürdigkeitsverbund* von journalistischer und werblicher Information profitieren, allgemein von einem Imagetransfer vom Massenmedium auf die Werbebotschaft. So profitiert die werbungtreibende Wirtschaft von den Massenmedien als effiziente Vehikel für den Vertrieb und als effiziente Vehikel, um den Konsum der Werbebotschaften durch die Rezipienten zu fördern. Allerdings zahlt die werbungtreibende Wirtschaft dafür: 1997 rund 29,1 Mrd. DM. Ohne die Existenz der Massenmedien Zeitung, Zeitschrift, Anzeigenblatt sowie Hörfunk und Fernsehen wäre Werbung in dem Umfang, wie sie in entwickelten Industrieländern entfaltet wird, nicht denkbar. Umgekehrt wären auch die Massenmedien nicht so verbreitet, wenn sie nicht zum größten Teil durch Werbung finanziert würden. Auch sie sind auf die Einnahmen aus Werbung angewiesen, allerdings ist unklar, in welchem Umfang die Nachfrage der Rezipienten nach Massenmedien zurückginge, wenn sie allein die kostendeckenden Preise zu zahlen hätten.

Ein spezieller Verbundvorteil besteht für die Massenmedien im Verkauf von Werbung darin, dass sie durch diesen Verbund in die Lage versetzt werden, auch solche Informationen zu vermarkten, die als öffentliches Gut sonst nicht vermarktet werden könnten. Es handelt sich um die Information per se als Input in den Medienkonsumprozess und um den Output des Medienkonsumprozesses in Form von „Meinungsvielfalt" und „Integrationsleistungen". Hieran können Eigentumsrechte nur mit Mühe bzw. gar nicht definiert und durchgesetzt werden (vgl. Kapitel 1), und die Folge wäre ein unzureichendes Angebot dieser Güter, wenn es nicht gelänge, diese öffentlichen Güter im Verbund mit rein privaten Gütern zu vermarkten.

Ein solches gut vermarktbares Verbundprodukt ist die Verbreitungswahrscheinlichkeit und die Wirkungswahrscheinlichkeit von Werbebotschaften: Eigentumsrechte können unschwer definiert und durchgesetzt werden, das Marktausschlußprinzip kann also angewendet werden, und eindeutige Konsumrivalität macht dieses Prinzip sinnvoll. So können die Vermarktungsprobleme journalistischer Informationen gelöst werden, allerdings nicht ohne Folgen für Qualität und Umfang der journalistischen Produktion.

9.3. Folgen des Verbunds von Massenmedien und Werbung

Der Verbund von Distribution und Konsum der journalistischen und der werblichen Information hat erhebliche Folgen vor allem für die journalistische Produktion, in geringem Maße wohl auch für die Werbung. Die Bestandteile des Verbundprodukts werden auf zwei unterschiedlichen Märkten angeboten und nachgefragt. Auf dem *Rezipientenmarkt* wird ein komplexes Produkt angeboten, das aus den unterschiedlichsten Elementen von Information, Bildung und Unterhaltung zusammengesetzt ist. Das Produkt kann nicht klar definiert werden, und seine Qualität kann nur schwer erfasst werden. Das Produkt ist in hohem Maße ein öffentliches Gut, und seine direkte Vermarktbarkeit gestaltet sich schwierig, zwingt zu Umwegen. Auf diesem Markt herrscht nur wenig Transparenz, und der Wettbewerb funktioniert nur unzureichend.

Auf dem *Werbemarkt* wird eine Verbreitungswahrscheinlichkeit von Werbebotschaften angeboten, differenziert nach soziodemographischen und/oder psychographischen Merkmalen. Das ist ein klar definiertes Produkt. Es handelt sich um ein rein privates Gut, das ohne Schwierigkeiten direkt vermarktet werden kann. Auf dem Markt herrscht – dank der Dienstleistungen von Media-Agenturen – eine ausreichende Preis- und Qualitätstransparenz. Der Wettbewerb funktioniert gut, die Wünsche der werbungtreibenden Wirtschaft als Käufer setzen sich durch. Dieser Verbund hat qualitative und quantitative Konsequenzen für das Mediensystem.

Beide Märkte mit ihrem so ganz unterschiedlich funktionierenden Wettbewerb sind insofern miteinander verbunden, als die Reichweiten auf dem Rezipientenmarkt notwendige, allerdings nicht hinreichende Bedingung für den Verkauf auf dem Werbemarkt sind. Zum Konflikt zwischen den Rezipientenpräferenzen und den Wünschen der werbungtreibenden Wirtschaft kommt es, wenn die erzielbare Reichweite *qualitativ* kein geeignetes Werbeumfeld darstellt, etwa bei billigen Sexfilmen, kritischen Informationssendungen oder Sendungen für Senioren. Im Konfliktfall setzen sich dann die Produktwünsche der werbungtreibenden Wirtschaft durch.

Zum einen, weil sie in der Regel den größeren Finanzierungsbeitrag leistet, und zum anderen, weil die werbungtreibende Wirtschaft in der Lage ist, ihre Präferenzen klar, operationalisierbar und zudem in Verbänden organisiert zu formulieren. Dagegen sind die Präferenzen der Rezipienten diffus, weniger klar zu formulieren, und die Rezipienten sind nicht in Verbänden organisiert. Die Konsequenz ist, dass innerhalb eines recht großen Spektrums von möglichen journalistischen Informationen, die alle geeignet sind, beim Rezipienten Beachtung zu finden, gerade diejenigen ausgewählt werden, die am billigsten die gewünschte werbliche Aufmerksamkeit erzeugen. Damit ist die Kontrolle der journalistischen Produktion durch die Nachfrage der Rezipienten nicht ausgeschlossen, aber es ist keine trennscharfe Kontrolle (vgl. Heinrich 1996). Die Folge ist ein werblich definierter Zielgruppenjournalismus; Medien, Medienformate, Medienstrukturen und Medieninhalte werden tendenziell den Wünschen der werbungtreibenden Wirtschaft angepasst.[72] Beispiele, stilisierte Fakten, lassen sich zahlreich finden:

- Medienformate werden angepasst, in der Regel verjüngt („Eine Reihe von neuen Sendungen soll mithelfen, das Gesamtprogramm vom Rande her zu modernisieren und mit konsequent aufmerksamkeitsbindenden Programminseln für ältere Kinder und junge Erwachsene attraktiver zu machen"; Zitat des ZDF-Intendanten Dieter Stolte in Medienspiegel, 38, 1994, S. 3).
- Programmstrukturen und Zeitstrukturen werden angepasst.
- Die Inhalte werden als werbewirksames Umfeld positioniert („lebensbejahende Romantik" ...)
- Die Dramaturgie von TV-Filmen passt sich den Werbepausen an, indem viele kurze Akte mit jeweils eigenen dramaturgischen Höhepunkten konzipiert werden.
- Die Realität passt sich an, z.B. werden Fußballspiele auf alle Tage der Woche verteilt, oder im Handball werden Auszeiten eingeführt.

Dies ist ein *prinzipielles* Problem der Medienproduktion, dass Zielgruppen der Berichterstattung werblich definiert werden und dass Inhalte der Berichterstattung primär Werbeumfeld sind. Dies macht es schwer, der Berichterstattungspflicht allein nach journalistischen Normen zu folgen. Es ist indes auch *nur* ein prinzipielles Problem, weil ein geeignetes Werbeumfeld z.T. den Normvorstellungen der Publizistik entspricht. Die Berichterstattung muss sowohl nach den Normen der Publizistik als auch nach den Wünschen der werbungtreibenden Wirtschaft glaubwürdig sein. So ist die Frage, wie glaubwürdig die Werbung in den verschiedenen Medien ist, eine

72 Hinzu kommen direkte Pressionsversuche der werbungtreibenden Wirtschaft auf konkrete Inhalte, doch dies sind eher Randprobleme des Journalismus.

Standardfrage der werbungtreibenden Wirtschaft. Als „besonders glaubhaft" und „glaubhaft" gilt die Werbung in folgender Reihenfolge der Medien:

- Tageszeitungen (43,5 Prozent),
- Zeitschriften (40,4 Prozent),
- Fernsehen (37,8 Prozent),
- Plakat (32,4 Prozent),
- Radio (31,9 Prozent),
- Kino (30,9 Prozent) (Horizont 51/52, 1995, S. 31).

Solche Listen sind stets Ansporn für die Massenmedien, eine objektive und glaubwürdige Berichterstattung zu pflegen. Und das Image der Massenmedien, der Titel, der Programme, der Sendungen und der Beiträge sollte nach den Vorstellungen der werbungtreibenden Wirtschaft nicht nur glaubwürdig, sondern auch „gut" sein: aktiv, lebensbejahend, romantisch und positiv, frei von roher, blutrünstiger Gewalt und frei von billigem Sex, um als gute Werbeträger zu gelten. Und wenngleich eine solche Fremdbestimmung von Medieninhalten prinzipiell irritiert, kann ihr Ergebnis nicht in jedem Fall kritisiert werden.

In *quantitativer* Hinsicht trägt die Werbung dazu bei, das Mediensystem zu entwickeln und auszudifferenzieren. So begründen die Wünsche der werbungtreibenden Wirtschaft stets neue und stets genauer auf Zielgruppen bezogene Medien, vor allem Special-Interest-Zeitschriften sowie Ballungsraumfernsehen und Spartenfernsehen. So kann man in der Tat davon sprechen, dass „Marken Medien machen" (Wirtschaftsstudium, 7, 1995, S. 566). Das Interesse der werbungtreibenden Wirtschaft an einem vielfältigen Mediensystem, das vielfältige und billige Werbemöglichkeiten bietet, ist ein starkes Movens des Mediensystems. Und nicht zufällig übt die werbungtreibende Wirtschaft stets deutliche Kritik an Konzentrationsprozessen im Medienmarkt (vgl. Medien 1998/99, S. 27; Reuff 1998), weil eine Medienkonzentration das Angebot an Werbeträgern reduziert und in der Regel verteuert. So hat die „Publizistik" in der werbungtreibenden Wirtschaft einen wichtigen Partner in ihrer Kritik der Medienkonzentration. Die vermutlich wichtigste Wirkung des Verbunds von Massenmedien und Werbung ist die erhebliche Ausweitung des Angebots an redaktioneller Information, das bis zu 100 Prozent (bei privatem Rundfunk) durch die Werbung subventioniert wird. So enthüllt sich im Verbund von Massenmedien und Werbung letztlich ein Dilemma: Zum einen ist der Verbund geeignet, die Erfüllung der öffentlichen Aufgabe des Mediensystems finanziell zu fördern, zum anderen erschwert der notwendige werbliche Zuschnitt der Medienproduktion die Erfüllung der Kritik- und Kontrollfunktion.

10. Konzentration und Wettbewerb auf Werbemärkten

10.1. Abgrenzung relevanter Werbemärkte

Massenmedien sind, wie gesagt, ökonomisch besehen vor allem Werbeträger und konkurrieren vor allem in ihrer Eigenschaft als Werbeträger. Daher ist es sinnvoll, für die Zwecke der Wettbewerbspolitik die relevanten Medienmärkte vor allem als relevante Werbemärkte abzugrenzen. Aus der Sicht der werbungtreibenden Wirtschaft bestimmt sich die funktionale Austauschbarkeit der Werbeträger in erster Linie in Hinblick auf zwei Kriterien:

- die Tausenkontaktepreise (TKPe) für die anzusprechenden Zielgruppe und
- die werbliche Qualität des Werbeträgers insbesondere in Bezug auf die sensorische Gestaltbarkeit der Werbebotschaft.

Das Kriterium der TKP begründet die Marktabgrenzung vor allem nach der räumlichen Reichweite der Werbeträger. Lokal begrenzte Werbung wird nur in Werbeträgern mit lokal begrenzter Reichweite zu platzieren sein, weil anderenfalls die Streuverluste und damit die TKPe für die gewünschte Zielgruppe zu groß wären. Mithin ergeben sich

- viele kleine lokale Werbemärkte,
- einige mittlere regionale Werbemärkte und
- ein nationaler Werbemarkt.

Wettbewerb zwischen diesen Märkten entsteht ansatzweise als asymmetrischer Wettbewerb dergestalt, dass nationale Werbung auch in Kombinationen („Kombis") vieler kleiner lokaler oder regionaler Werbeträger geschaltet werden könnte, was umgekehrt nicht gilt.

Die unterschiedliche *werbliche Qualität* der Werbeträger begründet eine gewisse Trennung der Werbemärkte von Rundfunk und Printmedien (vgl. Monopolkommission 1990, S. 291; Wagner 1990, S. 171). Für eine solche Trennung sprechen auch die sehr unterschiedlichen Kosten der Produktion der Werbemittel, die sehr hoch für das Fernsehen sind und recht gering für Hörfunk und Tageszeitung. Meines Erachtens ist es aber sinnvoller, Werbemärkte nicht medial, sondern nach der Art der Werbung abzugrenzen in

- einen Markt für informative Werbung und
- einen Markt für suggestive Werbung (Markenartikelwerbung).

Im Markt für *informative Werbung* konkurrieren dann aufgrund ihrer spezifischen werblichen Eignung vor allem die Printmedien Tageszeitung und Anzeigenblatt sowie Fachzeitschrift, Kundenzeitschrift und Amtsblatt. Informative Werbung wird überwiegend auf lokalen Märkten verbreitet; es gibt aber viele kleine lokale Märkte für informative Werbung, und die Konzentration kann nur für jeden lokalen Markt gesondert ermittelt werden.

Im Markt für *suggestive Werbung* konkurrieren dann aufgrund ihrer spezifischen, multisensorisch wirkenden, werblichen Eignung Fernsehen und Publikumszeitschriften, begrenzt auch das Radio und das Plakat. Das Radio kann nicht generell zugeordnet werden, es verbreitet insbesondere als Lokalradio auch informative Werbung, überwiegend indes suggestive Werbung. Es ergibt sich mithin ein großer nationaler (möglicherweise auch internationaler) Markt für suggestive Werbung, auf dem die Konzentration, insbesondere bezogen auf Fernsehen und Publikumszeitschrift, unschwer global ermittelt werden kann.

Für eine solche medienübergreifende Einteilung von Werbemärkten spricht auch, dass z.B. für die Markenartikelwerbung Monokampagnen (Kampagnen nur in einem Medium) die Ausnahme sind, Mixkampagnen hingegen die Regel. Als optimal gilt ein ausgewogener Mix mit folgenden Medienanteilen:

- Fernsehen 45 Prozent,
- Print 40 Prozent,
- Radio 10 Prozent und
- Plakat 5 Prozent (W&V Extra, 20, 1997, S. 7).

Ob dies wirklich optimal ist, kann offen bleiben; wichtig ist, dass damit eine deutliche Konkurrenz der Werbeträger impliziert ist, die eine Erfassung in einem einheitlichen relevanten Markt für suggestive Werbung nahelegt.

10.2. Wettbewerb auf Werbemärkten

Die Strukturbedingungen des Wettbewerbs auf Werbemärkten unterscheiden sich in wichtigen Punkten von denen des Wettbewerbs auf Rezipientenmärkten:

- Es wird ein präzise definiertes Gut gehandelt: die Verbreitungswahrscheinlichkeit von Werbebotschaften.
- Es existieren klare, über Preise vermittelte Marktbeziehungen.
- Die Preis- und Qualitätstransparenz der Käufer ist recht groß; Werbeagenturen stellen die Transparenz her.

Im Übrigen muss nach der Art der Werbung differenziert werden.

Auf dem Markt für *informative Werbung* existiert eine ausgeprägte Fixkostendegression, die begründet, dass der Alleinanbieter der „Werbung" am billigsten produziert. Ein Alleinanbieter kann mit seinem Medium den gesamten Markt abdecken; zwei Anbieter z.B. mit einem Marktanteil von je 50 Prozent könnten zu etwa den gleichen Kosten – abgesehen von Papier und Zustellung – jeweils nur die Hälfte der Leistung anbieten, zwei Anbieter wären mithin zusammen deutlich teurer als der Alleinanbieter. Naturgemäß resultiert recht häufig das lokale Monopol: *eine* Zeitung, *ein* Anzeigenblatt, *ein* Offertenblatt mit Randwettbewerb bei räumlicher und sachlicher Überschneidung (vgl. Band 1, Kapitel 8, Abschnitt 3).

Auf dem Markt für *suggestive Werbung* wird das Phänomen der Fixkostendegression, das auch hier wie für alle Massenmedien gilt, von zwei Faktoren überlagert, die seine Mechanik aufweichen:

- Die Nachfrage nach der Verbreitung von suggestiver Werbung ist sehr viel größer als die Kapazität eines einzigen Mediums. So ist es naturgemäß nicht möglich, die Werbung in den wichtigen Publikumszeitschriften im Umfang von 211.051 Seiten (1997; ZAW 1998, S. 208) in *einer* Publikumszeitschrift zu verbreiten. Und „Focus" hat bisweilen Mühe, bei einem vertretbaren Heftumfang die Werbung mit genügend redaktionellen Inhalten zu begleiten. Und auch die ausgestrahlte Werbung in den größeren Fernsehprogrammen im Umfang von rund 7.000 Stunden pro Jahr (1997; ZAW 1998, S. 233) kann nicht von *einem* Programm geleistet werden. Daher bietet der Markt für suggestive Werbung Raum für sehr viele Anbieter, die nur jeweils für sich Fixkostendegressionen realisieren können.
- Die Nachfrage der Rezipienten nach „Fernsehen" und „Zeitschrift" ist viel zersplitterter als die Nachfrage nach „Zeitung". Ein durchschnittlicher Rezipient liest normalerweise nur eine Zeitung, und um diesen durchschnittlichen

Rezipienten zu erreichen, genügt es dann, in dieser Zeitung zu inserieren. Ein durchschnittlicher Rezipient liest hingegen (dies sind jetzt grobe Schätzungen von mir) zu je 10 Prozent „Spiegel“, „Focus“ und „Stern“ und zu je 1 Prozent z.B. die „Wirtschaftswoche“, den „Playboy“ und „Das goldene Blatt“; und ein durchschnittlicher Rezipient sieht zu etwa 16 Prozent RTL, zu je 15 Prozent ARD, ZDF und SAT.1 usw. Dies bedeutet, dass die werbungtreibende Wirtschaft, die in aller Regel einen großen Teil aller Rezipienten erreichen will, dann auch in vielen Medien werben muss, naturgemäß vor allem in den Medien mit großer Reichweite.

Technisch gesehen benötigt die werbungtreibende Wirtschaft also eine Vielzahl von Verbreitungsmedien für ihre suggestive Werbung. Damit ist die *notwendige* Bedingung für eine Vielzahl unabhängiger Anbieter und für funktionierenden Wettbewerb erfüllt. Ob dies *hinreichend* für die Konstituierung von Wettbewerb ist, kann nur eine genaue Marktanalyse ergeben; es ist ja denkbar, dass die vielzähligen Werbeträger alle zum gleichen Konzern gehören. Die Konzentrationsanalyse in Abschnitt 10.3. wird zeigen, dass die Konzernbildung weit fortgeschritten ist, dass aber von einer Monopolsituation nicht gesprochen werden kann.

Konzentrationsmotive, also Faktoren, die eine Beschränkung des Wettbewerbs begründen könnten, lassen sich differenzieren. Die ökonomische Effizienz einer *horizontalen Konzentration* der Massenmedien als Werbeträge ist weniger in technisch bedingten Größenvorteilen der Produktion (Economies of Scale) zu sehen als vielmehr darin, dass Werbeagenturen und die werbungtreibende Wirtschaft ihre Werbebotschaften bevorzugt in reichweitenstarken Medien platzieren, weil die Markenartikelwerbung sinnvollerweise einen großen Teil der Bevölkerung erreichen muss. Und eine Vergrößerung der Reichweite lässt sich durch eine horizontale Konzentration recht einfach erzielen. Zusammenschlüsse beschränken zudem den Wettbewerb und vergrößern die Chancen, Preiserhöhungen gegenüber den Kunden durchzusetzen. Dies gilt indes für jede Branche.

Die ökonomische Effizienz einer *vertikalen Konzentration* zwischen Massenmedium und Werbezeitenvermarkter wird durch die vertikale Integration der MGM MedienGruppe München als 100%ige Tochter des ProSieben-Konzerns und durch die 50%ige Beteiligung von RTL am Werbezeitenvermarkter Ipa plus (Frankfurt) demonstriert. Die Vorteilhaftigkeit ist in der Ersparnis von Transaktionskosten begründet (vgl. Kapitel 7, Abschnitt 5): Die Kontrolle der Vermarktung wird erleichtert, und das Know-how zur Produktion eines optimalen Werbeumfeldes kann direkter erworben werden.

Insgesamt ist der Wettbewerb auf dem Markt für suggestive Werbung vermutlich dennoch sehr intensiv. *Indikatoren* für eine große Wettbewerbsintensität sind:

- die starke Variabilität der Werbepreise,
- die relativ starken Veränderungen der Marktanteile und
- die permanenten Innovationen in der Entwicklung neuer (erlaubter und nicht erlaubter) Werbeformen (vgl. Abschnitt 1.7.).

Eine Beschreibung der Buchungspraxis bestätigt die Heftigkeit des Wettbewerbs: Die Agenturen wollen „ihren Kunden zielgruppengenau die günstigsten Werbeplätze sichern. Mit genauen Strukturdaten von der GfK versorgt, kann prognostiziert werden, wie viele ‚Männer unter 30 mit überdurchschnittlichem Haushalts-Nettoeinkommen' den Kung-Fu-Reißer am nächsten Freitag sehen werden. Daraufhin lassen sich die Buchungspläne immer wieder neu abstimmen. Ganze Teams von Werbezeit-Käufern sind bei den Agenturen damit beschäftigt, via Online-Computerverbindung oder Telefon Werbeplätze umzubuchen, oft noch wenige Tage vor der Ausstrahlung. ‚Zukaufen, reinnehmen, ‚Flopblöcke' abstoßen – es geht zu wie an der Börse', bestätigt Wolfram Winter von der MediaGruppe München das hektische Leben in Agenturen und Vermarktungsfirmen" (TV Spielfilm, 16, 1993, S. 20).

Schließlich ist die hinreichende Bedingung für Wettbewerb auf dem Markt für suggestive Werbung erfüllt: *Marktzutritt ist möglich,* der Markt ist angreifbar im Sinne der ökonomischen Theorie. Paradebeispiel ist der Marktzutritt von „Focus" oder RTL2.

10.3. Konzentration auf Werbemärkten

Die Konzentration auf dem Markt für informative Werbung kann nur im Einzelfall ermittelt werden. Zu vermuten sind zahlreiche kleine Monopole. Die Konzentration auf dem Markt für suggestive Werbung lässt sich gut ermitteln, wenn man sich auf die dominierenden Medien Fernsehen und Publikumszeitschrift beschränkt. Die AC Nielsen Werbeforschung weist die Bruttowerbeeinnahmen für das Fernsehen und die Publikumszeitschriften medienbezogen aus. Daraus lassen sich die entsprechenden Werbemarktanteile der Medienkonzerne unter Berücksichtigung ihrer numerischen Beteiligungen[73] ermitteln, eine Methode, die auch den Konzentrationsanalysen des Fernsehmarktes von Heinrich zugrunde gelegen hat (vgl. Heinrich 1992a).

Tabelle 14 zeigt die Konzern-Konzentration auf dem relevanten Markt für suggestive Werbung.

73 Eine Beteiligung von z.B. 76 Prozent wird nur zu 76 Prozent erfasst und nicht voll zugerechnet, wie es bei einer solchen klaren Mehrheitsbeteiligung möglich wäre.

Tabelle 14: Konzern-Konzentration auf dem nationalen Werbemarkt 1997 (Fernsehen und Publikumszeitschriften)

Medienunternehmen	Brutto-Werbeumsatz 1997 in Mio. DM[1]	Marktanteil in v. H.[2]
1. Kirch-Familie	3.943,5	21,5
2. CLT/Ufa	3.925,6	21,4
3. Bertelsmann	2.581,8	14,1
4. Axel-Springer-Verlag	1.879,4	10,2
5. Rewe-Gruppe	1.269,8	6,9
6. Gruner+Jahr	1.261,3	6,9
7. Burda	977,8	5,3
8. Heinrich-Bauer-Verlag	823,8	4,5
9. Holtzbrinck	633,8	3,5
10. WAZ-Gruppe	493,3	2,7
11. Spiegel-Verlag	474,1	2,6
12. ARD	466,4	2,5
13. ZDF	399,9	2,2
14. Verlagsgruppe Milchstraße	373,8	2,0
15. Jahr-Gruppe	366,3	2,0
16. Vereinigte Motor-Verlag	306,3	1,7
17. Ganske-Gruppe	213,2	1,2
18. Walt Disney Company	208,1	1,1
19. News Corporation	201,4	1,1
20. Vogel-Medien-Gruppe	170,8	0,9
21. RCS Rizzoli	150,3	0,8
22. ADAC-Verlag	132,5	0,7
23. Canal plus	113,2	0,6
24. Tele München	108,0	0,6
25. Time Warner	107,5	0,6

[1] anteiliger Werbeumsatz im TV und bei Publikumszeitschriften für 1997
[2] bezogen auf das Gesamtvolumen von 18.356 Mrd. DM

Quelle: Medien 98/99, S. 26.

Es dominieren die Kirch-Familie, CLT/Ufa und Bertelsmann, die zusammen mit einem Marktanteil von 57 Prozent (>50 Prozent) ein marktbeherrschendes Oligopol bilden. Allenfalls im Verhältnis der Kirch-Familie zu den beiden Konkurrenten kann noch ein heftiger Wettbewerb im Innenverhältnis vermutet werden, zwischen CLT/Ufa und Bertelsmann sicher nicht. Die Konzentration ist etwas kleiner als auf dem Fernsehmarkt allein ausgewiesen (vgl. Kapitel 13), sie kann indes mit einer Konzentrationsrate CR3=0,57 und einem Hirschman-Herfindahl-Index von 1421,8 als hoch bezeichnet werden kann. Tatsächlich dürfte die Konzentration deutlich größer sein, wenn Konzerne als wirtschaftliche Einheiten erfasst würden, also z.B. Beteiligungen ab 50 Prozent voll zugerechnet würden. Damit bestätigt sich die Konzentration auf den einzelnen Medienmärkten – insbesondere bei Zeitungen, Zeitschriften und Fernsehen auch im Markt der Massenmedien insgesamt.

Eine solche Gesamterfassung der Konzentration, wie sie mit der Konzentration im Markt der Werbeträger Fernsehen und Publikumszeitschrift wenigstens ansatzweise vorliegt, ist von großer Bedeutung, weil nur so die dominierenden Akteure im Markt der Meinungen herausgestellt werden können. Der Rückgriff auf den Indikator Werbemarktanteil ist dabei notwendig, weil Werbemarktanteile, anders als Rezipientenmarktanteile, mediumübergreifend zusammengefasst werden können. Und weil Werbemarktanteile, mit Ausnahme des öffentlich-rechtlichen Rundfunks, in der Größenordnung den Rezipientenmarktanteilen entsprechen, ist die Verwendung dieses Indikators vertretbar.

Zusammenfassung

Massenmedien sind, ökonomisch gesehen, vor allem Werbeträger. Die Medienstruktur und die Medienentwicklung werden sehr stark durch die Entwicklung von Wirtschaft und Werbung geprägt, vermutlich stärker als durch die Entwicklung individueller und öffentlicher Meinungen. Der Werbemarkt in Deutschland umfasst ein Volumen von knapp 60 Milliarden Mark, davon entfallen auf die Massenmedien Tageszeitung, Zeitschrift, Hörfunk und Fernsehen knapp 26 Milliarden Mark als Netto-Werbeeinnahmen (1997). Prognostiziert wird ein Wachstum der Werbeeinnahmen, das leicht über dem Wachstum des Bruttoinlandsprodukts liegt und eine leichte Zunahme des Marktanteils der Fernsehwerbung. Damit kann das Fernsehen und die Fernsehwerbung als Wachstumsbranche bezeichnet werden; für Zeitung, Zeitschrift und Hörfunk wird eher eine Abnahme der Marktanteile erwartet und eine relative Stagnation ihrer Entwicklung. Qualitativ wird sich die Werbung von der klassischen Spot-Werbung weg und zur ausdifferenzierteren Werbung below-the-line hin entwickeln. Der so ausgedehnte Verbund von Massenmedien und Werbung hat seinen Grund in den Verbundvorteilen des Vertriebs und des Konsums. Die Folgen dieses Verbunds sind erheblich:

- Das Werbevolumen bestimmt das Volumen des Informationsangebotes in entscheidender Weise, und
- die Werbebotschaften beeinflussen die Inhalte des Informationsangebotes.

Ohne die Werbung in Massenmedien zu verbieten, dürfte dies nicht zu ändern sein; ein Verbot der Werbung in Massenmedien wäre aber nicht nur nicht durchsetzbar, sondern auch nicht sinnvoll, weil eine Verringerung des Informationsangebotes auch eine Verringerung von Wissen implizierte.

Literatur

Über Werbung allgemein informieren umfassend:

- Schweiger, G.; G. Schrattenecker, Werbung, 4. Auflage, Stuttgart u. a. (Fischer) 1995,
- Rogge, H. J., Werbung, 4. Auflage, Ludwigshafen (Kiehl) 1996.

Kürzer informieren im Rahmen ihrer Beiträge über Marketing insgesamt auch über Werbung:

- Zentes, J., Marketing, in: Vahlens Kompendium der Betriebswirtschaftslehre, Band 1, 3. Auflage, München (Vahlen) 1993, S. 321-395 sowie
- Nieschlag, R.; E. Dichtl, H. Hörschgen, Marketing, 17. Auflage, Berlin (Duncker & Humblot) 1994.

Über aktuelle Entwicklungen im Bereich von Werbung und Medien informiert jeweils umfassend

- Werbung in Deutschland, Jahrbuch des Zentralverbandes der Deutschen Werbewirtschaft (Bonn)

sowie die Werbefachzeitschriften

- Horizont (Frankfurt) und
- w&v (München).

Einen kurzen Überblick über die Werbewirkung gibt

- Steffenhagen, H., Werbewirkungsforschung, in: Wirtschaftswissenschaftliches Studium, Heft 6, 1999, S. 292-298.

16. Kapitel

Ökonomische Fundierung einer Medienpolitik – Rezipientenorientierung der Kontrolle des Mediensystems

1. Medien, Ökonomie und Kommunikationswissenschaft

Medien und Kommunikation sind vor allem Gegenstand der Kommunikationswissenschaft, sie sind die „originären und zentralen Gegenstandsbereiche der Kommunikations- und Medienwissenschaft" (Altmeppen 1996, S. 12). Medien und Kommunikation sind aber auch Gegenstand ökonomischer Analyse, weil Produktion, Distribution und Konsum der massenmedial erstellten Güter Information, Bildung, Unterhaltung und Werbung – kurz: die Medienproduktion – die knappen gesellschaftlichen Ressourcen Arbeit, Kapital und Natur verbraucht. Die Medienproduktion konkurriert also mit anderen Verwendungsmöglichkeiten der knappen Ressourcen und vor diesen Alternativen (Opportunitätskosten als Maß für den Nutzenentgang der nächst besten Verwendungsart) müssen sich die Kosten der Medienproduktion legitimieren. Die Analyse der (optimalen) Verteilung der knappen gesellschaftlichen Ressourcen – Allokation der Ressourcen – auf die Produktion gesellschaftlich gewünschter Güter ist die zentrale Fragestellung der Ökonomie und die Analyse der (optimalen) Allokation der Ressourcen auf Umfang und Struktur der Medienproduktion ist die zentrale Fragestellung der Medienökonomie (vgl. Band. 1, Einführung).

Eine Medienökonomie, die Medien und Kommunikation mit der disziplinären Matrix der Ökonomie analysiert – so wie „meine" Medienökonomie – ist mithin Teilbereich der Ökonomie, so wie Gesundheits- oder Umweltökonomie auch Teilbereiche der Ökonomie sind. Dies ist unter Ökonomen nicht strittig (vgl. z.B. Owen 1975, Picard 1989, Alexander/Owers/Carveth 1993 oder Albarran 1996). Im Bereich der Kommunikationswissenschaft erfolgt indes eine andere Einordnung. Zum Teil wird die Medienökonomie der Kommunikationswissenschaft zugeordnet (so Schenk/Hensel 1987, S. 535; so wohl auch Kiefer, wenngleich Kiefer für die Anwendung ökonomischer Methoden und Theorien plädiert (Kiefer 1997a, S. 59), z.T. wird eine Interdisziplinarität gefordert (Altmeppen 1996, S. 13) z.T. wird eine Transdisziplinarität für angemessen gehalten (Karmasin 1998); Kopper sieht die Medienökonomie primär als Ökonomie (Kopper 1982), wenngleich wohl nicht nur als Ökonomie; Ludwig hingegen lässt das Verhältnis von Medienökonomie und Kommunikationswissenschaft ungeklärt (Ludwig 1994, S. 147f.), und Eichhorn postiert die Medienökonomie in das Schnittfeld der Wirtschafts- und Kommunikationswissenschaften (Eichhorn 1983, S. 7)). Eine solche grundlegende Neuorientierung einer neuen Disziplin „Medienökonomie“ ist möglich, erscheint mir indes nicht als sinnvoll, weil ich spezifische und sinnvolle Fragestellungen und Analyseebenen, die über die entwickelte disziplinäre Matrix von Kommunikationswissenschaft und Ökonomie hinausgehen, nicht sehe.

M. E. bleibt Medienökonomie Teil der Ökonomie, was nicht heißt, dass sich nicht auch andere Disziplinen mit Medien befassen sollten. Im Gegenteil: Weil sich die Ökonomie bislang nur am Rande mit Medien befasst, ist eine Analyse durch andere Disziplinen besonders sinnvoll und notwendig. Im Grenzfall sogar eine ökonomische Analyse durch andere Disziplinen: dies erschiene mir indes als eine zu starke Entgrenzung dieser Fächer.

Medienökonomie bleibt m. E. die Analyse von Produktion, Distribution und Konsum der massenmedial erstellten Güter Information, Bildung, Unterhaltung und Werbung mit der disziplinären Matrix der Ökonomie. *In funktionaler Abgrenzung* analysiert die Medienökonomie die Frage der Allokation der Ressourcen im Mediensystem. Die Analyse kann normativ oder deskriptiv angelegt sein. In normativer Ausprägung werden die optimale Organisation der Märkte und/oder die optimale Organisation der Unternehmen und/oder die optimale Organisation der einzelwirtschaftlichen Produktion bzw. des einzelwirtschaftlichen Konsums analysiert. In deskriptiver Ausprägung wird der Sektor Massenmedien als Wirtschaftsbereich beschrieben, um Erkenntnisse für die Erklärung der ökonomischen Strukturen von Massenmedien, um Informationsgrundlagen für Prognosen und um Anhaltspunkte für die Medienpolitik zu gewinnen. Auch hier werden in der Regel die Analyseebenen Markt, Unternehmung und Individuum zu unterscheiden sein (vgl. Band 1, Einführung). Die *sachliche Abgrenzung* der Medien wird nicht einheitlich vorgenommen. In enger Abgrenzung werden nur die aktuell berichtenden Massenmedien Zeitung, Zeitschrift, Anzeigenblatt, Hörfunk und Fernsehen einbezogen, die Medien also, die schwerpunktmäßig dem System Journalismus zuzurechnen sind. In weiterer Abgrenzung werden z.T. auch solche Medien einbezogen, die eher dem System Kunst, z.T. auch dem System Wissenschaft zuzurechnen sind, also Buch, Theater, Museum und Kino und z.T. werden auch die vorgelagerten bzw. nachgelagerten Wertschöpfungsstufen des gesamten Medien- und Kommunikationssektors also einschließlich der Medien- und Kommunikationstechnik und einschließlich der Kommunikationsdienstleistungen einbezogen (vgl. Seufert 1994).

Meine Beschränkung auf die aktuell produzierenden Massenmedien Zeitung, Zeitschrift, Anzeigenblatt, Hörfunk, Fernsehen und den mit diesen untrennbar verbundenen Werbemarkt ist darin begründet, dass Produktion, Distribution und Konsum dieser aktuellen Massenmedien deutliche Unterschiede zu den anderen Massenmedien aufweisen:

- Die Produktion erfolgt in hohem Grade arbeitsteilig in großbetrieblicher Verbundproduktion;
- die Distribution erfolgt in einem permanenten, spezifischen und umfassenden Vertriebsnetz;
- der Konsum ist geprägt durch einen sehr hohen Zeitverbrauch und prägt seinerseits die Zeitstrukturen der allgemeinen Freizeit;

- das Produkt ist mit den Komponenten Information, Bildung, Unterhaltung und Werbung sehr komplex;
- systemtheoretisch gedacht ist die Norm der Aktualität von spezifischer prägender Kraft; und schließlich
- spielen die aktuellen Massenmedien als Verbindungs- und Kontrollorgan zwischen dem Volk und seinen gewählten Vertretern eine besondere Rolle (BVerfGE 20,175).

Zum Dissens zwischen der Ökonomie und den anderen Disziplinen, die sich mit dem Mediensystem befassen, kommt es häufig deshalb, weil den Medien eine doppelte Eigenschaft zugesprochen wird, nämlich Kulturgut und Wirtschaftsgut zugleich zu sein, kommerziell organisiert zu sein und dennoch eine öffentliche Aufgabe zu haben, und weil darin ein Dilemma gesehen wird:

> Der Doppelcharakter der Medien als publizistische Leistungsträger und industrielle, also profitorientierte Unternehmen unterscheidet sie von allen anderen Branchen und offenbart die Widersprüche von Publizistik und Ökonomie: Funktionelle Erwartungen an Medien fordern steuernde Regelungen zur Durchsetzung von Meinungsvielfalt geradezu heraus, die Einbindung der Medien in wirtschaftliche Zusammenhänge steht Steuerungsabsichten entgegen. In diese Widersprüche wird auch die Medienökonomie verwickelt, die – bislang jedenfalls – dazu keinen eigenen Standpunkt entwickelt hat. Gegenwärtig dominiert, so der Eindruck, auf den Medienmärkten bereits der „Imperialismus der Ökonomie" (Engelhardt 1989).

> Die Wirtschaftswissenschaften kümmern sich darum, die Ökonomie der Medien zu analysieren und ökonomische Kontrollmechanismen zu erarbeiten. Ökonomen analysieren vor allem die geldwerten Operationen der Gesellschaft, publizistische Erwartungen an Medien können nur bedingt von Ökonomen kommen (Altmeppen 1996, S. 13).

Aus ökonomischer Sicht ist mit dem Doppelcharakter der Medien indes nicht per se ein Dilemma verbunden. Jedes Gut ist immer ein Wirtschaftsgut (weil es knapp ist) und jedes Gut ist daneben etwas anderes, ein Nahrungsmittel, ein Saatgut, ein Kriegsgerät, ein Freizeitgut oder ein Kulturgut. Und jede Güterproduktion sollte durch individuell fundierte Entscheidungsmechanismen legitimiert sein. Die relevanten Fragen entstehen nachfolgend:

- Weisen die Medien als Güter Besonderheiten auf?
- Worin sind diese Besonderheiten begründet?
- Erfordern diese Besonderheiten eine besondere Allokation, eine Allokation, die über den Wettbewerb hinausgeht?
- Wie sollte diese besondere Allokation ausgestaltet sein?

Hier werden zu Recht zentrale Forschungsdefizite geortet, denn es ist nicht geklärt, welchen Einfluss der Markt / der Wettbewerb als zentraler Steuerungsmechanismus auf Umfang, Struktur und Inhalte der Medienproduktion hat:

> Es kann heute weniger denn je begründet unterstellt werden, dass die erwerbswirtschaftliche Bereitstellung von Medien ohne Einfluß auf den Output bleibt, mit dem und dessen Wirkungen sich die Kommunikationswissenschaft so intensiv beschäftigt. Es gibt aber weder den theoretischen Ansatz noch eine Forschungspraxis, die sich zentral

> mit der erwerbswirtschaftlichen Organisation von Medien auseinandersetzen. Dies ist um so erstaunlicher, weil die in diesem Zusammenhang auftauchenden Fragen z.T. sehr früh gestellt wurden. So verwies schon Max Weber (1910, S. 438) in seiner berühmten Skizze einer Soziologie des Zeitungswesens darauf, wie sehr der geschäftliche Charakter der Presseunternehmen in Betracht zu ziehen ist –, wir müssen uns fragen: was bedeutet die kapitalistische Entwicklung innerhalb des Pressewesens für die soziologische Position der Presse im allgemeinen, für ihre Rolle innerhalb der Entstehung der öffentlichen Meinung? Alle im Zusammenhang mit der Deregulierung und Liberalisierung der Telekommunikations- und Rundfunkmärkte als problematisch diskutierten Entwicklungen stehen im – als mehr oder weniger eng vermuteten – Zusammenhang mit dem geschäftlichen Charakter nun auch der Rundfunkmedien. Dabei verweisen erste kommunikationswissenschaftliche Analysen (Kline 1994; Turow 1992a) darauf, dass die kommerziellen Möglichkeiten und Antriebskräfte im Bereich der elektronischen Medien ungleich größer und stärker sind als im Bereich der Printmedien, was ein Übergreifen auf diesen Bereich sicher nicht ausschließt. Kommunikationswissenschaft kann, was auch geschieht, Veränderungen von Qualitätsstrukturen des Mediensystems an Output-Analysen (z.B. Programmanalysen) oder Nutzungsstudien (z.B. im Rahmen der Kabelpilotprojekt-Begleitforschung) festzumachen versuchen, sie kann die Entwicklungen damit aber weder angemessen erfassen und abklären, noch kann sie Wirkungszusammenhänge aufzeigen und Gestaltungsoptionen erarbeiten. Forschungsprojekte zu den Wirkungen der erwerbswirtschaftlichen Organisation von Medien auf das Medienprodukt und die damit verbundenen Verwertungsstrategien, auf die Beziehung Medienproduzent und Rezipient, auf das Verhältnis zur Werbewirtschaft oder auf das Selbstverständnis der Medienmacher z.B., um hier nur einige Ebenen anzudeuten, sind zweifellos nicht leicht durchführbar (wenig Daten, geringe Transparenz, wahrscheinlich wenig Auskunftsbereitschaft) und bedürfen eines interdisziplinären Ansatzes, aber sie sind dringend erforderlich (Kiefer 1997, S. 57)

Zur Klärung dieses Zusammenhangs von Markt und Medien einen Beitrag zu leisten, ist das zentrale Anliegen dieser „Medienökonomie“, und das zentrale Ergebnis ist, dass einige Bereiche der Medienproduktion so viele Besonderheiten aufweisen, dass es gute Gründe gibt, diese dem Marktmechanismus zu entziehen. Dies soll im Folgenden zusammengefasst werden.

2. Das Postulat der Rezipientenorientierung der Kontrolle

Für die Ökonomie ist der beste Kontrolleur der Wirtschaft der Nachfrager; der beste Kontrolleur des Mediensysytems ist der Rezipient als Nachfrager und als primärer Nutznießer. Diese normative Rezipientenorientierung ist in den grundlegenden Denkmustern der Ökonomie begründet:

- im methodologischen Individualismus als Fundament der Normen der Ökonomie;
- in der Annahme eines rationalen Handelns der Individuen und
- in der Konzeption des Wettbewerbs als grundsätzlich optimales Verfahren zur Maximierung der individuellen Wohlfahrt.

2.1. Methodologischer Individualismus

Im methodologischen Individualismus spielt das Individuum eine zentrale Rolle:

- Regeln, Institutionen und Handlungsergebnisse sind erst dann legitimiert, wenn sie explizit oder implizit auf den Willensentscheidungen der individuell Betroffenen beruhen.
- Das in einer Gesellschaft beobachtbare Geschehen ist immer auf das Handeln von Individuen und nicht auf das Handeln von Kollektiven zurückzuführen bzw. es ist erst dann erklärt, wenn diese Reduktion auf individuelles Handeln gelingt.

Die Ökonomie kann mithin Konzepte wie z.B. eine „Elitenkultur", die die Qualitätsmaßstäbe im Rundfunk als Aufklärung setzt, nicht akzeptieren oder das „Allgemeinwohl" als Bezugspunkt medienwirtschaftlichen Handelns so lange nicht setzen, wie nicht geklärt ist, dass das Allgemeinwohl individuell determiniert ist.

2.2. Rationales Handeln

Unsere Vorstellung von einem rationalen Handeln verbindet Eigennutz und Rationalität. Individuen wählen stets die Möglichkeiten, die ihnen am vorteilhaftesten erscheinen. Damit entspricht „rationales Handeln" dem Begriff der Vernünftigkeit, dem in der sozialwissenschaftlichen Theorie üblichen Standardbegriff: „Von einem vernunftgeleiteten Menschen wird also wie üblich angenommen, dass er ein widerspruchsfreies System von Präferenzen bezüglich der ihm offenstehenden Möglichkeiten hat. Er bringt sie in eine Rangordnung nach ihrer Dienlichkeit für seine Zwecke; er folgt dem Plan, der möglichst viele von seinen Wünschen erfüllt und der eine möglichst gute Aussicht auf erfolgreiche Verwirklichung bietet" (Rawls 1994, S. 166f.).

Rationales Handeln impliziert mithin eine Art von *Kosten-Nutzen-Analyse* für die inviduellen Aktivitäten, was Boulding sehr schön und etwas spöttisch als „ökonomische Ethik" bezeichnet hat (Boulding 1973, S. 117).

Folgenden Fehlinterpretationen soll vorgebeugt werden:

- Dies ist ein Ansatz zur *Erklärung* sozialen Verhaltens als Tauschbeziehung, als System von Leistung und Gegenleistung. Inviduen *sollen* nicht so handeln, es handeln sicher nicht *alle* so. Aber die alternative Vorstellung, Menschen handelten im Durchschnitt irrational und altruistisch, ergibt keine sinnvolle Basis zur Erklärung sozialen Verhaltens.
- Rationalität impliziert nicht, dass der vielbelächelte „Homo oeconomicus" vollständig informiert ist. Gerade im Gegenteil: Kosten der Sammlung und der Verarbeitung von Informationen schließen in der Regel eine vollständige Information des Individuums aus. Es resultiert die sog. *rationale Ignoranz*. Angesichts dieser beschränkten Information ist es rational, dass die Individuen sich nicht als Maximierer, sondern als Satisfizierer verhalten. Sie streben nicht generell nach einem Optimum, sondern nach Verbesserungen des gegenwärtigen Zustandes.
- Und wir lieben den rational und egoistisch handelnden Menschen nicht. „Niemand im Vollbesitz seiner geistigen Kräfte möchte seine Tochter mit einem ökonomischen Menschen verheiratet sehen, mit jemandem, der sämtliche Kos-

ten nachrechnet und nach jedem Gegenwert fragt, der nie von verrückter Großzügigkeit oder nicht berechnender Liebe heimgesucht ist, der nie aus einem Gefühl innerer Identität handelt und der in der Tat keine innere Identität besitzt, auch wenn er gelegentlich von sorgfältig kalkulierten Erwägungen über Wohlwollen oder Mißgunst bewegt ist“ (Boulding 1973, S. 122).

Auch die Ökonomie bewundert – wie Wordsworth (1770-1850) – Menschen, die sich in Kunst oder Wissenschaft aus der eisigen Umklammerung einer Kosten-Nutzen-Analyse befreien:

> Tax not the royal Saint with vain expense,
> With ill-matched aims the Architect who planned –
> Albeit labouring for a scanty band
> Of white-robed Scholars only – this immense
> And glorious Work of fine intelligence!
> Give all thou canst; high Heaven rejects the lore
> Of nicely-calculated less or more:
> So deemed the man who fashioned for the sense
> These lofty pillars, spread that branching roof
> Self-poised, and scooped into ten thousand cells,
> Where light and shade repose, where music dwells
> Lingering – and wandering on as loth to die;
> Like thoughts whose very sweetness yieldeth proof.
> That they were born for immortality.
>
> (Wordsworth, Ecclesiastical Sonnets, XLIII, Inside of King's College Chapel, Cambridge).

Wir sind nur skeptisch, wenn es gilt, auf Altruismus zu bauen. Zwar hegen wir „nicht leicht gegen irgendjemand den Argwohn, dass es ihm an Egoismus fehle“ (Smith 1985, S. 507), wohl aber den Argwohn, dass es ihm an Altruismus fehle. Insofern ist es eine sinnvolle Strategie, die Anreize für das individuelle Handeln nach Möglichkeit so zu setzen, dass moralisches Handeln (weitgehend) überflüssig wird, d.h. dass die Individuen das gewünschte Verhalten schon aus Eigennutz zeigen (Kirchgässner 1996, S. 226). Wir glauben nicht, dass man die Menschen ändern kann, wir bauen eher auf Regeln, die die Kosten für das Praktizieren für Gemeinsinn senken und ihren Nutzen erhöhen.

2.3. Wettbewerb als optimales Verfahren

Die Positionen der Ökonomie in Bezug auf den Wettbewerb/Markt sind wesentlich strittiger. Die Sicht der Funktionsweise des Wettbewerbs hat zwei Varianten: die neoklassische Gleichgewichtstheorie (begründet im Wesentlichen durch Walras 1842-1924) und die neo-österreichische Evolutionstheorie (begründet vor allem durch v. Hayek, 1899-1992).

Die *neoklassische Gleichgewichtstheorie,* die im Kern eine Preistheorie ist, hat als zentrale Aussage, dass der Wettbewerb unter den Voraussetzungen der vollständigen Konkurrenz ein machtfreies Wohlfahrtsmaximum hervorbringe. Genauer beschrieben: Das resultierende *Pareto-Optimum* ist ein Zustand, der dadurch gekennzeichnet ist, dass

- durch keine Reorganisation des Wirtschaftsprozesses es möglich wird, von einem Gut mehr zu produzieren, ohne von einem anderen weniger zu produzieren *(produktive Effizienz)* und
- durch keine Umverteilung der Produktion es möglich ist, den Nutzen eines Menschen zu steigern, ohne den Nutzen eines anderen gleichzeitig zu mindern *(allokative Effizienz).*

Im Pareto-Optimum wird sozusagen nichts verschwendet. Wohl wäre es möglich, statt Panzer Pianos zu produzieren, aber nicht von beiden mehr, oder wohl wäre es möglich, dass der Reiche dem Armen etwas abgibt, aber beide zusammen können nicht mehr Güter erhalten (Baßeler/Heinrich 1984, S. 37). Diese Sicht hat die Vorstellung vom Wettbewerb stark geprägt; für die praktische Politik ist sie irrelevant.

Die *neo-österreichische Evolutionstheorie* betont viel mehr den Wettbewerb als dynamischen Prozess. Wesentlich ist die Vorstellung von Wettbewerb als einem dynamischen Prozess, in dem Unternehmen marktstrategische Vorstöße vornehmen – sie senken Preise, verbessern die Qualität der Produkte, schaffen neue Produkte oder Verfahren – und in dem Imitatoren nachstoßen, nicht sofort, aber auch nicht mit großer Verzögerung, damit der Vorsprung einholbar bleibt und die Nachfrager in ihrer Gesamtheit die Vorteile besserer und/oder billigerer Produkte erlangen. In dieser Abfolge von Innovation und Imitation wird der Wettbewerb als „Prozess der schöpferischen Zerstörung“ (Schumpeter) und als „Such- und Entdeckungsverfahren“ (v. Hayek) gesehen. Dies ist die z. Zt. akzeptierte Basis wirtschaftspolitischer Empfehlungen.

Der Wettbewerb wird als ein offener Prozess zur Entdeckung von Erkenntnissen gesehen. Ausgangspunkt der Beschreibung des Wettbewerbsprozesses ist die Vorstellung von der Begrenztheit menschlichen Wissens und die Überzeugung, dass das in einer Gesellschaft vorhandene Wissen nicht zentralisiert ist und nicht zentralisiert werden kann, vielmehr räumlich, sachlich und zeitlich verteilt ist. Kein Mensch und keine Organisation kennt die „Wahrheit“, die effizientesten Produktionsverfahren und die besten Produkte insgesamt. Diese herauszufinden, wird dem Wettbewerb überlassen, der als ein optimales Verfahren zur Entdeckung von Erkenntnissen gesehen wird, die ohne ihn entweder unbekannt geblieben wären oder zumindest nicht genutzt würden (vgl. v. Hayek 1968).

Der Wettbewerb nutzt in diesem Entdeckungsprozess die jeweils einzigartige Kombination von Kenntnissen und Fähigkeiten des Einzelnen, der sich bemüht, im Wettbewerbsprozess Erfolg zu haben. Und zugleich bewirkt der Wettbewerb eine Auslese der vielfältigen Kenntnisse und Fähigkeiten. Die im Urteil der Konsumenten jeweils am geeignetesten erscheinenden Innovationen setzen sich durch (vgl. Band 1, Kapitel 1).

In diesem Sinn bewirkt der Wettbewerb/der Markt eine Art von Öffentlichkeit, aber eine ganz andere Art von Öffentlichkeit als sie im Markt der Meinungen gedacht wird. Im Markt der Meinungen bewirkt Öffentlichkeit die individuelle Vorstellung einer gewissen Wahrscheinlichkeit, dass individuelles Reden, Schreiben und Handeln einer öffentlichen Diskussion unterworfen werden kann. Diese Vorstellung hat, nicht leicht vorhersagbare, Auswirkungen auf individuelles Handeln, z.B. auf die Moralität des individuellen Handelns (vgl. z.B. Bohnet/Frey 1995). Die Öffentlichkeit des Marktes ist hingegen inkorporiert in der Essenz des Marktes, im Preismechanismus und im Ergebnis des Preismechanismus: im Preis als optimalem Informationskonzentrat. Hier gehen individuelles Wissen über Kosten und Nutzen und individuelle Interessen von Marktteilnehmern ein und generieren ein Informationsoptimum. Die unsichtbare Hand des Preismechanismus ist in dieser Sicht nicht Gottes Hand aber auch nicht das Werkzeug der menschlichen Vernunft, sondern eher ein Konzept des habituellen Lernens mit dem Resultat einer spontanen Ordnung durch Trial and Error. Kurz gesagt: der Markt generiert ein Optimum; von der Öffentlichkeit im Meinungsbildungsprozess glauben wir dies nicht. Schumpeter hat sehr deutlich gemacht, warum die Ökonomie im Markt der Meinungen, insbesondere in der Politik, ein Optimum nicht erwartet:

> Das reduzierte Verantwortungsgefühl und das Fehlen wirksamer Willensäußerung erklären ihrerseits den Mangel an Urteilsvermögen und die Unwissenheit des gewöhnlichen Bürgers in Fragen der innern und äußern Politik, die im Fall gebildeter Leute und solcher Leute, die mit Erfolg in nichtpolitischen Lebensstellungen tätig sind, womöglich noch anstößiger sind als bei ungebildeten Leuten auf bescheidenen Posten. Informationsmöglichkeiten sind reichlich vorhanden und leicht zugänglich. Aber dies scheint überhaupt keinen Unterschied auszumachen. Und wir sollten uns drob nicht weiter verwundern. Wir brauchen nur die Haltung eines Advokaten gegenüber den Darstellungen politischer Tatsachen in seiner Zeitung zu vergleichen, um zu sehen, was los ist. Im einen Fall hat der Advokat durch jahrelange zielbewußte Arbeit, die unter dem eindeutigen Stimulus des Interesses an seiner beruflichen Tüchtigkeit stand, sich dazu befähigt, die Relevanz seiner Fakten richtig zu würdigen; und unter einem nicht weniger starken Stimulus richtet er nun seine Fertigkeiten, seinen Verstand, seinen Willen auf den Inhalt der Instruktionen. Im anderen Fall hat er sich nicht die Mühe genommen, die Informationen zu verarbeiten, oder die Regeln der Kritik, die er sonst so gut zu gebrauchen weiß, darauf anzuwenden; und lange oder komplizierte Argumentationen machen ihn ungeduldig. Dies läuft alles darauf hinaus, zu zeigen, dass ohne die Initiative, die aus unmittelbarer Verantwortlichkeit hervorgeht, die Unwissenheit angesichts zahlreicher und noch so vollständiger und richtiger Informationen weiterbesteht. Sie besteht weiter auch angesichts der verdienstvollen Bemühungen, die über das bloße Präsentieren von Informationen hinauszugelangen und ihre Verwendung mittels Vorträgen, Kursen und Diskussionsgruppen zu lehren suchen. Die Resultate sind nicht gleich Null. Aber sie sind gering. Man kann die Menschen nicht die Leiter hinauftragen.
>
> So fällt der typische Bürger auf eine tiefere Stufe der gedanklichen Leistung, sobald er das politische Gebiet betritt. Er argumentiert und analysiert auf eine Art und Weise, die er innerhalb der Sphäre seiner wirklichen Interessen bereitwillig als infantil anerkennen würde. Er wird wieder zum Primitiven (Schumpeter 1946, S. 415f.).

Die Ökonomie glaubt mithin viel stärker an die Optimalität des ökonomischen Wettbewerbs im Markt – mit seiner Zurechnung von Handlungsfolgen – als an die Funktionsfähigkeit eines reinen Meinungswettbewerbs. Allerdings kann diese Optimalität des Marktes, anders als im Fall der neoklassischen Gleichgewichtstheorie nach Walras nicht mehr bewiesen werden. Die Optimalität kann nur plausibel gemacht werden und durch geschichtliche Erfahrungen gestützt werden:

> Unglücklicherweise kann die Gültigkeit der Theorie des Wettbewerbs für jene Fälle, in denen sie interessant ist, nie empirisch nachgeprüft werden. Denn wo wir aber die

> Tatsachen, die wir mit Hilfe des Wettbewerbs entdecken wollen, nicht schon vorher kennen, können wir auch nicht feststellen, wie wirksam er zur Entdeckung aller relevanten Umstände führt, die hätten entdeckt werden können. Was sich empirisch nachprüfen lässt, ist nicht mehr, als dass Gesellschaften, die sich zu diesem Zweck des Wettbewerbs bedienen, dieses Ergebnis in höherem Maße verwirklichen als andere – eine Frage, die mir die Geschichte der Zivilisation nachdrücklich zu bejahen scheint (v. Hayek 1968, S. 4).

Die Ökonomie glaubt also, dass mit dem ökonomischen Wettbewerb eine grundsätzliche Identität von individuellem Eigennutz und gesellschaftlichem Allgemeinwohl erreicht wird, weil sich (nur) in diesem Verfahren die Präferenzen aller Nachfrager durchsetzen und weil (nur) diese Präferenzen zählen. Dies wird in anderen Disziplinen anders gesehen und dies ist der entscheidende Punkt im Dissens zwischen der Ökonomie und anderen Disziplinen: „The economic arguments of the marketplace model do provide such a foundation (für eine Deregulierung, J. H.); at least to that last step where the public interest is defined as audience interests. That, in itself, is an argument based more on politics than on economics. It is also the argument that is at the heart of the debate over deregulation." (Bates/Chambers 1999, S. 28)

Allerdings stößt das Vorhaben, den Rezipienten als Kontrolleur des Mediensystems zu installieren auf einige Probleme, die sich sehr grob zusammenfassen lassen in

- den Mangel an Wollen und
- den Mangel an Können.

3. Zur Reichweite der Konzepte der Ökonomie

Die hier zentrale Frage ist noch einmal (vgl. Kapitel 1), ob das gesamte Spektrum der massenmedialen Produktion von Informationen, von Ideen, Meinungen und Nachrichten, von Unterhaltung, Bildung und Gebrauchswert mit dem in Kapitel 1 vorgestellten Denkmuster von Markt, Marktversagen und Politikversagen analysiert und bewertet werden kann. Aus meiner Sicht kann dies Denkmuster *theoretisch begründet* nur für die Analyse der Allokation solcher Güter und Dienstleistungen angewendet werden, deren Akzeptanz und Existenz der Bewertung durch individuelles Konsumentenkalkül in der Abwägung zwischen Gebrauchswert und Tauschwert überlassen werden kann, die also der Bewertung durch eine individuelle Kosten-Nutzen-Analyse unterliegen und unterliegen können, die also Waren im Sinne dieser Marxschen Kategorie sind. Das ist im Mediensystem der von mir so genannte *Nutzwertbereich*, der Bereich der Medienproduktion, der einen hinreichenden privaten Gebrauchswert und Tauschwert hat, so dass der Rezipient sowohl ein hinreichendes privates Interesse als auch die Möglichkeit der Kontrolle durch Kauf bzw. Nichtkauf der entsprechenden Medienangebote hat. Dabei handelt es sich vor allem um Medienangebote mit überwiegendem Informations- und Animationsnutzen, also um Angebote im Bereich von privater Information, Bildung und Unterhaltung. Eine klare Grenzziehung ist mir nicht möglich. Im Nutzwertbereich kann ökonomischer Wettbewerb als grundlegendes Regelungs- und Steuerungsverfahren akzeptiert werden, Probleme des Marktversagens verlangen lediglich ergänzende Regulierungen (s. Abschnitt 4).

Problematisch erscheinen mir zwei andere Bereiche der normativ zugeschriebenen Medienproduktion:

- Zum einen der Bereich, der zwar einen privaten Gebrauchswert hat, aber keinen Tauschwert, weil Eigentumsrechte nicht angemessen definiert und durchgesetzt werden können. Das ist der Bereich der in der Ökonomie so genannten *öffentlichen Güter*; im Medienbereich handelt es sich vor allem um die massenmedial produzierte öffentliche Kontrolle von Politik, Wirtschaft und Gesellschaft; eine klare Grenzziehung ist mir auch hier nicht möglich. Hier hat der Rezipient zwar die Möglichkeit der Kontrolle und Rezipientenpräferenzen würden als Bewertungsmaßstab akzeptiert, aber er hat kein hinreichendes privates Interesse an der Ausübung dieser Kontrolle durch Erwerb und Rezeption der entsprechenden Medienangebote.
- Zum anderen der Bereich, der weder einen privaten Gebrauchswert noch einen privaten Tauschwert hat, bzw. dessen gesellschaftlicher Wert durch privaten Gebrauchs- und Tauschwert auch nicht annähernd angemessen reflektiert wird. Dies ist der Bereich der in der Ökonomie so genannten *meritorischen Güter*; faktisch handelt es sich vor allem um die Produktion der massenmedial zu produzierenden Güter Abbildung der Realität, Meinungsvielfalt und Wahrheit. Auch hier ist mir eine klare Grenzziehung nicht möglich. Im Bereich der meritorischen Güter soll der Rezipient die alleinige Kontrolle nicht ausüben; zudem ist die Möglichkeit und das Interesse an einer Ausübung dieser Kontrolle gering.

Diese beiden Bereiche, die sich gegen eine Bewertung durch individuelles Kosten-Nutzen-Kalkül sperren, unterscheiden sich in ihrem Entstehungs- und Begründungskontext, nicht aber in den medienpolitischen Konsequenzen: Sie erfordern einen Bereich der Medienproduktion, der kollektiv organisiert finanziert wird. Ich nenne dies den Forumsbereich (s. Abschnitt 5).

4. Kontrolle im Nutzwertbereich

Im Nutzwertbereich wird die Medienproduktion erstellt und rezipiert, die mit ihrem Informations- und/oder Animationsnutzen einen überwiegend privaten Nutzwert hat. Hier ist das Interesse der Rezipienten an einer Kontrolle der Medienproduktion hinreichend und die Möglichkeit zur Kontrolle ist gegeben. Ob die Unterhaltungsshow unterhaltend ist oder ob die Geldanlagetips brauchbar sind, ob die Berichterstattung über die Lokalpolitik genügend Gesprächswert hat oder ob die Information über eine geplante Steuerreform relevant ist, kann der Rezipient selbst beurteilen, seine individuelle Bewertung ist maßgeblich. Allerdings gibt es auch in diesem Nutzwertbereich gewichtige Elemente des Marktversagens, die eine Medienpolitik begründen, die auf eine Korrektur dieses Marktversagens abstellt. Bei der Konzipierung einer solchen Medienpolitik sollten die Auswirkungen der technischen Entwicklung und mögliche Selbstheilungskräfte des Marktes berücksichtigt werden.

4.1. Schutz des geistigen Eigentums

An Informationen per se, dem Rohstoff und dem Endprodukt des Mediensystems, können Eigentumsrechte nur unvollkommen begründet und durchgesetzt werden. Ökonomisch formuliert sind die Transaktionskosten, also die Kosten der Information über den Wert einer Information, die Kosten der Vereinbarung von Eigentumsrechten und vor allem die Kosten der Kontrolle und Durchsetzung von Eigentumsrechten an der Information sehr hoch, jedenfalls sehr viel höher als bei „normalen" Gütern wie z.B. Grundstücken, Fernsehgeräten oder ärztlichen Leistungen (vgl. Kapitel 1).

Die Folge der Schwierigkeiten, Eigentumsrechte durchzusetzen, ist, dass nützliche Informationen sowohl als Konsumgut wie als Produktionsfaktor, gemessen an den Präferenzen der Konsumenten und der Nachfragebereitschaft der Unternehmen, in zu geringem Umfang produziert werden (vgl. z.B. Bates 1988). Eine Parallele stellen Forschungs-, Entwicklungs- und Bildungsaktivitäten dar. Auch sie erfolgen nicht in dem Umfang, in dem sie gesellschaftlich rentabel sind, weil die positiven Wirkungen von Forschung und Entwicklung sowie von Bildung und Ausbildung nicht zur Gänze vom Produzenten internalisiert, also vermarktet werden können.

Die Schwierigkeiten der Definition und Durchsetzung von Eigentumsrechten an Informationen werden mit dem technischen Fortschritt bislang nicht kleiner. Der Trend der technischen Entwicklung geht nicht in die Richtung des besseren Schutzes von Eigentum an Information. Der Zugriff auf Informationen wird vielmehr technisch immer einfacher und billiger. Alle Computernutzer sind vermutlich in der Lage, Texte, Töne und Bilder praktisch kostenlos in identischer Form zu speichern, zu kopieren und weltweit zu verbreiten.

Der Medienmarkt wird zunächst einmal selbst versuchen, über die Verminderung entsprechender Anreize und/oder über die Erhöhung der Kosten eines geistigen Diebstahls die Vermarktung seines zentralen Rohstoffs zu sichern. Eine Möglichkeit ist, die Aktualität einer Information als Wertkriterium zu verstärken, um auf diese Weise den geistigen Diebstahl, der ja immer Zeit kostet, weniger attraktiv zu machen. Diese Möglichkeit wird genutzt. Zum anderen erscheint es als sinnvoll, den Wert von Informationen so zu spezialisieren, dass – wie etwa bei lokal oder sachlich gebundenen Informationen – eine Weiterverbreitung an andere Rezipientengruppen ökonomisch wertlos ist. Auch diese Möglichkeit wird mit lokalen und sachlich-spezialisierten Medienangeboten genutzt – allerdings ist diese Vermeidungsstrategie nicht der vorherrschende Grund für Lokal- und Spartenprogramme. Die wichtigste Vermeidungsstrategie des Medienmarktes ist sicher die Verlagerung der Wertschöpfung einer Medienunternehmung von der Stufe der Urproduktion (Content Production) weg und hin zur Stufe der Zusammenstellung von Informationen zu einem umfassenden Produktsortiment (Content Providing) und zu einer Markierung dieses Produktsortiments unter dem Markennamen der Medienunternehmung (Content Marketing). Dies vermindert die Möglichkeit des geistigen Diebstahls wenigstens dieser geschaffenen Werte, weil Informationssortimente schwerer zu kopieren sind als einzelne Informationen und weil ein Markenname gar nicht übernommen werden kann.

Dies sind Strategien von *Medienunternehmen*; man kann annehmen, dass diese in der Lage sein werden, ihre Eigentumsrechte hinreichend zu schützen. Der Urproduzent der Informationen kann sich hingegen nur schlecht gegen geistigen Diebstahl schützen. Es ist daher eine wichtige Aufgabe der Medienpolitik, die Urheberrechte von Journalisten (und Künstlern und Wissenschaftlern, sofern sie als Urheber im Mediensystem auftreten) zu schützen und zwar insbesondere die bedrohten Urheberrechte der Urproduzenten von Informationen, weniger die Urheberrechte der Provider und Vermarkter. Man muss aber sehen, dass ein solcher Urheberrechtsschutz keine einfache Aufgabe ist, weil dieser Rechtsschutz kein Problem der Formulierung von Schutzvorschriften ist, sondern ein Problem ihrer Kontrolle.

4.2. Schutz des Wettbewerbs

Der Wettbewerb soll im Nutzwertbereich dafür sorgen, dass den Rezipienten die gewünschten Informationen möglichst preiswert angeboten werden, er soll also eine gute allokative und produktive Effizienz im Nutzwertbereich der Medienproduktion hervorbringen. Der Wettbewerb funktioniert indes in den zentralen Wertschöpfungsstufen der Medienproduktion nicht generell gut.

Im Bereich der Inhaltsproduktion (Content Production) funktioniert der Wettbewerb recht gut. Die Marktzutrittsschranken sind gering, weil die mindestoptimale Betriebsgröße recht klein ist – kleine Medienbüros und kleine Programmproduzenten produzieren so effizient wie große Produktionsbetriebe – und weil die notwendigen Produktionsfaktoren, wie Telefon, Computer, Kamera oder Studio billig zu erwerben bzw. zu mieten sind; staatliche Marktzutrittsschranken existieren nicht. Die Zahl der Anbieter ist groß, Absprachen sind schwierig zu organisieren. Der technische Fortschritt verbessert die Wettbewerbsbedingungen auf dieser Wertschöpfungsstufe noch einmal deutlich, weil die notwendige Infrastruktur weiter billiger wird: Man kann CDs brennen, man kann im Internet anbieten, und jeder freie Journalist kann Broschüren, Hörfunkbeiträge oder Fernsehfilme produzieren. In diesem Bereich wäre also der vorhandene Wettbewerb zu schützen; insbesondere besteht die Gefahr eines Ausbeutungsmissbrauchs durch marktbeherrschende Medienunternehmen auf anderen Wertschöpfungsstufen.

Im Bereich der *Gestaltung des Produktsortiments* (Content Providing) und der *Vermarktung des Produktsortiments* (Content Marketing) existieren indes erhebliche Strukturprobleme des Wettbewerbs. Das ausgestrahlte Programm bzw. die verbreiteten Inhalte bei Printmedien sind durch Nichtrivalität im Konsum gekennzeichnet. Anders formuliert, die Kosten des Medienkonsums sind unabhängig von der Zahl und Nutzungsdauer der Rezipienten, und die durchschnittlichen Kosten des Medienkonsums, die Kosten pro Rezipient, sinken mit zunehmender Reichweite. Also nicht die Produktion des Gutes, sondern strenggenommen sein Konsum unterliegt den Gesetzmäßigkeiten der Fixkostendegression und zwar ad in finitum. Insgesamt ist unter diesen Bedingungen im Prinzip eine Tendenz zur Monopolisierung, eine Tendenz zur Konzentration zu erwarten. Im Einzelnen differieren die Monopolisierungstendenzen ein wenig nach Art und Reichweite des Mediums und nach der Finanzierungsform (vgl. Band 1, Kapitel 9 und 11, sowie Band 2, Kapitel 8, 11 und 13).

Im *Bereich des Vertriebs* von Medienprodukten (Content Distribution) existieren so genannte Vertriebsnetze: verlagseigene Zustelldienste für Printmedien, Handels- und Vertriebsorganisationen für Printmedien, wie vor allem das Pressegrosso und der Postzustelldienst, die Terrestrik, Kabelnetze und Satellitennetze für Rundfunkprogramme sowie das Telefonnetz und das Internet für Teledienste und Mediendienste. Solche Netze, gleich welcher Art, sind immer ein Problem der Wettbewerbspolitik. Netze begründen spezifische Größenvorteile der Produktion und häufig auch Größenvorteile der Nutzung. Dies erschwert den Marktzutritt für neue Anbieter und begründet die Entstehung eines natürlichen Monopols. Mithin erscheint gerade im Vertriebsbereich der Wettbewerb bedroht. Allerdings mindert die Konkurrenz der genannten Vertriebswege diese Gefahr und die Monopole können, wie z.B. Kabelortsnetze, sehr klein sein.

Der technische Fortschritt begründet eine gewaltige Zunahme der Vertriebskapazität und eine gewisse Konvergenz der Vertriebsnetze. Beides dürfte den Wettbewerb verbessern; insgesamt sind die Strukturbedingungen des Wettbewerbs, insbesondere im Rundfunkbereich, indes relativ schlecht, und der Markt sorgt nicht von sich aus für eine Verbesserung.

Wettbewerbspolitik bleibt mithin eine wichtige staatliche Aufgabe, auch im Nutzwertbereich der Medienproduktion. Diese Wettbewerbspolitik sollte einheitlich für alle Medien dem Leitbild der *neuklassischen Wettbewerbsfreiheit* folgen und vor allem in den drei Wertschöpfungsstufen für einen freien Marktzutritt Sorge tragen. Staatliche Marktzutrittsschranken müssten für alle Medien aufgehoben werden. Diese Wettbewerbspolitik sollte einheitlich von *einer* Behörde betrieben werden, vorzugsweise von einer Kartellbehörde, weil diese Behörde über die größeren Erfahrungen in der Wettbewerbspolitik verfügt. Und diese Wettbewerbspolitik sollte auf der jeweils obersten Ebene veranstaltet werden – also auf nationaler oder gemeinschaftsweiter Ebene – weil ein Wettbewerb unterschiedlicher Wettbewerbspolitiken zur Aufweichung wettbewerbspolitischer Standards führen würde. Diese Wettbewerbspolitik wäre nur dem Ziel des Schutzes des Wettbewerbs verpflichtet, systemfremde Kriterien wie Meinungsvielfalt oder publizistische Qualität wären im Nutzwertbereich von der Kartellbehörde nicht zu berücksichtigen.

Substanziell sollte diese Wettbewerbspolitik *Marktzutrittsschranken abbauen* und klein halten. Dazu wäre es vordringlich, allen Anbietern von Medienproduktionen einen freien, nichtdiskriminierenden Zugang zu den notwendigen Ressourcen der Produktion zu kompetitiven Preisen zu gewährleisten. Dies ist insbesondere im Zugang zu den Vertriebsnetzen und zu Übertragungsrechten (Sport, Spielfilme) wichtig. Die neu in das deutsche Kartellgesetz aufgenommene „Essential Facilities Doctrine" (vgl. Kapitel 7) bietet dazu die Handhabe.

Von zentraler Bedeutung und Problematik zugleich ist die vertikale Konzentration der Wertschöpfungsstufen Content Production, Content Providing und Content Distribution in einer Unternehmung. Als Beispiel können alle großen Medienkonzerne wie z.B. Time Warner/TBS, Walt Disney/ABC, Bertelsmann/CLT oder die News Corporation von Murdoch herangezogen werden. Zum Teil ist auch die Geräteproduktion (Hardware und Software) in die Medienunternehmung vertikal integriert, wie das Beispiel von Bill Gates zeigt. Das entscheidende Motiv für eine solche zunehmende vertikale Integration dieser Wertschöpfungsstufen ist der Abbau der Unsicherheit bezüglich der Auslastung der vorhandenen Kapazitäten und bezüglich der Realisierung der erwünschten Fixkostendegression; unternehmenspolitisch bietet eine solche vertikale Konzentration also große Effizienzvorteile. Wettbewerbspolitisch ist die vertikale Integration indes äußerst problematisch, weil insbesondere in Verbindung mit marktbeherrschenden Positionen auf einer Stufe Marktmacht auf andere Stufen übertragen werden kann und weil generell durch vertikale Konzentrationsprozesse der Marktzutritt neuer Anbieter erschwert wird. Da die Wettbewerbspolitik vertikale Zusammenschlüsse nur unter Zuhilfenahme komplexerer Vermutungstheorien, insbesondere der so genannten Abschreckungstheorie (vgl. Emmerich 1999, S. 313) nur ausnahmsweise verhindern kann, ist in diesem speziellen Feld eine medienspezifische Verschärfung der Wettbewerbspolitik sinnvoll.

4.3. Qualitätstransparenzpolitik

In der Regel bestehen bei allen Tauschprozessen Informationsmängel über die Qualität und den Nutzen der zu kaufenden Produkte. Diese Informationsmängel sind asymmetrisch verteilt: Der Produzent und Anbieter kann die Qualität meist viel besser beurteilen als der Nachfrager (Informationsasymmetrie). Solche asymmetrischen Informationsmängel stehen, wenn sie substanziell sind, einer ausreichenden Kontrolle der Produktion durch die Nachfrager entgegen. Unglücklicherweise ist gerade im Mediensystem, in dem die Qualität der Produktion eine große gesellschaftspolitische Rolle spielt, die Qualitätstransparenz und die Nutzentransparenz der Rezipienten sehr gering (vgl. Kapitel 1, Abschnitt 5). Die Nutzenunkenntnis ist für Medienproduktionen recht groß, weil der Medienkonsum sich über einen sehr langen Zeitraum erstreckt und weil das Gut sehr komplex ist. In diesem Sinne gleicht der Medienkonsum Gütern wie Gesundheitsvorsorge, Alterssicherung oder Bildung bzw. Alkohol und Rauschgift, für die auch unterstellt wird, dass ihr zukünftiger Nutzen bzw. Schaden im individuellen Entscheidungskalkül aus Unkenntnis heraus zu stark diskontiert wird.

Im Einzelnen kann die Unkenntnis nach den Bereichen der Medienproduktion differenziert werden. Im Nutzwertbereich ist die Qualitäts- und Nutzenunkenntnis weniger ausgeprägt und weniger beunruhigend als im Forumsbereich. Ob die Börsentips richtig waren und die Unterhaltungsshows erheiternd, kann der Rezipient besser beurteilen als die Berichterstattung über den Krieg in Jugoslawien. Aber eine gute Qualitäts- und Nutzentransparenz besteht auch im Nutzwertbereich nicht.

Zentrale Folge der Informationsmängel und der Informationsasymmetrie ist das Marktversagen in Bezug auf die Qualität der Medienproduktion und der suboptimale Medienkonsum (vgl. Kapitel 1, Abschnitt 5).

Der technische Fortschritt wird dies spezifische Marktversagen in Bezug auf die Produktqualität nicht systematisch beeinflussen. Auf der einen Seite nehmen die Informationskosten der Rezipienten mit steigenden Medienangeboten zu. Auf der anderen Seite werden spezielle Einrichtungen diese Informationskosten senken: Programmzeitschriften, Navigationssysteme oder Suchmaschinen seien genannt.

Zu prüfen ist, ob die Informationsmängel im Mediensystem dadurch abgebaut werden können, dass die schlecht informierte Marktseite versucht, zusätzliche Informationen zu gewinnen (dies wird als Screening bezeichnet) oder dass die gut informierte Marktseite sich bemüht, glaubwürdige Informationen über die angebotene gute Qualität zu verbreiten (dies wird als Signaling bezeichnet, vgl. Fritsch/Wein/Ewers 1993, S. 193).

Ein *Signaling* scheint sehr begrenzt möglich. Medienproduzenten haben angesichts der typischen Wiederholung der Rezeption die Möglichkeit, durch die Produktion guter Qualität einen guten Markennamen aufzubauen. Gute Qualität wird dann angeboten, wenn die dadurch erzielten diskontierten zukünftigen Gewinne höher sind als die Gewinne, die man heute durch Verzicht auf die Produktion guter Qualität erzielt. Dieser mögliche Aufbau eines Markennamens wird für die Medienproduzenten aber dadurch erschwert, dass zum einen die Input-Output-Relation für die Qualität von Medienprodukten relativ unbestimmt ist und dass zum anderen die Qualitätstransparanz immer gering bleibt. Damit besteht die Tendenz, eine Qualitätsproduktion durch die Verwendung bekannter Markenzeichen wie Schauspieler und Moderatoren lediglich vorzuspiegeln. Eine typische Folge ist z.B., dass Schauspieler und Moderatoren immer höhere Gagen erhalten zu Lasten der Ausgaben für Drehbücher und Dreharbeiten und dass damit die Qualität der Produktion in eine Schieflage gerät, weil Verpackung und Darstellung wichtiger werden als Inhalte.

Zudem besteht im Rahmen des Signaling ein großer Anreiz, die Produktqualität durch Werbung zu substituieren, weil, wie aus der Informationsökonomie bekannt ist, die Käufer bzw. Rezipienten bei Qualitätsunsicherheit auch auf Qualitätssignale zurückgreifen, die nicht Bestandteil der physischen Produktsubstanz sind (vgl. Tolle 1994, Zeithamel 1988, Kirmani/Wright 1989, Kirmani 1990), vor allem auf den Preis und die Höhe der Werbeausgaben. Der Preis spielt als Qualitätssignal im Mediensektor bislang eine relativ geringe Rolle, wichtiger erscheint die Höhe der Werbeausgaben als Qualitätssignal. So wird bei bestimmten Bedingungen die Höhe der Werbeausgaben von den Konsumenten als Indikator für die Größe der Marketinganstrengungen insgesamt und damit für das Vertrauen eines Anbieters in die Qualität und Erfolg seines Produktes angesehen (Kirmani/Wrigt 1989). Diese These ist eine mögliche Erklärung dafür, dass der Medienbereich der werbeintensivste Bereich der Wirtschaft ist (vgl. Kapitel 15).

Die Höhe der Werbeausgaben als Qualitätsignal zu sehen, wäre relativ unproblematisch, wenn sie tatsächlich positiv mit der Produktqualität verknüpft wäre, wenn es sich also für Anbieter mit schlechter Qualität nicht lohnte, Signale auszusenden, welche eine höhere Qualität vortäuschen (Tolle 1994, S. 928). Dies scheint aber für Medienunternehmen nicht zu gelten: „Verschärft sich der Wettbewerb, werden die Bemühungen der Unternehmer heftiger, ihre Produkte auf den Märkten und bei den Verbrauchern zu positionieren. Der Wettbewerb bedeutet für urtümliche Komponenten wie Produktqualität, Preis oder Tradition im Verhältnis zu Design oder gar Image, irreversiblen Bedeutungsverlust“ (Wolfgang Winter, Unternehmenssprecher von DSF, in: Horizont Nr. 12/1995, S. 47). Werbung soll also Produktqualität *substituieren*.

Ein *Screening*, also eine Informationsbeschaffung durch Konsumenten bzw. Rezipienten, scheitert in der Regel daran, dass die Qualitätsinformation die Eigenschaften eines öffentlichen Gutes hat, sie ist gekennzeichnet durch Nichtrivalität im Konsum und durch die Schwierigkeit, das Marktausschlußprinzip anwenden zu können, kurz: es besteht keine individuelle Zahlungsbereitschaft. Ein Indiz ist die Einstellung der Zeitschrift „Medienkritik" im Jahre 1994.

Qualitätstransparenzpolitik bleibt mithin staatliche Aufgabe, der Markt sorgt nicht von sich aus für eine hinreichende Qualitätstransparenz. Es muss also eine kollektiv finanzierte Institution Qualitätsinformationen bereitstellen, wie z.B. Warentestergebnisse durch Verbraucherschutzorganisationen oder wie z.B. die Prüfung der Produktqualität bei Arzneimitteln durch das Bundesgesundheitsamt. Weil im Mediensektor staatliche Qualitätskontrollen rechtlich vermutlich nicht zulässig und ökonomisch nachteilig wären, ist eine kollektiv finanzierte Stiftung oder ein kollektiv finanzierter Verein zur Herstellung von Qualitätstransparenz im Mediensystem angemessen. Die vorgeschlagene Stiftung „Medientest" (vgl. Krotz 1996) steht allerdings vor großen Schwierigkeiten:

- Ein Medientest ist ungleich komplexer als ein Test von Bohrmaschinen oder Autoreifen, und
- der Nutzen solcher Qualitätsinformationen ist für Rezipienten vermutlich kleiner als der Nutzen von Warentests für teure Gebrauchsgegenstände.

Dennoch gibt es keine Alternative für die Einrichtung eines „Medientests", weil eine Qualitätskontrolle durch Qualitätstransparenz gerade im Bereich der Medienproduktion von zentraler Bedetung ist und weil es in diesem Bereich – anders als in allen anderen Bereichen der Produktion, in denen die Qualität durch einen technischen Überwachungsverein, Gewerbeaufsichtsämter, durch Bundeaufsichtsämter oder europäische Normeninstitute, um nur einige Beispiele zu nennen, kontrolliert wird – bislang keine Kontrolle der Qualität gibt. Ein solcher „Medientest" sollte lediglich Qualitätstransparenz herstellen, sollte durch Experten der journalistischen Profession durchgeführt werden und sollte die wesentlichen Qualitätskriterien der Profession zugrunde legen.

4.4. Grundsätze der Ordnungspolitik im Nutzwertbereich

Zusammenfassend kann im Nutzwertbereich das Prinzip der Rezipientensouveränität und das Prinzip der Gewerbefreiheit (Marktzutrittsfreiheit) zugrunde gelegt werden. Diese Grundprinzipien müssten ergänzt werden:

- um eine Politik zum Schutz von Urheberrechten,
- um eine Wettbewerbspolitik, die auch vertikale Konzentrationsprozesse effektiv kontrollieren kann und
- um eine nachhaltige Qualitätstransparenzpolitik.

Weitere Regelungen erscheinen mir nicht als sinnvoll.

Vor allem Art, Umfang und Struktur der Finanzierung der Medienproduktion im Nutzwertbereich könnten dem Wettbewerb überlassen bleiben, insbesondere der Umfang und die räumliche/zeitliche Strukturierung der Werbung im Verhältnis zu redaktionellen Angeboten. Aus ökonomischer Sicht kann der Markt bestimmen, wieviel Werbung verbreitet wird. Werbung ist per se nicht schädlich, und der Rezipient könnte für sich entscheiden, wieviel Werbung in welcher Form er akzeptiert. Im Printbereich haben sich entsprechende Strukturen schon lange herausgebildet: Zeitungen bestehen zu gut einem Drittel aus Anzeigen (vgl. Band 1, Kapitel 8, Abschnitt 3.2.), Zeitschriften, bei großen Unterschieden zwischen den verschiedenen Zeitschriftentypen, bestehen insgesamt ebenfalls zu gut einem Drittel aus Anzeigen (Band 1, Kapitel 10, Abschnitt 3.2.); daneben gibt es Anzeigenblätter, die überwiegend aus Werbung bestehen und gratis verteilt werden, und es gibt Offertenblätter, die nur Werbung beinhalten, die aber sogar vom Rezipienten bezahlt wird. Ähnliche Strukturen könnten sich im Rundfunksektor entwickeln. Notwendig ist allerdings eine klare Transparenz: Werbung muss klar als Werbung erkennbar sein, und Werbung muss vom redaktionellen Teil klar getrennt sein.

5. Organisation und Probleme des Forumsbereiches

Im Forumsbereich sind die Medienangebote zu produzieren, deren Kontrolle durch individuelles Kosten-Nutzen-Kalkül der Rezipienten nicht angemessen ist – weil sie sich dem Kosten-Nutzen-Kalkül entziehen oder weil das Kontrollinteresse der Rezipienten strukturbedingt unzureichend ist. Das sind die Medienproduktionen, die die normativ zugeschriebenen öffentlichen Aufgaben von Kritik und Kontrolle, von Artikulation, Aufklärung und Integration sowie die normativ zugeschriebenen meritorischen Aufgaben in der Produktion von Meinungsvielfalt und Wahrheit erfüllen. Damit ist klar, dass diese Aufgaben nicht auf den Rundfunk beschränkt werden können, sondern von allen Mediengattungen zu erfüllen sind.

Es muss betont werden, dass für eine solche Art von Produktion der ökonomische Wettbewerb in seinem elaborierten Begründungskontext nicht geeignet ist, dass aber keineswegs als gesichert gelten kann, dass andere Verfahren zu besseren Ergebnissen führen. Kiefer hat zu Recht sehr deutlich darauf hingewiesen, dass man über die verschiedenen Formen des Wettbewerbs nicht viel weiß:

> Das Problem aus kommunikationswissenschaftlicher Sicht ist, dass man über die Funktionsweise des Wettbewerbs, noch dazu in der gängigen fachlichen Unterscheidung von ökonomischem und publizistischem Wettbewerb, so gut wie nichts weiß, dass hier ein Mechanismus als Steuerungsinstanz im Prozeß der Massenkommunikation unterstellt wird, dessen Wirkweise völlig unklar ist. Blickt man zu der zumindest für den ökonomischen Wettbewerb zuständigen Wissenschaftsdisziplin, ist auch dort an gesichertem Wissen wenig zu erfahren: Es gibt keine allgemeingültige Wettbewerbstheorie, der normative Gehalt der Teiltheorien ist beträchtlich (Aberle, 1992) und reicht bis zur Immunisierung gegenüber jeder empirischen Überprüfung (Hoppmann, 1988). Die Annahmen der Ökonomen über die Funktionsweise des Wettbewerbs lassen zudem kaum den Schluß zu, dass erwartete publizistische Qualitäten wie gegenständliche, formale und Meinungsvielfalt des medialen Angebots als Ergebnis von Wettbewerb garantiert wären (Owen, 1978; Heinrich, 1992). Zumindest der ökonomische Wettbewerb hat in

> (Hoppmann, 1988; Kantzenbach 1988), wie sie Kommunikationswissenschaft, Medienpolitik aber auch das Bundesverfassungsgericht unterstellen, ohne dass freilich theoretische Vorstellungen davon existieren, in welchem Beziehungsgefüge diese beiden Wettbewerbsformen zueinander einerseits, zum publizistischen Ergebnis andererseits stehen. Der Mangel an theoretischem und empirischem Wissen über dieses zentrale Steuerungsinstrument eines außenplural organisierten Mediensystems läßt sich in den Konsequenzen an der derzeitigen Debatte über eine Novellierung des §21 Rundfunkstaatsvertrag (RfStV) besichtigen: Vorschläge werden von der Medienpolitik und den Medienjuristen entwickelt. Die Kommunikationswissenschaft hat durch Erfassen und Beschreiben des Konzentrationsstands zwar auf eine als problematisch bewertete Entwicklung im Bereich des privaten Rundfunks verwiesen, sie kann aber weder zu den Ursachen noch den Folgen dieser Entwicklung gesichert etwas sagen und ist offensichtlich auch nicht in der Lage, der Medienpolitik theoretisch fundierte Strategiekonzepte an die Hand zu geben. Jedenfalls ist in der gegenwärtigen Debatte über das tolerierbare Maß an Konzentration in einem Mediensystem von seiten der für die Medien zuständigen Wissenschaftsdisziplin nichts zu hören. Im Ergebnis werden so Regulierungen festgeschrieben, die eher emotionellen als sachlichen Einschätzungen einer Problemlage folgen und die eher vom kurzfristig herstellbaren politischen Meinungskonsens geleitet sind, als von kommunikationswissenschaftlicher Problemanalyse und daraus abgeleiteten Empfehlungen (Kiefer 1997, S. 55f.).

Weil also theoretische Fundamente weitgehend fehlen, ist es mir nur möglich, die Grundstrukturen des Forumsbereichs zu skizzieren.

Für den Forumsbereich erscheint eine kollektiv organisierte Finanzierung als notwendig. Diese Finanzierung sollte ein autonomes Finanzgebaren ermöglichen und diskretionäre staatliche Finanzzuteilung vermeiden. Daher spricht viel für eine langfristig finanzierte öffentliche Stiftung. Diese Stiftung sollte – ähnlich wie eine Finanz-Holding-Gesellschaft die Mittel für die verschiedenen Unternehmensbereiche je nach erwarteter Profitabilität verteilt – die Mittel für die verschiedenen Medienproduktionen nach zu erwartender Aufgabenerfüllung verteilen. Die Verteilung regelt ein Gremium von Experten aus der journalistischen Profession, keine pluralistisch zusammengestellte Versammlung. In einem solchen Modell entstehen zwei eng miteinander verknüpfte Probleme: das Problem der Zielformulierung und das Problem der Effizienzsicherung.

Man muss klar sehen, dass die Ziele der Medien-Finanz-Holding nicht operational definiert werden können. Es ist vermutlich nicht möglich, Ziele wie Meinungsvielfalt oder Kontrolle von Politik, Wirtschaft und Gesellschaft so zu formulieren, dass eine Kontrolle der Zielerreichung möglich wird. Daher muss es bei einer offenen Zielbeschreibung bleiben, und die Kontrolle muss sich im Wesentlichen darauf beschränken, die Qualität der Akteure zu sichern – durch eine sorgfältige Auswahl, eine gute Ausbildung und eine attraktive Bezahlung der Journalisten.

Und die Sicherung der Effizienz einer solchen Medien-Finanz-Holding ist, wie man zugeben muss, nicht einfach. Auch die Akteure nicht erwerbswirtschaftlich organisierter Institutionen sind beschränkt rational und handeln opportunistisch, nach ihren eigenen Zielen, nicht nach den Zielen der Institution. Hier muss eine Lösung gefunden werden, die möglichst weitgehend marktlichen Mechanismen angenähert ist, eine Marktersatzlösung, wie Bea sie nennt (Bea 1996, S. 358). Von zentraler Bedeutung wäre der Wettbewerb im Forumsbereich. Dies setzt voraus, dass eine Vielzahl von Einrichtungen in diesem Bereich geschaffen werden, etwa angenähert ist, eine Marktersatzlösung, wie Bea sie nennt (Bea 1996, S. 358). Von zentraler Bedeutung wäre der Wettbewerb im Forumsbereich. Dies setzt voraus, dass eine Vielzahl von Einrichtungen in diesem Bereich geschaffen werden, etwa das, was Jarren als „Regulierungsnetzwerk" bezeichnet (Jarren 1998). Wichtig wären auch vielfältige Organisationsformen wie z.B. öffentliche Stiftungen, öffentliche Vereine oder öffentlich subventionierte Arbeiterunternehmungen, jedenfalls kein monolithischer Block nach dem Muster des öffentlich-rechtlichen Rundfunks in Deutschland. Dieser Wettbewerb sollte als publizistischer Wettbewerb mit den Qualitätsmaßstäben der Publizistik versucht werden (vgl. Heinrich 1992a). Die Stiftung „Medientest" könnte auch in diesem Bereich die Qualitätstransparenz verbessern und die Grundlagen für eine Zurechnung von Handlungsfolgen schaffen. Das Finanzgebaren sollte eine höchstmögliche Transparenz aufweisen, insbesondere eine Transparenz der Entscheidungsprämissen (vgl. Bea 1996, S. 359).

Im Übrigen sollte die Organisation nach den Prinzipien gestaltet sein, die ein größtmögliches Maß an Qualität und Effizienz zu erreichen erlauben (vgl. Kapitel 10):

- Die Arbeitsteilung sollte nach dem Objektprinzip mit Projektorientierung vorgenommen werden.
- Eine große redaktionelle Autonomie, mit einem großen Ausmaß an Delegation und Partizipation, sollte gewährleistet sein.
- Die Geschäftsführer sollten eine große Unabhängigkeit besitzen, etwa nach dem Muster des europäischen Zentralbanksystems mit einer begrenzten Amtszeit ohne die Möglichkeit der Wiederwahl. Dies impliziert zugleich einen überschaubaren Wechsel.

Schließlich sollten alle Regelungen als so genannte Sunset-Regeln zeitlich begrenzt sein, um eine ineffiziente Konservierung von Strukturen zu vermeiden.

Wenn der ökonomische Wettbewerb Umfang und Strukturen der Medienproduktion nicht determiniert, bedarf es anderer Abstimmungs- und Steuerungsverfahren, vor allem die demokratische Abstimmung von Individuen. Dieser demokratische Abstimmungsprozess, der in vielen Punkten dem Abstimmungsprozess des Wettbewerbs unterlegen ist (vgl. Baßeler/Heinrich 1994, S. 43ff.) und zahlreiche Mängel aufweist (vgl. Schumpeter 1946, S. 381ff.), scheint einen großen Vorzug aufzuweisen, nämlich den, dass „Arm und Reich" die gleichen Stimmrechte haben. Dies ist so, verdeckt aber die Einsicht, dass auch im demokratischen Abstimmungsprozess von einer bereits *gegebenen* Verteilung von Lebensaussichten, von Lebenschancen und Lebensumständen ausgegangen wird und dass diese Verteilung einen wesentlichen Einfluss auf das Abstimmungsverhalten hat, das in der Regel zum Ziel hat, die eigenen Lebensumstände zu verbessern.

Viel gerechter scheint es zu sein, von Rawls' Konzept des Urzustands und dem dort verbreiteten „Schleier des Nichtwissens" auszugehen. Hier ist vieles unbekannt.

> Vor allem kennt niemand seinen Platz in der Gesellschaft, seine Klasse oder seinen Status; ebensowenig seine natürlichen Gaben, seine Intelligenz, Körperkraft usw. Ferner kennt niemand seine Vorstellung vom Guten, die Einzelheiten seines vernünftigen Lebensplanes, ja nicht einmal die Besonderheiten seiner Psyche wie seine Einstellung zum Risiko oder seine Neigung zum Optimismus oder Pessimismus. Darüber hinaus setze ich noch voraus, dass die Parteien die besonderen Verhältnisse in ihrer eigenen Gesell-

> schaft nicht kennen, d.h. ihre wirtschaftliche und politische Lage, den Entwicklungsstand ihrer Zivilisation und Kultur. Die Menschen im Urzustand wissen auch nicht, zu welcher Generation sie gehören. Diese ziemlich umfangreichen Beschränkungen der Kenntnisse sind teilweise deshalb angemessen, weil Fragen der sozialen Gerechtigkeit auch zwischen den Generationen entstehen, zum Beispiel die Frage der richtigen Investitionsrate oder der Erhaltung natürlicher Hilfsquellen und der Umwelt. Auch in diesen Fällen dürfen die Beteiligten die zufälligen Umstände nicht kennen, die zu Interessengegensätzen zwischen ihnen führen würden. Sie müssen Grundsätze wählen, deren Folgerungen sie hinzunehmen bereit sind, welcher Generation sie auch angehören mögen. Die Parteien kennen also nach Möglichkeit an Einzeltatsachen nur dies, dass ihre Gesellschaft die Anwendungsverhältnisse der Gerechtigkeit aufweist und alles, was damit zusammenhängt. Selbstverständlich aber sollen sie die allgemeinen Tatsachen über die menschliche Gesellschaft kennen, die sich aus dem Alltagsverstand und allgemein anerkannten Analysemethoden ergeben (Abschnitt 34). Sie verstehen politische Fragen und die Grundzüge der Wirtschaftstheorie, ebenso die Grundfragen der gesellschaftlichen Organisation und die Gesetze der Psychologie des Menschen (Rawls 1994, S. 160f.).

Eine Abstimmung unter solchen „unwissenden Ungeborenen" wird zu anderen Ergebnissen kommen als eine Abstimmung unter lebenden Staatsbürgern. So wird man über den Schutz für Behinderte anders abstimmen, wenn man nicht weiß, ob man als Behinderter zur Welt kommen wird, als wenn man sich bereits im Zustand der Behinderung oder der Nichtbehinderung befindet. Eine solche Abstimmung (vgl. Müller 1997), die leider nur gedanklich möglich ist, könnte jedenfalls konzeptionell als Steuerungsverfahren dienen.

Das letztlich vermutlich *zentrale Problem* der Medienproduktion im Forumsbereich ist die Sicherstellung einer ausreichenden Rezeption, einer ausreichenden Nachfrage nach den Forumsangeboten. In den klassischen ökonomischen Feldern öffentlicher Güter – Sicherheit, Umweltschutz oder Grundlagenforschung – genügt die öffentlich organisierte *Produktion* dieser Güter, um das gewünschte Ziel zu erreichen. Und klassische meritorische Güter wie Schulbesuch und Altersvorsorge werden durch Sanktionen erzwungen. In weiten Feldern des Forumsbereiches genügt die Produktion aber nicht: Die gewünschte Öffentlichkeit, die gewünschte Meinungsvielfalt, die gewünschte Herausbildung von Normen oder die gewünschte Kontrolle der Politik ergibt sich ja erst dann, wenn die Rezipienten die entsprechenden Informationsangebote auch *nachfragen,* und dazu kann man sie nicht zwingen – allenfalls in der Schule und im Gefängnis. Es gibt mithin möglicherweise Normadressaten für die Produktion der Forumsinformationen, aber keine Normadressaten für ihren Konsum.

Für die Lösung dieses Problems bleibt nur die von Schiller ausgesprochene Erwartung, dass eine reizende Darstellung der Wahrheit ihrer Rezeption förderlich sei, ohne ihre Inhalte zu verändern:

> Wozu dient denn aber nun, wird man einwenden, eine geschmackvolle Einkleidung der Begriffe, wenn der Zweck des Vortrags, der doch kein anderer seyn kann, als Erkenntnis hervorzubringen, vielmehr dadurch gehindert als befördert wird?
>
> Zur Ueberzeugung des Verstandes kann allerdings die Schönheit der Einkleidung eben so wenig beitragen, als das geschmackvolle Arrangement einer Mahlzeit zur Sättigung der Gäste oder die äußere Eleganz eines Menschen zur Beurtheilung seines innern Werths. Aber eben so, wie dort und hier durch das Empfehlende im Aeußern die Aufmerksamkeit auf den Menschen überhaupt geweckt und geschärft wird, so werden wir

> durch eine reizende Darstellung der Wahrheit in eine günstige Stimmung gesetzt, ihr unsre Seele zu öffnen, und die Hindernisse in unserm Gemüth werden hinweggeräumt, die sich der schwierigen Verfolgung einer langen und strengen Gedankenkette sonst würden entgegengesetzt haben. Es ist niemals der Inhalt, der durch die Schönheit der Form gewinnt, und niemals der Verstand, dem der Geschmack beim Erkennen hilft. Der Inhalt muß sich dem Verstand unmittelbar durch sich selbst empfehlen, indem die schöne Form zu der Einbildungskraft spricht und ihr mit einem Scheine von Freiheit schmeichelt (Schiller 1838, S. 136).

6. Die Rolle eines öffentlich-rechtlichen Rundfunks

Die Leitlinien und Grundprinzipien der Medienproduktion im Forumsbereich gelten mediumübergreifend. Indes spielt der Rundfunk schon auf Grund seines Zeitverbrauchs im Leben der Rezipienten eine besondere Rolle, und daher sollen abschließend Möglichkeiten und Risiken einer Reform eines öffentlich-rechtlichen Rundfunks dargestellt werden. In den Überlegungen zur Reform eines öffentlich-rechtlichen Rundfunks (vgl. z.B. Bates/Chambers 1999, Gundlach 1998, Kommunikationsordnung 2000, Kops 1999) spielen folgende Bereiche eine große Rolle:

- die Organisationsform,
- die Finanzierung und
- die programmliche Reichweite.

In der Frage der *Organisationsform* ist zwischen öffentlich-rechtlichen Unternehmen mit einer speziellen öffentlichen Aufgabe und privaten Unternehmen, die einer speziellen Regulierung unterliegen, zu entscheiden. So wurden und werden in Deutschland traditionellerweise öffentliche Unternehmen mit einem öffentlichen Auftrag versehen, um eine Versorgung zu bieten, die private Unternehmen nicht leisten würden (z.B. Post, Bahn, kommunale Versorgungsunternehmen und der öffentlich-rechtliche Rundfunk). In den USA wurden und werden dagegen private Unternehmen im Gemeinwohlinteresse reguliert. Privaten Unternehmen wird meist eine größere produktive Effizienz zugebilligt, aber nur, wenn diese im Wettbewerb stehen (vgl. Gundlach 1998, S. 136ff.). Problematisch ist die Regulierung privater Unternehmen immer dann, wenn der öffentliche Auftrag komplex und nicht einfach operationalisierbar ist, weil sich dann die privat-kommerziellen Interessen der Gewinnmaximierung unkontrollierbar durchsetzen können (vgl. Cox 1996, Schellhaas 1994). Mithin eignet sich eine Regulierung privat-kommerzieller Unternehmen eher bei einem so einfachen Auftrag wie „Stromversorgung zu einem fairen Preis", als bei einem so komplexen und wenig operationalisierbaren Auftrag wie dem der Grundversorgung (vgl. Kapitel 3). Die Erfahrungen mit der Aufsicht über private Rundfunkunternehmen bestätigen diesen Befund (vgl. Lange 1991); selbst im Zwei-Säulen-Modell des Lokalfunks in Nordrhein-Westfalen, in dem die Erstellung publizistischer Leistungen strukturell von der Erzielung von Werbeeinnahmen getrennt ist, setzen sich die Verwertungsinteressen der Betriebsgesellschaften durch – weil die Redakteure sehen, dass ihr Arbeitsplatz mittelfristig von der werblichen Akzeptanz des Programms abhängt. Daher meine ich, dass die Organisationsform öffentlich-rechtlicher Unternehmen einer Regulierung privater Unternehmen im Rundfunkbereich eindeutig vorzuziehen ist. Allerdings müssten für die öffentlich-rechtlichen Rundfunkunternehmen die in Abschnitt 5 beschriebenen Organisationsprinzipien gelten: Kontrolle durch ein Expertengremium, publizistischer Wettbewerb zwischen den Rundfunkunternehmen, maximale Transparenz und große Autonomie der Akteure sind vor allem zu nennen.

Die *Finanzierung* eines öffentlich-rechtlichen Rundfunks sollte ebenfalls den in Abschnitt 5 beschriebenen Prinzipien entsprechen. Eine öffentlich-rechtliche Stiftung ist sinnvoll, eine Finanzierung durch spezielle Rundfunkgebühren ist möglich. Eine partielle Finanzierung durch Werbeeinnahmen ist aus ökonomischer Sicht dagegen recht eindeutig abzulehnen. Eine auch nur partielle Finanzierung durch Werbung implementiert mit dem klaren Erfolgsmaßstab „Reichweite“ eine Zielgröße, die in jeder Beziehung mit dem öffentlichen Auftrag kollidiert: Qualität, Vielfalt und Niveau können mit einer Werbefinanzierung nicht erreicht werden (vgl. Kapitel 7). Der kleine Vorteil einer staatsfernen und unmerklichen Finanzierung wiegt demgegenüber sehr leicht.

Die angemessene *programmliche Reichweite* eines öffentlich-rechtlichen Rundfunks kann nicht eindeutig beurteilt werden. Im Kern muss entschieden werden, ob öffentlich-rechtlicher Rundfunk auf eine Art von Bildungs- und Informationsprogramm („Volkshochschulprogramm“) beschränkt werden sollte oder ein Vollprogramm in allen Dimensionen von Ressort, Genre, Inhalt und Thema ausstrahlen sollte. *Für eine Beschränkung* des öffentlich-rechtlichen Rundfunks auf das Angebot von Informationen mit dem Charakter meritorischer und/oder öffentlicher Güter spricht die Logik der Begründung: Meritorische und/oder öffentliche Güter kann der Markt nicht im gewünschten Umfang herstellen, daher muss ihre Produktion kollektiv organisiert, z.B. in Form öffentlich-rechtlicher Rundfunkunternehmen mit einem spezifischen öffentlichen Auftrag, bereitgestellt werden. Informationen mit einem privaten Gebrauchswert kann dagegen der Markt besser bereitstellen als öffentliche Unternehmen, hier ergibt das Paradigma des Marktversagens keine ausreichende Begründung für eine öffentlich-rechtliche Organisation. Für eine Beschränkung spricht auch die anderenfalls zu erwartende Behinderung des Wettbewerbs der privaten Programme, die dann mit den öffentlich subventionierten Vollprogrammen in einem ungleichen Wettbewerb stünden (so die Position der EU-Kommission als Wettbewerbsbehörde). *Gegen eine Beschränkung* sprechen folgende Argumente:

- Eine klare, operationale Abgrenzung des Forumsbereiches vom Nutzwertbereich ist nicht möglich, weder nach Thema und Inhalt noch nach Ressort und Genre. Meinungen, Realitäten und Kontrolle von Politik und Gesellschaft können in jedem Programm produziert werden (Abgrenzungsprobleme).
- Eine Beschränkung der Produktion beschränkt auch mögliche interne Synergieeffekte der Produktion und beschränkt den Erwerb und den Erhalt der Fähigkeiten, ein umfassendes Programm zu produzieren (Innovationsnachteile).
- Der öffentlich-rechtliche Rundfunk ist *letztlich* der Garant für einen funktionsfähigen Wettbewerb im Rundfunksektor, wenn im privaten Rundfunksektor die Konzentration einmal sehr weit fortgeschritten sein sollte. Und in diesem Wettbewerb könnte der öffentlich-rechtliche Rundfunk die Maßstäbe für Qualität und Niveau aufrechterhalten (Wettbewerbsnachteile; vgl. Gundlach 1998, S. 306).

- Schließlich müssen die Forumsbereiche in einer Form angeboten werden, die ihrer Rezeption förderlich ist (Schillers „reizende Darstellung der Wahrheit"). Dazu benötigen die Rundfunkanstalten das Know-how für eine unterhaltsame und rezipientenorientierte Darstellung, das sie am besten erhalten, wenn sie auch Unterhaltungsprogramme produzieren. Zugleich begründen der, wenn auch begrenzte Audience-Flow und das wichtige Marken-Image eines Veranstalters die Ausstrahlung eines Vollprogramms mit allen Elementen der Unterhaltung (Anmutungsnachteile).

In Abwägung dieser Argumente entscheide ich mich letztlich dafür, die Programmreichweite des öffentlich-rechtlichen Rundfunks nicht zu beschränken, vor allem, weil dies praktisch kaum möglich wäre und weil das Programm insgesamt vermutlich an Anmutungsqualität verlieren würde. Insofern sehe ich wie Kübler das duale Rundfunksystem als Konvergenzmodell, dessen Segmente sich im Wettbewerb fortentwickeln (Kübler 1995, S. 22) oder jedenfalls fortentwickeln können. Eine solch begrenzte Sympathie für öffentlich-rechtlichen Rundfunk entspricht ökonomischer Überzeugung – allerdings im Jahre 1981.[74]

Zusammenfassung

Eine Rezipientenorientierung der Kontrolle, ausgeübt über den Markt und den ökonomischen Wettbewerb, ist das Leitbild einer ökonomischen Theorie der Medienpolitik. Eine solche Rezipientenorientierung ist aber nur für einen Teil der gesamten Medienproduktion angemessen und ausreichend; für den Teil, der Informationen von privatem Nutzwertcharakter bereitstellt, ergänzt um eine Medienpolitik in den Feldern des Marktversagens: Urheberrechtspolitik, Wettbewerbspolitik und Qualitätstransparenzpolitik. Für den Forumsbereich, der Informationen mit dem Charakter meritorischer und/oder öffentlicher Güter bereitstellt, ist eine kollektive Organisation von Produktion und Finanzierung notwendig, einem privaten Kosten-Nutzen-Kalkül können diese Angebote nicht unterstellt werden. Die Kontrolle durch Rezipienten wird hier ersetzt durch eine Kontrolle durch Produzenten, die in großer Autonomie den Qualitätskriterien der Publizistik verpflichtet sind.

Literatur

Eine Kontrolle des Mediensystems analysiert und diskutiert aus publizistikwissenschaftlicher Sicht

- Jarren, O., Medienregulierung in der Informationsgesellschaft?, in: Publizistik, 44. Jg., Heft 2, 1999, S. 149-164.

Eine Kontrolle des Rundfunksystems analysieren und diskutieren aus ökonomischer Sicht

[74] Im Frühjahr 1981 wurden 476 Mitglieder des Vereins für Socialpolitik, der wichtigsten Vereinigung von Wirtschaftswissenschaftlern im deutschen Sprachgebiet, zu 44 wichtigen ökonomischen Problemen befragt. Dem Statement „Staatliches Fernsehen ist besser als privates Fernsehen" stimmten 20,9 Prozent der Befragten im Großen und Ganzen und 35,5 Prozent der Befragten mit Einschränkung zu. 41,0 Prozent lehnten im Großen und Ganzen ab (Schneider/Pommerehne/Frey 1983).

- Gundlach, H., Die öffentlich-rechtlichen Rundfunkunternehmen zwischen öffentlichem Auftrag und marktwirtschaftlichem Wettbewerb, Berlin (S+W) 1998 und
- Kops, M., Prinzipien der Gestaltung von Rundfunkordnungen, in: Berg, H. J. (Hrsg.), Rundfunkgremien in Deutschland, 2. Auflage, Berlin (Vistas) 1999, S. 11-114.

Mögliche Leitlinien einer Medienordnung entwickelt

- Kommunikationsordnung 2000 – Grundsatzpapier der Bertelsmann Stiftung zu Leitlinien der zukünftigen Kommunikationsordnung, Gütersloh (Bertelsmann Stiftung) 1997.

Übersicht der größten Medienunternehmen

Die fünf größten Medienkonzerne der Welt

Konzern	Umsatz 1997 in Mrd. DM	Anteil des Geschäftsbereichs in Prozent							
		Buch	Presse	Musik	TV	Film	Parks	Druck	Video
Time Warner	44,3	5,4	11,6	14,5	40,8	27,7			
Walt Disney	40,5	0,7			29,0	48,0	22,3		
Bertelsmann[1)]	27,0	32,8	17,2	26,1	8,9			12,7	
Viacom	23,8	18,6			20,2	29,1			32,1
News Corp.	20,2	7,0	33,0		25,0	29,0			

[1)] inklusive Random House und 50 % CLT-Ufa

Quelle: Spiegel, 14, 1998, S. 100.

Die zehn größten Medienkonzerne Europas

Unternehmen	Land	Umsatz[1)]	Gewinn	Mitarbeiter
Bertelsmann	Deutschland	22.942,0[2)]	1.122,0	57.807
Havas (Vivendi)	Frankreich	11.298,9	598,9	18.748
Lagardère Group	Frankreich	11.203,2	285,8	23.027
PolyGram (Seagram)	Niederlande	9.858,7	699,3	12.858
EMI Group	Großbritannien	9.402,0[3)]	1.055,1	17.869
Reed Elsevier	Großbritannien/Niederl.	8.699,1	588,1	27.600
Reuters	Großbritannien	8.187,7	1.778,5	16.005
Pearson	Großbritannien	6.018,9	568,5	18.000
CLT/Ufa (Audiofina, Bertelsmann, WAZ)	Luxemburg	5.528,1	-139,7[4)]	4.150
KirchGruppe	Deutschland	5.039,9	k.A.	1.400

[1)] Geschäftsjahr 1997 in Mio. DM; [2)] Geschäftsjahr endet 30.06.1998, konsolidierter Umsatz, ohne die anteiligen CLT/Ufa-Umsätze, bei Berücksichtigung der CLT/Ufa-Beteiligung ergibt sich ein Gesamtumsatz von 25,7 Mrd. DM; [3)] Geschäftsjahr endet 31.03.1998; [4)] Der Jahresverlust ist auf die Anlaufverluste der jungen Sender sowie auf die Investitionen in neue Zukunftsfelder zurückzuführen, die Stammgeschäfte der CLT/Ufa erzielten 1997 einen Gewinn von rund 170 Mio. DM.

Quelle: W&V Compact, 11, 1998, S. 28.

Die zwanzig größten Medienunternehmen Deutschlands

Unternehmen	Umsatz[1)]	Tätigkeitsschwerpunkte
Bertelsmann	22.942,0[2)]	Buch, Presse, Druck, Entertainment, Multimedia
ARD	10.542,9[3)]	Öffentl.-rechtl. TV, Hörfunk
Gruner + Jahr (Bertelsmann)	5.133,0[4)]	Magazine, Presse, Druck, Vertrieb
KirchGruppe	5.039,9[5)]	Film, Kino, Video, TV, Hörfunk, Musik
Axel-Springer-Verlag	4.598,9	Presse, Magazine, Buch, Vertrieb, TV, Hörfunk
WAZ-Mediengruppe	4.000,0	Presse, Magazine, Druck, Vertrieb, TV, Hörfunk
Verlagsgruppe Georg von Holtzbrinck	3.502,2	Buch, Presse, Magazine, Fachinform., Hörfunk
Heinrich-Bauer-Verlag	3.024,0[6)]	Magazine, Presse, Druck, Vertrieb, TV, Hörfunk
ZDF	2.898,0	Öffentl.-rechtl. TV
RTL	2.238,0	TV
Burda	1.878,0	Magazine, Presse, Druck, Hörfunk, Multimedia
Medien Union	1.870,0[7)]	Presse, Buch, Druck, Hörfunk
ProSieben Media AG	1.862,0	TV, Multimedia, Merchandising, Werbevermarktg.
SAT.1	1.661,0	TV
Frankfurter Allgemeine Zeitung	1.161,0	Presse, Magazine, Buch, Druck, Hörfunk
Süddeutscher Verlag	1.151,7	Presse, Fachinformationen, Druck, Hörfunk
Verlagsgruppe Passau	1.009,7	Presse, Druck, Handel, Hörfunk, Multimedia
DuMont Schauberg	973,0	Presse, Buch, Druck, Hörfunk
Deutscher Sparkassenverlag	966,1	Kartensysteme, Datendienst, Marketing, Magazine
Sebaldus	922,7	Magazine, Druck, Direktwerbung, Hörfunk

[1)] Geschäftsjahr 1997 in Mio. DM; [2)] Geschäftsjahr 30.06.1998, konsolidierter Umsatz ohne die anteiligen CLT/Ufa-Umsätze, bei Berücksichtigung der CLT/Ufa-Beteiligung ergibt sich ein Gesamtumsatz von 25,7 Mrd. DM; [3)] Geschäftsjahr 1996; [4)] Geschäftsjahr endet 30.06.1998, Umsatz vorläufig; [5)] Gruppenumsatz inkl. anteiliger Umsätze wichtiger Beteiligungsgesellschaften (Axel-Springer-Verlag, SAT.1. Premiere, ISPR, Tele Cinco); [6)] vorläufiger Konzernabschluss; [7)] Umsatz geschätzt.

Quelle: W&V Compact, 11, 1998, S. 30.

Abkürzungsverzeichnis

AGF	Arbeitsgemeinschaft Fernsehforschung
AKM	Arbeitsgruppe Kommunikationsforschung München
ALM	Arbeitsgemeinschaft der Landesmedienanstalten
API	Application Programming Interface
ARD	Arbeitsgemeinschaft der öffentlich-rechtlichen Rundfunkanstalten der Bundesrepublik Deutschland
ATM	Asynchroner Transfer-Modus
BIP	Bruttoinlandsprodukt
BR	Bayerischer Rundfunk
BWS	Bruttowertschöpfung
DAB	Digital Audio Broadcasting
DLR	DeutschlandRadio
DIW	Deutsches Institut für Wirtschaftsforschung (Berlin)
DLM	Direktorenkonferenz der Landesmedienanstalten
DSR	Digitales Satellitenradio
DVB	Digital Video Broadcasting
DW	Deutsche Welle
EGV	EG-Vertrag
EMA	Elektronische Mediaanalyse
FCC	Federal Communications Commission
GEZ	Gebühreneinzugszentrale
GfK	Gesellschaft für Konsumforschung
HDTV	High Definition Television
HR	Hessischer Rundfunk
IAB	Institut für Arbeitsmarkt- und Berufsforschung
IuK	Information und Kommunikation
IMK	Institut für Medienentwicklung und Kommunikation
KDLM	Konferenz der Direktoren der Landesmedienanstalten
KEF	Kommission zur Überprüfung und Ermittlung des Finanzbedarfs der Rundfunkanstalten
KEK	Kommission zur Ermittlung der Konzentration im Medienbereich
LDTV	Low Definition Television
LRG NW	Landesrundfunkgesetz Nordrhein-Westfalen
MDR	Mitteldeutscher Rundfunk
MGM	MedienGruppe München
MMBG	Multimedia-Betriebsgesellschaft
MR	Grenzumsatz (marginal return)
MSG	Media Service GmbH

MuK	Medien und Kommunikation
NDR	Norddeutscher Rundfunk
NRW	Nordrhein-Westfalen
ORB	Ostdeutscher Rundfunk Brandenburg
RB	Radio Bremen
RStV	Rundfunkstaatsvertrag
SR	Saarländischer Rundfunk
SFB	Sender Freies Berlin
SWR	Südwestrundfunk
TIME	Telekommunikation, Informationstechnologie, Medien und Elektronik
TKK	Tausend-Kontakte-Kosten
TKP	Tausend-Kontakte-Preis
TQM	Total Quality Management
USP	Unique Selling Proposition
UVK	Universitätsverlag Konstanz
VDMA	Verband Deutscher Maschinen- und Anlagenbau
VPRT	Verband Privater Rundfunk und Telekommunikation
VuMa	Verbraucher- und Mediaanalyse
WDR	Westdeutscher Rundfunk
WiSt	Wirtschaftswissenschaftliches Studium
WTO	World Trade Organization
ZDF	Zweites Deutsches Fernsehen
ZVEI	Zentralverband Elektrotechnik und Elektronikindustrie

Literatur

Aaken, A. v. (1992), Eine ökonomische Theorie der öffentlichen Meinung. Freiburg/Schweiz (Universitätsverlag).

Aberle, G. (1992), Wettbewerbstheorie und Wettbewerbspolitik, 2. A., Stuttgart u. a. (Kohlhammer).

Akerlof, G. A. (1970), The Market for Lemons: Quality Uncertainty and The Market Mechanism, in: Quarterly Journal of Economics, 84, S. 488-500.

Albach, Horst (1992), Strategische Allianzen, strategische Gruppen und strategische Familien, in: Zeitschrift für Betriebswirtschaft, 62, S. 663-670.

Albarran, A. B. (1996), Media Economics – Understanding Markets, Industries and Concepts, Ames (Iowa State University Press) 1996.

Alchian, A. A.; S. Woodward (1988), The Firm is dead; long live the Firm, in: Journal of Economic Literature, 26, S. 65-79.

Alexander, A.; J. Owers, R. Carveth (Hrsg.) (1993), Media Economics – Theory and Practice, Hillsdale (Lawrence Erlbaum).

ALM (Hrsg.) (1996), Jahrbuch der Landesmedienanstalten Privater Rundfunk in Deutschland 1997/98, München (Fischer).

ALM (Hrsg.) (1997), Programmbericht zur Lage und Entwicklung des Fernsehens in Deutschland 1996/97, Berlin (Ullstein).

ALM (Hrsg.) (1996), Jahrbuch der Landesmedienanstalten Privater Rundfunk in Deutschland 1995/96, München (Fischer).

Altmeppen, K.-D. (Hrsg.) (1996a), Ökonomie der Medien und des Mediensystems, Opladen (Westdeutscher Verlag).

Altmeppen, K.-D. (1996b), Medien und Ökonomie – Medienökonomie, in: Altmeppen, K.-D. (Hrsg.), Ökonomie der Medien und des Mediensystems, Opladen (Westdeutscher Verlag), S. 9-24.

Amsinck, M. (1997), Der Sportrechtemarkt in Deutschland, in: Media Perspektiven, 2, S. 61-79.

Andel, N. (1990), Finanzwissenschaft, 2. A., Tübingen (Mohr).

Aqrabawy, S. (1998), Nichtkommerzieller lokaler Hörfunk, in: Hörfunk-Jahrbuch 1997/98, Berlin (Vistas), S. 161-177.

Arrow, K. J. (1985), The Economics of Agency, in: Pratt, J. W.; R. W. Zeckhauser (Hrsg.), Principals and Agents: The Structure of Business, Boston (Harvard Business School), S. 37-51.

Artopé. A.; A. Zerdick (1995), Die Folgen der Media-Mergers in den USA, München (MGM Media-Gruppe München).

Baetge, J. (1990), Überwachung, in: Vahlens Kompendium der Betriebswirtschaftslehre, Band 2, 2. A., München (Vahlen), S. 165-208.

Bain, J. S. (1956), Barriers to new competition, Cambridge, Mass. (Harvard University).

Bain, J. S. (1959), Industrial Organization, New York (Wiley).

Baldwin, J. F.; M. O. Wirth, J. W. Zenaty (1978), The Economics of Per-Program Pay Cable Television, in: Journal of Broadcasting, 22, 1978, S. 143-154.

Barbier, H. D. (1989), Journalisten: Private Anbieter eines öffentlichen Gutes, in: Ludwig-Erhard-Preis für Wirtschaftspublizistik, Bonn (Ludwig-Erhard-Stiftung), S. 39-52.

Baßeler, U.; J. Heinrich (1984), Wirtschaftssysteme, Würzburg (Physica).

Baßeler, U.; J. Heinrich (2001), Grundlagen und Probleme der Volkswirtschaft, 16. A., Stuttgart (Schäffer-Poeschel).

Bates, B. J. (1988), Information as an economic good: Sources of individual and social value, in: Mosco, V.; J. Wasko (Hrsg.), The political economy of information, Madison (University of Wisconsin Press), S. 76-94.

Bates, B. J.; T. Chambers (1999), The Economic Basis for Radio Deregulation, in: The Journal of Media Economics, vol. 12, 1, S. 19-34.

Bauer, B. (1997), Programmrechte im Fernsehen der Zukunft, in: Bertelsmann Briefe, Heft 137, 1997, S. 45-47.

Bauer, H. G. (1995), Struktur des privaten Hörfunks in Deutschland, in: Hörfunk-Jahrbuch '94, S. 11-22.

Baumol, H.; W. G. Baumol (1976), The Mass Media and the Cost Disease, in: Hendon, W.; D. Shaw, N. Grant (Hrsg.), The economics of cultural industries (Association of Cultural Economics).

Baumol, W. G. (1977), On the Proper Cost Test for Natural Monopoly in a Multiproduct Industry, in: American Economic Review, 67, S. 809-822.

Baumol, W. G.; J. C. Panzar, R. D. Willig (1982), Contestable Markets and the Theory of Industry Structure, New York u. a. (Harcourt).

Bea, F. X. (1996), Die Preisbildung bei Rundfunkleistungen, in: Zeitschrift Führung + Organisation, 6, S. 356-359.

Bea, F. X.; E. Dichtl, M. Schweitzer (1991), Allgemeine Betriebswirtschaftslehre, Band 2: Führung und Band 3: Leistungsprozeß, 5. A., Stuttgart (Fischer)

Becker, G. S. (1993), Ökonomische Erklärung menschlichen Verhaltens, 2. A., Tübingen (Mohr).

Beebe, J. H. (1972), Institutional Structure and Program Choices in Television and Cable Television Markets, Research Memorandum no. 131, Research Center for Economic Growth, Stanford University.

Beebe, J. H.; W. G. Manning (1974), Television Economics, Lexington.

Bentele, G.; M. Haller (Hrsg.) (1997), Aktuelle Entstehung von Öffentlichkeit, Konstanz (UVK).

Berens, H.; M.-L. Kiefer, A. Meder (1997), Spezialisierung der Mediennutzung im dualen System, in: Media Perspektiven, 2, S. 80-91.

Berg, H. (1992), Wettbewerbspolitik, in: Vahlens Kompendium der Wirtschaftstheorie und Wirtschaftspolitik, Bd. 2, 5. A., München (Vahlen), S. 239-300.

Berg, H. J. (Hrsg.) (1999), Rundfunkgremien in Deutschland, 2. A., Berlin (Vistas).

Berghaus, M.; U. Hocker, J. F. Staab (1994), Fernsehshows im Blick der Zuschauer, in: Rundfunk und Fernsehen, 42. Jg., S. 24-36.

Bericht zur Lage des Fernsehens für den Präsidenten der Bundesrepublik Deutschland (1995), Gütersloh (Bertelsmann Stiftung).

Bernholz, P.; F. Breyer (1984), Grundlagen der politischen Ökonomie, 2. A., Tübingen (Mohr).

Betz, J. (1989), Die EG-Fernsehrichtlinie – Ein Schritt zum europäischen Fernsehen?, in: Media Perspektiven, 11, S. 677-688.

Biervert, B.; M. Held (Hrsg.) (1995), Zeit in der Ökonomik, Perspektiven für die Theoriebildung, Frankfurt/New York (Campus).

Biesecker, A. (1995), Vom (Eigen)-Wert der Zeit – Normative Grundfragen der Zeitökonomik bezüglich einer Neubewertung der Zeit, in: Biervert, B.; M. Held (Hrsg.), Zeit in der Ökonomik, Perspektiven für die Theoriebildung, Frankfurt/New York (Campus), S. 190-206.

Blaes, R.; G. A. Heussen (Hrsg.) (1997), ABC des Fernsehens, Konstanz (UVK).

Bleicher, J. K. (Hrsg.) (1997), Programmprofile kommerzieller Anbieter, Opladen (Westdeutscher Verlag).

Blöbaum, B. (1994), Journalismus als soziales System, Opladen (Westdeutscher Verlag).

Böckelmann, F. (1995), Hörfunk und Fernsehen als Wirtschaftsfaktor, München (R. Fischer), BLM Schriftenreihe Band 31.

Böckelmann, F. (1999), Hörfunk in Deutschland: Rahmenbedingungen und Wettbewerbssituation, Berlin (Vistas).

Böckelmann, F.; K. Hesse (1996), Wem gehört der private Rundfunk?, AKM-Studie Band 41, Konstanz (UVK).

Böcker, F.; E. Dichtl (1991), Marketing, in: Bea, F. X.; E. Dichtl, M. Schweitzer (Hrsg.), Allgemeine Betriebswirtschaftslehre, Band 3: Leistungsprozeß, 5. A., Stuttgart (Fischer), S. 121-182.

Böhm-Bawerk, E. v. (1921), Kapital und Kapitalzins II, 4. A., Jena (Fischer).

Bohnet, I.; B. S. Frey (1995), Ist Reden Silber und Schweigen Gold? Eine ökonomische Analyse, in: Zeitschrift für Wirtschafts- und Sozialwissenschaften, 115, S. 169-209.

Bonfadelli, H.; W. Hättenschwiler (1994), Wirkungen der Massenmedien, in: Saxer, U.; H. Bonfadelli (Hrsg.), Einführung in die Publizistikwissenschaft, Zürich (Seminar für Publizistikwissenschaft).

Booking '99, Daten und Portraits deutscher Hörfunk- und Fernsehsender, Bonn (FID-Verlag – Fachverlag für Informationsdienste).

Booz, Allen & Hamilton (Hrsg.) (1996), Zukunft Multimedia: Grundlagen, Märkte und Perspektiven in Deutschland, Frankfurt (IMK).

Borcherding, T. E.; W. W. Pommerehne, F. Schneider (1982), Comparing the Efficency of Private and Public Production: The Evidence from Five Countries, in: Zeitschrift für Nationalökonomie (Supplement 2), 1982, S. 127-156.
Boulding, K. E. (1973), Ökonomie als eine Moralwissenschaft, in: Vogt (Hrsg.) (1973), S. 103-125.
Brandt, W. (1989), Strategien für Rundfunkanstalten, Frankfurt u. a. (Lang).
Braulke, M. (1983), Contestable Markets – Wettbewerbskonzept mit Zukunft, in: Wirtschaft und Wettbewerb, 12, S. 945-954.
Breitbart, W. (1983), Nutzen-Kosten-Analysen für Rundfunk- und Fernsehanstalten, in: Zeitschrift für öffentliche und gemeinwirtschaftliche Unternehmen, Beiheft 5, 1983, S. 131-145.
Breuning, Ch. (1995), Digitales Radio: Industriepolitik gibt den Ton an, in: Media Perspektiven, 10, S. 462-475.
Breuning, Ch. (1996), Pay radio – ein neues Hörfunkangebot, in: Media Perspektiven, 7, S. 375-385.
Brümmerhoff, D. (1986), Finanzwissenschaft, München (Oldenbourg).
Bühringer, H. (1987), Aufsicht und Kontrolle bei öffentlich-rechtlichen Rundfunkanstalten, in: Fleck, F. H. (Hrsg.) (1987), Planung, Aufsicht und Kontrolle von Rundfunkunternehmen, Beiträge zur Rundfunkökonomonie 2, Stuttgart u. a. (Kohlhammer), S. 49-69.
Bullinger, M.; E.-J. Mestmäcker (1997), Multimediadienste. Struktur und staatliche Aufgaben nach deutschem und europäischem Recht, Baden-Baden/Hamburg (Nomos).
Bundesbank (1994), Finanzkonglomerate und ihre Beaufsichtigung, Monatsbericht, April 1994, S. 49-61.
Bundeskartellamt (1993), Bericht über seine Tätigkeit in den Jahren 1991/92. Bonn (Bundesanzeiger).
Bundeskartellamt (1995), Bericht über seine Tätigkeit in den Jahren 1993/94. Bonn (Bundesanzeiger).
Bundeskartellamt (1997), Bericht über seine Tätigkeit in den Jahren 1995/96. Bonn (Bundesanzeiger).
Bundesministerium für Wirtschaft (1996), Bericht der Bunderegierung, Info 2000, Deutschlands Weg in die Informationsgesellschaft, Berlin (BMWi).
Bundesverband Deutscher Fernsehproduzenten e. V. (Hrsg.), Jahrbuch. Directory '98, Berlin (Vistas).
Busterna, J. C. (1988), Welfare Economics and Media Performance, in: The Journal of Media Economics, 1, S. 75-88.
Chandler, A. D. (1990), The Dynamics of Industrial Capitalism, Cambridge (Mass.), London.
Coase, R. H. (1937), The Nature of the Firm, in: Economica, 4. Jg., S. 386-405.
Coase, R. (1966), The Economics of Broadcasting and Advertising, in: American Economic Review, Papers & Proceedings, vol. 56, S. 440-447.
Coase, R. (1974), The Market for Goods and the Market for Ideas, in: American Economic Review, Papers & Proceedings, vol. 64, S. 384-391.
Collins, R.; N. Garnham, G. Locksley (1988), The Economics of Television, London u. a. (Sage).
Cooter, R.; Th. Ulen (1988), Law and Economics, Glenview und London.
Cox, H. (1996), Die Interdependenz von öffentlicher Leistungskonzeption und Finanzierungsinstrumentarium bei öffentlichen Unternehmen, Diskussionsbeiträge zur Öffentlichen Wirtschaft, hrsg. von der Forschungsgruppe Öffentliche Wirtschaft, Nr. 36, Gerhard-Mercator-Universität-Gesamthochschule-Duisburg.
Crandall, R. W. (1969), FCC Regulation, Monopsony, and Network Television Program Costs, in: Bell Journal of Economics, 3, S. 483-508.
Darbi, M. R.; E. Karni (1973), Free Competition and the Optimal Amount of Fraud, in: The Journal of Law and Economics, 16, S. 67-88.
Darkow, M. (1995), Methoden und Ergebnisse der Zuschauerforschung, in: TV-Zuschauerforschung – das Maß aller Dinge, LPR-Schriftenreihe Band 11, Ludwigshafen, S. 9-40.
Darschin, W.; B. Frank (1998), Tendenzen im Zuschauerverhalten, in: Media Perspektiven, 4, S. 154-166.
Das Ärgernis der deutschen Rundfunkordnung (1991), Frankfurter Institut: Argumente zur Wirtschaftspolitik, 34, 1991.
Decker, H.; W. Langenbucher, G. Nahr (1976), Die Massenmedien in der postindustriellen Gesellschaft, Göttingen (Schwartz).
Delbrück, J. (1987), Die Rundfunkhoheit der deutschen Bundesländer im Spannungsfeld zwischen Regelungsanspruch der europäischen Gemeinschaft und nationalem Verfassungsrecht. Zusammenfassung eines Rechtsgutachtens, in: Media Perspektiven, 1, S. 55-58.
Dellmann, K. (1990), Kosten- und Leistungsrechnungen, in: Vahlens Kompendium der Betriebswirtschaftslehre, Band 2, 2. A., München (Vahlen), S. 305-369.
Demsetz, H. (1968), Why Regulate Utilities?, in: Journal of Law and Economics, 11, 1968, S. 53-65.

Demsetz, H. (1969), Information and Efficiency: Another Viewpoint, in: Journal of Law and Economics, 12, 1969, S. 1-22.
Dertouzos, J. N.; W. B. Trautman (1990), Economic Effects of Media Concentration: Estimates from a Model of the Newspaper Firm, in: The Journal of Industrial Economics, 39, S. 1-14.
Dichmann, W.; G. Fels (Hrsg.) (1993), Gesellschaftliche und ökonomische Funktionen des Privateigentums, Köln (Deutscher Instituts Verlag).
Dichtl, E. (1994), Wege zur Kostenführerschaft, in: Wirtschaftswissenschaftliches Studium, 8, S. 423-426.
Dicke, K. (1989), Eine europäische Rundfunkordnung für welches Europa, in: Media Perspektiven, 4, S. 193-199.
Diederichs, Helmut H. (1989), Daten zur Konzentration der Publikumszeitschriften in der Bundesrepublik Deutschland im IV. Quartal 1988, in: Media Perspektiven, S. 313-324.
Diekmann, T.; L. Ottinger, W. Teichert (Hrsg.) (1997), Führungsaufgaben in Redaktionen II, Gütersloh (Bertelsmann Stiftung).
Dittmers, M. (1982), Zum Wettbewerb zwischen den Medien, in: Publizistik, 27. Jg., S. 281-292.
Dittmers, M. (1990), Medienökonomische Aspekte des Wettbewerbs im dualen Rundfunksystem, in: Media Perspektiven, 6, S. 390-403.
DLM (1998), Beschäftigte und wirtschaftliche Lage des Rundfunks in Deutschland 1996/97: Studie des Deutschen Instituts für Wirtschaftsforschung (DIW) in Kooperation mit dem Hans-Bredow-Institut und der Arbeitsgruppe Kommunikationsforschung München (AKM), Berlin (Vistas).
DLM (1997), Beschäftigte und wirtschaftliche Lage des Rundfunks in Deutschland 1995/96: Studie des Deutschen Instituts für Wirtschaftsforschung (DIW) in Kooperation mit dem Hans-Bredow-Institut und der Arbeitsgruppe Kommunikationsforschung München (AKM), Berlin (Vistas).
Domsch, M. (1993), Personal, in: Vahlens Kompendium der Betriebswirtschaftslehre, Band 1, 3. A., München (Vahlen), S. 521-580.
Donsbach, W. (1995), Mit kleinen Schritten voran. Zum Stand der Medienwirkungsforschung zu Beginn der neunziger Jahre, in: Jarren, O. (Hrsg.), Medien und Journalismus 2, Opladen (Westdeutscher Verlag), S. 52-74.
Dörr, D. (1996), Maßnahmen zur Vielfaltssicherung gelungen?, in: Media Perspektiven, 12, S. 621-628.
Dostal, W. (1995), Die Informatisierung der Arbeitswelt – Multimedia, offene Arbeitsformen und Telearbeit, in: Mitteilungen des Instituts für Arbeitsmarkt- und Berufsforschung, 4, S. 527-543.
Duisberg, M. (1998), Den Hörer gewinnen und binden, in: Tendenz, 4, S. 61-64.
Dunnett, P. (1990), The world television industry – an economic analysis, London u. a. (Sage).
Eggers, D. (1995), Filmfinanzierung, Hamburg (S+W Steuer- und Wirtschaftsverlag).
Eichhorn, P. (1983), Gegenstand und Fragestellungen der Rundfunkökonomie, in: Eichhorn, P.; A. von Loesch (Hrsg.) (1983), Rundfunkökonomie, S. 3-7.
Eichhorn, P.; A. von Loesch (Hrsg.) (1983), Rundfunkökonomie, Beiheft Nr. 5 der Zeitschrift für öffentliche und gemeinwirtschaftliche Unternehmen, Baden-Baden (Nomos).
Eichhorn, P.; H. Raffée (Hrsg.) (1990), Management und Marketing von Rundfunkanstalten, Schriften zur öffentlichen Verwaltung und öffentlichen Wirtschaft, Bd. 119, Baden-Baden (Nomos).
Eickhof, N. (1993), Zur Legitimation ordnungspolitischer Ausnahmeregelungen, in: Ordo, 44, S. 203-222.
Elis, A. (1998), Business TV in Deutschland, in: Media Perspektiven, 3, S. 124-131.
Elsner, M.; H. U. Gumprecht, Th. Müller, P. M. Spangenberger (1994), Zur Kulturgeschichte der Medien, in: Merten, K.; S. J. Schmidt, S. Weischenberg (Hrsg.), S. 163-187.
Emmerich, V. (1991), Kartellrecht, 6. A., München (Beck).
Emmerich, V. (1999), Kartellrecht, 8. A., München (Beck).
Erlei, M. (1992), Meritorische Güter: Die theoretische Konzeption und ihre Anwendung auf Rauschgifte als demeritorische Güter, Münster, Hamburg (Lit).
Eurich, C.; G. Würzberg (1980), Dreißig Jahre Fernsehalltag. Wie das Fernsehen unser Leben verändert hat, Reinbek (Rowohlt).
Europäische Kommission (1994), Wachstum, Wettbewerbsfähigkeit, Beschäftigung. Herausforderungen der Gegenwart und Wege ins 21. Jahrhundert. Weißbuch, Brüssel und Luxemburg.
Fachverband Informationstechnik (1996) (Hrsg.), Wege in die Informationsgesellschaft, Heft 65, Frankfurt (Lembeck).
Fehr, E.; P. K. Zych (1995), Die Macht der Versuchung: Irrationaler Überkonsum in einem Suchtexperiment, in: Zeitschrift für Wirtschafts- und Sozialwissenschaften, 115. Jg., S. 569-604.

Filmstatistisches Taschenbuch (1998), Wiesbaden.

Finsinger, J. (1991), Wettbewerb und Regulierung, München (V. Florentz).

Fleck, F. H. (Hrsg.) (1987), Planung, Aufsicht und Kontrolle von Rundfunkunternehmen, Beiträge zur Rundfunkökonomie 2, Stuttgart u. a. (Kohlhammer).

Frank, B. (1993), Zur Ökonomie der Filmindustrie, Hamburg (S+W Steuer- und Wirtschaftsverlag).

Frank, B. (1996), On an Art Without Copyright, in: Kyklos, 49, S. 3-15.

Frequenzregulierung in der Bundesrepublik Deutschland (1991), Gutachten der „Gutachterkommission für Grundsatzfragen der Frequenzregulierung im zivilen Fernmeldewesen" im Auftrag des Bundesministers für Post und Telekommunikation, Bonn (Der Bundesminister für Post und Telekommunikation).

Frey, B. S. (1981), Theorie demokratischer Wirtschaftspolitik, München (Vahlen).

Frey, B. S. (1994), How Intrinsic Motivation is Crowded Out and In, in: Rationality and Society, 6, S. 334-352.

Fritsch, M.; T. Wein, H.-J. Ewers (1993), Marktversagen und Wirtschaftspolitik, München (Vahlen).

Fünfgeld, H.; M. Gläser (1984), Anmerkungen zur Finanzierung und zu den Leistungen der öffentlich-rechtlichen Rundfunkanstalten, in: Zeitschrift für öffentliche und gemeinwirtschaftliche Unternehmen, Band 7, S. 1-19.

Furubotn, E. G.; S. Pejovich (1972), Property Rights and Economic Theory: A Survey of Recent Literature, in: Journal of Economic Literature, 10, S. 1137-1162.

Gehrke, G.; R. Hohlfeld (1994), Themenstruktur im dualen Fernsehsystem, in: Media Perspektiven, 5, S. 241-252.

Gerpott, J. (1996), Multimedia, in: Wirtschaftswissenschaftliches Studium, 1, S. 15-20.

Gershon, Richard A. (1993), International Deregulation and the Rise of Transnational Media Corporations, in: The Journal of Media Economics, 6, S. 3-22.

Givon, M.; V. Mahajan, E. Muller (1995), Software Piracy: Estimation of Lost Sales and the Impact on Software Diffusion, in: Journal of Marketing, vol. 59, 1, S. 29-37.

Gläser, M. (1990), Controlling im öffentlich-rechtlichen Rundfunk – Ein Wolf im Schafspelz?, in: Weber, J.; O. Tylkowski (Hrsg.), Konzepte und Instrumente von Controlling-Systemen in öffentlichen Institutionen, Stuttgart (Poeschel), S. 318-342.

Gleich, U. (1996), Neuere Ansätze zur Erklärung von Publikumsverhalten, in: Media Perspektiven, 11, S. 598-606.

Glotz, P.; J. Groebel, E.-J. Mestmäcker (1998), Zur Wirklichkeit der Grundversorgung. Über den Funktionsauftrag öffentlich-rechtlicher Rundfunkanstalten, in: Hamm, J. (Hrsg.) (1998), Fernsehen auf dem Prüfstand, Aufgaben des dualen Rundfunksystems, 2. A., Gütersloh (Bertelsmann Stiftung), S. 87-102.

Goldhammer, K. (1995), Formatradio in Deutschland. Konzepte, Techniken und Hintergründe der Programmgestaltung von Hörfunkstationen, Berlin (Spiess).

Götzke, G. (1994), Ökonomische Analyse der Frequenzallokation unter besonderer Berücksichtigung des zellularen Mobilfunks, Baden-Baden (Nomos).

Greiffenberg, H.; W. Zohlnhöfer (1984), Pressewesen, in: Oberender, P. (Hrsg.), Marktstruktur und Wettbewerb, München (Vahlen).

Gröhn, A. (1997), Konzentration in der PC-Software-Industrie: Ein wettbewerbspolitisches Problem?, in: Die Weltwirtschaft, 1, S. 84-105.

Grünbuch der Kommission (1992), Pluralismus und Medienkonzentration im Binnenmarkt. Bewertung der Notwendigkeit einer Gemeinschaftsaktion, Kom 92, 480 endg. Brüssel.

Grünbuch der Kommission (1997), Zur Konvergenz der Branchen Telekommunikation, Medien und Informationstechnologie und ihren ordnungspolitischen Auswirkungen, Komm 97, Brüssel.

Grundmann, B. (1990), Die öffentlich-rechtlichen Rundfunkanstalten im Wettbewerb, Baden-Baden (Nomos).

Gummig, Ch. (1991), Medienfinanzierung durch Werbung, in: Zeitschrift für Urheber- und Medienrecht, 35. Jg., S. 133-137.

Gundlach, H. (1998), Die öffentlich-rechtlichen Rundfunkunternehmen zwischen öffentlichem Auftrag und und marktwirtschaftlichem Wettbewerb, Berlin (S+W Steuer- und Wirtschaftsverlag).

Gutenberg, E. (1983), Grundlagen der Betriebswirtschaftslehre, Band 1, 24. A., Berlin.

Haas, M. H.; U. Frigge, G. Zimmer (1991), Radio-Management. Ein Handbuch für Radio-Journalisten, München (Ölschläger).

Haberler, G. (1970), Der internationale Handel, Berlin u. a. (Springer); Reprint der Ausgabe von 1933.

Hallenberger, G. (1998), Fiktionale Fernsehproduktionen in Deutschland, in: Media Perspektiven, 9, S. 463-471.

Hamm, J. (Hrsg.) (1998), Fernsehen auf dem Prüfstand, Aufgaben des dualen Rundfunksystems, 2. A., Gütersloh (Bertelsmann Stiftung).

Hasebrink, U.; F. Krotz (1992), Muster individueller Fernsehnutzung, in: Rundfunk und Fernsehen, 40. Jg., S. 398-411.

Hasebrink, U.; F. Krotz (1993), Wie nutzen Zuschauer das Fernsehen?, in: Media Perspektiven, 11-12, S. 515-527.

Haselmayr, H. (1983), Betriebswirtschaftliche Probleme der Fernsehproduktion, in: Zeitschrift für öffentliche und gemeinwirtschaftliche Unternehmen, Beiheft 5, S. 37-46.

Häusermann, J. (1998), Radio, Tübingen (Niemeyer).

Hayek, F. A. v. (1968), Der Wettbewerb als Entdeckungsverfahren, Kieler Vorträge NF 56, Kiel.

Heine, C. (1994), Gezielter Angriff, in: Medien-Bulletin, 4, S. 52-54.

Heinrich, J. (1984), Marktzutritt als Systemelement des Wettbewerbs, in: Kopper, G. G. (Hrsg.), Marktzutritt bei Tageszeitungen – zur Sicherung von Meinungsvielfalt durch Wettbewerb, München (Saur), S. 75-86.

Heinrich, J. (1989), Das Potential der Werbeeinnahmen für lokale Hörfunkstationen in Nordrhein-Westfalen, in: Schriftenreihe der Landesanstalt für Rundfunk Nordrhein-Westfalen, Bd. 3, Essen.

Heinrich, J. (1992a), Ökonomische und publizistische Konzentration im deutschen Fernsehsektor, in: Media Perspektiven, 6, S. 338-356.

Heinrich, J. (1992b), Publizistische Vielfalt aus wirtschaftswissenschaftlicher Sicht, in: Rager, G.; B. Weber (Hrsg.), Publizistische Vielfalt zwischen Markt und Politik, Düsseldorf (Econ), S. 232-250.

Heinrich, J. (1993a), Dominanz der Kirch-Gruppe weiter gestiegen. Ökonomische und publizistische Konzentration im deutschen Fernsehsektor 1992/93, in: Media Perspektiven, 6, 267-277.

Heinrich, J. (1993b), Finanzierungsperspektiven im Hörfunk, in: DLM Jahrbuch 1992, München (R. Fischer), S. 170-185.

Heinrich, J. (1994a), Ökonomische und publizistische Konzentration im deutschen Fernsehsektor 1993/94, in: Media Perspektiven, 6, S. 297-310.

Heinrich, J. (1994b), Medienökonomie Band 1: Mediensystem, Zeitung, Zeitschrift, Anzeigenblatt, Opladen (Westdeutscher Verlag).

Heinrich, J. (1994c), Medien und Markt. Europäische Konzentrationstendenzen, in: Kulturpolitische Mitteilungen, 2, S. 22-28.

Heinrich, J. (1995), Der Markt als Motor publizistischer Konzentration?, in: Kommerz kontra Kultur? Europäischer Medienmarkt und kulturelle Identitäten, Hohenheimer Protokolle Band 49, Stuttgart (Akademie der Diözese Rottenburg-Stuttgart), S. 27-46.

Heinrich, J. (1996), Qualitätswettbewerb und/oder Kostenwettbewerb im Mediensektor, in: Rundfunk und Fernsehen, 44. Jg., S. 165-184.

Heinrich, J. (1998), Beitrag: Medienökonomie, in: Jarren, O.; U. Sarcinelli, U. Saxer (Hrsg.), Opladen, S. 681.

Heinrich, J. (1999), Funktion und Struktur der Medienunternehmung, in: Schäfer, U. P.; T. Schiller, G. Schütte (Hrsg.), Journalismus in Theorie und Praxis, Konstanz (UVK), S. 119-134.

Held, St. (1989), Zur Verflechtung der Medien aus wettbewerbsrechtlicher Sicht, in: Röper, B. (Hrsg.), Wettbewerbsprobleme öffentlich- und privatrechtlicher Medien, Berlin (Duncker&Humblot), S. 81-103.

Henderson, J. M.; R. E. Quandt (1973), Mikroökonomische Theorie, 3. A., München (Vahlen).

Hendriks, B. (1988), Der öffentlich-rechtliche Rundfunk im Spannungsfeld von Rundfunkrecht und Wettbewerbsrecht, in: Media Perspektiven, 2, S. 73-76.

Herdzina, Klaus (1991), Wettbewerbspolitik, 3. A., Stuttgart, New York (Fischer).

Hesse, K. (1990), Grundzüge des Verfassungsrechts der Bundesrepublik Deutschland, 17. A., Heidelberg.

Heussen, G. A.; R. Blaes (1997), Medium Fernsehen. Das vielfarbige Fenster, in: Blaes, R.; G. A. Heussen (Hrsg.), S. 17-25.

Hickethier, K. (1991), Aspekte der Programmtheorie des Fernsehens, in: Communications, vol. 16, 3, S. 329-345.

Hickethier, K. (1997), Fernsehnachrichten als Erzählung der Welt, in: Bentele, G.; M. Haller (Hrsg.), S. 511-528.

Hickethier, K.; J. Bleicher (Hrsg.) (1997), Trailer, Teaser, Appetizer, Münster/Hamburg (Lit).

Hilke, W.; F. W. Mähling (1981), Zur Kritik an der Werbung (I), in: Wirtschaftsstudium, 11, S. 529-533.

Hoff, D. (1997), Technische Optionen des digitalen Fernsehens, in: Beilage zum Medienspiegel, 26, S. 1-9.
Hoffmann-Riem, W. (1985), Kulturelle Identität und Vielfalt im Fernsehen ohne Grenzen, in: Media Perspektiven, 3, S. 181-190.
Hoffmann-Riem, W. (1988), Rundfunkrecht und Wirtschaftsrecht – ein Paradigmawechsel in der Rundfunkverfassung?, in: Media Perspektiven, 2, S. 57-72.
Hoffmann-Riem, W. (1991), Rundfunkrecht neben Wirtschaftsrecht, Baden-Baden (Nomos).
Hoffmann-Riem, W. (1992), Der Schutz der Meinungsbildungsfreiheit im privaten Rundfunk, in: Privatkommerzieller Rundfunk in Deutschland, Bonn (Bundeszentrale für politische Bildung), S. 89-102.
Hoffmann-Riem, W. (Hrsg.) (1991), Indexierung der Rundfunkgebühr, Analysen aus rechts- und wirtschaftswissenschaftlicher Sicht, Baden-Baden (Nomos).
Hölderlin, F. (1961), Sämtliche Werke, Frankfurt (Insel).
Hollmann, H. H. (1992), Strategische Allianzen, Unternehmens- und wettbewerbspolitische Aspekte, in: Wirtschaft und Wettbewerb, 4, S. 293-305.
Holznagel, B. (1991), Konzentrationsbekämpfung im privaten Rundfunk, in: Zeitschrift für Urheber- und Medienrecht, 6, S. 263-271.
Hoppmann, E. (1983), Wettbewerb und Werbung, in: Wirtschaft und Wettbewerb, 10, S. 776-779.
Hoppmann, E. (1988), Meinungswettbewerb als Entdeckungsverfahren, in: Mestmäcker, E.-J. (Hrsg.), Offene Rundfunkordnung, Gütersloh (Bertelsmann-Stiftung), S. 163-198.
Horn, M.; G. Knieps, J. Müller (1988), Deregulierungsmaßnahmen in den USA – Schlußfolgerungen für die Bundesrepublik Deutschland.
Hoskins, C.; R. Mirùs (1988), Reasons for the US dominance in the international trade in television programmes, in: Media, Culture and Society, vol. 10, S. 499-515.
Hoskins, C.; R. Mirùs, W. Rozeboom (1989), U. S. Television Programs in the International Market: Unfair Pricing?, in: Journal of Communication, vol. 39, S. 55-75.
Hotelling, H. (1929), Stability in Competition, in: The Economic Journal, vol. 39, S. 41-57.
Hummel, M.; M. Berger (1988), Die volkswirtschaftliche Bedeutung von Kunst und Kultur, Berlin/München (Duncker & Humblot).
Hunzicker, P. (1981), Das Publikum als Marktpartner im publizistischen Wettbewerb, Konstanzer Universitätsreden 104, Konstanz (Universitätsverlag).
Hüther, R. (1996), Strategien des digitalen Fernsehens am Beispiel des Deutschen Sportfernsehens (DSF), in: Zeitschrift Führung + Organisation, 6, S. 347-349.
Imhof, K.; P. Schulz (Hrsg.) (1998), Die Veröffentlichung des Privaten – Die Privatisierung des Öffentlichen, Opladen (Westdeutscher Verlag).
Info 2000. Deutschlands Weg in die Informationsgesellschaft. Bericht der Bundesregierung, BMWi (1996), Bonn.
Jäckel, M. (1993), Fernsehwanderungen. Eine empirische Untersuchung zum Zapping, München (Vistas).
Jarren, O. (1998), Medienregulierung in der Informationsgesellschaft, Antrittsvorlesung vom 29. Juni 1998 an der Universität Zürich.
Jarren, O. (Hrsg.) (1994a), Medien und Journalismus 1, Opladen (Westdeutscher Verlag).
Jarren, O. (Hrsg.) (1994b), Medienwandel – Gesellschaftswandel? 10 Jahre dualer Rundfunk in Deutschland, Eine Bilanz, Berlin (Vistas).
Jarren, O. (Hrsg.) (1995), Medien und Journalismus 2, Opladen (Westdeutscher Verlag).
Jarren, O.; U. Sarcinelli; U. Saxer (Hrsg.) (1998), Politische Kommunikation in der demokratischen Gesellschaft, Opladen (Westdeutscher Verlag).
Jens, C. (1991), Die Entwicklung des Presseengagements beim privaten Hörfunk 1988 bis 1991, in: Media Perspektiven, 9, S. 570-589.
Jensen, M. C. (1979), Toward a Theory of the Press, in: K. Brunner (Hrsg.), Economics and Social Institutions, Boston u. a. (Harvard Business School), S. 267-287.
Jürgensonn, K. (1994), Schwingungen. Gründe für Frequenzengpässe in den analogen Rundfunkkanälen und Kapazitätsperspektiven digitaler Transmissionsverfahren. Unveröffentlichte Diplomarbeit am Institut für Journalistik, Dortmund.
Kaas, K. P. (1990), Marketing als Bewältigung von Informations- und Unsicherheitsproblemen im Markt, in: DBW (Die Betriebswirtschaft), 50. Jg., S. 539-548.
Kantzenbach, E. (1984), Zur wirtschaftspolitischen Beurteilung der Werbung. Eine Erwiderung auf Erich Hoppmann, in: Wirtschaft und Wettbewerb, 4, S. 297-301.

Kantzenbach, E. (1988), Zum Verhältnis von publizistischem und ökonomischem Wettbewerb aus ökonomischer Sicht, in: Hoffmann-Riem, W. (Hrsg.), Rundfunk im Wettbewerbsrecht der öffentlich-rechtlichen Rundfunkanstalten im Spannungsfeld zwischen Wirtschaftsrecht und Rundfunkrecht, Baden-Baden (Nomos), S. 78-83.

Kargl, H. (1994), Lean Production, in: Wirtschaftswissenschaftliches Studium, 4, S. 176-179.

Karmasin, M. (1993), Das Oligopol der Wahrheit, Wien u. a. (Böhlau).

Karmasin, M. (1998), Medienökonomie als Theorie (massen-)medialer Kommunikation – Kommunikationsökonomie und Stakeholder Theorie, Graz/Wien (Nausner & Nausner).

Kaufer, E. (1980), Industrieökonomik, München (Vahlen).

Kaufer, E. (1985), Die Ökonomik des Patentsystems, in: Bombach, G. u. a. (Hrsg.), Industrieökonomik: Theorie und Empirie, Tübingen (Mohr), S. 53-64.

Kaufer, E. (1991), Theorie der öffentlichen Regulierung, München (Vahlen).

Kauschke, A.; U. Klugius (1999), Zwischen Meterware und Maßarbeit. Markt- und Betriebsstrukturen der TV-Produktion in Deutschland, unveröffentliche interdisziplinäre Diplom-Arbeit am Institut für Journalistik und Kommunikationsforschung der Hochschule für Musik und Theater Hannover und am Institut für Journalistik der Universität Dortmund, Hannover/Dortmund.

Kayser, H. J. (1993), Controlling für Rundfunkanstalten, Schriften zur öffentlichen Verwaltung und öffentlichen Wirtschaft, Bd. 141, Baden-Baden (Nomos).

KEF-Berichte: Die Kommission zur Ermittlung des Finanzbedarfs der Rundfunkanstalten erstellt ihre Berichte in einigen Abständen. Der 11. Bericht ist am 2.4.1998 vorgelegt worden.

Kepplinger, H. M.; H. Roth (1978), Kommunikation in der Ölkrise des Winters 1973/74. Ein Paradigma für Wirkungsstudien, in: Publizistik, 23. Jg., S. 337-356.

Kettering, E. (1998), Controlling im ZDF als Baustein der neuen Führungsphilosophie, in: ZDF Jahrbuch 97, Mainz (ZDF), S. 71-75.

Kiefer, H.-J.; M. Rühl (Hrsg.) (1991), Neue Technik, neue Programme, ökonomische Utopien, Stuttgart u. a. (Kohlhammer).

Kiefer, M.-L. (1994), Wettbewerb im dualen Rundfunksystem, in: Media Perspektiven, 9, S. 430-438.

Kiefer, M.-L. (1995), Konzentrationskontrolle. Bemessungskriterien auf dem Prüfstand, in: Media Perspektiven, 2, S. 58-67.

Kiefer, M.-L. (1997a), Ein Votum für eine publizistikwissenschaftlich orientierte Medienökonomie, in: Publizistik, 1, S. 54-61.

Kiefer, M.-L. (1997b), Hörfunk: Dauergast zur Information und Unterhaltung, in: Media Perspektiven, 11, S. 612-618.

Kiefer, M.-L. (2000), Medienökonomie, München, Wien (Oldenbourg) .

Kirchgässner, G. (1996), Bemerkungen zur Minimalmoral, in: Zeitschrift für Wirtschafts- und Sozialwissenschaften, 116, S. 223-251.

Kirmani, A. (1990), The Effect of Perceived Advertising Costs on Brand Perception, in: Journal of Consumer Research, 17, S. 160-171.

Kirmani, A.; P. Wright (1989), Money Talks: Perceived Advertising Expense and Expected Product Quality, in: Journal of Consumer Research, 16, S. 344-353.

Klein-Blenkers, F. (1986), Die Werbekosten in der Bundesrepublik Deutschland 1984, Sonderheft 32 der Mitteilungen des Instituts für Handelsforschung an der Universität zu Köln, Göttingen (Schwartz).

Kleinsteuber, H. J. (1996), Öffentlich-rechtlicher und kommerzieller Rundfunk im ungleichen Wettbewerb, in: Zeitschrift Führung + Organisation, 6, S. 360-364.

Kleinsteuber, H.; V. Wiesner, P. Wilke (Hrsg.) (1990), EG-Medienpolitik, Berlin.

Klenke, K. (1997), „...ohne zu lügen." Regeln und Prinzipien für Führungskräfte, in: Diekmann, Th.; L. Ottinger, W. Teichert (Hrsg.) (1997), S. 99-110.

Klepsch, R. (1997), Ohne Liebe geht es nicht, Mitarbeiterführung in Redaktionen, in: Diekmann, Th.; L. Ottinger, W. Teichert (Hrsg.) (1997), S. 73-79.

Klimisch, A.; M. Lange (1998), Zugang zu Netzen und anderen wesentlichen Einrichtungen als Bestandteil der kartellrechtlichen Mißbrauchsaufsicht, in: Wirtschaft und Wettbewerb, 1, S. 15-26.

Klingler, W.; G. Roters, M. Gerhards (Hrsg.) (1999), Medienrezeption seit 1945. Forschungsbilanz und Forschungsperspektiven, 2. überarbeitete A., Baden-Baden (Nomos).

Klingler, W.; G. Roters, O. Zöllner (Hrsg.) (1998), Fernsehforschung in Deutschland. Themen – Akteure – Methoden. 2 Bände, Baden-Baden (Nomos).

Knoche, M. (1978), Einführung in die Pressekonzentrationsforschung, Berlin (Spiess).

Knoche, M. (1982), Die Meßbarkeit publizistischer Vielfalt, in: Klaue, S.; M. Knoche; A. Zerdick (Hrsg.), Probleme der Pressekonzentrationsforschung, Baden-Baden (Nomos), S. 127-138.

Knoche, M. (1996), Konzentrationsboom und Forschungsdefizite, in: Altmeppen, K. D. (Hrsg.), Ökonomie der Medien und des Mediensystems, Opladen (Westdeutscher Verlag), S. 101-120.

Knoche, M. (1999), Strukturwandel der Öffentlichkeit nach dem Konzentrationsprinzip, in: Wilke, J. (Hrsg.), Massenmedien und Zeitgeschichte, Konstanz (UVK), S. 731-745.

Kobold, C.; D. Schmidtchen (1991), Copyrights: A und O in Literatur und Musik, in: Ordo, 42, S. 295-323.

Koch, J. (1996), Die Vermarktung privater und lokaler Hörfunk- und TV-Sender in Deutschland und den USA, BLM-Schriftenreihe, Band 34, München (Fischer).

Kommunikationsordnung 2000 (1997), Grundsatzpapier der Bertelsmann Stiftung zu Leitlinien der zukünftigen Kommunikationsordnung, Gütersloh (Bertelsmann Stiftung).

Kopper, G. (1982), Medienökonomie – mehr als Ökonomie der Medien, in: Media Perspektiven, 2, S. 102-115.

Kopper, G. (1991), Gebührenfinanzierung als Steuerungsfeld der Rundfunkpolitik, in: Rundfunk und Fernsehen, 39. Jg., 1, S. 55-70.

Kopper, G. (Hrsg.) (1984), Marktzutritt bei Tageszeitungen – zur Sicherung von Meinungsvielfalt durch Wettbewerb, München u.a. (Saur).

Kops, M. (1995), Indexierung der Rundfunkgebühr, Berlin (Vistas).

Kops, M. (1999), Prinzipien der Gestaltung von Rundfunkordnungen. Ökonomische Grundlagen und rundfunkpolitische Konsequenzen, in: Berg, H. J. (Hrsg.), Rundfunkgremien in Deutschland, S. 11-114.

Kresse, H. (1992), Die Rundfunkordnung in den neuen Bundesländern, Stuttgart (Schäffer-Poeschel).

Kresse, H. (1995), Make or Buy?, in: Beilage zum Medienspiegel, 47.

Kroeber-Riel, W. (1984), Konsumentenverhalten, 3. A., München (Vahlen).

Krotz, F. (1994), Alleinseher im „Fernsehfluß", in: Media Perspektiven, 10, S. 505-516.

Krotz, F. (1996), Zur Konzeption einer Stiftung Medientest, in: Rundfunk und Fernsehen, 44. Jg., S. 214-229.

Krüger, U. M. (1987), Qualitätsschere im Fernsehangebot, in: Media Perspektiven, 9, S. 549-562.

Krüger, U. M. (1989), Konvergenz im dualen Fernsehsystem?, in: Media Perspektiven, 12, S. 776-806.

Krüger, U. M. (1991), Positionierung öffentlich-rechtlicher und privater Fernsehprogramme im dualen System, in: Media Perspektiven, 5, S. 303-332.

Krüger, U. M. (1992), Rundfunktypen formieren ihre Profile, in: Media Perspektiven, 8, S. 508-545.

Krüger, U. M. (1993), Kontinuität und Wandel im Programmangebot, in: Media Perspekiven, 6, S. 246-266.

Krüger, U. M. (1995), Trends im Informationsangebot des Fernsehens, in: Media Perspektiven, 2, S. 69-87.

Krüger, U. M. (1996), Tendenzen in den Programmen der großen Fernsehsender 1985-1995, in: Media Perspektiven, 8, S. 418-440.

Krüger, U. M.; Th. Zapf-Schramm (1994), Programmanalyse 1993 von ARD, ZDF, SAT.1 und RTL, in: Media Perspektiven, 3, S. 111-124.

Krugman, D. M.; L. N. Reid (1980), The „Public Interest" as defined by FCC Policy Makers, in: Journal of Broadcasting, vol. 24, S. 311-325.

Kruse, J. (1988), Märkte für Rundfunkprogramme, in: Mestmäcker, E.-J. (Hrsg.), Offene Rundfunkordnung, Gütersloh (Bertelsmann-Stiftung), S. 275-308.

Kruse, J. (1989) Ordnungspolitik im Rundfunk, in: Schenk, M.; J. Donnerstag (Hrsg.), Medienökonomie, München (Reinhard Fischer), S. 77-111.

Kruse, J. (1991), Mikroökonomische Probleme einer Indexierung der Rundfunkgebühr, in: Hoffmann-Riem, W. (Hrsg.), Indexierung der Rundfunkgebühren, Analysen aus rechts- und wirtschaftswissenschaftlicher Sicht, Baden-Baden (Nomos), S. 119-126.

Kruse, J. (1994), Die amerikanische Dominanz bei Film- und Fernseh-Produktionen, in: Rundfunk und Fernsehen, 42. Jg., 2, S. 184-199.

Kruse, J. (1995), Publizistische Vielfalt und Medienkonzentration unter dem Einfluß von Marktkräften und politischen Entscheidungen. Diskussionsbeiträge aus dem Institut für Volkswirtschaftslehre der Universität Hohenheim, Nr. 113.

Kruse, J. (1996), Publizistische Vielfalt und Medienkonzentration zwischen Marktkräften und politischen Entscheidungen, in: Altmeppen, K.-D. (Hrsg.), Ökonomie der Medien und des Mediensystems, Opladen (Westdeutscher Verlag), S. 25-52.

Kübler, F. (1982), Medienverflechtung, Frankfurt (Metzler).

Kübler, F. (1995), Organisationsrechtliche Vielfaltssicherung im privaten Rundfunk, Gutachten, erstattet im Auftrag der Landesanstalt für Rundfunk Nordrhein-Westfalen, in: epd/Kirche und Rundfunk, 39.

Kunczik, M. (1985), Massenmedien und Entwicklungsländer, Köln u. a. (Böhlau).

Kunczik, M. (1992), Massenmedien und Gesellschaft, in: Bundeszentrale für politische Bildung (Hrsg.), Privat-kommerzieller Rundfunk in Deutschland, Bonn, S. 13-30.

Kunczik, M. (1997), Media giants. Ownership concentration and globalisation, Bonn (Friedrich-Ebert-Stifung).

Küppersbusch, F. (1999), Im Streitgespräch mit Helmut Thoma, in: Spiegel Special, 3, S. 98-103.

Ladeur, K.-H. (1998), Die vertikale Integration von Film-, Fernseh- und Video-Wirtschaft als Herausforderung der Medienregulierung, in: Rundfunk und Fernsehen, 46. Jg., 1, S. 5-23.

Lampe, J.; P. Mewes (1998), Produktionssteuerung im öffentlich-rechtlichen Rundfunk, in: Media Perspektiven, 5, S. 214-221.

Lancaster, K. (1966), A New Approach to Consumer Theory, in: The Journal of Political Economy, 74, S. 132-157.

Lange, B.-P. (1980), Kommerzrundfunk versus Integrationsrundfunk, in: Media Perspektiven, 3, S. 133-144.

Lange, B.-P. (1989), Landesmedienanstalten und „Außenpluralismus" auf dem Prüfstand, in: Media Perspektiven, Heft 5, 1989, S. 286-276.

Lange, B.-P. (1995), Die Finanzierung des öffentlich-rechtlichen Rundfunks in der zukünftigen Wettbewerbssituation, in: Zeitschrift für Urheber- und Medienrecht, Sonderheft 1995, S. 529-533.

Lange, B.-P.; P. Seeger (Hrsg.) (1996/97), Technisierung der Medien, Baden-Baden (Nomos).

Lasorsa, D. L. (1991), Effects of Newspaper Competition on Public Opinion Diversity, in: Journalism Quarterly, 68, S. 38-47.

Latzer, M. (1997), Mediamatik – Die Konvergenz von Telekommunikation, Computer und Rundfunk, Opladen (Westdeutscher Verlag).

Leister, K. D. (1987), Fernsehen in Europa – Kultur- oder Wirtschaftsfaktor, in: Arbeitskreis Werbefernsehen der deutschen Wirtschaft (Hrsg.), Europafernsehen und Werbung, Baden-Baden (Nomos), S. 101-108.

Lilienthal, V. (1996), Herzblut vom Fließband, in: tendenz, 1, S. 4-11.

Lilienthal, V. (1998), Die Kommerzialisierung der Fernseh-Fiction: Product Placement und das Programm, in: Pethig, R.; S. Blind (Hrsg.), Fernsehfinanzierung, Opladen (Westdeutscher Verlag), S. 119-146.

Linder, S. H. (1971), Das Linder-Axiom oder warum wir keine Zeit mehr haben, Gütersloh (Bertelsmann).

Lindlau, D. (1981), Warenlager und Waffenkammer, Fußnoten zum Magazin-Journalismus, in: Medium, 18. Jg., S. 4-7.

Little, A. D. (1996), Innovationen und Arbeit im Informationszeitalter, Berlin.

Locksley, G. M. (1988), TV-Broadcasting in Europe and the new Technologies, Commission of the European Communities, Luxemburg.

Ludwig, J. (1994), Medienökonomie – Eine Einführung in die ökonomischen Strukturen und Probleme von Medienunternehmen, in: Jarren, O. (Hrsg.) (1994a), S. 147-209.

Luyken, G. M. (1989), Europäische Film- und Fernsehprogrammindustrie, in: Gellner, W. (Hrsg.), Europäisches Fernsehen – American Blend?, Berlin (Vistas), S. 87-94.

Luyken, G. M. (1990), Das Medienwirtschaftsgefüge der 90er Jahre, in: Media Perspektiven, 10, S. 621-641.

Machill, M. (1997), Frankreich Quotenreich, Berlin (Vistas).

Mag, W. (1990), Planung, in: Vahlens Kompendium der Betriebswirtschaftslehre, Band 2, München (Vahlen), 2. A., S. 1-56.

Maier-Rabler, U.; E. Sutterlütti (1996), Kommunikationsstatistik im Lichte der Neuen Informationstechnologien, in: Altmeppen, K.-D. (Hrsg.), Ökonomie der Medien und des Mediensystems, Opladen (Westdeutscher Verlag), S. 121-146.

Maslow, A. H. (1970), Motivation and Personality, 2. A., New York u. a.

Massenkommunikation IV (1992), Eine Langzeitstudie zur Mediennutzung und Medienbewertung 1964-1990, Baden-Baden (Nomos).

Massenkommunikation V (1996), Eine Langzeitstudie zur Mediennutzung und Medienbewertung 1964-1995, Baden-Baden (Nomos).

Mattern, K. (1996), Aufbruch in das digitale Fernsehzeitalter, in: Beilage zum Medienspiegel, 28, S. 1-15.

Mc Quail, D. (1986), Kommerz und Kommunikationstheorie, in: Media Perspektiven, 10, S. 633-643.

Meckel, M. (1997), Die neue Übersichtlichkeit, Zur Entwicklung des Format-Fernsehens in Deutschland, in: Publizistik, 45. Jg., S. 475-485.

Meckel, M. (1998), Redaktionsmanagement, Opladen (Westdeutscher Verlag).

Medien 1998/99 (1998), Medienkonzerne in Deutschland: Umsätze, Strukturen, Kontakte, Landsberg/Lech (Moderne Industrie).

Medienbericht '98 (1998), Bericht der Bundesregierung über die Lage der Medien in der Bundesrepublik Deutschland 1998, Bonn.

Mehr Markt in Hörfunk und Fernsehen (1989), Frankfurter Institut für wirtschaftspolitische Forschung e. V., Schriftenreihe: Band 19, Bad Homburg.

Melody, W. H. (1980), Radio Spectrum Allocation: Role of the Market, in: American Economic Review, Papers & Proceedings, 70, S. 393-397.

Merten, K; S. J. Schmidt, S. Weischenberg (Hrsg.) (1994), Die Wirklichkeit der Medien, Opladen (Westdeutscher Verlag).

Mestmäcker, E.-J. (1978), Medienkonzentration und Meinungsvielfalt, Baden-Baden (Nomos).

Mestmäcker, E.-J. (1988) (Hrsg.), Offene Rundfunkordnung. Prinzipien für den Wettbewerb im grenzüberschreitenden Rundfunk, Gütersloh (Bertelsmann-Stiftung).

Meyn, H. (1999), Massenmedien in Deutschland, NeuA. 1999, Konstanz (UVK).

Minasian, J. (1964), Television Pricing and the Theory of Public Goods, in: The Journal of Law & Economics, Band 7, S. 71-80.

Minasian, J. (1975), Property Rights in Radiation: An Alternative Approach to Radio Frequency Allocation, in: Journal of Law and Economics, S. 221-272.

Mintzberg, H. (1979), The structuring of organizations, A synthesis of the research, Englewood Cliffs, N. J.

Monopolkommission (1982), Wettbewerbsprobleme bei der Einführung von privatem Hörfunk und Fernsehen, Sondergutachten 11, Baden-Baden (Nomos). (wieder abgedruckt in: Monopolkommission (1982), Hauptgutachten der Monopolkommission 1980/1981: Fortschritte bei der Konzentrationserfassung, Baden-Baden (Nomos), S. 411-419).

Monopolkommission (1984), Ökonomische Kriterien für die Rechtsanwendung, 5. Hauptgutachten der Monopolkommission 1982/1983, Baden-Baden (Nomos).

Monopolkommission (1988), Die Wettbewerbsordnung erweitern, 7. Hauptgutachten der Monopolkommission 1986/1987, Baden-Baden (Nomos).

Monopolkommission (1990), Wettbewerbspolitik vor neuen Herausforderungen, 8. Hauptgutachten der Monopolkommission 1988/1989, Baden-Baden (Nomos).

Monopolkommission (1992), Wettbewerbspolitik oder Industriepolitik, 9. Hauptgutachten der Monopolkommission 1990/1991, Baden-Baden (Nomos).

Monopolkommission (1994), Mehr Wettbewerb auf allen Märkten, 10. Hauptgutachten der Monopolkommission 1992/1993, Baden-Baden (Nomos).

Monopolkommission (1996), Wettbewerbspolitik in Zeiten des Umbruchs, 11. Hauptgutachten 1994/95, Baden-Baden (Nomos).

Monopolkommission (1998), Marktöffnung umfassend verwirklichen, 12. Hauptgutachten der Monopolkommission 1996/1997, Baden-Baden (Nomos).

Montag, F.; R. Dohms (1993), Minderheitsbeteiligungen im deutschen und EG-Kartellrecht, in: Wirtschaft und Wettbewerb, 1993, S. 275-295.

Mosco, V. (1996), The political economy of communication: Rethinking and renewal, London (Sage).

Moser, G. (1996), Digitaler Hörfunk, in: Wilke, J., Ch. Imhof (Hrsg.), Multimedia: Voraussetzungen; Anwendungen; Probleme, Berlin (Vistas), S. 217-223.

Moss, C. (1998), Die Organisation der Zeitungsredaktion, Opladen (Westdeutscher Verlag).

Müller, C. (1997), Der „Schleier des Nichtwissens" und der „Schleier der Unsicherheit", in: Wirtschaftswissenschaftliches Studium, 5, S. 245-247.

Müller, J.; I. Vogelsang (1979), Staatliche Regulierung, Baden-Baden (Nomos).

Müller, W. (1979), Die Ökonomik des Fernsehens, Göttingen (Eichhorn).

Müller-Römer, F. (1994), Rundfunkversorgung (Hörfunk und Fernsehen), in: Internationales Handbuch für Hörfunk und Fernsehen 1994/95, S. A2, 147-179.

Müller-Römer, F. (1998), Rundfunkversorgung (Hörfunk und Fernsehen), in: Internationales Handbuch für Hörfunk und Fernsehen 1998/99, S. A3, 169-196.

Nadolny, S. (1992), Selim oder die Gabe der Rede, 4. A., München (Piper).

Nelson, P. (1970), Information and Consumer Behaviour, in: Journal of Political Economy, 78, S. 311-329.

Neverla, I. (1991), Fernsehen als Medium einer Gesellschaft in Zeitnot, in: Media Perspektiven, 3, S. 199-205.

Nieschlag, R.; E. Dichtl, H. Hörschgen (1985), Marketing, 14. A., Berlin (Duncker & Humblot).

Nieschlag, R.; E. Dichtl, H. Hörschgen (1994), Marketing, 17. A., Berlin (Duncker & Humblot).

Noam, E. M. (1984), Is Cable Television a Natural Monopoly?, in: Communications, 9.

Noam, E. M. (1987), A Public and Private-Choice Model of Broadcasting, in: Public Choice, vol. 55, S. 163-187.

Noam, E. M. (1988), Der Einfluß von Marktstruktur und Eintrittsschranken auf die Vielfalt der Rundfunkprogramme, in: Mestmäcker, E.-J. (Hrsg.), Offene Rundfunkordnung, Gütersloh (Bertelsmann-Stiftung), S. 199-221.

Noelle-Neumann, E. (1980), Die Schweigespirale, Öffentliche Meinung – unsere soziale Haut, München (Piper).

Olesch, G. (1992), Strategische Partnerschaften im deutschen und europäischen Kartellrecht, in: Zentes, J. (Hrsg.), Strategische Partnerschaften im Handel, Stuttgart (Poeschel), S. 285-302.

Ory, St.; H. G. Bauer (Hrsg.) (1995), Hörfunk-Jahrbuch '94, Berlin (Vistas).

Ory, St.; H. G. Bauer (Hrsg.) (1996), Hörfunk-Jahrbuch '95, Berlin (Vistas).

Ory, St.; H. G. Bauer (Hrsg.) (1997), Hörfunk-Jahrbuch 96/97, Berlin (Vistas).

Ory, St.; H. G. Bauer (Hrsg.) (1998), Hörfunk-Jahrbuch 97/98, Berlin (Vistas).

Ott, H.-J. (1994), Flache Hierarchien, in: Wirtschaftswissenschaftliches Studium, 4, S. 35-37.

Owen, B. M. (1975), Economics and Freedom of Expression, Cambridge (Mass.) (Ballinger).

Owen, B. M. (1977), Regulating Diversity: The Case of Radio Formats, in: Journal of Broadcasting, vol. 21, S. 305-319.

Owen, B. M.; J. H. Beebe, W. G. Manning (1974), Television Economics, Lexington Mass. (Lexington Books, D. C. Heath).

Owen, B. M.; S. S. Wildman (1992), Video Economics, Cambridge/London (Harvard University Press).

Parlasca, S. (1994), Medienkonzentration und Medienverflechtung – zur Reichweite des kartellrechtlichen Instrumentariums, in: Wirtschaft und Wettbewerb, 3, S. 210-220.

Pätzold, U.; H. Röper (1992a), Probleme des intermedialen Wettbewerbs im Lokalen, in: Media Perspektiven, 10, S. 641-655.

Pätzold, U.; H. Röper (1992b), Medienanbieter und Medienangebote in Nordrhein-Westfalen, Opladen (Leske+Budrich).

Pätzold, U.; H. Röper (1993), Medienkonzentration in Deutschland, Europäisches Medieninstitut, Düsseldorf.

Pauly, M. V. (1974), Overinsurance and Public Provision of Insurance: The Role of Moral Hazard and Adverse Selection, in: Quarterly Journal of Economics, 88, S. 44-62.

Peasy, J. (1989), Der Markt für Fernsehprogramme in Westeuropa 1988 bis 1998, in: Media Perspektiven, 8, S. 481-489.

Peffekoven, R. (1990), Öffentliche Finanzen, in: Vahlens Kompendium der Wirtschaftstheorie und Wirtschaftspolitik, Band 1, 4. A., München (Vahlen), S. 475-556.

Penninger, G. (1995), Formate im privaten Hörfunk – Entwicklung von Programmen für segmentierte Hörerschaften, in: Ory, St.; H. G. Bauer (Hrsg.), S. 75-85.

Petersen, H. G. (1990), Finanzwissenschaft I, 2. A., Stuttgart (Kohlhammer).

Pethig, R. (1988), Copyrights and Copying Costs: A New Price-Theoretic Approach, in: Journal of Institutional and Theoretical Economics, 144, S. 462-495.

Pethig, R.; S. Blind (Hrsg.) (1998), Fernsehfinanzierung, Opladen (Westdeutscher Verlag).

Picard, R. G. (1989), Media Economics. Newbury Park u. a. (Sage Publications).

Picot, A. (1990), Organisation, in: Vahlens Kompendium der Betriebswirtschaftslehre, Band 2, München (Vahlen), 2. A., S. 99-163.

Pigou, A. C. (1972), The Economics of Welfare, 4. A., London (Macmillan).

Pintzke, Th. (1997), KISS: keep it small and stupid. Kostenplanung und -kontrolle als redaktionelle Aufgabe, in: Diekmann, Th.; L. Ottinger, W. Teichert (Hrsg.) (1997), Führungsaufgaben in Redaktionen II, Gütersloh (Bertelsmann Stiftung), S. 231-238.

Pons, E. L. (1994), Neue Wege bei der Elektronischen Bearbeitung, in: ZDF Jahrbuch 93, S. 218-220.

Porat, M. V. (1977), The Information Economy: Definition and Measurement, Washington.

Porter, M. E. (1992), Wettbewerbsstrategie (Competitive Strategy), 7. A., Frankfurt (Campus).

Posner, R. A. (1972), The Appropriate Scope of Regulation in the Cable Industry, in: The Bell Journal of Economics and Management Science, 3, S. 99-129.

Pregel, B. (1998), Freie Fahrt für das „Wirtschaftsgut" privater Rundfunk?, in: Tendenz, 1, S. 4-8.

Pressemedien und Informationsvermittler: Konkurrenz oder Kooperation (1994), in: ik report – Zeitschrift zum Informationswesen der Kreditwirtschaft, 7, Frankfurt (Informationsring Kreditwirtschaft).

Privatfernsehen in Deutschland (1996), Frankfurt (IMK).

Privatfunk in Deutschland, Dossier des Instituts der deutschen Wirtschaft, zuletzt 1995.

Prott, J. (1994), Ökonomie und Organisation der Medien, in: Merten, K.; S. J. Schmidt, S. Weischenberg (Hrsg.), S. 481-505.

Prüfig, K. (1993), Formatradio – ein Erfolgskonzept? Ursprung und Umsetzung am Beispiel Radio FFH, Berlin (Vistas).

Pürer, H. (1990), Einführung in die Publizistikwissenschaft, 4. A., München (Ölschläger).

Rager, G. (1982), Publizistische Vielfalt im Lokalen, Tübingen.

Rager, G. (1994), Dimensionen der Qualität, Weg aus den allseitig offenen Richter-Skalen, in: G. Bentele; K. R. Hesse (Hrsg.), Publizistik in der Gesellschaft, Festschrift für Manfred Rühl, Konstanz (Universitätsverlag), S. 189-210.

Rager, G.; B. Weber (1992a), Publizistische Vielfalt zwischen Markt und Politik, in: Media Perspektiven, 6, S. 357-366.

Rager, G.; B. Weber (Hrsg.) (1991), Schwerpunkt: Redaktionelles Management, Arbeitshefte zur Medienökonomie und Kommunikationsplanung Nr. 2, Dortmund.

Rager, G.; B. Weber (Hrsg.) (1992b), Publizistische Vielfalt zwischen Markt und Politik, Düsseldorf u. a. (Econ).

Rau, H. (1996), Mit Benchmarking an die Spitze, Wiesbaden (Gabler).

Rawls, J. (1994), Eine Theorie der Gerechtigkeit, 8. A., Frankfurt (Suhrkamp). Englische Originalausgabe: Rawls, J. (1971), A Theory of Justice, Harvard.

Reichwald, R. (1990), Kommunikation, in: Vahlens Kompendium der Betriebswirtschaftslehre, Band 2, 2. A., München (Vahlen), S. 416-459.

Reuff, H. E. (1998), Wettbewerb in den Werbemärkten – Ein Forderungskatalog der OWM, in: Medienspiegel, 19, Beilage.

Richter, R. (1991), Institutionenökonomische Aspekte der Theorie der Unternehmung, in: Ordelheide, D. (Hrsg.), Betriebswirtschaftliche und ökonomische Theorie, Stuttgart (Poeschel), S. 395-429.

Richter, R. (1994), Institutionen ökonomisch analysiert, Tübingen (Mohr).

Ridder, Ch.-M. (1988), Strukturen und Strategien der amerikanischen Programmindustrie, in: Media Perspektiven, 10, S. 601-610.

Riehl-Heyse, H. (1995), Ware Wahrheit, in: Medium Magazin, 10, S. 38-43.

Riley, J. G.; W. F. Samuelson (1981), Optimal Auctions, in: American Economic Review, 71, S. 381-392.

Roberto, V. (1992), Zur wettbewerbspolitischen Beurteilung vertikaler Zusammenschlüsse, in: Wirtschaft und Wettbewerb, 10, S. 803-817.

Rohrbach, G. (1997), Stellung der Fernsehproduzenten in Deutschland, in: Bundesverband Deutscher Fernsehproduzenten e. V. (Hrsg.), Jahrbuch '98, Berlin (Vistas), S. 13-21.

Roigas, H. (1983), Die Frequenzsituation bei Hörfunk und Fernsehen – Neuere Entwicklungen, in: Media Perspektiven, 8, S. 551-555.

Röper, H. (1989), Formationen deutscher Medienmultis 1989, in: Media Perspektiven, 12, S. 733-747.

Röper, H. (1993), Formationen deutscher Medienmultis 1992, in: Media Perspektiven, 2, S. 56-75.

Röper, H. (1994), Formationen deutscher Medienmultis 1993, in: Media Perspektiven, 3, S. 125-144.

Röper, H. (1996), Mehr Spielraum für Konzentration und Crossownership im Mediensektor, in: Media Perspektiven, 12, S. 610-620.

Röpke, J. (1970), Wettbewerb, Pressefreiheit und öffentliche Meinung, in: Schmollers Jahrbuch, 90. Jg., S. 172-192.

Rosse, J. M.; J. N. Dertouzos (1978), Economic Issues in Mass Communication Industries, Stanford.

Rothenberg, J. (1962), Consumer Souvereignty and the Economics of TV Programming, in: Studies in Public Communication, 4, S. 45-54.
Rühl, M. (1980), Journalismus und Gesellschaft, Mainz (v. Hase & Köhler).
Rühl, M. (1984), Die Rundfunkgebühr – ein wohlfahrtsstaatlicher Preis, in: Media Perspektiven, 8, S. 589-605.
Ruhrmann, G.; J. U. Nieland (1997), Interaktives Fernsehen, Opladen (Westdeutscher Verlag).
Rundfunkaufsicht in Deutschland (1989), Band 16/I, Begleitforschung des Landes Nordrhein-Westfalen zum Kabelpilotprojekt Dortmund, Paderborn (Bonifatius).
Ruß-Mohl, S. (1992), Am eigenen Schopfe... Qualitätssicherung im Journalismus, Grundfragen, Ansätze, Näherungsversuche, in: Publizistik, 37. Jg., S. 83-96.
Ruß-Mohl, S. (1994), Der I-Faktor. Qualitätssicherung im amerikanischen Journalismus – Modell für Europa?, Osnabrück/Zürich (edition interform).
Ruß-Mohl, S. (1995), Redaktionelles Marketing und Management, in: Jarren, O. (Hrsg.) (1995), S. 104-138.
Samuelson, P. A. (1964), Public Goods and Subscription TV: Correction of the Record, in: The Journal of Law and Economics, 7, S. 81-88.
Sánchez-Tabernero, A. (1993), Media Concentration in Europe, Commercial Enterprise and the Public Interest, Düsseldorf (Europäisches Medieninstitut).
Saxer, U. (Hrsg.) (1989), Unternehmenskultur und Marketing von Rundfunk-Unternehmen, Stuttgart u. a. (Kohlhammer).
Saxer, U.; H. Bonfadelli (Hrsg.) (1994), Einführung in die Publizistikwissenschaft, Zürich (Seminar für Publizistikwissenschaft der Universität Zürich).
Saxer, U.; Märki-Koepp, M. (1992), Medien-Gefühlskultur, Zielgruppenspezifische Gefühlsdramaturgie als journalistische Produktionsroutine, München (Ölschläger).
Schatz, H.; N. Immer, F. Marcinkowski (1989), Der Vielfalt eine Chance?, in: Rundfunk und Fernsehen, 37. Jg., S. 5-24.
Schatz, H.; O. Jarren, B. Knaup (Hrsg.) (1997), Machtkonzentration in der Multimediagesellschaft, Opladen (Westdeutscher Verlag).
Schatz, H.; W. Schulz (1992), Qualität von Fernsehprogrammen, Kriterien und Methoden zur Beurteilung von Programmqualität im dualen Fernsehsystem, in: Media Perspektiven, 11, S. 690-712.
Schellhaas, H.-M. (1994), Instrumente zur Sicherung der Meinungsvielfalt im Fernsehen, in: Hamburger Jahrbuch für Wirtschafts- und Gesellschaftspolitik, 39. Jg., S. 233-253.
Schenk, M.; J. Donnerstag (Hrsg.) (1989), Medienökonomie, München (R. Fischer).
Schenk, M.; M. Hensel (1987), Medienökonomie – Forschungsstand und Forschungsaufgaben, in: Rundfunk und Fernsehen, 4, S. 535-547.
Schenk, M.; P. Rössler (1990), Rezipientenorientierter Programmvergleich: Ein brauchbares Modell für die Fernsehforschung?, in: Media Perspektiven, 12, S. 785-791.
Scherhorn, G. (1995), Güterwohlstand versus Zeitwohlstand – über die Unvereinbarkeit des materiellen und immateriellen Produktivitätsbegriffs, in: Biervert, B.; M. Held (Hrsg.), Zeit in der Ökonomik, Perspektiven für die Theoriebildung, Frankfurt, New York (Campus), S. 147-168.
Schiller, F. (1838), Sämmtliche Werke in zwölf Bänden, Zwölfter Band, Stuttgart und Tübingen (Cotta).
Schmalen, H. (1996), Grundlagen und Probleme der Betriebswirtschaft, 10. A., Köln (Bachem).
Schmidt, C. (1995), Fernsehverhalten und politische Interessen Jugendlicher und junger Erwachsener, in: Media Perspektiven, 5, S. 220-227.
Schmiedel, E. (1983), Begriff und Prinzip der Wirtschaftlichkeit von Rundfunkanstalten, in: Zeitschrift für öffentliche und gemeinwirtschaftliche Unternehmen, Beiheft 5, S. 146-154.
Schmitz, A. (1990), Rundfunkfinanzierung. Köln (Müller-Botermann).
Schneck, O. (1990), Eigenkapitalausstattung öffentlich-rechtlicher Rundfunkanstalten, in: Zeitschrift für öffentliche und gemeinwirtschaftliche Unternehmen, S. 289-303.
Schneider, F.; W. W. Pommerehne, B. S. Frey (1983), Relata referimus: Ergebnisse und Analyse einer Befragung deutscher Ökonomen, in: Zeitschrift für die gesamte Staatswissenschaft, 139, S. 19-66.
Schneider, N. (1995), Medienmacht und Meinungsvielfalt, Redemanuskript vor der Sektion Köln des Wirtschaftsrates der CDU, Düsseldorf (LfR).
Scholl, A.; S. Weischenberg (1998), Journalismus in der Gesellschaft, Opladen (Westdeutscher Verlag).
Scholz, C. (1994), Lean Management, in: Wirtschaftswissenschaftliches Studium, 4, S. 180-186.
Schöneberger, M. (1997), Ökonomische Grundlagen des Fernsehens: Finanzierungsstrategien kommerzieller Anbieter, in: Medienspiegel, Nr. 51/52 (Beilage).

Schopenhauer, A. (1991), Parerga und Paralipomena II, Zürich (Haffmanns).
Schorlemer, A. von (1993), Strukturen und Tendenzen im Lizenzgeschäft, in: Media Perspektiven, 11-12, S. 537-548.
Schrape, K. (1987), Fernsehprogrammbedarf und Programmversorgung, in: Media Perspektiven, 6, S. 345-353.
Schrape, K. (1995), Digitales Fernsehen: Marktchancen und ordnungspolitischer Regelungsbedarf, München (Fischer).
Schrape, K.; D. Hürst (1993), Finanzierungsperspektiven des Fernsehens, in: DLM Jahrbuch 1992, München (R. Fischer), S. 186-193.
Schrape, K.; W. Seufert u.a. (1996), Künftige Entwicklung des Medien- und Kommunikationssektors in Deutschland, Berlin (Duncker & Humblot).
Schreiber, H. (1994), „der unermüdliche Versuch, sehr gut zu sein", Qualitätssicherung durch dialogische Führung, in: Reiter, S.; St. Ruß-Mohl (Hrsg.), Zukunft oder Ende des Journalismus? Gütersloh (Bertelsmann Stiftung), S. 29-44.
Schröder, G. (1997), Die Ökonomie des Fernsehens – eine mikroökonomische Analyse, Münster (Lit).
Schulte-Lippern, N. (1997), „Morgen um die gleiche Zeit – nur bei uns ..." Eigenwerbung Deutscher Fernsehsender. Unveröffentlichte Diplomarbeit am Institut für Journalistik der Universität Dortmund, Dortmund.
Schulz, W. (1996), Recht im Widerstreit, in: Altmeppen, K.-D. (Hrsg.), Ökonomie der Medien und des Mediensystems, Opladen (Westdeutscher Verlag), S. 221-236.
Schulz, W. (1997), Vielseher im dualen Rundfunksystem, in: Media Perspektiven, 2, S. 92-102.
Schumpeter, J. A. (1946), Kapitalismus, Sozialismus und Demokratie, Bern (A. Francke). Englische Originalausgabe: Capitalism, Socialism and Democracy, New York 1942.
Schurig, Ch. (1997), Offene Kanäle – Dritte Säule des Rundfunks in Deutschland gewinnt Profil, in: ALM [Arbeitsgemeinschaft der Landesmedienanstalten in der Bundesrepublik Deutschland] (Hrsg.), Programmbericht zur Lage und Entwicklung des Fernsehens in Deutschland 1996/97, Berlin (Ullstein), S. 130-140.
Schürmanns, W. (1996), Hörfunkforschung für Programm-Macher, in: Hörfunk-Jahrbuch '95, Berlin (Vistas), S. 209-225.
Schürmanns, W. (1998), Musikforschung in Radiostationen, in: Hörfunk Jahrbuch 97/98, Berlin (Vistas), S. 239-250.
Schuster, J. (1995), Rundfunkmarketing, Konstanz (UVK).
Schütz, W. J. (1989), Deutsche Tagespresse 1989, in: Media Perspektiven, 12, S. 748-775 und S. 812-826.
Schütz, W. J. (1992), Deutsche Tagespresse 1991, in: Media Perspektiven, 2, S. 74-107.
Schütz, W. J. (1995), Deutsche Tagespresse 1995, in: Media Perspektiven, 6, S. 324-336-
Schütz, W. J. (1997), Deutsche Tagespresse 1997, in: Media Perspektiven, 12, S. 663-684.
Schwanebeck, A.; M. Ackermann (Hrsg.) (1998), Radio im Zeitdruck, München (Fischer).
Schweiger, G.; G. Schrattenecker (1995), Werbung, Stuttgart/Jena (Fischer).
Seeger, P. (1988), Telematik, Münster (Lit).
Seidel, N.; M. Libertus (1993), Rundfunkökonomie, Wiesbaden (Gabler).
Seufert, W. (1992), Die Entwicklung des Wettbewerbs auf den Hörfunk- und Fernsehmärkten in der Bundesrepublik Deutschland, Deutsches Institut für Wirtschaftsforschung, Beiträge zur Strukturforschung, Heft 133, Berlin (Duncker & Humblot).
Seufert, W. (1994a), Wirtschaftliche Aspekte von Hörfunk und Fernsehen, in: Internationales Handbuch für Hörfunk und Fernsehen 1994/95, Baden-Baden/Hamburg (Nomos), S. A2 132-146.
Seufert, W. (1994b), Gesamtwirtschaftliche Position der Medien in Deutschland 1982-1992, Berlin (Duncker & Humblot).
Seufert, W. (1995), Kein Markt für Späteinsteiger? Die Ökonomie des deutschen Fernsehmarktes, in: Landesanstalt für Rundfunk Nordrhein-Westfalen (LfR) (Hrsg.), Düsseldorfer Gespräche vom 4. Mai 1994 bis 23. Mai 1995, Düsseldorf, S. 7-34.
Seufert, W. (1996a), Wirtschaftliche Aspekte von Hörfunk und Fernsehen, in: Internationales Handbuch für Hörfunk und Fernsehen 1996/97, Baden-Baden/Hamburg (Nomos), S. A3 101-117.
Seufert, W. (1996b), Rundfunkunternehmen – Gewinner beim Strukturwandel der Medienwirtschaft, in: Altmeppen, K.-D. (Hrsg.), Ökonomie der Medien und des Mediensystems, Opladen (Westdeutscher Verlag), S. 165-178.

Seufert, W. (1998), Wirtschaftliche Aspekte von Hörfunk und Fernsehen, in: Internationales Handbuch für Hörfunk und Fernsehen 1997/98, Baden-Baden/Hamburg (Nomos), S. A3 152-168.

Siegelmann, B. (1997), Vom Wolfsrudel zum Orchester. Aufgaben des Redaktionsmanagements, in: Diekmann, T.; L. Ottinger, W. Teichert (Hrsg.), S. 111-117.

Simon, H. (1996a), Die heimlichen Gewinner – Hidden Champions: Erfolgsstrategien unbekannter Weltmarktführer, Frankfurt (Campus).

Simon, H. (1996b), Erfolgsstrategien unbekannter Weltmarktführer, in: Aus Politik und Zeitgeschichte, Beilage zur Wochenzeitung Das Parlament, Band 23, S. 3-13.

Simon, H. A. (1983), Reason in Human Affairs, Stanford (University Press).

Sjurts, I. (1996), Die deutsche Medienbranche, Wiesbaden (Gabler).

Smith, A. (1924), Der Reichtum der Nationen, Leipzig (Kröner). Englisches Original: Smith, A. (1776), Inquiry into the nature and causes of the wealth of nations.

Smith, A. (1985), Theorie der ethischen Gefühle, Hamburg (Felix Meiner). Englisches Original: Smith, A. (1759), Theory of Moral Sentiments, London (Millar).

Sondergutachten 11 der Monopolkommission (1982), Wettbewerbsprobleme bei der Einführung von privatem Hörfunk und Fernsehen, in: Hauptgutachten der Monopolkommission 1980/1981, Baden-Baden (Nomos).

Spence, A. M. (1976), Product Selection, Fixed Costs and Monopolistic Competition, in: Review of Economic Studies, 66, S. 217-235.

Spence, A. M.; B. M. Owen (1977), Television Programming, Monopolistic Competition and Welfare, in: Quarterly Journal of Economics, vol. 91, S. 103-126.

Spieler, E. (1988), Fusionskontrolle im Medienbereich, Berlin (Duncker & Humblot).

Springensguth, J. (1994), Redaktionelles Management – Der tägliche Spagat am Schreibtisch, in: BDZV (Hrsg.), Zeitungen '94, S. 281-291.

Stamm, Leitfaden durch Presse und Werbung, Essen; erscheint jährlich.

Statistisches Bundesamt (Hrsg.) (1994), Wo bleibt die Zeit, Wiesbaden.

Status Report 98 (1998), Advertising and the Economy, IP Group.

Steffenhagen, H. (1999), Werbewirkungsforschung, in: Wirtschaftswissenschaftliches Studium, 6, S. 292-298.

Steffens, J. U. (1998), Nationale Radio-Vermarktung, in: Hörfunk Jahrbuch 97/98, Berlin (Vistas), S. 251-262.

Steiner, P. O. (1952), Program Patterns and Preferences, and the Workability of Competition in Radio Broadcasting, in: Quarterly Journal of Economics, vol. 66, S. 194-223.

Steyer, R. (1997), Netzexternalitäten, in: Wirtschaftswissenschaftliches Studium, 4, S. 206-210.

Stock, M. (1992), Der neue Rundfunkstaatsvertrag, in: Rundfunk und Fernsehen, 40. Jg., S. 189-221.

Struktur und Entwicklung des Rundfunk-Werbemarktes (1988), Bd. 11, Begleitforschung des Landes Nordrhein-Westfalen zum Kabelpilotprojekt, Dortmund.

Stuiber, H.-W. (1998), Medien in Deutschland. Band 2. Rundfunk, Konstanz (UVK) 1998.

Sturm, R.; J. Zirbik (1996), Die Hörfunkstation, Konstanz (UVK).

Sturm, R.; J. Zirbik (1998), Die Fernsehstation, Konstanz (UVK).

Sutor, St. (1997), Jeder Radiohörer hat sein eigenes Nutzungsprofil, in: Tendenz, 3, S. 34-36.

Television 98 (1998), European Key Facts, IP Group; erscheint seit 1994 jährlich.

Tenzer, G. (1998), Digitales Fernsehen – Marktöffnung und/oder Wettbewerb? Statement auf dem Medienforum NRW 1998, Köln.

The European Film Industry under Analysis, Second Information Report 1997, Directorate of Culture and Audiovisual Policy.

The Media in Western Europe (1992), London (Sage).

Tichenor, P.; G. Donohue, C. Olien (1970), Mass Media Flow and Differential Growth in Knowledge, in: Public Opinion Quarterly, vol. 74, S. 159-170.

Tichy, G. (1991), Fusionen und Wettbewerbspolitik, in: Wirtschaftswissenschaftliches Studium, 19. Jg., S. 357-360.

Tietz, B. (1992), Wettbewerbstheoretische und wettbewerbspolitische Aspekte strategischer Allianzen, in: Zentes, J. (Hrsg.), Strategische Partnerschaften im Handel, Stuttgart (Poeschel), S. 33-59.

Tietzel, M.; C. Müller (1998), Noch mehr zur Meritorik, in: Zeitschrift für Wirtschafts- und Sozialwissenschaften, 118, S. 87-127.

Tolle, E. (1994), Informationsökonomische Erkenntnisse für das Marketing bei Qualitätsunsicherheit der Konsumenten, in: Schmalenbachs Zeitschrift für betriebswirtschaftliche Forschung, Band 46, S. 926-938.

Ungern-Sternberg, Th. von; C. C. von Weizsäcker (1981), Marktstruktur und Marktverhalten bei Qualitätsunsicherheit, in: Zeitschrift für Wirtschafts- und Sozialwissenschaften, 101. Jg., S. 609-626.

van Westerloo, E. (1996), Sportrechte: Preisskala nach oben offen?, in: Media Perspektiven, 10, S. 513-520.

Verband Privater Rundfunk und Telekommunikation e. V. (Hrsg.) (1996), Privater Hörfunk in Deutschland, Berlin (Vistas).

Vogt, W. (Hrsg.) (1973), Seminar: Politische Ökonomie, Frankfurt (Suhrkamp).

Voigt, S. (1992), Das Lizenzauktionsverfahren: Ein zielkonformes Instrument zur Regulierung lokaler Kabelfernsehstationen?, In: Communications, 17, S. 67-90.

Voigt, S. (1993), Strategische Allianzen, in: Wirtschaftswissenschaftliches Studium, 21. Jg., S. 246-249.

Wagner, C. (1990), Konzentrationskontrolle im privaten Rundfunk, in: Rundfunk und Fernsehen, 38. Jg., S. 65-182.

Waldhecker, K. (1999), Die Flimmerkiste in der Firma. Business TV – Neues Medium in alten Strukturen?, Diplomarbeit am Institut für Journalistik der Universität Dortmund, Dortmund.

Wallenberg, G. von (1991), Aktuelle kartellrechtliche Fragen im Rundfunk, in: Wirtschaft und Wettbewerb, 12, S. 962-970.

Wankell, S. (1996), Must Carry Rule, in: LfR-Funkfenster, 3, 1996, S. 4-6.

Was Sie über Rundfunk wissen sollten (1997): Materialien zum Verständnis eines Mediums, Berlin (Vistas).

Watermann, D. (1992), Narrowcasting and Broadcasting on Nonbroadcast Media, in: Communication Research, vol. 19, S. 3-28.

WDR (1996), Programmpräsentation, Köln (WDR).

Webb, G. (1983), The Economics of Cable Television, Toronto.

Weber, L. (1990), Die deutsche Rundfunkordnung nach der Zulassung privater Anbieter, München (Minerva).

Weis, H. C. (1993), Marketing, 8. A., Ludwigshafen (Kiehl).

Weischenberg, S. (1992), Journalistik 1, Mediensysteme, Medienethik, Medieninstitutionen, Opladen (Westdeutscher Verlag).

Weischenberg, S. (1995), Journalistik 2, Medientechnik, Medienfunktionen, Medienakteure, Opladen (Westdeutscher Verlag).

Weißbuch der Kommission (1994), Wachstum, Wettbewerbsfähigkeit, Beschäftigung. Herausforderungen der Gegenwart und Wege ins 21. Jahrhundert, Brüssel/Luxemburg.

Weizsäcker, C. C. von (1997), Wettbewerb in Netzen, in: Wirtschaft und Wettbewerb 1997, S. 572-579.

Welcker, J. (1981), Die Berechtigung des Monopols der öffentlich-rechtlichen Rundfunkanstalten, in: Schriften des Vereins für Socialpolitik, Neue Folge, Band 116, Berlin (Duncker & Humblot), S. 329-344.

Werbemarkt 2010 – Wie der Euro die Werbeindustrie verändert (1998), Prognos AG, Basel.

Wieland, B. (1981), Programmvielfalt und kommerzielles Fernsehen – Ergebnisse der amerikanischen Television Economics, in: Rundfunk und Fernsehen, 29. Jg., S. 5-12.

Wiggins, S. N. (1975), Markets and Hierarchies: Analysis and Antitrust Implications, A Study in the Economics of Internal Organization, London.

Wiggins, Steven N. (1991b), The Economics of the Firm and Contracts: A Selective Survey, in: Journal of Institutional and Theoretical Economics, vol. 147, S. 603-661.

Wild, C. (1996), Qualitäten der Fernsehwerbung III, in: Media Perspektiven, 1, S. 41-54.

Wild, C. (1997), Wie Radiokampagnen wirken, in: Media Perspektiven, 10, S. 537-547.

Wildberger, J. (1994), Das Instrument der Sendungserfolgskontrolle, in: Media Perspektiven, 2, S. 63-66.

Wilke, J. (Hrsg.) (1999), Massenmedien und Zeitgeschichte, Konstanz (UVK).

Wilke, J.; C. Imhof (Hrsg.) (1996), Multimedia: Voraussetzungen; Anwendungen; Probleme, Berlin (Vistas).

Williams, R. (1974), Television: Technology and cultural form, London.

Williamson, O. E. (1976), Franchise Bidding for Natural Monopoly – in General and with Respect to CATV, in: Bell Journal of Economics, 7, S. 73-104.

Williamson, O. E. (1985), The Economic Institutions of Capitalism, New York/London (Macmillan).

Williamson, O. E. (1987), Antitrust Economics, Oxford/New York.

Williamson, O. E. (1990), Die ökonomischen Institutionen des Kapitalismus, Tübingen (Mohr).
Williamson, O. E. (1991), Comparative Economic Organization, in: Ordelheide, D. u. a. (Hrsg.), Betriebswirtschaftliche und ökonomische Theorie, Stuttgart (Poeschel), S. 13-49.
Wöhe, G. (1984), Einführung in die Allgemeine Betriebswirtschaftslehre, 15. A., München (Vahlen).
Woldt, R. (1992), Probleme der Messung von Vielfalt, in: Rager, G.; B. Weber (Hrsg.), Publizistische Vielfalt zwischen Markt und Politik, Düsseldorf (Econ), S. 186-211.
Woll, A. (1987), Allgemeine Volkswirtschaftslehre, 9. A., München (Vahlen).
Wössner, M. (1996), Medienmärkte der Zukunft, in: Beilage zum Medienspiegel, 25, S. 1-17.
Wöste, M. (1995), ARD und ZDF wichtigste Partner der Filmproduktion, in: Media Perspektiven, 12, S. 622-630.
Wöste, M. (1997), Ballungsräume – kein geeignetes Terrain für Fernsehkanäle, in: Media Perspektiven, 6. S. 339-350.
Zeithaml, V. A. (1988), Consumer Perception of Price, Quality and Value: A Means-End Model and Synthesis of Evidence, in: Journal of Marketing, 52, S. 2-22.
Zentes, J. (1992), Kooperative Wettbewerbsstrategien im internationalen Konsumgütermarketing, in: Zentes, J. (Hrsg.), Strategische Partnerschaften im Handel. Stuttgart (Poeschel), S. 3-31.
Zentes, J. (1993), Marketing, in: Vahlens Kompendium der Betriebswirtschaftslehre, Band 1, 3. A., München (Vahlen), S. 321-395.
Zerdick, A. u. a. (Hrsg.) (1999), Die Internet-Ökonomie. Strategien für die digitale Wirtschaft, Berlin/Heidelberg (Springer).
Ziemer, A. (1994), Digitales Fernsehen und Multimedia – Herausforderung für wen? In: ZDF Jahrbuch 93, S. 213-215.
Ziemer, A. (1998), Etwas mehr als 100 Tage: Die Produktionsdirektion, in: ZDF Jahrbuch 97, Mainz (ZDF), S. 235-236.
Zimmer, J. (1993), Ware Nachrichten, in: Media Perspektiven, 6, S. 278-289.
Zimmer, J. (1998), Fernsehempfang: In Zukunft Satellit vor Kabel?, in: Media Perspektiven, 7, S. 352-366.

Wichtige Sammelwerke mit medienökonomischer Relevanz:

ALM (Hrsg.), Jahrbuch der Landesmedienanstalten, zweijährlich, Berlin (Ullstein).
ARD-Jahrbücher, jährlich, Baden-Baden (Nomos).
Bericht des Bundeskartellamtes über seine Tätigkeit, zweijährlich, Bonn (Bundesanzeiger).
Booking, Daten und Portraits deutscher Hörfunk- und Fernsehsender, jährlich, Bonn (FID-Verlag).
DLM Jahrbuch Privater Rundfunk in Deutschland, zweijährlich, München (Fischer).
Hauptgutachten der Monopolkommission, zweijährlich, Baden-Baden (Nomos).
Hörfunk Jahrbuch, jährlich, Berlin (Vistas).
Internationales Handbuch für Hörfunk und Fernsehen, zweijährlich, Baden-Baden/Hamburg (Nomos).
Media Perspektiven Basisdaten, jährlich, Frankfurt.
ZAW-Jahrbücher. Werbung in Deutschland, jährlich, Bonn (edition ZAW).
ZDF-Jahrbücher, jährlich, Mainz (ZDF).

Wichtige Zeitschriften mit medienökonomischer Ausrichtung:

Horizont Media Facts, monatlich, Frankfurt (Deutscher Fachverlag).
Media Perspektiven, herausgegeben im Auftrag der Arbeitsgemeinschaft der ARD-Werbegesellschaften, monatlich (Frankfurt).
Medienspiegel, Mediendienst des Instituts der deutschen Wirtschaft Köln, wöchentlich, Köln (Deutscher Instituts-Verlag).
The Journal of Media Economics, Lawrence Erlbaum Associates, Inc., vierteljährlich, Mahwah, New Jersey/London.
W&V Compact, Fakten und Analysen aus Wirtschaft, Werbung und Medien, monatlich, München (Europa-Fachpresse).

Stichwortverzeichnis